15주 ALL-IN-ONE

행정법

SD에듀
(주)시대고시기획

> "고통은 깨달음을 준다. 고통이 없다면 우리는 성장할 수 없다.
> 고통과 슬픔을 경험한 후에 우리는 진리 하나를 얻는다.
> 만약 지금 당신에게 슬픔이 찾아왔다면 기쁘게 맞이하고 마음속으로 공부할 준비를 갖추어라.
> 그러면 슬픔은 어느새 기쁨으로 바뀌고 고통은 즐거움으로 바뀔 것이다."

시험합격을 위한 공부목표 및 범위

'하늘 아래 새로운 것은 없다.'라는 말이 있습니다. 이는 공무원 시험에도 100% 적용되는 말입니다. 객관식 시험 준비에는 이미 검증받은 학습법이 있습니다. 기출문제를 중심으로 접근하는 공부법입니다. 물론 시험에는 새로운 형식의 질문지가 등장하거나 법령의 변경 또는 중요한 최신판례가 새롭게 시험에 출제되지만, 기존의 기출문제로부터 충분히 유추할 수 있는 범위에서 출제되는 것입니다. 매년 출제되는 문항 수는 직렬마다 제한이 있어 다른 직렬에서 출제되었던 쟁점이 돌고 돌아 공무원 시험에 출제되는 일은 이미 흔합니다. 이러한 이유로 이 책은 공무원 시험 준비에 필요한 모든 직렬의 기출문제를 완벽 분석해 시험에 출제될 요소를 하나도 빠짐없이 담았습니다.

이 책의 특징은 그러한 기출 내용을 단순히 나열함에 그치지 않고, 어떻게 하면 이를 손쉽게 이해하고 체계적으로 정리해 시험장에서 점수로 이끌어 낼 수 있을까를 끊임없이 고민하고 다듬은 데 있습니다. 이 점이 이 책으로 공부하는 여러분을 다른 경쟁자보다 앞선 위치로 인도할 것이라 확신합니다.

최근 5년간 공무원 행정법 출제경향 분석 및 대비

영역	이론	조문	판례	종합사례
행정법 서론	25%	5%	70%	0%
일반 행정작용법	23%	5%	60%	12%
행정절차와 정보공개	0%	53%	40%	7%
행정의 실효성 확보수단	9%	13%	70%	3%
행정상 손해배상	12%	18%	65%	5%
행정쟁송	15%	27%	48%	10%

전체적으로 판례의 출제비중이 압도적으로 높은 것을 쉽게 파악할 수 있습니다. 조문은 전체적으로 비중이 균일하지만 '행정절차와 정보공개'에서는 오히려 조문의 출제비중이 판례를 압도할 만큼 높습니다.

공무원 행정법 학습의 내비게이션

아무리 생소하고 낯선 길을 걷더라도, 나침반이나 내비게이션이 있으면 걱정이 없습니다. 공무원 시험에서 행정법은 유일한 법 과목이기에 낯설고 두려운 것이 사실입니다. 이 책이 여러분의 내비게이션이 되어 드릴 것입니다.

모든 법 과목은 개념 및 제도의 취지가 중요합니다. 마치 수학의 개념정의와 유사합니다. 그렇다고 수학처럼 복잡한 사고를 요구하지는 않습니다. 생소한 개념이 나올 때마다 그 개념을 암기하고 관련 제도를 왜 만들었을까를 주의 깊게 이해하면서 이 책을 학습한다면, 공부의 즐거움이 배가 될 뿐만 아니라 시험장에서도 너끈하게 합격점수를 얻을 것입니다.

저자 **고태환**

공무원 채용 **필수체크**

✿ 응시원서 접수 기간 및 시험 일정(9급 기준)

시험	접수 기간	구분	시험장소 공고일	시험일	합격자 발표일
국가직	2월	필기시험	3~4월	4월	5월
		면접시험	5월	6월	7월
지방직	3월	필기시험	6월	6월	7월
		면접시험	7월	7~8월	8~9월

※ 2022년 시험 일정을 기반으로 한 자료이므로 상세 일정은 변동될 수 있음

❶ 전국 동시 시행되는 지방직공무원 임용시험의 응시원서는 1개 지방자치단체에만 접수가 가능하며, 중복접수는 불가함
❷ 접수 방법: 국가직은 사이버국가고시센터(www.gosi.kr), 지방직은 지방자치단체 인터넷원서접수센터(local.gosi.go.kr)에 접속하여 접수할 수 있음

✿ 응시자격

❶ 응시연령: 18세 이상(9급 공채시험)
❷ 학력 및 경력: 제한 없음

✿ 시험방법

구분		세부사항
제1·2차 시험 (병합 실시)	선택형 필기 시험	• 9급 공채시험: 5과목(과목별 20문항, 4지택일형) • 시험기간: 100분(과목별 20분, 1문항 1분 기준)
제3차 시험	면접 시험	• 제1·2차 시험에 합격한 자만 제3차 시험에 응시할 수 있음 • 면접시험 결과 "우수, 보통, 미흡" 중 "우수"와 "미흡" 등급에 대해 추가면접을 실시할 수 있음

※ 지방직의 경우, 필기시험 합격자를 대상으로 면접시험일 전에 임용예정기관별로 인성검사를 실시하며, 일정 등 세부사항은 필기시험 합격자 발표 시 공고 예정

✿ 2022년 국가직 출제 경향

❶ 선택과목에서 필수과목으로 전환되면서 행정법의 중요성이 더 커졌다.

❷ 작년 시험에 비해 어려운 난도로 출제되었고 출제 비율은 작년과 유사하다.

❸ 박스형 문제와 사례 문제가 다수 출제되어 체감 난이도가 상승했을 것이다.

❹ 변형된 기출 유형에 대비하기 위해서 키워드 중심의 암기보다는 이론의 정확한 이해와 암기가 필요하다.

출제 영역 분석

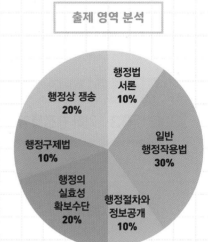

✿ 2022년 지방직 출제 경향

❶ 선택과목에서 필수과목으로 전환되면서 행정법의 중요성이 더 커졌다.

❷ 작년 시험과 유사한 난도로 출제되었고 출제 비율은 작년과 유사하다.

❸ 박스형 문제와 사례 문제가 다수 출제되어 시간 안배에 어려움이 있있을 깃이다.

❹ 최신 판례가 출제되기보다는 기출에 충실했던 시험으로 기출문제 풀이를 착실하게 한 수험생들은 고득점이 가능했을 것이다.

출제 영역 분석

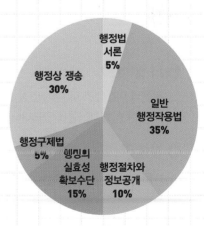

이 책의 구성과 특징

한 권으로 공무원 필기시험 합격하기!

최신 출제 경향에 맞춘 핵심이론과 보충·심화학습 자료

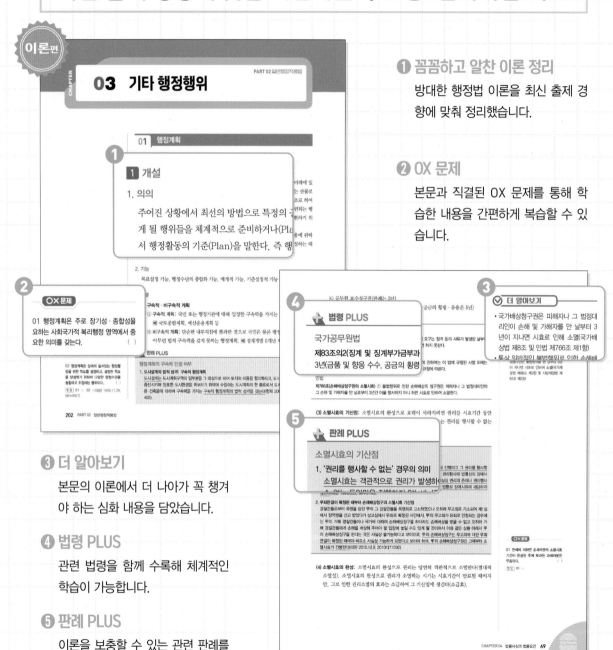

❶ 꼼꼼하고 알찬 이론 정리

방대한 행정법 이론을 최신 출제 경향에 맞춰 정리했습니다.

❷ OX 문제

본문과 직결된 OX 문제를 통해 학습한 내용을 간편하게 복습할 수 있습니다.

❸ 더 알아보기

본문의 이론에서 더 나아가 꼭 챙겨야 하는 심화 내용을 담았습니다.

❹ 법령 PLUS

관련 법령을 함께 수록해 체계적인 학습이 가능합니다.

❺ 판례 PLUS

이론을 보충할 수 있는 관련 판례를 모아 정리했습니다.

한 권으로 기출문제까지 섭렵하기!
핵심 이론과 직결된 Full수록 합격

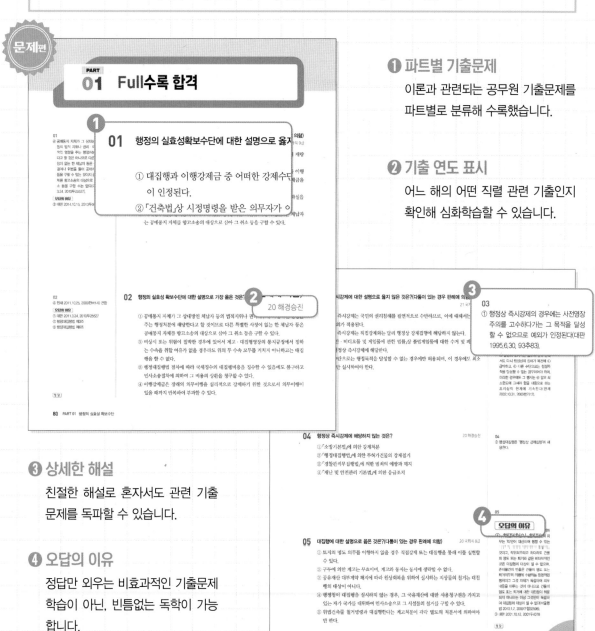

① 파트별 기출문제

이론과 관련되는 공무원 기출문제를 파트별로 분류해 수록했습니다.

② 기출 연도 표시

어느 해의 어떤 직렬 관련 기출인지 확인해 심화학습할 수 있습니다.

③ 상세한 해설

친절한 해설로 혼자서도 관련 기출 문제를 독파할 수 있습니다.

④ 오답의 이유

정답만 외우는 비효과적인 기출문제 학습이 아닌, 빈틈없는 독학이 가능합니다.

공무원 합격의 1등 공신!

안녕하세요? 2022년 지방직 9급 공무원 일반행정직에 합격한 강○○이라고 합니다.

공무원 시험 공부를 시작하면서 흔히 '노베이스'라고 이야기하는 경우가 바로 저였습니다. 기초가 정말 부족해서 공무원 시험에 응시할 마음을 먹기조차 겁났습니다. 많은 사람들이 공무원 시험을 준비하고 있는데 '과연 내가 할 수 있을까?'라는 생각이 가장 많이 들었습니다. 공무원 시험을 준비하려고 마음먹고 서점에서 여러 가지 관련 수험서를 비교해 보다가 도서가 눈에 딱 들어왔고 이 책으로 공부를 시작하게 되었습니다. "SD에듀 공무원 시리즈"로 그야말로 바닥부터 공부해서 오늘날 합격한 저에게 가장 큰 도움이 되었다고 할 수 있습니다.

공무원 시험에는 과목이 많은데, 각 과목의 특성을 잘 고려해서 만든 기본서라는 생각이 들었습니다. 공무원 기본서 시리즈들을 많이 봐 왔는데, 가장 성의 있게 만든 수험서라고 생각이 들 정도로 내용이 좋았습니다. '기본서'라는 포지션에 충실하게 전 영역의 이론이 들어 있으면서도 불필요한 내용은 최대한 배제되어 있다는 느낌을 받을 수 있었습니다. 또한 이론을 적용해 볼 수 있는 기출문제가 파트별로 있어서 기본서이지만 문제집의 역할도 하고 있었습니다. 이론을 학습하고, 문제로 실력을 확인하고, 부족한 부분은 다시 복습하는 방법으로 공부를 했습니다. 기출이나 모의고사 문제를 풀다가 막히는 개념이 나올 때마다 다시 이론을 찾아보며 도움을 많이 받았습니다.

동영상 강의도 제공하고 있어서 학습에 활용할 수 있다는 것이 가장 큰 장점이라고 생각합니다. 제공되는 여러 가지 학습 자료를 잘 활용해서 계획적으로 공부한다면 누구나 얼마든지 합격할 수 있을 것입니다. 남들은 기출을 몇 회독씩 할 때 저는 기출을 풀 실력이 안 돼서 기본서를 3회독하였습니다. 그랬더니 조금씩 문제의 답이 보이기 시작했습니다. '노베이스'인 저도 해냈습니다!

여러분도 "공무원 기본서 시리즈"와 함께 미래의 공무원을 꿈꾸시길 바랍니다.

15주 ALL-IN-ONE

행정법

(주)시대고시기획

혼자 공부하기 힘드시다면 방법이 있습니다.
SD에듀의 동영상강의를 이용하시면 됩니다.

www.sdedu.co.kr ➔ 회원가입(로그인) ➔ 강의 살펴보기

이 책의 차례

행정법 서론

01 행정

01 행정의 의미

1 행정의 개념

근대 입헌국가가 성립하기 이전인 절대군주국가 시대에서도 오늘날의 행정(行政)에 해당하는 국가작용이 존재하기는 하였지만, 절대군주의 통치권의 일환일 뿐이었으므로 오늘날과 같은 행정이라는 개념은 성립하지 않았다.

오늘날과 같은 행정의 개념은 역사적으로 형성·발전된 것으로서 근대 입헌국가의 탄생과 함께 시작되었다. 즉, 근대 입헌주의의 권력분립 원칙에 따라 입법, 사법과 구별되는 개념으로서 행정의 관념이 성립하였다.

2 형식적 의미의 행정과 실질적 의미의 행정

1. 형식적 의미의 행정

국가기관을 기준으로 한 개념으로서 행정부에 속하는 기관에 의해 이루어지는 모든 작용을 의미한다. 즉 실정법에 의해 행정부의 권한으로 부여되는 작용으로, 행정의 내용·기능과 상관없이 행정기관에 의해 행해지는 모든 활동을 의미한다.

2. 실질적 의미의 행정

결과실현설 (양태설, 다수설)	• 행정은 법을 집행함으로써(규제를 받으면서) 공익이라는 현실적인 결과를 실현하는 능동적 작용 • 입법과 사법이 국가목적의 소극적 실현작용임에 반해, 행정의 적극적 실현이라는 양태(모습)를 강조
소극적 공제설	• 국가작용 중 입법과 사법을 제외한 나머지를 행정으로 보는 입장 • 행정의 실질적인 내용도 적극적으로 밝히지 못한다는 단점
적극설	법의 지배를 받으면서 현실적·구체적으로 국가목적의 적극적인 실현을 향하여 행하여지는 전체로서의 통일성을 가진 계속적인 형성 활동

개념징표설	• 포르스트호프(Forsthoff): "행정은 정의될 수 없고, 단지 기술될 수 있을 뿐이다."
	• 행정의 징표
	  – 공익실현을 내용으로 하는 사회형성적 작용
	  – 장래에 대한 능동적인 형성작용
	  – 구체적 처분에 의하여 그 목적을 실현하는 작용
	  – 적극적 미래지향적 형성작용

3. 형식적 의미의 입법 · 행정 · 사법과 실질적 의미의 입법 · 행정 · 사법 구분

구분		국가작용의 성질		
		실질적 의미의 입법	실질적 의미의 행정	실질적 의미의 사법
기관분배 권한의 성질	형식적 의미의 입법	〈입법부의 법 정립〉 • 법률 제정 • 국회규칙 제정	• 국회사무총장의 소속직원 임명 • 국회예산의 집행	• 국회의원 자격심사 • 국회의원 징계

	형식적 의미의 행정	• 법규명령의 제정
		  – 대통령령
		  – 총리령
		  – 부령
		• 행정규칙의 제정
		• 조례의 제정
		• 규칙의 제정
		• 대통령의 긴급명령, 긴급재정 · 경제명령 제정
			〈행정부가 법 집행〉
			• 허가 · 인가 · 특허 · 운전면허 등
			• 각종 처분 등
			  예 조세부과 처분
			• 각종 처분의 취소, 철회
			• 공증=각종 증명서 발급
			• 공무원 신규 임명
			• 대통령의 대법원장 대법관 임명
			• 정부의 예산편성 및 집행
			• 병력의 취득, 관리
			• 군 당국의 징발처분
			• 토지수용, 행정대집행
			• 조세체납처분
				〈행정심판위원회 재결〉
				• 토지수용위원회 이의재결
				• 징계위원회 징계의결
				• 소청심사위원회 재결 · 결정
				• 국가배상심의회 배상결정
				• 귀속재산소청심의회 판정
				• 통고처분
				• 검사의 공소제기(→ 검사는 법무부 소속)

	형식적 의미의 사법	대법원규칙제정	• 대법원장, 법원행정처장의 소속 직원 임명 • 대법원장의 일반법관 임명 • 등기사무 • 법원예산의 집행 • 법원에서의 집행문 발부 • 법정경찰권의 발동	〈사법부가 재판담당〉 법원의 재판

3 행정의 분류

1. 주체에 의한 분류

(1) **국가행정**: 국가가 직접적으로 국가기관을 통하여 행하는 행정

(2) **자치행정**: 자치단체 또는 공공단체가 국가의 간섭으로부터 벗어나 행하는 행정

(3) **위임행정**: 공공단체, 기관 또는 개인이 국가 또는 공공단체의 위임에 의해, 국가 또는 공공단체를 대신하여 수행하는 행정(단체 · 기관 · 사인위임사무)

2. 목적 · 내용에 의한 분류

(1) **조달행정**: 행정청이 행정목적을 달성하기 위해 필요한 인적 · 물적 자원(수단)을 확보하고 관리하기 위한 행정작용 예 청사 부지의 마련을 위한 부동산 매입

(2) **공과행정**: 행정청이 소요하는 재원마련을 위해 조세 기타 공과금을 부과 · 징수하고 이를 관리하는 행정작용 예 조세 기타 공과금 징수

(3) 계획행정: 행정청이 사전에 수립된 목표나 계획을 실행하기 위한 행정작용 예 도시계획, 건축계획

(4) 유도행정: 행정청이 국민을 목표한 방향으로 유도하기 위해 지원이나 규제를 행하는 행정작용 예 친환경자동차 도입을 위한 보조금 지급

(5) 급부행정: 사람들의 생존에 필수불가결한 재화나 용역을 제공하는 행정작용 예 공급행정, 사회보장행정, 조성행정

(6) 질서행정(=경찰행정): 사회공공의 안녕과 질서에 대한 위험을 방지하는 것을 목적으로 하는 행정작용 예 교통정리, 영업규제, 감염병예방활동

3. 효과에 의한 분류

(1) 침익적 행정: 국민의 자유와 권리를 제한하거나 의무를 부과하는 행정작용

(2) 수익적 행정: 국민에게 권리나 이익을 부여하는 행정작용

(3) 복효적 행정: 행정행위의 상대방에게 수익적 행정의 효과와 침익적 행정의 효과를 동시에 주거나, 행정행위의 상대방에 대하여는 수익적 효과가 발생하나, 제3자에 대하여는 침익적 효과를 수반하는 행정작용

4. 수단에 의한 분류

(1) 권력적 행정: 국가 또는 공공단체가 사인에게 명령·강제하는 작용

(2) 비권력적 행정: 권력적 행정과는 반대로 국가 또는 공공단체가 사인과 동등한 관계에서 사업을 관리·경영하는 행정작용

(3) 국고행정

① **협의의 국고행정:** 행정주체인 국가 또는 공공단체가 사법(私法)상 주체로서 하는 행정작용으로 잡종재산(일반재산)인 국유림, 국유임야 등을 국민에게 매각하는 것을 의미한다. 이에 대한 법적 분쟁은 '민사소송'의 대상이 된다.

② **행정사법(行政私法):** 국가가 보다 많은 자유를 추구하기 위해 행정법상 영역을 민법으로 수행하는 경우를 의미하며, 이는 공법과 사법이 혼합되어 있는 영역에 해당한다. 예 철도, 가스운송사업

5. 형식에 의한 분류

(1) 공법상 행정: 공법의 규율을 받는 행정 예 권력행정, 관리행정

(2) 사법상 행정: 사법의 규율을 받는 행정 예 협의의 국고행정, 행정사법

02 통치행위이론

1 개념

통치권자의 <u>고도의 정치적인 결단행위</u>나 국가적 이익에 직접적으로 관련되는 행위는 법원의 심사 대상에서 제외시키자는 이론을 말한다. 통치행위는 법치주의의 후퇴를 의미하기 때문에 점차 축소되는 경향을 띠고 있다. 그러나 현재 통설·판례의 입장은 통치행위의 개념을 긍정하고 있다.

2 논의의 전제

1. 원칙

열기주의 입장에서는 통치행위이론을 전제하지 않아도 통치권자의 고도의 정치적 결단행위가 법원의 심사대상이 되기는 힘들지만, 개괄주의 입장에서는 통치행위이더라도 법원의 심사대상이 될 가능성이 크다. 따라서 통치행위이론의 논의 전제조건은 <u>개괄주의</u>이다.

2. 개괄주의

국민의 권익과 관련된 사항은 <u>원칙적으로 사법심사의 대상이 된다</u>는 입장이다. 단, 고도의 정치적 영역과 관련된 사항에서는 사법심사가 부적절함을 인정한다.

3 통치행위의 인정여부

1. 긍정설

(1) 권력분립설(내재적 한계설): 사법부는 정치적 성격이 강한 통치행위에 대해 심사할 권한이 없다는 견해로 권력분립의 원리상 사법권에 내재적 한계를 인정하는 학설이다.

(2) 사법부자제설: 헌법재판소의 입장으로 사법의 정치화를 막기 위해 자제하는 것이 타당하다는 견해이다.

2. 부정설

법치주의와 개괄주의를 근거로 모두 사법심사의 대상이 된다는 입장이다.

4 통치행위의 적용영역

1. 행정부, 입법부

통치행위는 주로 행정부(대통령)나 입법부(국회)에 의해서 이루어진다.

2. 사법부

사법부는 통치행위에 해당하는지 여부를 판단하는 재판기관이므로, 사법부에 의하여 통치행위가 이루어질 가능성은 현실적으로 크지 않다.

⊘ 더 알아보기

- **열기주의**(=열거주의): 소송대상을 개별화하여 특정된 사항만 소송제기가 가능하도록 하는 제도이다. 소송범위는 명확하나 권리구제가 협소하다는 단점이 있다.
- **개괄주의**: 행정청의 위법 또는 부당한 처분에 대하여 일반적으로 행정소송을 제기할 수 있는 제도이다. 국민의 권리구제에는 충실하나, 남소 또는 행정소송 한계의 불명료를 초래할 수 있다.

○✕ 문제

01 통치행위는 점차 확대되는 경향이다. ( )

02 통치행위이론의 논의 전제조건은 열기주의이다. ( )

03 우리나라 대법원은 주로 사법부자제설의 입장이다. ( )

04 통치행위에 부수하는 행위는 통치행위의 일환으로서 사법심사의 대상이 아니다. ( )

정답 01 × 02 × 03 × 04 ×(통치행위에 부수하는 행위가 위법→ 행정소송의 대상, 국가배상책임 발생)

판례 PLUS

통치행위의 판단주체

통치행위의 개념을 인정한다고 하더라도 과도한 사법심사의 자제가 기본권을 보장하고 법치주의 이념을 구현하여야 할 법원의 책무를 태만히 하거나 포기하는 것이 되지 않도록 그 인정을 지극히 신중하게 하여야 하며, 그 판단은 오로지 사법부만에 의해서 이루어져야 한다(대판 2004.3.26, 2003도7878).

5 판례의 태도

1. 대법원

대법원은 <u>권력분립설 내지는 사법자제설</u>의 입장에서 통치행위를 긍정한다.

 판례 PLUS

사법심사 인정 여부에 관한 대법원 판례

1. 남북정상회담의 개최과정에서의 대북 송금행위: 적극

남북정상회담의 개최는 고도의 정치적 성격을 지니고 있는 행위라 할 것이므로 특별한 사정이 없는 한 그 당부를 심판하는 것은 사법권의 내재적·본질적 한계를 넘어서는 것이 되어 적절하지 않지만, 남북정상회담의 개최과정에서 재정경제부장관에게 신고하지 아니하거나 통일부장관의 협력사업 승인을 얻지 아니한 채 북한측에 사업권의 대가 명목으로 송금한 행위 자체는 사법심사의 대상이 된다(대판 2004.3.26, 2003도7878).

2. 비상계엄의 선포, 확대행위: 한정 적극

대통령의 비상계엄의 선포나 확대행위는 고도의 정치적·군사적 성격을 지니고 있는 행위이므로, 그것이 헌법이나 법률에 위반되는 것으로서 명백하게 인정될 수 있는 등의 특별한 사정이 없는 한 계엄선포의 요건 구비여부나 선포의 당·부당을 판단할 권한이 사법부에는 없다. 다만, 비상계엄의 선포나 확대가 국헌문란의 목적을 달성하기 위하여 행하여진 경우에는 법원은 그 자체가 범죄행위에 해당하는지의 여부에 관하여 심사할 수 있다(대판 1997.4.17, 96도3376 전합).

3. 서훈취소: 적극

서훈취소는 서훈수여의 경우와는 달리 이미 발생된 서훈대상자 등의 권리 등에 영향을 미치는 행위로서 관련 당사자에게 미치는 불이익의 내용과 정도 등을 고려하면 사법심사의 필요성이 크다. 따라서 기본권의 보장 및 법치주의의 이념에 비추어 보면, 비록 서훈취소가 대통령이 국가원수로서 행하는 행위라고 하더라도 법원이 사법심사를 자제하여야 할 고도의 정치성을 띤 행위라고 볼 수는 없다(대판 2015.4.23, 2012두26920).

2. 헌법재판소

헌법재판소도 통치행위의 개념을 긍정한다. 다만, 고도의 정치적 결단에 의한 국가작용이라도 국민의 기본권 침해와 직접 관련되는 경우에는 당연히 헌법재판소의 심판대상이 된다는 입장이다.

판례 PLUS

사법심사 인정 여부에 대한 헌법재판소 판례

1. 신행정수도의 건설 또는 수도의 이전: 적극

신행정수도건설이나 수도이전의 문제가 정치적 성격을 가지고 있는 것은 인정할 수 있지만, 그 자체로 고도의 정치적 결단을 요하여 사법심사의 대상으로 하기에는 부적절한 문제라고까지는 할 수 없다. 법률의 위헌여부가 헌법재판의 대상으로 된 경우 당해법률이 정치적인 문제를 포함한다는 이유만으로 사법심사의 대상에서 제외된다고 할 수는 없다. 대통령의 의사결정이 국민의 기본권 침해와 직접 관련되는 경우에는 헌법재판소의 심판대상이 될 수 있고, 그 의사결정과 관련된 법률도 헌법재판소의 심판대상이 될 수 있다 (헌재 2004.10.21, 2004헌마554 · 556).

2. 자이툰부대의 이라크 파병: 소극(사법부자제설)

외국에의 국군의 파견결정은 파견군인의 생명과 신체의 안전뿐만 아니라 국제사회에서의 우리나라의 지위와 역할, 동맹국과의 관계, 국가안보문제 등 궁극적으로 국민 내지 국익에 영향을 미치는 복잡하고도 중요한 문제로서 국내 및 국제정치관계 등 제반 상황을 고려하여 미래를 예측하고 목표를 설정하는 등 고도의 정치적 결단이 요구되는 사안이다. …(중략)… 그렇다면 이 사건 파견결정은 그 성격상 국방 및 외교에 관련된 고도의 정치적 결단을 요하는 문제로서, 헌법과 법률이 정한 절차를 지켜 이루어진 것임이 명백하므로, 대통령과 국회의 판단은 존중되어야 하고 헌법재판소가 사법적 기준만으로 이를 심판하는 것은 자제되어야 한다(헌재 2004.4.29, 2003헌마814).

3. 대통령의 긴급재정경제명령: 적극(금융실명제의 실시)

대통령의 긴급재정경제명령은 국가긴급권의 일종으로서 고도의 정치적 결단에 의하여 발동되는 행위이고 그 결단을 존중하여야 할 필요성이 있는 행위라는 의미에서 이른바 통치행위에 속한다고 할 수 있으나, 통치행위를 포함하여 모든 국가작용은 국민의 기본권적 가치를 실현하기 위한 수단이라는 한계를 반드시 지켜야 하는 것이고, 헌법재판소는 헌법의 수호와 국민의 기본권 보장을 사명으로 하는 국가기관이므로 비록 고도의 정치적 결단에 의하여 행해지는 국가작용이라고 할지라도 그것이 국민의 기본권 침해와 "직접" 관련되는 경우에는 당연히 헌법재판소의 심판대상이 된다(헌재 1996.2.29, 93헌마186).

02 행정법

01 행정법의 개념

1 의의

행정법은 행정조직 · 행정작용 및 행정구제에 관한 국내공법을 의미한다. 행정법은 단일법전이 없으며, 행정부의 조직 · 권한과 상호관계에 관한 행정조직법, 행정주체가 행정 목적 달성을 위해 행하는 모든 공법적 규율인 행정작용법 및 행정작용으로 인한 국민의 권익침해에 대한 구제로서 행정구제법을 포괄하여 행정법이라고 한다.

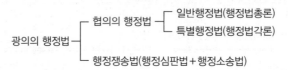

[행정법의 체계]

광의의 행정법 ┬ 협의의 행정법 ┬ 일반행정법(행정법총론)
            │   └ 특별행정법(행정법각론)
            └ 행정쟁송법(행정심판법＋행정소송법)

2 공법으로서의 행정법

1. 행정법은 '행정'에 관한 공법

행정법은 행정에 관한 법으로 입법법과 사법법 그리고 헌법과 구별된다.

2. 행정법은 행정에 관한 '공법'

행정법은 일반적으로 행정권의 우월한 지위에서 명령 · 강제할 수 있으며, 사인과 같은 지위에서 행하여질 때에는 사법(私法)의 적용을 받는다.

3. 행정법은 행정에 관한 '국내공법'

행정법은 국내행정에 관한 공법만이 해당되는 것이 원칙이지만, 헌법에 의해 체결 · 공포된 조약 및 일반적으로 승인된 국제법규도 국내법과 동일한 효력을 갖기 때문에 국내의 행정과 관련된 것은 행정법에 포함된다.

3 행정법의 특성

1. 형식상 특성

(1) 성문성: 국민의 예측가능성과 법적 안정성을 보장하기 위하여 성문의 형식을 취함을 원칙으로 한다. 그러나 불문법도 행정법의 보충적 법원으로 인정된다.

(2) 형식의 다양성: 행정법을 구성하는 법의 형식은 법률, 명령, 규칙, 조례, 국제법규 등 다양하다.

2. 성질상 특성

(1) 획일성 및 강행성: 행정법은 다수의 국민을 상대로 행정목적 달성을 위해 공공의 견지에서 개개인의 의사 여하를 불문하고 획일적이며 강행적으로 규율한다.

(2) 행위규범성(법치행정의 원리상), 기술성 및 수단성(합목적적 행정목적 실현을 위한 절차, 정치적 변동에 둔감) 등의 특성이 있다.

3. 내용상 특성

(1) 공익우선성: 행정법은 공익 상호 간 또는 공익과 사익 상호 간을 규율하는 법으로 사익에 대한 공익의 우월성을 인정한다. 이때 공익의 사익에 대한 우월성은 일반적으로 그렇다는 의미이며, 개별적 사안에서 공익이 항상 사익에 우월하다는 것을 의미하지는 않는다.

(2) 행정주체의 우월성: 행정주체는 공익실현을 위하여 일반 사인에 대하여 공권력을 행사하는 지위에 있으므로 행정주체는 일반 사인보다 우월한 지위에 있다. 이러한 행정주체의 우월성은 행정주체의 고유한 성질이라기보다는, 행정의 실효성을 확보하기 위하여 부여된 것이다.

(3) 집단성 및 평등성: 행정법은 불특정 다수인을 규율대상으로 하므로, 다수인간에 평등이 보장되도록 적용되어야 한다.

4 행정법의 기본원리

1. 행정법의 헌법상 기본원리

(1) 민주주의원리: 현행 헌법은 대한민국이 민주국가임을 규정하고 있고(헌법 제1조 제1항), 행정의 영역에서 민주주의원리를 실현하기 위하여 여러 규정을 두고 있다.
  ① 법률로써도 침해가 불가능한 고유한 인권의 영역이 국민 개개인에게 있음을 헌법이 규정(헌법 제37조 제2항)하고 있다.
  ② 대표제·임기제의 채택과 아울러 선거를 통해 정부에게 책임을 묻는 제도를 요구한다.
  ③ 행정결정 과정에 국민의 참여를 요구한다.
  ④ 국민이 행정에 참여하고 행정에 책임을 묻는 것을 전제로 이루어지기 때문에 행정의 공개성을 요구한다. 일반법으로 「공공기관의 정보공개에 관한 법률」이 있고, 「행정절차법」도 행정상 입법예고제(동법 제41조~제45조) 및 행정예고제(동법 제46조~제47조)를 규정하고 있다.

(2) 법치주의원리

① 실질적 의미로 법치주의란 정의(正義)의 이념에 근거하여 정의를 추구하는 국가를 말하고, 형식적 의미로 법치주의란 모든 국가권력 행사가 법률로써 예측하는 것이 가능한 국가로 정의한다.

② 우리 헌법에서는 기본권 보장규정(헌법 제2장), 권력분립원리에 관한 규정(헌법 제40조, 제66조 제4항, 제101조 제1항), 포괄적 위임입법금지에 관한 규정(헌법 제75조, 제95조), 사법심사제도(헌법 제107조) 등을 통해 법치주의를 실현한다.

→ 헌법이 지향하는 법치주의는 실질적 의미와 형식적 의미를 모두 추구하는 법치주의라고 해석된다.

(3) 사회복지주의원리 : 헌법은 모든 국민들에게 최소한의 인간다운 삶의 보장뿐만 아니라 동시에 모든 국민의 생활조건을 좀 더 향상된 단계로 이끌어가는 것을 국가의 임무로 규정하면서 사회복지주의원리를 규정한다.

2. 행정의 법률적합성의 원칙

법치행정의 원리상 행정은 당연히 법률에 적합한 것이어야 한다. 공권력 앞에서 개인의 보호를 위한 법치행정의 주된 내용을 구성하는 원칙으로서 전체 공행정은 합헌적 법률에 따라 수행되어야 한다. 민주주의원리의 한 표현으로, '법률우위의 원칙'과 '법률유보의 원칙' 등으로 구성된다.

법률유보의 원칙	법률우위의 원칙
• 적극적 원칙 • 형식적 의미의 법률 • 적용에 있어 학설의 대립	• 소극적 원칙 • 모든 법(행정규칙 제외) • 모든 영역에 적용

02 법치주의(법치행정원리)

1 의의

법치주의(法治主義)란 국가가 국민의 권리를 제한하거나 의무를 부과할 때에는 국회에서 제정한 법률에 근거가 있어야 함을 의미한다. 이는 국민의 자유와 권리를 보장하기 위함이다.
법치주의는 17세기 명예혁명(1688)을 기점으로 3대 시민혁명 이후 의회의 권한이 강화되고, 군주세력이 약화되면서 의회 주권이 인정되어 의회가 실질적으로 통치의 중심으로 등장하면서 형성되었다.
최근에 제정된 행정기본법에서도 법치행정의 원칙을 명문화하였다(행정기본법 제8조).

 법령 PLUS

행정기본법
제8조(법치행정의 원칙) 행정작용은 법률에 위반되어서는 아니 되며, 국민의 권리를 제한하거나 의무를 부과하는 경우와 그 밖에 국민생활에 중요한 영향을 미치는 경우에는 법률에 근거하여야 한다.

2 형식적 법치주의와 실질적 법치주의

1. 형식적 법치주의

법률의 형식만을 강조하는 입장으로, 법률에 근거를 두기만 하면 국가권력의 합법성과 정당성을 부여한다. 합법성만 가지게 되면 모든 국가권력의 행사는 정당한 것이 되므로 합법적 독재가 가능하게 되었고, 이로 인해 국민의 기본권을 제대로 보장하지 못한다는 문제점이 나타났다.

2. 실질적 법치주의

제2차 세계대전 이후 형식적 법치주의의 문제점을 극복하기 위해 이에 대한 반성으로부터 등장한 입장으로 법률의 형식은 물론 법률의 내용과 목적까지도 정의에 부합해야 한다는 이념이다.

 판례 PLUS

실질적 법치주의
오늘날의 법치주의는 국민의 권리·의무에 관한 사항을 법률로써 정해야 한다는 형식적 법치주의에 그치는 것이 아니라 그 법률의 목적과 내용 또한 기본권 보장의 헌법이념에 부합되어야 한다는 실질적 법치주의를 의미한다. 헌법 제38조, 제59조가 선언하는 조세법률주의도 이러한 실질적 법치주의를 뜻하는 것이므로 비록 과세요건이 법률로 명확히 정해진 것일지라도 그것만으로 충분한 것이 아니고 조세법의 목적이나 내용이 기본권 보장의 헌법이념과 이를 뒷받침하는 헌법상의 제원칙에 합치되지 아니하면 아니된다(헌재 2002.5.30. 2001헌바65).

3 법치행정의 원리

1. 법률의 법규창조력

국민의 권리를 제한하거나 의무를 부과하기 위해서는 국회에서 제정한 형식적 의미의 법률에 의해야 한다는 것이다. 즉 법률만이 국민의 권리나 의무 사항을 규율할 수 있다는 것이다.

2. 법률우위

(1) 의의: 헌법이 정하는 절차에 따라 제정된 법률은 헌법을 제외한 그 밖의 모든 국가의 사에 우월하고, 행정은 법률에 반할 수 없으며, 이 때 법률은 그 내용 또한 헌법에 합치되는 것이어야 한다는 원칙(=소극적 의미의 법률적합성의 원칙)을 말한다.

(2) 적용범위: 모든 법률에 적용된다. 따라서 헌법, 형식적 의미의 법률, 법규명령과 행정법의 일반원칙 등 불문법도 포함(법규성이 없는 행정규칙은 포함되지 않음)된다. 관습법도 포함된다.

(3) 위반의 결과: 위법한 행정작용의 법적 효과는 행위형식에 따라 상이하다. 위법하여 당연무효이거나, 중대·명백설에 따라 무효 또는 취소의 대상이 되기도 한다.

3. 법률유보

(1) 의의: 구체적인 행정작용 시 국회에서 제정한 형식적 의미의 법률에 근거가 있어야 함을 의미한다. 이는 법치주의의 적극적 측면을 의미한다.

(2) 적용범위

① 국회에서 제정한 형식적 의미의 법률인 성문법과 법률의 위임에 따라 제정된 법규명령을 포함한다. 따라서 관습법, 판례법, 조리와 같은 '불문법'이나 '예산'은 포함되지 않는다(통설).

② 현행법하에서 국회의 관여 없이 행정부의 명령에 의하여 국민의 권리를 제한하거나 의무를 부과하는 '배타적 행정유보'는 허용되지 않는다(통설).

구분	내용	비고
침해 유보설	국민의 자유와 권리를 제한하거나 의무를 부과하는 침해적 행정작용 시 법률에 근거가 있어야 한다.	특별권력관계(예 수형자)에는 법률유보가 적용되지 않는다.
신(新) 침해 유보설	특별권력관계의 경우에도 법률유보가 적용되어야 한다는 점에서만 침해유보설과 차이가 있다.	특별권력관계에도 법률유보가 적용된다.
전부 유보설	국가의 모든 행정작용 시 법률의 근거가 필요하다는 입장으로, 법으로부터의 자유로운 행정영역의 관념을 부정한다.	• 국민주권주의와 의회민주주의를 강조한다. • 권력분립에 위반되므로 이상론에 불과하다는 비판을 받는다.
권력행정 유보설	침해적 행정작용은 물론이고, 권력적 행정작용 시 법률에 근거가 있어야 한다는 입장이다.	침해유보설의 틀을 벗어나지 못한다.

급부행정 유보설 (사회유보설)	침해적 행정작용은 물론이고, 급부행정 작용 시 법률에 근거가 있어야 한다.	법률이 수권(授權)이 없는 경우에 행정기 관은 국민에게 급부를 행할 수 없게 되므 로 국민의 지위를 오히려 약화시킨다.
중요사항 유보설 (본질성설)	• 행정작용이 기본권의 본질적 사항과 관련된 경우에는 법률의 근거가 있어 야 한다. • 법률유보의 범위뿐만 아니라, 법률유 보의 밀도(강도)에 대해서도 고려한다. • 의회유보란 위임금지를 통해 강화된 법 률유보로 중요사항유보설과 연결된다.	• 구체적 타당성을 강조한다. • 독일의 헌법재판소 '칼카르 결정'에서 유래되었다.

(3) **위반의 결과**: 법률유보원칙에 반하는 행정작용은 위법하다. 좀더 세분화 하면 행정작용이 법규명령이며 무효이고, 법적 근거 없이 행한 행정행위는 "중대명백설"에 의해 무효 또는 취소가 된다.

(4) **판례의 태도**: 헌법재판소는 중요사항유보설의 입장을 취하고 있다.

 판례PLUS

중요사항으로 인정한 예

1. KBS 방송수신료: 본질적 사항에 해당
① 오늘날 법률유보원칙은 단순히 행정작용이 법률에 근거를 두기만 하면 충분한 것이 아니라, 국가공동체와 그 구성원에게 기본적이고도 중요한 의미를 갖는 영역, 특히 국민의 기본권 실현과 관련된 영역에 있어서는 국민의 대표자인 입법자가 그 본질적 사항에 대해서 스스로 결정하여야 한다는 요구까지 내포하고 있다. → 의회유보원칙
② 텔레비전 방송수신료는 대다수 국민의 재산권 보장의 측면이나 한국방송공사에게 보장된 방송자유의 측면에서 국민의 기본권 실현에 관련된 영역에 속하고, 수신료금액의 결정은 납부의무자의 범위 등과 함께 수신료에 관한 본질적인 중요한 사항이므로 국회가 스스로 행하여야 하는 사항에 속하는 것임에도 불구하고 한국방송공사법 제36조 제1항에서 국회의 결정이나 관여를 배제한 채 한국방송공사로 하여금 수신료금액을 결정해서 문화관광부장관의 승인을 얻도록 한 것은 법률유보원칙에 위반된다(헌재 1999.5.27, 98헌바70).

2. 고급오락장: 본질적 사항에 해당
고급주택, 고급오락장이 무엇인지 하는 것은 취득세 중과세 요건의 핵심적 내용을 이루는 본질적이고도 중요한 사항임에도 불구하고 그 기준과 범위를 구체적으로 확정하지도 않고 또 그 최저기준을 설정하지도 않고 단순히 "대통령령으로 정하는 고급주택" 또는 "대통령령으로 정하는 고급오락장"이라고 불명확하고 포괄적으로 규정함으로써 실질적으로는 중과세 여부를 온전히 행정부의 재량과 자의에 맡긴 것이나 다름없을 뿐만 아니라, 입법목적, 지방세법의 체계나 다른 규정, 관련법규를 살펴보더라도 고급주택과 고급오락장의 기준과 범위를 예측해 내기 어려우므로 이 조항들은 헌법상의 조세법률주의, 포괄위임입법금지원칙에 위배된다(헌재 1998.7.16, 96헌바52).

3. 도시 및 주거환경정비법상 토지 등 소유자의 동의 요건: 본질적 사항에 해당
토지 등 소유자가 도시환경정비사업을 시행하는 경우 사업시행인가 신청 시 필요한 토지 등 소유자의 동의는 개발사업의 주체 및 정비구역 내 토지 등 소유자를 상대로 수용권을 행사하고 각종 행정처분을 발할 수 있는 행정주체로서의 지위를 가지는 사업시행자를 지정하는 문제로서 그 동의요건을 정하는 것은 국민의 권리와 의무의 형성에 관한 기본적이고 본질적인 사항이므로 국회가 스스로 행하여야 하는 사항에 속하는 것임에도 불구하고 사업시행인가 신청에 필요한 동의정족수를 토지 등 소유자가 자치적으로 정하여 운영하는 규약에 정하도록 한 것은 법률유보원칙에 위반된다(헌재 2011.8.30, 2009헌바128, 148 병합).

1. TV 수신료 징수업무: 본질적 사항에 해당하지 않음

    수신료 징수업무를 한국방송공사가 직접 수행할 것인지 제3자에게 위탁할 것인지, 위탁한다면 누구에게 위탁하도록 할 것인지, 위탁받은 자가 자신의 고유업무와 결합하여 징수업무를 할 수 있는지는 징수업무 처리의 효율성 등을 감안하여 결정할 수 있는 사항으로서 국민의 기본권 제한에 관한 본질적인 사항이 아니라 할 것이다. 따라서 방송법 제64조 및 제67조 제2항은 법률유보의 원칙에 위반되지 아니한다(헌재 2008.2.28, 2006헌바70).

2. 유공자단체의 대의원 정수 및 선임방법: 본질적 사항에 해당하지 않음

    각 국가유공자 단체의 대의원의 선출에 관한 사항은 각 단체의 구성과 운영에 관한 것으로서, 국민의 권리와 의무의 형성에 관한 사항이나 국가의 통치조직과 작용에 관한 기본적이고 본질적인 사항이라고 볼 수 없으므로, 법률유보 내지 의회유보의 원칙이 지켜져야 할 영역이라고 할 수 없다(헌재 2006.3.30, 2005헌바31).

03 행정법의 법원(法源)

1 의의

법원(法源)이란 법의 존재형식을 말한다. 법이 어떠한 형태로 존재하는지를 일컫는 것이다. 법원에는 법전의 형태로 존재하는 '성문법'과 법전에는 규정되지 않았지만 법으로서 인정되는 '불문법'으로 나누어진다.

2 성문법원

1. 헌법

국가의 통치조직과 통치작용의 기본원리 및 국민의 기본권을 보장하는 근본 규범으로 최고 규범에 해당한다. 우리나라의 헌법은 1948년 7월 17일에 제정되었고, 9차례 개헌되었다. 헌법에 위반되는 법규범은 위헌 무효이며, 헌법의 규정과 정신은 행정법 해석에 있어 지침과 기준이 된다.

2. 법률

국회에서 법률이라는 형식으로 제정한 규범으로, 법률은 헌법에 위반되는 내용을 가질 수 없으며, 헌법에 위반되는 내용이 있으면 헌법재판소의 위헌법률심판(헌법 제111조)의 대상이 된다. 또한 대통령의 긴급명령, 긴급재정경제명령은 법률과 동일한 효력을 갖는다(헌법 제76조 제1항).

확인 문제   21 해경승진

다음 중 행정법의 법원(法源)으로서 헌법이 직접 규정하고 있지 않은 것은?
① 중앙선거관리위원회규칙
② 대통령령, 총리령, 부령
③ 감사원규칙
④ 지방자치단체의 자치에 관한 규정

정답 ③(감사원법 규정)
①·②·④ 헌법 제75조, 제95조, 제114조, 제117조 규정

3. 조약 및 국제법규

(1) **문제점**: 헌법 제6조 제1항은 헌법에 의하여 체결 · 공포된 조약과 일반적으로 승인된 국제법규는 국내법과 같은 효력을 가진다고 규정하고 있는데, 여기서 국내법의 의미에 대해 견해가 대립되고 있다.

(2) **국내법의 의미**: 헌법에 의하여 체결, 공포된 조약과 일반적으로 승인된 국제법규는 원칙적으로 국내법 중 법률과 동등한 효력을 갖는다(통설 · 판례).

✓ 더 알아보기

• **국내법과 충돌 시**: 신법우선의 원칙, 특별법우선의 원칙, 상위법우선의 원칙에 의해 해결한다.

★ 판례 PLUS

조약 및 국제법규에 대한 판례의 태도

1. 관세 및 무역에 관한 협정(GATT)에 위반된 조례의 효력: 무효

특정 지방자치단체의 초 · 중 · 고등학교에서 실시하는 학교급식을 위해 위 지방자치단체에서 생산되는 우수 농수축산물과 이를 재료로 사용하는 가공식품을 우선적으로 사용하도록 하고 그러한 우수농산물을 사용하는 자를 선별하여 식재료나 식재료 구입비의 일부를 지원하며 지원을 받은 학교는 지원금을 반드시 우수농산물을 구입하는 데 사용하도록 하는 것을 내용으로 하는 위 지방자치단체의 조례안은 내국민대우 원칙을 규정한 '1994년 관세 및 무역에 관한 일반협정'(General Agreement on Tariffs and Trade 1994)에 위반되어 효력이 없다(대판 2005.9.9, 2004추10).

2. 불가침 및 교류협력에 관한 남북합의서의 법적 성격: 조약이 아님

남북 사이의 화해와 불가침 및 교류협력에 관한 합의서는 남북한 당국이 각기 정치적인 책임을 지고 상호간에 그 성의 있는 이행을 약속한 것이기는 하나 법적 구속력이 있는 것은 아니어서 이를 국가 간의 조약 또는 이에 준하는 것으로 볼 수 없고, 따라서 국내법과 동일한 효력이 인정되는 것도 아니다(대판 1999.7.23, 98두14525).

3. WTO 협정 위반을 이유로 사인이 국내법원에 반덤핑처분 취소의 소를 제기할 수 있는지: 소극

WTO 협정은 국가와 국가 사이의 권리 · 의무관계를 설정하는 국제협정으로, 그 내용 및 성질에 비추어 이와 관련한 법적 분쟁은 위 WTO 분쟁해결기구에서 해결하는 것이 원칙이고, 사인에 대하여는 위 협정이 직접 효력을 미치지 아니한다. 따라서 위 협정에 따른 회원국 정부의 반덤핑부과처분이 WTO 협정 위반이라는 이유만으로 사인이 직접 국내 법원에 회원국 정부를 상대로 그 처분의 취소를 구하는 소를 제기하거나 위 협정 위반을 처분의 독립된 취소사유로 주장할 수는 없다(대판 2009.1.30, 2008두17936).

4. 명령

국회에서 제정한 법률에 근거하여 행정부가 정립한 규범으로써 이를 '행정상 입법'이라고 한다. 명령은 내용에 따라 법규명령과 행정규칙(행정명령)으로 나누어지며 법규명령은 일반 국민의 권리 · 의무에 관한 사항을 규율하고 국가와 국민 모두에게 구속력을 가지는 반면에, 행정규칙은 일반 국민의 권리 · 의무에 관한 사항을 규율하지 않고 행정조직 내부에서만 구속력을 가진다.

[법규명령과 행정명령(규칙)]

구분	법규명령	행정명령(규칙)
법형식	대통령령 · 총리령 · 부령 등	훈령 · 고시 등
권력적 기초	일반권력관계	특별행정법관계
법적근거	• 위임명령: 법적근거 필요(→ 상위법령의 위임 필요) • 집행명령: 법적근거 불필요(수권)	법적근거 불필요

확인 문제   15년 경찰

행정법의 법원(法源)에 관한 설명이다. 다음 중 가장 적절하지 않은 것은?(다툼이 있으면 판례에 의함)

① 관습법은 성문법의 결여 시에 성문법을 보충하는 범위에서 효력을 갖는다.
② 헌법재판소법 제47조 제1항은 법률의 위헌결정은 법원과 그 밖의 국가기관 및 지방자치단체를 기속한다고 규정하고 있다.
③ 1994년 관세 및 무역에 관한 일반협정(GATT)이나 정부조달에 관한 협정(AGP)에 위반되는 조례는 그 효력이 없다.
④ 일반적으로 승인된 국제법규라도 의회에 의한 입법절차를 거쳐야 행정법의 법원(法源)이 된다.

정답 ④ 조약과는 달리 국회의 동의는 불필요
① 대판 1983.6.14, 80다3231
③ 대판 2005.9.9, 2004추10

성질	법규성(재판규범성, 대외적 구속력) 긍정	법규성(재판규범성, 대외적 구속력) 부정
위반의 효과	위법한 작용	곧바로 위법한 작용이 되는 것은 아님
존재형식	위법한 작용	조문의 형식 또는 구술
공포	공포 필요	공포 불필요
한계	법률유보의 원칙·우위의 원칙 적용	법률우위의 원칙만 적용

판례 PLUS

행정규칙의 내용이 상위법령에 반하는 경우, 당연무효인지 여부: 적극

'행정규칙'은 상위법령의 구체적 위임이 있지 않는 한 행정조직 내부에서만 효력을 가질 뿐 대외적으로 국민이나 법원을 구속하는 효력이 없다. 다만 행정규칙이 이를 정한 행정기관의 재량에 속하는 사항에 관한 것인 때에는 그 규정 내용이 객관적 합리성을 결여하였다는 등의 특별한 사정이 없는 한 법원은 이를 존중하는 것이 바람직하다. 그러나 행정규칙의 내용이 상위법령에 반하는 것이라면 법치국가원리에서 파생되는 법질서의 통일성과 모순금지 원칙에 따라 그것은 법질서상 당연무효이고, 행정내부적 효력도 인정될 수 없다. 이러한 경우 법원은 해당 행정규칙이 법질서상 부존재하는 것으로 취급하여 행정기관이 한 조치의 당부를 상위법령의 규정과 입법 목적 등에 따라서 판단하여야 한다(대판 2020.11.26, 2020두42262).

5. 자치법규(조례 · 규칙)

지방자치법상 자치법규에는 지방의회가 제정한 조례와 지방자치단체장이 정한 규칙이 있다. 자치법규는 상위규범인 헌법, 법률, 명령에 위반되어서는 안 되며, 조례와 규칙 중 조례가 상위규범이다.

3 불문법

1. 관습법

(1) **의의:** 관습에 의하여 형성된 법으로 공서양속에 위반되지 않는 사회생활상의 일정한 관행이 반복되어 국민들 사이에 법적 확신이 인정되는 경우에 성립된다.

(2) **법적 근거:** 행정청의 행정관행이 반복되어 국민들 사이에 법적 확신이 형성된 경우에는 행정선례법으로서 법원(法源)이 된다(행정절차법 제4조 제2항, 국세기본법 제18조 제3항 등).

법령 PLUS

행정절차법

제4조(신의성실 및 신뢰보호) ② 행정청은 법령등의 해석 또는 행정청의 관행이 일반적으로 국민들에게 받아들여졌을 때에는 공익 또는 제3자의 정당한 이익을 현저히 해칠 우려가 있는 경우를 제외하고는 새로운 해석 또는 관행에 따라 소급하여 불리하게 처리하여서는 아니 된다.

국세기본법

제18조(세법 해석의 기준 및 소급과세의 금지) ③ 세법의 해석이나 국세행정의 관행이 일반적으로 납세자에게 받아들여진 후에는 그 해석이나 관행에 의한 행위 또는 계산은 정당한 것으로 보며, 새로운 해석이나 관행에 의하여 소급하여 과세되지 아니한다.

판례 PLUS

(3) 관습법의 성립요건

① 반복된 관행이 존재해야 한다.

② 반복된 관행이 공서양속에 위반되지 않아야 한다.

③ 국민들 사이에 법적 확신이 있어야 한다.

④ 관습법이 성립되기 위해서 국가의 승인은 필요하지 않다.

 판례 PLUS

(4) 관습법의 효력: 관습법은 성문법에 비해 열후적, 보충적인 성격을 가진다(통설·판례). 다만, 예외적으로 관습헌법은 성문헌법과 동등한 효력을 가진다.

 판례 PLUS

(5) 관습법의 소멸·변경: 사회의 거듭된 관행으로 생성된 사회생활규범이 관습법으로 승인되었다고 하더라도 사회 구성원들이 그러한 관행의 법적 구속력에 대하여 <u>확신을 갖지 않게 되었다거나</u>, 사회를 지배하는 기본적 이념이나 사회질서의 변화로 인하여 그러한 관습법을 적용하여야 할 시점에 있어서의 <u>전체 법질서에 부합하지 않게</u> 되었다면 그러한 관습법은 법적 규범으로서의 효력이 부정된다(대판 2005.7.21, 2002다1178 전합).

2. 판례법

(1) 의의: 법원(法院)의 판결이나 헌법재판소의 결정 자체에 법적 구속력이 인정되는 경우를 말한다. 영미법계 국가에서는 판례의 법원성을 인정하나, 대륙법계 국가에서는 판례의 법원성을 대체로 부정한다.

(2) 판례의 법원성 인정 여부

① 대법원의 판례: 법원조직법 제8조(상급심 재판의 기속력)에 상급법원 재판에서의 판단은 <u>해당 사건에 한하여만</u> 하급심을 기속한다고 규정하고 있으므로, 대법원 판례의 법원성은 부정된다.

② 헌법재판소의 위헌결정: 헌법재판소법(제47조, 제67조)은 <u>위헌결정에 대해 기속력을 인정</u>하고 있으므로 헌법재판소의 위헌결정은 법원성을 가진다. 그러나 헌법재판소의 합헌결정은 법원성이 부정된다.

 법령 PLUS

제47조(위헌결정의 효력) ① 법률의 위헌결정은 법원과 그 밖의 국가기관 및 지방자치단체를 기속한다.
② 위헌으로 결정된 법률 또는 법률의 조항은 <u>그 결정이 있는 날부터 효력을 상실한다</u>.
③ 제2항에도 불구하고 형벌에 관한 법률 또는 법률의 조항은 소급하여 그 효력을 상실한다. 다만, 해당 법률 또는 법률의 조항에 대하여 종전에 합헌으로 결정한 사건이 있는 경우에는 그 결정이 있는 날의 다음 날로 소급하여 효력을 상실한다.

3. 조리(행정법의 일반원칙)

(1) 의의: 사물의 본질적 법칙이나 법의 일반원리를 의미한다. 여기에는 평등의 원칙, 자기구속법리, 비례의 원칙, 신뢰보호원칙, 부당결부금지원칙 등이 있다.

(2) 행정법과의 관계: 조리를 행정법상 일반원칙으로 보는 것이 일반적인 입장이다. 따라서 행정청의 처분이 행정법상 일반원칙을 위반하면 행정쟁송의 대상이 된다.

1 의의

행정법상 일반원칙은 행정법의 모든 분야에 적용된다. 행정법상 일반원칙을 위반한 행정청의 처분은 위법한 행위가 되므로 행정쟁송뿐만 아니라 국가배상법상 국가배상의 대상이 된다. 최근에 제정된 행정기본법은 종래에 학설과 판례로 정립된 행정법의 일반원칙을 명문화하였다(행정기본법 제9조 내지 제13조).

2 평등의 원칙

1. 의의 및 근거

행정청이 행정작용을 하면서 합리적 이유 없이 다른 사람과 차별하여서는 안 된다는 원칙을 말한다. 인간을 원칙적으로 평등하게 다룰 것과 국가로부터 차별대우를 받지 아니하도록 요구할 수 있는 권리이며, 헌법 제11조에서도 평등의 원칙을 규정하고 있다.

➕ 법령 PLUS

행정기본법
제9조(평등의 원칙) 행정청은 합리적 이유 없이 국민을 차별하여서는 아니 된다.

2. 적용 범위

평등의 원칙은 헌법상 원칙이면서 행정법상 일반원칙이므로, 모든 행정영역에서 적용된다.

3. 한계

헌법상 평등권이 보장됨을 이유로 불법적인 영역에서까지 평등권을 주장할 수 있는지가 문제되는데, 판례와 통설은 이를 부정한다. 국민이 행정청에 불법을 요구할 수 없기 때문이다.

4. 위반의 효과

행정청의 처분이 평등의 원칙에 위반되면 그 처분의 효력은 위헌, 위법하며, 이는 행정쟁송의 대상이 된다.

5. 판례의 태도

판례는 평등의 원칙에 위배되는 경우는 위헌, 위배되지 않는 경우는 합헌으로 결정하고 있다.

확인 문제 21 행정사

행정의 법원칙 중 행정기본법에 명문으로 규정하고 있는 것이 아닌 것은?
① 행정의 자기구속의 원칙
② 부당결부금지의 원칙
③ 성실의무 및 권한남용금지의 원칙
④ 비례의 원칙
⑤ 평등의 원칙

정답 ① 구체적인 규정 없음
② 제13조, ③ 제11조, ④ 제10조, ⑤ 제9조

평등의 원칙에 위배되는 경우: 위헌

1. 당직근무 대기중 심심풀이 화투놀이를 한 3명은 견책, 1명은 파면처분: 위헌

피고가 원고에 대한 징계처분으로 파면을 택한 것은 당직근무 대기자의 실정이나 공평의 원칙상 그 재량의 범위를 벗어나 위법한 것이다(대판 1972.12.26, 72누194).

2. 국유잡종재산에 대하여 취득시효를 부정한 것: 위헌

국유잡종재산은 사경제적(私經濟的) 거래의 대상으로서 사적 자치의 원칙이 지배되고 있으므로 시효제도의 적용에 있어서도 동일하게 보아야 하고, 국유잡종재산에 대한 시효취득을 부인하는 동 규정은 합리적 근거 없이 국가만을 우대하는 불평등한 규정으로서 헌법상의 평등의 원칙과 사유재산권 보장의 이념 및 과잉금지의 원칙에 반한다(헌재 1991.5.13, 89헌가97).

3. 청원경찰의 인원감축기준을 학력별로 선정한 경우: 취소 사유

행정자치부(현 행정안전부)의 지방조직 개편지침의 일환으로 청원경찰의 인원감축을 위한 면직처분대상자를 선정함에 있어서 초등학교 졸업 이하 학력소지자 집단과 중학교 중퇴 이상 학력소지자 집단으로 나누어 각 집단별로 같은 감원비율 상당의 인원을 선정한 것은 합리성과 공정성을 결여하고, 평등의 원칙에 위배하여 그 하자가 중대하다 할 것이나, 그렇게 한 이유가 시험문제 출제 수준이 중학교 학력 수준이어서 초등학교 졸업 이하 학력소지자에게 상대적으로 불리할 것이라는 판단 아래 이를 보완하기 위한 것이었으므로 그 하자가 객관적으로 명백하다고 보기는 어렵다(대판 2002.2.8, 2000두4057).

4. 제대군인가산점제도: 위헌

가산점제도는 제대군인에 비하여, 여성 및 제대군인이 아닌 남성을 부당한 방법으로 지나치게 차별하는 것으로서 헌법 제11조에 위배되며, 이로 인하여 청구인들의 평등권이 침해된다(헌재 1999.12.23, 98헌마363).

5. 국·공립사범대학 등 출신자를 국·공립학교 교사로 우선하여 채용: 위헌

국·공립사범대학 등 출신자를 교육공무원인 국·공립학교 교사로 우선하여 채용하도록 규정한 교육공무원법 제11조 제1항은 사립사범대학졸업자와 일반대학의 교직과정이수자가 교육공무원으로 채용될 수 있는 기회를 제한 또는 박탈하게 되어 결국 교육공무원이 되고자 하는 자를 그 출신학교의 설립주체나 학과에 따라 차별하는 결과가 되는 바, 이러한 차별은 합리적인 근거가 없으므로 헌법상 평등의 원칙에 어긋난다(헌재 1990.10.8, 89헌마89).

평등의 원칙에 위배되지 않는 경우: 합헌

1. 녹지구역에서 LPG충전소 설치를 금지하는 것: 합헌

주유소와 LPG충전소는 '위험물저장시설'이라는 점에서 공통점이 있으나, LPG는 석유에 비하여 화재 및 폭발의 위험성이 훨씬 커서 주택 및 근린생활시설이 들어설 지역에 LPG충전소의 설치금지는 불가피하다 할 것이고 석유와 LPG의 위와 같은 차이를 고려하여 연구단지내 녹지구역에 LPG충전소의 설치를 금지한 것은 위와 같은 합리적 이유에 근거한 것이므로 평등원칙에 위배된다고 볼 수 없다(헌재 2004.7.15, 2001헌마646).

2. 일반직의 정년은 58세로 규정하면서, 전화교환직렬은 53세로 차등규정한 것: 합헌

일반직 직원의 정년을 58세로 규정하면서 전화교환직렬 직원만은 정년을 53세로 규정하여 5년간의 정년차등을 둔 것이 사회통념상 합리성이 있으므로 평등원칙에 위반되지 않는다(대판 1996.8.23, 94누13589).

3. 국유잡종재산을 무단점유한 사람에게 통상 대부료의 20%를 할증한 변상금을 부과한 것: 합헌

헌법 제11조 제1항의 평등의 원칙이란, 모든 국민이 모든 경우에 모든 점에서 똑같이 취급되어야 한다는 절대적 평등을 뜻하는 것이 아니라 규율대상의 차이를 전제로 한 상대적 평등을 말하는 것이므로, 위와 같은 차이가 있는 경우에 그에 상응하는 합리적 차별까지 배제되는 것은 아니다(대판 2008.5.15, 2005두11463).

3 평등의 원칙을 근거로 한 자기구속법리

1. 의의

행정의 재량영역에서 일정한 관행이 형성된 경우에 행정청은 동일한 사안에서 그 관행에 따라 행정작용을 해야 할 자기구속을 받는다. 즉, 행정청 스스로 행정관행에 구속되는 효과가 발생하는데, 이를 자기구속의 법리라고 한다.

2. 기능

행정의 자의를 방지하여 행정을 통제하고 국민의 권익을 보호할 수 있으나, 반면에 행정의 경직성을 초래하여 탄력적인 운용이 어려울 수 있다.

3. 성립요건

(1) **행정청의 '재량행위'일 것**: 행정청의 재량행위이더라도 행정관행이 성립하는 경우에는 행정청 스스로 그 관행에 구속되어야 한다는 것이다. 그러므로 기속행위에서는 자기구속법리가 인정되지 않는다.

(2) **동일한 관행의 '반복'일 것**: 동일한 행정청에서 동종의 사안에 대하여 행한 관행이어야 한다.

(3) **행정청의 '행정선례'가 존재할 것**: 현실적인 행정선례가 존재해야 자기구속법리가 성립될 수 있다(통설 · 판례).

판례 PLUS

자기구속의 법리

'행정규칙이나 내부지침'을 위반한 행정처분이 위법하게 되는 경우, 상급행정기관이 하급행정기관에 대하여 업무처리지침이나 법령의 해석적용에 관한 기준을 정하여 발하는 이른바 '행정규칙이나 내부지침'은 일반적으로 행정조직 내부에서만 효력을 가질 뿐 대외적인 구속력을 갖는 것은 아니므로 행정처분이 그에 위반하였다고 하여 그러한 사정만으로 곧바로 위법하게 되는 것은 아니다. 다만, 재량권 행사의 준칙인 행정규칙이 그 정한 바에 따라 되풀이 시행되어 행정관행이 이루어지게 되면 평등의 원칙이나 신뢰보호의 원칙에 따라 행정기관은 그 상대방에 대한 관계에서 그 규칙에 따라야 할 자기구속을 받게 되므로, 이러한 경우에는 특별한 사정이 없는 한 그를 위반하는 처분은 평등의 원칙이나 신뢰보호의 원칙에 위배되어 재량권을 일탈 · 남용한 위법한 처분이 된다(대판 2009.12.24, 2009두7967).

4. 효과

행정규칙을 법규로 전환시키는 역할을 하므로 자기구속의 원칙에 반하면 위헌 · 위법이 되어 항고소송 및 국가배상청구도 가능하게 된다.

5. 한계

불법에서의 평등대우는 부정하므로 행정의 자기구속은 행정선례가 '적법한' 경우에만 인정된다. 신뢰보호원칙은 위법한 행정작용에서도 인정된다는 점에서 양자가 구별된다. 또한 중대한 사정변경이 있는 경우 인정되지 않는다.

위법한 행정관행: 자기구속의 법리 적용 안됨

평등의 원칙은 본질적으로 같은 것을 자의적으로 다르게 취급함을 금지하는 것이고, 위법한 행정처분이 수차례에 걸쳐 반복적으로 행하여졌다 하더라도 그러한 처분이 위법한 것인 때에는 행정청에 대하여 자기구속력을 갖게 된다고 할 수 없다(대판 2009.6.25, 2008두13132).

4 비례의 원칙(과잉금지의 원칙)

1. 의의 및 근거

(1) 의의: 행정청의 행정작용 시 목적과 이를 실현하기 위한 수단 사이에 적절한 비례관계가 있어야 한다는 것을 말하며, 과잉금지의 원칙이라고도 한다.

(2) 법적 근거

① 헌법 제37조 제2항: 국민의 모든 자유와 권리는 국가안전보장·질서유지 또는 공공복리를 위하여 필요한 경우에 한하여 법률로써 제한할 수 있으며, 제한하는 경우에도 자유와 권리의 본질적인 내용을 침해할 수 없다.

② 행정기본법 제9조: 행정기본법은 비례의 원칙을 명문화하였다.

③ 경찰관직무집행법 제1조 제2항: 이 법에 규정된 경찰관의 직권은 그 직무 수행에 필요한 최소한도에서 행사되어야 하며 남용되어서는 아니 된다.

④ 행정절차법 제48조(행정지도의 원칙) 제1항: 행정지도는 그 목적 달성에 필요한 최소한도에 그쳐야 하며, 행정지도의 상대방의 의사에 반하여 부당하게 강요하여서는 아니 된다.

⑤ 행정조사기본법 제4조(행정조사의 기본원칙) 제1항: 행정조사는 조사목적을 달성하는 데 필요한 최소한의 범위 안에서 실시하여야 하며, 다른 목적 등을 위하여 조사권을 남용하여서는 아니 된다.

2. 적용범위

초기에는 경찰행정분야(침익적 행정행위)에서 주로 논의되었으나 오늘날은 헌법상 원칙이면서 행정법상 일반원칙이므로 행정의 모든 영역(예 급부행정 등)에서 적용된다. 또한 행정뿐만 아니라 입법작용에도 적용된다.

3. 성립요건

 법령 PLUS

행정기본법

제10조(비례의 원칙) 행정작용은 다음 각 호의 원칙에 따라야 한다.

1. 행정목적을 달성하는 데 유효하고 적절할 것
2. 행정목적을 달성하는 데 필요한 최소한도에 그칠 것
3. 행정작용으로 인한 국민의 이익 침해가 그 행정작용이 의도하는 공익보다 크지 아니할 것

(1) 적합성 원칙: 행정청이 사용한 수단이 행정목적을 달성하기 위해 유효하고 적절해야 하는 것을 의미한다(행정기본법 제10조 제1호).

 판례 PLUS

적합성 원칙에 대한 판례의 태도

1. 판사나 검사 등의 변호사 개업지 제한: 위헌
변호사의 개업지를 일정한 경우 제한함으로써 직업선택의 자유를 제한한 것은 그 입법취지의 공익적 성격에도 불구하고 선택된 수단이 그 목적에 적합하지 아니할 뿐 아니라, 그 정도 또한 과잉하여 비례의 원칙에 벗어난 것이고, 나아가 합리적 이유 없이 변호사로 개업하고자 하는 공무원을 근속기간 등에 따라 차별하여 취급하고 있다(헌재 1989.11.20, 89헌가102).

2. 주민등록을 요건으로 재외국민의 선거권을 제한하는 것: 위헌
단지 주민등록이 되어 있는지 여부에 따라 선거인명부에 오를 자격을 결정하여 그에 따라 선거권 행사 여부가 결정되도록 한 것은, 엄연히 대한민국의 국민임에도 불구하고 주민등록법상 주민등록을 할 수 없는 재외국민의 선거권 행사를 전면적으로 부정하고 있으며, 어떠한 정당한 목적도 찾기 어려우므로 헌법 제37조 제2항에 위반하여 재외국민의 선거권과 평등권을 침해하고 보통선거원칙에도 위반된다(헌재 2007.6.28, 2004헌마644, 2005헌마360 병합).

(2) 필요성 원칙(최소침해성 원칙): 행정목적을 달성하기 위하여 행하여지는 수단은 그 목적 달성을 위하여 '필요한 최소한도에 그칠 것'이어야 함을 의미한다(행정기본법 제10조 제2호). 예를 들면, 공무원의 비위사실에 대하여 경징계인 견책으로도 충분히 목적을 달성할 수 있음에도 불구하고 중징계인 파면처분을 한 경우에는 필요성 원칙에 반하게 된다.

 판례 PLUS

필요성 원칙에 대한 판례의 태도

1. 경찰관이 가스총을 근접 발사하여 함께 발사된 고무마개가 범인의 눈에 맞아 실명한 경우: 국가배상책임 긍정
경찰관은 범인의 체포 또는 도주의 방지, 타인 또는 경찰관의 생명·신체에 대한 방호, 공무집행에 대한 항거의 억제를 위하여 필요한 때에는 최소한의 범위 안에서 가스총을 사용할 수 있으나, 가스총은 통상의 용법대로 사용하는 경우 사람의 생명 또는 신체에 위해를 가할 수 있는 이른바 위해성 장비로서 그 탄환은 고무마개로 막혀 있어 사람에게 근접하여 발사하는 경우에는 고무마개가 가스와 함께 발사되어 인체에 위해를 가할 가능성이 있으므로, 이를 사용하는 경찰관으로서는 인체에 대한 위해를 방지하기 위하여 상대방과 근접한 거리에서 상대방의 얼굴을 향하여 이를 발사하지 않는 등 가스총 사용 시 요구되는 최소한의 안전수칙을 준수함으로써 장비 사용으로 인한 사고 발생을 미리 막아야 할 주의의무가 있다(대판 2003.3.14, 2002다57218).

2. 요정에 1회 출입한 것을 이유로 한 파면처분: 재량권의 한계를 넘어 위법
단지 1회 훈령에 위반하여 요정 출입을 하다가 적발된 것만으로는 공무원의 신분을 보유케 할 수 없을 정도로 공무원의 품위를 손상케 한 것이라 단정키 어려운 한편, 이보다 가벼운 징계처분으로서도 능히 위 훈령의 목적을 달할 수 있다고 볼 수 있는 점, 징계처분 중 면직 처분은 타 징계처분과 달라 공무원의 신분을 박탈하는 것이므로 그 징계사유는 적어도 공무원의 신분을 그대로 보유케 하는 것이 심히 부당하다고 볼 정도의 비행이 있는 경우에 한하는 점 등에 비추어 생각하면 이 사건 파면처분은 비례의 원칙에 어긋난 것으로서 심히 그 재량권의 범위를 넘어서 한 위법한 처분이다(대판 1967.5.2, 67누24).

(3) 상당성 원칙(법익균형성 원칙): '행정작용으로 인한 국민의 이익 침해가 그 행정작용이 의도하는 공익보다 크지 아니할 것'을 의미한다(행정기본법 제10조 제3호). '협의의 비례원칙'이라고도 한다.

> ⭐ **판례 PLUS**
>
> **상당성 원칙에 대한 판례의 태도**
>
> **1. 수입 녹용 전지 사건: 적법**
> 수입 녹용 중 전지 3대를 절단부위로부터 5cm까지의 부분을 절단하여 측정한 회분함량이 기준치를 0.5% 초과하였다는 이유로 수입 녹용 전부에 대하여 전량 폐기 또는 반송처리를 지시한 처분은 적법하다(대판 2006.4.14, 2004두3854).
>
> **2. 선의인 주유소 양수인에 대한 6개월의 영업정지처분: 위법**
> 주유소 영업의 양도인이 등유가 섞인 유사휘발유를 판매한 바를 모르고 이를 양수한 석유판매영업자에게 전 운영자인 양도인의 위법사유를 들어 사업정지기간 중 최장기인 6월의 사업정지에 처한 영업정지처분이 석유사업법에 의하여 실현시키고자 하는 공익목적의 실현보다는 양수인이 입게 될 손실이 훨씬 커서 재량권을 일탈한 것으로서 위법하다(대판 1992.2.25, 91누13106).
>
> **3. 음주운전 삼진 아웃: 합헌**
> 도로교통법 제148조의2 제1항 제1호에서 정하고 있는 '도로교통법 제44조 제1항을 2회 이상 위반한' 것에 개정된 도로교통법이 시행된 2011.12.9. 이전에 구 도로교통법 제44조 제1항을 위반한 음주운전 전과까지 포함되는 것으로 해석하는 것이 형벌불소급의 원칙이나 일사부재리의 원칙 또는 비례의 원칙에 위배된다고 할 수 없다(대판 2012.11.29, 2012도10269).

4. 효과

비례의 원칙에 위반된 행정청의 처분은 위법하며 행정쟁송의 대상이 되고, 비례원칙에 반하는 법령은 위헌무효이다.

5. 헌법재판소

헌법재판소는 비례원칙의 내용으로 ① 목적의 정당성, ② 방법의 적정성, ③ 침해의 최소성, ④ 법익의 균형성을 요구하고 있다.

5 신뢰보호원칙

1. 의의

행정청의 공적인 견해표명을 신뢰한 국민에게 손해가 발생한 경우 그 신뢰를 보호해주는 원칙을 말한다. 영미법상 금반언의 법리도 신뢰보호원칙과 같은 맥락이다.

2. 근거

(1) 이론적 근거: 현재의 상태를 유지하고자 하는 데 그 이론적 근거가 있다(법적 안정성설).

(2) 실정법 근거: 행정기본법(제12조), 행정절차법(제4조 제2항)과 국세기본법(제18조 제3항) 등에서는 법령 등의 해석 또는 행정청의 관행이 일반적으로 국민들에게 받아들여졌을 때와 관련하여 신뢰보호의 원칙을 규정하고 있다.

(3) **판례**: 법적 안정성 보장의 차원에서 신뢰보호원칙을 인정하고 있다.

 판례 PLUS

신뢰보호원칙의 판단기준

법령의 개정시 입법자가 구 법령의 존속에 대한 당사자의 신뢰를 침해하여 신뢰보호 원칙을 위배하였는지 여부의 판단 기준법령의 개정에 있어서 구 법령의 존속에 대한 당사자의 신뢰가 합리적이고도 정당하며, 법령의 개정으로 야기되는 당사자의 손해가 극심하여 새로운 법령으로 달성하고자 하는 공익적 목적이 그러한 신뢰의 파괴를 정당화할 수 없다면, 입법자는 경과규정을 두는 등 당사자의 신뢰를 보호할 적절한 조치를 하여야 하며, 이와 같은 적절한 조치 없이 새 법령을 그대로 시행하거나 적용하는 것은 허용될 수 없는바, 이는 헌법의 기본원리인 법치주의 원리에서 도출되는 신뢰보호의 원칙에 위배되기 때문이다. 이러한 신뢰보호 원칙의 위배 여부를 판단하기 위하여는 한편으로는 침해받은 이익의 보호가치, 침해의 중한 정도, 신뢰가 손상된 정도, 신뢰침해의 방법 등과 다른 한편으로는 새 법령을 통해 실현하고자 하는 공익적 목적을 종합적으로 비교·형량하여야 한다(대판 2006.11.16, 2003두12899 전합).

3. 성립요건

 법령 PLUS

행정기본법

제12조(신뢰보호의 원칙) ① 행정청은 공익 또는 제3자의 이익을 현저히 해칠 우려가 있는 경우를 제외하고는 행정에 대한 국민의 정당하고 합리적인 신뢰를 보호하여야 한다.
② 행정청은 권한 행사의 기회가 있음에도 불구하고 장기간 권한을 행사하지 아니하여 국민이 그 권한이 행사되지 아니할 것으로 믿을 만한 정당한 사유가 있는 경우에는 그 권한을 행사해서는 아니 된다. 다만, 공익 또는 제3자의 이익을 현저히 해칠 우려가 있는 경우는 예외로 한다.

(1) 행정청의 선행조치가 있을 것(공적 견해표명)

① 선행조치란 행정청의 처분, 확약, 행정지도, 행정계획, 법령 등에 의한 명시적 또는 묵시적 언동 등으로 법률행위인지 사실행위인지 여부까지를 불문한다(통설). 행정조직상 권한을 가진 처분청 자신의 공적 견해가 아니라 보조기관에 불과한 담당공무원의 공적 견해표명이더라도 신뢰보호의 대상이 될 수 있다.

② 선행조치가 처분(행정행위)인 경우에는 적법, 위법을 불문한다. 다만, 무효인 행정행위인 경우에는 신뢰보호원칙이 적용되지 않는다(판례). 일체의 조치에는 적극적 행위뿐만 아니라 소극적 행위도 해당되며, 명시적 행위뿐만 아니라 묵시적 행위도 해당된다.

 판례 PLUS

공적 견해표명

1. 행정청의 신청행위에 내하여 신뢰보호의 원칙이 적용되기 위한 요건

일반적으로 행정상의 법률관계에 있어서 행정청의 행위에 대하여 신뢰보호의 원칙이 적용되기 위해서는 ① 행정청이 개인에 대하여 신뢰의 대상이 되는 공적인 견해표명을 하여야 하고(공적인 견해표명), ② 행정청의 견해표명이 정당하다고 신뢰한 데에 대하여 그 개인에게 귀책사유가 없어야 하며(보호가치 있는 신뢰), ③ 그 개인이 그 견해표명을 신뢰하고 이에 상응하는 어떠한 행위를 하였어야 하고(신뢰에 기초한 상대방의 처리), ④ 행정청이 위 견해표명에 반하는 처분을 함으로써 그 견해표명을 신뢰한 개인의 이익이 침해되는 결과가 초래되어야 하며(공적인 견해표명에 반하는 후행 행정작용, 인과관계), ⑤ 어떠한 행정처분이 이러한 요건을 충족하는 때에는 마지막으로 위 견해표명에 따른 행정처분을 할 경우 이로 인하여 공익 또는 제3자의 정당한 이익을 현저히 해할 우려가 있는 경우가 아니어야 한다(대판 2006.6.9, 2004두46). → 이익형량을 '소극적 요건'으로 판단함

2. 조세 법률관계에서 신의성실원칙과 비과세관행의 적용 요건

국세기본법 제18조 제3항에 규정된 비과세관행이 성립하려면, 상당한 기간에 걸쳐 과세를 하지 아니한 객관적 사실이 존재할 뿐만 아니라, 과세관청 자신이 그 사항에 관하여 과세할 수 있음을 알면서도 어떤 특별한 사정 때문에 과세하지 않는다는 의사가 있어야 하며, 위와 같은 공적 견해나 의사는 명시적 또는 묵시적으로 표시되어야 하지만 묵시적 표시가 있다고 하기 위하여는 단순한 과세누락과는 달리 과세관청이 상당기간의 불과세 상태에 대하여 과세하지 않겠다는 의사표시를 한 것으로 볼 수 있는 사정이 있어야 한다(대판 2000.1.21, 97누11065). → 묵시적 공적 견해 표명 + 특별한 사정 필요함

3. 공적 견해표명에 '해당하는' 경우

[1] 보건사회부장관(현 보건복지부장관)의 "의료 취약지 병원설립운영자 신청공고"를 하면서 국세 및 지방세를 비과세하겠다고 발표한 경우 보건사회부장관(보건복지부장관)에 의하여 이루어진 지방세 비과세의 견해표명은 이를 당해 과세관청의 그것과 마찬가지로 볼 여지가 충분하다. 또한 납세자로서는 위와 같은 정부의 일정한 절차를 거친 공고에 대하여서는 보다 고도의 신뢰를 갖는 것이 일반적이라고 할 것이다(대판 1996.1.23, 95누13746).

[2] 종교법인이 도시계획구역 내 생산녹지로 답인 토지에 대하여 종교회관 건립을 이용목적으로 하는 토지거래계약의 허가를 받으면서 담당공무원이 관련 법규상 허용된다 하여 이를 신뢰하고 건축준비를 하였으나 그 후 당해 지방자치단체장이 다른 사유를 들어 토지형질변경허가신청을 불허한 것이 신뢰보호원칙에 반한다(대판 1997.9.12, 96누18380).

[3] 세무서 직원들이 골절치료기구의 수입판매업자에게 명시적으로 골절치료기구가 부가가치세 면제대상이라는 세무지도를 하였고, 원고들로서는 위와 같은 세무지도를 믿고 그 이후의 국내거래에 있어서 부가가치세를 대행징수하지 아니한 경우, 그와 같이 믿게된 데에 원고들에게 어떤 귀책사유가 있다고 볼 수 없다면, 이 사건 부가가치세 면세여부에 관한 과세관청의 공적인 견해표명이 있었다고 보아야 할 것이므로, 이 사건 과세처분은 신의성실의 원칙에 위반되는 행위로서 위법하다(대판 1990.10.10, 88누5280).

4. 공적 견해표명에 '해당하지 않는' 경우

[1] 행정청이 지구단위계획을 수립하면서 그 "권장용도"를 판매, 위락, 숙박시설로 결정하여 고시한 행위를 당해 지구 내에서는 공익과 무관하게 언제든지 숙박시설에 대한 건축허가가 가능하리라는 공적인 견해표명으로 볼 수 없다(대판 2005.11.25, 2004두6822).

[2] 관광숙박시설지원 등에 관한 특별법의 유효기간까지 관광호텔업 사업계획 승인신청을 한 경우에는 유효기간이 경과한 이후에도 특별법을 적용할 수 있다는 내용의 문화관광부(현 문화체육관광부) 장관의 지방자치단체장에 대한 회신내용을 담당 공무원이 알려주었다는 사정만으로 위 지방자치단체의 공적인 견해표명이 있었다고 할 수 없다(대판 2006.4.28, 2005두9644).

[3] 개발이익환수에 관한 법률에 정한 개발사업을 시행하기 전에, 행정청이 민원예비심사에 대하여 관련부서 의견으로 '저촉사항 없음'이라고 기재하였다고 하더라도, 이후의 개발부담금부과처분에 관하여 신뢰보호의 원칙을 적용하기 위한 요건인, 신뢰의 대상이 되는 공적인 견해표명을 한 것이라고는 보기 어렵다(대판 2006.6.9, 2004두46).

[4] 일반적으로 폐기물처리업 사업계획에 대한 적정통보에 당해 토지에 대한 형질변경허가신청을 허가하는 취지의 공적 견해표명이 있는 것으로는 볼 수 없다. 더구나 토지의 지목변경 등을 조건으로 그 토지상의 폐기물처리업 사업계획에 대한 적정통보를 한 경우에는 위 조건부적정통보에 토지에 대한 형질변경허가의 공적 견해표명이 포함되어 있었다고 볼 수 없다(대판 1998.9.25, 98두6494).

[5] 헌법재판소의 위헌결정은 행정청이 개인에 대하여 신뢰의 대상이 되는 공적인 견해를 표명한 것이라고 할 수 없으므로 그 결정에 관련된 개인의 행위에 대하여는 신뢰보호의 원칙이 적용되지 아니한다(대판 2003.6.27, 2002두6965).

[6] 정구장 시설을 설치한다는 도시계획결정을 하였다가 정구장 대신 청소년 수련시설을 설치한다는 도시계획 변경결정 및 지적승인을 한 경우, 당초의 도시계획결정만으로는 도시계획사업의 시행자 지정을 받게 된다는 공적인 견해를 표명하였다고 할 수 없으므로, 도시계획사업의 시행자로 지정받을 것을 예상하고 정구장 설계비용 등을 지출한 자의 신뢰이익을 침해한 것으로 볼 수 없다(대판 2000.11.10, 2000두727).

5. 경주시장의 종합의료시설 도시계획사업 시행과 지정 및 실시계획 인가처분이 문화재 발굴허가에 대한 공
   적 견해표명인지 여부: 소극
   고분의 발굴을 허가할 수 있는 처분청은 문화체육부장관의 위임을 받은 피고이고 위 처분 및 종합의료시설
   에 관한 건축허가의 처분청은 경주시장이어서 그 주체가 다르고 그 처분의 목적도 달리하므로, 경주시장이
   관련 부서의 내부적 검토를 거쳐 각 처분을 하였다는 사정만으로는 피고가 원고에 대하여 발굴허가를 받을
   수 있다는 공적인 견해표명을 하였다고 볼 수 없다(대판 2000.10.27, 99두264).

(2) **보호가치 있는 신뢰가 성립할 것(개인의 귀책사유 없음)**: 보호가치 있는 신뢰란 처분의 상
   대방인 국민에게 귀책사유, 즉 사기, 강박, 사실은폐, 기타 사위 등이 없어야 함을
   의미한다.

 판례 PLUS

신뢰에 대한 보호가치 판단기준

1. 행정청의 견해표명을 신뢰한 데에 대한 개인의 귀책사유 유무의 판단기준
   귀책사유라 함은 행정청의 견해표명의 하자가 상대방 등 관계자의 사실은폐나 기타 사위의 방법에 의한 신
   청행위 등 부정행위에 기인한 것이거나 그러한 부정행위가 없다고 하더라도 하자가 있음을 알았거나 중대
   한 과실로 알지 못한 경우 등을 의미한다. 귀책사유의 유무는 상대방과 그로부터 신청행위를 위임받은 수
   임인 등 관계자 모두를 기준으로 판단하여야 한다(대판 2002.11.8, 2001두1512).

2. 국가에 의하여 유인된 신뢰: 보호가치 높음
   개인의 신뢰이익에 대한 보호가치는 ① 법령에 따른 개인의 행위가 국가에 의하여 일정방향으로 유인된 신
   뢰의 행사인지, 아니면 ② 단지 법률이 부여한 기회를 활용한 것으로서 원칙적으로 사적 위험부담의 범위
   에 속하는 것인지 여부에 따라 달라진다. 만일 법률에 따른 개인의 행위가 단지 법률이 반사적으로 부여하
   는 기회의 활용을 넘어서 국가에 의하여 일정 방향으로 유인된 것이라면 특별히 보호가치가 있는 신뢰이익
   이 인정될 수 있고, 원칙적으로 개인의 신뢰보호가 국가의 법률개정이익에 우선된다(헌재 2002.11.28,
   2002헌바45 전합).

**3. 수익적 행정처분의 하자가 당사자의 사실은폐나 기타 사위의 신청행위에 기인하는 경우: 신뢰보호의 원칙
   적용 안 됨**
   처분청은 행정처분에 하자가 있는 경우에는 별도의 법적 근거가 없더라도 스스로 이를 취소할 수 있고, 다
   만 수익적 행정처분을 취소할 때에는 이를 취소하여야 할 중대한 공익상 필요와 취소로 인하여 처분상대방
   이 입게 될 기득권과 법적 안정성에 대한 침해 정도 등 불이익을 비교·교량한 후 공익상 필요가 처분상대
   방이 입을 불이익을 정당화할 만큼 강한 경우에 한하여 취소할 수 있다. 수익적 행정처분의 하자가 처분상
   대방의 사실은폐나 그 밖의 부정한 방법에 의한 신청행위에 기인한 것이라면 처분상대방은 행정처분에 의
   한 이익을 위법하게 취득하였음을 스스로 알아 취소가능성도 예상하고 있었다고 보아야 하므로, 그 자신이
   행정처분에 관한 신뢰이익을 원용할 수 없음은 물론이고, 행정청이 이를 고려하지 아니하였다고 하여도 재
   량권 일탈·남용에는 해당하지 않는다(대판 2020.7.23, 2019두31839; 대판 1996.10.25, 95누14190; 대
   판 1992.5.8, 91누13274; 대판 2002.2.5, 2001두5286).

(3) **상대방의 처리행위(처분행위)**: 행정청의 선행조치를 신뢰하여 상대방이 처리행위를 하
   여야 한다. 처리행위가 없는 상태에서는 보호할 만한 대상이 없으므로 신뢰보호원칙
   을 주장할 수 없다.

(4) **선행조치에 반하는 후행 행정작용**: 행정청의 선행조치를 신뢰한 상대방이 처리행위를
   하였음에도 불구하고 행정청이 선행조치에 반하는 후행 행정작용을 함으로써 상대
   방에게 손해를 발생하게 하여야 한다. 이러한 경우에 상대방은 신뢰보호원칙을 주장
   할 수 있다.

OX문제

01 행정청의 견해표명이 정당하다고 신
뢰한 데에 대하여 그 개인에게 귀책사유
가 있더라도 신뢰보호의 원칙이 적용된다.
( )

02 귀책사유라 함은 행정청의 견해표명
의 하자가 상대방 등 관계자의 사실은폐
등 부정행위에 기인한 것이거나 그러한
부정행위가 없다고 하더라도 하자가 있음
을 알았거나 중대한 과실로 알지 못한 경
우 등을 의미한다. ( )

정답 01 ×(→귀책사유가 있다면, 신뢰
에 보호가치가 인정되지 않음) 02 ○(대
판 2008.1.17, 2006두10931)

(5) 인과관계: 선행조치에 반하는 후행 행정작용으로 인하여 국민의 신뢰가 침해당한 경우이어야 한다. 즉 선행조치에 반하는 후행 행정작용과 국민의 신뢰 침해(손해) 사이에 인과관계가 성립되어야 한다.

(6) 선행조치에 반하는 행정작용이 있고 개인의 손해가 발생해야 한다.

 판례 PLUS

선행처분에 반하는 후행처분
운전면허 취소사유에 해당하는 음주운전을 적발한 경찰관의 소속 경찰서장이 사무착오로 위반자에게 운전면허정지처분을 한 상태에서 위반자의 주소지 관할 지방경찰청장이 위반자에게 운전면허취소처분을 한 것은 선행처분에 대한 당사자의 신뢰 및 법적 안정성을 저해하는 것으로서 허용될 수 없다(대판 2000.2.25, 99두10520).

4. 신뢰보호원칙의 적용 범위

(1) 의의: 신뢰보호원칙은 행정법상 일반원칙이므로 ① 수익적 행정행위에 대한 취소권 · 철회권 행사 제한법리, ② 실권의 법리, ③ 확약, ④ 사실상 공무원이론, ⑤ 행정계획의 변경, ⑥ 처분사유의 추가 및 변경제도, ⑦ 소급효, ⑧ 공법상 계약, ⑨ 조세행정, ⑩ 불법에서 평등대우 등 행정법의 전 영역에서 논의된다.

(2) 사정변경: 행정청의 확약 또는 공적견해표명이 있은 후에 사실적 · 법률적 상태가 변경되었다면, 그와 같은 확약 또는 공적견해표명은 행정청의 별다른 의사표시를 기다리지 않고 실효된다(대판 1996.8.20, 95누10877).

5. 위반의 효과

신뢰보호원칙에 위반되는 처분의 효력은 위법하므로 행정쟁송의 대상이 되며, 위법한 처분으로 인하여 손해가 발생한 경우에는 국가배상청구권도 인정된다.

6. 한계

(1) 문제점: 행정청의 선행처분에 대하여 상대방의 신뢰가 형성된 경우라고 하더라도, 행정청이 행하는 후행조치는 비록 선행처분에는 반하더라도 법률적합성원칙에 근거한 처분이다. 따라서 상대방의 신뢰보호와 법률적합성원칙의 충돌 문제가 발생한다.

(2) 신뢰보호원칙의 한계: 신뢰보호원칙의 한계에 대하여 법률적합성우위설, 신뢰보호원칙우위설, 이익형량설 등의 대립이 있으나, 공익과 사익을 비교교량해야 한다는 '이익형량설(양자동위설)'이 통설과 판례의 입장이다. 행정기본법에서도 공익 또는 제3자의 이익을 현저히 해칠 우려가 있는 경우는 신뢰보호의 원칙이 적용될 수 없다고 규정하고 있다(행정기본법 제12조 제2항).

OX문제

01 신뢰보호의 원칙에서 행정청이 상대방에 대하여 장차 어떤 처분을 하겠다는 공적인 견해를 표명하였다면 공적인 견해표명 후에 그 전제가 된 사실적 · 법률적 상태가 변경되었다고 하더라도 그러한 견해표명은 효력을 유지한다. ( )

정답 01 ×(→효력을 상실)

판례 PLUS

6 부당결부금지의 원칙

1. 의의

행정주체가 행정작용을 함에 있어서 상대방에게 해당 행정작용과 실질적인 관련이 없는 의무를 부과하거나 그 이행을 강제하여서는 안 된다는 원칙을 말한다(행정기본법 제13조).

법령 PLUS

행정기본법
제13조(부당결부금지의 원칙) 행정청은 행정작용을 할 때 상대방에게 해당 행정작용과 실질적인 관련이 없는 의무를 부과해서는 아니 된다.

2. 성립요건

(1) 성립과정: 행정청의 공권력 행사 → 상대방의 반대급부와 결합 → 공권력 행사와 반대급부 사이의 '실질적 관련성'이 있을 것

(2) 실질적 관련성 판단: 원인적 관련성(직접적 원인관계), 목적적 관련성(행정목적의 추구)의 판단

3. 적용범위 및 효과

부당결부금지원칙은 행정법상 일반원칙이므로 행정법의 전 영역에서 논의되나 주로 ① 행정행위의 부관, ② 공법상 계약, ③ 공급거부, ④ 명단공표, ⑤ 관허사업의 제한, ⑥ 급부행정 등에서 문제된다. 부당결부금지원칙에 위반되면 위법하므로 행정쟁송의 대상이 되며, 이로 인해 손해가 발생한 경우에는 국가배상청구권의 행사도 가능하다.

확인 문제 20 지방직 7급

신뢰보호원칙에 대한 설명으로 옳지 않은 것은?(다툼이 있는 경우 판례에 의함)

① 신뢰보호의 원칙과 행정의 법률적합성의 원칙이 충돌하는 경우 국민보호를 위해 원칙적으로 신뢰보호의 원칙이 우선한다.

② 수익적 행정처분의 하자가 당사자의 사실은폐에 의한 신청행위에 기인한 것이라면 당사자는 그 처분에 관한 신뢰이익을 원용할 수 없다.

③ 면허세의 근거법령이 제정되어 폐지될 때까지의 4년 동안 과세관청이 면허세를 부과할 수 있음을 알면서도 수출확대라는 공익상 필요에서 한 건도 부과한 일이 없었다면 비과세의 관행이 이루어졌다고 보아도 무방하다.

④ 행정청이 상대방에게 장차 어떤 처분을 하겠다고 공적인 의사표명을 하면서 상대방에게 언제까지 처분의 발령을 신청하도록 유효기간을 둔 경우, 그 기간 내에 상대방의 신청이 없었다면 그 공적인 의사표명은 행정청이 별다른 의사표시를 기다리지 않고 실효된다.

정답 ①(위법한 행정작용을 신뢰하는 경우 신뢰보호와 법률적합성이 충돌할 때, 판례는 이익형량설(동위설)을 취함)
② 대판 2014.11.27, 2013두16111
③ 대판 1980.6.10, 80누6 전합
④ 대판 1996.8.20, 95누10877

4. 판례의 태도

(1) 부관

 판례 PLUS

주택사업계획승인과 관련이 없는 토지를 기부채납하게 한 사건: 위법(취소사유)

지방자치단체장이 사업자에게 주택사업계획승인을 하면서 그 주택사업과는 아무런 관련이 없는 토지를 기부채납하도록 하는 부관을 주택사업계획승인에 붙인 경우, 그 부관은 부당결부금지의 원칙에 위반되어 위법하다. 그러나, …(중략)… 여러 가지 사정을 종합하여 볼 때 부관의 하자가 중대하고 명백하여 당연무효라고는 볼 수 없다(대판 1997.3.11, 96다49650).

(2) 복수 운전면허의 취소

 판례 PLUS

복수 운전면허의 취소가 '적법'하다고 본 사례

1. 제1종 대형면허를 취소하면서 제1종 보통면허까지 취소할 수 있는지 여부: 적극

제1종 대형면허 소지자는 제1종 보통면허 소지자가 운전할 수 있는 차량을 모두 운전할 수 있는 것으로 규정하고 있어, 제1종 대형면허의 취소에는 당연히 제1종 보통면허 소지자가 운전할 수 있는 차량의 운전까지 금지하는 취지가 포함된 것이어서 이들 차량의 운전면허는 서로 관련된 것이라고 할 것이므로, 제1종 대형면허로 운전할 수 있는 차량을 음주운전하거나 그 제재를 위한 음주측정의 요구를 거부한 경우에는 그와 관련된 제1종 보통면허까지 취소할 수 있다(대판 1997.2.28, 96누17578). →1종 대형면허에는 1종 보통면허가 포함됨

2. 제1종 보통면허로 운전할 수 있는 차량을 음주운전한 경우에 이와 관련된 면허인 제1종 대형면허와 원동기장치자전거면허까지 취소할 수 있는지 여부: 적극

제1종 대형면허 소지자는 제1종 보통면허로 운전할 수 있는 자동차와 원동기장치자전거를, 제1종 보통면허 소지자는 원동기장치자전거까지 운전할 수 있도록 규정하고 있어서 제1종 보통면허로 운전할 수 있는 차량의 음주운전은 당해 운전면허뿐만 아니라 제1종 대형면허로도 가능하다. 또한 제1종 대형면허나 제1종 보통면허의 취소에는 당연히 원동기장치자전거의 운전까지 금지하는 취지가 포함된 것이어서 이들 세 종류의 운전면허는 서로 관련된 것이라고 할 것이므로 제1종 보통면허로 운전할 수 있는 차량을 음주운전한 경우에 이와 관련된 면허인 제1종 대형면허와 원동기장치자전거면허까지 취소할 수 있다(대판 1994.11.25, 94누9672).

복수운전면허의 취소가 '위법'하다고 본 사례

1. 〈이륜자동차 음주운전〉 이륜자동차를 음주운전한 사유만으로 제1종 대형면허나 보통면허의 취소나 정지를 할 수 있는지 여부: 소극

이륜자동차로서 제2종 소형면허를 가진 사람만이 운전할 수 있는 오토바이는 제1종 대형면허나 보통면허를 가지고서도 이를 운전할 수 없는 것이어서 이와 같은 이륜자동차의 운전은 제1종 대형면허나 보통면허와는 아무런 관련이 없는 것이므로 이륜자동차를 음주운전한 사유만 가지고서는 제1종 대형면허나 보통면허의 취소나 정지를 할 수 없다(대판 1992.9.22, 91누8289).

2. 〈1종 대형, 특수차량 음주운전〉 제1종 대형·특수면허 상호간에 어느 1개의 면허취소사유가 있더라도 다른 면허를 취소할 수 있는지 여부: 소극

[1] 제1종 보통, 대형 및 특수 면허를 가지고 있는 자가 특수차량(트레일러, 레이카크레인)을 음주운전한 행위는 제1종 특수면허의 취소사유에 해당될 뿐 제1종 보통 및 대형 면허의 취소사유는 아니다. 따라서 3종의 면허를 모두 취소한 처분 중 제1종 보통 및 대형 면허에 대한 취소처분은 부당결부금지원칙에 위배되어 위법하다(대판 1995.11.16, 95누8850; 대판 1997.5.16, 97누1310). →1종 특수면허에는 1종 보통면허가 포함되지 않음

[2] 1종 대형차량(12인승 승합차)을 음주운전한 경우, 제1종 특수자동차운전면허는 위 승합자동차(1종 대형)의 운전과는 아무런 관련이 없으므로 제1종 특수 면허의 취소처분은 부당결부금지원칙에 위배되어 위법하다(대판 1998.3.24, 98두1031).

[3] 한 사람이 여러 종류의 자동차운전면허를 취득하는 경우뿐만 아니라 이를 취소 또는 정지함에 있어서도 서로 별개의 것으로 취급함이 원칙이라 할 것이고, 그 취소나 정지의 사유가 특정의 면허에 관한 것이 아니고 다른 면허와 공통된 것이거나 운전면허를 받은 사람에 관한 것일 경우에는 여러 운전면허 전부를 취소 또는 정지할 수도 있다고 보는 것이 상당하지만, 한 사람이 여러 종류의 자동차 운전면허를 취득하는 경우 1개의 운전면허증을 발급하고 그 운전면허증의 면허번호는 최초로 부여한 면허번호로 하여 이를 통합관리하고 있다고 하더라도, 이는 자동차 운전면허증 및 그 면허번호 관리상의 편의를 위한 것에 불과할 뿐이어서 여러 종류의 면허를 서로 별개의 것으로 취급할 수 없다거나 각 면허의 개별적인 취소 또는 정지를 분리하여 집행할 수 없는 것이 아니므로 특정의 면허의 취소 또는 정지에 의하여 다른 운전면허에까지 당연히 그 취소 또는 정지의 효력이 미치는 것은 아니다(대판 2000.9.26, 2000두5425).

3. 오토바이를 훔쳤다는 사유만으로 제1종 대형면허나 보통면허를 취소할 수 있는지 여부: 소극

취소 사유가 훔치거나 빼앗은 해당 자동차 등을 운전할 수 있는 특정 면허에 관한 것이며, 제2종 소형면허 이외의 다른 운전면허를 가지고는 오토바이를 운전할 수 없어 취소 사유가 다른 면허와 공통된 것도 아니므로, 오토바이를 훔친 것은 제1종 대형면허나 보통면허와는 아무런 관련이 없어 오토바이를 훔쳤다는 사유만으로 제1종 대형면허나 보통면허를 취소할 수 없다(대판 2012.5.24, 2012두1891).

7 신의성실의 원칙

1. 의의

법률관계의 당사자는 상대방의 이익을 배려하여 형평에 어긋나거나 신뢰를 저버리는 내용 또는 방법으로 권리를 행사하거나 의무를 이행하여서는 안 된다는 추상적 규범을 말하는 것으로서, 신의성실의 원칙에 위배된다는 이유로 그 권리의 행사를 부정하기 위하여 ① 상대방에게 신의를 주었다거나, ② 객관적으로 보아 상대방이 그러한 신의를 가짐이 정당한 상태에 이르러야 하고, 이와 같은 ③ 상대방의 신의에 반하여 권리를 행사하는 것이 정의 관념에 비추어 용인될 수 없는 정도의 상태에 이르러야 한다(대판 2004.7.22, 2002두11233 참고).

2. 법률상 근거

행정절차법 제4조 제1항, 국세기본법 제15조 등에서 규정하고 있다.

 법령 PLUS

행정절차법

제4조(신의성실 및 신뢰보호) ① 행정청은 직무를 수행할 때 신의(信義)에 따라 성실히 하여야 한다.

국세기본법

제15조(신의 · 성실) 납세자가 그 의무를 이행할 때에는 신의에 따라 성실하게 하여야 한다. 세무공무원이 직무를 수행할 때에도 또한 같다.

3. 내용

(1) 사정변경의 원칙: 법률행위에 있어서 그 기초가 된 사정이 그 후에 당사자가 예견하지 못한 또는 예견할 수 없었던 중대한 변경을 받게 되어, 당초에 정하여진 행위의 효과를 그대로 유지하거나 강제한다면 대단히 부당한 결과가 생기는 경우에는, 당사자는 그러한 행위의 결과를 신의성실의 원칙(신의칙)에 맞도록 적당히 변경할 것을 상대방에게 청구하거나, 또는 계약을 해제 · 해지할 수 있다는 원칙이다.

(2) 권리남용의 원칙: 권리행사의 목적이 오직 상대방에게 고통을 주고 손해를 입히려는 데 있을 뿐 행사하는 사람에게 아무런 이익이 없는 경우를 금하는 것이다. 권리남용으로 권리가 소멸하는 것이 아니라, 권리의 특정한 행사가 허용되지 않을 뿐이다.

(3) 실권의 법리: 행정기관이 위법한 상태를 장기간 방치함으로서 개인이 위법한 상태를 신뢰하여 이를 기초로 새로운 법률관계를 형성한 경우에는 행정기관이 사후에 그 위법성을 주장할 수 없도록 하는 것이다.

4. 판례의 태도

판례는 신의성실원칙과 신뢰보호원칙을 명확히 구분하지 않는다.

 판례 PLUS

실효의 법리에 대한 판례

1. 실효의 법리를 적용하기 위한 요건

일반적으로 권리의 행사는 신의에 좇아 성실히 하여야 하고 권리는 남용하지 못하는 것이므로 권리자가 실제로 권리를 행사할 수 있는 기회가 있었음에도 불구하고 상당한 기간이 경과하도록 권리를 행사하지 아니하여 의무자인 상대방으로서도 이제는 권리자가 권리를 행사하지 아니할 것으로 신뢰할 만한 정당한 기대를 가지게 된 다음에 새삼스럽게 그 권리를 행사하는 것이 법질서 전체를 지배하는 신의성실의 원칙에 위반하는 것으로 인정되는 결과가 될 때에는 이른바 실효의 원칙에 따라 그 권리의 행사가 허용되지 않는다 (대판 2005.10.28, 2005다45827; 대판 1988.4.27, 87누915).

2. 3년 경과한 사건: 실효의 법리 적용

택시운전사가 3년 전 위반행위를 이유로 한 운전면허취소처분은 위법하다(대판 1987.9.8, 87누373).

3. 1년 10개월 경과한 사건: 실권의 법리 적용 부정

자동차운수사업법 제31조 제1항 제5호 소정의 중대한 교통사고를 이유로 사고로부터 1년 10개월 후 사고 택시에 대하여 한 운송사업면허의 취소처분은 적법하다(대판 1989.6.27, 88누6283).

신의성실의 원칙이 적용되는 경우

1. **조세법률관계에 있어서 과세관청의 행위에 대하여 신의성실의 원칙이 적용되기 위한 요건**

   일반적으로 조세법률관계에 있어서 과세관청의 행위에 대하여 신의성실의 원칙이 적용되기 위한 요건으로서는 ① 과세관청이 납세자에게 신뢰의 대상이 되는 공적인 견해표명을 하여야 하고, ② 과세관청의 견해표명이 정당하다고 신뢰한 데 대하여 납세자에게 귀책사유가 없어야 하며, ③ 납세자가 그 견해표명을 신뢰하고 이에 따라 무엇인가 행위를 하여야 하고, ④ 과세관청이 위 견해표명에 반하는 처분을 함으로써 납세자의 이익이 침해되는 결과가 초래되어야 한다(대판 1985.4.23, 84누593).

2. **일반 행정법률관계에서 관청의 행위에 대하여 신의성실의 원칙이 적용되는 경우**

   일반 행정법률관계에서 관청의 행위에 대하여 신의칙이 적용되기 위해서는 합법성의 원칙을 희생하여서라도 처분의 상대방의 신뢰를 보호함이 정의의 관념에 부합하는 것으로 인정되는 특별한 사정이 있을 경우에 한하여 "예외적"으로 적용된다(대판 2004.7.22, 2002두11233).

3. **국가의 소멸시효완성 주장에 실효의 원칙 적용요건: 특별한 사정이 필요함**

   ① 국가에게 국민을 보호할 의무가 있다는 사유만으로 국가가 소멸시효의 완성을 주장하는 것 자체가 신의성실의 원칙에 반하여 권리남용에 해당한다고 할 수는 없으므로, 국가의 소멸시효 완성 주장이 신의칙에 반하고 권리남용에 해당한다고 하려면 특별한 사정이 인정되어야 하고, 또한 일반적 원칙을 적용하여 법이 두고 있는 구체적인 제도의 운용을 배제하는 것은 법해석에 있어 또 하나의 대원칙인 법적 안정성을 해할 위험이 있으므로 그 적용에는 신중을 기하여야 한다.

   ② 1951년 공비토벌 등을 이유로 국군병력이 작전수행을 하던 중에 거창군 일대의 지역주민이 희생된 이른바 '거창사건'으로 인한 희생자와 그 유족들이 국가를 상대로 제기한 손해배상청구소송에서, 국가가 소멸시효 완성의 항변을 하는 것이 신의칙에 반하지 않는다고 한 사례(대판 2008.5.29, 2004다33469).

4. **휴업급여청구권이 시효완성으로 소멸하였다는 근로복지공단의 항변이 신의성실의 원칙에 반하여 허용될 수 없는지 여부: 적극**

   근로자가 요양불승인에 대한 취소소송의 판결확정시까지 근로복지공단에 휴업급여를 청구하지 않았던 것은 이를 행사할 수 없는 사실상의 장애사유가 있었기 때문이므로, 근로복지공단의 소멸시효 항변은 신의성실의 원칙에 반하여 허용될 수 없다(대판 2008.9.18, 2007두2173 전합).

5. 위반의 효과

신의성실의 원칙에 반하는 행정작용은 위법하며, 이는 행정쟁송의 대상이 된다. 또한 이로 인한 손해에 대해서는 국가에 대한 손해배상을 청구할 수 있다.

1 시간적 효력

1. 효력발생시기

(1) 법령 등(법률, 대통령령, 총리령 부령): 행정법규는 규정된 시행일로부터 발효된다. 그러나 특별한 규정이 없으면 공포일로부터 20일이 경과함으로써 효력이 발생한다(헌법 제53조, 법령 등 공포에 관한 법률 제13조).

(2) 예외: 국민의 권리제한 또는 의무 부과와 직접 관련되는 법령(법률, 대통령령, 총리령 및 부령)은 공포일로부터 적어도 30일이 경과된 날로부터 시행된다(법령 등 공포에 관한 법률 제13조의2).

(3) 조례 · 규칙 등: 특별한 규정이 없으면 공포일로부터 20일이 지나면 효력이 발생한다(지방자치법 제26조 제8항).

(4) 공포한 날의 의미: 법령 등의 공포일 또는 공고일은 해당 법령 등을 게재한 관보 또는 신문이 발행된 날로 한다(법령 등 공포에 관한 법률 제12조). 이 경우 관보 또는 신문이 발행된 날이 언제인지에 대해 견해의 대립이 있다. 통설과 판례는 '최초구독가능시설'을 택했다.

 판례 PLUS

> **최초구독가능시설**
> 광업법 시행령 제3조의 "관보 게재일"이라 함은 관보에 인쇄된 발행일자가 아니고 관보가 실제 인쇄되어 관보보급소에 발송 배포되어 이를 일반인이 열람 또는 구독할 수 있는 상태에 놓이게 된 최초의 시기를 뜻한다(대판 1969.11.25, 69누129).

2. 소급금지의 원칙

(1) 소급효 의의: 법령 등이 개정된 경우에 신법의 효력을 과거의 사실관계에 적용하는 경우를 소급효라고 한다. 소급효가 인정될 경우에 법적 안정성과 충돌 문제가 발생한다.

(2) 소급효의 종류

① **진정소급효:** 개정된 신법의 효력을 개정 전 완성된 사실관계 또는 법률관계에 적용하는 경우이다. 법치주의에 반하므로 원칙적으로 허용되지 않는다(헌법 제13조). 행정기본법에서도 당사자의 신청에 따른 처분은 처분 당시의 법령 등을 따르고, 제재처분은 위반행위 당시의 법령 등을 따르도록 하되, 제재처분 기준이 가벼워진 경우에는 변경된 법령 등을 적용하도록 하고 있다(행정기본법 제14조). 다만, 신뢰보호의 요청에 우선하는 심히 중대한 공익상의 사유가 소급입법을 정당화하는 경우 등 특별한 사정이 있을 때에는 진정소급효가 예외적으로 허용한다.

OX 문제

01 개인의 신뢰보호의 요청에 우선하는 심히 중대한 공익상의 사유가 소급입법을 정당화하는 경우에는 예외적으로 진정소급입법이 허용된다.　( )

정답 01 ○

법령 PLUS

헌법

제13조 ① 모든 국민은 행위시의 법률에 의하여 범죄를 구성하지 아니하는 행위로 소추되지 아니하며, 동일한 범죄에 대하여 거듭 처벌받지 아니한다.

행정기본법

제14조(법 적용의 기준) ① 새로운 법령등은 법령등에 특별한 규정이 있는 경우를 제외하고는 그 법령등의 효력 발생 전에 완성되거나 종결된 사실관계 또는 법률관계에 대해서는 적용되지 아니한다.
② 당사자의 신청에 따른 처분은 법령등에 특별한 규정이 있거나 처분 당시의 법령등을 적용하기 곤란한 특별한 사정이 있는 경우를 제외하고는 처분 당시의 법령등에 따른다.
③ 법령등을 위반한 행위의 성립과 이에 대한 제재처분은 법령등에 특별한 규정이 있는 경우를 제외하고는 법령등을 위반한 행위 당시의 법령등에 따른다. 다만, 법령등을 위반한 행위 후 법령등의 변경에 의하여 그 행위가 법령등을 위반한 행위에 해당하지 아니하거나 제재처분 기준이 가벼워진 경우로서 해당 법령등에 특별한 규정이 없는 경우에는 변경된 법령등을 적용한다.

 판례 PLUS

진정소급효 판례(구법 적용 ○)

1. 진정소급입법과 부진정소급입법의 구별 및 허용 여부
소급입법은 새로운 입법으로 이미 종료된 사실관계 또는 법률관계에 작용케 하는 진정소급입법과 현재 진행중인 사실관계 또는 법률관계에 작용케 하는 부진정소급입법으로 나눌 수 있다. 부진정소급입법은 원칙적으로 허용되지만 소급효를 요구하는 공익상의 사유와 신뢰보호의 요청 사이의 교량과정에서 신뢰보호의 관점이 입법자의 형성권에 제한을 가하게 되는 데 반하여, 기존의 법에 의하여 형성되어 이미 굳어진 개인의 법적 지위를 사후입법을 통하여 박탈하는 것 등을 내용으로 하는 진정소급입법은 개인의 신뢰보호와 법적 안정성을 내용으로 하는 법치국가원리에 의하여 특단의 사정이 없는 한 헌법적으로 허용되지 아니하는 것이 원칙이고, 다만 일반적으로 ① 국민이 소급입법을 예상할 수 있었거나 법적 상태가 불확실하고 혼란스러워 보호할 만한 신뢰이익이 "적은" 경우, ② 소급입법에 의한 당사자의 손실이 "없거나" 아주 "경미"한 경우, ③ 신뢰보호의 요청에 우선하는 심히 중대한 공익상의 사유가 소급입법을 "정당화"하는 경우 등에는 예외적으로 진정소급입법이 허용된다(헌재 1999.7.22, 97헌바76).

2. 경과규정 등의 특별규정 없이 법령이 변경된 경우, 그 변경 전에 발생한 사항에 대하여 적용할 법령: 구법
적용법령이 변경된 경우 신 법령이 피적용자에게 유리하여 이를 적용하도록 하는 경과규정을 두는 등의 특별한 규정이 없는 한 헌법 제13조 등의 규정에 비추어 볼 때 그 변경 전에 발생한 사항에 대하여는 변경 후의 신 법령이 아니라 변경 전의 구 법령이 적용되어야 한다(대판 2002.12.10, 2001두3228).

3. 진정소급입법금지의 원칙과 예외
기존의 법에 의하여 형성되어 이미 굳어진 개인의 법적 지위를 사후입법을 통하여 박탈하는 것 등을 내용으로 하는 진정소급입법은 개인의 신뢰보호와 법적안정성을 내용을 하는 법치국가원리에 의하여 특단의 사정이 없는 한 헌법적으로 허용되지 아니하는 것이 원칙이며, 진정소급입법이 허용되는 예외적인 경우로는 일반적으로 국민이 소급입법을 예상할 수 있었거나 법적상태가 불확실하고 혼란스러웠거나 하여 보호할만한 신뢰의 이익이 적은 경우와 소급입법에 의한 당사자의 손실이 없거나 아주 경미한 경우, 그리고 신뢰보호의 요청에 우선하는 심히 중대한 공익상의 사유가 소급입법을 정당화하는 경우 등을 들 수 있다(헌재 1998.9.30, 97헌바38 전합).

② **부진정소급효**: 개정된 신법의 효력을 개정 전 미완성된 즉, 진행 중인 사실관계 또는 법률관계에 적용하는 경우이다. 다만, 공익상의 이유, 개인의 신뢰보호의 요청 사이의 이익형량을 통해 법령이 실현하고자 하는 공익보다 침해받는 신뢰보호가치가 더 큰 경우에 허용한다.

판례 PLUS

부진정소급효의 원칙적 허용(신법 적용 ○)

1. 처분의 근거법령이 그 시행 전에 종결되지 않은 기존의 사실관계를 적용대상으로 하는 경우, 개정 법령의 적용이 소급입법에 의한 재산권 침해인지 여부: 원칙적 소극

행정처분은 그 근거 법령이 개정된 경우에도 경과 규정에서 달리 정함이 없는 한 처분 당시 시행되는 개정 법령과 그에서 정한 기준에 의하는 것이 원칙이고, 개정 법령이 기존의 사실 또는 법률관계를 적용대상으로 하면서 국민의 재산권과 관련하여 종전보다 불리한 법률효과를 규정하고 있는 경우에도 그러한 사실 또는 법률관계가 개정 법률이 시행되기 이전에 이미 완성 또는 종결된 것이 아니라면 이를 헌법상 금지되는 소급입법에 의한 재산권 침해라고 할 수는 없으며, 그러한 개정 법률의 적용과 관련하여서는 개정 전 법령의 존속에 대한 국민의 신뢰가 개정 법령의 적용에 관한 공익상의 요구보다 더 보호가치가 있다고 인정되는 경우에 그러한 국민의 신뢰보호를 보호하기 위하여 그 적용이 제한될 수 있는 여지가 있을 따름이다(대판 2020.7.23, 2019두31839; 대판 2001.10.12, 2001두274).

2. 인·허가신청 후 처분 전에 관계 법령이 개정 시행된 경우 새로운 법령 및 허가기준에 따라서 한 처분의 적부: 한정 적극

행정행위는 "처분 당시"에 시행 중인 법령 및 허가기준에 의하여 하는 것이 원칙이고, 인·허가신청 후 처분 전에 관계 법령이 개정 시행된 경우 신 법령 부칙에서 신 법령 시행 전에 이미 허가신청이 있는 때에는 종전의 규정에 의한다는 취지의 "경과규정"을 두지 아니한 이상 당연히 허가신청 당시의 법령에 의하여 허가 여부를 판단하여야 하는 것은 아니며, 소관 행정청이 허가신청을 수리하고도 정당한 이유 없이 처리를 늦추어 그 사이에 법령 및 허가기준이 변경된 것이 아닌 한 새로운 법령 및 허가기준에 따라서 한 불허가 처분이 위법하다고 할 수 없다(대판 1992.12.8, 92누13813).

3. 개발이 "진행 중"인 사업에 개발부담금을 부과하는 것에 대한 소급효 적용 가능 여부: 적극

개발이익환수에 관한 법률 시행 전에 개발에 착수하였지만 아직 개발을 완료하지 아니한 사업, 즉 개발이 "진행 중"인 사업에 개발부담금을 부과하는 것은 소급입법금지 원칙에 위배되지 않는다(헌재 2001.2.22, 98헌바19).

4. 과세표준 기간인 과세년도 "진행 중"에 제정된 납세의무를 가중하는 세법의 소급효 가능 여부: 적극

조세의무를 "감경"하는 세법조항에 대하여는 조세공평의 원칙에 어긋나지 않는 한 소급효가 허용된다 할 것이다. 과세단위가 시간적으로 정해지는 조세에 있어 과세표준기간인 과세년도 "진행 중"에 세율인상 등 납세의무를 가중하는 세법의 제정이 있는 경우에는 이미 충족되지 아니한 과세요건을 대상으로 하는 강학상 이른바 "부진정소급효"의 경우이므로 그 과세년도 개시 시에 소급적용이 허용된다(대판 1983.4.26, 81누423).

부진정소급효의 예외적 제한(신법 적용 ×)

1. 변리사 제1차 시험을 절대평가제에서 상대평가제로 환원하는 변리사법 시행령 개정조항을 즉시 시행하도록 정한 것이 헌법에 위반되어 무효인지 여부: 적극

개정 시행령의 즉시 시행으로 인한 수험생들의 신뢰이익 침해는 개정 시행령의 즉시 시행에 의하여 달성하려는 공익적 목적을 고려하더라도 정당화될 수 없을 정도로 과도하다(대판 2006.11.16, 2003두12899 전합).

2. 〈순천대 한약자원학과 사건〉 한약사 국가시험의 응시자격에 관하여 개정 전의 약사법 시행령 제3조의2에서 '필수 한약관련 과목과 학점을 이수하고 대학을 졸업한 자'로 규정하고 있던 것을 '한약학과를 졸업한 자'로 응시자격을 변경하면서, 그 개정 이전에 이미 한약자원학과에 입학하여 대학에 재학 중인 자에게도 개정 시행령이 적용되게 한 개정 시행령 부칙은 헌법상 신뢰보호의 원칙과 평등의 원칙에 위배되어 허용될 수 없다고 한 사례(대판 2007.10.29, 2005두4649)

---

3. 효력의 소멸

(1) 한시법: 유효기간의 경과로 자동적으로 효력이 소멸되는 법으로, 우리나라에서는 귀속재산처리에 관한 특별조치법, 반민족행위처벌법법, 부동산소유권이전등기 등에 관한 특별조치법, 올림픽의 평화를 지키기 위한 법률 등이 있었다.

(2) 한시법 이외의 법률의 소멸

① **폐지의 경우:** 신법에 명시적으로 폐지에 대한 규정이 있거나, 신법과 구법이 내용상 저촉되는 규정으로 두어 효력을 상실하게 할 수 있다.

➕ 판례 PLUS

법령이 전문 개정된 경우, 전문 개정 전 부칙 규정도 소멸하는지 여부: 적극

개정 법률이 전문 개정인 경우에는 기존 법률을 폐지하고 새로운 법률을 제정하는 것과 마찬가지이어서 종전의 본칙은 물론 부칙 규정도 모두 소멸하는 것으로 보아야 할 것이므로 특별한 사정이 없는 한 종전의 법률 부칙의 경과규정도 모두 실효된다고 보아야 하는 것이다(대판 2004.12.9, 2003두13076).

② 위임입법은 수권법령(상위법)의 소멸로 효력이 상실된다. 또한 헌법재판소의 위헌 결정으로 효력이 소멸하기도 한다.

2 장소적 효력

1. 원칙

행정법규는 원칙적으로 제정기관의 권한이 미치는 지역 내에서만 효력을 미치는 것이 원칙이다. 즉, 법률, 대통령령, 총리령, 부령 등 국가기관이 제정한 명령은 전국에 걸쳐 효력을 가지고, 지방자치단체의 조례나 규칙은 당해 지방자치단체의 관할구역 내에서만 효력을 가지는 것이 원칙이다.

2. 예외

국가의 법령이지만 일부 영토지역에서만 적용되는 경우(예 제주특별자치도 설치 및 국제자유도시 조성을 위한 특별법)가 있으며, 자치입법의 경우에도 본래의 관할구역을 넘어서 적용되기도 한다.

3 대인적 효력

1. 의의

행정법규는 원칙적으로 적용지역 내에 있는 모든 자에게 적용되고, 예외적으로 외국에 있는 내국인에게도 적용된다. 즉, 속지주의가 원칙이고 속인주의는 예외적이다.

2. 판례의 태도

 판례PLUS

속지주의와 속인주의

조선국적 취득 후 북한법에 의하여 북한국적을 취득하여 중국 주재 북한대사관에서 해외공민증을 발급받은 자가 대한민국 국민에 해당하는지 여부: 적극

조선인을 부친으로 하여 출생한 자는 남조선과도정부법률 제11호 국적에 관한 임시조례의 규정에 따라 조선국적을 취득하였다가 제헌헌법의 공포와 동시에 대한민국 국적을 취득하였다 할 것이고 설사 그가 북한법의 규정에 따라 북한국적을 취득하여 중국 주재 북한대사관으로부터 북한의 해외공민증을 발급받은 자라 하더라도 북한지역 역시 대한민국의 영토에 속하는 한반도의 일부를 이루는 것이어서 대한민국의 주권이 미칠 뿐이고, 대한민국의 주권과 부딪치는 어떠한 국가단체나 주권을 법리상 인정할 수 없는 점에 비추어 볼 때, 그러한 사정은 그가 대한민국 국적을 취득하고 이를 유지함에 있어 아무런 영향을 끼칠 수 없다(대판 1996.11.12, 96누1221).

03 행정상 법률관계

01 행정상 법률관계의 의의

행정상 법률관계는 행정주체를 당사자로 하는 행정에 대한 모든 법률관계를 의미하며, 공법이 지배하는 공법관계와, 사법이 지배하는 사법관계로 구분된다. 공법관계는 다시 권력관계와 관리관계(비권력관계)로 나누어지며, 사법관계는 다시 국고관계와 행정사법으로 나누어진다. 공법관계는 행정소송의 대상이 되며, 사법관계는 민사소송의 대상이 된다.

[행정상 법률관계]

02 공법관계와 사법관계의 구별

1 구별실익

1. 적용법리의 결정

당해 법률관계가 공법관계면, 행정법규 및 행정법 고유의 불문법 원리가 적용된다.

2. 행정강제

공법관세에서 행정상 의무위반, 불이행이 있는 경우 행정청은 대집행, 강제징수 등이 가능하다.

3. 소송절차

공법관계로 파악될 경우 행정소송법상의 절차에 의해 소송을 진행하게 된다. 반대로 사법관계의 경우 민사소송으로 진행된다.

구분	공법관계	사법관계
적용법	공법 우선적용 → 사법 유추적용	민법 등 사법원리
소송/재판관할/ 손해배상	행정소송/행정법원/국가배상법	민사소송/지방법원/민법상 손해배상
의무이행 법규위반	자력집행, 집행벌 부과 ○	자력집행, 집행벌 ×
공정력	공정력 인정 ○	공정력 인정 ×

2 구별기준

1. 주체설

법률관계의 주체를 기준하여 일방당사자가 국가 · 기타행정주체인 경우 공법관계, 당사자 모두가 사인인 경우 사법관계로 분류한다.

2. 신주체설

행정주체에 대하여만 권리를 부여하거나 의무를 부여하는 경우는 공법관계, 모든 권리주체에게 권리, 의무를 부여하는 경우는 사법관계로 분류한다.

3. 이익설

공익목적에 봉사하는 경우에는 공법관계, 사익에 봉사하는 법률관계는 사법관계로 분류한다.

4. 성질설(권력설)

당해 법률관계의 성질이 지배, 복종관계인 경우는 공법관계, 대등관계인 경우는 사법관계로 분류한다.

5. 소결

통설은 주체설을 중심으로 하여 성질설, 이익설을 가미하여 구분하고 있다(복수기준설). 판례도 상대방과 대등한 지위에서 하는 행위는 사법행위이고, 공권력의 주체로서 상대방의 의사에도 불구하고 일방적으로 행하는 행위는 공법행위라고 보아 대체로 통설의 입장을 따르고 있다.

[공법관계와 사법관계 비교]

공법관계	사법관계
행정법과 행정소송법 적용 → 국가배상법 적용	민법과 민사소송법 적용 → 민법상 손해배상
자력강제(행정대집행법) → 단속 · 명령규정	민사집행법 → 효력 · 능력규정

• 국유재산 중 행정재산의 대부행위(대판 2006.3.9, 2004다31074) • 국유재산 관리청의 행정재산의 사용·수익자에 대한 사용료부과처분(대판 1996.2.13, 95누11023) • 행정청인 국방부장관, 관악구청장, 서울특별시장의 입찰참가자격제한처분은 행정처분 • 서울시 통근버스 교통사고 • 국가의 한국토지주택공사에 대한 감독관계(특별감독관계에 해당) • 국가나 지방자치단체에 근무하는 "청원경찰"에 대한 징계처분(대판 1993.7.13, 92다47564)	• 국유재산 중 일반(잡종)재산의 대부행위, 대부료의 납부고지(대판 2014.9.4, 2014다203588) ※ 대부료징수는 "국세징수법" 적용(민사소송 ×) • 폐천부지를 양여하는 행위(공용폐지＝잡종재산) • 기부채납 받은 공유재산을 무상으로 기부자에게 사용을 허용하는 행위(대판 1994.1.25, 93누7365) • 토지개발공사 입찰참가자격제한조치(대결 1995. 2.28, 94두 36) • 서울시 직영버스 교통사고 • 청원주에 의해 고용된 청원경찰(헌재 2010.2.25, 2008헌바160) • 한국조폐공사와 직원에 대한 파면행위(대판 1978. 4.25, 78다414)

3 판례의 태도

 판례 PLUS

공법관계로 판단한 경우

1. 중학교 의무교육의 위탁관계: 공법관계
중학교 의무교육의 위탁관계는 초·중등교육법 제12조 제3항, 제4항 등 관련 법령에 의하여 정해지는 공법적 관계로서, 대등한 당사자 사이의 자유로운 의사를 전제로 사익 상호간의 조정을 목적으로 하는 민법 제688조의 수임인의 비용상환청구권에 관한 규정이 그대로 준용된다고 보기도 어렵다(대판 2015.1.29, 2012두7387).

2. 국유재산 무단점유자에 대한 변상금 부과처분: 행정처분, 기속행위
변상금의 체납 시 국세징수법에 의하여 강제징수토록 하고 있는 점 등에 비추어 보면 국유재산의 관리청이 그 무단점유자에 대하여 하는 변상금 부과처분은 순전히 사경제주체로서 행하는 사법상의 법률행위라 할 수 없고 이는 관리청이 공권력을 가진 우월적 지위에서 행한 것으로서 행정소송의 대상이 되는 행정처분이라고 보아야 한다(대판 1988.2.23, 87누1046).

3. 국방부장관의 징발재산 매수 결정: 행정처분
징발재산 정리에 관한 특별조치법에 의한 국방부장관의 징발재산 매수결정이 있으면 국가는 징발보상에 관한 징발보상증권의 교부, 현금지급 또는 공탁이 없는 것을 해제조건으로 하여 등기 없이 징발재산에 대한 소유권을 취득하는 것이고, 이 징발재산 매수 결정은 행정처분에 해당한다(대판 1998.4.10, 98다703).

4. 행정재산 사용·수익 허가한 자에 대한 사용료 부과: 행정처분
국유재산의 관리청이 행정재산의 사용·수익을 허가한 다음 그 사용·수익하는 자에 대하여 하는 사용료 부과는 순전히 사경제주체로서 행하는 사법상의 이행청구라 할 수 없고, 이는 관리청이 공권력을 가진 우월적 지위에서 행한 것으로서 항고소송의 대상이 되는 행정처분이라 할 것이다(대판 1996.2.13, 95누11023).

5. 행정재산의 사용·수익에 대한 허가: 특허, 행정처분, 공법관계
국유재산 등의 관리청이 하는 행정재산의 사용·수익에 대한 허가는 순전히 사경제주체로서 행하는 사법상의 행위가 아니라 관리청이 공권력을 가진 우월적 지위에서 행하는 행정처분으로서 특정인에게 행정재산을 사용할 수 있는 권리를 설정하여 주는 강학상 특허에 해당한다(대판 2006.3.9, 2004다31074).

6. 행정재산의 사용·수익 허가에 대한 취소: 행정처분
국·공유재산의 관리청이 행정재산의 사용·수익을 허가한 다음 그 사용·수익하는 자에 대하여 하는 사용·수익허가 취소는 순전히 사경제주체로서 행하는 사법상의 행위라 할 수 없고, 이는 관리청이 공권력을 가진 우월적 지위에서 행한 것으로서 항고소송의 대상이 되는 행정처분이다(대판 1997.4.11, 96누17325).

7. 행정재산의 사용·수익 허가 신청에 대한 거부행위: 행정처분

행정재산의 사용·수익 허가처분의 성질에 비추어 국민에게는 행정재산의 사용·수익 허가를 신청할 법규상 또는 조리상의 권리가 있다고 할 것이므로 공유재산의 관리청이 행정재산의 사용·수익에 대한 허가 신청을 거부한 행위 역시 행정처분에 해당한다(대판 1998.2.27, 97누1105).

8. 공공조합직원의 근무관계

[1] 농지개량조합의 직원에 대한 징계처분 취소: 행정소송

농지개량조합과 그 직원과의 관계는 사법상의 근로계약관계가 아닌 공법상의 특별권력관계이고, 그 조합의 직원에 대한 징계처분의 취소를 구하는 소송은 행정소송사항에 속한다(대판 1995.6.9, 94누10870).

[2] 도시재개발조합에 대한 조합원의 자격확인: 공법상 당사자소송

구 도시재개발법에 의한 재개발조합은 조합원에 대한 법률관계에서 적어도 특수한 존립목적을 부여받은 특수한 행정주체로서 국가의 감독하에 그 존립 목적인 특정한 공공사무를 행하고 있다고 볼 수 있는 범위 내에서는 공법상의 권리의무 관계에 있다. 따라서 조합을 상대로 한 쟁송에 있어서 강제가입제를 특색으로 한 조합원의 자격 인정 여부에 관하여 다툼이 있는 경우에는 그 단계에서는 아직 조합의 어떠한 처분 등이 개입될 여지는 없으므로 공법상의 당사자소송에 의하여 그 조합원 자격의 확인을 구할 수 있다(대판 1996.2.15, 94다31235).

9. 행정청의 입찰참가자격제한처분

[1] 국방부장관의 입찰참가자격제한처분행정청이 시공연대보증업체에 대하여 보증시공을 하지 아니하였다는 이유로 행한 입찰참가자격제한처분의 당부를 법원이 판단함에 있어서는 시공연대보증업체가 보증시공의무를 이행하지 아니한 데 정당한 이유가 있는지의 여부를 심리하여 처분의 위법 여부를 판단하고, 나아가 정당한 이유 없이 계약을 이행하지 아니하였다고 인정되는 경우에도 행정청이 제반 사정에 비추어 지나치게 과도한 제한기간을 정함으로써 재량권을 일탈 또는 남용한 위법이 있는지를 가려 보아야 한다(대판 1996.2.27, 95누4360).

[2] 관악구청장 또는 서울특별시장의 입찰참가자격제한처분(대판 1999.3.9, 98두18565; 대판 1994.8.23, 94누3568).

10. '국가'나 지방자치단체에 근무하는 "청원경찰"에 대한 징계처분의 불복방법

국가나 지방자치단체에 근무하는 청원경찰은 국가공무원법이나 지방공무원법상의 공무원은 아니지만, 다른 청원경찰과는 달리 그 임용권자가 행정기관의 장이고, 국가나 지방자치단체로부터 보수를 받으며, 산업재해보상보험법이나 근로기준법이 아닌 공무원연금법에 따른 재해보상과 퇴직급여를 지급받고, 직무상의 불법행위에 대하여도 민법이 아닌 국가배상법이 적용되는 등의 특질이 있으며 그 외 임용자격, 직무, 복무의무 내용 등을 종합하여 볼 때, 그 근무관계를 사법상의 고용계약관계로 보기는 어려우므로 그에 대한 징계처분의 시정을 구하는 소는 행정소송의 대상이지 민사소송의 대상이 아니다(대판 1993.7.13, 92다47564).

11. 공무원연금관리공단의 공무원연금법상 퇴직급여에 관한 결정: 행정처분

공무원연금관리공단의 급여에 관한 결정은 국민의 권리에 직접 영향을 미치는 것이어서 행정처분에 해당한다. 공무원연금관리공단의 급여결정에 불복하는 자는 공무원연금급여재심위원회의 심사결정을 거쳐 공무원연금관리공단의 급여결정을 대상으로 행정소송을 제기하여야 한다(대판 1996.12.6, 96누6417).

12. 구 공유수면매립법상 공유수면매립사업으로 인한 관행어업권자의 손실보상청구권 행사방법: 행정소송

구 수산업법에 의한 손실보상청구권이나 손실보상 관련 법령의 유추적용에 의한 손실보상청구권은 사업시행자를 상대로 한 민사소송의 방법에 의하여 행사하여야 하나, 구 공유수면매립법 제16조 제1항에 정한 권리를 가진 자가 위 규정에 의하여 취득한 손실보상청구권은 민사소송의 방법으로 행사할 수 없고 같은 법 제16조 제2항, 제3항이 정한 바에 따라 협의가 성립되지 아니하거나 협의할 수 없을 경우에 토지수용위원회의 재정을 거쳐 토지수용위원회를 상대로 재정에 대한 행정소송을 제기하는 방법에 의하여 행사하여야 하는바, 공유수면매립사업으로 인하여 관행어업권을 상실하게 된 자는 구 공유수면매립법 제6조 제2호가 정한 입어자로서 같은 법 제16조 제1항의 공유수면에 대하여 권리를 가진 자에 해당하므로 그가 매립사업으로 인하여 취득한 손실보상청구권은 직접 같은 법 조항에 근거하여 발생한 것이라 할 것이어서, 공유수면매립사업법 제16조 제2항, 제3항이 정한 재정과 그에 대한 행정소송의 방법에 의하여 권리를 주장하여야 할 것이고 민사소송의 방법으로는 그 손실보상청구권을 행사할 수 없다(대판 2001.6.29, 99다56468).

13. 준용하천의 제외지로 편입된 토지 소유지기 직접 히천관리청을 상대로 민사소송으로 손실보상을 청구할 수 있는지 여부: 소극(행정소송)

토지가 준용하천의 제외지와 같은 하천구역에 편입된 경우, 토지 소유자는 구 하천법 제74조가 정하는 바에 따라 하천관리청과 협의를 하고 그 협의가 성립되지 아니하거나 협의를 할 수 없을 때에는 관할 토지수용위원회에 재결을 신청하고 그 재결에 불복일 때에는 바로 관할 토지수용위원회를 상대로 재결 자체에 대한 행정소송을 제기하여 그 결과에 따라 손실보상을 받을 수 있을 뿐이고, 같은 법 부칙 제2조 제1항을 준용하여 직접 하천관리청을 상대로 민사소송으로 손실보상을 청구할 수는 없다(대판 2003.4.25, 2001두1369).

14. 토지수용법이 규정하는 보상금의 증감에 관한 소송의 소송: 공법상 당사자소송

토지수용법 제75조의2 제2항의 규정은 그 제1항에 의하여 이의재결에 대하여 불복하는 행정소송을 제기하는 경우, 이것이 보상금의 증감에 관한 소송인 때에는 이의재결에서 정한 보상금이 증액 변경될 것을 전제로 하여 기업자를 상대로 보상금의 지급을 구하는 공법상의 당사자소송을 규정한 것으로 볼 것이다(대판 1991.11.26, 91누285).

사법관계로 판단한 경우

1. 국유재산 매각신청을 반려한 거부행위: 사법상의 행위

국유재산법의 규정에 의하여 총괄청 또는 그 권한을 위임받은 기관이 국유재산을 매각하는 행위는 사경제 주체로서 행하는 사법상의 법률행위에 지나지 아니하며 행정청이 공권력의 주체라는 지위에서 행하는 공법상의 행정처분은 아니라 할 것이므로 국유재산매각 신청을 반려한 거부행위도 단순한 사법상의 행위일 뿐 공법상의 행정처분으로 볼 수 없다(대판 1986.6.24, 86누171).

2. 국유잡종재산 대부행위 및 대부료 납입고지: 사법상의 이행청구

국유잡종재산에 관한 관리 처분의 권한을 위임받은 기관이 국유잡종재산을 대부하는 행위는 국가가 사경제 주체로서 상대방과 대등한 위치에서 행하는 사법상의 계약이고, 행정청이 공권력의 주체로서 상대방의 의사 여하에 불구하고 일방적으로 행하는 행정처분이라고 볼 수 없으며, 국유잡종재산에 관한 대부료의 납부고지 역시 사법상의 이행청구에 해당하고, 이를 행정처분이라고 할 수 없다(대판 2000.2.11, 99다61675).

3. 기부채납받은 공유재산을 무상으로 기부자에게 사용을 허용하는 행위: 사법상의 행위

기부채납받은 공유재산을 무상으로 기부자에게 사용을 허용하는 행위는 사경제주체로서 상대방과 대등한 입장에서 하는 사법상 행위이지 행정청이 공권력의 주체로서 행하는 공법상 행위라고 할 수 없으므로, 기부자가 기부채납한 부동산을 일정기간 무상사용한 후에 한 사용허가기간 연장신청을 거부한 행정청의 행위도 단순한 사법상의 행위일 뿐 행정처분 기타 공법상 법률관계에 있어서의 행위는 아니다(대판 1994.1.25, 93누7365).

4. 한국조폐공사와 직원의 근무관계: 사법관계, 파면행위는 사법상 행위

한국조폐공사 직원의 근무관계는 사법관계에 속함이 분명하고 따라서 그 직원의 파면행위도 사법상의 행위라고 보아야 한다(대판 1978.4.25, 78다414).

5. 서울특별시지하철공사와 직원의 근무관계: 사법관계(→민사소송)

서울특별시지하철공사의 임원과 직원의 근무관계의 성질은 지방공기업법의 모든 규정을 살펴보아도 공법상의 특별권력관계라고는 볼 수 없고 사법관계에 속하므로, 서울지하철공사의 사장이 그 이사회의 결의를 거쳐 제정된 인사규정에 의거하여 소속직원에 대한 징계처분을 한 경우 이에 대한 불복절차는 민사소송에 의할 것이지 행정소송에 의할 수는 없다(대판 1989.9.12, 89누2103).

6. 도시재개발조합과 조합장 또는 조합임원 사이의 선임 및 해임관계: 사법관계

재개발조합이 공법인이라는 사정만으로 재개발조합과 조합장 또는 조합임원 사이의 선임·해임 등을 둘러싼 법률관계가 공법상의 법률관계에 해당한다거나 그 조합장 또는 조합임원의 지위를 다투는 소송이 당연히 공법상 당사자소송에 해당한다고 볼 수는 없고, 구 도시 및 주거환경정비법의 규정들이 재개발조합과

조합장 및 조합임원과의 관계를 특별히 공법상의 근무관계로 설정하고 있다고 볼 수도 없으므로, 재개발조합과 조합장 또는 조합임원 사이의 선임·해임 등을 둘러싼 법률관계는 사법상의 법률관계로서 그 조합장 또는 조합임원의 지위를 다투는 소송은 민사소송에 의하여야 한다(대결 2009.9.24, 2009마168, 169).

7. 지방자치단체가 당사자가 되어 체결하는 계약: 사법상의 계약

예산회계법 또는 지방재정법에 따라 지방자치단체가 당사자가 되어 체결하는 계약은 사법상의 계약일 뿐, 공권력을 행사하는 것이거나 공권력 작용과 일체성을 가진 것은 아니라고 할 것이므로 이에 관한 분쟁은 행정소송의 대상이 될 수 없다(대판 1996.12.20, 96누14708).

8. 공공용지의 협의취득: 사법상 매매

공공용지의 취득 및 손실보상에 관한 특례법에 의하여 공공용지를 협의취득한 사업시행자가 그 양도인과 사이에 체결한 매매계약은 공공기관이 사경제주체로서 행한 사법상 매매이다(대판 1999.11.26, 98다47245).

9. 전화가입계약의 해지: 사법관계

전화가입계약은 영조물 이용의 계약관계로서 비록 그것이 공중통신역무의 제공이라는 이용관계의 특수성 때문에 여러 가지 법적 규제가 있기는 하나 그 성질은 사법상의 계약관계에 불과하다고 할 것이므로, 피고(서울용산전화국장)가 전기통신법시행령에 의하여 전화가입계약을 해지하였다 하여도 이는 사법상의 계약의 해지와 성질상 다른 바가 없다 할 것이고 이를 항고소송의 대상이 되는 행정처분으로 볼 수 없다(대판 1982.12.28, 82누441).

10. 민사소송절차에 따른 청구권

[1] 공무원의 직무상 불법행위로 손해를 받은 국민은 공무원 자신에 대하여도 직접 그의 불법행위를 이유로 민사상의 손해배상을 청구할 수 있다(대판 1972.10.10, 69다701).

[2] 조세부과처분이 당연무효임을 전제로 하여 이미 납부한 세금의 반환을 청구하는 것은 민사상의 부당이득반환청구로서 민사소송절차에 따라야 한다(대판 1995.4.28, 94다55019).

[3] 구 공익사업을 위한 토지 등의 취득 및 보상에 관한 법률에 규정된 환매권의 존부에 관한 확인을 구하는 소송 및 환매금액의 증감을 구하는 소송 역시 민사소송에 해당한다(대판 2013.2.28, 2010두22368).

11. 공사 등 입찰참가자격제한처분: 사법상 효력을 갖는 통지행위

[1] 한국전력공사의 입찰참가자격제한처분(대판 1985.4.23, 82누369)

[2] 한국토지개발공사의 입찰참가자격제한처분(대결 1995.2.28, 94두36)

[3] 수도권매립지공사의 입찰참가자격제한처분(대판 2010.11.26, 2010무137)

12. 입찰보증금의 국고귀속조치: 사법관계

예산회계법에 따라 체결되는 계약은 사법상의 계약이라고 할 것이고 동법 제70조의5의 입찰보증금은 낙찰자의 계약체결의무이행의 확보를 목적으로 하여 그 불이행시에 이를 국고에 귀속시켜 국가의 손해를 전보하는 사법상의 손해배상 예정으로서의 성질을 갖는 것이라고 할 것이므로 입찰보증금의 국고귀속조치는 국가가 사법상의 재산권의 주체로서 행위하는 것이지 공권력을 행사하는 것이거나 공권력작용과 일체성을 가진 것이 아니라 할 것이므로 이에 관한 분쟁은 행정소송이 아닌 민사소송의 대상이 될 수밖에 없다(대판 1983.12.27, 81누366).

OX문제

01 지방재정법에 따라 지방자치단체가 당사자가 되어 체결하는 계약은 사법상의 계약일 뿐, 이에 관한 분쟁은 행정소송으로 다투어야 한다. ( )

02 판례에 따르면 「국가를 당사자로 하는 계약에 관한 법률」에 따른 입찰보증금 국고귀속조치는 사법관계로서 이에 관한 분쟁은 민사소송의 대상이 된다. ( )

정답 01 ×(→다툴 수 없다) 02 ○

03 행정상 법률관계의 당사자

1 행정주체

1. 개념

행정행위의 법적인 효과가 귀속되는 당사자를 행정주체라고 하며 국가, 공공단체, 공무수탁사인이 해당된다. 공무수탁사인이 행정주체인지 여부에 대해 견해의 대립은 있으나 행정주체성을 인정하는 입장이 일반적이다.

2. 행정청(행정기관)과 구별

(1) 행정기관: 행정주체가 현실적으로 행정작용을 수행하기 위하여 두는 기관을 말하는 행정법상 개념이다. 행위의 법적 효과는 행정주체에 귀속된다.

(2) 종류

① 행정청: 행정주체를 위하여 <u>그의 의사를 결정하고 이를 외부에 표시할 수 있는 권한을 가진 행정기관</u>을 말한다. 각부장관, 지방자치단체의 장, 경찰서장, 지방경찰청장 등 독임제를 원칙으로 하며, 예외적으로 감사원, 행정심판위원회, 선거관리위원회, 방송통신위원회 등 합의제로 조직되는 경우도 있다.

② 보조기관: 행정청에 소속되어 행정주체의 의사를 결정, 표시하는 행정청의 권한행사를 보호함을 임무로 하는 행정기관을 말한다. **예** 행정 각부의 차관, 차장, 실장, 국장, 부장, 과장 등이나 지방자치단체의 부지사, 부시장, 과장 등

구분	행정주체	행정청
권리능력(법인격) 유무	○	×
행위능력 유무	×	○
구체적인 예	국가, 공공단체, 공무수탁사인	대통령, 국무총리, 장관

2 행정주체의 종류

1. 국가

2. 공공단체

(1) 지방자치단체

 법령 PLUS

지방자치법
제2조(지방자치단체의 종류) ① 지방자치단체는 다음의 두 가지 종류로 구분한다.
　1. 특별시, 광역시, 특별자치시, 도, 특별자치도
　2. 시, 군, 구

제3조(지방자치단체의 법인격과 관할) ① 지방자치단체는 법인으로 한다.

② 특별시, 광역시, 특별자치시, 도, 특별자치도(이하 "시·도"라 한다)는 정부의 직할로 두고, 시는 도의 관할 구역 안에, 군은 광역시, 특별자치시나 도의 관할 구역 안에 두며, 자치구는 특별시와 광역시, 특별자치시의 관할 구역 안에 둔다.

(2) 공법상 사단법인(공공조합)

(3) 영조물법인

✚ 법령 PLUS

국립대학법인 서울대학교 설립·운영에 관한 법률

제3조(법인격 등) ① 국립대학법인 서울대학교는 법인으로 한다.

② 국립대학법인 서울대학교는 주된 사무소의 소재지에 설립등기를 함으로써 설립된다.

③ 국립대학법인 서울대학교의 설립등기와 그 밖에 등기에 관하여 필요한 사항은 대통령령으로 정한다.

제28조(수익사업 등) ① 국립대학법인 서울대학교는 교육·연구 활동에 지장이 없는 범위에서 수익사업을 할 수 있다.

② 제1항에 따른 수익사업의 수익금은 학교 경영에 충당하여야 한다.

③ 제1항에 따른 수익사업의 운영에 필요한 사항은 정관으로 정한다.

(4) 공법상 재단법인(공재단)

구분	해당 ○	해당 ×
지방자치단체	① 보통지방자치단체 • 광역자치단체: 특별시, 광역시, 도, 특별자치도 • 기초자치단체 　– 특별시나 광역시가 아닌 시, 군 　– 특별시나 광역시에 설치된 구(자치구) ② 특별지방자치단체: 지방자치단체조합	• 특별시나 광역시가 아닌 시(일반 구) 　예 제주시, 서귀포시: 행정상 시 • 읍, 면, 동, 리
공공조합	① 농지개량조합: 현재는 한국농어촌공사 ② 도시 및 주거환경 정비법상 주택재개발사업조합 ③ 도시개발법상 도시개발조합	–
공법상재단	① 한국학술진흥재단 ② 한국과학재단	–
영조물법인	① 각종 공사: 한국방송공사 등 ② 각종 공단: 시설관리공단 등	국·공립대학교(예외: 서울대학교) ※ 서울대학교는 단순 영조물이었으나 관련 법률 제정으로 법인화
비고	① 읍, 면, 동: 행정주체 부정 ② 특별시, 광역시가 아닌 일반구: 행정주체 부정(예 수원시 팔달구, 전주시 덕진구, 성남시 분당구) ③ 제주특별자치도의 시와 군: 행정주체 부정 ④ 서울대학교: 행정주체에 해당함	

3. 공무수탁사인(수탁사인)

(1) 의의: 국가나 지방자치단체로부터 공권을 부여받아 자신의 이름으로 공권력을 행사하는 사인이나 사법인을 말한다. 일반적으로 공무수탁사인은 사인에게 공권력적 지위가 부여되고 사인이 고권적 지위에서 공행정사무를 수행하는 경우에 한정하고 있다.

(2) 공무수탁사인이 아닌 경우

① 경찰과의 계약에 의해 주차위반차량을 견인하는 민간사업자 → 사법상 계약

② 사고 현장에서 경찰의 부탁에 의해 경찰을 돕는 자 → 단순한 보조에 불과

(3) 공부수탁사인과 국민과의 관계: 공무수탁사인은 행정청처럼 행정행위를 할 수도 있으므로 행정절차법 제2조 제1호, 행정심판법 제2조 제4호, 행정소송법 제2조 제2항에서 규정하는 행정청에 해당하기도 하다.

(4) 권리구제

① 공무수탁사인의 임무수행과 관련하여 권리가 침해당한 사인은 행정심판, 행정소송을 제기할 수 있다. 즉, 공무수탁사인을 행정심판의 피청구인이나 항고소송의 피고로 할 수 있다.

② 공무수탁사인은 국가배상법상 공무원에 해당하므로 공무수탁사인의 위법한 공무수행으로 사인에게 손해가 발생한 경우 국가나 지방자치단체에 대해 손해배상(국가배상)을 청구할 수 있다.

(5) 공무수탁사인 예시

해당 ○	해당 ×
• 별정우체국장 + 체신업무 • 선장, 기장, 경찰 + 가족관계등록사무 • 사립대학교 총장 + 학위 수여 • 민영교도소 + 교정업무	• 일반인 + 경찰 부탁에 의한 경찰 보조 • 민간사업자 + 경찰과 계약 + 주차견인(사법상 계약 → 민간위탁)

 판례 PLUS

공무수탁사인

1. 도시 및 주거환경정비법상 주택재건축정비사업조합의 지위

도시 및 주거환경정비법에 따른 주택재건축정비사업조합은 관할 행정청의 감독 아래 도시 및 주거환경정비법상의 주택재건축사업을 시행하는 공법인(도시 및 주거환경정비법 제18조)으로서, 그 목적 범위 내에서 법령이 정하는 바에 따라 일정한 행정작용을 행하는 행정주체의 지위를 갖는다(대판 2009.10.29, 2008다97737).

2. 소득세법에 의한 원천징수의무자의 행정주체성 여부: 소극

원천징수하는 소득세에 있어서는 납세의무자의 신고나 과세관청의 부과결정이 없이 법령이 정하는 바에 따라 그 세액이 자동적으로 확정되고, 원천징수의무자는 자동적으로 확정되는 세액을 수급자로부터 징수하여 과세관청에 납부하여야 할 의무를 부담하고 있으므로, 원천징수의무자가 비록 과세관청과 같은 행정청이더라도 그의 원천징수행위는 법령에서 규정된 징수 및 납부의무를 이행하기 위한 것에 불과한 것이지, 공권력의 행사로서의 행정처분을 한 경우에 해당되지 아니한다(대판 1990.3.23, 89누4789).

3 행정객체

1. 의의

행정주체에 의한 공권력 행사의 대상을 의미한다.

2. 종류

(1) 사인: 일반적 객체로, 자연인과 법인이 해당한다.

(2) 공공단체

① 주로 행정주체이지만, 경우에 따라 국가나 다른 공공단체에 대한 관계에서 행정객체성을 인정한다.

② 국가: 의무자는 가능하나, 행정객체는 될 수 없다.

---

04 공권이론

1 국가적 공권

공권이란 사권과 대립되는 개념으로 공법관계에서 인정되는 권리를 의미하며 국가적 공권과 개인적 공권으로 나눌 수 있다. 국가적 공권은 국가 등이 법령의 규정에 따라 행정객체에 대하여 가지는 권한으로, 여기에는 하명권(명령권), 강제권, 형성권 등이 있다.

2 개인적 공권

1. 의의

개인 또는 단체가 우월한 의사주체로서 국가나 공공단체에 대하여 가지는 공권으로, 침해당한 국민은 국가를 상대로 행정소송을 제기할 수 있는 원고적격을 갖는다.

(1) 원고적격: 행정소송법 제12조, 행정심판법 제13조는 법률상 이익이 있는 자가 행정소송(심판)을 제기할 수 있다고 하여 개인적 공권이론을 인정하고 있으며 이를 '원고적격'으로 규정하고 있다. 즉 '법률상 이익을 침해'당한 경우에 행정소송·행정심판을 제기할 수 있는 원고적격이 인정된다.

판례 PLUS

> **행정소송에서의 원고적격**
> 행정처분에 대한 취소소송에서의 원고적격이 있는지 여부는 당해 처분의 상대방인지 여부에 따라 결정되는 것이 아니라 그 취소를 구할 법률상의 이익이 있는지 여부에 따라 결정되는 것이고, 여기서 말하는 법률상 이익이라 함은 당해 처분의 근거 법률에 의하여 보호되는 '직접적'이고 '구체적'인 이익이 있는 경우를 가리키며, 간접적이거나 사실적·경제적 이해관계를 가지는데 불과한 경우는 포함되지 아니한다(대판 2001.9.28, 99두8565).

(2) 반사적 이익과의 구별

① 반사적 이익: 법규가 단순히 개인에게 이익을 줄 뿐 그 이익을 보호하려는 의도가 없을 때, 그 결과 반사적 효과로 개인이 향유하는 이익을 의미한다. 관계법규가 전적으로 공익목적만을 위한 것인 때, 사인이 받은 이익은 공익적 견지에서 행정주체에 제한 또는 의무를 부과한 반사적 효과로서의 이익에 불과한 것이다.

② 판례는 '법률상 이익'이 인정되는 경우에는 원고적격을 인정하고, 반사적 이익에 불과한 경우에는 원고적격을 부정한다. 즉 개인적 공권에 포함되지 않는다.

③ 구별 기준: 개인적 공권은 근거법규와 관계법령이 공익뿐만 아니라 부수적으로 사익도 보호하는 경우 성립하지만, 행정법규가 공익의 보호만을 목적하는 경우, 개인적으로 이익을 누린다 해도 이는 반사적 이익이다.

 판례 PLUS

원고적격 부정

1. 한약조제시험 합격처분의 무효확인소송을 구하는 종래의 한의사

한의사 면허는 경찰금지를 해제하는 명령적 행위(강학상 허가)에 해당하고, 한약조제시험을 통하여 약사에게 한약조제권을 인정함으로써 한의사들의 영업상 이익이 감소되었다고 하더라도 이러한 이익은 사실상의 이익에 불과하고 약사법이나 의료법 등의 법률에 의하여 보호되는 이익이라고는 볼 수 없으므로, 한의사들이 한약조제시험을 통하여 한약조제권을 인정받은 약사들에 대한 합격처분의 무효확인을 구하는 당해 소는 원고적격이 없는 자들이 제기한 소로서 부적법하다(대판 1998.3.10, 97누4289).

2. 유기장영업허가는 유기장영업권을 설정하는 설권행위가 아니고 일반적 금지를 해제하는 영업자유의 회복이라 할 것이므로 그 영업상의 이익은 반사적 이익에 불과하고 행정행위의 본질상 금지의 해제나 그 해제를 다시 철회하는 것은 공익성과 합목적성에 따른 당해 행정청의 재량행위라 할 것이다(대판 1985.2.8, 84누369).

3. 개발제한구역 중 일부 취락을 개발제한구역에서 해제하는 내용의 도시관리계획변경결정에 대하여, 개발제한구역 해제대상에서 "누락된" 토지의 소유자

이 사건 토지는 이 사건 도시관리계획변경결정 전후를 통하여 개발제한구역으로 지정된 상태에 있으므로 이 사건 도시관리계획변경결정으로 인하여 그 소유자인 원고가 위 토지를 사용·수익·처분하는 데 새로운 공법상의 제한을 받거나 종전과 비교하여 더 불이익한 지위에 있게 되는 것은 아니다. 따라서 원고에게 제3자 소유의 토지에 관한 이 사건 도시관리계획변경결정의 취소를 구할 직접적이고 구체적인 이익이 있다고 할 수 없다(대판 2008.7.10, 2007두10242).

4. 제3자에게 상수원보호구역변경처분의 취소를 구할 법률상 이익이 없다고 본 사례

상수원보호구역 설정의 근거가 되는 수도법 제5조 제1항 및 동 시행령 제7조 제1항이 보호하고자 하는 것은 상수원의 확보와 수질보전일 뿐이고, 그 상수원에서 급수를 받고 있는 지역주민들이 가지는 상수원의 오염을 막아 양질의 급수를 받을 이익은 직접적이고 구체적으로는 보호하고 있지 않음이 명백하여 위 지역주민들이 가지는 이익은 상수원의 확보와 수질보호라는 공공의 이익이 달성됨에 따라 반사적으로 얻게 되는 이익에 불과하므로 지역주민들에 불과한 원고들에게는 위 상수원보호구역변경처분의 취소를 구할 법률상의 이익이 없다(대판 1995.9.26, 94누14544).

2. 성립요건

(1) 독일의 경우: 뷜러(Bühler)는 개인적 공권이 성립되기 위해서 ① 강행법규성, ② 사익보호성, ③ 재판가능성(소구 가능성, 이익관철의사력)이 필요하다고 보았다.

(2) 우리나라의 경우: 헌법상 재판청구권이 보장되고 행정소송법상 개괄주의를 취하고 있으므로, 재판가능성의 요건은 별도로 필요하지 않다는 것이 일반적인 입장이다. 즉 개인적 공권이 성립하기 위해서는 강행법규성, 사익보호성만 있으면 충분하다는 입장이다.

① **강행법규성:** 강행법규(공법)에 의하여 행정주체에게 일정한 행위를 하여야 할 의무를 부과하고 있어야 한다.

② **사익보호성:** 법규가 공익뿐만 아니라 사익보호를 목적으로 하고, 직접적 근거규정 외에도 법규 전체 및 취지도 합리적으로 고려하여야 한다.

➕ **판례 PLUS**

사익보호성의 판단기준

환경영향평가에 관한 자연공원법령 및 환경영향평가법령의 규정들의 취지는 집단시설지구개발사업이 환경을 해치지 아니하는 방법으로 시행되도록 함으로써 집단시설지구개발사업과 관련된 환경공익을 보호하려는 데에 그치는 것이 아니라 그 사업으로 인하여 직접적이고 중대한 환경피해를 입으리라고 예상되는 환경영향평가대상지역 안의 주민들이 개발 전과 비교하여 수인한도를 넘는 환경침해를 받지 아니하고 쾌적한 환경에서 생활할 수 있는 개별적 이익까지도 이를 보호하려는 데에 있다 할 것이므로, 위 주민들이 당해 변경승인 및 허가처분과 관련하여 갖고 있는 위와 같은 환경상의 이익은 단순히 환경공익 보호의 결과로 국민일반이 공통적으로 가지게 되는 추상적·평균적·일반적인 이익에 그치지 아니하고 주민 개개인에 대하여 개별적으로 보호되는 직접적·구체적 이익이라고 보아야 한다(대판 1998.4.24, 97누3286).

(3) 제3자 보호규범이론

① 원고적격의 인정범위를 처분의 상대방뿐만 아니라 제3자(인근주민)에게도 인정하자는 입장이 제3자 보호규범이론이다. 즉 법률상 이익을 제3자의 이익까지 포함시켜 원고적격의 성립범위를 확대하고자 하는 이론이다.

② 판례도 행정처분의 직접 상대방이 아닌 제3자라도 당해 행정처분의 취소를 구할 법률상의 이익이 있는 경우에는 원고적격이 인정되는데, 여기서 말하는 법률상의 이익은 당해 처분의 근거 법률에 의하여 보호되는 "직접적"이고 "구체적"인 이익이 있는 경우를 말한다고 판시하였다(대판 1995.9.26, 94누14544).

3. 개인적 공권의 성립

(1) 법률의 규정에 의한 개인적 공권

① 국가 또는 그 밖의 행정주체에게 행위의무를 부과하고(강제규범), 그 관련규정이 오로지 공익의 실현만을 목표로 하는 것이 아니라 개인 이익의 만족에도 기여하도록 정해져 있다면(사익보호), 관련 사인은 개인적 공권을 갖게 된다.

② 사인은 관련 행정기관에 대하여 특정의 행위를 청구할 수 있게 되는데, 여기서 특별히 유의할 사항은 관련 사인이란 행위의 상대방만을 말하는 것이 아니라 제3자일 수도 있다는 점이다.

(2) 헌법에 의한 개인적 공권

① 법률상 이익에서 '법률'의 개념에 헌법상 기본권이 포함되는지가 문제된다. 헌법상 기본권 중에 주로 평등권, 재산권, 자유권 등에서 논의되고, 사회권(생존권)이나 청구권은 포함되지 않는다.

② 판례는 헌법상 알 권리, 변호인 접견권, 사회단체등록신청권을 침해받은 국민은 행정소송을 제기할 수 있다고 판시하였다.

 판례 PLUS

> **헌법상 환경권은 추상적 권리에 해당한다고 본 사례**
> 도롱뇽은 천성산 일원에 서식하고 있는 도롱뇽목 도롱뇽과에 속하는 양서류로서 자연물인 도롱뇽 또는 그를 포함한 자연 그 자체로서는 소송을 수행할 당사자능력을 인정할 수 없다. 환경권에 관한 헌법 제35조 제1항이나 자연방위권 등 헌법상의 권리에 의하여 직접 한국철도시설공단에 대하여 고속철도 중 일부 구간의 공사금지를 청구할 수 없다. 그리고 환경정책기본법 등 관계 법령의 규정 역시 그와 같이 구체적인 청구권원을 발생시키는 것으로 해석할 수 없다(대판 1995.9.15, 95다23378; 대판 2006.6.2, 2004마1148).

(3) 기타

① 행정규칙은 원칙적으로 행정 내부적으로만 직접적인 구속력을 가질 뿐 행정 외부적으로 구속력을 갖는 것은 아니므로, 개인적 공권의 성립근거가 되지 못한다. 그러나 예외적으로 외부적 구속효과를 가진 '법률보충적 행정규칙'은 개인적 공권의 성립근거가 될 수 있다.

② 법규명령, 공법상 계약, 관습법 및 행정행위에 의해서도 개인적 공권은 성립될 수 있다.

3 개인적 공권의 확대이론

1. 의의

행정청의 재량행위에 대해서 국민이 행정청을 상대로 하자 없는 재량권을 행사해달라고 요구할 수 있는 권리를 인정할 수 있을 것인지 여부와 행정청의 기속행위에 대해서 일정한 구체적인 특정처분을 요구할 수 있는 권리를 인정할 수 있을 것인지 여부에 대해 견해가 대립된다. 판례는 검사임용거부사건(대판 1991.2.12, 90누5825)에서 '무하자재량행사청구권'을 인정했으며, 김신조 무장간첩사건(대판 1971.4.6, 71다124)에서 '행정개입청구권'을 인정하였다.

2. 강행규정의 확대화

(1) 과거에는 기속행위에만 인정하였지만 오늘날에는 무하자재량행사청구권과 행정개입청구권 등을 통해 개인적 공권을 인정한다.

(2) 헌법상 기본권에서 직접 개인적 공권이 도출된다고 해석한다.

3. 사익보호성의 확대

(1) 명시적 조항은 없지만, 근거법규와 관련법령의 해석을 통해 사익을 보호하는 취지가 있다고 인정한다.

(2) 예시: 인인소송, 경업자 소송, 경원자 소송 등(제3자효 행정행위)이 있다.

4 무하자재량행사청구권과 행정개입청구권

1. 무하자재량행사청구권

(1) 의의: 행정행위를 하는 행정청에 하자 없는 재량행위를 하도록 청구할 수 있는 권리를 의미한다.

(2) 특징

① 소극적인 방어권 행사가 아닌 적극적 권리의 성격을 지닌다.

② 위법한 처분을 배제하는 측면에서 소극적, 방어적 성격을 지닌다.

③ 행정청을 상대로 특정한 구체적 처분을 요구할 수 있는 권리가 아니므로 '형식적 권리'에 해당한다.

④ 행정청의 재량행위에서 인정되며, 결정재량과 선택재량에서 인정된다(통설).

⑤ 무하자재량행사청구권도 개인적 공권에 해당하므로 개인적 공권의 성립요건이 필요하다.

판례 PLUS

검사임용거부사건

검사의 임용 여부는 임용권자의 자유재량에 속하는 사항이나 임용권자가 동일한 검사신규임용의 기회에 원고를 비롯한 다수의 검사 지원자들로부터 임용 신청을 받아 전형을 거쳐 자체에서 정한 임용기준에 따라 이들 일부만을 선정하여 검사로 임용하는 경우에 있어서 법령상 검사임용 신청 및 그 처리의 제도에 관한 명문 규정이 없다고 하여도 "조리상" 임용권자는 임용신청자들에게 전형의 결과인 임용 여부의 응답을 해줄 의무가 있다고 할 것이며 응답할 것인지 여부조차도 임용권자의 편의재량사항이라고는 할 수 없다. 검사의 임용에 있어서 임용권자가 임용 여부에 관하여 어떠한 내용의 응답을 할 것인지는 임용권자의 자유재량에 속하므로 일단 임용거부라는 응답을 한 이상(사안의 경우 소극적 거부 의사표시로 판단) 설사 그 응답내용이 부당하다고 하여도 사법심사의 대상으로 삼을 수 없는 것이 원칙이나, 적어도 재량권의 한계 일탈이나 남용이 없는 위법하지 않은 응답을 할 의무가 임용권자에게 있고 이에 대응하여 임용신청자로서도 재량권의 한계 일탈이나 남용이 없는 적법한 응답을 요구할 권리가 있다고 할 것이다(대판 1991.2.12, 90누5825).

2. 행정개입청구권

(1) 의의: 행정청의 부작위로 인하여 권익을 침해당한 자가 당해 행정청에 대하여 자기 및 타인에 대한 규제 등 일정한 행정권의 발동을 청구할 수 있는 권리를 의미한다.

(2) 특징

① 행정청을 상대로 특정처분을 요구하는 적극적인 공권이다.

② 구체적인 처분을 요구하므로 무하자재량행사청구권과는 달리 '실체적 공권'이다.

③ 행정개입청구권도 개인적 공권이므로 공권의 성립요건이 필요하다.

④ 행정의 기속행위에서 인정되는 공권이다.

⑤ 재량권이 영(零)으로 수축되는 경우에도 인정된다.

(3) 재량권의 영(零)으로 수축이론

① 의의: 행정청의 재량행위이더라도 국민의 생명, 신체에 중대한 위협이 되는 순간에는 기속행위로 전환되어야 한다는 것이다.

② 재량권이 영으로 수축되는 경우에는 무하자재량행사청구권이 행정개입청구권으로 전환된다. 따라서 국민은 구체적인 특정처분을 요구할 수 있게 된다.

③ 결정재량에서는 재량권이 영으로 수축된다(통설).

 판례 PLUS

행정개입청구권의 인정

1. 김신조 무장공비사건: 국가배상책임 긍정

무장공비에 의해 생명의 위협을 받고 있는 청년의 가족이 인근 파출소에 구원을 요청하였음에도 불구하고 경찰이 출동하지 않아 그 청년이 희생된 경우에는 국가의 손해배상책임이 성립한다(대판 1971.4.6, 71다124). → 재량권이 0으로 수축된 경우에 해당함

2. 신변보호요청을 경찰이 묵살하여 피살당한 경우, 국가배상책임 인정 여부: 적극

경찰관이 범죄의 예방 및 공공의 안녕과 질서유지를 위해 취하는 조치권한은 일반적으로 경찰관의 전문적인 판단에 기한 합리적인 재량에 위임되어 있기는 하지만 구체적인 상황에서 그 불행사가 현저하게 불합리하다고 인정되는 경우에는 이러한 권한의 불행사는 경찰관직무집행법상 국민의 "보호의무"에 위반하는 행위에 해당하여 국가는 이로 인해 피해를 입은 자에 대해 국가배상책임을 진다(대판 1997.8.21, 96가합40313).

OX 문제

01 무하자재량행사청구권은 적극적인 성격과 함께 위법한 처분을 배제하는 측면에서 소극적, 방어적 성격을 지닌다. ( )

02 무하자재량행사청구권은 행정청을 상대로 하자 없는 재량권을 행사해달라고 요구할 수 있는 권리로 실체적 공권에 해당한다. ( )

03 검사의 임용에 있어서 임용권자는 적어도 재량의 일탈이나 남용이 없는 위법 아니 없는 응답을 할 의무가 있고, 이에 대응하여 임용신청자는 적법한 응답을 요구할 수 있는 응답신청권을 가지며, 나아가 이를 바탕으로 재량권남용의 임용거부처분에 대하여 항고소송으로 그 취소를 구할 수 없다. ( )

정답 01 × 02 ○ 03 ○

3. 국민이 행정청에 대하여 제3자에 대한 건축허가 취소 및 건축물철거명령을 요구할 수 있는 법규상 또는 조리상 권리가 있는지 여부: 소극

구 건축법 및 기타 관계 법령에 국민이 행정청에 대하여 제3자에 대한 건축허가의 취소나 준공검사의 취소 또는 제3자 소유의 건축물에 대한 철거 등의 조치를 요구할 수 있다는 취지의 규정이 없고, 같은 법 제69조 제1항 및 제70조 제1항은 각 조항 소정의 사유가 있는 경우에 시장·군수·구청장에게 건축허가 등을 취소하거나 건축물의 철거 등 필요한 조치를 명할 수 있는 권한 내지 권능을 부여한 것에 불과할 뿐, 시장·군수·구청장에게 그러한 의무가 있음을 규정한 것은 아니므로 위 조항들도 그 근거 규정이 될 수 없으며, 그 밖에 조리상 이러한 권리가 인정된다고 볼 수도 없다(대판 1999.12.7, 97누17568).

(4) **권리구제**: 개인은 의무이행심판, 거부처분소송 또는 부작위위법확인소송을 통해 권리구제가 가능하다. 따라서 손해가 발생하면 국가배상청구가 가능하다.

3. 무하자재량행사청구권과 행정개입청구권의 인정 범위

무하자재량행사청구권	행정개입청구권
하자 없는 재량권 행사 요구	구체적인 특정처분을 요구
형식적·절차적 권리, 소극적 권리이자 적극적 권리	실체적·실질적 권리, 적극적 권리
재량행위에서 인정	기속행위에서 인정. (단, 재량권이 영으로 수축되는 경우에도 인정)

5 개인적 공권의 특수성

1. 개인적 공권의 특성

(1) **이전성의 제한**: 개인적 공권은 일반적으로 일신전속성을 가지는 경우가 많으므로, 양도·상속과 같은 이전성이 부인되는 경우가 많다. 다만, 재산적 침해로 인한 손실보상청구권과 같이 그 내용이 경제적 가치를 주된 목적으로 하는 경우에는 사권과 같이 이전성이 인정된다. 예 선거권, 국가배상청구권, 국민연금청구권, 공무원의 급여·연금청구권 등

(2) **포기성의 제한**: 공익적 견지에서 인정되는 것이므로, 선거권·소권과 같이 임의로 포기할 수 없는 것이 원칙이다. 판례도 소권은 사인의 국가에 대한 공권이므로 당사자의 합의로서 국가에 대한 공권은 포기할 수 없다(대판 1995.9.15, 94누4455)고 판시한다.

(3) **위임(대행)의 제한**: 선거권과 같은 개인적 공권은 일신전속적인 성질을 가짐으로써 대행(대리)이나 위임이 제한되는 경우가 많다. 다만 민법상의 친권도 포기할 수 없기 때문에 대행의 제한은 공권에만 특유한 것이 아니라는 견해도 있다.

(4) **공권 보호의 특수성**: 개인적 공권을 보호하기 위한 소송유형은 민사소송이 아닌 행정소송이다.

2. 공권, 공의무의 승계 가능 여부

(1) 문제점: 공권이나 공의무 승계에 관한 일반적인 규정은 없다. 따라서, 명문의 규정이 없는 경우에 공권이나 공의무가 '타인에게 승계'되는지가 문제된다. 개인적 공권은 원칙적으로 이전성이 제한되므로 일신전속적인 공법상의 권리와 의무는 이전이 금지 또는 제한되는 경우가 많지만, 경제적 가치를 주된 목적으로 하는 경우에는 이전 가능하다고 보는 것이 일반적이다.

(2) 판례의 태도

 판례 PLUS

개인적 공권의 승계 여부

1. 전상군경등록거부처분 취소청구소송 계속 중 원고가 사망한 경우, 원고의 상속인에게 소송수계가 허용되는지 여부: 소극

구 국가유공자 등 예우 및 지원에 관한 법률에 의하여 국가유공자와 유족으로 등록되어 보상금을 받고, 교육보호 등 각종 보호를 받을 수 있는 권리는 법이 정하는 바에 따른 요건을 갖춘 자로서, 보훈심사위원회의 심의·의결을 거친 국가보훈처장의 결정에 의하여 등록이 결정된 자에게 인정되는 권리이다. 그러나 그 권리는 국가유공자와 유족에 대한 응분의 예우와 국가유공자에 준하는 군경 등에 대한 지원을 행함으로써 이들의 생활안정과 복지향상을 도모하기 위하여 당해 개인에게 부여되어진 일신전속적인 권리여서, 다른 사람에게 양도하거나 압류할 수 없으며 이를 담보로 제공할 수 없고, 법에서 보상금 등을 받을 유족 또는 가족의 범위에 관하여 별도로 규정하고 있고, 연금을 받을 유족의 범위와 순위에 관하여도 별도로 규정하고 있는 점에 비추어 상속의 대상으로도 될 수 없다(대판 2003.8.19, 2003두5037).

2. 석탄산업법 소정의 재해위로금 청구권을 당사자의 합의로 포기할 수 있는지 여부: 소극

석탄산업법 시행령 제41조 제4항 제5호 소정의 재해위로금 청구권은 개인의 공권으로서 그 공익적 성격에 비추어 당사자의 합의에 의하여 이를 미리 포기할 수 없다(대판 1998.12.23, 97누5046).

3. 종전 석유판매업자가 유사석유제품 판매의 위법행위를 하였다는 이유로, 그 지위를 승계한 자에 대하여 사업정지 등 제재처분을 취할 수 있는지 여부: 적극

사업정지 등의 제재처분은 사업자 개인의 자격에 대한 제재가 아니라 사업의 전부나 일부에 대한 것으로서 대물적 처분의 성격을 갖고 있다. 그러므로 위와 같은 지위승계에는 종전 석유판매업자가 유사석유제품을 판매함으로써 받게 되는 사업정지 등 제재처분의 승계가 포함되어 그 지위를 승계한 자에 대하여 사업정지 등의 제재처분을 취할 수 있다고 보아야 한다(대판 2003.10.23, 2003두8005; 대판 1986.7.22, 86누203).

---

6 개인적 공권의 확대 관련 판례(원고적격 관련 판례)

1. 이웃주민 소송(인인소송)

(1) 의의: 특정인에 대한 수익적 행정행위가 이웃하는 주민들에게 불이익을 초래하는 경우 불이익을 받은 타인이 법률상 이익을 다투는 소송을 의미한다.

(2) 관련 판례

 판례 PLUS

원고적격 인정

1. 연탄공장 인근주민

주거지역내에 위 법조 소정 제한면적을 초과한 연탄공장 건축허가처분으로 불이익을 받고 있는 제3거주자는 비록 당해 행정처분의 상대자가 아니라 하더라도 그 행정처분으로 말미암아 위와 같은 법률에 의하여 보호되는 이익을 침해받고 있다면 당해 행정처분의 취소를 소구하여 그 당부의 판단을 받을 법률상의 자격이 있다(대판 1975.5.13, 73누96).

2. LPG충전소 인근주민

행정처분의 상대방이 아닌 제3자도 그 처분으로 인하여 법률상 보호되는 이익을 침해당한 경우에는 그 처분의 취소 또는 변경을 구하는 행정소송을 제기하여 그 당부의 판단을 받을 <u>법률상 자격이 있다</u>(대판 1983.7.12, 83누59).

3. 원자로 시설부지 인근주민(대판 1998.9.4, 97누19588)

① 원자로 시설부지 인근 주민들에게 방사성물질 등에 의한 생명·신체의 안전침해를 이유로 부지사전승인처분의 취소를 구할 <u>원고적격이 있다.</u>

② 환경영향평가대상지역 안의 원자로 시설부지 인근 주민들이 방사성물질 이외의 원인에 의한 환경침해를 받지 아니하고 생활할 수 있는 이익이 직접적·구체적 이익이므로 위 주민들에게 이를 이유로 원자로시설부지사전승인처분의 취소를 구할 <u>원고적격이 있다.</u>

4. 공설화장장 인근주민

주거지역, 상업지역, 공업지역 및 녹지지역 안의 풍치지구 등에의 공설화장장 설치를 금지함에 의하여 보호되는 부근 주민들의 이익은 위 도시계획결정처분의 근거 법률에 의하여 보호되는 <u>법률상 이익이다</u>(대판 1995.9.26, 94누14544).

5. 광산개발 인근주민

광업권설정허가처분과 그에 따른 광산개발로 인하여 재산상·환경상 이익의 침해를 받거나 받을 우려가 있는 토지나 건축물의 소유자와 점유자 또는 이해관계인 및 주민들은 그 처분 전과 비교하여 수인한도를 넘는 재산상·환경상 이익의 침해를 받거나 받을 우려가 있다는 것을 증명함으로써 그 처분의 취소를 구할 <u>원고적격을 인정받을 수 있다</u>(대판 2008.9.11, 2006두7577).

6. 환경영향평가 대상지역 '안의' 주민

당해 국립공원 용화집단시설지구개발사업으로 인하여 직접적이고 중대한 환경피해를 입으리라고 예상되는 환경영향평가 대상지역 안의 주민에게 환경영향평가 대상사업에 관한 변경승인 및 허가처분의 취소를 구할 <u>원고적격이 있다</u>(대판 1998.4.24, 97누 3286).

원고적격 부정

1. 상수원보호구역 인근주민 상수원보호구역 설정의 근거가 되는 수도법 제5조 제1항 및 동 시행령 제7조 제1항이 보호하고자 하는 것은 상수원의 확보와 수질보전일 뿐이고, 그 상수원에서 급수를 받고 있는 지역주민들이 가지는 상수원의 오염을 막아 양질의 급수를 받을 이익은 직접적이고 구체적으로는 보호하고 있지 않음이 명백하여 위 지역주민들이 가지는 이익은 <u>상수원의 확보와 수질보호라는 공공의 이익이 달성됨에 따라 반사적으로 얻게 되는 이익에 불과하므로</u> 지역주민들에 불과한 원고들에게는 위 상수원보호구역변경처분의 취소를 구할 법률상의 이익이 없다(대판 1995.9.26, 94누14544).

2. 환경영향평가 대상지역 '밖에' 거주하는 주민 헌법 제35조 제1항에서 정하고 있는 환경권에 관한 규정만으로는 그 권리의 주체·대상·내용·행사방법 등이 구체적으로 정립되어 있다고 볼 수 없고, 환경정책기본법 제6조도 그 규정 내용 등에 비추어 국민에게 구체적인 권리를 부여한 것으로 볼 수 없다는 이유로 환경영향평가 대상지역 밖에 거주하는 주민에게 헌법상의 환경권 또는 환경정책기본법에 근거하여 공유수면매립면허처분과 농지개량사업 시행인가처분의 <u>무효확인을 구할 원고적격이 없다</u>(대판 2006.3.16, 2006두330 전합).

2. 경업자(경쟁) 관계

(1) 의의: 허가나 특허 등을 받은 기존업자의 사업이 신규업자들로 인해 불이익을 받을 경우 이에 대해 다툴 수 있느냐의 문제로, 기존업자가 허가업자인 경우에는 소송을 제기할 수 없으나, 기존업자가 '특허업자'인 경우에는 원고적격이 인정되어 경업자 소송을 제기할 수 있다고 본다.

(2) 관련 판례

 판례PLUS

허가업자인 경우

1. 기존 공중목욕장영업자의 영업상 이익

원고가 허가처분에 의하여 목욕장업에 의한 이익이 사실상 감소된다하여도 이 불이익은 본건 허가처분의 단순한 사실상의 반사적 결과에 불과하고 이로 말미암아 원고의 권리를 침해하는 것이라고는 할 수 없음으로 원고는 피고의 피고 보조참가인에 대한 이 사건 목욕장업허가처분에 대하여 그 취소를 소구할 수 있는 법률상 이익이 없다할 것이다(대판 1963.8.31, 63누101).

2. 분뇨 등 관련 영업허가를 받아 영업을 하고 있는 기존업자의 이익

일반적으로 면허나 인·허가 등의 수익적 행정처분의 근거가 되는 법률이 해당 업자들 사이의 과당경쟁으로 인한 경영의 불합리를 방지하는 것도 그 목적으로 하고 있는 경우, 다른 업자에 대한 면허나 인·허가 등의 수익적 행정처분에 대하여 이미 같은 종류의 면허나 인·허가 등의 수익적 행정처분을 받아 영업을 하고 있는 기존의 업자는 경업자에 대하여 이루어진 면허나 인·허가 등 행정처분의 상대방이 아니라 하더라도 당해 행정처분의 취소를 구할 원고적격이 있다. 분뇨 등 관련 영업허가를 받아 영업을 하고 있는 기존 업자의 이익이 법률상 보호되는 이익이라고 보아, 기존 업자에게 경업자에 대한 영업허가처분의 취소를 구할 원고적격이 있다(대판 2006.7.28, 2004두6716).

3. 담배 일반소매인으로 지정되어 영업을 하고 있는 기존업자가 경업자에 대한 면허나 인·허가 등의 수익적 행정처분의 취소를 구할 원고적격이 있는지와 기존업자의 신규업자에 대한 이익이 '법률상 보호되는 이익'에 해당하는지 여부(대판 2008.3.27, 2007두23811)

① 면허나 인·허가 등의 수익적 행정처분의 근거가 되는 법률이 해당 업자들 사이의 과다경쟁으로 인한 경영의 불합리를 방지하는 목적도 가지고 있는 경우, 기존업자가 경업자에 대한 면허나 인·허가 등의 수익적 행정처분의 취소를 구할 원고적격이 있다.

② 담배 일반소매인의 지정기준으로서 일반소매인의 영업소 간에 일정한 거리제한을 두고 있는 것은 담배 유통구조의 확립을 통하여 국민의 건강과 관련되고 국가 등의 주요 세원이 되는 담배산업 전반의 건전한 발전 도모 및 국민경제에의 이바지라는 공익목적을 달성하고자 함과 동시에 일반소매인 간의 과당경쟁으로 인한 불합리한 경영을 방지함으로써 일반소매인의 경영상 이익을 보호하는 데에도 그 목적이 있다고 보이므로, 일반소매인으로 지정되어 영업을 하고 있는 기존업자의 신규 일반소매인에 대한 이익은 단순한 사실상의 반사적 이익이 아니라 법률상 보호되는 이익이다.

4. 한의사 면허의 법적 성질 및 한의사가 약사에게 한약조제권을 인정해 주는 한약조제시험 합격처분의 효력에 대하여 다툴 원고적격이 있는지 여부

한의사 면허는 경찰금지를 해제하는 명령적 행위(강학상 허가)에 해당하고, 한약조제시험을 통하여 약사에게 한약조제권을 인정함으로써 한의사들의 영업상 이익이 감소되었다고 하더라도 이러한 이익은 사실상의 이익에 불과하고 약사법이나 의료법 등의 법률에 의하여 보호되는 이익이라고는 볼 수 없으므로, 한의사들이 한약조제시험을 통하여 한약조제권을 인정받은 약사들에 대한 합격처분의 무효확인을 구하는 당해 소는 원고적격이 없는 자들이 제기한 소로서 부적법하다(대판 1998.3.10, 97누4289).

OX문제

01 허가를 받은 경업자에게는 원고적격이 인정되나, 특허사업의 경업자는 특별한 사정이 없는 한 원고적격이 부인된다.
( )

정답 01 ×(→특허사업의 경업자는 원고적격 긍정)

특허업자인 경우

1. **선박운항 사업면허 처분에 대하여 기존업자의 행정처분 취소를 구할 법률상 이익**

   선박운항사업 면허처분에 대하여 기존업자는 행정처분 취소를 구할 법률상 이익이 있다(대판 1969.12.30, 69누106).

2. **기존 시내버스업자가 시외버스의 시내버스로의 전환을 허용하는 사업계획변경인가처분의 취소를 구할 법률상 이익이 있는지 여부**

   기존 시내버스 업자로서는, 다른 운송사업자가 운행하고 있는 기존 시외버스를 시내버스로 전환을 허용하는 사업계획변경인가 처분에 대하여 그 취소를 구할 법률상의 이익이 있다고 할 것이다(대판 1987.9.22, 85누985).

3. **동일한 사업구역 내의 동종의 사업용 화물자동차면허대수를 늘리는 보충인가처분에 대하여 기존업자에게 그 취소를 구할 법률상 이익이 있는지 여부**

   개별화물자동차운송사업면허를 받아 이를 영위하고 있는 기존의 업자로서는 동일한 사업구역내의 동종의 사업용 화물자동차면허 대수를 늘리는 보충인가처분에 대하여 그 취소를 구할 법률상 이익이 있다(대판 1992.7.10, 91누9107).

3. 경원자관계 및 기타의 경우

(1) **경원자관계:** 인·허가 등 수익적 행정처분을 신청한 수인이 서로 경쟁관계에 있어 일방에 대한 면허나 인·허가 등의 행정처분이 타방에 대한 불허가 등으로 귀결될 수밖에 없는 관계를 의미한다.

 판례 PLUS

경원자(競願者)관계에 대한 관련 판례

1. **제3자에게 경원자에 대한 수익적 행정처분의 취소를 구할 당사자 적격이 있는 경우**(대판 2009.12.10, 2009두8359)

   ① 인·허가 등의 수익적 행정처분을 신청한 수인이 서로 경쟁관계에 있어서 일방에 대한 허가 등의 처분이 타방에 대한 불허가 등으로 귀결될 수밖에 없는 때 허가 등의 처분을 받지 못한 자는 비록 경원자에 대하여 이루어진 허가 등 처분의 상대방이 아니라 하더라도 당해 처분의 취소를 구할 원고적격이 있다. 다만, 명백한 법적 장애로 인하여 원고 자신의 신청이 인용될 가능성이 처음부터 배제되어 있는 경우에는 당해 처분의 취소를 구할 정당한 이익이 없다.

   ② 원고를 포함하여 법학전문대학원 설치인가 신청을 한 41개 대학들은 2,000명이라는 총 입학정원을 두고 그 설치인가 여부 및 개별 입학정원의 배정에 관하여 서로 경쟁관계에 있고 이 사건 각 처분이 취소될 경우 원고의 신청이 인용될 가능성도 배제할 수 없으므로, 원고가 이 사건 각 처분의 상대방이 아니라도 그 처분의 취소 등을 구할 당사자적격이 있다.

2. **경원관계에 있어서 경원자에 대하여 이루어진 허가 등 처분의 상대방이 아닌 자가 그 처분의 취소를 구할 당사자적격이 있는지 여부**

   행정소송법 제12조는 취소소송은 처분 등의 취소를 구할 법률상의 이익이 있는 자가 제기할 수 있다고 규정하고 있는바, 인·허가 등의 수익적 행정처분을 신청한 수인이 서로 경쟁관계에 있어서 일방에 대한 허가 등의 처분이 타방에 대한 불허가 등으로 귀결될 수밖에 없는 때(이른바 경원관계에 있는 경우로서 동일대상지역에 대한 공유수면매립면허나 도로점용허가 혹은 일정 지역에 있어서의 영업허가 등에 관하여 거리제한규정이나 업소개수제한규정 등이 있는 경우를 그 예로 들 수 있다) 허가 등의 처분을 받지 못한 자는 비록 경원자에 대하여 이루어진 허가 등 처분의 상대방이 아니라 하더라도 당해 처분의 취소를 구할 당사자적격이 있다(대판 1992.5.8, 91누13274).

(2) 기타의 경우

 판례PLUS

기타의 경우에 대한 관련 판례

1. 국세체납처분을 원인으로 한 압류등기 이후의 압류부동산 매수자에게 위 압류처분의 취소를 구할 원고적격

국세체납처분을 원인으로 한 압류등기 이후에 압류부동산을 매수한 자는 위 압류처분에 대하여 사실상이며 간접적인 이해관계를 가진 데 불과하여 위 압류처분의 취소나 무효확인을 구할 <u>원고적격이 없다</u>(대판 1985.2.8, 82누524).

2. 대학생들이 전공이 다른 교수를 임용함으로써 학습권을 침해당하였다는 이유를 들어 교수임용처분의 취소를 구할 소의 이익

행정처분의 직접 상대방이 아닌 제3자라도 당해 처분의 취소를 구할 법률상 이익이 있는 경우에는 취소소송의 원고적격이 인정된다 할 것이나 여기서 법률상 이익이라 함은 당해 처분의 근거가 되는 법규에 의하여 보호되는 직접적이고 구체적인 이익을 말하고 단지 간접적이거나 사실적, 경제적 이해관계를 가지는 데 불과한 경우에는 여기에 포함되지 아니한다. 따라서 대학생들이 전공이 다른 교수를 임용함으로써 <u>학습권을 침해당하였다는 이유를 들어 교수임용처분의 취소를 구할 소의 이익이 없다</u>(대판 1993.7.27, 93누8139).

05 특별권력관계

1 전통적 특별권력관계

1. 개념

특별권력관계란 특별한 공행정 목적을 위해 특별한 법률상의 원인에 근거하여 성립되는 관계로 권력주체가 구체적인 법률의 근거 없이도 특정 신분자를 포괄적으로 지배하는 권한을 가지고, 그 신분자는 이에 복종하는 관계를 의미한다.

2. 역사적 배경

(1) 배경: 근대 초기에 교도소 수형자에게는 인권이 없음을 전제로 한 법의 불침투성이론에 의하여 수형자는 인권침해를 이유로 행정소송을 제기할 수 없었다. 이에 교도소 수형자의 인권문제가 제기되었고 독일의 수형자판결을 계기로 특별권력관계가 논의되었다. 행정법은 프랑스가 탄생지이지만 특별권력관계이론은 독일에서 발전된 이론으로, 오토 마이어(O.Mayer)에 의해 체계화되었다.

(2) 불침투성이론: 국가도 법인격체로 하나의 인격주체이므로 다른 인격주체 간에는 법규가 적용되지만 국가 내부에는 법이 침투할 수 없으므로 공무원이나 군인처럼 별도의 법인격이 없는 경우에는 법치주의가 침투할 수 없다는 것이다.

2 특별권력관계의 성립

1. 법률규정에 의한 성립

수형자의 교도소 수감, 감염병환자의 강제 입원, 현역병으로의 입영 등이 해당한다.

2. 상대방 동의에 의한 성립

공무원 임용, 국·공립대학 입학 등이 해당한다.

3 특별권력관계의 종류

1. 일반권력관계와 비교

구분	일반권력관계	특별권력관계
개념	국민이 국가·지방자치단체 등 행정주체의 일반통치권에 복종하는 지위에서 당연히 성립하는 법률관계	특별한 목적을 위해 특별한 법률상의 원인에 근거하여 성립되는 관계로서 권력주체가 구체적인 법률의 근거 없이도 특정신분자를 포괄적으로 지배하는 권한을 가지고, 그 신분자는 이에 복종하는 법률관계
권력적 기초	일반권력(일반통치권)	특별권력(특별통치권)
목적	일반적 공행정 목적	특별한 공행정 목적
관계	행정주체와 국민 간의 관계(외부관계)	특별권력주체와 구성원 간의 관계(내부관계)

01 특별권력관계 성립은 상대방의 동의가 있어야만 가능하다. ( )

정답 01 ×

64 PART 01 행정법 서론

성질	일반적 권리 의무관계	포괄적 지배 · 복종관계
법치주의	전면적 적용	적용배제 · 제한(불침투이론)
제재	행정벌	징계벌
행정규칙	행정규칙의 법규성 부정	특별명령이론에 따라 행정규칙의 법규성 긍정

2. 특별권력관계의 종류

(1) 공법상의 근무관계: 특정인이 특별한 법률원인에 의하여 국가 또는 공공단체를 위해 포괄적으로 근무할 의무를 지는 것을 내용으로 하는 윤리적 관계이다.
  예 국가와 국가공무원, 지방자치단체와 지방공무원의 근무관계 등

(2) 공법상의 영조물 이용관계: 공공복리를 위하여 설치 · 관리되는 영조물의 이용관계 중에서 공공적 · 윤리적 성격을 가지는 이용관계를 말하며, 국영철도의 이용관계, 시영버스의 이용관계 등 순수한 사법적 · 경제적 이용관계는 포함되지 않는다.
  예 국공립학교에서 학생의 재학관계, 감염병환자의 국공립병원 이용관계, 교도소에 수용 중인 재소자관계 등

(3) 공법상의 특별감독관계: 국가 등 행정주체와 특별한 법률관계에 있으므로 국가로부터 특별한 감독을 받는 관계를 말한다. 예 공공조합, 특허기업자 등이 국가의 특별한 감독을 받는 관계

(4) 공법상의 사단관계: 공공조합과 그 조합원의 관계를 의미한다.
  예 농지개량조합 조합원에 대한 징계처분: 특별권력관계 → 행정소송

 판례 PLUS

행정소송 인정 판례

1. 농지개량조합 직원의 근무관계: 공법상 특별권력관계
  농지개량조합과 그 직원과의 관계는 사법상의 근로계약관계가 아닌 공법상의 특별권력관계이고, 그 조합의 직원에 대한 징계처분의 취소를 구하는 소송은 행정소송사항에 속한다(대판 1995.6.9, 94누10870).

2. 〈서울교육대학 학장의 학생 퇴학처분사건〉 국립 교육대학 학생에 대한 퇴학처분이 행정처분인지 여부: 적극
  국립 교육대학 학생에 대한 퇴학처분은, 국가가 설립 · 경영하는 교육기관인 동 대학의 교무를 통할하고 학생을 지도하는 지위에 있는 학장이 교육목적실현과 학교의 내부질서유지를 위해 학칙 위반자인 재학생에 대한 구체적 법집행으로서 국가공권력의 하나인 징계권을 발동하여 학생으로서의 신분을 일방적으로 박탈하는 국가의 교육행정에 관한 의사를 외부에 표시한 것이므로, 행정처분임이 명백하다(대판 1991.11.22, 91누2144).

3. 구청장이 동장에게 행한 직권면직처분: 공법상 특별권력관계
  구청장과 동장의 관계는 이른바 행정법상 특별권력관계에 해당되며 이러한 특별권력관계에 있어서도 위법, 부당한 특별권력의 발동으로 말미암아 권력을 침해당한 자는 행정소송법 제1조의 규정에 따라 그 위법 또는 부당한 처분의 취소를 구할 수 있다(대판 1982.7.27, 80누86).

⊘ **더 알아보기**

사법관계 → 민사소송
예 서울시지하철공사의 소속직원에 대한 징계처분

✅ 더 알아보기

- 사립학교 교원에 대한 학교법인의 해임 처분: 민사소송
- 교육부 내에 설치된 교원징계재심위원회 결정: 행정소송
- 사립학교 교원이 학교법인의 해임처분에 대하여 교원지위향상을 위한 특별법에 따라 교육부 내의 교원징계재심위원회에 재심청구를 한 경우 재심위원회의 결정(행정처분): 행정소송

행정소송 부정 판례

1. **서울특별시 지하철공사 사장의 소속 직원에 대한 징계처분이 행정소송의 대상인지 여부: 민사소송의 대상**
서울특별시 지하철공사의 임원과 직원의 근무관계의 성질은 지방공기업법의 모든 규정을 살펴보아도 공법 상의 특별권력관계라고는 볼 수 없고 사법관계에 속할 뿐만 아니라, 위 지하철공사의 사장이 그 이사회의 결의를 거쳐 제정된 인사규정에 의거하여 소속직원에 대한 징계처분을 한 경우 위 사장은 행정소송법 제 13조 제1항 본문과 제2조 제2항 소정의 행정청에 해당되지 않으므로 공권력발동주체로서 위 징계처분을 행한 것으로 볼 수 없고, 따라서 이에 대한 불복절차는 민사소송에 의할 것이지 행정소송에 의할 수는 없다 (대판 1989.9.12, 89누2103).

2. **사립학교 교원에 대한 학교법인의 해임처분을 행정소송의 대상이 되는 행정청의 처분으로 볼 수 있는지 여 부: 소극**
사립학교 교원은 학교법인 또는 사립학교 경영자에 의하여 임면되는 것으로서 사립학교 교원과 학교법인 의 관계를 공법상의 권력관계라고는 볼 수 없으므로 사립학교 교원에 대한 학교법인의 해임처분을 취소소 송의 대상이 되는 행정청의 처분으로 볼 수 없고, 따라서 학교법인을 상대로 한 불복은 행정소송에 의할 수 없고 민사소송절차에 의할 것이다(대판 1993.2.12, 92누13707).

4 특별권력관계의 인정여부

1. 울레(C.H.Ule)의 특별권력관계 수정설

(1) 의의: 특별권력관계를 기본관계와 경영수행관계로 구분한다. 기본관계는 사법(司法) 심사의 대상이 되지만, 경영수행관계는 사법(司法)심사의 대상이 되지 않는다고 한 다. 즉, 사법심사의 범위가 주요쟁점이다.

(2) 내용

① **기본관계:** 특별권력관계의 성립, 변경, 소멸이나 법적 지위의 분권적 사항에 관한 법률관계로 수형자의 형 집행, 공무원의 임명 및 파면, 국·공립대학교 입학 및 퇴 학, 군인의 입대 및 전역 등이 해당한다.

➕ 판례PLUS

육군3사관생도의 기본권 제한
사관생도는 군 장교를 배출하기 위하여 국가가 모든 재정을 부담하는 특수교육기관인 육군3사관학교의 구성 원으로서, 학교에 입학한 날에 육군 사관생도의 병적에 편입하고 준사관에 준하는 대우를 받는 특수한 신분관 계에 있다(육군3사관학교 설치법 시행령 제3조). 따라서 그 존립 목적을 달성하기 위하여 필요한 한도 내에서 일반 국민보다 상대적으로 기본권이 더 제한될 수 있으나, 그러한 경우에도 법률유보원칙, 과잉금지원칙 등 기본권 제한의 헌법상 원칙들을 지켜야 한다(대판 2018.8.30, 2016두60591).

② **경영수행관계:** 특별권력관계 성립과 목적 달성을 위하여 필요한 내부적인 질서유지 에 관한 법률관계로, 수형자의 교도소 내 일상생활, 공무원에 대한 직무명령, 국· 공립대학의 수업 내용, 군인의 훈련 등이 해당한다.

2. 완전한 사법심사의 입장

실질적 법치주의(구별부정설)가 통설이며, 이에 의하면 특별권력관계가 처분성이 긍정되기 때문에 법치주의상 사법심사의 대상이 된다는 것이다. 판례도 같은 입장이다.

5 특별권력관계의 성립과 소멸

1. 특별권력관계의 성립

(1) 법률규정에 의한 성립: 수형자의 교도소 수감, 감염병환자의 강제 입원, 현역병으로의 입영 등이 해당한다.

(2) 상대방 동의에 의한 성립: 공무원 임용, 국·공립대학 입학 등이 해당한다.

2. 특별권력관계의 소멸

(1) 목적의 달성: 현역병의 제대, 국·공립대학 졸업 등

(2) 임의 탈퇴: 공무원 사직 등

(3) 권력주체의 일방적 배제: 국·공립대학 재학생의 퇴학, 공무원의 해임 등

04 법률사실과 법률요건

01 의의

1 법률요건

행정법관계의 발생, 변경, 소멸의 법률효과를 발생시키는 원인을 의미하므로 법률요건과 법률효과는 원인과 결과에 있다.

2 법률사실

1. 의의

법률요건을 이루는 개개의 사실로 사람의 정신작용을 기초로 하여 이루어지는 '용태'와, 사람의 정신작용을 요소로 하지 않는 '사건'이 있다. 용태에는 허가, 특허 등과 같은 외부적 용태가 있고, 선의나 악의와 같은 내부적 용태가 있다.

2. 법률사실의 종류

법률요건을 구성하는 모든 법률사실은 사건과 용태로 구분될 수 있다.

(1) 사건(事件)

① 의의: 사람의 행위 이외의 자연계의 사실로 법률효과가 발생하는 것을 사건이라 한다. 따라서 사건은 사람의 정신작용을 요소로 하지 않는 법률요건이라고 할 수 있다. 출생·사망·성년도달·혼동·부합(附合)·혼화(混和)·물건의 파괴·과실의 분리·부당이득 등이다.

② 특징: 정신작용을 요소로 하지 않는다. 그러므로 정신작용이 따랐더라도 그것이 요건으로 되지 않는 경우에는 사건이다. 예컨대 사람이 나뭇가지에서 과실(果實)을 분리시킬 때 과실의 분리는 사건이다.

(2) 용태(容態)

① 의의: 사람의 정신작용에 요소로 하는 행위 및 마음을 말한다.

② 종류: 외부적 용태(행위)와 내부적 용태(내심적 의사)가 있다.

1 시간의 경과

1. 의의

기간이란 일정한 시점에서 다른 시점까지 계속되는 시간의 구분을 말한다. 민법상 기간 규정은 행정법관계에도 원칙적으로 적용된다.

2. 기간의 계산방법

(1) 원칙: 초일불산입의 원칙

초일을 산입하지 않고 그 다음 날부터 기산하는 원칙을 말한다(민법 제157조).

 법령 PLUS

행정기본법

제6조(행정에 관한 기간의 계산) ① 행정에 관한 기간의 계산에 관하여는 이 법 또는 다른 법령등에 특별한 규정이 있는 경우를 제외하고는 「민법」을 준용한다.

 판례 PLUS

기간의 계산에 대한 명시가 없을 경우

광업법에는 기간의 계산에 관하여 특별한 규정을 두고 있지 아니하므로, 광업법 제16조에 정한 출원제한기간을 계산할 때에도 기간계산에 관한 민법의 규정은 그대로 적용된다(대판 2009.11.26, 2009두12907).

(2) 예외: 초일을 산입하는 경우

① 민법 등 다른 법령이 정하는 예외
- ㉠ 연령계산(민법 제158조)
- ㉡ 영(零)시부터 기간이 시작하는 경우(민법 제157조 단서)
- ㉢ 민원처리기간(민원처리에 관한 법률 제19조 제2항)
- ㉣ 사망 또는 출생 신고기간(가족관계의 등록 등에 관한 법률 제37조 제1항)

② 행정기본법이 정하는 예외: 국민의 권익을 제한하거나 의무를 부과하는 경우, 권익이 제한되거나 의무가 지속되는 기간의 계산은 국민에게 불리하지 않는 한, 초일을 산입한다(행정기본법 제6조 제2항 제1호).

 법령 PLUS

행정기본법

제6조(행정에 관한 기간의 계산) ② 법령등 또는 처분에서 국민의 권익을 제한하거나 의무를 부과하는 경우 권익이 제한되거나 의무가 지속되는 기간의 계산은 다음 각 호의 기준에 따른다. 다만, 다음 각 호의 기준에 따르는 것이 국민에게 불리한 경우에는 그러하지 아니하다.

1. 기간을 일, 주, 월 또는 연으로 정한 경우에는 기간의 첫날을 산입한다.
2. 기간의 말일이 토요일 또는 공휴일인 경우에도 기간은 그 날로 만료한다.

OX 문제

01 행정법관계에서 기간의 계산에 관하여 특별한 규정이 없으면, 민법의 기간계산에 관한 규정이 적용된다. ( )

정답 01 ○

제7조(법령등 시행일의 기간 계산) 법령등(훈령·예규·고시·지침 등을 포함한다. 이하 이 조에서 같다)의 시행일을 정하거나 계산할 때에는 다음 각 호의 기준에 따른다.

1. 법령등을 공포한 날부터 시행하는 경우에는 공포한 날을 시행일로 한다.
2. 법령등을 공포한 날부터 일정 기간이 경과한 날부터 시행하는 경우 법령등을 공포한 날을 첫날에 산입하지 아니한다.
3. 법령등을 공포한 날부터 일정 기간이 경과한 날부터 시행하는 경우 그 기간의 말일이 토요일 또는 공휴일인 때에는 그 말일로 기간이 만료한다.

3. 기간의 만료

(1) 원칙: 기간의 말일이 종료됨으로써 기간이 만료되나(민법 제159조), 그 날이 토요일 또는 공휴일에 해당하는 때에는 그 익일에 기간이 만료된다(민법 제161조).

(2) 예외: 다만, 국민의 권익이 제한되거나 의무가 지속되는 기간의 경우에는 말일이 토요일 또는 공휴일인 경우에도 그 날로 만료한다(행정기본법 제6조 제2항 제2호).

2 시효

1. 의의

일정한 사실상태가 일정한 기간 계속했을 때 그것이 진실한 권리관계에 합치하느냐 합치되지 않느냐를 불문하고 법률상 사실상태를 그대로 존중하여 법률상 일정한 효과, 즉 법률효과를 생기게 하는 법률 요건이다. 시효에는 소멸시효와 취득시효가 있다.

2. 소멸시효

(1) 개념: 일정한 사실상태가 일정한 기간 계속했을 때 그것이 진실한 권리관계에 합치하느냐 않느냐를 불문하고 법률상 사실상태를 그대로 존중하여 법률상 일정한 효과, 즉 법률효과를 생기게 하는 법률 요건이다.

(2) 시효기간

① 원칙: 공법상 금전채권의 소멸시효는 다른 법률에 규정이 없는 것은 5년 동안 행사하지 아니하면 시효로 인하여 소멸한다(국가재정법 제96조 등). 이 외에도 지방재정법(제82조), 관세법(제22조)에서도 5년을 규정하고 있다.

➕ 법령 PLUS

국가재정법

제96조(금전채권·채무의 소멸시효) ① 금전의 급부를 목적으로 하는 국가의 권리로서 시효에 관하여 다른 법률에 규정이 없는 것은 5년 동안 행사하지 아니하면 시효로 인하여 소멸한다.
② 국가에 대한 권리로서 금전의 급부를 목적으로 하는 것도 또한 제1항과 같다.

② 예외: 다른 법률의 규정(3년의 소멸시효기간)
  ㉠ 「국가배상법」상 국가배상청구권
  ㉡ 「공무원연금법」상 단기급여청구권(장기급여는 5년)

OX 문제

01 공무원에 대한 징계의결 등의 요구는 징계 등의 사유가 발생한 날부터 2년이 지나면 하지 못함이 원칙이다.　( )

정답 01 ×(5년)

ⓒ 공무원 보수청구권(판례는 3년)

ⓓ 공무원 징계요구권(단, 금품의 향응 및 수수, 공금의 횡령·유용은 5년)

 법령 PLUS

국가공무원법

제83조의2(징계 및 징계부가금부과 사유의 시효) ① 징계의결 등의 요구는 징계 등의 사유가 발생한 날부터 3년(금품 및 향응 수수, 공금의 횡령·유용의 경우에는 5년)이 지나면 하지 못한다.

국가배상법

제8조(다른 법률과의 관계) 국가나 지방자치단체의 손해배상 책임에 관하여는 이 법에 규정된 사항 외에는 민법에 따른다. 다만, 민법 외의 법률에 다른 규정이 있을 때에는 그 규정에 따른다.

민법

제766조(손해배상청구권의 소멸시효) ① 불법행위로 인한 손해배상의 청구권은 피해자나 그 법정대리인이 그 손해 및 가해자를 안 날로부터 3년간 이를 행사하지 아니 하면 시효로 인하여 소멸한다.

(3) 소멸시효의 기산점: 소멸시효의 완성으로 효력이 사라지려면 권리를 시효기간 동안 행사하지 않는 권리의 불행사가 있어야 한다. 따라서 시효는 권리를 행사할 수 없는 때부터 진행한다.

 판례 PLUS

소멸시효의 기산점

1. '권리를 행사할 수 없는' 경우의 의미
소멸시효는 객관적으로 권리가 발생하여 그 권리를 행사할 수 있는 때로부터 진행하고 그 권리를 행사할 수 없는 동안만은 진행하지 않는바, '권리를 행사할 수 없는' 경우라 함은 그 권리행사에 법률상의 장애사유, 예컨대 기간의 미도래나 조건불성취 등이 있는 경우를 말하는 것이고, 사실상 권리의 존재나 권리행사 가능성을 알지 못하였고, 알지 못함에 과실이 없다고 하여도 이러한 사유는 법률상 장애사유에 해당하지 않는다(대판 1999.6.22, 99두3140).

2. 무죄판결이 확정된 때부터 손해배상청구의 소멸시효 기산점
경찰관들로부터 폭행을 당한 甲이 그 경찰관들을 폭행죄로 고소하였으나 오히려 무고죄로 기소되어 제1심에서 징역형을 선고 받았다가 상고심에서 무죄로 확정된 사안에서, 甲의 무고죄가 유죄로 인정되는 경우에는 甲이 가해 경찰관들이나 국가에 대하여 손해배상청구를 하더라도 손해배상을 받을 수 없고 오히려 가해 경찰관들에게 손해를 배상해 주어야 할 입장에 놓일 수도 있게 될 것이어서 이와 같은 상황 아래서 甲이 손해배상청구를 한다는 것은 사실상 불가능하다고 보이므로, 甲의 손해배상청구는 무고죄에 대한 무죄판결이 확정된 때에야 비로소 사실상 가능하게 되었다고 보아야 하며, 甲의 손해배상청구권은 그때부터 소멸시효가 진행된다(대판 2010.12.9, 2010다71592).

(4) 소멸시효의 완성: 소멸시효의 완성으로 권리는 당연히 객관적으로 소멸한다(절대적 소멸설). 소멸시효의 완성으로 권리가 소멸하는 시기는 시효기간이 만료된 때이지만, 그로 인한 권리소멸의 효과는 소급하여 그 기산일에 생긴다(소급효).

더 알아보기

• 국가배상청구권은 피해자나 그 법정대리인이 손해 및 가해자를 안 날부터 3년이 지나면 시효로 인해 소멸(국가배상법 제8조 및 민법 제766조 제1항)

• 통상 일반적인 불법행위로 인한 손해배상청구권은 불법행위를 한 날부터 10년이 지나면 시효로 인하여 소멸. 반면, 국가 또는 지방자치단체에 대한 손해배상청구권은 불법행위를 한 날부터 5년이 지나면 시효로 인하여 소멸(국가재정법 제96조 제2항 및 지방재정법 제82조 제2항)

OX문제

01 판례에 의하면 조세채권의 소멸시효 기간이 완성된 후에 부과된 과세처분은 무효이다. ( )

정답 01 ○

판례 PLUS

제척기간 도과 후 처분

제척기간이 도과한 후에 이루어진 과세처분의 효력: 무효
피고가 원고에 대하여 한 이 사건 부과처분은 원고가 사실을 오인하여 위 부과 제척기간 만료일 이후에 이루어진 것이므로 무효라고 할 수밖에 없다(대판 1999.6.22, 99두3140).

(5) 시효의 중단

① **의의**: 권리자가 자신의 권리를 행사하게 되면 소멸시효가 중단되며, 중단된 시점부터 다시 소멸시효 기간이 기산된다. 소멸시효 제도 자체는 권리자에게 불리한 제도이지만, 소멸시효 중단제도는 권리자를 위한 제도에 해당한다.

② **중단사유**: 공법상의 시효 중단사유는 다른 법률의 특별한 규정이 없으면 「민법」의 규정을 준용한다.

㉠ 민법상 소멸시효 중단사유: 청구, 압류 또는 가압류, 가처분, 승인 등

㉡ 국세기본법상 소멸시효의 중단사유: 납세고지, 독촉 또는 납부최고, 교부 청구, 압류 등

 법령 PLUS

국세기본법

제28조(소멸시효의 중단과 정지) ① 제27조에 따른 소멸시효는 다음 각 호의 사유로 중단된다.

1. 납세고지
2. 독촉 또는 납부최고
3. 교부 청구
4. 압류

민법

제168조(소멸시효의 중단사유) 소멸시효는 다음 각 호의 사유로 인하여 중단된다.

1. 청구
2. 압류 또는 가압류, 가처분
3. 승인

 판례 PLUS

소멸시효의 중단

1. **과세처분의 취소 또는 무효확인청구의 소가 조세환급을 구하는 부당이득반환청구권의 소멸시효 중단사유인 재판상 청구에 해당하는지 여부: 적극**
일반적으로 위법한 행정처분의 취소, 변경을 구하는 행정소송은 사권을 행사하는 것으로 볼 수 없으므로 사권에 대한 시효 중단사유가 되지 못하는 것이나, 다만 …(중략)… 과세처분의 취소 또는 무효확인청구의 소가 비록 행정소송이라고 할지라도 조세환급을 구하는 부당이득반환청구권의 소멸시효 중단사유인 '재판상 청구'에 해당한다고 볼 수 있다(대판 1992.3.31, 91다32053).

---

2. 납입고지에 의한 부과처분이 취소되면 납입고지에 의한 시효중단의 효력이 상실되는지 여부: 소극

예산회계법 제98조에서 법령의 규정에 의한 납입고지를 시효 중단사유로 규정하고 있는바, 이러한 납입고지에 의한 시효중단의 효력은 그 납입고지에 의한 부과처분이 취소되더라도 상실되지 않는다(대판 2000.9.8, 98두19933).

3. 〈취소소송 진행중: 소멸시효 중단되지 않음〉 변상금 부과처분에 대한 취소소송의 진행 중에 그 부과권의 소멸시효가 진행되는지 여부: 적극

변상금 부과처분에 대한 취소소송이 진행 중이라도 그 부과권자로서는 위법한 처분을 스스로 취소하고 그 하자를 보완하여 다시 적법한 부과처분을 할 수도 있는 것이어서 그 권리행사에 법률상의 장애사유가 있는 경우에 해당한다고 할 수 없으므로, 그 처분에 대한 취소소송이 진행되는 동안에도 그 부과권의 소멸시효가 진행된다(대판 2006.2.10, 2003두5686). → 즉, 변상금부과처분에 대해서 취소소송 진행 중이어도 독촉 등이 있어야 소멸시효가 중단됨

(6) 제척기간과 비교

구분	소멸시효	제척기간
제도의 목적	사실상태의 존중	신속한 행정법관계 확정
기산일 산정 기준	기산일(권리행사 가능시)에 소급	장래에 향하여(권리발생시) 소멸
권리소멸 입증	당사자 주장 · 입증(변론주의원칙)	법원의 직권조사
중단 · 정지	일정 사정 하에 시효 중단	중단 및 정지 없음
시효이익의 포기	포기 가능	포기 불가
기간단축 여부	단축 또는 경감 가능(연장 ×)	단축 또는 경감 불가(연장 ×)

3. 취득시효

(1) 의의: 타인의 물건을 일정기간 계속하여 점유하는 자에게 그 소유권을 취득케 하거나 소유권 이외의 재산권을 일정기간 계속하여 사실상 행사하는 자에게 그 권리를 취득케 하는 제도이다.

(2) 일반재산(구 잡종재산): 원래 잡종재산이던 것이 행정재산으로 되었다고 할 것이므로 이 사건 토지에 대하여는 그 이후 취득시효 완성을 원인으로 한 소유권이전등기를 청구할 수 없다고 할 것이고, 결국 원심판결이 이 사건 토지가 원고가 주장하는 취득시효 완성 이전에 행정재산으로 되었다고 본 것은 잘못이나 이 사건 토지에 대하여 취득시효 완성을 원인으로 한 소유권이전등기를 청구할 수 없다(대판 1997.11.14, 96다10782).

민법

제245조(점유로 인한 부동산소유권의 취득기간) ① 20년간 소유의 의사로 평온, 공연하게 부동산을 점유하는 자는 등기함으로써 그 소유권을 취득한다.

② 부동산의 소유자로 등기한 자가 10년간 소유의 의사로 평온, 공연하게 선의이며 과실없이 그 부동산을 점유한 때에는 소유권을 취득한다.

제246조(점유로 인한 동산소유권의 취득기간) ① 10년간 소유의 의사로 평온, 공연하게 동산을 점유한 자는 그 소유권을 취득한다.

② 전항의 점유가 선의이며 과실없이 개시된 경우에는 5년을 경과함으로써 그 소유권을 취득한다.

국유재산법

제6조(국유재산의 구분과 종류) ① 국유재산은 그 용도에 따라 행정재산과 일반재산으로 구분한다.

② 행정재산의 종류는 다음 각 호와 같다.

1. 공용재산: 국가가 직접 사무용·사업용 또는 공무원의 주거용(직무 수행을 위하여 필요한 경우로서 대통령령으로 정하는 경우로 한정한다)으로 사용하거나 대통령령으로 정하는 기한까지 사용하기로 결정한 재산

2. 공공용재산: 국가가 직접 공공용으로 사용하거나 대통령령으로 정하는 기한까지 사용하기로 결정한 재산

3. 기업용재산: 정부기업이 직접 사무용·사업용 또는 그 기업에 종사하는 직원의 주거용(직무 수행을 위하여 필요한 경우로서 대통령령으로 정하는 경우로 한정한다)으로 사용하거나 대통령령으로 정하는 기한까지 사용하기로 결정한 재산

4. 보존용재산: 법령이나 그 밖의 필요에 따라 국가가 보존하는 재산

③ "일반재산"이란 행정재산 외의 모든 국유재산을 말한다.

제7조(국유재산의 보호) ① 누구든지 이 법 또는 다른 법률에서 정하는 절차와 방법에 따르지 아니하고는 국유재산을 사용하거나 수익하지 못한다.

② 행정재산은 민법 제245조에도 불구하고 시효취득(時效取得)의 대상이 되지 아니한다.

(3) 행정재산

① 행정재산은 취득시효의 대상이 안 된다(국유재산법 제7조 제2항).

 판례 PLUS

취득시효 부정

도로구역이 결정·고시되어 공사가 진행 중인 경우에 위 구역 내에 있지만 아직 공사가 진행되지 아니한 국유토지가 시효취득의 대상이 되는지 여부: 소극

① 문화재보호구역 내의 국유토지는 "법령의 규정에 의하여 국가가 보존하는 재산", 즉 국유재산법 제4조 제3항 소정의 "보존재산"에 해당하므로 구 국유재산법 제5조 제2항에 의하여 시효취득의 대상이 되지 아니한다.

② 예정공물인 토지도 일종의 행정재산인 공공용물에 준하여 취급하는 것이 타당하다고 할 것이므로 구 국유재산법 제5조 제2항이 준용되어 시효취득의 대상이 될 수 없다(대판 1994.5.10, 93다23442).

② 공용폐지: 공용폐지의 의사표시는 명시적 의사표시뿐만 아니라 묵시적 의사표시이어도 무방하나 적법한 의사표시이어야 하고, 행정재산이 본래의 용도에 제공되지 않는 상태에 놓여 있다는 사실만으로 관리청의 이에 대한 공용폐지의 의사표시가 있었다고 볼 수 없고, 원래의 행정재산이 공용폐지되어 취득시효의 대상이 된다는 입증책임은 시효취득을 주장하는 자에게 있다(대판 1999.1.15, 98다49548).

OX문제

01 판례에 따르면 공공용 또는 공용의 행정재산은 공용폐지를 하지 않는 한 일반재산과 달리 시효취득의 대상이 되지 않는다. ( )

02 국유의 일반재산은 사인에 의한 시효취득이 인정된다. ( )

정답 01 ○ 02 ○

판례 PLUS

취득시효의 대상

1. 국유"잡종"재산이 시효취득의 대상이 되는지 여부: 적극
국유잡종재산은 사경제적 거래의 대상으로서 사적 자치의 원칙이 지배되고 있으므로 시효제도의 적용에 있어서도 동일하게 보아야 하고, 국유잡종재산에 대한 시효취득을 부인하는 동 규정은 합리적 근거없이 국가만을 우대하는 불평등한 규정으로서 헌법상의 평등의 원칙과 사유재산권 보장의 이념 및 과잉금지의 원칙에 반한다(헌재 1991.5.13, 89헌가97).

2. 공용폐지되지 않은 행정재산이 취득시효의 대상이 되는지 여부: 소극
공용폐지의 의사표시가 없는 한 공물은 취득시효의 목적물이 될 수 없으며 이때 공용폐지의 의사표시는 명시적이든 묵시적이든 상관이 없으나 적법한 의사표시가 있어야 하고, 행정재산이 사실상 본래의 용도에 사용되지 않고 있다는 사실만으로 용도폐지의 의사표시가 있었다고 볼 수는 없으며, 원래의 행정재산이 공용폐지되어 취득시효의 대상이 된다는 사실에 대한 입증책임은 시효취득을 주장하는 자에게 있다(대판 1994.3.22, 93다56220).

3. 잡종재산에 대한 취득시효가 완성된 후 그 잡종재산이 행정재산으로 된 경우, 취득시효 완성을 원인으로 소유권이전등기를 청구할 수 있는지 여부: 소극
원래 잡종재산이던 것이 행정재산으로 된 경우 잡종재산이었던 당시에 취득시효가 완성되었다고 하더라도 행정재산으로 된 이상 이를 원인으로 하는 소유권이전등기를 청구할 수 없다(대판 1997.11.14, 96다10782).

4. 공유재산이 취득시효기간 동안 계속하여 시효취득의 대상이 될 수 있는 잡종재산이어야 하는지 여부: 적극
구 지방재정법 제74조 제2항은 "공유재산은 민법 제245조의 규정에 불구하고 시효취득의 대상이 되지 아니한다. 다만, 잡종재산의 경우에는 그러하지 아니하다."라고 규정하고 있으므로, 구 지방재정법상 공유재산에 대한 취득시효가 완성되기 위하여는 그 공유재산이 취득시효기간 동안 계속하여 시효취득의 대상이 될 수 있는 잡종재산이어야 한다. 그리고 이러한 점에 대한 증명 책임은 시효취득을 주장하는 자에게 있다(대판 2009.12.10, 2006다19177).

---

3 주소

1. 의의

민법상 주소는 생활의 근거지를 의미하며, 공법상 주소는 주민등록법에 의한 주민등록지가 주소지가 된다. 민법은 주소의 수에 대해 복수주의를 취하고 있으나, 공법상 주소는 주민등록법상 주소만 의미하므로 1개소에 한정된다(단일주의).

2. 법적 근거

 법령 PLUS

민법

제18조(주소) ① 생활의 근거되는 곳을 주소로 한다.
② 주소는 동시에 두 곳 이상 있을 수 있다(복수주의).

주민등록법

제10조(신고사항) ① 주민(재외국민은 제외)은 다음 각 호의 사항을 해당 거주지를 관할하는 시장·군수 또는 구청장에게 신고하여야 한다.

1. 성명
2. 성별
3. 생년월일
4. 세대주와의 관계
5. 합숙하는 곳은 관리책임자
6. 가족관계의 등록 등에 관한 법률 제10조 제1항에 따른 등록기준지
7. 주소
8. 가족관계등록이 되어 있지 아니한 자 또는 가족관계등록의 여부가 분명하지 아니한 자는 그 사유
9. 대한민국의 국적을 가지지 아니한 자는 그 국적명이나 국적의 유무
10. 거주지를 이동하는 경우에는 전입 전의 주소 또는 전입지와 해당 연월일

② 누구든지 제1항의 신고를 이중으로 할 수 없다(단일주의).

03 공법상 사무관리, 부당이득

1 공법상 사무관리

1. 의의

법률상 의무 없이 타인(행정주체의 사인)의 사무를 관리하는 행위를 말한다. 특별한 규정이 없으면 민법(제734조)이 유추적용된다.

➕ **법령 PLUS**

민법

제734조(사무관리의 내용) ① 의무 없이 타인을 위하여 사무를 관리하는 자는 그 사무의 성질에 좇아 가장 본인에게 이익되는 방법으로 이를 관리하여야 한다.
② 관리자가 본인의 의사를 알거나 알 수 있는 때에는 그 의사에 적합하도록 관리하여야 한다.

2. 유형

국가의 특별감독하에 있는 사업에 감독권을 행사하여 강제적으로 관리하는 경우가 있고, 자연재해 시 상점의 물건처분, 행려병자나 사자의 보호관리 등이 해당한다.

2 공법상 부당이득

1. 의의

법률상 원인 없이 타인의 재산 또는 노무로 인하여 이득을 얻고 이로 인하여 타인에게 손해가 발생한 경우를 의미한다. 특별한 규정이 없으면 민법(제741조)이 유추적용된다.

법령 PLUS

민법

제741조(부당이득의 내용) 법률상 원인 없이 타인의 재산 또는 노무로 인하여 이익을 얻고 이로 인하여 타인에게 손해를 가한 자는 그 이익을 반환하여야 한다.

2. 성질

통설은 행정소송 중 당사자소송의 대상이 된다는 입장(공권설)이나, 판례는 민사소송의 대상이 된다고 한다(사권설). 다만, 납세의무자에 대한 국가의 부가가치세 환급세액 지급의무에 대응하는 국가에 대한 납세의무자의 부가가치세 환급세액 지급청구는 민사소송이 아니라 행정소송법 제3조 제2호에 규정된 당사자소송의 절차에 따라야 한다(대판 2013.3.21, 2011다95564 전합).

 판례 PLUS

공법상 부당이득

1. 개발부담금 부과처분이 취소된 경우, 부당이득으로서의 과오납금 반환을 구하는 소송절차의 성격: 민사소송
개발부담금 부과처분이 취소된 이상 그 후의 부당이득으로서의 과오납금 반환에 관한 법률관계는 단순한 민사관계에 불과한 것이고, 행정소송 절차에 따라야 하는 관계로 볼 수 없다(대판 1995.12.22, 94다51253).

2. 과세처분의 당연무효를 전제로 한 세금반환청구소송이 민사소송인지 여부: 적극
조세부과처분이 당연무효임을 전제로 하여 이미 납부한 세금의 반환을 청구하는 것은 민사상의 부당이득반환청구로서 민사소송절차에 따라야 한다(대판 1995.4.28, 94다55019).

3. 조세의 과오납이 부당이득이 되는 경우: 과세처분이 당연무효인 경우에 성립함
조세의 과오납이 부당이득이 되기 위하여는 납세 또는 조세의 징수가 실체법적으로나 절차법적으로 전혀 법률상의 근거가 없거나 과세처분의 하자가 중대하고 명백하여 당연무효이어야 한다. 과세처분의 하자가 단지 취소할 수 있는 정도에 불과할 때에는 과세관청이 이를 스스로 취소하거나 항고소송절차에 의하여 취소되지 않는 한 그로 인한 조세의 납부가 부당이득이 된다고 할 수 없다(대판 1994.11.11, 94다28000).

4. 부가가치세 환급세액 지급청구: 당사자소송의 대상
납세의무자에 대한 국가의 부가가치세 환급세액 지급의무는 그 납세의무자로부터 어느 과세기간에 과다하게 거래징수된 세액 상당을 국가가 실제로 납부받았는지와 관계없이 부가가치세법령의 규정에 의하여 직접 발생하는 것으로서, 그 법적 성질은 정의와 공평의 관념에서 수익자와 손실자 사이의 재산 상태 조정을 위해 인정되는 부당이득 반환의무가 아니라 부가가치세법령에 의하여 그 존부나 범위가 구체적으로 확정되고 조세 정책적 관점에서 특별히 인정되는 공법상 의무라고 봄이 타당하다. 그렇다면 납세의무자에 대한 국가의 부가가치세 환급세액 지급의무에 대응하는 국가에 대한 납세의무자의 부가가치세 환급세액 지급청구는 민사소송이 아니라 행정소송법 제3조 제2호에 규정된 당사자소송의 절차에 따라야 한다(대판 2013.3.21, 2011다95564 전합).

OX문제

01 과세처분이 당연무효를 전제로 한 세금반환청구소송은 민사소송의 대상이 된다. ( )

02 무효인 조세부과처분에 기하여 납부한 세금의 반환을 구하는 것은 무효확인소송절차에 따라야만 한다. ( )

정답 01 ○ 02 ×(→민사소송)

3. 소멸시효

(1) 기산점 및 시효기간

① 공법상 부당이득반환청구권의 소멸시효는 <u>그 권리를 행사할 수 있는 때</u>부터 진행한 다(기산점). 따라서 무효인 과세처분에 따라 조세를 과오납한 경우 부당이득반환청 구권은 '과오납시'부터 소멸시효가 진행한다.

② 공법상 부당이득반환청구권의 소멸시효 기간은 법령에 달리 특별한 규정이 없는 한 <u>5년</u>이다(시효기간).

(2) 소멸시효의 중단: 과세처분의 취소 · 변경 · 무효확인을 구하는 행정소송은 그 과오납 금에 대한 부당이득반환청구권의 소멸시효중단사유인 재판상 청구에 해당한다.

 판례 PLUS

공법상 부당이득의 소멸시효

① 과세처분의 취소를 구하였으나 재판과정에서 그 과세처분이 무효로 밝혀졌다고 하여도 그 과세처분은 처 음부터 무효이고 무효 선언으로서의 취소판결이 확정됨으로써 비로소 무효로 되는 것은 아니므로 오납시 부터 그 반환청구권의 소멸시효가 진행한다.

② 과세처분의 취소 또는 무효확인청구의 소가 비록 행정소송이라고 할지라도 조세환급을 구하는 부당이득반 환청구권의 소멸시효중단사유인 재판상 청구에 해당한다(대판 1992.3.31. 91다32053 전합).

CHAPTER 05 사인의 공법행위

01 사인의 공법행위

1 개설

1. 공법행위의 개념

공법적 효과 발생을 목적으로 하는 행위를 의미하며, 여기에는 다시 행정주체의 공법행위와 사인의 공법행위로 나누어진다. 행정주체의 공법행위에는 처분, 행정계획, 공법상 계약, 행정지도 등이 있다.

2. 사인의 공법행위의 의의

공법관계에서 사인이 공법적 효과의 발생을 목적으로 하는 행위를 의미한다. 사인에게 국가기관으로서의 지위, 독자적인 인격주체로서의 지위가 인정되면 행정법관계에서도 사인이 행정과정에 참여할 수 있어야 하는 것은 당연한 것이 된다. 더욱이 민주화의 경향, 행정기능의 확대경향으로 사인의 행정과정에의 참여기회의 확대를 가져온다.

2 종류

1. 자체완성적(자기완결적) 공법행위

(1) **의의**: 사인의 어떠한 행위가 그 행위 자체만으로 일정한 법적 효과가 있을 때, 이를 자체완성적 사인의 공법행위라 한다(예 선거 시 투표, 혼인·이혼·출생·사망의 신고). 자기완결적 공법행위, 자족적 공법행위 등으로 부르기도 한다.

(2) 자체완성적 공법행위로서 신고가 있으면 형식적 요건에 하자가 없는 한 신고의 도달로써 신고의 효력이 발생한다. 자체완성적 공법행위인 신고의 수리행위는 항고소송의 대상이 되는 행정처분이 아니다.

2. 행정요건적(행위요건적) 공법행위

(1) **의의**: 사인의 어떠한 행위가 특정행위의 전제요건을 구성하기도 하는 바, 이를 행정요건적 공법행위라 하며, 행위요건적 사인의 공법행위라고도 한다. 예 특허·허가의 신청, 입대지원, 청원·소청, 행정심판의 제기

OX 문제

01 사인의 공법행위도 행정행위와 마찬가지로 구속력·공정력·집행력 등과 같은 행정우월적 효력을 가진다. ( )

정답 01 ×(→효력이 없다)

(2) 수리를 요하는 신고에 있어서 수리는 그 자체가 독립적인 행정행위이므로, 그 신고
는 행정요건적(행위요건적) 사인의 공법행위에 해당한다. 행정요건적 공법행위를 행
정행위 등의 동기 또는 요건적 행위, 행위요건적 공법행위 등으로 부르기도 한다.

3 민법규정 적용 여부

1. 문제점

사인의 공법행위에 대한 일반법은 없다. 단지 개별법으로 행정절차법이나 민원처리에 관
한 법률 등이 존재한다. 따라서 민법규정을 유추적용할 수 있는지 여부가 문제된다.

2. 구체적인 검토

구분	적용 여부
의사능력	원칙적으로 적용되므로 의사능력 없는 자의 행위는 무효로 된다.
행위능력	원칙적으로 적용되므로 제한능력자의 행위는 취소사유가 된다. 다만, 재산상 행위와 무관하면 민법의 행위능력에 관한 규정이 적용되지 않을 수 있고, 공법상 다른 명문규정(예 우편법 제10조)이 있는 경우는 제외된다.
대리	원칙적으로 적용된다. 대리행위를 금지하는 특별 규정(예 병역법)이 있거나, 대리와 친하지 아니한 경우(예 투표, 선거, 응시행위, 사직원 제출)를 제외하고 대리가 허용된다.
형식	불요식행위가 원칙이다.
효력발생시기	도달주의가 원칙이다. 도달의 입증책임은 발신인이 부담하는데, 다만 실정법상 특별히 발신주의를 규정(예 국세기본법 제5조의2)하고 있는 경우도 있다.

3. 보완, 변경, 철회 가능 여부

(1) **통설**: 사인의 공법행위는 행정행위가 있기 전까지는 원칙적으로 보완, 변경, 철회할
수 있다. 예 사직서가 수리되기 전에 사직서 철회 가능(통설)

(2) **법적 근거**: 행정절차법 제17조 제8항에서도 "신청인은 처분이 있기 전에는 그 신청
의 내용을 보완·변경하거나 취하할 수 있다. 다만, 다른 법령 등에 특별한 규정이
있거나 그 신청의 성질상 보완·변경하거나 취하할 수 없는 경우에는 그러하지 아니
하다."라고 규정하여 예외를 인정하고 있다.

🔖 판례 PLUS

사인의 공법행위에 대한 철회

1. 공무원이 한 사직의 의사표시의 철회, 취소의 가능 시점: 면직처분이 있기 전까지 가능

이른바 1980년의 공직자숙정계획의 일환으로 일괄사표의 제출과 선별수리의 형식으로 공무원에 대한 의
원면직처분이 이루어진 경우 사직원 제출행위가 강압에 의하여 의사결정의 자유를 박탈당한 상태에서 이
루어진 것이라고 할 수 없고 민법상 비진의 의사표시의 무효에 관한 규정은 사인의 공법행위에 적용되지
않는다는 등의 이유로 그 의원면직처분을 당연무효라고 할 수 없다. 공무원이 한 사직 의사표시의 철회나
취소는 그에 터 잡은 의원면직처분이 있을 때까지 할 수 있는 것이고 일단 면직처분이 있고 난 이후에는
철회나 취소할 여지가 없다(대판 2001.8.24, 99두9971).

2. 사직의 의사표시 후 의원면직처분 전에 이를 철회할 수 있는지 여부: 원칙적 적극

공무원이 한 사직의 의사표시는 그에 터 잡은 의원면직처분이 있을 때까지는 원칙적으로 이를 철회할 수 있는 것이지만, 다만 의원면직처분이 있기 전이라도 사직의 의사표시를 철회하는 것이 신의칙에 반한다고 인정되는 특별한 사정이 있는 경우에는 그 철회는 허용되지 아니한다(대판 1993.7.27, 92누16942).

4. 부관 가능 여부

사인의 공법행위에는 명문의 규정이 없는 한 부관을 붙일 수 없음이 원칙이다.

5. 하자(흠) 있는 의사표시

(1) 민법상 의사표시 규정 적용 여부: 민법상 의사표시 규정은 특별한 규정이 없는 한 사인의 공법행위에도 적용된다.

(2) 비진의 의사표시: 사인의 공법행위의 경우 민법 제107조 제1항 단서 규정은 적용되지 않는다(대판 1994.1.11, 93누10057).

 법령 PLUS

민법

제107조(진의 아닌 의사표시) ① 의사표시는 표의자가 진의 아님을 알고 한 것이라도 그 효력이 있다. 그러나 상대방이 표의자의 진의아님을 알았거나 이를 알 수 있었을 경우에는 무효로 한다.
② 전항의 의사표시의 무효는 선의의 제3자에게 대항하지 못한다.

(3) 사기 · 강박 · 착오에 의한 의사표시: 민법의 의사표시에 관한 규정이 일반적으로 유추 적용된다. 다만, 투표나 선거 등 집단적 · 단체적 성질이 강한 행위는 착오로 인한 행위라 하더라도 이를 취소할 수 없다고 보는 것이 통설의 입장이다.

 법령 PLUS

민법

제109조(착오로 인한 의사표시) ① 의사표시는 법률행위의 내용의 중요부분에 착오가 있는 때에는 취소할 수 있다. 그러나 그 착오가 표의자의 중대한 과실로 인한 때에는 취소하지 못한다.
제110조(사기, 강박에 의한 의사표시) ① 사기나 강박에 의한 의사표시는 취소할 수 있다.

 판례 PLUS

공법상 비진의 의사표시

1 진의 아닌 의사표시의 무효에 관한 민법 규정이 사인의 공법행위에도 적용되는지 여부

전역지원의 의사표시가 진의 아닌 의사표시라 하더라도 그 무효에 관한 법리를 선언한 민법 제107조 제1항 단서의 규정은 그 성질상 사인의 공법행위에는 적용되지 않는다할 것이므로 그 표시된 대로 유효한 것으로 보아야 한다(대판 1994.1.11, 93누10057).

2. 공법행위인 영업재개업허가신고에 민법 제107조가 적용되는지 여부: 소극

민법의 법률행위에 관한 규정은 행위의 격식화를 특색으로 하는 공법행위에 당연히 타당하다고 말할 수 없으므로 공법행위인 영업재개업신고에 민법 제107조는 적용될 수 없다(대판 1978.7.25, 76누276).

3. 공무원이 사직의 의사표시를 하여 의원면직된 경우, 그 사직의 의사표시에 민법 제107조가 준용되는지 여부: 소극

공무원이 사직의 의사표시를 하여 의원면직처분을 하는 경우 그 사직의 의사표시는 그 법률관계의 특수성에 비추어 외부적·객관적으로 표시된 바를 존중하여야 할 것이므로, 비록 사직원제출자의 내심의 의사가 사직할 뜻이 아니었다고 하더라도 진의 아닌 의사표시에 관한 민법 제107조는 그 성질상 사직의 의사표시와 같은 사인의 공법행위에는 준용되지 아니하므로 그 의사가 외부에 표시된 이상 그 의사는 표시된 대로 효력을 발한다(대판 1997.12.12, 97누13962).

6. 사인의 공법행위의 하자에 따른 행정행위의 효력

(1) 행정행위의 단순한 "사실상의 동기"인 경우: 사인의 공법행위가 행정행위의 단순한 "사실상의 동기"인 경우 원칙적으로 그 흠결은 행정행위의 효과에 영향이 없다.

(2) "행정행위의 요건 또는 필수적 전제조건"인 경우

① 사인의 공법행위에 무효원인이 있으면, 이에 따른 행정행위도 무효이다.

② 사인의 공법행위에 취소사유가 있다면, 이에 따른 행정행위는 유효하며, 단지 취소할 수 있는 원인에 그친다고 보아야 한다.

③ 사인의 공법행위가 행정행위의 단순한 사실상의 동기인 경우 즉, 행정행위의 전제요건이 아닌 경우에는 행정행위의 효과에 영향이 없다.

---

02 사인의 공법행위로서의 신고

1 신고

1. 의의

법률의 규정에 의하여 국가 또는 지방자치단체에 법률사실이나 어떤 사실에 대해 서면으로 작성된 서류를 제출하는 행위를 의미한다.

2. 종류

(1) 수리를 요하지 않는 신고(자기완결적 신고 = 자체완성적 신고 = 자족적 신고)

① 행정절차법 등 법령상 요건을 구비하면 행정청의 수리가 없더라도 신고 그 자체로써 신고의 법적인 효과가 발생하는 경우를 의미한다.

② 행정절차법 등 법령상 요건을 구비하지 못한 부적법한 신고는 행정청이 이를 수리하더라도 신고의 법적인 효과는 발생하지 않는다.

③ 적법한 신고가 행정청에 도달되면 비록 행정청이 수리하지 않았더라도 신고의 효과는 발생한다. [예] 정보제공적 신고(소방기본법 제19조상의 화재 신고) 등

④ 수리를 요하지 않는 신고는 형식적 심사를 원칙으로 한다(판례).

⑤ 행정절차법 제40조에 규정되어 있다.

(2) 수리를 요하는 신고(행위요건적 신고 = 행정요건적 신고)

① 행정절차법 등 법령상 요건을 구비하더라도 <u>행정청의 수리가 있어야</u> 신고의 법적인 효과가 발생하는 경우를 의미한다. 법률에 신고의 수리가 필요하다고 명시되어 있는 경우에는 행정청이 수리하여야 효력이 발생한다(행정기본법 제34조).

② 부적법한 신고를 행정청이 수리하였다면 수리행위는 위법하게 된다.

③ 적법한 신고는 행정청은 이를 수리하여야 한다. 수리는 준법률행위적 행정행위에 해당하기 때문이다.

④ 수리를 요하는 신고는 실질적 심사를 원칙으로 한다(판례).

⑤ 행정절차법에는 규정이 없지만, 행정기본법에서 그 근거 규정을 두었다(행정기본법 제34조).

(3) 양자의 구별기준: 자기완결적 신고와 수리를 요하는 신고는 '신고요건'과 '심사의 내용'을 구분기준으로 한다.

① 행정청이 신고요건에 대하여 '형식적 심사권'만을 갖는 신고 → 자기완결적 신고

② 형식상의 요건(신고서만으로 확인되는 요건) 이외에 '실질적 심사'를 할 수 있는 실질적 요건도 포함되어 있는 경우 → 수리를 요하는 신고

구분	수리를 요하지 않는 신고	수리를 요하는 신고
효력시기	신고 시 법적효과 발생	수리 시 법적 효과 발생
수리거부	수리거부 하더라도 처분성 부정	수리거부 할 경우 처분성 인정
신고필증	확인적 의미	법적 의미
명문규정	행정절차법에 규정 있음	행정절차법에 규정 없음
판례의 태도	• 경미한 건축신고(대문, 담장, 주차장 설치 등) • 수산제조업신고 • 의원, 치과의원, 한의원 개설신고 • 종교단체가 설치한 납골탑 주변시설 설치신고 • 체육시설법상 골프장 이용료 변경신고 • 체육시설법상 당구장업 영업신고(주택 근처) • 공동주택 옥외운동시설 변경신고(테니스장을 배드민턴장으로 변경) • 소산소 개설신고 • 식품위생법상 공중숙박업 개설신고 • 식품위생법상 목욕장업 개설신고	• 건축주명의변경신고 • 원근해 어업 시 어선, 어구 등 신고 • 식품위생법상 영업양도에 따른 지위승계신고 • 액화석유가스충전사업의 지위승계 신고 • 관광사업의 양도, 양수에 의한 지위승계신고 • 개발제한구역 내 골프연습장 설치신고(환경 보호) • 학교보건법상 학교환경정화구역 내에서의 당구장업 영업신고(학생 보호) • 일반적인 납골탑설치신고 • 사회단체등록신고, 노동조합 설립신고 • 체육시설업 볼링장업 영업신고 • 식품위생법상 영업양도에 따른 지위승계 • 주민등록법상 전입신고 • 채석허가 수허가자 명의변경신고 • 수산업법 제47조상 어업신고

3. 건축법상 건축신고

(1) 과거 판례는 건축법상 건축신고를 자기완결적 신고로 판시하였다.

(2) 이후 전원합의체판결로 건축신고반려로 인해 건축주가 불안정한 지위에 놓이게 되는 경우 건축신고 반려행위에 대한 처분성을 인정하였다.

 판례 PLUS

> **건축신고 반려행위에 대한 처분**
>
> 건축주 등은 신고제하에서도 건축신고가 반려될 경우 당해 건축물의 건축을 개시하면 시정명령, 이행강제금, 벌금의 대상이 되거나 당해 건축물을 사용하여 행할 행위의 허가가 거부될 우려가 있어 불안정한 지위에 놓이게 된다. 따라서 건축신고 반려행위가 이루어진 단계에서 당사자로 하여금 반려행위의 적법성을 다투어 그 법적 불안을 해소한 다음 건축행위에 나아가도록 함으로써 장차 있을지도 모르는 위험에서 미리 벗어날 수 있도록 길을 열어 주고, 위법한 건축물의 양산과 그 철거를 둘러싼 분쟁을 조기에 근본적으로 해결할 수 있게 하는 것이 법치행정의 원리에 부합한다. 그러므로 건축신고 반려행위는 항고소송의 대상이 된다고 보는 것이 옳다(대판 2010.11.18, 2008두167 전합).

(3) 최근 인·허가의제효과를 수반하는 건축신고는 '수리를 요하는 신고'로 판시하였다.

 판례 PLUS

> **인·허가의제효과**
>
> 건축법에서 인·허가의제 제도를 둔 취지는, 인·허가의제사항과 관련하여 건축허가 또는 건축신고의 관할 행정청으로 그 창구를 단일화하고 절차를 간소화하며 비용과 시간을 절감함으로써 국민의 권익을 보호하려는 것이지, 인·허가의제사항 관련 법률에 따른 각각의 인·허가 요건에 관한 일체의 심사를 배제하려는 것으로 보기는 어렵다. 왜냐하면, 건축법과 인·허가의제사항 관련 법률은 각기 고유한 목적이 있고, 건축신고와 인·허가의제사항도 각각 별개의 제도적 취지가 있으며 그 요건 또한 달리하기 때문이다. 나아가 인·허가의 제사항 관련 법률에 규정된 요건 중 상당수는 공익에 관한 것으로서 행정청의 전문적이고 종합적인 심사가 요구되는데, 만약 건축신고만으로 인·허가의제사항에 관한 일체의 요건 심사가 배제된다고 한다면, 중대한 공익상의 침해나 이해관계인의 피해를 야기하고 관련 법률에서 인·허가 제도를 통하여 사인의 행위를 사전에 감독하고자 하는 규율체계 전반을 무너뜨릴 우려가 있다. 또한 무엇보다도 건축신고를 하려는 자는 인·허가의제사항 관련 법령에서 제출하도록 의무화하고 있는 신청서와 구비서류를 제출하여야 하는데, 이는 건축신고를 수리하는 행정청으로 하여금 인·허가의제사항 관련 법률에 규정된 요건에 관하여도 심사를 하도록 하기 위한 것으로 볼 수밖에 없다. 따라서 인·허가의제 효과를 수반하는 건축신고는 일반적인 건축신고와는 달리, 특별한 사정이 없는 한 행정청이 그 실체적 요건에 관한 심사를 한 후 수리하여야 하는 이른바 '수리를 요하는 신고'로 보는 것이 옳다(대법원 2011.1.20, 2010두14954 전합).

4. 신고의 요건

(1) **수리를 요하지 않는 신고**: 행정절차법 제40조 제2항의 신고요건이 필요하다.

 법령 PLUS

> **행정절차법**
>
> **제40조(신고)** ② 제1항에 따른 신고가 다음 각 호의 요건을 갖춘 경우에는 신고서가 접수기관에 도달된 때에 신고 의무가 이행된 것으로 본다.
>   1. 신고서의 기재사항에 흠이 없을 것
>   2. 필요한 구비서류가 첨부되어 있을 것
>   3. 그 밖에 법령등에 규정된 형식상의 요건에 적합할 것

(2) **수리를 요하는 신고**: 형식적 요건 이외에 일정한 실질적 요건을 신고의 요건으로 하고 있다. 이러한 경우 행정청이 형식적 심사만을 하는지 아니면 실질적 심사를 하는지에 관하여는 견해의 대립이 있으나 행정청이 실질적 심사를 행하는 것으로 보는 것이 다수의 입장이다. 판례도 유사한 입장이다.

5. 신고의 효과

(1) 수리를 요하지 않는 신고

① 자기완결적 신고의 경우 행정청의 수리 여부에 관계없이 신고서가 접수기관에 도달한 때에 신고의무가 이행된 것으로 본다. 따라서 원칙적으로 행정청이 신고서를 접수하지 않고 반려하여도 신고의무는 이행된 것으로 보며, 적법한 신고가 있었지만 행정청이 수리를 하지 않은 경우에 신고의 대상이 되는 행위를 하여도 행정벌의 대상이 되지 않는다.

② 자기완결적 신고가 행정청에 도달하였다 하더라도 '부적법한 신고'인 경우에는 신고에 따른 법적 효과가 발생하지 않는다. 이러한 경우에는 행정절차법 제40조 제3항과 제4항에 따른 보완을 명하여야 한다. 신고인이 이에 응하지 않는 경우에는 그 이유를 명시하여 되돌려 보내야 한다.

 법령 PLUS

③ 신고인이 요건미비의 부적법한 신고를 하고 신고영업을 행한다면 그러한 영업은 '무신고영업'으로서 불법영업에 해당하고 이에 대하여는 취소처분이 아니라 영업장 폐쇄조치 등으로 위법상태를 제거할 수 있다.

(2) 수리를 요하는 신고

 법령 PLUS

행정기본법

제34조(수리 여부에 따른 신고의 효력) 법령등으로 정하는 바에 따라 행정청에 일정한 사항을 통지하여야 하는 신고로서 <u>법률에 신고의 수리가 필요하다고 명시되어 있는 경우</u>(행정기관의 내부 업무 처리 절차로서 수리를 규정한 경우는 제외한다)에는 <u>행정청이 수리하여야 효력이 발생한다.</u> [본조 시행일 : 2023. 3. 24.]

① 법률에 신고의 수리가 필요하다고 명시되어 있는 경우에는 신고가 수리되지 않으면 신고에 따른 법적 효과가 발생하지 않는다. 다만, 행정기관의 내부 업무 처리 절차로서 수리를 규정한 경우에는 그러하지 아니하다(행정기본법 제34조).

판례 PLUS

회원모집계획서 제출 및 이에 대한 시 · 도지사 등의 검토결과 통보

구 체육시설의 설치 · 이용에 관한 법률의 제반규정에 의하면 체육시설의 회원을 모집하고자 하는 자는 시 · 도지사 등으로부터 회원모집계획서에 대한 검토결과 통보를 받은 후에 회원을 모집할 수 있다고 보아야 하고, 따라서 체육시설의 회원을 모집하고자 하는 자의 시 · 도지사 등에 대한 회원모집계획서 제출은 <u>수리를 요하는 신고에서의 신고에 해당하며</u>, 시 · 도지사 등의 검토결과 통보는 수리행위로서 행정처분에 해당한다(대판 2009.02.26, 2006두16243).

② 부적법한 신고: 행정절차법 제40조 제3항과 제4항을 준용하여 보완을 명하여야 하며, 이에 응하지 않는 경우에는 수리를 거부할 수 있다.

6. 신고의 수리

(1) 수리의 법적 성격

① 자기완결적 신고: 단순한 사실행위 → 처분성 부정
② 행위요건적 신고: 준법률행위 → 처분성 인정
  ㉠ 요건구비한 적법한 신고의 수리 → 행정청은 의무적으로 수리
  ㉡ 예외: 공익상 중대한 사유로 수리 거부(판례)

 판례 PLUS

공익상 중대한 사유로 인한 수리 거부

구 '장사 등에 관한 법률'에 의한 사설납골시설의 설치신고는, 사설납골시설설치 금지지역에 해당하지 않고 설치기준에 부합하는 한, 수리하여야 하나, <u>보건위생상의 위해를 방지하거나 국토의 효율적 이용 및 공공복리의 증진 등 중대한 공익상 필요가 있는 경우에는 그 수리를 거부할 수 있다</u>(대판 2010.9.9, 2008두22631).

(2) 신고필증의 교부

① 자기완결적 신고: 사인이 일정한 사실을 행정기관에 알렸다는 사실을 확인. 처분성 부정

자기완결적 신고의 신고필증 교부

1. 의원의 개설신고를 받은 행정관청이 그 수리를 거부할 수 있는지 여부: 소극
의료법에 의하면 의원, 치과의원, 한의원 또는 조산소의 개설은 단순한 신고사항으로만 규정하고 있고 또 그 신고의 수리여부를 심사, 결정할 수 있게 하는 별다른 규정도 두고 있지 아니하므로 의원의 개설신고를 받은 행정관청으로서는 별다른 심사, 결정없이 그 신고를 당연히 수리하여야 한다. 의료법 시행규칙 제22조 제3항에 의하면 의원개설 신고서를 수리한 행정관청이 소정의 신고필증을 교부하도록 되어있다 하여도 이는 신고사실의 확인행위로서 신고필증을 교부하도록 규정한 것에 불과하고 그와 같은 신고필증의 교부가 없다 하여 개설신고의 효력을 부정할 수 없다(대판 1985.4.23, 84도2953).

2. 부가가치세법상 과세관청의 사업자등록 직권말소행위가 항고소송의 대상이 되는 행정처분인지 여부: 소극
부가가치세법상의 사업자등록은 과세관청으로 하여금 부가가치세의 납세의무자를 파악하고 그 과세자료를 확보케 하려는 데 입법취지가 있는 것으로서 이는 단순한 사업사실의 신고로서 사업자가 소관 세무서장에서 소정의 사업자등록신청서를 제출함으로써 성립되는 것이고, 사업자등록증의 교부는 이와 같은 등록사실을 증명하는 증서의 교부행위에 불과한 것이며, 부가가치세법 제5조 제5항에 의하면 사업자가 폐업하거나 또는 신규로 사업을 개시하고자 하여 사업개시일 전에 등록한 후 사실상 사업을 개시하지 아니하게 되는 때에는 과세관청이 직권으로 이를 말소하도록 하고 있는데, 사업자등록의 말소 또한 폐업사실의 기재일 뿐 그에 의하여 사업자로서의 지위에 변동을 가져오는 것이 아니라는 점에서 과세관청의 사업자등록 직권말소행위는 불복의 대상이 되는 행정처분으로 볼 수가 없다(대판 2000.12.22, 99두6903).

② **행위요건적 신고**: 사인의 신고를 수리하였음을 공적으로 증명하는 행위로 준법률행위적 행정행위 중 '공증'

행위요건적 신고의 신고필증 교부

납골당설치 신고가 '수리를 요하는 신고'인지 여부: 적극 / 수리행위에 신고필증 교부 등 행위가 필요한지 여부: 소극
납골당설치 신고는 이른바 '수리를 요하는 신고'라 할 것이므로, 납골당설치 신고가 구 장사법 관련 규정의 모든 요건에 맞는 신고라 하더라도 신고인은 곧바로 납골당을 설치할 수는 없고, 이에 대한 행정청의 수리처분이 있어야만 신고한 대로 납골당을 설치할 수 있다. 한편 수리란 신고를 유효한 것으로 판단하고 법령에 의하여 처리할 의사로 이를 수령하는 수동적 행위이므로 수리행위에 신고필증 교부 등 행위가 꼭 필요한 것은 아니다(대판 2011.9.8, 2009두6766).

7. 신고수리의 거부(처분성 인정여부)

(1) **자기완결적 신고**: 단순한 사실행위로 처분성을 부정한다.

(2) **행위요건적 신고**: 행정소송법상 처분성을 인정한다.

(3) **판례**: 신고의 종류와는 무관하게 반려행위에 대해 처분성을 인정한다.

반려행위의 항고소송 대상 인정여부

행정청의 착공신고 반려행위가 항고소송의 대상이 되는지 여부: 적극
구 건축법의 관련 규정에 따르면, 건축주 등으로서는 착공신고가 반려될 경우, 당해 건축물의 착공을 개시하면 시정명령, 이행강제금, 벌금의 대상이 되거나 당해 건축물을 사용하여 행할 행위의 허가가 거부될 우려가 있어 불안정한 지위에 놓이게 된다. 따라서 착공신고 반려행위가 이루어진 단계에서 당사자로 하여금 반려행위의 적법성을 다투어 법적 불안을 해소한 다음 건축행위에 나아가도록 함으로써 장차 있을지도 모르는 위험에서 미리 벗어날 수 있도록 길을 열어 주고, 위법한 건축물의 양산과 철거를 둘러싼 분쟁을 조기에 근본적으로 해결할 수 있게 하는 것이 법치행정의 원리에 부합한다. 그러므로 행정청의 착공신고 반려행위는 항고소송의 대상이 된다(대판 2011.06.10, 2010두7321).

2 신청

1. 의의

사인이 공법적 효과의 발생을 목적으로 행정청에 대하여 일정한 행위(처분)를 요구하기 위한 의사표시를 말한다(행정절차법 제17조).

2. 법적성질

쌍방적 행위로, 행정청의 어떤 공법행위가 행하여지는 그 자체로서 법률효과를 완성하지 못하는 행위요건적 공법행위로 분류할 수 있다.

3. 신청의 요건

(1) 당해 처분에 대한 신청권이 존재해야 한다.

(2) 원칙적으로 문서로 하여야 하며, 기재사항의 무하자, 필요서류 첨부, 기타 법령상 형식적 요건에 적합해야 한다(행정절차법 제17조 제1, 2항).

4. 신청의 효과

(1) **적법한 신청**: 행정청의 형식적 · 실체적 심사를 거쳐 수리하게 되며, 행정청은 수리 · 응답의무가 있다. 즉 행정청은 이를 접수한 후 일정한 요건에 충족하고 있는 지를 심사후 인정하여 그 인용 또는 거부의 처분을 해야 한다. 따라서 신청의 거부는 항고소송의 대상인 처분에 해당한다.

(2) **부적법한 신청**: 수리거부의 요건이 된다. 그래서 수리되었다 하더라도 하자의 정도에 따라 취소 전까지는 유효(공정력)하지만, 그 하자를 이유로 허가취소 등 직권취소가 가능하다.

법령 PLUS

행정절차법
제17조(처분의 신청) ① 행정청에 대하여 처분을 구하는 신청은 문서로 하여야 한다. 다만, 다른 법령 등에 특별한 규정이 있는 경우와 행정청이 미리 다른 방법을 정하여 공시한 경우에는 그러하지 아니하다.
② 제1항의 규정에 의하여 처분을 신청함에 있어 전자문서로 하는 경우에는 행정청의 컴퓨터 등에 입력된 때에 신청한 것으로 본다.
③ 행정청은 신청에 필요한 구비서류 · 접수기관 · 처리기간 기타 필요한 사항을 게시(인터넷 등을 통한 게시를 포함한다)하거나 이에 대한 편람을 비치하여 누구나 열람할 수 있도록 하여야 한다.

○Ⅹ문제

01 행정청은 신청에 구비서류의 미비 등 흠이 있는 경우에는 그 접수를 보류 또는 거부할 수 있다. ( )

02 행정청은 신청에 구비서류의 미비 등 흠이 있는 경우에는 보완에 필요한 상당한 기간을 정하여 지체없이 신청인에게 보완을 요구할 수 있다. ( )

03 행정청은 신청인이 상당한 기간 내에 보완을 하지 아니한 때에는 그 이유를 명시하여 접수된 신청을 되돌려 보내야 한다. ( )

정답 01 × 02 × 03 ×

④ 행정청은 신청이 있는 때에는 다른 법령 등에 특별한 규정이 있는 경우를 제외하고는 그 접수를 보류 또는 거부하거나 부당하게 되돌려 보내서는 아니되며, 신청을 접수한 경우에는 신청인에게 접수증을 주어야 한다. 다만, 대통령령이 정하는 경우에는 접수증을 주지 아니할 수 있다.

⑤ 행정청은 신청에 구비서류의 미비 등 흠이 있는 경우에는 보완에 필요한 상당한 기간을 정하여 지체없이 신청인에게 보완을 요구하여야 한다.

⑥ 행정청은 신청인이 제5항의 규정에 의한 기간내에 보완을 하지 아니한 때에는 그 이유를 명시하여 접수된 신청을 되돌려 보낼 수 있다.

⑦ 행정청은 신청인의 편의를 위하여 다른 행정청에 신청을 접수하게 할 수 있다. 이 경우 행정청은 다른 행정청에 접수할 수 있는 신청의 종류를 미리 정하여 공시하여야 한다.

⑧ 신청인은 처분이 있기 전에는 그 신청의 내용을 보완하거나 변경 또는 취하할 수 있다. 다만, 다른 법령 등에 특별한 규정이 있거나 당해 신청의 성질상 보완·변경 또는 취하할 수 없는 경우에는 그러하지 아니하다.

01 「행정법」의 법원(法源)에 대한 설명으로 옳지 않은 것은?(다툼이 있는 경우 판례에 의함)

21 국가직 9급

① 지방자치단체가 제정한 조례가 헌법에 의하여 체결·공포된 조약에 위반되는 경우 그 조례는 효력이 없다.

② 행정소송에 관하여 「행정소송법」에 특별한 규정이 없는 사항에 대하여는 「법원조직법」과 「민사소송법」 및 「민사집행법」의 규정을 준용한다.

③ 평등원칙은 일체의 차별적 대우를 부정하는 절대적 평등을 의미하는 것이 아니라 입법과 법의 적용에 있어서 합리적인 근거가 없는 차별을 배제하는 상대적 평등을 뜻한다.

④ 개정 법령이 기존의 사실 또는 법률관계를 적용대상으로 하면서 국민의 재산권과 관련하여 종전보다 불리한 법률효과를 규정하고 있는 경우, 그러한 사실 또는 법률관계가 개정 법률이 시행되기 이전에 이미 완성 또는 종결된 것이 아니라면 소급입법금지원칙에 위반된다.

02 행정법의 법원(法源)의 효력에 대한 설명으로 옳지 않은 것은?(다툼이 있는 경우 판례에 의함)

20 국가직 9급

① 학교급식을 위해 국내 우수농산물을 사용하는 자에게 식재료나 구입비의 일부를 지원하는 것 등을 내용으로 하는 지방자치단체의 조례안이 1947년 관세 및 무역에 관한 일반협정'을 위반하여 위법한 이상, 그 조례안은 효력이 없다.

② 국민의 권리 제한 또는 의무 부과와 직접 관련되는 법률, 대통령령, 총리령 및 부령은 긴급히 시행하여야 할 특별한 사유가 있는 경우를 제외하고는 공포일부터 적어도 30일이 경과한 날부터 시행되도록 하여야 한다.

③ 진정소급입법이라 하더라도 예외적으로 국민이 소급입법을 예상할 수 있었거나 신뢰보호의 요청에 우선하는 심히 중대한 공익상의 사유가 소급입법을 정당화하는 경우 등에는 허용될 수 있다.

④ 개발제한구역의 지정 및 관리에 관한 특별조치법령의 개정으로 허가나 신고 없이 개발제한구역 내 공작물 설치행위를 할 수 있게 되었다면, 그 법령의 시행 전에 이미 범하여진 위법한 설치행위에 대한 가벌성은 소멸한다.

03 「행정법」의 일반원칙에 관련된 다음의 설명 중 옳은 것은?(다툼이 있는 경우 판례에 의함)

21 국가직 9급

① 국가가 국민의 생명·신체의 안전에 대한 보호의무를 다하지 않았는지 여부를 헌법재판소가 심사할 때에는 국가가 이를 보호하기 위하여 적어도 적절하고 효율적인 최소한의 보호조치를 취하였는가 하는 '과소보호금지원칙'의 위반 여부를 기준으로 삼는다.

② 행정청이 조합설립추진위원회의 설립승인 심사에서 위법한 행정처분을 한 선례가 있는 경우에는, 행정청에 대해 자기구속력을 갖게 되어 이후에도 그러한 기준에 따라야 한다.

③ 공무원 임용신청 당시 잘못 기재된 호적상 출생연월일을 생년월일로 기재하고, 임용 후 36년 동안 이의를 제기하지 않다가, 정년을 1년 3개월 앞두고 정정된 출생연월일을 기준으로 정년연장을 요구하는 것은 신의성실의 원칙에 반한다.

④ 일반적으로 행정청이 폐기물처리업 사업계획에 대한 적정통보를 한 경우 이는 토지에 대한 형질변경신청을 허가하는 취지의 공적 견해표명까지도 포함한다.

04 행정법의 법원(法源)의 효력에 대한 설명으로 옳지 않은 것은?

21 지방직 9급

① 헌법개정·법률·조약·대통령령·총리령 및 부령의 공포는 관보에 게재함으로써 한다.

② 「국회법」에 따라 하는 국회의장의 법률 공포는 서울특별시에서 발행되는 둘 이상의 일간신문에 게재함으로써 한다.

③ 법령의 공포일은 해당 법령을 게재한 관보 또는 신문이 발행된 날로 한다.

④ 관보의 내용 해석 및 적용시기 등에 대하여 종이관보가 전자관보보다 우선적 효력을 가진다.

05 행정법의 일반원칙에 대한 설명으로 옳지 않은 것은?(다툼이 있는 경우 판례에 의함)

20 소방직

① 신뢰보호원칙에 위반하는 경우 그 행정행위는 위법하며, 판례는 이 경우 취소사유로 보지 않고 무효로만 보았다.

② 행정주체가 행정작용을 함에 있어서 상대방에게 이와 실질적 관련이 없는 의무를 부과하거나 그 이행을 강제하여서는 아니 된다.

③ 행정절차법상 규정이 없는 경우에도 행정권 행사가 적정한 절차에 따라 행해지지 아니하면 그 행정권행사는 적법절차의 원칙에 반한다.

④ 자기구속의 원칙이 인정되는 경우 행정관행과 다른 처분은 특별한 사정이 없는 한 위법하다.

03
① 헌재 2008.12.26. 2008헌마419, 423,436

오답의 이유

② 대판 2009.6.25. 2008두13132

③ 지방공무원 임용신청 당시 잘못 기재된 호적상 출생연월일을 생년월 일로 기재하고, 처음 임용된 때부터 약 36년간 전혀 이의를 제기하지 않다가, 정년을 1년 3개월 앞두고 호적상 출생연월일을 정정한 후 그 출생연월일을 기준으로 정년의 연장을 요구하는 것은 신의성실의 원칙에 반하지 않는다(대판 2009.3.26. 2008두21300).

④ 각기 규정대상 및 입법취지를 달리하고 있으므로, 일반적으로 폐기물처리업 사업계획에 대한 적정통보에 당해 토지에 대한 형질변경허가신청을 허가하는 취지의 공적 견해표명이 있는 것으로는 볼 수 없다(대판 1998.9.25. 98두6494).

04
④ 관보의 내용 해석 및 적용 시기 등에 대하여 종이관보와 전자관보는 동일한 효력을 가진다(법령 등 공포에 관한 법률 제11조 제4항).

05
① 신뢰보호원칙에 위반하는 경우에는 행정행위의 위법을 통설과 판례는 '중대명백설'로 해석하며 무효 또는 취소사유로 판단한다.

오답의 이유

③ 대판 2012.10.18. 2010두12347 전합
④ 대판 2009.12.24. 2009두7967

정답 **03** ① **04** ④ **05** ①

06
(가) 그 기간 내에 상대방의 신청이 없었다거나 확약 또는 공적인 의사표명이 있은 후에 사실적·법률적 상태가 변경되었다면, 그와 같은 확약 또는 공적인 의사표명은 행정청의 별다른 의사표시를 기다리지 않고 실효된다(대판 2009.12.24, 2009두7967).
(나) 재량권행사의 준칙인 행정규칙은 내부적인 효력을 가질 뿐이고, 대외적인 구속력이 없으므로 그 공표만으로는, 신청인이 보호가치 있는 신뢰를 갖게 되었다고 볼 수 없다(대판 2009.12.24, 2009두7967).
(다) 대판 1997.9.12, 96누18380

06

신뢰보호의 원칙에 대한 설명으로 옳은 것(○)과 옳지 않은 것(×)을 바르게 연결한 것은?(다툼이 있는 경우 판례에 의함)

21 지방직 9급

(가) 행정청이 공적인 의사표명을 하였다면 이후 사실적·법률적 상태의 변경이 있더라도 행정청이 이를 취소하지 않는 한 여전히 공적인 의사표명은 유효하다.
(나) 재량권 행사의 준칙인 행정규칙의 공표만으로 상대방은 보호가치 있는 신뢰를 갖게 되었다고 볼 수 있다.
(다) 행정청이 공적 견해를 표명하였는지를 판단할 때는 반드시 행정조직상의 형식적인 권한분장에 구애될 것은 아니다.
(라) 신뢰보호원칙의 위반은 「국가배상법」상의 위법 개념을 충족시킨다.

	(가)	(나)	(다)	(라)
①	×	×	○	○
②	○	○	×	○
③	○	×	○	×
④	×	○	○	×

07
오답의 이유
① '법률'에는 성문법 이외에 불문법(행정관습법, 조리 등)도 포함한다.
② 법률의 우위의 원칙은 권력행정이든 비권력적 행정이든 모든 영역에서 적용된다.
⑤ 중요사항 이외의 사항에 대해서는 행정입법에의 위임이 허용된다(중요사항유보설).

07

법치행정원리에 관한 설명으로 옳은 것은?

20 행정사

① 법률우위의 원칙에서 말하는 법률은 국회가 제정한 형식적 의미의 법률만을 말한다.
② 법률우위의 원칙은 사법형식의 행정작용에는 적용되지 않는다.
③ 법률우위의 원칙에 위반한 행정행위는 무효이다.
④ 법률유보의 원칙에서 말하는 법률에는 법률의 위임에 의해 제정된 법규명령도 포함된다.
⑤ 법률유보의 범위와 관련하여 본질성설에 따르는 경우 행정입법에의 위임은 금지된다.

08
② 행정규칙이 법령의 규정에 의하여 행정관청에 법령의 구체적 내용을 보충할 권한을 부여한 경우, 또는 재량권 행사의 준칙인 규칙이 그 정한 바에 따라 되풀이 시행되어 행정관행이 이룩되게 되면, 평등의 원칙이나 신뢰보호의 원칙에 따라 행정기관은 그 상대방에 대한 관계에서 그 규칙에 따라야 할 자기구속을 당하게 되고, 그러한 경우에는 대외적인 구속력을 가지게 된다 할 것이다(헌재 1990.9.3, 90헌마13).

08

다음은 행정의 자기구속에 관한 판례의 내용이다. (ㄱ)과 (ㄴ)에 들어갈 행정법의 일반원칙으로 옳은 것은?

15 교행직 9급

재량권 행사의 준칙인 행정규칙이 그 정한 바에 따라 되풀이 시행되어 행정관행이 이루어지게 되면 (ㄱ)이나 (ㄴ)에 따라 행정기관은 그 상대방에 대한 관계에서 그 규칙에 따라야 할 자기구속을 받게 되므로, 이러한 경우에는 특별한 사정이 없는 한 그를 위반하는 처분은 (ㄱ)이나 (ㄴ)에 위배되어 재량권을 일탈·남용한 위법한 처분이 된다.

	(ㄱ)	(ㄴ)
①	비례의 원칙	신뢰보호의 원칙
②	평등의 원칙	신뢰보호의 원칙
③	비례의 원칙	부당결부금지의 원칙
④	평등의 원칙	부당결부금지의 원칙

정답 06 ① 07 ④ 08 ②

09

법률유보원칙에 관한 설명으로 가장 옳은 것은?

19 서울시 9급

① 헌법재판소 결정에 따를 때 기본권 제한에 관한 법률유보원칙은 법률에 근거한 규율을 요청하는 것이므로 그 형식이 반드시 법률일 필요는 없더라도 법률상의 근거는 있어야 한다.

② 행정상 즉시강제는 개인에게 미리 의무를 명할 시간적 여유가 없는 경우를 전제로 하므로 그 긴급성을 고려할 때 원칙적으로 법률적 근거를 요하지 아니한다.

③ 헌법재판소는 법률이 공법적 단체 등의 정관에 자치법적 사항을 위임하는 경우에는 의회유보원칙이 적용될 여지가 없다고 한다.

④ 헌법재판소는 국회의 의결을 거쳐 확정되는 예산도 일종의 법규범이므로 법률과 마찬가지로 국가기관 뿐만 아니라 국민도 구속한다고 본다.

10

공법관계와 사법관계에 대한 설명으로 옳은 것만을 〈보기〉에서 모두 고른 것은?(다툼이 있는 경우 판례에 의함)

20 국회직 8급

> ㉠ 조달청이 국가종합전자조달시스템인 나라장터 종합쇼핑몰에 거래정지조치를 하는 것은 처분으로서 공법관계에 속한다.
> ㉡ 「초·중등교육법」상 사립중학교에 대한 중학교 의무교육의 위탁관계는 사법관계에 속한다.
> ㉢ 공용수용의 목적물이 불필요하게 된 경우 피수용자가 다시 수용된 토지의 소유권을 회복할 수 있도록 하는 환매권은 일종의 공권이다.
> ㉣ 사립학교교원에 대한 징계는 사법관계이나 그에 대해 교원소청심사가 제기되어 그에 대한 결정이 있으면 그 결정은 공법의 문제가 된다.

① ㉠, ㉡
② ㉡, ㉢
③ ㉠, ㉣
④ ㉡, ㉣

11

다음 중 행정주체에 대한 설명으로 가장 옳지 않은 것은?(다툼이 있는 경우 판례에 따름)

20 해경승진

① 지방자치단체는 행정주체이지 행정권 발동의 상대방인 행정객체는 될 수 없다.

② 서울대학교와 서울대학교병원은 영조물법인으로 모두 행정주체로서 인정되나, 부산대학교와 부산대학교병원은 모두 행정주체로 인정되지 않는다.

③ 공무수탁사인은 수탁받은 공무를 수행하는 범위 내에서 행정주체이고, 「행정절차법」이나 「행정소송법」에서는 행정청이다.

④ 「도시 및 주거환경정비법」상 주택재건축정비사업조합은 공법인으로서 목적 범위 내에서 법령이 정하는 바에 따라 일정한 행정작용을 행하는 행정주체의 지위를 갖는다.

09

① 단순히 행정작용이 법률에 근거를 두기만 하면 충분한 것이 아니라, 국가공동체와 그 구성원에게 기본적이고도 중요한 의미를 갖는 영역, 특히 국민의 기본권 실현과 관련된 영역에 있어서는 국민의 대표자인 입법자가 그 본질적 사항에 대해서 스스로 결정하여야 한다는 요구까지 내포하고 있다(헌재 1999.5.27, 98헌바70).

10

㉠ 대판 2018.11.29, 2015두52395
㉣ 교원지위법 제10조

오답의 이유
㉡ 대판 2015.1.29, 2012두7387

11

① 국가는 행정객체가 될 수 없지만, 지방자치단체(공공단체)는 행정객체가 될 수 있다.

③ 반사적 이익이 개인적 공권으로 확대
되면 행정개입청구권의 성립요건이 완
화된다.

오답의 이유
④ 소권은 공권으로 포기할 수 없다.

12 개인적 공권에 대한 설명으로 가장 옳지 않은 것은?

20 해경승진

① 무하자재량행사청구권은 재량규범에서만 인정되고 기속규범에서는 인정되지 않는다.
② 무하자재량행사청구권은 위법한 처분의 배제를 구하는 절차법적 권리이다.
③ 반사적 이익의 공권화 경향에 따라 행정개입청구권의 성립요건이 강화되고 있다.
④ 제3자와 소권(訴權)의 포기에 관한 계약을 체결하더라도 그 계약은 무효이다.

13
④ 헌재 1996.2.29, 93헌마186

오답의 이유
③ 지방의회의원의 제명에 관하여 재결신
청등의 구제수단이 지방의회 관계법규
에 따로 규정되지 아니한 이상 행정심
판을 거치지 아니하고 바로 관할 고등
법원에 제소할 수 있다(서울고법
1993.2.18, 92구3672).

13 다음의 통치행위에 대한 설명 중 가장 옳은 것은?(다툼이 있는 경우 판례에 따름)

20 해경승진

① 「헌법」상 통치행위 자체에 대한 직접적인 명문규정이 있다.
② 통치행위의 주체에는 대통령 등 행정부뿐만 아니라 국회 및 법원의 통치행위도 인
정하는 것이 일반적이다.
③ 국회 및 지방의회 의원에 대한 제명 등 징계의결처분에 대해서는 법원에 제소할 수
없다.
④ 대통령의 긴급재정·경제명령은 국가긴급권의 일종으로서 고도의 정치적 결단에
의하여 발동되는 행위이고 그 결단을 존중하여야 할 필요성이 있는 행위라는 의미
에서 통치행위에 해당하나, 그것이 국민의 기본권 침해와 직접 관련이 있는 경우에
는 사법심사의 대상이 된다.

14
③ 남북정상회담의 개최과정에서 재정경
제부장관에게 신고하지 아니하거나 통
일부장관의 협력사업 승인을 얻지 아
니한 채 북한 측에 사업권의 대가 명목
으로 송금한 행위 자체는 통치행위가
아니다(대판 2004.3.26, 2003도7878).

오답의 이유
① 헌재 2004.4.29, 2003헌마814
② 대판 1997.4.17, 96도3376
④ 헌재 1996.2.29, 93헌마186

14 통치행위에 대한 설명으로 옳지 않은 것은?(다툼이 있는 경우 판례에 의함)

15 국가직 9급

① 헌법재판소는 대통령의 해외파병 결정은 국방 및 외교와 관련된 고도의 정치적 결
단을 요하는 문제로서 헌법과 법률이 정한 절차를 지켜 이루어진 것이 명백한 이상
사법적 기준만으로 이를 심판하는 것은 자제되어야 한다고 판시하였다.
② 비상계엄의 선포와 그 확대행위가 국헌문란의 목적을 달성하기 위하여 행하여진 경
우에는 법원은 그 자체가 범죄행위에 해당하는지의 여부에 관하여 심사할 수 있다.
③ 남북정상회담 개최는 고도의 정치적 성격을 지니고 있는 행위로서 사법심사의 대상
으로 하는 것은 적절치 못하므로 그 개최과정에서 당국에 신고하지 아니하거나 승
인을 얻지 아니한 채 북한 측에 송금한 행위는 사법심사의 대상이 되지 않는다.
④ 대통령의 긴급재정경제명령은 고도의 정치적 결단에 의하여 발동되는 이른바 통치
행위에 속하지만 그것이 국민의 기본권침해와 직접 관련되는 경우에는 헌법재판소
의 심판대상이 된다.

정답 12 ③ 13 ④ 14 ③

15 행정법상 시효제도에 대한 설명으로 옳은 것은?(다툼이 있는 경우 판례에 의함)

16 지방직 9급

① 국유재산법상 일반재산은 취득시효의 대상이 될 수 없다.
② 국가재정법상 5년의 소멸시효가 적용되는 '금전의 급부를 목적으로 하는 국가의 권리'에는 국가의 사법(私法)상 행위에서 발생한 국가에 대한 금전채무도 포함된다.
③ 조세에 관한 소멸시효가 완성된 후에 부과된 조세부과처분은 위법한 처분이지만 당연무효라고 볼 수는 없다.
④ 납입고지에 의한 소멸시효의 중단은 그 납입고지에 의한 부과처분이 추후 취소되면 효력이 상실된다.

16 다음 중 사인의 공법행위에 대한 설명으로 옳은 것은 모두 몇 개인가?(다툼이 있는 경우 판례에 따름)

20 해경승진

㉠ 민법상 비진의 의사표시에 관한 규정은 사인의 공법행위에는 적용될 수 없다.
㉡ 주민등록전입신고 수리 여부에 대한 심사는 주민등록법의 입법목적과 법률효과 외에 지방자치법 및 지방자치의 이념까지 고려하여 실질적으로 판단해야 한다.
㉢ 건축법상 건축신고가 다른 법률에서 정한 인·허가 의제효과를 수반하는 경우에는 행정청이 그 실체적 요건에 관한 심사를 한 후 수리하여야 하는 이른바 수리를 요하는 신고에 해당한다.
㉣ 수산제조업의 신고를 하는 자가 그 신고서를 구비서류까지 첨부하여 제출한 경우 담당공무원이 그 신고를 수리하지 아니라고 반려하였다면 신고의 효력발생시기는 담당공무원의 반려의 의사를 표시할 때이다.
㉤ 공무원이 제출한 사직원은 그에 따른 면직처분이 있을 때까지는 철회할 수 있지만 일단 면직처분이 있고 난 이후에는 설회할 수 없다.
㉥ 납골당설치신고는 수리를 요하는 신고로써 행정청의 수리처분이 있어야만 납골당을 설치할 수 있다.

① 3개   ② 4개
③ 5개   ④ 6개

15

오답의 이유

③ 소멸시효 완성 후에 부과된 부과처분은 하자가 중대하고 명백하여 그 처분의 효력은 당연무효이다(대판 1985.5.14, 83누655).
④ 납입고지에 의해 이미 발생한 소멸시효 중단의 효력은 그 부과처분이 취소되었다 하여 사라지지 아니한다(대판 1996.3.8, 95누12804).

16

② 4개(㉠, ㉢, ㉤, ㉥)

오답의 이유

㉡ 지방자치법 등 다른 법률의 이념은 고려 대상이 될 수 없다(대판 2009.6.18, 2008두10997 전합).
㉣ 수리를 요하지 않는 신고이므로 '신고서 제출시'에 효력이 발생한다(대판 1999.12.24, 98다57419).

오답의 이유

① 구 관광진흥법에 의한 지위승계신고를 수리하는 허가관청의 행위는 단순히 양도·양수인 사이에 이미 발생한 사법상 사업양도의 법률효과에 의하여 양수인이 그 영업을 승계하였다는 사실의 신고를 접수하는 행위에 그치는 것이 아니라, 영업허가자의 변경이라는 법률효과를 발생시키는 행위이다(대판 2012.12.13, 2011두29144).

③ 건축법 제14조 제2항에 의한 인·허가의제 효과를 수반하는 건축신고는 일반적인 건축신고와는 달리, 특별한 사정이 없는 한 행정청이 그 실체적 요건에 관한 심사를 한 후 수리하여야 하는 이른바 '수리를 요하는 신고'로 보는 것이 옳다(대판 2011.1.20, 2010두14954 전합).

④ 주민등록은 단순히 주민의 거주관계를 파악하고 인구의 동태를 명확히 하는 것 외에도 주민등록에 따라 공법관계상의 여러 가지 법률상 효과가 나타나게 되는 것으로서, 주민등록의 신고는 행정청에 도달하기만 하면 신고로서의 효력이 발생하는 것이 아니라 행정청이 수리한 경우에 비로소 신고의 효력이 발생한다(대판 2009.1.30, 2006다17850).

---

① 구 「관광진흥법」에 의한 지위승계신고를 수리하는 허가관청의 행위는 사실적인 행위에 불과하여 항고소송의 대상이 되지 않는다.

② 정보통신매체를 이용하여 학습비를 받고 불특정 다수인에게 원격 평생교육을 실시하기 위해 구 「평생교육법」에서 정한 형식적 요건을 모두 갖추어 신고한 경우, 행정청은 신고대상이 된 교육이나 학습이 공익적 기준에 적합하지 않는다는 등의 실체적 사유를 들어 신고 수리를 거부할 수 없다.

③ 「건축법」에 의한 인·허가의제 효과를 수반하는 건축신고는 건축을 하고자 하는 자가 적법한 요건을 갖춘 신고만 하면 건축을 할 수 있고, 행정청의 수리 등 별단의 조처를 기다릴 필요가 없다.

④ 주민등록의 신고는 행정청에 도달하기만 하면 신고로서의 효력이 발생한다.

18 사인의 공법행위로서의 신고에 대한 설명으로 옳은 것은?(다툼이 있는 경우 판례에 의함)

① 식품접객업 영업신고에 대해서는 식품위생법이 건축법에 우선 적용되므로, 영업신고가 식품위생법상의 신고요건을 갖춘 경우라면 그 영업신고를 한 해당 건축물이 건축법상 무허가건축물이라도 적법한 신고에 해당된다.

② 건축신고가 수리를 요하지 않는 신고라면 인·허가의제효과를 수반하는 경우에도 그러한 건축신고는 특별한 사정이 없는 한 수리를 요하지 않는 신고로 보아야 한다.

③ 법령 등에서 행정청에 대하여 일정한 사항을 통지함으로써 의무가 끝나는 신고를 규정하고 있는 경우에는 법령상 요건을 갖춘 적법한 신고서를 발송하였을 때에 신고의 의무가 이행된 것으로 본다.

④ 주민등록전입신고는 수리를 요하는 신고에 해당하지만, 이를 수리하는 행정청은 거주의 목적에 대한 판단 이외에 부동산투기 목적 등의 공익상의 이유를 들어 주민등록전입신고의 수리를 거부할 수는 없다.

19 대물적 허가를 받아 영업을 하는 甲은 자신의 영업을 乙에게 양도하고자 乙과 영업의 양도·양수계약을 체결하고 관련법에 따라 관할 A행정청에 지위승계신고를 하였다. 이에 관한 설명으로 옳은 것을 모두 고른 것은?(다툼이 있으면 판례에 따름)

20 행정사

> ㄱ. 적법한 지위승계신고를 하였다면 A행정청이 수리를 거부하더라도 乙에게 영업양수의 효과가 발생한다.
> ㄴ. 지위승계신고가 있기 전에 A행정청이 위 영업허가를 취소하려는 경우 허가취소의 상대방은 甲이 된다.
> ㄷ. 甲과 乙 사이의 영업양도·양수계약이 무효라면 지위승계신고가 수리되더라도 乙에게 영업양수의 효과가 발생하지 않는다.
> ㄹ. 영업양도·양수가 유효하더라도 명문의 규정이 없는 한 양도 전 甲의 위반행위를 이유로 乙에 대하여 제재처분을 할 수는 없다.

① ㄱ, ㄴ   ② ㄱ, ㄹ

③ ㄴ, ㄷ   ④ ㄱ, ㄷ, ㄹ

⑤ ㄴ, ㄷ, ㄹ

18

④ 대판 2009.7.9, 2008두19048

오답의 이유

① 식품위생법에 따른 일반음식점영업의 영업신고의 요건을 갖춘 자라고 하더라도, 그 영업신고를 한 당해 건축물이 건축법 소정의 허가를 받지 아니한 무허가 건물이라면 적법한 신고를 할 수 없다(대판 2009.4.23, 2008도6829).

② 일반적인 건축신고와는 달리 인·허가의제로서의 건축신고는 수리를 요하는 신고이다(대판 2011.1.20, 2010두14954).

③ 사인의 공법행위도 민법과 마찬가지로 도달주의 원칙이다(통설).

19

③ ㄴ, ㄷ(대판 2005.12.23, 2005두3554)

오답의 이유

ㄱ. 영업자 지위승계신고는 '수리를 요하는 신고'로서 그에 대한 '수리행위'는 행정처분에 해당한다(대판 1993.6.8, 91누11544 등).

정답 18 ④ 19 ③

PART 01 Full수록 합격 **97**

일반행정작용법

www.edusd.co.kr

01 행정상 입법

01 서설

1 의의 및 문제점

현대 국가에서는 복지국가를 추구하면서 행정의 전문성, 다양성, 기술성 등의 요청으로 인하여, 의회입법주의의 한계가 드러났고 결국엔 행정상 입법의 확대 현상이 나타나게 되었다. 국회 입법만으로는 다양한 행정 현실을 적절하게 규율하기 어렵다는 한계로 행정상 입법의 필요성이 대두되었지만 행정상 입법 현상이 지나치게 확대되면 행정부 중심으로 권력이 집중된다. 이러한 행정국가화 경향으로 인해 국민의 기본권이 과도하게 제한될 수 있는 폐해로 인해 오히려 법치주의가 후퇴할 위험성도 내재한다.

이에 행정기본법은 행정입법을 규율하기 위하여 일반법 규정을 두고 있다(행정기본법 제38조 이하).

2 행정입법의 특성

1. 성질

실질적 의미에서는 입법에 속하고 형식적 의미에서는 행정에 속하는 것으로, 일반적·추상적이라는 점에서 개별적·구체적인 행정행위와 구별된다.

2. 규율 내용

행정상 입법에는 국민의 권리, 의무사항을 규율하는 법규명령과 공무원의 사무처리지침을 규율하는 행정규칙(행정명령)이 있다. 법규명령은 법원성을 인정하지만 행정규칙은 법원성을 부정함이 원칙이다(통설·판례).

3. 법규명령과 행정규칙의 비교

구분	법규명령	행정규칙
개념	국민의 권리, 의무 사항 규율	공무원의 사무처리지침
종류	대통령령, 총리령, 부령 등	훈령, 지시, 예규 등
법률상 근거	• 위임명령: 필요 • 집행명령: 불필요	불필요

법원성 = 법규성 = 재판 규범성 = 재판의 근거	긍정	부정(원칙)
국민에 대한 구속력	긍정	부정
공무원에 대한 구속력	긍정	긍정
위반시 위법성 인정 여부	긍정	부정
공포 필요 여부	긍정	부정
비고	양면적 구속력 인정	편면적 구속력 인정

3 행정입법 활동의 일반적 규율

1. 행정입법 활동의 일반원칙

행정부가 입법활동을 함에는 헌법과 상위법령에 위반되어서는 안되고(행정기본법 제38조 제1항), 일반 국민 등의 의견을 수렴하여야 하며(제2항), 매년 정부입법계획을 수립하여야 한다(제3항). 또한 헌법재판소 등으로부터 위헌결정을 받은 법령을 개선하여야 한다(제39조).

 법령 PLUS

행정기본법

제38조(행정의 입법활동) ① 국가나 지방자치단체가 법령등을 제정·개정·폐지하고자 하거나 그와 관련된 활동(법률안의 국회 제출과 조례안의 지방의회 제출을 포함하며, 이하 이 장에서 "행정의 입법활동"이라 한다)을 할 때에는 헌법과 상위 법령을 위반해서는 아니 되며, 헌법과 법령등에서 정한 절차를 준수하여야 한다.
② 행정의 입법활동은 다음 각 호의 기준에 따라야 한다.
　1. 일반 국민 및 이해관계자로부터 의견을 수렴하고 관계 기관과 충분한 협의를 거쳐 책임 있게 추진되어야 한다.
　2. 법령등의 내용과 규정은 다른 법령등과 조화를 이루어야 하고, 법령등 상호 간에 중복되거나 상충되지 아니하여야 한다.
　3. 법령등은 일반 국민이 그 내용을 쉽고 명확하게 이해할 수 있도록 알기 쉽게 만들어져야 한다.
③ 정부는 매년 해당 연도에 추진할 법령안 입법계획(이하 "정부입법계획"이라 한다)을 수립하여야 한다.
④ 행정의 입법활동의 절차 및 정부입법계획의 수립에 관하여 필요한 사항은 정부의 법제업무에 관한 사항을 규율하는 대통령령으로 정한다.
제39조(행정법제의 개선) ① 정부는 권한 있는 기관에 의하여 위헌으로 결정되어 법령이 헌법에 위반되거나 법률에 위반되는 것이 명백한 경우 등 대통령령으로 정하는 경우에는 해당 법령을 개선하여야 한다.
② 정부는 행정 분야의 법제도 개선 및 일관된 법 적용 기준 마련 등을 위하여 필요한 경우 대통령령으로 정하는 바에 따라 관계 기관 협의 및 관계 전문가 의견 수렴을 거쳐 개선조치를 할 수 있으며, 이를 위하여 현행 법령에 관한 분석을 실시할 수 있다.

2. 행정법령의 해석

누구든지 중앙행정기관장 또는 지방자치단체의 장에게 소관 법령의 해석을 요청할 수 있으며(행정기본법 제40조 제1항), 그 해석에 이의가 있는 경우에는 법령해석 전문기관에게 해석을 요청할 수 있다(제4항).

행정기본법

제40조(법령해석) ① 누구든지 법령등의 내용에 의문이 있으면 법령을 소관하는 중앙행정기관의 장(이하 "법령소관기관"이라 한다)과 자치법규를 소관하는 지방자치단체의 장에게 법령해석을 요청할 수 있다.
② 법령소관기관과 자치법규를 소관하는 지방자치단체의 장은 각각 소관 법령등을 헌법과 해당 법령등의 취지에 부합되게 해석·집행할 책임을 진다.
③ 법령소관기관이나 법령소관기관의 해석에 이의가 있는 자는 대통령령으로 정하는 바에 따라 법령해석업무를 전문으로 하는 기관에 법령해석을 요청할 수 있다.
④ 법령해석의 절차에 관하여 필요한 사항은 대통령령으로 정한다.

---

02 법규명령

1 법규명령의 의의와 근거

1. 의의

법규명령이란 법률상의 수권에 의하여 행정권이 정립하는 규범으로서, 국민과의 관계에서 일반적·구속적인 규범을 의미한다. 법규명령은 법규이므로 이에 위반하는 행위는 위법행위가 되고, 경우에 따라서는 처벌을 받거나 아니면 무효의 문제를 가져온다.

2. 법규명령의 근거

법규명령은 법률이나 상위 법규명령에 근거가 있어야 하므로 법적 근거가 없는 법규명령은 무효가 된다. 즉 헌법 제75조와 제95조에 근거하여 위임명령은 상위 법령의 근거가 있어야 발할 수 있으며, 집행명령은 직권명령이므로 상위법령의 근거 없이도 발할 수 있다. 위임명령의 경우에 법률 또는 상위법령은 위임명령의 제정 시 적법하여야 하고 동시에 구체적 위임일 것을 요한다. 집행명령은 헌법에 근거하여 개별 수권 없이도 발령 가능하다.

2 법규명령의 성립요건과 효력요건, 소멸

1. 성립요건

(1) 주체: 정당한 권한을 가진 기관(대통령, 국무총리, 행정각부의 장관, 중앙선거관리위원회 등)이 그 권한의 범위 내에서 제정해야 한다.

(2) 내용: 수권범위 내에서, 상위명령에 저촉되지 않고, 그 내용이 실현 가능하고, 명확해야 한다.

(3) 절차
① 국민의 일상생활과 직접 관련되는 주요분야의 법령안은 입법예고
② 총리령, 부령: 법제처의 심사
③ 대통령령: 법제처의 심사 + 국무회의 심의 + 입법예고

(4) 형식: 조문의 형식으로 제정한다.

2 효력요건

(1) 공포: 법규명령은 외부에 표시함으로써 유효하게 성립한다. 이를 공포라 한다.

(2) 효력발생은 특별한 규정이 없으면, 공포한 날로부터 20일을 경과함으로써 효력이 발생한다.

3. 법규명령의 소멸

(1) 별도의 폐지입법이 있으면 소멸한다.

(2) 한시적 명령의 경우, 종기가 도래하면 소멸하고, 해제조건이 붙여진 명령은 해제조건의 성취로 소멸한다.

(3) 근거법령의 효력이 상실되면 법규명령은 소멸한다.

(4) 집행명령: 상위법령이 폐지된 것이 아니라 단순히 개정됨에 그친 경우에는 그 개정법령과 성질상 모순·저촉되지 아니하고 개정된 상위법령의 시행에 필요한 사항을 규정하고 있는 이상 그 개정법령의 시행을 위한 집행명령이 제정·발효될 때까지는 그 효력을 유지한다(대판 1989.9.12, 88누6962).

 판례 PLUS

> **법규명령의 소멸**
>
> **1. 위임의 근거법령이 변동된 경우, 법규명령의 효력**
> [1] 일반적으로 법률의 위임에 의하여 효력을 갖는 법규명령의 경우, 구법에 위임의 근거가 없어 무효였더라도 사후에 법개정으로 위임의 근거가 부여되면 "그때부터"는 유효한 법규명령이 되나, 반대로 구법의 위임에 의한 유효한 법규명령이 법개정으로 위임의 근거가 없어지게 되면 "그때부터" 무효인 법규명령이 된다(대판 1995.6.30, 93추83).
> [2] 법규명령의 위임근거가 되는 법률에 대하여 위헌결정이 선고되면 그 위임에 근거하여 제정된 법규명령도 원칙적으로 효력을 상실한다(대판 2001.6.12, 2000다18547).
>
> **2. 상위법령이 개정된 경우 종전 집행명령의 효력 유무: 적극**
> 집행명령은 근거법령인 상위법령이 "폐지"되면 특별한 규정이 없는 이상 실효되는 것이나, 상위법령이 "개정"됨에 그친 경우에는 개정법령과 성질상 모순, 저촉되지 아니하고 개정된 상위법령의 시행에 필요한 사항을 규정하고 있는 이상 그 집행명령은 상위법령의 개정에도 불구하고 당연히 실효되지 아니하고 개정법령의 시행을 위한 집행명령이 제정, 발효될 때까지는 여전히 그 효력을 유지한다(대판 1989.9.12, 88누6962).

3 법규명령의 종류

1. 주체에 의한 분류

(1) 대통령령

① 개념 및 성질: 대통령이 제정하는 법규명령으로 보통 시행령이라고 부르고 총리령·부령보다 우월한 효력을 갖는다.

② 법적 근거(헌법 제75조): 대통령은 법률에서 구체적으로 범위를 정하여 위임받은 사항과 법률을 집행하기 위하여 필요한 사항에 관하여 대통령령을 발할 수 있다.

OX 문제

01 대통령령은 총리령이나 부령보다 우월한 효력을 가진다. ( )

정답 01 ○

(2) 총리령 · 부령

① **개념 및 성질:** 국무총리 또는 행정각부의 장이 발하는 명령으로 보통 시행규칙이라 부른다. 따라서 행정각부의 장에 해당하지 않는 국무총리 직속기관이나 행정각부 소속기관은 독립하여 법규명령을 제정할 수 없다.

② **법적 근거(헌법 제95조):** 국무총리 또는 행정각부의 장은 소관사무에 관하여 법률이나 대통령령의 위임 또는 직권으로 총리령 또는 부령을 발할 수 있다.

(3) 중앙선거관리위원회규칙: 중앙선거관리위원회는 법령의 범위 안에서 선거관리 · 국민투표관리 또는 정당사무에 관한 규칙을 제정할 수 있으며, 법률에 저촉되지 아니하는 범위 안에서 내부규율에 관한 규칙을 제정할 수 있다(헌법 제114조 제6항).

(4) 감사원규칙

① **법적 근거(감사원법 제52조):** 감사원은 감사에 관한 절차, 감사원의 내부 규율과 감사사무 처리에 관한 규칙을 제정할 수 있다.

② **법적 성질:** 위임입법의 형식은 예시적인 것으로 보아야 하므로 감사원법에 의한 감사원규칙도 법규명령으로 보는 것이 다수설의 입장이다.

2. 내용에 의한 분류

(1) 위임명령: 법률 또는 상위명령에서 구체적으로 범위를 정하여 개별적으로 위임(수권)한 사항에 대해 새롭게 내용을 규정하는 명령을 의미한다.

(2) 집행명령: 법률 또는 상위명령의 집행을 위하여 필요한 세부적 사항을 규정하는 명령으로 개별적 · 구체적 위임(수권)이 필요하지 않으며 새로운 사항을 규정할 수 없다.

구분	위임명령	집행명령
위임	법률의 구체적 위임을 요함	법률의 구체적 위임을 요하지 않음
헌법근거	헌법 제75조 전단, 제95조 + 개별위임	헌법 제75조 후단, 제95조
목적	법률의 내용보충(보충명령)	법률의 집행(시행세칙)
규율범위	위임의 범위 내에서 새로이 국민의 권리, 의무에 관한 사항 규정 가능	새롭게 국민의 권리, 의무에 관한 사항을 규정할 수 없음
공통점	법률에 종속하여 법규성을 가짐	

➕ 판례 PLUS

법령의 위임

1. 법률이 대통령령으로 규정하도록 되어 있는 사항을 부령으로 정한 경우: 무효
행정각부 장관이 부령으로 제정할 수 있는 범위는 법률 또는 대통령령이 위임한 사항이나 또는 법률, 대통령령을 실시하기 위하여 필요한 사항에 한정되므로 법률 또는 대통령령으로 규정할 사항을 부령으로 규정하였다고 하면 그 부령은 무효이다(대판 1962.1.25, 4294민상9).

2. 입법사항을 총리령이나 부령으로 위임할 수 있는지 여부: 적극
헌법 제75조는 대통령에 대한 입법권한의 위임에 관한 규정이지만, 국무총리나 행정각부의 장으로 하여금 법률의 위임에 따라 총리령 또는 부령을 발할 수 있도록 하고 있는 헌법 제95조의 취지에 비추어 볼 때, 입법자는 법률에서 구체적으로 범위를 정하기만 한다면 대통령령뿐만 아니라 부령에 입법사항을 위임할 수도 있다(헌재 1998.2.27, 97헌마64).

3. 법률이 입법사항을 행정규칙의 형식으로 위임할 수 있는지 여부: 적극

   헌법이 인정하고 있는 위임입법의 형식은 예시적인 것으로 보아야 할 것이고, 법률이 행정규칙에 위임하더라도 그 행정규칙은 위임된 사항만을 규율할 수 있으므로, 국회입법의 원칙과 상치되지도 않는다(헌재 2004.10.28, 99헌바91).

법령의 위임 없는 규정

시행령이 법률의 위임 없이 법률에 규정되지 아니한 새로운 내용을 규정할 수 있는지 여부: 소극

헌법 제75조는 "대통령은 법률에서 구체적으로 범위를 정하여 위임받은 사항과 법률을 집행하기 위하여 필요한 사항에 관하여 대통령령을 발할 수 있다."라고 규정하고 있다. 따라서 대통령은 법률에서 구체적으로 범위를 정하여 위임받은 사항과 법률을 집행하기 위하여 필요한 사항에 관하여만 대통령령을 발할 수 있으므로, <u>법률의 시행령은 모법인 법률에 의하여 위임받은 사항이나 법률이 규정한 범위 내에서 법률을 현실적으로 집행하는 데 필요한 세부적인 사항만을 규정할 수 있을 뿐, 법률에 의한 위임이 없는 한 법률이 규정한 개인의 권리 · 의무에 관한 내용을 변경 · 보충하거나 법률에 규정되지 아니한 새로운 내용을 규정할 수는 없다</u>(대판 2020.9.3, 2016두32992 전합).

4 법규명령의 하자(흠)

1. 효력

   하자있는 법규명령의 효력은 하자의 정도와 상관없이 무조건 무효가 된다. 즉 하자가 중대하고 명백한 경우뿐만 아니라, 중대하고 명백하지 않은 하자가 있어도 무효라고 보는 것이 다수설과 판례의 입장이다.

2. 하자 있는 법규명령에 따른 행정행위

   행정행위의 하자가 중대하고 명백한 경우에 무효가 되지만, 그렇지 않은 경우에는 취소사유가 된다.

 판례 PLUS

법규명령의 하자

1. 고시의 내용이 근거법령의 위임 범위를 벗어난 경우, 대외적 구속력이 인정되는지 여부: 소극

   행정 각부의 장이 정하는 고시가 비록 법령에 근거를 둔 것이라고 하더라도 그 규정 내용이 <u>법령의 위임 범위를 벗어난 것일 경우에는 법규명령으로서의 대외적 구속력을 인정할 여지는 없다</u>(대판 2006.4.28, 2003마715).

2. 위헌 · 위법한 시행령에 근거한 행정처분이 당연무효인지 여부: 원칙적 소극

   일반적으로 시행령이 헌법이나 법률에 위반된다는 사정은 그 시행령의 규정을 위헌 또는 위법하여 무효라고 선언한 대법원의 판결이 선고되지 아니한 상태에서는 그 시행령 규정의 위헌 내지 위법 여부가 해석상 다툼의 여지가 없을 정도로 명백하였다고 인정되지 아니하는 이상 객관적으로 명백한 것이라 할 수 없으므로, 이러한 시행령에 근거한 행정처분의 하자는 취소사유에 해당할 뿐이다(대판 2007.6.14, 2004두619).

5 법규명령의 한계

1. 위임명령의 한계

(1) 포괄위임입법 금지

① 헌법 제75조: 대통령은 법률에서 구체적으로 범위를 정하여 위임받은 사항과 법률을 집행하기 위하여 필요한 사항에 관하여 대통령령을 발할 수 있다. 여기서 법률의 위임은 반드시 구체적이고 개별적으로 한정된 사항에 대하여 행해져야 한다.

② 구체성의 정도: 규율대상의 성격에 따라 달라진다. 즉 기본권이 침해될 수 있는 부분에서는 구체성은 강화되고, 급부영역이거나 사실관계가 수시로 변화할 수 있는 사안은 구체성이 완화될 수 있다.

③ 예외: 조례·정관에는 포괄위임이 가능하다. 단 국민의 권리·의무에 관한 본질적인 사항은 국회가 정해야 한다.

(2) 국회전속적 입법사항의 위임 금지

① 위임이 금지되는 예로 국적취득요건(헌법 제2조 제1항)·죄형법정주의(헌법 제12조 제1항)·행정조직법정주의(헌법 제96조)·조세법률주의(헌법 제59조) 등이 있다.

② 모든 것을 법률로 정하라는 의미가 아니며, 일정범위(세부적 사항)에서는 위임이 가능하다. 즉 위임된 입법권을 전면적으로 재위임하는 것은 입법권을 위임한 법률 그 자체의 내용을 임의로 변경하는 결과를 가져오는 것이 되므로 허용되지 않지만, 세부적인 사항의 보충을 위한 위임은 가능하다고 볼 것이다.

(3) 처벌 법규의 위임

① 헌법상 죄형법정주의로 인해 벌칙을 명령으로 규정토록 일반적으로 위임할 수 없다. 그러나 구성요건의 구체적인 기준을 설정하고 세부적인 사항만을 위임하는 것은 가능하다고 본다. 형의 최고·최저한도를 정하고, 그 범위 안에서 구체적인 것을 명령으로 정하게 하는 것은 허용된다고 볼 것이다.

② 처벌규정은 포괄적 위임금지와 죄형법정주의에 의해 중첩적으로 제한된다.

2. 집행명령의 한계

법령 또는 상위명령이 규정한 범위에서 현실적으로 집행하는 데 필요한 세부적인 사항만을 규정할 수 있으며 위임명령과는 달리 국민의 권리, 의무에 관한 새로운 사항을 규율할 수 없다.

🔖 판례 PLUS

법규명령의 한계

1. 처벌법규 위임의 범위와 한계

처벌법규의 위임은 특히 긴급한 필요가 있거나 미리 법률로써 자세히 정할 수 없는 부득이한 사정이 있는 경우에 한정되어야 하고, 이러한 경우일지라도 법률에서 범죄의 구성요건은 처벌대상인 행위가 어떠한 것일 것이라고 이를 예측할 수 있을 정도로 구체적으로 정하고 형벌의 종류 및 그 상한과 폭을 명백히 규정하여야 한다(헌재 1994.6.30, 93헌가15 등).

2. 법률이 자치사항을 공법적 단체의 정관으로 위임한 경우, 포괄위임입법금시 원칙이 적용되는지 여부: 소극

① 위임입법이란 법률 또는 상위명령에서 구체적으로 범위를 정하여 위임받은 사항에 관하여 법규로서의 성질을 가지는 일반적·추상적 규범을 정립하는 것을 의미하는 것으로서 형식적 의미의 법률(국회입법)에는 속하지 않지만 실질적으로는 행정에 의한 입법으로서 법률과 같은 성질을 갖는 법규의 정립이기 때문에 권력분립주의 내지 법치주의 원리에 비추어 그 요건이 엄격할 수밖에 없으니 법규적 효력을 가지는 행정입법의 제정에는 반드시 구체적이며 명확한 법률의 위임을 요하는 것이다.

② 그러나 헌법 제75조, 제95조가 정하는 포괄적인 위임입법의 금지는, 그 문리해석상 정관에 위임한 경우까지 그 적용 대상으로 하고 있지 않고, 또 권력분립의 원칙을 침해할 우려가 없다는 점 등을 볼 때, 법률이 정관에 자치법적 사항을 위임한 경우에는 원칙적으로 적용되지 않는다(헌재 2001.4.26, 2000헌마122).

3. 위임의 구체성·명확성의 정도: 규제대상의 성격에 따라 달라짐

[1] 위임의 구체성·명확성의 요구 정도는 규제대상의 종류와 성격에 따라서 달라진다. 기본권침해영역에서는 급부행정영역에서 보다는 구체성의 요구가 강화되고, 다양한 사실관계를 규율하거나 사실관계가 수시로 변화될 것이 예상될 때에는 위임의 명확성의 요건이 완화되어야 한다. 따라서 중학교는 의무교육의 구체적인 실시 시기와 절차 등을 하위법령에 위임하여 정하도록 함에 있어서는 막대한 재정지출을 수반하는 무상교육의 수익적 성격과 규율대상의 복잡다양성을 고려하여 위임의 명확성의 요구정도를 완화하여 해석할 수 있는 것이다(헌재 1991.2.11, 90헌가27; 헌재 1997.12.24, 95헌마 39).

[2] 국민의 기본권을 제한하거나 침해할 소지가 있는 사항에 관한 위임에 있어서는 위와 같은 구체성 내지 명확성이 보다 엄격하게 요구된다(대판 2000.10.19, 98두6265).

[3] 위임입법에 대한 구체성 내지 예측가능성의 요구 정도는 규제대상의 종류와 성질에 따라 달라질 것인데, 그 예측가능성의 유무를 판단함에 있어서는 당해 특정조항 하나만을 가지고 판단할 것이 아니고 관련 법조항 전체를 유기적·체계적으로 종합판단하여야 하며, 각 대상법률의 성질에 따라 구체적·개별적으로 검토하여야 한다(헌재 1998.2.27, 97헌마64).

4. 법률이 조례에 위임하는 경우에도 포괄위임금지원칙이 적용되는지 여부: 소극

조례의 제정권자인 지방의회는 선거를 통해서 그 지역적인 민주적 정당성을 지니고 있는 주민의 대표기관이고 헌법이 지방자치단체에 포괄적인 자치권을 보장하고 있는 취지로 볼 때, 조례에 대한 법률의 위임은 법규명령에 대한 법률의 위임과 같이 반드시 구체적으로 범위를 정하여 할 필요가 없으며 포괄적인 것으로 족하다(헌재 1995.4.20, 92헌마264 등).

5. 죄형법정주의와 위임입법의 한계

형벌법규에 대하여도 특히 긴급한 필요가 있거나 미리 법률로서 자세히 정할 수 없는 부득이한 사정이 있는 경우에 한하여 수권법률(위임법률)이 구성요건의 점에서는 처벌대상인 행위가 어떠한 것일거라고 이를 예측할 수 있을 정도로 구체적으로 정하고, 형벌의 점에서는 형벌의 종류 및 그 상한과 폭을 명확히 규정하는 것을 조건으로 위임입법이 허용되며 이러한 위임입법은 죄형법정주의에 반하지 않는다(헌재 1996.2.29, 94헌마213).

6. 법령의 위임이 없음에도 법령에 규정된 요건을 부령에서 변경하여 규정한 경우, 그에 기초한 처분의 효력

법령의 위임이 없음에도 법령에 규정된 처분 요건에 해당하는 사항을 부령에서 변경하여 규정한 경우에는 그 부령의 규정은 행정청 내부의 사무처리 기준 등을 정한 것으로서 행정조직 내에서 적용되는 행정명령의 성격을 지닐 뿐 국민에 대한 대외적 구속력은 없다. 따라서 어떤 행정처분이 그와 같이 법규성이 없는 시행규칙 등의 규정에 위배된다고 하더라도 그 이유만으로 처분이 위법하게 되는 것은 아니라 할 것이고, 또 그 규칙 등에서 정한 요건에 부합한다고 하여 반드시 그 처분이 적법한 것이라고 할 수도 없다. 이 경우 당해 처분의 적법 여부는 그러한 규칙에서 정한 요건에 합치하는지 여부가 아니라, 법률 등 법규성이 있는 관계 법령의 규정을 기준으로 판단하여야 한다(대판 2013.9.12, 2011두10584).

6 법규명령에 대한 통제

1. 입법부에 대한 통제

(1) 직접적 통제

① 승인유보제도(→ 긴급명령): 유효하게 성립한 법규명령을 소멸시키는 권한을 의회에 유보하는 방법에 의한 통제를 의미한다. 우리 헌법은 대통령이 긴급재정 · 경제명령 이나 긴급명령권을 행사한 때에는 지체없이 국회에 보고하고 승인을 얻지 못하면 그때부터 효력을 상실하도록 하고 있다(헌법 제76조).

② 국회법상 의견제출제도(→ 법규명령)

 법령 PLUS

국회법

제98조의2(대통령령 등의 제출 등) ① 중앙행정기관의 장은 법률에서 위임한 사항이나 법률을 집행하기 위하여 필요한 사항을 규정한 대통령령 · 총리령 · 부령 · 훈령 · 예규 · 고시 등이 제정 · 개정 또는 폐지되었을 때에는 10일 이내에 이를 국회 소관 상임위원회에 제출하여야 한다. 다만, 대통령령의 경우에는 입법예고를 할 때(입법예고를 생략하는 경우에는 법제처장에게 심사를 요청할 때를 말한다)에도 그 입법예고안을 10일 이내에 제출하여야 한다.
③ 상임위원회는 위원회 또는 상설소위원회를 정기적으로 개회하여 그 소관 중앙행정기관이 제출한 대통령령 · 총리령 및 부령(이하 이 조에서 "대통령령 등"이라 한다)의 법률 위반 여부 등을 검토하여 법률의 취지 또는 내용에 합치되지 아니한다고 판단되는 경우에는 소관 중앙행정기관의 장에게 그 내용을 통보할 수 있다. 이 경우 중앙행정기관의 장은 통보받은 내용에 대한 처리계획과 그 결과를 지체없이 소관 상임위원회에 보고하여야 한다.

(2) 간접적 통제: 국회가 법규명령의 효력발생에 직접적으로 관여하는 것이 아니라, 국회가 행정부에 대해 갖는 국정감시권의 발동을 통해 간접적으로 법규명령의 적법성과 타당성을 확보하는 것을 의미한다. 현행법상 국정감사권, 국정조사권, 탄핵소추권, 국무총리나 국무위원에 대한 해임건의권 등을 들 수 있다.

2. 행정부에 의한 통제

(1) 행정부의 감독권에 의한 통제: 상급행정청이라도 하급행정청의 법규명령을 스스로 개정 또는 폐지할 수 없으므로 일반적 감독권에 근거한 시정지시를 하거나 상위법령의 제정이나 개정을 통해 그 효력을 소멸시킬 수 있다.

(2) 행정심판에 의한 통제

 법령 PLUS

행정심판법

제59조(불합리한 법령 등의 개선) ① 중앙행정심판위원회는 심판청구를 심리 · 재결할 때에 처분 또는 부작위의 근거가 되는 명령 등(대통령령 · 총리령 · 부령 · 훈령 · 예규 · 고시 · 조례 · 규칙 등을 말한다. 이하 같다)이 법령에 근거가 없거나 상위 법령에 위배되거나 국민에게 과도한 부담을 주는 등 크게 불합리하면 관계 행정기관에 그 명령 등의 개정 · 폐지 등 적절한 시정조치를 요청할 수 있다. 이 경우 중앙행정심판위원회는 시정조치를 요청한 사실을 법제처장에게 통보하여야 한다.
② 제1항에 따른 요청을 받은 관계 행정기관은 정당한 사유가 없으면 이에 따라야 한다.

(3) 국민권익위원회

 법령 PLUS

부패방지 및 국민권익위원회의 설치와 운영에 관한 법률

제28조(법령 등에 대한 부패유발요인 검토) ① 위원회는 다음 각 호에 따른 법령 등의 부패유발요인을 분석·검토하여 그 법령 등의 소관 기관의 장에게 그 개선을 위하여 필요한 사항을 권고할 수 있다.
1. 법률·대통령령·총리령 및 부령
2. 법령의 위임에 따른 훈령·예규·고시 및 공고 등 행정규칙
3. 지방자치단체의 조례·규칙
4. 공공기관의 운영에 관한 법률 제4조에 따라 지정된 공공기관 및 지방공기업법 제49조·제76조에 따라 설립된 지방공사·지방공단의 내부규정
② 제1항에 따른 부패유발요인 검토의 절차와 방법에 관하여 필요한 항은 대통령령으로 정한다.
제47조(제도개선의 권고 및 의견의 표명) 권익위원회는 고충민원을 조사·처리하는 과정에서 법령 그 밖의 제도나 정책 등의 개선이 필요하다고 인정되는 경우에는 관계 행정기관등의 장에게 이에 대한 합리적인 개선을 권고하거나 의견을 표명할 수 있다.

(4) 절차적 통제

① 국무회의 심의: 대통령령
② 법제처 심사: 대통령령, 총리령, 부령
③ 입법 예고 기간: 40일 이상(자치법규는 20일 이상)

3. 사법(司法)적 통제

(1) 구체적 규범 통제

① 헌법의 최고규범성을 유지하기 위한 제도로서 구체적인 소송사건이 제기된 경우가 아님에도 불구하고 법령의 위헌여부를 심사하는 추상적 규범통제와, 구체적인 소송사건이 제기되었을 때 그 사건에 적용될 법령의 위헌여부를 선결적으로 심사하는 구체적 규범통제가 있다(헌법 제107조 제2항).

 법령 PLUS

헌법

제107조 ① 법률이 헌법에 위반되는 여부가 재판의 전제가 된 경우에는 법원은 헌법재판소에 제청하여 그 심판에 의하여 재판한다.
② 명령·규칙 또는 처분이 헌법이나 법률에 위반되는 여부가 재판의 전제가 된 경우에는 대법원은 이를 최종적으로 심사할 권한을 가진다.
③ 재판의 전심절차로서 행정심판을 할 수 있다. 행정심판의 절차는 법률로 정하되, 사법절차가 준용되어야 한다.

② 법원의 명령·규칙 심사권(헌법 제107조 제2항)
  ㉠ 주체: 모든 각급 법원을 의미하며 군사법원도 포함한다. 다만 대법원이 최종적으로 심사할 권한을 가진다.
  ㉡ 대상: 헌법 제107조 제2항의 명령이란 행정상 입법으로서 법규명령을 의미하며, 규칙은 지방자치단체의 조례나 규칙을 의미한다.

OX 문제

01 우리나라는 추상적 규범통제를 원칙으로 한다. ( )

정답 01 ×(→구체적 규범통제)

© 명령, 규칙이 헌법이나 법률에 위반되는 경우의 효력: 그 명령이나 규칙을 당해 사건의 당사자에 한하여 적용을 거부하는 효과가 발생할 뿐이며, 명령이나 규칙의 효력이 무효가 되는 것은 아니다(일반적 효력 부정, 개별적 효력 긍정).

🏛 법령 PLUS

행정소송법

제6조(명령·규칙의 위헌판결 등 공고) ① 행정소송에 대한 대법원판결에 의하여 명령·규칙이 헌법 또는 법률에 위반된다는 것이 확정된 경우에는 대법원은 지체없이 그 사유를 행정안전부장관에게 통보하여야 한다.
② 제1항의 규정에 의한 통보를 받은 행정안전부장관은 지체없이 이를 관보에 게재하여야 한다.

(2) 법규명령의 행정소송 대상 여부

① **원칙**: 법규명령은 일반적, 추상적이므로 항고소송의 대상이 되는 처분의 성격이 부정된다. 항고소송의 대상이 되는 처분은 개별적, 구체적인 성격을 지니고 있기 때문이다.

② **예외**: 법규명령 그 자체로 국민의 권리, 의무에 직접 영향을 미치는 처분적인 성격이 있는 경우에는 예외적으로 항고소송의 대상이 된다. 즉 처분적 법규명령은 처분성이 인정된다.

🏛 판례 PLUS

법규명령 등이 행정소송이 대상이 되는 처분인지 여부

1. 원칙적 소극

[1] 행정소송의 대상이 될 수 있는 것은 구체적인 권리의무에 관한 분쟁이어야 하고 일반적, 추상적인 법령 그 자체로서 국민의 구체적인 권리의무에 직접적인 변동을 초래하는 것이 아닌 것은 그 대상이 될 수 없다. 따라서 부령 자체의 무효확인을 구하는 원고의 청구는 행정소송의 대상이 아닌 사항에 대한 것이므로 부적법하다(대판 1987.3.24, 86누656).

[2] 의료기관의 명칭표시판에 진료과목을 함께 표시하는 경우 그 글자의 크기를 의료기관 명칭을 표시하는 글자 크기의 2분의 1 이내로 제한하고 있는 의료법 시행규칙 제31조는, 그 위반자에 대하여 과태료를 부과하는 등의 별도의 집행행위 매개 없이는 그 자체로서 국민의 구체적인 권리의무나 법률관계에 직접적인 변동을 초래하지 아니하므로 항고소송의 대상이 되는 행정처분이라고 할 수 없다(대판 2007.4.12, 2005두15168).

2. 예외적 적극: 처분적 조례 등의 경우

[1] 어떠한 고시가 일반적·추상적 성격을 가질 때에는 법규명령 또는 행정규칙에 해당할 것이지만, 다른 집행행위의 매개 없이 그 자체로서 직접 국민의 구체적인 권리의무나 법률관계를 규율하는 성격을 가질 때에는 항고소송의 대상이 되는 행정처분에 해당한다(대판 2003.10.9, 2003무23).

[2] 〈두밀분교폐교 조례사건〉 조례가 집행행위의 개입 없이도 그 자체로서 직접 국민의 구체적인 권리의무나 법적 이익에 영향을 미치는 등의 법률상 효과를 발생하는 경우 그 조례는 항고소송의 대상이 되는 행정처분에 해당하고, 이러한 조례에 대한 무효확인소송을 제기함에 있어서 피고적격이 있는 처분 등을 행한 행정청은 지방자치단체의 집행기관으로서 조례로서의 효력을 발생시키는 공포권이 있는 지방자치단체의 장이다(대판 1996.9.20, 95누8003).

(3) 법규명령의 헌법소원 대상 여부

① 헌법소원이란 공권력의 행사나 불행사로 인하여 헌법상 보장된 기본권이 침해된 경우 헌법재판소에 청구하는 것을 의미한다. 이에 대한 헌법상 규정이 없기 때문에 명령, 규칙이 헌법재판소의 헌법소원의 대상이 될 수 있는지 여부가 문제된다.

OX 문제

01 행정소송에 대한 대법원판결에 의하여 명령·규칙이 헌법 또는 법률에 위반된다는 것이 확정된 경우에는 대법원은 지체 없이 그 사유를 법무부장관에게 통보하여야 한다. ( )

02 일반적·추상적인 법령이나 규칙 등은 그 자체로서 국민의 구체적인 권리·의무에 직접적 변동을 초래하게 하지 않는 경우에도 취소소송의 대상이 될 수 있다. ( )

정답 01 ×(→행정안전부장관) 02 ×(→직접적 변동을 초래하여야 처분에 해당)

② **대법원의 입장**: 법률에 대한 위헌심사권은 헌법재판소에 있고 명령·규칙에 대한 헌법심사권은 법원에 있다는 입장이다(부정설, 소극설).

③ **헌법재판소의 입장**: 명령이 재판의 전제가 된 경우에 한해 법원의 심사권이 인정되므로 법규명령이 국민의 기본권을 직접 침해하는 경우에는 헌법재판소가 심사해야 한다는 입장이다(긍정설, 적극설).

판례 PLUS

법규명령이 헌법소원의 대상인지 여부에 대한 헌법재판소의 입장(적극)

1. 법무사법 시행규칙 사건

헌법 제107조 제2항이 규정한 명령·규칙에 대한 대법원의 최종심사권이란 구체적인 소송사건에서 명령·규칙의 위헌여부가 재판의 전제가 되었을 경우 법률의 경우와는 달리 헌법재판소에 제청할 것 없이 대법원이 최종적으로 심사할 수 있다는 의미이며, 명령·규칙 그 자체에 의하여 직접 기본권이 침해되었음을 이유로 하여 헌법소원심판을 청구하는 것은 위 헌법규정과는 아무런 상관이 없는 문제이다. 따라서 입법부·행정부·사법부에서 제정한 규칙이 별도의 집행행위를 기다리지 않고 직접 기본권을 침해하는 것일 때에는 모두 헌법소원심판의 대상이 될 수 있다(헌재 1990.10.15, 89헌마178).

2. 18세 미만 당구장출입금지표시 사건

명령·규칙 그 자체에 의하여 직접 기본권이 침해되었을 경우에는 그것을 대상으로 하여 헌법소원심판을 청구할 수 있다(헌재 1993.5.13, 92헌마80).

7 행정입법부작위

1. 개념

넓은 의미의 입법부작위에는 첫째, 입법자가 헌법상 입법의무가 있는 어떤 사항에 관하여 전혀 입법을 하지 아니함으로써 "입법행위의 흠결이 있는 경우"(즉, 입법권의 불행사)와 둘째, 입법자가 어떤 사항에 관하여 입법은 하였으나 그 입법의 내용·범위·절차 등이 당해 사항을 불완전, 불충분 또는 불공정하게 규율함으로써 "입법행위에 결함이 있는 경우"(즉, 결함이 있는 입법권의 행사)가 있는데, 일반적으로 전자를 "진정입법부작위", 후자를 "부진정입법부작위"라고 부르고 있다.

2. 부작위위법확인소송(항고소송) 가능 여부

법령 제정 여부가 국민의 구체적인 권리·의무에 직접적인 변동을 초래하는 것이 아니므로 법규명령의 입법부작위에 대해 부작위위법확인소송을 다툴 수 없다. 다만 행정입법부작위로 손해가 발생한 경우 국가배상청구가 가능하다.

법령 PLUS

행정소송법

제2조(정의)

2. "부작위"라 함은 행정청이 당사자의 신청에 대하여 상당한 기간 내에 일정한 처분을 하여야 할 법률상 의무가 있음에도 불구하고 이를 하지 아니하는 것을 말한다.

제36조(부작위위법확인소송의 원고적격) 부작위위법확인소송은 처분의 신청을 한 자로서 부작위의 위법의 확인을 구할 법률상 이익이 있는 자만이 제기할 수 있다.

판례 PLUS

부작위위법확인소송의 여부

법령의 제정 여부 등이 부작위위법확인소송의 대상이 될 수 있는지 여부: 소극
행정소송은 구체적 사건에 대한 법률상 분쟁을 법에 의하여 해결함으로써 법적 안정을 기하자는 것이므로 부작위위법확인소송의 대상이 될 수 있는 것은 구체적 권리의무에 관한 분쟁이어야 하고 추상적인 법령에 관하여 제정의 여부 등은 그 자체로서 국민의 구체적인 권리의무에 직접적 변동을 초래하는 것이 아니어서 그 소송의 대상이 될 수 없다(대판 1992.5.8, 91누11261).

3. 행정입법부작위에 대한 헌법소원

헌법재판소는 헌법상 행정입법의 작위의무가 있고 상당한 기간이 경과하였음에도 정당한 이유 없이 행정입법을 하지 않은 경우 행정입법부작위에 대한 위헌·위법을 판단할 수 있다.

 법령 PLUS

헌법재판소법

제68조(청구사유) ① 공권력의 행사 또는 불행사(不行使)로 인하여 헌법상 보장된 기본권을 침해받은 자는 법원의 재판을 제외하고는 헌법재판소에 헌법소원심판을 청구할 수 있다. 다만, 다른 법률에 구제절차가 있는 경우에는 그 절차를 모두 거친 후에 청구할 수 있다.

 판례 PLUS

진정입법부작위와 부진정입법부작위의 구별

넓은 의미의 입법부작위에는 첫째, 입법자가 헌법상 입법의무가 있는 어떤 사항에 관하여 전혀 입법을 하지 아니함으로써 "입법행위의 흠결이 있는 경우"(즉, 입법권의 불행사)와 둘째, 입법자가 어떤 사항에 관하여 입법은 하였으나 그 입법의 내용·범위·절차 등이 당해 사항을 불완전, 불충분 또는 불공정하게 규율함으로써 "입법행위에 결함이 있는 경우"(즉, 결함이 있는 입법권의 행사)가 있는데, 전자를 "진정 입법부작위", 후자를 "부진정 입법부작위"라고 한다. 우리 헌법재판소의 판례에 의하면, "진정 입법부작위" 즉, 본래의 의미에서의 입법부작위를 대상으로 하는 헌법소원은 원칙적으로 허용되지 아니하고, 다만 예외적으로 헌법에서 기본권보장을 위하여 법령에 명시적인 입법위임을 하였음에도 불구하고 입법자가 상당한 기간 내에 이를 이행하지 아니하거나 또는 헌법 해석상 특정인에게 구체적인 기본권이 생겨 이를 보장하기 위한 국가의 행위의무 내지 보호의무가 발생하였음이 명백함에도 불구하고 입법자가 아무런 입법조치를 취하지 않고 있는 경우에 한하여 허용될 뿐이며, 한편 "부진정 입법부작위"를 대상으로 헌법소원을 제기하려면 그 입법부작위를 헌법소원의 대상으로 삼을 수는 없고, 결함이 있는 당해 입법규정 그 자체를 대상으로 하여 그것이 헌법에 위배된다는 등으로 적극적인 헌법소원을 제기하여야 하며, 이 경우에는 헌법재판소법 제69조 제1항의 청구기간을 준수하여야 한다(헌재 2009.7.14, 2009헌마349).

1 의의

1. 개념

일반적으로 행정규칙은 "상급행정기관이 하급행정기관에 대하여 그 조직이나 업무처리와 절차 · 기준 등에 관하여 발하는 일반적 · 추상적 규율"이라고 정의된다.

행정규칙은 원칙적으로 법령상 근거와 무관하게 발해지고 국민이나 법원을 구속하는 것이 아닌 점에서 법규명령과 구분된다. 따라서 행정규칙을 위반한 행위는 대외적으로 위법의 문제를 가져오지 않고 다만 행정조직 내부에서 문제(예 행정규칙을 위반한 공무원에 대한 징계)될 뿐이며 법원도 행정규칙을 근거로 재판하지 않고, 행정규칙을 재판의 대상으로 하지도 아니한다.

2. 행정규칙의 법적 성질

(1) 문제점: 행정규칙의 법원성을 인정할 수 있는지에 대해 견해가 대립한다.

(2) 학설: 행정규칙의 법적 성질에 대하여 행정조직 내부에만 일면적 · 편면적 구속력을 가질 뿐 직접 국민에 대하여는 효력을 미치지 못한다는 비법규설(다수설), 행정규칙 중 재량준칙은 헌법상의 평등원칙을 매개로 하여 국민에 대하여도 간접적으로 법적 효력을 미치게 된다는 준법규설, 행정권은 그 권한의 범위 안에서는 자주적인 법 형식을 위한 규범 정립 의사나 독립적인 규율권을 가지며 그것에 의하여 대외적 효력을 가진다는 법규설 등의 학설이 대립한다.

(3) 판례의 태도

　① 원칙: 법규성 부정

➕ 판례 PLUS

> **법규성 부정**
>
> 훈령이란 행정조직 내부에 있어서 그 권한의 행사를 지휘감독하기 위하여 발하는 행정명령으로서 훈령, 예규, 통첩, 지시, 고시, 각서 등 그 사용명칭 여하에 불구하고 공법상의 법률관계 내부에서 준거할 준칙 등을 정하는데 그치므로, 대외적으로는 아무런 구속력을 가지지 않는다(대판 1983.6.14, 83누54).

　② 예외: 법규성 인정

　　㉠ 대법원 판례: 법령의 규정이 특정 행정기관에게 그 법령 내용의 구체적 사항을 정할 수 있는 권한을 부여하면서 그 권한 행사의 절차나 방법을 특정하고 있지 않은 관계로 수임행정기관이 행정규칙의 형식으로 그 법령의 내용이 될 사항을 구체적으로 정하고 있다면, 그와 같은 행정규칙, 규정은 행정규칙이 갖는 일반적 효력으로서가 아니라 행정기관에 법령의 구체적 내용을 보충하는 기능을 갖게 된다 할 것이므로, 이와 같은 행정규칙은 해당 법령의 수임한계를 벗어나지 않는 범위에서는 그것들과 결합하여 대외적인 구속력이 있는 법규명령으로서의 효력을 갖게 된다고 판시하여 예외적으로 행정규칙의 법규성을 인정하고 있다.

○✕ 문제

01 행정규칙은 법률상 근거 없이는 제정 불가능하다.　　( )

정답 01 ✕

판례 PLUS

> **재산제세조사사무처리규정(국세청훈령)**
> 소득세법시행령에 의하여 투기거래를 규정한 재산제세조사사무처리규정(국세청훈령 제980호)은 그 형식은 행정규칙으로 되어 있으나 위 시행령의 규정을 보충하는 기능을 가지면서 그와 결합하여 법규명령과 같은 효력(대외적인 구속력)을 가진다(대판 1989.11.14, 89누5676).

    ⓒ 헌법재판소 판례
- 법령의 직접적인 위임에 따라 위임행정기관이 그 법령을 시행하는 데 필요한 구체적 사항을 정한 것이면, 그 제정 형식은 비록 법규명령이 아닌 고시, 훈령, 예규 등과 같은 행정규칙이더라도 그것이 상위법령의 위임한계를 벗어나지 않는 범위에서는 상위법령과 결합하여 대외적인 구속력을 갖는 법규명령으로서 기능한다(헌재 1992.6.26, 91헌마25).
- 재량권행사의 준칙인 규칙이 그 정한 바에 따라 되풀이 시행되어 행정관행이 되면, 평등의 원칙이나 신뢰보호의 원칙에 따라 행정기관은 그 상대방에 대한 관계에서 그 규칙에 따라야 할 자기구속을 당하게 되고, 그러한 경우에는 대외적인 구속력을 가지게 된다(헌재 1990.9.3, 90헌마13).

3. 법규명령과 행정규칙의 비교

구분	법규명령	행정규칙
법형식	대통령령·총리령·부령 등	훈령·고시 등
권력적 기초	일반권력관계	특별권력관계
법적 근거(상위법령의 개별적·구체적 수권)	• 위임명령: 법정근거 필요 • 집행명령: 법적 근거 불필요	법적 근거 불필요
성질	법규성(재판규범성, 대외적 구속력) 긍정	법규성(재판규범성, 대외적 구속력) 부정
위반의 효과	위법한 작용	곧바로 위법한 작용이 되는 것은 아님
존재형식	조문의 형식	조문의 형식 또는 구술
공포	공포 필요	공포 불필요
한계	법률유보의 원칙·법률우위의 원칙 적용	법률우위의 원칙만 적용

2 행정규칙의 종류

1. 내용을 기준으로 한 분류

(1) 조직규칙: 행정조직 내부에서 기관의 설치·조직이나 내부적 권한분배, 사무처리 절차 등을 규율하는 행정규칙으로서, 사무분장규정 등이 그 예이다.

(2) 행위지도규칙: 상급행정기관이 하급행정기관과 그 구성원의 업무에 관한 사항을 계속적으로 규율하기 위하여 발하는 행정규칙이다.

    ① **규범해석규칙**: 규범해석규칙 및 법령해석규칙은 법규의 적용, 특히 법규상 불확정개념을 적용할 때에 상급행정기관이 하급행정기관에 대하여 법령해석을 통일시키

고 그 적용 방향을 확정함으로써 행정의 합리화를 기하기 위하여 발하는 행정규칙이다.

② **재량준칙**: 상급행정기관이 하급행정기관의 재량권 행사에 관한 기준을 정해주는 행정규칙이다.

(3) 규범구체화 규칙: 원자력이나 환경과 같이 고도의 전문지식과 기술이 필요한 분야에서 관계 법률이 필요한 규율을 구체적으로 정하지 못하고 그 규율을 사실상 행정기관에 맡긴 경우에 행정기관이 법률의 시행을 위하여 그 규율 내용을 구체화하기 위하여 제정하는 행정규칙이다.

2. 형식을 기준으로 한 분류

대통령령인 행정 효율과 협업 촉진에 관한 규정 제4조에 따르면 "지시문서"는 훈령 · 지시 · 예규 · 일일명령 등 행정기관이 그 하급기관이나 소속 공무원에 대하여 일정한 사항을 지시하는 문서를 말하고, "공고문서"는 고시 · 공고 등 행정기관이 일정한 사항을 일반에게 알리는 문서를 말한다.

(1) 훈령: 상급행정기관이 하급행정기관에 대하여 장기간에 걸쳐 그 권한 행사를 일반적으로 지시하기 위하여 발하는 명령이다.

(2) 예규: 행정사무의 통일을 기하기 위하여 반복적 행정사무의 처리기준을 제시하는 법규문서 외의 문서이다.

(3) 고시

① **의의**: 법령이 정하는 바에 따라 일정한 사항을 일반에게 알리기 위한 문서를 말한다. 고시는 그 내용에 따라 일반적 · 추상적인 규율인 경우에만 행정규칙에 해당하며 고시의 내용이 단순한 사실의 통지인 경우에는 행정규칙으로 보기 어렵다.

② **법적 성질**: 고시에 담겨진 내용에 따라 분류해야 한다.
　　㉠ 법규명령적 고시: 특별한 법령과 결합하여 실질적으로 법규의 내용을 보충하는 고시
　　㉡ 일반처분적 고시: 고시가 일반적 · 추상적 성격을 가지는 경우를 말하는 것으로 행정처분에 해당

✚ 판례 PLUS

고시의 행정처분성

1. 고시가 항고소송의 대상인 행정처분에 해당하기 위한 요건
어떠한 고시가 일반적 · 추상적 성격을 가질 때에는 법규명령 또는 행정규칙에 해당할 것이지만, 다른 집행행위의 매개 없이 그 자체로서 직접 국민의 구체적인 권리의무나 법률관계를 규율하는 성격을 가질 때에는 항고소송의 대상이 되는 행정처분에 해당한다(대판 2003.10.9, 2003두23).

2. 고시의 행정처분성을 긍정한 예
[1] 〈납세병마개 제조업자지정 국세청 고시〉 이 사건 국세청고시는 특정 사업자를 납세병마개 제조자로 지정하였다는 행정처분의 내용을 모든 병마개 제조자에게 알리는 통지수단에 불과하므로, 청구인의 이 사건 국세청고시에 대한 헌법소원심판청구는 고시 그 자체가 아니라 고시의 실질적 내용을 이루는 국세청장의 납세병마개 제조자 지정처분에 대한 것으로 해석함이 타당하다(헌재 1998.4.30, 97헌마141).

[2] 〈청소년유해매체물 결정·고시〉구 청소년보호법에 따른 청소년유해매체물 결정 및 고시처분은 당해 유해매체물의 소유자 등 특정인만을 대상으로 한 행정처분이 아니라 일반 불특정 다수인을 상대방으로 하여 일률적으로 표시의무, 포장의무, 청소년에 대한 판매·대여 등의 금지의무 등 각종 의무를 발생시키는 행정처분으로서, 정보통신윤리위원회가 특정 인터넷 웹사이트를 청소년유해매체물로 결정하고 청소년보호위원회가 효력발생시기를 명시하여 고시함으로써 그 명시된 시점에 효력이 발생하였다고 봄이 상당하고, 정보통신윤리위원회와 청소년보호위원회가 위 처분이 있었음을 위 웹사이트 운영자에게 제대로 통지하지 아니하였다고 하여 그 효력 자체가 발생하지 아니한 것으로 볼 수는 없다(대판 2007.6.14, 2004두619).

ⓒ 행정규칙적 고시: 행정사무의 처리기준으로 일반적·추상적 규범의 성질

(4) 공고: 일정한 사항을 일반에게 알리는 문서를 말하며, 고시와 마찬가지로 그 내용에 따라 일반적·추상적인 규율인 경우에만 행정규칙에 해당하며, 공고의 내용이 단순한 사실의 통지인 경우에는 행정규칙으로 보기 어렵다.

(5) 지시와 일일명령: 지시는 상급행정기관이 직권 또는 하급행정기관의 문의에 따라 하급행정기관에 개별적·구체적으로 발하는 명령이고, 일일명령은 당직·출장·시간외근무 등 일일업무에 관한 명령이다. 그런데 지시와 일일명령은 일반적·추상적인 규율이라 할 수 없으므로 행정규칙의 일종으로 보기 어렵다.

3 행정규칙의 성립요건과 효력발생요건

1. 성립요건

(1) 의의: 행정규칙은 권한 있는 행정청이 법령에 위반되지 않는 범위 내에서 일정한 절차와 형식을 거쳐 실현가능한 내용을 규율하여야 한다.

(2) 구체적 요건

① 주체에 관한 요건: 발령권자는 특별한 제한이 없으므로 행정청의 지위를 가지는 행정기관은 행정규칙을 발령할 수 있다. 대통령령인 「법제업무운영규정」 제25조 제1항은 "각급 행정 기관"으로 그 주체를 규정하고 있다. 행정규칙을 제정하는 기관은 다음과 같다.

ⓒ 각 부·처·청

ⓒ 각종 위원회의 명칭을 사용하는 행정 기관: 공정거래위원회·금융위원회·국민권익위원회·국가인권위원회·국가과학기술위원회·원자력안전위원회 등

ⓒ 대통령 소속기관: 감사원·국가정보원 등

ⓔ 헌법기관: 중앙선거관리위원회 등

ⓜ 일부 위원회: 영상홍보원·영상물등급위원회·영화진흥위원회 등

② 절차에 관한 요건: 법적 절차가 따로 있지는 않다.

ⓒ 법제처의 사전심사: 「법제업무운영규정」 제23조에 따르면 중앙행정기관의 장은 대통령 훈령 또는 국무총리 훈령의 발령을 추진하려는 경우에는 법제처장에게 해당 훈령안의 심사를 요청하도록 하고 있고, 법제처장은 대통령 훈령안 또는 국무총리 훈령안의 심사요청을 받은 때에는 해당 훈령안이 법령에 저촉되는지 등

을 심사하여 그 결과를 해당 중앙행정기관의 장에게 통보하도록 하고 있다.

ㄴ 법제처의 사후심사: 「법제업무운영규정」 제25조 제3항부터 제5항까지의 규정에 따르면, 법제처장은 정부입법지원센터에 등재된 훈령·예규 등을 수시로 심사하여 법령으로 정해야 할 사항을 훈령 등으로 정하고 있거나 법령에 저촉되는 사항이나 불합리한 사항을 정한 훈령 등이 있는 경우에는 심사의견을 작성하여 해당 중앙행정기관의 장에게 통보해야 한다.

③ 형식에 관한 요건: 형식에 대한 특별한 제한은 없으나, 조문의 형식으로 제정되는 것이 일반적이다.

④ 내용에 관한 요건

ㄱ 행정조직 내부에서의 조직과 활동을 규율하고 일반국민에게 영향을 미치지 않는 범위를 규율하는 본래적 의미의 행정규칙과는 달리, 행정조직 내부에 그치지 않고 외부에도 영향을 미치는 법령보충적 행정규칙의 경우 국민의 권리와 의무에 영향을 미치고 그 범위를 규율한다는 점에서 실질에 있어서는 법령과 동일한 기능을 수행한다.

ㄴ 가급적 법령에서 구체적으로 위임받은 범위에 속한 것만을 규정해야 하고, 상위법령의 내용에 반하지 않아야 하며, 상위법령이 정한 규제 내용을 강화해서도 안된다.

ㄷ 상위법령의 집행에 관한 사항을 정할 때에도 상위법령의 내용이 명료하지 않거나 불완전한 것에 한정하여 해당 법령을 집행하기 위해 필요한 보충적 사항만을 정해야 하고, 그 내용에 있어서도 법적 안정성과 예측 가능성이 보장되어야 하며, 규정 상호 간의 모순과 중복이 없어야 하고, 표현이 명확해야 한다.

2. 효력발생요건

행정규칙은 법규명령과는 달리 공포를 그 요건으로 하지 않는다.

판례 PLUS

사무처리준칙의 법적 성질

서울시 개인택시운송사업면허지침의 법적 성질: 사무처리준칙

서울특별시가 정한 개인택시운송사업면허지침은 재량권 행사의 기준으로 설정된 행정청의 내부의 사무처리준칙에 불과하므로, 대외적으로 국민을 기속하는 법규명령의 경우와는 달리 외부에 고지되어야만 효력이 발생하는 것은 아니다(대판 1997.1.21, 95누12941).

4 행정규칙의 하자 및 소멸

1. 행정규칙의 하자

성립요건이나 효력발생요건 등 적법요건을 갖추지 못한 행정규칙은 하자 있는 행정규칙으로 무효가 된다. 이는 행정행위가 하자 있는 경우 무효 또는 취소사유가 되는 것과 비교된다.

OX 문제

01 대법원은 행정적 편의를 도모하기 위해 법령의 위임을 받아 제정된 절차적 규정을 법령보충적 행정규칙으로 본다. ( )

정답 01 ×(→대외적 효력이 있는 법령보충적 행정규칙으로 보지 않는다, 대판 2003.9.5, 2001두403)

2. 행정규칙의 소멸

행정규칙이 유효하게 성립한 경우에도 명시적·묵시적 폐지, 부관의 성취 등에 의해 효력이 소멸한나.

5 행정규칙의 효력

1. 대내적 효력 – 인정

행정규칙은 공무원의 사무처리지침으로서 대내적 구속력이 인정된다. 따라서 공무원이 행정규칙을 위반한 경우에는 징계책임을 받게 된다.

2. 대외적 효력 – 부정

(1) 행정규칙은 국민의 권리·의무사항을 규율하지 않으므로 행정규칙 그 자체로는 대외적 구속력이 인정되지 않는 것이 일반적이다.

(2) 독일의 경우에는 행정규칙 자체로 법원성이 인정되는 경우(규범구체화행정규칙)와 같이 예외도 있다.

➕ 판례 PLUS

행정규칙의 대외적 효력: 원칙적 부정

1. 공무원징계양정 등에 관한 규칙은 그 형식은 총리령으로 되어 있으나, 행정기관 내부의 사무처리준칙에 불과하므로 대외적인 구속력을 인정할 수 없다(대판 1992.4.14, 91누9954).

2. 한국전력공사의 "전기공급규정"에서 체납전기요금을 승계하도록 규정되어 있다 하더라도 이는 공사 내부의 업무처리지침에 불과할 뿐 법규로서의 효력은 인정할 수 없다(대판 1992.12.24, 92다16669).

3. 지방자치단체가 정한 개인택시운송사업면허사무처리규정은 재량권 행사의 기준으로 마련된 행정청 내부의 사무처리준칙에 불과하고 법규명령의 성질을 인정할 수 없다(대판 2005.7.22, 2005두999).

4. 공정거래위원회의 부당지원행위의 심사지침은 공정거래위원회 내부의 사무처리준칙에 불과하고 법규명령의 성질은 인정할 수 없다(대판 2005.6.9, 2004두7153).

5. 국민의 보호를 위한 행정절차에 관한 훈령은 일반적인 행정명령으로서 행정기관 내부에서만 구속력이 있을 뿐 대외적인 구속력은 인정할 수 없다(대판 1994.8.9, 94누3414).

6 행정규칙에 대한 통제

1. 입법부에 의한 통제

행정규칙에 대한 국회의 직접적인 통제수단은 없다. 국회법 제98조의2에서 법규명령과 함께 제출절차가 규정되어 있지만, 법위반사실의 통보제도가 없다는 점에서 법규명령과 다르다. 국회의 국정감사, 국정조사, 국무총리나 국무위원에 대한 해임건의 등 간접적인 통제수단이 있을 뿐이다.

2. 행정부에 의한 통제

(1) **행정감독권**: 법규명령과 마찬가지로 상급행정기관은 하급행정기관에 대하여 일반적 감독권에 근거하여 행정규칙을 통제할 수 있다.

(2) 중앙행정심판위원회의 시정조치요청권: 중앙행정심판위원회는 심판청구를 심리·재결할 때에 처분 또는 부작위의 근거가 되는 명령 등이 법령에 근거가 없거나, 상위 법령에 위배되거나, 국민에게 과도한 부담을 주는 등 크게 불합리하면 관계 행정기관에 그 명령 등의 개정·폐지 등 적절한 시정조치를 요청할 수 있다.

 법령 PLUS

행정심판법

제59조(불합리한 법령 등의 개선) ① 중앙행정심판위원회는 심판청구를 심리·재결할 때에 처분 또는 부작위의 근거가 되는 명령 등(대통령령·총리령·부령·훈령·예규·고시·조례·규칙 등을 말한다. 이하 같다)이 법령에 근거가 없거나 상위 법령에 위배되거나 국민에게 과도한 부담을 주는 등 크게 불합리하면 관계 행정기관에 그 명령 등의 개정·폐지 등 적절한 시정조치를 요청할 수 있다. 이 경우 중앙행정심판위원회는 시정조치를 요청한 사실을 법제처장에게 통보하여야 한다.
② 제1항에 따른 요청을 받은 관계 행정기관은 정당한 사유가 없으면 이에 따라야 한다.

(3) 절차적 통제: 행정규칙은 원칙적으로 법제처의 심사를 받지 않아도 되지만 대통령훈령과 국무총리훈령의 경우에는 관례적으로 '법제처의 사전심사'를 받고 있다(법제업무운영규정 제23조 참조). 중앙행정기관의 훈령이나 예규에 대해서는 '법제처의 사후 평가제'가 실시되고 있다(법제업무운영규정 제25조 참조).

3. 사법부에 의한 통제

(1) 원칙: 행정규칙은 일반적, 추상적 규율이므로, 원칙적으로는 항고소송의 대상이 되는 처분이 아니다.

(2) 예외

① 재량준칙에 근거한 처분이 자기구속법리에 위반되는 경우
② 행정규칙에 근거한 처분이 상대방의 권리, 의무에 직접 영향을 미치는 경우
③ 법령보충적 행정규칙(= 행정규칙 형식의 법규명령)

 판례 PLUS

행정규칙의 행정소송 대상성 여부

1. 원칙적 소극

[1] 항고소송의 대상이 되는 행정처분은 행정청의 공법상의 행위로서 특정사항에 대하여 법률에 의하여 권리를 설정하고 의무를 명하며, 기타 법률상 효과를 발생케 하는 등 국민의 권리의무에 직접관계가 있는 행위이어야 하고, 그 자체로서 국민의 구체적인 권리의무에 직접적인 변동을 초래케 하는 것이 아닌 일반적, 추상적인 법령 또는 내부적 내규 및 내부적 사업계획에 불과한 것 등은 그 대상이 될 수 없다(대판 1994.9.10, 94두33).

[2] 개인택시면허 우선순위에 관한 교통부장관의 시달은 단순히 개인택시면허처분을 위하여 그 면허순위에 관한 내부적 심사기준을 시달한 예규내지 통첩에 불과하여 현실적으로 특정인의 권리를 침해하는 것이 아니므로 행정소송의 대상이 되는 행정처분이라고 할 수 없다(대판 1985.11.26, 85누394).

[3] 교육부장관이 내신성적 산정기준의 통일을 기하기 위해 대학입시기본계획의 내용에서 내신성적 산정기준에 관한 시행지침을 마련하여 시·도 교육감이 통보한 것은 행정조직 내부에서 내신성적 평가에 관한 내부적 심사기준을 시달한 것에 불과하므로 항고소송의 대상이 되는 행정처분이 아니다(대판 1994.9.10, 94두33).

2. 예외적 적극

보건복지부 고시인 약제급여·비급여목록 및 급여상한금액표는 다른 집행행위의 매개 없이 그 자체로서 국민건강보험가입자, 국민건강보험공단, 요양기관 등의 법률관계를 직접 규율하는 성격을 가지므로 항고소송의 대상이 되는 행정처분에 해당한다(대판 2006.9.22, 2005두2506).

4. 헌법재판소의 헌법소원에 의한 통제

(1) 원칙: 행정규칙은 국민의 권리, 의무에 관한 사항을 규율하지 않으므로 법원성이 부정된다. 따라서 공권력의 행사나 불행사로 인하여 기본권이 침해된 경우에 청구하는 헌법소원의 대상이 되지 않음이 원칙이다.

(2) 예외: 행정규칙이더라도 그 내용이 국민의 기본권에 직접 영향을 끼치는 내용이고, 앞으로 법령의 뒷받침에 의하여 그대로 실시될 것이 틀림없을 것으로 예상되는 경우에는 예외적으로 헌법소원의 대상이 되는 공권력의 행사에 해당된다.

 판례 PLUS

행정규칙이 헌법소원의 대상이 되는지 여부

1. 원칙적 소극

경기도교육청의 학교장·교사 초빙제 실시는 학교장·교사 초빙제의 실시에 따른 구체적 시행을 위해 제정한 사무처리지침으로서 행정조직 내부에서만 효력을 가지는 행정상의 운영지침을 정한 것이어서, 국민이나 법원을 구속하는 효력이 없는 행정규칙에 해당하므로 헌법소원의 대상이 되지 않는다(헌재 2001.5.31, 99헌마413).

2. 예외적 적극

서울대학교의 "94학년도 대학입학고사주요요강"은 사실상의 준비행위 내지 사전안내로서 행정쟁송의 대상이 될 수 있는 행정처분이나 공권력의 행사는 될 수 없지만, 그 내용이 국민의 기본권에 직접 영향을 끼치는 내용이고 앞으로 법령의 뒷받침에 의하여 그대로 실시될 것이 틀림없을 것으로 예상되어 그로 인하여 직접적으로 기본권 침해를 받게 되는 사람에게는 사실상의 규범작용으로 인한 위험성이 이미 현실적으로 발생하였다고 보아야 할 것이므로 이는 헌법소원의 대상이 되는 헌법재판소법 제68조 제1항 소정의 공권력의 행사에 해당된다(헌재 1992.10.1, 92헌마68·76 병합).

○×문제

01 교육부장관이 대학입시기본계획의 내용에서 내신성적 산정기준에 관한 시행지침을 정한 경우, 각 고등학교는 이에 따라 내신성적을 산정할 수밖에 없어 이는 행정처분에 해당한다.　　( )

02 법령보충규칙에 해당하는 고시의 관계규정에 의하여 직접 기본권 침해를 받았다고 하여도 이에 대하여 바로 헌법재판소법 제68조 제1항에 의한 헌법소원심판을 청구할 수 없다.　　( )

정답 01 ×(→ 해당하지 않는다) 02 ×(→청구할 수 있다)

1 법규명령 형식의 행정규칙

1. 의의

제정 형식은 법규명령(대통령령, 총리령, 부령)이나 그 내용이 행정조직 내부의 사무처리 준칙을 규율한 데 불과한 경우이다. 즉 행정규칙으로 규정될 내용이므로 고시, 훈령, 예규 등의 형식을 취해야 하지만 대통령령 또는 부령 형식으로 제정된 경우에 법적 성질을 무엇으로 볼 것인지 문제가 된다. 예 대통령령으로 만들어진 공무원복무규정

2. 판례의 태도

(1) 대통령령 형식으로 제정된 경우: 원칙적으로 법규명령의 형식이 대통령령인 경우에는 법규명령으로 본다.

 판례 PLUS

대통령령 형식의 행정규칙: 법규명령에 해당

1. 주택건설촉진법 시행령 제10조의3 제1항의 [별표 1]: 법규명령
당해 처분의 기준이 된 주택건설촉진법 시행령 제10조의3 제1항 [별표 1]은 주택건설촉진법 제7조 제2항의 위임규정에 터잡은 규정형식상 대통령령이므로 그 성질이 부령인 시행규칙이나 또는 지방자치단체의 규칙과 같이 통상적으로 행정조직 내부에 있어서의 행정명령에 지나지 않는 것이 아니라 대외적으로 국민이나 법원을 구속하는 힘이 있는 법규명령에 해당한다(대판 1997.12.26, 97누15418).

2. 청소년보호법 시행령 제40조 [별표 6]의 위반행위의 종별에 따른 과징금처분기준의 법적 성격(= 법규명령) 및 과징금 수액의 의미(= 최고한도액)
구 청소년보호법 시행령 제40조 [별표 6]의 위반행위의 종별에 따른 과징금처분기준은 법규명령이기는 하나 모법의 위임규정의 내용과 취지 및 헌법상의 과잉금지의 원칙과 평등의 원칙 등에 비추어 같은 유형의 위반행위라 하더라도 그 규모나 기간·사회적 비난 정도·위반행위로 인하여 다른 법률에 의하여 처벌받은 다른 사정·행위자의 개인적 사정 및 위반행위로 얻은 불법이익의 규모 등 여러 요소를 종합적으로 고려하여 사안에 따라 적정한 과징금의 액수를 정하여야 할 것이므로 그 수액은 정액이 아니라 최고한도액이라고 해석하여야 한다(대판 2001.3.9, 99두5207).

(2) 부령의 형식으로 제정된 경우: 원칙적으로 부령형식으로 정해진 제재적 처분기준은 '행정규칙'의 성질을 갖는다. 다만 예외적으로 수익적 재량처분기준의 경우에는 '법규명령'으로 본다(인가기준: 2003두4355 참조).

 판례 PLUS

부령형식의 행정규칙: 행정규칙에 해당

1. 공중위생법 시행규칙 제41조 [별표 7] 행정처분기준: 행정규칙
공중위생법 시행규칙 제41조 [별표 7]에서 위 행정처분의 기준을 정하고 있더라도 위 시행규칙의 형식은 부령으로 되어 있으나 그 성질은 행정기관 내부의 사무처리준칙을 규정한 것에 불과한 것으로서 보건사회부장관이 관계 행정기관 및 직원에 대하여 그 직무권한 행사의 지침을 정하여 주기 위하여 발한 행정명령의 성질을 가지는 것이지, 위 법 제23조 제1항에 의하여 보장된 재량권을 기속하거나 대외적으로 국민을 기속하는 것은 아니다(대판 1991.3.8, 90누6545).

2. 건축사사무소 등록취소 등에 관한 건축사법 시행규칙: 행정규칙

건축사법 시행규칙 제22조의 규정은 건축사사무소의 등록취소 등에 관한 행정청 내부의 사무처리준칙을 규정한 것에 불과하므로 이 규칙은 행정조직 내부에서 관계 행정기관이나 직원을 기속함에 그치고 대외적으로 국민이나 법원을 기속하는 효력은 없다(대판 1993.10.8, 93누15069).

3. 구 식품위생법 시행규칙 제53조 [별표 15]: 행정규칙

구 식품위생법 시행규칙 제53조에서 [별표 15]로 식품위생법 제58조에 따른 행정처분의 기준을 마련하였고 그 형식이 부령으로 되어 있다고 하더라도 그 성질은 행정기관 내부의 사무처리준칙을 정한 것에 불과한 것으로서 보건사회부장관이 관계행정기관 및 직원에 대하여 그 직무권한행사의 지침을 정하여 주기 위하여 발한 행정명령의 성질을 가지는 것이지 같은 법 제58조 제1항의 규정에 의하여 보장된 재량권을 기속하거나 대외적으로 국민이나 법원을 기속하는 힘이 없다(대판 1994.3.8, 93누21958).

'부령 형식의 행정규칙'에 따른 처분의 적법성 여부 판단기준

1. 규정형식상 부령인 시행규칙 또는 지방자치단체의 규칙으로 정한 행정처분의 기준은 행정처분 등에 관한 사무처리기준과 처분절차 등 행정청 내의 사무처리준칙을 규정한 것에 불과하므로 행정조직 내부에 있어서의 행정명령의 성격을 지닐 뿐 대외적으로 국민이나 법원을 구속하는 힘이 없고, 그 처분이 위 규칙에 위배되는 것이라 하더라도 위법의 문제는 생기지 아니하고, 또 위 규칙에서 정한 기준에 적합하다 하여 바로 그 처분이 적법한 것이라고도 할 수 없으며, 그 처분의 적법 여부는 위 규칙에 적합한지의 여부에 따라 판단할 것이 아니고 관계 법령의 규정 및 그 취지에 적합한 것인지 여부에 따라 개별적·구체적으로 판단하여야 한다(대판 1995.10.17, 94누14148).

2. 구 식품위생법 시행규칙 제53조에서 [별표 15]로 식품위생법 제58조에 따른 행정처분의 기준을 정하였다고 하더라도 이는 형식만 부령으로 되어 있을 뿐, 그 성질은 행정기관 내부의 사무처리준칙을 정한 것으로서 행정명령의 성질을 가지는 것이고, 대외적으로 국민이나 법원을 기속하는 힘이 있는 것은 아니므로 같은 법 제58조 제1항에 의한 처분의 적법 여부는 같은 법 시행규칙에 적합한 것인가의 여부에 따라 판단할 것이 아니라 같은 법의 규정 및 그 취지에 적합한 것인가의 여부에 따라 판단하여야 한다(대판 1995.3.28, 94누6925).

3. 의사면허자격정지처분의 세부적인 기준은 보건복지부령으로 정하도록 되어 있으나 위 보건복지부령은 행정청 내의 사무처리준칙을 규정하는 것에 불과하여, 대외적으로 국민이나 법원을 기속하는 효력이 있는 것은 아니므로 의사면허자격정지처분의 적법 여부는 그 처분이 위 보건복지부령이 정하는 기준에 적합한지 여부에 따라 판단할 것이 아니라 의료법의 규정과 취지에 적합한지 여부에 따라 판단하여야 한다. 따라서 의사면허자격정지처분이 의료법의 규정과 취지에 적합하게 이루어진 이상 그 처분이 처분기준에 관한 위 보건복지부령이 제정되지 아니한 상태에서 이루어졌다고 하여 그 처분이 위법하다고 할 수는 없다(대판 1996.2.23, 95누16318).

4. 도로교통법 시행규칙 제53조 제1항이 정한 [별표 16]의 운전면허행정처분기준은 부령의 형식으로 되어 있으나, 행정청 내부의 사무처리준칙을 규정한 것에 지나지 아니하므로 대외적으로 국민이나 법원을 기속하는 효력이 없으므로, 자동차운전면허취소처분의 적법 여부는 그 운전면허행정처분기준만에 의하여 판단할 것이 아니라 도로교통법의 규정 내용과 취지에 따라 판단되어야 한다(대판 1997.5.30, 96누5773).

5. 제재적 행정처분의 기준이 부령의 형식으로 규정되어 있더라도 그것은 행정청 내부의 사무처리준칙을 정한 것에 지나지 아니하여 대외적으로 국민이나 법원을 기속하는 효력이 없고, 당해 처분의 적법 여부는 위 처분기준만이 아니라 관계 법령의 규정 내용과 취지에 따라 판단되어야 하므로, 위 처분기준에 적합하다 하여 곧바로 당해 처분이 적법한 것이라고 할 수는 없지만, 위 처분기준이 그 자체로 헌법 또는 법률에 합치되지 아니하거나 위 처분기준에 따른 제재적 행정처분이 그 처분사유가 된 위반행위의 내용 및 관계 법령의 규정 내용과 취지에 비추어 현저히 부당하다고 인정할 만한 합리적인 이유가 없는 한 섣불리 그 처분이 재량권의 범위를 일탈하였거나 재량권을 남용한 것이라고 판단해서는 안 된다(대판 2007.9.20, 2007두6946).

> **'부령 형식의 행정규칙'이지만, 수익적 처분기준을 정한 경우: 법규명령**
>
> 구 여객자동차 운수사업법 시행규칙 제31조 제2항은 모법의 위임에 따라 시외버스운송사업의 사업계획변경에 관한 절차, 인가기준 등을 구체적으로 규정한 것으로서, 대외적인 구속력이 있는 법규명령이라 할 것이고, 그것을 행정청 내부의 사무처리준칙을 규정한 행정규칙에 불과하다고 할 수는 없다(대판 2006.6.27, 2003두4355).

2 행정규칙형식의 법규명령

1. 의의

법령의 위임으로 법령을 보충 내지 구체화하는 행정규칙을 법령보충적 행정규칙이라 하며 법령이 행정기관에 법령 내용의 구체적 사항을 정할 수 있는 권한을 부여하면서 그 형식을 특정하지 않아 수임행정기관이 행정규칙의 형식으로 법령의 내용을 정한 경우 당해 행정규칙의 법적 성질이 무엇인지가 문제된다.

2. 판례의 태도

판례는 상위법령의 위임의 한계를 벗어나지 아니하는 한, 상위법령과 결합하여 법규명령으로서 효력을 가진다고 본다.

 판례 PLUS

> **법령보충적 행정규칙의 법적 성격: 법규명령**
>
> 1. 법령의 직접적인 위임에 따라 수임행정기관이 그 법령을 시행하는데 필요한 구체적 사항을 정한 것이면, 그 제정형식은 비록 법규명령이 아닌 고시, 훈령, 예규 등과 같은 행정규칙이더라도, 그것이 상위법령의 위임한계를 벗어나지 아니하는 한, 상위법령과 결합하여 대외적인 구속력을 갖는 법규명령의 효력을 가진다 (헌재 1992.6.26, 91헌마25).
>
> 2. 공익사업을 위한 토지 등의 취득 및 보상에 관한 법률(공익사업법)의 위임을 받아 협의취득의 보상액 산정에 관한 구체적 기준을 정하고 있는 공익사업법 시행규칙 제22조는 위임 범위 내에서 토지에 건축물 등이 있는 경우에는 건축물 등이 없는 상태를 상정하여 토지를 평가하도록 규정하고 있는데, 이는 비록 행정규칙의 형식이나 공익사업법의 내용이 될 사항을 구체적으로 정하여 내용을 보충하는 기능을 갖는 것이므로, 공익사업법 규정과 결합하여 대외적인 구속력을 가진다(대판 2012.3.29, 2011다104253).
>
> 3. 식품제조영업허가기준이라는 보건사회부장관의 고시는 공익상의 이유로 허가를 할 수 없는 영업의 종류를 지정할 권한을 부여한 구 식품위생법 제23조의3 제4호에 따라 보건사회부장관이 발한 것으로서, 실질적으로 법의 규정 내용을 보충하는 기능을 지니면서 그것과 결합하여 대외적으로 구속력이 있는 법규명령의 성질을 가진다(대판 1994.3.8, 92누1728).

OX 문제

01 구 여객자동차 운수사업법 시행규칙 제31조 제2항 제1호, 제2호, 제6호는 구 여객자동차 운수사업법 제11조 제4항의 위임에 따라 시외버스운송사업의 사업계획변경에 관한 절차, 인가기준 등을 구체적으로 규정한 것으로서, 이는 행정청 내부의 사무처리 준칙을 규정한 행정규칙에 불과하여 대외적 구속력이 없다. ( )

정답 01 ×

3. 법령보충적 행정규칙의 한계 및 관련 사항

(1) 한계

① 법령상 수권이 존재하고 세정의 성낭성이 있어야 하며 위임의 한계를 준수하고 상위법령에 위배되지 않아야 법규명령으로서 대외적 구속력이 인정된다.

② 포괄위임금지의 원칙: 상위법령에 수권이 있는 경우에만 대외적 구속력이 인정되며, 그 수권은 포괄위임금지의 원칙상 구체적이고 개별적으로 한정된 사항에 대하여 행하여져야 한다(행정규제기본법 제4조의2 제2항 단서).

🔹 **법령 PLUS**

행정규제기본법

제4조(규제 법정주의) ① 규제는 법률에 근거하여야 하며, 그 내용은 알기 쉬운 용어로 구체적이고 명확하게 규정되어야 한다.

② 규제는 법률에 직접 규정하되, 규제의 세부적인 내용은 <u>법률 또는 상위법령에서 구체적으로 범위를 정하여 위임한 바에 따라 대통령령·총리령·부령 또는 조례·규칙으로 정할 수 있다</u>. 다만, 법령에서 전문적·기술적 사항이나 경미한 사항으로서 업무의 성질상 위임이 불가피한 사항에 관하여 구체적으로 범위를 정하여 위임한 경우에는 고시 등으로 정할 수 있다.

③ 행정기관은 <u>법률에 근거하지 아니한 규제로 국민의 권리를 제한하거나 의무를 부과할 수 없다</u>.

(2) 공포의 필요성 여부: 행정규칙의 형식을 가지고 있으므로 법규명령의 형식처럼 공포 등의 절차가 필요하지 않다.

🔹 **판례 PLUS**

공포 등의 절차가 필요한지 여부: 소극

수입선다변화품목의 지정 및 그 수입절차 등에 관한 상공부 고시는 그 근거가 되는 대외무역법 시행령을 보충하는 기능을 가지면서 그와 결합하여 대외적인 구속력이 있는 법규명령으로서의 효력을 가지는 것으로서, 그 자체가 법령은 아니고 행정규칙에 지나지 않으므로 적당한 방법으로 이를 일반인 또는 관계인에게 표시 또는 통보함으로써 그 효력이 발생한다(즉, 공포 등의 절차는 필요하지 않다)(대판 1993.11.23, 93도662).

(3) 헌법소원의 대상성 여부: 헌법재판소는 법령보충적 행정규칙이 집행행위 매개 없이 직접 구체적으로 국민의 권익을 침해하는 경우 헌법소원의 대상이 될 수 있다고 본다.

🔹 **판례 PLUS**

법령보충적 행정규칙의 헌법소원 대상성 여부: 적극

1. '품질경영 및 공산품안전관리법' 및 법 시행령 조항에 근거하여 PVC관 안전기준의 적용범위를 정한 <u>이 사건 고시 조항은 그 제정형식이 국가기술표준원장의 고시라는 행정규칙에 불과하지만, 상위법령이 위임한 내용을 구체적으로 보충하거나 세부적인 사항을 규율함으로써 상위법령인 공산품안전법령과 결합하여 대외적인 구속력을 갖는 법규명령의 성격을 가지므로, 헌법소원의 대상이 되는 공권력 행사에 해당한다</u>(헌재 2015.3.26, 2014헌마372).

2. 법령의 직접적인 위임에 따라 위임행정기관이 그 법령을 시행하는데 필요한 구체적 사항을 정한 것이면, 그 제정형식은 비록 법규명령이 아닌 고시, 훈령, 예규 등과 같은 행정규칙이더라도 그것이 상위법령의 위임한계를 벗어나지 아니하는 한, 상위법령과 결합하여 대외적인 구속력을 갖는 법규명령으로서 기능하게 된다고 보아야 할 것인바, 청구인이 법령과 예규의 관계규정으로 말미암아 직접 기본권침해를 받았다면 이에 대하여 바로 헌법소원심판을 청구할 수 있다(헌재 1992.6.26, 91헌마25).

02 행정행위

01 행정행위의 의의

1 개념

행정청의 구체적 사실에 관한 법집행으로서 외부에 대하여 직접적, 구체적인 법적 효과 발생을 목적으로 하는 권력적 단독행위(권력행위인 처분)이다(통설·판례).

행정행위는 단독행위인 점에서 쌍방행위인 공법상 계약과 다르고, 법적인 행위인 점에서 행정지도 등의 사실행위와 다르다. 행정행위는 행정권이 행하는 가장 일반적인 행위형식이다.

2 행정행위의 개념적 특징

1. 행정행위의 주체인 '행정청'

행정청이란 행정조직법상이 아닌 기능면에서 파악한 개념으로 국회사무처장, 법원행정처장, 지방의회, 지방자치단체장 등도 공무를 수행하는 한 행정청의 개념에 포함된다. 따라서 공무수탁사인이나 공공단체의 경우에도 위임 받은 범위 내에서는 행정청에 포함된다.

2. '구체적 사실'에 관한 법집행행위

행정행위는 구체적 사실에 대한 법집행이므로 행정청에 의한 일반적·추상적 입법행위(법령 제정)는 행정행위가 아니다. 따라서 개별적·구체적 행위가 전형적인 행정행위에 해당하며, 일반적·구체적 행정행위인 일반처분도 행정행위에 해당된다고 본다.

(1) 규율대상의 구체적 의미와 추상적 의미

구분		규율 대상	
		구체적 의미	추상적 의미
관련자	개별적	행정행위	행정행위
	일반적	일반처분	입법

(2) 일반처분: 일반적+구체적 규율
① 의의: 구체적 사실과 관련하여 불특정 다수인을 대상으로 하는 행정행위를 의미한다. 즉 일반적이면서 구체적 규율의 성격을 지닌다. 예 G20 정상회담기간 동안 회담장소 근처에서 집회금지나 통행금지

② 행정행위에 해당하는지 여부: 구체적인 사실에 대한 규율을 한다는 점에서 행정행위에 해당한다(판례, 통설).

③ 일반처분의 종류

㉠ 대인적 일반처분: 불특정 다수인을 대상으로 시간적 · 공간적으로 '특정된 사안'을 규율하는 행정행위(일반적 · 구체적 규율)

㉡ 대물적 일반처분: 직접적으로 '특정 물건 · 시설'의 법적 상태를 규율하는 것이지만 그에 의해 간접적으로는 당해 물건 등의 이용에 관련된 '불특정 다수인'을 규율하는 행위. 직접적으로 개인의 권리 · 의무를 설정하는 행위(물적 행정행위)

 판례 PLUS

대인적 일반처분

횡단보도 설치행위의 법적 성격: 행정처분

도로교통법의 취지에 비추어 볼 때, 지방경찰청장이 횡단보도를 설치하여 보행자의 통행방법 등을 규제하는 것은 행정청이 특정사항에 대하여 의무의 부담을 명하는 행위이고, 이는 국민의 권리의무에 직접 관계가 있는 행위로서 행정처분이다(대판 2000,10,27, 98두8964).

---

3. '외부'에 대한 '직접적인' 법적 효과

(1) **외부:** 행정행위는 외부에 표시가 되어야 하므로 행정청의 내부적인 문제는 행정행위성이 인정되지 않는다. 판례도 군의관의 신체등위판정, 정부의 예산편성지침, 교통법규위반자에 대한 벌점부과 행위 등은 행정청의 내부적인 문제이므로 행정행위가 아니라고 판시하였다. 단, 특별권력관계에서의 행위라도 외부적으로 직접적인 법적 효과를 갖는 경우에는 행정행위에 해당한다고 보았다.

(2) **직접적인 법적 효과:** 아무런 효과발생이 없다면 사실행위에 불과하다. 즉 국민의 권리 · 의무에 구체적이고 직접적인 효과가 발생해야 한다.

 판례 PLUS

'직접적 효과'와 관련하여 처분성을 긍정한 예

1. 국립 교육대학 학생에 대한 퇴학처분

행정소송의 대상이 되는 행정처분이란 행정청이 행하는 구체적 사실에 관한 법집행으로서의 공권력의 행사 또는 그 거부와 그 밖에 이에 준하는 행정작용을 말하는 것인바, 국립 교육대학 학생에 대한 퇴학처분은, 국가가 설립 · 경영하는 교육기관인 동 대학의 학장이 교육목적실현과 학교의 내부질서유지를 위해 학칙 위반자인 재학생에 대한 구체적 법집행으로서 국가공권력의 하나인 징계권을 발동하여 학생으로서의 신분을 일방적으로 박탈하는 국가의 교육 행정에 관한 의사를 외부에 표시한 것이므로, 행정처분이다(대판 1991,11,22, 91누2144).

2. 친일반민족행위자재산조사위원회의 재산조사개시결정

친일반민족행위자재산조사위원회의 재산조사개시결정이 있는 경우 조사대상자는 재산권 행사에 실질적인 제한을 받게 되고, 위원회의 자료제출요구나 출석요구 등의 조사행위에 응하여야 하는 법적 의무를 부담하게 되는 점 등을 종합하면, 친일반민족행위자재산조사위원회의 재산조사개시결정은 조사대상자의 권리 · 의무에 직접 영향을 미치는 독립한 행정처분으로서 항고소송의 대상이 된다(대판 2009,10,15, 2009두6513).

---

4. 권력적 단독행위로서 공법행위

(1) 권력적 단독행위: 행정청이 '우월적 지위'에서 국민의 권리의무 기타 법적 지위를 구체적으로 결정하는 행위이다.

(2) 공법행위: 행정청의 법적 행위 중 공법에 의한 행위만을 말한다. 따라서 행정청의 법적행위라도 사법행위는 행정행위가 아니다.

🔖 판례 PLUS

권적적 사실행위인 공법행위

기부채납 부동산의 사용허가기간 연장신청 거부행위: 처분성 부정

지방자치단체가 구 지방재정법 시행령의 규정에 따라 기부채납받은 공유재산을 무상으로 기부자에게 사용을 허용하는 행위는 사경제주체로서 상대방과 대등한 입장에서 하는 사법상 행위이지 행정청이 공권력의 주체로서 행하는 공법상 행위라고 할 수 없으므로, 기부자가 기부채납한 부동산을 일정기간 무상사용한 후에 한 사용허가기간 연장신청을 거부한 행정청의 행위도 단순한 사법상의 행위일 뿐 행정처분 기타 공법상 행위가 아니다(대판 1994.1.25, 93누7365).

---

5. 거부행위

행정행위의 신청이 있는 경우 이에 대한 거부행위도 행정행위가 된다. 그러나 단순한 사실행위의 거부나 사법상 계약체결 요구에 대한 거부 등은 이에 해당하지 않는다. 즉 거부행위가 항고소송의 대상이 되기 위해서는 상대방에게 법규상·조리상 신청권이 있어야 한다는 것이 통설과 판례의 입장이다.

3 행정행위와 행정쟁송법상의 '처분'과의 관계

1. 문제점

강학상 행정행위와 행정쟁송법상 처분의 개념이 동일한지 여부에 대해 견해의 대립이 존재한다. 처분은 소송법상의 개념이자 실정법상 개념으로 우리 행정소송법에서는 항고소송의 대상을 '처분 등'이라고 규정하고 있으므로 처분과 행정행위의 개념을 동일하게 볼 것인지가 문제된다.

2. 견해 대립

(1) 일원설: 처분도 실체법상 개념이므로 강학상 '행정행위'와 행정쟁송법상 '처분'의 개념이 동일하다는 입장이다.

(2) 이원설: 처분은 쟁송법상 개념이므로 강학상 행정행위와 다르다는 입장이다. 처분은 행정청이 행하는 구체적 사실에 관한 법집행으로서의 공권력의 행사 또는 그 거부와 그 밖에 이에 준하는 행정작용이므로 강학상 행정행위보다는 넓은 개념으로 해석한다. 처분은 쟁송법상 개념임을 강조하므로 쟁송법상 처분개념설이라고도 한다(다수설).

02 행정행위의 종류

1 의의

행정행위는 기준에 따라 다양하게 구분된다. '발령주체'에 따라 국가에 의한 행정행위, 지방 자치단체에 의한 행정행위, 공무수탁사인에 의한 행정행위로 구분된다. 또한 '법률효과의 발생원인'에 따라 법률행위적 행정행위와 준법률행위적 행정행위로 구분하기고 하고 상대방의 협력이 필요한가에 따라 일방적 행정행위와 협력을 요하는 행정행위로 구분한다. 마지막으로 '규율대상'에 따라 대인적 행정행위, 대물적 행정행위, 혼합적 행정행위로 구분하기도 하며, 행정행위의 성립에 '일정한 형식을 필요'로 하는가에 따라 요식행위와 불요식행위로 구분한다.

2 구분기준에 따른 행정행위

구분기준	종류
법률효과	• 수익적 행정행위 • 침익적 행정행위 • 복효적 행정행위
행정청의 법규 구속 여부	• 기속행위 • 재량행위
행정청의 효과의사 유무 (법률효과의 발생 원인)	• 법률행위적 행정행위 • 준법률행위적 행정행위
상대방의 협력 필요 여부	• 일방적 행정행위 • 쌍방적 행정행위
행위의 대상	• 대인적 행정행위 • 대물적 행정행위 • 혼합적 행정행위
현재 법률상태의 변경 여부	• 적극적 행정행위 • 소극적 행정행위
행위형식 필요 여부	• 불요식행위 • 요식행위

1 수익적 행정행위와 침익적 행정행위

1. 수익적 행정행위

국민에 대해 권리와 이익을 부여하거나 권리의 제한을 폐지하는 등의 유리한 효과를 발생시키는 행정행위를 말한다. 허가, 특허, 인가, 부담적 행정행위의 취소 등이 해당된다.

2. 침익적(부담적) 행정행위

(1) 의의: 국민에게 의무를 부과하고 권리를 제한하는 등 불리한 효과를 발생시키는 행정행위를 말한다. 하명, 수익적 행정행위의 취소 · 철회 등이 해당된다.

(2) 제재처분의 기준: 당사자가 법률을 위반하는 경우, 행정청은 인허가의 정지 · 취소 · 철회, 등록 말소, 영업소 폐쇄와 정지를 갈음하는 과징금 부과 등(이하, '제재처분'이라 함)을 할 수 있는데, 이러한 제재처분은 실질적으로 당사자의 권익을 제한하므로 그 처분기준을 통일적으로 규율하기 위하여 행정기본법은 일반적 기준을 제시하고 있다(행정기본법 제22조).

 법령 PLUS

행정기본법

제22조(제재처분의 기준) ① 제재처분의 근거가 되는 법률에는 제재처분의 주체, 사유, 유형 및 상한을 명확하게 규정하여야 한다. 이 경우 제재처분의 유형 및 상한을 정할 때에는 해당 위반행위의 특수성 및 유사한 위반행위와의 형평성 등을 종합적으로 고려하여야 한다.
② 행정청은 재량이 있는 제재처분을 할 때에는 다음 각 호의 사항을 고려하여야 한다.
　1. 위반행위의 동기, 목적 및 방법
　2. 위반행위의 결과
　3. 위반행위의 횟수
　4. 그 밖에 제1호부터 제3호까지에 준하는 사항으로서 대통령령으로 정하는 사항

(3) 제재처분의 제척기간: 행정청은 법령 등의 위반행위가 종료된 날부터 5년이 지나면 원칙적으로 해당 위반행위에 대하여 제재처분을 할 수 없다(행정기본법 제23조).

 법령 PLUS

행정기본법

제23조(제재처분의 제척기간) ① 행정청은 법령등의 위반행위가 종료된 날부터 5년이 지나면 해당 위반행위에 대하여 제재처분(인허가의 정지 · 취소 · 철회, 등록 말소, 영업소 폐쇄와 정지를 갈음하는 과징금 부과를 말한다. 이하 이 조에서 같다)을 할 수 없다.
② 다음 각 호의 어느 하나에 해당하는 경우에는 제1항을 적용하지 아니한다.
　1. 거짓이나 그 밖의 부정한 방법으로 인허가를 받거나 신고를 한 경우
　2. 당사자가 인허가나 신고의 위법성을 알고 있었거나 중대한 과실로 알지 못한 경우
　3. 정당한 사유 없이 행정청의 조사 · 출입 · 검사를 기피 · 방해 · 거부하여 제척기간이 지난 경우
　4. 제재처분을 하지 아니하면 국민의 안전 · 생명 또는 환경을 심각하게 해치거나 해칠 우려가 있는 경우

③ 행정청은 제1항에도 불구하고 행정심판의 재결이나 법원의 판결에 따라 제재처분이 취소·철회된 경우에는 재결이나 판결이 확정된 날부터 1년(합의제행정기관은 2년)이 지나기 전까지는 그 취지에 따른 새로운 제재처분을 할 수 있다.

④ 다른 법률에서 제1항 및 제3항의 기간보다 짧거나 긴 기간을 규정하고 있으면 그 법률에서 정하는 바에 따른다. [본조 시행일: 2023. 3. 24.]

3. 수익적 행정행위와 침익적 행정행위의 비교

구분	수익적 행정행위	침익적 행정행위
신청	신청을 전제로 하는 것이 일반적(협력을 요하는 행정행위)	신청과 무관(일방적 행정행위)
성질	자유재량성이 강함	기속성이 강함
법률의 유보	법률유보의 완화	법률유보의 엄격함
절차적 통제	통제의 완화	통제의 강화(행정절차법상의 침익적 처분 절차 필요)
부관	부관 부가 가능(부관과 친함)	부관 부가 불가(부관과 거리가 멈)
취소·철회	취소·철회의 제한(근거: 신뢰보호의 원칙 등)	원칙적으로 제한 없음
강제집행	무관	강제집행 가능
구제수단	• 수익적 행정행위의 거부: 의무이행심판 또는 거부처분취소소송 • 수익적 행정행위의 부작위: 의무이행심판 또는 부작위위법확인소송	취소심판 또는 취소소송

2 복효적 행정행위

1. 개념

하나의 행정행위에 수익적인 효과와 침익적인 효과가 동시에 발생하는 경우로, 이중효과적 행정행위라고도 한다. 여기서 복수의 효과가 동일인에게 발생하는 경우를 '혼효적 행정행위'라고 하고, 1인에게는 수익을 타인에게는 불이익이라는 상반된 효과를 발생시키는 경우를 '제3자효 행정행위'라고 한다.

2. 제3자효 행정행위

(1) 의의 및 특색: 당사자 이외의 제3자에게도 행정효과가 발생하는 행정행위이다. 대표적인 예로는 연탄공장 건축허가, 공설화장장 설치허가, 원자력발전소 설치허가, 합격자 결정 등이 있다. 이와 관련하여 성립 및 소멸에 관해 이해관계를 달리하는 두 이해당사자가 있게 되므로 이익형량 등의 문제가 발생한다.

(2) 관련 문제

① 행정절차법상의 문제

○ 제3자에 대한 통지(송달): 행정절차법에는 제3자에 대한 송달규정이 없어 제3자에 대해서는 통지의무가 없다고 보는 것이 통설이다. 그러므로 제3자인 이해관계인에 대하여 통지의무가 없고 처분 상대방에게 통지되면 제3자도 행정행위의 효력을 받게 된다.

○ 침익적 처분절차: 행정절차법상 당사자 등이라 함은 처분 상대방과 행정청의 직권 또는 신청에 의하여 행정절차에 참여하게 된 이해관계인으로, 제3자가 행정절차에 참여하지 않은 이상 제3자는 침익적 처분절차를 거칠 필요가 없다.

② 행정쟁송법상의 문제

원고 적격 및 청구인 적격	처분의 근거법규 등이 제3자의 법률상 이익과 함께 보호하고 있다고 해석되는 경우, 즉 '사익보호성'이 있는 경우 인정됨
판결의 제3자적 효력	처분 등의 취소·무효 등의 확인 및 부작위의 위법을 확인하는 판결은 제3자에 대해서도 효력이 인정됨(행정소송법 제29조)
제3자의 행정쟁송 참가	행정쟁송의 결과에 이해관계 있는 제3자는 당해 행정쟁송에 참가할 수 있음(행정소송법 제16조 제1항 참조)
제3자의 재심청구	처분 등을 취소하는 판결에 의하여 권리 또는 이익의 침해를 받은 제3자는 자기에게 책임없는 사유로 소송에 참가하지 못함으로써 판결의 결과에 영향을 미칠 공격 또는 방어방법을 제출하지 못한 때에는 이를 이유로 확정된 종국판결에 대하여 재심의 청구를 할 수 있음(행정소송법 제31조 제1항) → 행정심판법 규정 없음
처분의 집행정지	행정심판 또는 취소소송을 제기하면서 집행정지 신청 가능(행정심판법 제30조)
쟁송제기기간	제3자에 대해서도 제소기간 규정이 적용되지만 정당한 사유가 인정될 여지가 있음
고지	행정청은 이해관계인이 요구하면 해당 처분이 행정심판의 대상이 되는 처분인지, 행정심판의 대상이 되는 경우 소관위원회 및 심판청구 기간의 사항을 지체 없이 알려 주어야 함(행정심판법 제58조 제2항), 이해관계인의 범위에 제3자도 포함된다는 것이 통설적 견해

04 기속행위와 재량행위

1 의의

'기속행위'란 행정청이 법률의 집행에 대하여 재량이 전혀 인정되지 않는 처분을 말하며, '재량행위'란 행정행위의 내용을 결정함에 있어 행정청의 재량이 인정되는 행위 또는 처분을 말한다. 다만, 재량행위라 하더라도 완전히 법에서 자유로운 것은 아니며 행정의 법률적합성의 원리상, 행정법령상 인정되는 의무에 합당한 재량이라고 볼 수 있으며, 결정재량과 선택재량으로 구분된다.

2 구별 실익

1. 사법심사의 정도

원칙적으로 기속행위만이 사법심사의 대상이 되고, 재량행위는 사법심사의 대상이 되지 않는다. 종래에는 재량행위는 행정소송의 대상이 되지 않았다. 그러나 현재는 행정소송법 제27조상 재량행위의 일탈·남용이 있는 경우 행정소송을 할 수 있다.

한편 행정소송법은 '위법한 처분'만을 대상으로 하고 있지만, 행정심판법은 '위법뿐만 아니라 부당한 처분'도 대상으로 한다. 이렇게 행정쟁송에는 기속행위와 재량행위의 구별을 전제로 하고 있다.

🔷 판례 PLUS

재량행위에 대한 사법심사 방식

기속행위 내지 기속재량행위와 재량행위 내지 자유재량행위에 대한 사법심사는, 전자의 경우 그 법규에 대한 원칙적인 기속성으로 인하여 법원이 사실인정과 관련 법규의 해석·적용을 통하여 일정한 결론을 도출한 후 그 결론에 비추어 행정청이 한 판단의 적법 여부를 독자의 입장에서 판정하는 방식에 의하게 되나, 후자의 경우 행정청의 재량에 기한 공익판단의 여지를 감안하여 법원은 독자의 결론을 도출함이 없이 당해 행위에 재량권의 일탈·남용이 있는지 여부만을 심사하게 되고, 이러한 재량권의 일탈·남용 여부에 대한 심사는 사실오인, 비례·평등의 원칙 위배, 당해 행위의 목적 위반이나 동기의 부정 유무 등을 그 판단 대상으로 한다(대판 2001.2.9, 98두17593).

2. 부관의 허용 여부

원칙적으로 기속행위에는 부관을 붙일 수 없고, 재량행위에 대해서만 부관을 붙일 수 있다. 그러나 예외적으로 기속행위의 경우에도 '요건충족적 부관'은 붙일 수 있고, 재량행위라도 '귀화허가'와 같이 성질상 부관을 붙일 수 없는 경우도 존재한다.

3. 공권의 성립

기속행위의 경우에는 실체적 공권이 인정되고, 상대방은 행정청에 대해 그 기속행위를 해 줄 것을 요구할 공법상의 권리가 생길 수 있다. 즉, 행정청에 일정한 자유가 있어서 상대방에게 청구권이 발생하지 않는다.

재량행위의 경우에는 형시적 공권인 무하자재량행사청구권만 인정될 수 있다. 다만, '재량권이 0으로 수축'되는 경우에 재량행위가 기속행위로 전환되어서 실체적 공권인 행정개입청구권이 인정될 수 있다(구별필요성의 상대화).

4. 증명책임

기속행위는 행정청이 당해행위의 적법성에 대한 증명책임을 지고, 재량행위는 재량의 일탈·남용여부를 원고가 증명하여야 한다.

구분	기속행위	재량행위
위반 효과	위법	부당 또는 위법(부당: 단순히 재량을 그르친 행위)
행정심판	가능	가능
행정소송	원칙적 심사	제한적 심사(재량권의 한계를 일탈·남용한 경우에 한하여 심사 가능)
부관의 가부	불가능	가능
개인적 공권	행정개입청구권	무하자재량행사청구권

※ 불가변력: 기속행위와 재량행위 구별 실익에 해당 하지 않음(통설)
→ 불가변력은 상급청의 판단을 전제로 할 뿐이지, 그 판단이 기속행위인지 재량행위인지는 불문함

3 구별 기준

1. 요건재량설

법률 요건규정으로 구별하는 견해로, 일의적·구체적이거나 중간목적을 규정하면 기속행위, 요건규정이 공백이거나 종국목적을 규정하면 재량행위라는 견해이다. 예시로 경찰관직무집행법의 무기사용의 요건에서 무기를 상당한 이유가 있을 때 사용할 수 있다고 한 것은 구성요건의 판단에 재량이 존재할 수 있다. 이 견해에 의하면 행정요건에 행정행위의 종국목적만을 나타내는 경우엔 재량이 인정되고, 중간목적을 규정하면 기속행위에 해당한다.

2. 효과재량설

법률에 특별한 규정이 있는 경우를 제외하면 행정행위의 성질이 수익적 행위인지 부담적 행위인지에 따라 재량행위를 구별할 수 있다는 입장이다. 따라서 부담적 행정행위는 기속행위, 수익적 행정행위는 재량행위이다.

3. 종합설(통설·판례)

1차적으로 "당해 행위의 근거가 된 법규의 체제·형식과 그 문언"에 따라 판단하되, 보충적으로 "당해 행위가 속하는 행정분야의 주된 목적과 특성, 당해 행위 자체의 개별적 성질과 유형 등을 모두 고려하여 판단하여야 한다"고 본다(98두17593). 예를 들어, 원래 허용된 기본권을 회복시키는 '강학상 허가'는 기속행위, 새로운 권리를 설정해주는 '강학상 특허'는 재량행위로 본다.

확인 문제

재량행위와 기속행위에 대한 설명으로 옳지 않은 것은?(다툼이있는 경우 판례에 의함)

① 사회복지사업법상 사회복지법인의 정관변경을 허가할 것인지 여부는 주무관청의 정책적 판단에 따른 재량에 맡겨져 있다.

② 재량행위에 대한 사법심사는 행정청의 재량에 기한 공익판단의 여지를 감안하여 법원이 독자의 결론을 도출함이 없이 당해행위에 재량권의 일탈·남용이 있는지 여부를 심사한다.

③ 구 도시계획법 상의 개발제한구역 내에서의 건축물 용도변경에 대한 허가는 예외적 허가로서 재량행위에 해당한다.

④ 법규정의 일체성에 의해 요건 판단과 효고 선택의 문제를 구별하기 어렵다고 보는 견해는 재량과 판단여지의 구분을 인정한다.

정답 ④ (다수설은 재량은 효과선택의 문제이고, 판단여지는 요건에 대한 인식의 문제로서 양자를 구별)
① 대판 2002.9.24. 2000두5661
② 대판 2010.9.9. 2010다39413

판례 PLUS

학설	내용
요건재량설	• 요건이 다의적인 경우: 재량행위 • 요건이 일의적인 경우: 기속행위
효과재량설	• 수익적 효과: 재량행위 • 침익적 효과: 기속행위
법률문언설 (통설ㆍ판례)	• 하여야 한다: 기속행위 • 할 수 있다: 재량행위 • 판례: 법률문언설(원칙)＋효과재량설(예외)

4 판례의 태도

1. 기속행위로 판단한 판례

(1) 허가

① 구 식품위생법상 "대중"음식점영업허가(대판 1993.5.27, 93누2216)

② 기부금품모집규제법상의 "기부"금품모집허가(대판 1999.7.23, 99두3690)

③ 석유사업법상 "석유"판매업허가(대판 1999.4.23, 97누14378)

④ 주유소설치허가(대판 1996.7.12, 96누5292)

⑤ 구 식품위생법상 광천 "음료"수제조업허가(대판 1993.2.12, 92누5959)

⑥ 구 공중위생법상 "위생"접객허가(대판 1995.7.28, 94누13497)

⑦ 건축법상 "건축"허가(대판 1995.12.12, 95누9051)

(2) 인가

① 학교법인 "이사"취임승인처분(대판 1992.9.22, 92누5461)

② 사립학교 "이사"회 소집신청에 대한 승인(대판 1988.4.27, 87누1106)

(3) 기타

① 지방병무청장의 "공익"근무요원소집처분(대판 2002.8.23, 2002두820)

② 공중보건의사의 편입취소와 "현역"병입영명령(대판 1996.5.31, 95누10617)

③ 음주"측정"거부를 이유로 한 운전면허취소(대판 2004.11.12, 2003두12042)

④ 감사원의 "변상"판정(대판 1994.12.13, 93누98)

⑤ 관광진흥법에 따른 "관광"사업의 양도, 양수에 대한 지위승계신고 → 수리를 요하는 신고(대판 2007.6.29, 2006두4097)

⑥ 구 식품위생법상 "일반"주점영업허가(대판 2000.3.24, 97누12532)

⑦ 경찰공무원임용령에 의한 부정행위자에 대한 합격취소처분 및 응시자격제한(대판 2008.5.29, 2007두18321)

⑧ 부동산실명법상 명의"신탁"자에 대한 과징금부과처분(대판 2007.7.12, 2005두 17287)

⑨ 공업배치 및 공장설립에 관한 법률상의 공장설립허가(대판 1999.7.23, 97누6261)

⑩ 부정한 수단사용을 이유로 한 건설면허 취소(대판 1993.11.22, 82누95)

🔖 판례 PLUS

기속행위에 대한 처분

반드시 개설허가 취소처분(또는 폐쇄명령)을 해야 하는지 여부: 적극

의료법 제64조 제1항에서 정하고 있는 의료기관 개설허가의 취소와 의료기관 폐쇄명령은 의료법상 의무를 중대하게 위반한 의료기관에 대해서 의료업을 더 이상 영위할 수 없도록 하는 제재처분으로서, 실질적으로 동일한 법적 효과를 의도하고 있다. 의료기관이 의료법 제64조 제1항 제8호에 해당하면 관할 행정청은 반드시 해당 의료기관에 대하여 더 이상 의료업을 영위할 수 없도록 개설허가 취소처분(또는 폐쇄명령)을 하여야 할 뿐 선택재량을 가지지 못한다. 따라서 자연인이 의료기관을 개설한 경우에는 해당 의료기관에서 거짓으로 진료비를 청구하였다는 범죄사실로 개설자인 자연인이 금고 이상의 형을 선고받고 그 형이 확정된 때에, 법인이 의료기관을 개설한 경우에는 해당 의료기관에서 거짓으로 진료비를 청구하였다는 범죄사실로 법인의 대표자가 금고 이상의 형을 선고받고 그 형이 확정된 때에 의료법 제64조 제1항 제8호에 따라 진료비 거짓 청구가 이루어진 해당 의료기관의 개설허가 취소처분(또는 폐쇄명령)을 해야 한다(대판 2021.3.11, 2019두57831).

2. 재량행위로 판단한 판례

(1) 허가

① 개발제한구역 내 건축허가(대판 2004.7.22, 2003두7606)

② 도시지역 안에서 토지의 형질변경행위를 수반하는 건축허가(대판 2005.7.14, 2004 두6181)

③ 구 총포·도검·화약류 등 단속법상 총포 등 소지허가(대판 1993.5.14, 92도2179)

(2) 허가+공익보호: 재량행위(환경 또는 문화재)

① 개발제한구역 내에서의 건축물 용도변경허가

② 산림법상 산림훼손허가(대판 2003.3.28, 2002두12113)

③ 학교환경위생정화구역 내에서 터키탕업허가(대판 1996.10.29, 96누8253)

④ 농지법상 농지전용허가(대판 2000.5.12, 98두15382)

⑤ 자연공원구역 내의 단란주점 영업허가(대판 2001.1.30, 99두3577)

⑥ 입목굴취허가(대판 2001.11.30, 2001두5866)

(3) 기타

① 공무원 임용을 위한 면접전형(대판 1997.11.28, 97누11911)

② 사법시험문제 출제행위(대판 2001.4.10, 99다33960)

③ 교과서 검정(대판 1992.4.24, 91누6634)

④ 독점규제 및 공정거래에 관한 법률상의 과징금 부과처분(대판 2010.3.11, 2008두 15176)

⑤ 개인택시운송사업면허(대판 2007.3.15, 2006두15783)

OX문제

01 개발제한구역 내에서의 건축물의 건축 등에 대한 예외적 허가는 그 상대방에게 수익적인 것으로서 재량행위에 속하는 것이라고 할 것이므로 그에 관한 행정청의 판단이 사실오인, 비례·평등의 원칙 위배, 목적위반 등에 해당하지 아니하는 이상 재량권의 일탈·남용에 해당한다고 할 수 없다. ( )

02 야생동·식물보호법 제16조 제3항에 의한 곰의 용도변경승인은 특정인에게만 용도 외의 사용을 허용해 주는 권리나 이익을 부여하는 이른바 수익적 행정행위로서 법령에 특별한 규정이 없는 한 재량행위이다. ( )

정답 01 ○(대판 2004.7.22, 2003두 7606) 02 ○(대판 2011.1.27, 2010두 23033)

5 재량의 하자

1. 의의

행정청은 재량을 수권목적과 한계 및 행정법의 일반원칙의 구속 하에서 구체적인 사안과 관련하여 합목적성과 타당성을 고려하여 행사하여야 한다. 그러나 재량행사가 법기속성을 위반하거나 구체적 타당성을 결하는 경우를 '재량하자'라고 한다.

2. 재량하자의 종류

(1) 위법한 재량하자: 재량권을 일탈·남용하면 법원은 행정청의 재량행사에 있어서 법기속성의 준수여부(위법성 여부)를 심사해야 한다(행정기본법 제21조, 행정소송법 제27조).

 법령 PLUS

행정기본법

제21조(재량행사의 기준) 행정청은 재량이 있는 처분을 할 때에는 관련 이익을 정당하게 형량하여야 하며, 그 재량권의 범위를 넘어서는 아니 된다.

행정소송법

제27조(재량처분의 취소) 행정청의 재량에 속하는 처분이라도 재량권의 한계를 넘거나 그 남용이 있는 때에는 법원은 이를 취소할 수 있다.

(2) 부당한 재량하자: 구체적 사안에 있어서 합목적성·타당성을 결여한 재량하자이다. 이것은 법률문제가 아니라 사실문제로 적법성을 검토하지 않고, 행정심판에 의한 합목적성 판단과 시정을 결정한다(행정심판법 제1, 5조 참고).

법령 PLUS

행정심판법

제1조(목적) 이 법은 행정심판 절차를 통하여 행정청의 위법 또는 부당한 처분(處分)이나 부작위(不作爲)로 침해된 국민의 권리 또 는 이익을 구제하고, 아울러 행정의 적정한 운영을 꾀함을 목적으로 한다.
제5조(행정심판의 종류) 행정심판의 종류는 다음 각 호와 같다.
   1. 취소심판: 행정청의 위법 또는 부당한 처분을 취소하거나 변경하는 행정심판
   2. 무효등확인심판: 행정청의 처분의 효력 유무 또는 존재 여부를 확인하는 행정심판
   3. 의무이행심판: 당사자의 신청에 대한 행정청의 위법 또는 부당한 거부처분이나 부작위에 대하여 일정한 처분을 하도록 하는 행정심판

(3) 위법한 재량과 부당한 재량은 상대적 개념이다.

3. 위법한 재량하자의 유형

(1) 재량권의 일탈(재량권의 외적 한계): 법이 인정하는 재량권의 범위, 즉 외적 한계를 벗어난 재량하자를 의미한다.

(2) 재량권의 불행사: 행정청이 자신에게 부여된 재량권을 태만 또는 착오로 인해 행사하지 않은 것으로, 행정청이 재량행위를 기속행위로 오인하여 전혀 행사하지 않는 경우도 포함된다.

(3) 재량권의 남용(재량권의 내재적 한계): 행정청이 재량권의 범위 내에서 행사되었으나 행정법의 일반원칙을 무시하고 자의적으로 재량권이 행사된 경우를 의미한다. 재량권의 남용은 재량권의 범위 내에서 행사되었다는 점에서 재량권의 일탈과 구분되며, 재량권이 행사되었다는 점에서 재량권의 불행사와도 구분된다.

 판례 PLUS

재량행위가 사법심사의 대상이 되는지(적극) 및 그 심사기준(재량권의 일탈·남용)

1. 재량권의 남용이나 재량권의 일탈의 경우에는 그 재량권이 기속재량이거나 자유재량이거나를 막론하고 사법심사의 대상이 된다(대판 1984.1.31, 83누451).

2. 학생에 대한 징계권의 발동이나 징계의 양정이 징계권자의 교육적 재량에 맡겨져 있다 할지라도 법원이 심리한 결과 그 징계처분에 위법사유가 있다고 판단되는 경우에는 이를 취소할 수 있는 것이고, 징계처분이 교육적 재량행위라는 이유만으로 사법심사의 대상에서 당연히 제외되는 것은 아니다(대판 1991.11.22, 91누2144).

재량권의 일탈·남용에 대한 증명책임: 처분의 효력을 다투는 자

자유재량에 의한 행정처분이 그 재량의 한계를 벗어난 것이어서 위법하다는 점은 그 행정처분의 효력을 다투는 자가 이를 주장, 증명하여야 하고 처분청이 그 재량권의 행사가 정당한 것이었다는 점까지 주장, 증명할 필요는 없다(대판 1987.12.8, 87누861).

4. 관련판례

 판례 PLUS

재량권의 일탈·남용에 해당하여 위법한 경우

1. 20년 동안 성실하게 근무하여 온 경찰공무원 사건
공정한 업무처리에 대한 사의로 두고 간 돈 30만 원이 든 봉투를 소지함으로써 "피동적으로 금품을 수수"하였다가 돌려준 20여년 근속의 경찰공무원에 대한 해임처분은 사회통념상 현저하게 타당성을 잃어 재량권의 남용에 해당한다(대판 1991.7.23, 90누8954).

2. 공무원 화투놀이 사건
구청의 당직 근무 대기 중 약 25분간 같은 근무조원 3명과 함께 시민과장실에서 심심풀이로 돈을 걸지 않고 점수따기 화투놀이를 한 경우, 이것이 국가공무원법의 징계사유에 해당한다 할지라도, 징계처분으로 파면을 택한 것은 공평의 원칙상 그 재량의 범위를 벗어난 위법한 것이다(대판 1972.12.26, 72누194).

재량권의 일탈·남용에 해당하지 않아 적법한 경우

1. 연구비 편취한 국립대 교수 해임 사건

연구비를 편취한 행위, 고가 구매계약의 대가로 금품을 수령한 행위 등을 이유로 국립대학교 교수에 대하여 한 해임처분이 사회통념상 현저하게 타당성을 잃을 정도로 지나치게 가혹하여 재량권의 범위를 일탈·남용한 것이라고 볼 수 없다(대판 2008.11.27, 2008두15404).

2. 성수대교 붕괴사건

성수대교를 부실시공하여 붕괴사고를 초래한 건설회사에 대하여 한 건설업면허 취소처분은 재량권을 일탈·남용한 경우에 해당하지 않는다(대판 2002.9.24, 99두1519).

3. 태아의 성별을 고지한 의사 사건

초음파 검사를 통하여 알게 된 태아의 성별을 고지한 의사에 대한 의사면허자격정지처분은 재량권의 일탈·남용이 아니다(대판 2002.10.25, 2002두4822).

4. 초등학교 근처 가스충전소 사건

초등학교로부터 약 100m 떨어진 곳에 액화석유가스(LPG) 충전소를 운영하기 위한 금지시설해제 신청에 대한 거부처분은 재량권의 범위를 일탈하였거나 남용한 것으로 보기 어렵다(대판 2010.3.11, 2009두17643).

5. 경찰공무원의 1만원 수수 사건

경찰공무원이 그 단속의 대상이 되는 신호위반자에게 먼저 적극적으로 돈을 요구하고 다른 사람이 볼 수 없도록 돈을 접어 건네주도록 전달방법을 구체적으로 알려주면서 금품을 수수한 경우, 비록 그 받은 돈이 1만 원에 불과하더라도 당해 경찰공무원을 해임처분한 것은 징계재량권의 일탈·남용이 아니다(대판 2006.12.21, 2006두16274).

6. 약사의 의약품 개봉판매행위 사건: 과징금부과처분은 적법

약사의 의약품 개봉판매행위에 대하여 업무정지에 갈음하는 한 과징금부과처분은 재량권의 일탈·남용에 해당한다고 보기 어렵다(대판 2007.9.20, 2007두6946).

7. 대학교수 표절 사건

대학교수가 재임용·승진을 위한 평가자료로서 제출한 서적들이 다른 저자의 원서를 그대로 번역한 것인데도 마치 자신의 창작물인 것처럼 가장하여 출판한 것임이 판명된 경우, 교원으로서의 직무상의 의무를 태만히 하고 품위를 유지하지 못하였다는 것을 사유로 한 해임처분은 재량권을 일탈·남용한 것은 아니다(대판 2002.5.28, 2000두9380).

6 재량행위에 대한 통제

1. 재량행위에 대한 통제의 필요성과 적정성

행정재량은 행정의 구체적 타당성의 확보라는 측면에서 불가피한 것이지만, 오남용의 위험성도 상존하고 있다. 따라서 행정재량의 통제도 필요하게 된다. 그러나 지나친 통제는 행정의 창의성과 구체적 타당성이 있는 행정을 실현함에 있어 장애가 될 수도 있다. 따라서 활용의 적정성도 아울러 고려되어야 한다.

2. 재량통제의 방법

(1) 입법적 통제: 법률의 규율방식에 의한 통제와 정치적 통제가 있다.
　① **법률의 규율방식에 의한 통제:** 입법부는 법률을 제정할 때 모호하고 불명확한 개념을 피하고, 가능한 한 구체적이고 명확하게 규정하여 행정청의 재량권을 통제할 수 있다.
　② **정치적 통제:** 국정감사나 국무위원의 해임건의 등의 수단을 통해 통제할 수 있다.

(2) 행정적 통제

① 행정재량에 대한 행정적 통제장치는 상급행정청의 감독권행사에 의한 통제와 처분권에 의한 자율적 통제, 행정심판의 제기에 따른 재결청에 의한 통제 등으로 이루어진다.

② 상급행정청이 하급행정청의 위법한 재량권 행사뿐만 아니라 부당한 재량권 행사에 대하여도 취소 또는 변경을 요구하는 등 통제를 가할 수 있다.

③ 따라서 행정부 내에서 이루어지는 더 객관적이고 실효성있는 행정적 통제수단으로서의 중요한 의미를 갖는 것이 '감사원에 의한 정책감사수단'이다.

(3) 사법적 통제

① 재량권의 행사가 한계를 넘지 않으면 재량행위는 위법한 행위가 되지 않고 법원에 의한 통제의 대상이 되지 않는다.

② 재량권의 한계를 넘어 위법하게 되는 재량처분은 취소소송에 의해 취소된다.

③ 재량권이 한계를 넘지 않았지만 재량권의 행사를 그르친 경우 당해 재량행위는 부당한 행위가 되어 취소소송의 대상이 되지 않지만, 행정심판에 의해 취소될 수 있다.

7 불확정개념과 판단여지이론

1. 불확정개념

(1) 의의: 행정법규에서 주로 행위요건을 규정함에 있어서 사용하고 있는 추상적이면서 명확하지 않은 다의적 개념을 의미한다.

(2) 구체적인 예

① 헌법 제23조 제2항과 제3항의 "공공복리, 공공필요"

② 행정대집행법 제2조의 "공익"

③ 국가공무원법 제40조의4 제1항 제2호의 "탁월한 직무수행 능력"

④ 국가공무원법 제73조의3 제1항 제2호의 "극히 나쁜 근무성적"

＋ 법령 PLUS

헌법

제23조 ② 재산권의 행사는 공공복리에 적합하도록 하여야 한다.
③ 공공필요에 의한 재산권의 수용·사용 또는 제한 및 그에 대한 보상은 법률로써 하되, 정당한 보상을 지급하여야 한다.

행정대집행법

제2조(대집행과 그 비용징수) 법률(법률의 위임에 의한 명령, 지방자치단체의 조례를 포함한다. 이하 같다)에 의하여 직접명령되었거나 또는 법률에 의거한 행정청의 명령에 의한 행위로서 타인이 대신하여 행할 수 있는 행위를 의무자가 이행하지 아니하는 경우 다른 수단으로써 그 이행을 확보하기 곤란하고 또한 그 불이행을 방치함이 심히 공익을 해할 것으로 인정될 때에는 당해 행정청은 스스로 의무자가 하여야 할 행위를 하거나 또는 제삼자로 하여금 이를 하게 하여 그 비용을 의무자로부터 징수할 수 있다.

---

2. 판단여지이론

(1) 의의: 법률의 요건부분에 불확정개념이 사용된 경우, 행정청이 이들 요건을 해석 · 적용함에 있어 객관적인 법적판단을 한 경우, 일정한 포섭의 자유가 인정되어 사법심사가 제한되는 것이다.

(2) 적용범위: 미래예측적 결정, 비대체적 결정, 구속적 가치평가결정, 형성적 결정 등에 적용된다.

구분	구체적인 예
구속적 가치평가 결정	• 예술, 문화 분야 등 • 도서류의 청소년유해성 판정 • 문화재의 판정 등 종교, 도덕, 윤리, 문화 등 관련 결정 • 공정거래위원회의 불공정거래행위 결정, 식품의약품안전처의 의약품 허가결정
형성적 결정	• 도시계획행정 • 전쟁무기의 생산 및 수출 등의 외교정책 • 지방자치단체의 공공시설 설치결정
미래예측적 결정	• 환경행정: 위해의 평가 • 경제행정: 지역경제여건의 변화에 대한 예측, 거시경제 정책에 관한 결정 • 공공의 안전 등을 해할 우려가 있는 자에 대한 법무부장관의 출국금지 명령
비대체적 결정 (= 고도의 전문적 결정)	• 시험평가결정 • 공무원의 근무성적평정 및 승진결정 • 시험유사적이고 교육적인 판단

(3) 재량과의 구별: 판례는 판단여지이론을 인정하지 않으므로 양자를 명확히 구별하지 않는다. 다만 판단여지영역을 행정청의 재량행위로 인정하고 있다(판단여지=재량행위).

🔷 판례 PLUS

재량행위 · 자유재량

1. 국토의 계획 및 이용에 관한 법률상 개발행위허가의 허가기준 및 금지요건: 재량행위
국토의 계획 및 이용에 관한 법률상 개발행위허가는 허가기준 및 금지요건이 불확정개념으로 규정된 부분이 많아 그 요건에 해당하는지 여부는 행정청의 재량판단의 영역에 속한다. 그러므로 그에 대한 사법심사는 행정청의 공익판단에 관한 재량의 여지를 감안하여 원칙적으로 재량권의 일탈 · 남용이 있는지 여부만을 대상으로 하고, 사실오인과 비례 · 평등원칙 위반 여부 등이 판단기준이 된다(대판 2021.3.25, 2020두51280).

2. 사법시험 출제업무: 재량행위
행정행위로서의 시험의 출제업무에 있어서, 출제 담당위원은 법령규정의 허용범위 내에서 어떠한 내용의 문제를 출제할 것인가, 그 문제의 문항과 답항을 어떤 용어나 문장형식을 써서 구성할 것인가를 자유롭게 정할 수 있다는 의미에서 재량권을 가진다(대판 2001.4.10, 99다33960).

3. 공무원 임용을 위한 면접전형 판단: 자유재량
임용신청자의 능력이나 적격성 등에 관한 판단은 면접위원의 고도의 교양과 학식, 경험에 기초한 자율적 판단에 의존한다(대판 1997.11.28, 97누11911).

4. 교과서의 검정행위: 재량행위
교과서검정은 고도의 학술상, 교육상의 전문적인 판단을 요하게 된다(대판 1992.4.24, 91누6634).

1 서설

1. 의의

법률행위적 행정행위는 법률효과의 내용에 따라 의무관련적인 명령적 행위와 권리관련적인 형성적 행위로 구분된다. 명령적 행위에는 하명, 허가, 면제 등이 있으며, 형성적 행위에는 특허, 인가, 대리 등이 있다.

명령적 행위는 적법요건이므로 명령적 행위에 위반한 경우에는 행정상 제재가 있는 반면에, 형성적 행위는 효력발생요건이므로 형성적 행위에 위반한 경우에는 사법상 효과가 발생하지 않는다(판례).

2. 인허가 결격사유 법정주의

행정청이 상대방에게 자격이나 신분 등을 취득 또는 부여하거나 인허가 등의 행정행위를 함에 있어서 그 결격사유는 실질적으로 국민의 권익이 제한되는 효과를 가져온다. 이에 행정기본법은 인허가 결격사유를 법률로 정하도록 규정하고 있다(행정기본법 제16조).

🞣 법령 PLUS

행정기본법

제16조(결격사유) ① 자격이나 신분 등을 취득 또는 부여할 수 없거나 인가, 허가, 지정, 승인, 영업등록, 신고 수리 등(이하 "인허가"라 한다)을 필요로 하는 영업 또는 사업 등을 할 수 없는 사유(이하 이 조에서 "결격사유"라 한다)는 법률로 정한다.
② 결격사유를 규정할 때에는 다음 각 호의 기준에 따른다.
　1. 규정의 필요성이 분명할 것
　2. 필요한 항목만 최소한으로 규정할 것
　3. 대상이 되는 자격, 신분, 영업 또는 사업 등과 실질적인 관련이 있을 것
　4. 유사한 다른 제도와 균형을 이룰 것

2 명령적 행정행위

사인이 원래부터 갖고 있는 자연적 자유를 제한하거나 그 제한을 해제하는 행위로 하명 · 허가 및 면제가 있다.

1. 하명

(1) **의의**: 행정청이 국민을 상대로 작위의무, 부작위의무, 급부의무, 수인의무를 부과하는 것을 의미한다. 예 건물철거의무, 입산금지의무, 조세납부의무, 예방접종의무 등

(2) **특징**
① 하명은 침익적이므로 법률상 근거가 필요하며 기속행위임이 원칙이다.
② 법률에서 하명을 규정하고 있는 법규하명도 가능하다.
③ 사실행위(예 입산금지)와 법률행위(예 매매금지) 모두를 대상으로 한다.

④ 특정인뿐만 아니라 불특정 다수인을 상대로 하는 일반처분 형태로도 가능하다.
예 입산금지

(3) 하명 위반의 효과

① 영업정지나 행정상 제재 등을 받게 된다.

② 하명은 적법요건이므로 하명을 위반하더라도 사법상 효력에는 영향을 미치지 않는다. 즉, 사법상 법률행위 효과는 유효하다.

(4) 권리규제: 하명에 의해 법률상 이익을 침해받으면, 행정쟁송을 제기할 수 있고, 손해가 발생하면 손해배상청구가 가능하다.

⭐ **판례 PLUS**

하명 위반의 효력

하명이 위법한 경우, 민법상 불법행위 또는 무효가 되는지 여부: 소극
외국환관리법은 외국환과 그 거래 기타 대외거래를 관리하여 국제수지의 균형, 통화가치의 안정과 외화자금의 효율적인 운용을 기하는 그 특유의 목적을 달성하기 위하여 그에 역행하는 몇가지 행위를 제한하거나 금지하고 그 제한과 금지를 확실히 하기 위하여 위반행위에 대한 벌칙규정을 두고 있는바, 위 제한규정에 위반한 행위는 외국환관리법의 목적에 합치되지 않는 행위일 뿐, 그것이 바로 민법상의 불법행위나 무효행위가 되는 것은 아니다(대판 1987,2,10, 86다카1288).

---

2. 허가

(1) 의의: 일반적·상대적으로 금지되어 있는 행위를 법령에 의하여 특정한 경우에 특정인에 대하여 해제하는 행정행위를 의미한다. 부작위의무의 해제 또는 자연적 자유의 회복이라고도 한다. 따라서 허가는 일반적, 상대적, 예방적 금지의 해제이다.

(2) 허가의 특징

① 허가는 상대적 금지에 대해서만 가능하며, 절대적 금지의 경우에는 인정되지 않는다(도박, 마약, 미성년자 흡연에 대한 허가 → 불가).

② 실정법상으로 허가 외에도 인가, 면허, 등록, 지정, 승인 등의 용어로 사용되고 있다.

　　㉠ 허가의 신청 후 법률 등이 변경된 경우에 행정처분은 개정된 법률 등에 따라 처분을 함이 원칙이다(대판 1996.8.20, 95누10877).

　　㉡ 법률 등의 근거 없이 행정청이 허가 요건을 임의대로 추가할 수는 없다.

　　㉢ 허가는 사실행위(예 입산금지 해제)와 법률행위(예 매매금지 해제)를 대상으로 한다.

　　㉣ 대인적 허가는 타인에게 이전이 불가능하다. 예 운전면허, 의사면허

　　㉤ 대물적 허가는 타인에게 이전이 가능하다. 예 주유소허가, 건축허가

　　㉥ 법률 등에서 규정한 사유 이외의 사유를 들어 허가를 거부할 수 없음이 원칙이다. 다만, 중대한 공익(환경 또는 문화재 등)상 필요가 있는 경우에는 법률의 근거가 없어도 허가를 거부할 수 있다.

판례PLUS

불허가 처분의 적법성 여부 판단기준

1. 허가를 신청한 후 처분 전에 관계 법령이 개정된 경우, 처분의 근거법령: 개정법령

행정행위는 처분 당시에 시행중인 법령과 허가기준에 의하여 하는 것이 원칙이고 인·허가신청 후 처분 전에 관계 법령이 개정 시행된 경우 신법령 부칙에 그 시행 전에 이미 허가신청이 있는 때에는 종전의 규정에 의한다는 취지의 경과규정을 두지 아니한 이상 당연히 허가신청 당시의 법령에 의하여 허가 여부를 판단하여야 하는 것은 아니며, 소관 행정청이 허가신청을 수리하고도 정당한 이유 없이 처리를 늦추어 그 사이에 법령 및 허가기준이 변경된 것이 아닌 한 변경된 법령 및 허가기준에 기초한 불허가처분은 적법하다(대판 1998.3.27, 96누19772).

2. 관계법령에서 정한 제한사유 이외의 사유로 허가를 거부할 수 있는지 여부: 소극

[1] 식품위생법상 일반음식점영업허가는 성질상 일반적 금지의 해제에 불과하므로 허가권자는 허가신청이 법에서 정한 요건을 구비한 때에는 허가하여야 하고 관계 법령에서 정하는 제한사유 외에 공공복리 등의 사유를 들어 허가신청을 거부할 수는 없고 이러한 법리는 일반음식점 허가사항의 변경허가에 관하여도 마찬가지이다(대판 2000.3.24, 97누12532).

[2] 건축허가권자는 건축허가신청이 건축법, 도시계획법 등 관계법규에서 정하는 어떠한 제한에 배치되지 않는 이상 당연히 같은 법조 소정의 건축허가를 하여야 하므로 법률상의 근거 없이 그 신청이 관계법규에서 정한 제한에 배치되는지 여부에 대한 심사를 거부할 수 없고, 심사결과 그 신청이 법정요건에 합치하는 경우에는 특별한 사정이 없는 한 이를 허가하여야 하며, 공익상 필요가 없음에도 불구하고 요건을 갖춘 자에 대한 허가를 관계법령에서 정하는 제한사유 이외의 사유를 들어 거부할 수는 없다(대판 1992.12.11, 92누3038).

[3] 주유소 설치허가권자는 주유소 설치허가 신청이 석유사업법, 같은 법 시행령, 시·도지사의 고시 등 관계 법규에서 정하는 어떠한 제한에 배치되지 않는 이상 당연히 주유소 설치허가를 하여야 하므로, 법령상의 근거 없이 그 신청이 관계법규에서 정한 제한에 배치되는지 여부에 대한 심사를 거부할 수 없고, 심사결과 그 신청이 법정요건에 합치하는 경우에는 특별한 사정이 없는 한 이를 허가하여야 하며, 공익상 필요가 없음에도 불구하고 요건을 갖춘 자에 대한 허가를 관계 법령에서 정하는 제한사유 이외의 사유를 들어 거부할 수는 없다(대판 1996.7.12, 96누5292).

[4] 장례식장을 건축하는 것이 구 건축법 제8조 제4항, 동법 시행령 제8조 제6항 제3호 소정의 인근 토지나 주변 건축물의 이용현황에 비추어 현저히 부적합한 용도의 건축물을 건축하는 경우에 해당하는 것으로 볼 수 없음에도, 건축허가신청을 불허할 사유가 되지 않는 인근 주민들의 민원이 있다는 사정만으로 건축허가신청을 반려한 처분은 법령의 근거 없이 이루어진 것으로 위법하다(대판 2002.7.26, 2000두9762).

3. 〈주의〉 농지 또는 산림의 경우, 중대한 공익상의 이유로 불허가할 수 있는지: 적극

[1] 법령이 규정하는 산림훼손 금지 또는 제한 지역에 해당하는 경우는 물론 금지 또는 제한 지역에 해당하지 않더라도 허가관청은 산림훼손허가신청 대상토지의 현상과 위치 및 주위의 상황 등을 고려하여 국토 및 자연의 유지와 환경의 보전 등 중대한 공익상 필요가 있다고 인정될 때에는 허가를 거부할 수 있고 그 경우에 법규에 명문의 규정이 없더라도 거부처분을 할 수 있다(대판 2002.10.25, 2002두6651).

[2] 농지전용행위에 대하여 허가관청은 구 농지법 시행령이 정한 위의 심사기준에 부적합한 경우는 물론 대상 농지의 현상과 위치 및 주위의 상황 등을 종합적으로 고려하여 국토 및 자연의 유지와 환경의 보전 등 중대한 공익상 필요가 있다고 인정되는 경우에도 이를 불허가할 수 있다(대판 2000.5.12, 98두15382).

(3) 구별 개념

① **예외적 승인(허가)과의 비교:** 사회적으로 바람직하지 않은 경우를 법령에서 원칙적으로 금지하고 예외적으로 금지를 해제하는 경우를 예외적 승인이라 한다. 예를 들면, 아편사용은 마약류관리법에서 원칙적으로 금지를 하고, 치료목적으로는 허가를 하는 경우이다.

ⓐ 예외적 승인은 억제적 금지의 해제라고도 하며, 허가와는 달리 '재량행위'에 해당한다. 사회적으로 바람직하지 않은 현상을 전제로 하기 때문이다.

ⓑ 법률 적용에 있어서 비정형적 사태에 대한 효과적인 규율을 가능하게 하고 개개 사건의 특별성에 관한 고려의 산물로 볼 수 있다.

ⓒ 구체적인 예
- 개발제한구역 내 건축, 토지형질변경 허가(대판 2003.3.28, 2002두11905)
- 학교환경위생정화구역 내 유흥주점영업허가(대판 1996.10.29, 96누8253)
- 자연공원구역 내 단란주점영업허가(대판 2001.1.30, 99두3577)
- 문화재보호법상 고분발굴허가(대판 2000.10.27, 99두264)

② 허가와 특허의 구별

ⓐ 허가는 특허와 달리 신청(출원)이 필요요건은 아니다. 불특정 다수인을 상대로 하는 일반처분 형태의 허가도 가능하기 때문이다. 예를 들면, 별도의 신청이 없어도 입산금지를 해제할 수 있는 경우이다.

ⓑ 허가는 특허와 달리 수정허가도 가능하다. 예를 들면, 3층 건축허가 신청에 대해 상대방의 동의가 있으면 2층 건축허가도 가능하다. 판례도 신청과 다른 내용의 허가도 당연무효는 아니라고 판시하였다(대판 1985.11.26, 85누382).

ⓒ 허가는 특허와 달리 선원(先願)주의가 적용된다. 허가는 기속행위가 원칙이므로 법률상 요건을 갖춘 신청이 있는 경우에는 먼저 신청한 자에게 허가를 하여야 한다.

ⓓ 특허와 달리 법규허가는 없다. 법규허가 인정 시 허가의 전제요건인 일반적 금지가 소멸하기 때문이다.

(4) 법적 성질: 명령적 행정행위이자 원칙적으로 기속행위

① 허가는 의무관련적인 명령적 행위에 해당한다. 또한 허가는 자연적 자유의 회복이므로 기속행위가 원칙이다.

② 다만, 중대한 공익(환경, 문화재 등)과 관련된 경우에는 예외적으로 재량행위이다.

 판례 PLUS

허가의 성질: 원칙적 기속행위

1. 광천 음료수 제조업허가: 기속행위
성질상 일반적 금지에 대한 해제에 불과하므로 허가권자는 허가신청이 소정의 요건을 구비한 때에는 이를 반드시 허가하여야 한다(대판 1993.2.12, 92누5959).

2. 화약류 판매업 및 저장소 설치허가: 기속행위
총포·도검·화약류 등 단속법상 화약류 판매업 및 저장소 설치 허가는 성질상 일반적 금지에 대한 해제에 불과하므로 허가권자는 허가신청이 법에서 정한 요건을 구비한 때에는 허가하여야 하고 관계 법규에서 정하는 제한사유 이외의 사유를 들어 허가 신청을 거부할 수 없다. 따라서 농지 위에 화약류 저장소를 설치하여 화약류 판매업을 영위할 목적으로 화약류 판매업 및 저장소 설치 허가를 신청한 경우에 허가권자로서는 당해 농지를 화약류 판매업소 등으로 전용하는 것이 관계 법령에 의하여 절대적으로 금지되어 있거나, 이미 당해 농지에 관하여 적법한 농지전용 불허가 처분이 있는 등 당해 농지에 화약류 판매업소 및 저장소를 설치하는 것이 객관적으로 불가능한 것이 명백하다고 인정되는 경우가 아닌 한 총포·도검·화약류 등 단속법에 규정된 허가요건에 따라 심사하여 그 허가 여부를 결정하여야 하고, 당해 농지의 전용허가가 농지의 보전 및 이용에 관한 법률 등 관계 법률에 의하여 가능한지 여부에 따라 그 허가 여부를 결정하는 것은 허용되지 않는다(대판 1996.6.28, 96누3036).

✅ **더 알아보기**

선원주의
둘 이상의 출원이 있는 경우에 먼저 출원한 사람에게 우선권을 주는 것

OX 문제

01 건축허가는 수허가자에게 어떤 새로운 권리나 능력을 부여하는 것은 아니다.
( )

정답 01 ○

1. 개발제한구역 내에서의 건축물의 건축 등에 대한 예외적 허가: 재량행위

개발제한구역 내에서의 건축물의 건축 등에 대한 예외적 허가는 그 상대방에게 수익적인 것으로서 재량행위에 속하는 것이라고 할 것이므로 그에 관한 행정청의 판단이 사실오인, 비례·평등의 원칙 위배, 목적위반 등에 해당하지 아니하는 이상 재량권의 일탈·남용에 해당한다고 할 수 없다(대판 2004.7.22, 2003두7606).

2. 개발제한구역 내의 건축물의 용도변경허가: 재량행위 내지 자유재량행위

개발제한구역 내의 건축물의 용도변경에 대한 예외적인 허가는 그 상대방에게 수익적인 것으로서, 이는 그 법률적 성질이 재량행위 내지 자유재량행위에 속하는 것이라고 할 것이고, 따라서 그 위법 여부에 대한 심사는 재량권 일탈·남용의 유무를 그 대상으로 한다(대판 2001.2.9, 98두17593).

3. 도시지역 안에서 토지의 형질변경행위를 수반하는 건축허가: 재량행위

토지의 형질변경허가 금지요건은 불확정개념으로 규정되어 있어 그 금지요건에 해당하는지 여부를 판단함에 있어서는 행정청에 재량권이 부여되어 있다고 할 것이므로, 국토의 계획 및 이용에 관한 법률에 의하여 지정된 도시지역 안에서 토지의 형질변경행위를 수반하는 건축허가는 재량행위에 속한다(대판 2005.7.14, 2004두6181).

4. 문화재보호법에 의한 건설공사를 계속하기 위한 고분발굴허가: 재량행위

문화재보호법 규정에 의하여 문화체육부장관 등이 건설공사를 계속하기 위한 발굴허가신청에 대하여 그 공사를 계속하기 위하여 부득이 발굴할 필요가 있는지의 여부를 결정하여 발굴을 허가하거나 이를 허가하지 아니함으로써 원형 그대로 매장되어 있는 상태를 유지하는 조치는 허가권자의 재량행위에 속하는 것이다(대판 2000.10.27, 99두264).

5. 학교환경위생정화구역 안에서의 금지행위 및 시설의 해제: 재량행위

학교보건법 규정에 의하여 시·도교육위원회 교육감 등이 학교환경위생정화구역 안에서의 금지행위 및 시설의 해제신청에 대하여 그 행위 및 시설이 학습과 학교보건에 나쁜 영향을 주지 않는 것인지의 여부를 결정하여 그 금지행위 및 시설을 해제하거나 계속하여 금지(해제거부)하는 조치는 시·도교육위원회교육감 등의 재량행위에 속한다(대판 1996.10.29, 96누8253).

(5) 허가의 효과

① 허가는 행정청의 관할구역 내에서만 미치는 것이 원칙이다. 다만, 예외적으로 관할구역 외에까지 허가의 효과가 미치는 경우도 있다. 예 운전면허

② 허가의 효과는 상대적이므로, 허가의 요건이 구비되면 당해 법률에 대해서만 금지가 해제될 뿐이지 다른 모든 법률상의 금지까지 해제되는 것은 아니다(대판 1991.4.12, 91도218).

③ 허가는 공법적 금지의 해제를 의미하므로, 허가의 효과는 항상 '공법적'이다(통설).

(6) 허가 위반의 효과

① 허가를 받은 기존업자는 특허와 달리 신규업자에 대한 허가에 대해 행정소송을 제기할 수 있는 원고적격이 없음이 원칙이다. → 허가는 질서유지를 위한 제도이지 특정인의 경제적 이익을 보호하기 위한 것이 아니기 때문이다.

② 다만, 법률상 거리제한 등의 기존업자를 보호하기 위한 별도의 규정이 있는 경우에는 예외적으로 원고적격이 인정된다. 예 담배가게 사건

③ 허가는 적법요건이므로 무허가 행위는 위법하므로 영업정지나 행정상 제재 등을 받지만 사법상 행위의 효력에는 영향이 없다.

신규허가처분 등에 대하여 기존업자(제3자)가 누리는 이익의 성질

1. 한약조제시험 합격처분에 대하여, 기존의 한의사: 반사적 이익
한의사 면허는 경찰금지를 해제하는 명령적 행위(강학상 허가)에 해당하고, 한약조제시험을 통하여 약사에게 한약조제권을 인정함으로써 한의사들의 영업상 이익이 감소되었다고 하더라도 이러한 이익은 사실상의 이익에 불과하고 약사법이나 의료법 등의 법률에 의하여 보호되는 이익이라고는 볼 수 없으므로, 한의사들이 한약조제시험을 통하여 한약조제권을 인정받은 약사들에 대한 합격처분의 무효확인을 구하는 당해 소는 원고적격이 없어 부적법하다(대판 1998.3.10, 97누4289).

2. 거리제한 규정의 소멸과 관련하여, 기존의 목욕장영업자: 반사적 이익
공중목욕장업 허가는 경찰금지의 해제로 인한 영업자유의 회복이라고 볼 것이므로 이 영업의 자유는 법률이 직접 공중목욕장업 피허가자의 이익을 보호함을 목적으로 하는 것이 아니고 법률이 공중위생이라는 공공의 복리를 보호하는 결과로서 영업의 자유가 제한되므로 인하여 간접적으로 관계자인 영업자유의 제한이 해제된 피허가자에게 이익을 부여하게 된 것뿐이므로, 거리의 제한과 같은 위의 시행세칙이나 도지사의 지시가 모두 무효인 이상 원고가 이 사건 허가 처분에 의하여 목욕장업에 의한 이익이 사실상 감소된다하여도 이 불이익은 본건 허가처분의 반사적 결과에 불과하고 이로 말미암아 원고의 권리를 침해하는 것이라고는 할 수 없으므로 원고는 피고의 피고 보조참가인에 대한 이 사건 목욕장업허가처분에 대하여 그 취소를 소구할 수 있는 법률상 이익이 없다(대판 1963.8.31, 63누101).

3. 신규 양곡가공업 허가에 대하여, 기존의 양곡가공업자: 반사적 이익
양곡가공업 허가는 금지를 해제하는 명령적 행위에 불과하여 그 허가의 효과도 영업자유의 회복을 가져올 뿐이므로, 이 영업의 자유는 법률이 직접 양곡가공업의 피허가자에게 독점적 재산권을 취득하게 하는 것이 아니라 법률이 국민식량의 확보와 국민경제의 안정이라는 공공의 복리를 목적으로 영업의 자유를 일반적으로 제한함으로 인하여 그 영업자유의 제한이 해제된 피허가자에게 간접적으로 사실상의 이익을 부여하게 됨에 불과하다 할 것이니, …(중략)… 원고의 양곡가공업상의 이익이 사실상 감소된다고 하더라도 이 불이익은 이 사건 양곡가공업 허가처분으로 인한 반사적 결과에 지나지 아니하고 이로 말미암아 원고의 권리가 침해당한 것이라고 할 수는 없는 것이므로 원고는 이 사건 양곡가공업 허가처분에 대하여 그 취소를 소구할 수 있는 법률상 이익이 없다(대판 1990.11.13, 89누756).

4. 약종상허가를 받은 기존업자: 법률상 이익
갑이 적법한 약종상허가를 받아 허가지역 내에서 약종상영업을 경영하고 있음에도 불구하고 행정관청이 구 약사법 시행규칙을 위배하여 같은 약종상인 을에게 을의 영업허가지역이 아닌 갑의 영업허가지역내로 영업소를 이전하도록 허가하였다면 갑으로서는 이로 인하여 기존업자로서의 법률상 이익을 침해받았음이 분명하므로 갑에게는 행정관청의 영업소이전허가처분의 취소를 구할 법률상 이익이 있다(대판 1988.6.14, 87누873).

5. 분뇨와 축산폐수 수집·운반업 및 정화조청소업자: 법률상 이익
오수·분뇨 및 축산폐수의 처리에 관한 법률상 업종을 분뇨와 축산폐수 수집·운반업 및 정화조청소업으로 하여 분뇨 등 관련 영업허가를 받아 영업을 하고 있는 기존업자의 이익은 법률상 보호되는 이익이므로, 기존업자는 경업자에 대한 영업허가처분의 취소를 구할 원고적격이 있다(대판 2006.7.28, 2004두6716).

6. 담배 일반소매업을 하고 있는 기존업자: 법률상 이익
담배 일반소매인의 지정기준으로서 일반소매인의 영업소 간에 일정한 거리제한을 두고 있는 것은 담배유통구조의 확립을 통하여 국민의 건강과 관련되고 국가 등의 주요 세원이 되는 담배산업 전반의 건전한 발전 도모 및 국민경제에의 이바지라는 공익 목적을 달성하고자 함과 동시에 일반소매인 간의 과당경쟁으로 인한 불합리한 경영을 방지함으로써 일반소매인의 경영상 이익을 보호하는 데에도 그 목적이 있다고 보이므로, 일반소매인으로 지정되어 영업을 하고 있는 기존업자의 신규 일반소매인에 대한 이익은 단순한 사실상의 반사적 이익이 아니라 법률상 보호되는 이익이다(대판 2008.3.27, 2007두23811).

7. 신규 구내소매인 지정처분에 대하여, 기존의 담배 일반소매인: 반사적 이익
구내소매인과 일반소매인 사이에서는 구내소매인의 영업소와 일반소매인의 영업소 간에 거리제한을 두지 아니할 뿐 아니라 동일 시설물 내 2개소 이상의 장소에 구내소매인을 지정할 수 있으며, 이 경우 일반소매인이 지정된 장소가 구내소매인 지정대상이 된 때에는 동일 건축물 또는 시설물 안에 지정된 일반 소매인은 구내소매인으로 보고, 구내소매인이 지정된 건축물 등에는 일반소매인을 지정할 수 없으며, 구내소매인은 담배진열장 및 담배소매점 표시판을 건물 또는 시설물의 외부에 설치하여서는 아니 된다고 규정하는 등 일반소매인의 입장에서 구내소매인과의 과당경쟁으로 인한 경영의 불합리를 방지하는 것을 그 목적으로 할 수 있다고 보기 어려우므로, 일반소매인으로 지정되어 영업을 하고 있는 기존업자의 신규 구내소매인에 대한 이익은 법률상 보호되는 이익이 아니라 단순한 사실상의 반사적 이익이라고 해석함이 상당하므로, 기존 일반소매인은 신규 구내소매인 지정처분의 취소를 구할 원고적격이 없다(대판 2008.4.10, 2008두402).

(7) 허가의 갱신(更新)

① 갱신은 동일성이 유지됨을 전제로 한다. 민법과는 달리 묵시의 갱신(자동 갱신)이 인정되지 않음이 원칙이다.

② 허가의 갱신은 허가 취득자에게 종전의 지위(법률관계)를 계속 유지시키는 효과를 갖는 것에 불과하다.

③ 허가 기간 만료 전에 갱신 신청하는 경우
   ㉠ 갱신허가는 기존 허가 효력의 동일성을 유지하는 것
   ㉡ 갱신허가를 한 후에도 갱신 전의 법령 위반사실을 근거로 갱신허가 취소 가능
   ㉢ 즉, 허가의 갱신으로 인하여 갱신 전의 위법사유가 치유되는 것은 아님

 판례 PLUS

허가의 갱신과 갱신 전의 법위반

1. 갱신 전의 위법사유가 허가갱신으로 치유되는지 여부: 소극
건설업면허의 갱신이 있으면 기존 면허의 효력은 동일성을 유지하면서 장래에 향하여 지속한다 할 것이고 갱신에 의하여 갱신 전의 면허는 실효되고 새로운 면허가 부여된 것이라고 볼 수는 없으므로 면허 갱신에 의하여 갱신 전의 건설업자의 모든 위법사유가 치유된다거나 일정한 시일의 경과로서 그 위법사유가 치유된다고 볼 수 없다(대판 1984.9.11, 83누658).

2. 갱신 전의 위반사실을 이유로 허가를 취소할 수 있는지 여부: 적극
유료직업 소개사업의 허가갱신은 허가취득자에게 종전의 지위를 계속 유지시키는 효과를 갖는 것에 불과하고 갱신 후에는 갱신 전의 법위반사항을 불문에 붙이는 효과를 발생하는 것이 아니므로 일단 갱신이 있은 후에도 갱신 전의 법위반사실을 근거로 하여 허가를 취소할 수 있다(대판 1982.7.27, 81누174).

갱신 여부에 관해 공정한 심사를 요구할 권리

행정청이 '갱신제'를 채택하여 운용하는 경우, 처분상대방은 갱신 여부에 관하여 합리적인 기준에 의한 공정한 심사를 요구할 권리를 가지는지 여부: 적극
행정청이 관계 법령의 규정이나 자체적인 판단에 따라 처분상대방에게 특정한 권리나 이익 또는 지위 등을 부여한 후 일정한 기간마다 심사하여 갱신 여부를 판단하는 이른바 '갱신제'를 채택하여 운용하는 경우에는, 처분상대방은 합리적인 기준에 의한 공정한 심사를 받아 그 기준에 부합되면 특별한 사정이 없는 한 갱신되리라는 기대를 가지고 갱신 여부에 관하여 합리적인 기준에 의한 공정한 심사를 요구할 권리를 가진다(대판 2020.12.24, 2018두45633).

OX 문제

01 허가의 갱신은 허가취득자에게 종전의 지위를 계속 유지시키는 효과를 갖게 하는 것으로 갱신 후라도 갱신 전 법위반 사실을 근거로 허가를 취소할 수 있다.
( )

정답 01 ○

(8) 허가 기간 만료 후에 갱신 신청하는 경우

① 새로운 허가처분의 신청에 해당
② 종전의 허가처분과는 별도의 새로운 영업허가를 내용으로 하는 행정처분에 해당
③ 신규허가에 해당

 판례 PLUS

유효기간 만료 후 갱신 신청

유효기간이 지난 후에 한 기간연장 신청의 법적 성격: 새로운 허가신청

종전의 허가가 기한의 도래로 실효한 이상 원고가 종전 허가의 유효기간이 지나서 한 기간연장 신청은 종전의 허가처분을 전제로 하여 단순히 그 유효기간을 연장하여 주는 행정처분을 구하는 것이라기보다는 종전의 허가처분과는 별도의 새로운 허가를 내용으로 하는 행정처분을 구하는 것이라고 보아야 한다. 따라서 허가권자는 이를 새로운 허가신청으로 보아 관계규정에 의하여 허가요건의 적합 여부를 새로이 판단하여 그 허가 여부를 결정하여야 한다(대판 1995.11.10, 94누11866).

(9) 허가의 양도 및 양수

① 일신전속적인 의사면허, 운전면허와 같은 '대인적 허가'는 타인에게 승계가 불가능하다.
② 건축허가나 주유소허가와 같은 '대물적 허가'는 명문의 규정이 없어도 타인에게 승계가 가능하다.

 판례 PLUS

허가의 양수도

1. 석유판매업이 양도된 경우에 양도인의 귀책사유로 양수인에게 제재를 가할 수 있는지 여부: 적극

석유사업법상 석유판매업(주유소) 허가는 대물적 허가의 성질을 갖는 것이어서 그 사업의 양도도 가능하고, 양수인은 양도인의 지위를 승계하게 됨에 따라 양도인의 허가에 따른 권리의무가 양수인에게 이전되는 것이므로 만약 양도인에게 그 허가를 취소할 위법사유가 있다면 허가관청은 이를 이유로 양수인에게 응분의 제재조치를 취할 수 있다 할 것이고, 양수인이 그 양수 후 허가관청으로부터 석유판매업 허가를 다시 받았다 하더라도 이는 석유판매업의 양수도를 전제로 한 것이어서 이로써 양도인의 지위승계가 부정되는 것은 아니므로 양도인의 귀책사유는 양수인에게 그 효력이 미친다(대판 1986.7.22, 86누203).

2. 〈공권, 공의무 승계 여부〉 채석허가를 받은 자가 사망한 경우, 상속인이 수허가자의 지위를 승계하는지 여부: 적극

산림법상 채석허가는 수허가자에 대하여 일반적·상대적 금지를 해제하여 줌으로써 채석행위를 자유롭게 할 수 있는 자유를 회복시켜 주는 것일 뿐 권리를 설정하는 것이 아니라 하더라도, 대물적 허가의 성질을 아울러 가지고 있는 점 등을 감안하여 보면, 수허가자가 사망한 경우 특별한 사정이 없는 한 수허가자의 상속인이 수허가자로서의 지위를 승계한다(대판 2005.8.19, 2003두9817).

3. 공중위생영업인 이용업에 있어 영업을 정지할 위법사유가 있는 경우, 양수인에 대하여 영업정지처분을 할 수 있는지 여부: 적극

공중위생관리법상 영업정지나 영업장폐쇄명령은 모두 대물적 처분으로 보아야 할 것이다. 양수인이 양수 후 행정청에 새로운 영업소개설통보를 하였다 하더라도, 그로 인하여 영업양도·양수로 영업소에 관한 권리의무가 양수인에게 이전하는 법률효과까지 부정되는 것은 아니라 할 것인바, 공중위생영업에 대하여 그 영업을 정지할 위법사유가 있다면, 관할 행정청은 그 영업이 양도·양수되었다 하더라도 그 업소의 양수인에 대하여 영업정지처분을 할 수 있다(대판 2001.6.29, 2001두1611).

OX 문제

01 종전 허가의 유효기간이 지난 후에 한 허가기간연장 신청은 종전의 허가처분과는 별도의 새로운 허가를 내용으로 하는 행정처분을 구하는 것이라고 보아야 한다. ( )

정답 01 ○

4. **공중목욕장의 영업허가의 양도가 허용되는지 여부: 소극**

공중목욕장의 영업허가를 받은 자가 그 허가를 타인에게 양도하는 경우에는 영업의 시설이나 영업상의 이익 등만이 이전될 뿐 허가권 자체가 이전되는 것은 아니므로 양수인은 공중목욕장업법에 의한 영업허가를 새로이 받아야 하는 것이고 그 절차에는 양도인의 동의를 필요로 하는 것이 아님에도 불구하고 원심이 양도인에게 공중목욕탕 영업허가권에 관하여 양수인 명의로 명의 변경등록절차의 이행을 명하였음은 위법하다(대판 1981.1.13, 80다1126).

5. **사실상 영업이 양도·양수되었지만 아직 승계신고 및 수리 처분이 있기 이전의 경우, 행정제재처분사유 유무의 판단기준이 되는 대상자 및 위반행위에 대한 행정책임이 귀속되는 자: 양도인**

사실상 영업이 양도·양수되었지만 아직 승계신고 및 그 수리처분이 있기 이전에는 여전히 종전의 영업자인 양도인이 영업허가 자이고, 양수인은 영업허가자가 되지 못한다 할 것이어서 행정제재처분의 사유가 있는지 여부 및 그 사유가 있다고 하여 행하는 행정제재처분은 영업허가자인 양도인을 기준으로 판단하여 그 양도인에 대하여 행하여야 할 것이고, 한편 양도인이 그의 의사에 따라 양수인에게 영업을 양도하면서 양수인으로 하여금 영업을 하도록 허락하였다면 그 양수인의 영업 중 발생한 위반행위에 대한 행정적인 책임은 영업허가자인 양도인에게 귀속된다고 보아야 할 것이다(대판 1995.2.24, 94누9146).

6. **건설업면허를 가진 피합병회사에 그 면허를 취소할 위법사유가 있었다면 면허관청은 이를 이유로 존속회사 또는 신설회사에게 응분의 제재조치를 취할 수 있는지 여부: 적극**

면허증 및 면허수첩의 재교부에 의하여 재교부 전의 건설업자의 모든 위법사유가 치유된다거나 일정한 시일의 경과로서 그 위법사유가 치유된다고 볼 수는 없으므로, 만약 건설업면허를 가진 피합병회사에 그 면허를 취소할 위법사유가 있었다면 면허관청은 이를 이유로 존속회사 또는 신설회사에게 응분의 제재조치를 취할 수 있다(대판 1994.10.25, 93누21231).

(10) 면제

① 의의: 행정청이 국민에게 부과한 작위의무, 급부의무, 수인의무를 면제하는 것을 의미한다.

② 특징

㉠ 주의할 것은 부작위 의무의 면제는 허가에 해당한다.

㉡ 허가의 법리는 면제와 동일함이 원칙이다. 즉, 의무를 해제한다는 점에서 성질이 유사하다.

3 형성적 행위

사인이 원래부터 갖고 있는 것이 아닌 특별한 권리·능력, 기타 법적 지위를 부여·변경·박탈하는 행위를 말하는 것으로 명령적 행위와 달리 효력발생요건에 해당한다. 형성적 행위의 대상은 국가의 존재를 전제로 하며, 상대방을 위한 행위와 타자를 위한 행위가 있다.

1. 특허

(1) 의의: 특정인을 위하여 권리를 설정하거나, 법적 지위를 인정하는 것을 의미한다(설권행위). 이는 강학상의 개념이며, 실정법상으로 특허·허가·면허 등으로 불리기도 한다. 주로 공익사업의 허가 형태로 설정된다. 예를 들어 철도·버스 등의 운송사업에 대한 허가는 '강학상의 특허'로 보는 것이 일반적이다.

(2) 특허의 종류: 특허의 종류에는 운송사업면허, 도시가스사업면허, 광업허가, 도로점용허가, 어업면허, 공유수면매립면허 등의 '권리설정행위(협의의 특허)'와 공법인을 설

⊙X 문제

01 형성적 행정행위는 명령적 행정행위에 속하며, 이에는 특허·인가·대리가 속한다. ( )

정답 01 ○

립하는 행위 등의 '능력설정행위', 공무원 임용과 귀화허가 등의 '포괄적 법률관계 설정행위'가 있다.

(3) 특허의 형식 및 상대방: 특허는 원칙적으로 구체적 처분(행정행위)의 형식으로 이루어지나, 예외적으로 법률의 규정에 의한 '법규특허'도 가능하다(신청이 필요하지 않음). 또한 특허는 특정인에 대해서만 가능하며 불특정인에 대한 특허는 행해질 수 없다.

(4) 특허의 특징

① '형성적 행정행위'이며 협력을 요하는 행정행위이다. 또한 허가와 달리 신청(출원)이 필수요건이다. 허가는 일반처분 형태로도 가능하므로 신청이 필수요건은 아니다. 일반처분 형태로 하는 경우에는 신청이 없어도 가능하기 때문이다(통설).

② '재량행위'임이 원칙이므로, 허가와 달리 선원주의가 적용되지 않는다.

③ 허가와 달리 수정특허가 인정되지 않는데 이는 권리관련적인 특성 때문이다. 따라서 신청한 내용과 다른 특허는 인정되지 않으므로 이러한 점은 수정인가가 허용되지 않는 인가와 동일하다.

④ 특허에 의하여 설정되는 권리는 공권(예 도로점용허가)이 원칙이나, 예외적으로 사권(예 광업권, 어업권)도 있다.

⑤ 기존업자가 특허인 경우에는 허가와 달리 신규업자는 특허에 대해 행정소송을 제기할 수 있는 원고적격이 인정된다.

⑥ 특허를 받지 않은 행위는 무효에 그치고, 원칙적으로 행정상의 제재나 행정강제의 대상이 아니다.

판례 PLUS

특허의 법적 성질

1. 실효된 공유수면매립면허의 회복처분의 법적 성격: 특허, 재량행위
공유수면매립면허는 설권행위인 특허의 성질을 갖는 것이므로 원칙적으로 행정청의 자유재량에 속하며, 일단 실효된 공유수면매립면허의 효력을 회복시키는 행위도 특단의 사정이 없는 한 새로운 면허부여와 같이 면허관청의 자유재량에 속한다(대판 1989.9.12, 88누9206).

2. 개인택시운송사업면허의 법적 성격: 특허, 재량행위
자동차운수사업법에 의한 개인택시운송사업면허는 특정인에게 권리나 이익을 부여하는 행정행위로서 법령에 특별한 규정이 없는 한 재량행위이고, 그 면허를 위하여 필요한 기준을 정하는 것도 역시 행정청의 재량에 속한다(대판 1996.10.11, 96누6172).

3. 법무부장관의 귀화허가의 법적 성격: 특허, 재량행위
귀화허가는 외국인에게 대한민국 국적을 부여함으로써 국민으로서의 법적 지위를 포괄적으로 설정하는 행위에 해당한다. 한편 국적법 등 관계 법령 어디에도 외국인에게 대한민국의 국적을 취득할 권리를 부여하였다고 볼 만한 규정이 없다. 이와 같은 귀화허가의 근거 규정의 형식과 문언, 귀화허가의 내용과 특성 등을 고려하여 보면, 법무부장관은 귀화신청인이 법률이 정하는 귀화요건을 갖추었다고 하더라도 귀화를 허가할 것인지 여부에 관하여 재량권을 가진다(대판 2010.7.15, 2009두19069).

4. 출입국관리법상 체류자격 변경허가의 법적 성격: 특허, 재량행위
체류자격 변경허가는 신청인에게 당초의 체류자격과 다른 체류자격에 해당하는 활동을 할 수 있는 권한을 부여하는 일종의 설권적 처분의 성격을 가지므로, 허가권자는 신청인이 관계 법령에서 정한 요건을 충족하였더라도, 신청인의 적격성, 체류 목적, 공익상의 영향 등을 참작하여 허가 여부를 결정할 수 있는 재량을 가진다(대판 2016.7.14, 2015두48846).

5. **공특법상 공익사업을 사업인정의 법적 성격: 특허, 재량행위**

사업인정이란 공익사업을 토지 등을 수용 또는 사용할 사업으로 결정하는 것으로서 공익사업의 시행자에게 그 후 일정한 절차를 거칠 것을 조건으로 일정한 내용의 수용권을 설정하여 주는 형성행위이므로, 해당 사업이 외형상 토지 등을 수용 또는 사용할 수 있는 사업에 해당한다고 하더라도 사업인정기관으로서는 그 사업이 공용수용을 할 만한 공익성이 있는지의 여부와 공익성이 있는 경우에도 그 사업의 내용과 방법에 관하여 사업인정에 관련된 자들의 이익을 공익과 사익 사이에서는 물론, 공익 상호 간 및 사익 상호 간에도 정당하게 비교·교량하여야 하고, 그 비교·교량은 비례의 원칙에 적합하도록 하여야 한다(대판 2011.1.27, 2009두1051).

6. **도시 및 주거환경정비법상 조합설립인가처분의 법적 성격: 특허, 재량행위**

행정청이 도시 및 주거환경정비법 등 관련 법령에 근거하여 행하는 조합설립인가처분은 단순히 사인들의 조합설립행위에 대한 보충행위로서의 성질을 갖는 것에 그치는 것이 아니라 법령상 요건을 갖출 경우 도시 및 주거환경정비법상 주택재건축사업을 시행할 수 있는 권한을 갖는 행정주체(공법인)로서의 지위를 부여하는 일종의 설권적 처분의 성격을 갖는다고 보아야 한다(대판 2009.9.24, 2008다60568).

7. **도로법상 도로점용허가의 법적 성격: 특허, 재량행위**

도로법상 도로점용의 허가는 특정인에게 일정한 내용의 공물사용권을 설정하는 설권행위로서, 공물관리자가 신청 인의 적격성, 사용목적 및 공익상의 영향 등을 참작하여 허가를 할 것인지의 여부를 결정하는 재량행위이다(대판 2002.10.25, 2002두5795).

8. **수도권 대기환경개선에 관한 특별법상 대기오염물질 총량관리사업장 설치허가의 법적 성격: 특허, 재량행위**

수도권대기환경특별법 제14조 제1항에서 정한 대기오염물질 총량관리사업장 설치의 허가 또는 변경허가는 특정인에게 인구가 밀집되고 대기오염이 심각하다고 인정되는 수도권 대기관리권역에서 총량관리대상 오염물질을 일정량을 초과하여 배출할 수 있는 특정한 권리를 설정하여 주는 행위로서 그 처분의 여부 및 내용의 결정은 행정청의 재량에 속한다(대판 2013.5.9, 2012두22799).

9. **국정 또는 검·인정제도의 법적 성질: 특허, 재량행위**

교과서에 관련된 국정 또는 검·인정제도의 법적 성질은 인간의 자연적 자유의 제한에 대한 해제인 허가의 성질을 갖는다기보다는 어떠한 책자에 대하여 교과서라는 특수한 지위를 부여하거나 인정하는 제도이기 때문에 가치 창설적인 형성적 행위로서 특허의 성질을 갖는 것이며, 그렇게 본다면 국가가 그에 대한 재량권을 갖는 것은 당연하다(헌재 1992.11.12, 89헌마88).

2. 인가

(1) 의의: 사인의 법률행위가 효력을 발생하기 위해서는 행정청의 일정한 행정행위가 필요한 경우가 있는데 그것이 바로 인가이다. 인가는 타인의 법률행위 효력을 완성시켜주기 위한 것이므로 보충행위(보충적 법률행위)라고도 한다.

 판례 PLUS

인가의 법적 성질

1. **민법상 재단법인의 정관변경 허가의 법적 성질: 인가**

민법상 재단법인의 정관변경 허가는 법률상의 표현이 허가로 되어 있기는 하나, 그 성질에 있어 법률행위의 효력을 보충해 주는 것이지 일반적 금지를 해제하는 것이 아니므로, 그 법적 성격은 인가라고 보아야 한다(대판 1996.5.16, 95누4810).

2. **국토이용관리법상 "허가"의 법적 성질: 인가**

국토이용관리법상 토지거래허가가 규제지역 내의 모든 국민에게 전반적으로 토지거래의 자유를 금지하고 일정한 요건을 갖춘 경우에만 금지를 해제하여 계약체결의 자유를 회복시켜 주는 성질의 것이라고 보는 것은 위 법의 입법 취지를 넘어선 지나친 해석이라고 할 것이고, 규제지역 내에서도 토지거래의 자유가 인정되지만, 위 허가는 허가 전의 유동적 무효 상태에 있는 법률행위의 효력을 완성시켜주는 인가적 성질을 띤 것이라고 보는 것이 타당하다(대판 1991.12.24, 90다12243).

3. 사립학교법상 임원취임승인행위의 법적 성질: 인가
사립학교법은 학교법인의 이사장·이사·감사 등의 임원은 이사회의 선임을 거쳐 관할청의 승인을 받아 취임하도록 규정하고 있는바, 관할청의 임원취임승인행위는 학교법인의 임원선임행위의 법률상 효력을 완성케 하는 보충적 법률행위이다(대판 2007.12.27, 2005두9651).

(2) 인가의 법적 성질

① 인가는 구체적 사실관계를 전제로 하므로 언제나 개별적 처분 형태로만 이루어진다. 따라서 특정인에 대해서만 가능하고 불특정 다수인을 상대로 하는 일반처분 형태의 인가는 없으며, 법규인가 형태의 경우도 존재하지 않는다.

② 인가의 대상은 법률행위에 한하며, 사실행위는 인가의 대상에서 제외된다. 법률행위이므로 공법행위(예 공공단체 설립 인가)나 사법행위를 불문한다.

③ 인가는 구체적 사실관계를 전제로 하므로, 출원이 필수요건이다.

④ 수정인가는 허용되지 않는다. 즉, 신청한 내용과 다른 인가는 허용되지 않는다. '인가의 보충성'으로 인하여 인가는 소극적 성격을 지니기 때문이다.

⑤ 인가가 재량행위인지 기속행위인지는 개별적으로 판단한다(판례). 재량행위로 판단한 경우에는 부관의 부과가 가능하다.

⑥ 행정청의 인가가 없으면 타인의 법률행위 효력은 발생하지 않아 무효이며, 원칙적으로 행정벌, 강제집행 등의 대상이 되지 않는다.

📌 판례 PLUS

인가가 재량행위인지 기속행위인지 여부: 개별적 판단

1. 재단법인의 임원취임승인 신청에 대한 주무관청의 승인행위: 재량행위
임원취임을 인가 또는 거부할 것인지의 여부는 주무관청의 권한에 속하는 사항이라고 할 것이고, 재단법인의 임원취임승인 신청에 대하여 주무관청이 이에 기속되어 이를 당연히 승인(인가)하여야 하는 것은 아니다(대판 2000.1.28, 98두16996).

2. 사회복지법인의 정관변경허가: 재량행위
사회복지법인의 정관변경을 허가할 것인지의 여부는 주무관청의 정책적 판단에 따른 재량에 맡겨져 있다고 할 것이고, 주무관청이 정관변경허가를 함에 있어서는 비례의 원칙 및 평등의 원칙에 적합하고 행정처분의 본질적 효력을 해하지 않는 한도 내에서 부관을 붙일 수 있다(대판 2002.9.24, 2000두5661).

3. 학교법인 이사취임승인처분: 기속행위
사립학교법상 이사취임승인처분은 학교법인의 임원선임행위를 보충하여 법률상의 효력을 완성시키는 보충적 행정행위로서 기속행위에 속한다(대판 1992.9.22, 92누5461).

(3) 인가의 하자와 기본행위

① 기본행위에 하자가 있고, 인가에는 하자가 없는 경우

기본행위	보충행위	효과
무효	적법	무효
취소	적법	취소

② 기본행위에는 하자가 없고, 인가에 하자가 있는 경우

기본행위	보충행위	효과
적법	무효	무인가행위(무효)
적법	취소사유	유인가행위(인가가 취소되면 무효)

(4) 쟁송방법

① 인가의 보충성으로 인해 기본행위에 하자가 있는 경우 기본행위를 다투어야 하며, 인가행위를 다툴 수 없다는 것이 통설과 판례의 입장이다.

② 보충행위인 인가에만 하자가 있는 경우 그 인가처분에 대해 무효나 취소를 주장할 수 있다.

 판례 PLUS

인가의 하자

기본행위의 하자를 이유로 인가처분의 효력을 다툴 수 있는지 여부: 원칙적 소극

1. 학교법인의 임원선임행위의 무효를 이유로, 임원취임승인처분을 다툴 수 있는지 여부: 소극

기본행위인 사법상의 임원선임행위에 하자가 있다하여 그 선임행위의 효력에 관하여 다툼이 있는 경우에 민사쟁송으로서 그 선임행위의 취소 또는 무효확인을 구하는 것은 별론으로 하고, 기본행위의 불성립 또는 무효를 내세워 바로 그에 대한 감독청의 취임승인처분의 취소 또는 무효확인을 구하는 것은 특단의 사정이 없는 한 소구할 법률상의 이익이 없다(대판 1987.8.18, 86누152).

2. 주택재건축조합이 재건축결의에서 결정된 내용과 다르게 사업시행계획을 작성하여 사업시행인가를 받은 경우, 인가처분 자체에 하자가 있는 것인지 여부: 소극

주택재건축조합이 사업시행계획을 재건축결의에서 결정된 내용과 달리 작성한 경우 이러한 하자는 기본행위인 사업시행계획 작성행위의 하자이고, 이에 대한 보충행위인 행정청의 인가처분이 그 근거 조항의 적법요건을 갖추고 있는 이상 인가처분 자체에 하자가 있는 것이라 할 수 없다(대판 2008.1.10, 2007두16691).

3. 기본행위인 재건축조합설립행위에 하자가 있는 경우, 이를 내세워 인가처분을 소구할 법률상 이익이 있는지 여부: 소극

주택건설촉진법에서 규정한 바에 따른 관할시장 등의 재건축조합설립인가는 불량·노후한 주택의 소유자들이 재건축을 위하여 한 재건축조합설립행위를 보충하여 그 법률상 효력을 완성시키는 보충행위일 뿐이므로 그 기본되는 조합설립행위에 하자가 있을 때에는 그에 대한 인가가 있다 하더라도 기본행위인 조합설립이 유효한 것으로 될 수 없고, 따라서 기본행위는 적법·유효하나 보충행위인 인가처분에만 하자가 있는 경우에는 그 인가처분의 취소나 무효확인을 구할 수 있을 것이지만, 기본행위인 조합설립에 하자가 있는 경우에는 민사쟁송으로써 따로 그 기본행위의 취소 또는 무효확인 등을 구하는 것은 별론으로 하고 기본행위의 불성립 또는 무효를 내세워 바로 그에 대한 감독청 인가처분의 취소 또는 무효확인을 소구할 법률상 이익은 없다(대판 2000.9.5, 99다1854).

4. 행정청의 재건축주택조합의 조합장 명의변경에 대한 인가의 법적 성질 및 인가처분에 하자가 없고 기본행위인 조합장 명의변경에 하자가 있는 경우, 기본행위의 하자를 내세워 바로 그에 대한 행정청의 인가처분의 취소를 구할 수 있는지 여부: 소극

재건축주택조합의 조합장 명의변경에 대한 시장, 군수 또는 자치구 구청장의 인가처분에서 기본행위인 조합장 명의변경이 적법·유효하고 보충행위인 인가처분 자체에만 하자가 있다면 그 인가처분의 취소를 구할 수 있는 것이지만, 기본행위에 하자가 있다고 하더라도 인가처분 자체에 하자가 없다면 따로 그 기본행위의 하자를 다투는 것은 별론으로 하고 기본행위의 하자를 내세워 바로 그에 대한 행정청의 인가처분의 취소를 구할 수는 없다(대판 2005.10.14, 2005두1046).

OX 문제

01 강학상 인가는 기본행위에 대한 법률상의 효력을 완성시키는 보충행위로서, 그 기본이 되는 행위에 하자가 있을 때에는 그에 대한 인가가 있었다 하여도 기본행위가 유효한 것으로 될 수 없다. ( )

02 인가처분에 하자가 없더라도 기본행위에 무효사유가 있다면 기본행위의 무효를 내세워 그에 대한 행정청의 인가처분의 취소 또는 무효확인을 구할 소의 이익이 있다. ( )

정답 01 ○ 02 ×(→소의 이익이 없다)

3. 대리

(1) 의의: 행정청이 타인이 행하여야 할 행위를 대리하여 그 법적 효과를 타인에게 귀속시키는 것을 대리라고 한다.

(2) 대리의 목적과 종류

① **감독적 목적:** 감독청에 의한 공법인의 임원임명 등

② **국가작용의 실효성 확보:** 체납처분에 의한 압류재산의 공매처분 등

③ **당사자 사이의 합의불성립시 조정:** 사업인정고시 후 보상계획 · 보상액의 산정 등과 관련하여 사업시행자와 토지소유자간에 합의가 성립되지 않는 경우에 토지수용위원회의 조정적 재결(토지보상법 제228조, 제34조) 등. 그러나 행정심판위원회의 재결은 대리가 아니라 확인행위이다.

④ **타인의 보호 목적:** 행려병자 · 사자의 유류품 정리 등

4. 인 · 허가 의제제도

(1) 의의: 하나의 사업을 수행하기 위하여 여러 법률에 규정된 인 · 허가를 여러 행정청으로부터 받아야 하는 경우, 하나의 인허가(이하 "주된 인허가"라 한다)를 받으면 법률로 정하는 바에 따라 그와 관련된 여러 인허가(이하 "관련 인허가"라 한다)를 받은 것으로 보는 것을 말한다(행정기본법 제24조 제1항). 행정절차를 간소화하는 제도이다.

 법령 PLUS

행정기본법

제24조(인허가의제의 기준) ① 이 절에서 "인허가의제"란 하나의 인허가(이하 "주된 인허가"라 한다)를 받으면 법률로 정하는 바에 따라 그와 관련된 여러 인허가(이하 "관련 인허가"라 한다)를 받은 것으로 보는 것을 말한다.

(2) 인허가의제 요건: 인허가의제를 받으려면 주된 인허가를 신청할 때 관련 인허가에 필요한 서류를 함께 제출하여야 하며(행정기본법 제24조 제2항), 주된 행정청은 주된 인허가를 하기 전에 미리 관련 행정청과 협의하여야 한다(제3항). 관련 인허가에 필요한 심의 등 절차에 관하여는 법률에 인허가의제 시에도 해당 절차를 거친다는 명시적인 규정이 있는 경우에만 거친다(제5항).

 법령 PLUS

행정기본법

제24조(인허가의제의 기준) ② 인허가의제를 받으려면 주된 인허가를 신청할 때 관련 인허가에 필요한 서류를 함께 제출하여야 한다. 다만, 불가피한 사유로 함께 제출할 수 없는 경우에는 주된 인허가 행정청이 별도로 정하는 기한까지 제출할 수 있다.
③ 주된 인허가 행정청은 주된 인허가를 하기 전에 관련 인허가에 관하여 미리 관련 인허가 행정청과 협의하여야 한다.
④ 관련 인허가 행정청은 제3항에 따른 협의를 요청받으면 그 요청을 받은 날부터 20일 이내(제5항 단서에 따른 절차에 걸리는 기간은 제외한다)에 의견을 제출하여야 한다. 이 경우 전단에서 정한 기간(민원 처리 관련 법령에 따라 의견을 제출하여야 하는 기간을 연장한 경우에는 그 연장한 기간을 말한다) 내에 협의 여부에 관하여 의견을 제출하지 아니하면 협의가 된 것으로 본다.

⑤ 제3항에 따라 협의를 요청받은 관련 인허가 행정청은 해당 법령을 위반하여 협의에 응해서는 아니 된다. 다만, 관련 인허가에 필요한 심의, 의견 청취 등 절차에 관하여는 법률에 인허가의제 시에도 해당 절차를 거친다는 명시적인 규정이 있는 경우에만 이를 거친다. [본조 시행일: 2023. 3. 24.]

 판례 PLUS

인 · 허가 의제의 효과: 절차집중

건설부장관이 주택건설촉진법 제33조에 따라 관계기관의 장과의 협의를 거쳐 사업계획승인을 한 이상 같은 조 제4항의 허가 · 인가 · 결정 · 승인 등이 있는 것으로 볼 것이고, 그 절차와 별도로 도시계획법 제12조 등 소정의 중앙도시계획위원회의 의결이나 주민의 의견청취 등 절차를 거칠 필요는 없다(대판 1992.11.10, 92누 1162).

(3) 인허가의제의 효과: 주된 인허가를 받으면, 관련 인허가도 받은 것으로 간주된다(행정기본법 제25조 제2항).

 법령 PLUS

행정기본법

제25조(인허가의제의 효과) ① 제24조 제3항 · 제4항에 따라 협의가 된 사항에 대해서는 주된 인허가를 받았을 때 관련 인허가를 받은 것으로 본다.
② 인허가의제의 효과는 주된 인허가의 해당 법률에 규정된 관련 인허가에 한정된다. [본조 시행일: 2023. 3. 24.]

(4) 인허가의제의 사후관리 등

 법령 PLUS

행정기본법

제26조(인허가의제의 사후관리 등) ① 인허가의제의 경우 관련 인허가 행정청은 관련 인허가를 직접 한 것으로 보아 관계 법령에 따른 관리 · 감독 등 필요한 조치를 하여야 한다.
② 주된 인허가가 있은 후 이를 변경하는 경우에는 제24조 · 제25조 및 이 조 제1항을 준용한다.
③ 이 절에서 규정한 사항 외에 인허가의제의 방법, 그 밖에 필요한 세부 사항은 대통령령으로 정한다.
[본조 시행일: 2023. 3. 24.]

[허가 · 특허 인가 비교]

구분	허가	특허	인가
의의	일반적, 추상적 금지를 특정한 경우에 해제하여 자연의 자유를 회복시켜주는 행위	특정인에게 권리, 능력 등을 설정해주는 행위	제3자의 법적행위를 보충하여 그 법적효과를 완성시켜주는 행위
성질	명령적 행위	형성적 행위(설권행위)	형성적 행위(보충행위)
위반의 효과	행위 자체가 무효(적법요건)/ 단, 처벌대상(행정강제, 행정벌)	행위 자체가 무효(효력요건)/ 처벌대상 아님	행위 자체가 무효(효력요건)/ 처벌대상 아님

예	영업허가, 건축허가, 운전면허, 통행금지 해제, 연초소매인 지정, 일시적 도로사용 허가	공기업특허, 공물사용특허, 하천점용허가, 광업허가, 귀화허가, 운수사업면허	법인설립허가, 공공조합의 정관 승인, 수도공급규정의 인가, 공기업사업양도의 인가, 외국인토지취득의 인가
상대방의 출원	신청에 의하지 않는 허가 가능	출원 없는 특허는 무효	출원 없는 인가는 무효
효과	• 자연적 자유의 회복 • 반사적 이익 • 이전 가능 • 공법적 효과만 있음	• 권리 등의 발생 • 이전 가능 • 공법적 효과+사법적 효과 예 광업권, 어업권	• 사인의 법률행위의 효력 완성 • 이전 불가
위반 행위의 사법적 효력	• 유효 • 예외적 무효	• 무효 • 강제집행의 대상 아님	• 무효 • 행정강제, 행정벌 등의 대상이 아님 • 예외적 처벌
목적	소극적 질서유지	적극적 공공복리	적극적 공공복리
법적 성질	법률행위적 행정행위, 쌍방적 행정행위, 수익적 행정행위		
법적 성질	• 명령적 행위 • 기속행위(행정청이 법규를 단순히 집행) • 직접 상대방을 위한 행위	• 형성적 행위 • 재량행위 • 직접 상대방을 위한 행위	• 형성적 행위(보충행위) • 기속행위 • 제3자를 위한 행위
대상	사실행위+법률행위	사실행위+법률행위	법률행위 만
대상사업	개인적, 소규모 영리사업	대규모 공익사업	공익사업
보호, 감독	질서유지를 위한 소극적 감독	특정인	특정인
수정	예외적 수정허가 가능	수정특허 불가	수정인가 불가
예외적 승인	• 학교보건법상 학교환경정화구역내 유흥음식점 허가 • 개발제한구역 내 건축허가 • 자연공원법이 적용되는 지역내 단란주점 허가 • 도시계획구역내 건물의 용도변경허가, 지목형질변경허가 • 학술연구(치료)를 위한 향정신성의약품(마약)의 소지·섭취 승인 • 마약류 취급자 허가 • 카지노 영업 허가		

4 준법률행위적 행정행위

1. 의의

준법률행위적 행정행위는 행정청의 효과의사가 아닌 행정청의 정신작용, 판단 내지 인식에 대해 법률의 규정에서 일정한 효과를 부여한 결과, 행정행위가 되는 행위를 말한다. 따라서 준법률행위적 행정행위는 기속행위가 원칙이다. 여기에는 확인, 공증, 통지, 수리가 있다.

2. 확인

(1) **의의**: 사실관계나 법률관계에 다툼이나 의문이 있는 경우에 상급청이 판단하는 행위를 말한다. 이를 준사법(司法)적 행위 또는 법선언적 행위라고도 한다.

(2) 종류: 발명특허(통설), 교과서 검인정(통설, 헌재는 특허로 봄), 소득세 부과를 위한 소득금액의 결정, 행정심판에 대한 재결, 이의신청, 도로·하천구역의 결정, 국가시험 합격자 결정, 당선인 결정, 군사시설보호구역 등이 있다.

(3) 확인의 특징

① 확인행위는 준법률행위적 행정행위이므로 기속행위에 해당한다.

② 확인은 구체적 분쟁을 전제로 하므로 항상 개별적 처분형태로만 이루어지며, 불특정 다수인을 상대로 하는 일반처분 형태의 확인은 없다.

③ 일반적, 추상적인 법규 확인은 인정되지 않는다.

④ 확인은 행정청의 판단작용이며, 상급청의 판단이므로 불가변력이 발생한다.

 판례 PLUS

확인의 법적 성질

1. 친일반민족행위자 재산의 국가귀속결정의 법적 성질: 확인
친일반민족행위자 재산의 국가귀속에 관한 특별법 규정들의 취지와 내용에 비추어 보면, 친일재산은 친일반민족행위자재산조사위원회가 국가귀속결정을 하여야 비로소 국가의 소유로 되는 것이 아니라 특별법의 시행에 따라 그 취득·증여 등 원인행위 시에 소급하여 당연히 국가의 소유로 되고, 친일반민족행위자재산조사위원회의 국가귀속결정은 당해 재산이 친일재산에 해당한다는 사실을 "확인"하는 이른바 준법률행위적 행정행위의 성격을 가진다(대판 2008.11.13, 2008두13491).

2. 준공검사처분의 법적 성질: 확인
준공검사처분은 건축허가를 받아 건축한 건물이 건축허가사항대로 건축행정목적에 적합한가의 여부를 확인하고, 준공검사필증을 교부하여 줌으로써 허가받은 자로 하여금 건축한 건물을 사용, 수익할 수 있게 하는 법률효과를 발생시키는 것이다. 허가관청은 특단의 사정이 없는 한 건축허가내용대로 완공된 건축물의 준공을 거부할 수 없다고 하겠으나, 만약 건축허가 자체가 건축 관계 법령에 위반되는 하자가 있는 경우에는 비록 건축허가내용대로 완공된 건축물이라 하더라도 위법한 건축물이 되는 것으로서 그 하자의 정도에 따라 건축허가를 취소할 수 있음은 물론 그 준공도 거부할 수 있다(대판 1992.4.10, 91누5358).

3. 공증

(1) 의의: 사실관계나 법률관계의 존재 여부를 행정청이 공적으로 증명해주는 행위를 말한다.

(2) 종류

① **공적 장부의 등기·등록·등재**: 부동산등기부의 등기, 광업권원부의 등록, 선거인명부의 등록, 토지대장의 등재 등

② **증명서 발급**: 합격증서, 당선증서 등의 발급

③ **기타**: 여권 등의 발급, 영수증 교부, 회의록 등의 기재

(3) 확인과 공증의 비교

① 공증은 확인과는 달리 행정청의 인식작용으로, 원칙적으로 '요식행위'이다.

② 공증은 확인과는 달리 의문이나 분쟁을 전제로 하지 않는다.

③ 공증은 확인과 마찬가지로 '기속행위'이다.

④ 공증은 확인과 마찬가지로 언제나 개별적 처분 형태로만 가능하다. 구체적 사실관계를 전제로 하기 때문이다.

OX 문제

01 확인은 행정청의 인식작용이다. ( )

02 친일반민족행위자재산조사위원회의 국가귀속결정은 당해 재산이 친일재산에 해당한다는 사실을 공증하는 이른바 준법률행위적 행정행위의 성격을 가진다. ( )

03 준공검사처분은 확인행위에 해당한다. ( )

정답 01 × 02 ×(→확인) 03 ○

⑤ 공증은 구체적 사실관계에 대해 공적 증거력이 발생하나, '반증이 있는 경우에는 번복'된다.

(4) 공증의 처분성

① 공증은 행정행위의 공정력이 부인되므로 행정행위가 아니라고 보는 견해도 있으나, 다수설은 공증도 쟁송취소의 대상이 되므로 처분성을 긍정한다.

② 판례는 원칙적으로 공증의 처분성을 인정하지 않지만, 최근에는 공증의 처분성을 인정하는 사례들이 있다. 예컨대 토지분할신청에 대한 행정청의 거부처분이나 지목변경신청에 대한 행정청의 거부처분 사건에서 행정소송의 대상이 되는 처분성을 인정하였는데 그 이유는 거부처분으로 인해 토지나 지목의 소유권이 제한되기 때문이다.

🔷 판례 PLUS

공증의 처분성을 부정한 예

1. 건축물관리대장에의 등재사항에 대한 정정신청 거부행위
건축물대장에 일정한 사항을 등재하거나 등재된 사항을 변경하는 행위는 행정사무집행의 편의와 사실증명의 자료로 삼기 위한 것이고 그 등재나 변경등재행위로 인하여 당해 건축물에 대한 실체상의 권리관계에 어떤 변동을 가져오는 것은 아니므로 소관청이 그 등재사항에 대한 정정신청을 거부한 것을 가리켜 항고소송의 대상이 되는 행정처분이라고 할 수 없다(대판 1989.12.12, 89누5348).

2. 법무법인의 공정증서 작성행위
행정청이 한 행위가 단지 사인 간 법률관계의 존부를 공적으로 증명하는 공증행위에 불과하여 그 효력을 둘러싼 분쟁의 해결이 사법원리에 맡겨져 있거나 행위의 근거 법률에서 행정소송 이외의 다른 절차에 의하여 불복할 것을 예정하고 있는 경우에는 항고소송의 대상이 될 수 없다(대판 2012.6.14, 2010두19720).

3. 자동차운전면허대장에의 등재
자동차운전면허대장상 일정한 사항의 등재행위는 운전면허행정사무집행의 편의와 사실증명의 자료로 삼기 위한 것일 뿐 그 등재행위로 인하여 당해 운전면허 취득자에게 새로이 어떠한 권리가 부여되거나 변동 또는 상실되는 효력이 발생하는 것은 아니므로 이는 행정소송의 대상이 되는 독립한 행정처분으로 볼 수 없다(대판 1991.9.24, 91누1400).

4. 가옥대장에의 등재
가옥대장에 일정한 사항을 등재하는 행위는 행정사무집행의 편의와 사실증명의 자료로 삼기 위한 것일 뿐 그 등재행위로 인하여 당해 가옥에 관한 실체상의 권리관계에 어떠한 변동을 가져오는 것은 아니라 할 것이므로 가옥대장의 등재행위는 행정처분이라 할 수 없다(대판 1982.10.26, 82누411).

5. 인감증명행위
인감증명행위는 인감증명청이 적법한 신청이 있는 경우에 인감대장에 이미 신고된 인감을 기준으로 출원자의 현재 사용하는 인감을 증명하는 것으로서 구체적인 사실을 증명하는 것일 뿐, 출원자에게 어떠한 권리가 부여되거나 변동 또는 상실되는 효력을 발생하는 것이 아니고, 인감증명의 무효확인을 받아들인다 하더라도 이로써 이미 침해된 당사자의 권리가 회복되거나 또는 곧바로 이와 관련된 새로운 권리가 발생하는 것도 아니므로 무효확인을 구할 법률상 이익이 없어 부적법하다(대판 2001.7.10, 2000두2136).

6. 토지대장의 등재사항에 대한 변경신청 거부행위
토지대장에 일정한 사항을 등재하거나 등재된 사항을 변경하는 행위는 행정사무집행의 편의와 사실증명의 자료로 삼기 위한 것이고 그 등재나 변경으로 인하여 당해 토지에 대한 실체상의 권리관계에 어떤 변동을 가져오는 것은 아니어서 소관청이 그 등재사항에 대한 변경신청을 거부한 것을 가리켜 항고소송의 대상이 되는 행정처분이라고 할 수 없다(대판 1995.12.5, 94누4295).

7. 무허가건물관리대장에서 삭제하는 행위

무허가건물관리대장은 행정관청이 지방자치단체의 조례 등에 근거하여 무허가건물 정비에 관한 행정상 사무처리의 편의와 사실증명의 자료로 삼기 위하여 작성, 비치하는 대장으로서 무허가건물을 무허가건물관리대장에 등재하거나 등재된 내용을 변경 또는 삭제하는 행위로 인하여 당해 무허가건물에 대한 실체상의 권리관계에 변동을 가져오는 것이 아니고, 무허가건물의 건축 시기, 용도, 면적 등이 무허가건물관리대장의 기재에 의해서만 증명되는 것도 아니므로, 관할관청이 무허가건물의 무허가건물관리대장 등재 요건에 관한 오류를 바로잡으면서 당해 무허가건물을 무허가건물관리대장에서 삭제하는 행위는 다른 특별한 사정이 없는 한 항고소송의 대상이 되는 행정처분이 아니다(대판 2009.3.12, 2008두11525).

8. 토지대장의 소유자명의변경신청을 거부한 행위

토지대장에 기재된 일정한 사항을 변경하는 행위는, 그것이 지목의 변경이나 정정 등과 같이 토지소유권 행사의 전제 요건으로서 토지소유자의 실체적 권리관계에 영향을 미치는 사항에 관한 것이 아닌 한 행정사무집행의 편의와 사실증명의 자료로 삼기 위한 것일 뿐이어서, 그 소유자 명의가 변경된다고 하여도 이로 인하여 당해 토지에 대한 실체상의 권리관계에 변동을 가져올 수 없고 토지 소유권이 지적공부의 기재만에 의하여 증명되는 것도 아니다. 따라서 소관청이 토지대장상의 소유자명의변경신청을 거부한 행위는 이를 항고소송의 대상이 되는 행정처분이라고 할 수 없다(대판 2012.1.12, 2010두12354).

공증의 처분성을 긍정한 예

1. 지적공부 소관청의 지목변경신청 반려행위

지적법 규정은 토지소유자에게 지목변경신청권과 지목정정신청권을 부여한 것이고, 지목은 토지소유권을 제대로 행사하기 위한 전제요건으로서 토지소유자의 실체적 권리관계에 밀접하게 관련되어 있으므로 지적공부 소관청의 지목변경신청 반려행위는 국민의 권리관계에 영향을 미치는 것으로서 항고소송의 대상이 되는 행정처분에 해당한다(대판 2004.4.22, 2003두9015 전합).

2. 지적등록사항 정정신청을 반려한 행위

지적법에 의하면 토지소유자에게는 지적공부의 등록사항에 대한 정정신청의 권리가 부여되어 있고, 이에 대응하여 소관청은 소유자의 정정신청이 있으면 등록사항에 오류가 있는지를 조사한 다음 오류가 있을 경우에는 등록사항을 정정하여야 할 의무가 있는바, 피청구인의 반려행위는 지적관리업무를 담당하고 있는 행정청의 지위에서 청구인의 등록사항 정정신청을 확정적으로 거부하는 의사를 밝힌 것으로서 공권력의 행사인 거부처분이라 할 것이므로 헌법재판소법 제68조 제1항 소정의 "공권력의 행사"에 해당한다(헌재 1999.6.24, 97헌마315).

3. 토지분할신청 거부행위

토지의 소유자는 자기소유 토지의 일부에 대한 소유권의 양도나 저당권의 설정 등 필요한 처분행위를 할 수 없게 되고, 특히 1필지의 일부가 소유자가 다르게 된 때에도 그 소유권을 등기부에 표창하지 못하고 나아가 처분도 할 수 없게 되어 권리행사에 지장을 초래하게 되는 점 등을 고려한다면, 지적 소관청의 이러한 토지분할신청의 거부행위는 국민의 권리관계에 영향을 미치는 것으로서 항고소송의 대상이 되는 처분으로 보아야 한다(대판 1992.12.8, 92누7542).

4. 건축물대장의 용도변경신청을 거부한 행위

건축물대장의 용도는 건축물의 소유권을 제대로 행사하기 위한 전제요건으로서 건축물 소유자의 실체적 권리관계에 밀접하게 관련되어 있으므로, 건축물대장 소관청의 용도변경신청 거부행위는 국민의 권리관계에 영향을 미치는 것으로서 항고소송의 대상이 되는 행정처분에 해당한다(대판 2009.1.30, 2007두7277).

5. 행정청이 건축물대장의 작성신청을 거부한 행위가 항고소송의 대상이 되는 행정처분에 해당하는지 여부: 적극

건축물대장의 작성은 건축물의 소유권을 제대로 행사하기 위한 전제요건으로서 건축물 소유자의 실체적 권리관계에 밀접하게 관련되어 있으므로 건축물대장 소관청의 작성신청 반려행위는 국민의 권리관계에 영향을 미치는 것으로서 항고소송의 대상이 되는 행정처분에 해당한다(대판 2009.2.12, 2007두17359).

OX 문제

01 행정청이 무허가건물을 무허가건물관리대장에서 삭제하는 행위는 처분성이 인정된다. ( )

02 지적공부 소관청의 지목변경신청 반려행위는 국민의 권리관계에 영향을 미치는 것으로서 항고소송의 대상이 되는 행정처분에 해당한다. ( )

03 지적 소관청의 토지분할신청 거부행위는 행정처분에 해당한다. ( )

04 판례에 의하면 건축물대장작성신청의 반려행위는 처분성이 인정된다. ( )

정답 01 ×(→처분성이 인정되지 않는다) 02 ○ 03 ○ 04 ○

4. 통지

(1) 의의: 행정청이 특정인이나 불특정 다수인을 상대로 일정한 사실을 알리는 행위를 의미한다. 통지 자체로 일정한 법률상 효과가 발생한다.

(2) 통지의 종류

① **관념의 통지:** 일정한 사실을 알리는 행위로, 의사가 아닌 사실을 표시하는 행위이다. 주주총회 소집 통지, 채권양도의 통지, 승낙연착의 통지 등이 있다.

② **의사의 통지:** 본인의 의사를 알리는 행위로 최고, 제한능력자 상대방의 거절 등이 있다.

(3) 통지의 특징

① 대집행 계고, 납세의 독촉, 토지수용에 있어서 사업인정의 고시 등이 해당한다.

② 주의할 것은 토지수용에 있어서 사업인정은 특허에 해당한다.

(4) 통지의 처분성 인정 여부: 준법률행위적 행정행위인 통지는 처분으로 권리·의무관계에 변동을 가져오는 통지는 항고소송의 대상이 된다. 그러나 정년퇴직의 통보, 당연퇴직의 통보 등과 같은 사실행위에 불과한 통지는 처분성이 부정된다.

 판례 PLUS

통지의 처분성을 부정한 예

1. 당연퇴직 통보
당연퇴직의 통보는 법률상 당연히 발생하는 퇴직사유를 공적으로 확인하여 알려주는 이른바 관념의 통지에 불과하다(대판 1995.11.14, 95누2036).

2. 정년퇴직 통보
정년퇴직의 통보는 정년퇴직 사실을 알리는 관념의 통지에 불과하다(대판 1983.2.8, 81누263).

3. 공무원임용결격자에 대한 임용행위의 취소의 법적 성질: 사실행위로서 통지
임용당시 공무원임용결격사유가 있었다면 비록 국가의 과실에 의하여 임용결격자임을 밝혀내지 못하였다 하더라도 그 임용행위는 당연무효로 보아야 한다. 국가가 공무원임용결격사유가 있는 자에 대하여 결격사유가 있는 것을 알지 못하고 공무원으로 임용하였다가 사후에 결격사유가 있는 자임을 발견하고 공무원 임용행위를 취소하는 것은 당사자에게 원래의 임용행위가 당초부터 당연무효이었음을 통지하여 확인시켜 주는 행위에 지나지 아니하는 것이므로, 그러한 의미에서 당초의 임용처분을 취소함에 있어서는 신의칙 내지 신뢰의 원칙을 적용할 수 없다. 또한 그러한 의미의 취소권은 시효로 소멸하는 것도 아니다(대판 1987.4.14, 86누459).

통지의 처분성을 긍정한 예

1. 행정대집행법상 계고
계고가 있음으로 인하여 대집행이 실행되어 상대방의 권리의무에 변동을 가져오는 것이므로 항고소송의 대상이 될 수 있다(대판 1966.10.31, 66누25).

2. 토지수용법 소정의 사업인정고시
일정한 절차를 거칠 것을 조건으로 하여 일정한 내용의 수용권을 설정해 주는 행정처분(대판 1994.11.11, 93누19375)

3. 임용기간이 만료된 조교수에 대한 재임용 거부통지

기간제로 임용되어 임용기간이 만료된 국·공립대학의 조교수는 교원으로서의 능력과 자질에 관하여 합리적인 기준에 의한 공정한 심사를 받아 위 기준에 부합되면 특별한 사정이 없는 한 재임용되리라는 기대를 가지고 재임용 여부에 관하여 합리적인 기준에 의한 공정한 심사를 요구할 법규상 또는 조리상 신청권을 가진다고 할 것이니, 임용권자가 임용기간이 만료된 조교수에 대하여 재임용을 거부하는 취지로 한 임용기간만료의 통지는 대학교원의 법률관계에 영향을 주는 것으로서 행정소송의 대상이 되는 처분에 해당한다(대판 2004.4.22, 2000두7735).

4. 원천징수의무자에 대한 소득금액변동통지는 원천징수의무자인 법인의 납세의무에 직접 영향을 미치는 과세관청의 행위로서, 항고소송의 대상이 되는 조세 행정처분이라고 봄이 상당하다(대판 2006.4.20, 2002두1878).

5. 수리

(1) 의의: 사인의 공법행위(예 출생신고)에 대하여 행정청이 유효한 행위로서 접수하여 처리하는 것을 의미한다.

(2) 수리의 특징

① 수리는 '요식행위'인 것이 원칙이며, 법률에 특별한 규정이 없는 한 법정요건을 갖춘 신고는 수리되어야 하므로 원칙적으로 '기속행위'이다.

② 수리는 준법률적 행정행위로 법률효과는 개별법이 정하는 바에 따르며, 수리를 요하는 신고의 수리거부는 행정쟁송의 대상이 된다.

③ 기본행위가 존재하지 않는 경우 이에 대한 수리는 당연무효가 된다. 즉 사업의 양도·양수에 따른 지위승계신고와 같은 행위요건적 신고는 유효한 기본행위의 존재를 전제로 하는 수동적인 행위로 수리대상인 기본행위가 존재하지 않거나 무효인 때에는 수리를 하였더라도 당연무효가 된다는 것이 통설 및 판례의 입장이다.

④ 행정절차법 제40조는 수리를 요하지 않는 신고를 규정하고 있다.

➕ 판례 PLUS

수리의 인정 여부

1. 건축주명의변경신고를 받은 행정청의 심사권의 범위

허가대상 건축물의 양수인이 구 건축법시행규칙에 규정되어 있는 형식적 요건을 갖추어 시장·군수에게 적법하게 건축주 명의변경을 신고한 때에는 시장·군수는 그 신고를 수리하여야지 실체적인 이유를 내세워 신고의 수리를 거부할 수 없지만, 건축물의 소유권을 둘러싸고 소송이 계속중이어서 판결로 소유권의 귀속이 확정될 때까지 건축주명의변경신고의 수리를 거부함이 상당하다(대판 1993.10.12, 93누883).

2. 가설건축물존치기간연장신고에 대해 행정청이 법령에서 요구하지 않은 '대지사용승낙서' 등의 서류가 제출되지 아니하였거나, 대지소유권자의 사용승낙이 없다는 등의 사유를 들어 연장신고의 수리를 거부할 수 있는지 여부: 소극

가설건축물 존치기간을 연장하려는 건축주 등이 법령에 규정되어 있는 제반 서류와 요건을 갖추어 행정청에 연장신고를 한 때에는 행정청은 원칙적으로 이를 수리하여 신고필증을 교부하여야 하고, 법령에서 정한 요건 이외의 사유를 들어 수리를 거부할 수는 없다. 따라서 행정청으로서는 법령에서 요구하고 있지도 아니한 '대지사용승낙서' 등의 서류가 제출되지 아니하였거나, 대지소유권자의 사용승낙이 없다는 등의 사유를 들어 가설건축물 존치기간 연장신고의 수리를 거부하여서는 아니 된다(대판 2018.1.25, 2015두35116).

3. 사업의 양도행위가 무효라고 주장하는 양도자가 양도·양수행위의 무효를 구함이 없이 사업양도·양수에 따른 허가관청의 지위승계 신고수리처분의 무효확인을 구할 법률상 이익이 있는지 여부: 적극

사업양도·양수에 따른 허가관청의 지위승계신고의 수리는 적법한 사업의 양도·양수가 있었음을 전제로 하는 것이므로 그 수리대상인 사업양도·양수가 존재하지 아니하거나 무효인 때에는 수리를 하였다 하더라도 그 수리는 유효한 대상이 없는 것으로서 당연히 무효라 할 것이고, 사업의 양도행위가 무효라고 주장하는 양도자는 민사쟁송으로 양도·양수행위의 무효를 구함이 없이 막바로 허가관청을 상대로 하여 행정소송으로 위 신고수리처분의 무효확인을 구할 법률상 이익이 있다(대판 2005.12.23, 2005두3554).

06 행정행위의 부관

1 부관의 의의

1. 개념

주된 행정행위의 수익적 효과를 제한하거나 요건을 보충하기 위한 행정청의 종된 의사표시를 말한다. 행정행위의 부관은 행정의 합리성, 유연성과 탄력성을 보장하는 역할을 하지만 행정편의적인 목적으로 남용되는 경우에는 국민의 권익을 침해할 우려가 있으므로 적절한 통제가 필요하다. 이에 행정기본법은 부관을 붙일 수 없는 한계에 관하여 근거규정을 마련하였다(행정기본법 제17조).

2. 법정부관과 수정부담

(1) 법정부관

① 직접 법령에 의해 부과되는 부관으로, 행정행위의 부관과는 구별되는 개념이다. 따라서 행정행위 일반원칙이 적용되지 않는다.

② 법정 부관이 위법한 경우 법령에 대한 규범통제제도에 따라 통제되며, 처분성을 갖는 경우 항고소송의 대상이 된다.

(2) 수정부담: 상대방이 신청한 것과는 다르게 행정행위의 내용을 정하는 것으로 부관이 아니라고 보는 것이 일반적이며 독립된 행정처분(수정허가)으로 본다. 상대방의 동의는 필수이다.

3. 불복방법

(1) 헌법재판소의 위헌법률심판 대상: 법률에 규정된 법정부관인 경우

(2) 법원의 명령, 규칙심사 대상: 명령이나 규칙에 규정된 법정부관인 경우

(3) 헌법재판소의 헌법소원 대상: 공권력에 해당하는 법정부관인 경우

(4) 예외적인 행정소송 대상: 처분성이 인정되는 법정부관인 경우

4. 판례의 태도

 판례 PLUS

법정부관

보건사회부장관의 고시인 식품제조업영업허가기준의 성질 및 위의 고시에 정한 허가기준에 따라 보존음료수 제조업 허가에 "제품 전량수출 등의 조건"을 붙인 것의 의미

① 식품제조영업허가기준이라는 고시는 공익상의 이유로 허가를 할 수 없는 영업의 종류를 지정할 권한을 부여한 구 식품위생법 제23조의3 제4호에 따라 보건사회부장관이 발한 것으로서 실질적으로 법의 규정 내용을 "보충"하는 기능을 지니면서 그것과 "결합"하여 대외적으로 구속력이 있는 법규명령의 성질을 가진 것이다. → 법령보충적 행정규칙

② 위의 고시에 정한 허가기준에 따라 보존음료수 제조업의 허가에 붙여진 전량수출 또는 주한외국인에 대한 판매에 한한다는 내용의 조건은 이른바 법정부관으로서 행정청의 의사에 기하여 붙여지는 본래의 의미에서의 행정행위의 부관은 아니므로, 이와 같은 법정부관에 대하여는 행정행위에 부관을 붙일 수 있는 한계에 관한 일반적인 원칙(불문법 중 조리)이 적용되지는 않는다(대판 1994.3.8, 92누1728).

2 행정행위의 부관의 종류

1. 조건

(1) 의의: 장래의 불확실한 사실이 성취된 경우에 행정행위의 효력이 발생하거나 소멸하게 되는 경우를 의미한다.

(2) 종류

구분	정지조건	해제조건
의의	조건의 성취에 의하여 행정행위의 효력이 발생하는 경우	조건의 성취에 의하여 행정행위의 효력이 소멸하는 경우
예시	• 학교운동장 시설 완성을 조건으로 한 학교설립인가 • 주차장 시설 완성을 조건으로 한 호텔영업허가	• 6월 이내에 공사에 착수할 것을 조건으로 한 공유수면매립면허 • 특정기업에 취업을 조건으로 하는 체류허가의 발급

2. 기한

(1) 의의: 장래의 확실한 사실이 도래하면 행정행위의 효력이 발생 또는 소멸하는 부관을 의미한다. 기한에는 일정한 사실의 발생에 의해 행정행위의 효력이 발생하게 하는 시기(○○월 ○○일부터)와 일정한 사실의 발생에 의해 행정행위의 효력을 소멸하게 하는 종기(○○월 ○○일까지)가 있다. 또한 도래하는 시기가 확실한 확정기한과 도래할 것은 확실하나 그 시기가 불확실한 불확정기한(예 사망 시 연금지급)이 있다.

(2) 종기 도래의 효과

① 일반적인 원칙: 일반적으로 행정행위에 효력기간이 정하여져 있는 경우에는 그 기간의 경과로 그 행정행위의 효력이 상실됨이 원칙이다.

② 행정청은 기한도래 후 기간을 연장할 의무는 없으며, 새로운 기간연장 신청이 있더라도 새로운 행정행위의 신청으로 본다.

○×문제

01 행정행위의 효력의 소멸을 장래의 불확실한 사실에 의존케 하는 부관을 정지조건이라 한다. ( )

정답 01 ×(→해제조건)

(3) 종기가 부당히 짧은 경우

① 허가된 사업의 성질상 장기간에 걸쳐 계속될 것이 예상되는 경우에 부당하게 단기로 정해진 종기가 붙은 경우에는 허가자체의 존속기간이 아닌 '허가조건의 존속기간(갱신기간)'으로 본다(통설·판례).

② 갱신기간 내에 적법한 갱신신청이 있었음에도 갱신가부의 결정이 없는 경우에는 유효기간이 지나도 주된 행정행위의 효력이 상실되지 않는다.

➕ 판례 PLUS

기한 도래의 효력

1. 허가 또는 특허에 종기를 정한 경우, 기한의 도래로 그 행정행위의 효력이 당연히 상실되는지 여부: 원칙적 적극(예외적 소극)

일반적으로 행정처분에 효력기간이 정하여져 있는 경우에는 그 기간의 경과로 그 행정처분의 효력은 상실된다. 다만 허가에 붙은 기한이 그 허가된 사업의 성질상 부당하게 짧은 경우에는 이를 그 허가 자체의 존속기간이 아니라 그 허가조건의 존속기간으로 보아 그 기한이 도래함으로써 그 조건의 개정을 고려한다는 뜻으로 해석하여야 한다(대판 2007.10.11, 2005두12404; 대판 1995.11.10, 94누11866)

2. 허가에 붙은 기한이 부당하게 짧은 경우, 허가기간이 연장되기 위해서 종기 도래 이전에 연장신청이 있어야 하는지 여부: 적극

허가에 붙은 기한이 허가된 사업의 성질상 부당하게 짧아 이를 그 허가 자체의 존속기간이 아니라 허가조건의 존속기간으로 보아야 하는 경우라고 하더라도, 그 허가기간이 연장되기 위하여는 그 종기가 도래하기 전에 그 허가기간의 연장에 관한 신청이 있어야 하며, 만일 그러한 연장신청이 없는 상태에서 허가기간이 만료하였다면 그 허가의 효력은 상실된다(대판 2007.10.11, 2005두12404).

3. 부담

(1) 의의: 행정청이 행정행위를 하면서 상대방에게 작위의무, 부작위의무, 급부의무, 수인의무를 부과하는 경우이다. 부담의 경우에도 부관의 일종이므로 주된 행정행위의 존속을 전제로 하지만 그 자체로 하나의 독립된 행정행위 성질을 갖는다고 볼 수 있다. 따라서 부담은 독립하여 소송의 대상도 되고 독자적인 강제집행도 가능하지만 부담도 부관이기 때문에 종속성을 가지므로 주된 행정행위가 실효되면 함께 실효된다.

(2) 조건과 부담의 비교

① 정지조건은 장래의 불확실한 사실이 성취된 경우에 행정행위의 효력이 발생하는 반면에, 부담은 처음부터 행정행위의 효력이 발생한다.

② 해제조건은 조건의 성취에 의해 당연히 행정행위의 효력이 소멸하지만, 부담부 행정행위는 부담의 불이행으로 효력이 소멸하는 것이 아니라 행정청이 주된 행정행위를 철회함으로써 행정행위의 효력이 소멸한다.

③ 조건은 독자적으로 강제집행의 대상이 되지 않지만, 부담은 독립하여 강제집행의 대상이 된다. 또한 부담은 주된 행정행위와 독립하여 행정쟁송의 대상이 되지만(다수설·판례), 조건부 행정행위는 주된 행정행위와 독립하여 쟁송할 수 없다.

④ 부담은 실정법상 조건으로 표시되므로 조건과의 구별이 쉽지 않다. 조건인지 부담인지 여부는 행정청의 객관적 의사를 고려하여 파악해야 하지만, 의사가 불분명한 경우에는 국민에게 유리한 부담으로 해석한다(통설).

부관의 법적 성질

하천부지 점용허가를 하면서 '점용기간 만료 또는 점용을 폐지하였을 때에는 즉시 원상복구할 것'이라는 부관의 법적 성질

하천부지 점용허가를 하면서 '점용기간 만료 또는 점용을 폐지하였을 때에는 즉시 원상복구할 것'이라는 부관을 붙인 경우, 이는 하천부지에 대한 점용기간 만료시 그에 관한 개간비보상청구권을 포기하는 것을 조건으로 하천점용허가를 한 것으로 보아야 한다(대판 2008.7.24, 2007두25930). → 판례가 조건이라고 표현하였지만, 강학상 부담에 해당

(3) 부담의 불이행: 기한의 도래로 주된 행정행위가 발효되거나 실효되지만 부담의 경우에는 의무이행기한이 경과하도록 의무이행이 없으면 주된 행정행위의 철회사유가 된다. 즉 부담 불이행은 주된 행정행위의 철회사유에 해당하고, 강제집행의 사유가 되며, 후행 행정행위의 거부사유가 될 수 있다.

부담의 효과

1. **〈부담의 불이행: 철회사유〉 상대방이 부담을 이행하지 않는 경우, 처분의 취소가부: 적극**
   부담부 행정처분에 있어서 처분의 상대방이 부담을 이행하지 아니한 경우, 처분행정청으로서는 당해 처분을 취소(철회)할 수 있다(대판 1989.10.24, 89누2431).

2. **〈조건과의 효력상 차이〉 부담을 불이행하더라도 처분이 취소(철회)되지 않은 이상 처분은 여전히 유효**
   행정청이 도시환경정비사업 시행자에게 '무상양도되지 않는 구역 내 국유지를 착공신고 전까지 매입'하도록 한 부관을 붙여 사업시행인가를 하였으나 시행자가 국유지를 매수하지 않고 점용한 사안에서, 그 부관은 국유지에 관해 사업시행인가의 효력을 저지하는 조건이 아니라 작위의무를 부과하는 부담이므로, 사업시행인가를 받은 때에 국유지에 대해 국유재산법 제24조의 규정에 의한 사용·수익 허가를 받은 것이어서 동법 제51조에 따른 변상금 부과처분은 위법하다(대판 2008.11.27, 2007두 24289).

3. **부담부 행정처분을 한 이후에, 부담의 전제가 된 주된 행정처분의 근거 법령이 개정되어 부관을 붙일 수 없게 된 경우, 부담의 효력이 소멸하는지 여부: 소극**
   행정청이 수익적 행정처분을 하면서 부가한 부담의 위법 여부는 처분 당시 법령을 기준으로 판단하여야 하고, 부담이 처분 당시 법령을 기준으로 적법하다면 처분 후 부담의 전제가 된 주된 행정처분의 근거 법령이 개정됨으로써 행정청이 더 이상 부관을 붙일 수 없게 되었다 하더라도 곧바로 위법하게 되거나 그 효력이 소멸하게 되는 것은 아니다(대판 2009.2.12, 2005다65500).

4. 사후변경유보(부담유보)

(1) 의의: 행정청이 행정행위를 하면서 부관의 내용을 사후에 변경할 수 있음을 유보하거나 사후에 부담을 부과하는 것을 의미한다.

(2) 특징
   ① 철회권유보의 한 종류로 보는 견해도 있으나, 부관으로 보는 것이 다수설이다.
   ② 상황변화에 대비하는 기능을 하며 상대방은 사후변경을 예견할 수 있으므로 원칙적으로 신뢰보호원칙을 주장할 수 없다.

OX 문제

01 부담부 행정행위에 있어서 처분의 상대방이 부담을 이행하지 아니한 경우 당해 부담부 행정행위는 당연히 효력을 상실하게 된다. ( )

정답 01 ×(→당연히 효력이 소멸하는 것은 아니다)

5. 취소권유보(철회권유보)

(1) 의의: 행정청이 행정행위를 하면서 일정한 사유가 발생하는 경우에는 행정행위를 취소하거나 철회할 수 있음을 유보해 두는 것을 의미한다.

(2) 특징

① 유보된 사실이 발생하더라도 행정청의 철회권 행사가 있어야 효력이 소멸되며, 해제조건처럼 당연히 행정행위의 효력이 소멸되는 것은 아니다.

② 상대방에게 철회의 가능성을 미리 알려주는 것이므로 원칙적으로 신뢰보호를 주장할 수 없다.

③ 법령에 규정이 없는 경우라도 행사할 수 있으나 무조건적으로 취소권을 행사할 수 있는 것은 아니고 취소를 필요로 하는 공익상의 필요가 있는 경우에 한하여 인정된다.

판례 PLUS

철회권의 행사에 대한 판례

1. 종교단체에 대한 기본재산전환인가처분을 하면서, 그 조건의 불이행시 인가를 취소할 수 있다고 한 경우: 철회권 유보

종교단체의 기본재산전환인가처분을 함에 있어 철회사유를 인가조건으로 부가하면서 비록 철회권 유보라고 명시하지 아니한 채 조건불이행시 인가를 취소할 수 있다고 기재한 경우, 이러한 인가조건의 의미는 인가처분에 대한 철회권 유보이다(대판 2003.5.30, 2003다6422).

2. 취소권(철회권)을 유보한 경우, 그 취소(철회)사유는 법령에 규정이 있는 것에 한하는지 여부: 소극

행정행위의 부관으로 취소권이 유보되어 있는 경우에 당해 행정행위를 한 행정청은 ① 그 취소사유가 "법령"에 규정되어 있는 경우뿐만 아니라 ② "의무위반"이 있는 경우 ③ "사정변경"이 있는 경우 ④ 좁은 의미의 "취소권이 유보"된 경우 ⑤ 또는 중대한 "공익"상의 필요가 발생한 경우 등에도 그 행정처분을 취소할 수 있는 것이다(대판 1984.11.13, 84누269).

3. 수익적 행정행위에 대한 철회권 행사의 제한

행정행위인 허가 또는 특허의 철회권이 유보된 경우에 있어서도, 유보된 철회사유가 발생하였다고 하더라도 무조건으로 철회권을 행사할 수 있는 것이 아니며, 취소를 필요로 할 만한 공익상의 필요가 있는 때에 한하여만 철회할 수 있다(대판 1962.2.22, 4293행상42).

6. 법률효과의 일부배제

(1) 의의: 법률에서 규정된 행정행위 효과를 행정청이 그 효과의 일부를 인정하지 않는 것을 의미한다. 법률효과의 전부배제는 인정되지 않으며 부관으로 보는 것이 다수설·판례의 입장이다.

(2) 구체적인 예

① 개인택시운송사업면허를 하면서 3부제 운행을 부관으로 부가하는 경우

② 도로점용허가를 하면서 야간에만 사용할 것을 조건으로 하는 경우

③ 시내버스의 노선 지정

(3) 법률상 근거: 법률효과의 일부배제는 반드시 법률에 근거가 있는 경우에만 가능하다 (통설).

판례 PLUS

법률효과의 일부배제

공유수면매립준공인가 중 매립지 일부에 대하여 한 국가귀속처분의 법적 성질: 법률효과의 일부배제

행정행위의 부관은 부담의 경우를 제외하고는 독립하여 행정소송의 대상이 될 수 없는 것인바, 행정청이 한 공유수면매립준공인가 중 매립지 일부에 대하여 한 국가귀속처분은 매립준공인가를 함에 있어서 매립의 면허를 받은 자의 매립지에 대한 소유권취득을 규정한 공유수면매립법의 효과 일부를 배제하는 부관을 붙인 것이므로 이러한 행정행위의 부관에 대하여는 독립하여 행정소송의 대상으로 삼을 수 없다(대판 1991.12.13, 90누8503).

3 행정행위 부관의 한계

1. 부관의 가능성: 부관을 붙일 수 있는지 여부

(1) 행정행위의 종류에 따른 부관 가능 여부: 재량행위에는 원칙적으로 부관을 붙일 수 있으나(행정기본법 제17조 제1항), 기속행위에는 법률에 근거가 있는 경우에 한하여만 부관을 붙일 수 있다(제2항).

 법령 PLUS

행정기본법

제17조(부관) ① 행정청은 처분에 재량이 있는 경우에는 부관(조건, 기한, 부담, 철회권의 유보 등을 말한다. 이하 이 조에서 같다)을 붙일 수 있다.
② 행정청은 처분에 재량이 없는 경우에는 법률에 근거가 있는 경우에 부관을 붙일 수 있다.

행정행위의 종류	가능 여부
사인의 공법행위	부정
제3자효 행정행위	긍정
기속행위	부정(식품위생법상 영업허가부관 ○)
재량행위	긍정(명문의 규정이 없는 경우)
법률행위적 행정행위	긍정(신분설정행위의 부관 ×)
준법률행위적 행정행위	부정(확인·공증은 종기부관 ○)

※ 식품위생법 제37조(영업허가 등) ② 식품의약품안전처장 또는 특별자치시장·특별자치도지사·시장·군수·구청장은 제1항에 따른 영업허가를 하는 때에는 필요한 조건을 붙일 수 있다.
※ 공무원 임명행위나 귀화허가는 비록 특허(재량행위)이지만, 포괄적 신분설정행위라는 이유로 부관을 붙일 수 없다(통설).

(2) 부관의 한계: 부관은 법령의 근거 없이도 가능하지만 헌법을 포함한 법령의 규정에 저촉되어서는 안 되며, 본체인 행정행위의 본질적 효력을 저해해서는 안 된다. 또한 부관의 내용은 명확하고 이행가능한 것으로 비례의 원칙과 평등의 원칙 및 부당결부금지의 원칙 등에 적합하여야 한다(행정기본법 제17조 제4항).

행정기본법

제17조(부관) ④ 부관은 다음 각 호의 요건에 적합하여야 한다.
1. 해당 처분의 목적에 위배되지 아니할 것
2. 해당 처분과 실질적인 관련이 있을 것
3. 해당 처분의 목적을 달성하기 위하여 필요한 최소한의 범위일 것

 판례 PLUS

부관의 한계

1. 〈주된 행정행위의 성질상 한계〉
　[1] 수익적 행정행위에 있어서는 법령에 특별한 근거규정이 없다고 하더라도 그 부관으로서 부담을 붙일 수 있으나, 그러한 부담은 비례의 원칙, 부당결부금지의 원칙에 위반되지 않아야만 적법하다(대판 1997.3.11, 96다49650).
　[2] 재량행위에 있어서는 법령상의 근거가 없다고 하더라도 부관을 붙일 수 있는데 그 부관의 내용은 적법하고 이행가능하여야 하며 비례의 원칙 및 평등의 원칙에 적합하고 행정처분의 본질적 효력을 해하지 아니하는 한도의 것이어야 한다(대판 1997.3.14, 96누16698).

2. 〈적법성의 한계〉 부제소특약의 효력: 위법
　지방자치단체장이 개설한 농수산물도매시장의 도매시장법인으로 다시 지정함에 있어서 그 지정조건으로 '지정기간 중이라도 개설자가 농수산물 유통정책의 방침에 따라 도매시장법인 이전 및 지정취소 또는 폐쇄 지시에도 일체 소송이나 손실보상을 청구할 수 없다.'라는 부관을 붙인 경우, 그중 부제소특약에 관한 부분은 당사자가 임의로 처분할 수 없는 공법상의 권리관계를 대상으로 하여 사인의 국가에 대한 공권인 소권을 당사자의 합의로 포기하는 것이므로 허용될 수 없다(대판 1998.8.21, 98두8919).

3. 〈목적상 한계〉 기선선망어업허가를 하면서 부속선을 사용할 수 없도록 제한한 부관의 효력: 위법
　수산업법상 어업의 면허 또는 허가에 붙이는 부관은 그 성질상 허가된 어업의 본질적 효력을 해하지 않는 한도의 것이어야 하고 허가된 어업의 내용 또는 효력 등에 대하여는 행정청이 임의로 제한 또는 조건을 붙일 수 없다고 보아야 한다. 따라서 기선선망어업의 허가를 하면서 운반선, 등선 등 부속선을 사용할 수 없도록 제한한 부관은 그 어업허가의 목적달성을 사실상 어렵게 하여 그 본질적 효력을 해하므로, 어업조정이나 기타 공익상 필요하다고 인정되는 사정이 없는 이상 위법하다(대판 1990.4.27, 89누6808).

2. 사후부관의 가능성

행정행위 성립 이후 새로운 부관을 붙이거나 행정행위에 이미 부담이 부가되어 있는 상태에서 그 의무의 범위 또는 내용 등을 변경하는 것을 의미한다. 부관의 사후변경은 국민의 신뢰와 충돌이 야기되므로, ① 법률에 근거가 있거나, ② 당사자의 동의가 있거나, ③ 해당 처분의 목적을 달성할 수 없는 예외적인 경우에만 허용된다(행정기본법 제17조 제3항).

행정기본법

제17조(부관) ③ 행정청은 부관을 붙일 수 있는 처분이 다음 각 호의 어느 하나에 해당하는 경우에는 그 처분을 한 후에도 부관을 새로 붙이거나 종전의 부관을 변경할 수 있다.
1. 법률에 근거가 있는 경우
2. 당사자의 동의가 있는 경우
3. 사정이 변경되어 부관을 새로 붙이거나 종전의 부관을 변경하지 아니하면 해당 처분의 목적을 달성할 수 없다고 인정되는 경우

○× 문제

01 수익적 행정처분에 있어서도 원칙적으로 법령에 특별한 근거규정이 있어야만 그 부관으로서 부담을 붙일 수 있다. ( )

02 부관의 일종인 사후부담은 법률에 명문의 규정이 있거나 그것이 미리 유보된 경우 또는 상대방의 동의가 있는 경우에 허용되는 것이 원칙이다. ( )

정답 01 ×(→ 없더라도) 02 ○

판례 PLUS

행정처분에 이미 부담이 부가되어 있는 상태에서 그 의무의 범위 또는 내용 등을 변경하는 부관의 사후변경은 ① "법률"에 명문의 규정이 있거나 ② 그 변경이 미리 "유보"되어 있는 경우 또는 ③ 상대방의 "동의"가 있는 경우에 한하여 허용되는 것이 원칙이지만, ④ "사정변경"으로 인하여 당초에 부담을 부가한 목적을 달성할 수 없게 된 경우에도 그 목적달성에 필요한 범위 내에서 예외적으로 허용된다(대판 1997.5.30, 97누2627).

4 하자 있는 부관

1. 하자 있는 부관의 경우 행정행위의 효력

(1) 부관에 하자가 있는 경우에 주된 행정행위의 효력이 문제된다. 부관이 무효인 경우에 그 부관이 주된 행정행위의 "본질적 요소"인 경우에는 부관부 행정행위 전체가 무효가 된다는 것이 판례와 통설의 입장이다.

(2) 부관이 행정행위의 중요한 요소(본질적 요소)가 아닌 경우에는 부관만 무효로 된다고 보며 여기서 중요한 요소란 그 부관이 없었으면 행정청이 당해 행정행위를 하지 않았을 것이라고 명백히 인정되는 경우로 보는 것이 일반적이다.

 판례 PLUS

하자 있는 부관이 주된 행정행위에 미치는 효력: 본질적 요소이면 행정행위 전체가 무효

1. 도로점용허가의 점용기간은 행정행위의 본질적인 요소에 해당한다고 볼 것이어서 부관인 점용기간을 정함에 있어서 위법사유가 있다면 이로써 도로점용허가 처분 "전부"가 위법하게 된다(대판 1985.7.9, 84누604).

2. 기부채납 받은 행정재산에 대한 사용·수익허가에서 그 부관인 사용·수익허가 기간은 본체인 행정행위의 본질적 요소에 해당한다고 볼 것이므로, 부관인 사용·수익허가 기간에 위법사유가 있다면 이로써 사용·수익허가 전부가 위법하게 된다(대판 2001.6.15, 99두509).

2. 하자 있는 부관에 대한 행정쟁송 방법

(1) **의의**: 소송요건 문제로 부관에 하자가 존재하는 경우에 부관만을 독립하여 취소소송의 대상으로 다룰 수 있는지 여부가 문제된다. 이는 일부취소소송이 인정되는지 여부와도 관련된다.

(2) **일부취소소송의 종류**

진정일부취소소송	부진정일부취소소송
행정행위 중에서 위법한 부관만을 대상으로 취소소송을 제기함	형식상으로는 행정행위와 부관 전체를 취소소송의 대상으로 하지만, 내용상 부관의 위법성만을 다툼

(3) 판례의 태도

① 부담은 다른 부관과는 달리 진정일부취소소송의 대상이 된다.

② 부담 이외의 부관은 진정일부취소소송의 대상이 되지 않으므로 부진정일부취소소
송을 인정할 것인지 여부가 문제된다. 통설은 인정하나 판례는 부정한다.

③ 판례와 통설의 태도

구분	부담	기타부관
판례	진정일부취소소송 ○	부진정일부취소소송 ×
통설	진정일부취소소송 ○	부진정일부취소소송 ○

※ 판례의 입장
부담 이외의 부관의 경우로 권리를 침해당한 국민은 ⊙ 부관부 행정행위 "전체"의 취소를 구하든지
또는 ⓒ 먼저 행정청에 부관 없는 처분으로 변경해 줄 것을 청구한 다음 그것이 거부된 경우에 거부
처분취소소송을 제기할 수밖에 없다.

⭐ 판례 PLUS

부관만의 독립쟁송 허용 여부

1. 부담의 경우: 적극
행정행위의 부관은 행정행위의 일반적인 효력이나 효과를 제한하기 위하여 의사표시의 주된 내용에 부가
되는 종된 의사표시이지 그 자체로서 직접 법적 효과를 발생하는 독립된 처분이 아니므로, 부관 그 자체만
을 독립된 쟁송의 대상으로 할 수 없는 것이 원칙이나 행정행위의 부관 중에서도 행정행위에 부수하여 그
행정행위의 상대방에게 일정한 의무를 부과하는 행정청의 의사표시인 부담의 경우에는 다른 부관과는 달
리 행정행위의 불가분적인 요소가 아니고 그 존속이 본체인 행정행위의 존재를 전제로 하는 것일 뿐이므로
부담 그 자체로서 행정쟁송의 대상이 될 수 있다(대판 1992.1.21, 91누1264).

2. 법률효과의 일부배제의 경우: 소극
[1] 행정행위의 부관은 부담의 경우를 제외하고는 독립하여 행정소송의 대상이 될 수 없는 것인바, 행정청
이 한 공유수면매립준공인가 중 매립지 일부에 대하여 한 국가귀속처분은 매립준공인가를 함에 있어서
매립의 면허를 받은 자의 매립지에 대한 소유권취득을 규정한 공유수면매립법 제14조의 "효과 일부를
배제"하는 부관을 붙인 것이므로 이러한 행정행위의 부관에 대하여는 독립하여 행정소송의 대상으로
삼을 수 없다(대판 1991.12.13, 90누8503).
[2] 어업면허처분을 함에 있어 그 면허의 유효기간을 1년으로 정한 경우 면허의 유효기간은 행정청이 어업
면허처분의 효력을 제한하기 위한 행정행위의 부관이라 할 것이고 이러한 행정행위의 부관은 독립하여
행정소송의 대상이 될 수 없는 것이므로 어업면허처분 중 그 면허유효기간만의 취소를 구하는 청구는
허용될 수 없다(대판 1986.8.19, 86누202).
[3] 행정행위의 부관은 부담인 경우를 제외하고는 독립하여 행정소송의 대상이 될 수 없는바, 기부채납받
은 행정재산에 대한 사용 · 수익허가에서 공유재산의 관리청이 정한 사용 · 수익허가의 기간은 그 허가
의 효력을 제한하기 위한 행정행위의 부관으로서 이러한 사용 · 수익허가의 기간에 대해서는 독립하여
행정소송을 제기할 수 없다(대판 2001.6.15, 99두509).

OX 문제

01 부담 이외의 부관의 경우로 권리를
침해당한 국민은 먼저 행정청에 부관 없
는 처분으로 변경해 줄 것을 청구한 다음
그것이 거부된 경우에 거부처분취소소송
을 제기할 수는 없다. ( )

02 기부채납받은 행정재산에 대한 사
용 · 수익허가 중 공유재산의 관리청이 정
한 사용 · 수익허가의 기간에 대하여 독립
하여 행정심판을 재기할 수 있다. ( )

정답 01 × 02 ×(→없다)

3. 부관의 후속조치

(1) 문제의 소지: 부관부 행정행위의 경우 부관의 이행으로 상대방의 행위가 후속조치로 이루어지는 경우가 있다. 예컨대, 기부채납 부관에 따른 토지의 기부채납의 성질과 부관이 위법한 경우 그 이행으로 이루어진 후속조치의 효력이 문제가 될 수 있다.

(2) 하자 있는 기부채납 부관과 기부채납의 효력: 사법행위의 효력은 부관에 구속을 받는다는 부관구속설과 부관의 이행으로 이루어진 사법행위의 효력은 부관과 무관하게 독자적으로 판단하여야 한다는 부관무관설이 있다. 최근 판례에 따르면 행정처분에 붙인 부담인 부관이 무효가 되더라도 그 부담의 이행으로 한 사법상 법률행위는 부담과는 별개의 행위로서 당연히 무효가 되는 것은 아니라고 하였다.

★ 판례 PLUS

하자 있는 부관이 후속조치에 미치는 효과

1. 부담이 무효가 되면 그 부담의 이행으로 한 사법상 법률행위도 당연히 무효가 되는지 여부: 소극
행정처분에 부담인 부관을 붙인 경우 부관의 무효화에 의하여 본체인 행정처분 자체의 효력에도 영향이 있게 될 수는 있지만, 그 처분을 받은 사람이 부담의 이행으로 사법상 매매 등의 법률행위를 한 경우에는 그 부관은 특별한 사정이 없는 한 법률행위를 하게 된 동기 내지 연유로 작용하였을 뿐이므로, 이는 법률행위의 취소사유가 될 수 있음은 별론으로 하고 그 법률행위 자체를 당연히 무효화하는 것은 아니다(대판 2009.6.25, 2006다18174).

2. 부담에 불가쟁력이 생긴 경우, 그 부담의 이행으로 한 사법상 법률행위의 효력을 다툴 수 있는지 여부: 적극
행정처분에 붙은 부담인 부관이 제소기간의 도과로 확정되어 이미 불가쟁력이 생겼다면 그 하자가 중대하고 명백하여 당연무효로 보아야 할 경우 외에는 누구나 그 효력을 부인할 수 없을 것이지만, 부담의 이행으로서 하게 된 사법상 매매 등의 법률행위는 부담을 붙인 행정처분과는 어디까지나 별개의 법률행위이므로 그 부담의 불가쟁력의 문제와는 별도로 법률행위가 사회질서 위반이나 강행규정에 위반되는지 여부 등을 따져보아 그 법률행위의 유효 여부를 판단하여야 한다(대판 2009.6.25, 2006다18174).

3. 부담이 당연무효 또는 취소되지 않은 상태에서, 그 부담의 이행으로 한 사법상 법률행위를 착오를 이유로 취소할 수 있는지 여부: 소극
토지소유자가 토지형질변경행위허가에 붙은 기부채납의 부관에 따라 토지를 국가나 지방자치단체에 기부채납(증여)한 경우, 기부채납의 부관이 당연무효이거나 취소되지 아니한 이상 토지소유자는 위 부관으로 인하여 증여계약의 중요부분에 착오가 있음을 이유로 증여계약을 취소할 수 없다(대판 1999.5.25, 98다53134).

○X 문제

01 행정처분에 부담인 부관을 붙인 경우, 부관이 무효라면 부담의 이행으로 이루어진 사법상 매매행위도 당연히 무효가 된다. ( )

정답 01 ×(→당연히 무효가 되는 것은 아니다)

1 행정행위의 성립요건

내부적 성립요건과 외부적 성립요건으로 볼 수 있는데 내부적 성립요건은 주체·내용·절차·형식조건이 있다. 외부적 성립요건은 외부적 표시행위가 필요하다는 것으로 이때 행정청의 외부에 대한 표시는 공식적인 것이어야 한다.

1. 주체요건

행정행위는 정당한 권한을 가진 기관이 권한의 범위 내에서 정상적인 의사 작용에 따라 행해져야 한다.

2. 형식요건

(1) 형식에 관하여 개별법령에 명문의 규정이 있다면 그에 따라야 한다.

(2) 개별법령에 규정이 없어도 행정청이 처분을 하는 때에는 다른 법령 등에 특별한 규정이 있는 경우를 제외하고는 문서로 하여야 함(서면주의)이 원칙이다(행정절차법 제24조 제1항).

(3) 행정청이 처분을 하는 때에는 원칙적으로 당사자에게 그 근거와 이유를 제시하여야 한다(행정절차법 제23조 제1항). 이러한 이유 제시는 행정청 스스로에 의한 통제를 가능하게 하고 상대방의 권리보호에 기여한다.

 법령 PLUS

행정절차법

제24조(처분의 방식) ① 행정청이 처분을 할 때에는 다른 법령등에 특별한 규정이 있는 경우를 제외하고는 문서로 하여야 하며, 다음 각 호의 어느 하나에 해당하는 경우에는 전자문서로 할 수 있다.
1. 당사자등의 동의가 있는 경우
2. 당사자가 전자문서로 처분을 신청한 경우

 판례 PLUS

행정행위의 형식요건

1. 행정청의 처분의 방식을 규정한 행정절차법 제24조를 위반한 처분의 효력: 무효
행정절차법 제24조는 행정청이 처분을 하는 때에는 다른 법령 등에 특별한 규정이 있는 경우를 제외하고는 문서로 하여야 하고 전자문서로 하는 경우에는 당사자 등의 동의가 있어야 하며, 다만 신속을 요하거나 사안이 경미한 경우에는 구술 기타 방법으로 할 수 있다고 규정하고 있는데, 이는 행정의 공정성·투명성 및 신뢰성을 확보하고 국민의 권익을 보호하기 위한 것이므로 위 규정을 위반하여 행하여진 행정청의 처분은 하자가 중대하고 명백하여 원칙적으로 무효이다(대판 2011.11.10, 2011도11109).

2. 처분서의 문언만으로는 그 내용이 불분명한 경우, 문언과 달리 그 처분의 내용을 해석할 수 있는지 여부: 제한적 적극
행정청이 문서에 의하여 처분을 한 경우 원칙적으로 그 처분서의 문언에 따라 어떤 처분을 하였는지 확정하여야 하나, 그 처분서의 문언만으로는 행정청이 어떤 처분을 하였는지 불분명하다는 등 특별한 사정이 있는 때에는 처분 경위나 처분 이후의 상대방의 태도 등 다른 사정을 고려하여 처분서의 문언과 달리 그 처분의 내용을 해석할 수도 있다(대판 2010.2.11, 2009두18035).

3. 절차요건

개별 법령상 청문이나 공청회 절차가 요구된다면 그러한 절차를 거쳐야 한다(행정절차법 제22조 제1항 · 제2항). 행정청이 당사자에게 의무를 과하거나 권익을 제한하는 처분을 함에 있어서 청문이나 공청회 절차가 요구되지 아니하는 경우에는 당사자 등에게 원칙적으로 의견 제출의 기회를 주어야 한다(행정절차법 제22조 제3항).

 법령 PLUS

행정절차법

제22조(의견청취) ① 행정청이 처분을 할 때 다음 각 호의 어느 하나에 해당하는 경우에는 <u>청문을 한다.</u>
  1. 다른 법령 등에서 청문을 하도록 규정하고 있는 경우
  2. 행정청이 필요하다고 인정하는 경우
  3. 다음 각 목의 처분 시 제21조 제1항 제6호에 따른 의견제출기한 내에 당사자 등의 신청이 있는 경우
    가. 인허가 등의 취소
    나. 신분 · 자격의 박탈
    다. 법인이나 조합 등의 설립허가의 취소
② 행정청이 처분을 할 때 다음 각 호의 어느 하나에 해당하는 경우에는 <u>공청회를 개최한다.</u>
  1. 다른 법령 등에서 공청회를 개최하도록 규정하고 있는 경우
  2. 해당 처분의 영향이 광범위하여 널리 의견을 수렴할 필요가 있다고 행정청이 인정하는 경우
  3. 국민생활에 큰 영향을 미치는 처분으로서 대통령령으로 정하는 처분에 대하여 대통령령으로 정하는 수 이상의 당사자등이 공청회 개최를 요구하는 경우
③ 행정청이 당사자에게 의무를 부과하거나 권익을 제한하는 처분을 할 때 <u>제1항 또는 제2항의 경우 외에는</u> 당사자 등에게 <u>의견제출의 기회를 주어야 한다.</u>

 판례 PLUS

행정행위의 형식요건

사전통지나 의견제출의 기회를 주지 아니한 경우, 그 처분이 위법한지 여부: 한정 적극
행정청이 침해적 행정처분을 함에 있어서 당사자에게 위와 같은 사전통지를 하거나 의견 제출의 기회를 주지 아니하였다면 사전통지를 하지 않거나 의견 제출의 기회를 주지 아니하여도 되는 예외적인 경우에 해당하지 아니하는 한 그 처분은 위법하여 취소를 면할 수 없다(대판 2004.5.28, 2004두1254).

4.내용요건

행정행위는 그 내용이 적법하며 실현가능하고 명확하면서 법률에 적합한 것이어야 한다.

 판례 PLUS

행정행위의 내용요건

공정거래위원회가 시정명령 등 행정처분을 하기 위해서는 그 대상이 되는 '이익제공강요' 및 '불이익제공'의 내용이 구체적으로 명확하게 특정되어야 하고, 그러하지 아니한 상태에서 이루어진 그 시정명령 등 행정처분은 위법하다(대판 2007.1.12, 2004두7139).

2 행정행위의 효력발생요건

1. 도달주의

행정행위 중에서 상대방 없는 행정행위는 성립과 동시에 효력을 발생하는 것이 원칙이다. 그러나 상대방이 있는 행정행위라면 원칙적으로 상대방에게 발신한 때(발신주의)가 아니라 상대방에게 도달한 때(도달주의) 효력이 발생한다. 여기서 도달이란 상대방이 현실적으로 안 것을 의미하는 것이 아니라 '상대방이 알 수 있는 상태에 두는 것'을 의미한다.

➕ 법령 PLUS

행정절차법

제15조(송달의 효력 발생) ① 송달은 다른 법령등에 특별한 규정이 있는 경우를 제외하고는 해당 문서가 송달받을 자에게 도달됨으로써 그 효력이 발생한다.

➕ 판례 PLUS

행정행위의 효력발생요건으로서 도달의 의미

1. 행정처분의 효력발생요건으로서의 도달이란 상대방이 처분서의 내용을 현실적으로 알았을 필요까지는 없고 상대방이 알 수 있는 상태에 놓임으로써 충분하며, 처분서가 상대방의 주민등록상 주소지로 송달되어 상대방의 사무원 등 또는 그 밖에 우편물 수령권한을 위임받은 사람이 수령하면 상대방이 알 수 있는 상태가 되었다고 할 것이다(대판 2017.3.9, 2016두60577).

2. 문화재보호법 소정의 중요문화재 가지정의 효력발생요건인 통지는 행정처분을 상대방에게 표시하는 것으로서 상대방이 인식할 수 있는 상태에 둠으로써 족하고, 객관적으로 보아서 행정처분으로 인식할 수 있도록 고지하면 되는 것이다(대판 2003.7.22, 2003두513).

2. 통지의 방법(송달)

(1) 송달의 방법: 상대방이 특정인이면 원칙적으로 송달에 의하고, 상대방이 불특정 다수이거나 기타 송달 불가한 경우 고시 또는 공고에 의한다.

① **우편 송달**: 보통우편으로 송달한 경우에는 도달로 추정할 수 없으나 등기우편으로 송달한 경우에는 도달로 추정한다. 다만 외국 사업자에 대해여 우편송달로 문서를 송달할 수 있다는 것이 판례의 입장이며 상대방이 처분의 내용을 이미 알고 있는 경우에도 송달이 필요하다.

② **교부송달**: 교부에 의한 송달은 수령확인서를 받고 문서를 교부함으로써 하며, 송달하는 장소에서 송달받을 자를 만나지 못한 경우에는 그 사무원·피용자(被傭者) 또는 동거인으로서 사리를 분별할 지능이 있는 사람(이하 이 조에서 "사무원등"이라 한다)에게 문서를 교부할 수 있다. 다만, 문서를 송달받을 자 또는 그 사무원등이 정당한 사유 없이 송달받기를 거부하는 때에는 그 사실을 수령확인서에 적고, 문서를 송달할 장소에 놓아둘 수 있다(행정절차법 제14조 제2항).

③ **정보통신망을 이용한 송달**: 송달받을 자가 동의하는 경우에만 한다. 이 경우 송달받을 자는 송달받을 전자우편주소 등을 지정하여야 한다(행정절차법 제14조 제3항).

④ **고시 또는 공고를 이용한 송달**: 송달받을 자의 주소 등을 통상적인 방법으로 확인할

수 없는 경우, 송달이 불가능한 경우 중 하나에 해당하는 경우에는 송달받을 자가 알기 쉽도록 관보, 공보, 게시판, 일간신문 중 하나 이상에 공고하고 인터넷에도 공고하여야 한다(행정절차법 제14조 제4항).

 법령 PLUS

행정절차법

제14조(송달) ① 송달은 우편, 교부 또는 정보통신망 이용 등의 방법으로 하되, 송달받을 자(대표자 또는 대리인을 포함한다. 이하 같다)의 주소 · 거소(居所) · 영업소 · 사무소 또는 전자우편주소(이하 "주소등"이라 한다)로 한다. 다만, 송달받을 자가 동의하는 경우에는 그를 만나는 장소에서 송달할 수 있다.
② 교부에 의한 송달은 수령확인서를 받고 문서를 교부함으로써 하며, 송달하는 장소에서 송달받을 자를 만나지 못한 경우에는 그 사무원 · 피용자(被傭者) 또는 동거인으로서 사리를 분별할 지능이 있는 사람(이하 이 조에서 "사무원등"이라 한다)에게 문서를 교부할 수 있다. 다만, 문서를 송달받을 자 또는 그 사무원등이 정당한 사유 없이 송달받기를 거부하는 때에는 그 사실을 수령확인서에 적고, 문서를 송달할 장소에 놓아둘 수 있다.
③ 정보통신망을 이용한 송달은 송달받을 자가 동의하는 경우에만 한다. 이 경우 송달받을 자는 송달받을 전자우편주소 등을 지정하여야 한다.
④ 다음 각 호의 어느 하나에 해당하는 경우에는 송달받을 자가 알기 쉽도록 관보, 공보, 게시판, 일간신문 중 하나 이상에 공고하고 인터넷에도 공고하여야 한다.
  1. 송달받을 자의 주소 등을 통상적인 방법으로 확인할 수 없는 경우
  2. 송달이 불가능한 경우
⑤ 행정청은 송달하는 문서의 명칭, 송달받는 자의 성명 또는 명칭, 발송방법 및 발송 연월일을 확인할 수 있는 기록을 보존하여야 한다.

(2) 송달의 효력 발생(행정절차법 제15조)

① 송달은 다른 법령등에 특별한 규정이 있는 경우를 제외하고는 해당 문서가 송달받을 자에게 도달됨으로써 그 효력이 발생한다.
② 정보통신망을 이용하여 전자문서로 송달하는 경우에는 송달받을 자가 지정한 컴퓨터 등에 입력된 때에 도달된 것으로 본다.
③ 고시 또는 공고를 이용한 송달의 경우에는 다른 법령 등에 특별한 규정이 있는 경우를 제외하고는 공고일부터 14일이 지난 때에 그 효력이 발생한다. 다만, 긴급히 시행하여야 할 특별한 사유가 있어 효력 발생 시기를 달리 정하여 공고한 경우에는 그에 따른다.
④ 공고문서는 그 문서에서 효력발생 시기를 구체적으로 밝히고 있지 않으면 그 고시 또는 공고 등이 있은 날부터 5일이 경과한 때에 효력이 발생한다(행정 효율과 협업 촉진에 관한 규정 제6조 제3항).

 법령 PLUS

행정절차법

제15조(송달의 효력 발생) ① 송달은 다른 법령 등에 특별한 규정이 있는 경우를 제외하고는 해당 문서가 송달받을 자에게 도달됨으로써 그 효력이 발생한다.
② 제14조 제3항에 따라 정보통신망을 이용하여 전자문서로 송달하는 경우에는 송달받을 자가 지정한 컴퓨터 등에 입력된 때에 도달된 것으로 본다.
③ 제14조 제4항(공고에 의한 송달)의 경우에는 다른 법령 등에 특별한 규정이 있는 경우를 제외하고는 공고일부터 14일이 지난 때에 그 효력이 발생한다. 다만, 긴급히 시행하여야 할 특별한 사유가 있어 효력 발생 시기를 달리 정하여 공고한 경우에는 그에 따른다.

OX 문제

01 문서를 송달받을 자 또는 그 사무원 등이 정낭한 사뮤 없이 송달받기를 거부하는 때에는 그 사실을 수령확인서에 적고, 분서를 송달할 장소에 놓아둘 수 없다. ( )

02 송달이 불가능한 경우에 한하여 공시송달이 가능하다. ( )

정답 01 × 02 ×

행정행위가 상대방에 대하여 갖는 구속적 효력을 말한다. 여기에는 내용상의 구속력, 공정력, 구성요건적 효력, 존속력(확정력), 강제력(집행력) 등이 있다.

1 내용적 구속력

1. 의의

행정행위가 적법요건을 갖추어 행위의 내용에 따른 법적 효과를 발생시키고 당사자(행정청과 그 상대방)를 구속하는 힘을 내용적 구속력이라고 한다. **예** 납세고지로 납세자는 일정액의 세금을 일정기간 내에 납부해야 할 구속력

2. 효력

통상 행정행위의 성립·발효와 동시에 발생하고, 행정행위가 폐지되지 않는 한 당연히 인정되는 실체법상의 효력이다. 무효인 행정행위에는 인정되지 않는다.

2 공정력

1. 의의 및 성질

(1) **의의**: 행정행위는 성립에 하자가 있는 경우에도 그것이 중대·명백하여 당연무효가 아닌 한 권한을 가진 기관에 의해 취소될 때까지 상대방이나 이해관계자를 구속하는데(**예** 100만 원의 부과가 적정한 것인데 군수가 110만 원의 과징금을 부과하였다고 하여도, 그것은 절차상 일단 유효한 것으로 상대방을 구속한다), 이러한 구속력을 공정력이라 한다.

(2) **성질**: 공정력은 행정행위의 내용이 적법하다는 내용상의 구속력이 아니라 비록 행정행위가 위법하다고 하더라도 무효가 아니라면 절차적으로 일단 준수되어야 한다는 절차적 구속력을 의미한다(다수설).

2. 공정력 근거

(1) **이론적 근거**: 포르스트호프(Forsthoff)의 국가권위설, 법적 안정성설(행정정책설) 등의 대립이 있으나 법적 안정성설이 통설의 입장이다. 즉 행정법관계의 안정성, 행정의 능률성이라는 정책적 관점에서 절차법상 행정청의 결정에 '잠정적 통용력'을 인정한 것이다(통설).

(2) **실정법적 근거**: 행정기본법은 권한이 있는 기관이 취소 또는 철회하거나 기간의 경과 등으로 소멸되기 전까지는 유효한 것으로 통용된다고 규정하여 공정력을 명문화하였다(행정기본법 제15조).

행정기본법

제15조(처분의 효력) 처분은 권한이 있는 기관이 취소 또는 철회하거나 기간의 경과 등으로 소멸되기 전까지는 유효한 것으로 통용된다. 다만, 무효인 처분은 처음부터 그 효력이 발생하지 아니한다.

3. 공정력의 특징

(1) 공정력의 한계: 공정력은 행정행위가 취소사유인 경우에 인정되므로 무효인 행정행위에서는 인정되지 않는다. 또한 권력적 단독행위인 행정행위에서만 인정되므로 비권력적 행정작용, 공법상 계약, 사실행위, 사법(私法)행위 등에서는 인정되지 않는다.

(2) 공정력과 입증책임: 공정력은 적법성 추정이 아니라 단지 법적 안정성을 위한 유효성 추정에 불과하므로 공정력과 입증책임은 무관하다는 것이 통설의 입장이다.

(3) 행정소송법상 집행부정지의 원칙: 공정력이 집행부정지원칙의 근거가 되는지 여부에 대해서는 견해가 대립된다. 부정하는 견해는 공정력은 법적 안정성을 위해 인정되는 제도인 반면에 집행부정지원칙은 남소방지를 위한 제도로 양자의 기능이 다르므로 집행부정지는 공정력의 근거가 아니라 입법정책의 문제로 보는 입장이다.

4. 공정력과 선결문제

(1) 선결문제: 특정 행정행위의 위법 여부 또는 효력 유무가 민·형사사건의 본안 재판을 하는데 있어 먼저 해결해야 할 문제가 된 경우에 그 특정 행정행위의 위법 여부 등의 문제를 말한다.

행정소송법

제11조(선결문제) ① 처분등의 효력 유무 또는 존재 여부가 민사소송의 선결문제로 되어 당해 민사소송의 수소법원이 이를 심리·판단하는 경우에 는 제17조, 제25조, 제26조 및 제33조의 규정을 준용한다.

(2) 민사사건과 공정력

① 부당이득반환청구와 선결문제(효력부인 문제)

㉠ 당연무효인 경우: 공정력 × → 선결문제가 무효임을 전제로 본안판단 가능

㉡ 취소사유인 경우: 공정력 ○ → 행정행위의 효력부인 ×(통설·판례)

판례 PLUS

행정행위의 공정력과 부당이득반환청구의 선결문제

1. 행정처분의 당연무효 여부가 선결문제로 된 경우, 민사법원이 당연무효임을 전제로 판결할 수 있는지: 적극

[1] 민사소송에 있어서 어느 행정처분의 당연무효 여부가 선결문제로 되는 때에는 이를 판단하여 당연무효임을 전제로 판결할 수 있고 반드시 행정소송 등의 절차에 의하여 그 취소나 무효확인을 받아야 하는 것은 아니다(대판 2010.4.8, 2009다90092).

OX문제

01 과·오납세금반환청구소송에서 민사법원은 그 선결문제로서 과세처분의 무효 여부를 판단할 수 있다. ( )

02 판례에 의하면 손해배상청구소송에서 철거처분의 위법 여부가 선결문제인 경우 민사법원은 그 위법 여부를 판단하여 손해배상의 판결을 할 수 있다. ( )

정답 01 ○ 02 ○

[2] 국세 등의 부과 및 징수처분 등과 같은 행정처분이 당연무효임을 전제로 하여 민사소송을 제기한 때에는 그 행정처분의 당연무효인지의 여부가 선결문제이므로 법원은 이를 심리하여 그 행정처분의 하자가 중대하고 명백하여 당연무효라고 인정될 경우에는 이를 전제로 하여 판단할 수 있으나 그 하자가 단순한 취소사유에 그칠 때에는 법원은 그 효력을 부인할 수 없다(대판 1973.7.10, 70다1439).

2. 과세처분이 당연무효임을 전제로 한 부당이득반환청구 인정 여부: 적극

[1] 〈소송의 유형: 민사소송〉 조세부과처분이 당연무효임을 전제로 하여 이미 납부한 세금의 반환을 청구하는 것은 민사상의 부당이득반환청구로서 민사소송절차에 따라야 한다(대판 1995.4.28, 94다55019).

[2] 〈선결문제〉 조세의 과오납이 부당이득이 되기 위하여는 납세 또는 조세의 징수가 실체법적으로나 절차법적으로 전혀 법률상의 근거가 없거나 과세처분의 하자가 중대하고 명백하여 당연무효이어야 하고, 과세처분의 하자가 단지 취소할 수 있는 정도에 불과할 때에는 과세관청이 이를 스스로 취소하거나 항고소송절차에 의하여 취소되지 않는 한 그로 인한 조세의 납부가 부당이득이 된다고 할 수 없다(대판 1994.11.11, 94다28000).

[3] 개발부담금 부과처분이 취소된 이상 그 후의 부당이득으로서의 과오납금 반환에 관한 법률관계는 단순한 민사 관계에 불과한 것이고, 행정소송절차에 따라야 하는 관계로 볼 수 없다(대판 1995.12.22, 94다51253).

② 국가배상청구와 선결문제(위법성 인정 여부): 행정행위의 위법 여부가 국가배상청구소송의 선결문제가 되는 경우, 민사법원은 선결문제인 행정행위의 위법 여부를 판단할 수 있다(판례).

 법령 PLUS

국가배상법

제2조(배상책임) ① 국가나 지방자치단체는 공무원 또는 공무를 위탁받은 사인(이하 "공무원"이라 한다)이 직무를 집행하면서 고의 또는 과실로 법령을 위반하여 타인에게 손해를 입히거나, 「자동차손해배상 보장법」에 따라 손해배상의 책임이 있을 때에는 이 법에 따라 그 손해를 배상하여야 한다. 다만, 군인·군무원·경찰공무원 또는 예비군대원이 전투·훈련 등 직무 집행과 관련하여 전사(戰死)·순직(殉職)하거나 공상(公傷)을 입은 경우에 본인이나 그 유족이 다른 법령에 따라 재해보상금·유족연금·상이연금 등의 보상을 지급받을 수 있을 때에는 이 법 및 「민법」에 따른 손해배상을 청구할 수 없다.

 판례 PLUS

행정행위의 공정력과 국가배상청구의 선결문제

1. 계고처분 또는 행정 대집행 영장에 의한 통지와 같은 행정처분이 위법한 경우, 정대집행이 완료된 후에는 그 처분의 무효확인 또는 취소를 구할 소의 이익이 없다 할 것이다. 그러나 그러한 경우에도 계고처분 등의 행정처분이 위법임을 이유로 국가배상을 청구하는 것은 가능하며, 법원이 국가배상청구의 인용 여부를 판단함에 있어서 미리 그 행정처분의 취소판결이 있어야만 하는 것은 아니다(대판 1972.4.28, 72다337).

2. 물품세 과세대상이 아닌 것을 세무공무원이 직무상 과실로 과세대상으로 오인하여 과세처분을 행함으로 인하여 손해가 발생된 경우에는, 과세처분이 취소되지 아니하였다 하더라도, 국가는 이로 인한 손해를 배상할 책임이 있다(대판 1979.4.10, 79다262).

(3) 형사사건과 공정력

① 행정행위의 효력과 선결문제

㉠ 당연무효인 경우: 공정력 × → 형사법원이 직접 무효판단 가능

㉡ 취소사유인 경우: 공정력 ○ → 행정행위의 효력부인 ×(통설·판례)

행정행위의 효력 유무가 형사사건의 선결문제인 경우

1. **행정처분으로서 명령이 무효인 경우, 명령 위반을 이유로 행정형벌을 부과할 수 있는지 여부: 소극**
   소방시설 설치유지 및 안전관리에 관한 법률상 소방시설 등의 설치 또는 유지·관리에 대한 명령을 정당한 사유 없이 위반한 자는 행정형벌에 처해지지만, 행정처분인 명령이 하자가 있어 무효인 경우에는 명령에 따른 의무위반이 생기지 아니하므로 행정형벌을 부과할 수 없다(대판 2011.11.10, 2011도11109).

2. **과세처분이 당연무효인 경우와 체납범죄가 성립하는지 여부: 소극**
   과세대상과 납세의무자 확정이 잘못되어 당연무효인 과세처분 대하여는 체납이 문제될 여지가 없으므로 체납범이 성립하지 않는다. 체납범은 정당한 과세에 대하여서만 성립되는 것이고, 과세가 당연히 무효한 경우에 있어서는 "체납의 대상이 없어"체납범 성립의 여지가 없다(대판 1971.5.31, 71도742).

3. **타인의 이름으로 운전면허시험에 응시하여 발급받은 면허로 운전한 경우, 무면허운전죄에 해당하는지 여부: 소극**
   연령 미달의 결격자인 피고인이 소외인의 이름으로 운전면허시험에 응시, 합격하여 교부받은 운전면허는 당연무효가 아니고 취소사유에 불과하므로, 별도의 취소처분이 없는 한 유효하다. 따라서 피고인의 운전행위는 무면허운전에 해당하지 아니한다(대판 1982.6.8, 80도2646).

4. **당연무효가 아닌 수입면허를 받고 물품을 통관한 경우, 관세법상 무면허수입죄가 성립하는지 여부: 소극**
   물품을 수입하고자 하는 자가 일단 세관장에게 수입신고를 하여 그 면허를 받고 물품을 통관한 경우에는 세관장의 수입면허가 당연무효인 것으로 인정되지 않는 한 관세법 소정의 무면허수입죄가 성립될 수 없다(대판 1989.3.28, 89도149).

② 행정행위의 위법성 확인과 선결문제: 행정행위의 위법성 확인은 공정력에 반하지 않으므로 위법성 판단 가능(통설·판례)

 판례PLUS

행정행위의 위법 여부가 형사사건의 선결문제인 경우

1. 도시계획법상 행정청은 그 토지의 형질을 변경한 자에 대하여서만 원상회복 등의 조치명령을 할 수 있다고 해석되고, 토지의 형질을 변경한 자도 아닌 자에 대하여 원상복구의 시정명령이 발하여진 경우 그 원상복구의 시정명령은 위법하다. 한편 도시계획법상 처분이나 조치명령을 받은 자가 이를 위반하였다는 이유로 처벌을 하기 위하여는 그 처분이나 조치명령이 적법한 것이라야 하므로, 그 처분이 당연무효가 아니라 하더라도 위법한 경우에는 도시계획법 위반죄가 성립될 수 없다(대판 1992.8.18, 90도1709).

2. 행정청으로부터 주택법에 의한 시정명령을 받고도 이를 위반하였다는 이유로 처벌을 하기 위해서는 그 시정명령이 적법한 것이어야 하고, 그 시정명령이 위법하다고 인정되는 한 동법 위반죄는 성립하지 않는다(대판 2009.6.25, 2006도824).

3 구성요건적 효력

1. 의의

(1) 개념: 유효한 행정행위가 존재하는 한 취소할 수 있는 행위인가를 불문하고 다른 행정기관 또는 법원은 그 행위와 관련이 있는 자신들의 결정에 그 행위의 존재와 법적 효과를 인정해야 하고 그 내용에 구속되는데(예 법무부장관이 미국인 A를 한국인으로의 귀화를 허가하였다면, A의 귀화허가에 당연무효가 아닌 하자가 있다고 하여도 A로부터 광업권의 허가를 신청 받은 산업통상자원부장관은 A를 한국인으로 인정하고 허가신청을 심사하여야 한다), 이를 구성요건적 효력이라 한다.

(2) 근거: 실정법상 명시적 규정은 없으나 권력분립의 원리 및 행정기관 상호 간의 권한 존중의 원칙 등이 간접적 근거라고 본다.

2. 공정력과 구성요건적 효력

(1) 구분하는 견해: 공정력과 구성요건적 효력은 개념과 근거 및 범위에서 차이가 있으므로 선결문제와 관련하여 논의되어야 한다는 입장이다.

(2) 선결문제: 전통적 견해와 판례는 공정력은 다른 행정청과 법원도 구속한다고 보지만 구분하는 견해에 따르면 민·형사 법원에 미치는 효력은 구성요건적 효력이라고 본다.

구분	공정력	구성요건적 효력
구체적 개념 구분	행정행위가 무효가 아닌 한 상대방 또는 이해관계인은 행정행위가 권한 있는 기관에 의해 취소되기까지는 효력을 부인할 수 없다.	하자 있는 행정행위라도 무효가 아닌 한 다른 국가기관은 그 존재, 유효성 및 내용을 존중해야 하며 판단의 기초 내지 구성요건으로 삼아야 한다는 것이다.
인정범위	상대방 또는 이해관계인	다른 국가기관(행정기관 및 법원)
근거	행정의 안정성, 법적 안정성	권력분립에 따른 국가기관 상호 간의 권한 존중, 통일적 행정수행
선결문제	절차적 구속력	내용적 구속력

4 존속력

1. 의의

일단 행정행위가 행해진 후 제소기간의 경과 등 일정한 사유가 발생하면 상대방 등이 더 이상 그 효력을 다툴 수 없게 되고, 또한 일정한 행정행위에 대해서는 해당 행정행위를 한 행정청도 이를 취소하거나 철회할 수 없도록 하는 것을 존속력 또는 확정력이라고 하는데 이는 불가쟁력과 불가변력으로 구분된다.

2. 형식적 존속력(불가쟁력)

(1) 의의: 행정행위에 하자가 있어도 행정행위의 상대방 기타 이해관계인이 ① 쟁송기간을 경과하거나, ② 쟁송수단을 모두 거치거나, ③ 재판청구권을 포기한 경우 더 이상 그 효력을 쟁송으로 다툴 수 없게 하는 효력을 말한다. 행정행위의 조속한 안정을 이루기 위해 인정된다.

(2) 효과

① 처분의 당사자 등에 대한 효력으로, 처분청은 이에 영향을 받지 않아 직권취소나 철회를 할 수 있다.

② 불가쟁력이 발생한 행정행위에 대해 행정심판, 행정소송의 제기는 부적법한 것으로 각하된다. 현행법상 재심사 청구제도는 없다.

③ 행정행위가 무효인 경우 제소기간의 제한이 없으므로 불가쟁력이 발생하지 않는다.

(3) 관련 문제

① 하자승계: 하자있는 선행처분에 불가쟁력이 발생하여도 후행행위에 하자가 승계되어 다툴 수 있다.

② 국가배상: 취소소송과 국가배상청구는 성질상 달리하므로 불가쟁력이 발생하여도 국가배상 청구가 가능하다.

3. 실질적 존속력(불가변력)

(1) 의의: 원래 행정청은 직권취소나 철회를 할 수 있으나, 일정한 행정행위의 성질상 행정청 자신도 직권으로 자유롭게 취소, 변경, 철회할 수 없게 하는 효력을 불가변력이라 한다.

(2) 효과

① 불가변력은 행정청에 대한 효력이다.

② 불가변력이 발생한 경우에도 쟁송기간이 경과하지 않은 경우, 당사자등은 쟁송으로 효력을 다툴 수 있다.

③ 불가변력이 발생한 행정행위에 대해 직권취소, 철회하면 위법하다. 또한 당연무효의 경우에는 인정되지 않는다.

(3) 관련 문제

① 준사법적 행정행위: 행정심판의 재결 등에 불가변력이 인정된다.

② 법률에 규정이 있는 경우: 통고처분 등 법률에서 확정판결과 같은 효력을 인정하는 것은 행정행위에 의한 것이 아니므로 불가변력이 아니다.

③ 수익적 행정행위의 취소·철회 제한: 당사자의 기득권 보호나 신뢰보호 견지에서 제한되는 것으로 불가변력은 아니다.

④ 공공복리를 이유로 취소·철회 제한: 공익을 위해 구체적인 경우, 비교형량하여 취소권이 제한되는 것이지 불가변력은 아니다.

4. 불가쟁력과 불가변력의 비교

(1) 공통점: 목적상 모두 행정법관계의 조기안정을 도모하고, 상대방의 신뢰를 보호하는 기능을 한다.

(2) 차이점

① 대상: 불가쟁력은 행정행위의 상대방 및 이해관계인이나, 불가변력은 처분청 등 행정관청이다.

② 성질 및 적용범위: 불가쟁력은 절차법(쟁송법)적 효력이 있으며 모든 행정행위에 적용되지만, 불가변력은 특수한 행정행위에만 적용된다.

(3) 양자의 관계: 불가쟁력이 발생한 행정행위의 경우에도 행정관청에 의한 직원취소·변경·철회가 가능하고, 불가변력이 발생한 행정행위도 ① 쟁송기관이 도과하지 않았거나, ② 쟁송수단이 허용되는 한 상대방의 쟁송을 제기하여 다투는 것이 가능하다.

OX 문제

01 불가변력은 모든 행정행위에서 인정된다. ( )

02 제소기간이 도과하여 불가쟁력이 생긴 행정처분에 대하여 국민에게 그 변경을 구할 신청권이 인정됨이 원칙이다. ( )

03 불가변력이 인정되는 행정행위에는 준사법적 행위, 확인행위, 수익적 행정행위에 대한 취소권 및 철회권 행사제한법리, 사정재결 등을 들 수 있다. ( )

04 무효인 행정행위에서도 불가변력이 인정된다. ( )

05 실질적 존속력이 발생한 행정행위는 당연히 불가쟁력을 갖는다. ( )

06 불가쟁력이 발생한 행정행위는 처분청이 직권으로 취소, 변경할 수 없음이 원칙이다. ( )

정답 01 × 02 × 03 × 04 × 05 × (→갖지 않는다) 06 ×

5 강제력

1. 의의

강제력에는 제재력과 자력집행력이 있다. 제재력이란 행정법상 의무위반자에게 처벌을 가할 수 있는 힘을 말하고, 자력집행력이란 행정법상 의무불이행자에게 의무의 이행을 강제할 수 있는 힘을 말한다.

2. 자력집행력과 제재력

(1) 자력집행력

① 행정법상의 의무불이행이 있는 경우, 행정청이 스스로 강제력에 의해 직접 의무의 내용을 실현할 수 있는 행정행위의 효력이다.

② **성질(법규설):** 강제가 사법권의 고유한 것임을 전제로 행정청의 집행력은 특정 법률에서 인정하였기 때문에 인정되는 것이다(통설).

(2) 제재력: 행정행위에 의해 부과된 의무를 위반하면 행정벌이 부과되는 것이다. 이 경우 법률상 근거가 필요하다.

09 행정행위의 하자(흠결)

1 의의

행정행위의 하자(瑕疵)란 행정행위의 성립요건(주체, 절차, 형식, 내용)이나 효력발생요건(통지, 도달)이 결여된 경우를 의미한다. 행정행위에 하자가 있는 경우에 그 효력은 부당과 위법으로 나누어진다.

2 하자의 효과

부당		단순히 재량을 그르친 행위
위법	무효	행정행위의 효력이 처음부터 발생하지 않음
	취소	행정행위가 취소되기 전까지만 효력이 발생함

3 하자의 판단시점

행정행위에 하자가 있는지, 즉 무효인 행정행위, 취소할 수 있는 행정행위를 막론하고 위법여부를 판단하는 시점은 일반적으로 행정행위가 외부에 표시된 시점인 처분시를 기준으로 판단한다.

하자판단의 기준시점: 처분시

1. 행정소송에서 행정처분의 위법 여부는 행정처분이 있을 때의 법령과 사실상태를 기준으로 하여 판단하여야 하고, 처분 후 법령의 개폐나 사실상태의 변동에 의하여 영향을 받지 않는다(대판 2002.7.9, 2001두10684).

2. 행정소송에서 행정처분의 위법 여부는 행정처분이 행하여졌을 때의 법령과 사실 상태를 기준으로 하여 판단하여야 한다. 따라서 처분 후 법령의 개폐나 사실상태의 변동에 의하여 영향을 받지는 않으므로, 난민 인정 거부처분의 취소를 구하는 취소소송에서도 그 거부처분을 한 후 국적국의 정치적 상황이 변화하였다고 하여 처분의 적법 여부가 달라지는 것은 아니다(대판 2008.7.24, 2007두3930).

4 행정행위의 부존재

1. 개념

(1) 하자 있는 행정행위의 유형으로는 행정행위의 부존재, 무효인 행정행위, 취소할 수 있는 행정행위로 구분할 수 있다.

(2) 행정행위의 부존재란 행정행위의 외형상 존재 자체가 없는 것으로 행정행위로서 성립조차 하지 못한 경우를 의미한다. 이에 비해 무효는 행정행위의 외형은 갖추고 있지만, 효력이 발생하지 못하는 것을 의미한다.

(3) 행정행위 부존재의 유형에는 행정청이 아님이 명백한 사인의 행위, 행정권의 발동으로 볼 수 없는 행위, 행정기관 내에서 내부적 의사결정이 있었지만 외부에 표시되지 않은 경우 등이 있다.

2. 무효와의 구별 실익

행정행위의 부존재는 외형이 존재하지 않지만, 무효는 외형이 존재한다. 행정행위의 부존재는 무효행위의 전환이 인정되지 않지만, 무효는 전환이 인정된다. 또한 무효인 행정행위에 대해서는 무효선언적 의미의 취소소송이 가능하지만, 부존재의 경우에는 취소소송이 불가능하다.

10 | 행정행위의 무효와 취소

1 무효와 취소의 구별기준

1. 의의

(1) 개념: 무효인 행정행위란 행정행위의 외형은 갖추고 있지만 처음부터 효력이 발생하지 않는 행정행위를 말한다. 취소할 수 있는 행정행위란 행정행위에 원시적 하자가 있음에도 불구하고 그것이 본질적이지 않아 일단 유효한 행정행위이지만 취소되면 소급하여 무효가 되는 행위를 말한다.

(2) 관련 학설

① 행정행위가 위법한 경우에 행정행위의 효력을 무효로 볼 것인지 취소로 볼 것인지에 대한 구별기준 규정이 존재하지 않는다. 따라서 이 부분에 대한 견해의 대립이 존재하며 통설은 판례와 마찬가지로 '중대명백설'의 입장이다.

② 중대명백설은 하자가 법규의 중요한 부분을 위반한 중대한 것으로서 객관적으로 명백하면 무효인 행정행위이고 그렇지 않으면 취소사유라는 입장이다. 여기서 중대성이란 법위반의 정도가 중대한 것이고 명백성이란 하자가 외관상 분명한 것으로 보며 당사자의 권리구제보다 법적 안정성을 우선시하는 입장이다.

③ 헌법재판소는 원칙적으로 중대명백설의 입장을 취하나, 예외적으로 개인의 권리구제의 필요성이 큰 경우에는 하자가 명백하지 않더라도 무효를 인정한다.

2. 판례의 태도

 판례 PLUS

> **행정행위의 무효와 취소의 구별기준: 중대명백설**
>
> **1. 하자 있는 행정처분이 당연무효인지를 판별하는 기준**
> 행정처분이 당연무효라고 하기 위하여는 그 처분에 위법사유가 있다는 것만으로는 부족하고 그 하자가 중요한 법규에 위반한 것이고 객관적으로 명백한 것이어야 하며, 하자가 중대하고도 명백한 것인가의 여부를 판별함에 있어서는 그 법규의 목적, 의미, 기능 등을 목적론적으로 고찰함과 동시에 구체적 사안자체의 특수성에 관하여도 합리적으로 고찰함을 요한다(대판 1985.7.23. 84누419).
>
> **2. 행정청이 법률의 규정을 잘못 해석하여 행정처분을 한 경우: 원칙적 취소사유**
> 행정청이 어느 법률관계나 사실관계에 대하여 어느 법률의 규정을 적용하여 행정처분을 한 경우에 그 법률관계나 사실관계에 대하여는 그 법률의 규정을 적용할 수 없다는 법리가 명백히 밝혀져 그 해석에 다툼의 여지가 없음에도 행정청이 위 규정을 적용하여 처분을 한 때에는 그 하자가 중대하고도 명백하다고 할 것이나, 그 법률관계나 사실관계에 대하여 그 법률의 규정을 적용할 수 없다는 법리가 명백히 밝혀지지 아니하여 그 해석에 다툼의 여지가 있는 때에는 행정관청이 이를 잘못 해석하여 행정처분을 하였더라도 이는 그 처분 요건사실을 오인한 것에 불과하여 그 하자가 명백하다고 할 수 없다(대판 2009.9.24. 2009두2825).

OX 문제

01 하자가 중대하고 명백한 것인지 여부를 판별함에 있어서는 그 법규의 목적, 의미, 기능 등을 목적론적으로 고찰하면 충분하고 동시에 구체적 사안 자체의 특수성에 관하여도 합리적으로 고찰함을 요하지는 않는다. ( )

정답 01 ×

2 무효와 취소의 구별실익

구분	무효	취소
공정력, 존속력, 강제력	×	○
선결문제	심사 가능	효력 부인(위법성 판단은 가능)
하자승계	승계○ (모든 후행행위에 승계)	원칙적으로 승계○ (선행행위와 후행행위가 결합하여 하나의 법률효과가 발생하는 경우)
하자의 치유와 전환	치유 부정/ 전환 인정	치유 인정 / 전환 부정
신뢰보호의 원칙	×	○
쟁송형태	무효등 확인심판, 무효등 확인소송	취소심판, 취소소송
쟁송제기 기간의 제한	불가쟁력× → 제한×	불가쟁력 발생○ → 제한○
사정판결, 사정재결	×	○
간접강제	×	○
예외적 행정심판전치주의	적용×	적용○

※ 국가배상청구소송, 집행부정지원칙은 구별실익에 해당하지 않음

3 무효사유와 취소사유에 해당하는 관련 판례

 판례 PLUS

당연무효로 본 예

1. 음주운전을 단속한 경찰관 명의로 행한 운전면허정지처분
운전면허에 대한 정지처분권한은 경찰청장으로부터 경찰서장에게 권한위임된 것이므로 음주운전자를 적발한 단속 경찰관으로서는 관할 경찰서장의 명의로 운전면허정지처분을 대행처리할 수 있을지는 몰라도 자신의 명의로 이를 할 수는 없다 할 것이므로, <u>단속 경찰관이 자신의 명의로 운전면허행정처분통지서를 작성·교부하여 행한 운전면허정지처분은 비록 그 처분의 내용· 사유·근거 등이 기재된 서면을 교부하는 방식으로 행하여졌다고 하더라도 권한 없는 자에 의하여 행하여진 점에서 무효이다</u>(대판 1997.5.16, 97누2313).

2. 체납자 아닌 제3자 소유물건에 대한 압류처분의 효력: 당연무효
과세관청이 납세자에 대한 체납처분으로서 제3자의 소유물건을 압류하고 공매하더라도 그 처분으로 인하여 제3자가 소유권을 상실하는 것이 아니므로, <u>체납자가 아닌 제3자의 소유물건을 대상으로 한 압류처분은 하자가 객관적으로 명백한 것인지 여부와는 관계없이 처분의 내용이 법률상 실현될 수 없는 것이어서 당연무효이다</u>(대판 1993.4.27, 92누12117).

3. 재개발조합의 설립추진위원회가 제출한 동의서에 '건축물의 설계의 개요'와 '소요비용의 금액' 기재가 누락되었음에도 이루어진 설립인가처분
'건설되는 건축물의 설계의 개요'와 '건축물의 철거 및 신축에 소요되는 비용의 개략적인 금액'에 관하여 그 <u>내용의 기재가 누락 되어 있음에도 이를 유효한 동의로 처리하여 재개발조합이 설립인가를 한 처분은 위법하고 그 하자가 중대하고 명백하여 무효이다</u>(대판 2010.1.28, 2009두4845).

4. 환경영향평가를 거치지 아니하였음에도 이루어진 사업승인 등의 처분

[1] 환경영향평가를 거쳐야 할 대상사업에 대하여 환경영향평가를 거치지 아니하였음에도 불구하고 승인 등 처분이 이루어진다면, 사전에 환경영향평가를 함에 있어 평가대상지역 주민들의 의견을 수렴하고 그 결과를 토대로 하여 환경부장관과의 협의내용을 사업계획에 미리 반영시키는 것 자체가 원천적으로 봉쇄되는바, 이렇게 되면 환경파괴를 미연에 방지하고 쾌적한 환경을 유지·조성하기 위하여 환경영향평가제도를 둔 입법취지를 달성할 수 없게 되는 결과를 초래할 뿐만 아니라 환경영향평가대상지역 안의 주민들의 직접적이고 개별적인 이익을 근본적으로 침해하게 되므로, 이러한 행정처분의 하자는 법규의 중요한 부분을 위반한 중대한 것이고 객관적으로도 명백한 것이라고 하지 않을 수 없어, 당연무효이다(대판 2006.6.30, 2005두14363).

[2] 〈비교〉 환경영향평가 절차를 거쳤으나 그 내용이 부실한 경우: 적법
환경영향평가법령에서 정한 환경영향평가를 거쳐야 할 대상사업에 대하여 그러한 환경영향평가를 거치지 아니하였음에도 승인 등 처분을 하였다면 그 처분은 위법하다 할 것이나, 그러한 절차를 거쳤다면, 비록 그 환경영향평가의 내용이 다소 부실하다 하더라도, 그 부실의 정도가 환경영향평가제도를 둔 입법 취지를 달성할 수 없을 정도이어서 환경영향평가를 하지 아니한 것과 다를 바 없는 정도의 것이 아닌 이상, 그 부실은 당해 승인 등 처분에 재량권 일탈·남용의 위법이 있는지 여부를 판단하는 하나의 요소로 됨에 그칠 뿐, 그 부실로 인하여 당연히 당해 승인 등 처분이 위법하게 되는 것이 아니다(대판 2006.3.16, 2006두330).

5. 처분의 방식을 규정한 행정절차법 제24조를 위반하여 행해진 처분

행정절차법 제24조는 행정청이 처분을 하는 때에는 다른 법령 등에 특별한 규정이 있는 경우를 제외하고는 문서로 하여야 하고 전자문서로 하는 경우에는 당사자 등의 동의가 있어야 하며, 다만 신속을 요하거나 사안이 경미한 경우에는 구술 기타 방법으로 할 수 있다고 규정하고 있는데, 이는 행정의 공정성·투명성 및 신뢰성을 확보하고 국민의 권익을 보호하기 위한 것이므로 위 규정을 위반하여 행하여진 행정청의 처분은 하자가 중대하고 명백하여 원칙적으로 무효이다(대판 2011.11.10, 2011도11109).

취소사유로 본 예

1. 행정행위의 취소사유와 철회사유의 구별 기준

행정행위의 취소는 일단 유효하게 성립한 행정행위를 그 행위에 위법 또는 부당한 하자가 있음을 이유로 소급하여 그 효력을 소멸시키는 별도의 행정처분이고, 행정행위의 철회는 적법요건을 구비하여 완전히 효력을 발하고 있는 행정행위를 사후적으로 그 행위의 효력의 전부 또는 일부를 장래에 향해 소멸시키는 행정처분이므로, 행정행위의 취소사유는 행정행위의 성립 당시에 존재하였던 하자를 말하고, 철회사유는 행정행위가 성립된 이후에 새로이 발생한 것으로서 행정행위의 효력을 존속시킬 수 없는 사유를 말한다(대판 2006.5.11, 2003다37969).

2. 침해적 행정처분을 함에 있어서 행정절차법상의 사전통지나 의견제출의 기회를 주지 아니한 경우

행정청이 침해적 행정처분을 함에 있어서 당사자에게 위와 같은 사전통지를 하거나 의견제출의 기회를 주지 아니하였다면 사전통지를 하지 않거나 의견제출의 기회를 주지 아니하여도 되는 예외적인 경우에 해당하지 아니하는 한 그 처분은 위법하여 취소를 면할 수 없다(대판 2000.11.14, 99두5870).

3. 공청회와 이주대책 없는 도시계획수립행위의 위법과 수용재결처분의 취소

도시계획의 수립에 있어서 도시계획법 제16조의2 소정의 공청회를 열지 아니하고 공공용지의취득및손실보상에관한특례법 제8조 소정의 이주대책을 수립하지 아니하였더라도 이는 절차상의 위법으로서 취소사유에 불과하고 그 하자가 도시계획결정 또는 도시계획사업시행인가를 무효라고 할 수 있을 정도로 중대하고 명백하다고는 할 수 없다(대판 1990.1.23, 87누947).

4 위헌인 법률에 근거한 행정처분의 효력

1. 의의

위헌인 법률에 근거한 행정처분의 효력이 무효인지 취소인지 여부가 문제된다. 헌법재판소법 제47조에서는 '장래효'를 원칙으로 규정하고 있다. 헌법재판소는 당해 사건, 종종사건, 병행사건, 기타 정의와 형평 등을 고려할 필요가 있는 경우 소급효가 인정된다고 해석한다. 그에 비해 대법원은 더 나아가 위헌결정 후 제소된 일반사건의 경우에도 소급효를 인정하였으며 이미 취소소송 제기기간을 경과하여 확정력이 발생한 행정처분에는 위헌결정의 소급효가 미치지 않는다고 보았다.

 법령 PLUS

헌법재판소법

제47조(위헌결정의 효력) ① 법률의 위헌결정은 법원과 그 밖의 국가기관 및 지방자치단체를 기속(羈束)한다.
② 위헌으로 결정된 법률 또는 법률의 조항은 그 결정이 있는 날부터 효력을 상실한다.
③ 제2항에도 불구하고 형벌에 관한 법률 또는 법률의 조항은 소급하여 그 효력을 상실한다. 다만, 해당 법률 또는 법률의 조항에 대하여 종전에 합헌으로 결정한 사건이 있는 경우에는 그 결정이 있는 날의 다음 날로 소급하여 효력을 상실한다.
④ 제3항의 경우에 위헌으로 결정된 법률 또는 법률의 조항에 근거한 유죄의 확정판결에 대하여는 재심을 청구할 수 있다.
⑤ 제4항의 재심에 대하여는 「형사소송법」을 준용한다.

 판례 PLUS

위헌법률에 근거한 행정처분의 효력

1. 위헌법률에 근거하여 발하여진 행정처분의 효력: 취소사유
법률에 근거하여 행정처분이 발하여진 후에 헌법재판소가 그 행정처분의 근거가 된 법률을 위헌으로 결정하였다면 결과적으로 행정처분은 법률의 근거가 없이 행하여진 것과 마찬가지가 되어 하자가 있는 것이 되나, 하자 있는 행정처분이 당연무효가 되기 위하여는 그 하자가 중대할 뿐만 아니라 명백한 것이어야 하는데, 일반적으로 법률이 헌법에 위반된다는 사정이 헌법재판소의 위헌결정이 있기 전에는 객관적으로 명백한 것이라고 할 수는 없으므로 헌법재판소의 위헌결정 전에 행정처분의 근거되는 당해 법률이 헌법에 위반된다는 사유는 특별한 사정이 없는 한 그 행정처분의 취소소송의 전제가 될 수 있을 뿐 당연무효사유는 아니다(대판 1994.10.28, 92누9463).

2. 확정력이 발생한 행정처분에 위헌결정의 소급효가 미치는지 여부: 소극
위헌인 법률에 근거한 행정처분이 당연무효인지의 여부는 위헌결정의 소급효와는 별개의 문제로서, 위헌결정의 소급효가 인정된다고 하여 위헌인 법률에 근거한 행정처분이 당연무효가 된다고는 할 수 없고, 오히려 이미 취소소송의 제기기간을 경과하여 확정력이 발생한 행정처분에는 위헌결정의 소급효가 미치지 않는다(대판 1994.10.28, 92누9463).

3. 처분의 근거법률이 위헌이라는 이유로 무효확인의 소가 제기된 경우, 법원의 조치: 청구기각
어느 행정처분에 대하여 그 행정처분의 근거가 된 법률이 위헌이라는 이유로 무효확인청구의 소가 제기된 경우에는 다른 특별한 사정이 없는 한 법원으로서는 그 법률이 위헌인지 여부에 대하여 판단할 필요 없이 무효확인청구를 기각하여야 한다(대판 1994.10.28, 92누9463).

2. 위헌인 법률에 근거한 처분의 집행력

조세부과처분이 있고 난 뒤에 그 처분의 근거법률에 대하여 위헌결정이 난 경우, 조세부과처분의 후속절차를 진행할 수 없다. 후속절차를 진행하는 것은 위헌결정의 기속력(헌법재판소법 제47조 제1항)에 위배되기 때문이다.

> **➕ 판례 PLUS**
>
> 위헌인 법률에 근거한 처분의 집행력: 위헌결정의 기속력에 반하므로 무효
>
> 1. 위헌법률에 기한 행정처분의 집행이나 집행력을 유지하기 위한 행위는 위헌결정의 기속력에 위반되어 허용되지 않는다(대판 2002.8.23, 2001두2959).
>
> 2. 위헌결정 이전에 이미 부담금 부과처분과 압류처분 및 이에 기한 압류등기가 이루어지고 각 처분이 확정되었다고 하여도, 위헌결정 이후에는 별도의 행정처분인 매각처분, 분배처분 등 후속 체납처분절차를 진행할 수 없으며, 다른 사람에 의하여 개시된 경매절차에서도 배당을 받을 수 없다(대판 2002.7.12, 2002두3317).

5 하자승계이론

1. 의의

행정청의 선행(先行)행위에 취소사유가 존재하였으나 제소기간 경과로 더 이상 다툴 수 없는 불가쟁력이 발생한 경우이더라도 적법한 후행(後行)행위에 선행행위의 하자를 승계시켜 후행행위를 다툴 수 있도록 하는 것이다.

선행행위와 후행행위가 별개의 목적으로 행하여지는 경우 선행행위가 당연무효가 아닌 단순위법인 경우에는 후행행위에 승계되지 아니하지만, 선행행위와 후행행위가 일련의 절차를 구성하면서 하나의 효과를 목적으로 하는 경우에는 예외적으로 선행행위의 위법성이 후행행위에 승계된다.

2. 문제점

하자승계를 인정하면 법적 안정성에 기초한 불가쟁력과 충돌이 발생하며, 하자승계를 부정하면 국민의 권익구제에 충실하지 못하다는 문제점이 있다. 하자승계이론을 인정할 것인지 여부에 대해서도 견해의 대립이 존재하나 판례와 통설은 예외적으로 인정한다.

3. 전제 조건

(1) 선행행위에 취소사유가 존재하며 제소기간 도과로 불가쟁력이 발생하여야 한다.

(2) 후행행위는 하자가 존재하지 않는 적법한 경우이어야 한다.

(3) 선행행위와 후행행위 모두 항고소송의 대상이 되는 처분성이 인정되어야 한다.

4. 선행행위가 무효인 경우

(1) 선행행위가 무효인 경우에는 처음부터 효력이 발생하지 않으므로 제소기간 제한 없이 언제든지 무효임을 주장할 수 있다. 따라서 불가쟁력이 발생하지 않는다.

(2) 행정소송법상 무효 등 확인소송은 취소소송과는 달리 제소기간의 제한규정이 없다.

(3) 선행행위가 무효인 경우에 그 하자는 후행행위에 언제나 승계된다.

(4) 따라서, 하자승계이론을 논의할 실익이 없다.

5. 판례의 태도

(1) **원칙**: 부정

(2) **예외**: 인정
   ① 연속적 행정행위+동일한 법률효과를 목적: 하자승계 긍정
   ② 연속적 행정행위+별개의 법률효과를 목적: 하자승계 부정

6. 하자승계의 구체적 사례

구분		구체적인 예
하자승계 긍정	동일	• 행정대집행에 있어 계고처분과 대집행영장의 통지, 실행, 대집행 비용의 납부명령의 각 행위 • 개별공시지가결정과 개발부담금부과처분 • 암매장분묘개장명령과 후행 계고처분사이 • 선행 안경사국가시험 합격무효처분과 안경사 면허취소처분 • 독촉과 가산금, 중가산금 징수처분 • 무효인 조례와 그 조례에 근거한 지방세부과처분 • 현행 한지의사(일정지역 내에서만 개업 가능한 의사) 시험자격인정과 후행 한지의사 면허처분 • 귀속재산의 임대처분과 후행 매각처분 • 환지예정지지정처분과 공작물이전명령
	별개	• 개별공시지가결정과 과세처분 사건 • 표준지공시지가결정과 수용재결 사건 • 친일반민족행위진상규명위원회의 최종발표와 지방보훈지청장의 독립유공자법 적용배제자 결정
하자승계 부정		• 표준지공시지가결정과 개별토지가격결정 / 조세부과처분(과세처분) • 표준공시지가결정과 개별공시지가결정 • 건물철거명령과 계고처분: 하명과 계고처분 • 조세부과처분과 독촉처분: 하명과 독촉처분 • 도시계획결정과 수용재결 / 토지수용법상 사업인정과 수용재결 • 택지개발계획승인과 수용재결 / 택지개발예정지구의 지정과 택지개발계획승인 • 지방의회의결과 지방세부과처분 / 토지등급설정과 과세처분 • 수강거부와 수료처분 • 직위해제처분과 면직처분 • 변상판정과 변상명령 • 보충역편입처분과 공익근무요원소집 • 농지전용부담금처분과 압류처분 • 사업계획승인처분과 도시계획시설변경처분 • 액화석유가스판매허가처분과 사업개시신고반려처분 • 신고납세방식의 취득세 신고와 징수처분 • 토지구획정리사업 시행인가처분과 환지청산금처분

확인 문제 14 사복직 9급

하자가 승계되지 않는 것은?(다툼이 있는 경우 판례에 의함)
① 직위해제처분과 직권면직처분
② 행정대집행절차에서의 계고처분과 비용납부명령
③ 표준공시지가결정과 수용재결
④ 개별공시지가결정과 과세처분

[정답] ① 대판 1984.9.11, 84누191

하자의 승계가 인정되는 예

1. 선행처분과 후행처분이 동일한 법률효과를 목적으로 하는 경우

[1] 두 개 이상의 행정처분이 연속적으로 행하여지는 경우 선행처분과 후행처분이 서로 결합하여 1개의 법률효과를 완성하는 때에는 선행처분에 하자가 있으면 그 하자는 후행처분에 승계되므로 선행처분에 불가쟁력이 생겨 그 효력을 다툴 수 없게 된 경우에도 선행처분의 하자를 이유로 후행처분의 효력을 다툴 수 있는 반면, 선행처분과 후행처분이 서로 독립하여 별개의 법률효과를 목적으로 하는 때에는 선행처분에 불가쟁력이 생겨 그 효력을 다툴 수 없게 된 경우에는 선행처분의 하자가 중대하고 명백하여 당연무효인 경우를 제외하고는 선행처분의 하자를 이유로 후행처분의 효력을 다툴 수 없는 것이 원칙이다(대판 1994.1.25, 93누8542).

[2] 〈계고–통지–실행–비용납부명령: 긍정〉 대집행의 계고, 대집행영장에 의한 통지, 대집행의 실행, 대집행에 요한 비용의 납부명령 등은 타인이 대신하여 행할 수 있는 행정의무의 이행을 의무자의 비용부담하에 확보하고자 하는, 동일한 행정목적을 달성하기 위하여 단계적인 일련의 절차로 연속하여 행하여지는 것으로서 서로 "결합"하여 하나의 법률효과를 발생시키는 것이므로, 선행처분인 계고처분이 하자가 있는 위법한 처분이라면, 비록 그 하자가 중대하고도 명백한 것이 아니어서 당연무효의 처분이라고 볼 수 없고 행정소송으로 효력이 다투어 지지도 아니하여 이미 불가쟁력이 생겼으며, 후행처분인 대집행영장발부통보처분 자체에는 아무런 하자가 없다고 하더라도, 후행처분인 대집행영장발부통보처분의 취소를 청구하는 소송에서 청구원인으로 선행처분인 계고처분이 위법한 것이기 때문에 그 계고처분을 전제로 행하여진 대집행영장발부통보처분도 위법한 것이라는 주장을 할 수 있다(대판 1996.2.9, 95누12507).

2. 선행처분과 후행처분이 별개의 효과를 목적으로 함에도 선행처분의 하자를 이유로 후행처분의 효력을 다툴 수 있는 예외

[1] 두 개 이상의 행정처분을 연속적으로 하는 경우 선행처분과 후행처분이 서로 독립하여 별개의 법률효과를 목적으로 하는 때에는 선행처분에 불가쟁력이 생겨 그 효력을 다툴 수 없게 된 경우에는 선행처분의 하자가 중대하고 명백하여 당연무효인 경우를 제외하고는 선행처분의 하자를 이유로 후행처분의 효력을 다툴 수 없는 것이 원칙이다(대판 2013.3.14, 2012두6964).

[2] 〈개별공시지가 결정 + 과세처분: 긍정〉 그러나 선행처분과 후행처분이 서로 독립하여 별개의 효과를 목적으로 하는 경우에도 선행처분의 불가쟁력이나 구속력이 그로 인하여 불이익을 입게 되는 자에게 "수인한도"를 넘는 가혹함을 가져오며, 그 결과가 당사자에게 "예측가능"한 것이 아닌 경우에는 국민의 재판받을 권리를 보장하고 있는 헌법의 이념에 비추어 선행처분의 후행처분에 대한 구속력은 인정될 수 없다(대판 2013.3.14, 2012두6964).

[3] 〈표준지공시지가 + 수용재결·수용보상금결정: 긍정〉 표준지공시지가결정이 위법한 경우에는 그 자체를 행정소송의 대상이 되는 행정처분으로 보아 그 위법 여부를 다툴 수 있음은 물론, 수용보상금의 증액을 구하는 소송에서도 선행처분으로서 그 수용대상 토지 가격 산정의 기초가 된 비교표준지공시지가결정의 위법을 독립한 사유로 주장할 수 있다(대판 2008.8.21, 2007두13845).

[4] 〈친일반민족행위자결정 + 독립유공자배제결정: 긍정〉 甲을 친일반민족행위자로 결정한 친일반민족행위진상규명위원회의 최종발표(선행처분)에 따라 지방보훈지청장이 독립유공자 예우에 관한 법률 적용대상자로 보상금 등의 예우를 받던 유가족 乙에 대하여 독립유공자법 적용배제자 결정(후행처분)을 한 경우, 진상규명위원회가 甲의 친일반민족행위자 결정 사실을 통지하지 않아 乙은 후행처분이 있기 전까지 선행처분의 사실을 알지 못하였다면, 乙이 선행처분의 하자를 이유로 후행처분의 효력을 다툴 수 없게 하는 것은 乙에게 수인한도를 넘는 불이익을 주고, 나아가 그 결과가 乙에게 예측가능한 것이라고 할 수 없어 선행처분의 후행처분에 대한 구속력을 인정할 수 없으므로 선행처분의 위법을 이유로 후행처분의 효력을 다툴 수 있다(대판 2013.3.14, 2012두6964).

3. 선행처분이 당연무효인 경우: 하자승계를 논할 실익 없음(하자의 승계 당연긍정)

[1] 행정기관의 권한에는 사무의 성질 및 내용에 따르는 제약이 있고, 지역적·대인적으로 한계가 있으므로 이러한 권한의 범위를 넘어서는 권한유월의 행위는 무권한 행위로서 원칙적으로 무효이고, 선행행위가 부존재하거나 무효인 경우에는 그 하자는 당연히 후행행위에 승계되어 후행행위도 무효로 된다. 그런데 주택건설촉진법은 부작위의무 위반행위에 대하여 대체적 작위의무로 전환하는 규정을 두고 있지 아니하므로 금지규정으로부터 그 위반결과의 시정을 명하는 원상복구명령을 할 수 있는 권한이 도

줄되는 것은 아니다. 결국 행정청의 원고에 대한 원상복구명령은 권한 없는 자의 처분으로 무효이므로, 후행처분인 계고처분 역시 무효로 된다(대판 1996.6.28, 96누4374).
[2] 적법한 건축물에 대한 철거명령은 그 하자가 중대하고 명백하여 당연무효이므로, 그 후행행위인 건축물철거 대집행 계고처분 역시 당연무효이다(대판 1999.4.27, 97누6780).

하자의 승계가 부정되는 예

1. 〈조세부과처분 + 체납처분: 하자승계 부정〉
조세의 부과처분과 압류 등의 체납처분은 별개의 행정처분으로서 독립성을 가지므로 부과처분에 하자가 있더라도 그 부과처분이 취소되지 아니하는 한 그 부과처분에 의한 체납처분은 위법이라고 할 수는 없지만, 체납처분은 부과처분의 집행을 위한 절차에 불과하므로 그 부과처분에 중대하고도 명백한 하자가 있어 무효인 경우에는 그 부과처분의 집행을 위한 체납처분도 무효라 할 것이다(대판 1987.9.22, 87누383).

2. 〈택지개발예정지구의 지정 + 택지개발계획의 승인: 하자승계 부정〉
택지개발촉진법에 의한 건설교통부장관의 택지개발예정지구의 지정은 개발할 토지의 권리내용 등이 특정되는 처분인 반면, 택지개발사업 시행자에 대한 택지개발계획의 승인은 수용권을 설정하여 주는 처분으로서, 두 처분은 후자가 전자의 처분을 전제로 한 것이기는 하나 각각 단계적으로 별개의 법률효과를 발생하는 독립한 행정처분이어서 선행처분에 위법사유가 있다고 할지라도 당연무효 사유가 아닌 한 후행처분에 승계되지 아니한다(대판 1996.3.22, 95누10075).

3. 〈직위해제처분 + 면직처분: 하자승계 부정〉
경찰공무원법상 직위해제처분과 면직처분은 후자가 전자의 처분을 전제로 한 것이기는 하나 각각 단계적으로 별개의 법률효과를 발생하는 행정처분이어서 선행 직위해제 처분의 위법사유가 면직처분에는 승계되지 아니한다. 따라서 선행된 직위해제 처분의 위법사유를 들어 면직처분의 효력을 다툴 수는 없다(대판 1984.9.11, 84누191).

4. 〈보충역편입처분 + 공익근무요원소집처분: 하자승계 부정〉
병역법상 보충역편입처분은 구체적인 병역의무부과를 위한 전제로서 징병검사 결과 신체등위와 학력·연령 등을 감안하여 역종을 부과하는 처분임에 반하여, 공익근무요원소집처분은 공익근무요원으로서의 복무를 명하는 구체적인 행정처분이므로, 두 처분은 후자의 처분이 전자의 처분을 전제로 하는 것이기는 하나 각각 단계적으로 별개의 법률효과를 발생하는 독립된 행정처분이라고 할 것이므로, 보충역편입처분에 하자가 있다고 할지라도 그것이 당연무효가 아닌 한 그 위법을 이유로 공익근무요원소집처분의 효력을 다툴 수 없다(대판 2002.12.10, 2001두5422).

5. 〈도시·군계획시설결정 + 실시계획인가: 하자승계 부정〉
도시·군계획시설결정과 실시계획인가는 도시·군계획시설사업을 위하여 이루어지는 단계적 행정절차에서 별도의 요건과 절차에 따라 별개의 법률효과를 발생시키는 독립적인 행정처분이다. 따라서 선행처분인 도시·군계획시설결정에 하자가 있더라도 그것이 당연무효가 아닌 한 원칙적으로 후행처분인 실시계획인가에 승계되지 않는다(대판 2017.7.18, 2016두49938).

6 하자 있는 행정행위의 치유와 전환

1. 의의

행정행위에 하자가 있는 경우에 행정행위의 효력은 부당하거나 위법(무효 또는 취소)하기 때문에 행정행위의 치유와 전환이론은 원칙적으로 인정되지 않는다. 행정경제나 상대방의 신뢰보호 차원에서 예외적으로 인정하자는 입장이 판례와 통설이다.

2. 하자 있는 행정행위의 치유

(1) 의의: 행정행위에 당연무효가 아닌 취소사유가 존재하는 경우에 요건의 사후보완을 통해 하자 있는 행정행위가 유효한 행정행위로 되는 것을 의미한다.

(2) 특징

① **예외적 인정:** 하자 있는 행정행위의 치유는 행정행위의 성질이나 법치주의의 관점에서 볼 때 원칙적으로 허용될 수 없는 것이고, 예외적으로 행정행위의 무용한 반복을 피하고 당사자의 법적 안정성을 위해 이를 허용하는 때에도 국민의 권리나 이익을 침해하지 않는 범위에서 구체적 사정에 따라 합목적적으로 인정하여야 할 것이다 (대판 1992.5.8, 91누13274).

② **취소사유 있는 행정행위에서 인정:** 치유는 무효인 행정행위에서는 인정되지 않고 행정행위가 취소사유인 경우에만 치유가 가능하다.

㉠ **취소사유(하자의 치유사유):** 경미한 하자인 절차나 형식상의 하자에서만 인정되므로 내용상 하자의 치유는 인정되지 않는다. 또한 장기간 방치로 인한 법률관계의 확정이나 공익상의 요구 등은 하자의 치유사유가 아니라 단순한 취소권의 제한사유에 해당한다. 치유사유는 요건의 사후보완만 가능하다는 것이 통설이다.

㉡ **치유시기는 행정쟁송 제기 이전:** 치유시기는 행정쟁송 제기 이전까지만 가능하다(통설). 판례는 하자의 치유를 허용하려면 늦어도 과세처분에 대한 불복여부의 결정 및 불복신청에 편의를 줄 수 있는 상당한 기간내에 하여야 한다고 보므로 쟁송제기전설을 취하고 있다.

③ **소급효 인정:** 하자가 치유되면 행정행위는 행위시에 소급하여 처분시부터 적법한 행위가 된다. 즉 치유 효과는 행정 경제상 처음부터 유효한 행정행위를 인정하기 위해서 소급효가 인정된다.

✚ 판례 PLUS

하자의 치유를 긍정한 예

1. 청문서 도달기간을 다소 어겼지만 영업자가 이의없이 청문일에 출석하여 방어의 기회를 충분히 가진 경우
청문제도의 취지는 처분으로 말미암아 불이익을 받게 될 영업자에게 미리 변명과 유리한 자료를 제출할 기회를 부여함으로써 부당한 권리침해를 예방하려는 데에 있는 것임을 고려하여 볼 때, 행정청이 청문서 도달기간을 다소 어겼다 하더라도 영업자가 이에 대하여 이의하지 아니한 채 스스로 청문일에 출석하여 그 의견을 진술하고 변명하는 등 방어의 기회를 충분히 가졌다면, 청문서 도달기간을 준수하지 아니한 하자는 치유된다(대판 1992.10.23, 92누2844).

2. 납세고지서의 기재사항이 일부 누락되었지만, 앞서 보낸 과세예고통지서 등에 필요적 기재사항이 제대로 기재된 경우
과세관청이 과세처분에 앞서 납세의무자에게 보낸 과세예고통지서 등에 납세고지서의 필요적 기재사항이 제대로 기재되어 있어 납세의무자가 그 처분에 대한 불복 여부의 결정 및 불복신청에 전혀 지장을 받지 않았음이 명백하다면, 이로써 납세고지서의 하자가 보완되거나 치유될 수 있다(대판 2001.3.27, 99두8039).

3. 압류처분단계에서 독촉장의 송달이 없었더라도 그 이후의 공매절차에서 공매통지서가 적법하게 송달된 경우
압류처분의 단계에서 독촉의 흠결과 같은 절차상의 하자가 있었다고 하더라도 그 이후에 이루어진 공매절차에서 공매통지서가 적법하게 송달되었다면 매수인이 매각결정에 따른 매수대금을 납부한 이후에는 다른 특별한 사정이 없는 한 당해 공매처분을 취소할 수 없다(대판 2006.5.12, 2004두14717).

OX 문제

01 행정행위의 위법이 치유된 경우에는 그 위법을 이유로 당해 행정행위를 직권 취소할 수 없다. ( )

02 하자 치유 사유로는 요건의 사후보완, 사정판결, 수익적 행정행위에 대한 취소권, 철회권행사 제한법리로 보는 것이 일반적이다. ( )

정답 01 ○ 02 ×

4. 절차상의 하자가 있음에도 피징계자가 출석하여 충분한 소명을 한 경우

취업규칙에 피징계자에게 징계위원회의 개최일시 및 장소를 일정한 기간의 여유를 두고 통지하도록 규정하고 있는 경우 이는 징계의 객관성과 공정성을 확보하기 위한 것이므로 그 절차를 위반하여 한 징계처분은 효력이 없다. 그러나 이러한 절차상의 하자가 있음에도 피징계자가 스스로 징계를 위한 인사위원회에 출석하여 출석통지절차에 대한 이의를 제기함이 없이 충분한 소명을 하였다면 그 절차상의 하자는 치유된다(대판 2016.11.24, 2015두54759).

하자의 치유를 부정한 예

1. 하자가 처분의 내용에 관한 것인 경우: 하자치유 부정

시외버스운송사업계획상 "운행계통"에 정한 기점, 경유지 또는 종점을 변경함으로써 원래 면허받은 노선을 벗어나게 되는 경우에는 사업계획의 변경인가로써는 할 수 없고, 새로운 여객자동차운송사업의 면허를 받아야 한다. 따라서 운송사업사업계획 변경인가처분으로 종전 운행계통에 관하여 각각 그 종점을 기점으로, 기점을 경유지로 하고 그 운행계통을 연장하여 종점을 새로 정하며, 경유지를 일부 변경하는 것은 노선면허가 없는 상태에서 운행계통을 연장, 변경한 것이어서 위법하다. 새로 정한 종점까지의 다른 구간의 노선면허를 당해 회사가 보유하고 있다고 하더라도, 변경인가처분의 노선흠결의 하자가 치유되지 아니한다(대판 1991.5.28, 90누1359).

2. 처분이 당연무효인 경우: 하자치유 부정

[1] 징계처분이 중대하고 명백한 흠 때문에 당연무효의 것이라면 징계처분을 받은 자가 이를 용인하였다고 하더라도 그 흠이 치유되지 않는다(대판 1989.12.12, 88누8869).

[2] 토지등급결정내용의 개별통지가 있다고 볼 수 없어 토지등급결정이 무효인 이상 토지소유자가 그 결정 이전이나 이후에 토지등급결정 내용을 알았다거나 또는 그 결정 이후에 매년 등급수정의 결과가 토지소유자의 열람에 제공되었다 하더라도 하자가 치유되는 것은 아니다(대판 1997.5.28, 96누5308).

3. 〈세액 산출근거 누락 사건〉

[1] 납세고지서에 세액산출근거 등의 기재사항이 누락되었거나 과세표준과 세액의 계산명세서가 첨부되지 않았다면, 이러한 납세고지의 하자는 납세의무자가 그 나름대로 산출근거를 알고 있다거나 사실상 이를 알고서 쟁송에 이르렀다 하더라도 치유되지 않는다(대판 2002.11.13, 2001두1543).

[2] 납세고지서에 세액산출근거를 전혀 명기하지 아니하였다면 설사 과세관청이 사전에 납세의무회사의 직원을 불러 과세의 근거와 세액산출근거 등을 사실상 알려준 바 있다 하더라도 하자가 치유될 수는 없다(대판 1988.2.9, 83누404).

[3] 과세관청이 취소소송 계속 중에 납세고지서의 세액산출근거를 밝히는 보정통지를 하였다고 하더라도, 그 위법성이 치유된다고 할 수 없다(대판 1988.2.9, 83누404).

4. 〈가액이 동일한 개별공시지가결정 사건〉

선행처분인 개별공시지가결정이 위법하여 그에 기초한 개발부담금 부과처분도 위법하게 된 경우 하자의 치유를 인정하면 개발부담금 납부의무자로서는 위법한 처분에 대한 가산금 납부의무를 부담하게 되는 등 불이익이 있을 수 있으므로, 그 후 적법한 절차를 거쳐 공시된 개별공시지가결정이 종전의 위법한 공시지가결정과 그 내용이 동일하다는 사정만으로는 위법한 개별공시 지가결정에 기초한 개발부담금 부과처분이 적법하게 된다고 볼 수 없다(대판 2001.6.26, 99두11592).

3. 하자 있는 행정행위의 전환

(1) **의의**: 하자있는 행정행위를 적법한 다른 행정행위로 유지시키는 것을 하자 있는 행정행위의 전환이라 한다. 예를 들면 허가신청 후 사망한 자에 대한 영업허가를 유족인 배우자에 대한 허가로 변경하는 경우나 사망한 자에 대한 조세부과처분을 상속인에 대한 조세부과처분으로 전환하여 효력을 인정하는 경우를 말한다.

확인 문제

14 사복직 9급

행정행위의 하자의 치유에 대한 설명으로 옳지 않은 것은?(다툼이 있는 경우 판례에 의함)

① 행정행위의 하자의 치유는 원칙적으로 허용될 수 없고, 예외적으로 행정행위의 무용한 반복을 피하고 당사자의 법적 안정성을 위해 허용하는 때에도 국민의 권리나 이익을 침해하지 않는 범위에서 인정될 수 있다.

② 행정청이 청문서 도달기간을 다소 어겼다고 하더라도 상대방이 이의를 제기하지 아니한 채 스스로 청문일에 출석하여 방어의 기회를 충분히 가졌다면 청문서 도달기간을 준수하지 아니한 하자는 치유된다.

③ 당연무효인 징계처분을 받은 자가 이를 용인하였다면 그 징계처분의 하자는 치유된다.

④ 하자의 치유는 늦어도 행정처분에 대한 불복 여부의 결정 및 불복신청을 할 수 있는 상당한 기간 내에 해야 하므로, 소가 제기된 이후에는 하자의 치유가 인정될 수 없다.

정답 ③ 용인하였다 하여 그 흠이 치료되는 것은 아니다(대판 1989.12.12, 88누8869).
① 대판 1992.5.8, 91누13274
② 대판 1992.10.23, 92누2844
④ 대판 1984.4.10, 83누393

(2) 특징

① **무효인 행정행위**: 무효인 행정행위에서만 인정되며, 행정행위가 취소사유인 경우에는 인정되지 않는다(통설).

② **요건·목적·효과의 실질적 공통성**: 하자 있는 행정행위와 전환되는 행정행위가 요건·목적·효과 등에서 실질적 공통성이 있어야 한다.

③ **행정청과 당사자의 의도와 상대방 및 제3자의 권익**: 행정청의 의도에 반하지 않으며 당사자가 그 전환을 의욕하고 상대방 및 제3자의 권익을 침해하지 않아야 한다.

④ **또 다른 하나의 행정행위**: 행정행위의 전환을 하나의 행정행위로 보는 견해가 통설이며 전환행위의 처분성이 인정되므로 이에 대해 항고소송을 제기할 수 있다.

⑤ **소급효**: 전환으로 생긴 새로운 행정행위는 종전 행정행위의 발령 당시로 소급하여 효력이 발생한다.

> ⭐ **판례 PLUS**
>
> 하자 있는 행정행위의 전환
>
> **사망자에 대하여 한 처분을 상속인에게 송달한 경우**
> 귀속재산을 불하받은 자가 사망한 후에 그 수불하자에 대하여 한 그 불하처분은 사망자에 대한 행정처분이므로 무효이지만 그 취소처분을 수불하자의 상속인에게 송달한 때에는 그 송달시에 그 상속인에 대하여 다시 그 불하처분을 취소한다는 새로운 행정처분을 한 것이라고 할 것이다(대판 1969.1.21, 68누190).

11 행정행위의 취소

1 취소

행정행위의 취소란, 일단 유효하게 성립된 행정행위의 효력을 성립당시의 하자를 이유로 하여 권한 있는 기관이 그 효력을 소멸시키는 행정행위이다.

권한 있는 기관에 의하여 취소하기 전까지는 행정행위의 효력이 일단은 유효하다는 점에서 행정행위의 무효와는 구별된다. 취소는 원시적 하자를 전제로 한다는 점에서, 그렇지 않은 철회와도 다르다.

2 쟁송취소와 직권취소

구분	쟁송취소	직권취소
취소권자	행정청(행정심판위원회) 또는 행정법원	행정청(처분청, 감독청)
취소사유	• 행정심판: 위법, 부당 • 행정소송: 위법	위법, 부당
취소기간	행정심판법 제27조 행정소송법 제20조	원칙적으로 기간 제한 ×
취소절차	행정심판법, 행정소송법이 정한 쟁송절차	개별법 또는 행정절차법에 정해진 행정절차

취소형식	재결·판결 등의 형식	판결 등과 같은 형식 필요 ×
취소대상	부담적 행정행위(주된 대상), 복효적 행정행위	부담적 행정행위, 수익적 행정행위, 제3자효 행정행위
취소의 소급효	소급효 인정	침익은 소급효, 수익은 장래효
취소의 범위	• 행정심판: 적극적·소극적 변경 • 행정소송: 소극적 변경	적극적·소극적 변경

1. 취소권자

(1) **직권취소**: 취소권자는 처분청 및 감독청이다.

 판례 PLUS

행정행위의 직권 취소

1. 행정행위의 직권 취소권자: 당해 처분청
권한 없는 행정기관이 한 당연무효인 행정처분을 취소할 수 있는 권한은 당해 행정처분을 한 처분청에게 속하고, 당해 행정처분을 할 수 있는 적법한 권한을 가지는 행정청에게 그 취소권이 귀속되는 것이 아니다(대판 1984.10.10, 84누463).

2. 별도의 법적 근거가 없어도 직권취소할 수 있는지: 적극
행정행위를 한 처분청은 비록 그 처분 당시에 별다른 하자가 없었고, 또 그 처분 후에 이를 취소할 별도의 법적 근거가 없다 하더라도 원래의 처분을 존속시킬 필요가 없게 된 사정변경이 생겼거나 또는 중대한 공익상의 필요가 발생한 경우에는 그 효력을 상실케하는 별개의 행정행위로 이를 취소할 수 있다(대판 1995.5.26, 94누8266).

3. 지방병무청장의 신체등위판정 직권취소 사례
병역의무가 국가수호를 위하여 전 국민에게 과하여진 헌법상의 의무로서 그를 수행하기 위한 전제로서의 신체 등위판정이나 병역처분 등은 공정성과 형평성을 유지하여야 함은 물론 그 면탈을 방지하여야 할 공익적 필요성이 매우 큰 점에 비추어 볼 때, 지방병무청장은 군의관의 신체등위판정이 금품수수에 따라 위법 또는 부당하게 이루어졌다고 인정하는 경우에는 그 위법 또는 부당한 신체등위판정을 기초로 자신이 한 병역처분을 직권으로 취소할 수 있다(대판 2002.5.28, 2001두9653).

(2) **쟁송취소**: 행정청(행정심판위원회) 및 법원이 취소권자이다. 위법한 처분으로 법률상 이익을 침해받은 개인은 행정청을 상대로 행정심판이라 행정소송을 제기할 수 있다.

2. 취소의 법적 근거와 절차

(1) **직권취소**
① **처분청**: 행정청은 별도의 명문의 규정이 없어도, 위법 또는 부당한 처분의 전부나 일부를 직권으로 취소할 수 있다(행정기본법 제18조 제1항).
② **감독청**: 명문의 규정이 없는 경우 직권취소에 대한 의견이 대립하고 있다.

정부조직법

제11조(대통령의 행정감독권) ① 대통령은 정부의 수반으로서 법령에 따라 모든 중앙행정기관의 장을 지휘·감독한다.

② 대통령은 국무총리와 중앙행정기관의 장의 명령이나 처분이 위법 또는 부당하다고 인정하면 이를 중지 또는 취소할 수 있다.

제18조(국무총리의 행정감독권) ① 국무총리는 대통령의 명을 받아 각 중앙행정기관의 장을 지휘·감독한다.

② 국무총리는 중앙행정기관의 장의 명령이나 처분이 위법 또는 부당하다고 인정될 경우에는 대통령의 승인을 받아 이를 중지 또는 취소할 수 있다.

행정권한의 위임 및 위탁에 관한 규정

제6조(지휘·감독) 위임 및 위탁기관은 수임 및 수탁기관의 수임 및 수탁사무 처리에 대하여 지휘·감독하고, 그 처리가 위법하거나 부당하다고 인정될 때에는 이를 취소하거나 정지시킬 수 있다.

③ **직권취소의 절차**: 행정절차법(제21조, 제22조, 제23조)과 개별법이 있으면 그에 따른다.

(2) **쟁송취소**: 행정소송법, 행정심판법의 규정에 따른다.

3. 취소사유

(1) **직권취소**: 처분 자체가 위법하거나 부당한 경우 취소가 가능하다. 또한 외형상 분리가 가능하고, 그 일부가 특정될 수 있다면 "일부취소"도 가능하다(행정기본법 제18조 제1항).

(2) **쟁송취소**: 위법한 처분(행정소송), 위법·부당한 처분(행정심판)이 대상이다.

4. 취소의 효력

(1) **직권취소**: 직권취소로 인하여 처분은 소급하여 효력을 상실하는 것이 원칙이다(행정기본법 제18조 제1항 본문). 다만 ① 당사자의 보호가치 있는 신뢰가 있는 경우에는 장래를 향하여 취소할 수 있을 뿐이며(제1항 단서), ② 수익적 행정행위를 직권취소함에는 당사자의 귀책사유가 없는 한 당사자의 불이익과 달성하려는 공익을 비교·형량하여야 한다(제2항).

 법령 PLUS

행정기본법

제18조(위법 또는 부당한 처분의 취소) ① 행정청은 <u>위법 또는 부당한 처분의 전부나 일부를 소급하여 취소할 수</u> 있다. 다만, 당사자의 신뢰를 보호할 가치가 있는 등 정당한 사유가 있는 경우에는 장래를 향하여 취소할 수 있다.

② 행정청은 제1항에 따라 당사자에게 권리나 이익을 부여하는 처분을 취소하려는 경우에는 취소로 인하여 당사자가 입게 될 불이익을 취소로 달성되는 공익과 <u>비교·형량(衡量)</u>하여야 한다. 다만, 다음 각 호의 어느 하나에 해당하는 경우에는 그러하지 아니하다.

　1. 거짓이나 그 밖의 부정한 방법으로 처분을 받은 경우

　2. 당사자가 처분의 위법성을 알고 있었거나 중대한 과실로 알지 못한 경우

(2) **쟁송취소**: 주로 부담적 행정행위를 대상으로 하며, 소급효를 인정한다(원칙).

판례 PLUS

5. 취소권의 제한

(1) 의의: 행정청이 직권취소를 함에 있어서 국민의 신뢰를 보호를 위해 취소권 행사가 제한되어야 하는지가 문제된다. 쟁송취소는 '침익적 행정행위'를 대상으로 하므로 자유롭게 인정됨이 원칙이다.

(2) 직권취소의 경우

① **침익적 행정행위(제한 없음):** 침익적 행정행위를 행정청이 직권취소하는 경우에는 처분의 상대방에게 유리하므로 특별한 제한 없이 원칙적으로 자유롭다(통설).

② **수익적 행정행위(제한 있음):** 수익적 행정행위를 행정청이 직권취소하는 경우에는 처분의 상대방에 불리하므로 신뢰 이익을 고려하여 일정한 제한이 존재한다. 판례도 인정하고 있는 수익적 행정행위에 대한 취소권, 철회권 행사의 제한법리이다.

 판례 PLUS

수익적 행정행위의 취소권 행사의 제한

1. 〈원칙〉 취소권 행사가 제한됨

[1] 행정행위를 한 처분청은 그 행위에 하자가 있는 경우에 별도의 법적 근거가 없더라도 스스로 이를 취소할 수 있는 것이며 다만 그 행위가 국민에게 권리나 이익을 부여하는 이른바 수익적 행정행위인 때에는 그 행위를 취소하여야 할 공익상 필요와 그 취소로 인하여 당사자가 입을 기득권과 신뢰보호 및 법률생활 안정의 침해 등 불이익을 비교교량한 후 공익상 필요가 당사자의 기득권 침해 등 불이익을 정당화할 수 있을 만큼 강한 경우에 한하여 취소할 수 있다(대판 1986.2.25, 85누664).

[2] 비록 취소 등의 사유가 있다고 하더라도 그 취소권 등의 행사는 기득권의 침해를 정당화할 만한 중대한 공익상의 필요 또는 제3자의 이익보호의 필요가 있는 때에 한하여 상대방이 받는 불이익과 비교·교량하여 결정하여야 하고, 그 처분으로 인하여 공익상의 필요보다 상대방이 받게 되는 불이익 등이 막대한 경우에는 재량권의 한계를 일탈한 것으로서 그 자체가 위법하다(대판 2004.7.22, 2003두7606).

2. 〈예외〉 당사자의 "사실은폐"나 "기타 사위"가 있는 경우: 취소권 행사가 제한되지 않음

[1] 그 처분의 하자가 당사자의 사실은폐나 기타 사위의 방법에 의한 신청행위에 기인한 것이라면 당사자는 그 처분에 의한 이익이 위법하게 취득되었음을 알아 그 취소가능성도 예상하고 있었다고 할 것이므로 그 자신이 위 처분에 관한 신뢰의 이익을 원용할 수 없음은 물론 행정청이 이를 고려하지 아니하였다고 하여도 재량권의 남용이 되지 않는다(대판 1991.4.12, 90누9520).

[2] 행정처분이 성립과정에서 그 처분을 받아내기 위한 뇌물이 수수되었다면 특별한 사정이 없는 한 그 행정처분에는 직권취소사유가 있는 것으로 보아야 할 것이고, 이러한 이유로 직권취소하는 경우에는 처분 상대방측에 귀책사유가 있기 때문에 신뢰보호의 원칙도 적용될 여지가 없다. 다만 행정처분의 성립과정에서 뇌물이 수수되었다고 하더라도 그 행정처분이 기속적 행정행위이고 그 처분의 요건이 충족되었음이 객관적으로 명백하여 다른 선택의 여지가 없었던 경우에는 직권취소의 예외가 될 수 있을 것이지만, 그 경우 이에 대한 증명책임은 이를 주장하는 측(=상대방 측)에게 있다(대판 2003.7.22, 2002두11066).

OX 문제

01 영업허가취소처분이 청문절차를 거치지 않았다 하여 행정심판에서 취소되었더라도 그 허가취소처분 이후 취소재결시까지 영업했던 행위는 무허가영업에 해당한다. ( )

02 수익적 행정행위의 거부처분을 함에 있어서 당사자에게 사전통지를 하지 아니하였다면, 그 거부처분은 위법하여 취소를 면할 수 없다. ( )

정답 01 ×(→해당하지 않는다) 02 ×(→취소가 가능, 대판 2003.11.28, 2003두674)

3 취소의 취소

1. 의의

행정청이 취소사유가 있는 행정행위를 직권취소한 경우에 다시 직권취소에 취소사유가 있음을 이유로 직권취소할 수 있는지 여부가 문제된다. 쟁송취소는 기판력이나 불가변력이 발생하므로 취소의 취소가 문제되지 않는다.

2. 직권취소의 경우

(1) 침익적 행정행위: 부정

침익적 행정행위에 대한 취소의 취소는 원부과처분이 소생하면서 처분의 상대방에게 불리해지므로 인정되지 않는다(판례).

(2) 수익적 행정행위: 긍정

수익적 행정행위에 대한 취소의 취소는 처분의 상대방에게 유리하므로 인정됨이 원칙이다. 다만, 새로운 이해관계인이 생기기 이전까지만 가능하다(판례).

판례 PLUS

수익적 행정행위의 취소의 취소: 긍정

행정처분이 취소되면 그 소급효에 의하여 처음부터 그 처분이 없었던 것과 같은 효과를 발생하게 되는바, 행정청이 의료법인의 이사에 대한 이사취임승인취소처분(제1처분)을 직권으로 취소(제2처분)한 경우에는 그로 인하여 이사가 소급하여 이사로서의 지위를 회복하게 된다(대판 1997.1.21, 96누3401).

침익적 행정행위의 취소의 취소: 부정

1. 과세처분의 취소를 다시 취소함으로써 원부과처분을 소생시킬 수 있는지: 소극
과세처분의 취소에 위법사유가 있다고 하더라도 그 취소처분이 당연무효가 아닌 한, 과세관청은 취소처분을 다시 취소함으로써 원과세처분을 소생시킬 수는 없고 납세의무자에게 종전의 과세대상에 대한 납부의무를 지우려면 다시 법률에서 정한 부과절차에 좇아 동일한 내용의 새로운 처분을 하는 수밖에 없다(대판 1995.3.10, 94누7027).

2. 현역병입영대상편입처분을 보충역편입처분 등으로 변경하였으나, 보충역편입처분 등의 하자를 이유로 하여 이를 취소한 경우 종전의 현역병병역처분의 효력이 되살아나는지: 소극
지방병무청장이 재신체검사 등을 거쳐 현역병입영대상편입처분을 보충역편입처분이나 제2국민역편입처분으로 변경하거나 보충역편입처분을 제2국민역편입처분으로 변경하는 경우 비록 새로운 병역처분의 성립에 하자가 있다고 하더라도 그것이 당연무효가 아닌 한 일단 유효하게 성립하고 제소기간의 경과 등 형식적 존속력이 생김과 동시에 종전의 병역처분의 효력은 취소 또는 철회되어 확정적으로 상실된다고 보아야 할 것이므로 그 후 새로운 병역처분의 성립에 하자가 있었음을 이유로 하여 이를 취소한다고 하더라도 종전의 병역처분의 효력이 되살아난다고 할 수 없다(대판 2002.5.28, 2001두9653).

확인 문제   17 국가직 9급

행정행위의 하자에 대한 설명으로 옳지 않은 것은?(다툼이 있는 경우 판례에 의함)

① 행정행위의 내용상의 하자에 대해서는 하자의 치유가 인정되지 않는다.

② 행정처분을 한 처분청은 그 처분의 성립에 하자가 있는 경우 이를 취소할 별도의 법적 근거가 없다고 하더라도 직권으로 취소할 수 있다.

③ 납세의무자가 부과된 세금을 자진납부하였다고 하더라도 세액산출근거 등의 기재사항이 누락된 납세고지서에 의한 과세처분의 하자는 치유되지 않는다.

④ 수익적 행정행위의 거부처분을 함에 있어서 당사자에게 사전통지를 하지 아니하였다면, 그 거부처분은 위법하여 취소를 면할 수 없다.

정답 ④ 수익적 행정행위의 거부처분을 함에 있어서 당사자에게 사전통지를 하지 아니하여도, 그 거부처분은 위법하다 할 수 없다(대판 2003.11.28, 2003두674).
② 법률상 근거가 없더라도 중대한 공익 또는 사정변경을 이유로 행사할 수 있다.
③ 하자 치유는 요건의 사후보완을 통해서 가능함이 원칙이므로 납세의무자가 부과된 세금을 자진납부하였다고 하더라도 치유되지는 않는다.

1 의의

1. 철회의 개념

적법한 행정행위로서 유효하게 효력이 발생한 경우, 사후적으로 그 효력의 전부 또는 일부를 장래에 향해 소멸시키는 원행정행위와 독립된 별개의 의사표시를 행정행위의 철회라 한다(행정기본법 제19조 제1항).

2. 직권취소와 철회의 구별

구분	직권취소	철회
사유	원시적 하자(당시에 존재)	후발적 하자(성립이후 발생)
행사 주체	처분청, 감독청(견해대립)	처분청
효력	원칙적 소급효	장래효
공통점	• 유효하게 성립한 행정행위의 효력을 소멸시킴 • 별개의 독립한 행정행위	

판례 PLUS

취소사유와 철회사유의 구별

행정행위의 취소는 일단 유효하게 성립한 행정행위를 그 행위에 위법 또는 부당한 하자가 있음을 이유로 소급하여 그 효력을 소멸시키는 별도의 행정처분이고, 행정행위의 철회는 적법요건을 구비하여 완전히 효력을 발하고 있는 행정행위를 사후적으로 그 행위의 효력의 전부 또는 일부를 장래에 향해 소멸시키는 행정처분이므로, 행정행위의 취소사유는 행정행위의 성립 당시에 존재하였던 하자를 말하고, 철회사유는 행정행위가 성립된 이후에 새로이 발생한 것으로서 행정행위의 효력을 존속시킬 수 없는 사유를 말한다(대판 2003.5.30, 2003다6422).

2 철회권자

1. 처분청

처분청은 하자있는 행정행위의 행위자로서 그 하자를 시정할 지위에 있어 그 취소에 관한 법률의 규정이 없어도 행정행위를 취소할 수 있다.

2. 감독청

감독청의 철회권 행사는 처분청의 권한에 대한 침해이기 때문에, 명문의 규정이 없는 경우 감독청의 철회권은 부정된다(통설).

OX문제

01 서울특별시장의 행정행위에 대한 철회권을 갖는 자는 서울특별시장이다. (　)

02 부담의 불이행은 실효사유에 해당한다. (　)

정답 01 ○ 02 ×

3 철회의 법적 근거 및 절차

1. 법적 근거

(1) 침익적 행정행위의 경우 철회권 행사의 법적근거가 필요없다는 것이 통설과 판례의 견해이다. 그러나 수익적 행정행위의 경우에는 의견이 대립된다.

(2) 판례는 수익적 행정행위의 경우 법적 근거가 없더라도 철회가 가능하다(법적근거불요설)는 입장이다.

2. 절차

(1) 철회는 직권취소와 마찬가지로 특별한 절차를 요하지 않는다.

(2) 수익적 행정행위의 철회는 침익적 처분으로 행정절차법 제21~23조 등의 절차가 필요하다.

4 철회의 사유

1. 철회의 법적 근거 필요 여부

행정청의 철회권 행사에 있어서 반드시 법률상 근거가 필요한지 여부에 대하여 판례는 '법률근거불요설'의 입장이다. 최근에 행정기본법은 철회의 법적 근거규정을 마련하였다 (행정기본법 제19조).

 법령 PLUS

행정기본법

제19조(적법한 처분의 철회) ① 행정청은 적법한 처분이 다음 각 호의 어느 하나에 해당하는 경우에는 그 처분의 전부 또는 일부를 장래를 향하여 철회할 수 있다.
    1. 법률에서 정한 철회 사유에 해당하게 된 경우
    2. 법령등의 변경이나 사정변경으로 처분을 더 이상 존속시킬 필요가 없게 된 경우
    3. 중대한 공익을 위하여 필요한 경우
② 행정청은 제1항에 따라 처분을 철회하려는 경우에는 철회로 인하여 당사자가 입게 될 불이익을 철회로 달성되는 공익과 비교·형량하여야 한다.

---

2. 철회사유

철회권유보 사실의 발생, 상대방의 의무위반, 사실관계의 변화, 중대한 공익상의 필요, 기타 법령이 정한 사실의 발생 등이 철회사유에 해당한다.

 판례 PLUS

행정행위 철회

1. 행정행위의 부관으로 취소권을 유보한 경우, 그 취소사유는 법령에 규정이 있는 것에 한하는지: 소극
행정행위의 부관으로 취소권이 유보되어 있는 경우, 당해 행정행위를 한 행정청은 그 취소사유가 법령에 규정되어 있는 경우뿐만 아니라 의무위반이 있는 경우, 사정변경이 있는 경우, 좁은 의미의 취소권이 유보된 경우, 또는 중대한 공익상의 필요가 발생한 경우 등에도 그 행정처분을 취소할 수 있다(대판 1984.11.13. 84누269).

2. 부담부 행정처분의 상대방이 부담을 불이행한 경우, 취소가부: 적극

부담부 행정처분에 있어서 처분의 상대방이 부담(의무)을 이행하지 아니한 경우에 처분행정청으로서는 이를 들어 당해 처분을 취소(철회)할 수 있는 것이다(대판 1989.10.24, 89누2431).

3. 행정처분 당시에 별다른 하자가 없었고 처분 후에 이를 취소할 별도의 법적 근거가 없다 하더라도 이를 취소할 수 있는지: 적극 → 철회를 의미함

특례보충역편입처분 후 귀국지연 이라는 사유가 발생한 경우에는 이러한 사정은 그 편입처분을 취소할 수 있는 사정변경 또는 중대한 공익상의 필요가 발생한 것으로 볼 수 있어 처분청으로서는 그 취소에 관한 별도의 법적 근거가 없이도 이를 취소할 수 있다고 하여야 한다(대판 1995.2.28, 94누7713).

3. 일부철회의 가능성

처분이 분리가능성(가분성)이 있거나, 처분대상의 일부가 특정이 가능하다면 일부만의 철회도 가능하다(행정기본법 제19조 제1항).

5 철회권의 제한

1. 침익적 행정행위의 철회

침익적 행정행위를 철회하는 경우에는 처분의 상대방에게 유리하므로 원칙적으로 자유롭다.

2. 수익적 행정행위의 철회: 수익적 행정행위에 대한 취소권, 철회권 행사 제한법리

수익적 행정행위를 철회하는 경우에는 처분의 상대방에게 불리하므로 일정한 제한이 있다. 즉, 수익적 행정처분을 취소 또는 철회하는 경우에는 이미 부여된 그 국민의 기득권을 침해하는 것이 되므로, 비록 취소 등의 사유가 있다고 하더라도 그 취소권 등의 행사는 기득권의 침해를 정당화할 만한 중대한 공익상의 필요 또는 제3자의 이익보호의 필요가 있는 때에 한하여 상대방이 받는 불이익과 비교·형량하여 결정하여야 한다(행정기본법 제19조 제2항).

판례 PLUS

수익적 행정행위의 철회권 제한

수익적 행정처분을 취소 또는 철회하는 경우에는 이미 부여된 그 국민의 기득권을 침해하는 것이 되므로, 비록 취소 등의 사유가 있다고 하더라도 그 취소권 등의 행사는 기득권의 침해를 정당화할 만한 중대한 공익상의 필요 또는 제3자의 이익보호의 필요가 있는 때에 한하여 상대방이 받는 불이익과 비교교량하여 결정하여야 한다. 그 처분으로 인하여 공익상의 필요보다 상대방이 받게 되는 불이익 등이 막대한 경우에는 재량권의 한계를 일탈한 것으로서 그 자체가 위법하다(대판 2004.11.26, 2003두10251).

6 철회의 효과

철회는 장래에 향하여 행정행위의 효력이 소멸하는 것이 원칙이고, 예외적으로 소급할 수도 있다. 또한 공익상의 이유로 철회한 경우 '손실보상'이 규정되어 있기도 하다. **예** 도로법 제98조 제2항

OX 문제

01 부담적 행정행위의 철회는 원칙적으로 자유롭지 않다고 본다. ( )

02 철회는 장래효 원칙이다. ( )

정답 01 ×(→자유롭다) 02 ○

7 철회의 취소

철회의 하자가 있음을 이유로 이를 무효 또는 취소할 수 있는가에 대한 것으로 부담적 행정행위의 경우에는 취소의 취소를 부정한다. 수익적 행정행위의 경우에는 취소의 취소를 긍정한다. 단 수익적 행정행위의 취소 후 새롭게 형성된 제3자의 권익이 침해되는 경우에는 그렇지 않다.

13 행정행위의 실효

1 실효의 개념

1. 의의

행정행위 성립 후 사정변경 시 처분을 한 행정청이 별도의 의사표시가 없어도 행정행위의 효력이 당연히 소멸되는 것을 의미한다.

2. 특징

(1) '후발적 하자'를 전제로 하므로 철회와는 동일하나, 원시적 하자를 전제로 하는 취소와는 다르다.

(2) 행정청의 별도의 의사표시가 없어도 행정행위의 효력이 소멸한다는 점에서 취소나 철회와 구별된다.

(3) 후발적 하자를 전제로 하므로 '장래효'가 원칙이며, 이는 철회와 동일하지만 취소와는 차이가 있다.

2 실효사유

1. 행정행위 대상의 소멸

행정행위의 대상인 사람의 사망이나 물건의 소멸 등으로 당연히 효력이 소멸된다(예 운전면허를 받은 자의 사망, 자동차가 파괴된 경우 자동차검사합격처분의 실효). 또한 허가영업을 자진폐업하거나 영업시설이 모두 철거되어 그 기능을 더 이상 수행할 수 없게 된 경우도 실효사유로 볼 수 있다.

2. 해제조건의 성취, 종기의 도래

해제조건이 성취되거나 종기가 도래한 경우 당해 행정행위는 실효된다.

3. 목적의 달성

행정행위의 목적이 달성되거나 목적 달성이 불가능해지면 당해 행정행위는 실효된다.

3 실효의 효과

행정행위의 실효사유가 발생하면 행정청의 특별한 의사표시 없이 그때부터 장래를 향하여 당연히 효력이 소멸된다. 행정청의 특별한 의사표시가 필요하지 않으면 실효에 대해 다툼이 있는 경우 실효확인소송 또는 실효확인심판을 제기할 수 있다.

✚ 판례 PLUS

행정행위의 실효

1. 허가받은 영업을 폐업한 경우, 영업허가 취소처분의 취소를 구할 소의 이익 유무: 소극

[1] 유기장법상 유기장의 영업허가는 대물적 허가로서 영업장소의 소재지와 유기시설 등이 영업허가의 요소를 이루는 것이므로, 영업장소에 설치되어 있던 유기시설이 모두 철거되어 허가를 받은 영업상의 기능을 더 이상 수행할 수 없게 된 경우에는, 이미 당초의 영업허가는 허가의 대상이 멸실된 경우와 마찬가지로 그 효력이 당연히 소멸되는 것이고, 또 유기장의 영업허가는 신청에 의하여 행하여지는 처분으로서 허가를 받은 자가 영업을 폐업할 경우에는 그 효력이 당연히 소멸되는 것이니, 이와 같은 경우 허가행정청의 허가취소처분은 허가가 실효되었음을 확인하는 것에 지나지 않는다. 따라서 유기장의 영업허가를 받은 자가 영업장소를 명도하고 유기시설을 모두 철거하여 매각함으로써 유기장업을 폐업하였다면 영업허가취소처분의 취소를 청구할 소의 이익이 없다(대판 1990.7.13, 90누2284).

[2] 청량음료 제조업허가는 신청에 의한 처분이고, 이와 같이 신청에 의한 허가처분을 받은 원고가 그 영업을 폐업한 경우, 그 영업허가는 당연 실효되고, 이러한 경우 허가행정청의 허가취소처분은 허가의 실효됨을 확인하는 것에 불과하므로 원고는 그 허가취소처분의 취소를 구할 소의 이익이 없다(대판 1981.7.14, 80누593).

2. 종전의 영업을 자진폐업하고 새로운 영업허가 신청을 한 경우, 기득권이 고려되어야 하는지 여부: 소극

종전의 결혼예식장영업을 "자진폐업"한 이상, 위 예식장영업허가는 자동적으로 소멸하고 다시 예식장영업허가신청을 하였다 하더라도 이는 전혀 새로운 영업허가의 신청임이 명백하다. 그러므로 일단 소멸한 종전의 영업허가권이 당연히 되살아난다고 할 수는 없는 것이니, 여기에 종전의 영업허가권이 새로운 영업허가신청에도 그대로 미친다고 보는 기득권의 문제는 개재될 여지가 없다(대판 1985.7.9, 83누412).

03 기타 행정행위

01 행정계획

1 개설

1. 의의

주어진 상황에서 최선의 방법으로 특정의 공행정 목적의 달성을 실현하기 위해 미래에 있게 될 행위들을 체계적으로 준비하거나(Planning), 그 준비과정을 거쳐 나타나는 산물로서 행정활동의 기준(Plan)을 말한다. 즉 행정에 관한 전문적·기술적 판단을 기초로 하여 도시의 건설, 정비, 개량 등과 같은 특정한 행정목표를 달성하기 위하여 서로 관련되는 행정수단을 종합·조정함으로써 장래의 일정한 시점에 있어서 일정한 질서를 실현하기 위한 활동기준으로 설정된 것이다.

관계 법령에는 추상적인 행정목표와 절차만이 규정되어 있을 뿐 행정계획의 내용에 관하여는 별다른 규정을 두고 있지 않아 행정주체는 구체적인 행정계획을 입안, 결정하는 데 있어 '비교적 광범위한 형성의 자유'를 갖게 된다.

2. 기능

목표설정 기능, 행정수단의 종합화 기능, 매개적 기능, 기준설정적 기능 등이 있다.

3. 종류

(1) 구속적·비구속적 계획

① **구속적 계획:** 국민 또는 행정기관에 대해 일정한 구속력을 가지는 일체의 행정계획 **예** 국토종합계획, 예산운용계획 등

② **비구속적 계획:** 단순한 내부지침에 불과한 것으로 국민은 물론 행정기관에 대해서도 아무런 법적 구속력을 갖지 못하는 행정계획 **예** 경제개발 5개년 계획

> ➕ **판례 PLUS**
>
> 행정계획의 구속력 인정 여부
>
> **1. 도시설계의 법적 성격: 구속적 행정계획**
> 도시설계는 도시계획구역의 일부분을 그 대상으로 하여 토지의 이용을 합리화하고, 도시의 기능 및 미관을 증진시키며 양호한 도시환경을 확보하기 위하여 수립하는 도시계획의 한 종류로서 도시설계지구 내의 모든 건축물에 대하여 구속력을 가지는 <u>구속적 행정계획의 법적 성격을 갖는다</u>(헌재 2003.6.26, 2002헌마402).

2. 도시기본계획의 법적 성격: 비구속적 행정계획

　　도시기본계획은 도시의 기본적인 공간구조와 장기발전방향을 제시하는 종합계획으로서 그 계획에는 토지이용계획, 환경계획, 공원녹지계획 등 장래의 도시개발의 일반적인 방향이 제시되지만, 그 계획은 도시계획 입안의 지침이 되는 것에 불과하여 일반 국민에 대한 직접적인 구속력은 없는 것이다(대판 2002.10.11, 2000두8226).

(2) 정보제공적 · 유도적 · 명령적 계획

① **정보제공적 계획**: 단순히 자료나 정보를 제공하는 자료제공적 계획으로 구속력을 갖지 않는 '비권력적 사실행위'의 성질을 갖는다.

② **유도적 계획**: 명령이나 강제가 아닌 보조금 등의 일정한 혜택을 부여함으로써 행정목적을 달성하는 계획으로 '영향적 계획'이라고도 한다.

③ **명령적 계획**: 명령 등의 수단을 통해 상대방에 대한 법적 구속력을 갖는 계획으로 '규범적 계획'이라고도 한다.

2 행정계획의 법적 성질

1. 의의

　　행정계획의 법적 성질에 대해서는 입법행위설, 행정행위설, 독자성설, 복수성질설이 있다. 그 중 '복수성질설'이 다수설로 행정계획은 내용과 형식이 다양하므로 그 법적 성질은 개별적으로 검토하여야 한다는 입장이다.

2. 처분성의 인정 여부

(1) 구속적 행정행위: 처분성을 인정한다.

(2) 비구속적 행정행위: 단순한 내부지침에 불과하기 때문에 처분성 부정한다.

➕ 판례 PLUS

처분성을 긍정한 예(=구속적 행정계획)

1. 도시계획결정 = (현재)도시 · 군관리계획
　　도시계획법 소정의 고시된 도시계획결정은 특정 개인의 권리 내지 법률상의 이익을 개별적이고 구체적으로 규제하는 효과를 가져오게 하는 행정청의 처분이라 할 것이고, 이는 행정소송의 대상이 된다(대판 1982.3.9, 80누105).

2. 도시재개발법상의 "관리"처분계획
　　도시재개발법에 의한 재개발조합은 조합원에 대한 법률관계에서 특수한 존립목적을 부여받은 특수한 행정주체로서 국가의 감독하에 그 존립 목적인 특정한 공공사무를 행하고 있다고 볼 수 있는 범위 내에서는 공법상의 권리의무 관계에 서있는 것이므로 재개발조합이 행한 관리처분계획은 토지 등의 소유자에게 구체적이고 결정적인 영향을 미치는 것으로서 조합이 행한 처분에 해당하므로 항고소송의 방법으로 그 무효확인이나 취소를 구할 수 있다(대판 2002.12.10, 2001두6333).

3. 도시계획사업 실시계획인가
　　도시계획법상 도시계획사업 실시계획의 인가는 일정한 내용의 수용권을 설정하여 주는 행정처분의 성격을 띠는 것으로서 독립하여 행정소송의 대상이 된다(대판 1994.5.24, 93누24230).

4. 개발제한구역의 지정·고시

개발제한구역의 지정·고시행위는 행정청의 처분에 해당하므로 행정소송의 대상이 된다(헌재 2008.12.26, 2007헌마862).

처분성을 부정한 예(=비구속적 행정계획)

1. 환지계획

토지구획정리사업법상 환지예정지 지정이나 환지처분은 그에 의하여 직접 토지소유자 등의 권리의무가 변동되므로 이를 항고소송의 대상이 되는 처분이라고 볼 수 있으나, 환지계획은 위와 같은 환지예정지 지정이나 환지처분의 근거가 될 뿐 그 자체가 직접 토지소유자 등의 법률상의 지위를 변동시키거나 또는 고유한 법률효과를 수반하는 것이 아니어서 이를 항고소송의 대상이 되는 처분에 해당한다고 할 수 없다(대판 1999.8.20, 97누6889). 〈주의〉 환지예정지지정 또는 환지처분은 처분성 긍정됨

2. 농어촌도로기본계획

농어촌도로정비법에 의한 농어촌도로기본계획은 군수가 시도·군도 이상의 도로를 기간으로 관할구역 안의 도로에 대한 장기개발방향의 지침을 정하기 위하여 고시하는 계획으로서 그에 후속되는 농어촌도로정비계획의 근거가 되는 것일 뿐이고, 그 자체로 국민의 권리의무를 개별적 구체적으로 규제하는 효과를 가지는 것은 아니므로 이는 항고소송의 대상이 되는 행정처분에 해당하지 않는다(대판 2000.9.5, 99두974).

3. 택지공급방법의 결정·통보

택지개발촉진법에 따라 택지개발사업 시행자가 건설부장관으로부터 승인을 받아 택지의 공급방법을 결정하였더라도 그 공급방법의 결정은 내부적인 행정계획에 불과하여 그것만으로 택지공급희망자의 권리나 법률상 이익에 개별적이고 구체적인 영향을 미치는 것은 아니므로, 택지개발사업시행자가 그 공급방법을 결정하여 통보한 것은 분양계약을 위한 사전 준비절차로서의 사실행위에 불과하고 항고소송의 대상이 되는 행정처분으로 볼 수 없다(대판 1993.7.13, 93누36).

[행정계획의 처분성 인정여부]

처분성 인정	처분성 부정
• 도시계획결정 = 도시관리계획 • 관리처분계획	• 도시기본계획 • 대학입시기본계획 • 농어촌도로기본계획 • 하수도정비기본계획 • 국토개발"종합"계획 • 광역도시계획 • 환지계획

---

3 행정계획 수립의 법적 근거와 절차

1. 행정계획의 법적 근거

행정계획은 행정기관의 직무범위 안에서 수립해야 하므로 모두 조직법적 근거가 필요하다. 그러나 작용법적 근거에 있어서는 구속적 계획에서는 근거가 필요하나, 비구속적 계획은 정보제공 내지 행정지침적 성격을 가지므로 근거가 필요하지 않다.

구분	구속적 행정계획	비구속적 행정계획
조직법상 근거	필요 ○	필요 ○
작용법상 근거	필요 ○	필요 ✕

2. 행정계획 절차

(1) 의의

① 행정계획은 국민의 권리, 의무와 관련된 경우가 많으므로 사후적인 통제보다는 사전적인 통제수단이 더 중요하다. 사전적인 통제수단으로는 개별법상 절차적 규정이 존재하며, 일반법에 해당하는 행정절차법이 존재한다.

② '행정절차법'은 행정계획의 확정절차에 관해서는 규정하고 있지 않다. 그러나 처분의 형식인 경우 행정절차법상의 처분 절차를 행정입법의 형식인 경우 행정입법절차를 거쳐야 한다. 또한 많은 국민에게 영향을 줄 수 있는 행정계획의 경우 '행정예고(행정절차법 제46조)'도 하여야 하는 등 행정계획에 행정절차법이 적용될 여지가 있다.

(2) 절차 위반의 효과:
행정계획의 절차상 하자가 있는 경우 행정계획의 형식에 따라 효과가 다르다. 즉 행정계획이 법령의 형식인 경우 하자가 있으면 공정력이 없으므로 '무효'로 보고 행정행위 형식이라면 중대명백설에 따라 '무효 또는 취소'가 된다. 또한 국민의 권리, 의무와 관련되었다면 고시하지 않은 이상 대외적으로 아무런 효력이 발생하지 아니한다.

 판례 PLUS

절차 위반의 효과

1. 공람공고절차를 위반한 도시계획결정의 효력: 위법

도시계획법의 규정을 종합하여 보면 도시계획의 입안에 있어 해당 도시계획안의 내용을 공고 및 공람하게 한 것은 다수 이해관계자의 이익을 합리적으로 조정하여 국민의 권리자유에 대한 부당한 침해를 방지하고 행정의 민주화와 신뢰를 확보하기 위하여 국민의 의사를 그 과정에 반영시키는 데 있는 것이므로 이러한 공고 및 공람 절차에 하자가 있는 도시계획결정은 위법하다(대판 2000.3.23, 98두2768).

2. "기초조사"를 거치지 않고서 한 도시계획결정의 효력: 취소사유

도시계획결정을 함에 있어서 도시계획법 소정의 기초조사절차를 적법하게 거치지 아니한 하자가 있었더라도 그러한 절차상의 하자는 그 도시계획결정의 취소사유는 될지언정 당연무효의 사유라고는 보여지지 않는다(대판 1990.6.12, 90누2178).

3. 공청회와 이주대책이 없는 도시계획수립행위의 효력: 취소사유

도시계획의 수립에 있어서 도시계획법 소정의 공청회를 열지 아니하고 공공용지의 취득 및 손실보상에 관한 특례법의 이주대책을 수립하지 아니하였더라도 이는 절차상의 위법으로서 취소사유에 불과하다. 그리고 그 하자가 도시계획결정 또는 도시계획사업시행인가를 무효라고 할 수 있을 정도로 중대하고 명백하다고는 할 수 없으므로 이러한 위법을 선행 처분인 도시계획결정이나 사업시행인가 단계에서 다투지 아니하였다면 그 쟁소기간이 이미 도과한 후인 수용재결단계에 있어 서는 도시계획수립 행위의 위와 같은 위법을 들어 재결처분의 취소를 구할 수는 없다(대판 1990.1.23, 87누947).

4. 공람절차를 거치지 아니한 환지예정지 지정처분의 효력: 당연무효

환지계획 인가 후에 당초의 환지계획에 대한 공람과정에서 토지소유자 등 이해관계인이 제시한 의견에 따라 수정하고자 하는 내용에 대하여 다시 공람절차 등을 밟지 아니한 채 수정된 내용에 따라 한 환지예정지 지정처분은 환지계획에 따르지 아니한 것이거나 환지계획을 적법하게 변경하지 아니한 채 이루어진 것이어서 당연무효라고 할 것이다(대판 1999.8.20, 97누6889).

OX 문제

01 행정절차법은 국민생활에 매우 큰 영향을 주는 사항에 대한 행정계획을 수립·시행하거나 변경하고자 하는 때에는 미리 예고하도록 규정하고 있다. (　)

정답 01 ○(동법 제46조 제1항 제1호)

4 행정계획의 효력

1. 효력발생요건

(1) **공포**: 행정계획을 법률, 법규명령, 조례 등의 형식으로 정하는 경우에는 법령 등 공포에 관한 법률이 정한 형식에 따라 특별한 규정이 없는 한 '공포'한 날로부터 20일을 경과함으로써 효력이 발생한다.

(2) **고시**: 기타 다른 형식인 경우에는 개별법이 정하는 형식에 의해 '고시'한다. 도시·군관리계획결정의 효력은 지형도면을 고시한 날로부터 발생(국토의 계획 및 이용에 관한 법률 제31조 제1항)

(3) 공포 또는 고시하지 않은 행정계획은 효력이 없다.

판례 PLUS

관보에 게재하여 고시하지 아니한 도시계획결정 등의 효력: 무효

구 도시계획법 제7조가 도시계획결정 등 처분의 고시를 도시계획구역, 도시계획결정 등의 효력발생요건으로 규정하였다고 볼 것이어서 건설부장관 또는 그의 권한의 일부를 위임받은 서울특별시장, 도지사 등 지방장관이 기안, 결재 등의 과정을 거쳐 정당하게 도시계획결정 등의 처분을 하였다고 하더라도 이를 관보에 게재하여 고시하지 아니한 이상 대외적으로는 아무런 효력도 발생하지 아니한다(대판 1985.12.10, 85누186).

선행계획과 양립불가능한 후행계획의 효력: 권한 없이 이루어진 경우에는 무효

도시계획의 결정·변경 등에 관한 권한을 가진 행정청은 이미 도시계획이 결정·고시된 지역에 대하여도 다른 내용의 도시계획을 결정·고시할 수 있고, 이 때에 후행 도시계획에 선행 도시계획과 서로 양립할 수 없는 내용이 포함되어 있다면, 특별한 사정이 없는 한 선행 도시계획은 후행 도시계획과 같은 내용으로 변경되는 것이나, 후행 도시계획의 결정을 하는 행정청이 선행 도시계획의 결정·변경 등에 관한 권한을 가지고 있지 아니한 경우에 선행 도시계획과 서로 양립할 수 없는 내용이 포함된 후행 도시계획결정을 하는 것은 아무런 권한 없이 선행 도시계획결정을 폐지하고, 양립할 수 없는 새로운 내용이 포함된 후행 도시계획결정을 하는 것으로서, 선행 도시계획결정의 폐지 부분은 권한 없는 자에 의하여 행해진 것으로서 무효이고, 같은 대상지역에 대하여 선행 도시계획결정이 적법하게 폐지되지 아니한 상태에서 그 위에 다시 한 후행 도시계획결정 역시 위법하고, 그 하자는 중대하고도 명백하여 무효라고 보아야 한다(대판 2000.9.8, 99두11257).

2. 행정계획의 집중효

(1) **의의**: 행정계획이 확정되면 다른 법령에 의한 승인 또는 허가 등을 받은 것으로 간주하는 것을 집중효라고 하는데 이는 계획결정 확정으로 인하여 인·허가를 대체한다는 점에서 대체효과라고도 한다.

(2) **법적 근거**: 당해 사업의 절차를 간소화함으로써 사업을 촉진시키기 위한 것으로 행정기관의 권한의 변경을 가져오게 되므로 반드시 개별법상의 명시적 근거가 필요하다. 예 택지개발촉진법 제11조, 산업입지 및 개발에 관한 법률 제21조

(3) 집중효의 범위

① 의제의 정도에 관해 관할집중효설, 절차집중효설, 제한적 실체집중효설 등의 학설 대립이 있는데, 관련법령의 절차적 요건까지 갖출 것을 요하지 않고 실체적 요건의 구비 여부를 요한다는 '절차집중효설'이 다수설과 판례의 입장이다.

② **인·허가 의제제도와 집중효:** 인·허가 의제제도는 일반적 행정행위에서 인정되는 개념이고, 집중효는 행정계획과 관련된 개념으로 둘 다 행정의 간소화를 위한 것이 므로 본질적인 측면에서 차이는 없다.

(4) 불복 방법: 계획행정청은 의제되는 인·허가의 요건불비를 이유로 주된 인·허가의 신청에 대한 거부처분을 할 수 있다. 주된 인·허가에 대한 거부처분을 대상으로 하 여 그 쟁송 안에서 인·허가로 의제되는 사유의 하자를 다투어야 한다는 것이 판례 의 입장이다.

 판례 PLUS

> **집중효의 효력**
>
> **1. 채광계획인가로 공유수면 점용허가가 의제될 경우, 공유수면 점용불허사유로써 채광계획을 인가하지 아니할 수 있는지: 적극**
> 채광계획인가를 받으면 공유수면 점용허가를 받은 것으로 의제되고, 이 공유수면 점용허가는 자유재량에 의하여 허가의 여부를 결정하여야 할 것이므로, 공유수면 점용허가를 필요로 하는 채광계획 인가신청에 대하여도, 공유수면 관리청이 재량적 판단에 의하여 공유수면 점용을 허가 여부를 결정할 수 있고, 그 결과 공유수면 점용을 허용하지 않기로 결정하였다면, 채광계획 인가관청은 이를 사유로 하여 채광계획을 인가 하지 아니할 수 있다(대판 2002.10.11, 2001두151).
>
> **2. 건축불허가처분을 하면서 형질변경불허가 사유나 농지전용불허가 사유를 들고 있는 경우, 그 건축불허가 처분에 관한 쟁송에서 형질변경불허가 사유나 농지전용불허가 사유에 관하여도 다툴 수 있는지 여부: 적극**
> 건축법에 의하면 건축허가를 받은 경우에는 도시계획법에 의한 토지의 형질변경허가나 농지법에 의한 농 지전용허가 등을 받은 것으로 보며, 한편 건축허가권자가 건축허가를 하고자 하는 경우 당해 용도·규모 또는 형태의 건축물을 그 건축하고자 하는 대지에 건축하는 것이 건축법 관련 규정이나 같은 도시계획법 등 관계 법령의 규정에 적합한지의 여부를 검토하여야 하는 것일 뿐, 건축불허가처분을 하면서 그 처분사 유로 건축불허가 사유뿐만 아니라 형질변경불허가 사유나 농지전용불허가 사유를 들고 있다고 하여 그 건 축불허가처분 외에 별개로 형질변경불 허가처분이나 농지전용불허가처분이 존재하는 것이 아니므로, 그 건축불허가처분을 받은 사람은 그 건축불허가처분에 관한 쟁송에서 건축법상의 건축불허가 사유뿐만 아니 라 같은 도시계획법상의 형질변경불허가 사유나 농지법상의 농지전용불허가 사유에 관하여도 다툴 수 있 는 것이지, 그 건축불허가처분에 관한 쟁송과는 별개로 형질변경불허가처분이나 농지전용불허가처분에 관 한 쟁송을 제기하여 이를 다투어야 하는 것은 아니며, 그러한 쟁송을 제기하지 아니하였어도 형질변경불허 가 사유나 농지전 용불허가 사유에 관하여 불가쟁력이 생기지 아니한다(대판 2001.1.16, 99두10988).

5 행정계획에 대한 통제

1. 계획재량

계획규범은 추상적인 행정목표만이 규정되어 있을 뿐 행정계획의 구체적인 내용에 대하 여는 별다른 규정을 두고 있지 아니하므로 행정주체는 구체적인 행정계획을 입안·결정 함에 있어서 비교적 광범위한 형성의 자유를 가진다.

OX 문제

01 집중효는 반드시 법률상 근거가 필요 하다. ( )

02 판례는 집중효의 범위와 관련하여 실 체집중효설의 입장이다. ( )

정답 01 ○ 02 ×

판례 PLUS

계획재량의 범위

1. 계획재량의 한계

행정주체는 구체적인 행정계획을 입안 · 결정함에 있어서 비교적 광범위한 형성의 자유를 가진다고 할 것이지만, 행정주체가 가지는 이와 같은 형성의 자유는 무제한적인 것이 아니라 그 행정계획에 관련되는 자들의 이익을 공익과 사익 사이에서는 물론이고 공익 상호 간과 사익 상호 간에도 정당하게 비교교량하여야 한다는 제한이 있는 것이고, 따라서 행정주체가 행정계획을 입안 · 결정함에 있어서 이익형량을 전혀 행하지 아니하거나 이익형량의 고려 대상에 마땅히 포함시켜야 할 사항을 누락한 경우 또는 이익형량을 하였으나 정당성 · 객관성이 결여된 경우에는 그 행정계획결정은 재량권을 일탈 · 남용한 것으로서 위법하다(대판 1996.11.29, 96누8567).

2. 행정계획 입안시의 계획재량 한계 법리가 행정계획의 변경에도 동일하게 적용되는지: 적극

행정주체가 구체적인 행정계획을 입안 · 결정할 때에 가지는 비교적 광범위한 형성의 자유는 무제한적인 것이 아니라 행정계획에 관련되는 자들의 이익을 공익과 사익 사이에서는 물론이고 공익 상호 간과 사익 상호 간에도 정당하게 비교교량하여야 한다는 제한이 있다. 이러한 법리는 행정주체가 주민의 도시관리계획 입안 제안을 받아들여 도시관리계획결정을 할 것인지를 결정할 때에도 마찬가지이고, 나아가 도시계획시설구역 내 토지 등을 소유하고 있는 주민이 장기간 집행되지 아니한 도시계획시설의 결정권자에게 도시계획시설의 변경을 신청하고, 결정권자가 이러한 신청을 받아들여 도시계획시설을 변경할 것인지를 결정하는 경우에도 동일하게 적용된다(대판 2012.1.12, 2010두5806).

2. 형량명령

(1) 의의: 행정계획을 수립함에 있어서 관련된 이익(공익 상호 간, 사익 상호 간, 공 · 사익 상호 간) 간의 정당한 형량이 행해질 것이 요구된다는 원칙으로 계획재량의 통제를 위하여 형성된 이론이며 현행법상 명시적 규정은 없다.

(2) 형량의 하자와 효과: 형량명령을 위반하여 형량의 하자가 있으면 행정계획은 위법하게 된다. 판례도 형량하자의 법리를 인정하고 있으나 재량권의 일탈 · 남용으로 보기도 한다.

하자의 종류	내용
형량의 해태	이익형량을 전혀 하지 않은 경우
형량의 흠결	이익형량을 하기는 하였으나, 고려하여야 할 중요한 사항이 누락된 경우
오형량(형량불비례)	이익형량을 하기는 하였으나, 객관성 · 비례성을 결여한 경우
형량조사의 하자(결함)	조사의무를 이행하지 않은 경우
평가의 과오	관련된 공익 또는 사익의 가치를 잘못 평가한 경우

6 계획보장청구권

행정계획의 확정 당시에는 예상하지 못한 상황의 변화로 인한 당해 계획의 폐지 · 변경 요청과 행정계획의 계속적 집행을 신뢰한 당사자의 신뢰보호의 요청이 충돌하게 되는데, 이 경우 계획의 가변성으로 인해 원칙적으로 계획보장청구권이 인정되기는 어렵다.

OX 문제

01 행정절차법상 형량명령원칙 규정이 존재한다.　　　　　( )

02 오형량이란 이익형량의 고려 대상에 마땅히 포함시켜야 할 사항을 누락한 경우이다.　　　　( )

정답 01 × 02 ×

1. 광의의 계획보장청구권

계획존속청구권	행정계획의 변경 또는 폐지에 대하여 당해 계획의 존속 주장(인정 여부: 원칙 × / 예외: 상대방의 신뢰보호가 더 큰 경우 인정될 수도 있음)
계획이행청구권	계획을 위반하지 말고 계획한 대로 집행할 것을 주장(인정 여부: ×)
경과조치청구권	행정계획이 변경 · 폐지될 경우에 이로 인하여 재산상의 손해를 보게 되는 상대방이 행정청에 대해 경과조치를 해줄 것을 청구(인정 여부: ×)
손해전보청구권	행정청의 계획변경을 저지하지 못한 결과 손해를 입은 경우 부차적으로 손해배상이나 손실보상을 청구할 수 있는 권리 (→ 손실보상청구권이 주된 논의대상이지만 관련 규정 ×)

2. 계획변경청구권

행정청이 행정계획을 확정한 후 상대방이 사정변경을 이유로 확정된 행정계획의 변경을 청구하는 경우로 원칙적으로 인정되지 않지만 예외적으로 법규상 · 조리상 계획변경을 신청할 권리가 인정되는 경우 등에 계획변경청구권이 인정되기도 한다.

3. 인정여부

(1) 원칙: 행정계획 자체가 가변적이므로 계획보장청구권은 원칙적으로 인정되지 않는다.

(2) 예외적 인정: 행정계획이 공익뿐만 아니라 사익보호도 목적으로 하는 경우 예외적으로 인정한다.

✚ 판례 PLUS

계획변경청구권 인정 여부

〈원칙적 부정〉

1. 도시계획 변경신청권이 인정되는지: 소극

도시계획법상 주민이 행정청에 대하여 도시계획 및 그 변경에 대하여 어떤 신청을 할 수 있다는 규정이 없고, 도시계획과 같이 장기성, 종합성이 요구되는 행정계획에 있어서 그 계획이 일단 확정된 후 어떤 사정의 변동이 있다 하여 지역주민에게 일일이 그 계획의 변경을 청구할 권리를 인정해 줄 수도 없는 것이므로 그 변경 거부행위를 항고소송의 대상이 되는 행정처분에 해당한다고 볼 수 없다(대판 1994.1.28, 93누22029).

2. 도시계획시설사업의 시행에 "착수"한 뒤에 그 결정 자체의 취소나 해제를 요구할 권리가 인정되는지: 소극

도시계획시설결정은 광범위한 지역과 상당한 기간에 걸쳐 다수의 이해관계인에게 다양한 법률적, 경제적 영향을 미치는 것이 되어 일단 도시계획시설사업의 시행에 착수한 뒤에는 시행의 지연에 따른 손해나 손실의 배상 또는 보상을 함을 별론으로 하고, 그 결정 자체의 취소나 해제를 요구할 권리를 일부의 이해관계인에게 줄 수는 없다(헌재 2002.5.30, 2000헌바58).

〈예외적 인정〉

1. 도시계획구역 내 토지소유자의 도시계획입안 신청권이 인정되는지: 적극

입안제안을 받은 입안권자는 그 처리결과를 제안자에게 통보하도록 규정하고 있는 점 등과 헌법상 개인의 재산권 보장의 취지에 비추어 보면, 도시계획구역 내 토지 등을 소유하고 있는 주민으로서는 입안권자에게 도시계획입안을 요구할 수 있는 법규상 또는 조리상의 신청권이 있다고 할 것이고, 이러한 신청에 대한 거부행위는 항고소송의 대상이 되는 행정처분에 해당한다(대판 2004.4.28, 2003두1806).

✅ **더 알아보기**

판례의 태도
• 원칙: 부정 → 처분성 부정
• 예외: 인정 → 처분성 긍정(항고소송 대상성 인정)

2. 〈계획변경청구권 예외적 인정〉구 국토이용관리법상의 국토이용계획변경신청에 대한 거부행위가 항고소송의 대상이 되는 행정처분에 해당하기 위한 요건

국토이용관리법상 주민이 국토이용계획의 변경에 대하여 신청을 할 수 있다는 규정이 없을 뿐만 아니라, 국토건설종합계획의 효율적인 추진과 국토이용질서를 확립하기 위한 국토이용계획은 장기성, 종합성이 요구되는 행정계획이어서 원칙적으로는 그 계획이 일단 확정된 후에 어떤 사정의 변동이 있다고 하여 그러한 사유만으로는 지역주민이나 일반 이해관계인에게 일일이 그 계획의 변경을 신청할 권리를 인정하여 줄 수는 없을 것이지만, <u>장래 일정한 기간 내에 관계 법령이 규정하는 시설 등을 갖추어 일정한 행정처분을 구하는 신청을 할 수 있는 법률상 지위에 있는 자의 국토이용계획변경신청을 거부하는 것이 실질적으로 당해 행정처분 자체를 거부하는 결과가 되는 경우에는 예외적으로 그 신청인에게 국토이용계획변경을 신청할 권리가 인정된다고 봄이 상당하므로,</u> 이러한 신청에 대한 거부행위는 항고소송의 대상이 되는 행정처분에 해당한다(대판 2003.9.23, 2001두10936).

7 행정계획과 행정구제

1. 의의

행정계획은 불특정 다수인을 상대로 하므로 사후적인 구제보다는 '사전적인 구제수단'이 더 중요하다. 사전적인 구제수단에 대한 일반적 규정은 없지만 행정계획 수립 시 국민이 참여하는 경우 등이 해당한다.

2. 사후적인 구제수단

(1) 도시관리계획처럼 처분성이 인정되는 구속적 행정계획은 행정소송의 대상이 된다.

(2) 위법한 행정계획으로 인하여 국민에게 손해가 발생한 경우에는 국가배상법상 국가배상청구도 가능하다.

(3) 적법한 행정계획으로 인하여 국민에게 재산상 손해가 발생한 경우에는 손실보상이 인정된다.

(4) **헌법소원의 대상 여부**: 행정기관 내부의 행정지침에 지나지 않는다면 헌법소원의 대상이 되지 않는다는 것이 원칙이다. 다만 예외적으로 비구속적 행정계획이더라도 국민의 기본권에 직접 영향을 끼치는 내용일 때에는 공권력 행사로서 헌법소원의 대상이 된다고 보았다.

판례 PLUS

헌법소원의 대상 인정 여부

1. 비구속적 행정계획안이나 행정지침이 예외적으로 헌법소원의 대상이 되는 공권력행사에 해당될 수 있는 요건

비구속적 행정계획안이나 행정지침이라도 국민의 기본권에 직접적으로 영향을 끼치고, 앞으로 법령의 뒷받침에 의하여 그대로 실시될 것이 틀림없을 것으로 예상될 수 있을 때에는, 공권력행위로서 예외적으로 헌법소원의 대상이 될 수 있다(헌재 2000.6.1, 99헌마538).

2. 교육인적자원부장관이 발표한 '학교교육정상화를 위한 2008학년도 이후 대학입제제도 개선안' 중 '학교 생활기록부의 반영 비중 확대' 및 '대학수학능력시험 성적 등급만 제공' 부분이 헌법소원의 대상이 되는 공권력의 행사인지 여부: 소극

이 사건 개선안은 현행 대학입학제도의 문제점 및 개선방향 혹은 추진 방향 및 추진을 위한 보완수단 등에 관한 일반적인 내용이 담겨 있을 뿐이므로, 그 자체로서는 법적 구속력이나 외부효과가 발생하지 않는 행정청의 지침 내지 의견진술 정도의 의미를 가지는 데 지나지 않는다. 그렇다면 이 사건 개선안은 비구속적 행정계획안에 불과할 뿐 아니라, 법령의 뒷받침에 의하여 장래 실시될 것이 확실시되는 경우로 볼 수도 없어, 헌법소원의 대상이 되는 공권력 행사로 볼 수 없다(헌재 2008.9.25, 2007헌마376).

02 단계적 행정작용

1 행정법상 확약(確約)

1. 의의

확약이란 행정청이 처분의 상대방에게 일정한 행정행위를 하겠다는 등의 자기구속적인 의사표시를 의미한다. 행정청의 종국적 결정인 행정행위에 대한 확실한 약속이다.

2. 처분성 인정 여부

확약에 대한 일반적인 근거 규정은 없다. 따라서 확약 자체에 대해 처분성을 인정할 수 있는지에 대해 견해의 대립이 존재하는데 처분성을 인정함이 통설이다.

판례 PLUS

확약의 처분성 인정 여부: 소극

어업권면허에 선행하는 우선순위결정은 행정청이 우선권자로 결정된 자의 신청이 있으면 어업권면허처분을 하겠다는 것을 약속하는 행위로서 강학상 확약에 불과하고 행정처분은 아니므로, 우선순위결정에 공정력이나 불가쟁력과 같은 효력은 인정되지 아니한다. 따라서 우선순위결정이 잘못되었다는 이유로 종전의 어업권면허처분이 취소되면 행정청은 종전의 우선순위결정을 무시하고 다시 우선순위를 결정한 다음 새로운 우선순위결정에 기하여 새로운 어업권면허를 할 수 있다(대판 1995.1.20, 94누6529).

3. 확약의 법적 근거

행정절차법상 확약에 대한 일반 규정은 없으며 법적 근거가 없는 한 허용될 수 없다는 부정설과 허용된다는 긍정설이 대립한다. 행정청이 종국적 결정인 행정행위를 할 수 있는 법률상 권한이 있는 경우에 확약은 법률상 근거 없이도 가능하다는 긍정설의 입장인 본처분권한포함설이 다수설의 입장이다.

4. 확약의 허용성

재량행위에 대해서는 당연히 확약이 가능하며 기속행위에 대해서도 확약이 있으면 상대방은 기대이익과 준비이익을 가지게 된다는 점에서 확약이 허용된다고 보는 것이 통설이

확인 문제

14 사복직 9급

확약에 대한 설명으로 옳지 않은 것은?(다툼이 있는 경우 판례에 의함)
① 장래 일정한 처분을 할 것을 약속하는 행정청의 확약은 처분이 아니다.
② 행정청의 확약의 불이행으로 인해 손해를 입은 자는 국가배상법상 요건을 충족하는 경우에 한하여 손해배상을 청구할 수 있다.
③ 행정절차법에도 확약에 관한 규정을 두고 있으므로 확약의 가능성을 논할 실익은 없다.
④ 확약이 있은 후 사실적·법률적 상태가 변경된 경우에는 그 확약은 행정청의 별다른 의사표시를 기다리지 않고 실효된다.

정답 ③ 행정절차법에 확약에 대한 규정은 없다.
① 대판 1995.1.20, 94누6529
② 판례(광의설)는 행정처분이 아닌 확약이더라도 불이행으로 인해 손해를 입은 자는 국가배상법상 요건을 충족한 경우라면 손해배상을 청구할 수 있다.
④ 대판 1996.8.20, 95누10877

다. 또한 요건사실이 완성된 후에도 확약이 있으면 상대방은 기대이익과 준비이익을 가지게 된다는 점에서 확약이 허용된다고 보는 것이 통설이다.

5. 확약의 요건

주체	본행정행위를 할 수 있는 권한을 가진 행정청
내용	법령에 적합하고 명백하면 실행 가능
형식	독일 연방행정절차법에 서면에 의하도록 규정. 우리나라는 특별한 규정 없음(구두로 가능한지 여부에 대한 견해 대립)
절차	행정절차법에 확약에 관한 일반 규정 없음. 법령이 본행정행위에 대하여 일정한 절차를 규정하고 있으면 확약에 대해서도 그 절차를 거쳐야 함

6. 확약의 효과

(1) **구속력**: 확약을 발령한 행정기관은 확약내용에 따른 행정행위를 해야 할 자기구속의 의무를 부담하며 상대방은 행정기관에 대해 확약을 이행할 것을 청구할 수 있는 권리가 인정된다.

(2) **확약의 실효**: 확약이 있은 후에 사실적 또는 법률적 상태의 변경이 있는 경우 행정청이 별다른 의사표시를 하지 않더라도 확약은 실효된다는 것이 다수설과 판례의 입장이다.

 판례 PLUS

> 확약의 효과
> **확약 또는 공적인 의사표명이 그 자체에서 정한 유효기간을 경과한 경우: 당연 실효**
> 행정청이 상대방에게 장차 어떤 처분을 하겠다고 확약 또는 공적인 의사표명을 하였다고 하더라도, 그 자체에서 상대방으로 하여금 언제까지 처분의 발령을 신청을 하도록 유효기간을 두었는데도 그 기간 내에 상대방의 신청이 없었다거나 확약 또는 공적인 의사표명이 있은 후에 사실적·법률적 상태가 변경되었다면, 그와 같은 확약 또는 공적인 의사표명은 행정청의 별다른 의사표시를 기다리지 않고 실효된다(대판 1996.8.20, 95누10877).

7. 확약에 대한 권리구제

(1) **행정쟁송**: 확약의 처분성을 긍정하는 다수설에 따르면 항고소송을 제기할 수 있지만, 확약의 처분성을 부정하는 판례에 따르면 확약 그 자체에 대한 항고소송을 제기할 수 없다. 그러나 확약의 불이행에 대한 행정쟁송의 제기는 가능하다.

(2) **손해배상과 손실보상**: 행정기관의 확약의 불이행으로 인해 손해가 발생한 경우 국가배상법 제2조의 요건이 충족되면 행정상 손해배상을 청구할 수 있다. 또한 확약이 공익상 이유로 철회되어 손실을 입은 경우라면 손실보상청구도 가능하다.

2 확약의 구별개념

1. 가(假)행정행위

(1) 의의: 종국적인 행정행위 이전에 행정행위 상대방의 권리나 의무를 잠정적, 임시적으로 규율하는 행정작용이다. 예를 들면 조세부과처분을 함에 있어서 일단 잠정세율을 적용하여 부과처분을 하였다가 나중에 확정세율을 적용하여 부과처분을 하는 경우, 공무원법상 징계처분 이전에 공무원의 직위를 잠정적으로 해제하는 경우 등이다.

(2) 가행정행위의 특징

① 가행정행위가 있은 후 종국적 행정행위가 행해지면 가행정행위는 이에 대체되고 효력을 상실한다(종국적 결정에 대한 대체성과 효과의 잠정성).

② 가행정행위는 존속력(불가변력)을 갖지 못하며 상대방은 종국적 행정행위에 대해 신뢰보호의 원칙을 주장할 수 없다.

③ 급부행정영역은 물론이고, 침해행정영역에서도 인정된다.

④ 법적성질에 대해서는 보통의 또는 전형적인 행정행위와 같다고 보는 견해가 다수설이다.

(3) 법적근거(허용성): 명문의 규정이 없는 경우 학설은 명문의 규정이 없는 경우에도 행정청에게 종국적 행정행위에 대한 권한이 있으면 가행정행위의 발동이 가능하다는 긍정설이 다수설의 입장이다.

(4) 권리구제: 효력이 잠정적이라는 것 외에는 일반적인 행정행위와 동일한 성질을 갖는다고 보는 것이 일반적인 견해이므로, 취소소송 또는 취소심판을 제기하여 권리를 구제받을 수 있다고 할 것이다.

 판례 PLUS

가행정행위의 효과

1. 국가공무원법상 직위해제처분에 사전통지 및 의견청취 등에 관한 행정절차법 규정이 적용되는지: 소극

국가공무원법상 직위해제처분은 행정절차법에 의하여 당해 행정작용의 성질상 행정절차를 거치기 곤란하거나 불필요하다고 인정되는 사항 또는 행정절차에 준하는 절차를 거친 사항에 해당하므로, 처분의 사전통지 및 의견청취 등에 관한 행정절차법의 규정이 별도로 적용되지 않는다(대판 2014.5.16, 2012두26180).

2. 과징금 부과처분(선행처분)을 한 뒤, 과징금 감면처분(후행처분)을 한 경우, 선행처분의 취소를 구하는 소가 적법한지: 소극

공정거래위원회가 부당한 공동행위를 행한 사업자에 대하여 과징금 부과처분(이하 '선행처분')을 한 뒤, 다시 자진신고자 등에 대한 사건을 분리하여 자진신고 등을 이유로 한 과징금 감면처분(이하 '후행처분')을 하였다면, 후행처분은 자진신고 감면까지 포함하여 처분 상대방이 실제로 납부하여야 할 최종적인 과징금액을 결정하는 종국적 처분이고, 선행처분은 이러한 종국적 처분을 예정하고 있는 일종의 잠정적 처분으로서 후행처분이 있을 경우 선행처분은 후행처분에 흡수되어 소멸한다. 따라서 선행처분의 취소를 구하는 소는 이미 효력을 잃은 처분의 취소를 구하는 것으로 부적법하다(대판 2015.2.12, 2013두987).

⊘ 더 알아보기

국가공무원법

제73조의3(직위해제) ① 임용권자는 다음 각 호의 어느 하나에 해당하는 자에게는 직위를 부여하지 아니할 수 있다.

1. 삭제

2. 직무수행 능력이 부족하거나 근무성적이 극히 나쁜 자

3. 파면·해임·강등 또는 정직에 해당하는 징계 의결이 요구 중인 자

4. 형사 사건으로 기소된 자(약식명령이 청구된 자는 제외한다)

5. 고위공무원단에 속하는 일반직공무원으로서 제70조의2 제1항 제2호부터 제5호까지의 사유로 적격심사를 요구받은 자

6. 금품비위, 성범죄 등 대통령령으로 정하는 비위행위로 인하여 감사원 및 검찰·경찰 등 수사기관에서 조사나 수사 중인 자로서 비위의 정도가 중대하고 이로 인하여 정상적인 업무수행을 기대하기 현저히 어려운 자

2. 사전결정(예비결정)

(1) 의의: 사전결정 또는 예비결정(Vorbescheid, 豫備決定)은 행정청이 종국적인 행정행위를 하기 전에 행정행위에 요구되는 요건 중 일부에 대해 사전적으로 심사하여 내린 결정을 의미한다. 즉 최종적인 행정결정을 내리기 전에 최종적 행정결정의 요건 중 '일부에 관한 확정적 결정'또는 '일부의 심사에 대한 종국적인 판단'을 의미한다. 예 건축법상 사전결정, 폐기물관리법상 적정·부적정 통보제도 등

➕ 법령 PLUS

건축법

제10조(건축 관련 입지와 규모의 사전결정) ① 제11조에 따른 건축허가 대상 건축물을 건축하려는 자는 건축허가를 신청하기 전에 허가권자에게 그 건축물의 건축에 관한 다음 각 호의 사항에 대한 사전결정을 신청할 수 있다.

1. 해당 대지에 건축하는 것이 이 법이나 관계 법령에서 허용되는지 여부
2. 이 법 또는 관계 법령에 따른 건축기준 및 건축제한, 그 완화에 관한 사항 등을 고려하여 해당 대지에 건축 가능한 건축물의 규모
3. 건축허가를 받기 위하여 신청자가 고려하여야 할 사항

폐기물관리법

제25조(폐기물처리업) ① 폐기물의 수집·운반, 재활용 또는 처분을 업(이하 "폐기물처리업"이라 한다)으로 하려는 자(음식물류 폐기물을 제외한 생활폐기물을 재활용하려는 자와 폐기물처리 신고자는 제외한다)는 환경부령으로 정하는 바에 따라 지정폐기물을 대상으로 하는 경우에는 폐기물 처리 사업계획서를 환경부장관에게 제출하고, 그 밖의 폐기물을 대상으로 하는 경우에는 시·도지사에게 제출하여야 한다. 환경부령으로 정하는 중요 사항을 변경하려는 때에도 또한 같다.

② 환경부장관이나 시·도지사는 제1항에 따라 제출된 폐기물 처리사업계획서를 다음 각 호의 사항에 관하여 검토한 후 그 적합 여부를 폐기물처리사업계획서를 제출한 자에게 통보하여야 한다.

1. 폐기물처리업 허가를 받으려는 자(법인의 경우에는 임원을 포함한다)가 제26조에 따른 결격사유에 해당하는지 여부
2. 폐기물처리시설의 입지 등이 다른 법률에 저촉되는지 여부
3. 폐기물처리사업계획서상의 시설·장비와 기술능력이 제3항에 따른 허가기준에 맞는지 여부
4. 폐기물처리시설의 설치·운영으로 「수도법」 제7조에 따른 상수원보호구역의 수질이 악화되거나 「환경정책기본법」 제12조에 따른 환경기준의 유지가 곤란하게 되는 등 사람의 건강이나 주변 환경에 영향을 미치는지 여부

(2) 법적성질: 그 자체로 하나의 완결된 행정행위로 보고 처분성을 인정하는 것이 통설이며, 재량행위일 수도 있고 기속행위일 수도 있다. 또한 판례도 사전결정의 구속력을 인정하여 합리적 사유 없이 본결정에서 사전결정의 내용과 상충되는 결정할 수 없다면서 예비결정에 대한 처분성을 긍정하고 있다.

➕ 판례 PLUS

예비결정의 법적 성질 및 효과

1. 폐기물관리법상 부적정 통보가 처분인지 여부: 적극
폐기물관리법에 의하면 폐기물처리업의 허가를 받기 위하여는 먼저 사업계획서를 제출하여 허가권자로부터 사업계획에 대한 적정통보를 받아야 하고, 그 적정통보를 받은 자만이 일정기간 내에 시설, 장비, 기술능력, 자본금을 갖추어 허가신청을 할 수 있으므로, 결국 부적정통보는 허가신청 자체를 제한하는 등 개인의 권리 내지 법률상의 이익을 개별적이고 구체적으로 규제하고 있어 행정처분에 해당한다(대판 1998.4.28, 97누21086).

01 폐기물관리법 관계 법령에 의한 폐기물처리업 허가권자의 부적정 통보는 행정처분에 해당한다. ( )

정답 01 ○

2. 수택건설사업계획의 사전결정이 재량행위인지 여부: 적극

주택건설촉진법이 정하는 주택건설사업계획의 승인은 이른바 수익적 행정처분으로서 행정청의 재량행위에 속하고, 따라서 그 전단계로서 주택건설사업계획의 사전결정 역시 재량행위라고 할 것이다. 그러므로 사전결정을 받으려고 하는 주택건설사업계획이 관계 법령이 정하는 제한에 배치되는 경우는 물론이고, 그러한 제한사유가 없는 경우에도 공익상 필요가 있으면 처분권자는 그 사전결정 신청에 대하여 불허가결정을 할 수 있다(대판 1998.4.24, 97누1501).

(3) 효력 및 권리구제

① 법적근거: 법령에 규정이 없더라도 본 처분에 대한 법적근거가 있으면 행할 수 있다.

② 권리구제: 그 자체로서 처분성을 인정하므로 취소소송 제기가 가능하다. 단 최종 행정행위가 있게 되면 사전결정은 원칙적으로 최종 행정행위에 '흡수'된다.

3. 부분허가

(1) 의의: 건축허가와 같은 다단계 행정결정에서 가분적인 시설일부에 대해서 중간단계에 해당하는 허가를 하는 것을 말한다. 예 원자력법 제한공사승인제도, 택지건설촉진법상 사업완료전에 행하는 아파트 동별검사

(2) 법적성질: 최종적인 법적규율로서 행해지는 것이기 때문에, 종국적인 행정행위의 성질을 갖는다. 판례도 처분성을 긍정하고 있다.

다만, 부분허가(선행처분, 원자로 부지사전승인처분)가 있고 난 후 그에 근거하여 본처분(후행처분, 원자로 건설허가처분)이 발하여진 경우, 부분허가처분은 본처분에 흡수되므로 독립하여 소송의 대상이 되지 않는다.

 판례 PLUS

부분허가의 취소

부분허가(선행처분) 이후에 본처분(후행처분)이 있는 경우, 부분허가(선행처분)의 취소를 구할 소의 이익이 있는지 여부: 소극

원자력법 소정의 부지사전승인제도는 원자로 및 관계 시설을 건설하고자 하는 자가 그 계획 중인 건설부지가 원자력법에 의하여 원자로 및 관계 시설의 부지로 적법한지 여부 및 굴착공사 등 일정한 범위의 공사(이하 '사전공사')를 할 수 있는지 여부에 대하여 건설허가 전에 미리 승인을 받는 제도로서, 원자로 및 관계 시설의 건설에는 장기간의 준비·공사가 필요하기 때문에 필요한 모든 준비를 갖추어 건설허가신청을 하였다가 부지의 부적법성을 이유로 불허가될 경우 그 불이익이 매우 크고 또 한 원자로 및 관계 시설 건설의 이와 같은 특성상 미리 사전공사를 할 필요가 있을 수도 있어 건설허가 전에 미리 그 부지의 적법성 및 사전공사의 허용 여부에 대한 승인을 받을 수 있게 함으로써 그의 경제적·시간적 부담을 덜어 주고 유효·적절한 건설공사를 행할 수 있도록 배려하려는 데 그 취지가 있다고 할 것이므로, 원자로 및 관계 시설의 부지사전승인처분은 그 자체로서 건설부지를 확정하고 사전공사를 허용하는 법률효과를 지닌 독립한 행정처분이기는 하지만, 건설허가 전에 신청자의 편의를 위하여 미리 그 건설허가의 일부 요건을 심사하여 행하는 사전적 부분 건설허가처분의 성격을 갖고 있는 것이어서 나중에 건설허가처분이 있게 되면 그 건설허가처분에 흡수되어 독립된 존재가치를 상실함으로써 그 건설허가처분만이 쟁송의 대상이 되는 것이므로, 부지사전승인처분의 취소를 구하는 소는 소의 이익을 잃게 되고, 따라서 부지사전승인처분의 위법성은 나중에 내려진 건설허가처분의 취소를 구하는 소송에서 이를 다투면 된다(대판 1998.9.4, 97누19588).

OX 문제

01 원자로 시설부지 인근 주민들에게는 방사성물질 등에 의한 생명·신체의 안전 침해를 이유로 부지사전승인처분의 취소를 구할 원고적격이 인정된다. ( )

정답 01 ○

(3) 효력 및 권리구제

① **법적근거:** 부분허가권은 허가권에 포함되므로, 별도의 법적근거가 없더라도 부분허가는 가능하다고 보는 것이 일반적인 견해이다.

② **효과:** 최종적 결정에 구속력을 가지므로, 최종결정에서 부분허가의 내용과 상충되는 결정은 할 수 없다.

③ **권리구제:** 행정행위로 처분성이 인정되므로, 취소소송 등의 항고소송을 통해 권리구제를 받을 수 있다.

03 비권력적 행정작용 – 공법상 계약

1 공법상 계약의 의의

1. 개념

공법상 계약이란 공법의 영역에서 법관계를 발생·변경·소멸시키는 복수당사자 반대방향의 의사의 합치이다(예 지방자치단체 간 취학아동의 교육사무위탁, 지방전문직 공무원의 채용계약). 행정기본법 제27조는 공법상 계약에 관한 근거규정이다.

공법상 계약은 공법상 효과를 발생시키는 '계약'이라는 점에서 사법상 계약과 구분되고, 대등당사자간 의사의 합치라는 점에서 행정청의 일방적인 행위인 행정행위와 구별된다.

➕ 법령 PLUS

행정기본법

제27조(공법상 계약의 체결) ① 행정청은 법령등을 위반하지 아니하는 범위에서 행정목적을 달성하기 위하여 필요한 경우에는 공법상 법률관계에 관한 계약(이하 "공법상 계약"이라 한다)을 체결할 수 있다. 이 경우 계약의 목적 및 내용을 명확하게 적은 계약서를 작성하여야 한다.
② 행정청은 공법상 계약의 상대방을 선정하고 계약 내용을 정할 때 <u>공법상 계약의 공공성과 제3자의 이해관계를 고려하여야</u> 한다.

2. 유용성과 인정영역

(1) **유용성:** 법의 흠결을 보충해주고 행정을 개별적·구체적 사정에 따라 탄력적으로 처리할 수 있다. 사실관계·법률관계가 명확하지 않을 때에 해결을 용이하게 해주며 법률지식이 없는 사람에게도 교섭을 통해 문제를 이해시킬 수 있다. 또한 개인이 행정주체의 동반자적 지위에서 행정작용의 수행에 참여하는 민주적 법치국가 이념에 부합된다.

(2) **인정영역**

① **공행정 분야:** 과거에는 주로 비권력적 영역에서 인정되어 왔지만, 최근에는 환경규제 영역처럼 규제영역에서도 행정행위 대신 활용되고 있다. 권력행정의 경우에도 수행할 수 있지만, 경찰행정이나 병역행정, 조세행정과 같은 일방적 강제의 경우에

는 공법상 계약이 이용될 수 없다고 보는 것이 통설적 견해이다.

② **기속행위**: 행정행위를 대신하여 공법상 계약을 체결할 수 있지만, 법에 정해진 그대로 반영되어야 하므로 실제 실익은 거의 없다.

2 공법상 계약의 법적 근거 필요 여부

1. 법률유보 적용 여부: 부정

법률상 근거 없이도 공법상 계약을 체결할 수 있는지 여부가 문제된다. 공법상 계약은 '비권력적 행정작용'이므로 법률상 근거가 없어도 가능하다(통설).

2. 법률우위 적용 여부: 긍정

공법상 계약이 비권력적 행정작용이더라도, 현재 존재하는 법률에 위반되어서는 아니된다(통설).

3 공법상 계약의 성립요건

주체	정당한 권한을 가진 행정청, 공무원은 행정청을 대표하는 권한을 가질 것
내용	• 원칙: 당사자 간 합의, 사인의 급부는 공법상 계약의 목적에 부합하여야 하고 행정청의 급부와 합리적인 관계(부당결부금지의 원칙) • 예외: 부합계약(행정주체가 일방적으로 내용을 정하고, 상대방은 체결 여부만을 선택)
형식	• 문서와 구두 모두 가능하나, 문서가 바람직 • 공법상 계약이 다른 행정청의 동의가 필요한 행정행위를 대체하는 경우에는 해당 동의가 필요하고, 제3자의 권리를 침해하는 경우에는 제3자의 동의도 필요
절차	일반법은 없으며, 판례는 공법상 계약에는 행정절차법이 적용되지 않는다고 봄

4 공법상 계약의 종류

1. 성질에 따른 분류

대등계약	행정주체 상호 간, 사인 상호 간에 성립하는 계약으로 대등한 지위에서 체결, 행정행위로는 규율할 수 없는 법률관계를 대상
종속계약	행정주체와 사인 간에 성립하는 계약, 행정행위를 대신하여 체결될 수 있음

2. 주체에 따른 분류

행정주체 상호 간	• 국가와 공공단체, 공공단체 상호 간(지방교육자치에 관한 법률에 의한 교육사무위탁) • 지방자치단체 상호 간(도로 · 하천의 경비부담에 관한 협의) • 공공시설의 관리에 관한 합의 등

행정주체와 사인 간	• 임의적 공용부담계약(사유지를 도로 · 학교 · 공원 등의 부지로 제공하는 계약 등 소위 기부채납) • 행정사무의 위탁계약(별정우체국의 지정) • 공법상 보조금지급계약(수출보조금교부계약) • 지방자치단체와 사기업 간의 공해방지 및 환경보전을 위한 환경보전협정 • 특별행정법관계의 설정합의(전문직 공무원의 채용계약, 서울특별시립무용단원의 위촉, 광주시립합창단원의 재위촉, 국립중앙극장 전속단원 채용계약, 공중보건의사 채용계약, 자원입대, 학령아동의 취학)
사인 상호 간	• 공무수탁사인과 사인 간에 체결한 계약 • 사업시행자와 토지소유자 및 관계인 사이의 협의(판례는 사법상 계약으로 봄)

🕂 판례 PLUS

공법상의 계약의 예

1. 국립중앙극장 전속단체 출연단원 채용계약

국립중앙극장 전속단체 출연단원 채용계약은 국립중앙극장의 설립근거 및 설립목적, 단원계약의 절차, 단원의 업무의 성질, 단원의 지위, 전문직공무원의 채용절차 등에 비추어, 전문직공무원으로서의 채용에 해당하거나 <u>공법상의 근무관계의 설정을 목적으로 체결된 공법상의 계약에 해당한다</u>(서울고법 1996.8.27, 95나35953).

2. 중소기업 정보화지원사업에 따른 지원금 출연협약

중소기업기술정보진흥원장이 갑 주식회사와 중소기업 정보화지원사업 지원대상인 사업의 지원에 관한 협약을 체결하였는데, 협약이 갑 회사에 책임이 있는 사업실패로 해지되었다는 이유로 협약에서 정한 대로 지급받은 정부지원금을 반환할 것을 통보한 사안에서, <u>중소기업 정보화지원사업에 따른 지원금 출연을 위하여 중소기업청장이 체결하는 협약은 공법상 대등한 당사자 사이의 의사표시의 합치로 성립하는 공법상계약에 해당한다.</u> 따라서 협약의 해지 및 그에 따른 환수통보는 공법상 계약에 따라 행정청이 대등한 당사자의 지위에서 하는 의사표시로 보아야 하고, 이를 행정청이 우월한 지위에서 행하는 공권력의 행사로서 행정처분에 해당한다고 볼 수는 없다(대판 2015.8.27, 2015두41449).

3. 지방계약직공무원(옴부즈만) 채용행위

이 사건 조례에 의하면 이 사건 옴부즈만은 토목분야와 건축분야 각 1인을 포함하여 5인 이내의 '지방계약직공무원'으로 구성하도록 되어 있는데, <u>지방계약직공무원인 이 사건 옴부즈만 채용 행위는 공법상 대등한 당사자 사이의 의사표시의 합치로 성립하는 공법상 계약에 해당한다.</u> 이 사건 옴부즈만 채용행위가 공법상 계약에 해당하는 이상, 그 채용계약에 따라 담당할 직무의 내용에 고도의 공공성이 있다거나 원고가 그 채용과정에서 최종합격자로 공고되어 채용계약 성립에 관한 강한 기대나 신뢰를 가지게 되었다는 사정만으로 이를 행정청이 우월한 지위에서 행하는 공권력의 행사로서 행정처분에 해당한다고 볼 수는 없다(대판 2014.4.24, 2013두6244).

---

5 공법상 계약의 특수성

1. 성립 및 효력상의 특수성

(1) 부합계약성: 부합계약이란 일방이 미리 정해 놓은 약관 등에 따라 체결되는 계약으로 공법상 계약은 행정주체가 일방적으로 계약내용을 정하고 체결 여부만을 선택해야 하는 부합계약의 성질을 갖는다.

(2) 비권력성: 권력적 행위인 행정행위와 달리, 비권력적 성질을 가지므로 행정행위에 인정되는 공정력, 자력집행력, 존속력 등이 인정되지 않는다. 따라서 상대방의 의무불이행이 있더라도 행정청은 자력으로 의무이행을 강제할 수 없다.

(3) **계약강제성**: 공법상 계약은 자력집행력이 없으므로 원칙적으로 당사자는 스스로 의무를 실현할 수 없고, 법원의 판결에 따라 계약내용을 실현할 수 있다. 다만 법률의 규정이 있는 경우 행정청이 자력집행할 수 있다. 즉 공법상 계약은 사적자치의 원칙이 제한되고 행정법상 일반원칙을 준수해야 하지만, 수도계약처럼 국민의 생활에 필수불가결한 경우 계약체결이 강제되기도 한다.

(4) **해지와 변경**: 공법상 계약에 대하여는 민법상의 계약해지에 관한 규정은 적용되지 아니하는 것으로, 계약의 일방 당사자인 행정주체는 공익상의 사유가 있는 경우에는 일방적으로 계약을 해지 또는 변경할 수 있다(법률상의 근거가 필요, 상대방에게는 손실보상청구권 인정). 사인에 의한 계약관계의 해소는 원칙적으로 허용되지 않는다. 급부계약은 행정주체측에서도 법정사유가 있는 경우를 제외하고는 해지할 수 없다.

판례 PLUS

계약직공무원의 채용계약의 해지

계약직공무원 채용계약해지의 의사표시는 일반공무원에 대한 징계처분과는 달라서 항고소송의 대상이 되는 처분 등의 성격을 가진 것으로 인정되지 아니하고, 일정한 사유가 있을 때에 국가 또는 지방자치단체가 채용계약 관계의 한쪽 당사자로서 대등한 지위에서 행하는 의사표시로 취급되는 것으로 이해되므로, 이를 징계해고 등에서와 같이 그 징계사유에 한하여 효력 유무를 판단하여야 하거나, 행정처분과 같이 행정절차법에 의하여 근거와 이유를 제시하여야 하는 것은 아니다(대판 2002.11.26, 2002두5948).

(5) **계약의 하자**: 공법상 계약에는 공정력이 없으므로 중대명백설에 의하는 것이 아니라 그 내용이 법령에 위반하여 위법한 경우 무효가 된다(다수설).

2. 소송법상의 특수성

(1) **공법상 당사자소송**: 공법상 계약에 관한 분쟁은 공법상 '당사자소송'으로 해결해야 한다. 판례도 당사자소송으로 해결해야 한다는 입장이다.

(2) **손해배상청구**: 공법상 계약에 따른 의무의 불이행으로 손해배상청구 및 공법상 계약의 체결과정 중의 불법행위로 인한 손해배상청구도 공법상 당사자소송으로 해결함이 타당하다는 것이 학설의 입장이나, 우리 법원 실무에서는 이를 '민사소송'으로 보고 있다.

판례 PLUS

공법상 계약의 소송방법

1. **지방전문직공무원 채용계약의 해지에 관한 쟁송방법: 공법상 당사자소송**

   지방전문직공무원 채용계약 해지의 의사표시는 일반공무원에 대한 징계처분과는 달리 항고소송의 대상이 되는 처분 등의 성격을 가지지 아니하고, 지방자치단체가 채용계약관계의 한쪽 당사자로서 대등한 지위에서 행하는 의사표시이므로, 지방전문직 공무원 채용계약 해지의 의사표시에 대하여는 "대등한 당사자"간의 소송형식인 공법상 당사자소송으로 그 의사표시의 무효확인을 청구할 수 있다(대판 1993.9.14, 92누4611).

---

2. 공중보건의사 채용계약의 해지에 관한 쟁송방법: 공법상 당사자소송

전문직 공무원인 공중보건의사의 채용계약 해지의 의사표시는 일반공무원에 대한 징계처분과는 달라서 항고소송의 대상이 되는 처분 등의 성격을 가진 것으로 인정되지 아니하고, 관할 도지사가 채용계약 관계의 한쪽 당사자로서 대등한 지위에서 행하는 의사표시이므로, 공중보건의사 채용계약 해지의 의사표시에 대하여는 대등한 당사자간의 소송형식인 공법상의 당사자소송으로 그 의사표시의 무효확인을 청구할 수 있는 것이지, 항고소송을 제기할 수는 없다(대판 1996.5.31, 95누10617).

3. 서울특별시립무용단원의 해촉에 관한 쟁송방법: 공법상 당사자소송

서울특별시립무용단 단원의 위촉은 공법상의 계약이라고 할 것이고, 따라서 그 단원의 해촉에 대하여는 공법상의 당사자소송으로 그 무효확인을 청구할 수 있다(대판 1995.12.22, 95누4636).

4. 광주시립합창단원에 대한 재위촉 거부에 관한 쟁송방법: 공법상 당사자소송

광주광역시문화예술회관장의 단원 위촉은 행정처분이 아니라 공법상의 근무관계의 설정을 목적으로 하여 광주광역시와 단원이 되고자 하는 자 사이의 공법상 근로계약에 해당한다. 그러므로 광주광역시립합창단원으로서 위촉기간이 만료되는 자들의 재위촉 신청에 대하여 광주광역시문화예술회관장이 실기와 근무성적에 대한 평정을 실시하여 재위촉을 하지 아니한 것을 항고소송의 대상이 되는 불합격처분이라고 할 수는 없다. 공법상의 법률관계를 다투는 당사자소송은 그 법률관계의 한쪽 당사자인 국가·공공단체 그 밖의 권리주체가 피고적격을 가진다(대판 2001.12.11, 2001두7794).

5. 한국형 헬기 개발협약에 관한 분쟁의 쟁송방법: 공법상 당사자소송

국가연구개발사업규정에 근거하여 국가 산하 중앙행정기관의 장과 참여기업인 갑 회사가 체결한 '한국형 헬기 민군겸용 핵심구성품 개발협약'의 법률관계는 공법관계에 해당하므로 이에 관한 분쟁은 행정소송으로 제기하여야 한다(대판 2017.11.9, 2015다215526).

---

04 공법상 합동행위

1 개념

복수의 당사자가 동일 방향의 의사표시로 공법적 효과 발생을 목적으로 하는 행정작용을 의미한다. 동일 방향의 의사표시라는 점에서 공법상 계약과 구별되고, 하나의 의사를 형성하는 합성행위와 구별된다.

2 특성

각 당사자에게 동일한 내용의 법적 효과를 발생시키며, 공법상 합동행위가 유효하게 성립한 후에는 개별 당사자 의사의 하자를 이유로 효력을 다툴 수 없다.

3 구체적인 사례

지방자치단체조합을 설립하는 행위, 농지개량조합 등 공공조합을 설립하는 행위, 공공조합의 연합체를 설립하는 행위 등이 해당된다.

지방자치법

제159조(지방자치단체조합의 설립) ① 2개 이상의 지방자치단체가 하나 또는 둘 이상의 사무를 공동으로 처리할 필요가 있을 때에는 규약을 정하여 그 지방의회의 의결을 거쳐 시·도는 행정안전부장관의, 시·군 및 자치구는 시·도지사의 승인을 받아 지방자치단체조합을 설립할 수 있다. 다만, 지방자치단체조합의 구성원인 시·군 및 자치구가 2개 이상의 시·도에 걸치는 지방자치단체조합은 행정안전부장관의 승인을 받아야 한다.

② 지방자치단체조합은 법인으로 한다.

05 행정상 사실행위

1 의의

행정청이 법률상 효과 발생을 목적으로 하는 것이 아니라, 일정한 사실상의 결과 발생을 목적으로 하는 행정작용을 의미한다. 따라서 법률상 효과 발생을 목적으로 하는 행정행위와 구별된다.

2 종류

1. 권력적 사실행위

일방적으로 강제하는 성질을 갖는 공권력의 행사를 의미하며, 종류로는 ① 강제집행, ② 즉시강제, ③ 행정조사 중 강제조사 등이 있다.

2. 비권력적 사실행위

공권력의 행사를 의미하지 않는 사실행위로서 ① 행정지도, ② 명단공표, ③ 폐기물 수거, ④ 알선·권유·경고·추천 등이 있다.

판례 PLUS

권력적 사실행위로 본 예

1. 교도소장의 '접견내용 녹음·녹화 및 접견 시 교도관 참여대상자' 지정처분
교도소장이 수형자 갑을 '접견내용 녹음·녹화 및 접견 시 교도관 참여대상자'로 지정한 경우, 위 지정행위는 수형자의 구체적 권리의무에 직접적 변동을 가져오는 행정청의 공법상 행위로서 항고소송의 대상이 되는 '처분'에 해당한다(대판 2014.2.13, 2013두20899)

2. 구청장의 사회복지법인에 대한 특별감사 결과 지적사항 시정 및 보고지시 처분
구청장이 사회복지법인에 특별감사 결과 지적사항에 대한 시정지시와 그 결과를 관계서류와 함께 보고하도록 지시한 경우, 이는 단순한 권고적 효력만을 가지는 비권력적 사실행위에 불과하다고 볼 수는 없고, 상대방에 대하여 의무의 부담을 명하거나 기타 법률상 효과를 발생하게 하는 것으로서 항고소송의 대상이 되는 행정처분에 해당한다(대판 2008.4.24, 2008두3500).

비권력적 사실행위로 본 예

1. 운수사업 면허대상자 선정 추첨

추첨 자체는 다수의 면허신청자 중에서 면허를 받을 수 있는 신청자를 특정하여 선발하는 행정처분을 위한 사전 준비절차로서 사실행위에 불과한 것으로 이 단계에서의 신청자격 유무의 심사는 신청서류에 의하여 형식적으로 심사함으로써 족하고 서류상 자격이 있다고 인정되면 추첨에 참여시켜야 하는 것이며, 행정청 으로서는 당첨된 신청인을 상대로 면허처분을 할 때 다시 자격 유무를 구체적으로 조사 판단하여 종국적으 로 면허 또는 면허거부처분을 하여야 할 것이다(대판 1993.5.11, 92누15987).

2. 졸업증의 교부와 증명서를 발급하지 않겠다는 통고

학교당국이 미납공납금을 완납하지 아니할 경우에 졸업증의 교부와 증명서를 발급하지 않겠다고 통고한 것은 일종의 비권력적 사실행위로서 헌법재판소법 제68조 제1항에서 헌법소원심판의 청구대상으로서의 '공권력'에는 해당되지 않는다(헌재 2001.10.25, 2001헌마113).

3. 수도사업자의 급수공사 신청자에 대한 급수공사비 납부통지

수도사업자가 급수공사 신청자에 대하여 급수공사비 내역과 이를 지정기일 내에 선납하라는 취지로 한 납 부통지는 수도사업자가 급수공사를 승인하면서 급수공사비를 계산하여 급수공사 신청자에게 이를 알려 주 고 위 신청자가 이에 따라 공사비를 납부하면 급수공사를 하여 주겠다는 취지의 강제성이 없는 의사 또는 사실상의 통지행위일 뿐이며, 이를 가리켜 항고 소송의 대상이 되는 행정처분이라고 볼 수 없다(대판 1993.10.26, 93누6331).

3 법적 근거 및 한계

1. 법적 근거

행정상 사실행위도 행정기관의 권한 범위 내에서 행해야 하므로 조직법적 근거가 필요하 다. 다만 권력적 사실행위는 법률유보의 원칙이 적용되어 법적 근거가 필요하지만, 비권 력적 사실행위는 법적 근거가 필요하지 않다는 것이 일반적인 견해이다.

2. 한계

모든 행정작용에 법률우위의 원칙이 적용되므로 행정상 사실행위에도 적용되며 관습법, 행정법의 일반원리에 따라야 한다.

4 권리구제

1. 행정쟁송

권력적 사실행위는 행정쟁송법상의 처분에 해당하므로 취소소송 등의 항고소송을 통해 권리구제를 받을 수 있다. 그러나 알선, 권유, 경고, 추천, 사실상의 통지와 같은 비권력 적 사실행위에 대해서는 처분성을 부정하는 것이 통설과 판례의 입장이다.

✚ 판례 PLUS

단순한 사실행위가 행정쟁송의 대상이 되는지 여부: 소극

1. 〈건국공로 포상부작위〉 단순한 사실행위

행정소송은 행정청의 위법한 처분 그밖에 공권력의 행사·불행사 등으로 인한 국민의 권리 또는 이익의 침 해를 구제하고 공법상의 권리관계 또는 법적용에 관한 다툼을 적정하게 해결함을 목적으로 하고 있으므로 행정청의 공권력의 행사로서 구체적인 권리의무에 관한 분쟁이 아닌 단순한 사실행위는 행정소송의 대상 이 되지 아니한다(대판 1989.1.24, 88누3116).

2. 〈택지개발사업 시행자의 택지공급방법결정행위〉단순한 사실행위

택지개발촉진법 제18조, 제20조의 규정에 따라 택지개발사업 시행자가 건설부장관으로부터 승인을 받아 택지의 공급방법을 결정하였더라도 그 공급방법의 결정은 내부적인 행정계획에 불과하여 그것만으로 택지공급희망자의 권리나 법률상 이익에 개별적이고 구체적인 영향을 미치는 것은 아니므로, 택지개발사업시행자가 그 공급방법을 결정하여 통보한 것은 분양계약을 위한 사전 준비절차로서의 사실행위에 불과하고 항고소송의 대상이 되는 행정처분으로 볼 수 없다(대판 1993.7.13, 93누36).

2. 손해전보

(1) 위법한 행정상 사실행위로 국민이 손해를 입은 경우 국가배상청구소송이 가능하다 (국가배상법 제2조, 제5조).

(2) 적법한 권력적 사실행위로 국민이 손실을 입은 경우 행정상 손실보상을 청구할 수 있다.

3. 헌법소원

행정소송의 대상이 되지 않는 권력적 사실행위 등의 경우 헌법소원은 보충성 원칙의 예외에 해당하여 적법하게 된다. 비권력적 사실행위도 국민의 기본권에 영향을 미치는 경우에는 헌법소원의 대상이 된다.

판례 PLUS

헌법소원을 부정한 예

비권력적 사실행위는 공권력의 행사에 해당하지 아니하므로 이를 대상으로 한 헌법소원심판청구는 부적법하다(헌재 1994.5.6, 89헌마35).

헌법소원을 인정한 예

1. 〈보충성의 예외〉교도소장의 서신발송의뢰 거부 및 서신검열조치: 적극

수형자의 서신을 교도소장이 검열하는 행위는 이른바 권력적 사실행위로서 행정심판이나 행정소송의 대상이 되는 행정처분으로 볼 수 있으나, 위 검열행위가 이미 완료되어 행정심판이나 행정소송을 제기하더라도 소의 이익이 부정될 수밖에 없으므로 헌법소원심판을 청구하는 외에 다른 효과적인 구제방법이 있다고 보기 어렵기 때문에 보충성의 원칙에 대한 예외에 해당한다(헌재 1998.8.27, 96헌마398).

2. 〈보충성의 예외〉서울대학교 "94학년도 대학입학고사주요요강": 적극

서울대학교의 "94학년도 대학입학고사주요요강"은 사실상의 준비행위 내지 사전안내로서 행정쟁송의 대상이 될 수 있는 행정처분이 아니지만, 그 내용이 국민의 기본권에 직접 영향을 끼치는 내용이고 앞으로 법령의 뒷받침에 의하여 그대로 실시될 것이 틀림없을 것으로 예상되어 그로 인하여 직접적으로 기본권 침해를 받게 되는 사람에게는 사실상의 규범작용으로 인한 위험성이 이미 현실적으로 발생하였다고 보아야 할 것이므로 이는 헌법소원의 대상이 되는 헌법재판소법 제68조 제1항 소정의 공권력의 행사에 해당된다(헌재 1992.10.1, 92헌마68,76 진입).

OX 문제

01 항고소송의 대상은 행정행위와 사실행위에서 논의됨이 원칙이다.　(　)

정답 01 ×(사실행위→처분성 부정, 예외적 긍정)

4. 결과제거청구권

행정상 사실행위로 인한 위법한 결과로 법률상 이익이 침해된 자는 '공법상 결과제거청구권'을 통해 원상회복을 청구할 수 있는데 이는 당사자소송에 의해 청구할 수 있다고 보는 것이 일반적인 견해이다.

06 행정지도(行政指導)

1 의의

행정기관이 그 소관 사무의 범위에서 일정한 행정목적을 실현하기 위하여 특정인에게 일정한 행위를 하거나 하지 아니하도록 지도, 권고, 조언 등을 하는 행정작용을 말한다(행정절차법 제2조 제3호). 행정지도는 비권력적 사실행위에 해당한다.

2 행정지도의 필요성과 문제점

1. 필요성

행정지도라는 비권력적 수단을 통해 분쟁을 사전에 예방할 수 있고, 법률상 근거 없이 가능하다는 점에서 법령보완적 기능을 갖는다.

2. 문제점

행정지도로 인하여 손해를 입은 국민은 행정지도의 비권력적인 성격으로 인하여 권리구제를 받지 못하는 경우가 대부분이며, 행정지도의 법령보완 기능상 행정권이 입법권을 갈음함으로 인하여 법치주의가 형해화 될 수 있다.

3 행정지도의 종류

조성적 행정지도	일정한 질서의 형성, 발전적 유도를 위한 지식 · 기술 · 정보 등을 제공(영농지도, 중소기업에 대한 경영지도, 생활개선지도, 기술지식의 제공 등)
조정적 행정지도	이해대립 또는 과당경쟁을 조정(노사분쟁의 조정, 투자 · 수출량의 조절 등을 위한 지도)
규제적 행정지도	질서유지나 공공복리를 위한 사적활동의 억제 또는 제한(물가의 억제를 위한 행정지도, 환경위생불량업소의 시정권고, 공해방지를 위한 규제조치, 토지거래중지 권고, 불공정거래에 대한 시정권고)

4 행정지도의 방식

1. 행정지도의 원칙

 법령 PLUS

행정절차법

제48조(행정지도의 원칙) ① 행정지도는 그 목적 달성에 필요한 최소한도(비례원칙)에 그쳐야 하며, 행정지도의 상대방의 의사에 반하여 부당하게 강요하여서는 아니 된다. → 임의성 원칙
② 행정기관은 행정지도의 상대방이 행정지도에 따르지 아니하였다는 것을 이유로 불이익한 조치를 하여서는 아니 된다. → 불이익조치금지원칙

2. 행정지도의 방식

 법령 PLUS

행정절차법

제49조(행정지도의 방식) ① 행정지도를 하는 자는 그 상대방에게 그 행정지도의 취지 및 내용과 신분을 밝혀야 한다.
② 행정지도가 말로 이루어지는 경우에 상대방이 제1항의 사항을 적은 서면의 교부를 요구하면 그 행정지도를 하는 자는 직무 수행에 특별한 지장이 없으면 이를 교부하여야 한다.
제50조(의견제출) 행정지도의 상대방은 해당 행정지도의 방식·내용 등에 관하여 행정기관에 의견제출을 할 수 있다.
제51조(다수인을 대상으로 하는 행정지도) 행정기관이 같은 행정목적을 실현하기 위하여 많은 상대방에게 행정지도를 하려는 경우에는 특별한 사정이 없으면 행정지도에 공통적인 내용이 되는 사항을 공표하여야 한다.

5 행정지도의 법률우위와 법률유보

1. 법률우위

행정지도의 경우에도 법률우위는 적용된다. 법률우위는 모든 행정작용의 적용대상이기 때문이다.

2. 법률유보

행정지도는 행정기관의 직무범위 내에서 이루어져야 하므로 조직법적 근거는 필요하다. 그러나 행정지도가 비권력적 사실행위이므로 작용법적 근거는 필요 없다는 것이 통설의 입장이다.

3. 행정지도와 위법성조각 여부

위법한 행정지도에 따른 국민의 행위에 대해 형사처벌이 가능한지의 문제로, 행정지도는 상대방의 임의적 협력을 전제로 하므로 위법한 행정지도에 따른 국민의 행위는 자발적 행위이다. 즉, 형사처벌의 대상이 된다는 것이 판례의 입장이다.

위법한 행정지도에 대한 허위신고

위법한 행정지도에 따른 경우, 허위신고가 정당화되는지 여부: 소극

행정관청이 토지거래계약신고에 관하여 공시된 기준지가를 기준으로 매매가격을 신고하도록 행정지도하여 왔고 그 기준가격 이상으로 매매가격을 신고한 경우에는 거래신고서를 접수하지 않고 반려하는 것이 관행화 되어 있다 하더라도, 이는 법에 어긋나는 관행이라 할 것이므로 그와 같은 위법한 관행에 따라 허위신고행위 에 이르렀다고 하여 그 범법행위가 사회상규에 위배되지 않는 정당한 행위라고는 볼 수 없다(대판 1992.4.24. 91도1609).

6 행정지도의 권리구제

1. 행정쟁송 – 원칙적으로 부정

행정지도는 비권력적 사실행위이므로 행정쟁송법상 처분성이 없다. 따라서 행정지도에 대해 항고쟁송을 제기할 수 없다는 것이 통설이다. 다만 행정지도에 따르지 않는다는 이 유로 발령된 행정행위에 대하여는 항고소송을 제기할 수 있다.

판례 PLUS

행정지도가 항고소송의 대상이 되는 처분인지 여부: 소극

1. 세무당국이 주류 거래를 일정기간 중지하여 줄 것을 요청한 행위

항고소송의 대상이 되는 행정처분은 행정청의 공법상의 행위로서 상대방 또는 기타 관계자들의 법률상 지 위에 직접적으로 법률적인 변동을 일으키는 행위를 말하는 것이므로 세무당국이 소외 회사에 대하여 원고 와의 주류거래를 일정기간 중지하여 줄 것을 요청한 행위는 권고 내지 협조를 요청하는 권고적 성격의 행 위로서 소외 회사나 원고의 법률상의 지위에 직접적인 법률상의 변동을 가져오는 행정처분이라고 볼 수 없 으므로, 항고소송의 대상이 될 수 없다(대판 1980.10.27. 80누395).

2. 도시재개발구역 내 건물의 자진철거를 요청하는 내용의 공문

구청장이 도시재개발구역 내의 건물소유자 갑에게 건물의 자진철거를 요청하는 내용의 공문을 보냈다고 하더라도 그 공문의 제목이 지장물철거촉구로 되어 있어서 철거명령이 아님이 분명하므로, 이를 행정소송 의 대상이 되는 처분이라고 볼 수 없다(대판 1989.9.12. 88누8883).

2. 손해배상청구 – 원칙적으로 부정

위법한 행정지도로 손해가 발생한 경우 국가배상법 제2조에서 정한 요건을 갖춘 경우 국 가 등을 상대로 손해배상을 청구할 수 있다. 이때 직무행위성, 인과관계, 위법성 등의 요 건 충족 여부가 문제가 된다.

(1) **직무행위성**: 행정지도는 국가배상법상의 직무행위에 해당한다. 즉 국가배상법이 정 한 배상청구의 요건인 '공무원의 직무 범위'에 행정지도와 같은 비권력적 작용도 포 함된다고 보는 것이다.

(2) **인과관계**: 행정지도는 인관관계가 인정되지 않으므로 원칙적으로 국가배상책임이 성 립될 수 없으나, '사실상 강제성'을 갖춘 경우에는 인과관계가 인정되므로 국가배상 책임이 성립될 여지가 있다.

(3) 위법성: 행정지도가 통상의 정도를 벗어나 '사실상 강제성'을 갖고 '국민의 권익을 침해'하는 경우라면 이러한 행정지도는 '위법'하다고 보아야 한다.

판례 PLUS

위법한 행정지도로 손해배상책임이 인정되기 위한 요건: 위법성이 필요함

1. 〈직무관련성〉 국가배상법상 요건인 '공무원의 직무'의 범위: 광의설
국가배상법이 정한 배상청구의 요건인 '공무원의 직무'에는 권력적 작용만이 아니라 행정지도와 같은 비권력적 작용도 포함되며 단지 행정주체가 사경제주체로서 하는 활동만 제외된다(대판 1998.7.10, 96다38971).

2. 〈위법성〉 정부의 위법한 주식매각 종용행위: 위법성 인정
행정지도라 함은 행정주체가 일정한 행정목적을 실현하기 위하여 권고 등과 같은 비강제적인 수단을 사용하여 상대방의 자발적 협력 내지 동의를 얻어 내어 행정상 바람직한 결과를 이끌어내는 행정활동으로 이해되고, 따라서 적법한 행정지도로 인정되기 위하여는 우선 그 목적이 적법한 것으로 인정될 수 있어야 할 것이므로, 주식매각의 종용이 정당한 법률적 근거 없이 자의적으로 주주에게 제재를 가하는 것이라면 이 점에서 벌써 행정지도의 영역을 벗어난 것이라고 보아야 할 것이고, 더구나 그 주주가 주식매각의 종용을 거부한다는 의사를 명백하게 표시하였음에도 불구하고, 집요하게 위협적인 언동을 함으로써 그 매각을 강요하였다면 이는 위법한 강박행위에 해당한다(대판 1994.12.13, 93다49482).

3. 〈위법성〉 행정지도가 한계를 일탈하지 않은 경우: 위법성 부정
행정지도가 강제성을 띠지 않은 비권력적 작용으로서 행정지도의 한계를 일탈하지 아니하였다면, 그로 인하여 상대방에게 어떤 손해가 발생하였다 하더라도 행정기관은 그에 대한 손해배상책임이 없다(대판 2008.9.25, 2006다18228).

3. 손실보상청구 – 원칙적으로 부정

행정청의 적법한 공권력행사로 인해 국민이 특별한 손실을 입은 경우 발생하므로 상대방인 국민의 자발적인 협력으로 이루어진 행정지도라면 손실보상청구권은 부인된다. 그러나, 예외적으로 사실상 강제적으로 이루어진 행정지도에 의해 국민의 손실이 발생하였다면 '수용적 침해보상법리'에 대해 고려하여야 할 것이다.

4. 헌법소원 – 원칙적으로 부정

행정지도는 공권력 행사가 아니므로 원칙적으로 헌법소원의 대상이 아니지만 예외적으로 사실상 강제력을 가진 행정지도라면 헌법소원의 대상이 된다.

판례 PLUS

행정지도의 헌법소원 대상성 인정 여부

1. 교육인적자원부장관의 국·공립대학총장들에 대한 학칙시정요구: 적극
교육인적자원부장관의 대학총장들에 대한 학칙시정요구는 대학총장의 임의적인 협력을 통하여 사실상의 효과를 발생시키는 행정지도의 일종이지만, 그에 따르지 않은 경우 일정한 불이익조치를 예정하고 있어 사실상 상대방에게 그에 따를 의무를 부과하는 것과 다를 바 없으므로 단순한 행정지도로서의 한계를 넘어 규제적·구속적 성격을 상당히 강하게 갖는 것으로서 헌법소원의 대상이 되는 공권력의 행사라고 볼 수 있다(헌재 2003.6.26, 2002헌마337).

OX 문제

01 국가배상법상 직무에는 행정지도와 같은 비권력적 행정작용은 포함되지 않는다. ( )

02 교육인적자원부장관의 대학총장들에 대한 학칙시정요구는 법령에 따른 것으로 행정지도의 일종이지만, 단순한 행정지도로서의 한계를 넘어 헌법소원의 대상이 되는 공권력의 행사라고 볼 수 있다. ( )

정답 01 × 02 ○

2. 국제그룹 해체지시 사건: 적극

재무부장관이 제일은행장에 대하여 한 국제그룹의 해체준비착수지시와 언론발표 지시는 동 은행에 대한 임의적 협력을 기대하여 행하는 비권력적 권고·조언 등의 단순한 행정지도로서의 한계를 넘어선 것이고, 이와 같은 공권력의 개입은 주거래 은행으로 하여금 공권력에 순응하여 제3자 인수식의 국제그룹 해체라는 결과를 사실상 실현시키는 행위라고 할 것으로, 이와 같은 유형의 행위는 형식적으로는 사법인인 주거래 은행의 행위였다는 점에서 행정행위는 될 수 없더라도 그 실질이 공권력의 힘으로 재벌기업의 해체라는 사태변동을 일으키는 경우인 점에서 일종의 권력적 사실행위로서 헌법소원의 대상이 되는 공권력의 행사에 해당한다(헌재 1993.7.29, 89헌마31).

07 비공식적 행정작용

1 의의

행정작용의 요건이나 효과가 법률에 근거가 없는 경우임에도 불구하고 이루어지는 일체의 행정작용을 말한다. 예를 들면, 행정청과 상대방간의 협상, 협의, 타협 등을 의미한다. 비공식적 행정작용은 법치주의를 후퇴시킨다는 점에서 이를 부정하는 견해가 있으나, 현재는 행정의 능률성을 제고할 수 있다는 점에서 도입이 검토되고 있다.

2 특징 및 종류

1. 특징

비공식적 행정작용은 임의적 협력의 원리를 바탕으로 하며, 법적 구속력을 발생시키지 않는 비권력적 사실행위이므로 행정지도와 마찬가지로 국민의 권리구제에 미흡하다. 따라서, 법치행정의 후퇴와 제3자 보호와 관련된 문제 등이 발생할 수 있다.

2. 종류

(1) 협력에 의한 비공식 행정작용: 규범대체형 합의, 규범집행형 합의, 사전절충과 처분안의 사전제시 및 묵인 등이 포함된다.

(2) 일방적으로 행하는 비공식 행정작용: 행정청이 특정상품이 건강에 해롭다고 국민에게 알리는 행위인 경고, 환경친화적 상품의 사용을 권하는 권고 등이 있다.

3 법률상 근거 및 권리구제

1. 법률의 근거

법률의 근거 없이 행해질 수 있다는 것이 통설이다. 비공식 행정작용도 행정작용이므로 법률우위 원칙의 적용을 받으며, 행정법의 일반 원칙의 구속을 받는다.

OX문제

01 협력의 원리는 비공식적 행정작용의 기본원리에 해당한다. ( )

02 비공식적 행정작용은 국민의 권익구제에 충실하다. ( )

03 비공식적 행정작용은 제3자의 법적 지위를 확보할 수 있다. ( )

정답 01 ○ 02 × 03 ×

2. 권리구제

사실행위로 법적 구속력을 갖지 않으므로 비권력적 사실행위로 권리구제에 한계가 있다. 즉 처분성이 부정되어 취소소송을 제기할 수 없다는 것이 일반적인 견해이다. 그러나 국가배상법상의 요건을 충족하는 경우에는 손해배상을 청구할 수 있다. 물론 합의는 법적 구속력이 없으므로 합의내용에 대한 이행청구권이 없고 합의내용 불이행으로 인한 손해배상청구도 할 수 없다.

08 사법형식의 행정작용

1 개설

국가의 사법적 작용을 '광의의 국고작용'이라고 하는데 이를 행정사법 작용과 협의의 국고작용으로 구분하는 것이 일반적이다. 이는 행정주체가 사인과 같은 지위에서 국민과 맺는 관계를 말하는 것으로 업무의 성격상 공법형식에 따르는 것이 부적당하거나 업무의 효율성·능률성 측면에서 필요성이 인정된다.

2 행정사법

1. 개념

행정주체에게는 행정작용 형식의 선택에 있어서 재량을 가지고 있음이 원칙이므로 공행정작용의 활동을 사법(私法)상의 수단이나 형식을 이용하는 경우가 있는데, 이를 행정사법이라고 한다. 구체적인 예로는 사법형식을 통한 전기·가스 등의 공급, 하수처리나 폐기물처리영역, 주택건설에 필요한 융자제공, 기업에 대한 자금지원 등이 있다.

2. 특징

행정사법은 급부행정분야나 수출, 고용대책 등의 유도행정분야에서 논의되며 행정주체에게 행정작용 형식의 선택가능성이 없는 경찰분야, 조세행정분야에서는 인정되지 않는다(통설). 행정사법영역은 국가가 보다 많은 자유를 추구하기 위해 확장되고 있는 추세로, '행정의 사법(私法)으로의 도피'라는 문제가 발생한다.

3. 제한

공법적 구속을 받으므로, 행정이 공법적 구속을 피하기 위해 사적 자치원칙이 적용되는 사법으로 도피하는 것을 막는 기능도 한다. 행정사법에 대한 공법적 구속의 구체적 내용에는 기본권 등에 의한 제한과 사법상 계약원리의 수정 등이 있다.

4. 권리구제

행정사법 영역에 대한 법적 분쟁 발생시 본질은 사법작용이므로 '민사소송'의 대상이 된다 (통설).

 판례 PLUS

> 항고소송의 대상 여부
>
> **전화가입계약의 해지가 항고소송의 대상이 되는 처분인지 여부: 소극**
> 전화가입계약은 전화가입희망자의 가입청약과 이에 대한 전화관서의 승낙에 의하여 성립하는 영조물 이용의 계약관계로서 그 성질은 사법상의 계약관계에 불과하므로, 서울용산전화국장이 전기통신법에 의하여 전화가 입계약을 해지하였다 하여도 이는 사법상의 계약의 해지와 성질상 다른 바가 없다 할 것이고 이를 항고소송 의 대상이 되는 행정처분으로 볼 수 없다(대판 1982.12.28, 82누441).

3 협의의 국고작용

1. 개념

행정주체가 일반 사인과 같은 지위에서 사법상 행위를 하는 것으로 직접적으로 공행정작 용을 수행하는 것이 아니고 보조할 뿐이라는 점에서 행정사법과 다르다. 구체적인 예로는 물품구매계약, 청사·교량 건설 등의 건축 도급계약 등의 조달행정, 우체국 예금이나 각 종 공기업 등을 통한 영리활동 등이 있다.

2. 특색 및 권리구제

협의의 국고작용은 사법의 규율을 받으며, 특별한 규정이 없는 한 민사소송을 통해 해결 해야 한다.

 판례 PLUS

> 협의의 국고작용
>
> **1. 국가를 당사자로 하는 계약의 성질**
> 지방재정법에 의하여 준용되는 '국가를 당사자로 하는 계약에 관한 법률'에 따라 지방자치단체가 당사자가 되는 이른바 공공계약은 사경제의 주체로서 상대방과 대등한 위치에서 체결하는 사법상의 계약으로서 그 본질적인 내용은 사인 간의 계약과 다를 바가 없으므로, 그에 관한 법령에 특별한 정함이 있는 경우를 제외 하고는 사적 자치와 계약자유의 원칙 등 사법의 원리가 그대로 적용된다(대판 2006.6.19, 2006마117).
>
> **2. 국가를 당사자로 하는 계약에 관한 법률상의 요건과 절차를 거치지 않고 체결한 국가와 사인 간의 계약의 효력: 무효**
> 국가가 사인과 계약을 체결할 때에는 국가계약법령에 따른 계약서를 따로 작성하는 등 요건과 절차를 이행 하여야 할 것이고, 설령 국가와 사인 사이에 계약이 체결되었더라도 이러한 법령상 요건과 절차를 거치지 아니한 계약은 효력이 없다(대판 2015.1.15, 2013다215133).

1 개설

1. 의의

자동화 작용에 의한 행정작용이란 자동기계장치 즉, 컴퓨터 등 전자처리정보(인공지능 기술을 적용한 시스템 포함)를 통해 행해지는 행정작용을 총칭한다. 예를 들면, 신호등에 의한 교통신호, 컴퓨터에 의한 중·고등학생의 학교 배정, 주차요금계산 등이 해당한다. 최근에 행정기본법 제20조는 자동적 처분에 대한 근거규정을 마련하였다.

✚ 법령 PLUS

행정기본법

제20조(자동적 처분) 행정청은 법률로 정하는 바에 따라 완전히 자동화된 시스템(인공지능 기술을 적용한 시스템을 포함한다)으로 처분을 할 수 있다. 다만, 처분에 재량이 있는 경우는 그러하지 아니하다.

2. 구별개념

전자문서에 의한 행정행위인 '전자행정행위'와 구별된다. 여기서 전자문서란 컴퓨터 등 정보처리능력을 가진 장치에 의하여 전자적인 형태로 작성되어 송신·수신 또는 저장된 정보를 말하는 것이다(행정절차법 제2조 제8호). 전자행정행위는 전자방식의 송달 등 교부방식이 정해져 있으나, 자동결정으로 이루어지는 행정행위는 전통적인 방식으로 송달이 이루어진다는 차이점이 있다.

2 법적 성질

1. 처분성과 효력발생요건

행정의 자동결정은 행정행위에 해당한다는 통설이므로, 행정의 자동결정이 유효하게 성립하여 효력을 발생하기 위해서는 행정행위의 일반적인 성립 및 효력요건을 갖추어야 한다. 즉 원칙적으로 외부에 표시되고 상대방에게 도달함으로써 효력이 발생한다. 이때 자동결정의 기준이 되는 프로그램은 행정규칙의 성격을 갖는다고 보는 것이 일반적이다.

2. 자동결정의 대상

기속행위의 경우에는 당연히 허용된다. 다만 재량행위의 경우에도 인정할 것인지에 대하여 종래 견해가 대립되었지만, 행정기본법은 재량행위에는 자동적 처분을 할 수 없다고 규정하고 있다(행정기본법 제20조 단서).

3. 법적 규정

독일 연방행정절차법에서는 행정의 자동결정에 대한 특례를 규정하고 있으나, 우리나라 행정절차법에는 이에 대한 명문 규정이 없다.

3 하자 및 권리구제

1. 자동결정의 하자

행정의 자동결정도 행정행위에 해당하므로 행정행위의 하자에 관한 규정이 적용된다. 따라서 행정의 법률적합성과 행정법의 일반원칙에 따른 한계를 준수해야 하며 위법한 행정의 자동결정에 대해서는 행정쟁송을 제기할 수 있다.

2. 자동결정의 권리구제

손해배상청구의 경우에는 프로그램을 작성하는 관계공무원의 유책한 위법행위로 인한 경우에는 국가배상법 제2조에 따라, 자동장치의 하자로 타인에게 손해를 입힌 경우에는 국가배상법 제5조에 따라서 배상책임이 발생할 수 있다고 본다.

01 행정입법에 대한 설명 중 가장 옳지 않은 것은?

19 서울시 9급

① 헌법이 인정하고 있는 위임입법의 형식은 예시적인 것이다.
② 행정 각부가 아닌 국무총리 소속의 독립기관은 독립하여 법규명령을 발할 수 있다.
③ 행정규칙인 고시가 법령의 수권에 의해 법령을 보충하는 사항을 정하는 경우에는 근거법령규정과 결합하여 대외적으로 구속력 있는 법규명령의 효력을 갖는다.
④ 재량권 행사의 기준을 정하는 행정규칙을 재량준칙이라 한다.

02 행정입법에 대한 판례의 입장으로 옳지 않은 것은?

16 지방직 9급

① 행정입법부작위의 위헌·위법성과 관련하여, 하위 행정입법의 제정 없이 상위 법령의 규정만으로 집행이 이루어질 수 있는 경우에도 상위 법령의 명시적 위임이 있다면 하위 행정입법을 제정하여야 할 작위의무는 인정된다.
② 법령의 위임관계는 반드시 하위 법령의 개별조항에서 위임의 근거가 되는 상위 법령의 해당 조항을 구체적으로 명시하고 있어야 하는 것은 아니다.
③ 입법부가 법률로써 행정부에게 특정한 사항을 위임했음에도 불구하고 행정부가 정당한 이유 없이 이를 이행하지 않는다면 권력분립의 원칙과 법치국가 내지 법치행정의 원칙에 위배된다.
④ 상위 법령에서 세부사항 등을 시행규칙으로 정하도록 위임하였으나 이를 고시 등 행정규칙으로 정한 경우에는 대외적 구속력을 가지는 법규명령으로서의 효력을 인정할 수 없다.

03 법규명령에 관한 설명으로 옳지 않은 것은?(다툼이 있으면 판례에 따름)

20 행정사

① 법률이 자치법적 사항을 공법적 단체의 정관에 위임하는 경우에는 포괄적 위임금지 원칙이 적용되지 않는다.
② 행정입법부작위는 부작위위법확인소송의 대상이 된다.
③ 행정입법이 대법원에 의하여 위법하다는 판정이 있더라도 일반적으로 그 효력이 상실되는 것은 아니다.
④ 집행명령은 상위 법령의 수권 없이 제정될 수 있다.
⑤ 제재적 처분기준이 부령의 형식으로 규정되어 있는 때에는 국민에게 법적 구속력이 없다.

01
② '행정각부의 장'은 부령을 발할 수 있다.

02
① 하위 행정입법의 제정 없이 상위 법령의 규정만으로 집행이 이루어질 수 있는 경우라면 하위 행정입법을 하여야 할 헌법적 작위의무는 인정되지 아니한다(헌재 2005.12.22, 2004헌마66).

오답의 이유
② 대판 1999.12.24, 99두5658
③ 대판 2007.11.29, 2006다3561
④ 대판 2012.7.5, 2010다72076

03
② 행정입법부작위에 대해서 대법원은 부작위위법확인소송의 대상성을 부정한다. 그 결과 헌법재판소는 헌법소원의 제기가 가능하다(헌재 1999.1.28, 97헌마9).

정답 01 ② 02 ① 03 ②

04

ⓒ 헌법이 지방자치단체에 포괄적인 자치권을 보장하고 있는 취지로 볼 때, 조례에 대한 법률의 위임은 법규명령에 대한 법률의 위임과 같이 반드시 구체적으로 범위를 정하여 할 필요가 없으며 포괄적인 것으로 족하다(헌재 2001. 4.26, 2000헌마122 전합).

ⓒ 행정기관에 법령의 구체적 내용을 보충할 권한을 부여한 법령규정의 효력에 의하여 그 내용을 보충하는 기능을 갖게 된다할 것이므로 이와 같은 행정규칙, 규정은 당해 법령의 위임한계를 벗어나지 아니하는 한 그것들과 결합하여 대외적인 구속력이 있는 법규명령으로서의 효력을 갖게 된다(대판 1987.9.29, 86누484).

05

② 대판 2009.6.11, 2008두13637

① 일반적으로 법률의 위임에 의하여 효력을 갖는 법규명령의 경우, 구법에 위임의 근거가 없어 무효였더라도 사후에 법 개정으로 위임의 근거가 부여되면 그 때부터 유효한 법규명령이 되나, 반대로 구법의 위임에 의한 유효한 법규명령이 법 개정으로 위임의 근거가 없어지게 되면 그 때부터 무효인 법규명령이 된다(대판 1995.6.30, 93추83).

③ 입법부가 법률로써 행정부에게 특정한 사항을 위임했음에도 불구하고 행정부가 정당한 이유 없이 이를 이행하지 않는다면 권력분립의 원칙과 법치국가 내지 법치행정의 원칙에 위배되는 것으로서 위법함과 동시에 위헌적인 것이 되는바, 행정부가 정당한 이유 없이 시행령을 제정하지 않은 것은 불법행위에 해당한다(대판 2007.11.29, 2006다3561).

④ 법규명령의 위임근거가 되는 법률에 대하여 위헌결정이 선고되면 그 위임에 근거하여 제정된 법규명령도 당연히 효력을 상실한다(대판 2001.6.12, 2000다18547).

정답 04 ① 05 ②

---

04 행정입법에 대한 설명으로 옳은 내용만을 모두 고른 것은?(다툼이 있는 경우 판례에 의함)

20 소방직

> **보기**
>
> ㉠ 위임명령이 위임내용을 구체화하는 단계를 벗어나 새로운 입법을 한 것으로 평가할 수 있다면, 위임의 한계를 벗어난 것으로서 허용되지 않는다.
> ㉡ 법률이 공법적 단체 등의 정관에 자치법적인 사항을 위임한 경우, 포괄적 위임입법 금지가 원칙적으로 적용된다.
> ㉢ 상급행정기관이 하급행정기관에 대하여 업무처리 지침이나 법령의 해석적용에 관한 기준을 정하여 발하는 이른바 행정규칙은 일반적으로 대외적 구속력을 갖는다.

① ㉠

② ㉠, ㉡

③ ㉠, ㉢

④ ㉡, ㉢

05 행정입법에 대한 설명으로 옳은 것은?(다툼이 있는 경우 판례에 의함)   21 지방직 9급

① 법규명령이 위임의 근거가 없어 무효였더라도 나중에 법 개정으로 위임의 근거가 부여되면, 법규명령 제정 당시로 소급하여 유효한 법규명령이 된다.

② 법률의 시행령 내용이 모법 조항의 취지에 근거하여 이를 구체화하기 위한 것인 때에는 모법에 직접 위임하는 규정을 두지 않았더라도 이를 무효라고 볼 수 없다.

③ 대통령령의 입법부작위에 대한 국가배상책임은 인정되지 않는다.

④ 법규명령의 위임근거가 되는 법률에 대하여 위헌결정이 선고되더라도 그 위임에 근거하여 제정된 법규명령은 별도의 폐지행위가 있어야 효력을 상실한다.

06 위임명령의 한계에 대한 설명으로 옳지 않은 것은?(다툼이 있는 경우 판례에 의함)

① 법률이 공법적 단체 등의 정관에 자치법적 사항을 위임한 경우에는 헌법 제75조가 정하는 포괄적인 위임입법의 금지는 원칙적으로 적용되지 않지만, 그 사항이 국민의 권리·의무에 관련되는 것일 경우에는 적어도 국민의 권리·의무에 관한 기본적이고 본질적인 사항은 국회가 정하여야 한다.

② 헌법에서 채택하고 있는 조세법률주의의 원칙상 과세요건과 징수절차에 관한 사항을 명령·규칙 등 하위법령에 구체적·개별적으로 위임하여 규정할 수 없다.

③ 법률에서 위임받은 사항에 관하여 대강을 정하고 그 중의 특정사항을 범위를 정하여 하위법령에 다시 위임하는 경우에는 재위임이 허용된다. 이러한 법리는 조례가 「지방자치법」에 따라 주민의 권리제한 또는 의무부과에 관한 사항을 법률로부터 위임받은 후, 이를 다시 지방자치단체장이 정하는 '규칙'이나 '고시' 등에 재위임하는 경우에도 마찬가지이다.

④ 법률의 시행령이나 시행규칙의 내용이 모법 조항의 취지에 근거하여 이를 구체화하기 위한 것인 때에는 모법의 규율 범위를 벗어난 것으로 볼 수 없다. 이러한 경우에는 모법에 이에 관하여 직접 위임하는 규정을 두지 않았다고 하여도 이를 무효라고 볼 수 없다.

07 행정입법의 통제에 관한 다음 설명 중 가장 적절하지 않은 것은?(다툼이 있으면 판례에 의함)

① 행정절차법은 법령 등을 제정·개정 또는 폐지하려는 경우에 해당 입법안을 마련한 행정청이 예고하는 행정상 입법예고에 관한 규정을 두고 있다.

② 중앙행정심판위원회는 심판청구를 심리·재결할 때에 처분 또는 부작위의 근거가 되는 명령 등이 법령에 근거가 없거나 상위 법령에 위배되거나 국민에게 과도한 부담을 주는 등 크게 불합리하면 관계 행정기관에 그 명령 등의 개정·폐지 등 적절한 시정조치를 요청할 수 있다.

③ 일반적·추상적인 법령이나 규칙 등은 그 자체로서 국민의 구체적인 권리·의무에 직접적 변동을 초래하게 하지 않는 경우에도 취소소송의 대상이 될 수 있다.

④ 명령·규칙 또는 처분이 헌법이나 법률에 위반되는 여부가 재판의 전제가 된 경우에는 대법원은 이를 최종적으로 심사할 권한을 가진다.

06

② 조세법률주의의 원칙상 조세의 종목과 세율, 과세물건·과세표준 등 모든 과세요건은 법률로써 상세하고 엄격하게 규정하여야 하고, 이를 명령에 위임할 때에도 구체적·개별적 위임만이 허용되며 일반적·포괄적 위임은 허용되지 아니한다(대판 1996.3.21. 95누3640 전합).

오답의 이유

④ 법률의 시행령이나 시행규칙은 그 법률에 의한 위임이 없으면 개인의 권리·의무에 관한 내용을 변경·보충하거나 법률에 규정되지 아니한 새로운 내용을 정할 수는 없지만, 법률의 시행령이나 시행규칙의 내용이 모법의 입법 취지 및 관련 조항 전체를 유기적·체계적으로 살펴보아 모법의 해석상 가능한 것을 명시한 것에 지나지 아니하거나 모법 조항의 취지에 근거하여 이를 구체화하기 위한 것인 때에는 모법의 규율 범위를 벗어난 것으로 볼 수 없으므로, 모법에 이에 관하여 직접 위임하는 규정을 두지 않았다고 하더라도 이를 무효라고 볼 수는 없다(대판 2009.6.11. 2008두13637).

07

③ 일반적·추상적인 법령이나 규칙 등은 그 자체로서 국민의 구체적인 권리·의무에 직접적 변동을 초래하게 하는 경우에 취소소송의 대상이 될 수 있다. 조례가 집행행위의 개입 없이도 그 자체로서 직접 국민의 구체적인 권리의무나 법적 이익에 영향을 미치는 등의 법률상 효과를 발생하는 경우 그 조례는 항고소송의 대상이 되는 행정처분에 해당한다(대판 1996.9.20. 95누8003).

오답의 이유

① 행정절차법 제41조 제1항
② 행정심판법 제59조 제1항
④ 헌법 제107조 제2항

정답 06 ② 07 ③

08

② 전결과 같은 행정권한의 내부위임은 법령상 처분권자인 행정관청이 내부적인 사무처리의 편의를 도모하기 위하여 그의 보조기관 또는 하급 행정관청으로 하여금 그의 권한을 사실상 행사하게 하는 것으로서 법률이 위임을 허용하지 않는 경우에도 인정되는 것이므로, 설사 행정관청 내부의 사무처리규정에 불과 한 전결규정에 위반하여 원래의 전결권자 아닌 보조 기관 등이 처분권자인 행정관청의 이름으로 행정처분을 하였다고 하더라도 그 처분이 권한 없는 자에 의하여 행하여진 무효의 처분이라고는 할 수 없다(대판 1998.2.27, 97누1105).

08 행정규칙에 대한 설명으로 옳지 않은 것은?(다툼이 있는 경우 판례에 의함) 20 국가직 9급

① 법령의 위임이 없음에도 법령에 규정된 처분 요건에 해당하는 사항을 부령에서 변경하여 규정한 경우에는 그 부령의 규정은 행정명령의 성격을 지닐 뿐 국민에 대한 대외적 구속력은 없다.

② 행정관청 내부의 사무처리규정에 불과한 전결 규정에 위반하여 원래의 전결권자 아닌 보조기관 등이 처분권자인 행정관청의 이름으로 행정처분을 한 경우, 그 처분은 권한 없는 자에 의하여 행하여진 것으로 무효이다.

③ 법령의 규정이 특정 행정기관에게 법령 내용의 구체적 사항을 정할 수 있는 권한을 부여하면서 권한행사의 절차나 방법을 특정하지 아니한 경우에는 수임 행정기관은 행정규칙으로 법령 내용이 될 사항을 구체적으로 정할 수 있다.

④ 재량권행사의 준칙인 행정규칙이 그 정한 바에 따라 되풀이 시행되어 행정관행이 형성되어 행정기관이 그 상대방에 대한 관계에서 그 행정 규칙에 따라야 할 자기구속을 당하게 되는 경우에는 그 행정규칙은 헌법소원의 심판대상이 될 수도 있다.

09

② 행정절차법 제2조(정의)
4. "당사자등"이란 다음 각 목의 자를 말한다.
   나. 행정청이 직권으로 또는 신청에 따라 행정절차에 참여하게 한 이해관계인
   →제3자인 이해관계인은 당사자등에 해당하지 않으면 사전통지나 청문의 당사자등이 될 수 없다.

09 제3자효 행정행위에 관한 설명으로 가장 옳지 않은 것은? 19 서울시 9급

① 행정행위는 상대방에 대한 통지(도달)로서 효력이 발생하며, 행정청은 개별법에서 달리 정하지 않는 한 제3자인 이해관계인에 대한 행정행위 통지의무를 부담하지 않는다.

② 제3자인 이해관계인은 법원의 참가결정이 없어도 관계처분에 의하여 자신의 법률상 이익이 침해되는 한 청문이나 공청회 등 의견청취절차에 참가할 수 있다.

③ 제3자가 어떠한 방법에 의하든지 행정처분이 있었음을 안 경우에는 안 날로부터 90일 이내에 행정심판이나 행정소송을 제기하여야 한다.

④ 갑(甲)에 대한 건축허가에 의하여 법률상 이익을 침해받은 인근주민 을(乙)이 취소소송을 제기한 경우 을은 소송당사자로서 행정소송법 소정의 요건을 충족하는 한 그가 다투는 행정처분의 집행정지를 신청할 수 있다.

정답 08 ② 09 ②

10 불확정개념과 판단여지 및 기속행위와 재량행위에 대한 설명으로 옳지 않은 것은?

17 국가직 9급

① 판단여지를 긍정하는 학설은 판단여지는 법률 효과 선택의 문제이고 재량은 법률요건에 대한 인식의 문제라는 점, 양자는 그 인정근거와 내 용 등을 달리하는 점에서 구별하는 것이 타당하다고 한다.

② 대법원은 재량행위에 대한 사법심사를 하는 경우에 법원은 행정청의 재량에 기한 공익판단의 여지를 감안하여 독자적인 판단을 하여 결론을 도출하지 않고, 당해 처분이 재량권의 일탈·남용에 해당하는지의 여부만을 심사하여야 한다고 한다.

③ 대법원은 처분을 할 것인지 여부와 처분의 정도에 관하여 재량이 인정되는 과징금 납부명령에 대하여 그 명령이 재량권을 일탈하였을 경우, 법원으로서는 재량권의 일탈 여부만 판단할 수 있을 뿐이지 재량권의 범위 내에서 어느 정도가 적정한 것인지에 관하여는 판단할 수 없어 그 전부를 취소할 수밖에 없고, 법원이 적정하다고 인정하는 부분을 초과한 부분만 취소할 수는 없다고 한다.

④ 다수설에 따르면 불확정개념의 해석은 법적 문제이기 때문에 일반적으로 전면적인 사법심사의 대상이 되고, 특정한 사실관계와 관련하여서는 원칙적으로 일의적인 해석(하나의 정당한 결론)만이 가능하다고 본다.

11 강학상 특허가 아닌 것만을 〈보기〉에서 모두 고른 것은?

19 서울시 9급

〈보기〉
㉠ 관할청의 구 「사립학교법」에 따른 학교법인의 이사장 등 임원취임승인행위
㉡ 「출입국관리법」상 체류자격 변경허가
㉢ 구 「수도권 대기환경개선에 관한 특별법」상 대기 오염물질 총량관리사업장 설치의 허가
㉣ 지방경찰청장이 운전면허시험에 합격한 사람에게 발급하는 운전면허
㉤ 개발촉진지구 안에서 시행되는 지역개발사업에 관한 지정권자의 실시계획승인처분

① ㉠, ㉢
② ㉠, ㉣
③ ㉡, ㉣
④ ㉢, ㉤

10
① 판단여지를 긍정하는 학설은 판단여지는 법률효과의 문제가 아니라 법률요건의 문제라고 본다.

오답의 이유
② 대판 2001.2.9, 98두17593
③ 대판 2009.6.23, 2007두18062
④ 불확정개념은 법적 개념이므로 원칙상 사법심사의 대상이 되고, 특정한 사실관계와 관련하여서는 법관에 의해 원칙적으로 일의적인 해석만이 가능하다고 본다(통설).

11
㉠ 인가(대판 2007.12.27, 2005두9651)
㉣ 허가(운전면허는 허가)

정답 10 ① 11 ②

12
① 법령상 요건을 갖출 경우 도시 및 주거
환경정비법상 주택재건축사업을 시행
할 수 있는 권한을 갖는 행정주체(공법
인)로서의 지위를 부여하는 일종의 설
권적 처분의 성격을 갖는다. …(중
략)… 조합설립결의에 하자가 있다면
그 하자를 이유로 직접 항고소송의 방
법으로 조합설립인가처분의 취소 또는
무효확인을 구하여야 한다(대판
2009.9.24, 2008다60568).

12 강학상 인가에 대한 설명으로 옳지 않은 것은?(다툼이 있는 경우 판례에 의함)

20 국회직 8급

① 주택재개발조합설립인가는 기본행위에 대한 보충행위에 불과하므로 조합총회결의
의 하자를 이유로 인가 취소를 구하는 항고소송을 제기하는 것은 부적법하다.
② 주택재개발조합설립인가에 따라 해당 재개발조합은 공법인으로서 지위를 갖게 된다.
③ 사회복지법인의 정관변경을 허가할 것인지의 여부는 주무관청의 정책적 판단에 따
른 재량에 맡겨져 있다고 할 것이고, 주무관청이 정관변경허가를 함에 있어서는 비
례의 원칙 및 평등의 원칙에 적합하고 행정처분의 본질적 효력을 해하지 않는 한도
내에서 부관을 붙일 수 있다.
④ 주택재개발정비사업을 위한 관리처분계획이 조합원 총회에서 승인되었으나 아직
관할 행정청의 인가 전이라면 조합원은 해당 총회결의에 대해서 당사자소송으로 다
툴 수 있다.
⑤ 「도시 및 주거환경정비법」상 당초 관리처분계획의 경미한 사항을 변경하는 경우와
달리 관리처분계획의 주요부분을 실질적으로 변경하는 내용으로 새로운 관리처분
계획을 수립하여 관할 행정청의 인가를 받은 경우, 당초 관리처분계획은 원칙적으
로 그 효력을 상실한다.

13
④ 주택건설사업계획 승인처분에 따라 의
제된 인·허가가 위법함을 다투고자
하는 이해관계인은, 주택건설사업계획
승인처분의 취소를 구할 것이 아니라
의제된 인·허가의 취소를 구하여야
하며, 의제된 인·허가는 주택건설사
업계획 승인처분과 별도로 항고소송의
대상이 되는 처분에 해당한다(대판
2018.11.29, 2016두38792).

오답의 이유
③ 건축법에서 관련 인·허가 의제 제도
를 둔 취지는 인·허가 의제사항과 관
련하여 건축행정청으로 그 창구를 단
일화하고 절차를 간소화하며 비용과
시간을 절감함으로써 국민의 권익을
보호하려는 것이지, 인·허가 의제사
항 관련 법률에 따른 각각의 인·허가
요건에 관한 일체의 심사를 배제하려
는 것이 아니다(대판 2011.1.20, 2010
두14954 전합).

13 인·허가 의제에 대한 설명으로 옳지 않은 것은?(다툼이 있는 경우 판례에 의함)

21 국가직 9급

① 주택건설사업계획 승인권자가 구 「주택법」에 따라 도시·군관리계획 결정권자와 협
의를 거쳐 관계 주택건설사업계획을 승인하면 도시·군관리계획결정이 이루어진
것으로 의제되고, 이러한 협의 절차와 별도로 「국토의 계획 및 이용에 관한 법률」 등
에서 정한 도시·군관리계획 입안을 위한 주민 의견청취 절차를 거칠 필요는 없다.
② 건축물의 건축이 「국토의 계획 및 이용에 관한 법률」상 개발행위에 해당할 경우 그
건축의 허가권자는 국토계획법령의 개발행위허가기준을 확인하여야 하므로, 국토
계획법상 건축물의 건축에 관한 개발행위허가가 의제되는 건축허가신청이 국토계
획법령이 정한 개발행위허가기준에 부합하지 아니하면 허가권자로서는 이를 거부
할 수 있다.
③ 「건축법」에서 관련 인·허가 의제 제도를 둔 취지는 인·허가 의제사항 관련 법률에
따른 각각의 인·허가 요건에 관한 일체의 심사를 배제하려는 것이 아니다.
④ 주택건설사업계획 승인처분에 따라 의제된 인·허가가 위법함을 다투고자 하는 이
해관계인은, 주택건설사업계획 승인처분의 취소를 구해야지 의제된 인·허가의 취
소를 구해서는 아니되며, 의제된 인·허가는 주택건설사업계획 승인처분과 별도로
항고소송의 대상이 되는 처분에 해당하지 않는다.

정답 12 ① 13 ④

14 행정행위의 부관에 대한 설명으로 옳은 것만을 모두 고른 것은?(다툼이 있는 경우 판례에 의함)

> ㄱ. 허가에 붙은 기한이 그 허가된 사업의 성질상 부당하게 짧아 그 기한을 허가조건의 존속기간으로 볼 수 있는 경우에 허가기간이 연장되기 위하여는 그 종기가 도래하기 전에 그 허가기간의 연장에 관한 신청이 있어야 한다.
>
> ㄴ. 토지소유자가 토지형질변경행위허가에 붙은 기부채납의 부관에 따라 토지를 기부채납(증여)한 경우 기부채납의 부관이 당연무효이거나 취소되지 않은 상태에서 그 부관으로 인하여 증여계약의 중요 부분에 착오가 있음을 이유로 증여계약을 취소할 수 없다.
>
> ㄷ. 행정청이 수익적 행정처분을 하면서 사전에 상대방과 체결한 협약상의 의무를 부담으로 부가 하였는데, 부담의 전제가 된 주된 행정처분의 근거 법령이 개정되어 부관을 붙일 수 없게 된 경우에는 곧바로 협약의 효력이 소멸한다.
>
> ㄹ. 행정처분과 실제적 관련성이 없어 부관으로 붙일 수 없는 부담이라고 하더라도 행정처분의 상대방에게 사법상 계약의 형식으로 이를 부과할 수 있다.

① ㄱ, ㄴ

② ㄴ, ㄷ

③ ㄷ, ㄹ

④ ㄱ, ㄴ, ㄹ

15 행정행위의 부관에 대한 설명으로 옳은 것은?(다툼이 있는 경우 판례에 의함)

① 행정처분과 부관 사이에 실제적 관련성이 있다고 볼 수 없는 경우, 공무원이 공법상의 제한을 회피할 목적으로 행정처분의 상대방과 사이에 사법상 계약을 체결하는 형식을 취하였더라도 법치행정의 원리에 반하는 것으로서 위법하다고 볼 수 없다.

② 처분 당시 법령을 기준으로 처분에 부가된 부담이 적법하였더라도, 처분 후 부담의 전제가 된 주된 행정처분의 근거 법령이 개정됨으로써 행정청이 더 이상 부관을 붙일 수 없게 되었다면 그때부터 부담의 효력은 소멸한다.

③ 부담의 이행으로서 하게 된 사법상 매매 등의 법률행위는 부담을 붙인 행정처분과는 별개의 법률행위이므로, 그 부담의 불가쟁력의 문제와는 별도로 법률행위가 사회질서 위반이나 강행규정에 위반되는지 여부 등을 따져보아 그 법률행위의 유효 여부를 판단하여야 한다.

④ 허가에 붙은 기한이 그 허가된 사업의 성실상 무당하게 짧아서 이 기한이 허가 자체의 존속기간이 아니라 허가조건의 존속기간으로 해석되는 경우에는 허가 여부의 재량권을 가진 행정청은 허가조건의 개정만을 고려할 수 있고, 그 후 당초의 기한이 상당 기간 연장되어 그 기한이 부당하게 짧은 경우에 해당하지 않게 된 때라도 더 이상의 기간연장을 불허가할 수는 없다.

14

오답의 이유

ㄷ. 부담의 전제가 된 주된 행정처분의 근거 법령이 개정됨으로써 행정청이 더 이상 부관을 붙일 수 없게 된 경우에도 곧바로 협약의 효력이 소멸하는 것은 아니다(대판 2009.2.12. 2005다65500).

ㄹ. 공무원이 인·허가 등 수익적 행정처분을 하면서 상대방에게 그 처분과 관련하여 이른바 부관으로서 부담을 붙일 수 있다 하더라도, 그러한 부담은 법치주의와 사유재산 존중, 조세법률주의 등 헌법의 기본 원리에 비추어 비례의 원칙이나 부당결부의 원칙에 위반되지 않아야만 적법한 것인바, 행정처분과 부관 사이에 실제적 관련성이 있다고 볼 수 없는 경우 공무원이 위와 같은 공법상의 제한을 회피할 목적으로 행정처분의 상대방과 사이에 사법상 계약을 체결하는 형식을 취하였다면 이는 법치행정의 원리에 반하는 것으로서 위법하다(대판 2009.12.10. 2007다63966).

15

③ 대판 2009.6.25. 2006다18174 → 독립설의 입장

오답의 이유

① 법치행정의 원리에 반하는 것으로서 위법하다고 볼 수 없다. → 법치행정의 원리에 반하는 것으로서 위법하다(대판 2009.12.10. 2007다 63966).

② 그때부터 부담의 효력은 소멸한다. → 곧바로 위법하게 되거나 그 효력이 소멸하게 되는 것은 아니다(대판 2009.2.12. 2005다65500).

④ 더 이상의 기간연장을 불허가할 수는 없다. → 재량권의 행사로서 더 이상의 기간연장을 불허가할 수도 있는 것이며, 이로써 허가의 효력은 상실된다(대판 2004.3.25. 2003두12837).

정답 14 ① 15 ③

16 행정행위의 부관에 대한 설명으로 옳지 않은 것은?(다툼이 있는 경우 판례에 의함)

21 지방직 9급

① 행정청은 처분에 재량이 없는 경우에는 법률에 근거가 있는 경우에 부관을 붙일 수 있다.

② 부담이 처분 당시 법령을 기준으로 적법하다면 처분 후 부담의 전제가 된 주된 처분의 근거 법령이 개정됨으로써 행정청이 더 이상 부관을 붙일 수 없게 되었다 하더라도 곧바로 그 효력이 소멸하게 되는 것은 아니다.

③ 처분과 실제적 관련성이 없어 부관으로 붙일 수 없는 부담이라도 사법상 계약의 형식으로 처분의 상대방에게 부과할 수 있다.

④ 행정재산에 대한 사용 · 수익허가에서 공유재산의 관리청이 정한 사용 · 수익허가의 기간에 대해서는 독립하여 행정소송을 제기할 수 없다.

17 공법상 계약에 대한 설명으로 옳지 않은 것은?(다툼이 있는 경우 판례에 의함)

21 지방직 9급

① 공중보건의사 채용계약 해지의 의사표시에 대하여는 공법상의 당사자소송으로 그 의사표시의 무효확인을 청구할 수 있다.

② 공법상 계약에는 법률우위의 원칙이 적용된다.

③ 계약직공무원 채용계약해지의 의사표시는 항고소송의 대상이 되는 처분 등의 성격을 가진 것으로 행정처분과 같이 「행정절차법」에 의하여 근거와 이유를 제시하여야 한다.

④ 행정청은 공법상 계약의 상대방을 선정하고 계약 내용을 정할 때 공법상 계약의 공공성과 제3자의 이해관계를 고려하여야 한다.

18 행정행위의 하자에 대한 설명으로 옳지 않은 것은?(다툼이 있는 경우 판례에 의함)

20 국가직 9급

① 행정청이 「식품위생법」상의 청문절차를 이행함에 있어 청문서 도달기간을 다소 어겼지만 영업자가 이의하지 아니한 채 청문일에 출석하여 의견을 진술하고 변명하는 등 방어의 기회를 충분히 가졌다면 청문서 도달기간을 준수하지 아니한 하자는 치유되었다고 본다.

② 행정처분을 한 처분청은 그 처분의 성립에 하자가 있는 경우 이를 취소할 별도의 법적 근거가 없다고 하더라도 직권으로 이를 취소할 수 있다.

③ 행정처분에 있어 여러 개의 처분사유 중 일부가 적법하지 않으면 다른 처분사유로써 그 처분의 정당성이 인정된다고 하더라도, 그 처분은 위법하게 된다.

④ 계고처분의 후속절차인 대집행에 위법이 있다고 하더라도 그와 같은 후속절차에 위법성이 있다는 점을 들어 선행절차인 계고처분이 부적법하다는 사유로 삼을 수는 없다.

19 행정행위의 취소와 철회에 대한 설명으로 옳지 않은 것은?(다툼이 있는 경우 판례에 의함)

21 지방직 9급

① 과세관청은 과세처분의 취소를 다시 취소함으로써 이미 효력을 상실한 과세처분을 소생시킬 수 있다.

② 행정청은 적법한 처분이 중대한 공익을 위하여 필요한 경우에는 그 처분을 장래를 향하여 철회할 수 있다.

③ 수익적 행정행위의 철회는 특별한 다른 규정이 없는 한 「행정절차법」상의 절차에 따라 행해져야 한다.

④ 처분청은 처분의 성립에 하자가 있는 경우 별도의 법적 근거가 없더라도 직권으로 이를 취소할 수 있다.

19

① 국세기본법상 부과의 취소에 위법사유가 있다고 하더라도 당연무효가 아닌 한 일단 유효하게 성립하여 부과처분을 확정적으로 상실시키는 것이므로, 과세관청은 부과의 취소를 다시 취소함으로써 원부과처분을 소생시킬 수는 없고 납세의무자에게 종전의 과세대상에 대한 납부의무를 지우려면 다시 법률에서 정한 부과절차에 좇아 동일한 내용의 새로운 처분을 하는 수밖에 없다(대판 1995.3.10, 94누7027).

20 다음 〈보기〉 중 판례가 행정행위의 하자의 승계를 인정한 것을 모두 고른 것은?

20 해경승진

〈보기〉
㉠ 안경사시험합격취소처분과 안경사면허취소처분
㉡ 개별공시지가결정과 과세처분
㉢ 공무원의 직위해제처분과 면직처분
㉣ 건물철거명령과 대집행계고처분
㉤ 과세처분과 체납처분
㉥ 행정대집행에서의 계고와 대집행영장의 통지

① ㉠, ㉡, ㉥
② ㉠, ㉡, ㉤
③ ㉢, ㉣, ㉥
④ ㉡, ㉢, ㉤

20

오답의 이유
하자승계 부정(㉢, ㉣, ㉤) → 별개 법률효과를 목적으로 한 경우

21 행정행위의 하자의 치유에 대한 설명으로 옳은 것은?(다툼이 있는 경우 판례에 의함)

16 지방직 9급

① 처분에 하자가 있더라도 처분청이 처분 이후에 새로운 사유를 추가하였다면, 처분 당시의 하자는 치유된다.

② 징계처분이 중대하고 명백한 하자로 인해 당연무효의 것이라도 징계처분을 받은 원고가 이를 용인하였다면 그 하자는 치유된다.

③ 행정청이 청문서 도달기간을 다소 어겼다 하더라도 당사자가 이에 대하여 이의하지 아니한 채 스스로 청문일에 출석하여 방어의 기회를 충분히 가졌다면 청문서 도달기간을 준수하지 아니한 하자는 치유된다.

④ 토지소유자 등의 동의율을 충족하지 못했다는 주택재건축정비사업 조합설립인가처분 당시의 하자는 후에 토지소유자 등의 추가 동의서가 제출되었다면 치유된다.

21

③ 대판 1992.10.23, 92누2844

오답의 이유
① 대판 1987.8.18, 87누49
② 대판 1989.12.12, 88누8869
④ 대판 2010.8.26, 2010두2579

정답 **19** ① **20** ① **21** ③

22
③ 대판 1972.4.28, 72다337

22 선결문제에 대한 설명으로 가장 옳지 않은 것은?(다툼이 있는 경우 판례에 따름)

20 해경승진

① 행정처분이 당연무효가 아닌 한 형사법원은 선결문제로 그 처분의 효력을 부인할 수 없다.

② 처분의 당연무효 여부가 선결문제인 경우 민사법원은 이를 판단하여 당연무효임을 전제로 판결할 수 있다.

③ 민사법원은 국가배상청구소송에서 선결문제로 행정처분의 위법 여부를 판단할 수 없다.

④ 과세처분의 하자가 단지 취소할 수 있는 정도에 불과한 때에는 과세관청이 이를 스스로 취소하거나 항고소송절차에 의하여 취소되지 않는 한 그로 인한 조세의 납부가 부당이득이 된다고 할 수 없다.

23
④ 행정행위의 불가변력은 당해 행정행위에 대하여서만 인정되는 것이고, 동종의 행정행위라 하더라도 그 대상을 달리할 때에는 이를 인정할 수 없다(대판 1974.12.10, 73누129).

오답의 이유
② 대판 2010.4.8, 2009다90092; 대판 1972.10.10, 71다2279
③ 국가배상청구소송은 행정행위의 효력을 다투는 것이 아니므로 불가쟁력이 발생한 행정행위로 손해를 입은 국민은 국가배상청구를 할 수 있다(대판 1979.4.10, 79다262).

23 행정행위의 효력에 대한 설명으로 옳지 않은 것은?(다툼이 있는 경우 판례에 의함)

21 지방직 9급

① 행정처분이 아무리 위법하다고 하여도 그 하자가 중대하고 명백하여 당연무효라고 보아야 할 사유가 있는 경우를 제외하고는 아무도 그 하자를 이유로 무단히 그 효과를 부정하지 못한다.

② 민사소송에 있어서 어느 행정처분의 당연무효 여부가 선결문제로 되는 때에는 이를 판단하여 당연무효임을 전제로 판결할 수 있고 반드시 행정소송 등의 절차에 의하여 그 취소나 무효확인을 받아야 하는 것은 아니다.

③ 불가쟁력이 발생한 행정행위로 손해를 입은 국민은 국가배상청구를 할 수 있다.

④ 행정행위의 불가변력은 당해 행정행위에 대해서만 인정되는 것이 아니고, 동종의 행정행위라면 그 대상을 달리하더라도 인정된다.

정답 22 ③ 23 ④

24 행정행위에 대한 설명으로 옳은 것만을 모두 고르면?(다툼이 있는 경우 판례에 의함)

ㄱ. 행정의사가 외부에 표시되어 행정청이 자유롭게 취소 · 철회할 수 없는 구속을 받게 되는 시점에 처분이 성립하고, 그 성립 여부는 행정청이 행정의사를 공식적인 방법으로 외부에 표시하였는지를 기준으로 판단해야 한다.

ㄴ. 구 「공중위생관리법」상 공중위생영업에 대하여 영업을 정지할 위법사유가 있다면, 관할 행정청은 그 영업이 양도 · 양수되었다 하더라도 양수인에 대하여 영업정지 처분을 할 수 있다.

ㄷ. 「도시 및 주거환경정비법」상 주택재건축조합에 대해 조합설립 인가처분이 행하여진 후에는, 조합설립결의의 하자를 이유로 조합설립의 무효를 주장하려면 조합설립 인가처분의 취소 또는 무효확인을 구하는 소송으로 다투어야 하며, 따로 조합설립결의의 하자를 다투는 확인의 소를 제기할 수 없다.

ㄹ. 공정거래위원회가 부당한 공동행위를 한 사업자들 중 자진신고자에 대하여 구 독점규제 및 공정거래에 관한 법령에 따라 과징금 부과처분(선행처분)을 한 뒤, 다시 자진신고자에 대한 사건을 분리하여 자진신고를 이유로 과징금 감면처분(후행처분)을 한 경우라도 선행처분의 취소를 구하는 소는 적법하다.

---

① ㄴ, ㄷ

② ㄱ, ㄴ, ㄷ

③ ㄱ, ㄴ, ㄹ

④ ㄱ, ㄷ, ㄹ

25 행정계획에 대한 판례의 입장으로 옳지 않은 것은?

① 비구속적 행정계획안이라도 국민의 기본권에 직접적으로 영향을 끼치고 앞으로 법령의 뒷받침에 의하여 그대로 실시될 것이 틀림없을 것으로 예상되는 경우에는 예외적으로 헌법소원의 대상이 될 수 있다.

② 도시계획구역 내 토지 등을 소유하고 있는 주민이라도 도시계획입안권자에게 도시계획의 입안을 요구할 수 있는 법규상 · 조리상 신청권은 없다.

③ 구 도시계획법상 도시기본계획은 도시계획입안의 지침이 되는 것으로서 일반 국민에 대한 직접적 구속력이 없다.

④ 선행 도시계획의 결정 · 변경 등의 권한이 없는 행정청이 행한 선행 도시계획과 양립할 수 없는 새로운 내용의 후행 도시계획결정은 무효이다.

24

ㄱ. 대판 2019.7.11. 2017두38874.

ㄴ. 대판 2001.6.29. 2001두1611

ㄷ. 이와는 별도로 조합설립결의만을 대상으로 그 효력 유무를 다투는 확인의 소를 제기하는 것은 확인의 이익이 없어 허용되지 아니한다(대결 2010.4.8. 2009마1026).

오답의 이유

ㄹ. 후행처분은 자진신고 감면까지 포함하여 처분 상대방이 실제로 납부하여야 할 최종적인 과징금액을 결정하는 종국적 처분이고, 선행처분은 이러한 종국적 처분을 예정하고 있는 일종의 잠정적 처분으로서 후행처분이 있을 경우 선행처분은 후행처분에 흡수되어 소멸한다. 따라서 위와 같은 경우에 선행처분의 취소를 구하는 소는 이미 효력을 잃은 처분의 취소를 구하는 것으로 부적법하다(대판 2015.2.12. 2013두987).

25

② 도시계획구역 내 토지 등을 소유하고 있는 주민으로 서는 입안권자에게 도시계획입안을 요구할 수 있는 법규상 또는 조리상의 신청권이 있다고 할 것이고, 이러한 신청에 대한 거부행위는 항고소송의 대상이 되는 행정처분에 해당한다(대판 2004.4.28. 2003두1806).

오답의 이유

① 헌재 2000.6.1. 99헌마538

③ 대판 2002.10.11. 2000두8226

④ 대판 2000.9.8. 99두11257

정답 24 ② 25 ②

26

② 실질적으로 당해 행정처분 자체를 거부하는 결과가 되는 경우에는 예외적으로 그 신청인에게 국토이용계획변경을 신청할 권리가 인정된다고 봄이 상당하므로, 이러한 신청에 대한 거부행위는 항고소송의 대상이 되는 행정처분에 해당한다(대판 2003.9.23, 2001두10936).

오답의 이유

① 대판 2002.10.11, 2000두8226
③ 헌재 2012.4.3, 2012헌마164

26 행정계획에 대한 설명으로 옳지 않은 것은?(다툼이 있는 경우 판례에 의함) 21 국가직 9급

① 구 「도시계획법」상 도시기본계획은 도시의 기본적인 공간 구조와 장기발전방향을 제시하는 종합계획으로서 도시계획입안의 지침이 되므로 일반 국민에 대한 직접적인 구속력은 없다.

② 장래 일정한 기간 내에 관계 법령이 규정하는 시설 등을 갖추어 일정한 행정처분을 구하는 신청을 할 수 있는 법률상 지위에 있는 자의 국토이용계획변경신청을 거부하는 것이 실질적으로 당해 행정처분 자체를 거부하는 결과가 되는 경우라도, 구 「국토이용관리법」상 주민이 국토이용계획의 변경에 대하여 신청을 할 수 있다는 규정이 없으므로 그 신청인에게 국토이용계획변경을 신청할 권리가 인정된다고 볼 수 없다.

③ 구속력 없는 행정계획안이나 행정지침이라도 국민의 기본권에 직접적으로 영향을 끼치고 법령의 뒷받침에 의하여 그대로 실시될 것이 틀림없을 것으로 예상되는 때에는 예외적으로 헌법소원의 대상이 된다.

④ 도시계획의 결정·변경 등에 대한 권한행정청은 이미 도시계획이 결정·고시된 지역에 대하여도 다른 내용의 도시계획을 결정·고시할 수 있고, 이때에 후행 도시계획에 선행 도시계획과 양립할 수 없는 내용이 포함되어 있다면 특별한 사정이 없는 한 선행 도시계획은 후행 도시계획과 같은 내용으로 변경된다.

27

③ 확약으로 손해를 입은 자는 '국가배상법'상 요건을 충족하는 경우 손해배상을 청구할 수 있다.

27 다음 중 확약에 관한 설명으로 가장 옳지 않은 것은?(다툼이 있는 경우 판례에 따름)
20 해경승진

① 확약이 있은 후에 사실적·법률적 상태가 변경되었다면 그와 같은 확약은 행정청의 별다른 의사표시를 기다리지 않고 실효된다.

② 대법원은 어업권면허에 선행하는 우선순위결정은 강학상 확약에 불과하고 행정처분은 아니므로 우선순위결정에 불가쟁력과 같은 효력은 인정되지 아니한다.

③ 확약은 처분성이 부정되므로 행정청의 확약불이행으로 인해 손해를 입은 자는 손해배상을 청구할 수 없다.

④ 법령이 본 행정행위를 할 수 있는 권한을 부여하는 경우에는 반대규정이 없는 한 확약의 권한도 함께 부여한 것으로 보아 별도의 근거를 요하지 않는 것으로 보는 견해가 있다.

정답 26 ② 27 ③

28 공법상 계약에 관한 설명으로 가장 옳지 않은 것은?(다툼이 있는 경우 판례에 따름)

20 해경승진

① 「공익사업을 위한 토지 등의 취득 및 보상에 관한 법률」에 따른 토지 등의 협의취득은 공법상 계약에 해당하지 않는 사법상 계약의 성질을 갖는다.

② 위법한 공법상 계약은 무효이므로 공법상 계약에는 원칙적으로 공정력이 인정되지 않는다.

③ 구 「사회간접자본시설에 대한 민간투자법」상 민간투자에 관한 협약은 공법상 계약이라고 할 수 있을지라도 사업시행자 지정행위는 행정처분이다.

④ 「국가를 당사자로 하는 계약에 관한 법률」에 따른 입찰절차에서의 낙찰자의 결정은 「행정소송법」상 처분에 해당한다.

28
④ 낙찰자의 결정으로 바로 계약이 성립된다고 볼 수는 없어 낙찰자는 지방자치단체에 대하여 계약을 체결하여 줄 것을 청구할 수 있는 권리를 갖는 데 그친다(대판 2006.6.29, 2005다41603).

29 「공법」상 계약에 대한 설명으로 옳지 않은 것은?(다툼이 있는 경우 판례에 의함)

21 국가직 9급

① 행정청이 자신과 상대방 사이의 법률관계를 일방적인 의사표시로 종료시켰다고 하더라도 곧바로 그 의사표시가 행정청으로서 공권력을 행사하여 행하는 행정처분이라고 단정할 수는 없고, 관계 법령이 상대방의 법률관계에 관하여 구체적으로 어떻게 규정하고 있는지에 따라 개별적으로 판단하여야 한다.

② 채용계약상 특별한 약정이 없는 한, 지방계약직공무원에 대하여 「지방공무원법」, 「지방공무원 징계 및 소청 규정」에 정한 징계절차에 의하지 않고서는 보수를 삭감할 수 없다.

③ 중소기업 정보화지원사업에 대한 지원금출연협약의 해지 및 환수통보는 공법상 계약에 따른 의사표시가 아니라 행정청이 우월한 지위에서 행하는 공권력의 행사로서 행정처분이다.

④ 계약직공무원 채용계약해지는 국가 또는 지방자치단체가 대등한 지위에서 행하는 의사표시로서 처분이 아니므로 「행정절차법」에 의하여 근거와 이유를 제시하여야 하는 것은 아니다.

29
③ 중소기업 정보화지원사업에 따른 지원금 출연을 위하여 중소기업청장이 체결하는 협약은 공법상 대등한 당사자 사이의 의사표시의 합치로 성립하는 공법상 계약에 해당한다. 협약의 해지 및 그에 따른 환수통보는 공법상 계약에 따라 행정청이 대등한 당사자의 지위에서 하는 의사표시로 보아야 하고, 이를 행정청이 우월한 지위에서 행하는 공권력의 행사로서 행정처분에 해당한다고 볼 수는 없다(대판 2015. 8.27, 2015두41449).

30 다음 중 자동화된 행정결정에 대한 설명으로 가장 옳지 않은 것은?

20 해경승진

① 발령행정청의 기명과 서명이 생략될 수 있다.

② 자동화된 행정결정에 대해서도 행정쟁송이 가능하다.

③ 행정의 자동결정은 컴퓨터를 이용하여 이루어지는 자동적 결정이기 때문에 행정행위의 개념적 요소를 구비하는 경우에도 행정행위로서의 성격을 인정하는 데 어려움이 있다.

④ 행정의 자동결정도 행정작용의 하나이므로 행정의 법률적합성과 행정법의 일반원칙에 의한 법적 한계를 준수하여야 한다.

30
③ 행정행위의 개념적 요소를 구비하면 행정행위의 성격을 인정할 수 있으며, 그에 따라 권리구제도 항고소송으로 다툰다.

정답 28 ④ 29 ③ 30 ③

① 행정지도는 상대방인 국민의 임의적인 협력을 구하는 비권력적 사실행위로서 아무런 법적 효과를 발생시키지 아니한다.

31 행정지도에 관한 설명으로 옳지 않은 것은?(다툼이 있으면 판례에 따름) 20 행정사

① 행정지도는 상대방의 협력을 전제로 법적 효과의 발생을 목적으로 하는 행정청의 의사표시이다.

② 행정지도의 상대방은 해당 행정지도의 방식·내용에 관하여 행정기관에 의견제출을 할 수 있다.

③ 행정기관은 상대방이 행정지도에 따르지 않았다는 이유로 불이익한 조치를 하여서는 아니 된다.

④ 행정지도를 하는 자는 상대방에게 행정지도의 취지 및 내용과 신분을 밝혀야 한다.

⑤ 행정지도는 국가배상법 제2조의 직무행위에 해당된다.

32
㉠ 대판 1994.6.14, 93도3247
㉡ 헌재 2003.6.26, 2002헌마337
㉢ 헌재 2011.12.29, 2009헌마330
㉣ 대판 2008.9.25, 2006다18228

32 행정지도에 대한 판례의 입장으로 옳은 것(○)과 옳지 않은 것(×)을 바르게 조합한 것은?
17 지방직 9급

> ㉠ 행정관청이 구 국토이용관리법 소정의 토지거래 계약 신고에 관하여 공시된 기준시가를 기준으로 매매가격을 신고하도록 행정지도를 하여 그에 따라 허위신고를 한 것이라 하더라도 이와 같은 행정지도는 법에 어긋나는 것으로서 그 범법 행위가 정당화될 수 없다.
>
> ㉡ 교육인적자원부장관의 국·공립대학총장들에 대한 학칙 시정요구는 대학총장의 임의적인 협력을 통하여 사실상의 효과를 발생시키는 행정지도의 일종으로 헌법소원의 대상이 되는 공권력행사라고 볼 수 없다.
>
> ㉢ 노동부장관이 공공기관 단체협약내용을 분석하여 불합리한 요소를 개선하라고 요구한 행위는 행정지도로서의 한계를 넘어 규제적·구속적 성격을 강하게 갖는다고 할 수 없어 헌법소원의 대상이 되는 공권력의 행사에 해당한다고 볼 수 없다.
>
> ㉣ 행정기관의 위법한 행정지도로 일정기간 어업권을 행사하지 못하는 손해를 입은 자가 그 어업권을 타인에게 매도하여 매매대금 상당의 이득을 얻은 경우, 손해배상액의 산정에서 그 이득을 손익상계할 수 있다.

	㉠	㉡	㉢	㉣
①	○	○	○	○
②	○	×	×	×
③	○	×	○	×
④	×	×	○	○

정답 31 ① 32 ③

MEMO

I wish you the best of luck!

행정절차와
행정공개

www.edusd.co.kr

01 행정절차

01 행정절차법 개관

1 행정절차의 의의

1. 행정절차의 개념

(1) 광의의 행정절차: 행정절차는 광의로는 행정권 발동인 행정작용을 행함에 있어 거치는 절차를 말하는데, 이러한 광의의 행정절차는 입법권 작용에 있어서의 입법절차, 사법권 작용에 있어서의 사법절차에 대응하는 관념으로, 사전절차인 제1차적 행정절차, 행정상 재결 등의 절차, 집행절차(행정강제·행정벌 등) 및 행정심판에 관한 절차 등이 모두 포함된다.

(2) 협의의 행정절차: 제1차적 행정절차, 즉 행정청이 공권력을 행사하여 행정에 관한 결정을 함에 있어 요구되는 외부와의 일련의 교섭 과정을 말하며, 행정결정 과정에 대한 국민의 참여 절차를 의미한다.

(3) 통설적 견해: 행정절차를 협의로 파악하는 것이 통설적 견해로, 이는 행정집행절차와 특히 행정심판절차에 비해 제1차적 행정절차는 아직 통일성이 없고 불완전하여 국민의 권익보호 측면에서 문제가 되기 때문이다. 협의의 행정절차는 행정청이 행정업무수행을 위하여 사전에 행정의 상대방과 거쳐야 할 대외적 절차라는 점에서, 결정과정에 관한 것이기는 하되, 행정조직 내부에서 수행되는 데 그치는 절차는 여기에 포함되지 아니한다.

2. 행정절차의 필요성

(1) 국민권익의 사전적 구제: 국민이 행정청의 위법·부당한 행정행위로 인하여 권익을 침해당한 경우에 사후적 권리구제제도(행정심판·행정소송 등)만으로는 이미 침해된 권익의 완전한 회복이 불가능할 뿐 아니라, 많은 시간과 경비가 소요된다. 따라서 행정청이 제1차적인 행정행위를 하기 전에 당사자나 이해관계인의 의견을 충분히 청취함으로써 국민권익의 침해소지를 사전에 방지할 수 있다.

(2) 행정의 민주화에 기여: 국민이나 주민이 단순한 행정객체의 지위에서 벗어나 행정처분·행정입법 등 행정행위 과정에 참여하도록 함으로써, 행정청으로 하여금 행정결정의 정당성과 수용성을 확보하도록 하는 기능을 수행한다. 행정절차의 이러한 기능

은 헌법상의 민주국가원리를 행정과정에서 구체적으로 실현하는 기능으로서 의미를 지닌다.

(3) 행정의 공정성 · 투명성 · 신뢰성 제고: 행정과정에 대한 국민의 참여를 통하여 행정청은 행정결정을 투명하게 해나갈 수 있고, 보다 공정하게 행정결정을 할 수 있으며, 국민과 공감대를 형성함으로써 행정청과 국민은 상호 간에 보다 긴밀한 신뢰관계를 형성할 수 있다.

(4) 행정의 능률화: 과도한 행정절차는 행정 지체를 가져 올 수도 있으나, 적절한 행정절차에 따라 상대방의 능동적인 참여하에 적법 · 타당한 행정작용이 이루어지는 경우 행정에 대한 국민의 수용과 협력을 증대시킬 수 있게 되어 궁극적으로 행정의 능률화에 기여한다.

(5) 사법기능의 보완: 행정절차는 종국적 처분에 앞서 상대방에게 의견진술 · 자료제출 등의 기회를 부여하여 행정의 적법 · 타당성을 보장하는 기능을 수행하므로 이것은 다른 측면에서는 국민의 권리 · 이익에 대한 사전구제적 기능을 수행한다.

2 행정절차의 법적 근거

1. 헌법적 근거

헌법 제12조의 적법절차의 원칙이 행정절차법의 근거가 된다. 현대 행정국가에서는 행정권에 의한 기본권의 침해 가능성이 증대되고 있으므로 행정절차에 대해서도 헌법 제12조의 적법절차 원리가 적용되어야 한다.

 판례 PLUS

> **행정절차법의 헌법적 근거: 적법절차의 원칙**
>
> 1. 헌법 제12조 제1항의 적법절차 원칙은 형사소송 절차에 국한되지 않고 모든 국가작용 전반에 대하여 적용된다고 할 것이나, 이 원칙이 구체적으로 어떠한 절차를 어느 정도로 요구하는지 일률적으로 정하기 어렵고, 이는 규율되는 사항의 성질, 관련 당사자의 사익, 절차의 이행으로 제고될 가치, 국가작용의 효율성, 절차에 소요되는 비용, 불복의 기회 등 다양한 요소들을 형량하여 개별적으로 판단할 수밖에 없다(헌재 2003.7.28, 2001헌가25; 헌재 2005.12.22, 2005헌마19; 헌재 2006.5.25, 2004헌바12 등 참조).
>
> 2. 객관성과 공정성 담보에 특별한 문제가 없다면, 이해관계인의 의견을 수렴함에 있어 그 주체를 반드시 행정기관이나 독립된 제3의 기관으로 하는 것이 헌법의 적법절차 원칙상 필수적으로 요구되는 것이라고는 할 수 없다. 이 사건 의견청취조항은 주민등으로부터의 의견청취절차를 시행하는 주체를 전원개발사업자로 정하고 있으나, 의견청취 방법 및 절차를 규정함에 있어 지방자치단체의 장을 통하여 진행하도록 하는 일련의 규정을 두고 있는 바, 의견청취절차의 주체를 전원개발사업자로 정함으로써 발생할 수 있는 객관성과 공정성에 대한 우려를 어느 정도 제거하고 있다고 볼 수 있다. 따라서 이 사건 의견청취조항은 적법절차 원칙에 위배되지 아니한다(헌재 2016.10.27, 2015헌바358).

OX문제

01 행정에서 적법절차원리의 헌법적 근거는 형사절차의 적법절차를 규정한 헌법 제12조 제3항에 있다. ( )

정답 01 ○

2. 법률적 근거

행정절차에 관한 일반법으로는 행정절차법이 있고, 민원 관련 일반법으로 민원처리에 관한 법률이 있다. 행정절차와 관련하여 세 가지의 근거법률, 즉 일반법으로서의 행정절차법, 민원에 관한 일반법으로서의 민원 처리에 관한 법률, 그리고 개별 법률은 상호 특별법과 일반법의 관계에 놓인다고 할 수 있다. 즉 민원 처리에 관한 법률은 민원 처리에 관한 일반법이므로 민원이라면 '개별법률 → 민원 처리에 관한 법률 → 행정절차법' 순으로 적용되고, 민원이 아니라면 '개별법률 → 행정절차법' 순으로 적용된다.

3. 행정절차법의 성격

행정절차에 관한 공통적인 사항을 규정하는 행정절차법은 행정절차에 관한 일반법이므로 개별 법률에 특별한 규정이 없는 한, 행정절차에 관해서는 당연히 행정절차법이 적용된다. 행정절차법은 공법상 행정작용에 관한 일반법으로 사법작용과는 무관한 절차법이지만, 절차적 규정만을 갖고 있는 것은 아니고 실체적 규정도 있다.

02 행정절차법

1 목적(제1조)

이 법은 행정절차에 관한 공통적인 사항을 규정하여 국민의 행정 참여를 도모함으로써 행정의 공정성·투명성 및 신뢰성을 확보하고 국민의 권익을 보호함을 목적으로 한다.

2 용어의 정의(제2조)

➕ 법령 PLUS

행정절차법

제2조(정의) 이 법에서 사용하는 용어의 뜻은 다음과 같다.
1. "행정청"이란 다음 각 목의 자를 말한다.
    가. 행정에 관한 의사를 결정하여 표시하는 국가 또는 지방자치단체의 기관
    나. 그 밖에 법령 또는 자치법규(이하 "법령 등"이라 한다)에 따라 행정권한을 가지고 있거나 위임 또는 위탁받은 공공단체 또는 그 기관이나 사인(私人)
2. "처분"이란 행정청이 행하는 구체적 사실에 관한 법 집행으로서의 공권력의 행사 또는 그 거부와 그 밖에 이에 준하는 행정작용(行政作用)을 말한다.
3. "행정지도"란 행정기관이 그 소관 사무의 범위에서 일정한 행정목적을 실현하기 위하여 특정인에게 일정한 행위를 하거나 하지 아니하도록 지도, 권고, 조언 등을 하는 행정작용을 말한다.
4. "당사자등"이란 다음 각 목의 자를 말한다.
    가. 행정청의 처분에 대하여 직접 그 상대가 되는 당사자
    나. 행정청이 직권으로 또는 신청에 따라 행정절차에 참여하게 한 이해관계인
5. "청문"이란 행정청이 어떠한 처분을 하기 전에 당사자등의 의견을 직접 듣고 증거를 조사하는 절차를 말한다.

OX 문제

01 행정절차법은 처분절차, 신고절차, 행정입법예고절차, 행정예고절차, 행정지도절차, 행정계획절차가 규정되어 있다. ( )

02 행정청이 직권으로 행정절차에 참여하게 한 이해관계인은 당사자등에 해당하지 않는다. ( )

정답 01 ×(→행정계획에 대한 규정은 없다) 02 ×(→해당한다)

6. "공청회"란 행정청이 공개적인 토론을 통하여 어떠한 행정작용에 대하여 당사자등, 전문지식과 경험을 가진 사람, 그 밖의 일반인으로부터 의견을 널리 수렴하는 절차를 말한다.

7. "의견제출"이란 행정청이 어떠한 행정작용을 하기 전에 당사자등이 의견을 제시하는 절차로서 청문이나 공청회에 해당하지 아니하는 절차를 말한다. (→ 의견제출은 청문이나 공청회를 실시하지 아니한 경우에 가능)

8. "전자문서"란 컴퓨터 등 정보처리능력을 가진 장치에 의하여 전자적인 형태로 작성되어 송신·수신 또는 저장된 정보를 말한다.

9. "정보통신망"이란 전기통신설비를 활용하거나 전기통신설비와 컴퓨터 및 컴퓨터 이용기술을 활용하여 정보를 수집·가공·저장·검색·송신 또는 수신하는 정보통신체제를 말한다.

1. 행정청의 개념

(1) 행정에 관한 의사를 결정하여 대외적으로 표시하는 국가·지방자치단체

① 부·처·청 등 중앙행정기관, 그 부속기관, 특별지방행정기관, 합의제 행정기관 등의 장

② 지방자치단체, 그 소속기관 및 하부행정기관(시·도 교육청 및 하급교육 행정기관 포함)

　㉠ 행정권의 수반으로서의 대통령, 행정 통할의 주체로서의 국무총리, 행정 각부의 의사결정의 주체로서의 장관, 정부조직법상 독립한 외청의 의사결정권자로서의 청장(예 경찰청장, 검찰총장, 국세청장 등), 하부독립기관의 의사결정권자로서의 서장(예 경찰서장, 소방서장, 세무서장 등), 지방자치단체의 시장·도지사·군수 등

　㉡ 스스로 의사를 결정·표시할 수 없는 보조기관, 보좌기관, 의결기관, 심의기관, 자문기관은 원칙적으로 행정청이 될 수 없다. 다만, 보조기관은 법령의 위임이 있는 경우, 의결기관은 합의제 행정청으로서의 지위가 부여된 경우에 한하여 행정청의 지위를 가질 수 있다.

(2) 공공단체

① 사업기관: 특별법, 지방공기업법, 조례에 의하여 설립 예 한국조폐공사, 한국토지주택공사, 한국수자원공사, 한국도로공사 등

② 조합단체: 특별법에 의해 설립 예 농업협동조합법, 수산업협동조합법, 산림조합법, 중소기업협동조합법 등에 의하여 설립된 각종 협동조합, 연합회, 사업조합, 어촌계 등의 조합 등

③ 감독기관: 특별법(금융위원회의 설치 등에 관한 법률)에 의해 설립 예 금융감독원

④ 관리기관: 특별법, 지방공기업법, 조례에 의하여 설립 예 산업단지관리공단, 한국공항공사, 공무원연금공단, 중소기업진흥공단, 교통안전공단, (지방)시설관리공단 등

⑤ 시험연구기관: 특별법(정부출연연구기관 등의 설립·운영 및 육성에 관한 법률)에 의해 설립 예 한국개발연구원, 한국교육개발원, 한국소비자보호원, 한국법제연구원 등

(3) 사인(공무 수탁사인)

① 개념: 법률이나 법률에 근거한 행위로 특정한 공적인 임무를 자기의 이름으로 수행하도록 권한이 주어진 사인(자연인 또는 법인)을 말한다.

② **필요성 및 특성:** 수탁사인제도는 행정의 분산을 도모하고, 사인이 갖는 독창성·전문지식·재정 수단 등을 활용하여 행정의 효율을 증대하고자 그(존재) 의의가 있으며 공권력의 행사가 사인에게 이전되는 제도이므로 법적 근거를 필요로 한다.

③ **대표적 예:** 교육부장관으로부터 교원자격검정과 교원자격증의 수여·재교부 등의 권한을 위탁받은 사립의 대학(교), 전문대학 및 이에 준하는 각종 학교의 장(행정권한의 위임 및 위탁에 관한 규정 제45조 제1항), 경찰권이 부여된 비행기의 기장(항공보안법 제22조), 선박의 선장(선원법 제6조), 교정 업무를 수행하는 교정법인 또는 민영교도소 등(민영교도소 등의 설치·운영에 관한 법률 제3조, 제5조)

⊘ 더 알아보기

다만, 사법상 계약에 의하여 단순히 경영위탁을 받은 사인은 수탁사인이라 할 수 없다. **예** 경찰과 계약하여 주차위반차량을 견인하는 사업자 등

✛ 판례 PLUS

행정청의 의미

1. 항고소송의 피고적격자인 행정청의 의의

항고소송은 행정청의 처분 등이나 부작위에 대하여 처분 등을 행한 행정청을 상대로 이를 제기할 수 있고 행정청에는 처분 등을 할 수 있는 권한이 있는 국가 또는 지방자치단체와 같은 행정기관뿐만 아니라 법령에 의하여 행정권한의 위임 또는 위탁을 받은 행정기관, 공공단체 및 그 기관 또는 사인이 포함되는바 특별한 법률에 근거를 두고 행정주체로서의 국가 또는 지방자치단체로부터 독립하여 특수한 존립목적을 부여받은 특수한 행정주체로서 국가의 특별한 감독하에 그 존립목적인 특정한 공공사무를 행하는 공법인인 특수행정조직 등이 이에 해당한다(대판 1992.11.27, 92누3618).

2. 도시재개발법상 재개발조합의 관리처분계획이 행정처분인지 여부: 적극

도시재개발법에 의한 재개발조합은 조합원에 대한 법률관계에서 적어도 특수한 존립목적을 부여받은 특수한 행정주체로서 국가의 감독하에 그 존립목적인 특정한 공공사무를 행하고 있다고 볼 수 있는 범위 내에서는 공법상의 권리의무 관계에 서있는 것이므로 분양신청 후에 정하여진 관리처분계획의 내용에 관하여 다툼이 있는 경우에는 그 관리처분계획은 토지 등의 소유자에게 구체적이고 결정적인 영향을 미치는 것으로서 조합이 행한 처분에 해당하므로 항고소송의 방법으로 그 무효확인이나 취소를 구할 수 있다(대판 2002.12.10, 2001두6333).

3 적용 범위(제3조, 시행령 제2조)

1. 원칙적 적용

처분, 신고, 행정상 입법예고, 행정예고 및 행정지도의 절차(이하 "행정절차"라 한다)에 관하여 다른 법률에 특별한 규정이 있는 경우를 제외하고는 이 법에서 정하는 바에 따른다.

2. 예외적 적용배제(제3조 제2항)

이 법은 다음 각 호의 어느 하나에 해당하는 사항에 대하여는 적용하지 아니한다.

- 국회 또는 지방의회의 의결을 거치거나 동의 또는 승인을 받아 행하는 사항
- 법원 또는 군사법원의 재판에 의하거나 그 집행으로 행하는 사항
- 헌법재판소의 심판을 거쳐 행하는 사항
- 각급 선거관리위원회의 의결을 거쳐 행하는 사항
- 감사원이 감사위원회의의 결정을 거쳐 행하는 사항
- 형사(刑事), 행형(行刑) 및 보안처분 관계 법령에 따라 행하는 사항

확인 문제

「행정절차법」을 적용하지 않는 사항으로 볼 수 없는 것은?
① 대통령의 승인을 얻어 행하는 사항
② 국회 또는 지방의회의 의결을 거치거나 동의 또는 승인을 받아 행하는 사항
③ 헌법재판소의 심판을 거쳐 행하는 사항
④ 각급 선거관리위원회의 의결을 거쳐 행하는 사항
⑤ 감사원이 감사위원회의 결정을 거쳐 행하는 사항

정답 ①

- 국가안전보장·국방·외교 또는 통일에 관한 사항 중 행정절차를 거칠 경우 국가의 중대한 이익을 현저히 해칠 우려가 있는 사항
- 심사청구, 해양안전심판, 조세심판, 특허심판, 행정심판, 그 밖의 불복절차에 따른 사항
- 「병역법」에 따른 징집·소집, 외국인의 출입국·난민인정·귀화, 공무원 인사관계법령에 따른 징계와 그 밖의 처분, 이해 조정을 목적으로 하는 법령에 따른 알선·조정·중재(仲裁)·재정(裁定) 또는 그 밖의 처분 등 해당 행정작용의 성질상 행정절차를 거치기 곤란하거나 거칠 필요가 없다고 인정되는 사항과 행정절차에 준하는 절차를 거친 사항으로서 대통령령으로 정하는 사항(동법 시행령 제2조)

🔖 판례 PLUS

행정절차법의 '적용배제 사항(제3조 제2항)'에 관한 판례

1. 국가공무원법상 직위해제처분에 사전통지 및 의견청취 등이 적용되는지: 소극
국가공무원법상 직위해제처분은 행정절차법에 의하여 당해 행정작용의 성질상 행정절차를 거치기 곤란하거나 불필요하다고 인정되는 사항 또는 행정절차에 준하는 절차를 거친 사항에 해당하므로, 처분의 사전통지 및 의견청취 등에 관한 행정절차법의 규정이 별도로 적용되지 않는다(대판 2014.5.16, 2012두26180).

2. 공무원 인사관계법령에 의한 처분은 전부 행정절차법의 적용이 배제되는지: 소극
행정과정에 대한 국민의 참여와 행정의 공정성, 투명성 및 신뢰성을 확보하고 국민의 권익을 보호함을 목적으로 하는 행정절차법의 입법목적과 행정절차법 제3조 제2항 제9호의 규정 내용 등에 비추어 보면, 공무원 인사관계법령에 의한 처분에 관한 사항 전부에 대하여 행정절차법의 적용이 배제되는 것이 아니라 성질상 행정절차를 거치기 곤란하거나 불필요하다고 인정되는 처분이나 행정절차에 준하는 절차를 거치도록 하고 있는 처분의 경우에만 행정절차법의 적용이 배제된다(대판 2007.9.21, 2006두20631).

3. 별정직공무원에 대한 직권면직처분에 행정절차법 규정이 적용되는지: 적극
별정직 공무원에 대한 직권면직의 경우에는 징계처분과 달리 징계절차에 관한 공무원징계령의 규정도 적용되지 않는 등 행정절차에 준하는 절차를 거치도록 하는 규정이 없으며, 성질상 행정절차를 거치기 곤란하거나 불필요하다고 인정되는 처분에도 해당하지 아니한다. 따라서 별정직공무원에 대한 직권면직처분이 행정절차법에 따라 원고에게 사전통지를 하지 않거나 의견제출의 기회를 주지 아니하여도 되는 예외적인 경우에 해당한다고 할 수 없으므로, 상대방에게 사전통지를 하지 않고 의견제출의 기회를 주지 아니한 이 사건 직권면직처분은 행정절차법을 위반한 절차상 하자가 있어 위법하다(대판 2013.1.16, 2011두30687).

4. 정규임용처분의 취소에 행정절차법 규정이 적용되는지: 적극
정규임용처분을 취소하는 처분은 성질상 행정절차를 거치는 것이 불필요하여 행정절차법의 적용이 배제되는 경우에 해당하지 않으므로, 그 처분을 하면서 사전통지를 하거나 의견제출의 기회를 부여하지 않은 것은 위법하다. 행정청이 침해적 행정처분을 하면서 당사자에게 위와 같은 사전통지를 하거나 의견제출의 기회를 주지 아니하였다면 사전통지를 하지 않거나 의견제출의 기회를 주지 아니하여도 되는 예외적인 경우에 해당하지 아니하는 한 그 처분은 위법하여 취소를 면할 수 없다(대판 2009.1.30, 2008두16155).

5. 산업기능요원 편입취소처분에 행정절차법이 적용되는지: 적극
지방병무청장이 병역법에 따라 산업기능요원에 대하여 한 산업기능요원 편입취소 처분은, 행정처분을 할 경우 '처분의 사전통지'와 '의견제출 기회의 부여'를 규정한 행정절차법 제21조 제1항, 제22조 제3항에서 말하는 '당사자의 권익을 제한하는 처분'에 해당하는 한편, 행정절차법의 적용이 배제되는 사항인 행정절차법 제3조 제2항 제9호, 동법 시행령 제2조 제1호에서 규정하는 '병역법에 의한 소집에 관한 사항'에는 해당하지 아니하므로, 행정절차법상의 '처분의 사전통지'와 '의견제출 기회의 부여' 등의 절차를 거쳐야 한다(대판 2002.9.6, 2002두554).

6. 공정거래위원회의 시정조치 및 과징금납부명령에 행정절차법을 적용하여 의견청취절차를 생략할 수 있는 지: 소극

행정절차법에 의하면 공정거래위원회의 의결·결정을 거쳐 행하는 사항에는 행정절차법의 적용이 제외되게 되어 있으므로, 공정거래위원회의 시정조치 및 과징금납부명령에 행정절차법 소정의 의견청취절차 생략사유가 존재한다고 하더라도, 공정거래위원회는 행정절차법을 적용하여 의견청취절차를 생략할 수는 없다(대판 2001.5.8, 2000두10212).

4 행정절차의 일반원칙

1. 신의성실 및 신뢰보호(제4조)

행정청은 직무를 수행할 때 신의(信義)에 따라 성실히 하여야 한다. 행정청은 법령등의 해석 또는 행정청의 관행이 일반적으로 국민들에게 받아들여졌을 때에는 공익 또는 제3자의 정당한 이익을 현저히 해칠 우려가 있는 경우를 제외하고는 새로운 해석 또는 관행에 따라 소급하여 불리하게 처리하여서는 아니 된다.

2. 투명성(제5조)

행정청이 행하는 행정작용은 그 내용이 구체적이고 명확하여야 하며, 행정작용의 근거가 되는 법령등의 내용이 명확하지 아니한 경우 상대방은 해당 행정청에 그 해석을 요청할 수 있다. 이 경우 해당 행정청은 특별한 사유가 없으면 그 요청에 따라야 한다.

🞢 판례 PLUS

행정절차와 신의칙

1. 3년 전의 위반행위를 이유로 한 운전면허취소처분: 신의칙 위반으로 위법

택시운전사가 운전면허정지기간중 운전행위를 하다가 적발되어 형사처벌을 받았으나 행정청으로부터 아무런 행정조치가 없어 안심하고 계속 운전업무에 종사하고 있던 중 3년여가 지난 시점에 와서 이를 이유로 행정제재를 하면서 가장 무거운 운전면허를 취소하는 행정처분을 하였다면, 이는 행정청이 그간 별다른 행정조치가 없을 것이라고 믿은 신뢰의 이익과 그 법적안정성을 빼앗는 것이 되어 매우 가혹할 뿐만 아니라 비록 그 위반행위가 운전면허취소사유에 해당한다 할지라도 그와 같은 공익상의 목적만으로는 위 운전사가 입게 될 불이익에 견줄 바 못된다 할 것이다(대판 1987.9.8, 87누373).

2. 일반 행정법률관계에서 신의칙이 적용되는 경우

일반 행정법률관계에서 관청의 행위에 대하여 신의칙이 적용되기 위해서는 합법성의 원칙을 희생하여서라도 처분의 상대방의 신뢰를 보호함이 정의의 관념에 부합하는 것으로 인정되는 특별한 사정이 있을 경우에 한하여 예외적으로 적용된다(대판 2004.7.22, 2002두11233).

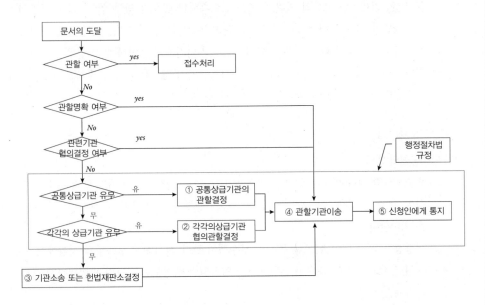

1. 관할(제6조)

(1) 관할에 속하지 아니하는 사항이 접수된 경우(제1항): 행정청이 그 관할에 속하지 아니하는 사안을 접수하였거나 이송받은 경우에는 지체 없이 이를 관할 행정청에 이송하여야 하고 그 사실을 '신청인에게 통지'하여야 한다. 행정청이 접수하거나 이송받은 후 관할이 변경된 경우에도 또한 같다.

(2) 관할이 분명하지 아니한 경우의 관할 결정(제2항): 행정청의 관할이 분명하지 아니한 경우에는 해당 행정청을 공통으로 감독하는 상급 행정청이 그 관할을 결정하며, 공통으로 감독하는 상급 행정청이 없는 경우에는 각 상급 행정청이 협의하여 그 관할을 결정한다.

2. 행정청 간의 협조

(1) 행정절차법 규정

① 행정절차법에서 행정청은 행정의 원활한 수행을 위하여 서로 협조하여야 한다고 규정하고 있다(제7조 제1항).

② 협조 종류, 방법 등 구체적인 사항은 「행정효율과 협업 촉진에 관한 규정」에서 규정하고 있다.

(2) 지방자치단체 상호 간의 협력(지방자치법 제147조): 지방자치단체 간이 사무의 공동처리 및 협력에 관하여 규정하고 있다. 지방자치단체는 다른 지방자치단체로부터 사무의 공동처리에 관한 요청이나 사무처리에 관한 협의·조정·승인 또는 지원의 요청을 받으면 법령의 범위에서 협력할 의무가 있다.

(3) 행정협업의 촉진(행정효율과 협업 촉진에 관한 규정 제41조)

① 행정협업 과제: 둘 이상의 기관이 공동으로 수행할 필요가 있는 업무, 다른 기관의 행정지원을 필요로 하는 업무, 다른 기관 또는 상급기관의 인가, 승인 등을 거쳐야 하는 업무, 그 밖에 다른 기관의 협의, 동의 및 의견조회 등이 필요한 업무

② 기타 업무협조를 위한 전자적 협업지원시스템의 구축·운영(동법 제46조의 2), 문서의 검토 및 협조(동법 제9조)

3. 행정응원(제8조)

(1) 행정응원의 개념

① 재해·사변 기타 비상시에 특정 행정청의 고유기능만으로는 본래의 행정 목적을 달성할 수 없을 경우 다른 행정청이 그 기능의 전부 또는 일부에 대하여 원조하는 것을 의미한다.

② 행정청 간의 긴밀한 협조를 통한 업무수행이 보다 절실해진 오늘날의 상황에서 기존의 경찰·소방 등 특수한 분야에서만 인정되던 행정응원을 보다 광범위하게 행정 전반에 인정하는 것이 바람직하다.

③ 행정응원은 상·하 관계가 아닌 대등관계의 관청 사이에서 주로 발생한다.

(2) 행정응원의 요청: 행정청은 다음 각 호의 어느 하나에 해당하는 경우에는 다른 행정청에 행정응원을 요청할 수 있다. 또한 행정응원은 해당 직무를 직접 응원할 수 있는 행정청에 요청하여야 하며 행정응원을 요청받은 행정청은 응원을 거부하는 경우 그 사유를 응원을 요청한 행정청에 통지하여야 한다.

- 법령 등의 이유로 독자적인 직무 수행이 어려운 경우
- 인원·장비의 부족 등 사실상의 이유로 독자적인 직무 수행이 어려운 경우
- 다른 행정청에 소속되어 있는 전문기관의 협조가 필요한 경우
- 다른 행정청이 관리하고 있는 문서(전자문서를 포함한다. 이하 같다)·통계 등 행정자료가 직무 수행을 위하여 필요한 경우
- 다른 행정청의 응원을 받아 처리하는 것이 보다 능률적이고 경제적인 경우

(3) 행정응원의 거부: 행정응원을 요청받은 행정청은 다음 각 호의 어느 하나에 해당하는 경우에는 응원을 거부할 수 있다.

- 다른 행정청이 보다 능률적이거나 경제적으로 응원할 수 있는 명백한 이유가 있는 경우
- 행정응원으로 인하여 고유의 직무 수행이 현저히 지장받을 것으로 인정되는 명백한 이유가 있는 경우

(4) 지휘·감독 및 비용부담

① 행정응원을 위하여 파견된 직원은 응원을 요청한 행정청의 지휘·감독을 받는다. 다만, 해당 직원의 복무에 관하여 다른 법령등에 특별한 규정이 있는 경우에는 그에 따른다.

② 행정응원에 드는 비용은 응원을 요청한 행정청이 부담하며, 그 부담금액 및 부담방법은 응원을 요청한 행정청과 응원을 하는 행정청이 협의하여 결정한다.

6 당사자 등

1. 의미(제2조)와 당사자 등의 자격(제9조)

처분에 대하여 직접 그 상대가 되는 당사자와 행정청이 직권으로 또는 신청에 따라 행정절차에 참여하게 한 이해관계인을 말한다. 행정절차에서 당사자등이 될 수 있는 자는 자연인, 법인, 법인이 아닌 사단 또는 재단, 그 밖에 다른 법령 등에 따라 권리·의무의 주체가 될 수 있는 자이다.

2. 지위의 승계(제10조)

(1) 당사자등이 사망하였을 때: 상속인과 다른 법령등에 따라 당사자등의 권리 또는 이익을 승계한 자는 당사자등의 지위를 승계한다.

(2) 당사자등인 법인등이 합병하였을 때: 합병 후 존속하는 법인등이나 합병 후 새로 설립된 법인등이 당사자등의 지위를 승계한다.

(3) 처분에 관한 권리 또는 이익을 사실상 양수한 자: 행정청의 승인을 받아 당사자등의 지위를 승계할 수 있다.

3. 지위승계의 통지

승계한 자는 행정청에 통지해야 하며, 통지 전까지 행정청에 한 사망자 또는 합병 전의 통지는 당사자의 지위를 승계한 자에게도 같다.

4. 대표자 선정(제11조)

(1) 선정: 다수의 당사자등이 공동으로 행정절차에 관한 행위를 할 때에는 대표자를 선정한다.
　① 대표자를 선정하지 아니하거나 지나치게 많아 행정절차가 지연될 우려가 있는 경우에는 상당한 기간 내에 3인 이내의 대표자를 선정할 것을 요청
　② 이 경우 당사자등이 그 요청에 따르지 아니하였을 때에는 행정청이 직접 대표자를 선정

(2) 변경 및 해임: 당사자등은 대표자 변경 및 해임이 가능하다.
　※ 대표자로 선정한 당사자등을 위하여 행정절차에 관한 모든 행위를 할 수 있지만, 행정절차를 끝맺는 행위에 대하여는 당사자등의 동의를 받아야 함

(3) 권한: 대표자가 있는 경우에는 당사자등은 그 대표자를 통하여서만 행정절차에 관한 행위를 할 수 있다.
　※ 다수의 대표자가 있는 경우 그중 1인에 대한 행정청의 행위는 모든 당사자등에게 효력이 있지만, 행정청의 통지는 대표자 모두에게 하여야 그 효력이 발생

5. 대리인 선임(제12조)

당사자등은 당사자등의 배우자, 직계 존속·비속 또는 형제자매, 당사자등이 법인등인 경우 그 임원 또는 직원, 변호사, 행정청 또는 청문 주재자(청문의 경우만 해당한다)의 허가를 받은 자, 법령등에 따라 해당 사안에 대하여 대리인이 될 수 있는 자를 대리인으로 선임할 수 있다.

6. 대표자·대리인의 통지(제13조)

(1) 당사자등이 대표자 또는 대리인을 선정하거나 선임하였을 때에는 지체 없이 그 사실을 행정청에 통지하여야 한다. 대표자 또는 대리인을 변경하거나 해임하였을 때에도 또한 같다.

(2) (1)에도 불구하고 청문 주재자가 대리인의 선임을 허가한 경우에는 청문 주재자가 그 사실을 행정청에 통지하여야 한다.

7 송달 및 기간·기한의 특례

1. 송달

행정절차법은 송달의 방법(제14조), 송달의 효력 발생(제15조)에 관하여 규정하고 있다.

 법령 PLUS

행정절차법

제14조(송달) ① 송달은 우편, 교부 또는 정보통신망 이용 등의 방법으로 하되, 송달받을 자(대표자 또는 대리인을 포함한다. 이하 같다)의 주소·거소(居所)·영업소·사무소 또는 전자우편주소(이하 "주소등"이라 한다)로 한다. 다만, 송달받을 자가 동의하는 경우에는 그를 만나는 장소에서 송달할 수 있다.

② 교부에 의한 송달은 수령확인서를 받고 문서를 교부함으로써 하며, 송달하는 장소에서 송달받을 자를 만나지 못한 경우에는 그 사무원·피용자(被傭者) 또는 동거인으로서 사리를 분별할 지능이 있는 사람(이하 이 조에서 "사무원등"이라 한다)에게 문서를 교부할 수 있다. 다만, 문서를 송달받을 자 또는 그 사무원등이 정당한 사유 없이 송달받기를 거부하는 때에는 그 사실을 수령 확인서에 적고, 문서를 송달할 장소에 놓아둘 수 있다.

③ 정보통신망을 이용한 송달은 송달받을 자가 동의하는 경우에만 한다. 이 경우 송달받을 자는 송달받을 전자우편주소 등을 지정 하여야 한다.

④ 다음 각 호의 어느 하나에 해당하는 경우에는 송달받을 자가 알기 쉽도록 관보, 공보, 게시판, 일간신문 중 하나 이상에 공고하고 인터넷에도 공고하여야 한다.

　1. 송달받을 자의 주소등을 통상적인 방법으로 확인할 수 없는 경우

　2. 송달이 불가능한 경우

⑤ 제4항에 따른 공고를 할 때에는 민감정보 및 고유식별정보 등 송달받을 자의 개인정보를 개인정보 보호법에 따라 보호하여야 한다.

⑥ 행정청은 송달하는 문서의 명칭, 송달받는 자의 성명 또는 명칭, 발송방법 및 발송 연월일을 확인할 수 있는 기록을 보존하여야 한다.

제15조(송달의 효력 발생) ① 송달은 다른 법령등에 특별한 규정이 있는 경우를 제외하고는 해당 문서가 송달받을 자에게 도달됨으로써 그 효력이 발생한다.

② 제14조 제3항에 따라 정보통신망을 이용하여 전자문서로 송달하는 경우에는 송달받을 자가 지정한 컴퓨터 등에 입력된 때에 도달된 것으로 본다.

③ 제14조 제4항의 경우에는 다른 법령등에 특별한 규정이 있는 경우를 제외하고는 공고일부터 14일이 지난 때에 그 효력이 발생한다. 다만, 긴급히 시행하여야 할 특별한 사유가 있어 효력 발생 시기를 달리 정하여 공고한 경우에는 그에 따른다.

2. 기간 및 기한이 특례(제16조)

(1) 천재지변이나 그 밖에 당사자등에게 책임이 없는 사유로 기간 및 기한을 지킬 수 없는 경우에는 그 사유가 끝나는 날까지 기간의 진행이 정지된다.

(2) 외국에 거주하거나 체류하는 자에 대한 기간 및 기한은 행정청이 그 우편이나 통신에 걸리는 일수(日數)를 고려하여 정하여야 한다.

03 처분절차

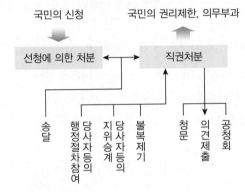

[처분 및 관련 내용]

1 공통절차

1. 처분기준의 설정·공표(제20조)

(1) 의의: 국민의 구체적인 권리 또는 의무에 직접적인 변동을 초래하는 행정처분의 기준을 사전에 되도록 구체적으로 설정·공표하는 제도를 말한다. 이는 행정절차법의 일반원칙인 투명성의 원칙, 신의칙 및 신뢰보호원칙을 구체화한 것이다.

(2) 적용범위: 행정절차법의 적용을 받는 모든 행정청과 행정절차법의 적용 제외사유가 아닌 모든 행정처분(신청에 의한 처분, 직권처분 등)이 그 대상이다.

(3) 처분기준의 설정

① 행정절차의 일반원칙(투명성 및 신의성실, 신뢰보호의 원칙)에 입각하여 될 수 있는 한 구체적으로 정하여 공표한다.

② 행정청의 판단여지가 없거나, 법령 등에 의해 처분요건이 구체적으로 규정되어 있는 경우 기존의 기준을 공표할 수 있다.

판례 PLUS

처분기준 사전공표 의무를 위반

행정절차법 제20조 제1항의 처분기준 사전공표 의무를 위반하여 미리 공표하지 아니한 기준을 적용하여 처분을 한 경우, 취소사유인지 여부: 소극
행정청이 행정절차법 제20조 제1항의 처분기준 사전공표 의무를 위반하여 미리 공표하지 아니한 기준을 적용하여 처분을 하였다고 하더라도, 그러한 사정만으로 곧바로 해당 처분에 취소사유에 이를 정도의 흠이 존재한다고 볼 수는 없다. 다만 해당 처분에 적용한 기준이 상위법령의 규정이나 신뢰보호의 원칙 등과 같은 법의 일반원칙을 위반하였거나 객관적으로 합리성이 없다고 볼 수 있는 구체적인 사정이 있다면 해당 처분은 위법하다고 평가할 수 있다(대판 2020.12.24, 2018두45633).

2. 처분의 설명요청(제20조)

(1) 당사자등은 공표된 처분기준이 명확하지 아니한 경우 해당 행정청에 그 해석 또는 설명을 요청할 수 있다.

  ※ 요청방식에 제한은 없음(구술, 우편, 정보통신망 등). 해석의 요청은 민원사무에 해당

(2) 행정청은 "특별한 사정"이 없으면 설명요청에 따라야 한다.
  ① 특별한 사정: 국민권익보호 측면에서 가장 좁게 인정
  ② 공표제외 사유에 준하는 경우와 행정청의 방침이 명확하지 않은 경우 등이 해당

 판례 PLUS

처분의 이유 제시

1. 구체적이고 합리적인 이유의 제시 없는 폐기물처리업 사업계획의 부적정 통보: 위법
설정된 기준이 객관적으로 합리적이 아니라거나 타당하지 않다고 보이는 경우 또는 그러한 기준을 설정하지 않은 채 구체적이고 합리적인 이유의 제시 없이 사업계획의 부적정 통보를 하거나 사업계획서를 반려한 경우, 단지 행정청의 재량에 속하는 사항이라는 이유만으로 그 행정청의 의사를 존중하여야 하는 것은 아니고, 이러한 경우의 처분은 재량권을 남용하거나 그 범위를 일탈한 조치로서 위법하다(대판 2004.5.28, 2004두961).

2. 이유 제시의 정도
행정절차법 제23조 제1항은 행정청은 처분을 하는 때에는 당사자에게 그 근거와 이유를 제시하여야 한다고 규정하고 있는바, 일반적으로 당사자가 근거규정 등을 명시하여 신청하는 인·허가 등을 거부하는 처분을 함에 있어 당사자가 그 근거를 알 수 있을 정도로 상당한 이유를 제시한 경우에는 당해 처분의 근거 및 이유를 구체적 조항 및 내용까지 명시하지 않았더라도 그 (불허가)처분이 위법하다고 할 수 없다(대판 2002.5.17, 2000두8912).

○×문제

01 행정절차법은 당사자에게 의무를 부과하거나 당사자의 권익을 제한하는 처분을 하는 경우에 대해서만 그 근거와 이유를 제시하도록 규정하고 있다.　　( )

02 이유제시는 처분의 상대방에게 제시된 이유에 대해 방어할 기회를 보장하기 위해 처분에 앞서 사전에 함이 원칙이다.
　　　　　　　　　　　　( )

정답 01 × 02 ×(→처분시에)

3. 처분의 방식(제24조)

(1) 원칙: 다른 법령 등의 특별한 규정이 있는 경우를 제외하고 "문서"로 해야 하며(제1항), 처분 행정청의 담당자 소속·성명 및 연락처를 적어야 한다(제2항, 처분실명제).

(2) 전자문서: 전자문서로 하는 경우에는 당사자의 동의가 필요하다(제1항).

(3) 다만 신속한 처리가 필요한 경우에는 말 또는 그 밖의 방법으로 할 수 있고, 이때에도 당사자의 요청이 있으면 지체없이 문서를 주어야 한다(제1항 단서).

판례 PLUS

4. 처분의 정정 및 고지

(1) 처분의 정정(제25조): 오기, 오산 또는 그 밖에 이에 준하는 명백한 잘못이 있을 때에는 직권으로 또는 신청에 따라 지체없이 정정하고 그 사실을 당사자에게 통지해야 한다.

(2) 처분의 고지(제26조): 당사자에게 그 처분에 관하여 행정심판 및 행정소송을 제기할 수 있는지 여부, 그 밖에 불복을 할 수 있는지 여부, 청구절차 및 청구기간, 그 밖에 필요한 사항을 알려야 한다.

2 수익적 처분(신청에 의한 처분)

1. 처분의 신청(제17조 제1,2,3항)

(1) 행정청에 처분을 구하는 신청은 '문서'로 하여야 한다. 다만, 다른 법령등에 특별한 규정이 있는 경우와 행정청이 미리 다른 방법을 정하여 공시한 경우에는 그러하지 아니하다(제1항).

(2) 전자문서의 신청: 행정청의 컴퓨터 등에 입력된 때에 신청한 것으로 본다(제2항).

(3) 신청에 필요한 사항의 게시: 구비서류, 접수기관, 처리기간, 그 밖에 필요한 사항을 게시하거나 이에 대한 편람을 갖추어 두고 누구나 열람할 수 있도록 하여야 한다(제3항).

(4) 신청의 의사표지: 명시적이고 확정적이어야 한다(검토요청만으로는 안됨).

2. 처분의 접수(제17조 제4,5,6항)

(1) 접수의무: 다른 법령등에 특별한 규정이 있는 경우를 제외하고는 그 접수를 보류 또는 거부하거나 부당하게 되돌려 보내서는 안 되며, 접수시 접수증을 주어야 한다(제4항, 대통령령으로 주지 않을 수 있음).

(2) 신청의 흠: 구비서류 등의 흠이 있는 경우 상당기간을 정하여 지체없이 신청인에게 보완을 요구해야 한다(제5항). 또한 보완하지 아니하였다면 그 이유를 구체적으로 밝혀 돌려보낼 수 있다(제6항).

3. 신청의 보완·변경 및 취하(제17조 제8항)

신청인은 처분이 있기 전에는 그 신청의 내용을 보완·변경하거나 취하할 수 있다. 다만 다른 법령에 특별한 규정이 있거나 성질상 보완·변경 및 취하가 불가능하면 그러하지 않다.

4. 다른 행정청에 신청접수 및 다른 행정청이 관여하는 처분(제17조 제8항, 제18조)

다른 행정청에 신청을 접수하게 할 수 있고(제17조 제8항), 다수의 행정청이 관여하는 처분을 구하는 신청을 접수하는 경우 신속한 협조를 통해 처분이 지연되지 않도록 해야 한다(제18조).

5. 처분의 처리(제19조)

(1) 처리기간의 설정·공표: 신청인의 편의를 위하여 처분의 처리기간을 종류별로 미리 정하여 공표하여야 한다. 이는 처리가 막연히 지연되어 신청인에게 불리한 결과가 초래되는 것을 막기 위하여 표준처리기간을 설정하여 공표하도록 한 것이다(제1항).

(2) 처리기간의 연장: 부득이한 사유로 당초의 처리기간내 처리가 곤란한 경우에 당해 처분의 처리기간 내에서 1회에 한하여 그 기간을 연장 가능하며, 이 경우 연장사유와 처리예정기한을 지체없이 신청인에게 통지하게 하여 처리기간 연장에 따른 신청인의 불이익을 사전에 방지하여야 한다(제2, 3항).

(3) 신속한 처리요청: 행정청이 정당한 처리기간내에 처리하지 아니할 경우에는 신청인은 당해 행정청이나 그 감독행정청에 대하여 신속한 처리를 요청할 수 있다(제4항).

3 침익적 처분(직권처분)

1. 처분의 사전통지(제21조)

(1) 의의: 당사자 등의 의견을 청취하기 위한 선행절차로서 처분을 하는 경우 그 원인이 되는 사실과 처분의 구체적 내용 및 법적근거 등을 미리 당사자등에게 알려주어 그에 대한 의견이나 증거자료 등 방어기회를 준비할 수 있도록 배려하는 제도이다(제1항).

(2) 사전통지의 상대방: 행정청의 처분에 대하여 직접 그 상대가 되는 당사자와 행정청이 직권 또는 신청에 의하여 행정절차에 참여하게 한 이해관계인만을 대상으로 한다.

판례 PLUS

> **사전통지의 상대방**
> 유통산업발전법상 영업시간 제한 등 처분의 대상인 대규모점포 중 개설자의 직영매장 이외에 개설자에게서 임차하여 운영하는 임대매장이 병존하는 경우, 전체 매장에 대하여 법령상 대규모점포 등의 유지·관리 책임을 지는 개설자만이 처분상대방이 되고, 임대매장의 임차인이 별도로 처분상대방이 되는 것은 아니다(대판 2015.11.19, 2015두295 전합).

(3) 사전통지의 대상이 되는 처분

① 당사자에게 의무를 부과하거나 권익을 제한하는 처분이다. 따라서 침익적 처분에 적용된다.

② **판례:** 거부처분은 당사자의 권익을 제한하는 처분이 아니므로 사전통지의 대상이 아니며, 일반처분은 의견제출의 기회를 줄 상대방을 특정할 수 없으므로 역시 사전통지의 대상이 아니다.

판례 PLUS

영업자지위승계신고 수리처분이 사전통지의 대상이 되는지: 적극

1. 식품위생법상 영업자지위승계신고의 수리처분

행정절차법에 의하면, 행정청이 당사자에게 의무를 과하거나 권익을 제한하는 처분을 함에 있어서는 당사자 등에게 처분의 사전통지를 하고 의견제출의 기회를 주어야 하며, 여기서 당사자라 함은 행정청의 처분에 대하여 직접 그 상대가 되는 자를 의미한다 할 것이고, 한편 식품위생법 규정에 의하면, 압류재산 매각절차에 따라 영업시설의 전부를 인수함으로써 그 영업자의 지위를 승계한 자가 관계 행정청에 이를 신고하여 행정청이 이를 수리하는 경우에는 종전의 영업자에 대한 영업허가 등은 그 효력을 잃는다 할 것이므로, 행정청이 구 식품위생법 규정에 의하여 영업자지위승계신고를 수리하는 처분은 종전의 영업자의 권익을 제한하는 처분이라 할 것이다. 따라서 종전의 영업자는 그 처분에 대하여 직접 그 상대가 되는 자에 해당한다고 봄이 상당하므로, 행정청으로서는 위 신고를 수리하는 처분을 함에 있어서 행정절차법 규정 소정의 당사자에 해당하는 종전의 영업자에 대하여 위 규정 소정의 행정절차를 실시하고 처분을 하여야 한다(대판 2003.2.14, 2001두7015).

2. 체육시설법 등의 체육시설업자 지위승계신고의 수리처분

행정청이 구 관광진흥법 또는 구 체육시설법의 규정에 의하여 유원시설업자 또는 체육시설업자 지위승계신고를 수리하는 처분은 종전 유원시설업자 또는 체육시설업자의 권익을 제한하는 처분이고, 종전 유원시설업자 또는 체육시설업자는 그 처분에 대하여 직접 그 상대가 되는 자에 해당한다고 보는 것이 타당하므로, 행정청이 그 신고를 수리하는 처분을 할 때에는 행정절차법 규정에서 정한 당사자에 해당하는 종전 유원시설업자 또는 체육시설업자에 대하여 사전통지에 관한 행정절차를 실시한 후에 처분을 하여야 한다(대판 2012.12.13, 2011두29144).

사전통지의 대상이 아니라고 본 예

1. 신청에 대한 거부처분이 사전통지 대상이 되는지: 소극

행정절차법 제21조 제1항은 행정청은 당사자에게 의무를 과하거나 권익을 제한하는 처분을 하는 경우에는 일정한 사항을 사전통지하도록 하고 있는바, 신청에 따른 처분이 이루어지지 아니한 경우에는 아직 당사자에게 권익이 부과되지 아니하였으므로 특별한 사정이 없는 한 신청에 대한 거부처분이라고 하더라도 직접 당사자의 권익을 제한하는 것은 아니어서 신청에 대한 거부처분을 여기에서 말하는 '당사자의 권익을 제한하는 처분'에 해당한다고 할 수 없으므로 처분의 사전통지대상이 된다고 할 수 없다(대판 2003.11.28, 2003두674).

2. (고시에 의한) 일반처분이 사전통지의 대상이 되는지: 소극

[1] 행정청이 의무를 부과하거나 권익을 제한하는 처분을 할 때 의견제출의 기회를 주어야 하는 '당사자'는 '행정청의 처분에 대하여 직접 그 상대가 되는 당사자'를 의미한다. 그런데 '고시'의 방법으로 불특정 다수인을 상대로 의무를 부과하거나 권익을 제한하는 처분은 성질상 의견제출의 기회를 주어야 하는 상대방을 특정할 수 없으므로, 이와 같은 처분에 있어서까지 구 행정절차법 제22조 제3항에 의하여 그 상대방에게 의견제출의 기회를 주어야 한다고 해석할 것은 아니다(대판 2014.10.27, 2012두7745).

[2] 행정절차법은 행정절차법의 당사자를 행정청의 처분에 대하여 직접 그 상대가 되는 당사자로 규정하고, 도로법은 도로구역을 결정하거나 변경할 경우 이를 고시에 의하도록 하고 있으므로, 도로구역의 변경처분은 행정절차법 제21조 제1항의 사전통지나 제22조 제3항의 의견청취의 대상이 되는 처분은 아니다(대판 2008.6.12, 2007두1767).

(4) 사전통지의 면제사유(제4항)

① 공공의 안전 또는 복리를 위하여 긴급히 처분을 할 필요가 있는 경우

② 법령등에서 요구된 자격이 없거나 없어지게 되면 반드시 일정한 처분을 하여야 하는 경우에 그 자격이 없거나 없어지게 된 사실이 법원의 재판등에 의하여 객관적으로 증명된 때

③ 당해 처분의 성질상 의견청취가 현저히 곤란하거나 명백히 불필요하다고 인정될만한 상당한 이유가 있는 경우

OX 문제

01 수익적 행정행위의 신청에 대해서 이를 거부하면서 사전통지 및 의견제출 절차를 거치지 않은 것은 실질적으로 침익적 결과를 초래하였으므로 취소사유에 해당한다. ( )

02 고시의 방법으로 불특정 다수인을 상대로 권익을 제한하는 처분을 할 경우 당사자는 물론 제3자에게도 의견제출의 기회를 주어야 한다. ( )

정답 01 ×(대판 2003.11.28, 2003두674) 02 ×(대판 2008.6.12, 2007두1767)

행정절차법 시행령

제13조(처분의 사전 통지 생략사유) 법 제21조 제4항 및 제5항에 따라 사전통지를 하지 아니할 수 있는 경우는 다음 각 호의 어느 하나에 해당하는 경우로 한다.

1. 급박한 위해의 방지 및 제거 등 공공의 안전 또는 복리를 위하여 긴급한 처분이 필요한 경우
2. 법원의 재판 또는 준사법적 절차를 거치는 행정기관의 결정 등에 따라 처분의 전제가 되는 사실이 객관적으로 증명되어 처분에 따른 의견청취가 불필요하다고 인정되는 경우
3. 의견청취의 기회를 줌으로써 처분의 내용이 미리 알려져 현저히 공익을 해치는 행위를 유발할 우려가 예상되는 등 해당 처분의 성질상 의견청취가 현저하게 곤란한 경우
4. 법령 또는 자치법규(이하 "법령등"이라 한다)에서 준수하여야 할 기술적 기준이 명확하게 규정되고, 그 기준에 현저히 미치지 못하는 사실을 이유로 처분을 하려는 경우로서 그 사실이 실험, 계측, 그 밖에 객관적인 방법에 의하여 명확히 입증된 경우
5. 법령등에서 일정한 요건에 해당하는 자에 대하여 점용료·사용료 등 금전급부를 명하는 경우 법령등에서 규정하는 요건에 해당함이 명백하고, 행정청의 금액산정에 재량의 여지가 없거나 요율이 명확하게 정하여져 있는 경우 등 해당 처분의 성질상 의견청취가 명백히 불필요하다고 인정될 만한 상당한 이유가 있는 경우

사전통지의 면제

처분의 전제가 되는 '일부' 사실만 증명되거나, 의견청취에 따라 행정청의 처분 여부나 처분 수위가 달라질 수 있는 경우, 사전통지를 아니할 수 있는지: 소극
행정절차법 제21조, 제22조, 행정절차법 시행령 제13조의 내용을 행정절차법의 입법 목적과 의견청취 제도의 취지에 비추어 종합적·체계적으로 해석하면, 행정절차법 시행령 제13조 제2호에서 정한 "법원의 재판 또는 준사법적 절차를 거치는 행정기관의 결정 등에 따라 처분의 전제가 되는 사실이 객관적으로 증명되어 처분에 따른 의견청취가 불필요하다고 인정되는 경우"는 법원의 재판 등에 따라 처분의 전제가 되는 사실이 객관적으로 증명되면 행정청이 반드시 일정한 처분을 해야 하는 경우 등 의견청취가 행정청의 처분 여부나 그 수위 결정에 영향을 미치지 못하는 경우를 의미한다고 보아야 한다. 처분의 전제가 되는 '일부' 사실만 증명된 경우이거나 의견청취에 따라 행정청의 처분 여부나 처분 수위가 달라질 수 있는 경우라면 위 예외사유에 해당하지 않는다(대판 2020.7.23, 2017두66602).

2. 사전통지를 하지 않은 경우

면제사유가 아닌 한 절차상의 위법으로 처분의 취소사유가 된다.

침익적 처분을 하면서, 사전통지를 결여한 위법성의 정도: 취소사유

행정청이 침해적 행정처분을 하면서 당사자에게 사전통지를 하지 아니하거나 의견제출의 기회를 주지 아니하였다면, 사전통지를 하지 아니하거나 의견제출의 기회를 주지 아니하여도 되는 예외적인 경우에 해당하지 아니하는 한, 그 처분은 위법하여 취소를 면할 수 없다(대판 2013.5.23, 2011두25555).

행정절차법은 의견청취의 종류를 ① 청문(제1항), ② 공청회(제2항), ③ 의견제출(제3항, 제27조) 등 3가지 유형으로 구분하여 규정하고 있다.

구분	청문	공청회	의견제출
개념	행정청이 처분을 하기에 당사자 등의 의견을 직접 듣고 증거를 조사하는 절차	행정청이 공개적인 토론을 통하여 어떠한 행정작용에 대하여 당사자등 전문지식과 경험을 가진 자 기타 일반인으로부터 의견을 널리 수렴하는 절차	행정청이 어떠한 행정작용을 하기에 앞서 당사자 등이 의견을 제시하는 절차로서 청문이나 공청회에 해당하지 아니하는 절차
실시 요건	• 다른 법령등에서 청문을 실시하도록 규정하고 있는 경우 • 행정청이 필요하다고 인정하는 경우	• 다른 법령등에서 공청회를 개최하도록 규정하는 경우 • 행정청이 필요성을 인정하는 경우	청문, 공청회에 해당하지 않는 경우
실시 절차	• 처분사유, 처분내용 및 청문일시 등을 통보 • 처분사전통지서(청문실시 통지) ※ 청문개최 10일 전까지 사전통지	• 미리 공청회에 관한 사항(목적, 일시, 참석자 등)을 널리 홍보 • 공청회개최통지서 ※ 공청회개최 4일 전까지 통지·공고	• 의견제출기회의 제시 • 처분사전통지서(의견제출 통지) ※ 의견제출에 필요한 상당기간 고려
실시 절차	• 청문주재자의 주재하에 청문 실시 • 청문일 출석진술(의견서로 대체 가능) • 청문주재자는 청문조서와 의견서를 작성하여 행정청에 제출	• 공청회 발표자 신청 및 공정한 선정 • 공청회 주재자의 주재 • 각계로부터 추천·신청받은 발표자의 발표, 질의, 답변, 방청인의 의견 제시	• 의견제출방법: 서면, 구술(전화·출석), 정보통신망(팩스, E-MAIL 등)
	• 처리방법: 청문조서, 청문주재자의 의견서 등을 충분히 검토하여 상상한 이유가 있다고 인정하는 경우에는 청문결과를 반영하여 처분	• 처리방법: 공청회, 전자공청회 및 정보통신방 등을 통해서 제시된 사실 및 의견이 상당한 이유가 있다고 인정하는 경우, 이를 반영하여 처분	• 처리방법: 제출된 의견이 상당한 이유가 있다고 인정하는 경우에는 이를 반영하여 처분
유의 사항	• 청문주재자 선정의 공정성, 직무의 독립성 • 청문통지 기간 • 청문시 문서열람	• 발표자 신청접수 • 참여행정 구현의 주요수단으로서의 공청회 운영 • 온라인공청회	• 의견제출기한의 적정성 (7~10일)
적용 사례	• 비교적 중대한 처분 　- 인·허가, 면허 등의 취소 　- 법인설립취소 　- 제조·판매금지	• 주요 법령의 재·개정 • 국민에게 중대한 정책·제도의 도입 • 대립된 이해관계 조정	• 비교적 경미한 처분 　- 영업·면허·자격정지 　- 과징금 부과

확인 문제   18 국가직 9급

행정절차법상 행정절차에 대한 설명으로 옳지 않은 것은?

① 단순, 반복적인 처분 또는 경미한 처분으로서 당사자가 그 이유를 명백히 알 수 있는 경우라 하더라도 처분 후 당사자가 요청하는 경우에는 그 근거와 이유를 제시하여야 한다.

② 행정청이 당사자에게 의무를 과하거나 권익을 제한하는 처분을 하는 경우라도 당사자가 명백히 의견진술의 기회를 포기한다는 뜻을 표시한 경우에는 의견청취를 하지 않을 수 있다.

③ 행정청은 대통령령을 입법예고하는 경우에는 이를 국회 소관 상임위원회에 제출하여야 한다.

④ 인·허가 등의 취소 또는 신분 및 자격의 박탈, 법인이나 조합 등의 설립허가의 취소시 의견제출기한 내에 당사자 등의 신청이 있는 경우에 공청회를 개최한다.

정답 ④ 행정절차법상 신청에 의한 청문은 인정되나, 신청에 의한 공청회는 인정되지 않는다(행정절차법 제22조).
① 동법 제23조
② 동법 제22조 제4항
③ 동법 제42조

1. 의견제출

(1) 의견제출의 요건(제27조)

① 당사자등은 처분 전에 그 처분의 관할 행정청에 서면이나 구두로 또는 정보통신망을 이용하여 의견제출을 할 수 있는데 그 주장을 입증하기 위한 증거자료 등을 첨부할 수 있다.

② 행정청은 당사자등이 말로 의견제출을 하였을 때에는 서면으로 그 진술의 요지와 진술자를 기록하여야 한다. 당사자등이 정당한 이유 없이 의견제출기한까지 의견제출을 하지 아니한 경우에는 의견이 없는 것으로 본다.

(2) 제출 의견의 반영(제27조의2): 행정청은 처분을 할 때에 당사자등이 제출한 의견이 상당한 이유가 있다고 인정하는 경우에는 이를 반영하여야 한다.

2. 청문

(1) 청문의 실시(제22조)

 법령 PLUS

행정절차법

제22조(의견청취) ① 행정청이 처분을 할 때 다음 각 호의 어느 하나에 해당하는 경우에는 청문을 한다.
1. 다른 법령등에서 청문을 하도록 규정하고 있는 경우
2. 행정청이 필요하다고 인정하는 경우
3. 다음 각 목의 처분을 하는 경우
   가. 인허가 등의 취소
   나. 신분·자격의 박탈
   다. 법인이나 조합 등의 설립허가의 취소

 판례 PLUS

청문절차를 결여한 위법성의 정도

1. 청문절차를 결여한 침익적 행정처분의 효력: 취소사유
침해적 행정처분을 하는 경우, 당해 영업자에게 변명과 유리한 자료를 제출할 기회를 부여함으로써 위법사유의 시정 가능성을 고려하고 처분의 신중과 적정을 기하려는 청문제도의 취지에 비추어 볼 때, 행정청이 침해적 행정처분을 함에 즈음하여 청문을 실시하지 않아도 되는 예외적인 경우에 해당하지 않는 한 반드시 청문을 실시하여야 하고, 그 절차를 결여한 처분은 위법한 처분으로서 취소사유에 해당한다(대판 2001.4.13, 2000두3337).

2. 청문절차 없이 한 영업소 폐쇄명령의 효력: 취소사유
행정청이 영업허가취소 등의 처분을 하려면 반드시 사전에 청문절차를 거쳐야 하고 설사 식품위생법 제26조 제1항 소정의 사유가 분명히 존재하는 경우라 할지라도 당해 영업자가 청문을 포기한 경우가 아닌 한 청문절차를 거치지 않고 한 영업소 폐쇄명령은 위법하여 취소사유에 해당된다(대판 1983.6.14, 83누14).

3. 약사법에 따른 청문절차를 거치지 않고 한 약종상허가 취소처분의 효력: 취소사유
양약종상허가취소처분을 하기에 앞서 약사법 제69조의2 규정에 따른 청문의 기회를 부여하지 아니한 것은 위법이나 그러한 흠 때문에 동 허가취소처분이 당연무효가 되는 것은 아니다(대판 1986.8.19, 86누115).

OX 문제

01 행정처분의 상대방이 통지된 청문일시에 불출석하였다는 이유만으로는 관계 법령상 요구되는 청문절차없이 침해적 행정처분을 할 수는 없다. ( )

정답 01 ○

(2) 청문 주재자(제28조)

① 청문은 행정청이 소속 직원 또는 대통령령으로 정하는 자격을 가진 사람 중에서 선정하는 사람이 주재하되, 행정청은 청문 주재자의 선정이 공정하게 이루어지도록 노력하여야 한다(제1항). 행정청은 공정하고 전문적인 청문을 위하여 다수 국민의 이해가 상충되는 처분이나 다수 국민에게 불편이나 부담을 주는 처분 등을 하는 경우에는 청문 주재자를 2명 이상으로 선정할 수 있다. 이 경우 선정된 청문 주재자 중 1명이 청문 주재자를 대표한다(제2항). 행정청은 청문이 시작되는 날부터 7일 전까지 청문 주재자에게 청문과 관련한 필요한 자료를 미리 통지하여야 한다(제3항).

② 청문 주재자는 독립하여 공정하게 직무를 수행하며, 그 직무 수행을 이유로 본인의 의사에 반하여 신분상 어떠한 불이익도 받지 아니한다(제4항).

③ 대통령령으로 정하는 사람 중에서 선정된 청문 주재자는 형법이나 그 밖의 다른 법률에 따른 벌칙을 적용할 때에는 공무원으로 본다(제5항).

(3) 청문 주재자의 제척 · 기피 · 회피(제29조)

① 청문 주재자가 다음의 어느 하나에 해당하는 경우에는 청문을 주재할 수 없다(제1항).

- 자신이 당사자등이거나 당사자등과 민법 제777조(친족의 범위)의 어느 하나에 해당하는 친족 관계에 있거나 있었던 경우
- 자신이 해당 처분과 관련하여 증언이나 감정(鑑定)을 한 경우
- 자신이 해당 처분의 당사자등의 대리인으로 관여하거나 관여하였던 경우
- 자신이 해당 처분업무를 직접 처리하거나 처리하였던 경우

② 청문 주재자에게 공정한 청문 진행을 할 수 없는 사정이 있는 경우 당사자등은 행정청에 기피신청을 할 수 있다. 이 경우 행정청은 청문을 정지하고 그 신청이 이유가 있다고 인정할 때에는 해당 청문 주재자를 지체 없이 교체하여야 한다(제2항). 청문 주재자는 위의 사유에 해당하는 경우에는 행정청의 승인을 받아 스스로 청문의 주재를 회피할 수 있다(제3항).

(4) 청문의 공개(제30조): 청문은 당사자가 공개를 신청하거나 청문 주재자가 필요하다고 인정하는 경우 공개할 수 있다. 다만, 공익 또는 제3자의 정당한 이익을 현저히 해칠 우려가 있는 경우에는 공개하여서는 아니 된다.

(5) 청문의 진행(제31조)

① 청문 주재자가 청문을 시작할 때에는 먼저 예정된 처분의 내용, 그 원인이 되는 사실 및 법적 근거 등을 설명하여야 한다. 당사자등은 의견을 진술하고 증거를 제출할 수 있으며, 참고인이나 감정인 등에게 질문할 수 있다. 당사자등이 의견서를 제출한 경우에는 그 내용을 출석하여 진술한 것으로 본다.

② 청문 주재자는 청문의 신속한 진행과 질서유지를 위하여 필요한 조치를 할 수 있다. 청문을 계속할 경우에는 행정청은 당사자등에게 다음 청문의 일시 및 장소를 서면으로 통지하여야 하며, 당사자등이 동의하는 경우에는 전자문서로 통지할 수 있다. 다만, 청문에 출석한 당사자등에게는 그 청문일에 청문 주재자가 말로 통지할 수 있고 청문절차에 실질적 하자가 있는 경우에 해당하여 위법하다.

✅ 더 알아보기

행정절차법 시행령
제15조(청문주재자) ① 행정절차법 제28조제1항에서 "대통령령이 정하는 자격을 가진 자"라 함은 다음 각호의 1에 해당하는 자를 말한다.
1. 교수 · 변호사 · 공인회계사 등 관련 분야의 전문직 종사자
2. 청문사안과 관련되는 분야에 근무한 경험이 있는 전직 공무원
3. 그 밖의 업무경험을 통하여 청문사안과 관련되는 분야에 전문지식이 있는 자

✅ 더 알아보기

민법
제777조(친족의 범위) 친족관계로 인한 법률상 효력은 이 법 또는 다른 법률에 특별한 규정이 없는 한 다음 각호에 해당하는 자에 미친다.
1. 8촌 이내의 혈족
2. 4촌 이내의 인척
3. 배우자

◯✕문제

01 행정절차법은 청문 주재자의 제척 · 기피 · 회피에 관하여 규정하고 있다. ( )

02 청문 주재자는 당사자의 신청을 받아 행정청이 선정한다. ( )

정답 01 ◯ 02 ✕(→행정절차법 제28조)

(6) **청문의 병합·분리(제32조)**: 행정청은 직권으로 또는 당사자의 신청에 따라 여러 개의 사안을 병합하거나 분리하여 청문을 할 수 있다.

(7) **증거조사(제33조)**

① 청문 주재자는 직권으로 또는 당사자의 신청에 따라 필요한 조사를 할 수 있으며, 당사자등이 주장하지 아니한 사실에 대하여도 조사할 수 있다.

② 증거조사 방법: 문서·장부·물건 등 증거자료의 수집, 참고인·감정인 등에 대한 질문, 검증 또는 감정·평가, 그 밖에 필요한 조사를 할 수 있다.

③ 청문 주재자는 필요하다고 인정할 때에는 관계 행정청에 필요한 문서의 제출 또는 의견의 진술을 요구할 수 있다. 이 경우 관계 행정청은 직무 수행에 특별한 지장이 없으면 그 요구에 따라야 한다.

(8) **청문조서(제34조)**: 청문 주재자는 청문조서(聽聞調書)를 작성하여야 한다. 당사자등은 청문조서의 내용을 열람·확인할 수 있으며, 이의가 있을 때에는 그 정정을 요구할 수 있다.

- 제목
- 청문 주재자의 소속, 성명 등 인적사항
- 당사자등의 주소, 성명 또는 명칭 및 출석 여부
- 청문의 일시 및 장소
- 당사자등의 진술의 요지 및 제출된 증거
- 청문의 공개 여부 및 공개하거나 공익 또는 제3자의 정당한 이익을 현저히 해칠 우려가 있어 공개하지 아니한 이유
- 증거조사를 한 경우에는 그 요지 및 첨부된 증거
- 그 밖에 필요한 사항

(9) **청문 주재자의 의견서(제34조의2)**: 청문 주재자는 청문의 제목, 처분의 내용, 주요 사실 또는 증거, 종합의견, 그 밖에 필요한 사항의 사항이 적힌 청문 주재자의 의견서를 작성하여야 한다.

(10) **청문의 종결(제35조)**

① 청문 주재자는 해당 사안에 대하여 당사자등의 의견진술, 증거조사가 충분히 이루어졌다고 인정하는 경우에는 청문을 마칠 수 있다.

② 청문 주재자는 당사자등의 전부 또는 일부가 정당한 사유 없이 청문기일에 출석하지 아니하거나 의견서를 제출하지 아니한 경우에는 이들에게 다시 의견진술 및 증거제출의 기회를 주지 아니하고 청문을 마칠 수 있다.

③ 청문 주재자는 당사자등의 전부 또는 일부가 정당한 사유로 청문기일에 출석하지 못하거나 의견서를 제출하지 못한 경우에는 상당한 기간을 정하여 이들에게 의견진술 및 증거제출을 요구하여야 하며, 해당 기간이 지났을 때에 청문을 마칠 수 있다.

④ 청문 주재자는 청문을 마쳤을 때에는 청문조서, 청문 주재자의 의견서, 그 밖의 관계 서류 등을 행정청에 지체 없이 제출하여야 한다.

(11) **청문결과의 반영(제35조의2):** 행정청은 처분을 할 때에 청문조서, 청문 주재자의 의견서, 그 밖의 관계 서류 등을 충분히 검토하고 상당한 이유가 있다고 인정하는 경우에는 청문결과를 반영하여야 한다.

 판례 PLUS

처분청이 청문결과에 기속되는지 여부: 소극

광업법에서 처분청이 광업용 토지수용을 위한 사업인정을 하고자 할 때에 토지소유자와 토지에 관한 권리를 가진 자의 의견을 들어야 한다고 한 것은 그 사업인정 여부를 결정함에 있어서 소유자나 기타 권리자가 의견을 반영할 기회를 주어 이를 참작하도록 하고자 하는 데 있을 뿐, 처분청이 그 의견에 기속되는 것은 아니다 (대판 1995.12.22, 95누30).

(12) **청문의 재개(제36조):** 행정청은 청문을 마친 후 처분을 할 때까지 새로운 사정이 발견되어 청문을 재개(再開)할 필요가 있다고 인정할 때에는 청문조서 등을 되돌려 보내고 청문의 재개를 명할 수 있다. 이 경우 행정청은 당사자등에게 다음 청문의 일시 및 장소를 서면으로 통지하여야 하며, 당사자등이 동의하는 경우에는 전자문서로 통지할 수 있다. 다만, 청문에 출석한 당사자등에게는 그 청문일에 청문 주재자가 말로 통지할 수 있다(제31조 제5항 준용).

(13) **문서의 열람 및 비밀유지(제37조)**

① 당사자등은 의견제출의 경우에는 처분의 사전 통지가 있는 날부터 의견제출기한까지, 청문의 경우에는 청문의 통지가 있는 날부터 청문이 끝날 때까지 행정청에 해당 사안의 조사결과에 관한 문서와 그 밖에 해당 처분과 관련되는 문서의 열람 또는 복사를 요청할 수 있다. 이 경우 행정청은 다른 법령에 따라 공개가 제한되는 경우를 제외하고는 그 요청을 거부할 수 없다. 행정청은 열람 또는 복사의 요청에 따르는 경우 그 일시 및 장소를 지정할 수 있으며 열람 또는 복사의 요청을 거부하는 경우에는 그 이유를 소명하여야 하며 복사에 드는 비용을 복사를 요청한 자에게 부담시킬 수 있다.

② 열람 또는 복사를 요청할 수 있는 문서의 범위: 행정 효율과 협업 촉진에 관한 규정 제3조 제1호의 공문서로, 행정기관에서 공무상 작성하거나 시행하는 문서(도면 · 사진 · 디스크 · 테이프 · 필름 · 슬라이드 · 전자문서 등의 특수매체기록을 포함한다. 이하 같다)와 행정기관이 접수한 모든 문서를 말한다(시행령 제20조 제3항).

③ 누구든지 의견제출 또는 청문을 통하여 알게 된 사생활이나 경영상 또는 거래상의 비밀을 정당한 이유 없이 누설하거나 다른 목적으로 사용하여서는 아니 된다.

3. 공청회

(1) 공청회의 개최사유

행정절차법

제22조(의견청취) ② 행정청이 처분을 할 때 다음 각 호의 어느 하나에 해당하는 경우에는 **공청회를 개최한다.**
1. 다른 법령등에서 공청회를 개최하도록 규정하고 있는 경우
2. 해당 처분의 영향이 광범위하여 널리 의견을 수렴할 필요가 있다고 행정청이 인정하는 경우
3. 국민생활에 큰 영향을 미치는 처분으로서 대통령령으로 정하는 처분에 대하여 대통령령으로 정하는 수 이상의 당사자등이 공청회 개최를 요구하는 경우

 판례 PLUS

공청회에서의 행정절차법 적용

행정청이 아닌 자가 개최하는 공청회에도 행정절차법이 적용되는지 여부: 소극
묘지공원과 화장장의 후보지를 선정하는 과정에서 서울특별시, 비영리법인, 일반 기업 등이 공동발족한 협의체인 추모공원건립추진협의회가 후보지 주민들의 의견을 청취하기 위하여 그 명의로 개최한 공청회는 행정청이 도시계획시설결정을 하면서 개최한 공청회가 아니므로, 위 공청회의 개최에 관하여 행정절차법에서 정한 절차를 준수하여야 하는 것은 아니다(대판 2007.4.12, 2005두1893).

(2) 공청회 개최의 알림(제38조): 행정청은 공청회를 개최하려는 경우에는 공청회 개최 14일 전까지 제목, 일시 및 장소, 주요 내용, 발표자에 관한 사항, 발표신청 방법 및 신청기한, 정보통신망을 통한 의견제출, 그 밖에 공청회 개최에 필요한 사항을 당사자 등에게 통지하고 관보, 공보, 인터넷 홈페이지 또는 일간신문 등에 공고하는 등의 방법으로 널리 알려야 한다.

(3) 온라인공청회(제38조의2): 행정청은 공청회와 병행하여서만 정보통신망을 이용한 공청회(이하 "온라인공청회"라 한다)를 실시할 수 있다. 다만 국민의 생명·신체·재산의 보호 등 국민의 안전 또는 권익보호 등의 이유로 오프라인공청회를 개최하기 어려운 경우 등에는 온라인공청회를 단독으로 개최할 수 있다. 행정청은 온라인공청회를 실시하는 경우 의견제출 및 토론 참여가 가능하도록 적절한 전자적 처리능력을 갖춘 정보통신망을 구축·운영하여야 하며 온라인공청회를 실시하는 경우에는 누구든지 정보통신망을 이용하여 의견을 제출하거나 제출된 의견 등에 대한 토론에 참여할 수 있다. 온라인공청회의 실시 방법 및 절차에 관하여 필요한 사항은 대통령령으로 정한다.

(4) 공청회의 주재자 및 발표자의 선정(제38조의3)

① 공청회의 주재자: 해당 공청회의 사안과 관련된 분야에 전문적 지식이 있거나 그 분야에 종사한 경험이 있는 사람 중에서 행정청이 지명하거나 위촉하는 사람으로 한다(제1항).

OX 문제   16 지방직 9급

행정절차법상 행정절차에 대한 설명으로 옳지 않은 것은?

① 말로 행정지도를 하는 자는 상대방이 그 행정지도의 취지 및 내용과 행정지도를 하는 자의 신분을 적은 서면의 교부를 요구하는 경우에 직무수행에 특별한 지장이 없으면 이를 교부하여야 한다.

② 행정청은 부득이한 사유로 공표한 처리기간 내에 처분을 처리하기 곤란한 경우에는 해당 처분의 처리기간의 범위에서 한 번만 그 기간을 연장할 수 있다.

③ 정보통신망을 이용한 공청회(전자공청회)는 공청회를 실시할 수 없는 불가피한 상황에서만 실시할 수 있다.

④ 청문은 원칙적으로 당사자가 공개를 신청하거나 청문주재자가 필요하다고 인정하는 경우 공개할 수 있다.

정답 ③(공청회와 병행해서만 가능)

② **공청회의 발표자**: 발표를 신청한 사람 중에서 행정청이 선정한다. 다만, 발표를 신청한 사람이 없거나 공청회의 공정성을 확보하기 위하여 필요하다고 인정하는 경우에는 다음의 사람 중에서 지명하거나 위촉할 수 있다(제2항).

- 해당 공청회의 사안과 관련된 당사자등
- 해당 공청회의 사안과 관련된 분야에 전문적 지식이 있는 사람
- 해당 공청회의 사안과 관련된 분야에 종사한 경험이 있는 사람

③ 행정청은 공청회의 주재자 및 발표자를 지명 또는 위촉하거나 선정할 때 공정성이 확보될 수 있도록 하여야 한다. 공청회의 주재자, 발표자, 그 밖에 자료를 제출한 전문가 등에게는 예산의 범위에서 수당 및 여비와 그 밖에 필요한 경비를 지급할 수 있다.

(5) 공청회의 진행(제39조)

① 공청회의 주재자는 공청회를 공정하게 진행하여야 하며, 공청회의 원활한 진행을 위하여 발표 내용을 제한할 수 있고, 질서유지를 위하여 발언 중지 및 퇴장 명령 등 행정안전부장관이 정하는 필요한 조치를 할 수 있다.

② 발표자는 공청회의 내용과 직접 관련된 사항에 대하여만 발표하여야 한다.

③ 공청회의 주재자는 발표자의 발표가 끝난 후에는 발표자 상호 간에 질의 및 답변을 할 수 있도록 하여야 하며, 방청인에게도 의견을 제시할 기회를 주어야 한다.

(6) 공청회 및 온라인공청회 결과의 반영(제39조의2)

행정청은 처분을 할 때에 공청회, 온라인공청회 및 정보통신망 등을 통하여 제시된 사실 및 의견이 상당한 이유가 있다고 인정하는 경우에는 이를 반영하여야 한다.

4. 신고(제40조)

(1) 신고 요건

법령 등에서 행정청에 일정한 사항을 통지함으로써 의무가 끝나는 신고를 규정하고 있는 경우 신고를 관장하는 행정청은 신고에 필요한 구비서류, 접수기관, 그 밖에 법령 등에 따른 신고에 필요한 사항을 게시(인터넷 등을 통한 게시를 포함한다)하거나 이에 대한 편람을 갖추어 두고 누구나 열람할 수 있도록 하여야 한다. 신고가 다음의 요건을 갖춘 경우에는 신고서가 접수기관에 도달된 때에 신고의무가 이행된 것으로 본다.

㉠ 신고서의 기재사항에 흠이 없을 것
㉡ 필요한 구비서류가 첨부되어 있을 것
㉢ 그 밖에 법령등에 규정된 형식상의 요건에 적합할 것

(2) 신고의 보완

행정청은 신고 요건을 갖추지 못한 신고서가 제출된 경우에는 지체 없이 상당한 기간을 정하여 신고인에게 보완을 요구하여야 한다. 행정청은 신고인이 기간 내에 보완을 하지 아니하였을 때에는 그 이유를 구체적으로 밝혀 해당 신고서를 되돌려 보내야 한다.

✓ **더 알아보기**

주요 신설 조문

- 행정청은 확약이 위법하거나 확약을 한 후에 확약의 내용을 이행할 수 없을 정도로 법령등이나 사정이 변경 등의 경우에는 확약에 기속되지 아니한다(행정절차법 제40조의2).
- 위반사실 등의 공표에 관한 공통 절차를 마련하였다(행정절차법 제40조의3).
- 행정청은 행정청이 수립하는 계획 중 국민의 권리·의무에 직접 영향을 미치는 계획을 수립하거나 변경·폐지할 때에는 관련된 여러 이익을 정당하게 형량하여야 한다(행정절차법 제40조의4).

OX 문제

01 행정청은 행정절차법상 요건을 갖추지 못한 신고서가 제출된 경우에는 지체 없이 상당한 기간을 정하여 신고인에게 보완을 요구할 수 있다. ( )

02 행정청은 신고인이 상당한 기간 내에 보완을 하지 아니하였을 때에는 그 이유를 구체적으로 밝혀 해당 신고서를 되돌려 보낼 수 있다. ( )

정답 01 × 02 ×

04 행정상 입법예고와 행정예고

1 행정상 입법예고(제41조)

1. 의의 및 특징

정부의 제안에 의해서 제정되는 법률, 법률의 위임 또는 집행을 위하여 제정되는 시행령, 시행규칙과 각종 자치법규 등 넓은 의미의 행정입법은 행정작용의 직접적인 근거가 되며, 국민생활에 광범위한 영향을 미치게 되는 것이므로 법령안의 내용을 국민에게 미리 예고하고, 국민의 다양한 의견을 수렴하여 입법 내용에 반영함으로써 입법 과정에 대한 국민의 참여 기회를 확대하고, 입법내용의 민주화를 도모하며, 법령의 실효성을 높여 국가정책을 효율적으로 수행하기 위한 절차이다.

2. 입법예고의 원칙(동조 제1항)

(1) 원칙: 법령 등의 제정·개정·폐지 시

※ '법령 등'의 범위에는 법률, 대통령령, 총리령, 부령과 자치법규(조례, 규칙)가 포함되고, 법률은 행정부가 입안하여 국회에 제출하는 법률만을 말한다.

(2) 예외

① 신속한 국민의 권리 보호 또는 예측 곤란한 특별한 사정의 발생 등으로 입법이 긴급을 요하는 경우

② 상위 법령 등의 단순한 집행을 위한 경우

③ 입법내용이 국민의 권리·의무 또는 일상생활과 관련이 없는 경우

④ 단순한 표현·자구를 변경하는 경우 등 입법내용의 성질상 예고의 필요가 없거나 곤란하다고 판단되는 경우

⑤ 예고함이 공공의 안전 또는 복리를 현저히 해칠 우려가 있는 경우

(3) 기타: 법제처장은 입법예고를 하지 아니한 법령안의 심사 요청을 받은 경우에 입법예고를 하는 것이 적당하다고 판단할 때에는 해당 행정청에 입법예고를 권고하거나 직접 예고할 수 있다. 입법예고의 기준·절차 등에 관하여 필요한 사항은 대통령령으로 정한다.

3. 예고방법(제42조)

(1) 행정청은 입법안의 취지, 주요 내용 또는 전문(全文)을 관보·공보나 인터넷·신문·방송 등을 통하여 널리 공고하여야 한다.

(2) 행정청은 대통령령을 입법예고하는 경우 국회 소관 상임위원회에 이를 제출하여야 한다.

(3) 행정청은 입법예고를 할 때에 입법안과 관련이 있다고 인정되는 중앙행정기관, 지방자치단체, 그 밖의 단체 등이 예고사항을 알 수 있도록 예고사항을 통지하거나 그 밖의 방법으로 알려야 한다.

(4) 행정청은 예고된 입법안에 대하여 전자공청회 등을 통하여 널리 의견을 수렴할 수 있으며 이 경우 전자공청회에 관한 규정을 준용한다.

(5) 행정청은 예고된 입법안의 전문에 대한 열람 또는 복사를 요청받았을 때에는 특별한 사유가 없으면 그 요청에 따라야 한다. 행정청은 복사에 드는 비용을 복사를 요청한 자에게 부담시킬 수 있다.

4. 예고기간(제43조)

입법예고기간은 예고할 때 정하되, 특별한 사정이 없으면 40일(자치법규는 20일) 이상으로 한다.

5. 의견제출 및 처리(제44조)

누구든지 예고된 입법안에 대하여 의견을 제출할 수 있으며 행정청은 의견접수기관, 의견제출기간, 그 밖에 필요한 사항을 해당 입법안을 예고할 때 함께 공고하여야 한다. 행정청은 해당 입법안에 대한 의견이 제출된 경우 특별한 사유가 없으면 이를 존중하여 처리하여야 하며 의견을 제출한 자에게 그 제출된 의견의 처리결과를 통지하여야 한다. 제출된 의견의 처리방법 및 처리결과의 통지에 관하여는 대통령령으로 정한다(법제업무 운영 규정 제18조).

6. 공청회개최(제45조)

행정청은 입법안에 관하여 공청회를 개최할 수 있다. 공청회에 관하여는 제38조, 제38조의2, 제38조의3, 제39조 및 제39조의2를 준용한다.

7. 입법안의 재예고(제41조 제4항)

입법안을 마련한 행정청은 입법예고 후 예고내용에 국민생활과 직접 관련된 내용이 추가되는 등 대통령령으로 정하는 중요한 변경이 발생하는 경우에는 해당 부분에 대한 입법예고를 다시 하여야 한다. 다만, 제1항 각 호의 어느 하나에 해당하는 경우에는 예고를 하지 아니할 수 있다.

2 행정예고

1. 의의

국민생활과 밀접한 관련이 있는 정책 · 제도 · 계획 등의 수립 또는 변경 시 국민에게 정책참여의 기회를 제공하여 국민의 행정에 대한 이해와 협력을 증진시키고, 행정의 예측 가능성을 제고한다. 또한 정책 · 제도 · 계획 등을 시행에 앞서 국민에게 미리 알려 이에 대비할 수 있는 시간적 여유를 제공함으로써 집행의 공정성과 행정의 예측 가능성을 높여 국민의 권리 · 이익을 보호하며, 국민생활의 안정에 기여한다.

2. 행정예고의 원칙

(1) 의의: 행정청이 국민생활과 밀접한 관련이 있는 사안에 대하여 일정한 정책 또는 제도를 수립·변경 또는 폐지하고자 할 경우, 법령, 계획 등 특정한 법 형식에 국한되지 아니하고, 사회, 경제, 기술적 입장 등 다양한 입장에서 행정청이 국민에게 예고한다는 점에서 다른 제도와 구분되는 특징이 있다.

(2) 다른 제도와의 구분

① 행정입법의 예고 절차: 특정한 법령의 제정·개정과 직접적으로 관련되는 경우에 한정되며, 특정한 법률, 대통령령, 총리령, 부령, 자치법규 등의 제정 또는 개정이라는 법적 형식으로 구체적으로 제시된다는 점에서 그 고유한 특성이 인정된다.

② 행정계획의 확정 절차: 특정한 행정계획의 수립·변경과 직접적으로 관련되는 경우에 한정되며, 수도권정비계획, 도시계획, 도시개발계획 등 특정한 계획의 수립·변경이라는 법적 형식으로 구체적으로 제시된다는 점은 행정계획 확정 절차의 고유한 특성으로 제시된다. 그러나 행정 계획의 다양성으로 인하여 계획의 형식·내용이 일정하지 아니한 경우가 많고, 행정정책이 계획이라는 이름으로 발표되는 경우도 많이 있다. 행정절차법이 행정 계획의 확정 절차를 규정하지 아니하고, 중요한 계획을 수립할 경우 행정예고 절차를 활용하도록 규정하였으므로 행정예고 절차와 행정계획의 확정 절차는 서로 혼용될 수 있다.

③ 행정처분 절차: 특정하고 구체적이며, 개별적인 처분을 행하는 경우에 한정된다는 점에서 그 고유성이 인정된다.

3. 행정예고의 예외(제46조)

(1) 행정청의 다음 어느 하나에 해당하는 경우 예고하지 않을 수 있다(제1항).

- 신속하게 국민의 권리를 보호하여야 하거나 예측이 어려운 특별한 사정이 발생하는 등 긴급한 사유로 예고가 현저히 곤란한 경우
- 법령등의 단순한 집행을 위한 경우
- 정책등의 내용이 국민의 권리·의무 또는 일상생활과 관련이 없는 경우
- 정책등의 예고가 공공의 안전 또는 복리를 현저히 해칠 우려가 상당한 경우

(2) (1)에도 불구하고 법령등의 입법을 포함하는 행정예고는 입법예고로 갈음할 수 있다(제2항).

(3) 행정예고기간: 예고 내용의 성격 등을 고려하여 정하되, 20일 이상으로 한다(제3항). 제3항에도 불구하고 행정목적을 달성하기 위하여 긴급한 필요가 있는 경우에는 행정예고기간을 단축할 수 있다. 이 경우 단축된 행정예고기간은 10일 이상으로 한다(제4항).

(4) 행정예고기간의 준용: 행정예고의 방법, 의견제출 및 처리, 공청회 및 온라인공청회에 관하여는 입법예고 규정을 준용한다(제47조). 이 경우 "입법안"은 "정책등안"으로, "입법예고"는 "행정예고"로, "처분을 할 때"는 "정책등을 수립·시행하거나 변경할 때"로 본다.

(5) 통계작성 및 공고: 행정청은 매년 자신이 행한 행정예고의 실시 현황과 그 결과에 관한 통계를 작성하고, 이를 관보·공보 또는 인터넷 등의 방법으로 널리 공고하여야 한다(제46조의2).

05 그 외의 행정절차

1 행정지도

1. 의의

일정한 행정 목적을 실현하기 위하여 상대방인 국민에게 임의적 협력을 요청하는 비권력적 사실행위인 행정지도는 현대 행정 영역의 확대로 말미암아 그 필요성이 증가하고 있는 새로운 행위 형식이다. 행정지도 그 자체만으로는 직접 법적효과를 가져오지는 않으나, 현실에 있어서 보조금 지급을 하지 않거나 세무조사, 명단의 공표 등 사실상 강제력을 가지는 경우가 많으므로 이에 대한 '절차적 통제'가 필요하다.

2. 행정지도의 원칙(제48조)

(1) 적법성의 원칙: 행정지도를 통하여 달성하고자 하는 행정 목적과 목적 달성을 위한 수단의 선택, 국민에게 요구하는 행위 등이 총체적으로 적법·정당할 것을 요구한다. 즉 행정지도는 어떤 경우에도 국민에게 위법 행위를 종용하는 것이어서는 안 되기 때문에 위법행위를 종용하는 행정지도가 이루어진 경우, 행정기관이 국민에게 그 사실을 서면으로 교부한다 하더라도 국민에게 그 위법성이 조각될 수 없다.

(2) 비례의 원칙: 행정지도는 그 목적 달성에 필요한 최소한도에 그쳐야 함을 규정(동조 제1항 전단)하고 있는데, 이는 행정지도에 있어서의 비례의 원칙을 선언한 것이다.
① 일정한 행정 목적을 실현하기 위하여 이루어져야 한다.
② 행정 목적 달성에 필수불가결하여야 한다.
③ 행정 목적 달성에 필요한 최소한의 범위 안에서 사용되어야 한다.

(3) 강제금지의 원칙: 행정지도의 상대방의 의사에 반하여 부당하게 강요하여서는 아니 됨을 규정(동조 제1항 후단)하고 있는데, 이는 행정지도에 있어서의 강제금지의 원칙을 선언한 것이다. 강제금지의 원칙은 행정지도를 하는 행정청은 그 상대방에게 일정한 행위를 하거나 하지 아니하도록 지도·권고·조언 등을 함에 그쳐야 하며, 결코 상대방에게 일정한 사항을 명령하거나 강제하지 말 것을 요구한다.

(4) 불이익조치 금지의 원칙: 행정기관은 행정지도의 상대방이 행정지도에 따르지 아니하였다는 것을 이유로 불이익한 조치를 히여서는 아니 됨을 규정(동조 제2항)하고 있다. 행정절차법이 불이익조치 금지를 행정지도의 원칙으로 규정한 것은 행정지도의 상대방이 협력을 하지 아니하였음을 이유로 불이익한 조치를 행정기관이 하게 된다면, 상대방은 협력을 사실상 강요당하는 위치에 놓이게 되어 강제금지의 원칙에 정면으로 배치되므로 이 문제점을 해소하기 위한 것이다.

3. 행정지도의 방법

(1) 행정지도의 방식(제49조)

① 투명성: 행정지도를 하는 자는 그 상대방에게 그 행정지도의 취지 및 내용과 신분을 밝혀야 한다.

② 서면교부 요구권: 행정지도가 말로 이루어지는 경우에 상대방이 행정지도의 취지 및 내용과 신분에 관한 사항을 적은 서면의 교부를 요구하면 그 행정지도를 하는 자는 직무 수행에 특별한 지장이 없으면 이를 교부하여야 한다.

(2) 의견제출(제50조)
행정지도의 상대방은 해당 행정지도의 방식·내용 등에 관하여 행정기관에 의견제출을 할 수 있다. 행정지도에 대하여 이의가 있는 행정지도의 상대방은 행정기관에 의견을 제출함으로써 상호 간의 의견 교환을 통하여 문제의 해결을 도모할 수 있다.

(3) 다수인을 대상으로 하는 행정지도(제51조)
행정기관이 같은 행정목적을 실현하기 위하여 많은 상대방에게 행정지도를 하려는 경우에는 특별한 사정이 없으면 행정지도에 공통적인 내용이 되는 사항을 공표하여야 한다.

 판례 PLUS

> **행정지도의 법적 성격**
>
> **1. 교육인적자원부장관의 국·공립대학총장들에 대한 학칙시정요구가 헌법소원의 대상이 되는 공권력행사인지 여부: 적극**
> 교육인적자원부장관의 대학총장들에 대한 학칙시정요구는 고등교육법 제6조 제2항, 동법시행령 제4조 제3항에 따른 것으로서 그 법적 성격은 대학총장의 임의적인 협력을 통하여 사실상의 효과를 발생시키는 행정지도의 일종이지만, 그에 따르지 않을 경우 일정한 불이익조치를 예정하고 있어 사실상 상대방에게 그에 따를 의무를 부과하는 것과 다를 바 없으므로 단순한 행정지도로서의 한계를 넘어 규제적·구속적 성격을 상당히 강하게 갖는 것으로서 헌법소원의 대상이 되는 공권력의 행사라고 볼 수 있다(헌재 2003.6.26, 2002헌마337 등).
>
> **2. 적법한 행정지도로 상대방에게 손해가 발생한 경우, 행정기관이 손해배상책임을 지는지 여부: 소극**
> 행정지도가 강제성을 띠지 않은 비권력적 작용으로서 행정지도의 한계를 일탈하지 아니하였다면, 그로 인하여 상대방에게 어떤 손해가 발생하였다 하더라도 행정기관은 그에 대한 손해배상책임이 없다(대판 2008.9.25, 2006다18228).

2 국민참여의 확대

1. 국민참여 확대 노력(제52조, 시행령 제25조의2)

(1) 다양한 참여방법과 협력의 기회
행정청은 행정과정에 국민의 참여를 확대하기 위하여 다양한 참여방법과 협력의 기회를 제공하도록 노력하여야 한다.

① 청문, 공청회, 의견 제출과 그 밖의 토론회, 간담회, 설명회(제22조)

② 온라인 정책토론(제53조)

③ 국민 제안 및 공모 제안(국민제안규정 제2조)

④ 온라인 투표, 설문조사 등의 여론 조사

⑤ 자원봉사활동, 사회공헌활동 등을 통한 협력의 기회 제공

⑥ 그 밖에 국민이 참여할 수 있는 방법 및 협력의 기회 제공

(2) 다양한 기법 사용

① 행정청은 국민의 의사나 수요를 행정 과정에 반영하기 위하여 다양한 기법을 활용할 수 있다. 일반인, 전문가가 직접 참여하여 국민의 수요를 관찰하고 분석함으로써 공공정책 및 서비스를 개발·개선하는 공공서비스디자인 기법, 빅데이터(정형 또는 비정형의 대용량 데이터) 분석 기법, 그 밖에 국민의 의사나 수요를 확인하여 행정 과정에 반영할 수 있는 기법 등이 있다.

② 행정청은 국민 참여 방법과 협력의 기회 제공 및 기법의 활용을 위하여 국민과 전문가의 의견을 듣거나 정책에 대하여 토론, 투표, 평가할 수 있는 온라인 국민참여 플랫폼을 적극 활용하여야 한다.

③ 행정청은 참여 방법과 협력의 기회를 통해 국민의 의견이 제출되거나 기법의 활용을 통하여 국민의 의사 또는 수요가 확인된 경우 특별한 사유가 없으면 이를 존중하여 처리하여야 한다.

2. 전자적 정책토론

 법령 PLUS

행정절차법

제53조(온라인 정책토론) ① 행정청은 국민에게 영향을 미치는 주요 정책 등에 대하여 국민의 다양하고 창의적인 의견을 널리 수렴하기 위하여 정보통신망을 이용한 정책토론(이하 이 조에서 "온라인 정책토론"이라 한다)을 실시할 수 있다.
② 행정청은 효율적인 온라인 정책토론을 위하여 과제별로 한시적인 토론 패널을 구성하여 해당 토론에 참여시킬 수 있다. 이 경우 패널의 구성에 있어서는 공정성 및 객관성이 확보될 수 있도록 노력하여야 한다.
③ 행정청은 온라인 정책토론이 공정하고 중립적으로 운영되도록 하기 위하여 필요한 조치를 할 수 있다.
④ 토론 패널의 구성, 운영방법, 그 밖에 온라인 정책토론의 운영을 위하여 필요한 사항은 대통령령으로 정한다.

3 비용 부담 및 협조 요청

1. 비용의 부담(제54조)

행정절차에 드는 비용은 행정청이 부담한다. 다만, 당사자등이 자기를 위하여 스스로 지출한 비용은 그러하지 아니하다.

2. 참고인 등에 대한 비용 지급(제55조)

행정청은 행정절차의 진행에 필요한 참고인이나 감정인 등에게 예산의 범위에서 여비와 일당을 지급할 수 있으며 비용의 지급기준 등에 관하여는 대통령령으로 정한다.

3. 협조 요청 등(제56조)

행정안전부장관(행정상 입법예고의 경우에는 법제처장을 말한다)은 이 법의 효율적인 운영을 위하여 노력하여야 하며, 필요한 경우에는 그 운영 상황과 실태를 확인할 수 있고, 관계 행정청에 관련 자료의 제출 등 협조를 요청할 수 있다.

06 행정절차의 하자

1 절차상 하자의 의의

행정청에 의한 공법적 작용에 절차요건상 흠이 있을 때 절차상 하자에 해당한다. 그 유형으로는 법령상 요구되는 상대방의 협력이나 관계 결여, 침익적인 처분의 사전통지나 의견청취절차 결여, 처분의 이유제시 결여, 송달방법의 하자, 개별법률 또는 행정절차법에서 요구하는 각종 절차의 결여, 절차상 하자 효과에 대한 규정 등이 있다. 현재 우리나라에서 절차상 하자의 효과에 대해 일반적인 규정을 두고 있지 않다.

2 절차상 하자의 독자적 위법성 여부

절차상 하자를 독자적 위법사유로 볼 수 있는지 여부가 문제된다. 명문규정이 있는 경우(예 국가공무원법 제13조 제2항 '소청사건을 심사할 때 소청인 등에게 진술의 기회를 부여하지 아니하고 한 결정은 무효로 한다')에는 그에 따르지만 없는 경우 학설이 대립된다.

1. 재량행위의 경우

행정청에 독자적 판단권이 인정되기 때문에, 절차상의 하자를 시정한 다음에는 기존 처분과 다른 처분을 할 수 있으므로 독자적 위법성이 인정된다.

2. 기속행위의 경우

(1) **소극설**: 절차상의 하자를 독자적 취소사유로 인정하지 않는 견해로 행정행위의 절차규정은 실체법적으로 적정한 행정결정을 확보하기 위한 수단인 점에 그 본질적 기능이 있고 행정청이 적법한 절차를 거쳐 재처분하여도 여전히 전과 동일한 처분을 하여야 하는 경우에는 단지 절차상 하자만을 이유로 당해 행위를 취소하는 것은 행정경제에 반한다는 것이다.

(2) **적극설(통설·판례)**: 행정의 '법률적합성의 원칙'에 따라 행정행위는 내용뿐만 아니라 절차상으로도 적법해야 하며, 상대방의 절차적 권리는 당해 행정행위가 취소됨으로써 회복될 수 있다는 점, 절차상 하자로 취소된 후에 행정청이 재처분을 하는 경우 전과 다른 처분이 행해질 가능성이 있다는 점 등을 이유로 독자적 위법사유가 된다고 보고 있다.

절차상 하자가 처분에 미치는 효력

1. **징계위원회의 심의과정에 반드시 제출되어야 하는 공적(功績) 사항이 제시되지 않은 상태에서 결정한 징계처분이 위법한지 여부: 적극**

   공무원징계령에 의하면, 공무원에 대한 징계의결을 요구할 때는 징계사유의 증명에 필요한 관계 자료뿐 아니라 '감경대상 공적 유무' 등이 기재된 확인서를 징계위원회에 함께 제출하여야 하고, 경찰청장의 표창을 받은 공적은 징계양정에서 감경할 수 있는 사유의 하나로 규정되어 있다. 따라서 징계위원회의 심의과정에 반드시 제출되어야 하는 공적(功績) 사항이 제시되지 않은 상태에서 결정한 징계처분은 징계양정이 결과적으로 적정한지와 상관없이 법령이 정한 징계절차를 지키지 않은 것으로서 위법하다(대판 2012.6.28, 2011두20505).

2. **군인사법령에 의하여 진급예정자명단에 포함된 자에 대하여 의견제출의 기회를 부여하지 아니한 채 진급선발을 취소하는 처분을 한 것이 절차상 하자가 있어 위법하다고 한 사례**

   행정절차법 제21조 제4항 제3호, 제22조 제4항에 따라 원고에게 사전통지를 하지 않거나 의견제출의 기회를 주지 아니하여도 되는 예외적인 경우에 해당한다고 할 수 없으므로, 피고가 이 사건 처분을 함에 있어 원고에게 의견제출의 기회를 부여하지 아니한 이상, 이 사건 처분은 절차상 하자가 있어 위법하다(대판 2007.9.21, 2006두20631).

3 절차상 하자의 치유

1. 문제의 소지

무용한 행정행위의 반복 방지, 법적 안정성의 보장, 공공복리의 도모 등을 근거로 하여 행정행위의 성립 당시에는 하자, 즉 요건불비가 있어 위법하지만 사후에 그 요건이 추완되는 경우 등에는 당해 행위를 적법한 행위로 취급하는 것이다. 무효인 행정행위에는 처음부터 당연히 효력이 발생하지 않으므로 논의가 되는 것은 그 "하자가 취소사유인 경우"에 한정된다.

(1) **학설**: 부정설, 긍정설과 통설인 "제한적 긍정설"이 있다. 즉 국민의 방어권 보장 등 국민의 권익을 침해하지 않는 범위에서 제한적으로만 허용된다는 견해가 통설이다.

(2) **판례의 태도**: 원칙적으로는 하자의 치유를 부정하되, 국민의 권리와 이익을 침해하지 않는 범위에서 인정하고 있다.

 판례 PLUS

하자의 치유 인정 여부

1. **청문서 도달기간을 다소 어겼지만, 영업자가 이의하지 아니한 채 청문일에 출석하여 의견을 진술하고 변명하는 등 방어의 기회를 충분히 가진 경우, 하자의 치유 여부: 적극**

   행정청이 식품위생법상의 청문절차를 이행함에 있어 소정의 청문서 도달기간을 지키지 아니하였다면 이는 청문의 절차적 요건을 준수하지 아니한 것이므로 이를 바탕으로 한 행정처분은 일단 위법하다고 보아야 할 것이지만, 이러한 청문제도의 취지는 처분으로 말미암아 받게 될 영업자에게 미리 변명과 유리한 자료를 제출할 기회를 부여함으로써 부당한 권리침해를 예방하려는 데에 있는 것임을 고려하여 볼 때, 가령 행정청이 청문서 도달기간을 다소 어겼다하더라도 영업자가 이에 대하여 이의하지 아니한 채 스스로 청문일에 출석하여 그 의견을 진술하고 변명하는 등 방어의 기회를 충분히 가졌다면 청문서 도달기간을 준수하지 아니한 하자는 치유되었다고 봄이 상당하다(대판 1992.10.23, 92누2844).

2. 부담금부과처분 전의 부담금예정통지서에 기재되어 있었던 경우, 납부고지서에 기재사항의 일부가 누락되었더라도 그 하자가 치유되는지 여부: 적극

택지초과소유부담금의 납부고지서에 납부금액 및 산출근거, 납부기한과 납부장소 등의 필요적 기재사항의 일부가 누락되었다면 그 부과처분은 위법하다고 할 것이나, 부과관청이 부과처분에 앞서 납부의무자에게 교부한 부담금예정통지서에 납부고지서의 필요적 기재사항이 제대로 기재되어 있었다면 납부의무자로서는 부과처분에 대한 불복 여부의 결정 및 불복신청에 전혀 지장을 받지 않았음이 명백하므로, 이로써 납부고지서의 흠결이 보완되거나 하자가 치유될 수 있는 것이다(대판 1997.12.26, 97누9390).

(3) **하자의 치유시기**: 행정소송이 종결되기 전까지는 하자의 치유가 가능하다고 보는 견해도 있지만, 통설 및 판례의 입장은 "쟁송제기 전까지 가능"하다고 본다.

판례 PLUS

세액산출근거가 누락된 납세고지서의 하자가 치유되기 위한 요건

1. 세액산출근거가 누락된 납세고지서에 의한 과세처분의 하자의 치유를 허용하려면 늦어도 과세처분에 대한 불복여부의 결정 및 불복신청에 편의를 줄 수 있는 상당한 기간 내에 하여야 한다고 할 것이므로, 과세처분에 대한 전심절차가 모두 끝나고 상고심의 계류 중에 세액산출근거의 통지가 있었다고 하여 과세처분의 하자가 치유되었다고는 볼 수 없다(대판 1984.4.10, 83누393).

2. 과세처분이 있은 지 4년이 지나서 그 취소소송이 제기된 때에 보정된 납세고지서를 송달하였다는 사실이나 오랜 기간(4년)의 경과로써 과세처분의 하자가 치유되었다고 볼 수는 없다(대판 1983.7.26, 82누420).

2. 취소판결의 기속력

(1) 행정절차의 하자를 이유로 취소판결이 선고되면, 처분청은 그 판결의 취지에 따라 새로이 처분을 하여야 한다(행정소송법 제30조 제3항). 이때 처분청이 절차상 위법사유를 보완하여 다시 동일한 처분을 할 경우 판결의 기속력에 반하지 않는지가 문제이다.

(2) **통설과 판례**: 이 경우 판결의 기속력에 반하지 않는다고 본다. 확정판결에 적시된 위법사유를 보완하여 행한 새로운 처분은 확정판결에 의해 취소된 이전의 처분과는 '별개의 처분'으로 보기 때문이다.

더 알아보기

기판력과 기속력
- 기판력: 어떤 소송에서 사건에 관한 재판이 확정되면 그 재판을 한 법원은 물론, 다른 법원도 다시 그것과 어긋나는 판단을 할 수 없으며, 당사자도 반대되는 주장을 할 수 없는 효력
- 기속력: 법원이나 행정기관이 자기가 한 재판이나 처분에 스스로 구속되어 자유롭게 취소·변경할 수 없는 효력
- 판례는 기속력과 기판력을 명확히 구분하지 않음(대판 1987.2.10, 86누91)

판례 PLUS

절차상의 하자를 이유로 한 취소판결의 기속력 범위

적법한 절차를 갖추어 동일한 내용의 처분을 할 수 있는지 여부: 적극

1. 과세의 절차 내지 형식에 위법이 있어 과세처분을 취소하는 판결이 확정되었을 때는 그 확정판결의 기판력은 거기에 적시된 절차내지 형식의 위법사유에 한하여 미치는 것이므로, 과세관청은 그 위법사유를 보완하여 다시 새로운 과세처분을 할 수 있고 그 새로운 과세처분은 확정판결에 의하여 취소된 종전의 과세처분과는 별개의 처분이라 할 것이어서 확정판결의 기판력에 저촉되는 것이 아니다(대판 1987.2.10, 86누91).

2. 어떤 행정처분에 위법한 하자가 있다는 이유로 그 행정처분을 취소하는 판결이 확정된 경우에 처분행정청은 그 행정소송의 사실심 변론종결 이전의 사유를 내세워 다시 확정판결에 저촉되는 행정처분을 하는 것은 허용될 수 없는 것이지만, 그 확정판결의 취소사유가 행정처분의 절차나 형식상의 하자에 있었던 경우에는 그 확정판결이 행정청을 기속하는 효력은 취소사유로 된 절차 내지 형식의 위법에 한하여 미친다 할 것이므로 행정청은 적법한 절차나 형식을 갖추어 동일내용의 처분을 할 수 있다(대판 1985.5.28, 84누408).

3. 절차의 하자와 국가배상

(1) 통설: 취소소송에서는 절차의 하자만을 이유로 취소판결이 내려질 수 있지만, 국가배상소송에서는 통상 실체법상의 위법이 인정되어야만 국가배상이 인정될 수 있다고 한다. 그 이유는 절차상 위법하지만 실체법상으로는 적법한 경우에는 통상 손해가 발생하였다고 볼 수 없기 때문이다.

(2) 판례: 절차적 위법이 있다 하더라도, 이로 인해 바로 위법성이 인정되는 것이 아니라 가해행위의 위반내용 등 제반사정을 종합적으로 검토하여 개별적, 구체적으로 정하여야 한다는 입장으로 보인다.

🔖 판례 PLUS

절차상 하자로 인한 국가배상

절차상 하자를 이유로 국가배상책임을 인정하기 위한 요건: 절차상 하자 + 실질적 요건까지 필요
교도소장이 아닌 일반교도관 또는 중간관리자에 의하여 징벌내용이 고지되었다는 사유에 의하여 당해 징벌처분이 위법하다는 이유로 공무원의 고의·과실로 인한 국가배상책임을 인정하기 위하여는 징벌처분이 있게 된 규율위반행위의 내용, 징벌혐의내용의 조사, 징벌혐의자의 의견 진술 및 징벌위원회의 의결 등 징벌절차의 진행경과, 징벌의 내용 및 그 집행경과 등 제반 사정을 종합적으로 고려하여 징벌처분이 객관적 정당성을 상실하고 이로 인하여 손해의 전보책임을 국가에게 부담시켜야 할 실질적인 이유가 있다고 인정되어야 한다(대판 2004.12.9, 2003다50184).

---

07 행정규제기본법

1 총칙

1. 목적(제1조)

행정규제에 관한 기본적인 사항을 규정하여 불필요한 행정규제를 폐지하고, 비효율적인 행정규제의 신설을 억제함으로써, 사회·경제활동의 자율과 창의를 촉진하여 국민 삶의 질을 높이고, 국가경쟁력이 지속적으로 향상되도록 함을 목적으로 한다.

2. 정의(제2조)

(1) 용어의 뜻

① 행정규제(이하 "규제"라 한다): 국가나 지방자치단체가 특정한 행정 목적을 실현하기 위하여 국민(국내법을 적용받는 외국인을 포함한다)의 권리를 제한하거나 의무를 부과하는 것으로서 법령등이나 조례·규칙에 규정되는 사항을 말한다.

② 법령등: 법률·대통령령·총리령·부령과 그 위임을 받는 고시(告示) 등을 말한다. 여기서 "고시 등"이라 함은 훈령·예규·고시 및 공고를 말한다(시행령 제2조 제2항).

③ 기존규제: 이 법 시행 당시 다른 법률에 근거하여 규정된 규제와 이 법 시행 후 이 법에서 정한 절차에 따라 규정된 규제를 말한다.

④ 행정기관: 법령등 또는 조례 · 규칙에 따라 행정 권한을 가지는 기관과 그 권한을 위임받거나 위탁받은 법인 · 단체 또는 그 기관이나 개인을 말한다.

⑤ 규제영향분석: 규제로 인하여 국민의 일상생활과 사회 · 경제 · 행정 등에 미치는 여러 가지 영향을 객관적이고 과학적인 방법을 사용하여 미리 예측 · 분석함으로써 규제의 타당성을 판단하는 기준을 제시하는 것을 말한다.

(2) 규제의 구체적 범위(시행령 제2조): 행정규제의 구체적 범위는 다음의 어느 하나에 해당하는 사항으로서 법령등 또는 조례 · 규칙에 규정되는 사항으로 한다.

① 허가 · 인가 · 특허 · 면허 · 승인 · 지정 · 인정 · 시험 · 검사 · 검정 · 확인 · 증명 등일정한 요건과 기준을 정하여 놓고 행정기관이 국민으로부터 신청을 받아 처리하는 행정처분 또는 이와 유사한 사항

② 허가취소 · 영업정지 · 등록말소 · 시정명령 · 확인 · 조사 · 단속 등 행정의무의 이행을 확보하기 위하여 행정기관이 행하는 행정처분 또는 감독에 관한 사항

③ 고용의무 · 신고의무 · 등록의무 · 보고의무 · 공급의무 · 출자금지 · 명의대여금지 그 밖에 영업 등과 관련하여 일정한 작위의무 또는 부작위의무를 부과하는 사항

④ 그 밖에 국민의 권리를 제한하거나 의무를 부과하는 행정행위(사실행위를 포함한다)에 관한 사항

3. 적용 범위(제3조)

(1) 원칙: 규제에 관하여 다른 법률에 특별한 규정이 있는 경우를 제외하고는 이 법에서 정하는 바에 따른다.

(2) 적용제외

- 국회, 법원, 헌법재판소, 선거관리위원회 및 감사원이 하는 사무
- 형사(刑事), 행형(行刑) 및 보안처분에 관한 사무
- 과징금, 과태료의 부과 및 징수에 관한 사항
- 국가정보원법에 따른 정보 · 보안 업무에 관한 사항
- 병역법, 통합방위법, 예비군법, 민방위기본법, 비상대비자원 관리법 및 재난 및 안전관리기본법에 규정된 징집 · 소집 · 동원 · 훈련에 관한 사항
- 군사시설, 군사기밀 보호 및 방위사업에 관한 사항
- 조세(租稅)의 종목 · 세율 · 부과 및 징수에 관한 사항

(3) 기타 사항: 지방자치단체는 이 법에서 정하는 취지에 따라 조례 · 규칙에 규정된 규제의 등록 및 공표, 규제의 신설이나 강화에 대한 심사, 기존규제의 정비, 규제심사기구의 설치 등에 필요한 조치를 하여야 한다.

4. 규제 법정주의(제4조)

(1) 규제는 법률에 근거하여야 하며, 그 내용은 알기 쉬운 용어로 구체적이고 명확하게 규정되어야 한다. 규제는 법률에 직접 규정하되, 규제의 세부적인 내용은 법률 또는 상위법령에서 구체적으로 범위를 정하여 위임한 바에 따라 대통령령 · 총리령 · 부령 또는 조례 · 규칙으로 정할 수 있다.

(2) 다만, 법령에서 전문적·기술적 사항이나 경미한 사항으로서 업무의 성질상 위임이 불가피한 사항에 관하여 구체적으로 범위를 정하여 위임한 경우에는 고시 등으로 정할 수 있다.

(3) 또한 행정기관은 법률에 근거하지 아니한 규제로 국민의 권리를 제한하거나 의무를 부과할 수 없다.

5. 규제의 원칙(제5조)

(1) 국가나 지방자치단체는 국민의 자유와 창의를 존중하여야 하며, 규제를 정하는 경우에도 그 본질적 내용을 침해하지 아니하도록 하여야 한다. 국가나 지방자치단체가 규제를 정할 때에는 국민의 생명·인권·보건 및 환경 등의 보호와 식품·의약품의 안전을 위한 실효성이 있는 규제가 되도록 하여야 한다.

(2) 규제의 대상과 수단은 규제의 목적 실현에 필요한 최소한의 범위에서 가장 효과적인 방법으로 객관성·투명성 및 공정성이 확보되도록 설정되어야 한다.

6. 우선허용·사후규제 원칙(제5조의2)

(1) 국가나 지방자치단체가 신기술을 활용한 새로운 서비스 또는 제품(이하 "신기술 서비스·제품"이라 한다)과 관련된 규제를 법령 등이나 조례·규칙에 규정할 때에는 다음 어느 하나의 규정 방식을 우선적으로 고려하여야 한다(제1항).
- 규제로 인하여 제한되는 권리나 부과되는 의무는 한정적으로 열거하고 그 밖의 사항은 원칙적으로 허용하는 규정 방식
- 서비스와 제품의 인정 요건·개념 등을 장래의 신기술 발전에 따른 새로운 서비스와 제품도 포섭될 수 있도록 하는 규정 방식
- 서비스와 제품에 관한 분류기준을 장래의 신기술 발전에 따른 서비스와 제품도 포섭될 수 있도록 유연하게 정하는 규정 방식
- 그 밖에 신기술 서비스·제품과 관련하여 출시 전에 권리를 제한하거나 의무를 부과하지 아니하고 필요에 따라 출시 후에 권리를 제한하거나 의무를 부과하는 규정 방식

(2) 국가와 지방자치단체는 신기술 서비스·제품과 관련된 규제를 점검하여 해당 규제를 규정된 방식으로 개선하는 방안을 강구하여야 한다(제2항).

7. 규제의 등록 및 공표(제6조)

(1) 규제의 등록

① 중앙행정기관의 장은 소관 규제의 명칭·내용·근거·처리기관 등을 규제개혁위원회에 등록하여야 한다.

② 위원회는 등록된 규제사무 목록을 작성하여 공표하고, 매년 6월 말일까지 국회에 제출하여야 한다.

③ 위원회는 직권으로 조사하여 등록되지 아니한 규제가 있는 경우에는 관계 중앙행정기관의 장에게 지체 없이 위원회에 등록하게 하거나 그 규제를 폐지하는 법령등의

정비계획을 제출하도록 요구하여야 하며, 관계 중앙행정기관의 장은 특별한 사유가 없으면 그 요구에 따라야 한다.

(2) **규제의 공표**: 위원회는 중앙행정기관별 규제사무목록 또는 그 변경된 내용을 관보에 게재하거나 인터넷 홈페이지 등을 이용하여 국민에게 알려야 한다(시행령 제5조).

2 규제의 신설 · 강화에 대한 원칙과 심사

1. 규제영향분석 및 자체심사(제7조)

(1) **규제영향분석서 작성**: 중앙행정기관의 장은 규제를 신설하거나 강화(규제의 존속기한 연장을 포함)하려면 다음의 사항을 종합적으로 고려하여 규제영향분석을 하고, 규제 영향분석서를 작성하여야 한다.
- 규제의 신설 또는 강화의 필요성
- 규제 목적의 실현 가능성
- 규제 외의 대체 수단 존재 여부 및 기존규제와의 중복 여부
- 규제의 시행에 따라 규제를 받는 집단과 국민이 부담하여야 할 비용과 편익의 비교 분석
- 규제의 시행이 중소기업기본법 제2조에 따른 중소기업에 미치는 영향
- 경쟁 제한적 요소의 포함 여부
- 규제 내용의 객관성과 명료성
- 규제의 신설 또는 강화에 따른 행정기구 · 인력 및 예산의 소요
- 관련 민원사무의 구비서류 및 처리절차 등의 적정 여부

(2) **자체심사 과정**
① 중앙행정기관의 장은 규제영향분석서를 입법예고 기간 동안 국민에게 공표하여야 하고, 제출된 의견을 검토하여 규제영향분석서를 보완하며, 의견을 제출한 자에게 제출된 의견의 처리 결과를 알려야 한다.
② 중앙행정기관의 장은 규제영향분석의 결과를 기초로 규제의 대상 · 범위 · 방법 등을 정하고 그 타당성에 대하여 자체심사를 하여야 한다. 이 경우 관계 전문가 등의 의견을 충분히 수렴하여 심사에 반영하여야 한다.
③ 규제영향분석의 방법 · 절차와 규제영향분석서의 작성지침 및 공표방법 등에 관하여 필요한 사항은 대통령령으로 정한다.

2. 규제의 존속기한 및 재검토기한 명시(제8조)

(1) **규제의 존속기한 또는 재검토기한의 설정**
① 중앙행정기관의 장은 규제를 신설하거나 강화하려는 경우에 존속시켜야 할 명백한 사유가 없는 규제는 존속기한 또는 재검토기한을 설정하여 그 법령등에 규정하여야 한다(제1항).
② 규제의 존속기한 또는 재검토기한은 규제의 목적을 달성하기 위하여 필요한 최소한의 기간 내에서 설정되어야 하며, 그 기간은 원칙적으로 5년을 초과할 수 없다(제2항).

(2) 규제의 존속기한 또는 재검토기한을 연장의 경우

　　① 중앙행정기관의 장은 규제의 존속기한 또는 재검토기한을 연장할 필요가 있을 때에는 그 규제의 존속기한 또는 재검토기한의 6개월 전까지 위원회에 심사를 요청하여야 한다(제3항).

　　② 위원회는 심사 시 필요하다고 인정하면 관계 중앙행정기관의 장에게 그 규제의 존속기한 또는 재검토기한을 설정할 것을 권고할 수 있다(제4항).

　　③ 중앙행정기관의 장은 법률에 규정된 규제의 존속기한 또는 재검토기한을 연장할 필요가 있을 때에는 그 규제의 존속기한 또는 재검토기한의 3개월 전까지 규제의 존속기한 또는 재검토기한 연장을 내용으로 하는 개정안을 국회에 제출하여야 한다(제5항).

3. 소상공인 등에 대한 규제 형평(제8조의2)

(1) 중앙행정기관의 장은 규제를 신설하거나 강화하려는 경우 「소상공인 보호 및 지원에 관한 법률」 제2조에 따른 소상공인 및 「중소기업기본법」 제2조 제2항에 따른 소기업에 대하여 해당 규제를 적용하는 것이 적절하지 아니하거나 과도한 부담을 줄 우려가 있다고 판단되면 규제의 전부 또는 일부의 적용을 면제하거나 일정기간 유예할 것을 검토하여야 한다.

(2) 중앙행정기관의 장은 이를 적용하는 것이 적절하지 아니하다고 판단될 경우에는 위원회에 심사를 요청할 때에 그 판단의 근거를 제시하여야 한다.

4. 의견 수렴(제9조)

중앙행정기관의 장은 규제를 신설하거나 강화하려면 공청회, 행정상 입법예고 등의 방법으로 행정기관·민간단체·이해관계인·연구기관·전문가 등의 의견을 충분히 수렴하여야 한다.

5. 심사 요청(제10조)

(1) 중앙행정기관의 장은 규제를 신설하거나 강화하려면 위원회에 심사를 요청하여야 한다. 이 경우 법령안에 대하여는 법제처장에게 법령안 심사를 요청하기 전에 하여야 한다.

(2) 중앙행정기관의 장은 심사를 요청할 때에는 규제안에 규제영향분석서(제7조 제1항), 자체심사 의견(제7조 제3항), 행정기관·이해관계인 등의 제출의견 요지(제9조)의 사항을 첨부하여 위원회에 제출하여야 한다.

(3) 위원회는 규제심사를 요청받은 경우에는 그 법령에 대한 규제정비 계획을 제출하게 할 수 있다.

6. 예비심사(제11조)

(1) 위원회는 심사를 요청받은 날부터 10일 이내에 그 규제가 국민의 일상생활과 사회·경제활동에 미치는 파급 효과를 고려하여 제12조에 따른 심사를 받아야 할 규제(중요규제)인지를 결정하여야 한다.

(2) 위원회가 중요규제가 아니라고 결정한 규제는 위원회의 심사를 받은 것으로 보며, 위원회가 결정을 하였을 때에는 지체 없이 그 결과를 관계 중앙행정기관의 장에게 통보하여야 한다.

7. 심사(제12조)

(1) 심사대상 및 심사과정

① 위원회는 중요규제라고 결정한 규제에 대하여는 심사 요청을 받은 날부터 45일 이내에 심사를 끝내야 한다. 다만, 심사기간의 연장이 불가피한 경우에는 위원회의 결정으로 15일을 넘지 아니하는 범위에서 한 차례만 연장할 수 있다.

② 위원회는 관계 중앙행정기관의 자체심사가 신뢰할 수 있는 자료와 근거에 의하여 적절한 절차에 따라 적정하게 이루어졌는지 심사하여야 한다.

(2) 보완요구 및 통보: 위원회는 제10조 제2항 각 호의 첨부서류 중 보완이 필요한 사항에 대하여는 관계 중앙행정기관의 장에게 보완할 것을 요구할 수 있으며 이 경우 보완하는 데에 걸린 기간은 심사기간에 포함하지 아니한다. 위원회는 심사를 마쳤을 때에는 지체 없이 그 결과를 관계 중앙행정기관의 장에게 통보하여야 한다.

8. 긴급한 규제의 신설·강화 심사(제13조)

(1) 긴급한 규제의 신설·강화가 필요한 경우: 중앙행정기관의 장은 긴급하게 규제를 신설하거나 강화하여야 할 특별한 사유가 있는 경우에는 규정된 절차를 거치지 아니하고 위원회에 심사를 요청할 수 있으며 이 경우 그 사유를 제시하여야 한다.

(2) 위원회는 심사 요청된 규제의 긴급성이 인정된다고 결정하면, 심사를 요청받은 날부터 20일 이내에 규제의 신설 또는 강화의 타당성을 심사하고 그 결과를 관계 중앙행정기관의 장에게 통보하여야 한다.

(3) 관계 중앙행정기관의 장은 위원회의 심사 결과를 통보받은 날부터 60일 이내에 위원회에 규제영향분석서를 제출하여야 한다.

(4) 긴급성이 인정되지 아니한 경우: 위원회는 심사 요청된 규제의 긴급성이 인정되지 아니한다고 결정하면, 심사를 요청받은 날부터 10일 이내에 관계 중앙행정기관의 장에게 규정에 따른 절차를 거치도록 요구할 수 있다.

9. 개선 권고(제14조)

(1) 위원회는 심사 결과 필요하다고 인정하면 관계 중앙행정기관의 장에게 그 규제의 신설 또는 강화를 철회하거나 개선하도록 권고할 수 있다.

(2) 권고를 받은 관계 중앙행정기관의 장은 특별한 사유가 없으면 이에 따라야 하며, 그 처리 결과를 대통령령으로 정하는 바에 따라 위원회에 제출하여야 한다.

10. 재심사(제15조)

(1) 중앙행정기관의 장은 위원회의 심사 결과에 이의가 있거나 위원회의 권고대로 조치하기가 곤란하다고 판단되는 특별한 사정이 있는 경우에는 대통령령으로 정하는 바에 따라 위원회에 재심사를 요청할 수 있다.

(2) 위원회는 재심사 요청을 받으면 그 요청받은 날부터 15일 이내에 재심사를 끝내고, 그 결과를 관계 중앙행정기관의 장에게 통보하여야 한다.

11. 심사절차의 준수(제16조)

(1) 중앙행정기관의 장은 위원회의 심사를 받지 아니하고 규제를 신설하거나 강화하여서는 아니 된다.

(2) 중앙행정기관의 장은 법제처장에게 신설되거나 강화되는 규제를 포함하는 법령안의 심사를 요청할 때에는, 그 규제에 대한 위원회의 심사의견을 첨부하여야 한다. 법령안을 국무회의에 상정하는 경우에도 또한 같다.

3 기존규제의 정비

1. 규제 정비의 요청(제17조)

(1) 누구든지 위원회에 고시 등 기존규제의 폐지 또는 개선(이하 "정비"라 한다)을 요청할 수 있다.

(2) 위원회는 정비 요청을 받으면 해당 규제의 소관 행정기관의 장에게 지체 없이 통보하여야 하고, 통보를 받은 행정기관의 장은 책임자 실명으로 성실히 답변하여야 한다.

(3) 위원회는 답변과 관련하여 필요한 경우 해당 행정기관의 장에게 규제 존치의 필요성 등에 대하여 소명할 것을 요청할 수 있으며 소명을 요청받은 행정기관의 장은 특별한 사유가 없으면 이에 따라야 한다.

2. 다른 행정기관 소관의 규제에 관한 의견 제출(제17조의2)

중앙행정기관의 장은 규제 개선 또는 소관 정책의 목적을 효과적으로 달성하기 위하여 다른 중앙행정기관의 소관 규제를 개선할 필요가 있다고 판단하는 경우에는 그에 관한 의견을 위원회에 제출할 수 있다.

3. 기존규제의 심사(제18조)

(1) 위원회는 다음의 어느 하나에 해당하는 경우 기존규제의 정비에 관하여 심사할 수 있으며 개선권고(제14조)와 재심사(제15조)에 관한 규정을 준용한다.

(2) 제17조에 따른 정비 요청 및 제17조의2에 따라 제출된 의견을 위원회에서 심사할 필요가 있다고 인정한 경우 심사한다.

(3) 그 밖에 위원회가 이해관계인 · 전문가 등의 의견을 수렴한 결과 특정한 기존규제에 대한 심사가 필요하다고 인정한 경우 심사한다.

4. 기존규제의 자체정비(제19조)

중앙행정기관의 장은 매년 소관 기존규제에 대하여 이해관계인 · 전문가 등의 의견을 수렴하여 정비가 필요한 규제를 선정하여 정비하여야 한다. 중앙행정기관의 장은 정비 결과를 대통령령으로 정하는 바에 따라 위원회에 제출하여야 한다.

5. 기존규제의 존속기한 및 재검토기한 명시(제19조의2)

(1) 중앙행정기관의 장은 기존규제에 대한 점검결과 존속시켜야 할 명백한 사유가 없는 규제는 존속기한 또는 재검토기한을 설정하여 그 법령등에 규정하여야 한다.

(2) 규제의 존속기한 및 재검토기한 설정에 관해서는 제8조 제2항부터 제5항까지를 준용한다.

6. 신기술 서비스 · 제품 관련 규제의 정비 및 특례(제19조의3)

(1) 신기술 서비스 · 제품 관련 규제의 정비

① 중앙행정기관의 장은 신기술 서비스 · 제품과 관련된 규제와 관련하여 규제의 적용 또는 존재 여부에 대하여 국민이 확인을 요청하는 경우 신기술 서비스 · 제품에 대한 규제 특례를 부여하는 관계 법률로 정하는 바에 따라 이를 지체 없이 확인하여 통보하여야 한다.

② 중앙행정기관의 장은 신기술 서비스 · 제품과 관련된 규제와 관련하여 다음의 어느 하나에 해당하여 신기술 서비스 · 제품의 육성을 저해하는 경우에는 해당 규제를 신속하게 정비하여야 한다.

- 기존 규제를 해당 신기술 서비스 · 제품에 적용하는 것이 곤란하거나 맞지 아니한 경우
- 해당 신기술 서비스 · 제품에 대하여 명확히 규정되어 있지 아니한 경우

(2) 신기술 서비스 · 제품과 관련된 규제 특례

① 중앙행정기관의 장은 규제 정비기준에 따라 정비하여야 하는 경우로서 필요한 경우에는 해당 규제가 정비되기 전이라도 신기술 서비스 · 제품과 관련된 규제 특례를 부여하는 관계 법률로 정하는 바에 따라 해당 규제의 적용을 면제하거나 완화할 수 있다.

② 중앙행정기관의 장은 신기술 서비스 · 제품과 관련된 규제 특례를 부여하는 관계 법률에 규제의 적용을 면제하거나 완화하는 규정을 두는 경우에는, 다음의 사항을 종합적으로 고려하여야 한다.

- 국민의 안전 · 생명 · 건강에 위해가 되거나 환경 및 지역균형발전을 저해하는지 여부와 개인정보의 안전한 보호 및 처리 여부
- 해당 신기술 서비스 · 제품의 혁신성 및 안전성과 그에 따른 이용자의 편익

- 규제의 적용 면제 또는 완화로 인하여 발생할 수 있는 부작용에 대한 사후 책임 확보 방안

7. 신산업 규제정비 기본계획의 수립 및 시행(제19조의4)

(1) 신산업 규제정비 기본계획의 수립: 위원회는 신산업을 육성하고 촉진하기 위하여 신산업 분야의 규제정비에 관한 기본계획을 3년마다 수립·시행하여야 하며, 기본계획에는 다음의 사항이 포함되어야 한다.
- 신산업 분야의 규제정비의 목표와 기본방향
- 신산업 분야 육성을 위한 규제정비에 관한 사항
- 신산업 분야 규제의 우선허용·사후규제 방식으로의 전환에 관한 사항
- 신산업 분야의 규제정비와 관련하여 관계 중앙행정기관 간 정책 및 업무 협력에 관한 사항
- 그 밖에 신산업 분야의 규제정비에 필요한 사항

(2) 신산업 규제정비 기본계획의 시행: 위원회는 기본계획이 수립된 때에는 지체 없이 이를 관계 중앙행정기관의 장에게 통보하여야 한다. 관계 중앙행정기관의 장은 기본계획에 따라 연도별 시행계획을 규제정비 계획에 반영하여야 한다.

8. 규제정비 종합계획의 수립(제20조)

(1) 위원회는 매년 중점적으로 추진할 규제분야나 특정한 기존규제를 선정하여 기존규제의 정비지침을 작성하고 위원회의 의결을 거쳐 중앙행정기관의 장에게 통보하여야 한다.

(2) 위원회는 필요하다고 인정하면 정비지침에 특정한 기존규제에 대한 정비의 기한을 정할 수 있다.
① 중앙행정기관의 장은 정비지침에 따라 그 기관의 규제정비 계획을 수립, 위원회에 제출하여야 한다.
② 위원회는 중앙행정기관별 규제정비 계획을 종합하여 정부의 규제정비 종합계획을 수립 → 국무회의의 심의 → 대통령에게 보고 → 내용을 공표한다.

9. 규제정비 종합계획의 시행(제21조)

(1) 중앙행정기관의 장은 수립·공표된 정부의 규제정비 종합계획에 따라 소관 기존규제를 정비하고 그 결과를 대통령령으로 정하는 바에 따라 위원회에 제출하여야 한다.

(2) 중앙행정기관의 장은 위원회가 정비의 기한을 정하여 통보한 특정한 기존규제에 대하여는 그 기한까지 정비를 끝내고 그 결과를 위원회에 통보하여야 한다.

(3) 다만, 위원회가 정한 기한까지 정비를 끝내지 못한 경우에는 지체 없이 그 사유를 구체적으로 밝혀 위원회에 그 기존규제의 정비 계획을 제출하고, 정비를 끝낸 후 그 결과를 통보하여야 한다.

4 규제개혁위원회

1. 설치(제23조)

정부의 규제정책을 심의·조정하고 규제의 심사·정비 등에 관한 사항을 종합적으로 추진하기 위하여 대통령 소속으로 규제개혁위원회를 둔다.

2. 기능(제24조)

위원회는 다음의 사항을 심의·조정하며 신기술 서비스·제품 관련 규제특례에 관한 사항을 심의하기 위하여 관계 법률에 따라 설치된 위원회에 의견을 제출하거나, 필요한 경우 권고할 수 있다. 이 경우 권고를 받은 위원회는 권고사항에 대한 처리결과를 위원회에 제출하여야 한다.

- 규제정책의 기본방향과 규제제도의 연구·발전에 관한 사항
- 규제의 신설·강화 등에 대한 심사에 관한 사항
- 기존규제의 심사, 신산업 규제정비 기본계획 및 규제정비 종합계획의 수립·시행에 관한 사항
- 규제의 등록·공표에 관한 사항
- 규제 개선에 관한 의견 수렴 및 처리에 관한 사항
- 각급 행정기관의 규제 개선 실태에 대한 점검·평가에 관한 사항
- 그 밖에 위원장이 위원회의 심의·조정이 필요하다고 인정하는 사항

3. 구성 등(제25조)

(1) 위원회는 위원장 2명을 포함한(정부위원과 민간위원을 포함한) 20명 이상 25명 이하의 위원으로 구성한다.

(2) **위원장**: 국무총리와 학식과 경험이 풍부한 사람 중에서 대통령이 위촉하는 사람이 된다.

(3) **위원**: 학식과 경험이 풍부한 사람 중에서 대통령이 위촉하는 사람과 대통령령으로 정하는 공무원이 된다. 이 경우 공무원이 아닌 위원이 전체위의 과반수가 되어야 한다.

(4) 위원회에 간사 1명을 두되, 공무원이 아닌 위원 중에서 국무총리가 아닌 위원장이 지명하는 사람이 되며, 위원 중 공무원이 아닌 위원의 임기는 2년으로 하되 한 차례만 연임할 수 있다.

(5) 위원장 모두가 부득이한 사유로 직무를 수행할 수 없을 때에는 국무총리가 지명한 위원이 그 직무를 대행한다.

4. 의결 정족수 및 회의록의 작성·공개

(1) **의결 정족수(제26조)**: 위원회의 회의는 재적위원 과반수의 찬성으로 의결한다.

(2) **회의록의 작성·공개(제26조의2)**: 위원회는 회의 일시, 장소, 참석자, 안건, 토의 내용

및 의결 사항 등을 기록한 회의록을 작성·부존하여야 한다. 회의록은 공개하며 다만, 위원장이 공익보호나 그 밖의 사유로 필요하다고 인정하는 때에는 위원회의 의결로 공개하지 아니할 수 있다.

5. 위원의 신분보장(제27조)

위원은 금고 이상의 형을 선고받은 경우, 장기간의 심신쇠약으로 직무를 수행할 수 없게 된 경우를 제외하고는 본인의 의사와 관계없이 면직되거나 해촉되지 아니한다.

6. 조사 및 의견청취 등(제30조)

위원회는 기능을 수행할 때 필요하다고 인정하면 다음의 조치를 할 수 있으며 관계 행정기관의 장은 규제의 심사 등과 관련하여 소속 공무원이나 관계 전문가를 위원회에 출석시켜 의견을 진술하게 하거나 필요한 자료를 제출할 수 있다.
- 관계 행정기관에 대한 설명 또는 자료·서류 등의 제출 요구
- 이해관계인·참고인 또는 관계 공무원의 출석 및 의견진술 요구
- 관계 행정기관 등에 대한 현지조사

7. 벌칙 적용 시의 공무원 의제(제32조)

위원회의 위원 중 공무원이 아닌 위원·전문위원 및 조사요원은 형법이나 그 밖의 법률에 따른 벌칙을 적용할 때에는 공무원으로 본다.

5 보칙

1. 규제 개선 점검·평가(제34조)

(1) 위원회는 효과적인 규제 개선을 위하여 각급 행정기관의 규제제도 운영 실태와 개선사항을 확인·점검하여야 하며, 확인·점검 결과를 평가하여 국무회의와 대통령에게 보고하여야 한다.

(2) 위원회는 확인·점검 및 평가를 객관적으로 하기 위하여 관련 전문기관 등에 여론조사를 의뢰할 수 있다.

(3) 확인·점검 및 평가 결과, 규제 개선에 소극적이거나 이행 상태가 불량하다고 판단되는 경우 대통령에게 그 시정에 필요한 조치를 건의할 수 있다.

2. 공무원의 책임 등(제37조)

(1) 공무원이 규제 개선 업무를 능동적으로 추진함에 따라 발생한 결과에 대하여 그 공무원의 행위에 고의나 중대한 과실이 없는 경우에는 불리한 처분이나 부당한 대우를 받지 아니한다.

(2) 중앙행정기관의 장은 규제 개선 업무 추진에 뚜렷한 공로가 있는 공무원은 포상하고, 인사상 우대조치 등을 하여야 한다.

1 총칙

1. 목적(제1조)

민원처리에 관한 법률은 민원처리에 관한 기본적인 사항을 규정하여 민원의 공정하고 적법한 처리와 민원행정제도의 합리적 개선을 도모함으로써 국민의 권익을 보호함을 목적으로 한다.

2. 용어의 정의(제2조)

(1) 민원: 민원인이 행정기관에 대하여 처분 등 특정한 행위를 요구하는 것을 말하며, 그 종류는 다음과 같다.

① 일반민원

㉠ 법정민원: 법령 · 훈령 · 예규 · 고시 · 자치법규 등(이하 "관계법령등"이라 한다)에서 정한 일정 요건에 따라 인가 · 허가 · 승인 · 특허 · 면허 등을 신청하거나 장부 · 대장 등에 등록 · 등재를 신청 또는 신고하거나 특정한 사실 또는 법률관계에 관한 확인 또는 증명을 신청하는 민원

㉡ 질의민원: 법령 · 제도 · 절차 등 행정업무에 관하여 행정기관의 설명이나 해석을 요구하는 민원

㉢ 건의민원: 행정제도 및 운영의 개선을 요구하는 민원

㉣ 기타민원: 법정민원, 질의민원, 건의민원 및 고충민원 외에 행정기관에 단순한 행정절차 또는 형식요건 등에 대한 상담 · 설명을 요구하거나 일상생활에서 발생하는 불편사항에 대하여 알리는 등 행정기관에 특정한 행위를 요구하는 민원

② 고충민원: 부패방지 및 국민권익위원회의 설치와 운영에 관한 법률 제2조 제5호에 따른 고충민원을 말한다. 즉 행정기관 등의 위법 · 부당하거나 소극적인 처분(사실행위 및 부작위를 포함한다) 및 불합리한 행정제도로 인하여 국민의 권리를 침해하거나 국민에게 불편 또는 부담을 주는 사항에 관한 민원(현역장병 및 군 관련 의무복무자의 고충민원을 포함한다)을 말한다.

(2) 민원인: 행정기관에 민원을 제기하는 개인 · 법인 또는 단체를 말한다. 다만, 행정기관(사경제의 주체로서 제기하는 경우는 제외한다), 행정기관과 사법상 계약관계(민원과 직접 관련된 계약관계만 해당한다)에 있는 자, 성명 · 주소 등이 불명확한 자 등 대통령령으로 정하는 자는 제외한다.

(3) 행정기관

① 국회 · 법원 · 헌법재판소 · 중앙선거관리위원회의 행정사무를 처리하는 기관, 중앙행정기관(대통령 소속 기관과 국무총리 소속 기관을 포함한다. 이하 같다)과 그 소속 기관, 지방자치단체와 그 소속 기관

② 공공기관

    ㉠ 공공기관의 운영에 관한 법률 제4조에 따른 법인 · 단체 또는 기관

    ㉡ 지방공기업법에 따른 지방공사 및 지방공단

    ㉢ 특별법에 따라 설립된 특수법인

    ㉣ 초 · 중등교육법, 고등교육법 및 그 밖의 다른 법률에 따라 설치된 각급 학교

    ㉤ 그 밖에 대통령령으로 정하는 법인 · 단체 또는 기관

③ 법령 또는 자치법규에 따라 행정권한이 있거나 행정권한을 위임 또는 위탁받은 법인 · 단체 또는 그 기관이나 개인

(4) 처분: 행정절차법 제2조 제2호의 처분을 말한다. 즉 행정청이 행하는 구체적 사실에 관한 법 집행으로서의 공권력의 행사 또는 그 거부와 그 밖에 이에 준하는 행정작용을 말한다.

(5) 복합민원: 하나의 민원 목적을 실현하기 위하여 관계법령 등에 따라 여러 관계 기관(민원과 관련된 단체 · 협회 등을 포함한다. 이하 같다) 또는 관계 부서의 인가 · 허가 · 승인 · 추천 · 협의 또는 확인 등을 거쳐 처리되는 법정민원을 말한다.

(6) 다수인관련민원: 5세대(世帶) 이상의 공동이해와 관련되어 5명 이상이 연명으로 제출하는 민원을 말한다.

(7) 전자민원창구: 전자정부법 제9조에 따라 설치된 전자민원창구를 말한다.

(8) 무인민원발급창구: 행정기관의 장이 행정기관 또는 공공장소 등에 설치하여 민원인이 직접 민원문서를 발급받을 수 있도록 하는 전자장비를 말한다.

3. 적용 범위 및 관련인의 의무

(1) 적용범위(제3조)

① 민원에 관하여 다른 법률에 특별한 규정이 있는 경우를 제외하고는 이 법에서 정하는 바에 따른다.

② 국회 · 법원 · 헌법재판소 · 중앙선거관리위원회의 행정사무를 처리하는 기관에 대해서는 민원처리기준표의 고시 등(제36조 제3항), 민원처리기준표의 조정 등(제37조), 민원행정 및 제도개선 계획 등(제38조), 민원제도의 개선(제39조 제2항부터 제6항) 및 확인 · 점검 · 평가 등(제42조)을 적용하지 아니한다.

(2) 민원 처리 담당자의 의무(제4조): 민원을 처리하는 담당자는 담당 민원을 신속 · 공정 · 친절 · 적법하게 처리하여야 한다.

(3) 민원인의 권리와 의무(제5조)

① 민원인은 행정기관에 민원을 신청하고 신속 · 공정 · 친절 · 적법한 응답을 받을 권리가 있다.

② 민원인은 민원을 처리하는 담당자의 적법한 민원처리를 위한 요청에 협조하여야 하고, 행정기관에 부당한 요구를 하거나 다른 민원인에 대한 민원처리를 지연시키는 등 공무를 방해하는 행위를 하여서는 아니 된다.

4. 민원처리의 원칙(제6조)

행정기관의 장은 관계법령 등에서 정한 처리기간이 남아 있다거나 그 민원과 관련 없는 공과금 등을 미납하였다는 이유로 민원처리를 지연시켜서는 아니 된다. 다만, 다른 법령에 특별한 규정이 있는 경우에는 그에 따른다. 행정기관의 장은 법령의 규정 또는 위임이 있는 경우를 제외하고는 민원처리의 절차 등을 강화하여서는 아니 된다.

5. 정보 보호(제7조)

행정기관의 장은 민원처리와 관련하여 알게 된 민원의 내용과 민원인 및 민원의 내용에 포함되어 있는 특정인의 개인정보 등이 누설되지 아니하도록 필요한 조치를 강구하여야 하며, 수집된 정보가 민원처리의 목적 외의 용도로 사용되지 아니하도록 하여야 한다.

2 민원의 처리

1. 민원의 신청 및 접수 등

(1) 민원의 신청

① **민원의 신청방법**: 민원사항의 신청은 문서(전자문서 포함)로 해야 한다(제8조 본문). 다만, 그 밖에 민원은 구술 또는 전화로 할 수 있다(제8조 단서).

② **민원 편람의 비치 및 민원사무 처리기준표의 고시**

㉠ 행정기관의 장은 민원실(민원실이 설치되지 않은 기관의 경우에는 문서의 접수·발송을 주관하는 부서를 말함)에 민원의 신청에 필요한 사항을 게시(인터넷 등을 통한 게시를 포함)하거나 편람을 비치하는 등 민원인에게 민원 신청의 편의를 제공해야 한다(제13조).

㉡ 행정안전부장관은 민원인의 편의를 위하여 법령·훈령·예규·고시 등(이하 "관계법령등"이라 함)에 규정되어 있는 민원사항의 처리기관, 처리기간, 구비서류, 처리절차, 신청방법 등에 관한 사항을 종합한 민원사무 처리기준표를 작성하여 관보에 고시하고 전자정부법 제9조 제3항에 따른 통합전자민원창구에 게시하여야 한다(제36조 제1항).

③ **신청서 및 구비서류**

㉠ 행정기관의 장은 신청서의 기재사항을 그 민원의 처리에 필요한 최소한의 범위로 한정해야 하며, 민원인이 신청서를 쉽게 작성할 수 있도록 신청 서식을 명확하게 정해야 한다(시행령 제7조 제1항).

㉡ 민원의 신청과 관련된 구비서류를 정하는 경우에는 신청서의 기재사항이 사실인지 확인하거나 그 민원의 처리에 필요한 최소한의 범위에서 구체적으로 정해야 한다(시행령 제7조 제2항).

㉢ 신청서 및 구비서류의 제출부수는 민원의 처리에 필요한 최소한으로 한정해야 한다(시행령 제7조 제3항).

(2) 민원의 접수

① 행정기관의 장은 민원의 신청을 받았을 때에는 다른 법령에 특별한 규정이 있는 경우를 제외하고는 그 접수를 보류하거나 거부할 수 없으며, 접수된 민원문서를 부당하게 되돌려 보내서는 안 된다(제9조 제1항).

② 민원은 민원실(전자민원창구 포함)에서 접수한다. 다만, 민원실이 설치되어 있지 않은 경우에는 문서의 접수·발송을 주관하는 부서(문서담당부서) 또는 민원을 처리하는 주무부서(처리주무부서)에서 민원을 접수한다(시행령 제6조 제1항).

③ 행정기관의 장은 위에 따라 민원을 접수하였을 때에는, 그 순서에 따라 민원 처리부에 기록하고 해당 민원인에게 접수증을 발급해야 한다(제9조 제1항 및 시행령 제6조 제2항). 다만, 기타민원과 민원인이 직접 방문하지 아니하고 신청한 민원, 처리기간이 '즉시'인 민원, 접수증을 갈음하는 문서를 주는 민원의 경우에는 접수증을 발급하지 않을 수 있다(제9조 제2항 단서 및 시행령 제3조 제2항).

④ 행정기관의 장은 민원을 접수하였을 때에는 구비서류의 완비 여부, 처리 기준과 절차, 예상 처리소요기간, 필요한 현장확인 또는 조사 예정시기 등을 해당 민원인에게 안내해야 한다(시행령 제6조 제4항).

(3) 불필요한 서류 요구의 금지(제10조)

① 행정기관의 장은 민원을 접수·처리할 때에 민원인에게 관계법령 등에서 정하여진 구비서류 외의 서류를 추가로 요구하여서는 안 된다(제1항).

② 행정기관의 장은 동일한 민원서류 또는 구비서류를 복수로 받는 경우에는 특별한 사유가 없으면 원본과 함께 그 사본의 제출을 허용해야 한다(제2항).

③ 민원을 접수·처리할 때에 행정기관의 장은 다음의 어느 하나에 해당하는 경우에는 민원인에게 관련 증명서류 또는 구비서류의 제출을 요구할 수 없으며, 그 민원을 처리하는 담당자가 직접 이를 확인·처리해야 한다(제3항).

　㉠ 민원인이 소지한 주민등록증·여권·자동차운전면허증 등 행정기관이 발급한 증명서로 그 민원의 처리에 필요한 내용을 확인할 수 있는 경우

　㉡ 해당 행정기관의 공부(公簿) 또는 행정정보로 그 민원의 처리에 필요한 내용을 확인할 수 있는 경우

　㉢ 행정정보의 공동이용을 통하여 그 민원의 처리에 필요한 내용을 확인할 수 있는 경우

④ 행정기관의 장은 원래 민원의 내용 변경 또는 갱신 신청을 받았을 때 특별한 사유가 없으면 이미 제출되어 있는 관련 증명서류 또는 구비서류를 다시 요구해서는 안 된다(제4항).

(4) 다른 행정기관 등을 이용한 민원의 접수

① 행정기관의 장은 민원인의 편의를 위하여 그 행정기관이 접수하고 처리결과를 교부해야 할 민원을 다른 행정기관이나, 특별법에 따라 설립되고 전국적 조직을 가진 법인 중 다음의 법인으로 하여금 접수·교부하게 할 수 있다(제14조 제1항 및 시행령 제12조 제1항).

㉠ 농협협동조합법에 따라 설립된 조합과 농업협동조합중앙회(이하 '농협'이라 함)
　　㉡ 새마을금고법에 따라 설립된 새마을금고 및 새마을금고중앙회(이하 '새마을금고'
　　　라 함)
② 민원을 접수한 다른 행정기관이나 농협 또는 새마을금고(이하 "접수기관"이라 함)
　는 그 민원을 지체 없이 소관 행정기관에 보내야 한다(시행령 제12조 제2항). 민원
　을 받은 소관 행정기관은 그 민원을 신속히 처리하고 그 처리 결과를 민원인이 교부
　받으려는 다른 행정기관이나 농협 또는 새마을금고(이하 "교부기관"이라 함)에 보
　내야 한다. 이 경우 접수기관이 소관 행정기관으로부터 해당 민원과 관련한 신청
　서 · 구비서류 등의 송부를 요청받은 경우에는 지체 없이 이를 송부해야 한다(시행
　령 제12조 제3항).
③ 민원인이 민원을 신청하는 경우에는 법령 · 훈령 · 예규 · 고시 · 자치법규 등에서 정
　한 수수료 외에 업무처리비 등 추가비용을 교부기관에 내야 한다(시행령 제12조 제
　6항).
④ 행정안전부장관은 다른 행정기관이나 농협 또는 새마을금고를 통하여 접수 · 처리
　할 수 있는 민원의 종류, 접수 · 교부 기관 및 추가비용 등을 관계 행정기관의 장과
　협의하여 정한 후 고시해야 한다. 이 경우 농협이 접수 · 교부할 수 있는 민원은 농
　업협동조합중앙회장과 협의하고, 새마을금고가 접수 · 교부할 수 있는 민원은 새마
　을금고중앙회장과 협의해야 한다(시행령 제12조 제7항).

(5) 정보통신망을 이용한 다른 행정기관 소관 민원의 접수 · 교부(제15조): 행정기관의 장은 정
보통신망을 이용하여 다른 행정기관 소관의 민원을 접수 · 교부할 수 있는 경우에는
이를 직접 접수 · 교부할 수 있다. 접수 · 교부할 수 있는 민원의 종류는 행정안전부
장관이 관계 중앙행정기관의 장과의 협의를 거쳐 결정 · 고시한다.

(6) 민원문서의 이송
① 행정기관의 장은 접수한 민원이 다른 행정기관의 소관인 경우에는 지체 없이 소관
　기관에 이송해야 한다(제16조 제1항).
② 민원실에 접수된 민원문서 중 그 처리가 민원실의 주관에 속하지 않는 것에 대해서
　는 1근무시간 이내에 이를 처리주무부서에 이송해야 한다. 다만, 처리주무부서가
　상당히 떨어져 있는 등 특별한 사유가 있어 1근무시간 이내에 이송하기 어려운 경
　우에는 3근무시간 이내에 이송할 수 있다(시행령 제13조 제1항).
③ 같은 행정기관 내에서 소관이 아닌 민원문서를 접수한 경우에는 3근무시간 이내에
　민원실을 거쳐 처리주무부서에 이송해야 한다(시행령 제13조 제2항).
④ 다른 행정기관 소관의 민원문서를 접수한 경우에는 8근무시간 이내에 소관 행정기
　관에 이송하고, 그 사실을 민원인에게 통지해야 한다. 이 경우 민원문서를 이송받
　은 행정기관은 민원문서를 이송한 행정기관의 요청이 있을 때에는 그 행정기관에
　처리 결과를 통보해야 한다(시행령 제13조 제3항). 위의 규정에도 불구하고 접수된
　민원문서가 전자문서인 경우에는 지체 없이 소관기관에 전자적 방법으로 이송해야
　한다(시행령 제13조 제4항).

2. 민원의 처리기간 · 처리방법 등

(1) 법정민원의 처리기간 설정 · 공표(제17조)

① 행정기관의 장은 법정민원을 신속히 처리하기 위하여 행정기관에 법정민원의 신청이 접수된 때부터 처리가 완료될 때까지 소요되는 처리기간을 법정민원의 종류별로 미리 정하여 공표하여야 한다.

② 행정기관의 장은 처리기간을 정할 때에는 접수기관 · 경유기관 · 협의기관(다른 기관과 사전협의가 필요한 경우만 해당한다) 및 처분기관 등 각 기관별로 처리기간을 구분하여 정하여야 하고 처리기간을 민원편람에 수록하여야 한다.

(2) 민원 처리기간

① 처리기간의 계산

ㄱ 민원의 처리기간을 5일 이하로 정한 경우에는 민원의 접수시각부터 "시간"단위로 계산하되, 공휴일과 토요일은 산입(算入)하지 아니한다. 이 경우 1일은 8시간의 근무시간을 기준으로 한다.

ㄴ 민원의 처리기간을 6일 이상으로 정한 경우에는 "일"단위로 계산하고 첫날을 산입하되, 공휴일과 토요일은 산입하지 아니한다.

ㄷ 민원의 처리기간을 주 · 월 · 연으로 정한 경우에는 첫날을 산입하되, 민법 제159조(기간의 만료점), 제160조(역에 의한 계산), 제161조(공휴일 등과 기간의 만료점)까지의 규정을 준용한다.

② 민원 처리기간(제18조)

ㄱ 질의민원(시행령 제14조): 법령에 관하여 설명이나 해석을 요구하는 질의민원은 14일 이내, 제도 · 절차 등 법령 외의 사항에 관하여 설명이나 해석을 요구하는 질의민원은 7일 이내

ㄴ 건의민원(시행령 제15조): 14일 이내

ㄷ 기타민원(시행령 제16조): 즉시

ㄹ 고충민원(시행령 제17조): 7일 이내

ㅁ 행정절차법 시행령 제11조를 준용하여 보완, 이송 등에 소요되는 기간은 처리기간에 산입하지 않는다.

③ 처리 기간의 연장(시행령 제21조)

ㄱ 부득이한 사유로 처리기간 내에 민원을 처리하기 어렵다고 인정되는 경우에 처리기간의 범위 내에서 한 차례 연장할 수 있다.

ㄴ 다만, 연장된 처리기간 내에 처리하기 어려운 경우에는 민원인의 동의를 받아 그 민원의 처리기간의 범위에서 처리기간을 한 차례만 다시 연장(총 2회 연장가능) → 연장 시에는 연장사유, 처리완료 예정일을 민원인에게 통지한다.

(3) 민원 처리의 예외(제21조): 행정기관의 장은 접수된 민원(법정민원을 제외한다)이 다음의 어느 하나에 해당하는 경우에는 그 민원을 처리하지 아니할 수 있다. 이 경우 그 사유를 해당 민원인에게 '통지'하여야 한다.

• 고도의 정치적 판단을 요하거나 국가기밀 또는 공무상 비밀에 관한 사항

- 수사, 재판 및 형집행에 관한 사항 또는 감사원의 감사가 착수된 사항
- 행정심판, 행정소송, 헌법재판소의 심판, 감사원의 심사청구, 그 밖에 다른 법률에 따라 불복구제절차가 진행 중인 사항
- 법령에 따라 화해·알선·조정·중재 등 당사자 간의 이해 조정을 목적으로 행하는 절차가 진행 중인 사항
- 판결·결정·재결·화해·조정·중재 등에 따라 확정된 권리관계에 관한 사항
- 감사원이 감사위원회의의 결정을 거쳐 행하는 사항
- 각급 선거관리위원회의 의결을 거쳐 행하는 사항
- 사인 간의 권리관계 또는 개인의 사생활에 관한 사항
- 행정기관의 소속 직원에 대한 인사행정상의 행위에 관한 사항

(4) 민원문서의 보완·취하 등(제22조)

① 행정기관의 장은 접수한 민원문서에 보완이 필요한 경우에는 상당한 기간을 정하여 지체 없이 민원인에게 보완을 요구하여야 한다. 민원문서의 보완 절차 및 방법 등에 필요한 사항은 대통령령으로 정한다(시행령 제24조, 시행규칙 제9조 참조).

  ㉠ 보완요구는 접수 후 8근무시간 이내, 다만, 현지조사 등 정당한 사유가 있는 경우 보완 사항 발견 시 즉시 요구한다.

  ㉡ 보완요구를 받은 민원인이 보완에 필요한 기간을 명시하여 기간연장을 요청한 경우 이를 고려하여 정하되, 민원인의 기간연장 요청은 2회로 한정한다.

  ㉢ 행정기관의 보완 요구기간 및 민원인의 기간연장 요청기간 내에 보완 미이행 시 다시 보완을 요청하되, 기간은 10일로 한다.

  ㉣ 민원서류의 흠결 범위: 기재 내용의 오기 또는 누락, 구비서류의 미제출, 법령에서 정한 기준이나 요건의 미비 등

② 민원인은 해당 민원의 처리가 종결되기 전에는 그 신청의 내용을 보완하거나 변경 또는 취하할 수 있다. 다만, 다른 법률에 특별한 규정이 있거나 그 민원의 성질상 보완·변경 또는 취하할 수 없는 경우에는 그러하지 아니하다.

3. 민원 처리결과의 통지 등

(1) 민원 처리결과의 통지(제27조)

① 행정기관의 장은 접수된 민원에 대한 처리를 완료한 때에는 그 결과를 민원인에게 '문서'로 통지하여야 한다. 다만, 기타민원의 경우와 통지에 신속을 요하거나 민원인이 요청하는 등 대통령령으로 정하는 경우에는 구술 또는 전화로 통지할 수 있다. 행정기관의 장은 민원의 처리결과를 통지할 때에 민원의 내용을 거부하는 경우에는 거부 이유와 구제절차를 함께 통지하여야 한다.

② 행정기관의 장은 민원의 처리결과를 허가서·신고필증·증명서 등의 문서(전자정부법 제2조 제7호에 따른 전자문서 및 같은 조 제8호에 따른 전자화문서는 제외한다)로 민원인에게 직접 교부할 필요가 있는 때에는 그 민원인 또는 그 위임을 받은 자임을 확인한 후에 이를 교부하여야 한다.

③ 행정기관의 장은 무인민원발급창구를 통하여 민원문서(다른 행정기관 소관이 민원 문서를 포함한다)를 발급할 수 있으며, 발급할 수 있는 민원문서의 종류는 행정안전 부장관이 관계 행정기관의 장과의 협의를 거쳐 결정·고시한다. 민원문서를 발급하는 경우에는 다른 법률에도 불구하고 수수료를 감면할 수 있다(제28조).

(2) 민원문서의 반려 및 종결처리(시행령 제25조)

① 민원인이 정한 기간 내에 민원문서를 보완하지 않은 경우에는 그 이유를 분명히 밝혀 접수된 민원문서를 되돌려 보낼 수 있다(제1항). 민원인의 소재지가 분명하지 않아 보완요구가 2회에 걸쳐 반송된 경우에는 민원인이 민원을 취하한 것으로 보아 종결처리할 수 있다(제2항).

② 행정기관의 장은 민원인에게 직접 교부할 필요가 있는 허가서·신고필증·증명서 등의 문서(전자정부법 제2조 제7호에 따른 전자문서 및 같은 조 제8호에 따른 전자화문서는 제외)를 정당한 사유 없이 처리완료 예정일부터 15일이 지날 때까지 민원인 또는 그 위임을 받은 자가 수령하지 않은 경우에는 이를 폐기하고 해당 민원을 종결처리할 수 있다(제4항).

4. 법정민원

(1) 사전심사의 청구 등(제30조)

① 민원인은 법정민원 중 신청에 경제적으로 많은 비용이 수반되는 민원 등 대통령령으로 정하는 민원에 대하여는 행정기관의 장에게 정식으로 민원을 신청하기 전에, 미리 약식의 사전심사를 청구할 수 있다. 행정기관의 장은 사전심사 제도를 효율적으로 운영하기 위하여 필요한 법적·제도적 장치를 마련하여 시행하여야 한다.

② 행정기관의 장은 사전심사가 청구된 법정민원이 다른 행정기관의 장과의 협의를 거쳐야 하는 사항인 경우에는 미리 그 행정기관의 장과 협의하여야 한다.

③ 행정기관의 장은 사전심사 결과를 민원인에게 문서로 통지하여야 하며, 가능한 것으로 통지한 민원의 내용에 대하여는 민원인이 나중에 정식으로 민원을 신청한 경우에도 동일하게 결정을 내릴 수 있도록 노력하여야 한다. 다만, 민원인의 귀책사유 또는 불가항력이나 그 밖의 정당한 사유로 이를 이행할 수 없는 경우에는 그러하지 아니하다.

(2) 복합민원의 처리(제31조): 행정기관의 장은 복합민원을 처리할 주무부서를 지정하고 그 부서로 하여금 관계 기관·부서 간의 협조를 통하여 민원을 한꺼번에 처리하게 할 수 있으며 복합민원의 처리 방법 및 절차 등에 필요한 사항은 대통령령으로 정한다.

(3) 민원 1회방문 처리제 등

① 민원 1회방문 처리제의 시행(제32조)

㉠ 행정기관의 장은 복합민원을 처리할 때에 그 행정기관의 내부에서 할 수 있는 자료의 확인, 관계 기관·부서와의 협조 등에 따른 모든 절차를 담당 직원이 직접 진행하도록 하는 민원 1회방문 처리제를 확립함으로써 불필요한 사유로 민원인이 행정기관을 다시 방문하지 아니하도록 하여야 한다. 행정기관의 장은 민원 1회방

문 처리에 관한 안내와 상담의 편의를 제공하기 위하여 <u>민원 1회방문 상담창구</u>를 설치하여야 한다.

    ⓛ 민원 1회방문 처리제의 절차(제3항)
- 민원 1회방문 상담창구의 설치 · 운영 / 민원후견인의 지정 · 운영
- 복합민원을 심의하기 위한 실무기구의 운영
- 실무기구의 심의결과에 대한 민원조정위원회의 재심의(再審議)
- 행정기관의 장의 최종 결정

5. 행정기관의 장의 최종 결정

(1) 민원후견인의 지정 · 운영(제33조): 행정기관의 장은 민원 1회방문 처리제의 원활한 운영을 위하여 민원 처리에 경험이 많은 소속 직원을 민원후견인으로 지정하여 민원인을 안내하거나 민원인과 상담하게 할 수 있다.

(2) 민원조정위원회의 설치 · 운영(제34조): 행정기관의 장은 다음의 사항을 심의하기 위하여 민원조정위원회를 설치 · 운영하여야 한다.
- 장기 미해결 민원, 반복 민원 및 다수인관련 민원에 대한 해소 · 방지 대책
- 거부처분에 대한 이의신청
- 민원처리 주무부서의 법규적용의 타당성 여부와 재심의
- 그 밖에 대통령령으로 정하는 사항

(3) 거부처분에 대한 이의(제35조)

    ① 법정민원에 대한 행정기관의 장의 거부처분에 불복하는 민원인은 그 거부처분을 받은 날부터 60일 이내에 그 행정기관의 장에게 문서로 이의신청을 할 수 있으며 이의신청의 절차 및 방법 등에 필요한 사항은 대통령령으로 정한다.

    ② 행정기관의 장은 이의신청을 받은 날부터 10일 이내에 그 이의신청에 대하여 인용 여부를 결정하고 그 결과를 민원인에게 지체 없이 문서로 통지하여야 한다. 다만, 부득이한 사유로 정하여진 기간 이내에 인용 여부를 결정할 수 없을 때에는 그 기간의 만료일 다음 날부터 기산(起算)하여 10일 이내의 범위에서 연장할 수 있으며, 연장 사유를 민원인에게 통지하여야 한다.

    ③ 민원인은 이의신청 여부와 관계없이 행정심판법에 따른 행정심판 또는 행정소송법에 따른 행정소송을 제기할 수 있다.

➕ **판례PLUS**

민원 처리의 적법성 여부

1. 복합민원에 있어서 어느 하나의 인 · 허가만을 신청한 경우, 근거 법령이 아닌 다른 관계 법령을 고려하여 그 인 · 허가 여부를 결정할 수 있는지 여부: 한정 적극

하나의 민원 목적을 실현하기 위하여 관계 법령 등에 의하여 다수 관계기관의 허가 · 인가 · 승인 · 추천 · 협의 · 확인 등의 인 · 허가를 받아야 하는 복합민원에 있어서 필요한 인 · 허가를 일괄하여 신청하지 아니하고 그중 어느 하나의 인 · 허가만을 신청한 경우에도 그 근거 법령에서 다른 법령상의 인 · 허가에 관한 규정을 원용하고 있거나 그 대상 행위가 다른 법령에 의하여 절대적으로 금지되고 있어 그 실현이 객관적으로 불가능한 것이 명백한 경우에는 이를 고려하여 그 인 · 허가 여부를 결정할 수 있다(대판 2000.3.24. 98두8766).

2. 민원조정위원회를 개최하면서 민원인에게 회의일정 등을 사전에 통지하지 않은 경우, 민원사항에 대한 거부처분에 취소사유의 흠이 존재하는지 여부: 소극

민원사무를 처리하는 행정기관이 민원 1회방문 처리제를 시행하는 절차의 일환으로 민원사항의 심의·조정 등을 위한 민원조정위원회를 개최하면서 민원인에게 회의일정 등을 사전에 통지하지 아니하였다 하더라도, <u>이러한 사정만으로 곧바로 민원사항에 대한 행정기관의 장의 거부처분에 취소사유에 이를 정도의 흠이 존재한다고 보기는 어렵다.</u> 다만 행정기관의 장의 거부처분 이 재량행위인 경우에, 위와 같은 사전통지의 흠결로 민원인에게 의견진술의 기회를 주지 아니한 결과 민원조정위원회의 심의 과정에서 고려대상에 마땅히 포함시켜야 할 사항을 누락하는 등 재량권의 불행사 또는 해태로 볼 수 있는 구체적 사정이 있다면, 거부처분은 재량권을 일탈·남용한 것으로서 위법하다(대판 2015.8.27, 2013두1560).

3. 민원사무처리법상 '거부처분에 대한 이의신청'을 받아들이지 않는 기각 결정이 항고소송의 대상이 되는지 여부: 소극

민원 이의신청을 받아들이는 경우에는 이의신청 대상인 거부처분을 취소하지 않고 바로 최초의 신청을 받아들이는 새로운 처분을 하여야 하지만, 이의신청을 받아들이지 않는 경우에는 다시 거부처분을 하지 않고 그 결과를 통지함에 그칠 뿐이다. 따라서 이의신청을 받아들이지 않는 취지의 기각 결정 내지는 그 취지의 <u>통지는, 종전의 거부처분을 유지함을 전제로 한 것에 불과하고 또한 거부처분에 대한 행정심판이나 행정소송의 제기에도 영향을 주지 못하므로, 결국 민원 이의신청인의 권리·의무에 새로운 변동을 가져오는 공권력의 행사나 이에 준하는 행정작용이라고 할 수 없어, 독자적인 항고소송의 대상이 된다고 볼 수 없다</u>(대판 2012.11.15, 2010두8676).

3 민원제도의 개선 등

1. 민원처리기준표의 고시 및 조정

(1) 민원처리기준표의 고시 등(제36조)

① 행정안전부장관은 민원인의 편의를 위하여 관계법령등에 규정되어 있는 민원의 처리기관, 처리기간, 구비서류, 처리절차, 신청방법 등에 관한 사항을 종합한 민원처리기준표를 작성하여 관보에 고시하고 통합전자민원창구에 게시하여야 한다.

② 행정기관의 장은 관계법령등의 제정·개정 또는 폐지 등으로 고시된 민원처리기준표를 변경할 필요가 있으면, 즉시 그 내용을 행정안전부장관에게 통보하여야 하며, 행정안전부장관은 그 내용을 관보에 고시하고 통합전자민원창구에 게시한 후 민원처리기준표에 반영하여야 한다.

③ 행정안전부장관은 민원의 간소화를 위하여 필요하다고 인정하는 경우에는 관계 행정기관의 장에게 관계법령등에 규정되어 있는 처리기간, 구비서류, 처리절차, 신청방법 등의 개정을 요청할 수 있다.

(2) 민원처리기준표의 조정 등(제37조)

① 행정안전부장관은 민원처리기준표를 작성·고시할 때에 민원의 간소화를 위하여 필요하다고 인정하는 경우에는 관계 행정기관의 장과 협의를 거쳐 관계법령등이 개정될 때까지 잠정적으로 관계법령등에 규정되어 있는 처리기간과 구비서류를 줄이거나 처리절차·신청방법을 변경할 수 있다.

② 행정기관의 장은 민원처리기준표가 조정·고시된 경우에는 이에 따라 민원을 처리하여야 하며, 중앙행정기관의 장은 민원처리기준표의 조정 또는 변경된 내용에 따라 관계법령등을 지체 없이 개정·정비하여야 한다.

2. 민원행정 제도의 개선을 위한 노력

(1) 민원행정 및 제도개선 계획 등(제38조): 행정안전부장관은 매년 민원행정 및 제도개선에 관한 기본지침을 작성하여 행정기관의 장에게 통보하여야 한다. 행정기관의 장은 기본지침에 따라 그 기관의 특성에 맞는 민원행정 및 제도개선 계획을 수립·시행하여야 한다.

(2) 민원제도의 개선(제39조)

① 행정기관의 장은 민원제도에 대한 개선안을 발굴·개선하도록 노력하여야 하며 개선한 내용을 대통령령으로 정하는 바에 따라 행정안전부장관에게 통보하여야 한다.

② 행정기관의 장과 민원을 처리하는 담당자는 민원제도에 대한 개선안을 행정안전부장관 또는 그 민원의 소관 행정기관의 장에게 제출할 수 있으며 제출받은 개선안을 검토하여 필요한 경우에는 그 소관 행정기관의 장에게 통보하여 검토하도록 하여야 한다.

③ 개선안을 제출·통보받은 소관 행정기관의 장은 그 수용 여부를 결정하여야 하며, 행정안전부장관은 행정기관의 장이 수용하지 아니하기로 한 사항 중 개선할 필요성이 있다고 인정되는 사항에 대하여는 소관 행정기관의 장에게 개선을 권고할 수 있다.

④ 행정기관의 장이 행정안전부장관으로부터 권고 받은 사항을 수용하지 아니하는 경우 행정안전부장관은 '민원제도개선조정회의'에 심의를 요청할 수 있다.

(3) 민원제도개선조정회의(제40조)

① 여러 부처와 관련된 민원제도 개선사항을 심의·조정하기 위하여 국무총리 소속으로 민원제도개선조정회의(이하 "조정회의"라 한다)를 둔다.

② 조정회의는 여러 부처와 관련된 민원제도 개선사항, 심의요청 사항 등 대통령령으로 정하는 사항을 심의·조정한다.

③ 조정회의의 구성·운영과 그 밖에 필요한 사항은 대통령령으로 정한다.

(4) 민원의 실태조사 및 간소화(제41조): 중앙행정기관의 장은 매년 그 기관이 관장하는 민원의 처리 및 운영 실태를 조사하여야 하며, 조사 결과에 따라 소관 민원의 구비서류, 처리절차 등의 간소화 방안을 마련하여야 한다.

(5) 확인·점검·평가 등(제42조)

① 행정안전부장관은 효과적인 민원행정 및 제도의 개선을 위하여 필요하다고 인정할 때에는 행정기관에 대하여 민원의 개선 상황과 운영 실태를 확인·점검·평가할 수 있다.

② 행정안전부장관은 확인·점검·평가 결과 민원의 개선에 소극적이거나 이행 상태가 불량하다고 판단되는 경우 국무총리에게 이를 시정하기 위하여 필요한 조치를 건의할 수 있다.

(6) 행정기관의 협조(제43조): 행정기관의 장은 이 법에 따라 행정안전부장관이 실시하는 민원 관련 자료수집과 민원제도 개선사업에 적극 협조하여야 한다.

(7) **민원행정에 관한 여론 수집(제44조):** 행정안전부장관은 행정기관의 민원 처리에 관하여 필요한 경우 국민들의 여론을 수집하여 민원행정제도 및 그 운영의 개선에 반영할 수 있으며, 여론 수집에 필요한 사항은 대통령령으로 정한다.

(8) **국민제안의 처리(제45조):** 중앙행정기관의 장, 지방자치단체의 장 등 대통령령으로 정하는 행정기관의 장은 정부시책이나 행정제도 및 그 운영의 개선에 관한 국민제안을 접수 · 처리하여야 하며 국민제안의 운영 및 절차 등에 필요한 사항은 대통령령으로 정한다.

02 정보공개와 개인정보보호

01 행정정보공개

1 행정정보공개제도

1. 개념

국가기관·지방자치단체 등 공공기관이 업무 수행 중 생산·접수하여 보유·관리하는 정보를 국민에게 공개함으로써, 국민의 알권리를 보장하고 더 많은 정보를 바탕으로 국정운영에 대한 참여를 유도하기 위한 제도이다.

2. 종류

국민의 알 권리, 특히 국가정보에의 접근의 권리는 우리 헌법상 기본적으로 '표현의 자유'와 관련하여 인정되는 것이다. 일반 국민 누구나 국가에 대하여 보유·관리하고 있는 정보의 공개를 청구할 수 있는 이른바 '일반적' 청구권과 자기와 직접적인 이해관계 있는 특정한 사안에 관한 '개별적' 청구권이 있다.

2 법적 근거

1. 헌법적 근거

(1) 헌법 제21조는 언론·출판의 자유에서 비롯된 국민의 알권리는, 국민생활에 직접적·간접적 영향을 미치는 국가 활동 전반에 관한 정보에 접근할 수 있는 정보공개청구권을 포함하고 있다고 본다.

(2) **헌법재판소:** 정보공개청구권을 알권리의 한 요소를 이루며, 이러한 알권리는 헌법에 직접 명문화되어 있진 않지만 헌법 제21조에서 도출된다고 보고 있다.

> **⊘ 더 알아보기**
>
> **헌법 제21조**
> ① 모든 국민은 언론·출판의 자유와 집회·결사의 자유를 가진다.
> ② 언론·출판에 대한 허가나 검열과 집회·결사에 대한 허가는 인정되지 아니한다.

정보공개제도의 헌법적 근거

1. 정보공개청구권의 인정 근거: 헌법상 표현의 자유

국민의 알 권리, 특히 국가정보에의 접근의 권리는 우리 헌법상 기본적으로 표현의 자유와 관련하여 인정되는 것으로 그 권리의 내용에는 일반 국민 누구나 국가에 대하여 보유·관리하고 있는 정보의 공개를 청구할 수 있는 이른바 일반적인 정보공개청구권이 포함된다(대판 1999.9.21, 97누5114).

2. 알 권리가 헌법에 의하여 직접 보장되는 권리인지 여부: 적극

"알 권리"의 실현은 법률의 제정이 뒤따라 이를 구체화시키는 것이 충실하고도 바람직하지만, 그러한 법률이 제정되어 있지 않다고 하더라도 불가능한 것은 아니고 헌법 제21조에 의해 직접 보장될 수 있다(헌재 1991.5.13, 90헌마133).

3. 공공기관이 보유·관리하는 정보에 대하여 국민으로부터 공개를 요구받은 경우 취해야 할 조치

국민의 '알권리', 즉 정보에의 접근·수집·처리의 자유는 자유권적 성질과 청구권적 성질을 공유하는 것으로서 헌법 제21조에 의하여 직접 보장되는 권리이고, 그 구체적 실현을 위하여 제정된 공공기관의 정보공개에 관한 법률도 제3조에서 공공기관이 보유·관리하는 정보를 원칙적으로 공개하도록 하여 정보공개의 원칙을 천명하고 있고, 위 법 제9조가 예외적인 비공개사유를 열거하고 있는 점에 비추어 보면, 국민으로부터 보유·관리하는 정보에 대한 공개를 요구받은 공공기관으로서는 위 법 제9조 제1항 각 호에서 정하고 있는 비공개사유에 해당하지 않는 한 이를 공개하여야 하고, 이를 거부하는 경우라 할지라도 대상이 된 정보의 내용을 구체적으로 확인·검토하여 어느 부분이 어떠한 법익 또는 기본권과 충돌되어 위 각 호의 어디에 해당하는지를 주장·증명하여야만 하며, 여기에 해당하는지 여부는 비공개에 의하여 보호되는 업무수행의 공정성 등의 이익과 공개에 의하여 보호되는 국민의 알권리의 보장과 국정에 대한 국민의 참여 및 국정운영의 투명성 확보 등의 이익을 비교·교량하여 구체적인 사안에 따라 개별적으로 판단하여야 한다(대판 2009.12.10, 2009두12785).

2. 법률상 근거

행정상 정보공개에 대한 일반법으로 '공공기관의 정보공개에 관한 법률'이 있으며, 관련 규정을 갖는 개별법률도 존재한다.

3. 조례

공공기관의 정보공개에 관한 법률에 '지방자치단체는 그 소관 사무에 관하여 법령의 범위에서 정보공개에 관한 조례를 정할 수 있다'고 규정하고 있다(제4조 제2항).

 판례 PLUS

조례에 의한 정보공개

청주시 정보공개조례안은 법률의 위임이 없어 위법·무효인지 여부: 소극

지방자치단체는 그 내용이 주민의 권리의 제한 또는 의무의 부과에 관한 사항이거나 벌칙에 관한 사항이 아닌 한 법률의 위임이 없더라도 조례를 제정할 수 있다 할 것인데, 청주시의회에서 의결한 청주시행정정보공개조례안은 행정에 대한 주민의 알 권리의 실현을 그 근본내용으로 하면서도 이로 인한 개인의 권익침해 가능성은 배제하고 있으므로 이를 들어 주민이 권리를 제한하거나 의무를 부과하는 조례라고는 단정할 수 없다 따라서 그 제정에 있어서 반드시 법률의 개별적 위임이 따로 필요한 것은 아니다(대판 1992.6.23, 92추17).

02 공공기관의 정보공개에 관한 법률

1 목적(제1조)

공공기관이 보유·관리하는 정보에 대한 국민의 공개 청구 및 공공기관의 공개 의무에 관하여 필요한 사항을 정함으로써 국민의 알권리를 보장하고 국정에 대한 국민의 참여와 국정 운영의 투명성을 확보함을 목적으로 한다.

2 용어의 정의(제2조)

1. 정보

공공기관이 직무상 작성 또는 취득하여 관리하고 있는 문서(전자문서를 포함한다. 이하 같다) 및 전자매체를 비롯한 모든 형태의 매체 등에 기록된 사항을 말한다.

2. 공개

공공기관이 이 법에 따라 정보를 열람하게 하거나 그 사본·복제물을 제공하는 것 또는 전자정부법 제2조 제10호에 따른 정보통신망을 통하여 정보를 제공하는 것 등을 말한다.

3. 공공기관

(1) 국가기관

　① 국회, 법원, 헌법재판소, 중앙선거관리위원회
　② 중앙행정기관(대통령 소속 기관과 국무총리 소속 기관을 포함한다) 및 그 소속 기관
　③ 행정기관 소속 위원회의 설치·운영에 관한 법률에 따른 위원회

(2) 지방자치단체

(3) 공공기관의 운영에 관한 법률 제2조에 따른 공공기관

(4) 그 밖에 대통령령으로 정하는 기관

 법령 PLUS

공공기관의 정보공개에 관한 법률 시행령

제2조(공공기관의 범위) 「공공기관의 정보공개에 관한 법률」 제2조 제3호 라목에서 "대통령령으로 정하는 기관"이란 다음 각 호의 기관 또는 단체를 말한다.
1. 「유아교육법」, 「초·중등교육법」, 「고등교육법」에 따른 각급 학교 또는 그 밖의 다른 법률에 따라 설립된 학교
2. 「지방공기업법」에 따른 지방공사 및 지방공단
3. 「지방자치단체 출자·출연 기관의 운영에 관한 법률」 제2조 제1항에 따른 출자기관 및 출연기관
4. 특별법에 따라 설립된 특수법인
5. 「사회복지사업법」 제42조 제1항에 따라 국가나 지방자치단체로부터 보조금을 받는 사회복지법인과 사회복지사업을 하는 비영리법인
6. 제5호 외에 「보조금 관리에 관한 법률」 제9조 또는 「지방재정법」 제17조 제1항 각 호 외의 부분 단서에 따라 국가나 지방자치단체로부터 연간 5천만 원 이상의 보조금을 받는 기관 또는 단체. 다만, 정보공개 대상 정보는 해당 연도에 보조를 받은 사업으로 한정한다.

공공기관의 의미

1. 정보공개의무 있는 특수법인(시행령 제2조 제4호)에 해당하는지 여부의 판단기준

어느 법인이 정보공개법 제2조 제3호 등에 따라 정보를 공개할 의무가 있는 '특별법에 의하여 설립된 특수 법인'에 해당하는가는, 국민의 알권리를 보장하고 국정에 대한 국민의 참여와 국정운영의 투명성을 확보하 고자 하는 위 법의 입법 목적을 염두에 두고, 당해 법인에게 부여된 업무가 국가행정업무이거나, 이에 해당 하지 않더라도 그 업무 수행으로써 추구하는 이익이 당해 법인 내부의 이익에 그치지 않고 공동체 전체의 이익에 해당하는 공익적 성격을 갖는지 여부, 국가나 지방자치단체의 당해 법인에 대한 재정적 지원·보조 의 유무와 그 정도, 국가기관·지방자치단체 등 다른 공공기관에 대한 정보공개청구와는 별도로 당해 법인 에 대하여 직접 정보공개청구를 구할 필요성이 있는지 여부 등을 개별적·종합적으로 고려하여야 한다(대 판 2010.4.29, 2008두5643).

2. 한국방송공사(KBS)는 정보공개의무가 있는 공공기관에 해당하는지 여부: 적극

방송법에 의하여 설립 운영되는 한국방송공사(KBS)는 공공기관의 정보공개에 관한 법률 시행령 제2조 제 4호의 '특별법에 의하여 설립된 특수법인'으로서 정보공개의무가 있는 '공공기관'에 해당한다(대판 2010.12.23, 2008두13101).

3. '사립대학교'가 정보공개의무가 있는 공공기관에 해당하는지 여부: 적극

정보공개 의무기관을 정하는 것은 입법자의 입법형성권에 속하고, 이에 따라 입법자는 구 정보공개법 제2 조 제3호에서 정보공개 의무기관을 공공기관으로 정하였는바, 공공기관은 국가기관에 한정되는 것이 아니 라 지방자치단체, 정부투자기관, 그 밖에 공동체 전체의 이익에 중요한 역할이나 기능을 수행하는 기관도 포함되는 것으로 해석되고, 여기에 정보공개의 목적, 교육의 공공성 및 공·사립학교의 동질성, 사립대학교 에 대한 국가의 재정지원 및 보조 등 여러 사정을 고려해 보면, 시행령에서 정보공개의무를 지는 공공기관 의 하나로 사립대학교를 들고 있는 것이 모법인 공공기관의 정보공개에 관한 법률의 위임 범위를 벗어났다 거나 사립대학교가 국비의 지원을 받는 범위 내에서만 공공기관의 성격을 가진다고 볼 수 없다(대판 2006.8.24, 2004두2783).

3 공공기관의 정보공개 의무

1. 정보공개의무자

정보공개청구의 상대방은 "공공기관"이다.

2. 정보공개의 원칙

(1) 공개청구의 필요: 공공기관이 보유·관리하는 정보는 국민의 알권리 보장 등을 위하 여 이 법에서 정하는 바에 따라 "적극적으로 공개"하여야 한다(제3조).

 판례 PLUS

정보공개의 원칙의 적용범위

알 권리 등 기본권을 보장하는 법률조항이라고 하더라도 불충분하거나 기본권 보장의 방법이 평등의 원칙에 반한다면 헌법에 위배될 수도 있다고 할 것이나, 공공기관이 보유·관리하고 있지 않은 정보를 공개하도록 하 는 것은 불능의 조치를 강제하는 무의미한 것으로 그러한 내용을 포함하고 있지 않다고 하여 불충분하거나 불평등한 입법이라고 할 수도 없다(헌재 2003.4.24, 2002헌바59).

(2) 공개대상 정보의 원문공개: 공공기관 중 중앙행정기관 및 대통령령으로 정하는 기관은 전자적 형태로 보유·관리하는 정보 중 공개대상으로 분류된 정보를 국민의 정보공 개 청구가 없더라도 정보통신망을 활용한 정보공개시스템 등을 통하여 공개하여야 한다(제8조의2).

3. 정보공개의 적용범위(제4조)

(1) 정보의 공개에 관하여는 다른 법률에 특별한 규정이 있는 경우를 제외하고는 이 법에서 정하는 바에 따른다.

(2) 지방자치단체는 그 소관사무에 관하여 법령의 범위에서 정보공개에 관한 조례를 정할 수 있다.

(3) 국가안전보장에 관련되는 정보 및 보안 업무를 관장하는 기관에서 국가안전보장과 관련된 정보의 분석을 목적으로 수집하거나 작성한 정보에 대해서는 이 법을 적용하지 아니한다. 다만, 제8조 제1항에 따른 정보목록의 작성·비치 및 공개에 대해서는 그러하지 아니한다.

➕ 판례PLUS

정보공개법 제4조 제1항의 '다른 법률에 특별한 규정이 있는 경우'의 의미

공공기관의 정보공개에 관한 법률 제4조 제1항은 "정보의 공개에 관하여는 다른 법률에 특별한 규정이 있는 경우를 제외하고는 이 법이 정하는 바에 의한다."라고 규정하고 있다. 여기서 '정보공개에 관하여 다른 법률에 특별한 규정이 있는 경우'에 해당한다고 하여 정보공개법의 적용을 배제하기 위해서는, 특별한 규정이 '법률'이어야 하고, 내용이 정보공개의 대상 및 범위, 정보공개의 절차, 비공개대상정보 등에 관하여 정보공개법과 달리 규정하고 있는 것이어야 한다(대판 2016.12.15, 2013두20882).

4. 정보의 사전적 공개 등(제7조)

(1) 공공기관은 다음의 어느 하나에 해당하는 정보에 대해서는 공개의 구체적 범위와 공개의 주기·시기 및 방법 등을 미리 정하여 공표하고, 이에 따라 정기적으로 공개하여야 한다. 다만, 비공개 대상 정보(제9조 제1항 각 호)에 대해서는 그러하지 아니하다.
① 국민생활에 매우 큰 영향을 미치는 정책에 관한 정보
② 국가의 시책으로 시행하는 공사 등 대규모 예산이 투입되는 사업에 관한 정보
③ 예산집행의 내용과 사업평가 결과 등 행정감시를 위하여 필요한 정보
④ 그 밖에 공공기관의 장이 정하는 정보

(2) 공공기관은 추가: 위 (1)에 규정된 사항 외에도 국민이 알아야 할 필요가 있는 정보를 국민에게 공개하도록 적극적으로 노력하여야 한다.

5. 정보목록 작성·비치·공개 등(제8조)

(1) 공공기관은 그 기관이 보유·관리하는 정보에 대하여 국민이 쉽게 알 수 있도록 정보목록을 작성하여 갖추어 두고, 그 목록을 정보통신망을 활용한 정보공개시스템 등을 통하여 공개하여야 한다. 다만, 정보목록 중 제9조 제1항에 따라 공개하지 아니할 수 있는 정보가 포함되어 있는 경우에는 해당 부분을 갖추어 두지 아니하거나 공개하지 아니할 수 있다.

(2) 공공기관은 정보의 공개에 관한 사무를 신속하고 원활하게 수행하기 위하여 정보공개 장소를 확보하고 공개에 필요한 시설을 갖추어야 한다.

4 정보공개 청구권자와 공공기관의 의무

1. 정보공개 청구권자(제5조, 시행령 제3조)

(1) 모든 국민: 모든 국민은 정보의 공개를 청구할 권리를 가진다.

 판례 PLUS

정보공개 청구권자

1. 정보공개법 제5조 제1항의 국민의 의미

정보공개법 제5조 제1항은 "모든 국민은 정보의 공개를 청구할 권리를 가진다"고 규정하고 있는데, 여기에서 말하는 국민에는 자연인은 물론 법인, 권리능력 없는 사단·재단도 포함되고, 법인, 권리능력 없는 사단·재단 등의 경우에는 설립목적을 불문하며, 한편 정보공개청구권은 법률상 보호되는 구체적인 권리이므로 청구인이 공공기관에 대하여 정보공개를 청구하였다가 거부처분을 받은 것 자체가 법률상 이익의 침해에 해당한다(대판 2003.12.12, 2003두8050).

2. 지방자치단체가 정보공개청구권자인 '국민'에 포함되는지 여부: 소극

공공기관의 정보공개에 관한 법률은 국민을 정보공개청구권자로, 지방자치단체를 국민에 대응하는 정보공개의무자로 상정하고 있으므로, 지방자치단체는 공공기관의 정보공개에 관한 법률 제5조에서 정한 정보공개 청구권자인 '국민'에 해당되지 아니한다(서울행법 2005.10.12, 2005구합10484).

3. 국민의 정보공개청구가 권리남용에 해당함이 명백한 경우, 정보공개청구의 허용 여부: 소극

정보공개법이 정보공개청구권의 행사와 관련 하여 정보의 사용 목적이나 정보에 접근하려는 이유에 관한 어떠한 제한을 두고 있지 아니한 점 등을 고려하면, 국민의 정보공개청구는 정보공개법 제9조에 정한 비공개 대상 정보에 해당하지 아니하는 한 원칙적으로 폭넓게 허용되어야 하지만, 실제로는 해당 정보를 취득 또는 활용할 의사가 전혀 없이 정보공개 제도를 이용하여 사회통념상 용인될 수 없는 부당한 이득을 얻으려 하거나, 오로지 공공기관의 담당공무원을 괴롭힐 목적으로 정보공개청구를 하는 경우처럼 권리의 남용에 해당하는 것이 명백한 경우에는 정보공개청구권의 행사를 허용하지 아니하는 것이 옳다(대판 2014.2.24, 2014두9349).

(2) 법인·단체: 자연인은 물론 법인, 권리능력 없는 사단·재단도 포함되고, 이 경우 설립목적도 불문한다.

(3) 외국인: 외국인의 정보공개 청구에 관하여는 대통령령으로 정하는데 정보공개를 청구할 수 있는 외국인은 국내에 일정한 주소를 두고 거주하거나, 학술·연구를 위하여 일시적으로 체류하는 사람, 국내에 사무소를 두고 있는 법인 또는 단체 중 어느 하나에 해당하는 자로 한다.

 법령 PLUS

공공기관의 정보공개에 관한 법률

제5조(정보공개 청구권자) ① 모든 국민은 정보의 공개를 청구할 권리를 가진다.
② 외국인의 정보공개 청구에 관하여는 대통령령으로 정한다.

동법 시행령

제3조(외국인의 정보공개 청구) 법 제5조 제2항에 따라 정보공개를 청구할 수 있는 외국인은 다음 각 호의 어느 하나에 해당하는 자로 한다.
1. 국내에 일정한 주소를 두고 거주하거나 학술·연구를 위하여 일시적으로 체류하는 사람
2. 국내에 사무소를 두고 있는 법인 또는 단체

OX 문제

01 외국인의 정보공개청구는 인정되지 않는다. ( )

02 청구인이 공공기관에 대하여 정보공개를 청구하였다가 거부처분을 받은 것 이외에 별도의 추가 요건이 있어야 법률상 이익의 침해에 해당한다. ( )

03 정보공개를 청구하는 자가 공공기관에 대해 정보가 사본 또는 출력물이 교부의 방법으로 공개 방법을 선택하여 정보공개청구를 한 경우, 공개청구를 받은 공공기관이 그 공개방법을 선택할 재량권이 있다. ( )

정답 01 × 02 × 03 ×

2. 공공기관의 의무(제6조)

(1) 공공기관은 정보의 공개를 청구하는 국민의 권리가 존중될 수 있도록 이 법을 운영하고 소관 관계 법령을 정비하며, 정보를 투명하고 적극적으로 공개하는 조직문화 형성에 노력하여야 한다.

(2) 공공기관은 정보의 적절한 보존 및 신속한 검색과 국민에게 유용한 정보의 분석 및 공개 등이 이루어지도록 정보관리체계를 정비하고, 정보공개 업무를 주관하는 부서 및 담당하는 인력을 적정하게 두어야 하며, 정보통신망을 활용한 정보공개시스템 등을 구축하도록 노력하여야 한다. 행정안전부장관은 공공기관의 정보공개에 관한 업무를 종합적 · 체계적 · 효율적으로 지원하기 위하여 통합정보공개시스템을 구축 · 운영하여야 한다.

 판례 PLUS

공공기관의 정보공개 의무

중국산 마늘 수입제한조치 내용을 사전에 공개할 의무가 인정되는지 여부: 소극
알 권리에서 파생되는 정부의 공개의무는 특별한 사정이 없는 한 국민의 적극적인 정보수집행위, 특히 특정의 정보에 대한 공개청구가 있는 경우에야 비로소 존재하므로, 정보공개청구가 없었던 경우 대한민국과 중화인민공화국이 2000. 7. 31. 체결한 양국 간 마늘교역에 관한 합의서 및 그 부속서 중 '2003. 1. 1.부터 한국의 민간기업이 자유롭게 마늘을 수입할 수 있다'는 부분을 사전에 마늘재배농가들에게 공개할 정부의 의무는 인정되지 아니한다(헌재 2004.12.16, 2002헌마579).

 법령 PLUS

공공기관의 정보공개에 관한 법률

제6조의2(정보공개 담당자의 의무) 공공기관의 정보공개 담당자(정보공개 청구 대상 정보와 관련된 업무 담당자를 포함한다)는 정보공개 업무를 성실하게 수행하여야 하며, 공개 여부의 자의적인 결정, 고의적인 처리 지연 또는 위법한 공개 거부 및 회피 등 부당한 행위를 하여서는 아니 된다.

5 정보공개청구절차

1. 청구방법(제10조)

(1) 정보의 공개를 청구하는 자(이하 "청구인"이라 한다)는 해당 정보를 보유하거나 관리하고 있는 공공기관에 다음 각 호의 사항을 적은 정보공개 청구서를 제출하거나 말로써 정보의 공개를 청구할 수 있다(제1항).
- 청구인의 성명 · 주민등록번호 · 주소 및 연락처(전화번호 · 전자우편주소 등을 말한다)
- 공개를 청구하는 정보의 내용 및 공개방법

(2) 청구대상정보를 기재할 때에는 사회 일반인의 관점에서 청구대상정보의 내용과 범위를 확정할 수 있도록 특정해야 한다.

(3) 청구인이 말로써 정보의 공개를 청구할 때에는 담당 공무원 또는 담당 임직원(이하 "담당공무원등"의 앞에서 진술하여야 하고, 담당공무원등은 정보공개 청구조서를 작성하여 이에 청구인과 함께 기명날인하거나 서명하여야 한다(제2항).

판례PLUS

2. 정보공개 여부의 결정(제11조)

(1) 결정기간: 공공기관은 정보공개의 청구를 받으면 그 청구를 받은 날부터 <u>10일 이내</u>에 공개 여부를 결정하여야 한다(제1항).

(2) 기간연장: 공공기관은 부득이한 사유로 정해진 기간 이내에 공개 여부를 결정할 수 없을 때에는 그 기간이 끝나는 날의 다음 날부터 기산(起算)하여 10일의 범위에서 공개 여부 결정기간을 연장할 수 있다. 이 경우 공공기관은 연장된 사실과 연장 사유를 청구인에게 지체 없이 문서로 통지하여야 한다(제2항).

(3) 비공개: 위 기간 내에 공개여부를 결정하지 않는 경우에는 이의신청, 행정심판, 행정소송이 가능하다.

(4) 제3자에 대한 통지 및 의견청취: 공공기관은 공개 청구된 공개 대상 정보의 전부 또는 일부가 <u>제3자와 관련</u>이 있다고 인정할 때에는 그 사실을 <u>제3자에게 지체 없이 통지</u>하여야 하며, 필요한 경우에는 그의 <u>의견을 들을 수 있다</u>(제3항).

(5) 소관기관으로 이송: 공공기관은 다른 공공기관이 보유·관리하는 정보의 공개 청구를 받았을 때에는 지체 없이 이를 소관기관으로 이송하여야 하며, 이송한 후에는 지체 없이 소관 기관 및 이송 사유 등을 분명히 밝혀 청구인에게 문서로 통지하여야 한다(제4항).

(6) 민원으로 처리: 공공기관은 정보공개 청구가 다음 각 호의 어느 하나에 해당하는 경우로서 「민원 처리에 관한 법률」에 따른 민원으로 처리할 수 있는 경우에는 민원으로 처리할 수 있다(제4항).
- 공개 청구된 정보가 공공기관이 보유·관리하지 아니하는 정보인 경우
- 공개 청구의 내용이 진정·질의 등으로 이 법에 따른 정보공개 청구로 보기 어려운 경우

(7) 반복청구 등의 처리(제11조의 2)

① 공공기관은 제11조에도 불구하고 제10조 제1항 및 제2항에 따른 정보공개 청구가 다음 각 호의 어느 하나에 해당하는 경우에는 정보공개 청구 대상 정보의 성격, 종전 청구와의 내용적 유사성·관련성, 종전 청구와 동일한 답변을 할 수밖에 없는 사정 등을 종합적으로 고려하여 해당 청구를 종결 처리할 수 있다. 이 경우 종결 처리 사실을 청구인에게 알려야 한다(제1항).

- 정보공개를 청구하여 정보공개 여부에 대한 결정의 통지를 받은 자가 정당한 사유 없이 해당 정보의 공개를 다시 청구하는 경우
- 정보공개 청구가 제11조 제5항에 따라 민원으로 처리되었으나 다시 같은 청구를 하는 경우

② 공공기관은 제11조에도 불구하고 제10조 제1항 및 제2항에 따른 정보공개 청구가 다음 각 호의 어느 하나에 해당하는 경우에는 다음 각 호의 구분에 따라 안내하고, 해당 청구를 종결 처리할 수 있다(제2항).

- 제7조 제1항에 따른 정보 등 공개를 목적으로 작성되어 이미 정보통신망 등을 통하여 공개된 정보를 청구하는 경우: 해당 정보의 소재(所在)를 안내
- 다른 법령이나 사회통념상 청구인의 여건 등에 비추어 수령할 수 없는 방법으로 정보공개 청구를 하는 경우: 수령이 가능한 방법으로 청구하도록 안내

3. 정보공개 여부 결정의 통지(제13조)

(1) 공개결정을 한 경우: 정보의 공개를 결정한 경우에는 공개의 일시 및 장소 등을 분명히 밝혀 청구인에게 통지하여야 한다(제1항).

(2) 비공개결정을 한 경우: 정보의 비공개 결정을 한 경우에는 그 사실을 청구인에게 지체 없이 문서로 통지하여야 한다. 이 경우 비공개 이유와 불복(不服)의 방법 및 절차를 구체적으로 밝혀야 한다(제5항).

(3) 청구인이 사본 또는 복제물의 교부를 원하는 경우

① 공공기관은 청구인이 사본 또는 복제물의 교부를 원하는 경우에는 이를 교부하여야 한다(제2항).

② 공공기관은 공개대상정보의 양이 너무 많아 정상적인 업무수행에 현저한 지장을 초래할 우려가 있는 경우에는 해당 정보를 일정 기간별로 나누어 제공하거나 사본·복제물의 교부 또는 열람과 병행하여 제공할 수 있다(제3항).

(4) 원본의 오염·파손 우려가 있는 경우: 정보를 공개하는 경우에 그 정보의 원본이 더럽혀지거나 파손될 우려가 있거나 그 밖에 상당한 이유가 있다고 인정할 때에는 그 정보의 사본·복제물을 공개할 수 있다(제4항).

 판례 PLUS

> **청구인의 공개방법 지정 여부**
> **청구인에게 특정한 정보공개방법을 지정하여 청구할 수 있는 신청권이 있는지: 적극**
> 정보공개법은 정보의 공개를 청구하는 이(이하 '청구인')가 정보공개방법도 아울러 지정하여 정보공개를 청구할 수 있도록 하고 있고, 전자적 형태의 정보를 전자적으로 공개하여 줄 것을 요청한 경우에는 공공기관은 원칙적으로 요청에 응할 의무가 있고, 나아가 비전자적 형태의 정보에 관해서도 전자적 형태로 공개하여 줄 것을 요청하면 재량판단에 따라 전자적 형태로 변환하여 공개할 수 있도록 하고 있다. 이는 정보의 효율적 활용을 도모하고 청구인의 편의를 제고함으로써 정보공개법의 목적인 국민의 알 권리를 충실하게 보장하려는 것이므로, 청구인에게는 특정한 공개방법을 지정하여 정보공개를 청구할 수 있는 법령상 신청권이 있다(대판 2016.11.10, 2016두44674).

6 공개대상정보와 입증책임

1. 공개대상정보(제9조)

(1) 공공기관이 보유·관리하는 정보는 공개대상이 된다. 다만 법에서 정하는 비공개대상 정보는 공개하지 아니할 수 있다.

(2) 원본이 아닌 전자적 형태로 보유·관리하는 정보도 공개대상정보에 해당한다.

판례 PLUS

공개대상정보 요건

1. 정보공개청구의 대상 문서가 반드시 원본이어야 하는지 여부: 소극
공공기관의 정보공개에 관한 법률상 공개청구의 대상이 되는 정보란 공공기관이 직무상 작성 또는 취득하여 현재 보유·관리하고 있는 문서에 한정되는 것이기는 하나, 그 문서가 반드시 원본일 필요는 없다(대판 2006.5.25, 2006두3049).

2. 전자적 형태로 보유·관리되는 정보가 정보공개청구인이 구하는 대로 되어 있지 않더라도, 공공기관이 대상정보를 보유·관리하고 있는 것으로 볼 수 있는지 여부: 한정 적극
공공기관의 정보공개에 관한 법률에 의한 정보공개제도는 공공기관이 보유·관리하는 정보를 그 상태대로 공개하는 제도이지만, 전자적 형태로 보유·관리되는 정보의 경우에는, 그 정보가 청구인이 구하는 대로는 되어 있지 않다고 하더라도, 공개청구를 받은 공공기관이 공개청구대상정보의 기초자료를 전자적 형태로 보유·관리하고 있고, 당해 기관에서 통상 사용되는 컴퓨터 하드웨어 및 소프트웨어와 기술적 전문지식을 사용하여 그 기초자료를 검색하여 청구인이 구하는 대로 편집할 수 있으며, 그러한 작업이 당해 기관의 컴퓨터 시스템 운용에 별다른 지장을 초래하지 아니한다면, 그 공공기관이 공개청구대상정보를 보유·관리하고 있는 것으로 볼 수 있고, 이러한 경우에 기초자료를 검색·편집하는 것은 새로운 정보의 생산 또는 가공에 해당한다고 할 수 없다(대판 2010.2.11, 2009두6001).

2. 보유·관리여부의 증명책임

(1) 공공기관이 보유·관리하는 정보라는 주장의 증명책임: 원칙적으로 정보공개를 청구하는 청구자에게 증명책임이 있고, 상당한 개연성 정도를 증명하면 족하다.

(2) 공공기관이 보유·관리하는 정보가 아니라는 주장의 증명책임: 공개를 구하는 정보를 공공기관이 폐기 혹은 존재하지 않는다는 등 더 이상 보유·관리하지 않는다는 점에 대해 공공기관에 증명책임이 있다.

7 정보공개의 제한

1. 비공개 대상정보(제9조 제1항 단서)

공공기관이 보유·관리하는 정보는 공개대상이 된다. 다만 다음의 어느 하나에 해당하는 정보는 공개하지 아니할 수 있다.

법령 PLUS

공공기관의 정보공개에 관한 법률
제9조(비공개 대상 정보) ① 공공기관이 보유·관리하는 정보는 공개 대상이 된다. 다만, 다음 각 호의 어느 하나에 해당하는 정보는 공개하지 아니할 수 있다.

1. 다른 법률 또는 법률에서 위임한 명령(국회규칙·대법원규칙·헌법재판소규칙·중앙선거관리위원회규칙·대통령령 및 조례로 한정한다)에 따라 비밀이나 비공개 사항으로 규정된 정보
2. 국가안전보장·국방·통일·외교관계 등에 관한 사항으로서 공개될 경우 국가의 중대한 이익을 현저히 해칠 우려가 있다고 인정되는 정보
3. 공개될 경우 국민의 생명·신체 및 재산의 보호에 현저한 지장을 초래할 우려가 있다고 인정되는 정보
4. 진행 중인 재판에 관련된 정보와 범죄의 예방, 수사, 공소의 제기 및 유지, 형의 집행, 교정(矯正), 보안처분에 관한 사항으로서 공개될 경우 그 직무수행을 현저히 곤란하게 하거나 형사피고인의 공정한 재판을 받을 권리를 침해한다고 인정할 만한 상당한 이유가 있는 정보
5. 감사·감독·검사·시험·규제·입찰계약·기술개발·인사관리에 관한 사항이나 의사결정 과정 또는 내부검토 과정에 있는 사항 등으로서 공개될 경우 업무의 공정한 수행이나 연구·개발에 현저한 지장을 초래한다고 인정할 만한 상당한 이유가 있는 정보. 다만, 의사결정 과정 또는 내부검토 과정을 이유로 비공개할 경우에는 제13조제5항에 따라 통지를 할 때 의사결정 과정 또는 내부검토 과정의 단계 및 종료 예정일을 함께 안내하여야 하며, 의사결정 과정 및 내부검토 과정이 종료되면 제10조에 따른 청구인에게 이를 통지하여야 한다.
6. 해당 정보에 포함되어 있는 성명·주민등록번호 등 개인에 관한 사항으로서 공개될 경우 사생활의 비밀 또는 자유를 침해할 우려가 있다고 인정되는 정보. 다만, 다음 각 목에 열거한 개인에 관한 정보는 제외한다.
   가. 법령에서 정하는 바에 따라 열람할 수 있는 정보
   나. 공공기관이 공표를 목적으로 작성하거나 취득한 정보로서 사생활의 비밀 또는 자유를 부당하게 침해하지 아니하는 정보
   다. 공공기관이 작성하거나 취득한 정보로서 공개하는 것이 공익이나 개인의 권리 구제를 위하여 필요하다고 인정되는 정보
   라. 직무를 수행한 공무원의 성명·직위
   마. 공개하는 것이 공익을 위하여 필요한 경우로서 법령에 따라 국가 또는 지방자치단체가 업무의 일부를 위탁 또는 위촉한 개인의 성명·직업
7. 법인·단체 또는 개인(이하 "법인등"이라 한다)의 경영상·영업상 비밀에 관한 사항으로서 공개될 경우 법인 등의 정당한 이익을 현저히 해칠 우려가 있다고 인정되는 정보. 다만, 다음 각 목에 열거한 정보는 제외한다.
   가. 사업활동에 의하여 발생하는 위해(危害)로부터 사람의 생명·신체 또는 건강을 보호하기 위하여 공개할 필요가 있는 정보
   나. 위법·부당한 사업활동으로부터 국민의 재산 또는 생활을 보호하기 위하여 공개할 필요가 있는 정보
8. 공개될 경우 부동산 투기, 매점매석 등으로 특정인에게 이익 또는 불이익을 줄 우려가 있다고 인정되는 정보

② 공공기관은 제1항 각 호의 어느 하나에 해당하는 정보가 기간의 경과 등으로 인하여 비공개의 필요성이 없어진 경우에는 그 정보를 공개 대상으로 하여야 한다.
③ 공공기관은 제1항 각 호의 범위에서 해당 공공기관의 업무 성격을 고려하여 비공개 대상 정보의 범위에 관한 세부 기준을 수립하고 이를 공개하여야 한다.
④ 공공기관(국회·법원·헌법재판소 및 중앙선거관리위원회는 제외한다)은 제3항에 따라 수립된 비공개 세부 기준이 제1항 각 호의 비공개 요건에 부합하는지 3년마다 점검하고 필요한 경우 비공개 세부 기준을 개선하여 그 점검 및 개선 결과를 행정안전부장관에게 제출하여야 한다.

2. 원칙적으로 법 제9조 제1항 단서의 각호에 해당하지 않으면 공개대상정보

 판례 PLUS

공개대상정보의 범위

널리 알려져 있거나 인터넷 검색등을 통해 공개된 정보의 경우, 비공개결정이 정당화되는지 여부: 소극
정보공개청구의 대상이 이미 널리 알려진 사항이라 하더라도 그 공개의 방법만을 제한할 수 있도록 규정하고
있을 뿐 공개 자체를 제한하고 있지는 아니하므로, 공개청구의 대상이 되는 정보가 이미 다른 사람에게 공개
하여 널리 알려져 있다거나 인터넷이나 관보 등을 통하여 공개하여 인터넷검색이나 도서관에서의 열람 등을
통하여 쉽게 알 수 있다는 사정만으로는 소의 이익이 없다거나 비공개결정이 정당화될 수는 없다(대판
2008.11.27, 2005두15694).

3. 비공개 대상정보 관련판례

 판례 PLUS

제9조 제1항 제1호의 '법률에 의한 명령'에 의한 비공개정보 해당 여부

1. 제9조 제1항 제1호의 '법률에 의한 명령'의 의미: 법규명령
정보공개법 제9조 제1항 제1호 소정의 '법률에 의한 명령'은 법률의 위임규정에 의하여 제정된 대통령령,
총리령, 부령 전부를 의미한다기보다는 정보의 공개에 관하여 법률의 구체적인 위임 아래 제정된 법규명령
(위임명령)을 의미한다(대판 2003.12.11, 2003두8395).

2. 검찰보존사무규칙을 근거로 정보공개를 거부할 수 있는지 여부: 소극
검찰보존사무규칙이 검찰청법에 기하여 제정된 법무부령이기는 하지만, 그 중 불기소사건기록의 열람·등
사의 제한을 정하고 있는 위 규칙 제22조는 법률상의 위임근거가 없는 행정기관 내부의 사무처리준칙으로
서 행정규칙에 불과하므로, 위 규칙 제22조에 의한 열람·등사의 제한을 정보공개법 제4조 제1항의 '정보
의 공개에 관하여 다른 법률에 특별한 규정이 있는 경우'또는 제9조 제1항 제1호의 '다른 법률 또는 법률이
위임한 명령에 의하여 비밀 또는 비공개사항으로 규정된 경우'에 해당한다고 볼 수 없다(대판 2012.6.28,
2011두16735).

3. 교육공무원승진규정을 근거로 정보공개를 거부할 수 있는지 여부: 소극
교육공무원법의 위임에 따라 제정된 교육공무원승진규정은 정보공개에 관한 사항에 관하여 구체적인 법률
의 위임에 따라 제정된 명령이라고 할 수 없고, 따라서 교육공무원승진규정 제26조에서 근무성적평정의
결과를 공개하지 아니한다고 규정하고 있다고 하더라도 위 교육공무원승진규정은 정보공개법에서 말하는
법률이 위임한 명령에 해당하지 아니하므로 위 규정을 근거로 정보공개청구를 거부하는 것은 잘못이다(대
판 2006.10.26, 2006두11910).

4. 국방부의 한국형 다목적 헬기 도입사업에 관한 감사결과 보고서: 비공개정보
국방부의 한국형 다목적 헬기(KMH) 도입사업에 대한 감사원장의 감사결과 보고서가 군사 2급 비밀에 해
당하는 이상 정보공개법 제9조 제1항 제1호에 의하여 공개하지 아니할 수 있다(대판 2006.11.10, 2006두
9351).

제9조 제1항 제3호의 '국민이 생명·신체 및 재산의 보호에 현저한 지장'에 관한 비공개정보 해
당 여부

보안관찰 관련 통계자료: 비공개정보
보안관찰처분을 규정한 보안관찰법에 대하여 헌법재판소도 이미 그 합헌성을 인정한 바 있고, 보안관찰법 소
정의 보안관찰 관련 통계자료는 공공기관의 정보공개에 관한 법률 제7조 제1항 제2호 소정의 공개될 경우 국
가안전보장·국방·통일·외교관계 등 국가의 중대한 이익을 해할 우려가 있는 정보, 또는 제3호 소정의 공
개될 경우 국민의 생명·신체 및 재산의 보호 기타 공공의 안전과 이익을 현저히 해할 우려가 있다고 인정되
는 정보에 해당한다(대판 2004.3.18, 2001두8254).

○Ⅹ문제

01 판례에 의하면 사립대학교는 국비의
지원을 받는 범위 내에서만 정보공개의무
를 지는 공공기관의 성격을 가진다. ( )

02 판례에 의하면 국가정보원이 직원에
게 지급하는 현금급여 및 월초수당에 관
한 정보는 공개대상이다. ( )

03 판례에 의하면 '한국증권업협회'는 정
보공개의무를 지는 '특별법에 의하여 설
립된 특수법인'에 해당한다. ( )

정답 01 ×(대판 2006.8.24, 2004두
2783) 02 ×(대판 2010.12.23, 2010두
14800) 03 ×(대판 2010.4.29, 2008두
5643)

제9조 제1항 제4호의 '진행 중인 재판 등'에 관한 비공개정보 해당 여부

1. 판단기준

[1] 정보공개법의 입법 목적, 정보공개의 원칙, 비공개대상정보의 규정 형식과 취지 등을 고려하면, 법원 이외의 공공기관이 정보공개법 제9조 제1항 제4호에서 정한 '진행 중인 재판에 관련된 정보'에 해당한다는 사유로 정보공개를 거부하기 위하여는 반드시 그 정보가 진행 중인 재판의 소송기록 자체에 포함된 내용일 필요는 없다. 그러나 재판에 관련된 일체의 정보가 그에 해당하는 것은 아니고 진행 중인 재판의 심리 또는 재판결과에 구체적으로 영향을 미칠 위험이 있는 정보에 한정된다고 보는 것이 타당하다(대판 2011.11.24, 2009두19021).

[2] 정보공개법 제9조 제1항 제4호에서 비공개대상으로 규정한 '형의 집행, 교정에 관한 사항으로서 공개될 경우 그 직무수행을 현저히 곤란하게 하는 정보'란 당해 정보가 공개될 경우 직무의 공정하고 효율적인 수행에 직접적이고 구체적으로 장애를 줄 고도의 개연성이 있고, 그 정도가 현저한 경우를 의미한다(대판 2009.12.10, 2009두12785).

2. 교도소 담당 교도관들의 근무보고서: 공개정보

교도소에 수용 중이던 재소자가 담당 교도관들을 상대로 가혹행위를 이유로 형사고소 및 민사소송을 제기하면서 그 증명자료 확보를 위해 '근무보고서'와 '징벌위원회 회의록'등의 정보공개를 요청하였으나 교도소장이 이를 거부한 경우, 근무보고서는 정보공개법 제9조 제1항 제4호에 정한 비공개대상정보에 해당한다고 볼 수 없고, 징벌위원회 회의록 중 비공개 심사·의결 부분은 제9조 제1항 제5호의 비공개사유에 해당하지만 재소자의 진술, 위원장 및 위원들과 재소자 사이의 문답 등 징벌절차 진행 부분은 비공개사유에 해당하지 않는다(대판 2009.12.10, 2009두12785).

제9조 제1항 제5호의 '의사결정 과정 등'에 관한 비공개정보 해당 여부

1. 학교환경위생정화위원회의 회의록 발언내용에 대한 발언자의 인적사항 부분: 비공개정보

정보공개법 제7조 제1항 제5호에서의 '감사·감독·검사·시험·규제·입찰계약·기술개발·인사관리·의사결정과정 또는 내부검토과정에 있는 사항'은 비공개대상정보를 예시적으로 열거한 것이라고 할 것이므로 의사결정과정에 제공된 회의관련자료나 의사결정과정이 기록된 회의록 등은 의사가 결정되거나 의사가 집행된 경우에는 더이상 의사결정과정에 있는 사항 그 자체라고는 할 수 없으나, 의사결정과정에 있는 사항에 준하는 사항으로서 비공개대상정보에 포함될 수 있다. 학교환경위생구역 내 금지행위(숙박시설) 해제결정에 관한 학교환경 위생정화위원회의 회의록에 기재된 발언내용에 대한 해당 발언자의 인적사항 부분에 관한 정보는 제7조 제1항 제5호 소정의 비공개대상에 해당한다(대판 2003.8.22, 2002두12946).

2. 학교폭력대책자치위원회 회의록: 비공개정보

학교폭력대책자치위원회에서의 자유롭고 활발한 심의·의결이 보장되기 위해서는 위원회가 종료된 후라도 심의·의결 과정에서 개개 위원들이 한 발언 내용이 외부에 공개되지 않는다는 것이 철저히 보장되어야 한다는 점 등에 비추어, 학교폭력대책자치위원회의 회의록은 제9조 제1항 제5호의 '공개될 경우 업무의 공정한 수행에 현저한 지장을 초래한다고 인정할 만한 상당한 이유가 있는 정보'에 해당한다(대판 2010.6.10, 2010두2913).

3. 독립유공자서훈 공적심사위원회의 회의록: 비공개정보

갑이 친족인 망 을 등에 대한 독립유공자 포상신청을 하였다가 독립유공자서훈 공적심사위원회의 심사를 거쳐 포상에 포함되지 못하였다는 내용의 공적심사 결과를 통지받자 국가보훈처장에게 '망인들에 대한 독립유공자서훈 공적심사위원회의 심의·의결 과정 및 그 내용을 기재한 회의록'등의 공개를 청구하였는데, 국가보훈처장이 공개할 수 없다는 통보를 한 경우, 위 회의록은 제9조 제1항 제5호에서 정한 '공개될 경우 업무의 공정한 수행에 현저한 지장을 초래한다고 인정할 만한 상당한 이유가 있는 정보'에 해당한다(대판 2014.7.24, 2013두20301).

4. 문제은행 출제방식의 치과의사시험의 문제지와 정답지: 비공개정보

치과의사 국가시험에서 채택하고 있는 문제은행 출제방식이 출제의 시간·비용을 줄이면서도 양질의 문항을 확보할 수 있는 등 많은 장점을 가지고 있는 점, 그 시험문제를 공개할 경우 발생하게 될 결과와 시험업무에 초래될 부작용 등을 감안하면, 위 시험의 문제지와 그 정답지를 공개하는 것은 시험업무의 공정한 수행이나 연구·개발에 현저한 지장을 초래한다고 인정할 만한 상당한 이유가 있는 경우에 해당하므로, 제9조 제1항 제5호에 따라 이를 공개하지 않을 수 있다(대판 2007.6.15, 2006두15936).

5. 사법시험 2차 시험의 답안지 열람: 공개정보

사법시험 2차 답안지를 열람하도록 할 경우 업무의 증가가 다소 있을 것으로 예상되고, 다른 논술형시험의 열람 여부에도 영향이 있는 등 파급효과로 인하여 시험업무의 수행에 다소 지장을 초래한다고 볼 수 있기는 하지만, 답안지는 응시자의 시험문제에 대한 답안이 기재되어 있을 뿐 평가자의 평가기준이나 평가결과가 반영되어 있는 것은 아니므로 응시자가 자신의 답안지를 열람한다고 하더라도 시험문항에 대한 채점위원별 채점 결과가 열람되는 경우와 달리 평가자가 시험에 대한 평가업무를 수행함에 있어서 지장을 초래할 가능성이 적은 점 등을 종합적으로 고려하면, 답안지의 열람으로 인하여 시험업무의 수행에 현저한 지장을 초래한다고 볼 수 없다(대판 2003.3.14, 2000두6114).

제9조 제1항 제6호의 '사생활의 비밀'에 관한 비공개정보 해당 여부

1. 판단기준

정보공개법 제9조 제1항 제6호 본문의 규정에 따라 비공개대상이 되는 정보에는 이름·주민등록번호 등 정보 형식이나 유형을 기준으로 비공개대상정보에 해당하는지를 판단하는 '개인식별정보'뿐만 아니라 그 외에 정보의 내용을 구체적으로 살펴 '개인에 관한 사항의 공개로 개인의 내밀한 내용의 비밀 등이 알려지게 되고, 그 결과 인격적·정신적 내면생활에 지장을 초래하거나 자유로운 사생활을 영위할 수 없게 될 위험성이 있는 정보'도 포함된다고 새겨야 한다. 따라서 불기소처분 기록 중 피의자신문조서 등에 기재된 피의자 등의 인적사항 이외의 진술내용 역시 개인의 사생활의 비밀 또는 자유를 침해할 우려가 인정되는 경우 정보공개법 제9조 제1항 제6호 본문 소정의 비공개대상에 해당한다(대판 2012.6.18, 2011두2361 전합).

2. 지방자치단체의 업무추진비 세부항목별 집행내역 등에 포함된 개인에 관한 정보: 비공개정보

정보공개법 제7조 제1항 제6호 단서 (다)목 소정의 '공개하는 것이 공익을 위하여 필요하다고 인정되는 정보'에 해당하는지 여부는 비공개에 의하여 보호되는 개인의 사생활 보호 등의 이익과 공개에 의하여 보호되는 국정운영의 투명성 확보 등의 공익을 비교·교량하여 구체적 사안에 따라 신중히 판단하여야 하는바, 지방자치단체의 업무추진비 세부항목별 집행내역 및 그에 관한 증빙서류에 포함된 개인에 관한 정보는 '공개하는 것이 공익을 위하여 필요하다고 인정되는 정보'에 해당하지 않는다(대판 2003.3.11, 2001두6425).

3. 사면대상자들의 사면실시 건의서와 그와 관련된 국무회의 안건자료에 관한 정보: 공개정보

사면대상자들의 사면실시 건의서와 그와 관련된 국무회의 안건자료에 관한 정보는 그 공개로 얻는 이익이 그로 인하여 침해되는 당사자들의 사생활의 비밀에 관한 이익보다 더욱 크므로 정보공개법 제9조 제1항 제6호에서 정한 비공개사유에 해당하지 않는다(대판 2006.12.7, 2005두241).

제9조 제1항 제7호의 '경영상·영업상 비밀'에 관한 비공개정보 해당 여부

1. 판단기준

정보공개법 제9조 제1항 제7호에서 비공개대상정보로 정하고 있는 '법인 등의 경영·영업상 비밀'은 '타인에게 알려지지 아니함이 유리한 사업활동에 관한 일체의 정보' 또는 '사업활동에 관한 일체의 비밀사항'을 의미하는 것이고, 공개 여부는 공개를 거부할 만한 정당한 이익이 있는지 여부에 따라 결정되어야 한다. 그리고 정당한 이익 유무를 판단할 때에는 국민의 알권리를 보장하고 국정에 대한 국민의 참여와 국정운영의 투명성을 확보함을 목적으로 하는 정보공개법의 입법 취지와 아울러 당해 법인 등의 성격, 당해 법인 등의 권리, 경쟁상 지위 등 보호받아야 할 이익의 내용·성질 및 당해 정보의 내용·성질 등에 비추어 당해 법인 등에 대한 권리보호의 필요성, 당해 법인 등과 행정과의 관계 등을 종합적으로 고려해야 한다(대판 2014.7.24, 2012두12303).

2. 법인 등이 거래하는 금융기관의 계좌번호에 관한 정보: 비공개정보

제7조 제1항 제7호의 입법 취지와 내용에 비추어 볼 때, 법인 등의 상호, 단체명, 영업소명, 사업자등록번호 등에 관한 정보는 법인 등의 영업상 비밀에 관한 사항으로서 공개될 경우 법인 등의 정당한 이익을 현저히 해할 우려가 있다고 인정되는 정보에 해당하지 아니하지만, 법인 등이 거래하는 금융기관의 계좌번호에 관한 정보는 법인 등의 영업상 비밀에 관한 사항으로서 법인등의 이름과 결합하여 공개될 경우 당해 법인 등의 영업상 지위가 위협받을 우려가 있다고 할 것이므로 비공개정보에 해당한다(대판 2003.4.22, 2002두9391).

3. 아파트재건축주택조합의 조합원들에게 제공될 무상보상평수의 사업수익성 등을 검토한 자료: 공개정보

아파트재건축주택조합의 조합원들에게 제공될 무상보상평수의 사업수익성 등을 검토한 자료는 이 자료가 공개될 경우 주택조합의 재건축아파트의 분양 등 업무를 추진하는 것이 곤란해진다고 보기 어려울 뿐만 아니라, 재건축사업계약에 의하여 조합원들에게 제공될 무상보상평수의 산출근거를 알 수 있게 되어 조합원들의 알 권리를 충족시키고 재건축사업의 투명성을 확보할 수 있게 되는 점 등을 감안하여 보면, 공개대상 정보에 해당한다(대판 2006.1.13, 2003두9459).

[공개대상과 비공개대상 정보]

공개대상 정보	비공개대상 정보
• 소송에 관한 서류를 고소인에게 공개하는 것 • 검찰보존사무규칙에 근거한 불기소사건기록 • 교육공무원승진규정에 근거한 근무성적평정 • 구속수사대상 등을 정한 법무예규 • 수용자 자비부담물품의 판매수익금 관련 정보 • 사법시험 2차 시험 응시자의 답안지 열람 • 대외적 공표 후 + 도시공원위원회의 심의사항 • 사면대상자들의 사면실시건의서와 국무회의 안건 자료에 관한 정보 • 아파트 재건축주택조합의 조합원들에게 제공될 무상보상 평수의 사업수익성 등 자료 • 대한주택공사의 아파트 분양원가 • KBS의 수시집행 접대성 경비 집행서류	• 소송에 관한 서류를 일반인에게 비공개 • 다목적헬기 도입사업 감사결과보고서 • 한미 FTA 협정문 초안 및 작성 문서 • 보안관찰 관련 통계자료 • 사법시험 2차시험 채점위원별 채점결과 • 대외적 공표 전 + 도시공원위원회의 심의사항 • 학교환경위생정화위원회의 회의록 • 치과의사 국가시험의 문제지와 정답지 • 지방자치단체의 업무추진비 항목별 집행 내역 및 그에 관한 증빙서류에 포함된 개인정보 • 공무원이 직무와 관련없이 개인적인 자격으로 간담회, 연찬회 등 행사에 참석하고 금품을 수령한 정보 • 법인 등 금융기관의 계좌정보 • 국가정보원 월급, 정원, 소재지

8 정보공개의 방법

1. 공개방법(제10조)

(1) 정보의 공개를 청구하는 자(이하 "청구인"이라 한다)는 해당 정보를 보유하거나 관리하고 있는 공공기관에 일정한 사항을 적은 정보공개 청구서를 제출하거나 말로써 정보의 공개를 청구할 수 있다. 즉 신청인이 신청한 공개방법으로 공개해야 한다.

(2) 공공기관이 이 법에 따라 정보를 "열람"하게 하거나 그 "사본·복제물을 제공(교부)"하는 것 또는 「전자정부법」 제2조 제10호에 따른 "정보통신망을 통하여 정보를 제공하는 것" 등을 말한다.

2. 공개방법이 변경(제13조 제2항)

(1) 원칙: 공공기관은 청구인이 사본 또는 복제물의 교부를 원하는 경우에는 이를 교부하여야 한다(본문).

(2) 예외: 공개 대상 정보의 양이 너무 많아 정상적인 업무수행에 현저한 지장을 초래할 우려가 있는 경우에는 정보의 사본·복제물을 일정 기간별로 나누어 제공하거나 열람과 병행하여 제공할 수 있다(단서).

3. 정보의 전자적 공개(제15조)

(1) 공공기관은 전자적 형태로 보유·관리하는 정보에 대하여 청구인이 전자적 형태로 공개하여 줄 것을 요청하는 경우에는 그 정보의 성질상 현저히 곤란한 경우를 제외하고는 청구인의 요청에 따라야 한다.

(2) 공공기관은 전자적 형태로 보유·관리하지 아니하는 정보에 대하여 청구인이 전자적 형태로 공개하여 줄 것을 요청한 경우에는 정상적인 업무수행에 현저한 지장을 초래하거나 그 정보의 성질이 훼손될 우려가 없으면 그 정보를 전자적 형태로 변환하여 공개할 수 있다.

 판례 PLUS

정보공개의 방법

1. 청구인에게 특정한 정보공개방법을 지정하여 청구할 수 있는 법령상 신청권이 있는지 여부: 적극
정보공개법은, 청구인이 정보공개방법도 아울러 지정하여 정보공개를 청구할 수 있도록 하고 있고, 전자적 형태의 정보를 전자적으로 공개하여 줄 것을 요청한 경우에는 공공기관은 원칙적으로 요청에 응할 의무가 있고, 나아가 비전자적 형태의 정보에 관해서도 전자적 형태로 공개하여 줄 것을 요청하면 재량판단에 따라 전자적 형태로 변환하여 공개할 수 있도록 하고 있다. 이는 정보의 효율적 활용을 도모하고 청구인의 편의를 제고함으로써 정보공개법의 목적인 국민의 알 권리를 충실하게 보장하려는 것이므로, 청구인에게는 특정한 공개방법을 지정하여 정보공개를 청구할 수 있는 법령상 신청권이 있다. 따라서 공공기관이 공개청구의 대상이 된 정보를 공개는 하되, 청구인이 신청한 공개방법 이외의 방법으로 공개하기로 하는 결정을 하였다면, 이는 정보공개청구 중 정보공개방법에 관한 부분에 대하여 일부 거부처분을 한 것이고, 청구인은 그에 대하여 항고소송으로 다툴 수 있다(대판 2016.11.10, 2016두44674).

2. 공공기관이 공개방법을 선택할 재량권이 있는지 여부: 소극
정보공개법의 각 규정을 종합하면, 정보공개를 청구하는 자가 공공기관에 대해 정보의 사본 또는 출력물의 교부의 방법으로 공개방법을 선택하여 정보공개청구를 한 경우에 공개청구를 받은 공공기관으로서는 제8조 제2항에서 규정한 정보의 사본 또는 복제물의 교부를 제한할 수 있는 사유에 해당하지 않는 한 정보공개청구자가 선택한 공개방법에 따라 정보를 공개하여야 하므로 그 공개방법을 선택할 재량권이 없다고 해석함이 상당하다(대판 2003.12.12, 2003두8050).

3. 청구인이 신청한 공개방법 이외의 방법으로 공개하기로 하는 결정: 일부 거부처분
공공기관이 공개청구의 대상이 된 정보를 공개는 하되, 청구인이 신청한 공개방법 이외의 방법으로 공개하기로 하는 결정을 하였다면, 이는 정보공개청구 중 정보공개방법에 관한 부분에 대하여 일부 거부처분을 한 것이고, 청구인은 그에 대하여 항고소송으로 다툴 수 있다(대판 2016.11.10, 2016두44674).

OX 문제

01 행정청은 정보공개청구권자가 청구한 사본 교부의 방법이 아닌 열람의 방법으로 정보를 공개할 수 있는 재량을 가진다. ( )

02 공공기관은 전자적 형태로 보유·관리하지 않는 정보에 대하여 청구인이 전자적 형태로 공개하여 줄 것을 요청한 경우 특별한 사정이 없으면 그 정보를 전자적 형태로 변환하여 공개할 수 있다. ( )

정답 01 ×(→재량권이 없다) 02 ○

4. 정보의 부분 공개(제14조)

공개청구한 정보가 비공개대상 정보(제9조 제1항)의 어느 하나에 해당하는 부분과 공개 가능한 부분이 혼합되어 있는 경우로서, 공개청구의 취지에 어긋나지 아니하는 범위에서 두 부분을 분리할 수 있는 경우에는 <u>비공개대상정보부분을 제외하고 공개하여야 한다.</u>

★ 판례 PLUS

정보의 부분공개

1. 정보공개법 제14조의 '분리가능'의 의미
법원이 행정기관의 정보공개거부처분의 위법 여부를 심리한 결과 공개를 거부한 정보에 비공개사유에 해당하는 부분과 그렇지 않은 부분이 혼합되어 있고, 공개청구의 취지에 어긋나지 않는 범위 안에서 두 부분을 분리할 수 있음을 인정할 수 있을 때에는 공개가 가능한 정보에 국한하여 일부취소를 명할 수 있다. 이러한 정보의 부분 공개가 허용되는 경우란 그 정보의 공개방법 및 절차에 비추어 당해 정보에서 비공개대상정보에 관련된 기술 등을 제외 혹은 삭제하고 나머지 정보만을 공개하는 것이 가능하고 나머지 부분의 정보만으로도 공개의 가치가 있는 경우를 의미한다(대판 2009.12.10, 2009두12785).

2. 정보공개거부처분에 대한 일부취소의 허용범위
법원이 정보공개거부처분의 위법 여부를 심리한 결과, 공개가 거부된 정보에 비공개대상정보에 해당하는 부분과 공개가 가능한 부분이 혼합되어 있으며, 공개청구의 취지에 어긋나지 아니하는 범위 안에서 두 부분을 분리할 수 있다고 인정할 수 있을 때에는, 공개가 거부된 정보 중 공개가 가능한 부분을 특정하고, 판결의 주문에 정보공개거부처분 중 공개가 가능한 정보에 관한 부분만을 취소한다고 표시하여야 한다(대판 2010.2.11, 2009두6001).

5. 즉시 처리가 가능한 정보의 공개(제16조)

다음의 어느 하나에 해당하는 정보로서 즉시 또는 말로 처리가 가능한 정보에 대해서는 정보공개 여부의 결정(제11조)에 따른 절차를 거치지 아니하고 공개하여야 한다.

- 법령 등에 따라 공개를 목적으로 작성된 정보
- 일반국민에게 알리기 위하여 작성된 각종 홍보자료
- 공개하기로 결정된 정보로서 공개에 오랜 시간이 걸리지 아니하는 정보
- 그 밖에 공공기관의 장이 정하는 정보

6. 비용 부담(제17조)

(1) 정보의 공개 및 우송 등에 드는 비용은 실비의 범위에서 <u>청구인</u>이 부담한다.

(2) 공개를 청구하는 정보의 사용 목적이 공공복리의 유지 · 증진을 위하여 필요하다고 인정되는 경우에는 제1항에 따른 비용을 감면할 수 있다.

(3) 비용 및 그 징수 등에 필요한 사항은 국회규칙 · 대법원규칙 · 헌법재판소규칙 · 중앙선거관리위원회규칙 및 대통령령으로 정한다.

9 공개거부시 권리구제절차

1. 이의신청(제18조)

(1) 이의신청 제기: 청구인이 정보공개와 관련한 공공기관의 비공개 결정 또는 부분공개 결정에 대하여 불복이 있거나 정보공개청구 후 20일이 경과하도록 정보공개 결정이 없는 때에는 공공기관으로부터 정보공개 여부의 결정 통지를 받은 날 또는 정보공개 청구 후 20일이 경과한 날부터 30일 이내에 해당 공공기관에 문서로 이의신청을 할수 있다(제1항).

(2) 심의회를 개최: 국가기관등은 이의신청이 있는 경우에는 심의회를 개최하여야 한다. 다만, ① 심의회의 심의를 이미 거쳤거나, ② 단순반복의 청구, ③ 법령에 따라 비밀로 규정된 경우에는 개최하지 아니할 수 있다(제2항).

(3) 결정: 공공기관은 이의신청을 받은 날부터 7일 이내에 그 이의신청에 대하여 결정하고 그 결과를 청구인에게 지체 없이 문서로 통지하여야 한다. 다만, 부득이한 사유로 정하여진 기간 이내에 결정할 수 없을 때에는 그 기간이 끝나는 날의 다음 날부터 기산하여 7일의 범위에서 연장할 수 있으며, 연장 사유를 청구인에게 통지하여야 한다(제3항).

(4) 행정쟁송제기: 이의신청을 각하 또는 기각하는 결정을 한 경우에는 청구인에게 행정심판 또는 행정소송을 제기할 수 있다는 사실을 제3항에 따른 결과 통지와 함께 알려야 한다(제4항).

2. 행정심판(제19조)

(1) 행정심판 청구: 청구인이 정보공개와 관련한 공공기관의 결정에 대하여 불복이 있거나 정보공개청구 후 20일이 경과하도록 정보공개 결정이 없는 때에는 행정심판법에서 정하는 바에 따라 행정심판을 청구할 수 있다. 이 경우 국가기관 및 지방자치단체 외의 공공기관의 결정에 대한 감독행정기관은 관계 중앙행정기관의 장 또는 지방자치단체의 장으로 한다(제1항).

(2) 임의적 전심: 청구인은 제18조에 따른 이의신청 절차를 거치지 아니하고 행정심판을 청구할 수 있다(제2항).

(3) 비밀누설금지: 행정심판위원회의 위원 중 정보공개 여부의 결정에 관한 행정심판에 관여하는 위원은 재직 중은 물론 퇴직 후에도 그 직무상 알게 된 비밀을 누설하여서는 아니 된다(제3항).

3. 행정소송(제20조)

(1) 청구인이 정보공개와 관련한 공공기관의 결정에 대하여 불복이 있거나 정보공개 청구 후 20일이 경과하도록 정보공개 결정이 없는 때에는 행정소송법에서 정하는 바에 따라 행정소송을 제기할 수 있다(제1항). 앞선 이의신청과 행정심판에 앞서 행정소송 제기가 가능하다.

① 대상적격 및 소송종류
- 대상적격: 정보공개청구에 대한 공개거부처분은 항고소송의 대상이 된다.
- 소송종류: 거부처분에 대한 취소소송을 제기해야 하며, 정보공개의 청구 후 20일 경과하도록 결정사항이 없다면 부작위위법확인소송을 제기할 수 있다

② 원고적격 및 피고적격
- 원고적격: 정보공개를 청구했다가 공개거부처분을 받은 자이다.
- 피고적격: 정보공개를 거부한 행정청이 피고적격을 가진다.

(2) 불출석 비공개 열람 · 심사: 재판장은 필요하다고 인정하면 당사자를 참여시키지 아니하고 제출된 공개청구정보를 비공개로 열람 · 심사할 수 있다(제2항).

(3) 예외: 국가안전보장 · 국방 또는 외교관계에 관한 정보의 비공개 또는 부분공개 결정 처분인 경우에 공공기관이 그 정보에 대한 비밀 지정의 절차, 비밀의 등급 · 종류 및 성질과 이를 비밀로 취급하게 된 실질적인 이유 및 공개를 하지 아니하는 사유 등을 입증하면 해당 정보를 제출하지 아니하게 할 수 있다(제3항).

판례 PLUS

정보공개청구에 대한 행정소송

정보공개법 제6조, 제9조, 제18조에 의하여 국민에게 불기소사건기록의 열람, 등사를 청구할 권리 내지 법에 정하여진 절차에 따라 그 허가여부의 처분을 행할 것을 요구할 수 있는 법규상의 지위가 부여되었으므로 경찰서장의 수사 기록사본교부거부처분은 행정소송의 대상이 된다할 것이므로 직접 헌법소원심판의 대상으로 삼을 수 없다(헌재 2001.2.22. 2000헌마620).

10 제3자의 비공개 요청 등

1. 제3자와 관련 있는 정보공개청구

공공기관은 공개 청구된 공개 대상 정보의 전부 또는 일부가 제3자와 관련이 있다고 인정할 때에는 그 사실을 제3자에게 지체 없이 통지하여야 하며, 필요한 경우에는 그의 의견을 들을 수 있다(제11조 제3항).

2. 제3자의 비공개 요청(제21조)

(1) 비공개의 요청: 공개청구된 사실을 통지받은 제3자는 그 통지를 받은 날부터 3일 이내에 해당 공공기관에 대하여 자신과 관련된 정보를 공개하지 아니할 것을 요청할 수 있다(제1항).

(2) 공공기관의 공개결정: 비공개 요청에도 불구하고 공공기관이 공개 결정을 할 때에는 공개 결정 이유와 공개 실시일을 분명히 밝혀 지체 없이 문서로 통지하여야 하며, 제3자는 해당 공공기관에 문서로 이의신청을 하거나 행정심판 또는 행정소송을 제기할 수 있다. 이 경우 이의신청은 통지를 받은 날부터 7일 이내에 하여야 한다(제2항).

(3) 기간의 제한: 공개 결정일과 공개 실시일 사이에 최소한 30일의 간격을 두어야 한다 (제3항).

제3자 비공개 요청

정보가 제3자와 관련이 있는 경우, 제3자가 비공개를 요청하였다면, 비공개사유에 해당하는지 여부: 소극

정보공개법 제11조 제3항이 "공공기관은 공개청구된 공개대상정보의 전부 또는 일부가 제3자와 관련이 있다고 인정되는 때에는 그 사실을 제3자에게 지체없이 통지하여야 하며, 필요한 경우에는 그의 의견을 청취할 수 있다", 제21조 제1항이 "제11조 제3항의 규정에 의하여 공개청구된 사실을 통지받은 제3자는 통지받은 날부터 3일 이내에 당해 공공기관에 대하여 자신과 관련된 정보를 공개하지 아니할 것을 요청할 수 있다"고 규정하고 있다고 하더라도, 이는 공공기관이 보유·관리하고 있는 정보가 제3자와 관련이 있는 경우 그 정보공개 여부를 결정함에 있어 공공기관이 제3자와의 관계에서 거쳐야 할 절차를 규정한 것에 불과할 뿐, 제3자의 비공개요청이 있다는 사유만으로 정보공개법상 정보의 비공개사유에 해당한다고 볼 수 없다(대판 2008.9.25, 2008두8680).

3. 이의신청 및 행정쟁송

제3자는 해당 공공기관에 문서로 이의신청을 하거나 행정심판 또는 행정소송을 제기할 수 있다. 이 경우 이의신청은 통지를 받은 날부터 7일 이내에 하여야 한다(제21조 제2항). 이 경우에도 이의신청과 행정심판을 거치지 않고 바로 행정소송을 제기할 수 있다.

11 정보공개심의회와 정보공개위원회

1. 정보공개심의회(제12조)

(1) 국가기관, 지방자치단체, 「공공기관의 운영에 관한 법률」 제5조에 따른 공기업 및 준정부기관, 「지방공기업법」에 따른 지방공사 및 지방공단(이하 "국가기관등"이라 한다)은 정보공개 여부 등을 심의하기 위하여 정보공개심의회(이하 "심의회"라 한다)를 설치·운영한다.

(2) 심의회는 위원장 1명을 포함하여 5명 이상 7명 이하의 위원으로 구성한다.

(3) 심의회의 위원장을 제외한 위원은 소속 공무원, 임직원 또는 외부 전문가로 지명하거나 위촉하되, 그 중 2분의 1은 해당 국가기관등의 업무 또는 정보공개의 업무에 관한 지식을 가진 외부 전문가로 위촉하여야 한다. 다만, 진행 중인 재판에 관련된 정보와 범죄의 예방, 수사, 공소의 제기 및 유지, 형의 집행, 교정(矯正), 보안처분에 관한 사항으로서 공개될 경우 그 직무수행을 현저히 곤란하게 하거나 형사피고인의 공정한 재판을 받을 권리를 침해한다고 인정할 만한 상당한 이유가 있는 정보(제9조 제1항 제2호 및 제4호)에 해당하는 업무를 주로 하는 국가기관은 그 국가기관의 장이 외부 전문가의 위촉 비율을 따로 정하되, 최소한 3분의 1 이상은 외부 전문가로 위촉하여야 한다.

(4) 심의회의 위원장은 규정된 위원과 같은 자격을 가진 사람 중에서 국가기관등의 장이 지명하거나 위촉한다.

(5) 심의회의 위원에 대해서는 제23조 제4항 및 제5항을 준용한다. 즉 위원장·부위원장 및 위원은 정보공개 업무와 관련하여 알게 된 정보를 누설하거나 그 정보를 이용하여 본인 또는 타인에게 이익 또는 불이익을 주는 행위를 하여서는 아니 되고, 위원

장·부위원장 및 위원 중 공무원이 아닌 사람은 형법이나 그 밖의 법률에 따른 벌칙을 적용할 때에는 공무원으로 본다.

(6) 심의회의 운영과 기능 등에 관하여 필요한 사항은 국회규칙·대법원규칙·헌법재판소규칙·중앙선거관리위원회규칙 및 대통령령으로 정한다.

⭐ 판례 PLUS

정보공개심의회 위원의 위촉

공개 청구된 정보의 공개 여부를 결정하는 법적인 의무와 권한을 가진 주체: 공공기관의 장

공공기관의정보공개에관한법률 제9조 제1항, 제10조, 같은 법 시행령 제12조 등 관련 규정들의 취지를 종합할 때, 공개 청구된 정보의 공개 여부를 결정하는 법적인 의무와 권한을 가진 주체는 공공기관의 장이고, 정보공개심의회는 공공기관의 장이 정보의 공개 여부를 결정하기 곤란하다고 보아 의견을 요청한 사항의 자문에 응하여 심의하는 것이며, 그의 구성을 위하여 공공기관의 장이 소속 공무원 또는 임·직원 중에서 정보공개심의회의 위원을 지명하는 것이 원칙이나, 다만 필요한 경우에는 공무원이나 임·직원이었던 자 또는 외부전문가를 위원으로 위촉할 수 있되, 그 필요성 여부나 외부전문가의 수 등에 관한 판단과 결정은 공공기관의 장이 그의 권한으로 할 수 있다는 것이 같은 법 시행령 규정의 취지이다(대판 2002.3.15, 2001추95).

2. 정보공개위원회 등

(1) **정보공개위원회의 설치(제22조):** 다음의 사항을 심의·조정하기 위하여 <u>국무총리 소속으로</u> 정보공개위원회(이하 "위원회"라 한다)를 둔다.
- 정보공개에 관한 정책 수립 및 제도 개선에 관한 사항
- 정보공개에 관한 기준 수립에 관한 사항
- 공공기관의 정보공개 운영실태 평가 및 그 결과 처리에 관한 사항
- 그 밖에 정보공개에 관하여 대통령령으로 정하는 사항

(2) **위원회의 구성 등(제23조)**
① 위원회는 성별을 고려하여 위원장과 부위원장 각 1명을 포함한 11명의 위원으로 구성한다. 위원회의 위원은 다음의 사람이 된다. 이 경우 위원장을 포함한 1명은 공무원이 아닌 사람으로 위촉하여야 한다.
- 대통령령으로 정하는 관계 중앙행정기관의 차관급 공무원이나 고위공무원단에 속하는 일반직공무원
- 정보공개에 관하여 학식과 경험이 풍부한 사람으로서 행정안전부장관이 위촉하는 사람
- 시민단체(「비영리민간단체 지원법」 제2조에 따른 비영리민간단체를 말한다)에서 추천한 사람으로서 행정안전부장관이 위촉하는 사람
② 위원장·부위원장 및 위원(위 ①의 두 번째 위원은 제외)의 임기는 2년으로 하며, 연임할 수 있다. 위원장·부위원장 및 위원은 정보공개 업무와 관련하여 알게 된 정보를 누설하거나 그 정보를 이용하여 본인 또는 타인에게 이익 또는 불이익을 주는 행위를 하여서는 아니 된다.

③ 위원장·부위원장 및 위원 중 공무원이 아닌 사람은 형법이나 그 밖의 법률에 따른 벌칙을 적용할 때에는 공무원으로 본다. 위원회의 구성과 의결 절차 등 위원회 운영에 필요한 사항은 대통령령으로 정한다.

(3) 제도 총괄 등(제24조)

① 행정안전부장관은 이 법에 따른 정보공개제도의 정책 수립 및 제도 개선 사항 등에 관한 기획·총괄 업무를 관장한다.

② 행정안전부장관은 위원회가 정보공개제도의 효율적 운영을 위하여 필요하다고 요청하면 공공기관(국회·법원·헌법재판소 및 중앙선거관리위원회는 제외한다)의 정보공개제도 운영실태를 평가할 수 있다.

    ㉠ 행정안전부장관은 평가를 실시한 경우에는 그 결과를 위원회를 거쳐 국무회의에 보고한 후 공개하여야 한다.

    ㉡ 위원회가 개선이 필요하다고 권고한 사항에 대해서는 해당 공공기관에 시정 요구 등의 조치를 하여야 한다.

③ 행정안전부장관은 정보공개에 관하여 필요할 경우에 공공기관(국회·법원·헌법재판소 및 중앙선거관리위원회는 제외한다)의 장에게 정보공개 처리 실태의 개선을 권고할 수 있다. 이 경우 권고를 받은 공공기관은 이를 이행하기 위하여 성실하게 노력하여야 하며, 그 조치 결과를 행정안전부장관에게 알려야 한다.

④ 국회·법원·헌법재판소·중앙선거관리위원회·중앙행정기관 및 지방자치단체는 그 소속 기관 및 소관 공공기관에 대하여 정보공개에 관한 의견을 제시하거나 지도·점검을 할 수 있다.

(4) 자료의 제출 요구(제25조)

: 국회사무총장·법원행정처장·헌법재판소사무처장·중앙선거관리위원회사무총장 및 행정안전부장관은 필요하다고 인정하면 관계 공공기관에 정보공개에 관한 자료 제출 등의 협조를 요청할 수 있다.

(5) 국회에의 보고(제26조, 시행령 제29조)

: 행정안전부장관은 전년도의 정보공개 운영에 관한 보고서를 매년 정기국회 개회 전까지 국회에 제출하여야 한다. 정보공개 운영에 관한 보고서에는 다음의 사항이 포함되어야 한다.

- 공공기관의 정보공개 운영실태에 관한 사항
- 정보공개제도 운영실태 평가에 관한 사항(제24조 제2항)
- 시정 요구 등의 조치에 관한 사항(제24조 제3항)

(6) 위임규정 및 신분보장

① 위임규정(제27조): 법 시행에 필요한 사항은 국회규칙·대법원규칙·헌법재판소규칙·중앙선거관리위원회규칙 및 대통령령으로 정한다.

② 신분보장(제28조): 누구든지 이 법에 따른 정당한 정보공개를 이유로 징계조치 등 어떠한 신분상 불이익이나 근무조건상의 차별을 받지 아니한다.

1 개인정보 보호제도

1. 의의

(1) 개인정보: 개인의 신체, 재산, 사회적 지위, 신분 등에 관한 사실, 판단, 평가 등을 나타내는 일체의 모든 정보를 개인정보라고 한다. 이름, 주민등록번호 등의 신분관계와 사상, 종교, 가치관 등의 내면의 비밀, 심신의 상태 및 사회경력과 경제관계 등이 포함된다.

(2) 정보주체의 개인정보자기결정권: 자신에 관한 정보가 언제 누구에게 어느 범위까지 알려지고 또 이용되도록 할 것인지를 그 정보주체가 스스로 결정할 수 있는 권리, 즉 정보주체가 개인정보의 공개와 이용에 관하여 스스로 통제 · 결정할 수 있는 권리를 말한다.

2. 헌법적 근거

헌법재판소는 인간의 존엄과 가치 및 행복추구권을 규정하고 있는 헌법 제10조에서 도출되는 일반적 인격권과 헌법 제17조에 의하여 보호받고 있는 사생활의 비밀과 자유를 근거 규정으로 하여 우리나라 헌법상으로도 '개인정보자기결정권'이 기본권으로 보장되고 있다고 보고 있다.

➕ 법령 PLUS

헌법
제10조 모든 국민은 인간으로서의 존엄과 가치를 가지며, 행복을 추구할 권리를 가진다. 국가는 개인이 가지는 불가침의 기본적 인권을 확 인하고 이를 보장할 의무를 진다.
제17조 모든 국민은 사생활의 비밀과 자유를 침해받지 아니한다.

3. 법적 근거: 개인정보 보호법

(1) 제정 배경: 정보사회의 고도화와 개인정보의 경제적 가치 증대로 사회 모든 영역에 걸쳐 개인정보의 수집과 이용이 보편화됨에 따라 공공부문과 민간부문을 망라하여 국제 수준에 부합하는 개인정보 처리원칙 등을 규정하고, 개인정보 침해로 인한 국민의 피해 구제를 강화하여 국민의 사생활의 비밀을 보호하며, 개인정보에 대한 권리와 이익을 보장하려는 것이다.

(2) 입법 목적: 개인정보의 처리 및 보호에 관한 사항을 정함으로써 개인의 자유와 권리를 보호하고, 나아가 개인의 존엄과 가치를 구현하는 것이다. 이에 따라 개인정보의 수집 · 이용, 제공 등 개인정보 처리 기본원칙, 개인정보의 처리 절차 및 방법, 개인정보 처리의 제한, 개인정보의 안전한 처리를 위한 관리 · 감독, 정보주체의 권리, 개인정보 권리 침해에 대한 구제 등에 대하여 규정하고 있다.

2 개인정보 보호법

1. 목적(제1조)

이 법은 개인정보의 처리 및 보호에 관한 사항을 정함으로써 개인의 자유와 권리를 보호하고, 나아가 개인의 존엄과 가치를 구현함을 목적으로 한다.

2. 정의(제2조)

(1) 개인정보: 살아 있는 개인에 관한 정보로서 성명, 주민등록번호 및 영상 등을 통하여 개인을 알아볼 수 있는 정보(해당 정보만으로는 특정 개인을 알아볼 수 없더라도 다른 정보와 쉽게 결합하여 알아볼 수 있는 것을 포함한다)를 말한다.

(2) 개인 이외의 주체성: 법의 취지상 개인 이외에 법인이나 사자(死者)에 대한 정보보호는 인정되지 않는다.

 판례 PLUS

> **개인정보의 범위**
>
> **1. 개인의 내밀한 영역이나 사사의 영역에 속하는 정보에 국한되는지 여부: 소극**
> 개인정보자기결정권의 보호대상이 되는 개인정보는 개인의 신체, 신념, 사회적 지위, 신분 등과 같이 개인의 인격주체성을 특징 짓는 사항으로서 그 개인의 동일성을 식별할 수 있게 하는 일체의 정보라고 할 수 있고, 반드시 개인의 내밀한 영역이나 사사(私事)의 영역에 속하는 정보에 국한되지 않고 공적 생활에서 형성되었거나 이미 공개된 개인정보까지 포함한다. 또한 그러한 개인정보를 대상으로 한 조사·수집·보관·처리·이용 등의 행위는 모두 원칙적으로 개인정보자기결정권에 대한 제한에 해당한다(헌재 2005.7.21, 2003헌마282).
>
> **2. 열 손가락 지문이 개인정보에 해당하는지 여부: 적극**
> 개인정보자기결정권은 자신에 관한 정보가 언제 누구에게 어느 범위까지 알려지고 또 이용되도록 할 것인지를 그 정보주체가 스스로 결정할 수 있는 권리, 즉 정보주체가 개인정보의 공개와 이용에 관하여 스스로 결정할 권리를 말하는바, 개인의 고유성, 동일성을 나타내는 지문은 그 정보주체를 타인으로부터 식별가능하게 하는 개인정보이므로, 시장·군수 또는 구청장이 개인의 지문정보를 수집하고, 경찰청장이 이를 보관·전산화하여 범죄수사목적에 이용하는 것은 모두 개인정보자기결정권을 제한하는 것이다(헌재 2005.5.26, 99헌마513).

(3) 처리: 개인정보의 수집, 생성, 연계, 연동, 기록, 저장, 보유, 가공, 편집, 검색, 출력, 정정(訂正), 복구, 이용, 제공, 공개, 파기(破棄), 그 밖에 이와 유사한 행위를 말한다.

(4) 정보주체: 처리되는 정보에 의하여 알아볼 수 있는 사람으로서 그 정보의 주체가 되는 사람을 말한다.

(5) 개인정보파일: 개인정보를 쉽게 검색할 수 있도록 일정한 규칙에 따라 체계적으로 배열하거나 구성한 개인정보의 집합물을 말한다.

(6) 개인정보처리자: 업무를 목적으로 개인정보파일을 운용하기 위하여 스스로 또는 다른 사람을 통하여 개인정보를 처리하는 공공기관, 법인, 단체 및 개인 등을 말한다.

(7) 공공기관: 다음의 기관을 말한다.
① 국회, 법원, 헌법재판소, 중앙선거관리위원회의 행정사무를 처리하는 기관, 중앙행

OX문제

01 개인정보처리자는 개인정보의 처리 목적을 명확하게 하여야 하고 그 목적에 필요한 범위에서 최대한의 개인정보만을 적법하고 정당하게 수집하여야 한다. ( )

02 판례는 지문(指紋)을 개인정보에 해당하지 않는 것으로 본다. ( )

정답 01 × 02 ×(→해당함)

정기관(대통령 소속 기관과 국무총리 소속 기관을 포함한다) 및 그 소속 기관, 지방자치단체

② 그 밖의 국가기관 및 공공단체 중 대통령령(시행령 제2조)으로 정하는 기관: 국가인권위원회법 제3조에 따른 국가인권위원회, 공공기관의 운영에 관한 법률 제4조에 따른 공공기관, 지방공기업법에 따른 지방공사와 지방공단, 특별법에 따라 설립된 특수법인, 초·중등교육법과 고등교육법, 그 밖의 다른 법률에 따라 설치된 각급학교

(8) 영상정보처리기기: 일정한 공간에 지속적으로 설치되어 사람 또는 사물의 영상 등을 촬영하거나 이를 유·무선망을 통하여 전송하는 장치로서 대통령령(시행령 제3조)으로 정하는 다음의 장치를 말한다.

① 폐쇄회로 텔레비전: 일정한 공간에 지속적으로 설치된 카메라를 통하여 영상 등을 촬영하거나 촬영한 영상정보를 유무선 폐쇄회로 등의 전송로를 통하여 특정 장소에 전송하는 장치와 이에 따라 촬영되거나 전송된 영상정보를 녹화·기록할 수 있도록 하는 장치

② 네트워크 카메라: 일정한 공간에 지속적으로 설치된 기기로 촬영한 영상정보를 그 기기를 설치·관리하는 자가 유무선 인터넷을 통하여 어느 곳에서나 수집·저장 등의 처리를 할 수 있도록 하는 장치

3 개인정보 보호 원칙(제3조)

1. 개인정보 수집

개인정보처리자는 개인정보의 처리 목적을 명확하게 하여야 하고 그 목적에 필요한 범위에서 최소한의 개인정보만을 적법하고 정당하게 수집하여야 한다.

2. 목적외 사용금지

개인정보처리자는 개인정보의 처리 목적에 필요한 범위에서 적합하게 개인정보를 처리하여야 하며, 그 목적 외의 용도로 활용하여서는 아니 된다.

3. 개인정보 처리방침 등

개인정보처리자는 개인정보 처리방침 등 개인정보의 처리에 관한 사항을 공개하여야 하며, 열람청구권 등 정보주체의 권리를 보장하여야 한다.

4. 익명처리

개인정보처리자는 개인정보의 익명처리가 가능한 경우에는 익명에 의하여 처리될 수 있도록 하여야 한다.

4 개인정보보호위원회

1. 설치(제7조)

개인정보 보호에 관한 사무를 독립적으로 수행하기 위하여 국무총리 소속으로 개인정보

보호위원회를 둔다. 보호위원회는 합의제행정기관으로 소관 사무는 독립하여 수행한다.

2. 구성(제7조의2)

(1) 보호위원회는 상임위원 2명(위원장 1명, 부위원장 1명)을 포함한 9명의 위원으로 구성한다(제1항).

(2) 보호위원회의 위원은 개인정보 보호에 관한 경력과 전문지식이 풍부한 다음 각 호의 사람 중에서 위원장과 부위원장은 국무총리의 제청으로, 그 외 위원 중 2명은 위원장의 제청으로, 2명은 대통령이 소속되거나 소속되었던 정당의 교섭단체 추천으로, 3명은 그 외의 교섭단체 추천으로 대통령이 임명 또는 위촉한다(제2항).

(3) 위원장과 부위원장은 정무직 공무원으로 임명한다(제3항).

(4) 위원장, 부위원장, 제7조의13에 따른 사무처의 장은 「정부조직법」 제10조에도 불구하고 정부위원이 된다(제4항).

3. 위원장(제7조의3)

(1) 위원장은 보호위원회를 대표하고, 보호위원회의 회의를 주재하며, 소관사무를 총괄한다(제1항).

(2) 위원장이 부득이한 사유로 직무를 수행할 수 없을 때에는 부위원장이 그 직무를 대행하고, 위원장·부위원장이 모두 부득이한 사유로 직무를 수행할 수 없을 때에는 위원회가 미리 정하는 위원이 위원장의 직무를 대행한다(제2항).

(3) 위원장은 국회에 출석하여 보호위원회의 소관사무에 관하여 의견을 진술할 수 있으며, 국회에서 요구하면 출석하여 보고하거나 답변하여야 한다(제3항).

(4) 위원장은 국무회의에 출석하여 발언할 수 있으며, 그 소관사무에 관하여 국무총리에게 의안 제출을 건의할 수 있다(제4항).

4. 임기(제7조의4)

(1) 위원의 임기는 3년으로 하되, 한 차례만 연임할 수 있다(제1항).

(2) 위원이 궐위된 때에는 지체 없이 새로운 위원을 임명 또는 위촉하여야 한다. 이 경우 후임으로 임명 또는 위촉된 위원의 임기는 새로이 개시된다(제2항).

5. 위원의 신분보장(제7조의5)

(1) 위원은 다음 각 호의 어느 하나에 해당하는 경우를 제외하고는 그 의사에 반하여 면직 또는 해촉되지 아니한다(제1항).

① 장기간 심신장애로 인하여 직무를 수행할 수 없게 된 경우

② 제7조의7의 결격사유에 해당하는 경우

③ 이 법 또는 그 밖의 다른 법률에 따른 직무상의 의무를 위반한 경우

(2) 위원은 법률과 양심에 따라 독립적으로 직무를 수행한다(제2항).

6. 겸직금지 등(제7조의6)

(1) 위원은 재직 중 다음 각 호의 직(職)을 겸하거나 직무와 관련된 영리업무에 종사하여서는 아니 된다(제1항). 영리업무에 관한 사항은 대통령령에 의한다(제2항).
- 국회의원 또는 지방의회의원
- 국가공무원 또는 지방공무원
- 그 밖에 대통령령으로 정하는 직

(2) 위원은 정치활동에 관여할 수 없다(제3항).

7. 결격사유(제7조의7)

(1) 어느 하나에 해당하는 사람은 위원이 될 수 없다(제1항).
- 대한민국 국민이 아닌 사람
- 「국가공무원법」 제33조 각 호의 어느 하나에 해당하는 사람
- 「정당법」 제22조에 따른 당원

(2) **당연퇴직**: 위원이 제1항 각 호의 어느 하나에 해당하게 된 때에는 그 직에서 당연퇴직한다. 다만, 「국가공무원법」 제33조 제2호는 파산선고를 받은 사람으로서 「채무자회생 및 파산에 관한 법률」에 따라 신청기한 내에 면책신청을 하지 아니하였거나 면책불허가 결정 또는 면책 취소가 확정된 경우만 해당하고, 같은 법 제33조 제5호는 「형법」 제129조부터 제132조까지, 「성폭력범죄의 처벌 등에 관한 특례법」 제2조, 「아동·청소년의 성보호에 관한 법률」 제2조 제2호 및 직무와 관련하여 「형법」 제355조 또는 제356조에 규정된 죄를 범한 사람으로서 금고 이상의 형의 선고유예를 받은 경우만 해당한다(제2항).

8. 위원회의 소관사무(제7조의8)

보호위원회는 다음 각 호의 소관 사무를 수행한다.
- 개인정보의 보호와 관련된 법령의 개선에 관한 사항
- 개인정보 보호와 관련된 정책·제도·계획 수립·집행에 관한 사항
- 정보주체의 권리침해에 대한 조사 및 이에 따른 처분에 관한 사항
- 개인정보의 처리와 관련한 고충처리·권리구제 및 개인정보에 관한 분쟁의 조정
- 개인정보 보호를 위한 국제기구 및 외국의 개인정보 보호기구와의 교류·협력
- 개인정보 보호에 관한 법령·정책·제도·실태 등의 조사·연구, 교육 및 홍보에 관한 사항
- 개인정보 보호에 관한 기술개발의 지원·보급 및 전문인력의 양성에 관한 사항
- 이 법 및 다른 법령에 따라 보호위원회의 사무로 규정된 사항

9. 부호위원회의 심의 · 의결사항 등(제7조의9)

(1) 보호위원회는 다음 각 호의 사항을 심의 · 의결한다(제1항).

- 제8조의2에 따른 개인정보 침해요인 평가에 관한 사항
- 제9조에 따른 기본계획 및 제10조에 따른 시행계획에 관한 사항
- 개인정보 보호와 관련된 정책, 제도 및 법령의 개선에 관한 사항
- 개인정보의 처리에 관한 공공기관 간의 의견조정에 관한 사항
- 개인정보 보호에 관한 법령의 해석 · 운용에 관한 사항
- 제18조 제2항 제5호에 따른 개인정보의 이용 · 제공에 관한 사항
- 제33조 제3항에 따른 영향평가 결과에 관한 사항
- 제28조의6, 제34조의2, 제39조의15에 따른 과징금 부과에 관한 사항
- 제61조에 따른 의견제시 및 개선권고에 관한 사항
- 제64조에 따른 시정조치 등에 관한 사항
- 제65조에 따른 고발 및 징계권고에 관한 사항
- 제66조에 따른 처리 결과의 공표에 관한 사항
- 제75조에 따른 과태료 부과에 관한 사항
- 소관 법령 및 보호위원회 규칙의 제정 · 개정 및 폐지에 관한 사항
- 개인정보 보호와 관련하여 보호위원회의 위원장 또는 위원 2명 이상이 회의에 부치는 사항
- 그 밖에 이 법 또는 다른 법령에 따라 보호위원회가 심의 · 의결하는 사항

(2) 보호위원회는 제1항 각 호의 사항을 심의 · 의결하기 위하여 필요한 경우 다음 각 호의 조치를 할 수 있다(제2항).

- 관계 공무원, 개인정보 보호에 관한 전문 지식이 있는 사람이나 시민사회단체 및 관련 사업자로부터의 의견 청취
- 관계 기관 등에 대한 자료제출이나 사실조회 요구

(3) 보호위원회는 제4항에 따른 권고 내용의 이행 여부를 점검할 수 있다(제5항).

10. 보호위원회의 회의(제7조의10)

(1) 보호위원회의 회의는 위원장이 필요하다고 인정하거나 재적위원 4분의 1 이상의 요구가 있는 경우에 위원장이 소집한다(제1항).

(2) 위원장 또는 2명 이상의 위원은 보호위원회에 의안을 제의할 수 있다(제2항).

(3) 보호위원회의 회의는 재적위원 과반수의 출석으로 개의하고, 출석위원 과반수의 찬성으로 의결한다(제3항).

11. 위원의 제척 · 기피 · 회피(제7조의11)

(1) 위원은 다음 각 호의 어느 하나에 해당하는 경우에는 심의 · 의결에서 제척된다(제1항).

- 위원 또는 그 배우자나 배우자였던 사가 해당 사안의 당사자가 되거나 그 사건에 관하여 공동의 권리자 또는 의무자의 관계에 있는 경우

- 위원이 해당 사안의 당사자와 친족이거나 친족이었던 경우
- 위원이 해당 사안에 관하여 증언, 감정, 법률자문을 한 경우
- 위원이 해당 사안에 관하여 당사자의 대리인으로서 관여하거나 관여하였던 경우
- 위원이나 위원이 속한 공공기관 · 법인 또는 단체 등이 조언 등 지원을 하고 있는 자와 이해관계가 있는 경우

(2) 심의 · 의결의 공정을 기대하기 어려운 사정이 있는 경우 당사자는 기피 신청을 할 수 있고, 보호위원회는 의결로 이를 결정한다(제2항). 또한 제1항 또는 제2항의 사유가 있는 경우에는 해당 사안에 대하여 회피할 수 있다(제3항).

12. 소위원회(제7조의12)

(1) 보호위원회는 효율적인 업무 수행을 위하여 개인정보 침해 정도가 경미하거나 유사 · 반복되는 사항 등을 심의 · 의결할 소위원회를 둘 수 있다(제1항). 소위원회는 3명의 위원으로 구성한다(제2항).

(2) 소위원회가 제1항에 따라 심의 · 의결한 것은 보호위원회가 심의 · 의결한 것으로 본다(제3항).

(3) 소위원회의 회의는 구성위원 전원의 출석과 출석위원 전원의 찬성으로 의결한다(제4항).

13. 사무처(제7조의13)

보호위원회의 사무를 처리하기 위하여 보호위원회에 사무처를 두며, 이 법에 규정된 것 외에 보호위원회의 조직에 관한 사항은 대통령령으로 정한다.

5 개인정보 보호 기본계획과 시행계획 등

1. 기본계획과 시행계획

(1) 기본계획(제9조)

① 보호위원회는 개인정보의 보호와 정보주체의 권익 보장을 위하여 3년마다 개인정보 보호 기본계획을 관계 중앙행정기관의 장과 협의하여 수립한다(제1항).

② 국회, 법원, 헌법재판소, 중앙선거관리위원회는 해당 기관의 개인정보 보호를 위한 기본계획을 수립 · 시행할 수 있다(제3항).

(2) 시행계획: 중앙행정기관의 장은 기본계획에 따라 매년 개인정보 보호를 위한 시행계획을 작성하여 보호위원회에 제출하고, 보호위원회의 심의 · 의결을 거쳐 시행하여야 한다(제10조 제1항).

2. 자료제출 요구 등(제11조)

(1) 보호위원회는 기본계획을 효율적으로 수립하기 위하여 개인정보처리자, 관계 중앙행정기관의 장, 지방자치단체의 장 및 관계 기관 · 단체 등에 개인정보처리자의 법규

준수 현황과 개인정보 관리 실태 등에 관한 자료의 제출이나 의견의 진술 등을 요구할 수 있다(제1항).

(2) 보호위원회는 개인정보 보호 정책 추진, 성과평가 등을 위하여 필요한 경우 개인정보처리자, 관계 중앙행정기관의 장, 지방자치단체의 장 및 관계 기관·단체 등을 대상으로 개인정보관리 수준 및 실태파악 등을 위한 조사를 실시할 수 있다(제2항).

(3) 중앙행정기관의 장은 시행계획을 효율적으로 수립·추진하기 위하여 소관 분야의 개인정보처리자에게 제1항에 따른 자료제출 등을 요구할 수 있다(제3항).

(4) 제1항부터 제3항까지에 따른 자료제출 등을 요구받은 자는 특별한 사정이 없으면 이에 따라야 한다(제4항).

3. 개인정보 보호지침 제정(제12조)

(1) **보호위원회**: 개인정보의 처리에 관한 기준, 개인정보 침해의 유형 및 예방조치 등에 관한 표준 개인정보 보호지침을 정하여 개인정보처리자에게 그 준수를 권장할 수 있다(제1항).

(2) **중앙행정기관의 장**: 표준지침에 따라 소관 분야의 개인정보 처리와 관련한 개인정보 보호지침을 정하여 개인정보처리자에게 그 준수를 권장할 수 있다(제2항).

(3) **국회, 법원, 헌법재판소 및 중앙선거관리위원회**: 해당 기관(그 소속 기관을 포함한다)의 개인정보 보호지침을 정하여 시행할 수 있다(제3항).

6 개인정보처리자의 개인정보 처리

1. 개인정보의 수집(제15조)

(1) **수집 허용범위**: 개인정보처리자는 다음 각 호의 어느 하나에 해당하는 경우에는 개인정보를 수집할 수 있으며 그 수집 목적의 범위에서 이용할 수 있다(제1항).
- 정보주체의 동의를 받은 경우
- 법률에 특별한 규정이 있거나 법령상 의무를 준수하기 위하여 불가피한 경우
- 공공기관이 법령 등에서 정하는 소관 업무의 수행을 위하여 불가피한 경우
- 정보주체와의 계약의 체결 및 이행을 위하여 불가피하게 필요한 경우
- 정보주체 또는 그 법정대리인이 의사표시를 할 수 없는 상태에 있거나 주소불명 등으로 사전 동의를 받을 수 없는 경우로서 명백히 정보주체 또는 제3자의 급박한 생명, 신체, 재산의 이익을 위하여 필요하다고 인정되는 경우
- 개인정보처리자의 정당한 이익을 달성하기 위하여 필요한 경우로서 명백하게 정보주체의 권리보다 우선하는 경우. 이 경우 개인정보처리자의 정당한 이익과 상당한 관련이 있고 합리적인 범위를 초과하지 아니하는 경우에 한함

(2) 개인정보의 수집 제한(제16조)
① 개인정보처리지는 제15조 제1항 각 호의 어느 하나에 해당하여 개인정보를 수집하는 경우에는 그 목적에 필요한 최소한의 개인정보를 수집하여야 한다. 이 경우 최소

한의 개인정보 수집이라는 입증책임은 개인정보처리자가 부담한다(제1항).

② 개인정보처리자는 정보주체의 동의를 받아 개인정보를 수집하는 경우 필요한 최소한의 정보 외의 개인정보 수집에는 동의하지 아니할 수 있다는 사실을 구체적으로 알리고 개인정보를 수집하여야 한다(제2항).

③ 개인정보처리자는 정보주체가 필요한 최소한의 정보 외의 개인정보 수집에 동의하지 아니한다는 이유로 정보주체에게 재화 또는 서비스의 제공을 거부하여서는 아니된다(제3항).

2. 개인정보의 무동의 이용(제15조 제3항)

개인정보처리자는 당초 수집 목적과 합리적으로 관련된 범위에서 정보주체에게 불이익이 발생하는지 여부, 암호화 등 안전성 확보에 필요한 조치를 하였는지 여부 등을 고려하여 대통령령으로 정하는 바에 따라 정보주체의 동의 없이 개인정보를 이용할 수 있다.

3. 개인정보의 제공

(1) 개인정보의 제3자 제공(제17조)

① 개인정보처리자는 다음 각 호의 어느 하나에 해당되는 경우에는 정보주체의 개인정보를 제3자에게 제공(공유를 포함한다. 이하 같다)할 수 있다(제1항).

- 정보주체의 동의를 받은 경우
- 제15조 제1항 제2호 · 제3호 · 제5호 및 제39조의3 제2항 제2호 · 제3호에 따라 개인정보를 수집한 목적 범위에서 개인정보를 제공하는 경우

② 개인정보처리자는 제1항 제1호에 따른 동의를 받을 때에는 다음 각 호의 사항을 정보주체에게 알려야 한다. 다음 각 호의 어느 하나의 사항을 변경하는 경우에도 이를 알리고 동의를 받아야 한다(제2항).

- 개인정보를 제공받는 자
- 개인정보를 제공받는 자의 개인정보 이용 목적
- 제공하는 개인정보의 항목
- 개인정보를 제공받는 자의 개인정보 보유 및 이용 기간
- 동의를 거부할 권리가 있다는 사실 및 동의 거부에 따른 불이익이 있는 경우에는 그 불이익의 내용

③ 개인정보처리자가 개인정보를 국외의 제3자에게 제공할 때에는 제2항 각 호에 따른 사항을 정보주체에게 알리고 동의를 받아야 하며, 이 법을 위반하는 내용으로 개인정보의 국외 이전에 관한 계약을 체결하여서는 아니 된다(제3항).

④ 개인정보처리자는 당초 수집 목적과 합리적으로 관련된 범위에서 정보주체에게 불이익이 발생하는지 여부, 암호화 등 안전성 확보에 필요한 조치를 하였는지 여부 등을 고려하여 대통령령으로 정하는 바에 따라 정보주체의 동의 없이 개인정보를 제공할 수 있다.

판례PLUS

(2) 개인정보의 목적 외의 이용과 제3자 제공(제18조)

① 개인정보처리자는 개인정보를 제15조 제1항 및 제39조의3 제1항 및 제2항에 따른 범위를 초과하여 이용하거나 제17조 제1항 및 제3항에 따른 범위를 초과하여 제3자에게 제공하여서는 아니 된다(제1항).

② 제1항에도 불구하고 개인정보처리자는 다음 각 호의 어느 하나에 해당하는 경우에는 정보주체 또는 제3자의 이익을 부당하게 침해할 우려가 있을 때를 제외하고는 개인정보를 목적 외의 용도로 이용하거나 이를 제3자에게 제공할 수 있다. 다만, 이용자(「정보통신망 이용촉진 및 정보보호 등에 관한 법률」 제2조 제1항 제4호에 해당하는 자를 말한다. 이하 같다)의 개인정보를 처리하는 정보통신서비스 제공자(「정보통신망 이용촉진 및 정보보호 등에 관한 법률」 제2조 제1항 제3호에 해당하는 자를 말한다. 이하 같다)의 경우 제1호·제2호의 경우로 한정하고, 제5호부터 제9호까지의 경우는 공공기관의 경우로 한정한다(제2항).

- 정보주체로부터 별도의 동의를 받은 경우
- 다른 법률에 특별한 규정이 있는 경우
- 정보주체 또는 그 법정대리인이 의사표시를 할 수 없는 상태에 있거나 주소불명 등으로 사전 동의를 받을 수 없는 경우로서 명백히 정보주체 또는 제3자의 급박한 생명, 신체, 재산의 이익을 위하여 필요하다고 인정되는 경우
- 개인정보를 목적 외의 용도로 이용하거나 이를 제3자에게 제공하지 아니하면 다른 법률에서 정하는 소관 업무를 수행할 수 없는 경우로서 보호위원회의 심의·의결을 거친 경우

- 조약, 그 밖의 국제협정의 이행을 위하여 외국정부 또는 국제기구에 제공하기 위하여 필요한 경우
- 범죄의 수사와 공소의 제기 및 유지를 위하여 필요한 경우
- 법원의 재판업무 수행을 위하여 필요한 경우
- 형(刑) 및 감호, 보호처분의 집행을 위하여 필요한 경우

③ 공공기관은 제2항 제2호부터 제6호까지, 제8호 및 제9호에 따라 개인정보를 목적 외의 용도로 이용하거나 이를 제3자에게 제공하는 경우에는 그 이용 또는 제공의 법적 근거, 목적 및 범위 등에 관하여 필요한 사항을 보호위원회가 고시로 정하는 바에 따라 관보 또는 인터넷 홈페이지 등에 게재하여야 한다(제3항).

(3) 개인정보를 제공받은 자의 이용ㆍ제한 등(제19조): 개인정보처리자로부터 개인정보를 제공받은 자는 다음 각 호의 어느 하나에 해당하는 경우를 제외하고는 개인정보를 제공받은 목적 외의 용도로 이용하거나 이를 제3자에게 제공하여서는 아니 된다(제1항).

- 정보주체로부터 별도의 동의를 받은 경우
- 다른 법률에 특별한 규정이 있는 경우

(4) 정보주체로부터의 동의(제22조)

① 개인정보처리자는 이 법에 따른 개인정보의 처리에 대하여 정보주체(제6항에 따른 법정대리인을 포함한다. 이하 이 조에서 같다)의 동의를 받을 때에는 각각의 동의 사항을 구분하여 정보주체가 이를 명확하게 인지할 수 있도록 알리고 각각 동의를 받아야 한다(제1항).

② 개인정보처리자는 제1항의 동의를 서면(「전자문서 및 전자거래 기본법」 제2조 제1호에 따른 전자문서를 포함한다)으로 받을 때에는 개인정보의 수집ㆍ이용 목적, 수집ㆍ이용하려는 개인정보의 항목 등 대통령령으로 정하는 중요한 내용을 보호위원회가 고시로 정하는 방법에 따라 명확히 표시하여 알아보기 쉽게 하여야 한다(제2항).

③ 개인정보처리자는 제15조 제1항 제1호, 제17조 제1항 제1호, 제23조 제1항 제1호 및 제24조 제1항 제1호에 따라 개인정보의 처리에 대하여 정보주체의 동의를 받을 때에는 정보주체와의 계약 체결 등을 위하여 정보주체의 동의 없이 처리할 수 있는 개인정보와 정보주체의 동의가 필요한 개인정보를 구분하여야 한다. 이 경우 동의 없이 처리할 수 있는 개인정보라는 입증책임은 개인정보처리자가 부담한다(제3항).

④ 개인정보처리자는 정보주체에게 재화나 서비스를 홍보하거나 판매를 권유하기 위하여 개인정보의 처리에 대한 동의를 받으려는 때에는 정보주체가 이를 명확하게 인지할 수 있도록 알리고 동의를 받아야 한다(제4항).

⑤ 개인정보처리자는 정보주체가 제3항에 따라 선택적으로 동의할 수 있는 사항을 동의하지 아니하거나 제4항 및 제18조 제2항 제1호에 따른 동의를 하지 아니한다는 이유로 정보주체에게 재화 또는 서비스의 제공을 거부하여서는 아니 된다(제5항).

⑥ 개인정보처리자는 만 14세 미만 아동의 개인정보를 처리하기 위하여 이 법에 따른 동의를 받아야 할 때에는 그 법정대리인의 동의를 받아야 한다. 이 경우 법정대리인의 동의를 받기 위하여 필요한 최소한의 정보는 법정대리인의 동의 없이 해당 아동으로부터 직접 수집할 수 있다(제6항).

(5) 주체 이외로부터 수집한 개인정보 수집출처 등 고지(제20조): 개인정보처리자가 정보주체 이외로부터 수집한 개인정보를 처리하는 때에는 정보주체의 요구가 있으면 즉시 다음 각 호의 모든 사항을 정보주체에게 알려야 한다(제1항).

- 개인정보의 수집 출처
- 개인정보의 처리 목적
- 제37조에 따른 개인정보 처리의 정지를 요구할 권리가 있다는 사실

7 개인정보 처리 제한

1. 민감정보의 처리 제한(제23조)

(1) 민감정보 의의: 사상 · 신념, 노동조합 · 정당의 가입 · 탈퇴, 정치적 견해, 건강, 성생활 등에 관한 정보, 그 밖에 정보주체의 사생활을 현저히 침해할 우려가 있는 개인정보를 말한다. 개인정보처리자는 대통령령으로 정하는 정보를 처리하여서는 아니 된다.

(2) 예외: 다만, 다음 각 호의 어느 하나에 해당하는 경우에는 그러하지 아니하다.

- 정보주체에게 제15조 제2항 각 호 또는 제17조 제2항 각 호의 사항을 알리고 다른 개인정보의 처리에 대한 동의와 별도로 동의를 받은 경우
- 법령에서 민감정보의 처리를 요구하거나 허용하는 경우

2. 고유식별정보 처리의 제한(제24조)

(1) 고유식별정보의 의의: 법령에 따라 개인을 고유하게 구별하기 위하여 부여된 식별정보를 말한다(제1항).

(2) 예외: 개인정보처리자는 다음 각 호의 경우를 제외하고는 고유식별정보로서 대통령령으로 정하는 정보를 처리할 수 없다(제1항).

- 정보주체에게 제15조 제2항 각 호 또는 제17조 제2항 각 호의 사항을 알리고 다른 개인정보의 처리에 대한 동의와 별도로 동의를 받은 경우
- 법령에서 구체적으로 고유식별정보의 처리를 요구하거나 허용하는 경우

(3) 안전성 확보 조치: 개인정보처리자가 제1항 각 호에 따라 고유식별정보를 처리하는 경우에는 그 고유식별정보가 분실 · 도난 · 유출 · 위조 · 변조 또는 훼손되지 아니하도록 대통령령으로 정하는 바에 따라 암호화 등 안전성 확보에 필요한 조치를 하여야 한다(제3항).

(4) 보호위원회는 처리하는 개인정보의 종류·규모, 종업원 수 및 매출액 규모 등을 고려하여 대통령령으로 정하는 기준에 해당하는 개인정보처리자가 제3항에 따라 안전성 확보에 필요한 조치를 하였는지에 관하여 대통령령으로 정하는 바에 따라 정기적으로 조사하여야 한다(제4항).

(5) 보호위원회는 대통령령으로 정하는 전문기관으로 하여금 제4항에 따른 조사를 수행하게 할 수 있다(제5항).

3. 주민등록번호 처리의 제한(제24조의2)

(1) 원칙: 제24조 제1항에도 불구하고 개인정보처리자는 다음 각 호의 어느 하나에 해당하는 경우를 제외하고는 주민등록번호를 처리할 수 없다(제1항).

(2) 예외: 각호에 해당하는 경우에는 주민등록번호 처리가 가능하다(제1항).
- 법률·대통령령·국회규칙·대법원규칙·헌법재판소규칙·중앙선거관리위원회규칙 및 감사원규칙에서 구체적으로 주민등록번호의 처리를 요구하거나 허용한 경우
- 정보주체 또는 제3자의 급박한 생명, 신체, 재산의 이익을 위하여 명백히 필요하다고 인정되는 경우
- 제1호 및 제2호에 준하여 주민등록번호 처리가 불가피한 경우로서 보호위원회가 고시로 정하는 경우

(3) 개인정보처리자는 제24조 제3항에도 불구하고 주민등록번호가 분실·도난·유출·위조·변조 또는 훼손되지 아니하도록 암호화 조치를 통하여 안전하게 보관하여야 한다. 이 경우 암호화 적용 대상 및 대상별 적용 시기 등에 관하여 필요한 사항은 개인정보의 처리 규모와 유출 시 영향 등을 고려하여 대통령령으로 정한다(제2항).

(4) 개인정보처리자는 제1항 각 호에 따라 주민등록번호를 처리하는 경우에도 정보주체가 인터넷 홈페이지를 통하여 회원으로 가입하는 단계에서는 주민등록번호를 사용하지 아니하고도 회원으로 가입할 수 있는 방법을 제공하여야 한다(제3항).

(5) 보호위원회는 개인정보처리자가 제3항에 따른 방법을 제공할 수 있도록 관계 법령의 정비, 계획의 수립, 필요한 시설 및 시스템의 구축 등 제반 조치를 마련·지원할 수 있다(제4항).

4. 영상정보처리기기의 제한(제25조)

(1) 원칙: 누구든지 공개된 장소에 영상정보처리기기를 설치·운영하여서는 아니 된다(제1항).

(2) 예외: 다음 각호의 경우에는 설치·운영이 가능하다(제1항).
- 법령에서 구체적으로 허용하고 있는 경우
- 범죄의 예방 및 수사를 위하여 필요한 경우
- 시설안전 및 화재 예방을 위하여 필요한 경우
- 교통단속을 위하여 필요한 경우
- 교통정보의 수집·분석 및 제공을 위하여 필요한 경우

(3) 누구든지 불특정 다수가 이용하는 목욕실, 화장실, 발한실(發汗室), 탈의실 등 개인의 사생활을 현저히 침해할 우려가 있는 장소의 내부를 볼 수 있도록 영상정보처리기기를 설치·운영하여서는 아니 된다. 다만, 교도소, 정신보건 시설 등 법령에 근거하여 사람을 구금하거나 보호하는 시설로서 대통령령으로 정하는 시설에 대하여는 그러하지 아니하다(제2항).

(4) 정보주체가 쉽게 인식할 수 있도록 다음 각 호의 사항이 포함된 안내판을 설치하는 등 필요한 조치를 하여야 한다(제4항).
- 설치 목적 및 장소
- 촬영 범위 및 시간
- 관리책임자 성명 및 연락처
- 그 밖에 대통령령으로 정하는 사항

(5) 영상정보처리기기운영자는 영상정보처리기기의 설치 목적과 다른 목적으로 영상정보처리기기를 임의로 조작하거나 다른 곳을 비춰서는 아니 되며, 녹음기능은 사용할 수 없다(제5항).

5. 업무위탁에 따른 개인정보의 처리 제한(제26조)

개인정보처리자가 제3자에게 개인정보의 처리 업무를 위탁하는 경우에는 다음 각 호의 내용이 포함된 문서에 의하여야 한다(제1항).
- 위탁업무 수행 목적 외 개인정보의 처리 금지에 관한 사항
- 개인정보의 기술적·관리적 보호조치에 관한 사항
- 그 밖에 개인정보의 안전한 관리를 위하여 대통령령으로 정한 사항

8 가명정보의 처리

1. 가명정보의 처리 등(제28조의2)

(1) 개인정보처리자는 통계작성, 과학적 연구, 공익적 기록보존 등을 위하여 정보주체의 동의 없이 가명정보를 처리할 수 있다(제1항).

(2) 개인정보처리자는 제1항에 따라 가명정보를 제3자에게 제공하는 경우에는 특정 개인을 알아보기 위하여 사용될 수 있는 정보를 포함해서는 아니 된다(제2항).

2. 가명정보의 결합 제한(제28조의3)

(1) 통계작성, 과학적 연구, 공익적 기록보존 등을 위한 서로 다른 개인정보처리자 간의 가명정보의 결합은 보호위원회 또는 관계 중앙행정기관의 장이 지정하는 전문기관이 수행한다(제1항).

(2) 결합을 수행한 기관 외부로 결합된 정보를 반출하려는 개인정보처리자는 가명정보 또는 제58조의2에 해당하는 정보로 처리한 뒤 전문기관의 장의 승인을 받아야 한다(제2항).

3. 가명정보에 대한 안전조치의무(제28조의4)

(1) 개인정보처리자는 가명정보를 처리하는 경우에는 원래의 상태로 복원하기 위한 추가 정보를 별도로 분리하여 보관·관리하는 등 해당 정보가 분실·도난·유출·위조·변조 또는 훼손되지 않도록 대통령령으로 정하는 바에 따라 안전성 확보에 필요한 기술적·관리적 및 물리적 조치를 하여야 한다(제1항).

(2) 개인정보처리자는 가명정보를 처리하고자 하는 경우에는 가명정보의 처리 목적, 제3자 제공 시 제공받는 자 등 가명정보의 처리 내용을 관리하기 위하여 대통령령으로 정하는 사항에 대한 관련 기록을 작성하여 보관하여야 한다(제2항).

4. 가명정보 처리시의 금지의무(제28조의5)

(1) 누구든지 특정 개인을 알아보기 위한 목적으로 가명정보를 처리해서는 아니 된다(제1항).

(2) 개인정보처리자는 가명정보를 처리하는 과정에서 특정 개인을 알아볼 수 있는 정보가 생성된 경우에는 즉시 해당 정보의 처리를 중지하고, 지체 없이 회수·파기하여야 한다(제2항).

9 개인정보의 안전관리

1. 안전조치의무(제29조)

개인정보처리자는 개인정보가 분실·도난·유출·위조·변조 또는 훼손되지 아니하도록 내부 관리계획 수립, 접속기록 보관 등 대통령령으로 정하는 바에 따라 안전성 확보에 필요한 기술적·관리적 및 물리적 조치를 하여야 한다.

2. 개인정보 처리방침의 수립 및 공개(제30조)

(1) 개인정보처리자는 다음 각 호의 사항이 포함된 개인정보의 처리 방침(이하 "개인정보 처리방침"이라 한다)을 정하여야 한다. 이 경우 공공기관은 제32조에 따라 등록 대상이 되는 개인정보파일에 대하여 개인정보 처리방침을 정한다(제1항).
- 개인정보의 처리 목적
- 개인정보의 처리 및 보유 기간
- 개인정보의 제3자 제공에 관한 사항(해당되는 경우에만 정한다)
- 개인정보의 파기절차 및 파기방법(제21조제1항 단서에 따라 개인정보를 보존하여야 하는 경우에는 그 보존근거와 보존하는 개인정보 항목을 포함한다)
- 개인정보처리의 위탁에 관한 사항(해당되는 경우에만 정한다)
- 정보주체와 법정대리인의 권리·의무 및 그 행사방법에 관한 사항
- 제31조에 따른 개인정보 보호책임자의 성명 또는 개인정보 보호업무 및 관련 고충사항을 처리하는 부서의 명칭과 전화번호 등 연락처
- 인터넷 접속정보파일 등 개인정보를 자동으로 수집하는 장치의 설치·운영 및 그 거부에 관한 사항(해당하는 경우에만 정한다)
- 그 밖에 개인정보의 처리에 관하여 대통령령으로 정한 사항

(2) 개인정보처리자가 개인정보 처리방침을 수립하거나 변경하는 경우에는 정보주체가 쉽게 확인할 수 있도록 대통령령으로 정하는 방법에 따라 공개하여야 한다(제2항).

(3) 개인정보 처리방침의 내용과 개인정보처리자와 정보주체 간에 체결한 계약의 내용이 다른 경우에는 정보주체에게 유리한 것을 적용한다(제3항).

(4) 보호위원회는 개인정보 처리방침의 작성지침을 정하여 개인정보처리자에게 그 준수를 권장할 수 있다(제4항).

3. 개인정보 보호책임자의 지정(제31조)

(1) 개인정보처리자는 개인정보의 처리에 관한 업무를 총괄해서 책임질 개인정보 보호책임자를 지정하여야 한다(제1항).

(2) 개인정보 보호책임자는 다음 각 호의 업무를 수행한다(제2항).
- 개인정보 보호 계획의 수립 및 시행
- 개인정보 처리 실태 및 관행의 정기적인 조사 및 개선
- 개인정보 처리와 관련한 불만의 처리 및 피해 구제
- 개인정보 유출 및 오용 · 남용 방지를 위한 내부통제시스템의 구축
- 개인정보 보호 교육 계획의 수립 및 시행
- 개인정보파일의 보호 및 관리 · 감독
- 그 밖에 개인정보의 적절한 처리를 위하여 대통령령으로 정한 업무

(3) 개인정보 보호책임자는 제2항 각 호의 업무를 수행함에 있어서 필요한 경우 개인정보의 처리 현황, 처리 체계 등에 대하여 수시로 조사하거나 관계 당사자로부터 보고를 받을 수 있다(제3항).

(4) 개인정보 보호책임자는 개인정보 보호와 관련하여 이 법 및 다른 관계 법령의 위반 사실을 알게 된 경우에는 즉시 개선조치를 하여야 하며, 필요하면 소속 기관 또는 단체의 장에게 개선조치를 보고하여야 한다(제4항).

(5) 개인정보처리자는 개인정보 보호책임자가 제2항 각 호의 업무를 수행함에 있어서 정당한 이유 없이 불이익을 주거나 받게 하여서는 아니 된다(제5항).

(6) 개인정보 보호책임자의 지정요건, 업무, 자격요건, 그 밖에 필요한 사항은 대통령령으로 정한다(제6항).

4. 개인정보파일의 등록 및 공개(제32조)

(1) 공공기관의 장이 개인정보파일을 운용하는 경우에는 다음 각 호의 사항을 보호위원회에 등록하여야 한다. 등록한 사항이 변경된 경우에도 또한 같다(제1항).
- 개인정보파일의 명칭
- 개인정보파일의 운영 근거 및 목적
- 개인정보파일에 기록되는 개인정보의 항목
- 개인정보의 처리방법

- 개인정보의 보유기간
- 개인정보를 통상적 또는 반복적으로 제공하는 경우에는 그 제공받는 자
- 그 밖에 대통령령으로 정하는 사항

(2) 다음 각 호의 어느 하나에 해당하는 개인정보파일에 대하여는 제1항을 적용하지 아니한다(제2항).
- 국가 안전, 외교상 비밀, 그 밖에 국가의 중대한 이익에 관한 사항을 기록한 개인정보파일
- 범죄의 수사, 공소의 제기 및 유지, 형 및 감호의 집행, 교정처분, 보호처분, 보안관찰처분과 출입국관리에 관한 사항을 기록한 개인정보파일
- 「조세범처벌법」에 따른 범칙행위 조사 및 「관세법」에 따른 범칙행위 조사에 관한 사항을 기록한 개인정보파일
- 공공기관의 내부적 업무처리만을 위하여 사용되는 개인정보파일
- 다른 법령에 따라 비밀로 분류된 개인정보파일

(3) 보호위원회는 필요하면 제1항에 따른 개인정보파일의 등록사항과 그 내용을 검토하여 해당 공공기관의 장에게 개선을 권고할 수 있다(제3항).

(4) 보호위원회는 제1항에 따른 개인정보파일의 등록 현황을 누구든지 쉽게 열람할 수 있도록 공개하여야 한다(제4항).

(5) 제1항에 따른 등록과 제4항에 따른 공개의 방법, 범위 및 절차에 관하여 필요한 사항은 대통령령으로 정한다(제5항).

(6) 국회, 법원, 헌법재판소, 중앙선거관리위원회(그 소속 기관을 포함한다)의 개인정보파일 등록 및 공개에 관하여는 국회규칙, 대법원규칙, 헌법재판소규칙 및 중앙선거관리위원회규칙으로 정한다(제6항).

5. 개인정보 보호의 인증(제32조의2)

(1) 보호위원회는 개인정보처리자의 개인정보 처리 및 보호와 관련한 일련의 조치가 이 법에 부합하는지 등에 관하여 인증할 수 있다(제1항).

(2) 제1항에 따른 인증의 유효기간은 3년으로 한다(제2항).

(3) 보호위원회는 다음 각 호의 어느 하나에 해당하는 경우에는 대통령령으로 정하는 바에 따라 제1항에 따른 인증을 취소할 수 있다. 다만, 제1호에 해당하는 경우에는 취소하여야 한다(제3항).
- 거짓이나 그 밖의 부정한 방법으로 개인정보 보호 인증을 받은 경우
- 제4항에 따른 사후관리를 거부 또는 방해한 경우
- 제8항에 따른 인증기준에 미달하게 된 경우
- 개인정보 보호 관련 법령을 위반하고 그 위반사유가 중대한 경우

(4) 보호위원회는 개인정보 보호 인증이 실효성 유지를 위하여 연 1회 이상 사후관리를 실시하여야 한다(제4항).

(5) 보호위원회는 대통령령으로 정하는 전문기관으로 하여금 제1항에 따른 인증, 제3항에 따른 인증 취소, 제4항에 따른 사후관리 및 제7항에 따른 인증 심사원 관리 업무를 수행하게 할 수 있다(제5항).

(6) 제1항에 따른 인증을 받은 자는 대통령령으로 정하는 바에 따라 인증의 내용을 표시하거나 홍보할 수 있다(제6항).

(7) 제1항에 따른 인증을 위하여 필요한 심사를 수행할 심사원의 자격 및 자격 취소 요건 등에 관하여는 전문성과 경력 및 그 밖에 필요한 사항을 고려하여 대통령령으로 정한다(제7항).

(8) 그 밖에 개인정보 관리체계, 정보주체 권리보장, 안전성 확보조치가 이 법에 부합하는지 여부 등 제1항에 따른 인증의 기준·방법·절차 등 필요한 사항은 대통령령으로 정한다(제8항).

6. 개인정보 영향평가(제33조)

공공기관의 장은 대통령령으로 정하는 기준에 해당하는 개인정보파일의 운용으로 인하여 정보주체의 개인정보 침해가 우려되는 경우에는 그 위험요인의 분석과 개선 사항 도출을 위한 평가를 하고 그 결과를 보호위원회에 제출하여야 한다. 이 경우 공공기관의 장은 영향평가를 보호위원회가 지정하는 기관 중에서 의뢰하여야 한다.

7. 개인정보 유출 통지 등(제34조)

(1) 개인정보처리자는 개인정보가 유출되었음을 알게 되었을 때에는 지체 없이 해당 정보주체에게 다음 각 호의 사실을 알려야 한다(제1항).
- 유출된 개인정보의 항목
- 유출된 시점과 그 경위
- 유출로 인하여 발생할 수 있는 피해를 최소화하기 위하여 정보주체가 할 수 있는 방법 등에 관한 정보
- 개인정보처리자의 대응조치 및 피해 구제절차
- 정보주체에게 피해가 발생한 경우 신고 등을 접수할 수 있는 담당부서 및 연락처

(2) 개인정보처리자는 개인정보가 유출된 경우 그 피해를 최소화하기 위한 대책을 마련하고 필요한 조치를 하여야 한다(제2항).

(3) 개인정보처리자는 대통령령으로 정한 규모 이상의 개인정보가 유출된 경우에는 제1항에 따른 통지 및 제2항에 따른 조치 결과를 지체 없이 보호위원회 또는 대통령령으로 정하는 전문기관에 신고하여야 한다. 이 경우 보호위원회 또는 대통령령으로 정하는 전문기관은 피해 확산방지, 피해 복구 등을 위한 기술을 지원할 수 있다(제3항).

8. 과징금의 부과 등(제34조의2)

(1) 보호위원회는 개인정보처리자가 처리하는 주민등록번호가 분실 · 도난 · 유출 · 위조 · 변조 또는 훼손된 경우에는 5억원 이하의 과징금을 부과 · 징수할 수 있다. 다만, 주민등록번호가 분실 · 도난 · 유출 · 위조 · 변조 또는 훼손되지 아니하도록 개인정보처리자가 제24조 제3항에 따른 안전성 확보에 필요한 조치를 다한 경우에는 그러하지 아니하다(제1항).

(2) 보호위원회는 제1항에 따른 과징금을 내야 할 자가 납부기한까지 내지 아니하면 납부기한의 다음 날부터 과징금을 낸 날의 전날까지의 기간에 대하여 내지 아니한 과징금의 연 100분의 6의 범위에서 대통령령으로 정하는 가산금을 징수한다. 이 경우 가산금을 징수하는 기간은 60개월을 초과하지 못한다(제3항).

(3) 보호위원회는 제1항에 따른 과징금을 내야 할 자가 납부기한까지 내지 아니하면 기간을 정하여 독촉을 하고, 그 지정한 기간 내에 과징금 및 제2항에 따른 가산금을 내지 아니하면 국세 체납처분의 예에 따라 징수한다(제4항).

9. 개인정보처리자의 업무상 알게 된 개인정보의 누설금지 등(제59조)

개인정보를 처리하거나 처리하였던 자는 다음 어느 하나에 해당하는 행위를 하여서는 아니 된다.

- 거짓이나 그 밖의 부정한 수단이나 방법으로 개인정보를 취득하거나 처리에 관한 동의를 받는 행위
- 업무상 알게 된 개인정보를 누설하거나 권한 없이 다른 사람이 이용하도록 제공하는 행위
- 정당한 권한 없이 또는 허용된 권한을 초과하여 다른 사람의 개인정보를 훼손, 멸실, 변경, 위조 또는 유출하는 행위

10 정보주체의 권리보장

1. 정보주체의 권리(제4조)

정보주체는 자신의 개인정보 처리와 관련하여 다음 권리를 가진다.

- 개인정보의 처리에 관한 정보를 제공받을 권리
- 개인정보의 처리에 관한 동의 여부, 동의 범위 등을 선택하고 결정할 권리
- 개인정보의 처리 여부를 확인하고 개인정보에 대하여 열람(사본의 발급을 포함한다. 이하 같다)을 요구할 권리
- 개인정보의 처리 정지, 정정 · 삭제 및 파기를 요구할 권리
- 개인정보의 처리로 인하여 발생한 피해를 신속하고 공정한 절차에 따라 구제받을 권리

2. 개인정보 열람요구권(제35조)

(1) 정보주체는 개인정보처리자가 처리하는 자신의 개인정보에 대한 열람을 해당 개인정보처리자에게 요구할 수 있다(제1항). 이런 요구에도 불구하고 정보주체가 자신의 개인정보에 대한 열람을 공공기관에 요구하고자 할 때에는 공공기관에 직접 열람을

요구하거나 대통령령으로 정하는 바에 따라 보호위원회를 통하여 열람을 요구할 수 있다(제2항).

(2) 개인정보처리자는 열람을 요구받았을 때에는 대통령령으로 정하는 기간 내에 정보주체가 해당 개인정보를 열람할 수 있도록 하여야 한다. 이 경우 해당 기간 내에 열람할 수 없는 정당한 사유가 있을 때에는 정보주체에게 그 사유를 알리고 열람을 연기할 수 있으며, 그 사유가 소멸하면 지체 없이 열람하게 하여야 한다.

(3) 열람제한사유: 개인정보처리자는 다음의 어느 하나에 해당하는 경우에는 정보주체에게 그 사유를 알리고 열람을 제한하거나 거절할 수 있다.

- 법률에 따라 열람이 금지되거나 제한되는 경우
- 다른 사람의 생명·신체를 해할 우려가 있거나 다른 사람의 재산과 그 밖의 이익을 부당하게 침해할 우려가 있는 경우
- 공공기관이 다음 각 목의 어느 하나에 해당하는 업무를 수행할 때 중대한 지장을 초래하는 경우
    - 조세의 부과·징수 또는 환급에 관한 업무
    - 「초·중등교육법」 및 「고등교육법」에 따른 각급 학교, 「평생교육법」에 따른 평생교육시설, 그 밖의 다른 법률에 따라 설치된 고등교육기관에서의 성적 평가 또는 입학자 선발에 관한 업무
    - 학력·기능 및 채용에 관한 시험, 자격 심사에 관한 업무
    - 보상금·급부금 산정 등에 대하여 진행 중인 평가 또는 판단에 관한 업무
    - 다른 법률에 따라 진행 중인 감사 및 조사에 관한 업무

3. 개인정보의 정정·삭제요구권(제36조)

(1) 자신의 개인정보를 열람한 정보주체는 개인정보처리자에게 그 개인정보의 정정 또는 삭제를 요구할 수 있다. 다만, 다른 법령에서 그 개인정보가 수집 대상으로 명시되어 있는 경우에는 그 삭제를 요구할 수 없다.

(2) 개인정보처리자는 정보주체의 요구를 받았을 때에는 개인정보의 정정 또는 삭제에 관하여 다른 법령에 특별한 절차가 규정되어 있는 경우를 제외하고는 지체 없이 그 개인정보를 조사하여 정보주체의 요구에 따라 정정·삭제 등 필요한 조치를 한 후 그 결과를 정보주체에게 알려야 한다.

4. 개인정보의 처리정지 등 요구권(제37조)

(1) 정보주체는 자신의 개인정보 처리의 정지를 요구할 수 있다. 이 경우 공공기관에 대하여는 제32조에 따라 등록 대상이 되는 개인정보파일 중 자신의 개인정보에 대한 처리의 정지를 요구할 수 있다.

(2) 개인정보처리자는 제1항에 따른 요구를 받았을 때에는 지체 없이 정보주체의 요구에 따라 개인정보 처리의 전부를 정지하거나 일부를 정지하여야 한다. 다만, 다음 중 어느 하나에 해당하는 경우에는 정보주체의 처리정지 요구를 거절할 수 있다.

- 법률에 특별한 규정이 있거나 법령상 의무를 준수하기 위하여 불가피한 경우
- 다른 사람의 생명·신체를 해할 우려가 있거나 다른 사람의 재산과 그 밖의 이익을 부당하게 침해할 우려가 있는 경우
- 공공기관이 개인정보를 처리하지 아니하면 다른 법률에서 정하는 소관 업무를 수행할 수 없는 경우
- 개인정보를 처리하지 아니하면 정보주체와 약정한 서비스를 제공하지 못하는 등 계약의 이행이 곤란한 경우로서 정보주체가 그 계약의 해지 의사를 명확하게 밝히지 아니한 경우

5. 권리행사의 방법·절차(제38조)

(1) 정보주체는 제35조에 따른 열람, 제36조에 따른 정정·삭제, 제37조에 따른 처리정지, 제39조의7에 따른 동의 철회 등의 요구를 문서 등 대통령령으로 정하는 방법·절차에 따라 대리인에게 하게 할 수 있다.

(2) 만 14세 미만 아동의 법정대리인은 개인정보처리자에게 그 아동의 개인정보 열람등 요구를 할 수 있다.

(3) 개인정보처리자는 열람등 요구를 하는 자에게 대통령령으로 정하는 바에 따라 수수료와 우송료(사본의 우송을 청구하는 경우에 한한다)를 청구할 수 있다.

(4) 개인정보처리자는 정보주체가 열람등 요구를 할 수 있는 구체적인 방법과 절차를 마련하고, 이를 정보주체가 알 수 있도록 공개하여야 한다.

(5) 개인정보처리자는 정보주체가 열람등 요구에 대한 거절 등 조치에 대하여 불복이 있는 경우 이의를 제기할 수 있도록 필요한 절차를 마련하고 안내하여야 한다.

6. 피해의 구제

(1) 손해배상(제39조)

① 정보주체는 개인정보처리자가 이 법을 위반한 행위로 손해를 입으면 개인정보처리자에게 손해배상을 청구할 수 있다. 이 경우 그 개인정보처리자는 고의 또는 과실이 없음을 입증하지 아니하면 책임을 면할 수 없다(제1항).

② 개인정보처리자의 고의 또는 중대한 과실로 인하여 개인정보가 분실·도난·유출·위조·변조 또는 훼손된 경우로서 정보주체에게 손해가 발생한 때에는 법원은 그 손해액의 3배를 넘지 아니하는 범위에서 손해배상액을 정할 수 있다. 다만, 개인정보처리자가 고의 또는 중대한 과실이 없음을 증명한 경우에는 그러하지 아니하다(제3항).

(2) 법정손해배상(제39조의2)

① 정보주체는 개인정보처리자의 고의 또는 과실로 인하여 개인정보가 분실·도난·유출·위조·변조 또는 훼손된 경우에는 300만원 이하의 범위에서 상당한 금액을 손해액으로 하여 배상을 청구할 수 있다. 이 경우 해당 개인정보처리자는 고의 또는

과실이 없음을 입증하지 아니하면 책임을 면할 수 없다(제39조의2 제1항).

② 제39조에 따라 손해배상을 청구한 정보주체는 사실심(事實審)의 변론이 종결되기 전까지 그 청구를 제1항에 따른 청구로 변경할 수 있다.

(3) 개인정보분쟁조정위원회(제40조)

① 설치: 개인정보에 관한 분쟁의 조정(調停)을 위하여 개인정보분쟁조정위원회를 둔다(제1항).

② 구성

    ㉠ 분쟁조정위원회는 위원장 1명을 포함한 20명 이내의 위원으로 구성하며, 위원은 당연직위원과 위촉위원으로 구성한다(제2항).

    ㉡ 위촉위원은 보호위원회 위원장이 위촉하고, 대통령령으로 정하는 국가기관 소속 공무원은 당연직위원이 된다(제3항).

    ㉢ 위원장은 위원 중에서 공무원이 아닌 사람으로 보호위원회 위원장이 위촉한다(제4항).

    ㉣ 위원장과 위촉위원의 임기는 2년으로 하되, 1차에 한하여 연임할 수 있다(제5항).

③ 신청(제43조): 개인정보와 관련한 분쟁의 조정을 원하는 자는 분쟁조정위원회에 분쟁조정을 신청할 수 있다(제1항). 분쟁조정위원회는 당사자 일방으로부터 분쟁조정 신청을 받았을 때에는 그 신청내용을 상대방에게 알려야 하며(제2항), 공공기관이 분쟁조정의 통지를 받은 경우에는 특별한 사유가 없으면 분쟁조정에 응하여야 한다(제3항).

④ 처리기간(제46조): 분쟁조정 신청을 받은 날부터 60일 이내에 이를 심사하여 조정안을 작성하여야 한다. 다만, 부득이한 사정이 있는 경우에는 분쟁조정위원회의 의결로 처리기간을 연장할 수 으며(제1항), 처리기간을 연장한 경우에는 기간연장의 사유와 그 밖의 기간연장에 관한 사항을 신청인에게 알려야 한다(제2항).

⑤ 조정 전 합의 권고(제46조): 분쟁조정 신청을 받았을 때에는 당사자에게 그 내용을 제시하고 조정 전 합의를 권고할 수 있다.

⑥ 분쟁의 조정(제47조): 분쟁조정위원회는 정안을 작성하면 지체 없이 각 당사자에게 제시하여야 한다(제2항). 제시받은 당사자가 제시받은 날부터 15일 이내에 수락 여부를 알리지 아니하면 조정을 거부한 것으로 본다(제3항). 조정내용을 수락한 경우 분쟁조정위원회는 조정서를 작성하고, 분쟁조정위원회의 위원장과 각 당사자가 기명날인하여야 하며(제4항), 조정의 내용은 재판상 화해와 동일한 효력을 갖는다(제5항).

⑦ 조정의 거부 및 중지(제48조): 분쟁의 성질상 분쟁조정위원회에서 조정하는 것이 적합하지 아니하다고 인정하거나 부정한 목적으로 그 조정이 신청되었다고 인정하는 경우에는 그 조정을 거부할 수 있는데, 이 경우 조정거부의 사유 등을 신청인에게 알려야 한다(제1항). 신청된 조정사건에 대한 처리절차를 진행하던 중에 한 쪽 당사자가 소를 제기하면 그 조정의 처리를 중지하고 이를 당사자에게 알려야 한다(제2항).

○✕문제

01 일정한 단체는 개인정보처리자가 집단분쟁조정을 거부하거나 집단분쟁조정의 결과를 수락하지 아니한 경우에는 법원에 권리침해 행위의 금지·중지를 구하는 단체소송을 제기할 수 있다. ( )

정답 01 ✕(→개안정보 분쟁조정위원회)

11 집단분쟁해결

1. 집단분쟁조정(제49조)

(1) 국가 및 지방자치단체, 개인정보 보호단체 및 기관, 정보주체, 개인정보처리자는 정보주체의 피해 또는 권리침해가 다수의 정보주체에게 같거나 비슷한 유형으로 발생하는 경우로서 대통령령으로 정하는 사건에 대하여는 분쟁조정위원회에 일괄적인 분쟁조정을 의뢰 또는 신청할 수 있다(제1항).

(2) 분쟁조정위원회는 집단분쟁조정의 당사자가 아닌 정보주체 또는 개인정보처리자로부터 그 분쟁조정의 당사자에 추가로 포함될 수 있도록 하는 신청을 받을 수 있다(제3항).

(3) 분쟁조정위원회는 그 의결로써 제1항 및 제3항에 따른 집단분쟁조정의 당사자 중에서 공동의 이익을 대표하기에 가장 적합한 1인 또는 수인을 대표당사자로 선임할 수 있다(제4항).

(4) 분쟁조정위원회는 개인정보처리자가 분쟁조정위원회의 집단분쟁조정의 내용을 수락한 경우에는 집단분쟁조정의 당사자가 아닌 자로서 피해를 입은 정보주체에 대한 보상계획서를 작성하여 분쟁조정위원회에 제출하도록 권고할 수 있다(제5항).

(5) 제48조 제2항에도 불구하고 분쟁조정위원회는 집단분쟁조정의 당사자인 다수의 정보주체 중 일부의 정보주체가 법원에 소를 제기한 경우에는 그 절차를 중지하지 아니하고, 소를 제기한 일부의 정보주체를 그 절차에서 제외한다(제6항).

(6) 집단분쟁조정의 기간은 제2항에 따른 공고가 종료된 날의 다음 날부터 60일 이내로 한다. 다만, 부득이한 사정이 있는 경우에는 분쟁조정위원회의 의결로 처리기간을 연장할 수 있다(제7항).

(7) 집단분쟁조정의 절차 등에 관하여 필요한 사항은 대통령령으로 정한다(제8항).

2. 개인정보 단체소송

(1) **단체소송의 원고적격(제51조):** 다음의 어느 하나에 해당하는 단체는 개인정보처리자가 제49조에 따른 집단분쟁조정을 거부하거나 집단분쟁조정의 결과를 수락하지 아니한 경우에는 법원에 권리침해 행위의 금지·중지를 구하는 소송을 제기할 수 있다.

- 「소비자기본법」 제29조에 따라 공정거래위원회에 등록한 소비자단체로서 다음 각 목의 요건을 모두 갖춘 단체
  - 정관에 따라 상시적으로 정보주체의 권익증진을 주된 목적으로 하는 단체일 것
  - 단체의 정회원수가 1천명 이상일 것
  - 「소비자기본법」 제29조에 따른 등록 후 3년이 경과하였을 것
- 「비영리민간단체 지원법」 제2조에 따른 비영리민간단체로서 다음 각 목의 요건을 모두 갖춘 단체
  - 법률상 또는 사실상 동일한 침해를 입은 100명 이상의 정보주체로부터 단체소송의 제기를 요청받을 것

- 정관에 개인정보 보호를 단체의 목적으로 명시한 후 최근 3년 이상 이를 위한 활동실적이 있을 것
- 단체의 상시 구성원수가 5천명 이상일 것
- 중앙행정기관에 등록되어 있을 것

(2) 전속관할(제52조): 피고의 주된 사무소 또는 영업소가 있는 곳, 주된 사무소나 영업소가 없는 경우에는 주된 업무담당자의 주소가 있는 곳의 지방법원 본원 합의부의 관할에 전속한다(제1항). 외국사업자에 적용하는 경우 대한민국에 있는 이들의 주된 사무소·영업소 또는 업무담당자의 주소에 따라 정한다(제2항).

(3) 소송대리인 선임(제53조): 단체소송의 원고는 변호사를 소송대리인으로 선임하여야 한다.

(4) 법원의 허가(제55조): 법원은 다음 요건을 모두 갖춘 경우에 한하여 결정으로 단체소송을 허가한다(제1항). 단체소송을 허가하거나 불허가하는 결정에 대하여는 즉시항고할 수 있다(제2항).
- 개인정보처리자가 분쟁조정위원회의 조정을 거부하거나 조정결과를 수락하지 아니하였을 것
- 제54조에 따른 소송허가신청서의 기재사항에 흠결이 없을 것

(5) 확정판결의 효력(제56조): 원고의 청구를 기각하는 판결이 확정된 경우 이와 동일한 사안에 관하여는 제51조에 따른 다른 단체는 단체소송을 제기할 수 없다. 다만, 다음 어느 하나에 해당하는 경우에는 그러하지 아니하다.
- 판결이 확정된 후 그 사안과 관련하여 국가·지방자치단체 또는 국가·지방자치단체가 설립한 기관에 의하여 새로운 증거가 나타난 경우
- 기각판결이 원고의 고의로 인한 것임이 밝혀진 경우

(6) 적용법(제57조)
① 단체소송에 관하여 이 법에 특별한 규정이 없는 경우에는 「민사소송법」을 적용한다(제1항).
② 제55조에 따른 단체소송의 허가결정이 있는 경우에는 「민사집행법」 제4편에 따른 보전처분을 할 수 있다(제2항).

12 정보통신서비스제공자 등의 개인정보처리 등 특례

1. 개인정보의 수집·이용 동의 등에 대한 특례(제39조의3)

(1) 동의를 요하는 경우: 정보통신서비스 제공자는 제15조 제1항에도 불구하고 이용자의 개인정보를 이용하려고 수집하는 경우에는 다음 각 호의 모든 사항을 이용자에게 알리고 동의를 받아야 한다. 다음의 어느 하나의 사항을 변경하려는 경우에도 또한 같다(제1항).
- 개인정보의 수집·이용 목적 • 수집하는 개인정보의 항목
- 개인정보의 보유·이용 기간

(2) 동의를 요하지 않는 경우: 다음의 경우 동의 없이 이용자의 개인정보를 수집·이용할 수 있다(제2항).

- 정보통신서비스(「정보통신망 이용촉진 및 정보보호 등에 관한 법률」 제2조제1항제2호에 따른 정보통신서비스를 말한다. 이하 같다)의 제공에 관한 계약을 이행하기 위하여 필요한 개인정보로서 경제적·기술적인 사유로 통상적인 동의를 받는 것이 뚜렷하게 곤란한 경우
- 정보통신서비스의 제공에 따른 요금정산을 위하여 필요한 경우
- 다른 법률에 특별한 규정이 있는 경우

(3) 서비스 제공 거부 금지: 정보통신서비스 제공자는 이용자가 필요한 최소한의 개인정보 이외의 개인정보를 제공하지 아니한다는 이유로 그 서비스의 제공을 거부해서는 아니 된다. 이 경우 필요한 최소한의 개인정보는 해당 서비스의 본질적 기능을 수행하기 위하여 반드시 필요한 정보를 말한다(제3항).

(4) 만14세 미만 아동의 개인정보: 정보통신서비스 제공자는 만 14세 미만의 아동으로부터 개인정보 수집·이용·제공 등의 동의를 받으려면 그 법정대리인의 동의를 받아야 하고, 대통령령으로 정하는 바에 따라 법정대리인이 동의하였는지를 확인하여야 한다(제4항).

2. 개인정보 유출 등의 통지·신고에 대한 특례(제39조의4)

(1) 제34조 제1항 및 제3항에도 불구하고 정보통신서비스 제공자와 그로부터 제17조 제1항에 따라 이용자의 개인정보를 제공받은 자는 개인정보의 분실·도난·유출(이하 "유출등"이라 한다) 사실을 안 때에는 지체 없이 다음 각 호의 사항을 해당 이용자에게 알리고 보호위원회 또는 대통령령으로 정하는 전문기관에 신고하여야 하며, 정당한 사유 없이 그 사실을 안 때부터 24시간을 경과하여 통지·신고해서는 아니 된다. 다만, 이용자의 연락처를 알 수 없는 등 정당한 사유가 있는 경우에는 대통령령으로 정하는 바에 따라 통지를 갈음하는 조치를 취할 수 있다(제1항).

- 유출 등이 된 개인정보 항목
- 유출 등이 발생한 시점
- 이용자가 취할 수 있는 조치
- 정보통신서비스 제공자등의 대응 조치
- 이용자가 상담 등을 접수할 수 있는 부서 및 연락처

(2) 제1항의 신고를 받은 대통령령으로 정하는 전문기관은 지체 없이 그 사실을 보호위원회에 알려야 한다(제2항). 정보통신서비스 제공자등은 정당한 사유를 보호위원회에 소명하여야 한다(제3항).

3. 개인정보의 보호조치에 대한 특례(제39조의5)

정보통신서비스 제공자등은 이용자의 개인정보를 처리하는 자를 최소한으로 제한하여야 한다.

4. 개인정부의 파기에 대한 특례(제39조의6)

(1) 정보통신서비스 제공자등은 정보통신서비스를 1년의 기간 동안 이용하지 아니하는 이용자의 개인정보를 보호하기 위하여 대통령령으로 정하는 바에 따라 개인정보의 파기 등 필요한 조치를 취하여야 한다. 다만, 그 기간에 대하여 다른 법령 또는 이용자의 요청에 따라 달리 정한 경우에는 그에 따른다(제39조의5 제1항).

(2) 정보통신서비스 제공자등은 제1항의 기간 만료 30일 전까지 개인정보가 파기되는 사실, 기간 만료일 및 파기되는 개인정보의 항목 등 대통령령으로 정하는 사항을 전자우편 등 대통령령으로 정하는 방법으로 이용자에게 알려야 한다(제39조의5 제2항).

5. 이용자의 권리 등에 대한 특례(제39조의7)

정보통신서비스 제공자등에 대하여 언제든지 개인정보 수집·이용·제공 등의 동의를 철회할 수 있다(제1항). 동의를 철회하면 지체 없이 수집된 개인정보를 복구·재생할 수 없도록 파기하는 등 필요한 조치를 하여야 한다(제3항).

6. 개인정보 이용내역의 통지(제39조의8 제1항)

정보통신서비스 제공자 등으로서 대통령령으로 정하는 기준에 해당하는 자는 제23조, 제39조의3에 따라 수집한 이용자의 개인정보의 이용내역(제17조에 따른 제공을 포함한다)을 주기적으로 이용자에게 통지하여야 한다. 다만, 연락처 등 이용자에게 통지할 수 있는 개인정보를 수집하지 아니한 경우에는 그러하지 아니한다.

7. 손해배상의 보장(제39조의9)

정보통신서비스 제공자등은 제39조 및 제39조의2에 따른 손해배상책임의 이행을 위하여 보험 또는 공제에 가입하거나 준비금을 적립하는 등 필요한 조치를 하여야 한다.

8. 노출된 개인정보의 삭제·차단(제39조의10)

정보통신서비스 제공자등은 주민등록번호, 계좌정보, 신용카드정보 등 이용자의 개인정보가 정보통신망을 통하여 공중에 노출되지 아니하도록 하여야 한다(제1항). 또한 공중에 노출된 개인정보에 대하여 보호위원회 또는 대통령령으로 지정한 전문기관의 요청이 있는 경우 정보통신서비스 제공자등은 삭제·차단 등 필요한 조치를 취하여야 한다(제2항).

9. 국내대리인의 지정(제39조의11)

(1) 국내에 주소 또는 영업소가 없는 정보통신서비스 제공자등으로서 이용자 수, 매출액 등을 고려하여 대통령령으로 정하는 기준에 해당하는 자는 다음 각 호의 사항은 대리하는 자(이하 "국내대리인"이라 한다)를 서면으로 지정하여야 한다(제1항). 국내대리인은 국내에 주소 또는 영업소가 있는 자로 한다(제2항).
- 제31조에 따른 개인정보 보호책임자의 업무
- 제39조의4에 따른 통지·신고
- 제63조제1항에 따른 관계 물품·서류 등의 제출

(2) 국내대리인이 제1항 각 호와 관련하여 이 법을 위반한 경우에는 정보통신서비스 제공자등이 그 행위를 한 것으로 본다(제4항).

10. 국외 이전 개인정보의 보호(제39조의12)

(1) 이용자의 개인정보에 관하여 이 법을 위반하는 사항을 내용으로 하는 국제계약을 체결해서는 아니 된다(제1항).

(2) 제17조 제3항에도 불구하고 정보통신서비스 제공자등은 이용자의 개인정보를 국외에 제공(조회되는 경우를 포함한다)·처리위탁·보관(이하 이 조에서 "이전"이라 한다)하려면 이용자의 동의를 받아야 한다. 다만, 제3항 각 호의 사항 모두를 제30조 제2항에 따라 공개하거나 전자우편 등 대통령령으로 정하는 방법에 따라 이용자에게 알린 경우에는 개인정보 처리위탁·보관에 따른 동의절차를 거치지 아니할 수 있다(제2항).

(3) 정보통신서비스 제공자등은 제2항 본문에 따른 동의를 받으려면 미리 다음의 사항 모두를 이용자에게 고지하여야 한다(제3항).
- 이전되는 개인정보 항목
- 개인정보가 이전되는 국가, 이전일시 및 이전방법
- 개인정보를 이전받는 자의 성명(법인인 경우에는 그 명칭 및 정보관리책임자의 연락처를 말한다)
- 개인정보를 이전받는 자의 개인정보 이용목적 및 보유·이용 기간

(4) 정보통신서비스 제공자등은 제2항 본문에 따른 동의를 받아 개인정보를 국외로 이전하는 경우 대통령령으로 정하는 바에 따라 보호조치를 하여야 한다(제4항).

(5) 이용자의 개인정보를 이전받는 자가 해당 개인정보를 제3국으로 이전하는 경우에 관하여는 제1항부터 제4항까지의 규정을 준용한다. 이 경우 "정보통신서비스 제공자등"은 "개인정보를 이전받는 자"로, "개인정보를 이전받는 자"는 "제3국에서 개인정보를 이전받는 자"로 본다(제5항).

11. 상호주의(제39조의13)

제39조의12에도 불구하고 개인정보의 국외 이전을 제한하는 국가의 정보통신서비스 제공자등에 대하여는 해당 국가의 수준에 상응하는 제한을 할 수 있다. 다만, 조약 또는 그 밖의 국제협정의 이행에 필요한 경우에는 그러하지 아니하다.

12. 방송사업자 등에 대한 특례(제39조의14)

「방송법」 제2조 제3호 가목부터 마목까지와 같은 조 제6호·제9호·제12호 및 제14호에 해당하는 자가 시청자의 개인정보를 처리하는 경우에는 정보통신서비스 제공자에게 적용되는 규정을 준용한다. 이 경우 "방송사업자등"은 "정보통신서비스 제공자" 또는 "정보통신서비스 제공자등"으로, "시청자"는 "이용자"로 본다.

13. 과징금의 부과 등에 대한 특례(제39조의15)

(1) 보호위원회는 정보통신서비스 제공자등에게 다음 각 호의 어느 하나에 해당하는 행위가 있는 경우에는 해당 정보통신서비스 제공자등에게 위반행위와 관련한 매출액의 100분의 3 이하에 해당하는 금액을 과징금으로 부과할 수 있다(제1항).

- 제17조 제1항·제2항, 제18조 제1항·제2항 및 제19조(제39조의14에 따라 준용되는 경우를 포함한다)를 위반하여 개인정보를 이용·제공한 경우
- 제22조 제6항(제39조의14에 따라 준용되는 경우를 포함한다)을 위반하여 법정대리인의 동의를 받지 아니하고 만 14세 미만인 아동의 개인정보를 수집한 경우
- 제23조 제1항 제1호(제39조의14에 따라 준용되는 경우를 포함한다)를 위반하여 이용자의 동의를 받지 아니하고 민감정보를 수집한 경우
- 제26조 제4항(제39조의14에 따라 준용되는 경우를 포함한다)에 따른 관리·감독 또는 교육을 소홀히 하여 특례 수탁자가 이 법의 규정을 위반한 경우
- 이용자의 개인정보를 분실·도난·유출·위조·변조 또는 훼손한 경우로서 제29조의 조치(내부 관리계획 수립에 관한 사항은 제외한다)를 하지 아니한 경우(제39조의14에 따라 준용되는 경우를 포함한다)
- 제39조의3 제1항(제39조의14에 따라 준용되는 경우를 포함한다)을 위반하여 이용자의 동의를 받지 아니하고 개인정보를 수집한 경우
- 제39조의12 제2항 본문(같은 조 제5항에 따라 준용되는 경우를 포함한다)을 위반하여 이용자의 동의를 받지 아니하고 이용자의 개인정보를 국외에 제공한 경우

(2) 제1항에 따른 과징금을 부과하는 경우 정보통신서비스 제공자등이 매출액 산정자료의 제출을 거부하거나 거짓의 자료를 제출한 경우에는 해당 정보통신서비스 제공자등과 비슷한 규모의 정보통신서비스 제공자등의 재무제표 등 회계자료와 가입자 수 및 이용요금 등 영업현황 자료에 근거하여 매출액을 추정할 수 있다. 다만, 매출액이 없거나 매출액의 산정이 곤란한 경우로서 대통령령으로 정하는 경우에는 4억 원 이하의 과징금을 부과할 수 있다(제2항).

(3) 보호위원회는 제1항에 따른 과징금을 부과하려면 다음의 사항을 고려하여야 한다(제3항).
- 위반행위의 내용 및 정도
- 위반행위의 기간 및 횟수
- 위반행위로 인하여 취득한 이익의 규모

(4) 제1항에 따른 과징금은 제3항을 고려하여 산정하되, 구체적인 산정기준과 산정절차는 대통령령으로 정한다(제4항).

(5) 보호위원회는 제1항에 따른 과징금을 내야 할 자가 납부기한까지 이를 내지 아니하면 납부기한의 다음 날부터 내지 아니한 과징금의 연 100분의 6에 해당하는 가산금을 징수한다(제5항).

(6) 보호위원회는 제1항에 따른 과징금을 내야 할 자가 납부기한까지 이를 내지 아니한 경우에는 기간을 정하여 독촉을 하고, 그 지정된 기간에 과징금과 제5항에 따른 가산금을 내지 아니하면 국세 체납처분의 예에 따라 징수한다(제6항).

(7) 법원의 판결 등의 사유로 제1항에 따라 부과된 과징금을 환급하는 경우에는 과징금을 낸 날부터 환급하는 날까지의 기간에 대하여 금융회사 등의 예금이자율 등을 고려하여 대통령령으로 정하는 이자율에 따라 계산한 환급가산금을 지급하여야 한다(제7항).

(8) 제7항에도 불구하고 법원의 판결에 의하여 과징금 부과처분이 취소되어 그 판결이유에 따라 새로운 과징금을 부과하는 경우에는 당초 납부한 과징금에서 새로 부과하기로 결정한 과징금을 공제한 나머지 금액에 대해서만 환급가산금을 계산하여 지급한다(제8항).

01 행정절차에 관한 설명으로 옳은 것은?(다툼이 있으면 판례에 따름) 20 행정사

① 행정청은 신청 내용을 모두 그대로 인정하는 처분을 하는 경우에도 당사자에게 이유제시를 하여야 한다.
② 행정청과 당사자가 청문절차를 배제하기로 협약을 체결하였다면 청문절차를 거치지 않아도 되는 예외적 경우에 해당한다.
③ 행정처분에 실체적 위법이 없는 한 절차적 하자만으로 독립된 취소사유가 되지 못한다.
④ 이유제시의 하자는 치유의 대상이 될 수 없다.
⑤ 행정절차법상 불복방법에 대한 고지절차에 관한 규정을 위반하였다고 하여 그러한 이유만으로 처분이 위법하게 되는 것은 아니다.

02 행정절차에 대한 설명으로 옳은 것은?(다툼이 있는 경우 판례에 의함) 21 지방직 9급

① 「국가공무원법」상 직위해제처분은 공무원의 인사상 불이익을 주는 처분이므로 「행정절차법」상 사전통지 및 의견청취절차를 거쳐야 한다.
② 처분 당시 당사자가 어떠한 근거와 이유로 처분이 이루어진 것인지를 충분히 알 수 있어서 그에 불복하여 행정구제절차로 나아가는 데에 별다른 지장이 없었던 것으로 인정되는 경우에도 처분서에 처분의 근거와 이유가 구체적으로 명시되어 있지 않았다면 그 처분은 위법하다.
③ 세액산출근거가 기재되지 아니한 납세고지서에 의한 부과처분은 그 후 부과된 세금을 자진납부하였다거나 또는 조세채권의 소멸시효기간이 만료되었다하여 하자가 치유되는 것이라고는 할 수 없다.
④ 당사자등은 청문조서의 내용을 열람·확인할 수 있을 뿐, 그 청문조서에 이의가 있더라도 정정을 요구할 수는 없다.

01

오답의 이유
① 행정절차법 제23조 제1항
② 대판 2004.7.8, 2002두8350
③ 다수설·판례는 절차적 하자를 위법사유로 인정하다.

02

③ 세액산출근거가 기재되지 아니한 납세고지서에 의한 부과처분은 강행법규에 위반하여 취소대상이 된다할 것이므로 이와 같은 하자는 납세 의무자가 전심절차에서 이를 주장하지 아니하였거나, 그 후 부과된 세금을 자진납부하였다거나, 또는 조세채권의 소멸시효기간이 만료되었다 하여 치유되는 것이라고는 할 수 없다(대판 1985.4.9, 84누431).

오답의 이유
① 국가공무원법상 직위해제처분은 행정작용의 성질상 행정절차를 거치기 곤란하거나 불필요하다고 인정되는 사항 또는 행정절차에 준하는 절차를 거친 사항에 해당하므로, 처분의 사전통지 및 의견청취 등에 관한 행정절차법의 규정이 별도로 적용되지 않는다(대판 2014.5.16, 2012두26180).
② 처분 당시 당사자가 어떠한 근거와 이유로 처분이 이루어진 것인지를 충분히 알 수 있어서 그에 불복하여 행정구제절차로 나아가는 데에 별다른 지장이 없었던 경우에는 처분서에 처분의 근거 와 이유가 구체적으로 명시되어 있지 않았다고 하더라도 위법한 것으로 된다고 할 수는 없다(대판 2013.11.14, 2011두18571).
④ 행정절차법 제34조 제2항

정답 01 ⑤ 02 ③

03 행정절차에 대한 설명으로 옳은 것은?(다툼이 있는 경우 판례에 의함) 20 국가직 9급

① 퇴직연금의 환수결정은 당사자에게 의무를 과하는 처분이기는 하나 관련 법령에 따라 당연히 환수금액이 정하여지는 것이므로, 퇴직연금의 환수결정에 앞서 당사자에게 의견진술의 기회를 주지 아니하여도 행정절차법에 어긋나지 아니한다.

② 수익적 행정행위의 신청에 대한 거부처분은 직접 당사자의 권익을 제한하는 처분에 해당하므로, 그 거부처분은 행정절차법상 처분의 사전통지대상이 된다.

③ 절차상의 하자를 이유로 과세처분을 취소하는 판결이 확정된 후 그 위법사유를 보완하여 이루어진 새로운 부과처분은 확정판결의 기판력에 저촉된다.

④ 행정청이 당사자와 사이에 도시계획사업의 시행과 관련한 협약을 체결하면서 관련 법령상 요구되는 청문절차를 배제하는 조항을 두었다면, 이는 청문을 실시하지 않아도 되는 예외적인 경우에 해당한다.

오답의 이유

② 신청에 따른 처분이 이루어지지 아니한 경우에는 아직 당사자에게 권익이 부과되지 아니하였으므로 특별한 사정이 없는 한 신청에 대한 거부처분이라고 하더라도 직접 당사자의 권익을 제한하는 것은 아니어서 신청에 대한 거부처분을 여기에서 말하는 '당사자의 권익을 제한하는 처분'에 해당한다고 할 수 없는 것이어서 처분의 사전통지대상이 된다고 할 수 없다(대판 2003.11.28, 2003두674).

③ 과세의 절차 내지 형식에 위법이 있어 과세처분을 취소하는 판결이 확정되었을 때는 그 확정판결의 기판력은 거기에 적시된 절차 내지 형식의 위법사유에 한하여 미치는 것이므로 과세관청은 그 위법사유를 보완하여 다시 새로운 과세처분을 할 수 있고 그 새로운 과세처분은 확정판결에 의하여 취소된 종전의 과세처분과는 별개의 처분이라 할 것이어서 확정판결의 기판력에 저촉되는 것이 아니다(대판 1987.2.10, 86누91).

④ 대판 2004.7.8, 2002두8350

04 행정절차에 대한 설명으로 옳지 않은 것은?(다툼이 있는 경우 판례에 의함) 20 국회직 8급

① 행정에서 적법절차원리의 헌법적 근거는 형사절차에서의 적법절차를 규정한 헌법 제12조 제3항에 있다.

② 침익적 행정처분을 하면서 사전통지 및 의견제출의 기회를 주지 않았다면, 사전통지 및 의견제출 절차를 생략해야 할 예외적 사유가 없는 한, 그 처분은 위법하여 취소되어야 한다.

③ 수익적 행정행위의 신청에 대해서 이를 거부하면서 사전통지 및 의견제출 절차를 거치지 않은 것은 실질적으로 침익적 결과를 초래하였으므로 취소사유에 해당한다.

④ 인허가 등의 취소를 내용으로 하는 처분의 상대방은 처분의 근거 법률에 청문을 하도록 규정되어 있지 않더라도 행정절차법에 따라 의견제출 기한 내에 청문을 신청할 수 있다.

⑤ 행정청이 처분의 근거법률상 청문절차를 이행하는 과정에서 청문서 도달기간을 다소 어겼지만 당사자가 이의를 제기하지 않고 청문일에 출석하여 의견진술과 변명의 기회를 충분히 가졌다면 청문서 도달기간 미준수의 하자는 치유된 것으로 본다.

③ 처분의 사전통지 및 의견제출제도는 행정청이 당사자에게 침익적 행정처분을 함에 있어 그 처분의 사유에 대하여 당사자에게 변명과 유리한 자료를 제출할 기회를 부여함으로써 위법사유의 시정가능성을 고려하고 처분의 신중과 적정을 기하려는데 그 취지가 있으므로, 행정청이 침익적 행정처분을 함에 있어 사전통지 등을 실시하지 않아도 되는 예외적인 경우에 해당하지 않는 한 반드시 위 절차를 거쳐야 하고, 이를 결여한 처분은 위법한 처분으로서 취소 대상에 해당한다(서울행법 2009.7.23, 2009구합3248).

오답의 이유

② 대판 2007.11.16, 2005두15700

⑤ 대판 1992.10.23, 92누2844

정답 03 ① 04 ③

05 「행정절차법」상 사전통지와 의견제출에 대한 판례의 입장으로 가장 옳지 않은 것은?

20 해경승진

① 항만시설 사용허가신청에 대하여 거부처분을 하는 경우, 사전통지대상이나 의견청취대상이 되지 않는다.

② 용도를 무단변경한 건물의 원상복구를 명하는 시정명령 및 계고처분을 하는 경우, 사전에 통지할 필요가 없다.

③ 고시의 방법으로 불특정 다수인을 상대로 권익을 제한하는 처분을 하는 경우 그, 상대방에게 의견제출의 기회를 주어야 하는 것은 아니다.

④ 공매를 통하여 체육시설을 인수한 자의 체육시설업자 지위승계신고를 수리하는 경우, 종전 체육시설업자에게 사전에 통지하여 의견제출 기회를 주어야 한다.

05

② 원상복구를 명하는 시정명령 및 계고처분은 사전통지 대상이다.

오답의 이유

① 대판 2017.11.23, 2014두1628
③ 대판 2014.10.27, 2012두7745

06 「행정절차법」상 청문 또는 공청회 절차에 대한 설명으로 옳지 않은 것은?(다툼이 있는 경우 판례에 의함)

15 국가직 9급

① 행정청이 청문을 거쳐야 하는 처분을 하면서 청문절차를 거치지 않는 경우에는 그 처분은 위법하지만 당연무효인 것은 아니다.

② 청문서가 행정절차법에서 정한 날짜보다 다소 늦게 도달하였을 경우에도, 당사자가 이에 대하여 이의하지 아니하고 청문일에 출석하여 의견을 진술하였다면 청문서 도달기간을 준수하지 않은 하자는 치유된다.

③ 행정청은 행정절차법 제38조에 따른 공청회와 병행하여서만 정보통신망을 이용한 공청회(온라인공청회)를 실시할 수 있다.

④ 청문 주재자는 당사자 등의 전부 또는 일부가 정당한 사유 없이 청문기일에 출석하지 아니한 경우라도 이들에게 다시 의견진술 및 증거제출의 기회를 주지 아니하고는 청문을 마칠 수 없다.

06

④ 행정절차법 제35조 제2항

오답의 이유

① 대판 2004.7.8, 2002두8350
② 대판 1992.10.23, 92누2844
③ 행정절차법 제38조

07 「행정절차법」상 행정절차에 관한 설명 중 가장 옳지 않은 것은?

19 서울시 9급

① 지방의회의 의결을 거치거나 동의 또는 승인을 받아 행하는 사항에 대해서는 행정절차법이 적용되지 않는다.

② 고시 등 불특정다수인을 상대로 의무를 부과하거나 권익을 제한하는 처분의 경우 그 상대방에게 의견제출의 기회를 주어야 하는 것은 아니다.

③ 신청에 따른 처분이 이루어지지 않은 경우에는 특별한 사정이 없는 한 사전통지의 대상이 된다고 할 수 없다.

④ 인허가 등을 취소하는 경우에는 개별 법령상 청문을 하도록 하는 근거 규정이 없고 의견제출기한 내에 당사자 등의 신청이 없는 경우에도 청문을 하여야 한다.

07

④ 의견제출기한 내에 당사자등의 신청이 없는 경우, 청문을 해야 하는 것은 아니다(제22조 제1항).

오답의 이유

② 대판 2014.10.27, 2012누7745

정답 05 ② 06 ④ 07 ④

08

오답의 이유

①·② 행정절차법 제22조(청문사유)
④ 행정절차법 제23조(처분의 이유 제시)

08 「행정절차법」상 행정절차에 대한 설명으로 옳은 것은? 20 소방직

① 행정청은 처분을 할 때 필요하다고 인정하는 경우에 청문을 할 수 있다.

② 행정청은 해당 처분의 영향이 광범위하여 널리 의견을 수렴할 필요가 있다고 인정하는 경우에 청문을 실시할 수 있다.

③ 행정청이 당사자에게 의무를 부과하거나 권익을 제한하는 처분을 함에 있어 청문이나 공청회를 거치지 않은 경우에는 당사자에게 의견제출의 기회를 주어야 한다.

④ 행정청이 처분을 할 때에는 긴급히 처분을 할 경우를 제외하고는 모든 경우에 있어 당사자에게 그 근거와 이유를 제시하여야 한다.

09

① 이유제시 생략사유(행정절차법 제23조)에 해당하지 않는다.

09 행정청은 당사자에게 의무를 부과하거나 권익을 제한하는 처분을 하는 경우에는 당사자에게 그 근거와 이유를 제시하여야 함이 원칙이지만, 예외적으로 이러한 이유제시가 생략될 수 있다. 다음 중 「행정절차법」이 규정하고 있는 이유제시 생략사유가 아닌 것은? 20 해경승진

① 법령 등에서 요구된 자격이 없거나 없어지게 되면 반드시 일정한 처분을 하여야 하는 경우에 그 자격이 없거나 없어지게 된 사실이 법원의 재판 등에 의하여 객관적으로 증명된 경우

② 긴급히 처분을 할 필요가 있는 경우

③ 신청내용을 모두 그대로 인정하는 처분인 경우

④ 단순 반복적인 처분 또는 경미한 처분으로서 당사자가 그 이유를 명백히 알 수 있는 경우

10

행정절차법에는 총칙, 처분절차, 신고절차, 행정입법예고절차, 행정지도절차, 국민참여의 확대 등을 규율하고 있다.

10 행정절차법이 규율 대상으로 명시하고 있는 것은? 20 행정사

① 행정지도절차

② 공법상 계약체결절차

③ 행정계획확정절차

④ 행정조사절차

⑤ 확약절차

정답 08 ③ 09 ① 10 ①

11 「공공기관의 정보공개에 관한 법률」상 정보공개에 대한 설명으로 옳지 않은 것은?(다툼이 있는 경우 판례에 의함)

21 지방직 9급

① 정보의 공개 및 우송 등에 드는 비용은 실비의 범위에서 청구인이 부담한다.

② 공공기관은 공개 청구된 정보가 공공기관이 보유·관리하지 아니하는 정보인 경우로서 「민원 처리에 관한 법률」에 따른 민원으로 처리할 수 있는 경우에는 민원으로 처리할 수 있다.

③ 청구인이 공공기관에 대하여 정보공개를 청구하였다가 거부처분을 받은 것 자체가 법률상 이익의 침해에 해당한다.

④ 오로지 공공기관의 담당공무원을 괴롭힐 목적으로 정보공개 청구를 하는 경우에도 정보공개청구권의 행사는 허용되어야 한다.

11

④ 실제로는 해당 정보를 취득 또는 활용할 의사가 전혀 없이 부당한 이득을 얻으려 하거나, 오로지 공공기관의 담당 공무원을 괴롭힐 목적으로 정보공개청구를 하는 경우처럼 권리의 남용에 해당하는 것이 명백한 경우에는 정보 공개청구권의 행사는 허용되지 않는다 (대판 2014.12.24, 2014두9349).

오답의 이유

① 공공기관의 정보공개에 관한 법률 제17조 제1항

② 공공기관의 정보공개에 관한 법률 제11조 제5항

---

12 「공공기관의 정보공개에 관한 법률」에 따른 정보공개제도에 관한 설명으로 가장 옳은 것은?

19 서울시 9급

① 정보공개청구권자인 '모든 국민'에는 자연인 외에 법인 권리능력 없는 사단 재단도 포함되므로 지방자치단체도 포함된다.

② 공개청구의 대상정보가 이미 다른 사람에게 널리 알려져 있거나 인터넷 검색을 통해 쉽게 알 수 있는 경우에는 비공개결정을 할 수 있다.

③ 정보를 취득 또는 활용할 의사가 전혀 없이 사회통념상 용인될 수 없는 부당이득을 얻으려는 목적의 정보공개청구는 권리남용행위로서 허용되지 않는다.

④ 공개청구된 정보가 제3자와 관련이 있는 경우 행정청은 제3자에게 통지하여야 하고, 의견을 들을 수 있으나 제3자가 비공개를 요청할 권리를 갖지는 않는다.

12

오답의 이유

① 지방자치단체는 공공기관에 포함되지 않는다(대판 2003.12.12, 2003두8050).

② 이미 다른 사람에게 공개되어 널리 알려져 있다거나 인터넷 등을 통하여 공개되어 인터넷검색 등을 통하여 쉽게 알 수 있는 경우에도 소의 이익이 없다거나 그 비공개결정이 정당화될 수 없다(대판 2010.12.23, 2008두13101)

---

13 정보공개에 대한 판례의 입장으로 옳지 않은 것은?

21 국가직 9급

① 국민의 알 권리의 내용에는 일반 국민 누구나 국가에 대하여 보유·관리하고 있는 정보의 공개를 청구할 수 있는 이른바 일반적인 정보공개청구권이 포함된다.

② 정보공개청구권은 법률상 보호되는 구체적인 권리이므로 청구인이 공공기관에 대하여 정보공개를 청구하였다가 거부처분을 받은 것 자체가 법률상 이익의 침해에 해당한다.

③ 「공공기관의 정보공개에 관한 법률」상 공개청구의 대상이 되는 정보란 공공기관이 직무상 작성 또는 취득하여 현재 보유·관리하고 있는 원본인 문서만을 의미한다.

④ 정보공개가 신청된 정보를 공공기관이 보유·관리하고 있지 아니한 경우에는 특별한 사정이 없는 한 정보공개 거부처분의 취소를 구할 법률상의 이익이 없다.

13

③ 공공기관의 정보공개에 관한 법률상 공개청구의 대상이 되는 정보란 공공기관이 직무상 작성 또는 취득하여 현재 보유·관리하고 있는 문서에 한정되는 것이기는 하나, 그 문서가 반드시 원본일 필요는 없다(대판 2006.5.25, 2006두3049).

오답의 이유

④ 공개청구자가 특정한 바와 같은 정보를 공공기관이 보유·관리하고 있지 않은 경우라면 특별한 사정이 없는 한 해당 정보에 대한 공개거부처분에 대하여는 취소를 구할 법률상 이익이 없다(대판 2013.1.24, 2010두18918).

정답 11 ④ 12 ③ 13 ③

14

① 우회적인 방법은 정보공개법이 예정하고 있지 아니한 방법으로서 정보공개법에 의한 공개라고 볼 수는 없으므로, 당해 정보의 비공개결정의 취소를 구할 소의 이익은 소멸되지 않는다(대판 2004.3.26, 2002두6583).

오답의 이유

④ 대판 2017.9.7, 2017두44558

14 정보공개에 대한 설명으로 옳지 않은 것은?(다툼이 있는 경우 판례에 의함) 20 국가직 9급

① 정보공개거부처분의 취소를 구하는 소송에서 공공기관이 청구정보를 증거 등으로 법원에 제출하여 법원을 통하여 그 사본을 청구인에게 교부 또는 송달되게 하여 청구인에게 정보를 공개하는 셈이 되었다면, 이러한 우회적인 방법에 의한 공개는 「공공기관의 정보공개에 관한 법률」에 의한 공개라고 볼 수 있다.

② 정보공개청구권자에는 자연인은 물론 법인, 권리능력 없는 사단·재단도 포함되고 법인 권리능력 없는 사단·재단 등의 경우에는 설립목적을 불문한다.

③ 공개청구의 대상이 되는 정보가 이미 다른 사람에게 공개되어 널리 알려져 있다거나 인터넷 등을 통하여 공개되어 인터넷검색 등을 통하여 쉽게 알 수 있다는 사정만으로는 비공개결정이 정당화될 수 없다.

④ 「공공기관의 정보공개에 관한 법률」은 정보공개청구권자가 공개를 청구하는 정보와 어떤 관련성을 가질 것을 요구하거나 정보공개청구의 목적에 특별한 제한을 두고 있지 아니하므로 정보공개청구권자의 권리구제 가능성 등은 정보의 공개 여부 결정에 아무런 영향을 미치지 못한다.

15

ㄱ. 대판 2016.3.10, 2012다105482
ㄴ. 대판 2016.8.17, 2014다235080
ㄹ. 대판 2017.6.15, 2013두2945

오답의 이유

ㄷ. 개인정보 처리위탁에 있어 수탁자는 위탁자로부터 위탁사무 처리에 따른 대가를 지급받는 것 외에는 개인정보 처리에 관하여 독자적인 이익을 가지지 않고, 정보제공자의 관리·감독 아래 위탁받은 범위 내에서만 개인정보를 처리하게 되므로, 「개인정보 보호법」 제17조(개인정보의 제공)와 「정보통신망법」 제24조의2에 정한 '제3자'에 해당하지 않는다(대판 2017.4.7, 2016도13263).

15 개인정보의 보호에 대한 판례의 설명으로 옳은 것만을 모두 고르면? 21 국가직 9급

ㄱ. 개인정보자기결정권의 보호대상이 되는 개인정보는 반드시 개인의 내밀한 영역에 속하는 정보에 국한되지 않고 공적 생활에서 형성되었거나 이미 공개된 개인정보까지 포함한다.

ㄴ. 이미 공개된 개인정보를 정보주체의 동의가 있었다고 객관적으로 인정되는 범위 내에서 처리를 할 때는 정보 주체의 별도의 동의는 불필요하다고 보아야 하고, 별도의 동의를 받지 아니하였다고 하여 「개인정보 보호법」을 위반한 것으로 볼 수 없다.

ㄷ. 개인정보 처리위탁에 있어 수탁자는 정보제공자의 관리·감독 아래 위탁받은 범위 내에서만 개인정보를 처리하게 되지만, 위탁자로부터 위탁사무 처리에 따른 대가를 지급받는 이상 개인정보 처리에 관하여 독자적인 이익을 가지므로, 그러한 수탁자는 「개인정보 보호법」 제17조에 의해 개인정보처리자가 정보주체의 개인정보를 제공할 수 있는 '제3자'에 해당한다.

ㄹ. 인터넷 포털사이트 등의 개인정보 유출사고로 주민등록번호가 불법 유출되어 그 피해자가 주민등록번호 변경을 신청했으나 구청장이 거부 통지를 한 사안에서, 피해자의 의사와 무관하게 주민등록번호가 유출된 경우에는 조리상 주민등록번호의 변경요구신청권을 인정함이 타당하다.

① ㄱ, ㄷ   ② ㄴ, ㄹ
③ ㄱ, ㄴ, ㄷ   ④ ㄱ, ㄴ, ㄹ

정답 14 ① 15 ④

16 다음 중 행정처분의 송달에 대한 설명으로 옳은 것만을 모두 고른 것은?(다툼이 있는 경우 판례에 의함)

20 국회직 8급

> ㄱ. 정보통신망을 이용한 송달의 경우 전자문서가 송달받을 자가 지정한 컴퓨터 등에 입력된 때에 도달된 것으로 본다.
> ㄴ. 보통우편에 의한 송달과 달리 등기우편에 의한 송달은 반송 등 기타 특별한 사유가 없는 한 배달된 것으로 추정된다.
> ㄷ. 실제로 거주하지 않더라도 전입신고가 되어 있는 곳에 송달한 것은 위법하지 않다.
> ㄹ. 행정청은 송달하는 문서의 명칭, 송달받은 자의 성명 또는 명칭, 발송방법 및 발송연월일을 확인할 수 있는 기록을 보존하여야 한다.
> ㅁ. 수취인이 송달을 회피하는 정황이 있어 부득이 사업장에 납세고지서를 두고 왔다면 납세고지서의 송달이 이루어진 것이다.
> ㅂ. 송달받을 자의 주소 등을 통상의 방법으로 확인할 수 없을 때에는 공시송달 절차에 의해 송달할 수 있다.

① ㄱ, ㄴ, ㄷ, ㄹ
② ㄱ, ㄴ, ㄹ, ㅂ
③ ㄱ, ㄷ, ㅁ, ㅂ
④ ㄴ, ㄷ, ㄹ, ㅁ
⑤ ㄴ, ㄷ, ㅁ, ㅂ

오답의 이유
ㄷ. 대판 1998.2.13, 97누8977
ㅁ. 대판 2004.4.9, 2003두13908

정답 16 ②

시대면접은 win 시대로 www.sdedu.co.kr/winsidaero

I wish you the best of luck!

SD에듀

한국사능력검정시험 대비 시리즈

한국사능력검정시험 기출문제집 시리즈

최신 기출문제 최다 수록!

>>>> 기출 분석 4단계 해설로 합격 완성, 기본서가 필요없는 상세한 해설!

- 2022 PASSCODE 한국사능력검정시험
  기출문제집 800제 16회분 심화(1·2·3급)
- 2022 PASSCODE 한국사능력검정시험
  기출문제집 400제 8회분 심화(1·2·3급)
- 2022 PASSCODE 한국사능력검정시험
  기출문제집 16회분 기본(4·5·6급)
- 2022 PASSCODE 한국사능력검정시험
  기출문제집 8회분 기본(4·5·6급)

한국사능력검정시험 합격 완성 시리즈

완벽하게 시험에 대비하는 마스터플랜!

>>>> 알짜 핵심 이론만 모은 한권으로 끝내기로 기본 개념 다지기!

>>>> 기출 빅데이터를 바탕으로 선별한 핵심 주제 50개를 담은 7일 완성과 다양한 문제 유형을 대비할 수 있는 시대별·유형별 307제로 단기 합격 공략!

- 2022 PASSCODE 한국사능력검정시험 한권으로 끝내기 심화(1·2·3급)
- 2022 PASSCODE 한국사능력검정시험 7일 완성 심화(1·2·3급)
- PASSCODE 한국사능력검정시험 심화(1·2·3급) 시대별·유형별 기출 307제

한국사능력검정시험 봉투 모의고사 시리즈

합격을 위한 최종 마무리!

>>>> 시험 직전, 모의고사를 통해 마지막 실력 점검!

- 2022 PASSCODE 한국사능력검정시험 봉투 모의고사 4회분 심화(1·2·3급)
- 2022 PASSCODE 한국사능력검정시험 봉투 모의고사 4회분 기본(4·5·6급)

※ 도서의 구성과 이미지는 변경될 수 있습니다.

합 격을 위 한 모 든 것을 담은 단 한 권

2023 SD에듀

적중률x합격률 UP!

15주 ALL-IN-ONE

행정법

1권

 시대교육그룹

(주)시대고시기획 시대교육(주)	고득점 합격 노하우를 집약한 최고의 전략 수험서 www.sidaegosi.com
시대에듀	자격증 · 공무원 · 취업까지 분야별 BEST 온라인 강의 www.sdedu.co.kr
이슈&시사상식	한 달간의 주요 시사이슈 논술 · 면접 등 취업 필독서 매달 25일 발간
	외국어 · IT · 취미 · 요리 생활 밀착형 교육 연구 실용서 전문 브랜드

꿈을 지원하는 행복···

여러분이 구입해 주신 도서 판매수익금의 일부가
국군장병 1인 1자격 취득 및 학점취득 지원사업과
낙도 도서관 지원사업에 쓰이고 있습니다.

SD에듀
(주)시대고시기획

발행일 2023년 1월 10일(초판인쇄일 2021 · 10 · 8)
발행인 박영일
책임편집 이해욱
저자 고태환
발행처 (주)시대고시기획
등록번호 제10-1521호
주소 서울시 마포구 큰우물로 75 [도화동 538 성지B/D] 9F
대표전화 1600-3600
팩스 (02)701-8823
학습문의 www.sdedu.co.kr

항균 +
99.9%

2023

온라인 동영상 강의
www.sdedu.co.kr

합격의 모든 것!

저자 고태환

합 격 을 위 한 **모 든 것** 을 담 은 **단 한 권**

ALL IN ONE

15주 ALL-IN-ONE

국가직·지방직 등 공무원,
군무원 채용 대비

행정법 2권

공무원·군무원 수험생을 위한 맞춤 기본서

단원별 FULL수록 합격

본 도서는 **항균잉크**로 인쇄하였습니다.

SD에듀
㈜시대고시기획

SD에듀 지텔프 문법 시리즈

You Tube 강의로 지텔프 시험
한번에 끝내기!

1주일만에 끝내는
지텔프 문법

10회만에 끝내는
지텔프 문법 모의고사

☑ 기초부터 확실하게 강의만 들어도 정답이 보이는 마법

☑ 도서의 내용을 바로 설명해주는 동영상 강의로 실력 향상

☑ 단기완성을 위한 왕초보 핵심이론

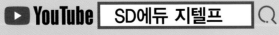

유튜브 검색창에 **SD에듀 지텔프**를 검색하세요!

15주 ALL-IN-ONE

행정법

혼자 공부하기 힘드시다면 방법이 있습니다.
SD에듀의 동영상강의를 이용하시면 됩니다.

www.sdedu.co.kr ➡ 회원가입(로그인) ➡ 강의 살펴보기

이 책의 차례

행정의 실효성
확보수단

www.edusd.co.kr

01 서설

01 실효성 확보수단의 의의

행정의 행위형식이 공행정목적의 실현을 위하여 행정권이 도입하는 수단이기는 하지만 행정의 상대방인 국민이 자신에게 부여된 의무를 준수하거나 이행하지 않는 경우에는 행정권이 이를 강제적으로 실현하는 수단의 도입이 불가피하다. 이러한 경우 행정의 실효성을 확보하기 위해 인정되는 법적 수단을 행정의 실효성 확보수단 또는 행정법상 의무이행 확보수단이라고 한다.

02 실효성 확보수단의 종류

전통적인 행정의 실효성 확보수단으로 행정강제와 행정벌이 있다. 행정강제는 다시 행정상 강제집행과 행정상 즉시강제로 구분되며 행정벌은 행정형벌과 행정질서벌로 구분할 수 있다. 최근에는 행정의 실효성을 확보하기 위해 새로운 의무이행 확보수단이 등장하였는데 과징금, 가산세, 명단공표, 공급거부, 관허사업의 제한, 시정명령 등이 그 예에 해당한다.

최근 제정된 행정기본법에서는 행정대집행, 이행강제금, 직접강제, 강제징수, 즉시강제에 대한 일반규정을 마련하였다(행정기본법 제30조 이하).

[행정의 실효성 확보수단의 종류]

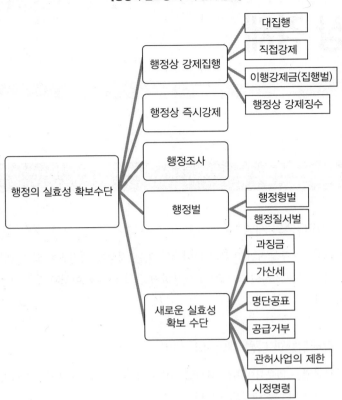

02 행정상 강제

01 서설

1 행정상 강제집행의 개념

행정법상 개별적·구체적인 의무의 불이행이 있는 경우에 행정권이 의무자의 신체 또는 재산에 직접 실력을 가하여 그 의무를 이행하거나 그 의무가 이행된 것과 같은 상태를 실현하는 행정작용을 말한다.

2 행정상 강제집행과 다른 개념과의 구별

행정상 강제집행은 의무불이행을 전제로 하며 공법상 의무를 대상으로 하지만 민사상 강제집행은 사법상 의무를 대상으로 한다.

행정상 강제집행이 가능한 경우 민사상 강제집행은 허용될 수 없으며 의무의 존재 및 불이행을 전제로 하므로 즉시강제와 구별되고, 장래에 대한 의무이행을 강제하므로 행정벌과 구별된다.

판례 PLUS

행정대집행 vs 민사소송

1. **행정대집행이 가능한 경우, '행정청'이 민사소송의 방법으로 공작물의 철거 등을 구할 수 있는지 여부: 소극**
토지수용법에 위반하여 공작물을 축조하고 물건을 부가한 자에 대하여 관리청은 이러한 위반행위에 의하여 생긴 유형적 결과의 시정을 명하는 행정처분을 하고 이에 따르지 않는 경우에는 행정대집행의 방법으로 그 의무내용을 실현할 수 있는 것이고, 이러한 행정대집행의 절차가 인정되는 경우에는 따로 민사소송의 방법으로 공작물의 철거, 수거 등을 구할 수는 없다(대판 2000.5.12, 99다18909).

2. **국가가 행정대집행을 실시하지 않는 경우, '개인'이 국가를 대위하여 민사소송으로 시설물의 철거를 구할 수 있는지 여부: 적극**
아무런 권원 없이 국유재산에 설치한 시설물에 대하여 행정청이 행정대집행을 할 수 있음에도 민사소송의 방법으로 그 시설물의 철거를 구하는 것은 허용되지 않는다. 그러나 아무런 권원 없이 국유재산에 설치한 시설물에 대하여 행정청이 행정대집행을 실시하지 않는 경우, 그 국유재산에 대한 사용청구권을 가지고 있는 자가 국가를 대위하여 민사소송으로 그 시설물의 철거를 구할 수 있다(대판 2009.6.11, 2009다1122).

더 알아보기

행정상 강제집행과 민사상 강제집행의 구별

행정상 강제집행과 민사상 강제집행은 의무불이행이 있는 경우에 의무의 이행을 강제하는 의무이행 확보수단인 점에서는 같지만 양자는 강제집행의 대상 및 주체에서 차이가 있다. 민사상 강제집행은 사법상 의무를 대상으로 하는 데 반하여 행정상 강제집행은 공법상의 의무를 대상으로 한다. 민사상 강제집행은 제3자인 국가기관의 강제력 행사에 의해 행하여지지만 행정상 강제집행은 행정청이 스스로 강제력을 행사하여 행하여진다. 행정상 강제집행이 인정되는 경우 민사상 강제집행은 인정될 수 없다. 그러나 행정법상의 의무불이행에 대하여 행정상 강제집행을 인정하는 법률이 존재하지 않는 경우에는 행정법상의 의무의 이행을 강제하기 위해 민사상 강제집행수단을 이용할 수 있다.

OX 문제

01 대집행이 가능한 경우에도 민사상 강제집행은 허용된다. ( )

02 관계법령상 행정대집행의 절차가 인정되어 행정청이 행정대집행의 방법으로 건물의 철거 등 대체적 작위의무의 이행을 실현할 수 있는 경우에도 따로 민사소송의 방법으로 그 의무의 이행을 구할 수 있다. ( )

정답 01 ×(→허용되지 않는다) 02 × (→없다)

❸ 행정상 강제집행의 법적 근거

강제집행은 국민의 기본권에 침해를 가져오기 쉬운 것이므로 반드시 법률의 근거를 요한다. ① 행정상 강제 전체에 대한 일반법으로는 행정기본법(제30조 이하, 2023. 3. 24.부터 시행)가 있으며, ② 대집행에 대한 일반법으로「행정대집행법」과 ③ 행정상 강제징수에 관한 일반법으로「국세징수법」이 있으며 그 밖에 개별법이 있다.

다만, 형사(刑事), 행형(行刑) 및 보안처분 관계 법령에 따라 행하는 사항이나 외국인의 출입국 · 난민인정 · 귀화 · 국적회복에 관한 사항에 관하여는 행정기본법상의 강제집행 규정이 적용되지 않는다(행정기본법 제30조 제3조).

➕ **법령 PLUS**

행정기본법

제30조(행정상 강제) ③ 형사(刑事), 행형(行刑) 및 보안처분 관계 법령에 따라 행하는 사항이나 외국인의 출입국 · 난민인정 · 귀화 · 국적회복에 관한 사항에 관하여는 이 절(행정상 강제집행)을 적용하지 아니한다.

❹ 행정상 강제집행의 종류

대집행, 이행강제금(집행벌), 직접강제, 강제징수가 있는데, 우리나라에서는 일반적으로 대집행과 강제징수가 인정되며 이행강제금(집행벌), 직접강제는 개별법에 규정되어 있어 예외적으로 인정된다.

---

02 대집행

❶ 의의

대집행이란, 의무자가 행정상 의무(대체적 작위의무)를 불이행하는 경우, 행정청이 의무자가 하여야 할 행위를 스스로 하거나 제3자에게 하게 하고 그 비용을 의무자로부터 징수하는 것을 말한다(행정기본법 제30조 제1항 제1호).

대집행에는 행정청이 스스로 그 의무를 이행하는 자력집행과 제3자로 하여금 의무를 이행하게 하는 타력집행이 있다. 대집행에 관한 일반법으로「행정대집행법」이 있고 개별법으로는 건축법, 토지보상법 등이 있다.

대체적 작위의무에 해당하는 경우	대체적 작위의무에 해당하지 않는 경우
• 건물철거의무 • 건물청소의무 • 광고물 제거의무	• 비대체적 작위의무 　- 건물명도(인도)의무 　- 국유지퇴거의무 • 부작위의무 　- 매매금지의무 　- 입산금지의무 • 수인의무 　- 강제예방접종의무

2 대집행의 주체

1. 자기집행과 타자집행

대집행의 주체는 대집행의 대상이 되는 '의무를 명한 당해 행정청'이다. 대집행은 당해 행정청이 주체가 되어 스스로 집행할 수도 있고(자기집행), 제3자로 하여금 대신하여 집행하게 할 수도 있다(타자집행). 타자집행의 경우 제3자는 대집행의 행정주체가 아니라 '행정보조자'에 불과하다.

2. 권한위임에 의한 집행

대집행 권한은 법령에 의하여 다른 행정청에게 위임할 수 있다. 이 경우 권한위임을 받은 다른 행정청이 대집행 주체로서 행정주체에 해당한다.

 판례 PLUS

> **권한위임에 따른 대집행 주체 변경**
> **군수가 사무위임조례에 의하여 무허가 건축물에 대한 철거대집행사무를 읍·면에게 위임한 경우, 읍·면장이 대집행 계고처분권을 가지는지 여부: 적극**
> 군수가 군사무위임조례의 규정에 따라 무허가 건축물에 대한 철거대집행사무를 하부 행정기관인 읍·면에 위임하였다면, 읍·면 장에게는 관할구역 내의 무허가 건축물에 대하여 그 철거대집행을 위한 계고처분을 할 권한이 있다(대판 1997.2.14, 96누15428).

3 대집행의 요건

법령 PLUS

행정기본법

제30조(행정상 강제) ① 행정청은 행정목적을 달성하기 위하여 필요한 경우에는 법률로 정하는 바에 따라 필요한 최소한의 범위에서 다음 각 호의 어느 하나에 해당하는 조치를 할 수 있다.
  1. 행정대집행: 의무자가 행정상 의무(법령등에서 직접 부과하거나 행정청이 법령등에 따라 부과한 의무를 말한다. 이하 이 절에서 같다)로서 타인이 대신하여 행할 수 있는 의무를 이행하지 아니하는 경우 법률로 정하는 다른 수단으로는 그 이행을 확보하기 곤란하고 그 불이행을 방치하면 공익을 크게 해칠 것으로 인정될 때에 행정청이 의무자가 하여야 할 행위를 스스로 하거나 제3자에게 하게 하고 그 비용을 의무자로부터 징수하는 것

1. 행정상 의무(공법상 대체적 작위의무)의 불이행

(1) 사법상(민법상) 대체적 작위의무의 불이행은 대집행의 대상이 되지 않는다.

(2) 공법상의 의무: 일반적으로 행정처분에 의해 부과되는 것이 원칙이나, 법령에 의해 직접 부과될 수도 있으며 '위법한' 행정처분에 의해 부과된 대체적 작위의무도 당해 행정처분이 취소되지 않는 한 대집행의 대상이 된다.

(3) 공법상 '대체적 작위의무'에 한하므로 비대체적 작위의무, 부작위의무, 수인의무는 대집행의 대상이 되지 않는다.

(4) 부작위의무도 그 자체로는 대집행의 대상이 되지 않지만, 작위의무로 전환된 후에는 그 불이행 시 대집행이 가능하나 전환을 위해서는 별도의 법적 근거가 필요하다.

✚ 판례 PLUS

'공법상 의무'에 해당하는지 여부

1. 국유재산의 경우, 재산종류 및 공법상 의무 여부와 상관없이 대집행할 수 있는지: 적극

국유재산법은 모든 국유재산에 대하여 행정대집행법을 준용할 수 있도록 규정하였으므로, 행정청은 당해 재산이 행정재산 등 공용재산인 여부나 그 철거의무가 공법상의 의무인 여부에 관계없이 대집행을 할 수 있다. 사법상 권리관계인 국유재산의 사용료 또는 대부료 체납에 관하여도 국세징수법 중 체납처분에 관한 규정을 준용하여 징수할 수 있도록 규정한 것과도 그 궤를 같이하는 것이다(대판 1992.9.8, 91누13090).

2. 협의취득시 건물소유자가 건물철거의무를 부담하겠다고 약정을 한 경우, 그 철거의무가 행정대집행의 대상이 되는지 여부: 소극

공공용지의 취득 및 손실보상에 관한 특례법에 따른 토지 등의 협의취득은 공공사업에 필요한 토지 등을 그 소유자와의 협의에 의하여 취득하는 것으로서 공공기관이 사경제주체로서 행하는 사법상 매매 내지 사법상 계약의 실질을 가지는 것이므로, 그 협의취득시 건물소유자가 매매대상 건물에 대한 철거의무를 부담하겠다는 취지의 약정을 하였다고 하더라도 이러한 철거의무는 공법상의 의무가 될 수 없고, 이 경우에도 행정대집행법을 준용하여 대집행을 허용하는 별도의 규정이 없는 한 위와 같은 철거의무는 행정대집행법에 의한 대집행의 대상이 되지 않는다(대판 2006.10.13, 2006두7096).

'작위의무'에 해당하는지 여부

1. 금지규정에서 작위의무 명령권이 당연히 도출되는지 여부: 소극

대집행계고처분을 하기 위하여는 법령에 의하여 직접 명령되거나 법령에 근거한 행정청의 명령에 의한 의무자의 대체적 작위의무 위반행위가 있어야 한다. 따라서 단순한 부작위의무의 위반, 즉 관계 법령에 정하고 있는 절대적 금지나 허가를 유보한 상대적 금지를 위반한 경우에는 당해 법령에서 그 위반자에 대하여 위반에 의하여 생긴 유형적 결과의 시정을 명하는 행정처분의 권한을 인정하는 규정을 두고 있지 아니한 이상, 법치주의의 원리에 비추어 볼 때 위와 같은 부작위의무로부터 그 의무를 위반함으로써 생긴 결과를 시정하기 위한 작위의무를 당연히 끌어낼 수는 없으며, 또 위 금지규정(특히 허가를 유보한 상대적 금지규정)으로부터 작위의무, 즉 위반결과의 시정을 명하는 권한이 당연히 추론되는 것도 아니다(대판 1996.6.28, 96누4374).

2. 부작위의무에 대한 대집행계고처분의 적법 여부: 소극

하천유수인용허가신청이 불허되었음을 이유로 하천유수인용행위를 중단할 것과 이를 불이행할 경우 행정대집행법에 의하여 대집행하겠다는 내용의 계고처분은 대집행의 대상이 될 수 없는 부작위의무에 대한 것으로서 그 자체로 위법함이 명백하다(대판 1998.10.2, 96누5445).

3. 건물의 점유자가 철거의무자인 경우 별도로 퇴거를 명하는 집행권원이 필요한지 여부: 소극

행정청이 행정대집행의 방법으로 건물의 철거 등 대체적 작위의무의 이행을 실현할 수 있는 경우에는 따로 민사소송의 방법으로 그 의무의 이행을 구할 수 없다. 한편 건물의 점유자가 철거의무자일 때에는 건물철거의무에 퇴거의무도 포함되어 있는 것이어서 별도로 퇴거를 명하는 집행권원이 필요하지 않다(대판 2017.4.28, 2016다213916).

OX문제

01 구 공공용지의 취득 및 손실보상에 관한 특례법에 따른 토지 등의 협의취득 시 건물소유자가 철거의무를 부담하겠다는 약정을 한 경우, 그 철거의무는 행정대집행법상 대집행의 대상이 되는 작위의무이다. ( )

02 건물의 점유자가 철거의무자일 때에는 건물철거의무에 퇴거의무도 포함되어 있는 것이어서 별도로 퇴거를 명하는 집행권원이 필요하지 않다. ( )

정답 01 ×(→대집행의 대상이 아니다)
02 ○

'대체적 의무'에 해당하는지 여부

1. 장례식장 사용중지 의무가 대집행의 대상이 되는지 여부: 소극

행정대집행법 제2조는 '행정청의 명령에 의한 행위로서 타인이 대신하여 행할 수 있는 행위를 의무자가 이행하지 아니하는 경우'에 대집행할 수 있도록 규정하고 있는데, 이 사건 처분에 따른 '장례식장 사용중지 의무'는 원고 이외의 '타인이 대신'할 수도 없고, 타인이 대신하여 '행할 수 있는 행위'라고도 할 수 없는 비대체적 부작위의무이므로 이 사건 대집행 계고처분은 그 자체로 위법함이 명백하다(대판 2005.9.28, 2005두7464).

2. 피 수용자 등이 기업자에 대하여 부담하는 수용대상 토지의 명도의무: 소극

피수용자 등이 기업자에 대하여 부담하는 수용대상 토지의 명도의무는 그것을 강제적으로 실현하면서 직접적인 실력행사가 필요한 것이지 대체적 작위의무라고 볼 수 없으므로 특별한 사정이 없는 한 행정대집행법에 의한 대집행의 대상이 될 수 없다(대판 2005.8.19, 2004다2809).

3. 도시공원시설인 매점 점유자의 퇴거의무: 소극

도시공원시설인 매점의 관리청이 그 공동점유자 중의 1인에 대하여 소정의 기간 내에 매점으로부터 퇴거하고 이에 부수하여 그 판매 시설물 및 상품을 반출하지 아니할 때에는 이를 대집행하겠다는 내용의 계고처분은 매점에 대한 점유자의 점유를 배제하고 그 점유이전을 받는 데 있다고 할 것인데, 이러한 의무는 그것을 강제적으로 실현함에 있어 직접적인 실력행사가 필요한 것이지 대체적 작위의무에 해당하는 것은 아니어서 직접강제의 방법에 의하는 것은 별론으로 하고 행정대집행법에 의한 대집행의 대상이 되는 것은 아니다(대판 1998.10.23, 97누157).

2. 불이행을 방치하면 공익을 크게 해칠 것

상대방의 의무불이행을 방치함이 심히 공익을 해하는 경우에 대집행이 가능하며, 이 경우에도 행정청의 의무이행 확보의 공익상 필요가 상대방의 이익 침해를 정당화할 정도로 현저히 큰 경우에만 가능하다(상당성의 원칙).

 판례PLUS

심히 공익을 해한다고 본 예

1. 불법건축물이 도시미관, 거주환경, 교통소통에 지장이 없다는 사정이 있는 경우: 대집행 가능

무허가로 불법 건축되어 철거할 의무가 있는 건축물을 도시미관, 주거환경, 교통소통에 지장이 없다는 등의 사유만을 들어 그대로 방치한다면 불법 건축물을 단속하는 당국의 권능을 무력화하여 건축행정의 원활한 수행을 위태롭게 하고 건축허가 및 준공 검사시에 소방시설, 주차시설 기타 건축법 소정의 제한규정을 회피하는 것을 사전 예방한다는 더 큰 공익을 해칠 우려가 있다(대판 1989.3.28, 87누930).

2. 자연공원 내의 불법건축물이 종전의 건축물보다 주위 경관에 더 잘 어울린다는 사정이 있는 경우: 대집행 가능

도립공원으로서 자연환경지구로 지정된 임야 위에 건축허가를 받을 수 없음을 알면서도 건축에 착수하였을 뿐만 아니라 건축도중 3회에 걸쳐 건축중지 및 철거지시를 받고도 공사를 강행하여 건축물을 완공한 경우, 그 건축물의 신축행위가 자연공원법 제23조 제1항 제1호, 제2항 소정의 신축이나 재축 등의 허용행위에 해당하지 않는다면, 비록 건축주가 다액의 공사비를 투입하여 위 건축물을 신축한 것이고 이것이 철거된 종전의 건축물보다 주위의 경관에 더 잘 어울린다고 하여도, 위 건축물을 그대로 방치하는 것은 심히 공익을 해하는 것이고 이에 관한 철거대집행은 다른 수단으로써 그 이행을 확보하기 곤란한 경우에 해당한다(대판 1989.10.10, 88누11230).

3. 개발제한구역에 불법으로 건축한 교회건물이 사후에 합법화될 가능성이 없는 경우: 대집행 가능

개발제한구역 및 도시공원에 속하는 임야상에 신축된 위법건축물인 대형 교회건물의 합법화가 불가능한 경우, 교회건물의 건축으로 공원미관조성이나 공원관리 측면에서 유리하고 철거될 경우 막대한 금전적 손해를 입게 되며 신자들이 예배할 장소를 잃게 된다는 사정을 고려하더라도 위 교회건물의 철거의무의 불이행을 방치함은 심히 공익을 해한다고 보아야 한다(대판 2000.6.23, 98두3112).

1. 건축법위반의 정도가 공익을 크게 해친다고 볼 수 없는 경우: 대집행 불가

건축법위반 건물이 주위의 미관을 해칠 우려가 없을 뿐 아니라 이를 대집행으로 철거할 경우 많은 비용이 드는 반면에 공익에는 별 도움이 되지 아니하고, 도로교통 · 방화 · 보안 · 위생 · 도시미관 및 공해예방 등의 공익을 크게 해친다고도 볼 수 없어 이에 대한 철거대집행계고 처분이 그 요건을 갖추지 못한 것으로서 위법하다(대판 1991.3.12, 90누10070).

2. 불법 건축물이 사후에 합법화될 가능성이 있는 경우: 대집행 불가능

건물이 위치한 지역에 대하여 서울시장의 환경정비지구지정고시가 해제됨에 따라 불법증축한 건물에 관하여 특별조치법에 따라 특정건축물정리심의위원회에 심의를 상정한 상태라면, 위 불법증축부분에 대하여서는 위 특별조치법 소정의 절차에 따라 합법화될 가능성이 있게 되었다 할 것이어서, 위 부분 철거의무를 방치하는 것이 심히 공익을 해하는 것이라고 볼 수 없다(대판 1986.11.11, 86누173).

3. 다른 수단으로써는 이행을 확보하기 곤란할 것(보충성의 원칙)

(1) 대집행은 다른 수단으로써는 의무이행을 확보하기 곤란한 경우에 가능하다. 다른 수단이란 행정지도와 같은 비권력적 사실행위 등을 의미한다. 행정지도 등으로 의무이행 확보가 가능한 경우에는 대집행이 제한된다.

(2) 직접강제, 즉시강제, 행정상 제재 등은 다른 수단에 포함되지 않는다.

(3) 비례의 원칙 중 필요성의 원칙 또는 보충성의 원칙을 규정한 것으로 볼 수 있다.

🔖 판례 PLUS

불법 증개축물에 대한 계고처분의 요건

건축법에 위반하여 증, 개축함으로써 철거의무가 있더라도 대집행하기 위한 계고처분을 하려면 다른 방법으로는 그 이행의 확보가 어렵고, 그 불이행을 방치함이 심히 공익을 해하는 것으로 인정되는 경우에 한한다(대판 1989.7.11, 88누11193).

4. 기타 관련문제

(1) **요건 충족 후 대집행의 재량성 여부**: 대집행의 요건이 충족된 경우에도, 대집행권을 발동할 것인지 여부에 대해 행정청은 재량을 가진다(재량행위).

(2) **불가쟁력의 발생 여부**: 행정대집행법은 행정처분의 불가쟁력의 발생을 대집행실행의 전제요건으로 하지 않으므로, 불가쟁력이 발생하기 전이라도 대집행을 할 수 있다.

(3) **요건 주장과 입증책임**: 대집행 요건의 주장 · 입증책임은 처분 행정청에 있다는 것이 판례의 입장이다.

◀━━ OX 문제

01 행정대집행은 불이행된 의무를 다른 수단으로 이행을 확보하기 곤란한 경우에 한하여 가능하다. ( )

정답 01 ○

판례 PLUS

대집행 발동 여부가 재량행위인지 여부: 적극

건축허가를 받은 자가 건축에 관해서 건축법을 전혀 무시하고 건축법의 정당한 시행을 위한 행정당국의 적법한 지시를 고의로 묵살하는 등 건축에 따른 법질서와 그가 지향하는 행정목적을 무시 내지 멸시하는 태도(설계변경허가도 받지 않고 증축하는 등)로서 시종일관하는 경우에는 그 건축허가를 취소하고 위법건축물을 제거하기 위한 계고처분을 하였다 하여 행정청의 재량범위를 일탈하였다고 할 수 없다(대판 1976.3.9, 73누180).

대집행 요건에 대한 증명책임의 소재: 처분청

1. 건축법에 위반하여 건축한 것이어서 철거의무가 있는 건물이라 하더라도 그 철거의무를 대집행하기 위한 계고처분을 하려면 다른 방법으로는 이행의 확보가 어렵고 불이행을 방치함이 심히 공익을 해하는 것으로 인정될 때에 한하여 허용되고 이러한 요건의 주장·증명책임은 처분 행정청에 있다(대판 1996.10.11, 96누8086).

2. 도로관리청으로부터 도로점용허가를 받지 아니하고 광고물을 설치하였다는 점만으로 곧 심히 공익을 해치는 경우에 해당한다고 할 수 없고, 대집행계고의 요건에 관한 주장증명책임은 처분청에게 있다(대판 1974.10.25, 74누122).

4 대집행의 절차

계고
- 계고 시 대집행의 요건이 충족되어야 하며, 상당한 기간이 부여되고, 문서로 이루어져야 함
- 행정행위인 통지에 해당하므로 처분성이 인정되나, 반복된 계고의 처분성은 부정

통지
- 준법률행위적 행정행위인 통지로, 항고소송의 대상이 되므로 처분성 인정
- 생략 가능성

실행
- 권력적 사실행위로 처분성 인정
- 증표를 제시해야 하며, 실력행사의 허용 여부에 대해서는 학설 대립

비용징수
- 비용은 의무자가 부담
- 국세징수법의 예에 의해 강제징수 가능하며, 하명으로서 처분성 인정

1. 계고

 법령 PLUS

행정대집행법

제3조(대집행의 절차) ① 전조의 규정에 의한 처분(이하 대집행이라 한다)을 하려함에 있어서는 상당한 이행기한을 정하여 그 기한까지 이행되지 아니할 때에는 대집행을 한다는 뜻을 미리 문서로써 계고하여야 한다. 이 경우 행정청은 상당한 이행기한을 정함에 있어 의무의 성질·내용 등을 고려하여 사회통념상 해당 의무를 이행하는 데 필요한 기간이 확보되도록 하여야 한다.

(1) 의의: 상당한 이행기한을 정하여 그 기한까지 이행되지 아니할 때에는 대집행을 한다는 뜻을 미리 문서로써 알리는 것을 계고라고 한다.

(2) 상당한 기간: 계고처분은 상당한 이행기간을 정하여야 한다. 계고를 하면서 상당한 기간을 부여하지 않은 경우에는 대집행영장으로 시기를 늦추었더라도 위법하다.

 판례 PLUS

계고처분의 적법성
상당한 의무이행기간을 부여하지 아니한 계고처분 후, 대집행영장으로써 대집행의 시기를 늦추면 계고처분이 적법한 것으로 되는지 여부: 소극
행정청이 의무이행 기한이 1988. 5. 24.까지로 된 이 사건 대집행계고서를 5. 19. 원고에게 발송하여 원고가 그 이행종기인 5. 24. 이를 수령하였다면, 설사 피고가 대집행영장으로써 대집행의 시기를 1988. 5. 27. 15:00로 늦추었더라도 위 대집행계고처분은 상당한 이행기한을 정하여 한 것이 아니어서 대집행의 적법절차에 위배한 것으로 위법한 처분이다(대판 1990.9.14, 90누2048).

(3) 계고의 효력

① 계고는 준법률행위적 행정행위인 통지에 해당하므로 그 자체가 항고소송의 대상이 된다. 반복된 계고(대집행기한의 연기통지)의 경우에 1차 계고만 처분성이 인정되며, 구두에 의한 계고는 무효이다(통설).

② 위법한 건물의 공유자 1인에 대한 계고처분은 다른 공유자에 대하여 효력이 없다(대판 1994.10.28, 94누5144).

 판례 PLUS

반복된 계고의 경우: 제1차 계고만 처분에 해당
건물의 소유자에게 위법건축물을 일정기간까지 철거할 것을 명함과 아울러 불이행할 때에는 대집행한다는 내용의 철거대집행 계고처분을 고지한 후 이에 불응하자 다시 제2차, 제3차 계고서를 발송하여 일정기간까지의 자진철거를 촉구하고 불이행하면 대집행을 한다는 뜻을 고지하였다면, 행정대집행법상의 건물철거의무는 제1차 철거명령 및 계고처분으로서 발생하였고 제2차, 제3차의 계고처분은 새로운 철거의무를 부과한 것이 아니고 다만 대집행기한의 연기통지에 불과하므로 행정처분이 아니다(대판 1994.10.28, 94누5144).

(4) 계고의 요건과 형식

① 계고 당시를 기준으로 이미 대집행의 요건을 충족하고 있어야 한다.

② 문서로 계고해야 하며, 구두에 의한 계고는 무효이다.

 OX문제

01 판례에 의하면 상당한 의무이행기간을 부여하지 아니한 대집행 계고처분을 한 후에 대집행 영장으로써 대집행의 시기를 늦춘 경우에도 그 계고처분은 위법한 처분이다. ( )

02 판례에 의하면 행정대집행법상의 건물철거의무는 제1차 철거명령 및 계고처분으로써 발생하였고 제2차, 제3차 계고처분은 새로운 철거의무를 부과한 것이 아니고 다만 대집행 기한의 연기 통지에 불과하여 행정처분이 아니다. ( )

정답 01 ○ 02 ○

③ 행정청이 대집행의 계고를 함에 있어서 의무자가 이행해야 할 행위와 의무불이행시 대집행할 행위의 내용과 범위가 구체적으로 특정되어야 한다.

 판례 PLUS

대집행할 행위의 내용과 범위의 특정성 정도

1. 판단기준
계고를 함에 있어서는 의무자가 이행하여야 할 행위와 그 의무불이행시 대집행할 행위의 내용 및 범위가 구체적으로 특정되어야 할 것이지만, 그 특정여부는 실제건물의 위치, 구조, 평수 등을 계고서의 표시와 대조 검토하여 대집행의무자가 그 이행의무의 범위를 알 수 있을 정도로 하면 족하다(대판 1992.6.12, 91누13564).

2. 특정방법의 완화
행정청이 건축법위반 건축물의 철거를 명하고 그 의무불이행시 행할 대집행의 계고를 함에 있어서는, 의무자가 이행하여야 할 행위와 그 의무불이행시 대집행할 행위의 내용 및 범위가 구체적으로 특정되어야 할 것이지만, 반드시 철거명령서나 대집행계고서에 의하여서만 특정되어야 하는 것은 아니고, 그 처분 전후에 송달된 문서나 기타 사정을 종합하여 이를 특정할 수 있으면 족하다(대판 1990.1.25, 89누4543).

(5) 계고의 생략: 법률에 다른 규정이 있거나 비상 시 또는 위험이 절박한 경우에 있어서 당해 행위의 급속한 실시를 요하며, 규정한 수속을 취할 여유가 없을 때에는 그 수속을 거치지 아니하고 대집행을 할 수 있다면서 계고의 생략가능성을 인정한다.

(6) 철거명령과 계고처분의 결합가능성: 철거명령(작위의무의 부과)과 계고처분을 결합하여 1장의 문서로 하는 것도 허용된다.

 판례 PLUS

철거명령과 계고처분을 1장의 문서로 할 수 있는지 여부: 적극
계고서라는 명칭의 1장의 문서로서 일정기간 내에 위법건축물의 자진철거를 명함과 동시에 그 소정기한 내에 자진철거를 하지 아니할 때에는 대집행할 뜻을 미리 계고한 경우라도 건축법에 의한 철거명령과 행정대집행법에 의한 계고처분은 독립하여 있는 것으로서 각 그 요건이 충족되었다고 볼 것이다(대판 1992.6.12, 91누13564).

2. 통지

+ 법령 PLUS

행정대집행법
제3조(대집행의 절차) ② 의무자가 전항의 계고를 받고 지정기한까지 그 의무를 이행하지 아니할 때에는 당해 행정청은 대집행영장으로써 대집행을 할 시기, 대집행을 시키기 위하여 파견하는 집행책임자의 성명과 대집행에 요하는 비용의 개산에 의한 견적액을 의무자에게 통지 하여야 한다.
③ 비상시 또는 위험이 절박한 경우에 있어서 당해 행위의 급속한 실시를 요하여 전 2항에 규정한 수속을 취할 여유가 없을 때에는 그 수속을 거치지 아니하고 대집행을 할 수 있다.

OX문제

01 위법건축물에 대하여 철거명령과 계고를 각각 따로 하지 않고, 일정한 기간 내에 위법건축물의 자진 철거를 명함과 동시에 그 소정기간 내에 자진 철거하지 아니하면 대집행할 뜻을 미리 계고하는 것과 같이 1장의 문서로 철거명령과 계고를 행하는 것은 허용되지 아니한다. ( )

정답 01 ×(→허용된다)

(1) 의의

① 의무자가 계고를 받고 지정기한까지 그 의무를 이행하지 아니할 때 당해 행정청은 대집행영장으로써 대집행을 할 시기, 대집행을 시키기 위하여 파견하는 집행책임자의 성명과 대집행에 요하는 비용의 개산에 의한 견적액을 의무자에게 알리는 행위를 말한다.

② 비상시 또는 위험이 절박한 경우에는 통지를 생략할 수 있다.

(2) 통지의 효력: 준법률행위적 행정행위인 통지에 해당하므로 행정소송의 대상이 된다.

3. 대집행의 실행

(1) 대집행의 실행은 권력적 사실행위로 행정처분에 해당한다.

법령PLUS

행정대집행법

제4조(대집행의 실행 등) ① 행정청(제2조에 따라 대집행을 실행하는 제3자를 포함한다. 이하 이 조에서 같다)은 해가 뜨기 전이나 해가 진 후에는 대집행을 하여서는 아니 된다. 다만, 다음 각 호의 어느 하나에 해당하는 경우에는 그러하지 아니하다.

1. 의무자가 동의한 경우
2. 해가 지기 전에 대집행을 착수한 경우
3. 해가 뜬 후부터 해가 지기 전까지 대집행을 하는 경우에는 대집행의 목적 달성이 불가능한 경우
4. 그 밖에 비상시 또는 위험이 절박한 경우

② 행정청은 대집행을 할 때 대집행 과정에서의 안전 확보를 위하여 필요하다고 인정하는 경우 현장에 긴급 의료장비나 시설을 갖추는 등 필요한 조치를 하여야 한다.

③ 대집행을 하기 위하여 현장에 파견되는 집행책임자는 그가 집행책임자라는 것을 표시한 증표를 휴대하여 대집행시에 이해관계인에게 제시하여야 한다.

판례PLUS

행정청이 대집행 과정에서 필요하면 경찰의 도움을 받을 수 있는지 여부: 적극

행정청이 행정대집행의 방법으로 건물철거의무의 이행을 실현할 수 있는 경우에는 건물철거 대집행 과정에서 부수적으로 건물의 점유자들에 대한 퇴거 조치를 할 수 있고, 점유자들이 적법한 행정대집행을 위력을 행사하여 방해하는 경우 형법상 공무집행방해죄가 성립하므로, 필요한 경우에는 '경찰관 직무집행법'에 근거한 위험 발생 방지조치 또는 형법상 공무집행방해죄의 범행방지 내지 현행범체포의 차원에서 경찰의 도움을 받을 수도 있다(대판 2017.4.28, 2016다213916).

(2) 실행의 제한(제4조 제1항)

① **시간적 제한**: 해가 뜨기 전이나 해가 진 후에는 대집행을 하여서는 아니 된다. 그러나 의무자가 동의한 경우, 해가 지기 전에 대집행을 착수한 경우, 해가 뜬 후부터 해가 지기 전까지 대집행을 하는 경우에는 대집행의 목적 달성이 불가능한 경우, 그 밖에 비상시 또는 위험이 절박한 경우에는 예외로 한다.

② **형식적 제한**: 현장에 파견되는 집행책임자는 그가 집행책임자라는 것을 표시한 증표를 휴대하여 대집행시에 이해관계인에게 제시하여야 한다.

4. 비용징수

(1) 의의: 대집행에 요한 비용은 행정청은 납기일을 정해서 의무자에게 문서로써 납부를 명해야 하고 납부하지 않으면 국세징수법의 예에 의하여 징수할 수 있다.

(2) 법적 효력: 비용납부명령은 하명의 일종이므로 처분성이 인정된다.

 법령 PLUS

행정대집행법

제5조(비용납부명령서) 대집행에 요한 비용의 징수에 있어서는 실제에 요한 비용액과 그 납기일을 정하여 의무자에게 문서로써 그 납부를 명하여야 한다.

제6조(비용징수) ① 대집행에 요한 비용은 국세징수법의 예에 의하여 징수할 수 있다.

② 대집행에 요한 비용에 대하여서는 행정청은 사무비의 소속에 따라 국세에 다음가는 순위의 선취득권을 가진다.

③ 대집행에 요한 비용을 징수하였을 때에는 그 징수금은 사무비의 소속에 따라 국고 또는 지방자치단체의 수입으로 한다.

 판례 PLUS

대집행 소요비용의 징수방법: 국세징수법에 의한 징수

대한주택공사가 대한주택공사법에 의하여 대집행권한을 위탁받아 공무인 대집행을 실시하기 위하여 지출한 비용은 행정대집행법 절차에 따라 국세징수법의 예에 의하여 징수할 수 있다. 따라서 민사소송절차보다 간이하고 경제적인 특별구제절차인 국세징수법의 예에 의하여 징수할 수 있음에도 민사소송절차에 의하여 그 비용의 상환을 청구하는 것은 소의 이익이 없어 부적법하다(대판 2011.9.8, 2010다48240).

5 대집행에 대한 권리구제

1. 항고소송

(1) 인정여부(대상적격): 대집행의 '각 단계 모두' 행정쟁송의 대상인 처분에 해당한다. 다만 대부분 단기간 종료되므로, 이미 실행이 완료된 경우에는 처분의 취소를 구할 소의 이익이 없게 된다.

판례 PLUS

대집행의 실행이 완료된 경우, 계고처분의 취소를 구할 법률상 이익이 있는지 여부: 소극

1. 대집행의 실행이 완료된 경우에는 행위가 위법한 것이라는 이유로 손해배상이나 원상회복 등을 청구하는 것은 별론으로 하고, 계고처분의 취소나 무효확인을 구할 법률상 이익은 없다(대판 1993.6.8, 93누6164; 대판 1995.7.28, 95누2623).

2. 〈비교: 대집행 실행이 완료된 후에도 국가배상청구는 가능함〉 위법한 행정대집행이 완료되면 그 처분의 무효확인 또는 취소를 구할 소의 이익은 없다 하더라도, 미리 그 행정처분의 취소판결이 있어야만, 그 행정처분의 위법임을 이유로 한 손해배상청구를 할 수 있는 것은 아니다(대판 1972.4.28, 72다337). → 해설: 행정행위의 공정력은 국가배상청구소송과는 무관하다. 따라서 그 처분의 취소 여부와 상관없이, 손해배상청구의 선결문제로서 그 처분의 위법성 여부를 판단할 수 있다.

(2) 입증책임: 대집행요건 충족 여부의 입증책임은 처분청인 행정청에 있으며, 각 단계행위는 하자가 승계되고 대집행 실행이 완료되어 취소소송을 제기한 경우에도 손해배상 청구는 가능하다.

(3) 하자의 승계

① 대집행 계고, 통지, 대집행의 실행, 비용징수 사이에는 하자 승계가 긍정된다. 동일한 법률효과를 목적으로 하기 때문이다.

② 건물철거명령 등 "하명"과 대집행 계고 사이에는 하자 승계가 부정된다. 별개의 법률효과를 목적으로 하기 때문이다.

 판례 PLUS

대집행 하자의 승계

1. 〈계고처분 – 영장에 의한 실행통지〉 하자의 승계 긍정

[1] 선행처분인 계고처분이 하자가 있는 위법한 처분이라면, 비록 그 하자가 중대하고도 명백한 것이 아니어서 당연무효의 처분이라고 볼 수 없고 행정소송으로 효력이 다투어지지도 아니하여 이미 불가쟁력이 생겼으며, 후행처분인 대집행영장발부통보처분 자체에는 아무런 하자가 없다고 하더라도, **후행처분인 대집행영장발부통보처분의 취소를 청구하는 소송에서 청구원인으로 선행처분인 계고처분이 위법한 것이기 때문에 그 계고처분을 전제로 행하여진 대집행영장발부통보처분도 위법한 것이라는 주장을 할 수 있다**(대판 1996.2.9, 95누12507).

[2] 〈비교판례〉 계고처분의 후속절차인 대집행에 위법이 있다고 하더라도, 그와 같은 후속절차에 위법성이 있다는 점을 들어 선행절차인 계고처분이 부적법하다는 사유로 삼을 수는 없다(대판 1997.2.14, 96누15428).

2. 〈건물철거명령 등의 하명 – 계고처분〉 하자의 승계 부정

건물철거명령에 대한 소송을 제기하여 그 위법함을 소구하는 절차를 거치지 아니하였다면 선행행위인 건물철거명령은 적법한 것으로 확정되었다고 할 것이니, 후행행위인 대집행계고처분에서는 동 건물이 무허가건물이 아닌 적법한 건축물이라는 주장이나 그러한 사실인정을 하지 못한다(대판 1982.7.27, 81누293).

2. 행정심판

 법령 PLUS

행정대집행법

제7조(행정심판) 대집행에 대하여는 행정심판을 제기할 수 있다.

행정소송법

제18조(행정심판과의 관계) ① 취소소송은 법령의 규정에 의하여 당해 처분에 대한 행정심판을 제기할 수 있는 경우에 도 이를 거치지 아니하고 제기할 수 있다. 다만, 다른 법률에 당해 처분에 대한 행정심판의 재결을 거치지 아니하면 취소소송을 제기할 수 없다는 규정이 있는 때에는 그러하지 아니하다.

3. 국가배상청구권와 결과제거청구권

대집행에 의한 손해가 발생하면 국가배상법상 국가배상청구원이 인정된다. 또한 위법한 상태가 계속되는 경우 위법상태의 제거와 원상복구를 청구할 수 있다.

03 이행강제금(집행벌)

1 의의

1. 개념

이행강제금의 부과란, 의무자가 행정상 의무를 이행하지 아니하는 경우, 행정청이 적절한 이행기간을 부여하고, 그 기한까지 이행하지 아니하면 금전급부의무를 부과하는 것을 말한다(행정기본법 제30조 제1항 제2호).

(1) 법적 성질: 대집행과 직접강제는 직접적 의무이행 확보수단인 데 반하여, 이행강제금은 일정한 기간까지 의무를 이행하지 않을 때 일정한 금전적인 부담이 부과된다는 것을 통지함으로써 의무자에게 심리적 압박을 주어 의무를 이행하게 하려는 간접적인 의무이행수단이라는 점에서 구별된다. 이행강제금은 장래의 이행을 확보하기 위한 강제수단일 뿐이어서 의무의 불이행시에는 여러 차례에 걸쳐 부과할 수도 있으며, 처벌적 성격의 과태료와 성질을 달리하기 때문에 과태료나 형벌과 병과될 수도 있다.

➕ 판례 PLUS

이행강제금의 법적 성질: 간접적 강제

이행강제금은 행정법상의 부작위의무 또는 비대체적 작위의무를 이행하지 않은 경우에 '일정한 기한까지 의무를 이행하지 않을 때에는 일정한 금전적 부담을 과할 뜻'을 미리 '계고'함으로써 의무자에게 심리적 압박을 주어 장래를 향하여 의무의 이행을 확보하려는 간접적인 행정상 강제집행 수단이다(대판 2015.6.24, 2011두2170).

행정대집행과 이행강제금의 관계

행정대집행은 대체적 작위의무에 대한 강제집행수단으로, 이행강제금은 부작위의무나 비대체적 작위의무에 대한 강제집행수단으로 이해되어 왔으나, 이행강제금은 대체적 작위의무의 위반에 대하여도 부과될 수 있다. 건축법상 위법건축물에 대한 이행강제수단으로 대집행과 이행강제금이 인정되고 있는데, 행정청은 개별사건에 있어서 위반내용, 위반자의 시정의지 등을 감안하여 대집행과 이행강제금을 선택적으로 활용할 수 있으며, 이처럼 그 합리적인 재량에 의해 선택하여 활용하는 이상 이중처벌금지의 원칙에 위반되지 아니한다(헌재 2004.2.26, 2001헌바80 · 84 · 102 · 103).

(2) 일신전속성: 이행강제금의 납부는 일신적속적이어서 상속 또는 승계되지 않는다.

➕ 판례 PLUS

이행강제금의 일신전속성

건축법상 이행강제금 납부의무는 상속인 기타의 사람에게 승계될 수 없는 일신전속적인 성질의 것이므로 이미 사망한 사람에게 이행강제금을 부과하는 내용의 처분이나 결정은 당연무효이고, 이행강제금을 부과받은 사람의 이의에 의하여 비송사건절차법에 의한 재판절차가 개시된 후에 그 이의한 사람이 사망한 때에는 사건 자체가 목적을 잃고 절차가 종료한다(대판 2006.12.8, 2006마470).

OX 문제

01 이행강제금은 심리적 압박을 통하여 간접적으로 의무이행을 확보하는 수단인 행정벌과는 달리 의무이행의 강제를 직접적인 목적으로 하므로, 강학상 직접강제에 해당한다. ( )

02 건축법상 위법건축물과 대하여 행정청은 대집행과 이행강제금을 선택적으로 활용할 수 있으며, 이러한 선택적 활용이 중첩적 제재에 해당한다고 볼 수 없다. ( )

정답 01 ×(→간접강제에 해당) 02 ○

(3) 이행강제금과 행정벌의 비교

구분	이행강제금	행정벌
규제 대상	장래의 의무를 심리적으로 강제	과거 위반에 대한 제재
반복 부과 여부	반복적으로 부과 가능	반복하여 부과 불가
납부 면제 여부	기간 내 의무이행이 이루어지면 원칙적으로 강제금 납부 면제	나중에 의무 이행하여도 과태료 납부 등의 면제 불가

2. 법적 근거 및 대상

(1) 법률상 근거: 이행강제금에 대한 일반법으로는 행정기본법을 들 수 있으며, 「건축법」 제80조, 「농지법」 제62조, 「부동산 실권리자명의 등기에 관한 법률」 제6조, 「독점규제 및 공정거래에 관한 법률」 제17조의3, 「국토의 계획 및 이용에 관한 법률」 제124조의2 등 개별법에서 특별규정을 두고 있다.

(2) 대상: 원칙적으로 이행강제금은 비대체적 작위의무와 부작위의무의 이행을 강제하기 위한 강제집행 수단으로 활용되어 왔지만, 대체적 작위의무 불이행의 경우에도 부과할 수 있는지에 대하여 종래 학설이 대립되었다. 이에 대해 헌법재판소는 대체적 작위의무에 대해서도 부과가 가능하다고 판시한 바 있었다.

최근 제정된 행정기본법은 이행강제금 부과의 대상을 단지 '행정상 의무'라고만 규정하여 비대체적 작위의무로 제한하지 않고 있다(행정기본법 제30조 제1항 제1호, 제2호의 체계적 해석). 따라서 종래 판례의 입장과 마찬가지로 대체적 작위의무에 대해서도 이행강제금의 부과가 허용된다.

2 이행강제금의 부과

1. 행정기본법상 부과 요건 및 절차(시행일 2023. 3. 24.)

(1) 행정상 의무의 존재 및 불이행: 법령 등에서 직접 부과되거나 행정청이 법령 등에 따라 부과한 '행정상 의무'를 이행하지 않고 있어야 한다(행정기본법 제30조 제1항 제2호). 행정상 의무이면 족하고 부대체적 작위의무에 국한되지 않는다.

➕ 법령 PLUS

행정기본법

제30조(행정상 강제) ① 행정청은 행정목적을 달성하기 위하여 필요한 경우에는 법률로 정하는 바에 따라 필요한 최소한의 범위에서 다음 각 호의 어느 하나에 해당하는 조치를 할 수 있다.

　2. 이행강제금의 부과: 의무자가 행정상 의무를 이행하지 아니하는 경우 행정청이 적절한 이행기간을 부여하고, 그 기한까지 행정상 의무를 이행하지 아니하면 금전급부의무를 부과하는 것

(2) 개별 법률의 근거규정 필요: 이행강제금의 부과를 위하여는 법치행정의 원칙상 별도의 개별적 법률이 있어야 하며, 그 근거법률에는 제31조 제1항 각호의 사항이 명확하게 규정되어 있어야 한다(제31조 제1항).

 법령 PLUS

행정기본법

제31조(이행강제금의 부과) ① 이행강제금 부과의 근거가 되는 법률에는 이행강제금에 관한 다음 각 호의 사항을 명확하게 규정하여야 한다. 다만, 제4호 또는 제5호를 규정할 경우 입법목적이나 입법취지를 훼손할 우려가 크다고 인정되는 경우로서 대통령령으로 정하는 경우는 제외한다.
　1. 부과 · 징수 주체
　2. 부과 요건
　3. 부과 금액
　4. 부과 금액 산정기준
　5. 연간 부과 횟수나 횟수의 상한

(3) 문서에 의한 계고

 법령 PLUS

행정기본법

제31조(이행강제금의 부과) ③ 행정청은 이행강제금을 부과하기 전에 미리 의무자에게 적절한 이행기간을 정하여 그 기한까지 행정상 의무를 이행하지 아니하면 이행강제금을 부과한다는 뜻을 문서로 계고(戒告)하여야 한다.
④ 행정청은 의무자가 제3항에 따른 계고에서 정한 기한까지 행정상 의무를 이행하지 아니한 경우 이행강제금의 부과 금액 · 사유 · 시기를 문서로 명확하게 적어 의무자에게 통지하여야 한다.

(4) 문서에 의한 이행강제금의 부과: 의무자가 계고에서 정한 기한까지 행정상 의무를 이행하지 아니한 경우, 이행강제금을 부과할 수 있다(제31조 제4항).

 법령 PLUS

행정기본법

제31조(이행강제금의 부과) ④ 행정청은 의무자가 제3항에 따른 계고에서 정한 기한까지 행정상 의무를 이행하지 아니한 경우 이행강제금의 부과 금액 · 사유 · 시기를 문서로 명확하게 적어 의무자에게 통지하여야 한다.

(5) **반복적 부과의 허용 및 한계:** 행정청은 의무자가 행정상 의무를 이행할 때까지 이행강
제금을 반복하여 부과할 수 있지만, 의무자가 의무를 이행하면 새로운 이행강제금의
부과를 할 수 없다. 다만, 이미 부과한 이행강제금은 징수하여야 한다(제31조 제5
항).

 법령 PLUS

행정기본법

제31조(이행강제금의 부과) ⑤ 행정청은 의무자가 행정상 의무를 이행할 때까지 이행강제금을 반복하여 부과
할 수 있다. 다만, 의무자가 의무를 이행하면 새로운 이행강제금의 부과를 즉시 중지하되, 이미 부과한 이행강
제금은 징수하여야 한다.

---

(6) **강제징수**

 법령 PLUS

행정기본법

제31조(이행강제금의 부과)┬⑥ 행정청은 이행강제금을 부과받은 자가 납부기한까지 이행강제금을 내지 아
니하면 국세강제징수의 예 또는 「지방행정제재·부과금의 징수 등에 관한 법률」에 따라 징수한다.

---

(7) **적용의 배제:** 형사(刑事), 행형(行刑) 및 보안처분 관계 법령에 따라 행하는 사항이나
외국인의 출입국·난민인정·귀화·국적회복에 관한 사항에 관하여는 행정기본법
상 행정상 강제규정(이행강제금 부과 등)이 적용되지 않는다(제30조 제3항).

 법령 PLUS

행정기본법

제30조(행정상 강제) ③ 형사(刑事), 행형(行刑) 및 보안처분 관계 법령에 따라 행하는 사항이나 외국인의 출
입국·난민인정·귀화·국적회복에 관한 사항에 관하여는 이 절을 적용하지 아니한다.

---

2. 건축법상 부과 요건 및 절차

건축법을 중심으로 이행강제금의 부과 절차를 살펴보면 다음과 같다.

(1) 시정명령

① 허가권자는 이 법 또는 이 법에 따른 명령이나 처분에 위반되는 대지나 건축물에 대
하여 이 법에 따른 허가 또는 승인을 취소하거나 그 건축물의 건축주·공사시공
자·현장관리인·소유자·관리자 또는 점유자에게 공사의 중지를 명하거나 상당한
기간을 정하여 그 건축물의 철거·개축·증축·수선·용도변경·사용금지·사용
제한, 그 밖에 필요한 조치를 명할 수 있다(건축법 제79조 제1항).

OX 문제

01 이행강제금은 장래의 의무이행을 심
리적으로 강제하기 위한 것이므로, 행정
상 의무를 이행할 때까지 반복하여 부과
할 수 있다. ( )

정답 01 ○

② 허가권자는 시정명령을 받은 후 시정기간 내에 시정명령을 이행하지 아니한 건축주 등에 대하여는 그 시정명령의 이행에 필요한 상당한 이행기한을 정하여 그 기한까지 시정명령을 이행하지 아니하면 이행강제금을 부과한다(건축법 제80조 제1항).

 판례 PLUS

건축법상의 이행강제금의 부과

1. 위법건축물 완공후 이행강제금의 부과
공무원들이 위법건축물임을 알지 못하여 공사 도중에 시정명령이 내려지지 않아 위법건축물이 완공되었다 하더라도, 공공복리의 증진이라는 목적의 달성을 위해서는 완공 후에라도 위법건축물임을 알게 된 이상 시정명령을 할 수 있다(대판 2002.8.16, 2002마1022).

2. 신고 대상 건축물에 대하여 이행강제금을 부과할 수 있는지 여부: 적극
건축법이 신고하지 않고 건축물을 건축한 경우에도 이행강제금을 부과할 수 있도록 규정하고 있는 점에 비추어 보면, 건축법상의 이행강제금은 허가 대상 건축물뿐만 아니라 신고 대상 건축물에 대해서도 부과할 수 있다(대판 2013.1.24, 2011두10164).

③ 상당한 이행기한의 통지(제2차 시정명령)

 판례 PLUS

1. 2차 시정명령

1. 시정명령을 이행하지 않았더라도, '이행강제금의 부과를 위하여' 다시 상당한 기간을 정하여 시정명령의 이행기회를 주어야 하는지 여부: 적극
건축법에 의하면, 허가권자는 먼저 건축주 등에 대하여 상당한 기간을 정하여 시정명령을 하고, 건축주 등이 그 시정기간 내에 시정명령을 이행하지 아니하면, 다시 그 시정명령의 이행에 필요한 상당한 이행기한을 정하여 그 기한까지 시정명령을 이행할 수 있는 기회를 준 후가 아니면 이행강제금을 부과할 수 없다(대판 2010.6.24, 2010두3978).

2. 이행 기회가 제공되지 아니한 과거의 기간에 대한 이행강제금까지 한꺼번에 부과할 수 있는지 여부: 소극
비록 건축주등이 장기간 시정명령을 이행하지 아니하였더라도, 그 기간 중에는 시정명령의 이행 기회가 제공되지 아니하였다가 뒤늦게 시정명령의 이행 기회가 제공된 경우라면, 시정명령의 이행 기회 제공을 전제로 한 1회분의 이행강제금만을 부과할 수 있고, 시정명령의 이행 기회가 제공되지 아니한 과거의 기간에 대한 이행강제금까지 한꺼번에 부과할 수는 없다(대판 2016.7.14, 2015두46598).

(2) 계고: 허가권자는 제1항 및 제2항에 따른 이행강제금을 부과하기 전에 제1항 및 제2항에 따른 이행강제금을 부과·징수한다는 뜻을 미리 문서로써 계고(戒告)하여야 한다(건축법 제8조 제3항).

이행강제금 부과예고(계고)가 의무범위를 초과하여 위법하면, 이행강제금 부과처분도 위법한지 여부: 원칙적 적극

이행강제금은 행정법상의 부작위의무 또는 비대체적 작위의무를 이행하지 않은 경우에 '일정한 기한까지 의무를 이행하지 않을 때에는 일정한 금전적 부담을 과할 뜻'을 미리 '계고'함으로써 의무자에게 심리적 압박을 주어 장래를 향하여 의무의 이행을 확보하려는 간접적인 행정상 강제집행 수단이다. 따라서 사용자가 이행하여야 할 행정법상 의무의 내용을 초과하는 것을 '불이행 내용'으로 기재한 이행강제금 부과 예고서에 의하여 이행강제금 부과 예고를 한 다음 이를 이행하지 않았다는 이유로 이행강제금을 부과하였다면, 초과한 정도가 근소하다는 등의 특별한 사정이 없는 한 이행강제금 부과예고는 이행강제금 제도의 취지에 반하는 것으로서 위법하고, 이에 터 잡은 이행강제금 부과처분 역시 위법하다(대판 2015.6.24, 2011두2170).

(3) 이행강제금의 부과(건축법 제80조)

① 허가권자는 시정명령을 받은 후 시정기간 내에 시정명령을 이행하지 아니한 건축주 등에 대하여는 그 시정명령의 이행에 필요한 상당한 이행기한을 정하여 그 기한까지 시정명령을 이행하지 아니하면 다음 각 호의 이행강제금을 부과한다(제1항).

② 허가권자는 최초의 시정명령이 있었던 날을 기준으로 하여 1년에 2회 이내의 범위에서 해당 지방자치단체의 조례로 정하는 횟수만큼 그 시정명령이 이행될 때까지 반복하여 제1항 및 제2항에 따른 이행강제금을 부과·징수할 수 있다(제5항).

③ 행정청의 위법한 이행거부가 있었다면, 의무불이행을 이유로 이행강제금을 부과하는 것은 허용되지 않는다.

(4) 시정명령의 이행(건축법 제80조)

① 이행기간 도과 후 이행: 허가권자는 제79조 제1항에 따라 시정명령을 받은 자가 이를 이행하면 새로운 이행강제금의 부과를 즉시 중지하되, 이미 부과된 이행강제금은 징수하여야 한다(제6항). 새로운 이행강제금은 최초 이행강제금과 이후 반복적인 이행강제금도 포함된다.

이행기간 도과 후에 이행한 경우: 새로운 이행강제금 부과 불가

1. 이행명령을 받은 자가 그 명령을 이행하는 경우에는 행정목적이 이미 실현된 것이므로 새로운 이행강제금의 부과를 즉시 중지하여야 하는데, 이에 의하여 부과가 중지되는 '새로운 이행강제금'에는 국토계획법 의 규정에 의하여 반복 부과되는 이행강제금뿐만 아니라 이행명령 불이행에 따른 최초의 이행강제금도 포함된다. 따라서 이행명령을 받은 의무자가 그 명령을 이행한 경우에는 이행명령에서 정한 기간을 지나서 이행한 경우라도 최초의 이행강제금을 부과할 수 없다(대판 2014.12.11, 2013두15750).

2. 부동산실명법상 '장기 미등기자'에 대하여 부과되는 이행강제금은 소유권이전등기신청의무 불이행이라는 과거의 사실에 대한 제재인 과징금과 달리, 장기미등기자에게 등기신청의무를 이행하지 아니하면 이행강제금이 부과된다는 심리적 압박을 주어 의무의 이행을 간접적으로 강제하는 행정상의 간접강제 수단에 해당한다. 따라서 장기미등기자가 이행강제금 부과 전에 등기신청의무를 이행하였다면 이행강제금의 부과로써 이행을 확보하고자 하는 목적은 이미 실현된 것이므로 부동산실명법에 규정된 기간이 지나서 등기신청의무를 이행한 경우라 하더라도 이행강제금을 부과할 수 없다(대판 2016.6.23, 2015두36454).

② 이행기간 도과 후 불이행: 허가권자는 제4항에 따라 이행강제금 부과처분을 받은 자가 이행강제금을 납부기한까지 내지 아니하면 지방행정제재·부과금 징수 등에 관

01 건축법 위반 건축물에 대한 시정명령을 받은 자가 이를 이행하면 허가권자는 새로운 이행강제금의 부과를 즉시 중지하되, 이미 부과된 이행강제금은 징수하여야 한다. ( )

02 이행강제금은 과거의 의무불이행에 대한 제재의 기능을 지니고 있으므로, 이행강제금이 부과되기 전에 의무를 이행한 경우에도 시정명령에서 정한 기간을 지나서 이행한 경우라면 이행강제금을 부과할 수 있다. ( )

정답 01 ○ 02 ×(→부과할 수 없다)

한 법률에 따라 징수한다(제7항). 이 경우 이행강제금의 최초 독촉은 항고소송의 대상이 되는 행정처분이다.

(5) 권리구제

① 개별법에 별도의 규정을 두고 있는 경우: 이행강제금에 불복하여 이의를 제기하는 경우 「비송사건절차법」에 의해 이행강제금을 결정하도록 특별한 규정을 두고 있는 경우에는 그에 따라 구제받을 수 있지만, 항고소송을 제기할 수는 없다(예 농지법 제62조).

② 개별법에 별도의 규정을 두고 있지 않은 경우: 불복방법에 대해 별도의 특별 규정을 두고 있지 않은 경우에는 행정법상의 권리구제수단인 행정소송 또는 행정심판을 제기할 수 있다.

③ 건축법상 이행강제금의 경우: 구 「건축법」에 따라 이행강제금 부과는 항고소송의 대상이 되는 '행정처분'이라는 것이 통설의 입장이다. 판례도 취소소송에서 이행강제금의 대상적격을 인정하였다.

3 직접강제

1. 개념

의무자가 행정상 의무를 불이행할 때, 행정기관이 직접 의무자의 신체·재산에 실력을 가하여 의무자가 직접 의무를 이행한 것과 같은 상태를 실현하는 작용을 말한다(행정기본법 제30조 제1항 제3호).

직접강제는 의무불이행을 전제로 하는 점에서 그것을 전제로 하지 않는 '행정상 즉시강제'와 다르다. 예를 들면, 무허가 영업소의 간판 등을 제거하거나 출입국관리법상 외국인등록의무를 위반한 사람에 대한 강제퇴거조치를 취하는 경우가 이에 해당된다.

2. 법적 근거 및 대상

➕ **법령 PLUS**

행정기본법
제30조(행정상 강제) ① 행정청은 행정목적을 달성하기 위하여 필요한 경우에는 법률로 정하는 바에 따라 필요한 최소한의 범위에서 다음 각 호의 어느 하나에 해당하는 조치를 할 수 있다.
  3. 직접강제: 의무자가 행정상 의무를 이행하지 아니하는 경우 행정청이 의무자의 신체나 재산에 실력을 행사하여 그 행정상 의무의 이행이 있었던 것과 같은 상태를 실현하는 것

OX 문제

01 이행강제금 부과처분에 대하여 비송사건절차법에 의한 특별한 불복절차가 마련되어 있는 경우, 이행강제금 부과처분은 항고소송의 대상이 되는 행정처분이 아니다. ( )

정답 01 ○

(1) **법적 근거:** 직접강제에 대해서는 일반법으로 행정기본법이 규정하고 있지만, 나아가 별도로 개별법상 법률의 근거가 있어야만 한다(제30조 제1항). 관련 개별법 근거로 「식품위생법」 제79조(영업소 폐쇄조치), 「공중위생관리법」 제11조(폐쇄조치), 「출입국관리법」 제46조(외국인의 강제퇴거) 등의 규정이 있다.

 판례 PLUS

> **무등록 학원의 폐쇄조치(직접강제) 규정을 근거로, 폐쇄명령(하명)을 할 수 있는지 여부: 소극**
> 학원의 설립 · 운영에 관한 법률에 의하면, 학원을 설립 · 운영하고자 하는 자는 소정의 시설과 설비를 갖추어 등록을 하여야 하고, 그와 같은 등록절차를 거치지 아니한 경우에는 관할 행정청이 직접 그 무등록 학원의 폐쇄를 위하여 출입제한 시설물의 설치와 같은 조치(직접강제)를 취할 수 있게 되어 있으나, 달리 무등록 학원의 설립 · 운영자에 대하여 그 폐쇄를 명(작위의무의 부과: 하명)할 수 있는 것으로는 규정하고 있지 아니하므로, 위와 같은 폐쇄조치에 관한 규정이 그와 같은 폐쇄명령의 근거 규정이 된다고 할 수도 없다(대판 2001.2.23. 99두6002).

(2) **대상:** 행정상의 모든 의무, 즉 작위의무(대체적 · 비대체적 작위의무), 부작위의무, 급부의무, 수인의무를 불이행한 경우에 직접강제가 가능하다. 일체의 의무불이행에 대해 행할 수 있다는 점에서 대체적 작위의무만을 대상으로 하는 대집행과는 구별된다.

3. 한계 및 권리구제

 법령 PLUS

행정기본법
제32조(직접강제) ① 직접강제는 행정대집행이나 이행강제금 부과의 방법으로는 행정상 의무 이행을 확보할 수 없거나 그 실현이 불가능한 경우에 실시하여야 한다.
② 직접강제를 실시하기 위하여 현장에 파견되는 집행책임자는 그가 집행책임자임을 표시하는 증표를 보여 주어야 한다.
③ 직접강제의 계고 및 통지에 관하여는 제31조제3항 및 제4항(문서에 의한 계고 및 통지)을 준용한다.

(1) **한계:** 직접강제는 국민에 대한 즉각적 · 직접적 침해수단이기 때문에 법률유보나 비례의 원칙이 엄격하게 준수되어야 하며, 행정상 강제집행수단 중에서 국민의 인권을 가장 크게 제약하는 것이기 때문에 다른 강제집행수단으로 의무이행을 강제할 수 없을 때에 한하여 '최후의 수단'으로 인정되어야 한다(행정기본법 제32조 제1항). 즉 보충성의 원칙이 적용되어야 하며, 비례의 원칙 등 행정법의 일반원칙을 준수해야 한다.

(2) **문서에 의한 계고 및 직접강제 통지:** 행정청은 직접강제를 하기 전에 미리 의무자에게 적절한 이행기간을 정하여 그 기한까지 행정상 의무를 이행하지 아니하면 직접강제한다는 뜻을 문서로 계고(戒告)하여야 한다(행정기본법 제32조 제3항, 제31조 제3항). 의무자가 그 계고에서 정한 기한까지 행정상 의무를 이행하지 아니한 경우 직접강제의 사유 · 시기를 문서로 명확하게 적어 의무자에게 통지하여야 한다(행정기본법 제32조 제3항, 제31조 제4항).

(3) **권리구제:** 권력적 사실행위로 처분성이 인정되므로, 하자 있는 직접강제에 대해서는 행정쟁송을 제기할 수 있고 손해배상청구, 결과제거청구도 가능하다고 할 것이다.

직접강제가 재판청구권을 침해하는지 여부

취소소송의 제기는 처분 등의 효력이나 그 집행 또는 절차의 속행에 영향을 주지 아니하므로 청구인들의 취소소송이나 집행정지 신청에 관한 법원의 판단이 있기 전에 강제퇴거명령을 집행한 것이 위법하다고 할 수 없고, 청구인들이 취소소송과 집행정지신청을 제기한 사실을 피청구인이 미리 알고 강제퇴거의 집행을 개시한 것으로 볼 만한 자료도 없어 피청구인의 강제퇴거명령 집행행위가 청구인들의 재판청구권을 침해하였다고 볼 수 없다(헌재 2012.8.23, 2008헌마430).

4 행정상 강제징수

1. 강제징수 개설

 법령 PLUS

행정기본법
제30조(행정상 강제) ① 행정청은 행정목적을 달성하기 위하여 필요한 경우에는 법률로 정하는 바에 따라 필요한 최소한의 범위에서 다음 각 호의 어느 하나에 해당하는 조치를 할 수 있다.
  4. 강제징수: 의무자가 행정상 의무 중 금전급부의무를 이행하지 아니하는 경우 행정청이 의무자의 재산에 실력을 행사하여 그 행정상 의무가 실현된 것과 같은 상태를 실현하는 것

(1) **의의**: 행정상 강제징수는 국민이 국가 등 행정주체에 대한 행정상의 금전급부의무를 불이행한 경우에 행정청이 의무자의 재산에 실력(實力)을 행사하여 그 행정상 의무가 실현된 것과 같은 상태를 실현하는 행정상의 강제집행을 말한다(행정기본법 제30조 제1항 제4호).

(2) **법적 근거**: 행정기본법에서 일반적 근거규정을 두고 있지만, 강제징수를 하려면 개별법에 별도의 법적 근거를 필요로 한다(행정기본법 제30조 제1항). 강제징수의 개별적 근거법률로는 「국세징수법」이 있다. 이에 따르면 재산의 압류 및 공매 등에 의한 환가 및 배당을 국세징수법의 규정(제47조 이하, 제89조 이하, 제94조 이하 및 제128조 이하)에 따라 함으로써 체납처분을 할 수 있도록 하고 있다. 지방세에 관해서도 국세징수법에 규정된 체납처분의 예에 따른 체납처분을 할 수 있도록 함으로써 동일하게 이용되고 있다(제48조 제1항).

(3) **절차**: 국세징수법상 강제징수는 독촉 · 압류 · 매각 · 청산의 단계로 이루어진다. 여기서 압류, 매각, 청산을 합하여 '체납처분'이라 한다.

2. 독촉

(1) **개념 및 특징**: 상당한 기간을 정하여 의무의 이행을 최고하고 그 의무가 이행되지 않을 경우에 강제징수할 뜻을 알리는 것이다. 준법률행위적 행정행위인 '통지'로 보며 처분성을 인정하지만, 반복된 독촉에 대해서는 처분성을 부정한다.

판례 PLUS

독촉을 여러 번 거듭한 경우, 후에 한 독촉이 항고소송의 대상이 되는 행정처분인지 여부: 소극
보험자 또는 보험자단체가 부당이득금 또는 가산금의 납부를 독촉한 후 다시 동일한 내용의 독촉을 하는 경우 최초의 독촉만이 징수처분으로서 항고소송의 대상이 되는 행정처분이 되고, 그 후에 한 동일한 내용의 독촉은 체납처분의 전제요건인 징수처분으로서 소멸시효 중단사유가 되는 독촉이 아니라 민법상의 단순한 최고에 불과하여 국민의 권리의무나 법률상의 지위에 직접적으로 영향을 미치는 것이 아니므로 항고소송의 대상이 되는 행정처분이라 할 수 없다(대판 1999.7.13, 97누119).

(2) 절차

① 국세를 그 납부기한까지 완납하지 아니하였을 때에는 세무서장은 납부기한이 지난 후 10일 내에 독촉장을 발급하여야 한다(국세징수법 제23조 제1항 본문).
② 상당한 이행기간을 정하여 반드시 문서로 해야 한다.
③ 독촉은 상당한 이행기간을 정하여 문서로 하여야 하며, 독촉절차 없이 한 압류처분에 대해 판례는 취소사유, 학설은 무효로 본다.

 판례 PLUS

독촉절차 없이 행한 압류처분이 무효인지 여부: 소극(=취소사유)
납세의무자가 세금을 납부기한까지 납부하지 아니하기 때문에 과세청이 그 징수를 위하여 압류처분에 이른 것이라면, 비록 압류처분에 앞서 독촉절차를 거치지 아니하였고 또 참가압류조서에 납부기한을 잘못 기재한 잘못이 있다고 하더라도, 이러한 사유만으로는 압류처분을 무효로 할 만큼 중대하고도 명백한 하자라고 볼 수 없다(대판 1992.3.10, 91누6030; 대판 1987.9.22, 87누383).

3. 체납처분

체납처분은 재산의 압류, 압류재산의 매각, 청산의 3단계를 거친다.

(1) 압류

① 개념: 체납된 국세를 징수하기 위해 체납자의 재산에 대해 사실상·법률상 처분을 금지하여 재산을 보전하기 위한 권력적 사실행위를 의미한다. 따라서 처분성이 인정되며, 단독으로 항고소송이 가능하다.
② 절차
　㉠ 납세자가 독촉장(납부최고서를 포함)을 받고 지정된 기한까지 국세를 완납하지 아니한 경우 재산을 압류한다(국세징수법 제24조 제1항 제1호). 체납처분시 공무원은 그 신분을 표시하는 증표를 지니고 이를 관계자에게 보여 주어야 한다(동법 제25조).
　㉡ 세무공무원은 수색 또는 검사를 할 때에는 그 수색 또는 검사를 받는 사람과 그 가족·동거인이나 사무원, 그 밖의 종업원을 증인으로 참여시켜야 한다(동법 제28조). 또한 체납자의 재산을 압류할 때에는 압류조서를 작성하여야 한다(동법 제29조).

OX문제

01 행정상 강제징수에 있어 독촉은 처분성이 인정되나 최초 독촉 후에 동일한 내용에 대해 반복한 독촉은 처분성이 인정되지 않는다. (　)

정답 01 ○

③ 대상
   ㉠ 체납자의 소유로 금전적 가치가 있고 양도성이 있는 모든 재산이다. 단, 국세를
      징수하기 위하여 필요한 재산 외의 재산을 압류할 수 없다(동법 제33조의2).
   ㉡ 체납자와 그 동거가족의 생활에 없어서는 아니 될 의복, 침구, 가구와 주방기구
      와 같은 생필품의 경우 압류할 수 없다(동법 제31조). 또한 급여채권에 대해서는
      그 총액의 2분의 1에 해당하는 금액은 압류가 제한된다(동법 제33조).
   ㉢ 체납자가 아닌 제3자의 재산에 대한 압류는 '당연무효'이다.

 판례 PLUS

제3자의 재산에 대한 압류: 당연무효

체납처분으로서 압류의 요건을 규정한 국세징수법의 규정을 보면 어느 경우에나 압류의 대상을 납세자의 재
산에 국한하고 있으므로, 납세자가 아닌 제3자의 재산을 대상으로 한 압류처분은 그 처분의 내용이 법률상 실
현될 수 없는 것이어서 당연무효이다(대판 2012.4.12, 2010두4612; 대판 2006.4.13, 2005두15151).

   ㉣ 징수액을 초과하는 압류로 인한 처분자체가 당연무효가 되는 것은 아니다.

 판례 PLUS

압류재산이 징수 국세액을 초과하는 경우, 당연무효인지 여부: 소극

세무공무원이 국세의 징수를 위해 납세자의 재산을 압류하는 경우 그 재산의 가액이 징수할 국세액을 초과한
다하여 위 압류가 당연무효의 처분이라고는 할 수 없다(대판 1986.11.11, 86누479).

④ 효력
   ㉠ 압류 재산은 법률상·사실상 처분이 금지되며, 시효중단의 효력이 발생한다.
   ㉡ 압류의 효력은 천연과실(天然果實) 또는 법정과실(法定果實)에 미친다. 다만,
      체납자 또는 제3자가 압류재산의 사용 또는 수익을 하는 경우에는 그 재산으로
      부터 생기는 천연과실(그 재산의 매각으로 인하여 권리를 이전할 때까지 수취되
      지 아니한 천연과실은 제외한다)에 대하여는 미치지 아니한다(동법 제36조).
   ㉢ 체납자의 재산에 대하여 체납처분을 집행한 후 체납자가 사망하였거나 체납자인
      법인이 합병에 의하여 소멸되었을 때에도 그 재산에 대한 체납처분은 계속 진행
      하여야 하며, 체납자가 사망한 후 체납자 명의의 재산에 대하여 한 압류는 그 재
      산을 상속한 상속인에 대하여 한 것으로 본다(동법 제37조).

 판례 PLUS

압류가 압류 당시의 체납액 납부로 당연히 실효되는지 여부: 소극

국세징수법의 규정에 의한 압류는 압류 당시의 체납액이 납부되었다고 하여 당연히 실효되지 아니하고, 압류
가 유효하게 존속하는 한 압류등기 이후에 발생한 체납액에 대하여도 효력이 미친다(대판 2012.7.26, 2010다
50625).

⑤ 해제(동법 제53조)

ㄱ 필요적 해제

 법령 PLUS

국세징수법

제53조(압류 해제의 요건) ① 세무서장은 다음 각 호의 어느 하나에 해당하는 경우에는 그 압류를 즉시 해제하여야 한다.
 1. 납부, 충당, 공매(公賣)의 중지, 부과의 취소 또는 그 밖의 사유로 압류할 필요가 없게 된 경우
 2. 제50조에 따른 제3자의 소유권 주장이 상당한 이유가 있다고 인정하는 경우
 3. 제3자가 체납자를 상대로 소유권에 관한 소송을 제기하여 승소 판결을 받고 그 사실을 증명한 경우

 판례 PLUS

근거법령의 위헌결정이 있는 경우, 압류의 필요적 해제사유인지: 적극

국세징수법 제53조 제1항 제1호는 압류의 필요적 해제사유로 '납부, 충당, 공매의 중지, 부과의 취소 기타의 사유로 압류의 필요가 없게 된 때'를 들고 있는데, 여기에서의 '기타의 사유'라 함은 납세의무가 소멸되거나 혹은 체납처분을 하여도 체납세액에 충당할 잉여가망이 없게 된 경우는 물론 과세처분 및 그 체납처분절차의 근거 법률에 대한 위헌결정으로 후속 체납처분을 진행할 수 없는 등의 사유로 압류의 근거가 상실되었거나 압류를 지속할 필요성이 없게 된 경우도 포함한다(대판 2002.8.27, 2002두2383).

ㄴ 임의적 해제

 법령 PLUS

국세징수법

제53조(압류 해제의 요건) ② 세무서장은 다음 각 호의 어느 하나에 해당하는 경우에는 압류재산의 전부 또는 일부에 대하여 압류를 해제할 수 있다.
 1. 압류 후 재산가격이 변동하여 체납액 전액을 현저히 초과한 경우
 2. 압류에 관계되는 체납액의 일부가 납부되거나 충당된 경우
 3. 부과의 일부를 취소한 경우
 4. 체납자가 압류할 수 있는 다른 재산을 제공하여 그 재산을 압류한 경우

(2) 압류재산의 매각

① **개념**: 체납자의 재산을 금전으로 바꾸는 것을 말하며, 공매가 원칙이나 예외적으로 수의계약이 가능하다.

② **공매의 성질**: 이견은 있으나 '공법상 대리'로 항고소송의 대상이 되는 처분으로 보는 것이 통설 및 판례의 입장이다.

 판례 PLUS

공매의 법적 성질: 공법상 대리로서 처분에 해당함

과세관청이 체납처분으로서 행하는 공매는 우월한 공권력의 행사로서 행정소송의 대상이 되는 공법상의 행정처분이며 공매에 의하여 재산을 매수한 자는 그 공매처분이 취소된 경우에 그 취소처분의 위법을 주장하여 행정소송을 제기할 법률상 이익이 있다(대판 1984.9.25, 84누201).

OX 문제

01 국세징수법상 압류 후 과세처분의 근거법률이 위헌으로 결정된 경우에는 압류를 해제하여야 한다. ( )

정답 01 ○

③ 공매통지의 성질: 공매하기로 한 결정, 공매의 통지, 공매를 한다는 공고 등은 취소소송의 대상이 되는 처분이 아니다(판례).

 판례 PLUS

> **공매통지의 법적 성질: 처분이 아님**
>
> **1. 성업공사의 공매결정 · 통지가 항고소송의 대상이 되는 처분인지 여부: 소극**
> 성업공사가 당해 부동산을 공매하기로 한 결정 자체는 내부적인 의사결정에 불과하여 항고소송의 대상이 되는 행정처분이라고 볼 수 없고, 또한 위 공사가 한 공매통지는 공매의 요건이 아니고 공매사실 그 자체를 체납자에게 알려주는 데 불과한 것으로서 통지의 상대방인 골프장업자의 법적 지위나 권리의무에 직접 영향을 주는 것이 아니라고 할 것이므로 이것 역시 행정처분에 해당한다고 할 수 없다(대판 1998.6.26, 96누12030).
>
> **2. 국세징수법상 공매통지 자체가 항고소송의 대상이 되는 처분인지 여부: 소극**
> 공매처분을 하면서 체납자 등에게 공매통지를 하지 않았거나 공매통지를 하였더라도 그것이 적법하지 아니한 경우에는 절차상의 흠이 있어 그 공매처분이 위법하게 되는 것이지만, 공매통지 자체가 그 상대방인 체납자 등의 법적 지위나 권리 · 의무에 직접적인 영향을 주는 행정처분에 해당한다고 할 것은 아니므로 다른 특별한 사정이 없는 한 체납자 등은 공매통지의 결여나 위법을 들어 공매처분의 취소 등을 구할 수 있는 것이지 공매통지 자체를 항고 소송의 대상으로 삼아 그 취소 등을 구할 수는 없다(대판 2011.3.24, 2010두25527).

㉠ 공매통지 흠결시 효력: 원칙적으로는 위법하다. 그러나 통지 흠결만으로 당연무효는 아니다.

 판례 PLUS

> **공매통지 흠결의 효력**
>
> **1. 공매통지 없이 한 공매처분이 위법한지 여부: 적극**
> 체납자 등에 대한 공매통지는 국가의 강제력에 의하여 진행되는 공매에서 체납자 등의 권리 내지 재산상의 이익을 보호하기 위하여 법률로 규정한 절차적 요건이라고 보아야 하며, 공매처분을 하면서 체납자 등에게 공매통지를 하지 않았거나 공매통지를 하였더라도 그것이 적법하지 아니한 경우에는 절차상의 흠이 있어 그 공매처분은 위법하다. 다만, 공매통지의 목적이나 취지 등에 비추어 보면, 체납자 등은 자신에 대한 공매통지의 하자만을 공매처분의 위법사유로 주장할 수 있을 뿐 다른 권리자에 대한 공매통지의 하자를 들어 공매처분의 위법사유로 주장하는 것은 허용되지 않는다(대판 2008.11.20, 2007두18154 전합).
>
> **2. 공매통지 없이 한 공매처분이 당연무효인지 여부: 소극**
> 국세징수법은 세무서장이 압류된 재산의 공매를 공고한 때에는 즉시 그 내용을 체납자 등에게 통지하도록 정하고 있다. 이러한 체납자 등에 대한 공매통지는 국가의 강제력에 의하여 진행되는 공매 절차에서 체납자 등의 권리 내지 재산상 이익을 보호하기 위하여 법률로 규정한 절차적 요건에 해당하지만, 그 통지를 하지 아니한 채 공매처분을 하였다 하여도 그 공매처분이 당연무효로 되는 것은 아니다(대판 2012.7.26, 2010다50625).

OX 문제

01 체납처분 절차에서 매각은 원칙적으로 공매에 의하지만, 예외적으로 수의계약에 의할 수도 있다.　( )

02 체납처분 절차에서 체납자에 대한 공매통지는 체납자의 법적 지위나 권리 · 의무에 직접적인 영향을 주므로 취소소송의 대상이 되는 처분에 해당한다.　( )

정답 **01** ○　**02** ×(→해당하지 않는다)

ⓛ 공매재산에 대한 감정평가에 잘못이 있는 경우: 취소사유에 불과하다.

 판례 PLUS

매각예정가격의 결정이 잘못된 경우 공매의 효력: 위법하지만 유효(→ 부당이득 X)

공매재산에 대한 감정평가나 매각예정가격의 결정이 잘못되었다 하더라도, 그로 인하여 공매재산이 부당하게 저렴한 가격으로 공매됨으로써 공매처분이 위법하다고 볼 수 있는 경우에 공매재산의 소유자 등이 이를 이유로 적법한 절차에 따라 공매처분의 취소를 구하거나, 공매처분이 확정된 경우에는 위법한 재산권의 침해로서 불법행위의 요건을 충족하는 경우에 국가 등을 상대로 불법행위로 인한 손해배상을 청구할 수 있음은 별론으로 하고, 매수인이 공매절차에서 취득한 공매재산의 시가와 감정평가액과의 차액 상당을 법률상의 원인 없이 부당이득한 것이라고는 볼 수 없고, 이러한 이치는 공매재산에 부합된 물건이 있는데도 이를 간과한 채 부합된 물건의 가액을 제외하고 감정평가를 함으로써 공매재산의 매각예정가격이 낮게 결정된 경우에 있어서도 마찬가지이다(대판 1997.4.8, 96다52915).

④ 공매의 실시: 공매는 공고한 날로부터 10일이 지난 후에 하며 다만, 그 재산을 보관하는 데에 많은 비용이 들거나 재산의 가액이 현저히 줄어들 우려가 있으면 10일이 지나기 전이라도 할 수 있다(동법 제70조).

⑤ 공매의 대행: 세무서장은 한국자산관리공사에 공매를 대행하게 할 수 있으며, 이 경우 공매는 세무서장이 한 것으로 본다(동법 제61조 제5항).

(3) 청산

① 의의: 세무서장 등이 매각대금 등으로 받은 금전을 국세·체납처분비 및 기타 채권에 배분하는 것으로 배분 후 잔액이 있으면 체납자에게 반환한다. 처분이므로 행정소송의 대상이 된다.

② 배분의 방법

 법령 PLUS

국세징수법

제81조(배분 방법) ① 제80조 제1항 제2호 및 제3호의 금전은 다음 각 호의 체납액과 채권에 배분한다. 다만, 제68조의2 제1항 및 제2항에 따라 배분요구의 종기까지 배분요구를 하여야 하는 채권의 경우에는 배분요구를 한 채권에 대하여만 배분한다.

  1. 압류재산에 관계되는 체납액
  2. 교부청구를 받은 체납액·지방세 또는 공과금
  3. 압류재산에 관계되는 전세권·질권 또는 저당권에 의하여 담보된 채권
  4. 주택임대차보호법 또는 상가건물 임대차보호법에 따라 우선변제권이 있는 임차보증금 반환채권
  5. 근로기준법 또는 근로자퇴직급여 보장법에 따라 우선변제권이 있는 임금, 퇴직금, 재해보상금 및 그 밖에 근로관계로 인한 채권
  6. 압류재산에 관계되는 가압류채권
  7. 집행력 있는 정본에 의한 채권

② 제80조 제1항 제1호 및 제4호의 금전은 각각 그 압류 또는 교부청구에 관계되는 체납액에 충당한다.

③ 제1항가 제2항에 따라 금전을 배부하거나 충당하고 남은 금액이 있을 때에는 체납자에게 지급하여야 한다.

④ 세무서장은 매각대금이 제1항 각 호의 체납액과 채권의 총액보다 적을 때에는 민법이나 그 밖의 법령에 따라 배분할 순위와 금액을 정하여 배분하여야 한다.

⑤ 세무서장은 제1항에 따른 배분이나 제2항에 따른 충당에 있어서 국세에 우선하는 채권이 있음에도 불구하고 배분 순위의 착오나 부당한 교부청구 또는 그 밖에 이에 준하는 사유로 체납액에 먼저 배분하거나 충당한 경우에는 그 배분하거나 충당한 금액을 국세에 우선하는 채권자에게 국세환급금 환급의 예에 따라 지급한다.

(4) **체납처분의 중지 및 유예** 체납처분의 목적물인 총재산의 추산가액이 체납처분비에 충당하고 남을 여지가 없거나 기타 법정사유가 있는 경우 체납처분을 중지한다. 또한 세무서장은 일정한 사유가 있는 경우 국세청장의 승인을 얻어 체납처분에 의한 재산의 압류나 압류재산의 매각을 대통령령이 정하는 바에 따라 유예할 수 있다(동법 제85조, 제85조의2).

4. 권리구제 및 하자승계

(1) **권리구제**: 행정상 강제징수에 불복하는 경우 행정쟁송을 제기할 수 있다. 국세기본법은 소송제기 전 심사청구 또는 심판청구의 절차 중 하나를 거치도록 '필요적 전심절차'를 규정하고 있다(동법 제56조 제2항). 지방세의 경우에는 위헌결정 후 전심절차 없이 바로 행정쟁송을 제기할 수 있다.

(2) **하자의 승계**

① 독촉과 체납처분의 각 절차(압류-매각-청산)는 각 단계의 절차가 결합하여 하나의 법률효과를 가져오므로 하자가 승계된다.

② 그러나 과세처분과 행정상 강제징수절차(독촉-압류-매각-청산)는 서로 별개의 목적을 추구하므로, 과세처분의 하자가 행정상 강제징수절차로 승계되지 않는다.

✚ 판례 PLUS

조세부과처분의 하자가 체납처분에 승계되는지 여부: 소극(취소사유의 하자는 승계되지 않음)

조세의 부과처분과 압류 등의 체납처분은 별개의 행정처분으로서 독립성을 가지므로 부과처분에 하자가 있더라도 그 부과처분이 취소되지 아니하는 한 그 부과처분에 의한 체납처분은 위법이라고 할 수는 없지만(하자의 승계 부정), 체납처분은 부과처분의 집행을 위한 절차에 불과하므로 그 부과처분에 중대하고도 명백한 하자가 있어 무효인 경우에는 그 부과처분의 집행을 위한 체납처분도 무효라 할 것이다(대판 1987.9.22, 87누383).

---

04 행정상 즉시강제

1 의의

1. 개념

행정상 즉시강제란, 행정상 장애가 존재하거나 장애의 발생이 목전에 급박한 경우에 성질상 개인에게 의무를 명해서는 공행정 목적을 달성할 수 없거나 미리 의무를 명할 시간적 여유가 없는 경우에, 개인에게 의무를 명함이 없이 행정기관이 직접 개인의 신체나 재산에 실력을 가해 행정상 필요한 상태의 실현을 목적으로 하는 작용을 의미한다(행정기본법 제30조 제1항 제5호).

2. 구체적인 예

마약중독자의 강제수용, 감염병 환자의 강제입원, 경찰관의 위험의 방지를 위한 출입 등이 대표적이다.

행정상 즉시강제의 의의

행정상 즉시강제란 행정강제의 일종으로서 목전의 "급박"한 행정상 장해를 제거할 필요가 있는 경우에, 미리 의무를 명할 시간적 여유가 없을 때 또는 그 성질상 의무를 명하여 가지고는 목적달성이 곤란할 때에, 직접 국민의 신체 또는 재산에 실력을 가하여 행정상 필요한 상태를 실현하는 작용이다. 이는 법령 또는 행정처분에 의한 선행의 구체적 의무의 존재와 그 불이행을 전제로 하는 행정상 강제집행과 구별된다(헌재 2002.10.31. 2000헌가12).

2 구별개념

1. 행정상 강제집행

강제집행은 선행하는 의무불이행이 있어야 하지만, 즉시강제는 의무불이행을 전제하지 않는 점에서 차이가 있다. 또한 강제집행은 계고등 절차준수가 필요하지만, 즉시강제는 사전절차를 생략하고 즉각적인 신체·재산에 실력을 행사한다.

2. 행정조사

즉시강제는 실력행사로 행정목적이 달성되지만, 행정조사는 자료의 수집 등이 목적이란 점에서 차이가 있다.

3. 행정벌

행정벌은 과거의 의무위반에 대한 처분이라는 점에 차이가 있다.

3 법적 근거

1. 행정기본법 제30조

종래에는 일반 긴급권이론, 불법방해의 자력제거법리 등을 통하여 특별한 법적 근거가 없어도 실행이 가능하다고 해석했다. 그러나 오늘날에는 법률에 명시적으로 규정된 경우에 한해서만 가능하다고 본다. 행정상 즉시강제 역시 국민의 자유나 재산에 침해를 가져오는 것이므로 법적인 근거를 요한다고 볼 것이다(법률유보의 원칙). 최근 제정된 행정기본법에서도 행정상 즉시강제를 하기 위해서는 별도의 개별법률에 근거가 있어야 한다고 명시하고 있다(제30조 제1항).

2. 개별법적 근거

행정상 즉시강제에 관한 개별법률로는 「경찰관직무집행법」, 「소방기본법」 제25조, 「감염병의 예방 및 관리에 관한 법률」 제42조 등을 들 수 있다.

OX 문제

01 소방기본법상 소방활동에 방해가 되는 물건 등에 대한 강제처분은 행정상 즉시강제에 해당한다. ( )

정답 01 ○

4 행정상 즉시강제의 수단

1. 대인적 강제

(1) 경찰관직무집행법상 강제: 보호조치(제4조 제1항), 위험발생의 방지(제5조), 범죄의 예방과 제지(제6조), 임시영치(제4조 제3항), 위험방지를 위한 출입(제7조) 등이 있다.

(2) 개별법상 강제: 물건의 수거(청소년보호법), 차량 또는 물건의 제거(소방기본법) 등이 있다.

2. 대물적 강제

(1) 경찰관직무집행법상 강제: 무기·흉기 등 물건의 임시영치(10일 이내), 위험발생방지조치 등이 있다.

(2) 개별법상 강제: 소방대상물에 대한 강제처분 및 물건의 파기(소방기본법), 위해식품의 수거 및 폐기(식품위생법), 유해약물 등의 수거·폐기(청소년보호법), 물건의 폐기(약사법), 교통장애물의 제거(도로교통법) 등이 있다.

3. 대가택 강제

(1) 경찰관직무집행법상 강제: 위험방지를 위한 가택출입, 가택수색 등이 있다.

(2) 개별법상 강제: 선박·차량·항공기·창고 또는 그 밖의 장소를 검증하거나 수색(관세법) 등이 있다.

5 즉시강제의 요건

1. 실체적 요건

 법령 PLUS

행정기본법

제30조(행정상 강제) ① 행정청은 행정목적을 달성하기 위하여 필요한 경우에는 법률로 정하는 바에 따라 필요한 최소한의 범위에서 다음 각 호의 어느 하나에 해당하는 조치를 할 수 있다.
  5. 즉시강제: 현재의 급박한 행정상의 장해를 제거하기 위한 경우로서 다음 각 목의 어느 하나에 해당하는 경우에 행정청이 곧바로 국민의 신체 또는 재산에 실력을 행사하여 행정목적을 달성하는 것
    가. 행정청이 미리 행정상 의무 이행을 명할 시간적 여유가 없는 경우
    나. 그 성질상 행정상 의무의 이행을 명하는 것만으로는 행정목적 달성이 곤란한 경우
제33조(즉시강제) ① 즉시강제는 다른 수단으로는 행정목적을 달성할 수 없는 경우에만 허용되며, 이 경우에도 최소한으로만 실시하여야 한다.
② 즉시강제를 실시하기 위하여 현장에 파견되는 집행책임자는 그가 집행책임자임을 표시하는 증표를 보여주어야 하며, 즉시강제의 이유와 내용을 고지하여야 한다.

○✕ 문제

01 경찰관직무집행법상의 보호조치는 즉시강제에 해당한다. ( )

정답 01 ○

(1) **법적 근거**: 반드시 개별법률의 근기를 필요로 하며(행정기본법 제20조 제1항), 법규의 허용범위 안에서만 발동해야 한다. 즉시강제의 발동은 엄격한 법적 근거가 필요하다.

(2) **행정기본법상 요건**

① 급박성: 현재의 급박한 행정상의 장해를 제거하기 위한 경우로서, 행정청이 미리 행정상 의무 이행을 명할 시간적 여유가 없거나, 그 성질상 행정상 의무의 이행을 명하는 것만으로는 행정목적 달성이 곤란한 경우이어야 한다(행정기본법 제30조 제1항 5호).

② 보충성: 다른 수단으로는 행정목적을 달성할 수 없어야 한다(행정기본법 제33조 제1항).

③ 비례성: 행정상 즉시강제가 허용되는 경우에도 필요최소한의 범위 내에서만 실시하여야 한다(행정기본법 제33조 제1항). 즉 엄격한 비례의 원칙이 적용된다.

　㉠ 적합성의 원칙: 행정목적 달성을 위해 적합

　㉡ 필요성: 즉시강제는 피해를 최소화하는 수단

　㉢ 상당성: 즉시강제를 통하여 추구하는 공익보다 사익의 침해가 커서는 안 됨

④ 소극성: 위험의 방지라는 소극적인 목적으로만 발동된다.

 판례 PLUS

행정상 즉시강제의 한계
행정강제는 행정상 강제집행을 원칙으로 하며, 법치국가적 요청인 예측가능성과 법적 안정성에 반하고, 기본권 침해의 소지가 큰 권력작용인 행정상 즉시강제는 어디까지나 예외적인 강제수단이라고 할 것이다. 이러한 행정상 즉시강제는 엄격한 실정법상의 근거를 필요로 할 뿐만 아니라, 그 발동에 있어서는 법규의 범위 안에서도 다시 행정상의 장해가 목전에 급박하고, 다른 수단으로는 행정목적을 달성할 수 없는 경우이어야 하며, 이러한 경우에도 그 행사는 필요최소한도에 그쳐야 함을 내용으로 하는 조리상의 한계에 기속된다(헌재 2002.10.31, 2000헌가12).

2. 절차적 요건

 법령 PLUS

행정기본법
제33조(즉시강제) ② 즉시강제를 실시하기 위하여 현장에 파견되는 집행책임자는 그가 집행책임자임을 표시하는 증표를 보여 주어야 하며, 즉시강제의 이유와 내용을 고지하여야 한다.

(1) **집행책임자의 증표제시 및 이유고지의무**: 행정상 즉시강제를 실시하기 위하여 현장에 파견되는 집행책임자는 집행책임자임을 표시하는 증표를 제시하여야 하며, 즉시강제의 이유와 내용을 고지하여야 한다(행정기본법 제33조 제2항).

OX 문제

01 화재진압작업을 위하여 급박한 경우에는 법적 근거가 없더라도 뱅싱싱 즉시강제로서 화재발생현장에 불법주차된 차량을 세서할 수 있다. (　)

02 행정강제는 행정상 강제집행을 원칙으로 하고, 행정상 즉시강제는 예외적으로 인정되는 강제수단이다. (　)

정답 01 ×(→법적 근거 필요) 02 ○

법령 PLUS

행정기본법

제33조(즉시강제) ② 즉시강제를 실시하기 위하여 현장에 파견되는 집행책임자는 그가 집행책임자임을 표시하는 증표를 보여 주어야 하며, 즉시강제의 이유와 내용을 고지하여야 한다.

(2) **영장주의의 적용 여부**: 행정상 즉시강제에도 헌법상 '영장주의'가 적용되는지에 대해서는 견해가 대립한다(영장필요설, 영장불요설, 절충설).

① **대법원의 입장**: 대법원은 원칙적으로 영장주의가 적용되어야 하지만, 행정목적의 달성을 위하여 불가피한 경우에는 예외적으로 영장주의가 적용되지 않는다고 본다(절충설).

② **헌법재판소의 입장**: 행정상 즉시강제는 급박성을 본질로 하므로, 원칙적으로 영장주의가 적용되지 않는다는 입장이다(영장불요설).

판례 PLUS

행정상 즉시강제에 영장주의가 적용되는지 여부: 소극(헌법재판소)

1. 행정상 즉시강제에도 적용되는지에 관하여는 논란이 있으나, 행정상 즉시강제는 상대방의 임의이행을 기다릴 시간적 여유가 없을 때 하명없이 바로 실력을 행사하는 것으로서, 그 본질상 급박성을 요건으로 하고 있어 법관의 영장을 기다려서는 그 목적을 달성할 수 없다고 할 것이므로, 원칙적으로 영장주의가 적용되지 않는다.

2. 따라서 '음반 · 비디오물 및 게임물에 관한 법률'이 등급분류를 받지 않은 게임물 등에 대하여 비록 영장 없는 수거를 인정하고 있다고 하더라도 헌법상 영장주의에 위배되는 것으로 볼 수 없다(헌재 2002.10.31. 2000헌가12).

사회안전법 소정의 동행보호규정이 사전영장주의에 위배되는지 여부: 소극

사전영장주의는 인신보호를 위한 헌법상의 기속원리이기 때문에 인신의 자유를 제한하는 모든 국가작용의 영역에서 존중되어야 하지만, 헌법 제12조 제3항 단서도 사전영장주의의 예외를 인정하고 있는 것처럼 사전영장주의를 고수하다가는 도저히 행정목적을 달성할 수 없는 지극히 예외적인 경우에는 형사절차에서와 같은 예외가 인정되므로, 사회안전법 소정의 동행보호규정은 재범의 위험성이 현저한 자를 상대로 긴급히 보호할 필요가 있는 경우에 한하여 단기간의 동행보호를 허용한 것으로서 그 요건을 엄격히 해석하는 한, 사전영장주의를 규정한 헌법규정에 반한다고 볼 수는 없다(대판 1997.6.13. 96다56115).

6 즉시강제와 권리구제

1. 적법한 즉시강제에 대한 구제

(1) **요건**: 손실을 입은 자는 그 손실이 특별희생에 해당하고, 보상에 관한 법령이 있는 경우 손실보상을 청구할 수 있다. 따라서 발생한 모든 손실에 대한 보상은 아니다.

(2) **경찰관직무집행법**: 경찰관의 적법한 직무집행에 대한 손실보상에 대해 규정하고 있다.

OX문제

01 불법게임물을 발견한 경우 관계공무원으로 하여금 영장 없이 이를 수거하여 폐기할 수 있도록 규정한 음반 · 비디오물 및 게임물에 관한 법률의 조항은 급박한 상황에 대처하기 위해 행정상 즉시강제를 행할 불가피성과 정당성이 인정되지 않으므로 헌법상 영장주의에 위배된다. ( )

정답 01 ×(→위배되지 않는다)

법령 PLUS

경찰관직무집행법

제11조의2(손실보상) ① 국가는 경찰관의 적법한 직무집행으로 인하여 다음 각 호의 어느 하나에 해당하는 손실을 입은 자에 대하여 정당한 보상을 하여야 한다.
  1. 손실발생의 원인에 대하여 책임이 없는 자가 생명·신체 또는 재산상의 손실을 입은 경우(손실발생의 원인에 대하여 책임이 없는 자가 경찰관의 직무집행에 자발적으로 협조하거나 물건을 제공하여 생명·신체 또는 재산상의 손실을 입은 경우를 포함한다)
  2. 손실발생의 원인에 대하여 책임이 있는 자가 자신의 책임에 상응하는 정도를 초과하는 생명·신체 또는 재산상의 손실을 입은 경우
② 제1항에 따른 보상을 청구할 수 있는 권리는 손실이 있음을 안 날부터 3년, 손실이 발생한 날부터 5년간 행사하지 아니하면 시효의 완성으로 소멸한다.
③ 제1항에 따른 손실보상신청 사건을 심의하기 위하여 손실보상심의위원회를 둔다.
④ 경찰청장 또는 지방경찰청장은 제3항의 손실보상심의위원회의 심의·의결에 따라 보상금을 지급하고, 거짓 또는 부정한 방법으로 보상금을 받은 사람에 대하여는 해당 보상금을 환수하여야 한다.
⑤ 보상금이 지급된 경우 손실보상심의위원회는 대통령령으로 정하는 바에 따라 경찰위원회에 심사자료와 결과를 보고하여야 한다. 이 경우 경찰위원회는 손실보상의 적법성 및 적정성 확인을 위하여 필요한 자료의 제출을 요구할 수 있다.
⑥ 경찰청장 또는 지방경찰청장은 제4항에 따라 보상금을 반환하여야 할 사람이 대통령령으로 정한 기한까지 그 금액을 납부하지 아니한 때에는 국세 체납처분의 예에 따라 징수할 수 있다.
⑦ 제1항에 따른 손실보상의 기준, 보상금액, 지급 절차 및 방법, 제3항에 따른 손실보상심의위원회의 구성 및 운영, 제4항 및 제6항에 따른 환수절차, 그 밖에 손실보상에 관하여 필요한 사항은 대통령령으로 정한다.

2. 위법한 즉시강제에 대한 구제

(1) 행정쟁송: 즉시강제는 단기간에 종료되는 경우가 대부분이므로 원칙적으로는 소의 이익이 없게 된다. 따라서 즉시강제가 장기간에 걸쳐서 행해지는 경우나, 즉시강제 종료 후에도 즉시강제의 취소로 회복되는 법률상 이익이 있는 경우에 한하여만 행정쟁송으로 다툴 수 있다.

(2) 국가배상: 즉시강제는 대부분 단기간에 종료되므로, 손해배상청구나 원상회복청구가 현실적이며 실효적인 구제수단이 될 수 있다.

(3) 정당방위: 위법한 즉시강제에 대한 저항은 공무집행방해죄를 구성하지 않는다.

판례 PLUS

행정상 즉시강제에 대하여 정당방위가 인정되는지 여부: 적극

교통단속 경찰관의 면허증 제시 요구에 응하지 않고 교통경찰관을 폭행한 사안에 대하여 경찰관의 면허증 제시 요구에 순순히 응하지 않은 것은 잘못이라고 하겠으나, 경찰관의 오만한 단속 태도에 항의한다고 하여 피고인을 그 의사에 반하여 교통초소로 연행해 갈 권한은 경찰관에게 없는 것이므로, 이러한 강제연행에 항거하는 와중에서 경찰관의 멱살을 잡는 등 폭행을 가하였다고 하여도 공무집행방해죄가 성립되지 않는다(대판 1992.2.11, 91도2797).

CHAPTER

03 행정조사

1 의의

1. 개념

행정조사란 행정기관이 정책을 결정하거나 직무를 수행하는 데 필요한 정보나 자료를 수집하기 위하여 현장조사 · 문서열람 · 시료채취 등을 하거나 조사대상자에게 보고요구 · 자료제출요구 및 출석 · 진술요구를 행하는 활동을 말한다(행정조사기본법 제2조 제1호). 개별법에서는 "검사", "출입 · 검사", "출입 · 검사와 수거", "감독" 등으로 표현하고 있다.

2. 행정상 즉시강제와의 구별

구분	행정조사	행정상 즉시강제
목적	그 자체가 목적이 아니라 일정한 행정작용을 실현시키기 위하여 필요한 자료 및 정보를 수집하는 '준비적 · 보조적 작용'	그 자체가 행정상 필요한 상태의 실현을 목적으로 하는 작용
기능	직접적 실력행사 × → 벌칙에 의한 행정벌 또는 불이익처분에 의해 행정조사를 수인시킴	직접적 실력행사 ○ → 스스로 일정한 상태를 실현시킴
성질	권력적 조사 외에 '비권력적 조사'도 포함	강제력의 행사를 요소로 하는 권력적 작용

판례 PLUS

세무조사의 성격

세무조사는 국가의 과세권을 실현하기 위한 행정조사의 일종으로서 국세의 과세표준과 세액을 결정 또는 경정하기 위하여 질문을 하고 장부 · 서류 그 밖의 물건을 검사 · 조사하거나 그 제출을 명하는 일체의 행위를 말하며, 부과처분을 위한 과세관청의 질문조사권이 행하여지는 세무조사의 경우 납세자 또는 그 납세자와 거래가 있다고 인정되는 자 등은 세무공무원의 과세자료 수집을 위한 질문에 대답하고 검사를 수인하여야 할 법적 의무를 부담한다(대판 2017.3.16, 2014두8360).

3. 행정조사의 법적 성질

행정조사는 직접 개인의 권리관계의 변동을 목적으로 하는 것이 아니고 장래의 행정작용을 위한 준비적 · 보조적 수단으로서 시행된다. 일반적으로 비권력적 사실행위로 보지만 권력적 행정조사(강제조사)도 있다.

OX문제

01 일반적으로 행정조사 그 자체는 법적 효과를 가져오지 않는 사실행위에 해당한다. ( )

정답 01 ○

2 행정조사의 종류

1. 성질에 따른 분류

(1) 비권력적 행정조사(임의조사): 상대방의 임의적 협력에 의하여 행하거나 행정청 단독으로 행하는 경우이다. 여론조사나 공청회 등과 같이 명령이나 강제를 수반하지 않는 행정조사 등이 그 예이다.

(2) 권력적 행정조사(강제조사): 상대방이 이에 따르지 않으면 벌칙을 받게 되는 경우의 행정조사를 말한다. 경찰관직무집행법 제3조의 불심검문, 소방기본법 제30조의 화재조사와 같이 행정기관의 일방적인 명령·강제를 수단으로 하는 행정조사 등이 그 예이다.

2. 조사대상에 따른 분류

(1) 대인적 조사: 사람을 대상으로 하는 신체수색이나 질문 등이 있다.

(2) 대물적 조사: 물건을 대상으로 하는 물품검사·수거, 시설검사, 장부·서류열람 등이 있다.

(3) 대가택 조사: 가택을 대상으로 하는 주거·창고·영업소에 대한 출입·검사 등이 있다. 통상적으로 대물적 조사와 병행한다.

3 행정조사의 방법

행정조사를 하기 위한 방법으로는 출석과 진술요구, 보고와 자료제출요구, 현장조사, 시료채취, 자료 등 영치, 공동조사 등이 있다.

1. 출석진술요구(제9조)

(1) 출석요구서 발송: 행정청은 당사자에게 출석·진술을 요구하는 요구서를 발송한다.

(2) 변경신청: 당사자는 경제활동에 방해를 받는다면 다른 날짜로 변경해 줄 것을 요구할 수 있고, 행정청은 변경할 수 있다.

(3) 1회 출석의 원칙: 다른 특별한 사정이 없다면 1회 출석으로 조사를 마쳐야 한다.

★ 법령 PLUS

행정조사기본법

제9조(출석·진술 요구) ① 행정기관의 장이 조사대상자의 출석·진술을 요구하는 때에는 다음 각 호의 사항이 기재된 출석요구서를 발송하여야 한다.

    1. 일시와 장소
    2. 출석요구의 취지
    3. 출석하여 진술하여야 하는 내용
    4. 제출자료
    5. 출석거부에 대한 제재(근거 법령 및 조항 포함)
    6. 그 밖에 당해 행정조사와 관련하여 필요한 사항

OX문제

01 행정조사는 조사대상자의 자발적 협조를 얻어서 실시하는 경우에는 개별 법령의 근거규정이 없어도 할 수 있다. ( )

정답 01 ○

② 조사대상자는 지정된 출석일시에 출석하는 경우 업무 또는 생활에 지장이 있는 때에는 행정기관의 장에게 출석일시를 변경하여 줄 것을 신청할 수 있으며, 변경신청을 받은 행정기관의 장은 행정조사의 목적을 달성할 수 있는 범위 안에서 출석일시를 변경할 수 있다.

③ 출석한 조사대상자가 제1항에 따른 출석요구서에 기재된 내용을 이행하지 아니하여 행정조사의 목적을 달성할 수 없는 경우를 제외하고는 조사원은 조사대상자의 1회 출석으로 당해 조사를 종결하여야 한다.

2. 보고요구와 자료제출의 요구(제10조)

(1) 보고요구: 행정기관의 장은 조사대상자에게 조사사항에 대하여 보고를 요구하는 때에는 일정한 사항이 포함된 보고요구서를 발송하여야 한다.

(2) 자료제출요구: 행정기관의 장은 조사대상자에게 장부·서류나 그 밖의 자료를 제출하도록 요구하는 때에는 일정한 사항이 기재된 자료제출요구서를 발송하여야 한다.

3. 현장조사(제11조)

(1) 문서 발송: 조사원이 가택·사무실 또는 사업장 등에 출입하여 현장조사를 실시하는 경우에는 행정기관의 장은 조사 목적, 조사기간과 장소 등의 사항이 기재된 현장출입조사서 또는 법령 등에서 현장조사시 제시하도록 규정하고 있는 문서를 조사대상자에게 발송하여야 한다(제1항).

(2) 조사시기 및 방법: 현장조사는 해가 뜨기 전이나 해가 진 뒤에는 할 수 없다. 다만, 다음의 어느 하나에 해당하는 경우에는 그러하지 아니다. 현장조사를 하는 조사원은 그 권한을 나타내는 증표를 지니고 이를 조사대상자에게 내보여야 한다(제2항).

① 조사대상자(대리인 및 관리책임이 있는 자를 포함한다)가 동의한 경우

② 사무실 또는 사업장 등의 업무시간에 행정조사를 실시하는 경우

③ 해가 뜬 후부터 해가 지기 전까지 행정조사를 실시하는 경우에는 조사목적의 달성이 불가능하거나 증거인멸로 인하여 조사대상자의 법령등의 위반 여부를 확인할 수 없는 경우

4. 시료채취 및 자료 등의 영치

(1) 시료채취(제12조): 조사원이 조사목적의 달성을 위하여 시료채취를 하는 경우에는 그 시료의 소유자 및 관리자의 정상적인 경제활동을 방해하지 아니하는 범위 안에서 최소한도로 하여야 하며 이로 인해 조사대상자에게 손실을 입힌 때에는 대통령령으로 정하는 절차와 방법에 따라 그 손실을 보상하여야 한다.

(2) 자료 등의 영치(제13조): 조사원이 현장조사 중에 자료·서류·물건 등을 영치하는 때에는 조사대상자 또는 그 대리인을 입회시켜야 하며 이로 인해 조사대상자의 생활이나 영업이 사실상 불가능하게 될 우려가 있는 때에는 조사원은 자료 등을 사진으로 촬영하거나 사본을 작성하는 등의 방법으로 영치에 갈음할 수 있다(증거인멸의 우려가 있는 자료는 제외).

5. 공동조사(제14조)

(1) 조사대상자의 신청: 행정조사 사전통지를 받은 조사대상자는 관계 행정기관의 장에게 공동조사를 실시해줄 것을 요청하기 위해 공동조사 신청서를 제출할 수 있다. 이에 요청받은 행정기관의 장은 응하여야 한다.

(2) 행정기관의 장의 공동조사의무

① 당해 행정기관내의 동일하거나 유사한 업무분야에 대하여 동일한 조사대상자에게 행정조사를 실시하는 경우

② 서로 다른 행정기관이 대통령령으로 정하는 분야에 대하여 동일한 조사대상자에게 해정조사를 실시하는 경우

(3) 국무조정실장의 요청: 국무조정실장은 행정기관의 장이 제출한 행정조사 운영계획의 내용을 검토한 후에 관계부처의 장에게 공동조사를 요청할 수 있다.

6. 중복조사 제한(제15조)

(1) 중복조사금지(재조사 금지)

① 원칙: 정기 · 수시조사를 실시한 행정기관의 장은 <u>동일한 사안에 대해 동일한 조사 대상자를 재조사</u>해서는 아니 된다.

② 예외: 다만 위법행위가 의심되는 <u>새로운 증거를 확보한 경우</u>에는 그러하지 아니하다.

(2) 중복조사를 피하기 위한 다른 행정기관에의 확인: 행정조사를 실시할 행정기관의 장은 조사 실시 전에 다른 행정기관에서 동일한 조사대상자를 동일하거나 유사한 사안으로 조사했는지를 확인하기 위해서 다른 행정기관에 행정조사 결과를 요청할 수 있고, 요청받은 행정기관의 장은 다른 특별한 사유가 없는 한 관련자료를 제공해야 한다.

 법령 PLUS

행정조사기본법

제15조(중복조사의 제한) ① 제7조에 따라 정기조사 또는 수시조사를 실시한 행정기관의 장은 동일한 사안에 대하여 동일한 조사대상자를 재조사 하여서는 아니 된다. 다만, 당해 행정기관이 이미 조사를 받은 조사대상자에 대하여 위법행위가 의심되는 새로운 증거를 확보한 경우에는 그러하지 아니하다.
② 행정조사를 실시할 행정기관의 장은 <u>행정조사를 실시하기 전에</u> 다른 행정기관에서 동일한 조사대상자에게 동일하거나 유사한 사안에 대하여 <u>행정조사를 실시하였는지 여부를 확인</u>할 수 있다.
③ 행정조사를 실시할 행정기관의 장이 제2항에 따른 사실을 확인하기 위하여 행정조사의 결과에 대한 자료를 요청하는 경우 요청받은 행정기관의 장은 특별한 사유가 없는 한 <u>관련 자료를 제공하여야 한다.</u>

 판례 PLUS

중복조사의 금지

1. **후속조사가 종전 세무조사와 실질적으로 같은 과세요건사실에 대하여 이루어진 경우, 금지되는 재조사에 해당하는지 여부: 적극**
   세무조사의 성질과 효과, 중복세무조사를 원칙적으로 금지하는 취지, 증여세의 과세대상 등을 고려하면, 증여세에 대한 후속 세무조사가 조사의 목적과 실시 경위, 질문조사의 대상과 방법 및 내용, 조사를 통하여 획득한 자료 등에 비추어 종전 세무조사와 실질적으로 같은 과세요건사실에 대한 것에 불과할 경우에는, 국세기본법상 금지되는 재조사에 해당한다(대판 2018.6.19, 2016두1240).

2. 금지되는 재조사에 기한 과세처분의 효력: 위법

국세기본법의 문언과 체계, 재조사를 엄격하게 제한하는 입법 취지, 그 위반의 효과 등을 종합하여 보면, 금지되는 재조사에 기하여 과세처분을 하는 것은 단순히 당초 과세처분의 오류를 경정하는 경우에 불과하다는 등의 특별한 사정이 없는 한 그 자체로 위법하고, 이는 과세관청이 그러한 재조사로 얻은 과세자료를 과세처분의 근거로 삼지 않았다거나 이를 배제하고서도 동일한 과세처분이 가능한 경우라고 하여 달리 볼 것은 아니다(대판 2017.12.13, 2016두55421).

4 행정조사의 실시

1. 개별조사계획의 수립(제16조)

행정조사를 실시하고자 하는 행정기관의 장은 사전통지를 하기 전에 개별조사계획을 수립하여야 한다.

2. 사전통지(제17조)

(1) 원칙: 행정기관의 장은 출석·보고·자료제출요구서 및 현장출입조사서를 조사개시 7일 전까지 조사대상자에게 서면으로 통지하여야 한다.

(2) 예외: 다음의 경우에는 그러한 서면을 제시하거나 구두로 통지할 수 있다.

① 미리 통지하면 증거인멸 등으로 행정조사의 목적을 달성할 수 없다고 판단되는 경우

② 조사대상자의 자발적인 협조가 있는 경우

③ 지정통계의 작성을 위한 조사

3. 조사연기신청(제18조)

(1) 조사대상자는 일정한 경우에 연기신청서를 제출하여 연기를 신청할 수 있다.

(2) 행정기관의 장은 연기신청을 받은 날부터 7일 이내에 연기여부를 결정하여 조사대상자에게 통지하여야 한다.

4. 제3자에 대한 보충조사(제19조)

(1) 제3자 대상 보충조사 요건: 조사대상자에 대한 조사만으로는 조사목적을 달성 불가하거나, 대상이 되는 행위에 대한 사실여부를 입증하는데 과도한 비용이 드는 경우로서 다음 각호에 해당하면 보충조사가 가능하다.

① 제3자의 동의가 있는 경우

② 다른 법률에서 제3자에게 서면으로 통지하여야 한다.

(2) 조사개시 7일 전까지 제3자에게 서면으로 통지하여야 한다.

(3) 제3자에 대한 보충조사계획을 원래의 조사대상자에게도 통지하여야 한다. 단 조사목적을 달성하기 위해서는 제3자에 대한 조사결과를 확정하기 전에 그 사실을 통지할 수 있다.

(4) 원래의 조사대상자는 제3항에 따른 통지에 대하여 의견을 제출할 수 있다.

5. 자발적 협조에 따라 실시하는 행정조사(제20조)

(1) 이 경우 조사대상자는 문서·전화·구두 등의 방법으로 행정조사를 거부할 수 있다.

(2) 조사에 응할 것인지에 대한 응답을 하지 아니한 경우는 특별한 규정이 없는 한 조사를 거부한 것으로 본다.

6. 의견제출(제21조)

조사대상자는 사전통지에 대하여 의견제출할 수 있고, 행정기관의 장은 의견이 상당한 이유가 있다고 인정하는 경우 행정조사에 반영하여야 한다.

7. 조사원 교체신청(제22조)

조사대상자는 조사원에게 공정한 행정조사를 기대하기 어려운 사정이 있다고 판단되는 경우에는 행정기관의 장에게 이유를 명시한 서면으로 조사원 교체를 신청할 수 있다.

8. 조사권 행사의 제한(제23조)

(1) **사전통지의 내용에 의한 제한**: 사전에 발송된 사항에 한하여 조사해야 한다.

(2) **절차에 의한 제한**: 추가조사가 필요한 경우 그 필요와 조사내용 등에 관한 사항을 서면이나 구두로 통보한 후 추가조사를 실시할 수 있다.

(3) **조사대상자를 위한 전문가에 의한 제한**: 법률, 회계 등에 전문지식이 있는 관계 전문가로 하여금 조사과정에 입회하게 하거나 의견을 진술하게 할 수 있다.

(4) **조사과정의 녹음·녹화에 의한 제한**: 조사대상자와 조사원은 조사과정을 방해하지 아니하는 범위 안에서 조사의 과정을 녹음하거나 녹화할 수 있다. 이 경우 녹음·녹화 범위는 상호협의하고 사전에 이를 행정기관의 장에게 통지하여야 한다.

9. 조사결과의 통지(동법 제24조)

법령 등에 특별한 규정이 있는 경우를 제외하고는 조사결과를 확정한 날부터 7일 이내에 결과를 통지해야 한다.

1 행정조사의 근거

1. 근거(제5조)

행정기관은 법령등에서 행정조사를 규정하고 있는 경우에 한하여 행정조사를 실시할 수 있다. 다만, 조사대상자의 자발적인 협조를 얻어 실시하는 행정조사의 경우에는 규정이 없어도 실시할 수 있다.

2. 다른 법령

행정조사기본법 이외에 개별법으로는 「소방기본법」, 「경찰관직무집행법」, 「법인세법」, 「통계법」 등이 있다.

2 행정조사의 한계

1. 행정조사의 내용상 한계

(1) 행정조사는 근거법상의 기본원칙에 따라 내용상 한계가 있다(제4조)

① 비례의 원칙: 조사목적을 달성하는데 필요한 최소한의 범위 안에서 실시하여야 하며, 다른 목적 등을 위하여 조사권을 남용하여서는 아니 된다(제1항).

② 적합성의 원칙: 조사목적에 적합하도록 조사대상자를 선정하여 행정조사를 실시하여야 한다(제2항).

③ 중복조사 금지의 원칙: 유사하거나 동일한 사안에 대하여는 공동조사 등을 실시함으로써 행정조사가 중복되지 아니하도록 하여야 한다(제3항).

④ 법령준수 · 유도의 원칙: 법령등의 위반에 대한 처벌보다는 법령등을 준수하도록 유도하는 데 중점을 두어야 한다(제4항).

⑤ 비밀유지의 원칙: 행정조사의 대상자 또는 행정조사의 내용을 공표하거나 직무상 알게 된 비밀을 누설하여서는 아니된다(제5항).

⑥ 조사목적 이외의 이용금지 원칙: 행정기관은 행정조사를 통하여 알게 된 정보를 다른 법률에 따라 내부에서 이용하거나 다른 기관에 제공하는 경우를 제외하고는 원래의 조사목적 이외의 용도로 이용하거나 타인에게 제공하여서는 아니 된다(제6항).

 법령 PLUS

행정조사기본법

제4조(행정조사의 기본원칙) ① 행정조사는 조사목적을 달성하는데 필요한 최소한의 범위 안에서 실시하여야 하며, 다른 목적 등을 위하여 조사권을 남용하여서는 아니 된다.
② 행정기관은 조사목적에 적합하도록 조사대상자를 선정하여 행정조사를 실시하여야 한다.
③ 행정기관은 유사하거나 동일한 사안에 대하여는 공동조사 등을 실시함으로써 행정조사가 중복되지 아니하도록 하여야 한다.

④ 행정조사는 법령등의 위반에 대한 처벌보다는 법령등을 준수하도록 유도하는 데 준점을 두어야 한다.

⑤ 다른 법률에 따르지 아니하고는 행정조사의 대상자 또는 행정조사의 내용을 공표하거나 직무상 알게 된 비밀을 누설하여서는 아니된다.

⑥ 행정기관은 행정조사를 통하여 알게 된 정보를 다른 법률에 따라 내부에서 이용하거나 다른 기관에 제공하는 경우를 제외하고는 원래의 조사목적 이외의 용도로 이용하거나 타인에게 제공하여서는 아니 된다.

 판례 PLUS

기본원칙상의 한계

국세기본법은 "세무공무원은 적정하고 공평한 과세를 실현하기 위하여 필요한 최소한의 범위에서 세무조사를 하여야 하며, 다른 목적 등을 위하여 조사권을 남용해서는 아니 된다"라고 규정하고 있다. 따라서 세무조사가 과세자료의 수집 또는 신고내용의 정확성 검증이라는 본연의 목적이 아니라 부정한 목적을 위하여 행하여진 것이라면 이는 세무조사에 중대한 위법사유가 있는 경우에 해당하고 이러한 세무조사에 의하여 수집된 과세자료를 기초로 한 과세처분 역시 위법하다(대판 2016.12.15, 2016두47659).

(2) 적법절차원칙은 행정조사에도 적용되며 이에 따라 행정조사에 대한 사전통지와 이유제시가 필요하다.

 판례 PLUS

적법절차원칙 상의 한계

헌법 제12조 제1항에서 규정하고 있는 적법절차의 원칙은 형사소송절차에 국한되지 아니하고 모든 국가작용 전반에 대하여 적용 된다. 세무조사는 국가의 과세권을 실현하기 위한 행정조사의 일종으로서 과세자료의 수집 또는 신고내용의 정확성 검증 등을 위하여 필요불가결하며, 종국적으로는 조세의 탈루를 막고 납세자의 성실한 신고를 담보하는 중요한 기능을 수행한다. 이러한 세무공무원의 세무조사권의 행사에서도 적법절차의 원칙은 마땅히 준수되어야 한다(대판 2014.6.26, 2012두911).

2. 행정조사의 절차적 한계

(1) 행정조사기본법상의 절차

① 조사의 사전통지(제11조): 조사원이 가택 · 사무실 또는 사업장 등에 출입하여 현장조사를 실시하는 경우에는 조사목적, 조사기간과 장소, 조사원의 성명과 직위, 조사범위와 내용 등이 기재된 현장출입조사서를 조사대상자에게 발송하여야 한다(제1항). 이때 사전통지와 함께 그 권한을 나타내는 증표를 지니고 조사대상자에게 보여야 한다(제2항).

② 시료채취 및 영치: 조사원은 조사목적의 달성을 위하여 시료채취를 할 수 있는데(제12조), 현장조사 중에 자료 · 서류 · 물건 등을 영치하는 때에는 조사대상자 또는 그 대리인을 입회시켜야 하고, 영치를 완료한 때에는 영치조서를 2부 작성하여 입회인과 함께 서명날인하고 그 중 1부를 입회인에게 교부하여야 한다(제1, 2항).

③ 행정조사에 대한 거부권 부여: 행정기관의 조사대상자의 자발적인 협조를 얻어 행정조사를 실시하고자 하는 경우 조사대상자는 문서 · 전화 · 구두 등의 방법으로 당해 행정조사를 거부할 수 있다(제20조 제1항).

(2) 영장주의의 인정여부

① 임의조사(비권력적 행정조사)에는 영장이 필요 없지만, 강제조사(권력적 행정조사)의 경우에는 영장이 필요하다(다수설).

② 판례도 수사기관의 강제처분(행정조사)의 경우에는 영장주의가 적용되지만, 강제처분이 아닌 경우에는 영장주의를 적용하지 않는다고 본다.

➕ 판례 PLUS

행정조사의 영장주의

1. 〈강제처분이 아닌 경우〉 우편물 통관검사절차에서의 우편물의 개봉, 시료채취 등에 영장주의가 적용되는지 여부: 소극

관세법이 관세의 부과·징수와 아울러 수출입물품의 통관을 적정하게 함을 목적으로 한다는 점에 비추어 보면, 우편물 통관검사절차에서 이루어지는 우편물의 개봉, 시료채취, 성분분석 등의 검사는 수출입물품에 대한 적정한 통관 등을 목적으로 한 행정조사의 성격을 가지는 것으로서 수사기관의 강제처분이라고 할 수 없으므로, 압수·수색영장 없이 우편물의 개봉, 시료 채취, 성분분석 등의 검사가 진행되었다 하더라도 특별한 사정이 없는 한 위법하다고 볼 수 없다(대판 2013.9.26, 2013도7718).

2. 〈강제처분의 경우〉 마약류 수사와 관련하여 특정한 수출입물품 등의 개봉 검사에 영장주의가 적용되는지 여부: 적극

세관공무원이 수출입물품을 검사하는 과정에서 마약류가 감추어져 있다고 밝혀지거나 그러한 의심이 드는 경우, 검사는 마약류의 분산을 방지하기 위하여 충분한 감시체제를 확보하고 있어 수사를 위하여 이를 외국으로 반출하거나 대한민국으로 반입할 필요가 있다는 요청을 세관장에게 할 수 있고, 세관장은 그 요청에 응하기 위하여 필요한 조치를 할 수 있다(마약류 불법거래 방지에 관한 특례법 제4조 제1항). 그러나 이러한 조치가 수사기관에 의한 압수·수색에 해당하는 경우에는 영장주의 원칙이 적용된다(대판 2017.7.18, 2014도8719).

---

03 행정조사에 대한 권리구제

1 적법한 행정조사에 대한 구제

1. 손실보상

적법한 행정조사 활동으로 재산상 손실을 입은 경우에는 재산권침해의 정도가 특별한 희생에 해당하는 때에는 손실보상을 청구할 수 있다.

2. 행정조사기본법 제12조 제2항

행정기관의 장은 시료채취로 조사대상자에게 손실을 입힌 때에는 대통령령으로 정하는 절차와 방법에 따라 그 손실을 보상하여야 한다.

2 위법한 행정조사에 대한 구제

1. 행정쟁송

권력적 행정조사는 권력적 사실행위로 처분성을 인정한다. 단기간의 행정조사의 경우 소익이 부정되어 쟁송이 불가능한 경우가 대부분이다. 이때에는 국가배상이 실효성있다.

2. 손해배상

국가배상법이 정하는 바에 따라서 국가를 배상주체로 손해배상을 청구할 수 있다.

3. 정당방위

위법성이 조각된다. 조각사유에는 권한 없는 공무원에 의한 강제, 증표를 제시하지 못한 경우, 행정재량권 남용 등이다.

3 위법한 행정조사에 의한 행정행위의 효력

위법한 행정조사에 기초하여 이루어진 행정행위의 효력도 위법한지 여부에 대해 견해의 대립이 존재한다.

1. 다수설(절충설)

행정조사는 행정행위와 별개의 것으로 필수적으로 요구되는 사전절차가 아니므로 원칙적으로 행정조사가 위법하다고 하여 행정행위가 위법하게 되는 것은 아니며, 다만 행정조사에 중대한 위법사유가 있는 때에 이를 통해 수집된 정보가 정당하지 아니한 경우 그에 기초한 행정행위는 위법하다고 볼 수 있다는 입장이다.

2. 판례의 태도

위법한 행정조사에 의한 행정처분은 위법한 처분이다.

 판례 PLUS

> **운전자의 동의 없는 채혈 조사결과를 근거로 한 운전면허 정지·취소처분: 위법**
> 음주운전 여부에 대한 조사 과정에서 운전자 본인의 동의를 받지 아니하고 또한 법원의 영장도 없이 채혈조사를 한 결과를 근거로 한 운전면허 정지·취소 처분은 도로교통법 제44조 제3항을 위반한 것으로서 특별한 사정이 없는 한 위법한 처분이다(대판 2016.12.27, 2014두46850).

OX문제

01 위법한 행정조사로 손해를 입은 국민은 국가배상법에 따른 손해배상을 청구할 수 있다. ( )

02 판례에 의하면 위법한 행정조사에 기초하여 내려진 행정처분은 위법한 처분이다. ( )

정답 01 ○ 02 ○

CHAPTER

04 행정벌

01 개설

1 행정벌의 의의

1. 개념

행정벌은 행정의 상대방인 국민이 행정법상 의무를 위반하는 경우에 행정권에 의하여 그 의무 위반자에게 과해지는 제재로서의 처벌을 의미한다. 직접적으로 과거의 의무위반에 대한 제재로 행해지는 것이지만 간접적으로 행정법규의 실효성을 확보하는 수단이라는 기능을 한다.

2. 다른 개념과의 구별

(1) 징계벌과의 구별: 행정벌은 일반권력관계에 해당하는 의무위반자에 대해 '생명, 자유, 재산 등을 박탈'하는 것인 반면에, 징계벌은 특별권력관계에 해당하는 의무위반자에 대해 '신분상 불이익'을 주는 것을 의미한다(예 공무원 파면처분). 행정벌과 징계벌은 목적과 기능을 달리하므로 양자를 병과할 수 있으며 병과하더라도 일사부재리원칙에 위반되지 않는다.

> **➕ 판례 PLUS**
>
> 형사벌과 징계벌 병과 여부: 적극
> 공무원에게 징계사유가 인정되는 이상 관련된 형사사건이 아직 유죄로 확정되지 아니하였다고 하더라도 징계처분을 할 수 있다(대판 2001.11.9, 2001두4184).

(2) 집행벌(이행강제금)과의 구별: 집행벌(이행강제금)은 장래의 의무이행을 확보하기 위한 강제집행의 수단인데 반해, 행정벌은 과거의 행정법상 의무위반행위에 대한 제재로서 과해지는 것으로, '목적'이 다르므로 병과가 가능하다.

(3) 형사벌과 행정벌의 구별

① **구별실익:** 행정벌 중 행정형벌은 형사벌과 구별 실익이 있는지 여부에 대해 구별 긍정설이 통설의 입장이나 양자의 구별은 상대적·유동적이라고 보는 것이 타당하다.

② **병과가능성:** 행정법규를 위반한 하나의 행위에 대해 행정형벌과 행정질서벌을 동시에 부과할 수 있는지 여부이다. 즉 일사부재리원칙에 위반되는지의 문제이다.

- ㉠ 대법원은 행정형벌과 행정질서벌은 목적과 기능을 달리하므로 양자를 병과할 수 있다는 입장
- ㉡ 헌법재판소는 양자의 목적과 기능이 중복되므로 양자를 병과할 수 없다는 입장

★ 판례 PLUS

행정벌과 형벌을 병과하는 것이 일사부재리의 원칙에 위배되는지 여부: 소극

1. 행형법상 징벌을 받은 자에 대한 형사처벌을 할 수 있는지 여부: 적극

피고인이 행형법에 의한 징벌을 받아 그 집행을 종료하였다고 하더라도 행형법상의 징벌은 수형자의 교도소 내의 준수사항위반에 대하여 과하는 행정상의 질서벌의 일종으로서 형법 법령에 위반한 행위에 대한 형사책임과는 그 목적, 성격을 달리하는 것이므로 징벌을 받은 뒤에 형사처벌을 한다고 하여 일사부재리의 원칙에 반하는 것은 아니다(대판 2000.10.27, 2000도3874).

2. 무허가건축행위로 형벌을 받은 자에 대하여 시정명령의 위반을 이유로 과태료를 부과할 수 있는지 여부: 적극

양자는 처벌 내지 제재대상이 되는 기본적 사실관계로서의 행위를 달리하는 것이며, 그 보호법익과 목적에서도 차이가 있다. 이러한 점에 비추어 건축법에 의한 무허가건축행위에 대한 형사처벌과 과태료의 부과는 헌법 제13조 제1항이 금지하는 이중처벌에 해당한다고 할 수 없다(헌재 1994.6.30, 92헌바38).

2 법적 근거

헌법재판소는 따르면 죄형법정주의가 행정형벌에는 적용되지만, 행정질서벌인 과태료부과에는 적용되지 않는다고 본다(헌재 1998.5.28, 96헌바83). 2008년 6월부터 시행된 「질서위반행위규제법」은 '질서위반행위규제 법정주의'를 선언하고 있다.

3 행정벌의 종류

1. 행정형벌

행정벌은 행정형벌과 행정질서벌로 구분된다. 행정형벌은 행정법상의 의무위반에 대한 제재로서 형법에 규정된 형인 사형, 징역, 금고, 자격상실, 자격정지, 벌금, 구류, 과료, 몰수를 과하는 것을 말하는데, 형법총칙상의 형벌규정이 그대로 적용되고 일반법원에서 형사소송절차에 의해 과해지지만 예외적인 과형절차로서 즉결심판, 통고처분이 가능하다.

2. 행정질서벌

행정질서벌은 행정법상의 의무위반에 대한 제재로서 행정상 질서를 침해하거나 간접적으로 행정목적 달성에 장해를 미칠 위험성이 있는 행위(예 신고, 등록, 서류 비치 등)에 대하여 과태료를 부과하는 것으로 행정형벌과 달리 형법총칙이 적용되지 아니하고, 특별한 규정이 없는 한 질서위반행위규제법에서 정한 바에 따른다. 다만, 과태료의 부과 징수, 재판 및 집행 등의 절차에 관한 다른 법률의 규정 중 이 법의 규정에 저촉되는 것은 이 법으로 정하는 바에 따른다(질서위반행위규제법 제5조).

3. 행정형벌과 행정질서벌의 구별

구분	행정형벌	행정질서벌
제재 수단	형법상 형벌(징역, 벌금 등)	과태료
형법총칙 적용 여부	적용 ○	적용 ×
죄형법정주의 적용 여부	적용 ○	적용 ○
고의 또는 과실 필요 여부	필요 ○	필요 ○
과벌 절차	형사소송절차	질서위반행위규제법
대상행위	직접적으로 행정목적을 침해하는 행위	간접적으로 행정목적의 달성에 장해를 미칠 위험성이 있는 행위

➕ 판례 PLUS

행정법규 위반행위에 대하여 행정질서벌 또는 행정벌을 부과할 것인지의 여부: 입법재량

어떤 행정법규 위반행위에 대하여 이를 단지 간접적으로 행정상의 질서에 장해를 줄 위험성이 있음에 불과한 경우로 보아 행정질서벌인 과태료를 과할 것인가 아니면 직접적으로 행정목적과 공익을 침해한 행위로 보아 행정형벌을 과할 것인가, 그리고 행정형벌을 과할 경우 그 법정형의 형종과 형량을 어떻게 정할 것인가는 기본적으로 입법권자가 제반사정을 고려하여 결정할 입법재량에 속하는 문제이다(헌재 1994.4.28, 91헌바14).

02 행정형벌

1 의의

행정형벌은 행정법상 의무위반에 대하여 형벌이 부과되는 벌을 의미하는데, 죄형법정주의 원칙상 법적 근거가 필요하다. 행정형벌에 대한 일반법은 없으므로 형법총칙와 형사소송법이 적용된다.

2 행정형벌의 특수성

1. 고의 또는 과실

(1) 형법 제14조에서 "정상의 주의를 태만함으로 인하여 죄의 성립요소인 사실을 인식하지 못한 행위는 법률에 특별한 규정이 있는 경우에 한하여 처벌한다"고 규정되어 있으므로 '고의범 처벌'을 원칙으로 하고 과실범은 법률의 규정이 있는 경우에 한하여 처벌된다.

(2) 행정범의 경우에도 범죄성립을 위해서는 원칙적으로 고의가 있어야 하고 과실범을 처벌하는 명문의 규정이 있는 경우에 처벌할 수 있다고 본다.

(3) 그러나 판례는 행정형벌에 대해서 법률의 규정이 있는 경우뿐만 아니라, 법률등의 해석상 과실범도 처벌할 뜻이 명백한 경우에는 법률의 규정이 없더라도 처벌이 가능하다고 판시하여 형사벌에 비해 넓게 인정하고 있다.

판례 PLUS

행정형벌의 과실범 처벌의 요건: 명문 또는 해석상 처벌규정 필요

1. 원칙적으로 고의범에 한하여 처벌됨

행정상의 단속을 주안으로 하는 법규라 하더라도 명문규정이 있거나 해석상 과실범도 벌할 뜻이 명확한 경우를 제외하고는 형법의 원칙에 따라 고의가 있어야 벌할 수 있다(대판 1986.7.22, 85도108).

2. 대기환경보전법상 배출허용기준 초과운행행위의 처벌규정: 과실범 처벌을 포함함

대기환경보전법의 입법목적이나 제반 관계규정의 취지 등을 고려하면, 법정의 배출허용기준을 초과하는 배출가스를 배출하면서 자동차를 운행하는 행위를 처벌하는 규정은 자동차의 운행자가 그 자동차에서 배출되는 배출가스가 소정의 운행 자동차 배출허용기준을 초과한다는 점을 실제로 인식하면서 운행한 고의범의 경우는 물론 과실로 인하여 그러한 내용을 인식하지 못한 과실범의 경우도 함께 처벌하는 규정이다(대판 1993.9.10, 92도1136).

2. 위법성의 착오

형법 제16조에서는 "자기의 행위가 법령에 의하여 죄가 되지 아니하는 것으로 오인한 행위는 그 오인에 정당한 이유가 있는 때에 한하여 벌하지 아니한다"고 규정하고 있다. 행정범의 경우 통설은 위법성을 현실적으로 인식하지 못하였더라도 위법성의 인식이 가능하면 범죄가 성립된다고 본다.

 판례 PLUS

위법성의 착오: 정당한 이유가 있으면 불가벌

1. 허가담당 공무원이 허가를 요하지 않는다고 잘못 알려 준 것을 믿은 경우: 정당한 이유가 있으므로 불가벌

행정청의 허가가 있어야 함에도 불구하고 허가를 받지 아니하여 처벌대상의 행위를 한 경우라도, 허가를 담당하는 공무원이 허가를 요하지 않는 것으로 잘못 알려 주어 이를 믿었기 때문에 허가를 받지 아니한 것이라면 허가를 받지 않더라도 죄가 되지 않는 것으로 착오를 일으킨 데 대하여 정당한 이유가 있는 경우에 해당하여 처벌할 수 없다(대판 1992.5.22, 91도2525).

2. 초등학교 교장이 도교육위원회의 지시에 따라 양귀비종자를 화단에 심은 경우: 정당한 이유가 있으므로 불가벌

국민학교 교장이 도 교육위원회의 지시에 따라 교과내용으로 되어 있는 꽃양귀비를 교과식물로 비치하기 위하여 양귀비 종자를 사서 교무실 앞 화단에 심은 것이라면 이는 죄가 되지 아니하는 것으로 오인한 행위로서 그 오인에 정당한 이유가 있는 경우에 해당한다(대판 1972.3.31, 72도64).

3. 10년 이상 종묘상을 경영한 자가 양귀비종자를 판매목적으로 소지한 경우: 처벌됨

10년 이상을 소채 및 종묘상등을 경영하여 식물의 종자에 대하여 지식경험을 가진 자는 특별한 사정이 없는 이상 양귀비종자에 마약성분이 함유되어 있는 사실을 쉽게 알고 있었다고 봄이 경험법칙상 당연하다(대판 1972.3.31, 72도64).

3. 양벌규정

(1) **의의**: 형사범에서는 범죄행위자만 처벌하지만, 행정범의 경우에는 범죄행위자 외의 자를 처벌하는 것을 규정한 경우가 있다. 예를 들어 종업원의 행정법상 위반행위에 대해 사업주까지 처벌하는 규정이나 미성년자나 피성년후견인의 위반행위에 대해 법정대리인을 처벌하는 규정이다. 이러한 규정을 양벌규정이라고 한다.

(2) **책임의 성질:** 양벌규정에 따른 사업주나 법정대리인의 책임은 주의·감독의무를 태만한 것에 대한 자기책임이자 과실책임이므로 위반행위자가 처벌되지 않는 경우에도 독자적으로 처벌될 수 있다.

 판례 PLUS

양벌규정의 적용 요건 관련

1. 양벌규정이 이익귀속주체인 업무주에 대한 처벌규정임과 동시에 행위자의 처벌규정인지 여부: 적극
건축법의 양벌규정은 업무주가 아니면서 당해 업무를 실제로 집행하는 자가 있는 때에 벌칙규정의 실효성을 확보하기 위하여 그 적용대상자를 당해 업무를 실제로 집행하는 자에게까지 확장함으로써 그러한 자가 당해 업무집행과 관련하여 위 벌칙규정의 위반행위를 한 경우 위 양벌규정에 의하여 처벌할 수 있도록 한 행위자의 처벌규정임과 동시에 그 위반행위의 이익귀속주체인 업무주에 대한 처벌규정이라고 할 것이다(대판 1999.7.15, 95도2870).

2. 다단계판매원이 다단계판매업자의 "사용인"에 해당하는지 여부: 적극
다단계판매원은 다단계판매업자의 통제·감독을 받으면서 다단계판매업자의 업무를 직접 또는 간접으로 수행하는 자로서, 방문판매 등에 관한 법률의 양벌규정의 적용에 있어서는 다단계판매업자의 사용인의 지위에 있다(대판 2006.2.24, 2003도4966).

3. 영업주의 처벌에 있어서, 종업원의 범죄성립이나 처벌을 요하는지 여부: 소극
양벌규정에 의한 영업주의 처벌은 금지위반행위자인 종업원의 처벌에 종속하는 것이 아니라 독립하여 그 자신의 종업원에 대한 선임감독상의 과실로 인하여 처벌되는 것이므로 종업원의 범죄성립이나 처벌이 영업주 처벌의 전제조건이 될 필요는 없다(대판 2006.2.24, 2005도7673).

4. 영업주의 책임 유무를 묻지 않고 영업주도 동일하게 처벌하는 것이 책임주의에 부합하는지 여부: 소극(책임주의 위반)
이 사건 법률조항은 종업원의 업무 관련 무면허의료행위가 있으면 이에 대해 영업주가 비난받을 만한 행위가 있었는지 여부와는 관계없이 자동적으로 영업주도 처벌하도록 규정하고 있으므로, 위 법률조항은 다른 사람의 범죄에 대해 그 책임 유무를 묻지 않고 형벌을 부과함으로써, 법정형에 나아가 판단할 것 없이, 형사법의 기본원리인 '책임없는 자에게 형벌을 부과할 수 없다'는 책임주의에 반한다(헌재 2007.11.29, 2005헌가10).

---

(3) **법인의 처벌가능성 문제:** 형법상 법인의 처벌가능성에 대해서는 통설과 판례 모두 이를 부정하지만, 행정법상 행위자 외에 법인도 처벌한다는 양벌규정을 두는 경우가 많으므로 이에 대해 행정형벌을 부과할 수 있다고 본다.

 판례 PLUS

지방자치단체도 양벌규정에 따라 처벌되는 법인인지 여부

1. 자치사무의 경우: 적극
지방자치단체 소속 공무원이 지방자치단체 고유의 자치사무를 수행하던 중 도로법 규정에 의한 위반행위를 한 경우에는 지방자치단체는 도로법의 양벌규정에 따라 처벌대상이 되는 법인에 해당한다(대판 2005.11.10, 2004도2657).

2. 기관위임사무의 경우: 소극
지방자치단체 소속 공무원이 지정항만순찰 등의 업무(=기관위임사무)를 위해 관할관청의 "승인 없이" 개조한 승합차를 운행함으로써 자동차관리법을 위반한 경우, 해당 지방자치단체는 자동차관리법의 양벌규정에 따른 처벌대상이 될 수 없다(대판 2009.6.11, 2008도6530).

---

3 행정형벌의 과벌절차

1. 의의

(1) 원칙: 행정형벌의 일반적 과벌절차

행정형벌도 형사소송법상의 절차에 따라 법원이 과벌하는 것이 원칙이다. 즉 원칙적으로 행정형벌은 형벌을 과하는 것이므로 형사소송법 규정에 따라 통상의 형벌과 같이 법원이 부과한다.

(2) 예외: 행정형벌의 특수한 과벌절차

검사의 기소를 통해 법원이 유죄판결로서 처벌하는 일반적 과벌절차와 달리 특수한 절차에 의하는 예외적인 경우가 있다. 이하에서는 그중 통고처분과 즉결심판절차에 대하여 살펴본다.

2. 통고처분

(1) 의의: 행정청이 일정한 범죄에 대하여 형사재판에 갈음하여 벌금이나 과료에 상당하는 금액(범칙금)의 납부 등을 부과하는 것을 의미한다. 즉 일정한 행정형벌을 부과해야 할 행정범에 대해 정식재판에 대신하여 절차의 간이·신속을 목적으로 상대방의 동의하에 행정청이 벌금 또는 과료에 상당하는 금액의 납부 등을 통고하는 준사법적 행위로 행정형벌 과벌절차의 예외적인 경우에 해당한다.

(2) 대상

① 경범죄사범, 관세범, 조세범, 교통사범, 출입국관리사범 등의 일정한 범죄에만 인정되며, 모든 범죄에 인정되는 것은 아니다.

② 통고처분권자: 검사나 법원이 아니고 세무서장, 국세청장, 관세청장, 세관장, 경찰서장 등이다.

③ 제도의 취지: 검찰 및 법원의 과중한 업무부담을 덜어주고 전과자 발생의 방지에 기여함으로써 형벌의 비범죄화 경향에 기여하는 제도이다.

> **➕ 판례PLUS**
>
> **통고처분 제도의 취지**
>
> 통고처분 제도는 경미한 교통법규 위반자로 하여금 형사처벌절차에 수반되는 심리적 불안, 시간과 비용의 소모, 명예와 신용의 훼손 등의 여러 불이익을 당하지 않고 범칙금 납부로써 위반행위에 대한 제재를 신속·간편하게 종결할 수 있게 하여주며, 교통법규 위반행위가 홍수를 이루고 있는 현실에서 행정공무원에 의한 전문적이고 신속한 사건처리를 가능하게 하고, 검찰 및 법원의 과중한 업무 부담을 덜어 준다. 또한 통고처분제도는 형벌의 비범죄화 정신에 접근하는 제도이다(헌재 2003.10.30, 2002헌마275).

(3) 법적 성질

① 과벌절차의 하나일 뿐이고 독자적인 행위가 아니므로 처분에 해당하지 않는다. 따라서 상대방에게 어떠한 권리·의무도 발생시키지 않는다. 판례도 취소소송의 대상이 되는 행정처분이 아니라고 보았다.

통고처분의 성질

1. 도로교통법상 통고처분의 취소를 구하는 행정소송이 가능한지 여부: 소극

도로교통법에서 규정하는 경찰서장의 통고처분은 행정소송의 대상이 되는 행정처분이 아니므로 그 처분의 취소를 구하는 소송은 부적법하다. 그리고, 도로교통법상의 통고처분을 받은 자가 그 처분에 대하여 이의가 있는 경우에는 통고처분에 따른 범칙금의 납부를 이행하지 아니함으로써 경찰서장의 즉결심판청구에 의하여 법원의 심판을 받을 수 있게 될 뿐이다(대판 1995.6.29, 95누4674).

2. 통고처분을 행정쟁송의 대상에서 제외하는 것이 재판청구권을 침해하였거나 적법절차에 위배되어 위헌인지 여부: 소극

통고처분은 상대방의 임의의 승복을 그 발효요건으로 하기 때문에 그 자체만으로는 통고이행을 강제하거나 상대방에게 아무런 권리의무를 형성하지 않으므로 행정심판이나 행정소송의 대상으로서의 처분성을 부여할 수 없고, 통고처분에 대하여 이의가 있으면 통고내용을 이행하지 않음으로써 고발되어 형사재판절차에서 통고처분의 위법·부당함을 얼마든지 다툴 수 있기 때문에 법관에 의한 재판받을 권리를 침해한다든가 적법절차의 원칙에 저촉된다고 볼 수 없다(헌재 1998.5.28, 96헌바4).

② 통고처분을 할 것인지 여부는 행정청의 재량이다.

통고처분이 재량행위인지 여부: 적극

관세법상 통고처분 없이 이루어진 고발의 효력 유무: 유효
통고처분을 할 것인지의 여부는 관세청장 또는 세관장의 재량에 맡겨져 있고, 따라서 관세청장 또는 세관장이 관세범에 대하여 통고처분을 하지 아니한 채 고발하였다는 것만으로는 그 고발 및 이에 기한 공소의 제기가 부적법하게 되는 것은 아니다(대판 2007.5.11, 2006도1993).

(4) 법적 효과

① 통고처분을 받은 자가 의무이행을 하지 않는 경우

㉠ 통고처분은 당연히 효력을 상실한다.

㉡ 통고처분권자(관계기관장 등)의 즉결심판청구 또는 고발에 의해서 형사소송절차로 진행된다.

㉢ 행정청의 강제징수는 인정되지 않는다.

통고처분에 불복하여 재판을 청구한 후, 그 통고처분의 취소를 구하는 헌법소원이 허용되는지 여부: 소극
통고처분의 상대방이 범칙금을 납부하지 아니하여 즉결심판, 나아가 정식재판의 절차로 진행되었다면 당초의 통고처분은 그 효력을 상실한다 할 것이므로 이미 효력을 상실한 통고처분의 취소를 구하는 헌법소원은 권리보호의 이익이 없어 부적법하다(헌재 2003.10.30, 2002헌마275).

② 통고처분을 받은 자가 통고된 내용에 따라 의무이행한 경우

㉠ 확정판결과 동일한 효력이 발생하여 처벌절차는 종료되고 일사부재리의 원칙이 적용되어 다시 형사소추할 수 없다.

경찰서장이 통고처분을 한 경우, 즉결심판 또는 공소제기를 할 수 없는지 여부: 적극

경범죄 처벌법상 범칙금제도는 범칙행위에 대하여 형사절차에 앞서 경찰서장의 통고처분에 따라 범칙금을 납부할 경우 이를 납부하는 사람에 대하여는 기소를 하지 않는 처벌의 특례를 마련해 둔 것으로 법원의 재판절차와는 제도적 취지와 법적 성질에서 차이가 있다. 또한 범칙자가 통고처분을 불이행하였더라도 기소독점주의의 예외를 인정하여 경찰서장의 즉결심판 청구를 통하여 공판절차를 거치지 않고 사건을 간이하고 신속ㆍ적정하게 처리함으로써 소송경제를 도모하되, 즉결심판 선고 전까지 범칙금을 납부하면 형사처벌을 면할 수 있도록 함으로써 범칙자에 대하여 형사소추와 형사처벌을 면제받을 기회를 부여하고 있다.

따라서 경찰서장이 범칙행위에 대하여 통고처분을 한 이상, 범칙자의 위와 같은 절차적 지위를 보장하기 위하여 통고처분에서 정한 범칙금 납부기간까지는 원칙적으로 경찰서장은 즉결심판을 청구할 수 없고, 검사도 동일한 범칙행위에 대하여 공소를 제기할 수 없다고 보아야 한다(대판 2020.4.29. 2017도13409).

   ⓒ 통고권자는 통고한 내용을 더 이상 변경할 수 없다.

통고처분을 받아 이행한 경우, 일사부재리의 원칙이 적용되는 범위: 범죄사실의 동일성 범위 내의 행위에 한함

범칙자가 경찰서장으로부터 범칙행위를 하였음을 이유로 범칙금의 통고를 받고 납부기간 내에 그 범칙금을 납부한 경우 범칙금의 납부에 확정판결에 준하는 효력이 인정됨에 따라 다시 벌받지 아니하게 되는 행위사실은 범칙금 통고의 이유에 기재된 당해 범칙 행위자체 및 그 범칙행위와 동일성이 인정되는 범칙행위에 한정된다고 해석함이 상당하다고 할 것이므로 범칙행위와 같은 때, 곳에서 이루어진 행위라 하더라도 범칙행위의 동일성을 벗어난 형사범죄행위에 대하여는 범칙금의 납부에 따라 확정판결의 효력에 준하는 효력이 미치지 아니한다(대판 2002.11.22. 2001도849). → 따라서 안전운전의무 위반죄로 통고처분을 받아 범칙금을 납부하였더라도, 교통사고처리특례법위반죄(사고 후 안전조치의무 불이행, 뺑소니 등)로 처벌하는 것은 일사부재리의 원칙에 위배되지 않는다.

  (5) 권리구제: 통고처분은 행정쟁송의 대상이 되는 처분이 아니므로 취소쟁송을 제기할 수는 없으며(위헌이 아님), 단지 납부를 이행하지 않는 방법으로 불복할 수 있을 뿐이다.

3. 즉결심판절차

  (1) 의의: 즉결심판에 관한 절차법은 범증이 명백하고 죄질이 경미한 범죄사건을 신속ㆍ적정한 절차로 심판하기 위하여 즉결심판에 관한 절차를 정함을 목적으로 한다. 즉 행정법상 경미한 위반행위, 즉 20만원 이하의 벌금, 구류 또는 과료에 해당하는 위반행위에 대해서는 관할경찰서장 또는 관할해양경찰서장이 관할법원에 즉결심판청구를 하면 지방법원, 지원 또는 시ㆍ군법원의 판사는 즉결심판절차에 따라 행정형벌을 과한다(즉결심판에 관한 절차법 제1조 내지 제3조 참조).

  (2) 특징

   ① **절차**: 즉결심판으로 유죄를 선고할 때에는 형, 범죄사실과 적용 법조를 명시하고 피고인은 7일 이내에 정식재판을 청구할 수 있다는 것을 고지하여야 하며, 정식재판을 청구하고자 하는 피고인은 즉결심판의 선고ㆍ고지를 받은 날부터 7일 이내에 정식재판청구서를 경찰서장에게 제출하여야 한다. 정식재판청구서를 받은 경찰서장

O×문제

01 통고처분에 따른 범칙금을 납부한 후에 동일한 사건에 대하여 다시 형사처벌을 하는 것은 일사부재리의 원칙에 반하지 않는다.   ( )

정답 01 ×(→일사부재리에 반한다)

은 지체 없이 판사에게 이를 송부하여야 한다(즉결심판에 관한 절차법 제11조 및 제14조).

② **법적 효과 및 집행**: 즉결심판은 정식재판의 청구에 의한 판결이 있는 때에는 그 효력을 잃는다(즉결심판에 관한 절차법 제15조). 형의 집행은 경찰서장이 하고 그 집행 결과를 지체없이 검사에게 보고하여야 한다(즉결심판에 관한 절차법 제18조).

03 행정질서벌

1 의의

일반사회의 법익에 직접 영향을 미치지는 않으나 정상의 질서에 장해를 야기할 우려가 있는 의무위반에 대해 과태료가 가해지는 제재를 말하는 것으로, 행정질서벌의 일반법으로 「질서위반행위규제법」이 제정되었다. 질서위반행위규제법에서 말하는 모든 질서위반행위가 행정질서벌에 해당하는 것은 아니고, 다만 행정법의 영역에서 이루어지는 질서위반행위만이 행정질서벌에 해당한다.

2 법률의 적용범위

1. 법 적용의 시간적 범위(제3조)

(1) 질서위반행위의 성립과 처분 여부의 판단은 원칙적으로 행위시법에 따르게 된다(제1항).

(2) 다만 질서위반행위 이후 해당 법률이 당사자에게 유리하게 변경된 경우에는 변경된 신법을 적용하되, 신법이 적용시점을 따로 정한 경우에는 그에 의한다(제2항).

(3) 행정청의 과태료 처분이나 법원의 과태료 재판이 확정된 후 법률이 변경되어 그 행위가 질서위반행위에 해당하지 아니하게 된 때에는 변경된 법률에 특별한 규정이 없는 한 과태료의 징수 또는 집행을 면제한다(제3항).

🟦 법령 PLUS

질서위반행위규제법

제3조(법 적용의 시간적 범위) ① 질서위반행위의 성립과 과태료 처분은 행위 시의 법률에 따른다.
② 질서위반행위 후 법률이 변경되어 그 행위가 질서위반행위에 해당하지 아니하게 되거나 과태료가 변경되기 전의 법률보다 가볍게 된 때에는 법률에 특별한 규정이 없는 한 변경된 법률을 적용한다.
③ 행정청의 과태료 처분이나 법원의 과태료 재판이 확정된 후 법률이 변경되어 그 행위가 질서위반행위에 해당하지 아니하게 된 때에는 변경된 법률에 특별한 규정이 없는 한 과태료의 징수 또는 집행을 면제한다.

2. 법 적용의 장소적 범위(제4조)

(1) 속지주의: 이 법은 대한민국 영역 안에서 질서위반행위를 한 자에게 적용한다(제1항).

(2) 속인주의: 이 법은 대한민국 영역 밖에서 질서위반행위를 한 대한민국의 국민에게 적용한다(제2항).

(3) 기국주의: 이 법은 대한민국 영역 밖에 있는 대한민국의 선박 또는 항공기 안에서 질서위반행위를 한 외국인에게 적용한다(제3항).

3 질서위반행위의 성립

1. 질서위반행위 법정주의(동법 제6조)

질서위반행위 및 과태료 법정주의를 명문으로 규정하였는데(제6조), 이는 죄형법정주의에 관한 헌법 제12조 제1항에 근거한다. 구체적으로 "법률에 따르지 아니하고는 어떤 행위도 질서위반행위로 과태료를 부과하지 아니한다"는 조항은 크게 세 가지 정도로 해석된다.

(1) 법률에 과태료 부과 대상인 질서위반행위로 규정되지 아니한 행위에 대해서는 어떠한 경우에도 과태료를 부과할 수 없다.

(2) 법률에 어떠한 행위와 비슷한 행위에 대해 과태료를 부과하도록 규정하였더라도 이들 행위를 같은 것으로 보아 동일한 조항을 적용할 수는 없다.

(3) 헌법 제12조 제1항은 적법절차원리에 관한 것으로서 형벌뿐만 아니라 모든 국가작용에 적용된다는 것으로 국민에게 불리한 "처벌"의 일종인 과태료 부과·징수 역시 법률과 적법한 절차에 따라야 한다.

✚ 법령 PLUS

질서위반행위규제법

제6조(질서위반행위 법정주의) 법률에 따르지 아니하고는 어떤 행위도 질서위반행위로 과태료를 부과하지 아니한다.

2. 고의 또는 과실(동법 제7조)

(1) 질서위반행위규제법이 제정되기 전의 구 판례는 행정질서벌의 경우에는 행위자의 고의·과실을 필요로 하지 않는다고 판시하였다(대결 1969.7.29, 69마400).

(2) 그러나 현행 질서위반행위규제법 제7조는 고의 또는 과실이 없는 질서위반행위에 대해서는 과태료를 부과하지 않는다고 규정하여 질서위반행위의 성립요건으로 법규 위반이라는 객관적 요건 외에 고의·과실이라는 주관적 요건이 함께 요구됨을 명시하였다. 여기서 "고의"는 질서위반행위의 구성요건인 사실의 인식 및 법위반 의사를, "과실"은 일반적으로 요구되는 주의의무를 위반하여 과태료 부과 대상인 질서위반행위가 발생한 경우를 의미한다.

◀ OX 문제 ▶

01 법률에 따르지 아니하고는 어떠한 행위도 질서위반행위로 과태료를 부과하지 아니한다. ( )

02 질서위반행위규제법상 과태료는 고의 또는 과실이 없는 질서위반행위에 대해서도 부과될 수 있다. ( )

정답 01 ○ 02 ×(→부과되지 않는다)

법령 PLUS

질서위반행위규제법

제7조(고의 또는 과실) 고의 또는 과실이 없는 질서위반행위는 과태료를 부과하지 아니한다.

 판례 PLUS

현행 질서위반행위규제법상 행정질서벌을 부과하기 위하여 위반자의 고의·과실이 필요한지
여부: 적극

질서위반행위규제법은 과태료의 부과대상인 질서위반행위에 대하여도 책임주의 원칙을 채택하여 제7조에서
"고의 또는 과실이 없는 질서위반행위는 과태료를 부과하지 아니한다"고 규정하고 있으므로, 질서위반행위를
한 자가 자신의 책임 없는 사유로 위반행위에 이르렀다고 주장하는 경우 법원으로서는 그 내용을 살펴 행위
자에게 고의나 과실이 있는지를 따져보아야 한다(대판 2011.7.14, 2011마364).

3. 위법성의 착오(제8조)

자신의 행위가 위법하지 아니한 것으로 오인하고 행한 질서위반행위로서 그 오인에 '정당
한 이유'가 있는 때에는 과태료를 부과하지 않는다. 이는 일반적으로 질서위반행위가 되
는 경우이지만 자기의 특수한 경우에는 법령에 의하여 허용된 행위로서 질서위반행위가
되지 않는다고 잘못 인식하고, 그와 같이 잘못 인식함에 정당한 이유가 있는 경우에는 과
태료를 부과하지 않는다는 취지로 이해해야 할 것이다. 특히 문제되는 경우는 당사자가
금지규정의 존재를 몰랐던 경우, 행정청 또는 담당 공무원의 의견을 신뢰한 경우 등이다.

 법령 PLUS

질서위반행위규제법

제8조(위법성의 착오) 자신의 행위가 위법하지 아니한 것으로 오인하고 행한 질서위반행위는 그 오인에 정당
한 이유가 있는 때에 한하여 과태료를 부과하지 아니한다.

 판례 PLUS

위법성의 착오와 법률의 부지 구별

1. 건축법상의 허가대상인 줄을 몰랐다는 사정이 법률의 착오에 해당하는지 여부: 소극

형법 제16조에 의하여 처벌하지 아니하는 경우란 단순한 법률의 부지의 경우를 말하는 것이 아니고, 일반
적으로 범죄가 되는 행위이지만 자기의 특수한 경우에는 법령에 의하여 허용된 행위로서 죄가 되지 아니한
다고 그릇 인식하고 그와 같이 인식함에 있어 정당한 이유가 있는 경우에는 벌하지 아니한다는 취지이므
로, 피고인이 자신의 행위가 건축법상의 허가대상인 줄을 몰랐다는 사정은 단순한 법률의 부지에 불과하고
특히 법령에 의하여 허용된 행위로서 죄가 되지 않는다고 적극적으로 그릇 인식한 경우가 아니어서 이를
법률의 착오에 기인한 행위라고 할 수 없다(대판 1991.10.11, 91도1566).

2. 자신의 행위가 법률에 위배되는지를 몰랐다는 사정: 단순한 법률의 부지

피고인이 자신의 범행이 부동산소유권이전등기등에관한특별조치법에 위반되는지를 몰랐다고 하더라도 이
는 단순한 법률의 부지에 불과하며 이것이 형법 제16조에 해당하는 경우라고 볼 수 없다(대판 1995.7.11,
94도1814).

4. 책임조각사유

(1) 책임연령: 형법은 14세 미만자를 형사미성년자로 규정하고 있는데 질서위반행위규제법도 형법의 형사미성년자처럼 책임연령 개념을 도입하여 14세 미만자에 대해서는 과태료를 부과하지 않도록 하였다. 다만 14세 미만자에게도 과태료를 부과할 현실적 필요성이 있는 경우에 대비하여 단서에 다른 법률에 특별한 규정이 있는 경우에는 14세 미만자에 대해서도 과태료를 부과할 수 있도록 명시하였다.

(2) 심신상실 및 심신미약

① 형법이 책임능력의 또 다른 유형으로 심신상실과 심신미약을 규정한 것과 마찬가지로 질서위반행위규제법 역시 심신장애 규정을 별도로 두고 있다. 일반적으로 형법에서 행위의 옳고 그름을 판단할 능력은 형법상 불법인식능력인 '사물변별능력'으로, 그 판단에 따른 행위를 할 능력은 형법상 불법을 인식하고 이에 따라 행동하는 '의사결정능력'으로 불린다.

② 이들 능력이 정신적 능력에 관한 것이라면 심신장애는 신체적 능력을 의미하는데 질서위반행위규제법 제10조에 해당하기 위해서는 신체적 능력과 정신적 능력이 모두 상실되거나 미약해야 한다. 한편, 심신상실 또는 심실미약은 생물학적 측면과 정신적 측면이 고려되어야 하므로 위 조항은 오로지 자연인, 즉 '사람'에게만 적용되어야 한다.

 법령PLUS

질서위반행위규제법

제9조(책임연령) 14세가 되지 아니한 자의 질서위반행위는 과태료를 부과하지 아니한다. 다만, 다른 법률에 특별한 규정이 있는 경우에는 그러하지 아니하다.

제10조(심신장애) ① 심신(心神)장애로 인하여 행위의 옳고 그름을 판단할 능력이 없거나 그 판단에 따른 행위를 할 능력이 없는 자의 질서위반행위는 과태료를 부과하지 아니한다.

② 심신장애로 인하여 제1항에 따른 능력이 미약한 자의 질서위반행위는 과태료를 감경한다.

③ 스스로 심신장애 상태를 일으켜 질서위반행위를 한 자에 대하여는 제1항 및 제2항을 적용하지 아니한다.

5. 법인의 처리

(1) 법인의 범죄능력은 인정되지 않는다고 보는 것이 판례의 입장이다. 이에 따르면 법인의 처벌을 위해서는 반드시 법률상 별도의 근거가 필요한데, 이는 보통 개별법상 양벌규정으로 구현된다.

(2) 질서위반행위규제법은 양벌규정 대신 법인이 당사자인 경우에는 법인에게만 별도로 과태료 부과가 가능하도록 법인의 처리에 대한 규정을 별도로 두었다.

(3) 개별법상 질서위반행위의 주체가 법인인 경우에는 개별법상 양벌규정 등 법인에 대한 과태료 부과규정이 존재하지 않더라도 바로 법인에 대한 과태료 부과가 가능하다.

6. 다수인의 질서위반행위 가담

(1) 형법: 범죄에 다수인이 가담한 경우 가담형태에 따라 공동정범(형법 제30조), 교사범(형법 제31조) 또는 종범(형법 제32조)으로 구분한다.

(2) 질서위반행위규제법: 단일정범 개념을 도입하여 형법과 같은 공동정범, 교사범, 종범의 개념을 인정하지 아니하고 질서위반행위에 가담한 자 모두를 정범으로 본다(동법 제12조 제1항). 따라서 동일한 질서위반행위에 가담한 자가 여러 명이고 각자 가담의 정도가 다르더라도 그 경중을 가리지 아니하고 과태료는 동일하게 부과된다.

(3) 구성요건적 신분(진정신분)과 관련한 신분자와 비신분자의 가담은 위법연대를 인정하여 동일하게 처벌한다.

(4) 가감적 · 소극적 신분과 관련한 신분자와 비신분자의 가담은 책임개별화 원칙에 따라 비신분자에게는 신분의 효과가 미치지 않도록 통상의 과태료에 처하도록 하였다.

7. 수개의 질서위반행위의 처리

질서위반행위규제법은 형법과 같이 수개의 질서위반행위의 처리에 관한 규정을 별도로 두어 상상적 경합의 경우에는 형법과 같이 중한 과태료를 부과하도록 하고, 실체적 경합의 경우에는 형법과 달리 일률적으로 모든 행위에 대하여 과태료를 부과하도록 규정하였다.

(1) 상상적 경합에 해당하는 경우(동법 제13조 제1항): 질서위반행위규제법은 1개의 행위가 수개의 질서위반행위에 해당할 경우에는 형법 제40조의 상상적 경합범과 마찬가지로 가장 높은 과태료 금액을 적용하도록 하였다.

(2) 실체적 경합에 해당하는 경우(동법 제13조 제2항): 질서위반행위규제법은 수개의 행위가 수개의 질서위반행위를 구성하는 경우에는 현행 실무와 같이 각 위반행위별로 과태료를 부과하도록 규정하였다. 다만, 다른 법령(예 자동차관리법 시행령 [별표 2], 주택법 시행령 [별표 5] 등)에 특별한 규정이 있는 경우에는 그 규정에 따르도록 하였다(제13조 제2항 단서). 이때 각 위반행위별로 과태료를 부과하는 것이 가혹한 경우에는 실제 과태료 액수를 결정하는 과정에서 질서위반행위의 동기나 목적 등을 고려할 수 있을 것이다(제14조 참조).

➕ 법령 PLUS

질서위반행위규제법

제13조(수개의 질서위반행위의 처리) ① 하나의 행위가 2 이상의 질서위반행위에 해당하는 경우(상상적 경합)에는 각 질서위반행위에 대하여 정한 과태료 중 가장 중한 과태료를 부과한다.

② 제1항의 경우를 제외하고 2 이상의 질서위반행위가 경합하는 경우(실체적 경합)에는 각 질서위반행위에 대하여 정한 과태료를 각각 부과한다. 다만, 다른 법령(지방자치단체의 조례를 포함한다. 이하 같다)에 특별한 규정이 있는 경우에는 그 법령으로 정하는 바에 따른다.

 OX 문제

01 신분에 의하여 성립하는 질서위반행위에 신분이 없는 자가 가담한 때에는 신분이 없는 자에 대하여도 질서위반행위가 성립한다. ( )

정답 01 ○

8. 과태료의 산정 및 시효

(1) **과태료의 산정(동법 제14조)**: 행정청 및 법원은 과태료를 정함에 있어서 다음의 사항을 고려하여야 한다.

① 질서위반행위의 동기 · 목적 · 방법 · 결과

② 질서위반행위 이후의 당사자의 태도와 정황

③ 질서위반행위자의 연령 · 재산상태 · 환경

④ 그 밖에 과태료의 산정에 필요하다고 인정되는 사유

(2) **과태료의 시효**: 질서위반행위규제법은 과태료 징수권의 소멸시효를 5년으로 규정하면서(제15조 제1항) 과태료 소멸시효의 중단 · 정지 등에 관하여는 국세기본법 제28조를 준용하도록 하였다. 이에 따르면 과태료 소멸시효는 납세고지, 독촉 또는 납부최고, 교부청구, 압류로 인하여 '중단'된다(국세기본법 제28조 제1항).

 법령 PLUS

질서위반행위규제법
제15조(과태료의 시효) ① 과태료는 행정청의 과태료 부과처분이나 법원의 과태료 재판이 확정된 후 5년간 징수하지 아니하거나 집행하지 아니하면 시효로 인하여 소멸한다.

4 행정청의 과태료 부과 및 징수

1. 사전통지

질서위반행위규제법은 행정청이 과태료를 부과하고자 하는 때에는 정식 부과에 앞서 미리 당사자에게 관련 내용을 통지하고 10일 이상의 기간을 정하여 의견을 제출할 기회를 주도록 규정하였다(제16조 제1항). 이에 따르면 과태료를 부과하고자 하는 행정청은 질서위반행위규제법 제17조에 따른 정식 부과에 앞서 사전절차로서 제16조에 따른 사전통지 및 의견제출 절차를 반드시 거쳐야 한다. 이는 필수절차로서 생략될 수 없으며, 질서위반행위규제법이 정한 방법 외의 수단(예 주차위반으로 인한 스티커 발부 등)으로 대체될 수 없다.

2. 과태료의 부과

(1) **과태료 부과시기**: 의견 제출 절차를 마친 행정청은 당사자에게 서면으로(또는 당사자가 동의한 경우에는 전자문서로) 과태료를 부과한다(제17조). 여기서 '의견 제출 절차를 마친 후'란, "① 당사자가 의견 제출을 하지 않은 채 제16조에 따른 의견 제출 기간이 종료한 경우, ② 당사자가 제16조에 따른 의견 제출을 하여 그 반영절차가 종료한 경우"를 말한다.

(2) **과태료 부과고지서의 기재사항(시행령 제4조)**

① 당사자의 성명(법인인 경우에는 명칭과 대표자의 성명)과 주소

② 과태료 부과의 원인이 되는 사실, 과태료 금액 및 적용법령

③ 과태료를 부과하는 행정청의 명칭과 주소

④ 과태료 납부기한, 납부방법 및 수납기관

⑤ 과태료를 내지 않으면 부과될 수 있는 불이익 조치의 내용과 그 요건(법 제24조에 따른 가산금 부과, 법 제52조에 따른 관허사업 제한, 법 제53조 제1항에 따른 신용정보 제공, 법 제54조에 따른 감치, 법 제55조에 따른 자동차 등록번호판의 영치)

⑥ 법 제20조에 따른 이의제기 기간과 방법

⑦ 그 밖에 과태료 부과에 필요한 사항

3. 과태료 감경 제도

질서위반행위규제법은 당사자가 일정한 요건을 충족하는 경우 과태료 금액을 감경할 수 있도록 하여 과태료의 신속한 납부를 유도하고, 당사자의 개별적인 사정을 고려한 형평성 있는 행정제재가 이루어질 수 있도록 하고 있다. 질서위반행위규제법상 과태료 감경제도는 크게 법 제18조에 따른 자진납부 감경과 시행령 제2조의2에 따른 사회적 약자 감경으로 구분된다.

4. 과태료 부과의 제척기간

질서위반행위규제법은 행정청의 과태료 부과권한이 장기간 행사되지 않고 있음에도 부과권한을 소멸시키지 않는 것은 당사자의 법적 안정성을 해할 우려가 있으므로, 과태료 부과권한에 대한 '제척기간' 규정을 두었다. 과태료 부과의 제척기간의 기산점은 "질서위반행위가 종료된 날"로서, "종료된 날"이라 함은 질서위반행위가 완성된 날을 의미한다.

➕ **법령 PLUS**

질서위반행위규제법
제19조(과태료 부과의 제척기간) ① 행정청은 질서위반행위가 종료된 날(다수인이 질서위반행위에 가담한 경우에는 최종행위가 종료된 날을 말한다)부터 5년이 경과한 경우에는 해당 질서위반행위에 대하여 과태료를 부과할 수 없다.

5. 과태료 부과에 대한 이의제기 및 법원에의 통보

(1) 질서위반행위규제법 제20조는 제16조의 사전절차와는 별도로 행청정의 과태료부과처분에 대한 이른바 "사후적 불복절차"를 규정하고 있다.

(2) 당사자는 제20조에 따라 과태료의 부과 통지를 받은 날부터 60일 이내에 해당 행정청에 서면으로 이의제기를 할 수 있고, 이의제기가 있는 경우 행정청의 과태료 부과처분은 자동적으로 그 효력을 상실하게 된다(제2항).

(3) 당사자는 행정청으로부터 제21조 제3항에 따른 통지를 받기 전까지는 행정청에 대하여 서면으로 이의제기를 철회할 수 있다(동법 제20조 제3항).

(4) 당사자가 이의제기를 한 경우 행정청은 이의제기를 받은 날부터 14일 이내에 이에 대한 의견 및 증빙서류를 첨부하여 관할 법원에 통보하여야 한다(동법 제21조 제1항).

 OX 문제

01 행정청의 과태료부과처분에 대해 당사자가 불복하여 이의제기를 한 경우, 그 과태료부과처분은 효력을 상실한다. ( )

정답 01 ○

법령PLUS

질서위반행위규제법

제20조(이의제기) ① 행정청의 과태료 부과에 불복하는 당사자는 제17조 제1항에 따른 과태료 부과 통지를 받은 날부터 60일 이내에 해당 행정청에 서면으로 이의제기를 할 수 있다.

② 제1항에 따른 이의제기가 있는 경우에는 행정청의 과태료 부과처분은 그 효력을 상실한다.

③ 당사자는 행정청으로부터 제21조 제3항에 따른 통지를 받기 전까지는 행정청에 대하여 서면으로 이의제기를 철회할 수 있다.

제21조(법원에의 통보) ① 제20조 제1항에 따른 이의제기를 받은 행정청은 이의제기를 받은 날부터 14일 이내에 이에 대한 의견 및 증빙서류를 첨부하여 관할 법원에 통보하여야 한다. 다만, 다음 각 호의 어느 하나에 해당하는 경우에는 그러하지 아니하다.

　1. 당사자가 이의제기를 철회한 경우

　2. 당사자의 이의제기에 이유가 있어 과태료를 부과할 필요가 없는 것으로 인정되는 경우

③ 행정청이 제1항에 따라 관할 법원에 통보를 하거나 통보하지 아니하는 경우에는 그 사실을 즉시 당사자에게 통지하여야 한다.

6. 질서위반행위의 조사(제22조) 및 조사방해에 대한 과태료(제57조)

행정청이 질서위반행위의 확인에 필요한 증거 등을 확보하기 위해서는 질문·검사 및 조사를 위한 출입 등 행위를 할 필요가 있는데 조사 목적을 달성하기 위하여 임의조사 외에 강제조사도 할 필요가 있는바, 질서위반행위규제법은 행정청에 대하여 질서위반행위의 확인을 위한 행정조사권한을 부여하고, 행정청의 검사를 거부·방해 또는 기피한 사람을 과태료에 처하도록 하여 강제조사의 근거를 규정하였다.

7. 과태료 체납 시 실효성 확보수단

(1) 가산금 징수 및 체납처분(제24조)

① 행정청은 당사자가 납부기한까지 과태료를 납부하지 아니한 때에는 납부기한을 경과한 날부터 체납된 과태료에 대하여 100분의 3에 상당하는 가산금을 징수한다.

② 체납된 과태료를 납부하지 아니한 때에는 납부기한이 경과한 날부터 매 1개월이 경과할 때마다 체납된 과태료의 1천분의 12에 상당하는 가산금(중가산금)을 가산금에 가산하여 징수하며, 이 경우 중가산금을 가산하여 징수하는 기간은 60개월을 초과하지 못한다.

③ 행정청은 당사자가 기한 이내에 이의를 제기하지 아니하고 가산금을 납부하지 아니한 때에는 국세 또는 지방세 체납처분의 예에 따라 징수한다.

(2) 자진납부자에 대한 과태료 감경제도(제18조): 행정청은 당사자가 의견 제출 기한 이내에 과태료를 자진하여 납부하고자 하는 경우에는 대통령령으로 정하는 바에 따라 과태료를 삼경할 수 있으며, 당사자가 감경된 과태료를 납부한 경우에는 해당 질서위반행위에 대한 과태료 부과 및 징수절차는 종료한다.

(3) 관허사업의 제한(제52조): 행정청은 허가·인가·면허·등록 및 갱신을 요하는 사업을 경영하는 자로서 일정한 사유에 모두 해당하는 체납자에 대하여는 사업의 정지 또는 허가 등의 취소를 할 수 있다. 허가 등을 요하는 사업의 주무관청이 따로 있는 경우

에는 행정청은 당해 주무관청에 대하여 사업의 정지 또는 허가 등의 취소를 요구할 수 있다.

(4) 신용정보의 제공(동법 제53조): 행정청은 과태료 징수 또는 공익목적을 위하여 필요한 경우 국세징수법 제7조의2를 준용하여 신용정보의 이용 및 보호에 관한 법률 제2조에 따른 신용정보회사 또는 같은 법 제25조에 따른 신용정보집중기관의 요청에 따라 체납 또는 결손처분자료를 제공할 수 있다(이 경우 국세징수법 제7조의2를 준용할 때 "체납자"는 "체납자 또는 결손처분자"로, "체납자료"는 "체납 또는 결손처분자료"로 본다).

(5) 감치제도(동법 제54조): 법원은 검사의 청구에 따라 결정으로 30일의 범위 이내에서 과태료의 납부가 있을 때까지 다음의 사유에 모두 해당하는 경우 체납자(법인인 경우에는 대표자를 말한다)를 감치에 처할 수 있다.

① 과태료를 3회 이상 체납하고 있고, 체납발생일부터 각 1년이 경과하였으며, 체납금액의 합계가 1천만원 이상인 체납자 중 대통령령으로 정하는 횟수와 금액 이상을 체납한 경우

② 과태료 납부능력이 있음에도 불구하고 정당한 사유 없이 체납한 경우

(6) 자동차 등록번호판의 영치(동법 제55조): 행정청은 자동차관리법 제2조 제1호에 따른 자동차의 운행 · 관리 등에 관한 질서위반행위 중 대통령령으로 정하는 질서위반행위로 부과받은 과태료(자동차 관련 과태료)를 납부하지 아니한 자에 대하여 체납된 자동차 관련 과태료와 관계된 그 소유의 자동차의 등록번호판을 영치할 수 있다.

5 구제방법

1. 취소소송의 대상 여부

과태료부과에 대해 질서위반행위구제법이 적용되므로 이에 대해 불복이 있을 때에는 법원에서 「비송사건절차법」을 준용하여 재판을 진행한다. 따라서 과태료부과처분은 행정소송의 대상이 되는 행정처분이 아니다.

 판례 PLUS

과태료부과처분이 취소소송의 대상이 되는 처분인지 여부: 소극

1. '서울특별시 수도조례' 및 '서울특별시 하수도사용조례'에 근거한 과태료 부과처분

수도조례 및 하수도사용조례에 기한 과태료의 부과 여부 및 그 당부는 최종적으로 질서위반행위규제법에 의한 절차에 의하여 판단되어야 한다고 할 것이므로, 그 과태료 부과처분은 행정청을 피고로 하는 행정소송의 대상이 되는 행정처분이라고 볼 수 없다(대판 2012.10.11, 2011두19369).

2. 옥외광고물등관리법에 의한 과태료부과처분

옥외광고물등관리법에 의하여 부과된 과태료처분의 당부는 최종적으로 비송사건절차법에 의한 절차에 의하여만 판단되어야 하므로 위와 같은 과태료처분은 행정소송의 대상이 되는 행정처분이라고 볼 수 없다(대판 1993.11.23, 93누16833).

2. 헌법소원의 대상 여부

질서위반행위규제법 제정 이전에 헌법재판소는 과태료부과처분의 취소를 구하는 헌법소원청구는 권리보호의 이익이 없다고 판시하였다.

 판례 PLUS

헌법소원의 대상 여부

과태료부과처분에 대하여 상대방이 이의를 하여 그 사실이 비송사건절차법에 의한 과태료의 재판을 하여야 할 법원에 통지되면, 당초의 행정기관의 부과처분은 그 효력을 상실하므로 이미 효력을 상실한 피청구인의 과태료부과처분의 취소를 구하는 이 사건 심판청구는 권리보호의 이익이 없다(헌재 1998.9.30, 98헌마18).

6 질서위반행위의 재판과 집행

1. 관할법원(동법 제25조)

과태료 사건의 관할법원에 대하여 다른 법령에 특별한 규정이 있는 경우를 제외하고는 당사자 주소지의 지방법원 또는 지원의 관할로 한다고 규정하고 있다. 또한 제28조에서 비송사건절차법 제2조(관할법원), 제3조(우선관할 · 이송), 제4조(관할법원의 지정)의 규정을 준용하도록 하고 있다.

2. 심문 등(동법 제31조)

(1) 과태료 사건의 정식재판에 대하여 법원이 과태료의 결정을 하기 전에 당사자의 진술을 '들어야 한다'고 하여 '필요적 심문'을 규정하고 있다(제1항).

(2) 다만, 제44조에 따라 약식재판을 하는 경우 심문 없이 과태료 재판을 할 수 있다고 규정하고 있다.

(3) 법원은 과태료 재판에서 검사의 의견을 구하여야 하고, 검사는 심문에 참여하여 의견을 진술하거나 서면으로 의견을 제출하여야 하며 당사자를 법정에서 심문하고자 하는 경우에는 그 심문기일을 지정하여 당사자와 검사에게 통지를 하여야 한다.

(4) 또한 과태료 재판은 행정청이 부과한 과태료처분에 대하여 당사자의 이의제기로 시작되는 점에서 과태료부과 처분에 관한 쟁송적 측면이 있으므로 그 재판절차에 행정청이 참여할 필요성이 인정된다.

(5) 제32조(행정청에 대한 출석 요구 등)는 행정청이 비록 당사자나 검사는 아니지만 필요한 경우에 법원의 허가를 얻어 심문에 참여할 수 있도록 규정하였다.

3. 재판과 항고

(1) **재판의 방식**: 질서위반행위규제법 제36조 제1항에 따라 과태료 재판은 이유를 붙인 결정으로써 하여야 하는데, 과태료 재판의 주문은 실무상 처벌 결정, 불처벌 결정, 이의제기 각하 결정으로 구분된다.

> **과태료 재판의 심판 범위: 기본적 사실관계의 동일성 범위 내**
> 과태료 재판의 경우, 법원으로서는 기록상 현출되어 있는 사항에 관하여 직권으로 증거조사를 하고 이를 기초로 하여 판단할 수 있는 것이나, 그 경우 행정청의 과태료부과처분사유와 기본적 사실관계에서 동일성이 인정되는 한도 내에서만 과태료를 부과할 수 있다(대결 2012.10.19, 2012마1163).

(2) 결정의 고지

① 과태료 재판은 민사소송법 제221조에 따른 민사소송법상 결정과 마찬가지로 고지함으로써 효력이 생긴다(제37조 제1항).

② 도달주의 원칙에 따라 과태료 결정의 고지는 당사자와 검사에게 도달해야 그 효력이 발생하는바, 그 도달이란 당사자와 검사가 결정 내용을 현실적으로 알았을 필요까지는 없고 당사자와 검사가 '알 수 있는 상태에 놓임'으로써 충분하다고 할 것이다.

(3) 항고: 질서위반행위규제법은 과태료 재판의 항고에 관한 규정을 두고 있는데 제40조에 따라 민사소송법의 항고에 관한 규정도 특별한 규정이 있는 것을 제외하고는 과태료 재판의 항고에 준용된다.

① 즉시항고(동법 제38조 제1항): 당사자와 검사는 과태료 재판에 대하여 즉시항고를 할 수 있다. 과태료 재판에 대하여 당사자 또는 검사의 즉시항고가 있는 경우에는 집행정지의 효력이 있으므로 과태료 재판에 대하여 즉시항고가 제기되면 항고법원의 재판이 확정될 때까지 원재판에 기한 집행을 할 수 없다. 또한 항고법원의 과태료 재판도 결정으로써 하고 이유를 적어야 한다.

② 재항고 및 재심: 항고법원의 결정에 대하여 재판에 영향을 미친 헌법·법률·명령 또는 규칙의 위반이 있음을 이유로 하는 때에 한하여 재항고를 할 수 있으며 질서위반행위규제법은 민사소송법상 항고에 관한 규정을 준용하고 있으므로 재심 역시 인정될 수 있다고 본다.

4. 재판의 집행

(1) 과태료 재판의 집행(동법 제42조 제1항): 과태료 재판은 검사의 명령으로써 집행하고 이 경우 그 명령은 집행력 있는 집행권원과 동일한 효력이 있다. 과태료 재판에 따라 검사가 집행하는 경우에 민사집행법에 의한 집행 외에, 국세 또는 지방세 체납처분의 예에 따를 수 있도록 규정하고 있으며 검사가 과태료 재판을 집행한 경우 그 결과를 해당 행정청에 통보하여야 한다고 규정하고 있는 입법취지는 과태료 부과처분을 한 행정청이 검사에 의한 과태료 집행 여부를 알 수 있도록 하여, 과태료 부과·징수업무의 효율성을 제고하는 것에 있다.

(2) **과태료 재판 집행의 위탁(동법 제43조 제1항)·** 검사는 과태료 재판의 집행을 과태료를 최초 부과한 행정청에 위탁할 수 있다. 이는 과태료 집행의 신속·효율성을 위한 규정으로서, 검사의 집행위탁을 받은 행정청은 국세 또는 지방세 체납처분의 예에 따라 과태료 재판을 집행하게 된다. 만일 지방자치단체가 과태료 재판 집행의 위탁을 받아 이를 집행한 경우 그 금원은 당해 지방자치단체의 수입이 된다.

7 행정형벌의 병과 가능성

1. 견해의 대립

행정형벌과 행정질서벌의 병과 가능 여부에 대해서 목적이나 성질이 다르므로 과태료부과 후 행정형벌을 부과하여도 일사부재리원칙에 위반되지 않는다고 하는 긍정설과 양자 모두 넓은 의미에서 처벌이라는 점에서 병과할 수 없다고 보는 부정설이 대립하고 있다.

2. 판례의 입장

판례는 과태료와 형사처벌은 목적과 성질을 달리하는 별개의 것이므로 병과하여도 일사부재리원칙에 위반되지 않는다는 입장이다.

 판례 PLUS

행정형벌과 행정질서벌의 병과 가능성: 허용

1. **임시운행허가기간을 벗어나 무등록차량을 운행한 자에 대한 과태료의 제재와 형사처벌이 일사부재리의 원칙에 반하는 것인지 여부: 소극**

   행정법상의 질서벌인 과태료의 부과처분과 형사처벌은 그 성질이나 목적을 달리하는 별개의 것이므로 행정법상의 질서벌인 과태료를 납부한 후에 형사처벌을 한다고 하여 이를 일사부재리의 원칙에 반하는 것이라고 할 수는 없으며, 자동차의 임시운행허가를 받은 자가 그 허가 목적 및 기간의 범위 안에서 운행하지 아니한 경우에 과태료를 부과하는 것은 당해 자동차가 무등록 자동차인지 여부와는 관계없이, 이미 등록된 자동차의 등록번호표 또는 봉인이 멸실되거나 식별하기 어렵게 되어 임시운행허가를 받은 경우까지를 포함하여, 허가받은 목적과 기간의 범위를 벗어나 운행하는 행위 전반에 대하여 행정질서벌로써 제재를 가하고자 하는 취지라고 해석되므로, 만일 임시운행허가기간을 넘어 운행한 자가 등록된 차량에 관하여 그러한 행위를 한 경우라면 과태료의 제재만을 받게 되겠지만, 무등록 차량에 관하여 그러한 행위를 한 경우라면 과태료와 별도로 형사처벌의 대상이 된다(대판 1996.4.12, 96도158).

2. **동일한 사유로 인하여 형사처벌을 받은 자에 대한 운행정지 처분이 일사부재리원칙에 위배되는지 여부: 소극**

   운행정지처분의 사유가 된 사실관계로 자동차 운송사업자가 이미 형사처벌을 받은 바 있다 하더라도, 서울특별시장의 자동차운수사업법을 근거로 한 운행정지처분이 일사부재리의 원칙에 위반된다 할 수 없다(대판 1983.6.14, 82누439).

05 새로운 의무이행확보수단

01 개설

과징금은 행정법상 의무를 불이행하였거나 위반한 자에 대하여 당해 위반행위로 얻은 경제적 이익을 박탈하기 위하여 부과하거나 또는 사업의 취소·정지에 갈음하여 부과되는 금전상 제재, 기존의 행정강제와 행정벌만으로는 행정의 실효성을 확보하기에는 불충분하거나 비효율적인 경우가 있기 때문에, 근래 들어 과징금을 비롯한 신용정보의 제공, 수익적 행위의 철회, 명단의 공표, 관허사업의 제한, 공급거부, 행정조사 등 실무상 새로운 실효성 확보수단이 적극 활용되고 있다. 이러한 새로운 유형의 실효성 확보수단들이 등장하고 다양하게 활용되는 이유는 기존의 실효성 확보수단보다 절차적 부담이 적으면서도 목적달성에 있어서는 효율적이기 때문이다. 이른바 새로운 유형의 실효성 확보수단은 집행의 단순성과 효율성으로 제도 집행에 있어 그만큼 국민의 자유와 권리에 대한 침해가 적기 때문에 실무적으로도 선호된다. 그렇지만 새로운 유형의 실효성 확보수단들은 일반법에서 제도적 형태를 갖추어 마련된 것이 아니라, 각 개별법에 따라 규정되어 있고 그 유형도 일정하지 않기 때문에 자칫 집행을 위한 행정편의적인 수단으로 남용될 우려도 내재되어 있다. 이에 최근 제정된 행정기본법에서는 과징금의 통일적 규율을 위하여 근거 규정을 마련하였다(행정기본법 제28조, 제29조).

02 금전상 제재

1 과징금

1. 의의

(1) **개념**: 행정법상의 의무를 위반한 자로부터 일정한 금전적 이익을 박탈함으로써 간접적으로 의무이행을 확보하려는 제재수단이다. 즉 과징금 처분은 영업정지를 명하여야 하는 경우에 그 영업의 정지가 당해 사업의 이용자 등에게 심한 불편을 주거나 기타 공익을 해할 우려가 있는 때에는 영업정지 처분 대신에 일정한 금전적 부담을 가함으로써 간접적으로 의무이행을 확보하려는 제도이다.

(2) 과태료와의 구별

① **성질**: 의무위반에 대한 질서벌(과징금은 금전적 제제와 부당이득환수)

② **다툼**: 질서위반행위규제법으로 다툼(과징금은 행정심판법, 행정소송법)

③ **부과**: 행정청에 대한 협조의무 위반에 대해 부과, 경미한 형사사범에 대한 비범죄화 차원에서 부과(과징금은 행정기관이 예상수익 부과)

(3) 형사벌과의 구별: 행정형벌과 과징금을 병과하는 것은 이중처벌금지에 반하지 않는다 (판례).

 판례 PLUS

과징금 부과와 형사벌과의 구별

과징금은 과거의 일정한 법률위반 행위에 대하여 제재를 과함을 목적으로 하는 행정벌과 구별되는 것이다. 따라서 이 사건 과징금 부과조항에 따른 과징금의 부과는 범죄에 대하여 국가가 형벌권을 실행하는 과벌에 해당하지 아니하므로, 헌법 제13조 제1항이 금지하는 이중처벌금지원칙에 위배되지 아니한다(헌재 2012.4.24, 2011헌바62).

2. 유형

(1) 경제적 이익 환수 과징금(본래적 의미의 과징금)

① 경제법상의 의무위반 행위로 얻은 불법적인 경제적 이익을 환수하기 위하여 과징금을 부과하도록 규정하고 있는 입법유형이다. 이는 본래적 의미의 과징금이라 할 수 있다.

② 법률의 규정에 따라 환수 범위를 명확히 하고, 이에 따른 행정처분으로 과징금을 부과·징수하게 되는데 행정청이 운영하기 때문에 비교적 법령에서 부과금액 등이 명확하게 규정되어 있지만 집행 과정에서는 행정청의 재량이 폭넓게 적용된다.

　예 독점규제 및 공정거래에 관한 법률, 대외무역법, 부동산 실권리자명의등기에 관한 법률, 하도급거래공정화에 관한 법률, 표시·광고의 공정화에 관한 법률 등

 법령 PLUS

독점규제 및 공정거래에 관한 법률

제6조(과징금) 공정거래위원회는 시장지배적사업자가 남용행위를 한 경우에는 당해 사업자에 대하여 대통령령이 정하는 매출액(대통령령이 정하 는 사업자의 경우에는 영업수익을 말한다. 이하 같다)에 100분의 3을 곱한 금액을 초과하지 아니하는 범위안에서 과징금을 부과할 수 있다. 다만, 매출액이 없거나 매출액의 산정이 곤란한 경우로서 대통령령이 정하는 경우(이하 "매출액이 없는 경우등"이라 한다)에는 10억 원을 초과하지 아니하는 범위 안에서 과징금을 부과할 수 있다.

판례 PLUS

하도급거래 공정화에 관한 법률상의 과징금: 본래적 의미의 과징금

하도급법상의 과징금 부과가 제재적 성격을 가진 것이기는 하여도 기본적으로는 하도급법 위반행위에 의하여 얻은 불법적인 경제적 이익을 박탈하기 위하여 부과되는 것이고, 과징금의 액수는 당해 위반행위의 구체적 태양 등에 기하여 판단되는 그 위법성의 정도뿐 아니라 그로 인한 이득액의 규모와도 상호 균형을 이루어야 하고, 이러한 균형을 상실할 경우에는 비례의 원칙에 위배되어 재량권의 일탈·남용에 해당할 수가 있다(대판 2010.1.14, 2009두11843).

(2) 영업정지 대체 과징금(변형된 과징금)

① 허가취소·영업정지와 선택적으로 또는 영업정지에 갈음하여 과징금을 부과하도록 규정하고 있는 입법유형이다.

② 요건

㉠ 법률에서 정하고 있는 영업정지 처분에 상응하는 위반이 있어야 한다는 점

㉡ 해당 영업이 일정한 공익성을 지니고 있어 영업정지 처분에 따른 국민적인 불편함 또는 공익을 해칠 우려가 있어야 한다는 점

㉢ 과징금의 상한을 정하고 있다는 점

예 건설산업기본법, 고압가스안전관리법, 관광숙박시설지원 등에 관한 특별법, 관광진흥법, 국민건강보험법, 마약류 관리에 관한 법률 등에 규정 등

 법령 PLUS

여객자동차 운수사업법

제88조(과징금 처분) ① 국토교통부장관 또는 시·도지사는 여객자동차 운수사업자가 제49조의6 제1항 또는 제85조 제1항 각 호의 어느 하나에 해당하여 사업정지 처분을 하여야 하는 경우에 그 사업정지 처분이 그 여객자동차 운수사업을 이용하는 사람들에게 심한 불편을 주거나 공익을 해칠 우려가 있는 때에는 그 사업정지 처분을 갈음하여 5천만 원 이하의 과징금을 부과·징수할 수 있다.

 판례 PLUS

여객자동차운송사업자의 여러 가지 위반행위를 인지한 경우, 일부 위반행위에 대해서만 과징금 부과처분을 하고, 나머지에 대해서는 차후에 별도의 부과처분을 할 수 있는지 여부: 원칙적 소극

위반행위가 여러 가지인 경우, 관할 행정청이 사업정지처분을 갈음하는 과징금 부과처분을 하기로 선택하는 경우에도 사업정지처분의 경우와 마찬가지로 여러 가지 위반행위에 대하여 1회에 부과할 수 있는 과징금 총액의 최고한도액은 5,000만 원이라고 보는 것이 타당하다. 관할 행정청이 여객자동차운송사업자의 여러 가지 위반행위를 인지하였다면 전부에 대하여 일괄하여 5,000만 원의 최고한도 내에서 하나의 과징금 부과처분을 하는 것이 원칙이고, 인지한 여러 가지 위반행위 중 일부에 대해서만 우선 과징금 부과처분을 하고 나머지에 대해서는 차후에 별도의 과징금 부과처분을 하는 것은 다른 특별한 사정이 없는 한 허용되지 않는다. 만약 행정청이 여러 가지 위반행위를 인지하여 그 전부에 대하여 일괄하여 하나의 과징금 부과처분을 하는 것이 가능하였음에도 임의로 몇 가지로 구분하여 각각 별도의 과징금 부과처분을 할 수 있다고 보게 되면, 행정청이 여러 가지 위반행위에 대하여 부과할 수 있는 과징금의 최고한도액을 정한 여객자동차 운수사업법 적용을 회피하는 수단으로 악용될 수 있기 때문이다(대판 2021.2.4, 2020두48390).

(3) **순수한 금전적 제재로서의 과징금**: 법조문에서는 과징금이라는 용어를 사용하고 있지만, 과징금의 법적 성격을 비롯한 과징금 제도의 취지·목적면에서 다소 상이한 이유를 통하여 과징금을 규정하고 있는 경우를 말한다. 이 유형에 속하는 과징금은 일정한 행정법상의 의무위반에 대한 단순한 금전적 제재에 불과하여 실질적으로는 과태료와 별로 다를 바가 없어, 법률에 규정되어 있는 명칭은 과징금과는 다르지만 그 명칭과는 상관없이 성격상 과징금과 유사하다.

✚ 법령PLUS

부동산 실권리자명의 등기에 관한 법률

제5조(과징금) ① 다음 각 호의 어느 하나에 해당하는 자에게는 해당 부동산 가액(價額)의 100분의 30에 해당하는 금액의 범위에서 과징금을 부과한다.
1. 제3조 제1항을 위반한 명의신탁자
2. 제3조 제2항을 위반한 채권자 및 같은 항에 따른 서면에 채무자를 거짓으로 적어 제출하게 한 실채무자

[과태료와 과징금의 비교]

구분	과태료	과징금
성질	의무위반에 대한 벌	의무 이행을 위한 확보수단
불복	질서위반행위규제법	행정심판법, 행정소송법
부과	행정청(원칙)	행정청
기준	가벌성	예상가능 수익
쟁송제기	효력상실(처분성 無)	효력유지(집행부정지)

3. 특징

(1) **법적 근거**: 과징금 부과에 관한 일반법으로는 행정기본법 제28조, 제29조가 마련되어 있다.

(2) **성질**: 과징금은 행정청이 부과하는 것이므로 처분성이 인정되어 행정소송의 대상이 되고, 행정청의 재량행위로 보는 것이 원칙적인 판례의 입장이다.

(3) **부과 및 징수**: 과징금의 산정기준, 부과징수 절차는 개별법령에 규정한 바가 있으면 그에 따른다. 즉 권한 있는 행정기관의 부과에 의해 이루어지며 이를 불이행한 경우 국세징수법 또는 지방세 체납처분의 예에 의하며 상속인에게 승계된다.

한편 행정기본법(제28조, 제29조)은 일반법으로서 과징금의 부과기준과 방법 등을 규정하고 있으므로 개별법에서 특별히 정한 사항과 모순저촉되지 않는 범위에서 함께 적용된다.

OX 문제

01 과징금은 원칙적으로 행위자의 고의·과실이 있는 경우에 부과된다. ( )

정답 01 ×(→고의·과실 없어도 부과)

판례 PLUS

과징금의 특징

1. 법적 근거의 필요 여부: 적극

과징금의 부과와 같이 재산권의 직접적인 침해를 가져오는 처분을 변경하려면 법령에 그 요건 및 절차가 명백히 규정되어 있어야 한다(대판 1999.5.28, 99두1571).

2. 이중처벌금지 원칙 위반 여부: 소극

[1] 부당지원행위에 대한 과징금은 부당지원행위 억지라는 행정목적을 실현하기 위한 행정상 제재금으로서의 기본적 성격에 부당이득환수적 요소도 부가되어 있는 것으로서, 이중처벌금지 원칙에 위반된다거나 무죄추정의 원칙에 위반된다고 할 수 없다(대판 2004.3.12, 2001두7220).

[2] 공정거래법에서 형사처벌과 아울러 과징금의 병과를 예정하고 있더라도 이중처벌금지 원칙에 위반된다고 볼 수 없으며, 이 과징금 부과처분에 대하여 공정력과 집행력을 인정한다고 하여 이를 확정판결 전의 형벌집행과 같은 것으로 보아 무죄추정의 원칙에 위반된다고도 할 수 없다(헌재 2003.7.24, 2001헌가25).

3. 공정거래법상 과징금부과처분의 법적 성질: 재량행위

공정거래위원회는 법 위반행위에 대하여 과징금을 부과할 것인지 여부와 만일 과징금을 부과한다면 일정한 범위 안에서 과징금의 부과액수를 얼마로 정할 것인지에 관하여 재량을 가지고 있다 할 것이므로, 공정거래위원회의 같은 법 위반행위자에 대한 과징금 부과처분은 재량행위라 할 것이다(대판 2002.9.24, 2000두1713).

4. 부동산실명법상 과징금부과처분의 법적 성질: 기속행위

부동산 실권리자명의 등기에 관한 법률을 종합하면, 명의신탁자에 대하여 과징금을 부과할 것인지 여부는 기속행위에 해당하므로, 명의신탁이 조세를 포탈하거나 법령에 의한 제한을 회피할 목적이 아닌 경우에 한하여 그 과징금을 일정한 범위 내에서 감경할 수 있을 뿐이지 그에 대하여 과징금 부과처분을 하지 않거나 과징금을 전액 감면할 수 있는 것은 아니다(대판 2007.7.12, 2005두17287).

5. 부동산실명법에 의하여 부과되는 과징금의 상속 여부: 적극

부동산실명법에 의하여 부과된 과징금 채무는 대체적 급부가 가능한 의무이므로 위 과징금을 부과받은 자가 사망한 경우 그 상속인에게 포괄승계된다(대판 1999.5.14, 99두35).

4. 과징금 부과의 기준 및 납부방법(행정기본법상 일반원칙)

(1) 과징금의 기준: 최근 제정된 행정기본법은 과징금 부과에는 법률의 근거가 필요함을 명문으로 밝히고(제28조 제1항), 그 법률에 정할 과징금의 기준을 제시하고 있다(제28조 제2항). 즉, 부과·징수의 주체, 부과 사유, 상한액, 가산금에 관한 사항, 체납 시의 강제징수 사항 등을 명확하게 법률로 규정하여야 한다.

 법령 PLUS

행정기본법

제28조(과징금의 기준) ① 행정청은 법령등에 따른 의무를 위반한 자에 대하여 법률로 정하는 바에 따라 그 위반행위에 대한 제재로서 과징금을 부과할 수 있다.

② 과징금의 근거가 되는 법률에는 과징금에 관한 다음 각 호의 사항을 명확하게 규정하여야 한다.

　1. 부과·징수 주체
　2. 부과 사유
　3. 상한액
　4. 가산금을 징수하려는 경우 그 사항
　5. 과징금 또는 가산금 체납 시 강제징수를 하려는 경우 그 사항

(2) **과징금의 납부방법**: 과징금의 납부는 일시불이 원칙이며(제29조 본문), 다만 일정한 사유(제29조 각호의 사유)가 있으면 연기 또는 분납을 할 수 있다. 연기 또는 분납을 하는 경우 행정청은 담보제공을 요구할 수 있다(제29조 단서).

 법령 PLUS

행정기본법
제29조(과징금의 납부기한 연기 및 분할 납부) 과징금은 한꺼번에 납부하는 것을 원칙으로 한다. 다만, 행정청은 과징금을 부과받은 자가 다음 각 호의 어느 하나에 해당하는 사유로 과징금 전액을 한꺼번에 내기 어렵다고 인정될 때에는 그 납부기한을 연기하거나 분할 납부하게 할 수 있으며, 이 경우 필요하다고 인정하면 담보를 제공하게 할 수 있다.
    1. 재해 등으로 재산에 현저한 손실을 입은 경우
    2. 사업 여건의 악화로 사업이 중대한 위기에 처한 경우
    3. 과징금을 한꺼번에 내면 자금 사정에 현저한 어려움이 예상되는 경우
    4. 그 밖에 제1호부터 제3호까지에 준하는 경우로서 대통령령으로 정하는 사유가 있는 경우

5. 구제수단

 판례 PLUS

과징금부과처분이 재량권을 일탈한 경우, 일부취소 가능성: 소극
처분을 할 것인지 여부와 처분의 정도에 관하여 재량이 인정되는 과징금 납부명령에 대하여 그 명령이 재량권을 일탈하였을 경우, 법원으로서는 재량권의 일탈 여부만 판단할 수 있을 뿐이지 재량권의 범위 내에서 어느 정도가 적정한 것인지에 관하여는 판단할 수 없어 그 전부를 취소할 수밖에 없고, 법원이 적정하다고 인정하는 부분을 초과한 부분만 취소할 수는 없다(대판 2009.6.23, 2007두18062).

과징금 부과처분을 하였다가 감액처분을 한 경우, 항고소송의 대상
과징금 부과처분에서 행정청이 납부의무자에 대하여 부과처분을 한 후 그 부과처분의 하자를 이유로 과징금의 액수를 감액하는 경우에 그 감액처분은 감액된 과징금 부분에 관하여만 법적 효과가 미치는 것으로서 처음의 부과처분과 별개 독립의 과징금 부과처분이 아니라 그 실질은 당초 부과처분의 변경이고, 그에 의하여 과징금의 일부취소라는 납부의무자에게 유리한 결과를 가져오는 처분이므로 처음의 부과처분이 전부 실효되는 것은 아니며, 그 감액처분으로도 아직 취소되지 않고 남아 있는 부분이 위법하다고 하여 다투는 경우 항고소송의 대상은 처음의 부과처분 중 감액처분에 의하여 취소되지 않고 남은 부분이다. 즉, 감액처분이 항고소송의 대상이 되는 것은 아니다(대판 2008.2.15, 2006두3957).

2 가산세

1. 의의

세법상 의무의 성실한 이행을 확보하기 위하여 그 세법에 의하여 산출된 세액에 가산하여 징수되는 세금을 말한다(국세기본법 제2조 제4호). 가산세는 세금의 형태로 가하는 행정벌의 성질을 가진 제재이므로 그 의무해태에 정당한 사유가 있는 경우에 부과할 수 없으며, 연체금에 해당하며, 금전채무의 이행에 대한 간접강제의 효과를 갖는다.

OX 문제

01 재량행위인 과징금 납부명령이 재량권을 일탈하였을 경우, 법원이 적당하다고 인정하는 부분을 초과한 부분만 취소할 수 있다. ( )

정답 01 ×(→전부취소만 가능)

2. 법적 성질

(1) 본래의 조세채무와는 별개로 부과되는 세금으로, 원칙적으로 법적 근거가 요구되며 처분성이 인정되므로 행정쟁송의 제기가 가능하다.

(2) 가산세는 세법에 규정하는 의무의 성실한 이행을 확보하기 위한 제도로 과거의 의무위반에 대한 행정벌과 다르므로 병과가 가능하다.

(3) 벌금의 부과주체는 사법기관임에 반하여, 가산세는 행정기관이 부과한다.

3. 특징

(1) 가산세는 그 특성상 납세자의 고의 · 과실 여부는 문제되지 않는다.

(2) 의무불이행에 정당한 사유가 있는 경우에는 가산세를 부과할 수 없다. 단 법령의 부지, 오인 등은 정당한 사유에 포함되지 않는다.

판례 PLUS

가산세의 법적 성질

1. 가산세의 의의

세법상 가산세는 과세권의 행사 및 조세채권의 실현을 용이하게 하기 위하여 납세자가 정당한 이유 없이 법에 규정된 신고, 납세 등 각종 의무를 위반한 경우에 개별세법이 정하는 바에 따라 부과되는 행정상의 제재이다(대판 2003.9.5, 2001두403).

2. 가산세를 부과하기 위하여는 납세자의 고의 · 과실을 요하는지 여부: 소극

납세자의 고의, 과실은 고려되지 않는 것이고, 다만 납세의무자가 그 의무를 알지 못한 것이 무리가 아니었다거나 그 의무의 이행을 당사자에게 기대하는 것이 무리라고 하는 사정이 있을 때 등 그 의무해태를 탓할 수 없는 정당한 사유가 있는 경우에는 이를 부과할 수 없다(대판 2003.9.5, 2001두403).

3. 법령의 부지 또는 오인 등이 정당한 사유에 해당하는지 여부: 소극

세법상 가산세는 과세권의 행사 및 조세채권의 실현을 용이하게 하기 위하여 납세자가 정당한 이유 없이 법에 규정된 신고 · 납세의무 등을 위반한 경우에 법이 정하는 바에 의하여 부과하는 행정상의 제재로서 납세자의 고의 · 과실은 고려되지 아니하는 것이고, 법령의 부지 또는 오인은 그 정당한 사유에 해당한다고 볼 수 없으며, 또한 납세의무자가 세무공무원의 잘못된 설명을 믿고 그 신고납부의무를 이행하지 아니하였다 하더라도 그것이 관계 법령에 어긋나는 것임이 명백한 때에는 그러한 사유만으로는 정당한 사유가 있는 경우에 해당한다고 할 수 없다(대판 2002.4.12, 2000두5944).

---

03 비금전상 제재

1 명단공표

1. 개념

행정법상의 의무위반 또는 의무불이행이 있는 경우에 그 위반자의 성명, 위반사실 등을 일반에게 공개하여 명예 또는 신용에 침해를 가함으로써 심리적인 압박을 가하여 행정법상의 의무이행을 확보하는 "간접강제수단"을 말한다.

2. 특징

행정법상 의무위반자의 명단을 공표하는 것은 비권력적 사실행위로 단순한 통지에 해당하며, 그의 명예, 신용 또는 프라이버시에 대한 침해를 초래한다. 따라서 법률에 근거가 있는 경우에 한하여 명단의 공표가 가능하며 법률에 근거가 있다고 하더라도 비례의 원칙에 따라 명예, 신용, 인격권 또는 프라이버시권과 공표로 달성하고자 하는 공익 간에 이익형량을 하여 명단공표의 위법 여부를 판단하여야 한다.

3. 유형

명단공표에 대한 일반법은 없으나, 개별법은 존재한다. 체납기간 1년 이상 2억 원 이상의 고액·상습세금체납자의 명단공개(국세기본법 제85조의5), 가짜석유제품의 제조 등의 금지 의무 위반 사실의 공표(석유 및 석유대체연료사업법 제29조 및 제39조의2 제2호), 미성년자에 대한 성범죄자의 등록정보의 공개(아동청소년의 성보호에 관한 법률 제49조)가 그 예이다.

4. 구제

위법한 공표에 의하여 명예·신용 등이 침해된 경우에는 행정상 손해배상청구소송을 제기하여 손해배상을 구할 수 있다(판례).

 판례 PLUS

명단공표의 위법성 판단

1. 독점규제 및 공정거래에 관한 법률에서 시정명령을 받은 사실의 공표를 규정하고 있는 목적

독점규제 및 공정거래에 관한 법률이 시정조치의 하나로서 시정명령을 받은 사실의 공표를 규정하고 있는 목적은 일반 공중이나 관련 사업자들이 법위반 여부에 대한 정보와 인식의 부족으로 피고의 시정조치에도 불구하고, 위법사실의 효과가 지속되고 피해가 계속되는 사례가 발생할 수 있으므로 조속히 법위반에 관한 중요 정보를 공개하는 등의 방법으로 일반 공중이나 관련 사업자들에게 널리 경고함으로써 계속되는 공공의 손해를 종식시키고 위법행위가 재발하는 것을 방지하고자 함에 있다(대판 2006.5.12, 2004두12315).

2. 청소년 성매수자에 대한 신상공개를 규정한 청소년의 성보호에 관한 법률이 이중처벌금지원칙 등에 위반되는지 여부: 합헌

청소년 성매수자의 일반적 인격권과 사생활의 비밀의 자유가 제한되는 정도가 청소년 성보호라는 공익적 요청에 비해 크다고 할 수 없으므로 결국 청소년 성매수자의 신상공개는 해당 범죄인들의 일반적 인격권, 사생활의 비밀의 자유를 과잉금지의 원칙에 위배하여 침해한 것이라 할 수 없다(헌재 2003.6.26, 2002헌가14).

3. 행정상 공표에 의한 명예훼손과 위법성

국가기관이 행정목적달성을 위하여 언론에 보도자료를 제공하는 등 이른바 행정상 공표의 방법으로 실명을 공개함으로써 타인의 명예를 훼손한 경우, 그 공표된 사람에 관하여 적시된 사실의 내용이 진실이라는 증명이 없더라도 국가기관이 공표 당시 이를 진실이라고 믿었고 또 그렇게 믿을 만한 상당한 이유가 있다면 위법성이 없는 것이고, 이 점은 언론을 포함한 사인에 의한 명예훼손의 경우에서와 마찬가지이다. 다만 위와 같은 상당한 이유의 존부판단에 있어서는, 사인의 행위에 의한 경우보다는 훨씬 더 엄격한 기준이 요구된다(대판 1993.11.26, 93다18389).

OX문제

01 행정상 의무위반자의 명단공표는 법에 근거가 있는 경우에 한하여 가능하다.
( )

정답 01 ○

2 공급거부

1. 의의

(1) 행정법상 의무의 위반·불이행이 있는 경우에 행정상 일정한 재화나 서비스의 공급을 거부하는 행정작용을 말한다. 공급거부는 의무이행을 위한 직접적 수단은 아니고 행정법상 의무위반자·불이행자에게 사업이나 생활상의 어려움을 주어 간접적으로 의무이행의 확보를 도모하려는 제도이다. → '법적 근거'가 반드시 있어야 한다.

(2) 과거에 공급거부에 관한 규정의 예로 건축법에 의한 수도의 설치·공급금지가 있었으나(구 건축법 제69조 제2항), 부당결부금지원칙에 위반된다는 비판에 따라 삭제되면서 현재는 공급금지에 관한 규정을 찾아보기 어렵다.

2. 특징

행정법상의 의무위반 또는 의무불이행이 있다고 해서 공급거부가 항상 적법하게 인정될 수 있는 것은 아니다. 실정법상으로 정당한 이유 없이 공급거부를 할 수 없다는 명문의 규정을 둔 예(수도법 제39조 제1항)도 있으나, 명문규정의 유무를 불문하고 법률의 근거를 요한다. 공급거부가 비례의 원칙에 반하는 경우에 당해 공급거부는 위법하며 공급거부가 부당결부금지의 원칙에 반하게 되는 경우도 존재한다.

3. 구제

행정쟁송 또는 민사소송이 가능하며, 손해배상청구도 가능하다.

🞥 판례 PLUS

공급거부 행위의 행정처분성

1. 위법 건축물에 대한 단전 및 전화통화 단절조치 "요청"행위가 항고소송의 대상이 되는 행정처분인지 여부: 소극

건축법 제69조 제2항, 제3항의 규정에 비추어 보면, 행정청이 위법 건축물에 대한 시정명령을 하고 나서 위반자가 이를 이행하지 아니하여 전기·전화의 공급자에게 그 위법 건축물에 대한 전기·전화공급을 하지 말아 줄 것을 요청한 행위는 권고적 성격의 행위에 불과한 것으로서 전기·전화공급자나 특정인의 법률상 지위에 직접적인 변동을 가져오는 것은 아니므로 이를 항고소송의 대상이 되는 행정처분이라고 볼 수 없다(대판 1996.3.22, 96누433).

2. 전화가입계약의 해지가 항고소송의 대상이 되는 행정처분인지 여부: 소극

전화가입계약은 전화가입희망자의 가입청약과 이에 대한 전화관서의 승낙에 의하여 성립하는 영조물 이용의 계약관계로서 그 성질은 사법상의 계약관계에 불과하다고 할 것이므로, 용산전화국장이 전기통신법에 의하여 전화가입계약을 해지하였다 하여도 이는 사법상의 계약의 해지와 성질상 다른 바가 없다 할 것이고 이를 항고소송의 대상이 되는 행정처분으로 볼 수 없다(대판 1982.12.28, 82누441).

3 관허사업의 제한

1. 의의 및 특징

(1) 관허사업의 제한이란 행정법상의 의무를 위반한 자에 대하여 행정기관이 허가·인가·면허·등록 및 갱신 등을 하지 아니하거나 기존 사업을 취소 또는 정지하는 것으로 간접적 강제수단이다. 질서위반행위규제법은 과태료 체납자에 대한 제재로서 과태료 체납과 직접 관련이 있는 관허사업을 제한할 수 있도록 규정하고 있으며, 다만 모든 과태료 체납에 대하여 관허사업을 제한하는 것은 과잉금지의 원칙상 과도한 제재가 될 수 있으므로 고액·상습 체납자에 한정하여 제한하도록 하고 있다.

(2) 「건축법」 제79조의 위법건축물에 대한 영업허가의 제한과 같이 의무위반사항과 직접 관련이 있는 사업에 대한 경우와 「국세징수법」 제7조 및 「지방세징수법」 제7조의 국세 또는 지방세체납자에 대한 관허사업의 제한과 같이 의무위반사항과 직접 관련이 없는 사업에 대한 경우가 있다. 이러한 관허사업 제한은 의무불이행에 대한 제재적 처분의 성격을 갖기도 하지만 기본적으로는 의무이행을 확보하기 위한 수단이며, 권익을 침해하는 권력적 행위이므로 반드시 법률에 근거가 있어야 한다.

 법령 PLUS

건축법

제79조(위반 건축물에 대한 조치 등) ② 허가권자는 제1항에 따라 허가나 승인이 취소된 건축물 또는 제1항에 따른 시정명령을 받고 이행하지 아니한 건축물에 대하여는 다른 법령에 따른 영업이나 그 밖의 행위를 허가·면허·인가·등록·지정 등을 하지 아니하도록 요청할 수 있다. 다만, 허가권자가 기간을 정하여 그 사용 또는 영업, 그 밖의 행위를 허용한 주택과 대통령령으로 정하는 경우에는 그러하지 아니하다.

국세징수법

제7조(관허사업의 제한) ① 세무서장(지방국세청장을 포함한다. 이하 이 조 및 제7조의2 제1항에서 같다)은 납세자가 허가·인가·면허 및 등록(이하 "허가등"이라 한다)을 받은 사업과 관련된 소득세, 법인세 및 부가가치세를 대통령령으로 정하는 사유 없이 체납하였을 때에는 해당 사업의 주무관서에 그 납세자에 대하여 허가등의 갱신과 그 허가등의 근거 법률에 따른 신규 허가등을 하지 아니할 것을 요구할 수 있다.
② 세무서장은 허가등을 받아 사업을 경영하는 자가 해당 사업과 관련된 소득세, 법인세 및 부가가치세를 3회 이상 체납한 경우로서 그 체납액이 500만 원 이상일 때에는 대통령령으로 정하는 경우를 제외하고 그 주무관서에 사업의 정지 또는 허가등의 취소를 요구할 수 있다.

지방세징수법

제7조(관허사업의 제한) ① 지방자치단체의 장은 납세자가 대통령령으로 정하는 사유 없이 지방세를 체납하면 허가·인가·면허·등록 및 대통령령으로 정하는 신고와 그 갱신(이하 "허가등"이라 한다)이 필요한 사업의 주무관청에 그 납세자에게 허가등을 하지 아니할 것을 요구할 수 있다.
② 지방자치단체의 장은 허가등을 받아 사업을 경영하는 자가 지방세를 3회 이상 체납한 경우로서 그 체납액이 30만 원 이상일 때 에는 대통령령으로 정하는 경우를 제외하고, 그 주무관청에 사업의 정지 또는 허가등의 취소를 요구할 수 있다.
③ 지방자치단체는 30만 원 이상 100만 원 이하의 범위에서 제2항에 따른 사업의 정지 또는 허가등의 취소를 요구할 수 있는 기준이 되는 체납액을 해당 지방자치단체의 조례로 달리 정할 수 있다.

OX 문제

01 관허사업의 제한이란, 행정법상 의무를 위반하거나 불이행한 자에 대하여 각종 인·허가를 거부할 수 있게 함으로써 행정법상 의무의 준수 또는 이행을 확보하는 직접적 강제수단이다.　(　)

정답 01 ×(→간접적 강제수단)

2. 관허사업 제한과 부당결부 금지의 원칙

(1) 관허사업 제한 제도는 부당결부금지의 원칙과 밀접한 관련이 있다. 관허사업 제한이 부당결부금지의 원칙에 반하는지는 행정법규의 위반과 관허사업 제한 사이에 실질적 관련이 있는지 여부가 그 판단기준이 된다.

(2) 질서위반행위규제법 제52조에서도 해당사업과 관련된 질서위반행위로 과태료를 3회 이상 체납하고 그 체납합계액이 500만 원 이상이고 특별한 사유가 없으면 해당사업의 정지 또는 허가등의 취소를 할 수 있도록 하고 있다.

(3) 쟁점

① 국세징수법 제7조 및 지방세징수법 제7조와 같이 '의무위반사항과 직접 관련이 없는 사업을 제한하는 경우'이다. 부당결부금지의 원칙이 헌법적 효력을 갖는다면, 비록 법률에 근거한 경우라도 부당결부금지의 원칙에 반하는 경우에는 위법한 것이 된다.

② 국세징수법 제7조는 국세징수의 무력화를 방지하고 국세징수의 확보, 국가재정확보를 목적으로 하는 것으로서 부당결부금지의 원칙도 국가존립을 전제로 한다고 볼 것이므로 국가존립의 이익이 부당결부금지의 원칙이 갖는 이익보다 우선하여야 한다는 이유로 합헌이라는 견해가 있다.

> ### 판례 PLUS
>
> **권한위임에 따른 대집행 주체 변경**
> **군수가 사무위임조례에 의하여 무허가 건축물에 대한 철거대집행사무를 읍·면에게 위임한 경우, 읍·면장이 대집행 계고처분권을 가지는지 여부: 적극**
> 군수가 군사무위임조례의 규정에 따라 무허가 건축물에 대한 철거대집행사무를 하부 행정기관인 읍·면에 위임하였다면, 읍·면 장에게는 관할구역 내의 무허가 건축물에 대하여 그 철거대집행을 위한 계고처분을 할 권한이 있다(대판 1997.2.14, 96누15428).

4 시정명령

1. 의의

행정법규 위반에 의해 초래된 위법상태를 제거하는 것을 명하는 행정행위이다. 시정명령을 받은 자는 시정의무를 부담하게 되며 시정의무를 이행하지 않는 경우에는 행정강제의 대상이 될 수 있고, 시정의무 위반에 대하여는 통상 '행정벌'이 부과된다.

2. 쟁점

시정명령은 명확하고 이행 가능한 것이어야 하며, 과거의 위반행위에 대한 중지 및 장래에 반복될 우려가 있는 동일한 유형의 행위에 대한 반복금지를 내용으로 할 수 있다.

3. 유형

시정명령의 유형에는 가축 및 축산물 이력관리에 관한 법률과 같이 이력관리와 관련된 의무자들을 제시하는 것도 있고, 건설기술진흥법과 같이 법률상 의무를 이행하지 아니하거나 감염병의 예방 및 관리에 관한 법률에서와 같이 시정해야 할 기준 또는 위반사항을 명시한 것도 있다.

 법령 PLUS

가축 및 축산물 이력관리에 관한 법률

제23조(시정명령) 농림축산식품부장관, 시·도지사 또는 시장·군수·구청장(자치구의 구청장을 말한다. 이하 같다)은 가축의 소유자, 농장경영자, 이력관리대상가축 및 씨알을 수입하거나 수출하는 자, 가축시장개설자, 가축거래상인, 도축업자, 수입식품등 수입·판매업자, 식육 포장처리업자, 계란이력번호표시의무자, 이력관리대상축산물판매업자, 식품접객업자, 집단급식소운영자 및 통신판매업자가 정당 한 사유 없이 이 법 또는 이 법에 따른 명령을 준수하지 아니하는 경우에는 기간을 정하여 시정을 명할 수 있다.

 판례 PLUS

시정명령의 요건

1. **독점규제및공정거래에관한법률에 의한 시정명령의 대상**
   시정명령 제도를 둔 취지에 비추어 시정명령의 내용은 과거의 위반행위에 대한 중지는 물론 가까운 장래에 반복될 우려가 있는 동일한 유형의 행위의 반복금지까지 명할 수는 있는 것으로 해석함이 상당하다(대판 2003.2.20, 2001두5347 전합).

2. **하도급거래 공정화에 관한 법률의 위반행위가 있었으나, 그 결과가 더 이상 존재하지 않는 경우, 시정명령을 할 수 있는지 여부: 소극**
   '하도급거래 공정화에 관한 법률'의 위반행위가 있었더라도 그 위반행위의 결과가 더 이상 존재하지 않는다면 시정명령은 할 수 없다고 보아야 한다(대판 2011.3.10, 2009두1990).

01
④ 공매통지 자체가 그 상대방인 체납자 등의 법적 지위나 권리 · 의무에 직접적인 영향을 주는 행정처분에 해당한다고 할 것은 아니므로 다른 특별한 사정이 없는 한 체납자 등은 공매통지의 결여나 위법을 들어 공매처분의 취소 등을 구할 수 있는 것이지 공매통지 자체를 항고소송의 대상으로 삼아 그 취소 등을 구할 수는 없다(대판 2011. 3.24, 2010두25527).

오답의 이유
③ 대판 2014.10.15, 2013두5005

01 행정의 실효성확보수단에 대한 설명으로 옳지 않은 것은?(다툼이 있는 경우 판례에 의함)

20 국가직 9급

① 대집행과 이행강제금 중 어떠한 강제수단을 선택할 것인지에 대하여 행정청의 재량이 인정된다.

② 「건축법」상 시정명령을 받은 의무자가 이행강제금이 부과되기 전에 그 의무를 이행한 경우에는 비록 시정명령에서 정한 기간을 지나서 이행한 경우라도 이행강제금을 부과할 수 없다.

③ 「여객자동차 운수사업법」상 과징금부과처분은 원칙적으로 위반자의 고의 · 과실을 요하지 않는다.

④ 「국세징수법」상 공매통지에 하자가 있는 경우, 다른 특별한 사정이 없는 한 체납자는 공매통지 자체를 항고소송의 대상으로 삼아 그 취소 등을 구할 수 있다.

02
④ 헌재 2011.10.25, 2009헌바140 전합

오답의 이유
① 대판 2011.3.24, 2010두25527
② 행정대집행법 제3조
③ 행정대집행법 제6조

02 행정의 실효성 확보수단에 대한 설명으로 가장 옳은 것은?(다툼이 있는 경우 판례에 따름)

20 해경승진

① 공매통지 자체가 그 상대방인 체납자 등의 법적지위나 권리의무에 직접적인 영향을 주는 행정처분에 해당한다고 할 것이므로 다른 특별한 사정이 없는 한 체납자 등은 공매통지 자체를 항고소송의 대상으로 삼아 그 취소 등을 구할 수 있다.

② 비상시 또는 위험이 절박한 경우에 있어서 계고 · 대집행영장의 통지규정에서 정하는 수속을 취할 여유가 없을 경우라도 위의 두 수속 모두를 거치지 아니하고는 대집행을 할 수 없다.

③ 행정대집행법 절차에 따라 국세징수의 대집행비용을 징수할 수 있음에도 불구하고 민사소송절차에 의하여 그 비용의 상환을 청구할 수 있다.

④ 이행강제금은 장래의 의무이행을 심리적으로 강제하기 위한 것으로서 의무이행이 있을 때까지 반복하여 부과할 수 있다.

정답 01 ④ 02 ④

03 행정상 즉시강제에 대한 설명으로 옳지 않은 것은?(다툼이 있는 경우 판례에 의함)

21 국가직 9급

① 행정상 즉시강제는 국민의 권리침해를 필연적으로 수반하므로, 이에 대해서는 항상 영장주의가 적용된다.

② 행정상 즉시강제는 직접강제와는 달리 행정상 강제집행에 해당하지 않는다.

③ 구 「음반·비디오물 및 게임물에 관한 법률」상 불법게임물에 대한 수거 및 폐기 조치는 행정상 즉시강제에 해당한다.

④ 다른 수단으로는 행정목적을 달성할 수 없는 경우에만 허용되며, 이 경우에도 최소한으로만 실시하여야 한다.

03

① 행정상 즉시강제의 경우에는 사전영장주의를 고수하다가는 그 목적을 달성할 수 없으므로 예외가 인정된다(대판 1995.6.30, 93추83).

오답의 이유

② 행정상 즉시강제란 행정강제의 일종이다(헌재 2002.10.31, 2000헌가12).

④ 행정상 즉시강제는 엄격한 ⊙ 실정법상의 근거를 필요로 할 뿐만 아니라, 그 발동에 있어서는 법규의 범위 안에서도 다시 행정상의 장해가 목전에 ⓒ 급박하고, ⓒ 다른 수단으로는 행정목적을 달성할 수 없는 경우이어야 하며, 이러한 경우에도 그 행사는 ⓔ 필요 최소한도에 그쳐야 함을 내용으로 하는 조리상의 한계에 기속된다(헌재 2002.10.31, 2000헌가12).

04 행정상 즉시강제에 해당하지 않는 것은?

20 해경승진

① 「소방기본법」에 의한 강제처분

② 「행정대집행법」에 의한 무허가건물의 강제철거

③ 「경찰관직무집행법」에 의한 범죄의 예방과 제지

④ 「재난 및 안전관리 기본법」에 의한 응급조치

04

② 행정대집행은 '행정상 강제집행'에 해당한다.

05 대집행에 대한 설명으로 옳은 것은?(다툼이 있는 경우 판례에 의함)

20 국회직 8급

① 토지의 명도 의무를 이행하지 않을 경우 직접강제 또는 대집행을 통해 이를 실현할 수 있다.

② 구두에 의한 계고는 무효이며, 계고와 통지는 동시에 생략할 수 없다.

③ 공유재산 대부계약 해지에 따라 원상회복을 위하여 실시하는 지상물의 철거는 대집행의 대상이 아니다.

④ 행정청이 대집행을 실시하지 않는 경우, 그 국유재산에 대한 사용청구권을 가지고 있는 자가 국가를 대위하여 민사소송으로 그 시설물의 철거를 구할 수 있다.

⑤ 위법건축물 철거명령과 대집행한다는 계고처분이 가가 별도의 처분서에 의하여야만 한다.

05

④ 대판 2009.6.11, 2009다1122

오답의 이유

① 행정청이 행정대집행법의 규정에 의하여 이행을 확보할 수 있는 행정상의 의무는 '타인이 대신하여 행할 수 있는 의무' 즉 대체적 작위의무에 한정되는 것이고, 작위의무라고 하더라도 건물의 명도 또는 퇴거와 같은 비대체적인 것은 대집행의 대상이 될 수 없으며, 존치물건의 반출은 건물의 명도 또는 퇴거의무의 이행에 수반하는 필연적인 행위이므로 그 자체가 독립하여 의무 내용을 이루는 것이 아니므로 건물의 명도 또는 퇴거에 대한 대집행이 허용되지 아니하는 이상 그것만이 독립하여 대집행의 대상이 될 수 없다(서울행법 2010.1.7, 2009구합32598).

③ 대판 2001.10.12, 2001두4078

정답 03 ① 04 ② 05 ④

06

③ 행정청이 행정대집행의 방법으로 건물 철거의무의 이행을 실현할 수 있는 경우에는 건물철거 대집행 과정에서 부수적으로 건물의 점유자들에 대한 퇴거 조치를 할 수 있고, 점유자들이 적법한 행정대집행을 위력을 행사하여 방해하는 경우 형법상 공무집행방해죄가 성립하므로, 필요한 경우에는 '경찰관 직무집행법'에 근거한 위험발생 방지조치 또는 형법상 공무집행방해죄의 범행방지 내지 현행범체포의 차원에서 경찰의 도움을 받을 수도 있다(대판 2017. 4.28, 2016다213916).

07

② 대집행의 계고·대집행영장에 의한 통지·대집행의 실행·대집행에 요한 비용의 납부명령 등은 동일한 행정목적을 달성하기 위하여 단계적인 일련의 절차로 연속하여 행하여지는 것으로서, 서로 결합하여 하나의 법률효과를 발생시키는 것이므로 선행처분인 계고처분이 하자가 있는 위법한 처분이라면, 후행처분인 대집행비용납부명령의 취소를 청구하는 소송에서 위법한 계고처분을 전제로 행하여진 대집행비용납부명령도 위법한 것이라는 주장을 할 수 있다(대판 1993.11.9, 93누14271).

오답의 이유
① 대판 1998.10.23, 97누157

08

④ 행정대집행법 제4조

오답의 이유
① 심판대상조항은 종업원 등의 범죄행위에 관하여 비난할 근거가 되는 법인의 의사결정 및 행위구조, 즉 종업원 등이 저지른 행위의 결과에 대한 법인의 독자적인 책임에 관하여 전혀 규정하지 않은 채, 단순히 법인이 고용한 종업원 등이 업무에 관하여 범죄행위를 하였다는 이유만으로 법인에 대하여 형벌을 부과하도록 정하고 있는바, 이는 다른 사람의 범죄에 대하여 그 책임 유무를 묻지 않고 형사처벌하는 것이므로 헌법상 법치국가원리로부터 도출되는 책임주의원칙에 위배된다(헌재 2019. 4.11, 2017헌가30 전합).

정답 06 ③ 07 ② 08 ④

06 「행정대집행법」상 대집행에 대한 설명으로 옳지 않은 것은?(다툼이 있는 경우 판례에 의함)
20 국가직 9급

① 「공익사업을 위한 토지 등의 취득 및 보상에 관한 법률」상의 협의취득시에 매매대상 건물에 대한 철거의무를 부담하겠다는 취지의 약정을 건물소유자가 하였다고 하더라도, 그 철거의무는 대집행의 대상이 되지 않는다.
② 공유수면에 설치한 건물을 철거하여 공유수면을 원상회복하여야 할 의무는 대체적 작위의무에 해당하므로 행정대집행의 대상이 된다.
③ 행정청이 건물 철거의무를 행정대집행의 방법으로 실현하는 과정에서, 건물을 점유하고 있는 철거의무자들에 대하여 제기한 건물퇴거를 구하는 소송은 적법하다.
④ 철거대상건물의 점유자들이 적법한 행정대집행을 위력을 행사하여 방해하는 경우, 행정청은 필요하다면 「경찰관 직무집행법」에 근거한 위험발생 방지조치 차원에서 경찰의 도움을 받을 수 있다.

07 행정대집행에 대한 설명으로 옳지 않은 것은?(다툼이 있는 경우 판례에 의함)
21 지방직 9급

① 도시공원시설 점유자의 퇴거 및 명도 의무는 「행정대집행법」에 의한 대집행의 대상이 아니다.
② 후행처분인 대집행비용납부명령 취소청구 소송에서 선행처분인 계고처분이 위법하다는 이유로 대집행비용납부명령의 취소를 구할 수 없다.
③ 대집행에 요한 비용을 징수하였을 때에는 그 징수금은 사무비의 소속에 따라 국고 또는 지방자치단체의 수입으로 한다.
④ 대집행에 대하여는 행정심판을 제기할 수 있다.

08 대집행에 관한 설명으로 가장 옳지 않은 것은?
19 서울시 9급

① 건물의 점유자가 철거의무자일 때에는 건물철거의무에 퇴거의무도 포함되어 있는 것이어서 별도로 퇴거를 명하는 집행권원이 필요하지 않다.
② 구 「토지수용법」상 피수용자 등이 기업자에 대하여 부담하는 수용대상 토지의 인도의무는 특별한 사정이 없는 한 「행정대집행법」에 의한 대집행의 대상이 될 수 없다.
③ 민사소송절차에 따라 민법 제750조에 기한 손해배상으로서 대집행비용의 상환을 구하는 청구는 소의 이익이 없어 부적법하다.
④ 해가 지기 전에 대집행에 착수한 경우라고 할지라도 해가 진 후에는 대집행을 할 수 없다.

09 이행강제금에 대한 설명으로 옳지 않은 것은?(다툼이 있는 경우 판례에 의함)

21 지방직 9급

① 이행강제금은 대체적 작위의무의 위반에 대하여도 부과될 수 있다.

② 이미 사망한 사람에게 「건축법」상의 이행강제금을 부과하는 내용의 처분이나 결정은 당연무효이다.

③ 「부동산 실권리자명의 등기에 관한 법률」상 장기미등기자가 이행강제금 부과 전에 등기신청의무를 이행하였더라도 동법에 규정된 기간이 지나서 등기신청의무를 이행하였다면 이행강제금을 부과할 수 있다.

④ 「건축법」상 위법건축물에 대한 이행강제수단으로 대집행과 이행강제금이 인정되고 있는데, 행정청은 개별사건에 있어서 위반내용, 위반자의 시정의지 등을 감안하여 대집행과 이행강제금을 선택적으로 활용할 수 있다.

09

③ 이행강제금은 심리적 압박을 주어 의무의 이행을 간접적으로 강제하는 행정상의 간접강제 수단에 해당한다. 따라서 장기미등기자가 이행강제금 부과 전에 등기신청의무를 이행하였다면 이행강제금의 부과로써 이행을 확보하고자 하는 목적은 이미 실현된 것이므로 이행강제금을 부과할 수 없다(대판 2016.6.23. 2015두36454).

---

10 이행강제금에 대한 설명으로 옳지 않은 것은?(다툼이 있는 경우 판례에 의함)

20 국회직 8급

① 이행강제금은 법령으로 정하는 바에 따라 계고나 시정명령 없이 부과할 수 있으며 법령으로 정하는 바에 따라 반복적으로 이행할 때까지 부과할 수 있다.

② 이행강제금은 금전의 징수가 목적이 아니라 의무이행을 촉구하기 위한 것이므로 일단 의무이행이 있으면 비록 시정명령에서 정한 기간을 지나서 이행한 경우라도 이행강제금을 부과할 수 없다.

③ 「건축법」 제80조 제6항에 따르면 시정명령을 받은 자가 시정명령을 이행한 경우에는 더 이상 이행강제금을 부과하지 않지만, 이미 부과된 이행강제금은 징수한다.

④ 이행강제금은 대체적 작위의무 위반에 대해서도 부과될 수 있고 대집행과 선택적으로 활용될 수 있다.

⑤ 「건축법」상 시정명령 위반에 따른 이행강제금의 부과와 건축행위에 대한 형사처벌은 그 처벌 내지 제재대상이 되는 기본적 사실관계가 다르므로 이중처벌에 해당하지 않는다.

10

① 계고나 시정명령이 필요하다(건축법 제80조).

오답의 이유

④ 헌재 2011.10.25. 2009헌바140 전합

11

④ 건축법상의 이행강제금 납부의무는 일신전속적인 성질의 것이므로 상속인에게 승계되지 않는다(대결 2006.12.8, 2006마470).

오답의 이유

① 따로 민사소송의 방법으로 그 의무의 이행을 구할 수 없다(대판 2017.4.28, 2016다213916).

③ 건축법상 위법건축물에 대한 이행강제수단으로 대집행과 이행강제금을 선택적으로 활용할 수 있다(헌재 2004.2.26, 2001헌바80·84·102·103, 2002헌바26).

11 「행정대집행법」상 대집행과 이행강제금에 대한 甲과 乙의 대화 중 乙의 답변이 옳지 않은 것은?(다툼이 있는 경우 판례에 의함) 21 국가직 9급

① 甲: 행정대집행의 절차가 인정되는 경우에도 행정청이 민사상 강제집행수단을 이용할 수 있나요?

　 乙: 행정대집행의 절차가 인정되어 실현할 수 있는 경우에는 따로 민사소송의 방법을 이용할 수 없습니다.

② 甲: 대집행의 적용대상은 무엇인가요?

　 乙: 대집행은 공법상 대체적 작위의무의 불이행이 있는 경우에 행할 수 있습니다.

③ 甲: 행정청은 대집행의 대상이 될 수 있는 것에 대하여 이행강제금을 부과할 수도 있나요?

　 乙: 행정청은 개별사건에 있어서 위법건축물에 대하여 대집행과 이행강제금을 선택적으로 활용할 수 있습니다.

④ 甲: 만약 이행강제금을 부과받은 사람이 사망하였다면 이행강제금의 납부의무는 상속인에게 승계되나요?

　 乙: 이행강제금의 납부의무는 상속의 대상이 되므로, 상속인이 납부의무를 승계합니다.

12

③ 원상복구의무는 대체적 작위의무이므로 그 강제이행은 행정대집행에 의한다(대판 2017.4.13, 2013다207941).

12 행정의 실효성 확보수단의 예와 그 법적 성질의 연결이 옳지 않은 것은?(다툼이 있는 경우 판례에 의함) 21 국가직 9급

① 「건축법」에 따른 이행강제금의 부과 - 집행벌

② 「식품위생법」에 따른 영업소 폐쇄 - 직접강제

③ 「공유재산 및 물품 관리법」에 따른 공유재산 원상복구명령의 강제적 이행 - 즉시강제

④ 「부동산등기 특별조치법」에 따른 과태료의 부과 - 행정벌

13

① 행정조사기본법 제4조(행정조사의 기본원칙)

13 행정조사에 대한 설명으로 옳지 않은 것은? 20 소방직

① 행정조사는 법령 등의 준수를 유도하기보다는 법령 등의 위반에 대한 처벌에 중점을 두어야 한다.

② 행정조사는 조사대상자의 자발적 협조를 얻어서 실시하는 경우에는 개별 법령의 근거규정이 없어도 할 수 있다.

③ 행정기관의 장은 법령 등에서 규정하고 있는 조사사항을 조사대상자로 하여금 스스로 신고하도록 하는 자율신고제도를 운영할 수 있다.

④ 조사원이 조사목적을 달성하기 위하여 시료채취를 하는 경우에는 그 시료의 소유자 및 관리자의 정상적인 경제활동을 방해하지 아니하는 범위 안에서 최소한도로 하여야 한다.

정답 11 ④ 12 ③ 13 ①

14 행정조사에 대한 설명으로 옳지 않은 것은?(다툼이 있는 경우 판례에 의함) 20 국회직 8급

① 법령상 서면조사에 의하도록 한 것을 실지조사를 행하여 과세처분을 하였다면 그 과세처분은 위법하다.

② 세무조사가 동일기간, 동일세목에 관한 것인 한 내용이 중첩되지 않아도 중복조사에 해당한다.

③ 「토양환경보전법」상 토양오염실태조사를 실시할 권한은 시·도지사에게 있으나 토양오염실태조사가 감사원 소속 감사관의 주도하에 실시되었다는 사정만으로 그에 기초하여 내려진 토양정밀조사명령이 위법하다고 할 수 없다.

④ 다른 세목, 다른 과세기간에 대한 세무조사 도중 해당 세목 및 과세기간에 대한 조사가 부분적으로 이루어진 경우 추후 이루어진 재조사는 위법한 중복조사에 해당한다.

⑤ 행정조사는 조사목적을 달성하는 데 필요한 최소한의 범위 안에서 실시하여야 한다.

15 「질서위반행위규제법」에 관한 설명으로 가장 옳은 것은? 19 서울시 9급

① 민법상의 의무를 위반하여 과태료를 부과하는 행위는 「질서위반행위규제법」상 질서위반행위에 해당한다.

② 하나의 행위가 2 이상의 질서위반행위에 해당하는 경우에는 각 질서위반행위에 대하여 정한 과태료를 합산하여 부과한다.

③ 과태료는 행정청의 과태료 부과처분이나 법원의 과태료재판이 확정된 후 3년간 징수하지 아니하거나 집행하지 아니하면 시효로 인하여 소멸한다.

④ 과태료 사건은 다른 법령에 특별한 규정이 있는 경우를 제외하고는 당사자의 주소지의 지방법원 또는 그 지원의 관할로 한다.

16 「질서위반행위규제법」상 과태료에 대한 내용으로 옳지 않은 것은? 20 국회직 8급

① 행정청의 과태료 부과에 불복하는 당사자는 과태료 부과 통지를 받은 날부터 60일 이내에 해당 행정청에 서면으로 이의제기를 할 수 있다.

② 하나의 행위가 2 이상의 질서위반행위에 해당하는 경우에는 각 질서위반행위에 대하여 정한 과태료 중 가장 중한 과태료를 부과한다.

③ 행정청은 과태료 부과에 앞서 7일 이상의 기간을 정하여 당사자에게 의견을 제출할 기회를 주어야 한다.

④ 과태료는 행정청의 과태료 부과 처분 이후 5년간 징수하지 아니하면 시효로 인하여 소멸한다.

⑤ 고의 또는 과실이 없는 질서위반행위에는 과태료를 부과하지 아니한다.

14
④ 당초의 세무조사가 다른 세목이나 다른 과세기간에 대한 세무조사 도중에 해당 세목이나 과세기간에도 동일한 잘못이나 세금탈루 혐의가 있다고 인정되어 관련 항목에 대하여 세무조사 범위가 확대됨에 따라 부분적으로만 이루어진 경우와 같이 당초 세무조사 당시 모든 항목에 걸쳐 세무조사를 하는 것이 무리였다는 등의 특별한 사정이 있는 경우에는 당초 세무조사를 한 항목을 제외한 나머지 항목에 대하여 향후 다시 세무조사를 하는 것은 구 국세기본법 제81조의4 제2항에서 금지하는 재조사에 해당하지 아니한다(대판 2015.2.26, 2014두12062).

15
오답의 이유
① 질서위반행위규제법 제2조 제1호
② 질서위반행위규제법 제13조 제1항(가장 중한 과태료 부과)
③ 질서위반행위규제법 제15조 제1항

16
③ 질서위반행위규제법 제16조(7일 → 10일)

정답 14 ④ 15 ④ 16 ③

17
ㄴ. 질서위반행위규제법 제15조
ㄷ. 질서위반행위규제법 제25조

17 「질서위반행위규제법」의 내용으로 옳은 것만을 모두 고르면? 20 국가직 9급

ㄱ. 행정청이 질서위반행위에 대하여 과태료를 부과하고자 하는 때에는 미리 당사자에게 대통령령으로 정하는 사항을 통지하고, 10일 이상의 기간을 정하여 의견을 제출할 기회를 주어야 한다.

ㄴ. 행정청에 의해 부과된 과태료는 질서위반행위가 종료된 날(다수인이 질서위반행위에 가담한 경우에는 최종행위가 종료된 날을 말한다)부터 5년간 징수하지 아니하거나 집행하지 아니하면 시효로 인하여 소멸한다.

ㄷ. 과태료 사건은 다른 법령에 특별한 규정이 있는 경우를 제외하고는 과태료 부과관청의 소재지의 지방법원 또는 그 지원의 관할로 한다.

ㄹ. 다른 법률에 특별한 규정이 없는 경우, 14세가 되지 아니한 자의 질서위반행위는 과태료를 부과하지 아니한다.

① ㄱ, ㄹ
② ㄴ, ㄹ
③ ㄱ, ㄴ, ㄷ
④ ㄱ, ㄷ, ㄹ

18
③ 양벌규정에 의한 영업주의 처벌은 금지위반행위자인 종업원의 처벌에 종속하는 것이 아니라 독립하여 그 자신의 종업원에 대한 선임감독상의 과실로 인하여 처벌되는 것이므로 영업주의 위 과실책임을 묻는 경우 금지위반행위자인 종업원에게 구성요건상의 자격이 없다고 하더라도 영업주의 범죄성립에는 아무런 지장이 없다(대판 1987.11.10, 87도1213).

① 헌재 2011.10.25, 2010헌바307

18 행정벌에 대한 설명으로 가장 옳지 않은 것은? 19 서울시 9급

① 법인의 독자적인 책임에 관한 규정이 없이 단순히 종업원이 업무에 관한 범죄행위를 하였다는 이유만으로 법인에게 형사처벌을 과하는 것은 책임주의 원칙에 반한다.

② 죄형법정주의 원칙 등 형벌법규의 해석 원리는 행정형벌에 관한 규정을 해석할 때에도 적용되어야 한다.

③ 양벌규정에 의해 영업주가 처벌되기 위해서는 종업원의 범죄가 성립하거나 처벌이 이루어져야 함이 전제조건이 되어야 한다.

④ 지방자치단체 소속 공무원이 자치사무를 수행하던 중 법 위반행위를 한 경우 지방자치단체는 같은 법의 양벌규정에 따라 처벌되는 법인에 해당한다.

19
④ 성립하지 않는다 → 성립한다(질서위반행위규제법 제12조 제2항).

② 대판 2020.4.29, 2017도13409

19 행정벌에 대한 설명으로 옳지 않은 것은?(다툼이 있는 경우 판례에 의함) 21 지방직 9급

① 법률에 따르지 아니하고는 어떤 행위도 질서위반행위로 과태료를 부과하지 아니한다.

② 경찰서장이 범칙행위에 대하여 통고처분을 한 이상, 통고처분에서 정한 범칙금 납부 기간까지는 원칙적으로 경찰서장은 즉결심판을 청구할 수 없고, 검사도 동일한 범칙행위에 대하여 공소를 제기할 수 없다.

③ 행정청의 과태료 부과에 대해 이의가 제기된 경우에는 행정청의 과태료 부과처분은 그 효력을 상실한다.

④ 신분에 의하여 성립하는 질서위반행위에 신분이 없는 자가 가담한 경우 신분이 없는 자에 대하여는 질서위반행위가 성립하지 않는다.

20 다음이 법률규정에 대한 설명으로 가장 옳지 않은 것은?

19 서울시 9급

> **여객자동차 운수사업법 제88조(과징금 처분)**
> ① 국토 교통부장관 또는 시도지사는 여객자동차 운수사업자가 제49조의6 제1항 또는 제85조 제1항 각 호의 어느 하나에 해당하여 사업정지 처분을 하여야 하는 경우에 그 사업정지 처분이 그 여객 자동차 운수사업을 이용하는 사람들에게 심한 불편을 주거나 공익을 해칠 우려가 있는 때에는 그 사업정지 처분을 갈음하여 천만 원 이하의 과징금 을 부과 징수할 수 있다.

① 과징금 부과처분은 제재적 행정처분이므로 현실적인 행위자에 부과하여야 하며 위반자의 고의 · 과실을 요한다.

② 사업정지처분을 내릴 것인지 과징금을 부과할 것인지는 통상 행정청의 재량에 속한다.

③ 과징금 부과처분에는 원칙적으로 행정절차법이 적용된다.

④ 과징금은 행정목적 달성을 위하여, 행정법규 위반이라는 객관적 사실에 착안하여 부과된다.

---

21 다음 중 과징금에 대한 설명으로 가장 옳은 것은?(다툼이 있는 경우 판례에 따름)

20 해경승진

① 과징금은 원칙적으로 행위자의 고의 · 과실이 있는 경우에 부과한다.

② 과징금 부과처분의 기준을 규정하고 있는 구 「청소년보호법」 시행령 제40조 [별표 6]은 행정규칙의 성질을 갖는다.

③ 자동차운수사업 면허조건 등을 위반한 사업자에 대한 과징금 부과처분이 법이 정한 한도액을 초과하여 위법한 경우 법원은 그 처분 전부를 취소하여야 한다.

④ 변형과징금의 1차적 목적은 영업정지처분을 받는 자에 대한 최소침해의 수단을 찾는 것이다.

---

22 다음 중 행정상 손실보상에 대한 설명으로 가장 옳지 않은 것은?(다툼이 있는 경우 판례에 따름)

20 해경승진

① 헌법 제23조 제3항을 국민에 대한 직접적인 효력이 있는 규정으로 보는 견해는 동조항의 재산권의 수용 · 사용 · 제한규정과 보상규정을 불가분조항으로 본다.

② 헌법재판소는 헌법 제23조 제3항의 '공공필요'는 국민의 재산권을 그 의사에 반하여 상세석으로라도 취득해야 할 공익적 필요성을 의미하고, 이 요건 중 공익성은 기본권 일반의 제한사유인 '공공복리'보다 좁은 것으로 보고 있다.

③ 손실보상에 관한 일반법은 존재하지 않는다.

④ 재산권의 수용 · 사용 · 제한은 법률로써 하여야 하고, 이 '법률'에 법률종속명령이나 조례는 포함되지 아니한다.

20
① 과징금부과처분은 제재적 행정처분으로서 여객자동차 운수사업에 관한 질서를 확립하고 여객의 원활한 운송과 여객자동차 운수사업의 종합적인 발달을 도모하여 공공복리를 증진한다는 행정목적의 달성을 위하여 행정법규 위반이라는 객관적 사실에 착안하여 가하는 제재이므로 반드시 현실적인 행위자가 아니라도 법령상 책임자로 규정된 자에게 부과되고 원칙적으로 위반자의 고의 · 과실을 요하지 아니하나, 위반자의 의무 해태를 탓할 수 없는 정당한 사유가 있는 등의 특별한 사정이 있는 경우에는 이를 부과할 수 없다(대판 2014.10.15, 2013두5005).

오답의 이유
③ 과징금의 부과는 행정처분에 해당한다.

21
② 그 상한만을 규정하고 있는 점 및 같은 행위에 대한 벌칙규정인 같은 법 제50조 및 제51조와의 균형상 이는 단지 그와 같은 경우 같은 법 제49조 제2항의 규정에 근거하여 부과할 수 있는 과징금의 상한을 정하고 있는 것에 불과하다 할 것이고, 따라서 청소년보호위원회로서는 그 한도 내에서 위반의 정도 등에 따라 실제 부과할 과징금의 액수를 정하여야 하고, 이러한 위 위원회의 행위는 이른바 기속재량행위에 해당되는 것이다(서울고법 1999.2.23, 98누13654).

오답의 이유
③ 전부에 대한 취소를 해야 한다(대판 1998.4.10, 98두2270).

22
① 직접효력설

오답의 이유
② 헌재 2014.10.30, 2011헌바129 · 172

정답 20 ① 21 ② 22 ①

행정구제법

01 행정구제의 의의

1 개념

행정구제란 행정주체의 행정작용으로 인해 권리나 이익이 침해되었다고 주장하는 자가 행정기관이나 법원을 통해 그 침해에 대한 원상회복·손해전보 또는 당해 행정작용의 취소·변경 등을 청구하는 절차를 말한다. 이는 법치국가를 실현하기 위한 필수적인 요소로 국민은 물론 행정주체로 하여금 법을 준수하고 나아가 국민의 권리와 이익을 효과적으로 보호함으로써 행정작용의 적법성을 회복·실현시키기 위한 제도라는 의미를 지닌다.

2 종류

이와 같이 행정작용으로 인한 침해로부터 국민의 권리·이익을 보호하기 위한 행정구제제도는 헌법상 국민의 기본권 보장과 실질적 법치주의의 관점에서는 필요 불가결한 것으로, 행정구제의 종류에는 사전적 권리구제와 사후적 권리구제가 있다.

[행정구제제도 개관]

02 사전적 권리구제

1 의의

위법·부당한 행정작용으로 인해 손해가 발생하기 전 미리 예방하는 제도이다. 사전적 권리구제에는 행정절차제도와 청원, 옴부즈맨제도, 민원처리제도 등이 포함된다.

2 청원

1. 의의

국민이 국가나 지방자치단체에 대하여 자신의 의견을 밝히고 시정을 구하는 것으로 우리 헌법은 제26조 제1항에 "모든 국민은 법률이 정하는 바에 의하여 국가기관에 문서로 청원할 권리를 가진다"고 명시하면서 청원권을 헌법상 기본권의 하나로 규정하고 있다. 이를 구체화한 법률로 「청원법」이 있으며 그 외에도 국회법, 지방자치법에서 이에 대해 규정하고 있다.

2. 청원인과 청원기관

(1) **청원인**: 국민은 누구나 모든 국가기관에 대하여 청원할 수 있으며, 외국인과 법인도 청원권의 주체가 된다. 청원을 제기함에 있어 이해관계, 권익침해 등을 요구하지 않는다.

(2) **청원기관**

① **청원기관**: 국가기관, 지방자치단체와 그 소속기관, 법령에 의하여 행정권한을 가지고 있거나 행정권한을 위임 또는 위탁받은 법인·단체 또는 그 기관이나 개인이다 (동법 제3조).

② **청원서의 제출 및 청원의 불수리**: 청원사항을 관장하는 기관에 제출하여야 하며(동법 제7조 제1항), 청원서를 접수한 기관은 청원의 불수리 사항에 해당하는 사유로 청원을 수리하지 아니하는 때에는 그 사유를 명시하여 청원인에게 통지하여야 한다 (동법 제5조 제2항).

(3) **청원사항(동법 제4조)**

① 피해의 구제

② 공무원의 위법·부당한 행위에 대한 시정이나 징계의 요구

③ 법률·명령·조례·규칙 등의 제정·개정 또는 폐지

④ 공공의 제도 또는 시설의 운영

⑤ 그 밖에 국가기관 등의 권한에 속하는 사항

(4) **청원의 불수리사항(동법 제5조 제1항)**

① 감사·수사·재판·행정심판·조정·중재 등 다른 법령에 의한 조사·불복 또는 구제절차가 진행중인 때

② 허위의 사실로 타인으로 하여금 형사처분 또는 징계처분을 받게 하거나 국가기관 등을 중상모략하는 사항인 때

③ 사인간의 권리관계 또는 개인의 사생활에 관한 사항인 때

④ 청원인의 성명·주소 등이 불분명하거나 청원내용이 불명확한 때

(5) 청원의 방법(동법 제6조)

① **문서주의**: 청원인의 성명(법인 – 명칭 및 대표자 성명)과 주소 또는 거소를 기재하고, 서명한 문서(전자문서 포함)로 해야 한다.

② **공동청원**: 결과를 통지받을 대표(3인 이하)를 선임하고 이를 청원서에 기재하여 청원이 가능하다.

(6) 청원의 효과: 청원을 수리한 기관은 성실하고 공정하게 청원을 심사·처리하여야 하며 청원을 관장하는 기관이 청원을 접수한 때에는 특별한 사유가 없는 한 90일 이내에 그 처리결과를 청원인에게 통지하여야 한다(동법 제9조 참조).

 판례 PLUS

> 청원에 대한 심사처리결과의 통지 유무가 행정소송의 대상이 되는 처분인지 여부: 소극
> 국가기관이 그 수리한 청원을 받아들여 구체적인 조치를 취할 것인지 여부는 국가기관의 자유재량에 속한다고 할 것일 뿐만 아니라 이로써 청원자의 권리의무, 그밖의 법률관계에는 하등의 영향을 미치는 것이 아니므로 청원에 대한 심사처리결과의 통지 유무는 행정소송의 대상이 되는 행정처분이라고 할 수 없다(대판 1990.5.25, 90누1458).

3 옴부즈맨제도(Ombudsman System)

1. 의의

(1) 기원: 1809년 스웨덴 의회에서 시작된 제도로 위법부당한 행정행위로 국민의 권리나 이익이 침해되었을 때 정부나 의회에 의해 임명된 대리인이 국민을 대신하여 이를 신속히 조사하여 시정케 함으로써 민원을 해결하여 주는 것을 말한다.

(2) 현재: 국민을 대신하여 행정부를 통제하며, 국민과 행정기관과의 분쟁을 조정·중재하여 국민의 권리를 구제하고, 법규의 잘못된 해석과 적용을 하는 행정기관에게 시정권고를 하고, 행정정보의 공개를 확대하며, 행정개혁을 촉진하여 법이 규제하지 못하는 사각지대의 갈등을 해소하는 역할을 한다.

2. 특징 및 기능

(1) 위법부당한 행정으로 인한 민원을 간단하고 신속하게 접수하여 처리할 수 있기 때문에 일반 국민이 이용하기 편리하고, 민원사항에 대하여 제3자적 입장에서 공정하고 중립적인 조사를 실시하여 시시비비를 가린다.

(2) 행정처분에 대한 법적 해석을 통하여 행정처분의 적정성을 판단한다는 점에서 '행정통제' 기능을 수행하며, 위법부당한 행정처분 등으로 인하여 국민의 권리와 이익이 침해되는 경우 이를 시정토록 하는 '권익구제' 기능을 수행한다.

(3) 행정기관과 국민 사이에서 알선·조정·중재 역할을 수행함으로써 법적 소송 등을 통한 갈등해결을 회피해주는 역할도 한다. 또한 정보공개에 있어 폐쇄적인 행정기관에 대하여 보다 많은 정보를 공개하도록 하고, 국민의 알권리를 충족시키는 기능을 한다.

 판례 PLUS

옴부즈맨의 설치를 '조례'로 정할 수 있는지 여부: 적극

합의제 행정기관인 옴부즈맨(Ombudsman)을 집행기관의 장인 도지사 소속으로 설치하는 데 있어서는 지방자치법의 규정에 따라 당해 지방자치단체의 조례로 정하면 되는 것이지 헌법이나 다른 법령상으로 별도의 설치근거가 있어야 되는 것은 아니다(대판 1997.4.11. 96추138).

3. 우리나라의 옴부즈맨제도

(1) 규정된 옴부즈맨제도는 없지만, 감사원, 대통령비서실 등에서 일부 기능을 수행중이다.

(2) 유사한 '국민고충처리제도'를 도입하여 운영중에 있으며, 국민권익위원회도 유사한 기능을 수행중이다.

4 민원처리제도(부패방지 및 국민권익위원회의 설치와 운영에 관한 법률)

국민권익위원회는 고충민원의 조사와 관련된 시정권고 또는 의견표명, 행정제도의 개선에 대한 권고 또는 의견표명, 처리한 고충민원의 결과 및 행정제도의 개선에 관한 실태조사와 평가 등의 업무를 처리하고, 시민고충처리위원회는 지방자치단체 및 그 소속기관에 관한 고충민원을 조사하여 시정권고 또는 의견표명을 하는 등의 업무를 처리하고 있다. 국민 또는 각 시민고충처리위원회는 상호 독립하여 업무를 수행하고, 상호 협의 또는 지원을 요청받은 경우 정당한 사유가 없는 한 이에 협조하여야 하며 시민고충처리위원회의 활동을 적극 지원하여야 한다(동법 제54조).

1. 국민권익위원회

(1) 고충민원의 처리와 이에 관련된 불합리한 행정제도를 개선하고, 부패의 발생을 예방하며 부패행위를 효율적으로 규제하도록 하기 위하여 국무총리 소속으로 국민권익위원회(이하 "위원회"라 한다)를 둔다(동법 제11조).

(2) **기능(동법 제12조)**

① 국민의 권리보호·권익구제 및 부패방지를 위한 정책의 수립 및 시행

② 고충민원의 조사와 처리 및 이와 관련된 시정권고 또는 의견표명

③ 고충민원을 유발하는 관련 행정제도 및 그 제도의 운영에 개선이 필요하다고 판단되는 경우 이에 대한 권고 또는 의견표명

④ 위원회가 처리한 고충민원의 결과 및 행정제도의 개선에 관한 실태조사와 평가

⑤ 공공기관의 부패방지를 위한 시책 및 제도개선 사항의 수립·권고와 이를 위한 공공기관에 대한 실태조사

⑥ 공공기관의 부패방지시책 추진상황에 대한 실태조사·평가

⑦ 부패방지 및 권익구제 교육·홍보 계획의 수립·시행

⑧ 비영리 민간단체의 부패방지활동 지원 등 위원회의 활동과 관련된 개인·법인 또는 단체와의 협력 및 지원

⑨ 위원회의 활동과 관련된 국제협력

⑩ 부패행위 신고 안내·상담 및 접수 등

⑪ 신고자의 보호 및 보상

⑫ 법령 등에 대한 부패유발요인 검토

⑬ 부패방지 및 권익구제와 관련된 자료의 수집·관리 및 분석

⑭ 공직자 행동강령의 시행·운영 및 그 위반행위에 대한 신고의 접수·처리 및 신고자의 보호

    ㉠ 민원사항에 관한 안내·상담 및 민원사항 처리실태 확인·지도

    ㉡ 온라인 국민참여포털의 통합 운영과 정부민원안내콜센터의 설치·운영

    ㉢ 시민고충처리위원회의 활동과 관련한 협력·지원 및 교육

    ㉣ 다수인 관련 갈등 사항에 대한 중재·조정 및 기업애로 해소를 위한 기업고충민원의 조사·처리

    ㉤ 행정심판법에 따른 중앙행정심판위원회의 운영에 관한 사항

    ㉥ 다른 법령에 따라 위원회의 소관으로 규정된 사항

    ㉦ 그 밖에 국민권익 향상을 위하여 국무총리가 위원회에 부의하는 사항

(3) 고충민원의 처리

① 고충민원의 정의: 행정기관 등의 위법·부당하거나 소극적인 처분(사실행위 및 부작위를 포함한다) 및 불합리한 행정제도로 인하여 국민의 권리를 침해하거나 국민에게 불편 또는 부담을 주는 사항에 관한 민원(현역장병 및 군 관련 의무복무자의 고충민원을 포함한다)을 말한다(동법 제2조 제5호).

 법령 PLUS

부패방지 및 국민권익위원회의 설치와 운영에 관한 법률 시행령

제2조(정의) 부패방지 및 국민권익위원회의 설치와 운영에 관한 법률 제2조 제5호에 따른 "고충민원"이란 다음 각 호의 어느 하나에 해당하는 사항에 관한 민원을 말한다.

  1. 행정기관등의 위법·부당한 처분(사실행위를 포함한다)이나 부작위 등으로 인하여 권리·이익이 침해되거나 불편 또는 부담이 되는 사항의 해결요구

  2. 민원사무의 처리기준 및 절차가 불투명하거나 담당 공무원의 처리지연 등 행정기관등의 소극적인 행정행위나 부작위로 인하여 불편 또는 부담이 되는 사항의 해소요청

  3. 불합리한 행정제도·법령·시책 등으로 인하여 권리·이익이 침해되거나 불편 또는 부담이 되는 사항의 시정요구

  4. 그 밖에 행정과 관련한 권리·이익의 침해나 부당한 대우에 관한 시정요구

---

② 고충민원 처리 절차

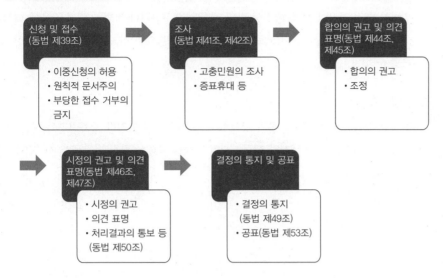

2. 시민고충처리위원회

(1) 지방자치단체 및 그 소속 기관(법령에 따라 지방자치단체나 그 소속 기관의 권한을 위임 또는 위탁받은 법인·단체 또는 그 기관이나 개인을 포함한다. 이하 같다)에 대한 고충민원의 처리와 이에 관련된 제도개선을 위하여 설치되는 기관을 말한다(동법 제2조 제9호). 지방자치단체 및 그 소속 기관에 관한 고충민원의 처리와 행정제도의 개선 등을 위하여 각 지방자치단체에 시민고충처리위원회를 둘 수 있다.

(2) **기능(동법 제32조 제2항)**

① 지방자치단체 및 그 소속 기관에 관한 고충민원의 조사와 처리

② 고충민원과 관련된 시정권고 또는 의견표명

③ 고충민원의 처리과정에서 관련 행정제도 및 그 제도의 운영에 개선이 필요하다고 판단되는 경우 이에 대한 권고 또는 의견표명

④ 시민고충처리위원회가 처리한 고충민원의 결과 및 행정제도의 개선에 관한 실태조사와 평가

⑤ 민원사항에 관한 안내, 상담 및 민원처리 지원

⑥ 시민고충처리위원회의 활동과 관련한 교육 및 홍보

⑦ 시민고충처리위원회의 활동과 관련된 국제기구 또는 외국의 권익구제기관 등과의 교류 및 협력

⑧ 시민고충처리위원회의 활동과 관련된 개인·법인 또는 단체와의 협력 및 지원

⑨ 그 밖에 다른 법령에 따라 시민고충처리위원회에 위탁된 사항

5 사후적 권리구제

사후 구제는 권리나 이익의 침해가 발생한 이후에 이를 시정하거나 그로 인한 손해를 메워주는 제도로서 행정상 손해전보 제도와 행정쟁송 제도가 있다. 다음에서 상술하겠다.

1. 행정상 손해전보 제도

위법한 행정 작용에 대해 행정상 손해 배상을 요구하거나 적법한 행정 작용에 대해 행정상 손실 보상을 요구하는 제도로 그 원인행위의 형태에 따라 손해배상과 손실보상으로 구분할 수 있다.

2. 행정쟁송

행정상 법률관계에 관한 다툼을 당사자의 청구에 의해 일정한 국가기관이 심리·판정하는 절차로 국민의 권리구제와 행정통제의 기능을 통해 실질적 법치국가의 구현에 핵심적인 역할을 한다.

CHAPTER 02

손해전보제도

01 국가배상

1 국가배상의 개념

국가배상(손해배상)이란 공무원의 위법한 직무행위 또는 영조물의 설치 또는 관리의 하자로 인하여 국민에게 생명, 신체, 재산상 손해가 발생한 경우에 국가 또는 지방자치단체가 이를 배상하는 경우를 의미한다(국가배상법 제2조, 제5조).

2 국가배상의 성질

1. 국가배상과 손실보상의 비교

구분	국가배상	손실보상
의의	위법한 행정작용으로 인하여 국민에게 생명, 신체, 재산상 손해가 발생한 경우	적법한 행정작용으로 인하여 국민에게 재산상 손해가 발생한 경우
정신적 손해(위자료)	긍정	부정
법적 근거	헌법 제29조 / 일반법: 국가배상법	헌법 제23조 제3항 / 일반법 ×
법적 성질	민사소송(판례)	민사소송(원칙, 판례)
이념	개인주의	단체주의

2. 헌법과 국가배상법의 비교

구분	헌법	국가배상법
국가배상책임 주체	국가 또는 공공단체	국가 또는 지방자치단체
유형	직무행위로 인한 손해배상청구권	• 직무행위로 인한 손해배상청구권 • 영조물의 하자로 인한 손해배상청구권
이중배상 청구제한규정	있음(군인 군무원 경찰공무원)	있음(군인, 군무원, 경찰공무원, 예비군내원)

01 헌법은 배상책임자를 '국가 또는 지방자치단체'로 규정하고 있으나, 국가배상법은 배상책임자를 '국가 또는 공공단체'로 규정하고 있다. ( )

정답 **01** ×(→헌법과 국가배상법이 서로 바뀜)

3. 국가배상법 제2조와 제5조의 비교

구분	국가배상법 제2조	국가배상법 제5조
성질	① 과실책임 ② 공무원의 고의 또는 과실이 있어야 국가 등이 책임	① 무과실책임 ② 공무원의 고의 또는 과실이 없어도 국가 등이 책임
참조 민법 조문	민법 제756조의 사용자책임	민법 제758조 공작물 점유자책임규정

※ 민법에는 면책 규정이 있으나, 국가배상법에는 면책규정이 없다.

 법령 PLUS

민법

제756조(사용자의 배상책임) ① 타인을 사용하여 어느 사무에 종사하게 한 자는 피용자가 그 사무집행에 관하여 제삼자에게 가한 손해를 배상할 책임이 있다. 그러나 사용자가 피용자의 선임 및 그 사무감독에 상당한 주의를 한 때 또는 상당한 주의를 하여도 손해가 있을 경우에는 그러 하지 아니하다.
제758조(공작물등의 점유자, 소유자의 책임) ① 공작물의 설치 또는 보존의 하자로 인하여 타인에게 손해를 가한 때에는 공작물점유자가 손해를 배상할 책임이 있다. 그러나 점유자가 손해의 방지에 필요한 주의를 해태하지 아니한 때에는 그 소유자가 손해를 배상할 책임이 있다.

02 공무원의 위법한 직무행위로 인한 손해배상청구권

1 국가배상법 제2조의 성질

 법령 PLUS

국가배상법

제2조(배상책임) ① 국가나 지방자치단체는 공무원 또는 공무를 위탁받은 사인(이하 "공무원"이라 한다)이 직무를 집행하면서 고의 또는 과실로 법령을 위반하여 타인에게 손해를 입히거나, 자동차손해배상 보장법에 따라 손해배상의 책임이 있을 때에는 이 법에 따라 그 손해를 배상하여야 한다. 다만, 군인·군무원·경찰공무원 또는 예비군대원이 전투·훈련 등 직무 집행과 관련하여 전사(戰死)·순직(殉職)하거나 공상(公傷)을 입은 경우에 본인이나 그 유족이 다른 법령에 따라 재해보상금·유족연금·상이연금 등의 보상을 지급받을 수 있을 때에는 이 법 및 민법에 따른 손해배상을 청구할 수 없다.
② 제1항 본문의 경우에 공무원에게 고의 또는 중대한 과실이 있으면 국가나 지방자치단체는 그 공무원에게 구상(求償)할 수 있다.

1. 의의

(1) 공무원의 위법한 직무행위로 인하여 국민에게 생명, 신체, 재산상 손해를 입힌 경우에 국가 또는 지방자치단체가 그 손해를 배상하는 경우를 말한다(동법 제2조).

(2) **구성요건**: '공무원'이 '직무를 집행'하면서 '고의 또는 과실'로 '법령을 위반'하여 '타인에게 손해'가 발생하였고, '직무집행과 손해사이의 인과관계'가 인정되어야 한다.

2. 판례의 태도: 절충설

구분	성질	선택적 청구 (피해자 → 국가 또는 공무원)	구상권
공무원에게 고의 또는 중과실이 있는 경우	대위책임설	긍정	긍정
공무원에게 경과실이 있는 경우	자기책임설	부정	부정

🔸 판례 PLUS

공무원이 직무수행중 경과실로 타인에게 손해를 입힌 경우, 공무원 개인이 손해배상책임을 지는지 여부: 소극

헌법 제29조 제1항 단서는 공무원이 한 직무상 불법행위로 인하여 국가 등이 배상책임을 진다고 할지라도 그때문에 공무원 자신의 민·형사책임이나 징계책임이 면제되지 아니한다는 원칙을 규정한 것이나, 그 조항 자체로 공무원 개인의 구체적인 손해배상 책임의 범위까지 규정한 것으로 보기는 어렵다. 공무원이 직무수행 중 불법행위로 타인에게 손해를 입힌 경우에 국가 등이 국가배상책임을 부담하는 외에 공무원 개인도 고의 또는 중과실이 있는 경우에는 불법행위로 인한 손해배상책임을 진다고 할 것이지만, 공무원에게 경과실뿐인 경우에는 공무원 개인은 손해배상책임을 부담하지 아니한다(대판 1996.2.15, 95다38677).

2 성립요건

1. 공무원 인정범위

공무원과 더불어 '공무를 위탁받은 사인'도 포함된다. 공무의 위탁은 한정적, 일시적인 것도 포함된다.

공무원에 해당하는 경우	공무원에 해당하지 않는 경우
• 시청소차 운전사 • 소집중인 예비군, 방범대원, 카투사 • 통장, 청원경찰 • 공무수탁사인: 교통할아버지 • 수산업협동조합 • 별정우체국장, 선장 • 군운전업무 종사자	• 의용소방대원 • 시영버스운전사 • 한국토지공사(행정주체)

🔸 판례 PLUS

국가배상법상 공무원에 해당한다고 본 예

1. 통장

국가배상법 제2조 소정의 "공무원"이라 함은 국가공무원법이나 지방공무원법에 의하여 공무원으로서의 신분을 가진 자에 국한하지 않고, 널리 공무를 위탁받아 실질적으로 공무에 종사하고 있는 일체의 자를 가리키는 것인바, 통장이 전입신고서에 확인인을 찍는 행위는 공무를 위탁받아 실질적으로 공무를 수행하는 것이라고 보아야 하므로, 통상은 그 업무범위 내에서는 국가배상법 세2조 소정의 공무원에 해당한다(대판 1991.7.9, 91다5570).

2. 공무를 위탁받은 교통할아버지

지방자치단체가 '교통할아버지 봉사활동 계획'을 수립한 후 관할 동장으로 하여금 '교통할아버지'를 선정하게 하여 어린이 보호, 교통안내, 거리질서 확립 등의 공무를 위탁하여 집행하게 하던 중 '교통할아버지'로 선정된 노인이 위탁받은 업무 범위를 넘어 교차로 중앙에서 교통정리를 하다가 교통사고를 발생시킨 경우, 지방자치단체가 국가배상법 제2조 소정의 배상책임을 부담한다(대판 2001.1.5, 98다39060).

3. 시위진압 중의 전투경찰

국가 소속 전투경찰들이 시위진압을 함에 있어서 합리적이고 상당하다고 인정되는 정도로 가능한 한 최루탄의 사용을 억제하고 또한 최대한 안전하고 평화로운 방법으로 시위진압을 하여 그 시위진압 과정에서 타인의 생명과 신체에 위해를 가하는 사태가 발생하지 아니하도록 하여야 하는데도, 합리적이고 상당하다고 인정되는 정도를 넘어 지나치게 과도한 방법으로 시위진압을 한 잘못으로 시위 참가자로 하여금 사망에 이르게 하였다면 국가의 손해배상 책임이 인정된다(대판 1995.11.10, 95다23897).

4. 동원기간 중에 있는 향토예비군

향토예비군도 그 동원기간 중에는 국가배상법 제2조 소정의 공무원 중에 포함된다(대판 1970.5.26, 70다471).

국가배상법상 공무원에 해당하지 않는다고 본 예

1. 의용소방대원

의용소방대는 국가기관이 아니고 지방자치단체의 예속기관도 아니며 다만 경우에 따라 그 자체를 법인 아닌 사단으로 볼 여지만 있을 뿐이므로 그 대원의 직무대행 과정의 불법행위에 대하여 국가는 배상책임이 없다(대판 1966.6.28, 66다808).

2. 한국토지공사

한국토지공사는 법령의 위탁에 의하여 대집행을 수권받은 자로서 공무인 대집행을 실시함에 따르는 권리·의무 및 책임이 귀속되는 행정주체의 지위에 있다고 볼 것이지 지방자치단체 등의 기관으로서 국가배상법 제2조 소정의 공무원에 해당한다고 볼 것은 아니다(대판 2010.1.28, 2007다82950·82967).

---

2. 직무행위

(1) 판단기준

① 외형설: "직무를 집행하면서"와 관련하여 통설과 판례는 외형설의 입장을 취하고 있는데 이에 따르면 실질적으로 직무집행행위가 아닌 경우 또는 행위자에게 주관적인 직무집행의사가 없더라도 '행위 자체의 외관'을 객관적으로 관찰하여 직무행위로 보여질 때에는 요건을 충족하는 것으로 본다.

🔷 판례 PLUS

직무집행성의 판단기준: 외형설

1. 국가배상법 제2조 제1항의 "직무를 집행함에 당하여"라 함은 직접 공무원의 직무집행행위이거나 그와 밀접한 관계에 있는 행위를 포함하고, 이를 판단함에 있어서는 행위 자체의 외관을 객관적으로 관찰하여 공무원의 직무행위로 보여질 때에는 비록 그것이 실질적으로 직무행위가 아니거나 또는 행위자로서는 주관적으로 공무집행의 의사가 없었다고 하더라도 그 행위는 공무원이 "직무를 집행함에 당하여" 한 것으로 보아야 한다(대판 1995.4.21, 93다14240).

2. 공무원의 행위가 본래의 직무와는 관련이 없는 행위로서 외형상으로도 직무범위 내에 속하는 행위라고 볼 수 없을 때에는 공무원의 행위에 의한 손해에 대하여 국가배상법에 의한 국가 또는 지방자치단체의 책임을 인정할 수 없다(대판 1993.1.15, 92다8514).

○✕문제

01 행위 자체의 외관을 객관적으로 관찰하여 직무행위로 보여질 때에는 행위자가 주관적으로 직무행위의 의사가 없었다고 하여도 그 행위는 직무행위에 해당한다.
( )

정답 01 ○

② 직무집행성의 구체적 검토(판례 중심)

직무집행성 인정	직무집행성 부정
• 상급자가 하급자를 훈계 도중 폭행한 경우 • 수사 도중 고문 행위 • 상관 명령에 의한 운전병의 이삿짐 운반 • 출·퇴근시에 통근차량으로 발생한 사고 • 학군단 소속 차량이 그 학교 교수 장례식 참석하기 위한 운행 • 인사업무담당 공무원이 다른 공무원의 공무원증을 위조한 행위	• 결혼식 참석을 하기 위한 군용차 운행 • 공무원이 출근시 자기소유 자동차를 운전한 경우 • 부대를 이탈한 군인이 민간인을 사살한 경우 • 세무공무원이 재산압류 도중 행한 절도 • 군의관의 포경수술 • 시영버스 운전사가 사고를 낸 경우

판례 PLUS

직무집행성 인정 예

1. 공무원이 "자기소유" 차량을 운전하여 "공무"를 수행하고 돌아오던 중의 교통사고: 적극

공무원이 자신의 소유인 승용차를 운전하여 공무를 수행하고 돌아오던 중 동승한 다른 공무원을 사망하게 하는 교통사고를 발생시킨 경우, 이는 외형상 객관적으로 직무와 밀접한 관련이 있는 행위이고, 가해행위를 한 공무원과 동일한 목적을 위한 업무를 수행한 공무원이라 할지라도 그가 가해행위에 관여하지 아니한 이상 국가배상법 제2조 제1항 소정의 '타인'에 해당하므로 국가배상법에 의한 손해배상책임이 인정된다(대판 1998.11.19, 97다36873).

2. 인사업무담당 공무원이 다른 공무원의 공무원증 등을 위조한 행위: 적극

인사업무담당 공무원이 다른 공무원의 공무원증 등을 위조한 행위에 대하여 실질적으로는 직무행위에 속하지 아니한다 할지라도 외관상으로 국가배상법 제2조 제1항의 직무집행관련성을 인정한다(대판 2005.1.14, 2004다26805).

직무집행성 부정 예

1. 구청 세무과 공무원의 시영아파트 입주권 매매행위: 소극

구청 세무과 소속 공무원이 주택정비계장으로 부임하기 이전에 그의 처 등과 공모하여 무허가건물철거 세입자들에 대한 시영아파트 입주권 매매행위를 한 경우, 이는 개인적으로 저지른 행위에 불과하고 당시 근무하던 세무과에서 수행하던 지방세 부과, 징수 등 본래의 직무와는 관련이 없는 행위로서 외형상으로도 직무범위 내에 속하는 행위라고 볼 수 없다(대판 1993.1.15, 92다8514).

2. 공무원이 자기 소유 차량을 운전하여 출근하던 중 교통사고를 일으킨 경우: 소극

공무원이 통상적으로 근무하는 근무지로 출근하기 위하여 자기 소유의 자동차를 운행하다가 자신의 과실로 교통사고를 일으킨 경우에는 특별한 사정이 없는 한 국가배상법 제2조 제1항 소정의 공무원이 '직무를 집행함에 당하여' 타인에게 불법행위를 한 것이라고 할 수 없으므로 그 공무원이 소속된 국가나 지방공공단체가 국가배상법상의 손해배상책임을 부담하지 않는다(대판 1996.5.31, 94다15271).

(2) 직무행위의 범위

① 직무행위 범위에 관한 학설

학설	내용
협의설	권력적 작용
광의설(통설·판례)	권력적 작용 + 비권력적 작용
최광의설	권력적 작용 + 비권력적 작용 + 사경제작용

판례 PLUS

공무원의 직무범위에 해당하는지 여부

1. 국가배상법이 정한 '공무원의 직무'의 의미

권력적 작용만이 아니라 행정지도와 같은 비권력적 작용도 포함되며, 다만 사경제주체로서 하는 활동은 제외된다(대판 1998.7.10, 96다38971).

2. 국가의 철도 운행사업: 부정

국가 또는 지방자치단체라 할지라도 공권력의 행사가 아니고 단순한 사경제의 주체로 활동하였을 경우에는 그 손해배상책임에 국가배상법이 적용될 수 없고 민법상의 사용자책임 등이 인정되는 것이고 국가의 철도운행사업은 국가가 공권력의 행사로서 하는 것이 아니고 사경제적 작용이라 할 것이므로, 이로 인한 사고에 공무원이 간여하였다고 하더라도 국가배상법을 적용할 것이 아니고 일반 민법의 규정에 따라야 한다(대판 1999.6.22, 99다7008).

3. 공공용지의 협의취득: 부정

공공용지의취득및손실보상에관한특례법에 의하여 공공용지를 협의취득한 사업시행자가 그 양도인과 사이에 체결한 매매계약은 공공기관이 사경제주체로서 행한 사법상 매매이다. 따라서 이에 대하여는 국가배상법을 적용하기는 어렵고 일반 민법의 규정을 적용할 수 있을 뿐이다(대판 1999.11.26. 98다47245).

② 직무행위의 사익보호성: 국가배상법상 직무란 국민의 사익을 보호할 만한 성격이 있어야 한다. 즉 국가 등의 국가배상책임이 인정되려면 직무를 집행하는 공무원에게 부과된 직무가 전적으로 또는 부수적으로도 사익을 보호하는 것으로 인정되어야 한다.

 판례 PLUS

공무원 직무의 사익보호성

일반적으로 국가 또는 지방자치단체가 권한을 행사할 때에는 국민에 대한 손해를 방지하여야 하고, 국민의 안전을 배려하여야 하며, 소속 공무원이 전적으로 또는 부수적으로라도 국민 개개인의 안전과 이익을 보호하기 위하여 법령에서 정한 직무상의 의무에 위반하여 국민에게 손해를 가하면 상당인과관계가 인정되는 범위 안에서 국가 또는 지방자치단체가 배상책임을 부담하는 것이지만, 공무원이 직무를 수행하면서 그 근거되는 법령의 규정에 따라 구체적으로 의무를 부여받았어도 그것이 국민의 이익과는 관계없이 순전히 행정기관 내부의 질서를 유지하기 위한 것이거나, 또는 국민의 이익과 관련된 것이라도 직접 국민 개개인의 이익을 위한 것이 아니라 전체적으로 공공 일반의 이익을 도모하기 위한 것이라면 그 의무에 위반하여 국민에게 손해를 가하여도 국가 또는 지방자치단체는 배상책임을 부담하지 아니한다(대판 2006.4.14, 2003다41746).

상수원수의 수질기준 유지의무위반을 이유로한 국가배상청구가 인정되는지 여부: 소극

상수원수의 수질을 환경기준에 따라 유지하도록 규정하고 있는 관련 법령의 취지·목적·내용과 그 법령에 따라 국가 또는 지방자치단체가 부담하는 의무의 성질 등을 고려할 때, 국가 등에게 일정한 기준에 따라 상수원수의 수질을 유지하여야 할 의무를 부과하고 있는 법령의 규정은 국민에게 양질의 수돗물이 공급되게 함으로써 국민 일반의 건강을 보호하여 공공 일반의 전체적인 이익을 도모하기 위한 것이지, 국민 개개인의 안전과 이익을 직접적으로 보호하기 위한 규정이 아니므로, 국민에게 공급된 수돗물의 상수원의 수질이 수질기준에 미달한 경우가 있고, 이로 말미암아 국민이 법령에 정하여진 수질기준에 미달한 상수원수로 생산된 수돗물을 마심으로써 건강상의 위해 발생에 대한 염려 등에 따른 정신적 고통을 받았다고 하더라도, 이러한 사정만으로는 국가 또는 지방자치단체가 국민에게 손해배상책임을 부담하지 아니한다(대판 2001.10.23, 99다36280).

(3) 직무행위의 내용: 직무행위에는 입법작용, 사법작용, 행정작용이 모두 포함되며 법률행위적 행정행위와 준법률행위적 행정행위, 행정지도 등의 사실행위, 재량행위, 부작위도 모두 포함된다고 보는 견해가 일반적이다.

① **입법작용:** 국회의 입법작용으로 인하여 국가배상을 청구하는 경우에는, 국회의원의 과실을 입증하기가 현실적으로 곤란하다.

판례 PLUS

입법작용의 국가배상법 적용 여부

1. 국회의원의 입법행위: 원칙적 소극

우리 헌법이 채택하고 있는 의회민주주의하에서 국회는 다원적 의견이나 각가지 이익을 반영시킨 토론과정을 거쳐 다수결의 원리에 따라 통일적인 국가의사를 형성하는 역할을 담당하는 국가기관으로서 그 과정에 참여한 국회의원은 입법에 관하여 원칙적으로 국민 전체에 대한 관계에서 정치적 책임을 질 뿐 국민 개개인의 권리에 대응하여 법적 의무를 지는 것은 아니므로, 국회의원의 입법행위는 그 입법 내용이 헌법의 문언에 명백히 위반됨에도 불구하고 국회가 굳이 당해 입법을 한 것과 같은 특수한 경우가 아닌 한 국가배상법 제2조 제1항 소정의 위법행위에 해당된다고 볼 수 없다(대판 1997.6.13, 96다56115).

2. 국회의원의 입법부작위: 원칙적 소극

국가가 일정한 사항에 관하여 헌법에 의하여 부과되는 구체적인 입법의무를 부담하고 있음에도 불구하고 그 입법에 필요한 상당한 기간이 경과하도록 고의 또는 과실로 이러한 입법의무를 이행하지 아니하는 등 극히 예외적인 사정이 인정되는 사안에 한정하여 국가배상법 소정의 배상책임이 인정될 수 있으며, 위와 같은 구체적인 입법의무 자체가 인정되지 않는 경우에는 애당초 부작위로 인한 불법행위가 성립할 여지가 없다(대판 2008.5.29, 2004다33469).

② **사법작용:** 법원의 사법작용으로 인하여 국가배상을 청구하는 경우에는, 법관의 위법성을 입증하기가 현실적으로 곤란하다.

판례 PLUS

사법작용의 국가배상법 적용 여부

1. 법관의 재판: 원칙적 소극

법관이 행하는 재판사무의 특수성과 그 재판과정의 잘못에 대하여는 따로 불복절차에 의하여 시정될 수 있는 제도적 장치가 마련되어 있는 점 등에 비추어 보면, 법관의 재판에 법령의 규정을 따르지 아니한 잘못이 있다 하더라도 이로써 바로 그 재판상 직무행위가 국가배상법 제2조 제1항에서 말하는 위법한 행위로 되어 국가의 손해배상책임이 발생하는 것은 아니고, 법원의 재판에 대해 국가배상책임이 인정되려면 당해 법관이 위법 또는 부당한 목적을 가지고 재판을 하는 등 법관이 그에게 부여된 권한의 취지에 명백히 어긋나게 이를 행사하였다고 인정할 만한 "특별한 사정"이 있어야 한다(대판 2001.4.24, 2000다16114).

2. 헌법재판소가 청구기간을 오인하여 각하결정을 한 경우: 적극

재판에 대하여 불복절차 내지 시정절차 자체가 없는 경우에는 부당한 재판으로 인하여 불이익 내지 손해를 입은 사람은 국가배상 이외의 방법으로는 자신의 권리 내지 이익을 회복할 방법이 없으므로, 이와 같은 경우에는 배상책임의 요건이 충족되는 한 국가배상책임을 인정하지 않을 수 없다. 헌법재판소 재판관이 청구기간 내에 제기된 헌법소원심판청구 사건에서 청구기간을 오인하여 각하결정을 한 경우, 이에 대한 불복절차 내지 시정절차가 없는 때에는 위법성, 즉 국가배상책임을 인정할 수 있다(대판 2003.7.11, 99다24218). → 위자료 인정

3. 압수수색 물건의 기재가 누락된 압수수색영장의 발부행위: 원칙적 소극

압수수색할 물건의 기재가 누락된 압수수색영장을 발부한 법관이 위법·부당한 목적을 가지고 있었다거나 법이 직무수행상 준수할 것을 요구하고 있는 기준을 현저히 위반하였다는 등의 자료를 찾아볼 수 없다면 그와 같은 압수수색영장의 발부행위는 불법행위를 구성하지 않는다(대판 2001.10.12, 2001다47290).

③ 검사의 수사: 검사의 수사나 공소제기 등에 대해서도 위법성 입증에 현실적으로 어려움이 있다.

 판례 PLUS

검사가 피고인에게 유리한 감정서를 은폐한 경우: 국가배상책임 인정

강도강간의 피해자가 제출한 팬티에 대한 국립과학수사연구소의 유전자검사결과 그 팬티에서 범인으로 지목되어 기소된 원고나 피해자의 남편과 다른 남자의 유전자형이 검출되었다는 감정결과를 검사가 공판과정에서 입수한 경우 그 감정서는 원고의 무죄를 입증할 수 있는 결정적인 증거에 해당하는데도 검사가 그 감정서를 법원에 제출하지 아니하고 은폐하였다면 검사의 그와 같은 행위는 위법하다고 보아 국가배상책임을 인정한 사례(대판 2002.2.22, 2001다23447)

④ 준법률행위적 행정행위

 판례 PLUS

허위인감증명서 발급행위

동사무소 주민등록업무 담당공무원이 우송되어 온 주민등록표가 용지의 마멸 훼손상태, 정정방법, 기재내용 등이 비정상적이어서 위조의 의심이 있는데도 전주거지에 확인하여 보는 등의 조치를 취하지 아니한 채 접수한 잘못과 통장이 실전입 여부도 확인함이 없이 전입신고서에 날인하여 준 잘못으로 말미암아 동사무소에 허무인의 주민등록표와 인감대장이 비치되고, 그로 인하여 허위의 주민등록표와 인감증명서가 발급되어 무효인 근저당권 설정등기 등이 경료됨으로써 이를 믿고 물품을 외상판매한 피해자에 대하여 지방자치단체에게 국가배상법 제2조 소정의 손해배상책임이 있다고 본 사례(대판 1991.7.9, 91다5570)

⑤ 군인·경찰의 직무행위

 판례 PLUS

군인·경찰의 직무행위

1. **성폭력범죄의 수사경찰관이 피해자의 인적사항 등을 공개 또는 누설한 경우: 적극**

   성폭력범죄의 처벌 및 피해자보호 등에 관한 법률 제21조는 성폭력범죄의 수사 또는 재판을 담당하거나 이에 관여하는 공무원에 대하여 피해자의 인적사항과 사생활의 비밀을 엄수할 직무상 의무를 부과하고 있고, 이는 주로 성폭력범죄 피해자의 명예와 사생활의 평온을 보호하기 위한 것이므로, 성폭력범죄의 수사를 담당하거나 수사에 관여하는 경찰관이 위와 같은 직무상 의무에 반하여 피해자의 인적사항 등을 공개 또는 누설하였다면 국가는 그로 인하여 피해자가 입은 손해를 배상하여야 한다(대판 2008.6.12, 2007다64365).

2. **헌병대 영창에서 탈주한 탈주범이 민가에 침입하여 범죄를 저지른 경우: 적극**

   군행형법과 군행형법 시행령이 군교도소나 미결수용실에 대한 경계 감호를 위하여 관련 공무원에게 각종 직무상의 의무를 부과하고 있는 것은, 1차적으로는 그 수용자들을 격리보호하고 교정교화함으로써 공공일반의 이익을 도모하고 교도소 등의 내부 질서를 유지하기 위한 것이라 할 것이지만, 부수적으로는 그 수용자들이 탈주한 경우에 그 도주과정에서 일어날 수 있는 2차적 범죄행위로부터 일반 국민의 인명과 재화를 보호하고자 하는 목적도 있다고 할 것이므로, 국가공무원들이 위와 같은 직무상의 의무를 위반한 결과 수용자들이 탈주함으로써 일반 국민에게 손해를 입히는 사건이 발생하였다면, 국가는 그로 인하여 피해자들이 입은 손해를 배상할 책임이 있다(대판 2003.2.14, 2002다62678).

OX 문제

01 성폭력범죄의 수사를 담당하거나 수사에 관여하는 경찰관이 직무상 의무에 위반하여 피해자의 인적사항 등을 공개 또는 누설한 경우, 그로 인하여 피해자가 입은 손해에 대하여 국가는 배상책임을 진다. ( )

정답 01 ○

3. 공무원의 '고의 또는 과실'

(1) 의의: 국가나 지방자치단체는 공무원의 고의 또는 과실이 있어야 국가배상책임을 부담한다. 국가배상법 제2조는 과실책임원칙을 규정하고 있다.

(2) 판단 기준 및 특징

① **고의 또는 과실:** 당해 공무원에게 고의 또는 과실이 없으면 국가나 지방자치단체는 국가배상책임이 없다.

② **공무원의 과실 판단기준:** 당해 직무를 담당하는 보통 일반의 공무원, 즉 평균적 공무원이 통상 갖추어야 할 주의의무를 게을리하는 것을 의미한다. 이는 구체적 과실이 아닌 '추상적 과실'에 해당한다.

③ **입증책임:** 원고가 부담하는 것이 원칙이므로 과실을 객관적으로 파악하여 과실입증을 보다 쉽게 하여 국가배상책임의 성립을 용이하게 할 필요성에 따라 '과실의 객관화 경향'이 나타나고 있다.

④ **민법상의 사용자 면책사유:** 국가배상법상의 고의·과실의 판단에는 적용되지 않는다. 이는 사용자가 피용자의 선임 및 그 사무감독에 상당한 주의를 한 때 또는 상당한 주의를 하여도 손해가 있을 경우에는 사용자의 책임을 면책해주는 민법 제756조와 구별된다.

(3) 과실의 객관화

① **의미:** 고의 또는 과실을 공무원 개인의 주관적 인식만을 기준으로 판단하면 과실의 증명이 어려워 국민의 권익구제가 용이하지 않게 된다. 따라서 과실의 객관화를 통해 과실의 의미를 객관화하여 국가의 책임범위를 확대하고 피해자의 권리구제를 용이하게 하는 것을 의미한다.

② **판단 기준:** 과실 유무를 해당 공무원 개인의 주의의무를 기준으로 하는 것이 아니라, 당해 직무를 담당하는 '평균적 공무원의 주의의무'를 기준으로 판단하는 것으로 통설의 입장이다.

➕ 판례 PLUS

직무집행상 과실

1. 공무원의 직무집행상 과실의 의의
공무원의 직무집행상의 과실이라 함은 공무원이 그 직무를 수행함에 있어 당해직무를 담당하는 평균인이 통상 갖추어야 할 주의의무를 게을리한 것을 말한다(대판 1987.9.22, 87다카1164).

2. 국가가 가해공무원의 선임감독에 과실이 없으면 면책되는지 여부: 소극
공무원이 그 직무를 행함에 당하여 고의 또는 과실로 법령에 위반하여 타인에게 손해를 가한 경우에 국가나 지방자치단체가 그 손해를 배상하는 것은 민법상의 사용자로서 그 배상책임을 부담하는 것이 아니므로 민법상 사용자의 면책사유인 피용자의 선임감독에 과실이 없었다는 것으로서는 본법상의 손해배상책임을 면할 수 없다(대판 1970.6.30, 70다727).

3. 시험출제 오류로 인하여 수험생에 대한 불합격처분이 취소된 경우
공인회계사 1차 시험 출제위원의 출제 및 정답결정의 오류로 인하여 수험생에 대한 불합격처분이 취소된 경우, 국가배상책임을 인정할 수 있을 만큼 시험관련 공무원이나 시험위원들에게 그 직무를 집행함에 있어 객관적 주의의무를 결한 고의·과실이 있다고 볼 수 없다고 한 사례(대판 2003.12.11, 2001다65236)

OX 문제

01 국가배상에 있어서 공무원의 직무 집행상 과실이라 함은, 공무원이 그 직무를 수행함에 있어 당해 직무를 담당하는 평균인이 통상 갖추어야 할 주의의무를 게을리 한 것을 말한다. ( )

02 공무원이 직무를 집행하면서 고의 또는 과실로 위법하게 타인에게 손해를 가하였어도 국가나 지방자치단체가 그 공무원의 선임 및 감독에 상당한 주의를 하였다면 국가나 지방자치단체는 국가배상책임을 면한다. ( )

정답 01 ○ 02 ×(→면하지 못한다)

4. 검사가 관련 대법원판례 등의 선례가 없다는 이유 등으로 법원의 결정에 어긋나는 행위를 한 경우, 직무상 과실이 있다고 볼 것인지 여부: 적극

검사는 공익의 대표자로서 실체적 진실에 입각한 국가 형벌권의 실현을 위하여 공소제기와 유지를 할 의무 뿐만 아니라 그 과정에서 피고인의 정당한 이익을 옹호하여야 할 의무가 있다. 그리고 법원이 형사소송절 차에서 피고인의 권리를 실질적으로 보장하기 위하여 마련되어 있는 형사소송법 등 관련 법령에 근거하여 검사에게 어떠한 조치를 이행할 것을 명하였고, 관련 법령의 해석상 그러한 법원의 결정에 따르는 것이 당 연하고 그와 달리 해석될 여지가 없는 경우라면, 법에 기속되는 검사로서는 법원의 결정에 따라야 할 직무 상 의무도 있다. 그런데도 그와 같은 상황에서 검사가 관련 법령의 해석에 관하여 대법원판례 등의 선례가 없다는 이유 등으로 법원의 결정에 어긋나는 행위를 하였다면 특별한 사정이 없는 한 당해 검사에게 직무 상 의무를 위반한 과실이 있다고 보아야 한다(대판 2012.11.15, 2011다48452).

5. 행정처분이 후에 항고소송에서 취소된 사실만으로, 곧바로 공무원의 고의 또는 과실이 있다고 단정할 수 있는지 여부: 소극

어떠한 행정처분이 후에 항고소송에서 취소되었다고 할지라도 그 기판력에 의하여 당해 행정처분이 곧바로 공무원의 고의 또는 과실로 인한 것으로서 불법행위를 구성한다고 단정할 수는 없는 것이고, 그 행정처분의 담당공무원이 보통 일반의 공무원을 표준으로 하여 볼 때 객관적 주의의무를 결하여 그 행정처분이 객관적 정당성을 상실하였다고 인정될 정도에 이른 경우에 비로소 국가배상법 제2조 소정의 국가배상책임의 요건을 충족하였다고 봄이 상당할 것이다(대판 2003.11.27, 2001다33789).

6. 행정규칙의 처분기준에 따른 경우, 직무집행상의 과실이 인정되는지 여부: 소극

영업허가취소처분이 나중에 행정심판에 의하여 재량권을 일탈한 위법한 처분임이 판명되어 취소되었다고 하더라도 그 처분이 당시 시행되던 공중위생법 시행규칙에 정하여진 행정처분의 기준에 따른 것인 이상 그 영업허가취소처분을 한 행정청 공무원에게 그와 같은 위법한 처분을 한 데 있어 어떤 직무집행상의 과실이 있다고 할 수는 없다(대판 1994.11.8, 94다26141).

(4) 가해공무원의 특정: 가해공무원이 특정되지 않아도 국가배상 청구가 가능하다.

 판례 PLUS

가해공무원의 특정이 필요한지 여부: 소극

전투경찰관들은 국가 소속 공무원으로서, 시위진압을 함에 있어서 합리적이고 상당하다고 인정되는 정도로 시위진압을 하여야 하는데, 그 시위진압 과정에서 최루탄 사용을 최대한 억제하며, 가능한 한 최대한 안전하 고 평화로운 방법으로 시위진압을 하였어야 함에도 불구하고, 합리적이고 상당하다고 인정되는 정도를 넘은 과도한 방법(최루탄 사용)으로 시위진압을 하여 시위 참가자로 하여금 사망하게 하였으므로, 국가는 손해를 배상할 책임이 있다(대판 1995.11.10, 95다23897). → 위법행위를 한 가해공무원이 누군지 알 수 없지만, 이 를 특정하지 않고, 국가의 손해배상책임을 인정

(5) 과실의 입증책임: 고의 또는 과실에 대한 입증책임은 원칙적으로 원고에게 있다는 것 이 통설과 판례의 입장이다(입증책임의 완화).

(6) 법령해석의 과실

① **과실인정:** 관계법규의 무지나 법규의 해석을 그르쳐 위법한 행정처분을 한 경우에 국가의 배상책임이 인정된다.

판례 PLUS

담당공무원이 관계법규의 무지나 법규의 해석을 그르쳐 위법한 행정처분을 한 경우: 국가배상 책임 인정

법령에 대한 해석이 복잡, 미묘하여 워낙 어렵고, 이에 대한 학설, 판례조차 귀일되어 있지 않는 등의 특별한 사정이 없는 한, 일반적으로 공무원이 관계법규를 알지 못하거나 필요한 지식을 갖추지 못하고 법규의 해석을 그르쳐 행정처분을 하였다면 그가 법률 전문가 아닌 행정직 공무원이라고 하더라도 과실이 있다고 할 것이다. 따라서, 서울특별시 중구청장이 미성년자인 남녀의 혼숙행위를 이유로 숙박업 영업허가를 취소하였다면 서울 특별시는 국가배상법상의 손해배상 책임이 있다(대판 1981.8.25, 80다1598).

② 예외: 법령의 해석이 명확하지 않거나 선례가 없는 등 특별한 사정이 있는 경우 공 무원의 과실을 인정할 수 없다.

 판례 PLUS

관계 법령에 대한 해석이 확립되기 전 어느 한 견해를 취하여 업무를 처리한 경우, 공무원의 직 무상 과실이 인정되는지 여부: 소극

행정청이 관계 법령의 해석이 확립되기 전에 어느 한 견해를 취하여 업무를 처리한 것이 결과적으로 위법하게 되어 그 법령의 부당집행이라는 결과를 빚었다고 하더라도 처분 당시 그와 같은 처리방법 이상의 것을 성실한 평균적 공무원에게 기대하기 어려웠던 경우라면 특별한 사정이 없는 한 이를 두고 공무원의 과실로 인한 것이라고 볼 수는 없다(대판 1997.7.11, 97다7608).

4. '법령 위반'(법령을 위반하여)

(1) 법령 위반의 범위

① 광의의 행위위법설: 국가배상법상 위법성은 항고소송상의 위법성보다 범위를 넓게 인정한다. 즉 행위 자체의 법위반뿐만 아니라 공무원의 직무상 일반적 손해방지의 무의 위반을 포함하는 개념으로 해석한다.

판례 PLUS

경찰관이 범죄수사를 하면서 법규상 또는 조리상의 한계를 위반한 것이 '법령 위반'인지 여부: 적극

국가배상책임에 있어 공무원의 가해행위는 법령을 위반한 것이어야 하고, 법령을 위반하였다 함은 엄격한 의 미의 법령 위반뿐 아니라 인권존중, 권력남용금지, 신의성실과 같이 공무원으로서 마땅히 지켜야 할 준칙이나 규범을 지키지 아니하고 위반한 경우를 포함하여 널리 그 행위가 객관적인 정당성을 결여하고 있음을 뜻하는 것이므로, 경찰관이 범죄수사를 함에 있어 경찰관으로서 의당 지켜야 할 법규상 또는 조리상의 한계를 위반하 였다면 이는 법령을 위반한 경우에 해당한다(대판 2008.6.12, 2007다64365).

② 협의의 행위위법설: 국가배상법상 위법성을 항고소송상 위법성과 동일하게 본다. 즉 공권력행사 자체의 '법'에의 위반으로 이해한다.

③ 상대적 행위위법설: 국가배상법상의 위법성은 행위자체의 적법, 위법뿐만 아니라 침 해되는 이익의 성격과 침해의 정도 및 가해행위의 형태 등을 종합적으로 고려하여 행위가 객관적으로 정당성을 결한 경우를 의미한다고 보는 견해이다.

④ 판례: 광의의 행위위법설에 의거한 판례가 주류였으나 최근들어 상대적 행위위법설 에 의한 판례가 더 많아지고 있는 추세이다.

(2) 법령의 범위: 엄격한 의미의 법령(헌법, 법률, 령, 자치법규) 위반뿐만 아니라 인권존중, 권력남용금지, 신의성실의 원칙 등과 같이 공서양속까지 포함된다고 넓게 보는 광의설이 다수설 및 판례의 입장이다.

> ✚ **판례 PLUS**
>
> **작위의무를 명하는 법령 규정이 없는 경우, 공무원의 부작위로 인한 국가배상책임을 인정하기 위한 요건**
>
> 법령에 명시적으로 공무원의 작위의무가 정하여져 있음에도 이를 위반하는 경우만을 의미하는 것은 아니고, 인권존중 · 권력남용 금지 · 신의성실과 같이 공무원으로서 마땅히 지켜야 할 준칙이나 규범을 지키지 아니하고 위반한 경우를 포함하여 널리 그 행위가 객관적인 정당성을 결여하고 있는 경우도 포함한다. 따라서 국민의 생명 · 신체 · 재산 등에 대하여 절박하고 중대한 위험상태가 발생하였거나 발생할 상당한 우려가 있어서 국민의 생명 등을 보호하는 것을 본래적 사명으로 하는 국가가 초법규적 · 일차적으로 그 위험의 배제에 나서지 아니하면 국민의 생명 등을 보호할 수 없는 경우에는 형식적 의미의 법령에 근거가 없더라도 국가나 관련 공무원에 대하여 그러한 위험을 배제할 작위의무를 인정할 수 있을 것이다. 그러나 그와 같은 절박하고 중대한 위험상태가 발생하였거나 발생할 상당한 우려가 있는 경우가 아닌 한, 원칙적으로 공무원이 관련 법령에서 정하여진 대로 직무를 수행하였다면 그와 같은 공무원의 부작위를 가지고 '고의 또는 과실로 법령에 위반'하였다고 할 수는 없다(대판 2012.7.26, 2010다95666).

(3) 행정규칙위반과 재량위반

① **행정규칙의 위반**: 대외적 구속력이 없어서 바로 위법성이 인정되는 것은 아니다.

> ✚ **판례 PLUS**
>
> **행정규칙 위반이 '법령 위반'에 해당하는지 여부: 소극**
>
> 국가배상법 제2조에 이른바 법령에 위반이라 함은 일반적으로 위법행위를 함을 말하는 것이고, 단순한 행정적인 내부규칙에 위배하는 것을 포함하지 아니한다(대판 1973.1.30, 72다2062).

② **재량행위의 경우**: 단순히 부당한 재량행위는 위법한 행위가 아니지만, 재량의 일탈 · 남용이 있는 경우에는 위법한 행위가 된다고 보는 것이 일반적 견해이다.

(4) 부작위의 위법성: 부작위가 위법하기 위해서는 공무원에게 작위의무가 인정되어야 한다. 법령상 작위의무가 인정되지 않는 경우에도 조리상 인정할 수 있다.

작위의무 긍정	작위의무 부정
• 등기공무원의 형식적 심사의무 • 교도소 소속 공무원들의 구금자 위험방지의무 • 공판검사가 신변보호요청을 받았을 경우 신변안전조치를 취해야 할 의무 • 군산 윤락업소 화재 사건에서 윤락녀들이 윤락을 강요받으며 생활하고 있음을 쉽게 알 수 있는 상황에서 경찰의 권한불행사 • 허가시 사업자에게 위해방지시설을 설치하게 하고 작업 도중 구체적 위험발생 시 사고예방조치를 해야 할 의무	• 정신질환자에게 나름대로의 조치를 취한 경우 정신질환자의 평소 행동에 대한 사법경찰관리의 수사개시 및 긴급구호권 행사 의무 • 등기신청서면에 대한 형식적 심사의무를 다한 등기관의 실질적 심사의무 • 권한불행사가 현저하게 불합리하지 않는 등 구체적 사정에 따른 행정청의 사업인가 취소권한행사의무 • 음주단속 시 운전자의 요구에 따라 곧바로 채혈을 실시해야 할 의무

부작위의 '법령 위반' 인정여부

1. 경찰관이 위험발생방지조치를 취하지 아니한 경우

경찰관이 농민들의 시위를 진압하고 시위과정에 도로상에 방치된 트랙터 1대에 대하여 이를 도로 밖으로 옮기거나 후방에 안전표지판을 설치하는 것과 같은 위험발생방지조치를 취하지 아니한 채 그대로 방치하고 철수하여 버린 결과, 야간에 그 도로를 진행하던 운전자가 위 방치된 트랙터를 피하려다가 다른 트랙터에 부딪혀 상해를 입은 사안에서 국가배상책임을 인정한 사례(대판 1998.8.25, 98다16890)

2. 군산 윤락업소 화재 사건에서, 경찰관의 직무상 의무위반

윤락녀들이 윤락업소에 감금된 채로 윤락을 강요받으면서 생활하고 있음을 쉽게 알 수 있는 상황이었음에도, 경찰관이 이러한 감금 및 윤락강요행위를 제지하거나 윤락업주들을 체포·수사하는 등 필요한 조치를 취하지 아니하고 오히려 업주들로부터 뇌물을 수수하며 그와 같은 행위를 방치한 것은 경찰관의 직무상 의무에 위반하여 위법하므로 국가는 이로 인한 정신적 고통에 대하여 위자료를 지급할 의무가 있다(대판 2004.9.23, 2003다49009).

3. 군산 윤락업소 화재 사건에서, 소방공무원의 직무상 의무위반

유흥주점에 감금된 채 윤락을 강요받으며 생활하던 여종업원들이 유흥주점에 화재가 났을 때 미처 피신하지 못하고 유독가스에 질식해 사망한 사안에서, 소방공무원이 위 유흥주점에 대하여 화재 발생 전 실시한 소방점검 등에서 구 소방법상 방염 규정 위반에 대한 시정조치 및 화재 발생시 대피에 장애가 되는 잠금장치의 제거 등 시정조치를 명하지 않은 직무상 의무 위반은 현저히 불합리한 경우에 해당하여 위법하고, 이러한 직무상 의무위반과 위 사망의 결과 사이에 상당인과관계가 존재한다(대판 2008.4.10, 2005다48994).

4. 〈김신조 무장간첩 사건〉 군경공무원들의 직무유기행위

1968. 1. 21.에 무장공비가 출현하여 그 공비와 격투 중에 있는 가족구성원인 청년이 위협받고 있던 경우에, 다른 가족구성원이 경찰에 세 차례나 출동을 요청하였음에도 불구하고 즉시 출동하지 않아 사살된 사건에서 행정청의 부작위로 인한 손해에 대하여 국가의 손해배상책임이 인정된다(대판 1971.4.6, 71다124).

5. 경찰관의 음주운전 단속 시, 1시간 12분이 경과하여 채혈을 한 경우

경찰관이 음주운전 단속 시 운전자의 요구에 따라 곧바로 채혈을 실시하지 않은 채 호흡측정기에 의한 음주측정을 하고 1시간 12분이 경과한 후에야 채혈을 하였다는 사정만으로는 위 행위가 법령에 위배된다거나 객관적 정당성을 상실하여 운전자가 음주운전 단속과정에서 받을 수 있는 권익이 현저하게 침해되었다고 단정하기 어렵다(대판 2008.4.24, 2006다32132).

행정입법 부작위로 인하여 보수청구권이 침해된 경우, 국가배상청구 가능 여부

군법무관의 보수를 법관 및 검사의 예에 준하도록 규정하면서 그 구체적 내용을 시행령에 위임하고 있는 이상, 위 법률의 규정들은 군법무관의 보수의 내용을 법률로써 일차적으로 형성한 것이고, 위 법률들에 의해 상당한 수준의 보수청구권이 인정되는 것이므로, 위 보수청구권은 단순한 기대이익을 넘어서는 것으로서 법률의 규정에 의해 인정된 재산권의 한 내용이 되는 것으로 봄이 상당하고, 따라서 행정부가 정당한 이유 없이 시행령을 제정하지 않은 것은 위 보수청구권을 침해하는 불법행위에 해당하므로 국가배상청구가 가능하다(대판 2007.11.29, 2006다3561).

(5) 국가배상법상 위법과 취소소송의 위법 구별 여부. 국가배상법상 공무원의 위법한 직무행위의 "위법"과 취소소송의 대상인 위법한 처분의 "위법"이 동일한 의미인지 여부와 관련하여 견해의 대립이 존재한다. 만약 "동일한 경우"에는 취소소송 판결의 효력인 기판력이 국가배상청구소송에도 미치게 된다. 그러나 국가배송소송의 기판력은 취소소송에는 미치지 않는다.

5. 타인에게 손해가 발생하였을 것

(1) **타인**: 위법한 직무행위를 한 공무원과 이에 가담한 자 이외의 모든 자연인, 법인 등을 말한다.

(2) **손해**

① 적극적 손해(치료비), 소극적 손해(일실이익), 정신적 손해(위자료) 모두 포함한다.

② 재산상 피해를 입은 경우 정신적 고통에 대한 손해배상을 청구할 수 있는지 여부에 대해 명문규정을 두고 있는 않지만 판례는 위자료를 청구할 수 있다고 본다.

6. 상당인과관계가 있을 것

(1) **상당인과관계의 의미**

① 의의: 공무원의 위법한 직무행위와 국민의 손해 사이에 상당한 인과관계가 존재하여야 한다.

② 판례의 태도: 판례는 상당인과관계의 여부를 판단함에 있어서 결과발생의 개연성, 법령 등의 목적, 가해행위의 태양, 피해의 정도 등을 종합적으로 고려하여야 한다는 입장이다.

판례 PLUS

상당인과관계를 긍정한 예

1. 군부대에서 유출된 폭음탄이 범죄행위에 사용된 경우

군부대에서 사용하는 총기·탄약·폭발물 등의 관리책임자는 자기의 보관 및 관리 소홀로 총기 등이 군 외부로 유출되면 그것이 범죄행위에 사용되어 국민 개개인의 생명과 신체를 침해하는 결과가 발생할 수 있다는 것을 충분히 예견할 수 있으므로, 관리상의 과실로 군부대에서 유출된 폭음탄이 범죄행위에 사용된 경우, 그 범죄행위로 인해 피해자가 입은 손해와 관리책임자의 폭음탄 관리상의 과실 사이에는 상당인과관계가 있다(대판 1998.2.10, 97다49534).

2. 허위의 인감증명서가 발급됨으로써 불실의 근저당권설정등기를 마친 저당권자가 그 저당권의 불성립으로 손해를 입은 경우

공무원의 직무상 과실로 허위의 주민등록표와 인감대장이 비치된 결과 허위의 인감증명서가 발급됨으로써 불실의 근저당권설정등기를 마친 저당권자가 그 저당권의 불성립으로 손해를 입었다면 공무원의 그와 같은 직무상 과실과 그와 같은 손해 사이에는 상당인과관계가 있다(대판 1991.7.9, 91다5570).

3. 개별공시지가 현저히 불합리하게 결정된 경우

개별공시지가는 개발부담금의 부과, 토지 관련 조세 부과 등 다른 법령이 정하는 목적을 위해 지가를 산정하는 경우에 그 산정기준이 되는 관계로 납세자인 국민 등의 재산상 권리·의무에 직접적인 영향을 미치게 되므로, 개별공시지가 산정업무를 담당하는 공무원으로서는 적정한 개별공시지가가 결정·공시되도록 조치할 직무상의 의무가 있고, 이러한 직무상 의무는 단순히 공공 일반의 이익을 위한 것이거나 행정기관 내부의 질서를 규율하기 위한 것이 아니고 전적으로 또는 부수적으로 국민 개개인의 재산권 보장을 목적으로 하여 규정된 것이라고 봄이 상당하다. 따라서 개별공시지가 산정업무 담당공무원 등이 그 직무상 의무에 위반하여 현저하게 불합리한 개별공시지가가 결정되도록 함으로써 국민 개개인의 재산권을 침해한 경우에는 그 손해에 대하여 상당인과관계 있는 범위 내에서 그 담당공무원 등이 소속된 지방자치단체가 배상책임을 지게 된다(대판 2010.7.22, 2010다13527).

상당인과관계를 부정한 예

1. 공무원의 직무상 의무 위반행위와 손해 사이의 상당인과관계 유무의 판단 기준

공무원이 법령에서 부과된 직무상 의무를 위반한 것을 계기로 제3자가 손해를 입은 경우에 제3자에게 손해배상청구권이 발생하기 위하여는 공무원의 직무상 의무 위반행위와 제3자의 손해 사이에 상당인과관계가 있지 아니하면 아니되는 것이고, 상당인과관계의 유무를 판단함에 있어서는 일반적인 결과발생의 개연성은 물론 직무상 의무를 부과한 법령 기타 행동규범의 목적이나 가해행위의 태양 및 피해의 정도 등을 종합적으로 고려하여야 할 것인바, 공무원에게 직무상 의무를 부과한 법령의 보호목적이 사회 구성원 개인의 이익과 안전을 보호하기 위한 것이 아니고 단순히 공공일반의 이익이나 행정기관 내부의 질서를 규율하기 위한 것이라면, 가사 공무원이 그 직무상 의무를 위반한 것을 계기로 하여 제3자가 손해를 입었다 하더라도 공무원이 직무상 의무를 위반한 행위와 제3자가 입은 손해 사이에는 법리상 상당인과관계가 있다고 할 수 없다(대판 2001.4.13, 2000다34891).

2. 내용증명우편물이 수취인에게 도달하지 못하게 된 경우, 그 직무상 의무위반과 거래관계상 입은 손해 사이의 상당인과관계 유무: 원칙적 소극

우편역무종사자가 내용증명우편물을 배달하는 과정에서 구 우편법 관계 법령에서 정한 직무규정을 위반하였다고 하더라도, 우편역무종사자가 발송인 등과 제3자와의 거래관계의 내용을 인식하고 그 내용증명우편물을 배달하지 아니할 경우 그 거래관계의 성립·이행·소멸이 방해되어 발송인 등에게 손해가 발생할 수 있다는 점을 알았거나 알 수 있었다는 등의 특별한 사정이 없는 한, 그 직무상 의무 위반과 내용증명우편물에 기재된 의사표시가 도달되지 않거나 그 도달에 대한 증명기능이 발휘되지 못함으로써 발송인 등이 제3자와 맺은 거래관계의 성립·이행·소멸 등과 관련하여 입게 된 손해 사이에는 상당인과관계가 있다고 볼 수 없다(대판 2009.7.23, 2006다81325).

3. 탈영병의 강도살인행위로 인한 피해자에 대한 국가배상책임의 유무: 소극

군병원에 입원중이던 사병들이 탈영하여 강도살인행위를 한 경우에 있어 위 병원의 일직사령과 당직 군의관이 위 사병들의 탈영을 방지하지 못한 당직의무를 해태한 과실이 있을지라도 이는 위 탈영병들의 강도살인 행위와 상당인과 관계가 있다고까지는 볼 수 없다. 따라서 위 일직사령 등의 과실을 원인으로 하여 국가에게 배상책임을 인정하기 위하여는 위 사병들이 강도의 모의를 하고 탈영하여 강도 또는 강도살인행위를 할 것이라는 특별한 사정을 알았거나 알 수 있었다는 사실이 인정되어야 한다(대판 1988.12.27, 87다카2293).

(2) **사익보호성**: 상당인과관계 판단시 사익보호성을 요구한다.

 판례 PLUS

상당인과관계와 사익보호성

공무원이 고의 또는 과실로 그에게 부과된 직무상 의무를 위반하였을 경우라고 하더라도 국가는 그러한 직무상의 의무 위반과 피해자가 입은 손해 사이에 상당인과관계가 인정되는 범위 내에서만 배상책임을 지는 것이고, 이 경우 상당인과관계가 인정되기 위하여는 공무원에게 부과된 직무상 의무의 내용이 단순히 공공 일반의 이익을 위한 것이거나 행정기관 내부의 질서를 규율 하기 위한 것이 아니고 전적으로 또는 부수적으로 사회 구성원 개인의 안전과 이익을 보호하기 위하여 설정된 것이어야 한다(대판 2011.9.8, 2011다34521).

3 국가배상책임의 범위

1. 배상기준

(1) **국가배상기준의 성질**: 국가배상법 제3조는 배상금액의 기준에 대해 정하고 있는데 그 성질에 대해 한정액설과 기준액설로 나뉜다. 통설과 판례의 입장은 기준액설로 국가배상법 제3조는 단순한 기준액을 정한 것에 불과하므로 구체적인 경우 배상금액은 증감이 가능하다는 주장이다.

Ox 문제

01 공무원의 직무상 의무위반에 대한 법령의 취지가 전체적으로 공공 일반의 이익을 도모하기 위한 것이라면 국가배상법 제2조의 배상책임이 인정된다.　　( )

정답 **01** ×(→국가배상책임이 인정되지 않는다)

(2) **이익의 공제**: 국가배상법 제3조의2에서는 피해자가 손해를 입은 동시에 이익을 얻은 경우에는 손해배상액에서 그 이익에 상당하는 금액을 빼야한다고 규정하고 있다.

 법령 PLUS

국가배상법

제3조의2(공제액) ① 제2조 제1항을 적용할 때 피해자가 손해를 입은 동시에 이익을 얻은 경우에는 손해배상액에서 그 이익에 상당하는 금액을 빼야 한다.
② 제3조 제1항의 유족배상과 같은 조 제2항의 장해배상 및 장래에 필요한 요양비 등을 한꺼번에 신청하는 경우에는 중간이자를 빼야 한다.
③ 제2항의 중간이자를 빼는 방식은 대통령령으로 정한다.

국가배상법 시행령

제6조(손익상계) ① 유족배상액을 산정함에 있어서는 월급액이나 월실수액 또는 평균임금에서 [별표7]에 의한 생활비를 공제하여야 한다.
② 물건의 훼손으로 인한 휴업배상액을 산정함에 있어서는 수리기간중의 수입손실액에서 수리로 인하여 지출이 불필요하게된 비용 상당의 이익을 공제하여야 한다.
③ 법 제3조의2 제3항의 규정에 의한 중간이자 공제방식은 법정이율에 의한 단할인법인 호프만방식에 의한다.

 판례 PLUS

다른 공무원의 불법행위로 공무원이 사망한 경우, 국가배상액과 공무원연금법상 유족보상금의 상호 공제 가부: 적극

공무원이 공무집행 중 다른 공무원의 불법행위로 인하여 사망한 경우, 사망한 공무원의 유족들이 국가배상법에 의하여 국가 또는 지방자치단체로부터 사망한 공무원의 소극적 손해에 대한 손해배상금을 지급받았다면 공무원연금관리공단 등은 그 유족들에게 같은 종류의 급여인 유족보상금에서 그 상당액을 공제한 잔액만을 지급하면 되고, 그 유족들이 공무원연금관리공단 등으로부터 공무원연금법 소정의 유족보상금을 지급받았다면 국가 또는 지방자치단체는 그 유족들에게 사망한 공무원의 소극적 손해액에서 유족들이 지급받은 유족보상금 상당액을 공제한 잔액만을 지급하면 된다(대판 1998.11.19, 97다36873 전합).

(3) **배상청구권의 양도 금지**: 국가배상법 제4조에 생명·신체의 침해로 인한 국가배상을 받을 권리는 양도하거나 압류하지 못한다고 규정되어 있는데, 재산권 침해로 인한 손해배상청구권은 양도할 수 있다.

(4) **배상청구권의 소멸시효**: 국가배상법은 배상청구권의 소멸시효에 대하여 명문규정을 두고 있지 않으므로 민법 제766조 규정이 준용되어 손해 및 가해자를 안 날로부터 3년이 경과하면 시효로 소멸한다. 국가재정법 제96조 제1항에 따라 불법행위가 있은 날로부터 5년간 손해배상청구권을 행사하지 아니하면 시효로 소멸한다는 것이 판례의 취지이다. 다만 소멸시효의 주장이 권리남용에 해당하거나 신의성실원칙에 반하는 경우 국가배상청구권은 시효로 소멸하지 않는다.

 판례 PLUS

국가배상책임의 단기소멸시효의 기산점인 '가해자를 안 때'의 의미

국가배상법상 배상책임을 묻는 사건에 대하여는 민법 제766조 소정의 단기소멸시효제도가 적용되는 것인바, 여기서 '가해자를 안다는 것'은 피해자가 가해 공무원이 국가 또는 지방자치단체 와의 간에 공법상 근무관계가 있다는 사실을 알고, 또한 일반인이 당해 공무원의 불법행위가 국가 또는 지방자치단체의 직무를 집행함에 있어서 행해진 것이라고 판단하기에 족한 사실까지도 인식하는 것을 의미한다(대판 1989.11.14, 88다카32500).

2. 배상책임자

(1) 의의: 국가배상법상 국가배상책임자는 국가 또는 지방자치단체이지만 공무원의 선임, 감독자와 비용부담자가 다른 경우 즉, 국가배상법 제6조 제1항에 따른 국가배상책임이 누구에게 있는지 여부에 대해서는 견해의 대립이 존재한다.

(2) 비용부담자의 의미

① **견해대립:** 대외적으로 비용을 지출하는 자를 의미한다는 형식적 비용부담자설과 궁극적으로 비용을 부담하는 자를 의미한다는 실질적 비용부담자설, 형식적 비용부담자와 실질적 비용부담자 모두 의미한다는 병합설(다수설)이 있다.

② **판례의 태도(병합설):** 판례는 피해자를 보호하기 위해 형식적 비용부담자와 실질적 비용부담자 모두 해당한다는 병합설의 입장이다.

③ **기관위임사무의 손해배상책임자:** 기관위임사무에 있어서 선임·감독자와 비용부담자가 다른 경우 누가 배상책임을 부담하는가의 문제가 발생한다.

㉠ **실질적 비용부담자:** 기관위임사무는 원칙적으로 위임자의 비용과 책임에 의하여 수행되므로 손해배상책임자는 위임자인 국가 또는 지방자치단체이다(위임자).

㉡ **형식적 비용부담자:** 수임자가 담당공무원의 봉급 등 비용을 부담하는 경우에 손해배상책임자는 수임자인 지방자치단체이다(수임자).

④ **병합설:** 위임자인 국가 또는 지방자치단체뿐만 아니라 수임자인 지방자치단체에 대해서도 선택적으로 청구가 가능(피해자를 보호하기 위한 쪽으로 해석함)하다.

⑤ **국가배상법 제6조 제2항의 최종적 배상책임자**

㉠ **견해 대립:** 통설은 특별한 사정이 없는 한 손해배상을 포함하여 사무수행에 따르는 모든 비용은 사무의 귀속주체가 최종적인 책임을 부담한다는 사무귀속주체설이다. 이 밖에 비용부담자설, 기여도설, 개별검토설 등이 있다.

㉡ **판례의 태도:** 기본적으로 '사무자귀속주체설'의 입장이다.

3. 배상책임의 성질

(1) 대위책임설: 공무원의 위법한 행위는 수권범위를 넘어서는 것으로 국가의 행위가 될 수 없지만 피해자를 두텁게 보호하기 위한 정책적 고려에서 국가 등이 공무원의 책임을 대신하여 지는 것이라는 견해이다. 이에 따르면 고의·과실에 대한 판단은 공무원을 기준으로 한다. → 국가배상법상 구상권 규정

(2) 자기책임설: 공무원은 국가기관이므로 그 행위의 효과는 위법 여부와 무관하게 국가에 귀속되는 것이므로 국가배상책임은 국가 자신의 책임이라는 입장이다. → 국가배상법상 구상권 규정

(3) 중간설: 공무원의 고의 또는 중과실에 의한 행위는 기관행위로 볼 수 없으므로 대위책임이지만 경과실로 인한 행위는 기관행위성을 유지하므로 자기책임이라는 입장이다.

(4) 절충설: 고의 또는 중과실에 의한 위법행위는 국가행위로 볼 수 없지만 직무행위로서 외형을 갖추고 있다면 피해자 구제 측면에서 국가도 피해자에 대해 자기책임을 지고, 경과실에 의한 경우에는 기관행위성을 유지하므로 자기책임을 진다는 입장이다. → 판례의 입장

판례 PLUS

국가배상책임의 성질

공무원이 직무를 수행함에 있어 경과실로 타인에게 손해를 입힌 경우에는 그 직무수행상 통상 예기할 수 있는 흠이 있는 것에 불과하므로, 이러한 공무원의 행위는 여전히 국가 등의 기관의 행위로 보아 그로 인하여 발생한 손해에 대한 배상책임도 전적으로 국가 등에만 귀속시키고 공무원 개인에게는 그로 인한 책임을 부담시키지 아니하여 공무원의 공무집행의 안정성을 확보하고, 반면에 공무원의 위법행위가 고의·중과실에 기한 경우에는 비록 그 행위가 그의 직무와 관련된 것이라고 하더라도 그와 같은 행위는 그 본질에 있어서 기관행위로서의 품격을 상실하여 국가 등에게 그 책임을 귀속시킬 수 없으므로 공무원 개인에게 불법행위로 인한 손해배상책임을 부담시키되, 다만 이러한 경우에도 그 행위의 외관을 객관적으로 관찰하여 공무원의 직무집행으로 보여질 때에는 피해자인 국민을 두텁게 보호하기 위하여 국가 등이 공무원 개인과 중첩적으로 배상책임을 부담하되 국가 등이 배상책임을 지는 경우에는 공무원 개인에게 구상할 수 있도록 함으로써 궁극적으로 그 책임이 공무원 개인에게 귀속되도록 하려는 것이라고 봄이 합당하다(대판 1996.2.15, 95다38677 전합).

4. 공무원 개인의 배상책임

(1) 공무원의 외부적 책임(선택적 책임)

① 규정: 헌법 제29조 제1항 단서에서는 공무원의 직무상 불법행위로 손해를 받는 국민은 법률이 정하는 바에 따라 국가 또는 공공단체에 정당한 배상을 청구할 수 있으며 이 경우 공무원 자신의 책임은 면제되지 않는다고 하였으나 국가배상법상에는 이에 대한 규정이 없다.

② 학설 대립 및 판례의 입장: 선택적 청구권 부정설, 선택적 청구권 긍정설, 절충설이 대립하며 판례는 '절충설'의 입장이다.

판례 PLUS

공무원 개인의 대외적 손해배상책임 유무: 절충설

공무원이 직무수행 중 불법행위로 타인에게 손해를 입힌 경우에 국가 등이 국가배상책임을 부담하는 외에 공무원 개인도 고의 또는 중과실이 있는 경우에는 불법행위로 인한 손해배상책임을 진다고 할 것이지만, 공무원에게 경과실뿐인 경우에는 공무원 개인은 손해배상책임을 부담하지 아니한다(대판 1996.2.15, 95다38677 전합).

 ○×문제

01 가해 공무원에게 경과실이 있는 경우 공무원 개인은 손해배상책임을 부담한다.
( )

정답 01 ×(→고의·중과실에만 책임 부담)

(2) 공무원의 내부적 책임(구상권)

① 규정: 국가배상법 제2조 제2항에 공무원에게 고의 또는 중대한 과실이 있으면 국가
나 지방자치단체는 가해공무원에 대해 구상권을 행사할 수 있다고 규정하고 있다.

② 구상권의 범위: 국가는 공무원의 불법행위가 고의 또는 중과실로 인한 경우, 공무원
의 제반사정을 참작하여 구상권의 범위를 정한다.

 판례 PLUS

국가의 구상권 범위

1. 국가 또는 지방자치단체의 공무원에 대한 구상권의 범위

국가 등은 당해 공무원의 직무내용, 당해 불법행위의 상황, 손해발생에 대한 당해 공무원의 기여정도, 당해
공무원의 평소 근무태도, 불법행위의 예방이나 손실분산에 관한 국가 또는 지방자치단체의 배려의 정도 등
제반사정을 참작하여 손해의 공평한 분담이라는 견지에서 신의칙상 상당하다고 인정되는 한도 내에서만
당해 공무원에 대하여 구상권을 행사할 수 있다(대판 1991.5.10, 91다6764).

**2. 국가의 소멸시효 주장이 신의성실의 원칙에 반하는 권리남용으로 허용될 수 없는 경우, 국가가 공무원에게
구상권을 행사할 수 있는지 여부: 원칙적 소극**

공무원의 불법행위로 손해를 입은 피해자의 국가배상청구권의 소멸시효 기간이 지났으나 국가가 소멸시효
완성을 주장하는 것이 신의성실의 원칙에 반하는 권리남용으로 허용될 수 없어 배상책임을 이행한 경우에
는, 그 소멸시효 완성 주장이 권리남용에 해당하게 된 원인행위와 관련하여 해당 공무원이 그 원인이 되는
행위를 적극적으로 주도하였다는 등의 특별한 사정이 없는 한, 국가가 해당 공무원에게 구상권을 행사하는
것은 신의칙상 허용되지 않는다(대판 2016.6.9, 2015다200258).

③ 공무원의 국가에 대한 구상: 공무원의 불법행위가 경과실에 의한 경우에는 국가의 전
적인 배상책임이 발생하기 때문에, 공무원이 직접 손해배상을 실시한 경우 추후에
국가에 대한 구상권이 발생한다.

 판례 PLUS

경과실이 있는 공무원이 국가에 대하여 구상권을 취득하는지 여부: 원칙적 적극

공무원이 직무수행 중 불법행위로 타인에게 손해를 입힌 경우에 국가 등이 국가배상책임을 부담하는 외에 공
무원 개인도 고의 또는 중과실이 있는 경우에는 불법행위로 인한 손해배상책임을 지고, 공무원에게 경과실이
있을 뿐인 경우에는 공무원 개인은 손해배상책임을 부담하지 아니한다. 이처럼 경과실이 있는 공무원이 피해
자에 대하여 손해배상책임을 부담하지 아니함에도 피해자에게 손해를 배상하였다면 그것은 채무자 아닌 사람
이 타인의 채무를 변제한 경우에 해당하고, 이는 민법 제469조의 '제3자의 변제' 또는 민법 제744조의 '도의
관념에 적합한 비채변제'에 해당하여 피해자는 공무원에 대하여 이를 반환할 의무가 없고, 그에 따라 피해자
의 국가에 대한 손해배상청구권이 소멸하여 국가는 자신의 출연 없이 채무를 면하게 되므로, 피해자에게 손해
를 직접 배상한 경과실이 있는 공무원은 특별한 사정이 없는 한 국가에 대하여 국가의 피해자에 대한 손해배
상책임의 범위 내에서 공무원이 변제한 금액에 관하여 구상권을 취득한다(대판 2014.8.20, 2012다54478).

4 자동차손해배상책임

1. 의의

국가배상법 제2조 '~자동차손해배상 보장법에 따라 손해배상의 책임이 있을 때에는 이 법에 따라 그 손해를 배상하여야 한다'는 규정에 따라, 자동차손해배상 보장법은 배상책임의 성립에 있어서 국가배상법보다 우선한다. 따라서 책임성립 여부는 자동차손해배상 보장법에 따라 판단하며 동법에 따라 책임이 인정되면 구체적인 손해배상청구는 국가배상법의 절차와 범위에 따라 국가배상책임을 진다고 해석된다.

🔷 법령 PLUS

자동차손해배상 보장법
제3조(자동차손해배상책임) 자기를 위하여 자동차를 운행하는 자는 그 운행으로 다른 사람을 사망하게 하거나 부상하게 한 경우에는 그 손해를 배상할 책임을 진다. 다만, 다음 각 호의 어느 하나에 해당하면 그러하지 아니하다.
  1. 승객이 아닌 자가 사망하거나 부상한 경우에 자기와 운전자가 자동차의 운행에 주의를 게을리 하지 아니하였고, 피해자 또는 자기 및 운전자 외의 제3자에게 고의 또는 과실이 있으며, 자동차의 구조상의 결함이나 기능상의 장해가 없었다는 것을 증명한 경우
  2. 승객이 고의나 자살행위로 사망하거나 부상한 경우

국가배상법
제2조(배상책임) ① 국가나 지방자치단체는 공무원 또는 공무를 위탁받은 사인이 직무를 집행하면서 고의 또는 과실로 법령을 위반하여 타인에게 손해를 입히거나, 자동차손해배상 보장법에 따라 손해배상의 책임이 있을 때에는 이 법에 따라 그 손해를 배상하여야 한다.

2. 배상책임의 요건

(1) 무과실책임: 자기를 위하여 자동차를 운행하는 자가 운행 도중 타인에게 인적 손해를 가한 때(물적 손해는 제외)에는 일정한 경우(제3조 단서)를 제외하고 운행자의 과실 여부를 불문하고 손해배상책임을 묻도록 하고 있다.

(2) 운행자성(자기를 위하여): 통상 자동차에 대한 운행을 '지배'하여 그 '이익'을 누리는 경우로 해석된다. 이는 보유자와 운전자와는 다른 개념이긴 하나, 보유자의 경우 일반적으로 운행자성이 인정된다. 여기서 운행의 지배는 현실적인 지배만이 아니라 사회통념상 간접지배 내지 지배가능성이 있다고 볼 수 있는 경우도 포함된다.

3. 국가배상책임

관용차의 소유자인 국가 또는 지방자치단체가 자동차손해배상 보장법상의 책임을 지므로 관용차를 무단으로 사용한 경우라도 국가에 운행자성을 인정할 수 있는 경우 국가 또는 지방자치단체가 국가배상책임을 진다. 국가나 지방자치단체에게 자동차손해배상 보장법상의 책임이 성립하는 경우에는 공무원에게 동 책임은 성립하지 않는다.

4. 공무원의 배상책임

공무원 소유의 자동차를 운행하다가 사고가 발생한 경우 공무원 자신이 자동차손해배상 보장법상의 운행자성을 지니게 되는데 차량 소유자가 운행자가 되는 것이 원칙이기 때문이다. 이 경우 공무원은 자동차손해배상 보장법에 따라 무과실책임을 지고, 더 이상 고의·중과실·경과실 여부는 묻지 않는다.

★ 판례 PLUS

자동차손해배상 보장법상 배상책임 인정 여부

1. 직무집행을 위하여 공용차를 운행한 경우

자동차손해배상 보장법 제3조 소정의 '자기를 위하여 자동차를 운행하는 자'라고 함은 자동차에 대한 운행을 지배하여 그 이익을 향수하는 책임주체로서의 지위에 있는 자를 뜻하는 것인바, 공무원이 그 직무를 집행하기 위하여 국가 또는 지방자치단체 소유 의 공용차를 운행하는 경우, 그 자동차에 대한 운행지배나 운행이익은 그 공무원이 소속한 국가 또는 지방자치단체에 귀속된다고 할 것이고 그 공무원 자신이 개인적으로 그 자동차에 대한 운행지배나 운행이익을 가지는 것이라고는 볼 수 없으므로, 그 공무원이 자기를 위하여 공용차를 운행하는 자로서 같은 법조 소정의 손해배상책임의 주체가 될 수는 없다(대판 1994.12.27, 94다31860).

2. 일과시간 후의 상사 허락 없는 무단운전의 경우: 자동차손해배상 보장법 및 국가배상법상 책임 부정

군소속 차량의 운전수가 일과시간 후에 피해자의 적극적인 요청에 따라 동인의 개인적인 용무를 위하여 상사의 허락 없이 무단으로 위 차를 운행하다가 사고가 일어났다면 군은 자동차손해배상보장법 제3조 소정의 자기를 위하여 자동차를 운행하는 자에 해당되지도 아니하며 위 사고가 위 운전수의 직무집행중의 과실에 기인된 것도 아니므로 군에 대하여 국가배상법상의 책임도 물을 수 없다(대판 1981.2.10, 80다2720).

3. 〈공무원 소유 자동차 + 직무집행을 위한 운전: 공무원 개인 차량이므로 국가 등의 운행자성은 인정되지 않음〉 공무원이 직무상 자기 소유의 자동차를 운전하다가 사고를 일으킨 경우, 공무원 개인의 손해배상책임 유무: 적극

자동차의 운행으로 말미암아 다른 사람을 사망하게 하거나 부상하게 함으로써 발생한 손해에 대한 공무원의 손해배상책임의 내 용과 범위는 이와는 달리 자동차손해배상 보장법이 정하는 바에 의할 것이므로, 공무원이 직무상 자동차를 운전하다가 사고를 일으켜 다른 사람에게 손해를 입힌 경우에는 그 사고가 자동차를 운전한 공무원의 경과실에 의한 것인지 중과실 또는 고의에 의한 것인지를 가리지 않고, 그 공무원이 자동차손해배상 보장법 제3조 소정의 '자기를 위하여 자동차를 운행하는 자'에 해당하는 한 자동차손해배상 보장법상의 손해배상책임을 부담한다(대판 1996.3.8, 94다23876).

5 이중배상청구의 제한

1. 의의

(1) **개념**: 군인·군무원·경찰공무원 또는 예비군대원이 전투·훈련 등 직무 집행과 관련하여 전사·순직하거나 공상을 입은 경우에 본인이나 그 유족이 다른 법령에 따라 재해보상금·유족연금·상이연금 등의 보상을 지급받을 수 있을 때에는 국가배상법 및 민법에 따른 손해배상을 청구할 수 없는 경우를 의미한다.

(2) **헌법재판소의 태도 합헌**: 국가배상법 제2조 제1항 단서는 헌법 제29조 제1항에 의하여 보장되는 국가배상청구권을 헌법 내재적으로 제한하는 헌법 제29조 제2항에 직접 근거하고, 실질적으로 그 내용을 같이하는 것이므로 헌법에 위반되지 아니한다(헌재 2001.2.22, 2000헌바38).

OX 문제

01 공무원이 자기 소유 차량으로 공무수행 중 사고를 일으킨 경우, 공무원 개인은 경과실에 의한 것인지 고의 또는 중과실에 의한 것인지를 가리지 않고, 자동차손해배상보장법상의 운행자성이 인정되는 한 배상책임을 부담한다. (   )

정답 01 ○

2. 근거

(1) 헌법상 근거

 법령 PLUS

헌법

제29조 ② 군인·군무원·경찰공무원 기타 법률이 정하는 자가 전투·훈련 등 직무집행과 관련하여 받은 손해에 대하여는 법률이 정하는 보상 외에 국가 또는 공공단체에 공무원의 직무상 불법행위로 인한 배상은 청구할 수 없다.

(2) 법률상 근거

 법령 PLUS

국가배상법

제2조(배상책임) ① 국가나 지방자치단체는 공무원 또는 공무를 위탁받은 사인(이하 "공무원"이라 한다)이 직무를 집행하면서 고의 또는 과실로 법령을 위반하여 타인에게 손해를 입히거나, 자동차손해배상 보장법에 따라 손해배상의 책임이 있을 때에는 이 법에 따라 그 손해를 배상하여야 한다. 다만, 군인·군무원·경찰공무원 또는 예비군대원이 전투·훈련 등 직무 집행과 관련하여 전사(戰死)·순직(殉職)하거나 공상(公傷)을 입은 경우에 본인이나 그 유족이 다른 법령에 따라 재해보상금·유족연금·상이연금 등의 보상을 지급받을 수 있을 때에는 이 법 및 민법에 따른 손해배상을 청구할 수 없다.

판례 PLUS

헌법 제29조 제2항 및 국가배상법 제2조 제1항 단서 규정의 입법 취지

헌법 제29조 제2항 및 이를 근거로 한 국가배상법 제2조 제1항 단서 규정의 입법 취지는, 국가 또는 공공단체가 위험한 직무를 집행하는 군인·군무원·경찰공무원 또는 향토예비군대원에 대한 피해보상제도를 운영하여, 직무집행과 관련하여 피해를 입은 군인 등이 간편한 보상절차에 의하여 자신의 과실 유무나 그 정도와 관계없이 무자력의 위험부담이 없는 확실하고 통일된 피해보상을 받을 수 있도록 보장하는 대신에, 피해 군인 등이 국가 등에 대하여 공무원의 직무상 불법행위로 인한 손해배상을 청구할 수 없게 함으로써, 군인 등의 동일한 피해에 대하여 국가 등의 보상과 배상이 모두 이루어짐으로 인하여 발생할 수 있는 과다한 재정지출과 피해 군인 등 사이의 불균형을 방지하고, 또한 가해자인 군인 등과 피해자인 군인 등의 직무상 잘못을 따지는 쟁송이 가져올 폐해를 예방하려는 데에 있고, 또 군인, 군무원 등 이 법률 규정에 열거된 자가 전투, 훈련 기타 직무집행과 관련하는 등으로 공상을 입은 데 대하여 재해보상금, 유족연금, 상이연금 등 별도의 보상제도가 마련되어 있는 경우에는 이중배상의 금지를 위하여 이들의 국가에 대한 국가배상법 또는 민법상의 손해배상청구권 자체를 절대적으로 배제하는 규정이므로, 이들은 국가에 대하여 손해배상 청구권을 행사할 수 없는 것이다(대판 2002.5.10, 2000다39735).

3. 요건

(1) **적용대상자**: 군인, 군무원, 경찰공무원, 예비군대원의 경우 다른 요건이 충족되면 국가배상권이 제한된다.

① 예비군대원의 경우 다른 적용대상자와 달리 국가배상법상에만 규정되어 있어 위헌성 여부가 논의되었으나 헌법재판소가 합헌으로 판시한 바 있다.

② 공익근무요원, 경비교도대원은 군인이 아니므로 이중배상청구제한규정을 적용받지 않아 국가배상청구가 인정된다.

③ 전투경찰순경은 경찰공무원이므로 이중배상청구제한규정을 적용받아 국가배상청구가 부정된다.

➕ 판례PLUS

이중배상금지의 요건

1. **향토예비군대원을 이중배상배제의 대상자로 규정한 국가배상법 제2조 제1항 단서가 위헌인지 여부: 합헌**
   향토예비군의 직무는 그것이 비록 개별 향토예비군대원이 상시로 수행하여야 하는 것이 아니라 법령에 의하여 동원되거나 소집된 때에 한시적으로 수행하게 되는 것이라 하더라도 그 성질상 고도의 위험성을 내포하는 공공적 성격의 직무이므로, 국가배상법 제2조 제1항 단서가 그러한 직무에 종사하는 향토예비군대원에 대하여 다른 법령의 규정에 의한 사회보장적 보상제도를 전제로 이중보상으로 인한 일반인들과의 불균형을 제거하고 국가재정의 지출을 절감하기 위하여 임무수행 중 상해를 입거나 사망한 개별 향토예비군대원의 국가배상청구권을 금지하고 있는 데에는 그 목적의 정당성, 수단의 상당성 및 침해의 최소성, 법익의 균형성이 인정되어 기본권제한규정으로서 헌법상 요청되는 과잉금지의 원칙에 반한다고 할 수 없고, 나아가 그 자체로서 평등의 원리에 반한다거나 향토예비군대원의 재산권의 본질적인 내용을 침해하는 위헌규정이라고 할 수 없다(헌재 1996.6.13, 94헌바20).

2. **공익근무요원이 국가배상법 제2조 제1항 단서의 군인에 해당하는지 여부: 소극**
   공익근무요원은 공익분야에 종사하는 사람으로서 보충역에 편입되어 있는 자이기 때문에, 소집되어 군에 복무하지 않는 한 군인이라고 말할 수 없다. 비록 병역법이 공익근무요원으로 복무 중 순직한 사람의 유족에 대하여 국가유공자 등 예우 및 지원에 관한 법률에 따른 보상을 하도록 규정하고 있다고 하여도, 공익근무요원이 국가배상법 제2조 제1항 단서의 규정에 의하여 국가배상법상 손해배상청구가 제한되는 군인·군무원·경찰공무원 또는 향토예비군대원에 해당한다고 할 수 없다(대판 1997.3.28, 97다4036).

3. **현역병으로 입영하여 경비교도로 전임 임용된 자가 국가배상법 제2조 제1항 단서의 군인 등에 해당하는지 여부: 소극**
   현역병으로 입영하여 소정의 군사교육을 마치고 병역법에 의하여 전임되어 경비교도로 임용된 자는, 군인의 신분을 상실하고 경비교도로서의 신분을 취득하게 되었다고 할 것이어서 국가배상법 제2조 제1항 단서가 정하는 군인 등에 해당하지 아니한다(대판 1998.2.10, 97다45914).

4. **전투경찰순경이 국가배상법 제2조 제1항 단서 소정의 "경찰공무원"에 해당하는지 여부: 적극**
   국가배상법 제2조 제1항 단서 소정의 "경찰공무원"이 "경찰공무원법상 경찰공무원"에 한정된다고 단정하기 어렵고, 오히려 경찰업무의 위험성을 고려하여 "경찰조직의 구성원을 이루는 공무원"을 특별취급하려는 것으로 보아야 할 것이므로 전투경찰순경은 국가배상법 제2조 제1항 단서 소정의 "경찰공무원"에 해당한다(대판 1995.3.24, 94다25414).

(2) 전투, 훈련 등 직무집행과 관련하여 전사, 순직, 공상을 입은 경우

① 군인 등이 받은 모든 손해에 대해 손해배상책임이 배제되는 것은 아니고, 군인 등이 전투·훈련 등 직무집행과 관련하여 손해를 입은 경우만이 배제된다.

② 최근 대법원은 전투·훈련 등 직무집행이란 전투·훈련 또는 이에 준하는 직무집행뿐만 아니라 '일반 직무집행'에 관하여도 국가나 지방자치단체의 배상책임을 제한하는 것으로 본다고 판시한 바 있다.

(3) 본인이나 그 유족이 다른 법령에 따라 재해보상금, 유족연금, 상이연금 등의 보상을 지급받을 수 있을 때일 것

① 피해자 등이 다른 법령의 규정에 의해 보상금 등을 지급받을 수 없을 때에는 국가배상법에 따라 배상을 청구할 수 있다고 보는 것이 통설 및 판례의 입장이다.

② 판례는 보상에 관한 권리가 발생한 이상 그러한 권리가 시효로 소멸한 경우에는 국가 배상을 청구할 수 없다고 판시하였다.

○X 문제

01 공익근무요원은 국가배상법 제2조 제1항 단서의 군인·군무원·경찰공무원 또는 향토예비군대원에 해당하지 않으므로 이중배상청구가 제한되지 않는다. ( )

02 전투경찰순경이 전투·훈련 등 직무집행과 관련하여 전사·순직하거나 공상을 입은 경우에 본인이나 그 유족이 다른 법령에 따라 재해보상금이나 유족연금 등의 보상을 지급받은 때에는 '국가배상법' 또는 '민법'에 따른 손해배상을 청구할 수 없다. ( )

정답 01 ○ 02 ○

판례 PLUS

다른 법령에 의한 보상금 지급청구 가능 여부

1. 공상을 입은 군인·경찰공무원 등이 별도의 국가보상을 받을 수 없는 경우, 국가배상법 제2조 제1항 단서의 적용 여부: 소극(배상 긍정)

군인·군무원 등 국가배상법 제2조 제1항에 열거된 자가 전투, 훈련 기타 직무집행과 관련하는 등으로 공상을 입은 경우라고 하더라도 군인연금법 또는 국가유공자예우 등에 관한 법률에 의하여 재해보상금·유족연금·상이연금 등 별도의 보상을 받을 수 없는 경우에는 국가배상법 제2조 제1항 단서의 적용 대상에서 제외하여야 한다(대판 1997.2.14, 96다28066).

2. 다른 법령에 의한 보상금청구권이 시효로 소멸된 경우 국가배상법 제2조 제1항 단서 규정이 적용되는지 여부: 적극(배상 부정)

국가배상법 제2조 제1항 단서 규정은 다른 법령에 보상제도가 규정되어 있고, 그 법령에 규정된 상이등급 또는 장애등급 등의 요건에 해당되어 그 권리가 발생한 이상, 실제로 그 권리를 행사하였는지 또는 그 권리를 행사하고 있는지 여부에 관계없이 적용된다고 보아야 하고, 그 각 법률에 의한 보상금청구권이 시효로 소멸되었다 하여 적용되지 않는다고 할 수는 없다(대판 2002.5.10, 2000다39735).

03 영조물의 설치, 관리상의 하자로 인한 손해배상청구권(제5조)

1 의의

도로·하천, 그 밖의 공공의 영조물의 설치나 관리에 하자가 있기 때문에 타인에게 손해가 발생하였을 때에는 국가나 지방자치단체가 그 손해를 배상하여야 하는 경우를 의미한다.

2 손해배상책임의 근거

1. 국가배상법 제5조

(1) **법규정**: 도로·하천, 그 밖의 공공의 영조물의 설치나 관리에 하자가 있기 때문에 타인에게 손해를 발생하게 하였을 때에는 국가나 지방자치단체는 그 손해를 배상하여야 한다. 이 경우 동법 제2조 제1항 단서(이중배상금지), 제3조(배상기준) 및 제3조의2(이익공제)를 준용한다.

(2) **국가배상법 제2조와의 비교**

구분	국가배상법 제2조	국가배상법 제5조
헌법상 근거 규정	있음(헌법 제29조)	없음
성격	과실책임	무과실책임
이중배상청구 제한규정(동법 제2조 제1항 단서)	적용 긍정	적용 긍정
배상기준규정(동법 제3조)	적용 긍정	적용 긍정

2. 민법 제758조이 공작물 등이 점유자 책임

구분	국가배상법 제5조	민법 제758조
면책규정	국가 등의 면책 없음	점유자의 면책 있음
대상	영조물의 하자(자연공물 포함)	공작물의 하자
	국가배상법이 민법보다 책임대상의 범위가 넓음(영조물의 개념이 공작물의 개념보다 더 광범위함)	

3. 무과실책임

국가배상법 제5조에서 고의 또는 과실을 규정하지 않고 있어 무과실책임으로 보는 것이 통설 및 판례의 입장이다. 즉 공물의 관리에 하자가 없더라도 공물 자체에 안전성이 결여되었다면 배상책임을 인정하고 있는 것이다.

 판례 PLUS

> **주의의무 위반이 없는 경우, 영조물책임의 면책주장이 가능한지 여부: 소극**
> 국가배상법 제5조 소정의 영조물의 설치·관리상의 하자로 인한 책임은 무과실책임이고 나아가 민법 제758조 소정의 공작물의 점유자의 책임과는 달리 면책사유도 규정되어 있지 않으므로, 국가 또는 지방자치단체는 영조물의 설치·관리상의 하자로 인하여 타인에게 손해를 가한 경우에 그 손해의 방지에 필요한 주의를 해태하지 아니하였다 하여 면책을 주장할 수 없다(대판 1994.11.22, 94다32924).

3 성립요건

1. 공공의 영조물일 것

(1) 의의: 국가배상법 제5조의 공공의 영조물이란 강학상 공물로서 국가 또는 지방자치단체에 의하여 특정 공공의 목적에 공여된 유체물 내지 물적 설비를 말한다. 공물의 종류에는 자연공물(하천 등), 인공공물(도로, 관공서의 청사 등), 동산(관용자동차 등), 부동산, 동물(경찰견 등) 등이 모두 포함된다는 것이 통설 및 판례의 입장이다. 사(私)소유물이라도 국가 등이 관리하는 공물이면 여기에 해당하며, 일반재산(잡종재산, 국유림, 국유임야)은 공물에 해당하지 않으므로 국가배상법이 아니라 민법이 적용된다(통설).

(2) 구체적인 예

공물 ○	공물 ×
• 여의도 광장 • 도로, 육교, 가로수, 수도 • 교통신호기, 철도건널목 자동경보기 • 매향리 사격장 • 태종대 유원지 • 도로의 맨홀, 공중화장실 • 경찰견, 경찰마 • 철도역 대합실과 승강상	• 공사 중이며 아직 완성되지 않아 일반 공중의 이용에 제공되지 않는 옹벽(대판 1998.10.23, 98다17381) • 사실상 군민의 통행에 제공되는 도로이지만 행정청의 노신인징 기타 공용개시행위가 없는 경우 • 공물예정지에 불과한 시 명의의 종합운동장 예정부지나 그 지상의 자동차경주를 위한 안전시설(대판 1995.1.24, 94다45302) • 현금, 국유림

판례 PLUS

공공의 영조물 관련 판례

1. 국가배상법 제5조 제1항의 "공공의 영조물"의 의미

국가배상법 제5조 제1항 소정의 "공공의 영조물"이라 함은 국가 또는 지방자치단체에 의하여 특정 공공의 목적에 공여된 유체물 내지 물적 설비를 지칭하며, 특정 공공의 목적에 공여된 물이라 함은 일반공중의 자유로운 사용에 직접적으로 제공되는 공공 용물에 한하지 아니하고, 행정주체 자신의 사용에 제공되는 공용물도 포함하며 국가 또는 지방자치단체가 소유권, 임차권 그 밖의 권한에 기하여 관리하고 있는 경우뿐만 아니라 사실상의 관리를 하고 있는 경우도 포함한다(대판 1995.1.24, 94다45302).

2. 철도시설물의 설치·관리의 하자를 원인으로 손해: 국가배상법 적용

국가 또는 지방자치단체라 할지라도 공권력의 행사가 아니고 단순한 사경제의 주체로 활동하였을 경우에는 그 손해배상책임에 국가배상법이 적용될 수 없고 민법상의 사용자책임 등이 인정되는 것이고 국가의 철도운행사업은 국가가 공권력의 행사로서 하 는 것이 아니고 사경제적 작용이라 할 것이므로, 이로 인한 사고에 공무원이 간여하였다고 하더라도 국가배상법을 적용할 것이 아니고 일반 민법의 규정에 따라야 한다. 그러나 공공의 영조물인 철도시설물의 설치 또는 관리의 하자로 인한 불법행위를 원인으로 하여 국가에 대하여 손해배상청구를 하는 경우에는 국가배상법이 적용된다(대판 1999.6.22, 99다7008).

3. 공사 중이며 아직 완성되지 않아 일반 공중의 이용에 제공되지 않는 옹벽이 국가배상법 제5조 제1항 소정의 영조물에 해당하는지 여부: 소극

지방자치단체가 비탈사면인 언덕에 대하여 현장조사를 한 결과 붕괴의 위험이 있음을 발견하고 이를 붕괴위험지구로 지정하여 관리하여 오다가 붕괴를 예방하기 위하여 언덕에 옹벽을 설치하기로 하고 소외 회사에게 옹벽시설공사를 도급 주어 소외 회사가 공사를 시행하다가 깊이 3m의 구덩이를 파게 되었는데, 피해자가 공사현장 주변을 지나가다가 흙이 무너져 내리면서 위 구덩이에 추락하여 상해를 입게 된 사안에서, 위 사고 당시 설치하고 있던 옹벽은 소외 회사가 공사를 도급받아 공사 중에 있었을 뿐만 아니라 아직 완성도 되지 아니하여 일반 공중의 이용에 제공되지 않고 있었던 이상 국가배상법 제5조 제1항 소정의 영조물에 해당한다고 할 수 없다(대판 1998.10.23, 98다17381).

2. 설치 또는 관리의 하자

(1) 의미: 국가배상법 제5조 제1항 소정의 설치상의 하자라 함은 공공의 목적에 공여된 영조물이 그 용도에 따라 통상 갖추어야 할 안전성을 갖추지 못한 상태에 있음을 말한다.

(2) 견해 대립: 국가배상법 제5조 규정상 영조물의 설치 또는 관리의 '하자'에서 하자의 의미를 "영조물의 물적 하자"에 중점을 두어 판단을 할 것인지 아니면 "설치 또는 관리의 하자"에 중점을 둘 것인지에 대해 견해가 대립한다.

① 객관설

ㄱ 물건의 하자 자체에 중점을 두는 입장으로 설치 또는 관리의 하자를 객관적으로 파악하여 통상 갖추어야 할 안전성을 물적 안전성의 결여로 타인에게 위해를 미칠 위험성이 있는 상태를 의미하는 것으로 보는 견해이다.

ㄴ 무과실책임으로 주관적인 관리의무위반을 불요하며 피해자인 국민에게 유리한 입장이다.

② 주관설(주의의무위반설)

ㄱ 설치·관리의 하자에 중점을 두는 입장으로 영조물 관리자의 주의의무위반에 따른 책임을 인정한다.

OX문제

01 '공공의 영조물'에는 철도시설물인 대합실과 승강장 및 도로 상에 설치된 보행신호기와 차량신호기도 포함된다. ( )

02 '영조물의 설치 또는 관리의 하자'란 공공의 목적에 제공된 영조물이 그 용도에 따라 통상 갖추어야 할 안전성을 갖추지 못한 상태에 있음을 말한다. ( )

정답 01 ○ 02 ○

ⓛ 과실책인으로 주관적인 관리이무위반을 요하며, 영조물책임의 범위를 합리적으로 제한하여 국가에게 유리한 입장이다.

③ 절충설(위법 · 무과실책임설)

    ㉠ 영조물 자체의 객관적인 하자뿐만 아니라 관리자의 관리의무위반이라는 주관적인 요소도 함께 고려해야 한다는 입장이다.

    ㉡ 영조물에 물적 결함이 있든 관리자의 관리의무위반이 있든 하자는 인정된다고 보는 입장이다.

(3) 판례의 태도: 판례는 원칙적으로 객관설의 입장이지만 최근에는 주관적인 요소까지 고려한 판례가 증가하고 있다.

 판례 PLUS

영조물의 설치 또는 관리의 하자를 인정한 사례

1. 매향리 사격장 소음 사례

국가배상법 제5조 제1항에 정하여진 '영조물의 설치 또는 관리의 하자'라 함은 공공의 목적에 공여된 영조물이 그 용도에 따라 갖추어야 할 안전성을 갖추지 못한 상태에 있음을 말하고, 여기서 안전성을 갖추지 못한 상태, 즉 타인에게 위해를 끼칠 위험성이 있는 상태라 함은 당해 영조물을 구성하는 물적 시설 그 자체에 있는 물리적 · 외형적 흠결이나 불비로 인하여 그 이용자에게 위해를 끼칠 위험성이 있는 경우뿐만 아니라 그 영조물이 공공의 목적에 이용됨에 있어 그 이용상태 및 정도가 일정한 한도를 초과하여 제3자에게 사회통념상 참을 수 없는 피해를 입히는 경우까지 포함된다고 보아야 할 것이고, 사회통념상 참을 수 있는 피해인지의 여부는 그 영조물의 공공성, 피해의 내용과 정도, 이를 방지하기 위하여 노력한 정도 등을 종합적으로 고려하여 판단하여야 한다. 매향리 사격장에서 발생하는 소음 등으로 지역 주민들이 입은 피해는 사회통념상 참을 수 있는 정도를 넘는 것으로서 사격장의 설치 또는 관리에 하자가 있었다고 보아야 한다(대판 2004.3.12, 2002다14242).

2. 비행장 인근의 소음 사례

국가배상법 제5조 제1항에 정하여진 '영조물의 설치 또는 관리의 하자'라 함은 …(중략)… 그 영조물이 공공의 목적에 이용됨에 있어 그 이용상태 및 정도가 일정한 한도를 초과하여 제3자에게 사회통념상 수인할 것이 기대되는 한도를 넘는 피해를 입히는 경우까지 포함된다고 보아야 할 것이다. 그리고 수인한도의 기준을 결정함에 있어서는 일반적으로 침해되는 권리나 이익의 성질과 침해의 정도뿐만 아니라 침해행위가 갖는 공공성의 내용과 정도, 그 지역환경의 특수성, 공법적인 규제에 의하여 확보하려는 환경기준, 침해를 방지 또는 경감시키거나 손해를 회피할 방안의 유무 및 그 난이 정도 등 여러 사정을 종합적으로 고려하여 구체적 사건에 따라 개별적으로 결정하여야 할 것이다. 이 사건 항공기소음으로 인한 피해의 내용 및 정도, 이 사건 비행장 및 군용항공기 운항이 가지는 공공성과 아울러 원고 및 선정자들 거주지역이 농촌지역으로서 가지는 지역적 환경적 특성 등의 여러 사정을 종합적으로 고려하여 원고들 거주지역 소음피해가 적어도 소음도 80WECPNL 이상인 경우에는 사회생활상 통상의 수인한도를 넘어 위법하다(대판 2010.11.25, 2007다20112).

(4) 하자에 대한 판단기준

① **안전성의 정도:** 안전성은 완전무결한 상태를 유지할 정도의 고도의 안전성을 의미하는 것이 아니라 영조물의 위험성에 비례하여 사회통념상 일반적으로 요구되는 정도의 것을 말한다는 것이 판례 및 일반식인 입상이다.

② **물적 하자 및 기능적 하자:** 물적 하자는 당해 영조물을 구성하는 물적 시설 그 자체에 있는 물리적 · 외형적 흠결이나 불비로 이용자에게 위해를 끼칠 위험성이 있는 경우를 말하는 것으로, 이는 영조물이 통상의 용법에 따라 통상 갖추어야 할 안전성의

OX문제

01 판례는 사격장에서 발생하는 소음 등으로 지역주민들이 입은 피해가 수인한도를 넘는 경우 사격장의 설치 또는 관리에 하자가 있다고 한다. ( )

정답 01 ○

결여를 의미한다. 또한 기능적 하자란 영조물이 공공의 목적에 이용됨에 있어 그 이용상태 및 정도가 일정한 한도를 초과하여 제3자에게 사회통념상 참을 수 없는 피해를 입히는(수인한도를 넘는) 경우를 말한다.

판례 PLUS

국가배상법 제5조 소정의 영조물의 하자 판단 기준

1. 국가배상법에서 말하는 영조물의 설치·관리의 하자란 영조물이 그 용도에 따라 통상 갖추어야 할 안전성을 갖추지 못한 상태에 있음을 말하는 것으로서, 이와 같은 안전성의 구비 여부는 당해 영조물의 구조, 본래의 용법, 장소적 환경 및 이용 상황 등의 여러 사정을 종합적으로 고려하여 구체적·개별적으로 판단하여야 한다(대판 2000.1.14, 99다24201).

2. 국가배상법에 정하여진 '영조물의 설치 또는 관리의 하자'라 함은 공공의 목적에 공여된 영조물이 그 용도에 따라 갖추어야 할 안전성을 갖추지 못한 상태에 있음을 말하고, 안전성을 갖추지 못한 상태, 즉 타인에게 위해를 끼칠 위험성이 있는 상태라 함은 당해 영조물을 구성하는 물적 시설 그 자체에 있는 물리적·외형적 흠결이나 불비로 인하여 그 이용자에게 위해를 끼칠 위험성이 있는 경우뿐만 아니라, 그 영조물이 공공의 목적에 이용됨에 있어 그 이용상태 및 정도가 일정한 한도를 초과하여 제3자에게 사회통념상 수인할 것이 기대되는 한도를 넘는 피해를 입히는 경우까지 포함된다(대판 2005.1.27, 2003다49566).

3. 타인에게 손해가 발생하였을 것

(1) **타인**: 위법한 직무행위를 한 공무원과 이에 가담한 자 이외의 모든 자연인, 법인 등을 말한다.

(2) 손해에는 적극적 손해(치료비), 소극적 손해(일실이익), 정신적 손해(위자료) 모두 포함한다.

(3) 타인의 개념과 손해의 개념은 국가배상법 제2조의 내용과 동일하다.

4. 상당인과관계가 존재할 것

영조물의 설치, 관리의 하자와 국민의 손해 사이에 상당한 인과관계가 존재하여야 한다. 이에 관해서도 국가배상법 제2조의 내용과 동일하다. 따라서 하자와 손해발생 사이의 상당인과관계는 피해자가 입증하여야 하며 다른 자연적 사실이나 제3자 또는 피해자의 행위와 경합하여 발생한 손해도 상당인과관계가 있는 한 손해배상책임을 진다고 본다.

판례 PLUS

상당인과관계를 인정한 예

1. **다른 자연적 사실이나 제3자 또는 피해자의 행위와 경합하여 발생한 손해**
   영조물의 설치 또는 관리상의 하자로 인한 사고라 함은 영조물의 설치 또는 관리상의 하자만이 손해발생의 원인이 되는 경우만을 말하는 것이 아니고, 다른 자연적 사실이나 제3자의 행위 또는 피해자의 행위와 경합하여 손해가 발생하더라도 영조물의 설치 또는 관리상의 하자가 공동원인의 하나가 되는 이상 그 손해는 영조물의 설치 또는 관리상의 하자에 의하여 발생한 것이라고 해석함이 상당하다(대판 1994.11.22, 94다32924).

OX 문제

01 도로의 관리상 하자가 인정된다면, 비록 그 사고의 원인에 제3자의 행위가 개입되었더라도 국가에 대하여 손해배상책임을 물을 수 있다. (   )

정답 01 ○

2. 차량진입으로 인한 인신사고와 여의도광장의 관리상 하자

차량진입으로 인한 인신사고 당시에는 차도와의 경계선 일부에만 이동식쇠기둥이 설치되어 있고 나머지 부분에는 별다른 차단 시설물이 없었으며 경비원도 없었던 것은, 평소 시민의 휴식공간으로 이용되는 여의도광장이 통상 요구되는 안전성을 결여하고 있었다 할 것이고, 만약 사고 후에 설치된 차단시설물이 이미 설치되어 있었고 경비원이 배치되어 있었더라면 가해자가 승용차를 운전하여 광장 내로 진입하는 것을 막을 수 있었거나, 설사 차량진입을 완전히 막지는 못하더라도 최소한 진입시에 차단시설물을 충격하면서 발생하는 소리나 경비원의 경고를 듣고 많은 사람들이 대피할 수 있었다고 보이므로, 차량진입으로 인한 사고와 여의도광장의 관리상의 하자 사이에는 상당인과관계가 있다(대판 1995.2.24, 94다57671).

5. 입증책임

영조물책임의 성립요건과 관련하여 그 하자에 대해서는 피해자인 원고가 입증책임을 지지만, 면책사유인 불가항력(예견가능성과 회피가능성이 없음)에 대해서는 피고가 입증책임을 진다.

 판례 PLUS

도로의 하자 유무에 대한 증명책임을 지는 자: 도로의 점유관리자

고속도로의 관리상 하자가 인정되는 이상 고속도로의 점유관리자는 그 하자가 불가항력에 의한 것이거나 손해의 방지에 필요한 주의를 해태하지 아니하였다는 점을 주장·입증하여야 비로소 그 책임을 면할 수 있다(대판 2008.3.13, 2007다29287).

4 면책사유(영조물책임의 감면사유)

1. 불가항력(예견가능성과 회피가능성)

불가항력이라 함은 천재지변과 같이 인간의 능력으로 예견할 수 없거나, 예견할 수 있어도 회피할 수 없는 외부의 힘에 의해 손해가 발생하는 경우를 말한다. 「국가배상법」 제5조의 영조물책임에 관하여는 특별한 규정은 없지만, 불가항력이 면책사유가 된다는 점에 대해서는 판례와 학설이 일치하고 있다.

 판례 PLUS

50년 빈도의 최대강우량: 불가항력 아님

집중호우로 제방도로가 유실되면서 그 곳을 걸어가던 보행자가 강물에 휩쓸려 익사한 경우, 사고 당일의 집중호우가 50년 빈도 의 최대강우량에 해당한다는 사실만으로 불가항력에 기인한 것으로 볼 수 없다는 이유로 제방도로의 설치·관리상의 하자를 인정한 사례(대판 2000.5.26, 99다53247)

2. 손해발생의 예견가능성과 회피가능성

손해발생의 예견가능성과 회피가능성이 없다면 국가배상책인이 성립되지 않는다.

판례 PLUS

예견가능성과 회피가능성이 없는 경우: 설치관리상의 하자를 부정

1. 예견가능성과 회피가능성

객관적으로 보아 시간적·장소적으로 영조물의 기능상 결함으로 인한 손해발생의 예견가능성과 회피가능성이 없는 경우 즉 그 영조물의 결함이 영조물의 설치관리자의 관리행위가 미칠 수 없는 상황 아래에 있는 경우에는 영조물의 설치관리상의 하자를 인정할 수 없다(대판 2000.2.25, 99다54004).

2. 도로에 떨어진 쇠파이프로 인한 교통사고

① 도로의 설치 또는 관리의 하자는 도로의 위치 등 장소적인 조건, 도로의 구조, 교통량, 사고시에 있어서의 교통사정 등 도로의 이용상황과 그 본래의 이용목적 등 제반 사정과 물적 결함의 위치, 형상 등을 종합적으로 고려하여 사회통념에 따라 구체적으로 판단하여야 할 것인바, 도로의 설치 후 제3자의 행위에 의하여 그 본래 목적인 통행상의 안전에 결함이 발생한 경우에는 도로에 그와 같은 결함이 있다는 것만으로 성급하게 도로의 보존상 하자를 인정하여서는 안되고, 당해 도로의 구조, 장소적 환경과 이용상황 등 제반 사정을 종합하여 그와 같은 결함을 제거하여 원상으로 복구할 수 있는데도 이를 방치한 것인지 여부를 개별적, 구체적으로 심리하여 하자의 유무를 판단하여야 한다.

② 승용차 운전자가 편도 2차선의 국도를 진행하다가 반대차선 진행차량의 바퀴에 튕기어 승용차 앞유리창을 뚫고 들어온 쇠파이프에 맞아 사망한 경우, 사고 발생 30분 전에 피고가 사고장소를 순찰하였으나 위 쇠파이프를 발견하지 못하였고, 피고가 넓은 국도상을 더 짧은 간격으로 일일이 순찰하면서 낙하물을 제거하는 것은 현실적으로 불가능하므로 피고에게 국가배상의 손해배상책임이 없다(대판 1997.4.22, 97다3194).

3. 흡연을 위해 화장실 밖 난간에서 실족사한 경우

고등학교 3학년 학생이 교사의 단속을 피해 담배를 피우기 위하여 3층 건물 화장실 밖의 난간을 지나다가 실족하여 사망한 경우 학교 관리자에게 그와 같은 이례적인 사고가 있을 것을 예상하여 복도나 화장실 창문에 난간으로의 출입을 막기 위하여 출입금지장치나 추락위험을 알리는 경고표지판을 설치할 의무가 있다고 볼 수는 없으므로 학교시설의 설치·관리상의 하자가 없다(대판 1997.5.16, 96다54102).

예견가능성과 회피가능성이 있는 경우: 설치관리상의 하자를 긍정

서로 모순되는 두 개의 신호등의 오작동 사례

가변차로에 설치된 신호등의 용도와 오작동시에 발생하는 사고의 위험성과 심각성을 감안할 때, 만일 가변차로에 설치된 두 개의 신호기에서 서로 모순되는 신호가 들어오는 고장을 예방할 방법이 없음에도 그와 같은 신호기를 설치하여 그와 같은 고장을 발생하게 한 것이라면, 그 고장이 자연재해 등 외부요인에 의한 불가항력에 기인한 것이 아닌 한 그 자체로 설치·관리자의 방호조치의무를 다하지 못한 것으로서 신호등이 그 용도에 따라 통상 갖추어야 할 안전성을 갖추지 못한 상태에 있었다고 할 것이고, 따라서 설령 적정전압보다 낮은 저전압이 원인이 되어 위와 같은 오작동이 발생하였고 그 고장은 현재의 기술수준상 부득이한 것이라고 가정하더라도 그와 같은 사정만으로 손해발생의 예견가능성이나 회피가능성이 없어 영조물의 하자를 인정할 수 없는 경우라고 단정할 수 없다(대판 2001.7.27, 2000다56822).

---

3. 재정적 제약

재정적 사유는 국가나 지방자치단체 등의 내부문제이므로 면책사유로 보지 않는 것이 일반적 견해이고 판례도 이를 절대적 면책사유로 보지 않고 있다.

5 국가배상책임과 배상의 범위

1. 국가배상책임자

(1) 국가배상법 제5조의 배상책임자: 국가배상법 제5조의 영조물의 설치, 관리의 하자로 인한 손해배상책임의 주체는 국가 또는 지방자치단체이다. 따라서 영조물의 설치, 관리의 귀속주체가 국가사무인 경우에는 국가가 배상책임을 지고, 지방자치단체 사무인 경우에는 지방자치단체가 배상책임을 진다.

(2) 국가배상법 제6조(비용부담자 등)의 배상책임자

① 국가나 지방자치단체가 손해를 배상할 책임이 있는 경우에 공무원의 선임·감독 또는 영조물의 설치·관리를 맡은 자와 공무원의 봉급·급여, 그 밖의 비용 또는 영조물의 설치·관리 비용을 부담하는 자가 동일하지 아니하면 그 비용을 부담하는 자도 손해를 배상하여야 한다(동법 제6조 제1항). 따라서 국민은 양자에 대해 선택적으로 손해배상청구권을 행사할 수 있다.

② 비용부담자의 의미에 대해 병합설이 다수설의 입장이고, 판례도 병합설의 입장을 취하는 것이 일반적이다.

 판례 PLUS

손해배상책임의 주체 및 범위

1. 기관위임사무의 경우 손해배상책임의 주체: 국가
자동차운전면허시험 관리업무는 국가행정사무이고 지방자치단체의 장인 서울특별시장은 국가로부터 그 관리업무를 기관위임 받아 국가행정기관의 지위에서 그 업무를 집행하므로, 국가는 면허시험장의 설치 및 보존의 하자로 인한 손해배상책임을 부담한다(대판 1991.12.24, 91다34097).

2. 지방자치단체장이 설치하여 지방경찰청장에게 관리권한이 위임된 교통신호기의 고장으로 인한 교통사고의 경우, 지방자치단체뿐만 아니라 국가도 손해배상책임을 지는지 여부: 적극
국가배상법 제6조 제1항은 같은 법 제2조, 제3조 및 제5조의 규정에 의하여 국가 또는 지방자치단체가 손해를 배상할 책임이 있는 경우에 공무원의 선임·감독 또는 영조물의 설치·관리를 맡은 자와 공무원의 봉급·급여 기타의 비용 또는 영조물의 설치·관리의 비용을 부담하는 자가 동일하지 아니한 경우에는 그 비용을 부담하는 자도 손해를 배상하여야 한다고 규정하고 있으므로, 교통신호기를 관리하는 지방경찰청장 산하 경찰관들에 대한 봉급을 부담하는 국가도 국가배상법 제6조 제1항에 의한 배상책임을 부담한다(대판 1999.6.25, 99다11120).

2. 내부적 구상권

(1) 견해대립: 국가배상법에서는 손해를 배상한 자는 내부관계에서 그 손해를 배상할 책임있는 자에게 구상할 수 있다고 규정하고 있다.

① 관리자설(사무귀속자설): 사무의 귀속주체가 최종책임자라는 견해(통설)

② 비용부담자설: 비용을 부담하는 자가 최종책임자라는 견해

③ 기여도설: 손해발생의 기여도에 따라 최종책임자를 결정하자는 견해

④ 개별검토설: 개별 사안에 따라 구체적 타당성을 검토하자는 견해

(2) 판례의 태도: 기본적으로는 사무귀속자설의 입장이지만, 기여도설에 따른 판례도 있다.

3. 국가배상의 범위 및 방법

(1) 영조물의 설치·관리의 하자로 인하여 발생한 상당인과관계가 있는 손해에 대하여 배상하여야 하며, 국가배상법 제2조와 동일하게 적극적 손해, 소극적 손해, 정신적 손해(위자료)가 포함된다.

(2) 국가배상법 제2조와 제5조가 경합하는 경우에는 무과실책임인 제5조의 성립을 주장하는 것이 피해자에게 유리하다.

📌 판례 PLUS

위자료도 국가배상청구의 범위에 포함되는지 여부: 적극

국가배상법 제5조 제1항의 영조물의 설치·관리상의 하자로 인한 손해가 발생한 경우 같은 법 제3조 제1항 내지 제5항의 해석상 피해자의 위자료 청구권이 반드시 배제되지 아니한다(대판 1990.11.13, 90다카25604).

---

04 배상금 청구절차

1 임의적 결정전치주의

국가배상법 제9조는 배상심의회에 배상신청을 하지 아니하고도 손해배상청구소송을 제기할 수 있다고 하여 임의적 결정전치주의를 채택하고 있다. 개정 전 국가배상법에서는 필요적 결정전치주의를 채택했으나, 개정 이후 현행 국가배상법에서는 임의적 결정전치주의를 채택하고 있다.

2 배상심의회

1. 특징

(1) 배상심의회는 합의제 행정관청으로 국가나 지방자치단체에 대한 배상신청사건을 심의하기 위하여 법무부에 본부심의회를 둔다.

(2) 군인이나 군무원이 타인에게 입힌 손해에 대한 배상신청사건을 심의하기 위하여 국방부에 특별심의회를 둔다. 본부심의회와 특별심의회는 대통령령으로 정하는 바에 따라 지구심의회를 두고 본부심의회와 특별심의회와 지구심의회는 법무부장관의 지휘를 받아야 한다. 각 심의회에는 위원장을 두며, 위원장은 심의회의 업무를 총괄하고 심의회를 대표한다.

2. 권한

본부심의회와 특별심의회는 지구심의회로부터 송부받은 사건, 재심신청사건, 그 밖에 법령에 따라 그 소관에 속하는 사항을 심의·처리하며 각 지구심의회는 그 관할에 속하는 국가나 지방자치단체에 대한 배상신청사건을 심의·처리한다.

3. 심의 · 결정

지구심의회는 배상신청을 받으면 지체 없이 증인신문, 감정, 검증 등 증거조사를 한 후 그 심의를 거쳐 4주일 이내에 배상금 지급결정, 기각결정 또는 각하결정(이하 "배상결정"이라 한다)을 하여야 한다. 심의회는 배상결정을 하면 그 결정을 한 날부터 1주일 이내에 그 결정정본(決定正本)을 신청인에게 송달하여야 한다. 판례는 배상심의회의 결정에 대해 행정소송대상으로서의 처분성을 부정하고 있다(대판 1981.2.10, 80누317).

 판례 PLUS

> 국가배상심의위원회의 결정이 행정처분인지의 여부: 소극
> 국가배상심의회의 배상금 지급 또는 기각의 결정은 손해배상청구를 하기 전의 전치요건에 불과하다고 할 것이므로, 배상심의회의 결정은 이를 행정처분이라고 할 수 없어 행정소송의 대상이 아니라고 할 것이다(대판 1981.2.10, 80누317).

4. 배상결정의 효력

현행 국가배상법하에서는 신청인은 배상결정에 동의하거나 배상금을 수령한 경우에도 법원에 손해배상청구소송을 제기하여 배상금의 증액을 청구할 수 있다. 또한 배상결정을 받은 신청인이 배상금 지급을 청구하지 아니하거나 지방자치단체가 대통령령으로 정하는 기간 내에 배상금을 지급하지 아니하면 그 결정에 동의하지 아니한 것으로 본다.

5. 재심신청

지구심의회에서 배상신청이 기각(일부기각된 경우를 포함한다) 또는 각하된 신청인은 결정정본이 송달된 날부터 2주일 이내에 그 심의회를 거쳐 본부심의회나 특별심의회에 재심을 신청할 수 있다.

3 사법절차에 의한 국가배상청구

다수설은 행정상 손해배상청구권을 공권으로 보기 때문에 공법상 당사자소송에 의하지만 행정상 손해배상청구권을 사권으로 보는 판례의 입장에 따르면 국가배상청구소송은 '민사소송절차'에 의한다. 국가가 피고인 경우 법무부장관이, 지방자치단체가 피고인 경우에는 지방자치단체의 장이 국가 또는 지방자치단체를 대표하여 소송을 진행한다.

 법령 PLUS

국가배상법
제0조(소송과 배상신청의 관계) 이 법에 따른 손해배상의 소송은 배상심의회(이하 "심의회"라 한다)에 배상신청을 하지 아니하고 도 제기할 수 있다. → 임의적 배상전치주의 원칙
제10조(배상심의회) ① 국가나 지방자치단체에 대한 배상신청사건을 심의하기 위하여 법무부에 본부심의회를 둔다. 다만, 군인이나 군무원이 타인에게 입힌 손해에 대한 배상신청사건을 심의하기 위하여 국방부에 특별심의회를 둔다.
② 본부심의회와 특별심의회는 대통령령으로 정하는 바에 따라 지구심의회를 둔다.
③ 본부심의회와 특별심의회와 지구심의회는 법무부장관의 지휘를 받아야 한다.

○X 문제

01 국가배상법상 배상신청인은 배상심의회의 배상결정에 동의하여 배상금을 수령한 이후에도 손해배상소송을 제기하여 배상금의 증액을 청구할 수 있다. ( )

02 국가배상책임을 공법적 책임으로 보는 견해는 국가배상청구소송은 당사자소송으로 제기되어야 한다고 보나, 재판실무에서는 민사소송으로 다루고 있다. ( )

정답 01 ○ 02 ○

④ 각 심의회에는 위원장을 두며, 위원장은 심의회의 업무를 총괄하고 심의회를 대표한다.

⑤ 각 심의회의 위원 중 공무원이 아닌 위원은 형법 제127조 및 제129조부터 제132조까지의 규정을 적용할 때에는 공무원으로 본다.

⑥ 각 심의회의 관할·구성·운영과 그 밖에 필요한 사항은 대통령령으로 정한다.

제11조(각급 심의회의 권한) ① 본부심의회와 특별심의회는 다음 각 호의 사항을 심의·처리한다.

    1. 제13조 제6항에 따라 지구심의회로부터 송부받은 사건

    2. 제15조의2에 따른 재심신청사건

    3. 그 밖에 법령에 따라 그 소관에 속하는 사항

② 각 지구심의회는 그 관할에 속하는 국가나 지방자치단체에 대한 배상신청사건을 심의·처리한다.

제12조(배상신청) ① 이 법에 따라 배상금을 지급받으려는 자는 그 주소지·소재지 또는 배상원인 발생지를 관할하는 지구심의회에 배상신청을 하여야 한다.

② 손해배상의 원인을 발생하게 한 공무원의 소속 기관의 장은 피해자나 유족을 위하여 제1항의 신청을 권장하여야 한다.

③ 심의회의 위원장은 배상신청이 부적법하지만 보정할 수 있다고 인정하는 경우에는 상당한 기간을 정하여 보정을 요구하여야 한다.

④ 제3항에 따른 보정을 하였을 때에는 처음부터 적법하게 배상신청을 한 것으로 본다.

⑤ 제3항에 따른 보정기간은 제13조 제1항에 따른 배상결정 기간에 산입하지 아니한다.

제13조(심의와 결정) ① 지구심의회는 배상신청을 받으면 지체 없이 증인신문·감정·검증 등 증거조사를 한 후 그 심의를 거쳐 4주일 이내에 배상금 지급결정, 기각결정 또는 각하결정(이하 "배상결정"이라 한다)을 하여야 한다.

② 지구심의회는 긴급한 사유가 있다고 인정할 때에는 제3조 제1항 제2호, 같은 조 제2항 제1호 및 같은 조 제3항 제1호에 따른 장례비·요양비 및 수리비의 일부를 사전에 지급하도록 결정할 수 있다. 사전에 지급을 한 경우에는 배상결정 후 배상금을 지급할 때에 그 금액을 빼야 한다.

③ 제2항 전단에 따른 사전 지급의 기준·방법 및 절차 등에 관하여 필요한 사항은 대통령령으로 정한다.

④ 제2항에도 불구하고 지구심의회의 회의를 소집할 시간적 여유가 없거나 그 밖의 부득이한 사유가 있으면 지구심의회의 위원장은 직권으로 사전 지급을 결정할 수 있다. 이 경우 위원장은 지구심의회에 그 사실을 보고하고 추인을 받아야 하며, 지구심의회의 추인을 받지 못하면 그 결정은 효력을 잃는다.

⑤ 심의회는 제3조와 제3조의2의 기준에 따라 배상금 지급을 심의·결정하여야 한다.

⑥ 지구심의회는 배상신청사건을 심의한 결과 그 사건이 다음 각 호의 어느 하나에 해당한다고 인정되면 지체 없이 사건기록에 심의 결과를 첨부하여 본부심의회나 특별심의회에 송부하여야 한다.

    1. 배상금의 개산액이 대통령령으로 정하는 금액 이상인 사건

    2. 그 밖에 대통령령으로 본부심의회나 특별심의회에서 심의·결정하도록 한 사건

⑦ 본부심의회나 특별심의회는 제6항에 따라 사건기록을 송부받으면 4주일 이내에 배상결정을 하여야 한다.

⑧ 심의회는 다음 각 호의 어느 하나에 해당하면 배상신청을 각하한다.

    1. 신청인이 이전에 동일한 신청원인으로 배상신청을 하여 배상금 지급 또는 기각의 결정을 받은 경우. 다만, 기각결정을 받은 신청인이 중요한 증거가 새로 발견되었음을 소명하는 경우에는 그러하지 아니하다.

    2. 신청인이 이전에 동일한 청구원인으로 이 법에 따른 손해배상의 소송을 제기하여 배상금지급 또는 기각의 확정판결을 받은 경우

    3. 그 밖에 배상신청이 부적법하고 그 잘못된 부분을 보정할 수 없거나 제12조 제3항에 따른 보정 요구에 응하지 아니한 경우

제14조(결정서의 송달) ① 심의회는 배상결정을 하면 그 결정을 한 날부터 1주일 이내에 그 결정정본을 신청인에게 송달하여야 한다.

② 제1항의 송달에 관하여는 민사소송법의 송달에 관한 규정을 준용한다.

제15조(신청인의 동의와 배상금 지급) ① 배상결정을 받은 신청인은 지체 없이 그 결정에 대한 동의서를 첨부하여 국가나 지방자치단체에 배상금 지급을 청구하여야 한다.

② 배상금 지급에 관한 절차, 지급기관, 지급시기, 그 밖에 필요한 사항은 대통령령으로 정한다.

③ 배상결정을 받은 신청인이 배상금 지급을 청구하지 아니하거나 지방자치단체가 대통령령으로 정하는 기간 내에 배상금을 지급 하지 아니하면 그 결정에 동의하지 아니한 것으로 본다.

제15조의2(재심신청) ① 지구심의회에서 배상신청이 기각(일부기각된 경우를 포함한다) 또는 각하된 신청인은 결정정본이 송달된 날부터 2주일 이내에 그 심의회를 거쳐 본부심의회나 특별심의회에 재심을 신청할 수 있다.

② 재심신청을 받은 지구심의회는 1주일 이내에 배상신청기록 일체를 본부심의회나 특별심의회에 송부하여야 한다.

③ 본부심의회나 특별심의회는 제1항의 신청에 대하여 심의를 거쳐 4주일 이내에 다시 배상결정을 하여야 한다.

④ 본부심의회나 특별심의회는 배상신청을 각하한 지구심의회의 결정이 법령에 위반되면 사건을 그 지구심의회에 환송할 수 있다.

⑤ 본부심의회나 특별심의회는 배상신청이 각하된 신청인이 잘못된 부분을 보정하여 재심신청을 하면 사건을 해당 지구심의회에 환송할 수 있다.

⑥ 재심신청사건에 대한 본부심의회나 특별심의회의 배상결정에는 제14조와 제15조를 준용한다.

03 손실보상

01 손실보상의 의의

1 개념

공공필요에 의한 적법한 행정작용으로 인하여 헌법상 보장된 국민의 재산권을 침해하여 사유재산권에 특별한 손실(희생)이 가하여진 경우에 그 손실에 대하여 지급되는 전보(塡補)적 보상을 의미한다.

2 구분

적법한 행정작용을 전제로 한다는 점에서 위법한 행정작용을 전제로 하는 국가배상(손해배상)과 구별되고, 손실보상을 요하는 특별한 희생은 보상을 요하지 않는 단순한 사회적 제약과 구별된다.

02 손실보상의 근거

1 이론적 근거

1. 특별희생설

견해의 대립은 있으나, 특별희생설이 판례와 통설의 입장이다.

2. 판단 기준

손실보상은 공공사업의 시행과 같이 적법한 공권력의 행사로 가하여진 재산상의 특별한 희생에 대하여 전체적인 공평부담의 견지에서 인정되는 것이므로, 공공사업의 시행으로 손해를 입었다고 주장하는 자가 보상을 받을 권리를 가졌는지의 여부는 해당 공공사업의 시행 당시를 기준으로 판단하여야 한다.

OX 문제

01 손실보상은 공공필요에 의한 행정작용에 의하여 사인에게 발생한 특별한 희생에 대한 전보이므로 재산권 침해로 인한 손실이 특별한 희생에 해당하여야 한다.
( )

정답 01 ○

법령 PLUS

헌법

제23조 ① 모든 국민의 재산권은 보장된다. 그 내용과 한계는 법률로 정한다.
② 재산권의 행사는 공공복리에 적합하도록 하여야 한다.
③ 공공필요에 의한 재산권의 수용·사용 또는 제한 및 그에 대한 보상은 법률로써 하되, 정당한 보상을 지급하여야 한다.

1. 경계이론과 분리이론

헌법 제23조 제2항의 사회적 제약은 "보상없이 수인"해야 하고, 제3항의 손실보상이 이루어지기 위해서는 "특별한 희생이 발생"하여야 하므로 양자의 구별은 중요한 의미를 지닌다. 재산권 제한의 2가지 유형인 사회적 제약과 공용침해를 재산권 제한의 정도의 차이로 볼 것인가 아니면 완전히 별개인 독립된 제도로 볼 것인가에 따라 경계이론과 분리이론으로 나뉜다.

2. 재산권 제한의 유형

(1) **경계이론**: 사회적 제약과 공용침해가 별개의 제도가 아니라 재산권침해의 정도의 차이일 뿐이라고 본다. 즉, 사회적 제약이 일정 강도를 넘어서면 자동으로 공용침해로 전환된다고 보며 재산권의 가치보장을 중심으로 공용침해를 이해한다.

(2) **분리이론**: 헌법상 독립된 제도로 보고 재산권 제한의 효과가 아닌 입법의 형식과 목적에 따라 사회적 제약과 공용침해를 구분한다. 분리이론은 독일 연방헌법재판소의 자갈채취판결에서 대두된 이론이며 재산권의 가치보장보다 존속보장을 중요시한다.

3 손실보상청구권의 법적 성질

1. 의의

(1) 견해의 대립은 있으나, 공권설이 통설의 입장으로 손실보상은 그 원인행위가 공법적인 것이므로 손실보상의무의 이행관계는 공법관계로 보아야 하며 이에 따라 손실보상청구권은 공권이라는 견해이다.

(2) 판례는 원칙적으로 사권설의 입장이다. 즉 손실보상의 원인이 공법적이라 하더라도 손실의 내용이 사권이라면 손실보상은 사법적인 것이라고 판시하였다. 다만, 최근에는 행정소송(공법상 당사자소송)의 대상이 된다고 판시하는 판례도 등장하고 있다.

OX문제

01 헌법 제23조 제1항의 규정이 재산권의 존속을 보호하는 것이라면, 제23조 제3항의 수용제도를 통해 존속보장은 가치보장으로 변하게 된다. ( )

정답 01 ○

2. 판례의 태도(원칙: 민사소송의 대상 | 예외: 행정소송의 대상)

➕ 판례 PLUS

손실보상청구의 소송유형

1. 〈원칙〉 민사소송

농어촌진흥공사가 간척사업을 시행함으로 인하여 수산업법상 어업신고를 농어촌진흥공사가 농업을 목적으로 하는 매립 또는 간척사업을 시행함으로 인하여 수산업법 규정에 의한 어업의 신고를 한 자가 더 이상 신고한 어업에 종사하지 못하게 되어 손실을 입은 경우, 지방자치단체 또는 국가를 상대로 민사소송으로 손실보상금지급청구를 할 수 있다(대판 2000.5.26, 99다37382).

2. 〈예외〉 행정소송(공법상 당사자소송)

[1] 공유수면매립사업으로 인한 관행어업권자의 손실보상청구: 행정소송

공유수면매립사업으로 인하여 관행어업권을 상실하게 된 자가 취득한 손실보상청구권은 행정소송의 방법에 의하여 권리를 주장하여야 할 것이고 민사소송의 방법으로는 그 손실보상청구권을 행사할 수 없다(대판 2001.6.29, 99다56468).

[2] 하천법상 하천구역편입으로 인한 손실보상청구: 행정소송

하천법 규정에 의한 하천구역 편입토지 보상에 관한 특별조치법'에 의한 손실보상청구권은 토지가 하천구역으로 된 경우에는 당연히 발생되는 것이지, 관리청의 보상금지급결정에 의하여 비로소 발생하는 것은 아니므로, 위 규정들에 의한 손실보상금의 지급을 구하거나 손실보상청구권의 확인을 구하는 소송은 행정소송법 제3조 제2호 소정의 당사자소송에 의하여야 한다(대판 2006.5.18, 2004다6207).

[3] 토지보상법상 농업손실보상청구: 행정소송

농업손실보상청구권은 공익사업의 시행 등 적법한 공권력의 행사에 의한 재산상의 특별한 희생에 대하여 전체적인 공평부담의 견지에서 공익사업의 주체가 그 손해를 보상하여 주는 손실보상의 일종으로 공법상의 권리임이 분명하므로 그에 관한 쟁송은 민사소송이 아닌 행정소송절차에 의하여야 할 것이다(대판 2011.10.13, 2009다43461).

[4] 공익사업을 위한 토지 등의 취득 및 보상에 관한 법률에 따른 사업폐지 등에 대한 보상청구: 행정소송

공익사업을 위한 토지 등의 취득 및 보상에 관한 법률 제79조 제2항, 공익사업을 위한 토지 등의 취득 및 보상에 관한 법률 시행규칙 제57조에 따른 사업폐지 등에 대한 보상청구권은 공익사업의 시행 등 적법한 공권력의 행사에 의한 재산상 특별한 희생에 대하여 전체적인 공평부담의 견지에서 공익사업의 주체가 손해를 보상하여 주는 손실보상의 일종으로 공법상 권리임이 분명하므로 그에 관한 쟁송은 민사소송이 아닌 행정소송절차에 의하여야 한다(대판 2012.10.11, 2010다23210).

3. 헌법 제23조의 성격

(1) 문제제기: 손실보상은 국가배상과는 달리 일반법이 존재하지 않는다. 개별법령상 수용규정은 있으나 보상규정이 없는 경우에 헌법 제23조 제3항을 근거로 보상을 받을 수 있는지가 문제된다.

(2) 헌법 제23조 제3항이 불가분조항에 해당하는지 여부: 긍정(통설)

불가분조항이란 공용침해시 반드시 보상규정을 두어야 한다는 것으로 이를 결부조항, 부대조항 또는 동시조항이라 하고, 독일기본법 제14조에 규정되어 있다. 독일과는 달리 우리나라 헌법은 불가분조항에 대한 직접적인 규정은 없으나, 통설은 헌법 제23조 제3항을 불가분조항으로 인정한다. 개별법에 보상규정이 없다고 하더라도 헌법 제23조 제3항을 근거로 보상을 받을 수 있는지가 문제되는데 이는 동 조항의 성격을 어떻게 보느냐에 따라 결론이 달라진다.

(3) 헌법 제23조 제3항이 성격에 대한 학설 대립

학설	내용
방침규정설 (프로그램규정설)	• 손실보상 부정 • 헌법 제23조 제3항은 단순한 입법의 방침에 불과
국민에 대한 직접효력설 (직접적용설)	• 손실보상 긍정 • 헌법학계의 다수설 • 국민은 직접 헌법상 보상규정에 근거하여 보상청구 가능
입법자에 대한 직접효력설 (위헌무효설)	• 국가배상 긍정 • 행정쟁송 긍정 • 보상규정이 흠결된 법률은 위헌 · 무효이고, 위헌 · 무효인 법률에 기한 수용은 위법
유추적용설 (수용유사침해설, 간접적용설)	• 손실보상 긍정 • 헌법 제23조 제1항(재산권 보장) 및 제11조(평등권)을 근거로 관련 규정을 유추적용할 수 있음
보상입법부작위위헌설	• 헌법소원 긍정 • 입법부작위를 이유로 헌법소원 가능

※ "유추적용설", "직접적용설"에 의하면 반드시 법률에 보상규정이 필요한 것은 아님 → 헌법을 근거로
보상이 가능함
※ 위헌무효설에 의하면 반드시 법률에 보상규정 필요함

(4) 판례의 태도: 대법원은 국가배상을 인정한 위헌무효설과 손실보상을 인정한 유추적
용설 등이 존재하므로 일관된 입장을 취하고 있지 않다. 헌법재판소는 위헌무효설의
입장인 듯한 판례도 있고 분리이론을 수용하고 있다는 견해도 존재한다.

03 손실보상 청구권의 요건

1 적법한 행정작용

법률에 근거한 행정작용에 기하여 헌법상 보장된 재산권 침해가 발생하여야 한다. 이 점에서
국가배상(손해배상)과 다르다. 법률에 근거하지 않은 수용은 불법행위를 구성하므로 손해배
상청구를 할 수 있다.

2 국민의 재산권 침해

1. 국민의 재산권

(1) 의의: 재산권이라 공법상 권리와 사법상 권리를 포함하며 법률상 보호되는 일체의
재산을 의미한다. 재산권의 종류는 불문하므로, 소유권뿐만 아니라 어업권, 광업권,
특허권 등도 그 대상이 된다.

(2) 기타 고려사항

① 현존하는 구체적 가치: 현존하며 구체적인 재산가치가 있는 것이어야 하므로 기대이
익은 손실보상의 보호대상이 될 수 없다. 또한 문화적 · 학술적 가치도 특별한 사정

이 없는 한 원칙적으로 손실보상의 보호대상이 될 수 없다.

② **위법한 건축물의 경우**: 적법한 건축허가를 받았는지 여부와 관계없이 손실보상의 대상이 된다고 보는 것이 원칙이나, 비주거용 건축물로 위법성의 정도가 커서 거래의 객체가 되지 않는 경우에는 예외적으로 보상의 대상이 되지 않는다는 것이 판례의 입장이다.

 판례 PLUS

손실보상의 대상 인정 여부

1. 약사의 한약조제권: 소극

약사의 한약조제권이란 그것이 타인에 의하여 침해되었을 때 방해를 배제하거나 원상회복 내지 손해배상을 청구할 수 있는 권리가 아니라 법률에 의하여 약사의 지위에서 인정되는 하나의 권능에 불과하고, 더욱이 의약품을 판매하여 얻게 되는 이익 역시 장래의 불확실한 기대이익에 불과한 것이므로, 약사법상 약사에게 인정된 한약조제권은 위 헌법조항들이 말하는 재산권의 범위에 속하지 아니한다(헌재 1997.11.27, 97헌바10).

2. 토지의 문화적, 학술적 가치: 소극

문화적, 학술적 가치는 특별한 사정이 없는 한 그 토지의 부동산으로서의 경제적, 재산적 가치를 높여 주는 것이 아니므로 토지 수용법 제51조 소정의 손실보상의 대상이 될 수 없으니, 이 사건 토지가 철새 도래지로서 자연 문화적인 학술가치를 지녔다 하더라도 손실보상의 대상이 될 수 없다(대판 1989.9.12, 88누11216).

2. 침해

(1) 의의 및 방식

① **의의**: 재산권의 가치를 떨어뜨리는 것으로 헌법 제23조 제3항은 침해의 유형으로 수용·사용·제한을 규정하고 있는데, 공용침해라고도 한다.

② **침해의 방식**: 법률의 규정에 의해 직접 행해지는 법률수용과 행정작용에 의해 행해지는 행정수용이 있는데 행정수용이 일반적이다. 법률수용은 예외적으로 이루어지며 처분적 법률의 성격을 갖는다.

(2) 요건

① **침해의 의도성**: 공권력 주체가 직접적으로 의도한 것이어야 한다는 것이다.

② **손실의 발생**: 판례는 재산권에 대한 침해가 현실적으로 발생하여야 하고, 손실과 공익사업 사이에 상당인과관계가 있어야 한다고 본다.

 판례 PLUS

재산권 침해의 성립 여부

1. 매립면허 고시 후 매립공사가 실행되어 관행어업권자에게 실질적이고 현실적인 피해가 발생해야 하는지 여부: 적극

손실보상은 공공필요에 의한 행정작용에 의하여 사인에게 발생한 특별한 희생에 대한 전보라는 점에서 그 사인에게 특별한 희생이 발생하여야 하는 것은 당연히 요구되는 것이고, 공유수면 매립면허의 고시가 있다고 하여 반드시 그 사업이 시행되고 그로 인하여 손실이 발생한다고 할 수 없으므로, 매립면허 고시 이후 매립공사가 실행되어 관행어업권자에게 실질적이고 현실적인 피해가 발생한 경우에만 공유수면매립법에서 정하는 손실보상청구권이 발생하였다고 할 것이다(대판 2010.12.9, 2007두6571).

2. 공익사업의 시행으로 토석채취허가를 연장받지 못한 경우: 소극

중대한 공익상의 필요가 있는 공익사업이 시행되어 토석채취허가를 연장받지 못하게 되었다고 하더라도 토석채취허가가 연장되지 않게 됨으로 인한 손실과 공익사업 사이에 상당인과관계가 있다고 할 수 없을 뿐 아니라, 특별한 사정이 없는 한 그러한 손실이 적법한 공권력의 행사로 가하여진 재산상의 특별한 희생으로서 손실보상의 대상이 된다고 볼 수도 없다(대판 2009.6.23, 2009두2672).

3 공공의 필요

1. 의의

(1) 헌법상 보장된 재산권을 수용, 사용, 제한 등을 하기 위해서는 공공의 필요가 있는 경우에만 가능하다. 순수한 국고작용으로만 이루어진 경우에는 공공의 필요에 해당하지 않는다.

(2) 공공의 필요라는 개념은 공익이라는 개념과 비례의 원칙을 포함하는 개념으로 수용으로 인하여 달성하는 공익과 수용으로 인하여 침해되는 이익을 비교·형량하여, 침해되는 이익이 지나치게 크지 않는 한 수용은 정당한 것이 된다. 여기서 공공의 필요에 대한 입증책임은 사업시행자에게 있다.

2. 판례의 태도

헌법재판소는 헌법 제23조 제3항에서 규정하고 있는 '공공필요'의 의미를 "국민의 재산권을 그 의사에 반하여 강제적으로라도 취득해야 할 공익적 필요성"으로 해석하여 왔다. 즉 '공공필요'의 개념은 '공익성'과 '필요성'이라는 요소로 구성되어 있다.

판례 PLUS

민간기업도 수용의 주체로 될 수 있는지 여부: 적극

헌법 제23조 제3항은 정당한 보상을 전제로 하여 재산권의 수용 등에 관한 가능성을 규정하고 있지만, 재산권 수용의 주체를 한정하지 않고 있다. 위 헌법조항의 핵심은 당해 수용이 공공필요에 부합하는가, 정당한 보상이 지급되고 있는가 여부 등에 있는 것이지, 그 수용의 주체가 국가인지 민간기업인지 여부에 달려 있다고 볼 수 없다. 또한 국가 등의 공적 기관이 직접 수용의 주체가 되는 것이든 그러한 공적 기관의 최종적인 허부판단과 승인결정하에 민간기업이 수용의 주체가 되는 것이든, 양자 사이에 공공필요에 대한 판단과 수용의 범위에 있어서 본질적인 차이를 가져올 것으로 보이지 않는다. 따라서 수용 등의 주체를 국가 등의 공적 기관에 한정하여 해석할 이유가 없다(헌재 2009.9.24, 2007헌바114).

4 특별한 희생

1. 의의

재산권 행사의 내재적 한계인 사회적 제약의 범위를 넘어선 특별한 희생이 발생하여야 한다. 손실보상의 대상이 되지 않는 단순한 사회적 제약과 손실보상의 대상이 되는 특별한 희생의 구별에 대해 견해의 대립이 존재한다.

OX 문제

01 손실보상은 공공필요에 의한 행정작용에 의하여 사인에게 발생한 특별한 희생에 대한 전보이므로 재산권 침해로 인한 손실이 특별한 희생에 해당하여야 한다.

( )

정답 01 ○

2. 학설의 대립

판례는 제반사정을 종합하여 개별적으로 검토한다는 입장이다. 사회적 제약은 사회공동체의 이익을 위해 당연히 감수해야 하는 희생이므로 보상이 필요 없지만, 특별한 희생이란 사회적 제약의 한계를 넘는 희생으로 보상이 필요하므로 양자의 구별은 매우 중요하다.

(1) 형식적 기준설(특별희생설): 행정주체의 행위로 특정인이 다른 사람에게는 요구되지 않는 침해를 입게 되었다면 특별한 희생으로 보는 입장으로, 만약 모든 사람이 동일 상황에서 동일한 방식으로 침해를 받았다면 특별희생이 아닌 것이다.

(2) 실질적 기준설: 침해행위의 성질·정도를 기준으로 특별한 희생인지를 판단하는 학설로 중대성설, 보호가치설, 수인한도성설, 사적효용설, 목적위배설, 상황구속성설 등이 있다.

(3) 절충설: 사안의 구체적 상황에 따라 여러 견해를 종합하여 판단하다는 것이 바람직하다는 입장으로 통설의 견해이다.

 판례 PLUS

특별한 희생의 인정 여부

1. 토지를 종전의 용도대로 사용할 수 있는 경우: 특별한 희생 ×

개발제한구역의 지정으로 인한 개발가능성의 소멸과 그에 따른 지가의 하락이나 지가상승률의 상대적 감소는 토지소유자가 감수해야 하는 사회적 제약의 범주에 속하는 것으로 보아야 한다. 자신의 토지를 장래에 건축이나 개발목적으로 사용할 수 있으리라는 기대가능성이나 신뢰 및 이에 따른 지가상승의 기회는 원칙적으로 재산권의 보호범위에 속하지 않는다. 구역지정 당시의 상태대로 토지를 사용·수익·처분할 수 있는 이상, 구역지정에 따른 단순한 토지이용의 제한은 원칙적으로 재산권에 내재하는 사회적 제약의 범주를 넘지 않는다(헌재 1998.12.24, 89헌마214). → 보상할 필요 없음

2. 공공용물에 대한 일반사용이 적법한 개발행위로 제한됨으로 인한 불이익: 특별한 희생 ○

일반 공중의 이용에 제공되는 공공용물에 대하여 특허 또는 허가를 받지 않고 하는 일반사용은 다른 개인의 자유이용과 국가 또는 지방자치단체 등의 공공목적을 위한 개발 또는 관리·보존행위를 방해하지 않는 범위 내에서만 허용된다할 것이므로, 공공용물에 관하여 적법한 개발행위 등이 이루어짐으로 말미암아 이에 대한 일정범위의 사람들의 일반사용이 종전에 비하여 제한 받게 되었다 하더라도 특별한 사정이 없는 한 그로 인한 불이익은 손실보상의 대상이 되는 특별한 손실에 해당한다고 할 수 없다(대판 2002.2.26, 99다35300).

3. 10년 이상 보상 없는 도시계획지정처분: 특별한 희생 ○

입법자는 토지재산권의 제한에 관한 전반적인 법체계, 외국의 입법례 등과 기타 현실적인 요소들을 종합적으로 참작하여 국민의 재산권과 도시계획사업을 통하여 달성하려는 공익 모두를 실현하기에 적정하다고 판단되는 기간을 정해야 한다. 그러나 어떠한 경우라도 토지의 사적 이용권이 배제된 상태에서 토지소유자로 하여금 10년 이상을 아무런 보상없이 수인하도록 하는 것은 공익실현의 관점에서도 정당화될 수 없는 과도한 제한으로서 헌법상의 재산권보장에 위배된다고 보아야 한다(헌재 1999.10.21, 97헌바26 전합).

○✕ 문제

01 판례에 의하면 공공용물에 관하여 적법한 개발행위 등이 이루어짐으로 말미암아 이에 대한 일정 범위의 사람들의 일반 사용이 종전에 비하여 제한받게 되었다 하더라도 특별한 사정이 없는 한 그로 인한 불이익은 손실보상의 대상이 되는 특별한 손실에 해당한다고 할 수 없다. ( )

정답 01 ○

04 손실보장규정의 부재

1 보상규정

법률수용이나 행정수용 모두 국회가 제정한 형식적 의미의 법률에 근거하여야 하며 명령이나 조례, 대통령령에 의해 재산권의 수용·사용·제한이 이루어질 수 없다. 보상에 대한 일반법은 없으며, 각 개별법령에서 규정하고 있다.

2 보상규정의 흠결시 구제수단

1. 방침규정설

손실보상에 관한 헌법규정은 입법에 관한 방침규정이기 때문에 실제 입법이 이루어지기 전까지 피침해자는 이를 수인할 수밖에 없다는 견해이다.

2. 위헌무효설

헌법 제23조 제3항을 불가분조항이라는 견해, 보상규정이 흠결된 것은 위헌(무효)이므로 거기에 근거한 침해행위는 불법행위인바 피침해자는 손해배상청구가 가능하다는 입장이다. 결과적으로 헌법규정을 근거로 손해배상청구만 가능하며 손실보상청구는 허용되지 않는다.

3. 직접효력설

위 규정은 국민에게 직접 효력을 가지므로 보상규정이 없는 경우 이를 직접 근거로 하여 손실보상을 청구할 수 있다고 본다. 이 견해는 헌법이 개별법에 유보한 것은 구체적인 보상의 내용이나 방법이지, 보상여부의 판단까지 유보한 것은 아니라고 한다.

4. 유추적용설

헌법 제11조의 평등원칙과 제23조 제1항의 재산권의 존속보장을 직접근거로 하고 제23조 제3항과 관련법의 보상규정을 유추적용하여 손실보상청구가 가능하다고 보는 견해이다. 적법한 공용침해에 보상을 한다면 위법한 공용침해에는 당연히 보상을 해야 한다는 수용유사침해법리를 원용하고 있다.

5. 보상입법부작위위헌설

공용침해법률이 보상규정을 결한 경우 공용침해에 관한 규정 자체는 위헌이 아니고, 손실보상 규정을 두지 않은 입법부작위가 위헌이라고 보는 견해이다. 손실보상규정이 없으면, 입법부작위에 대한 헌법소원을 통해 구제받을 수 있다.

6. 판례

(1) 대법원: 명확한 입장이 없으며, 그 태도가 일관되지 않는다.

(2) 헌법재판소: 헌재는 판례를 통해 보상의 구체적인 방법과 기준은 입법자가 결정할 사항이라 하여 입법자에게는 보상입법 촉구, 행정청에게는 새로운 개발제한구역 지정 금지, 토지소유자는 보상입법을 기다려 권리행사를 하도록 결정하였다.

05 손실보상의 내용

1 완전보상의 원칙

1. 의의

헌법 제23조 제3항의 '정당한 보상'에 대한 해석으로 '완전보상설'이 판례와 다수설의 입장이다.

2. 판례

헌법재판소는 "헌법 제23조 제3항의 정당한 보상이란 완전보상을 뜻하는 것으로서 보상금액뿐만 아니라 보상의 시기, 방법 등에 있어서도 어떠한 제한을 두어서는 안 된다는 것을 의미한다"라고 판시하였다(헌재 1995.4.20, 93헌바20 · 66, 94헌바4 · 9, 95헌바6 병합).

2 토지보상법에 의한 보상

1. 재산권보상

공용침해로 침해받은 재산의 객관적 가치의 보상과 부대손실에 대한 보상을 말한다.

(1) 토지수용에 대한 보상(동법 제70조): 손실보상 기준은 '공시지가'로 규정하고 있다. 또한 3항과 5항을 통해 개발이익은 손실보상에서 제외하고 있다.

➕ 법령 PLUS

국토보상법

제70조(취득하는 토지의 보상) ① 협의나 재결에 의하여 취득하는 토지에 대하여는 「부동산 가격공시에 관한 법률」에 따른 공시지가를 기준으로 하여 보상하되, 그 공시기준일부터 가격시점까지의 관계 법령에 따른 그 토지의 이용계획, 해당 공익사업으로 인한 지가의 영향을 받지 아니하는 지역의 대통령령으로 정하는 지가변동률, 생산자물가상승률(「한국은행법」 제86조에 따라 한국은행이 조사 · 발표하는 생산자물가지수에 따라 산정된 비율을 말한다)과 그 밖에 그 토지의 위치 · 형상 · 환경 · 이용상황 등을 고려하여 평가한 적정가격으로 보상하여야 한다.

② 토지에 대한 보상액은 가격시점에서의 현실적인 이용상황과 일반적인 이용방법에 의한 객관적 상황을 고려하여 산정하되, 일시적인 이용상황과 토지소유자나 관계인이 갖는 주관적 가치 및 특별한 용도에 사용할 것을 전제로 한 경우 등은 고려하지 아 니한다.

③ 사업인정 전 협의에 의한 취득의 경우에 제1항에 따른 공시지가는 해당 토지의 가격시점 당시 공시된 공시지가 중 가격시점과 가장 가까운 시점에 공시된 공시지가로 한다.

OX 문제

01 원칙적으로 피수용재산의 객관적 재산가치를 완전하게 보상한다는 것은 불가능하므로, 헌법 제23조 제3항의 정당한 보상이란 '상당한 보상'이면 족하다는 것이 대법원의 입장이다. ( )

정답 01 ×(→완전한 보상)

④ 사업인정 후의 취득의 경우에 제1항에 따른 공시지가는 사업인정고시일 전의 시점을 공시기준일로 하는 공시지가로서, 해당 토지에 관한 협의의 성립 또는 재결 당시 공시된 공시지가 중 그 사업인정고시일과 가장 가까운 시점에 공시된 공시지가로 한다.

⑤ 제3항 및 제4항에도 불구하고 공익사업의 계획 또는 시행이 공고되거나 고시됨으로 인하여 취득하여야 할 토지의 가격이 변동되었다고 인정되는 경우에는 제1항에 따른 공시지가는 해당 공고일 또는 고시일 전의 시점을 공시기준일로 하는 공시지가로서 그 토지의 가격시점 당시 공시된 공시지가 중 그 공익사업의 공고일 또는 고시일과 가장 가까운 시점에 공시된 공시지가로 한다.

⑥ 취득하는 토지와 이에 관한 소유권 외의 권리에 대한 구체적인 보상액 산정 및 평가방법은 투자비용, 예상 수익 및 거래가격 등을 고려하여 국토교통부령으로 정한다.

 판례 PLUS

'정당한 보상'에 해당하는지 여부

1. 공시지가를 기준으로 보상하도록 하는 구 '공익사업을 위한 토지 등의 취득 및 보상에 관한 법률' 제70조 제1항이 정당보상의 원칙에 위배되는지 여부: 소극

이 사건 토지보상조항이 '부동산 가격공시 및 감정평가에 관한 법률'에 의한 공시지가를 기준으로 토지수용으로 인한 손실보상 액을 산정하되, 개발이익을 배제하고 공시기준일부터 재결 시까지의 시점보정을 인근 토지의 가격변동률과 생산자물가상승률에 의하도록 한 것은 공시기준일의 표준지의 객관적 가치를 정당하게 반영하는 것이고 표준지의 선정과 시점보정의 방법이 적정하므로, 이 사건 토지보상조항은 헌법 제23조 제3항이 규정한 정당보상의 원칙에 위배되지 않는다(헌재 2013.12.26, 2011헌바162).

2. 수용대상토지가 개발제한구역으로 지정되어 있는 경우 손실보상금 산정에서 참작할 지가변동률 및 이러한 법리는 개발제한구역의 지정 및 관리에 관한 특별조치법이 제정·시행되었어도 마찬가지인지 여부이다(대판 2014.6.12, 2013두4620).

3. 수용대상토지의 정당한 보상액을 산정함에 있어 보상선례를 참작할 수 있는지 여부: 한정 적극

① 토지수용보상액은 토지수용법 제46조 제2항 등 관계 법령에서 규정한 바에 따라 산정하여야 하는 것으로서, 지가공시 및 토지 등의 평가에 관한 법률 제10조의2 규정에 따라 결정·공시된 개별공시지가를 기준으로 하여 산정하여야 하는 것은 아니며, 관계 법령에 따라 보상액을 산정한 결과 그 보상액이 당해 토지의 개별공시지가를 기준으로 하여 산정한 지가보다 저렴하게 되었다는 사정만으로 그 보상액 산정이 잘못되어 위법한 것이라고 할 수는 없다.

② 토지수용법 제46조 제2항 등 토지수용보상액 산정에 관한 관계 법령의 규정을 종합하여 보면, 수용대상토지에 대한 보상액을 산정하는 경우에 인근 유사토지의 거래사례나 보상선례를 반드시 조사하여 참작하여야 하는 것은 아니며, 다만 인근 유사 토지의 거래사례나 보상선례가 있고 그 가격이 정상적인 것으로서 적정한 보상액 평가에 영향을 미칠 수 있는 것임이 인정된 경우에 한하여 이를 참작할 수 있을 뿐이다(대판 2002.3.29, 2000두10106). → 임의적

(2) 건축물 등 물건에 대한 보상

 법령 PLUS

토지보상법

제75조(건축물등 물건에 대한 보상) ① 건축물·입목·공작물과 그 밖에 토지에 정착한 물건(이하 "건축물 등"이라 한다)에 대하여는 이전에 필요한 비용(이하 "이전비"라 한다)으로 보상하여야 한다. 다만, 다음 각 호의 어느 하나에 해당하는 경우에 는 해당 물건의 가격으로 보상하여야 한다.

1. 건축물등을 이전하기 어렵거나 그 이전으로 인하여 건축물등을 종래의 목적대로 사용할 수 없게 된 경우
2. 건축물등의 이전비가 그 물건의 가격을 넘는 경우
3. 사업시행자가 공익사업에 직접 사용할 목적으로 취득하는 경우

② 농작물에 대한 손실은 그 종류와 성장의 정도 등을 종합적으로 고려하여 보상하여야 한다.

③ 토지에 속한 흙·돌·모래 또는 자갈(흙·돌·모래 또는 자갈이 해당 토지와 별도로 취득 또는 사용의 대상이 되는 경우만 해당한다)에 대하여는 거래가격 등을 고려하여 평가한 적정가격으로 보상하여야 한다.

④ 분묘에 대하여는 이장(移葬)에 드는 비용 등을 산정하여 보상하여야 한다.

⑤ 사업시행자는 사업예정지에 있는 건축물등이 제1항 제1호 또는 제2호에 해당하는 경우에는 관할 토지수용위원회에 그 물건의 수용 재결을 신청할 수 있다.

(3) 권리의 보상

 법령 PLUS

토지보상법

제76조(권리의 보상) ① 광업권·어업권·양식업권 및 물(용수시설을 포함한다) 등의 사용에 관한 권리에 대하여는 투자비용, 예상 수익 및 거래가격 등을 고려하여 평가한 적정가격으로 보상하여야 한다.

② 제1항에 따른 보상액의 구체적인 산정 및 평가방법은 국토교통부령으로 정한다.

(4) 영업의 손실 등에 대한 보상

 법령 PLUS

토지보상법

제77조(영업의 손실 등에 대한 보상) ① 영업을 폐지하거나 휴업함에 따른 영업손실에 대하여는 영업이익과 시설의 이전비용 등을 고려하여 보상하여야 한다.

② 농업의 손실에 대하여는 농지의 단위면적당 소득 등을 고려하여 실제 경작자에게 보상하여야 한다. 다만, 농지소유자가 해당 지역에 거주하는 농민인 경우에는 농지소유자와 실제 경작자가 협의하는 바에 따라 보상할 수 있다.

③ 휴직하거나 실직하는 근로자의 임금손실에 대하여는 「근로기준법」에 따른 평균임금 등을 고려하여 보상하여야 한다.

 판례 PLUS

영업손실의 보상

1. 영업손실 보상 기준

영업손실에 관한 보상에 있어 같은 법에 의한 영업의 폐지로 볼 것인지 아니면 영업의 휴업으로 볼 것인지를 구별하는 기준은 당해 영업을 그 영업소 소재지나 인접 시·군 또는 구 지역 안의 다른 장소로 이전하는 것이 가능한지의 여부에 달려 있다 할 것이고, 이러한 이전가능 여부는 법령상의 이전장애사유 유무와 당해 영업의 종류와 특성, 영업시설의 규모, 인접 지역의 현황과 특성, 그 이전을 위하여 당사자가 들인 노력 등과 인근 주민들의 이전 반대 등과 같은 사실상의 이전장애사유 유무 등을 종합하여 판단함이 상당하다(대판 2001.11.13, 2000두1003).

2. 투자비용이나 기대이익이 손실보상의 대상이 되는지 여부: 소극

토지수용법이 규정하고 있는 '영업상의 손실'이란 수용의 대상이 된 토지·건물 등을 이용하여 영업을 하다가 그 토지·건물 등이 수용됨으로 인하여 영업을 할 수 없거나 제한을 받게 됨으로 인하여 생기는 직접적인 손실을 말하는 것이므로 위 규정은 영업을 하기 위하여 투자한 비용이나 그 영업을 통하여 얻을 것으로 기대되는 이익에 대한 손실보상의 근거규정이 될 수 없다. 영업을 하기 위하여 투자한 비용이나 그 영업을 통하여 얻을 것으로 기대되는 이익에 대한 손실보상의 근거규정이나 그 보상의 기준과 방법 등에 관한 규정이 없으므로, 이러한 손실은 그 보상의 대상이 된다고 할 수 없다(대판 2006.1.27, 2003두13106).

2. 사업손실보상

(1) 잔여지의 손실과 공사비 보상: 잔여지 가격하락 및 그밖의 손실이 있으면 국토교통부령으로 정하는 바에 따라 그 손실이나 공사의 비용을 보상하여야 한다.

① 종래의 목적에 사용하는 것이 현저히 곤란할 때에는 잔여지를 매수하여 줄 것을 청구가능

② 사업인정 이후에는 관할 토지수용위원회에 수용을 청구가능

 법령 PLUS

토지보상법

제73조(잔여지의 손실과 공사비 보상) ① 사업시행자는 동일한 소유자에게 속하는 일단의 토지의 일부가 취득되거나 사용됨으로 인하여 잔여지의 가격이 감소하거나 그 밖의 손실이 있을 때 또는 잔여지에 통로·도랑·담장 등의 신설이나 그 밖의 공사가 필요할 때에는 국토교통부령으로 정하는 바에 따라 그 손실이나 공사의 비용을 보상하여야 한다. 다만, 잔여지의 가격 감소 분과 잔여지에 대한 공사의 비용을 합한 금액이 잔여지의 가격보다 큰 경우에는 사업시행자는 그 잔여지를 매수할 수 있다.

제74조(잔여지 등의 매수 및 수용 청구) ① 동일한 소유자에게 속하는 일단의 토지의 일부가 협의에 의하여 매수되거나 수용됨으로 인하여 잔여지를 종래의 목적에 사용하는 것이 현저히 곤란할 때에는 해당 토지소유자는 사업시행자에게 잔여지를 매수하여 줄 것을 청구할 수 있으며, 사업인정 이후에는 관할 토지수용위원회에 수용을 청구할 수 있다. 이 경우 수용의 청구는 매수에 관한 협의가 성립되지 아니한 경우에만 할 수 있으며, 그 사업의 공사완료일까지 하여야 한다.

(2) 잔여 건축물의 보상

 법령 PLUS

토지보상법

제75조의2(잔여 건축물의 손실에 대한 보상 등) ① 사업시행자는 동일한 소유자에게 속하는 일단의 건축물의 일부가 취득되거나 사용됨으로 인하여 잔여 건축물의 가격이 감소하거나 그 밖의 손실이 있을 때에는 국토교통부령으로 정하는 바에 따라 그 손실을 보상하여야 한다. 다만, 잔여 건축물의 가격 감소분과 보수비(건축물의 나머지 부분을 종래의 목적대로 사용할 수 있도록 그 유용성을 동일하게 유지하는 데에 일반적으로 필요하다고 볼 수 있는 공사에 사용되는 비용을 말한다. 다만, 「건축법」 등 관계 법령에 따라 요구되는 시설 개선에 필요한 비용은 포함하지 아니한다)를 합한 금액이 잔여 건축물의 가격보다 큰 경우에는 사업시행자는 그 잔여 건축물을 매수할 수 있다.

② 동일한 소유자에게 속하는 일단의 건축물의 일부가 협의에 의하여 매수되거나 수용됨으로 인하여 잔여 건축물을 종래의 목적에 사용하는 것이 현저히 곤란할 때에는 그 건축물소유자는 사업시행자에게 잔여 건축물을 매수하여 줄 것을 청구할 수 있으며, 사업인정 이후에는 관할 토지수용위원회에 수용을 청구할 수 있다. 이 경우 수용청구는 매수에 관한 협의가 성립되지 아니 한 경우에만 하되, 그 사업의 공사완료일까지 하여야 한다.

 판례 PLUS

잔여지 가치하락의 손실이 보상범위에 포함되는지 여부: 적극

① 사업시행자가 동일한 토지소유자에 속하는 일단의 토지 일부를 취득함으로 인하여 잔여지의 가격이 감소하거나 그 밖의 손실이 있을 때 등에는 잔여지를 종래의 목적으로 사용하는 것이 가능한 경우라도 잔여지 손실보상의 대상이 되며, 잔여지를 종래의 목적에 사용하는 것이 불가능하거나 현저히 곤란한 경우이어야만 잔여지 손실보상청구를 할 수 있는 것이 아니다.

② 잔여 영업시설 손실보상의 요건인 "공익사업에 영업시설의 일부가 편입됨으로 인하여 잔여시설에 그 시설을 새로이 설치하거나 잔여시설을 보수하지 아니하고는 그 영업을 계속할 수 없는 경우"란 잔여 영업시설에 시설을 새로이 설치하거나 잔여 영업시설을 보수하지 아니하고는 그 영업이 전부 불가능하거나 곤란하게 되는 경우만을 의미하는 것이 아니라, 공익사업에 영업시설 일부가 편입됨으로써 잔여 영업시설의 운영에 일정한 지장이 초래되고, 이에 따라 종전처럼 정상적인 영업을 계속하기 위해서는 잔여 영업시설에 시설을 새로 설치하거나 잔여 영업시설을 보수할 필요가 있는 경우도 포함된다고 해석함이 타당하다(대판 2018.7.20, 2015두4044).

잔여지 보상청구의 방법

토지소유자가 사업시행자로부터 공익사업법에 따른 잔여지 가격감소 등으로 인한 손실보상을 받기 위해서는 공익사업법에 규정된 재결절차를 거친 다음 그 재결에 대하여 불복이 있는 때에 비로소 공익사업법에 따라 권리구제를 받을 수 있을 뿐, 이러한 재결절차를 거치지 않은 채 곧바로 사업시행자를 상대로 손실보상을 청구하는 것은 허용되지 않는다(대판 2008.7.10, 2006두19495).

(3) 잔여지수용 청구 및 불복방법

 판례 PLUS

잔여지 수용청구 및 불복방법

1. 잔여지 수용청구는 사업시행자와 사이에 매수에 관한 협의가 성립되지 아니한 경우 일단의 토지의 일부에 대한 관할 토지수용위원회의 수용재결이 있기 전까지 관할 토지수용위원회에 하여야 하고, 잔여지 수용청구권의 행사기간은 제척기간으로서, 토지소유자가 그 행사기간 내에 잔여지 수용청구권을 행사하지 아니하면 그 권리가 소멸한다. 또한 위 조항의 문언 내용 등에 비추어 볼 때, 잔여지 수용청구의 의사표시는 관할 토지수용위원회에 하여야 하는 것으로서, 관할 토지수용위원회가 사업시행자에게 잔여지 수용청구의 의사표시를 수령할 권한을 부여하였다고 인정할 만한 사정이 없는 한, 사업시행자에게 한 잔여지 매수청구의 의사표시를 관할 토지수용위원회에 한 잔여지 수용청구의 의사표시로 볼 수는 없다(대판 2010.8.19, 2008두822).

2. '공익사업을 위한 토지 등의 취득 및 보상에 관한 법률'의 잔여지 수용청구권은 손실보상의 일환으로 토지소유자에게 부여되는 권리로서 그 요건을 구비한 때에는 잔여지를 수용하는 토지수용위원회의 재결이 없더라도 그 청구에 의하여 수용의 효과가 발생하는 형성권적 성질을 가지므로, 잔여지 수용청구를 받아들이지 않은 토지수용위원회의 재결에 대하여 토지소유자가 불복하여 제기하는 소송은 '보상금의 증감에 관한 소송'에 해당하여 사업시행자를 피고로 하여야 한다(대판 2010.8.19, 2008두822).

3. 생활보상

공익사업으로 인하여 생활의 근거지가 변경된 경우, 정상적인 생활을 영위할 수 있도록 실질적, 물질적 보상 또는 지원을 하는 것이다. 이주대책(주거), 생계대책(생활대책) 등이 대표적이다.

(1) 이주대책

 법령 PLUS

토지보상법

제78조(이주대책의 수립 등) ① 사업시행자는 공익사업의 시행으로 인하여 주거용 건축물을 제공함에 따라 생활의 근거를 상실하게 되는 자(이하 "이주대책대상자"라 한다)를 위하여 대통령령으로 정하는 바에 따라 이주대책을 수립·실시하거나 이주정착금을 지급하여야 한다.

② 사업시행사는 세1항에 따라 이수대책을 수립하려면 미리 관할 지방자치단체의 장과 협의하여야 한다.

③ 국가나 지방자치단체는 이주대책의 실시에 따른 주택지의 조성 및 주택의 건설에 대하여는 「주택도시기금법」에 따른 주택도시 기금을 우선적으로 지원하여야 한다.

④ 이주대책의 내용에는 이주정착지(이주대책의 실시로 건설하는 주택단지를 포함한다)에 대한 도로, 급수시설, 배수시설, 그 밖의 공공시설 등 통상적인 수준의 생활기본시설이 포함되어야 하며, 이에 필요한 비용은 사업시행자가 부담한다. 다만, 행정청이 아닌 사업시행자가 이주대책을 수립·실시하는 경우에 지방자치단체는 비용의 일부를 보조할 수 있다.

⑤ 주거용 건물의 거주자에 대하여는 주거 이전에 필요한 비용과 가재도구 등 동산의 운반에 필요한 비용을 산정하여 보상하여야 한다.

⑥ 공익사업의 시행으로 인하여 영위하던 농업·어업을 계속할 수 없게 되어 다른 지역으로 이주하는 농민·어민이 받을 보상금이 없거나 그 총액이 국토교통부령으로 정하는 금액에 미치지 못하는 경우에는 그 금액 또는 그 차액을 보상하여야 한다.

⑦ 사업시행자는 해당 공익사업이 시행되는 지역에 거주하고 있는 「국민기초생활 보장법」 제2조 제1호·제11호에 따른 수급권자 및 차상위계층이 취업을 희망하는 경우에는 그 공익사업과 관련된 업무에 우선적으로 고용할 수 있으며, 이들의 취업 알선을 위하여 노력하여야 한다.

① 이주대책은 헌법 제23조 제3항에 규정된 정당한 보상에 포함되는 것이라기보다는 이에 부가하여 이주자들에게 종전의 생활 상태를 회복시키기 위한 생활보상의 일환으로서 국가의 정책적인 배려에 의하여 마련된 제도라고 볼 것이다.

② 따라서 이주대책의 실시 여부는 입법자의 입법정책적 재량의 영역에 속하므로 공익사업을 위한 토지 등의 취득 및 보상에 관한 법률 시행령 제40조 제3항 제3호가 이주대책의 대상자에서 세입자를 제외하고 있는 것이 세입자의 재산권을 침해하는 것이라 볼 수 없다.

 판례 PLUS

이주대책의 제도적 취지

① 공공용지의 취득 및 손실보상에 관한 특례법상의 이주대책은 공공사업의 시행에 필요한 토지 등을 제공함으로 인하여 생활의 근거를 상실하게 되는 이주자들을 위하여 사업시행자가 기본적인 생활시설이 포함된 택지를 조성하거나 그 지상에 주택을 건설하여 이주자들에게 이를 그 투입비용 원가만의 부담하에 개별 공급하는 것으로서, 그 본래의 취지에 있어 이주자들에 대하여 종전의 생활상태를 원상으로 회복시키면서 동시에 인간다운 생활을 보장하여 주기 위한 이른바 생활보상의 일환으로 국가의 적극적이고 "정책적"인 "배려"에 의하여 마련된 제도이다. 같은 법 제8조 제1항이 사업시행자에게 이주대책의 수립·실시의무를 부과하고 있다고 하여 그 규정 자체만에 의하여 이주자에게 사업시행자가 수립한 이주대책상의 택지분양권이나 아파트 입주권 등을 받을 수 있는 구체적인 권리(수분양권)가 직접 발생하는 것이라고는 도저히 볼 수 없으며, 사업시행자가 이주대책에 관한 구체적인 계획을 수립하여 이를 해당자에게 통지 내지 공고한 후, 이주자가 수분양권을 취득하기를 희망하여 이주대책에 정한 절차에 따라 사업시행자에게 이주대책대상자 선정신청을 하고 사업시행자가 이를 받아들여 이주대책대상자로 확인·결정하여야만 비로소 구체적인 수분양권이 발생하게 된다.

② 위와 같은 사업시행자가 하는 확인·결정은 곧 구체적인 이주대책상의 수분양권을 취득하기 위한 요건이 되는 행정작용으로서의 처분인 것이지, 결코 이를 단순히 절차상의 필요에 따른 사실행위에 불과한 것으로 평가할 수는 없다. 따라서 수분양권의 취득을 희망하는 이주자가 소정의 절차에 따라 이주대책대상자 선정신청을 한 데 대하여 사업시행자가 이주대책대상자가 아니라고 하여 위 확인·결정 등의 처분을 하지 않고 이를 제외시키거나 또는 거부조치한 경우에는, 이주자로서는 당연히 사업시행자를 상대로 항고소송에 의하여 그 제외처분 또는 거부처분의 취소를 구할 수 있다.

OX문제

01 이주대책은 이주자들에게 종전의 생활상태를 회복시키기 위한 생활보상의 일환으로서 국가의 정책적인 배려에 의하여 마련된 제도이므로, 이주대책의 실시 여부는 입법자의 입법정책적 재량의 영역에 속한다. ( )

정답 01 ○

③ 이러한 수분양권은 위와 같이 이주자가 이주대책을 수립·실시하는 사업시행자로부터 이주대책대상자로 확인·결정을 받음으로써 취득하게 되는 택지나 아파트 등을 분양받을 수 있는 공법상의 권리라고 할 것이므로, 이주자가 사업시행자에 대한 이주 대책대상자 선정신청 및 이에 따른 확인·결정 등 절차를 밟지 아니하여 구체적인 수분양권을 아직 취득하지도 못한 상태에서 곧바로 분양의무의 주체를 상대방으로 하여 민사소송이나 공법상 당사자소송으로 이주대책상의 수분양권의 확인 등을 구하는 것은 허용될 수 없고, 나아가 그 공급대상인 택지나 아파트 등의 특정부분에 관하여 그 수분양권의 확인을 소구하는 것은 더더욱 불가능하다고 보아야 한다(대판 1994.5.24, 92다35783).

(2) **생활대책(생계대책):** 종전과 같은 생계수준을 유지할 수 있도록 하는 조치로, 생활비 보상(이농비·이어비 등), 직업훈련, 고용 또는 알선, 고용상담 등을 말한다.

3 수용에 대한 불복방법

1. 수용에 대한 불복

손실보상의 불복절차에 관한 일반법은 없으나, 개별법상 공익사업을 위한 토지 등의 취득 및 보상에 관한 법률 등이 존재한다.

2. 협의

(1) 사업시행자는 토지 등에 대한 보상에 관하여 토지소유자 및 관계인과 성실하게 협의하여야 하며, 협의의 절차 및 방법 등 협의에 필요한 사항은 대통령령으로 정한다(동법 제16조).

(2) 사업시행자는 제16조에 따른 협의가 성립되었을 때에는 토지소유자 및 관계인과 계약을 체결하여야 한다(동법 제17조).

 판례 PLUS

협의취득의 법적 성질: 사법관계

공공용지의 취득 및 손실보상에 관한 특례법에 의하여 공공용지를 협의취득한 사업시행자가 그 양도인과 사이에 체결한 매매계약은 공공기관이 사경제주체로서 행한 사법상 매매이다(대판 1999.11.26, 98다47345).

3. 협의가 성립되지 않는 경우 등: 재결신청

(1) 토지보상법 제26조에 따른 협의가 성립되지 아니하거나 협의를 할 수 없을 때(제26조 제2항 단서에 따른 협의 요구가 없을 때를 포함한다)에는 사업시행자는 사업인정고시가 된 날부터 1년 이내에 대통령령으로 정하는 바에 따라 관할 토지수용위원회에 재결을 신청할 수 있다(동법 제28조 제1항).

(2) 사업인정고시가 된 후 협의가 성립되지 아니하였을 때에는 토지소유자와 관계인은 대통령령으로 정하는 바에 따라 서면으로 사업시행자에게 재결을 신청할 것을 청구할 수 있다(토지보상법 제30조 제1항).

(3) 사업시행자는 제1항에 따른 청구를 받았을 때에는 그 청구를 받은 날부터 60일 이내에 대통령령으로 정하는 바에 따라 관할 토지수용위원회에 재결을 신청하여야 한다(동법 제30조 제2항).

(4) **재결사항(동법 제50조 제2항)**: 토지수용위원회는 사업시행자, 토지소유자 또는 관계인이 신청한 범위에서 재결하여야 한다. 다만, 제1항 제2호의 손실보상의 경우에는 증액재결(增額裁決)을 할 수 있다.

(5) **재결의 법적 성격과 효력**: 재결은 사업시행자에게 토지의 소유권 또는 사용권을 취득하게 하고, 손실보상액을 결정하는 형성적 행정행위의 성격을 가진다.

 판례 PLUS

협의가 성립되지 아니한 경우 의미

공익사업을 위한 토지 등의 취득 및 보상에 관한 법률 제30조 제1항은 재결신청을 청구할 수 있는 경우를 사업시행자와 토지소유자 및 관계인 사이에 '협의가 성립하지 아니한 때'로 정하고 있을 뿐 손실보상대상에 관한 이견으로 협의가 성립하지 아니한 경우를 제외하는 등 그 사유를 제한하고 있지 않은 점 등에 비추어 볼 때, '협의가 성립되지 아니한 때'에는 (1) 사업시행자가 토지소유자 등과 공익사업법 제26조에서 정한 협의절차를 거쳤으나 보상액 등에 관하여 협의가 성립하지 아니한 경우는 물론 (2) 토지소유자 등이 손실보상대상에 해당한다고 주장하며 보상을 요구하는데도 사업시행자가 손실보상대상에 해당하지 아니한다며 보상대상에서 이를 제외한 채 협의를 하지 않아 결국 협의가 성립하지 않은 경우도 포함된다고 보아야 한다(대판 2011. 7.14, 2011두2309).

4. 토지수용위원회의 재결(수용)

 법령 PLUS

토지보상법

제40조(보상금의 지급 또는 공탁) ① 사업시행자는 제38조 또는 제39조에 따른 사용의 경우를 제외하고는 수용 또는 사용의 개시일(토지수용위원회가 재결로써 결정한 수용 또는 사용을 시작하는 날을 말한다. 이하 같다)까지 관할 토지수용위원회가 재결한 보상금을 지급하여야 한다.
② 사업시행자는 다음 각 호의 어느 하나에 해당할 때에는 수용 또는 사용의 개시일까지 수용하거나 사용하려는 토지등의 소재지의 공탁소에 보상금을 공탁(供託)할 수 있다. (각호 생략)
제42조(재결의 실효) ① 사업시행자가 수용 또는 사용의 개시일까지 관할 토지수용위원회가 재결한 보상금을 지급하거나 공탁하지 아니하였을 때에는 해당 토지수용위원회의 재결은 효력을 상실한다.
② 사업시행자는 제1항에 따라 재결의 효력이 상실됨으로 인하여 토지소유자 또는 관계인이 입은 손실을 보상하여야 한다.
제43조(토지 또는 물건의 인도 등) 토지소유자 및 관계인과 그 밖에 토지소유자나 관계인에 포함되지 아니하는 자로서 수용하거나 사용할 토지나 그 토지에 있는 물건에 관한 권리를 가진 자는 수용 또는 사용의 개시일까지 그 토지나 물건을 사업시행자에게 인도하거나 이전하여야 한다.
제45조(권리의 취득·소멸 및 제한) ① 사업시행자는 수용의 개시일에 토지나 물건의 소유권을 취득하며, 그 토지나 물건에 관한 다른 권리는 이와 동시에 소멸한다.
② 사업시행자는 사용의 개시일에 토지나 물건의 사용권을 취득하며, 그 토지나 물건에 관한 다른 권리는 사용 기간 중에는 행사하지 못한다.
③ 토지수용위원회의 재결로 인정된 권리는 제1항 및 제2항에도 불구하고 소멸되거나 그 행사가 정지되지 아니한다.

(1) **재결의 법적 성격**: 재결은 사업시행자에게 토지의 소유권 또는 사용권을 취득하게 하고, 손실보상액을 결정하는 형성적 행정행위의 성격을 가진다.

(2) 재결의 효과: 토지수용위원회의 재결이 있으면 공용수용의 절차는 종결되고, 수용의 효과가 발생한다. 사업시행자는 수용 또는 사용의 개시일까지 관할 토지수용위원회가 재결한 보상금을 지급하여야 한다(제40조 제1항). 사업시행자가 <u>수용 또는 사용의 개시일까지 관할 토지수용위원회가 재결한 보상금을 지급하거나 공탁하지 아니하였을 때에는 해당 토지수용위원회의 재결은 효력을 상실한다</u>(제42조 제1항).

5. 재결(수용)에 대한 불복(= 이의신청)

 법령 PLUS

토지보상법

제83조(이의의 신청) ① 중앙토지수용위원회의 제34조에 따른 재결에 이의가 있는 자는 <u>중앙토지수용위원회에 이의를 신청할 수 있다.</u>
② 지방토지수용위원회의 제34조에 따른 재결에 이의가 있는 자는 <u>해당 지방토지수용위원회를 거쳐 중앙토지수용위원회에 이의를 신청할 수 있다.</u>
③ 제1항 및 제2항에 따른 이의의 신청은 <u>재결서의 정본을 받은 날부터 30일 이내에 하여야</u> 한다.

(1) 중앙토지수용위원회의 제34조에 따른 재결(수용재결)에 이의가 있는 자는 중앙토지수용위원회에 이의를 신청할 수 있다(동법 제83조 제1항). → 임의적 절차

(2) 지방토지수용위원회의 제34조에 따른 재결(수용재결)에 이의가 있는 자는 해당 지방토지수용위원회를 거쳐 중앙토지수용위원회에 이의를 신청할 수 있다(동법 제83조 제2항). → 임의적 절차

(3) 제1항 및 제2항에 따른 이의의 신청은 재결서의 정본을 받은 날부터 30일 이내에 하여야 한다(동법 제83조 제3항).

(4) 수용재결(원처분)에 대한 이의신청은 특별행정심판절차에 해당한다. 현행법은 이를 임의적 절차로 규정하고 있으므로, 이의신청을 하지 않고 곧바로 행정소송을 제기할 수도 있다.

 판례 PLUS

토지보상법상 이의신청의 법적 성격: 특별행정심판

토지수용위원회의 수용재결에 대한 이의절차는 실질적으로 행정심판의 성질을 갖는 것이므로 토지수용법에 특별한 규정이 있는 것을 제외하고는 행정심판법의 규정이 적용된다고 할 것이다. 토지수용법 각 규정을 보면 수용재결에 대한 이의신청기간을 재결서정본송달일로부터 1월로 규정한 것 외에는 행정심판법 제42조 제1항 및 같은 법 제18조 제6항과 다른 내용의 특례를 규정하고 있지 않으므로, 재결서정본을 송달함에 있어서 상대방에게 이의신청기간을 알리지 않았다면 행정심판법 제18조 제6항의 규정에 의하여 같은 조 제3항의 기간 내에 이의신청을 할 수 있다고 보아야 할 것이다(대판 1992.6.9, 92누565).

6. 이외신청에 대한 재결: 이의재결

 법령 PLUS

토지보상법

제84조(이의신청에 대한 재결) ① 중앙토지수용위원회는 제83조에 따른 이의신청을 받은 경우 제34조에 따른 재결이 위법하거나 부당하다고 인정할 때에는 그 재결의 전부 또는 일부를 취소하거나 보상액을 변경할 수 있다.
② 제1항에 따라 보상금이 늘어난 경우 사업시행자는 재결의 취소 또는 변경의 재결서 정본을 받은 날부터 30일 이내에 보상금을 받을 자에게 그 늘어난 보상금을 지급하여야 한다. 다만, 제40조 제2항 제1호 · 제2호 또는 제4호에 해당할 때에는 그 금액을 공탁할 수 있다.
제86조(이의신청에 대한 재결의 효력) ① 제85조 제1항에 따른 기간 이내에 소송이 제기되지 아니하거나 그 밖의 사유로 이의신청에 대한 재결이 확정된 때에는 「민사소송법」상의 확정판결이 있는 것으로 보며, 재결서 정본은 집행력 있는 판결의 정본과 동일한 효력을 가진다.

(1) 중앙토지수용위원회는 제83조에 따른 이의신청을 받은 경우 제34조에 따른 (수용)재결이 위법하거나 부당하다고 인정할 때에는 그 재결의 전부 또는 일부를 취소하거나 보상액을 변경할 수 있다(동법 제84조 제1항).

(2) 제1항에 따라 보상금이 늘어난 경우 사업시행자는 (수용)재결의 취소 또는 변경의 재결서 정본을 받은 날부터 30일 이내에 보상금을 받을 자에게 그 늘어난 보상금을 지급하여야 한다(동법 제84조 제2항).

7. 행정소송의 제기

 법령 PLUS

토지보상법

제85조(행정소송의 제기) ① 사업시행자, 토지소유자 또는 관계인은 제34조에 따른 재결에 불복할 때에는 재결서를 받은 날부터 90일 이내에, 이의신청을 거쳤을 때에는 이의신청에 대한 재결서를 받은 날부터 60일 이내에 각각 행정소송을 제기할 수 있다. 이 경우 사업시행자는 행정소송을 제기하기 전에 제84조에 따라 늘어난 보상금을 공탁하여야 하며, 보상금을 받을 자는 공탁된 보상금을 소송이 종결될 때까지 수령할 수 없다.
② 제1항에 따라 제기하려는 행정소송이 보상금의 증감(增減)에 관한 소송인 경우 그 소송을 제기하는 자가 토지소유자 또는 관계인일 때에는 사업시행자를, 사업시행자일 때에는 토지소유자 또는 관계인을 각각 피고로 한다.
제88조(처분효력의 부정지) 제83조에 따른 이의의 신청이나 제85조에 따른 행정소송의 제기는 사업의 진행 및 토지의 수용 또는 사용을 정지시키지 아니한다.

(1) 사업시행자, 토지소유자 또는 관계인은 제34조에 따른 재결(수용재결)에 불복할 때에는 재결서를 받은 날부터 90일 이내에, 이의신청을 거쳤을 때에는 이의신청에 대한 재결서(이의재결)를 받은 날부터 60일 이내에 각각 행정소송을 제기할 수 있다. 이 경우 사업시행자는 행정소송을 제기하기 전에 제84조에 따라 늘어난 보상금을 공탁하여야 하며, 보상금을 받을 자는 공탁된 보상금을 소송이 종결될 때까지 수령할 수 없다(동법 제85조 제1항).

(2) 제1항에 따라 제기하려는 행정소송이 보상금의 증감(增減)에 관한 소송인 경우 그 소송을 제기하는 자가 토지소유자 또는 관계인일 때에는 사업시행자를, 사업시행자

일 때에는 토지소유자 또는 관계인을 각각 피고로 한다. 즉, 토지수용위원회(재결청)는 피고가 될 수 없다.

➕ **판례 PLUS**

이의재결에 대한 불복방법

1. 이의신청을 거친 후 취소소송을 제기하는 경우 피고적격: 수용재결을 한 토지수용위원회(원처분주의, 행정소송법 제19조)

   공익사업을 위한 토지 등의 취득 및 보상에 관한 법률은 중앙토지수용위원회에 대한 이의신청을 임의적 절차로 규정하고 있는 점, 행정소송법 제19조 단서가 행정심판에 대한 재결은 재결 자체에 고유한 위법이 있음을 이유로 하는 경우에 한하여 취소소송의 대상으로 삼을 수 있도록 규정하고 있는 점 등을 종합하여 보면, 수용재결에 불복하여 취소소송을 제기하는 때에는 이의신청을 거친 경우에도 수용재결을 한 중앙토지수용위원회 또는 지방토지수용위원회를 피고로 하여 수용재결의 취소를 구하여야 하고(원칙: 원처분주의), 다만 이의신청에 대한 재결 자체에 고유한 위법이 있음을 이유로 하는 경우에는 그 이의재결을 한 중앙토지수용위원회를 피고로 하여 이의재결의 취소를 구할 수 있다(예외: 재결주의)고 보아야 한다(대판 2010.1.28, 2008두1504).

2. '보상금의 증감에 관한 소송'의 법적 성격: 공법상 당사자소송(형식적 당사자소송)

   이의재결에 대하여 불복하는 행정소송을 제기하는 경우, 이것이 보상금의 증감에 관한 소송인 때에는 이의재결에서 정한 보상금이 증액 변경될 것을 전제로 하여 기업자를 상대로 보상금의 지급을 구하는 공법상의 당사자소송을 규정한 것으로 볼 것이다(대판 1991.11.26, 91누285).

4 보상의 방법

1. 사업시행자보상원칙

(1) 공익사업에 필요한 토지 등의 취득 또는 사용으로 인하여 토지소유자나 관계인이 입은 손실은 사업시행자가 보상하여야 한다(동법 제61조).

(2) 수익자와 침해자가 다른 경우에는 수익자가 보상한다(통설).

2. 현금보상원칙

(1) 손실보상은 다른 법률에 특별한 규정이 있는 경우를 제외하고는 현금으로 지급하여야 한다(동법 제63조).

(2) 예외적으로 대토보상, 채권보상, 매수보상이 인정된다.

3. 사전보상원칙(선급원칙, 일시급원칙)

(1) 사업시행자는 해당 공익사업을 위한 공사에 착수하기 이전에 토지소유자와 관계인에게 보상액 전액(全額)을 지급하여야 한다(동법 제62조).

(2) 다만, 제38조에 따른 천재지변 시의 토지 사용과 제39조에 따른 시급한 토지 사용의 경우 또는 토지소유자 및 관계인의 승낙이 있는 경우에는 그러하지 아니하다.

(3) 후급의 경우에 그에 따른 지연이자와 물가변동에 따른 불이익은 사업시행자가 부담한다.

4. 개인별보상원칙

손실보상은 토지소유자나 관계인에게 개인별로 하여야 한다. 다만, 개인별로 보상액을 산정할 수 없을 때에는 그러하지 아니하다(동법 제64조).

🔷 판례 PLUS

손실보상액 산정의 기준

1. '당해 공공사업의 시행으로 인한' 개발이익을 고려하여야 하는지 여부: 소극(불포함)

토지수용 보상액을 산정함에 있어서는 토지수용법 제46조 제1항에 따라 당해 공공사업의 시행을 직접 목적으로 하는 계획의 승인·고시로 인한 가격변동은 이를 고려함이 없이 수용재결 당시의 가격을 기준으로 하여 정하여야 할 것이므로, 당해 사업인 택지개발사업에 대한 실시계획의 승인과 더불어 그 용도지역이 주거지역으로 변경된 토지를 그 사업의 시행을 위하여 후에 수용하였다면 그 재결을 위한 평가를 함에 있어서는 그 용도지역의 변경을 고려함이 없이 평가하여야 할 것이다(대판 1999.3.23, 98두13850).

2. '다른 공공사업의 시행으로 인한' 개발이익을 포함하는지 여부: 적극(포함)

토지수용으로 인한 손실보상액을 산정함에 있어서 당해 공공사업의 시행을 직접 목적으로 하는 계획의 승인·고시 또는 사업 시행으로 인한 가격변동은 이를 고려함이 없이 수용재결 당시의 가격을 기준으로 하여 적정가격을 정하여야 한다. 그리고, 당해 공공사업과는 관계없는 다른 사업의 시행으로 인한 개발이익은 이를 배제하지 아니한 가격으로 평가하여야 한다(대판 1999.10.22, 98두7770).

3. 공법상 제한을 받는 경우, 보상액산정의 기준

공법상의 제한을 받는 토지의 수용보상액을 산정함에 있어서는 그 공법상의 제한이 당해 공공사업의 시행을 직접 목적으로 하여 가하여진 경우에는 그 제한을 받지 아니하는 상태대로 평가하여야 할 것이지만, 공법상 제한이 당해 공공사업의 시행을 직접 목적으로 하여 가하여진 경우가 아니라면 그러한 제한을 받는 상태 그대로 평가하여야 하고, 그와 같은 제한이 당해 공공사업의 시행 이후에 가하여진 경우라고 하여 달리 볼 것은 아니다. 문화재보호구역의 확대 지정이 당해 공공사업인 택지개발사업의 시행을 직접 목적으로 하여 가하여진 것이 아님이 명백하므로 토지의 수용보상액은 그러한 공법상 제한을 받는 상태대로 평가하여야 한다(대판 2005.2.18, 2003두14222).

---

06 손해전보제도의 보완

1 수용유사침해이론

1. 의의

사업시행자가 공공필요에 의하여 헌법상 보장된 국민의 재산권을 박탈하여 특별한 희생을 야기하였다면 비록 법률상 보상규정이 없는 경우에도 보상을 하여야 한다는 것이다. 이는 독일에서 인정된 것으로 우리나라에서는 이를 인정할 것인지 여부에 대해 견해의 대립이 존재한다.

○X 문제

01 토지수용으로 인한 보상액을 산정함에 있어서 당해 공공사업과 관계없는 다른 사업의 시행으로 인한 개발이익은 이를 배제하지 아니한 가격으로 평가하여야 한다. ( )

정답 01 ○

2. 특징

(1) 수용유사침해는 위법·무책함을 전제로 한다. 이 점에서 위법·유책을 전제로 하는 국가배상, 적법·무책을 전제로 하는 손실보상이나 수용적 침해와 다르다.

구분	위법, 적법 여부	유책, 무책 여부
국가배상	위법	유책
손실보상	적법	무책
수용유사침해	위법	무책
수용적 침해	적법	무책

(2) 보상규정을 흠결한 법률은 헌법상 불가분조항에 위반되므로 위헌이며, 이러한 위헌인 법률에 기한 토지 등의 수용은 "위법"한 침해에 해당하게 된다.

(3) 수용유사침해이론은 경계이론과 맥락을 같이 한다.

3. 독일의 자갈채취판결

독일 연방최고법원은 수용유사침해이론은 인정하였으나, 자갈채취판결(1981.7.15)에서는 수용유사침해이론을 부정하였다. 자갈채취판결 사건 이후에는 수용유사침해이론을 인정하고 있다.

2 수용적 침해

1. 개념

(1) 수용적 침해이론이란 법률에 근거한 행정작용으로 인하여 국민에게 의도하지 않은 손해가 발생한 경우이더라도 그 손실을 보상하자는 것이다. 즉 적법한 행정작용으로 인하여 발생한 비의욕적, 비정형적인 부수적인 결과책임으로 독일 연방사법재판소가 발전시킨 이론이다.

(2) 예를 들면, 법률에 근거한 쓰레기 매립장 설치로 인하여 인근 토지 기능 상실, 지하철이나 도로 공사로 인하여 인근 주민의 영업상 손실 등이 해당한다.

2. 수용유사침해이론과의 구별

(1) 수용유사적 침해는 위법한 침해를 전제로 하지만, 수용적 침해는 적법한 침해를 전제로 한다.

(2) 수용유사적 침해는 처음부터 특별한 희생이지만, 수용적 침해는 처음부터 특별한 희생은 아니다.

3 희생보상청구권

1. 개념

(1) 희생보상청구권이란 적법한 행정작용으로 인하여 국민의 생명, 신체 등의 비재산적 법익에 대한 손실에 대하여 보상을 요구할 수 있는 권리를 의미한다.

(2) 예를 들면, 경찰관이 저항하는 강도를 향해 권총을 발사하였으나 강도는 빗맞고 행인이 맞아 사망한 경우, 보건소에서 예방접종을 맞은 어린이가 사망한 경우 등이다.

2. 특징

(1) 손실보상은 적법한 행정작용으로 인하여 발생한 국민의 재산상 손해에 대한 책임인 반면에 희생보상은 적법한 행정작용으로 인하여 발생한, 비재산상 손해(예 생명, 신체)에 대한 책임을 의미한다.

(2) **배상과 보상의 구별**

구분	생명	신체	재산
위법	국가배상	국가배상	국가배상
적법	희생보상	희생보상	손실보상

4 결과제거청구권

1. 의의

위법한 행정작용에 대한 결과로 인하여 자신의 법률상 이익을 침해받고 있는 자가 행정주체를 상대로 그 위법한 결과 상태를 제거해 줄 것을 요구할 수 있는 권리를 말한다. 원상회복청구권이라고도 한다.

예 행정청에서 관리하고 있는 쓰레기가 태풍에 의해서 적치가 된 경우에 쓰레기를 제거해 달라고 요구하거나, 행정청의 명예훼손적 발언에 대한 철회를 요구하는 경우 등

2. 특징

(1) 통설은 결과제거청구권은 공권이므로 행정소송 중 당사자소송의 대상이 된다고 하는 반면에 판례는 민사소송의 대상이 된다고 판시하였다(판례 = 사권설).

(2) 결과제거청구권은 명예 등 비재산적 법익에 대한 침해에 대해서도 행사할 수 있다는 점에서 민법상 물권적 청구권보다 더 넓은 개념에 해당한다(통설).

(3) 결과제거청구권은 위법한 결과 상태임을 전제로 할 뿐이므로 행정청의 고의 또는 과실을 필요로 하지 않는 점에서 국가배상청구권과 차이점이 존재한다(통설).

(4) 결과제거청구권 행사를 통해 원상회복이 실현되면 국가배상청구는 행사할 수 없으며, 원상회복이 실현되지 않은 경우(예 쓰레기를 제거하였으나 토지가 오염된 경우)에 국가배상청구가 가능하다(통설). 즉, 결과제거청구권과 국가배상청구권은 병존하지만 함께 행사하는 것은 불가능하다.

판례 PLUS

1. **도로부지의 경우, 토지소유자의 사권(소유권) 행사 인정여부: 소극**
   도로를 구성하는 부지에 대하여는 사권을 행사할 수 없으므로 그 부지의 소유자는 불법행위를 원인으로 하여 손해배상을 청구함은 별론으로 하고, 그 부지에 관하여 그 소유권을 행사하여 인도를 청구할 수 없다(대판 1968.10.22, 68다1317).

2. **지하에 매설한 상수도관의 경우, 대지소유자의 철거청구 인정여부: 적극**
   대지소유자가 그 소유권에 기하여 그 대지의 불법점유자인 시에 대하여 권원없이 그 대지의 지하에 매설한 상수도관의 철거를 구하는 경우에 공익사업으로서 공중의 편의를 위하여 매설한 상수도관을 철거할 수 없다거나 이를 이설할 만한 마땅한 다른 장소가 없다는 이유만으로써는 대지소유자의 위 철거청구가 오로지 타인을 해하기 위한 것으로서 권리남용에 해당한다고 할 수는 없다(대판 1987.7.7, 85다카1383).

3. 성립요건

(1) 행정주체의 공행정작용으로 인한 침해일 것

① 공행정작용에는 법적 행위로서 행정행위, 사실행위, 권력작용, 비권력작용을 불문한다.

② 사실행위에 의하여 위법한 침해가 발생되는 경우

　ㄱ 도로공사에 의한 사유지 침해

　ㄴ 공무원의 직무수행상의 발언을 통한 개인의 명예훼손적 발언 철회 요구

③ 사법적 활동으로 인한 침해는 제외: 민법이 적용된다.

(2) 침해일 것

① 모든 종류의 침해를 의미한다.

② 부작위가 포함되는지 여부

　ㄱ 다수설: 긍정

　ㄴ 예를 들면, 타인의 승용차를 합법적으로 압류하였다가 압류가 취소된 후에도 승용차를 반환하지 않는 경우에도 결과제거청구권을 행사할 수 있다.

(3) 타인의 법률상 이익의 침해: 사실상 이익의 침해인 경우에는 해당하지 않는다.

(4) 관계이익의 보호가치성 필요: 경찰이 불법주차한 자동차를 다른 곳에 옮겨 놓은 경우에 결과제거청구권은 행사할 수 없다.

(5) 위법한 상태의 존재

① 위법한 상태의 존재 여부: 사실심의 변론종결시를 기준으로 판단한다.

② 위법성이란 "행위의 위법성"을 의미하는 것이 아니라 "결과의 위법성"을 의미한다(통설).

③ 취소할 수 있는 행정행위는 권한 있는 기관에 의하여 취소되기 전에는 결과제거청구권이 인정되지 않는다.

④ 위법한 침해상태가 발생한 데 대한 가해자의 고의, 과실과 같은 주관적 요건은 필요하지 않다. 왜냐하면, 결과제거청구권의 위법성은 결과의 위법성을 의미하기 때문이다.

(6) 위법한 상태의 계속

① 위법상태가 더 이상 존재하지 않을 경우에는 결과제거청구권이 인정되지 않는다.

② 위법한 상태가 사후에 합법화된 경우, 예를 들어 도로에 불법 편입된 토지가 사후에 수용된 경우에는 결과제거청구권이 인정되지 않는다.

③ 예술품이 파손된 경우에는 원상회복이 불가능하므로 결과제거청구권이 인정되지 않는다.

4. 성립효과

(1) 결과제거청구권은 원상회복에 있으므로 공행정작용의 직접적인 결과(예 쓰레기 제거)만을 대상으로 한다.

(2) 제3자효 행정행위에서 제3자는 간접적인 침해를 받음에 불과하므로 결과제거청구권은 행사할 수 없다.

(3) 행정청이 사회복지시설에 노숙자를 일정기간 거주할 수 있도록 명한 경우에 일정기간 경과시 사회복지시설은 행정청을 상대로 노숙자를 퇴거하도록 해줄 것을 요구할 수 있으나, 노숙자가 사회복지시설에 거주하던 중 시설의 일부를 손괴한 부분에 대해서는 행정청을 상대로 결과제거청구는 인정되지 않으므로 노숙자를 직접 상대로 민사상 손해배상을 청구하여야 한다.

01

④ 법령, 법률행위, 선행행위로 인한 경우는 물론이고 기타 신의성실의 원칙이나 사회상규 혹은 조리상 작위의무가 기대되는 경우에도 법적인 작위의무는 있다(대판 2012.4.26, 2010다8709).

오답의 이유

① 국가배상법 제2조 제2항
② 국가배상법 제5조
③ 국가배상법 제9조

02

① 대판 2001.2.9, 98다52988.

오답의 이유

② 비권력적 작용도 포함되지만, 단순한 사경제의 주체로서 하는 작용은 포함되지 아니한다(대판 1999.11.26, 98다47245).
③ 가해공무원의 특정이 필요하지 않다(대판 1995.11.10, 95다23897).
④ 손해의 공평한 분담이라는 견지에서 신의칙상 상당하다고 인정되는 한도 내에서만 구상권을 행사할 수 있다(대판 1991.5.10, 91다6764).

정답 01 ④ 02 ①

---

01 국가배상에 관한 설명으로 옳지 않은 것은?(다툼이 있으면 판례에 따름) 20 행정사

① 국가가 국가배상책임을 이행한 경우 공무원에게 경과실이 있으면 국가는 그 공무원에게 구상할 수 없다.

② 국가배상법 제5조에는 점유자에게 과실이 없는 경우 점유자의 책임이 면책되는 규정이 없다.

③ 국가배상청구소송은 배상심의회에 배상신청을 하지 아니하고도 제기할 수 있다.

④ 부작위에 의한 국가배상책임은 조리상 작위의무를 위반한 경우에는 성립하지 않는다.

⑤ 공무원의 고의·중과실에 의한 불법행위로 국가배상책임이 성립하는 경우 가해공무원 개인은 그로 인한 손해배상책임을 부담한다.

02 「국가배상법」상 공무원의 위법한 직무행위로 인한 손해배상에 대한 설명으로 옳은 것은?(다툼이 있는 경우 판례에 의함) 21 국가직 9급

① 일반적으로 공무원이 필요한 지식을 갖추지 못하고 법규의 해석을 그르쳐 행정처분을 하였다면 그가 법률전문가가 아닌 행정직공무원이라고 하여 과실이 없다고는 할 수 없다.

② 국가배상의 요건인 '공무원의 직무'에는 국가나 지방자치단체의 비권력적 작용과 사경제 주체로서 하는 작용이 포함된다.

③ 손해배상책임을 묻기 위해서는 가해공무원을 특정하여야 한다.

④ 국가가 가해공무원에 대하여 구상권을 행사하는 경우 국가가 배상한 배상액 전액에 대하여 구상권을 행사하여야 한다.

03 국가배상에 관한 설명으로 가장 옳지 않은 것은?

19 서울시 9급

① 소방공무원들이 다중이용업소인 주점의 비상구와 피난시설 등에 대한 점검을 소홀히 함으로써 주점의 피난통로 등에 중대한 피난 장애요인이 있음을 발견하지 못하여 업주들에 대한 적절한 지도감독을 하지 아니한 경우 직무상 의무 위반과 주점 손님들의 사망 사이에 상당인과관계가 인정된다.

② 일본 「국가배상법」이 국가배상청구권의 발생요건 및 상호보증에 관하여 우리나라 「국가배상법」과 동일한 내용을 규정하고 있는 점 등에 비추어 우리나라와 일본 사이에 우리나라 국가배상법 제7조가 정하는 상호보증이 있다.

③ 국가배상청구권의 소멸시효 기간이 지났으나 국가가 소멸시효 완성을 주장하는 것이 신의성실의 원칙에 반하는 권리남용으로 허용될 수 없어 배상책임을 이행한 경우에는 그 소멸시효 완성 주장이 권리남용에 해당하게 된 원인행위와 관련하여 해당 공무원이 그 원인이 되는 행위를 적극적으로 주도하였다는 등의 특별한 사정이 없는 한 국가가 해당 공무원에게 구상권을 행사하는 것은 신의칙상 허용되지 않는다.

④ 전투 · 훈련 등 직무집행과 관련하여 공상을 입은 군인등이 먼저 「국가배상법」에 따라 손해배상금을 지급받은 다음 「보훈보상대상자 지원에 관한 법률」이 정한 보상금 등 보훈급여금의 지급을 청구하는 경우 보훈지청장은 「국가배상법」에 따라 손해배상을 받았다는 사정을 들어 지급을 거부할 수 있다.

04 국가배상에 대한 설명으로 옳지 않은 것은?(다툼이 있는 경우 판례에 의함)

21 지방직 9급

① 국가나 지방자치단체가 손해를 배상할 책임이 있는 경우에 공무원의 선임 · 감독 또는 영조물의 설치 · 관리를 맡은 자와 공무원의 봉급 · 급여, 그 밖의 비용 또는 영조물의 설치 · 관리 비용을 부담하는 자가 동일하지 아니하면 그 비용을 부담하는 자도 손해를 배상하여야 한다.

② 국가배상책임에 있어서 국가는 직무상의 의무 위반과 피해자가 입은 손해 사이에 상당인과관계가 인정되는 범위내에서만 배상책임을 지는 것이고, 이 경우 상당인과관계가 인정되기 위해서는 공무원에게 부과된 직무상 의무의 내용이 전적으로 또는 부수적으로 사회구성원 개인의 안전과 이익을 보호하기 위하여 설정된 것이어야 한다.

③ 「국가배상법」상 '공공의 영조물'은 지방자치단체가 소유권, 임차권 그밖의 권한에 기하여 관리하고 있는 경우는 포함하지만, 사실상의 관리를 하고 있는 경우는 포함하지 않는다.

④ 공무원 개인이 고의 또는 중과실이 있는 경우에는 불법행위로 인한 손해배상책임을 진다고 할 것이지만, 공무원의 위법행위가 경과실에 기한 경우에는 공무원은 손해배상책임을 부담하지 않는다.

03

④ 국가배상법 제2조 제1항 단서가 보훈보상자법 등에 의한 보상을 받을 수 있는 경우 국가배상법에 따른 손해배상청구를 하지 못한다는 것을 넘어 국가배상법상 손해배상금을 받은 경우 보훈보상자법상 보상금 등 보훈급여금의 지급을 금지하는 것으로 해석하기는 어려운 점 등에 비추어, 국가보훈처장은 국가배상법에 따라 손해배상을 받았다는 사정을 들어 보상금 등 보훈급여금의 지급을 거부할 수 없다(대판 2017.2.3, 2015두60075).

오답의 이유

② 우리나라의 그것과 동일하거나 오히려 관대할 것을 요구하는 것은 지나치게 외국인의 국가배상청구권을 제한하는 결과가 되어 국제적인 교류가 빈번한 오늘날의 현실에 맞지 아니할 뿐만 아니라 외국에서 우리나라 국민에 대한 보호를 거부하게 하는 불합리한 결과를 가져올 수 있는 점을 고려할 때, 우리나라와 외국 사이에 국가배상청구권의 발생요건이 현저히 균형을 상실하지 아니하고 외국에서 정한 요건이 우리나라에서 정한 그것보다 전체로서 과중하지 아니하여 중요한 점에서 실질적으로 거의 차이가 없는 정도라면 국가배상법 제7조가 정하는 상호보증의 요건을 구비하였다고 봄이 타당하다(대판 2015.6.11, 2013다208388).

04

③ 국가 또는 지방자치단체가 소유권, 임차권 그 밖의 권한에 기하여 관리하고 있는 경우뿐만 아니라 사실상의 관리를 하고 있는 경우도 포함된다(대판 1998.10.23, 98다17381).

오답의 이유

① 국가배상법 제6조 제1항

정답 03 ④ 04 ③

05

③ 국가배상법 제5조 소정의 공공의 영조
물이란 공유나 사유임을 불문하고 행
정주체에 의하여 특정공공의 목적에
공여된 유체물 또는 물적 설비를 의미
하므로 사실상 군민의 통행에 제공되
고 있던 도로 옆의 암벽으로부터 떨어
진 낙석에 맞아 소외인이 사망하는 사
고가 발생하였다고 하여도 동 사고지
점 도로가 피고 군에 의하여 노선인정
기타 공용개시가 없었으면 이를 영조
물이라 할 수 없다(대판 1981.7.7. 80
다2478).

06

① 직접효력설에 따르면 국민은 직접 헌
법상 보상규정에 근거하여 보상청구
가능하고, 제한규정은 있으나 보상규
정이 없는 경우에도 관련 조항을 직접
적용이 가능하다고 인정한다.

07

④ 대판 1995.11.10. 95다23897

오답의 이유

① 국가배상책임은 공무원의 직무집행이
법령에 위반한 것임을 요건으로 하는
것으로서, 공무원의 직무집행이 법령
이 정한 요건과 절차에 따라 이루어진
것이라면 특별한 사정이 없는 한 이는
법령에 적합한 것이고 그 과정에서 개
인의 권리가 침해되는 일이 생긴다고
하여 그 법령 적합성이 곧바로 부정되
는 것은 아니라고 할 것인바, 불법시위
를 진압하는 경찰관들의 직무집행이
법령에 위반한 것이라고 하기 위하여
는 그 시위진압이 불필요하거나 또는
불법시위의 태양 및 시위 장소의 상황
등에서 예측되는 피해 발생의 구체적
위험성의 내용에 비추어 시위진압의
계속 수행 내지 그 방법 등이 현저히
합리성을 결하여 이를 위법하다고 평
가할 수 있는 경우이어야 할 것이다(대
판 1997.7.25. 94다2480).

정답 05 ③ 06 ① 07 ④

---

05 다음 중 「국가배상법」 제5조에 의한 영조물에 해당하지 않는 것은?(다툼이 있는 경우 판례에 따름)   20 해경승진

① 도로와 일체가 되어 그 효용을 다하게 되는 시설인 여의도광장
② 수도
③ 현금
④ 관용 자동차

06 다음 중 행정상 손실보상에 대한 설명으로 가장 옳지 않은 것은?(다툼이 있는 경우 판례에 따름)   20 해경승진

① 헌법 제23조 제3항을 국민에 대한 직접적인 효력이 있는 규정으로 보는 견해는 동 조항의 재산권의 수용·사용·제한규정과 보상규정을 불가분조항으로 본다.
② 헌법재판소는 헌법 제23조 제3항의 '공공필요'는 '국민의 재산권을 그 의사에 반하여 강제적으로라도 취득해야 할 공익적 필요성'을 의미하고, 이 요건 중 공익성은 기본권 일반의 제한사유인 '공공복리'보다 좁은 것으로 보고 있다.
③ 손실보상에 관한 일반법은 존재하지 않는다.
④ 재산권의 수용사용제한은 법률로써 하여야 하고, 이 '법률'에 법률종속명령이나 조례는 포함되지 아니한다.

07 「국가배상법」에 따른 국가배상책임의 요건에 관한 설명으로 가장 옳지 않은 것은?   20 해경승진

① 절차상의 위법도 「국가배상법」상 법령위반에 해당한다.
② 국가배상책임의 요건으로서 직무행위에는 국회의 입법작용도 포함된다.
③ 국가배상책임의 대상이 되는 손해에는 재산상의 손해는 물론 정신상의 손해도 포함된다.
④ 불법행위를 행한 가해공무원을 특정할 수 없는 경우에는 국가배상책임이 인정되지 않는다.

08 국가배상에 대한 판례의 태도로 옳지 않은 것은? 　　　　　20 소방직

① 성폭력범죄의 수사를 담당하거나 수사에 관여하는 경찰관이 피해자의 인적사항 등을 공개 또는 누설함으로써 피해자가 손해를 입은 경우, 국가의 배상책임이 인정된다는 것이 판례의 태도이다.

② 음주운전으로 적발된 주취운전자가 도로 밖으로 차량을 이동하겠다며 단속 경찰관으로부터 보관 중이던 차량열쇠를 반환받아 몰래 차량을 운전하여 가던 중 사고를 일으킨 경우, 국가배상책임이 인정되지 않는다는 것이 판례의 태도이다.

③ 지방자치단체장이 설치하여 관할 지방경찰청장에게 관리권한이 위임된 교통신호기의 고장으로 인하여 교통사고가 발생한 경우, 지방자치단체뿐만 아니라 국가도 손해배상책임을 부담한다는 것이 판례의 태도이다.

④ 군수 또는 그 보조 공무원이 농수산부장관으로부터 도지사를 거쳐 군수에게 재위임된 국가사무(기관위임사무)인 개간허가 및 그 취소사무를 처리함에 있어 고의 또는 과실로 타인에게 손해를 가한 경우, 「국가배상법」 제6조에 의하여 지방자치단체인 군이 비용을 부담한다고 볼 수 있는 경우에 한하여 국가와 함께 손해배상책임을 부담한다.

09 甲은 지방자치단체가 관리하는 도로를 운행하던 중 도로에 방치된 낙하물로 인하여 손해를 입었고, 이를 이유로 「국가배상법」상 손해배상을 청구하려고 한다. 이에 대한 설명으로 옳지 않은 것은?(다툼이 있는 경우 판례에 의함) 　　　20 국가직 9급

① A 지방자치단체가 위 도로를 권원 없이 사실상 관리하고 있는 경우에는 A 지방자치단체의 배상책임은 인정될 수 없다.

② 위 도로의 설치·관리상의 하자가 있는지 여부는 위 도로가 그 용도에 따라 통상 갖추어야 할 안전성을 갖추었는지 여부에 따라 결정된다.

③ 위 도로가 국도이며 그 관리권이 A 지방자치단체의 장에게 위임되었다면, A 지방자치단체가 도로의 관리에 필요한 일체의 경비를 대외적으로 지출하는 자에 불과하더라도 甲은 A 지방자치단체에 대해 국가배상을 청구할 수 있다.

④ 甲이 배상을 받기 위하여 소송을 제기하는 경우에는 민사소송을 제기하여야 한다.

08

② 교통사고가 수취운선이 원인이 뇌어 발생하였거나 그로 인하여 손해가 확대되었음을 전제로 이러한 주취운전을 방치한 단속경찰관의 위법행위와 이 사건 사고로 인한 손해발생 사이에는 상당인과관계가 있다(대판 1998.5.8. 97다54482).

오답의 이유

① 대판 2008.6.12, 2007다64365
③ 대판 1999.6.25, 99다11120
④ 대판 2000.5.12, 99다70600

09

① 국가배상법 제5조 제1항 소정의 "공공의 영조물"이라 함은 국가 또는지방자치단체에 의하여 특정 공공의 목적에 공여된 유체물 내지 물적 설비를 지칭하며, 특정 공공의 목적에 공여된 물이라 함은 일반공중의 자유로운 사용에 직접적으로 제공되는 공공용물에 한하지 아니하고, 행정주체 자신의 사용에 제공되는 공용물도 포함하며 국가 또는 지방자치단체가 소유권, 임차권 그 밖의 권한에 기하여 관리하고 있는 성우뿐만 아니라 사실상의 관리를 하고 있는 경우도 포함한다(대판 1995.1.24, 94다45302). → 배상책임 인정

오답의 이유

③ 대판 1994.12.9, 94다38137

정답 08 ② 09 ①

10 다음 중 손실보상에 대한 설명으로 가장 옳지 않은 것은?(다툼이 있는 경우 판례에 따름)

20 해경승진

① 우리 「헌법」상 수용의 주체를 국가로 한정하고 있지 않으므로 민간기업도 수용의 주체가 될 수 있다.

② 토지를 종래의 목적으로도 사용할 수 없는 경우에는 토지소유자가 수인해야 할 사회적 제약의 한계를 넘는 것으로 보아야 한다.

③ 「헌법」 제23조 제3항의 정당한 보상이란 원칙적으로 피수용재산의 객관적인 재산가치를 완전하게 보상하는 것이어야 한다는 완전보상을 뜻한다.

④ 「공익사업을 위한 토지 등의 취득 및 보상에 관한 법률」에 의한 잔여지 수용청구를 받아들이지 않은 토지수용위원회의 재결에 대하여 토지소유자가 불복하여 제기하는 소송은 항고소송에 해당한다.

11 「공익사업을 위한 토지 등의 취득 및 보상에 관한 법률」상 이주대책에 대한 설명으로 옳지 않은 것은?(다툼이 있는 경우 판례에 의함)

20 국회직 8급

① 이주대책은 생활보상의 일환으로 국가의 적극적이고 정책적인 배려에 의하여 마련된 제도이다.

② 이주대책의 수립의무자는 사업시행자이며, 법령에서 정한 일정한 경우 이주대책을 수립할 의무가 있다.

③ 사업시행자는 이주대책을 수립하려면 미리 관할 지방자치단체의 장과 협의하여야 한다.

④ 도시개발사업의 사업시행자가 이주대책기준을 정하여 이주대책대상자 가운데 이주대책을 수립·실시하여야 할 자를 선정하여 그들에게 공급할 택지 등을 정할 때는 재량권을 갖는다.

⑤ 주거용 건물의 거주자에 대하여는 주거이전에 필요한 비용 외에 가재도구 등 동산의 운반에 필요한 비용은 보상하지 않아도 된다.

12 「공익사업을 위한 토지 등의 취득 및 보상에 관한 법률」상 손실보상의 원칙에 관한 내용으로 옳지 <u>않은</u> 것은?

20 국회직 8급

① 공익사업에 필요한 토지 등의 취득 또는 사용으로 인하여 토지소유자나 관계인이 입은 손실은 사업시행자가 보상하여야 한다.

② 손실보상은 토지소유자나 관계인에게 개인별로 하여야 한다. 다만, 개인별로 보상액을 산정할 수 없을 때에는 그러하지 아니하다.

③ 사업시행자는 동일한 소유자에게 속하는 일단의 토지의 일부를 취득하거나 사용하는 경우, 해당 공익사업의 시행으로 인하여 잔여지의 가격이 증가하거나 그 밖의 이익이 발생한 경우에도 그 이익을 취득 또는 사용으로 인한 손실과 상계할 수 없다.

④ 토지에 대한 보상액은 가격시점에서의 현실적인 이용상황, 일반적인 이용방법에 의한 객관적 상황, 일시적인 이용상황 및 토지소유자가 관계인이 갖는 주관적 가치 및 특별한 용도에 사용할 것을 전제로 한 경우 등을 고려한다.

⑤ 영업을 폐지하거나 휴업함에 따라 휴직하거나 실직하는 근로자의 임금손실에 대하여는 「근로기준법」에 따른 평균임금 등을 고려하여 보상하여야 한다.

12

④ 「공익사업을 위한 토지 등의 취득 및 보상에 관한 법률」 제70조 ② 토지에 대한 보상액은 가격시점에서의 현실적인 이용상황과 일반적인 이용방법에 의한 객관적 상황을 고려하여 산정하되, 일시적인 이용상황과 토지소유자나 관계인이 갖는 주관적 가치 및 특별한 용도에 사용할 것을 전제로 한 경우 등은 고려하지 아니한다.

오답의 이유
① 동법 제61조
② 동법 제64조
③ 동법 제66조
⑤ 동법 제77조

행정상 쟁송

CHAPTER

01 행정쟁송 개관

1 행정쟁송의 의의

행정쟁송 제도는 행정기관의 위법·부당한 행정작용으로 개인의 권익이 침해된 경우, 그 처분을 취소하거나 변경하는 등의 시정을 요구하고 권한 있는 기관이 이를 심리·판단하는 권리구제제도로 행정심판과 행정소송이 있다. 즉 행쟁쟁송제도는 국민의 권익을 구제하고 행정을 통제하는 기능을 한다.

2 행정쟁송의 종류

1. 내용에 따른 분류

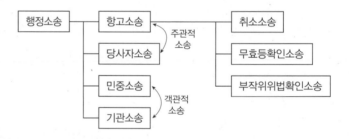

(1) 주관적 소송: 개인의 권리구제를 목적으로 하는 소송이다.

(2) 객관적 소송: 적법성 통제를 목적으로 하는 소송이다.

2. 성질에 따른 분류

(1) 확인의 소: 특정한 권리 또는 법률관계의 존재 및 부존재의 확인을 구하는 소송이다.

(2) 형성의 소: 법률관계를 발생·변경·소멸을 위한 판결을 구하는 소송이다.

(3) 이행의 소: 피고에 대한 이행청구권의 확정 및 이행명령을 구하는 소송이다.

구분 기준	내용	
분쟁의 존재 유무	• 실질적 쟁송: 항고심판, 항고소송, 당사자소송	• 형식적 쟁송: 행정절차
쟁송 절차	• 정식 쟁송: 행정소송	• 약식 쟁송: 행정심판
쟁송 단계	• 시심적 쟁송: 당사자소송	• 복심적 쟁송: 항고소송
쟁송 목적	• 주관적 쟁송: 항고소송, 당사자소송	• 객관적 쟁송: 민중소송, 기관소송

3 행정심판과 행정소송의 비교

구분	행정심판	행정소송
성질	약식 쟁송	정식 쟁송
대상	부당, 위법한 처분	위법한 처분
절차	구술 또는 서면심리(비공개원칙)	구술심리(공개원칙)
기관	행정심판위원회	법원
기간	• 처분이 있음을 안 날: 90일 • 처분이 있은 날: 180일	• 처분이 있음을 안 날: 90일 • 처분이 있은 날: 1년
의무이행심판 인정	긍정	부정
오고지 · 불고지 규정	있음	없음
공통점	• 국민의 권리구제수단 • 대심주의원칙 + 직권심리주의 가미 • 불이익변경금지의 원칙 • 집행부정지의 원칙 • 사정재결 · 사정판결의 인정 • 당사자의 신청에 의해 절차 개시되면 법률상 이익을 가진 자만 제기 가능	

02 행정심판

01 행정심판 일반론

1 행정심판 개관

1. 행정심판의 의의

(1) 개념

① 넓은 의미로 행정심판이란 행정상 법률관계의 분쟁을 행정기관이 심리·재결하는 쟁송절차를 말한다. 행정심판은 위법 또는 부당한 처분 기타 공권력의 행사·불행사 등으로 인하여 권리나 이익을 침해당한 자가 행정기관에 대하여 그 시정을 구하는 절차를 말한다(행정심판법 제1조).

② 행정심판은 준사법적 절차이면서 동시에 행정행위로서의 성질을 아울러 가지며(행정심판의 이중적 성격), 행정의 자기통제와 사법기능의 보충을 그 존재 이유로 한다.

(2) 법적 성질: 행정심판법은 행질심판에 관한 일반법으로서 다른 특별법이 있으면 그 법이 우선적용되며 그 법이 규정하고 있지 않은 사항에 대해서는 행정심판법이 적용된다. 이러한 행정심판은 형식적으로는 행정작용이나, 실질적으로는 사법작용이라는 특색을 갖는다.

(3) 기능

① **자율적 행정통제:** 행정심판은 행정기관에 의한 행정활동의 자율적 통제기회를 보장하는 데 그 취지가 있다. 행정관청으로 하여금 그 행정처분을 다시 검토하게 하여 시정할 수 있는 기회를 줌으로써 행정권의 자주성을 존중한다(대판 1988.2.23, 87누704).

② **사법기능의 보충:** 행정심판은 행정상의 분쟁을 행정기관이 상대적으로 간이한 절차에 따라 심리·판정하게 함으로써, 행정에 관한 전문지식을 활용하고, 사법절차에 따르는 시간·경비의 낭비를 피하며, 소송경제를 실현해 사법기능을 보충하는 역할을 한다.

③ **법원과 청구인의 부담경감:** 행정심판제도가 객관적이고 공정하게 운영되는 경우, 행정상 분쟁의 1차적 여과기능을 수행해 법원의 부담을 경감시키고, 국민에게도 불필요한 시간의 낭비 또는 경비의 지출을 방지해 줄 수 있다.

2. 구별개념

(1) 이의신청

① 행정청의 위법·부당한 처분으로 인해 권리나 이익이 침해된 자가 처분청에 불복을 제기하는 절차를 말한다. 행정심판은 행정심판위원회에 제기하지만 이의신청은 처분청에 불복을 제기하는 절차이고, 행정심판은 일반적으로 할 수 있지만, 이의신청은 개별법에 규정된 경우에만 할 수 있다. 다만 개별법률에서 이의신청이라고 되어 있지만 실질적인 성격은 행정심판에 해당하는 경우도 있다.

② 이의신청 제도는 일부 개별법에 산재되어 있었는데, 최근 제정된 행정기본법은 처분에 대한 이의신청 제도를 확대하기 위하여, 행정청의 처분에 대해 이의가 있는 당사자는 행정청에 이의신청을 할 수 있도록 일반적 근거를 마련하였다(행정기본법 제36조). 항을 달리하여 후술함

③ 민원처리에 관한 법률상 이의신청(제35조)은 행정심판이 아닌 이의신청으로 보는 것이 타당하며 판례의 입장도 그러하다.

 판례 PLUS

이의신청과 행정심판

1. **이의신청을 제기해야 할 사람이 처분청에 표제를 '행정심판청구서'로 한 서류를 제출한 경우, 이의신청으로 볼 수 있는지 여부: 적극**
   지방자치법에서 정한 이의신청은 행정청의 위법·부당한 처분에 대하여 행정기관이 심판하는 행정심판과는 구별되는 별개의 제도이나, 이의신청과 행정심판은 모두 본질에 있어 행정처분으로 인하여 권리나 이익을 침해당한 상대방의 권리구제에 목적이 있고, 행정소송에 앞서 먼저 행정기관의 판단을 받는 데에 목적을 둔 엄격한 형식을 요하지 않는 서면행위이므로, 이의신청을 제기해야 할 사람이 처분청에 표제를 '행정심판청구서'로 한 서류를 제출한 경우라 할지라도 서류의 내용에 이의신청 요건에 맞는 불복취지와 사유가 충분히 기재되어 있다면 표제에도 불구하고 이를 처분에 대한 이의신청으로 볼 수 있다(대판 2012.3.29, 2011두26886).

2. **과세관청이 과세처분에 대한 이의신청절차에서 납세자의 이의신청 사유가 옳다고 인정하여 과세처분을 직권으로 취소한 경우, 특별한 사유 없이 이를 번복하고 종전과 동일한 처분을 하는 것이 위법한지 여부: 적극**
   과세관청이 과세처분에 대한 이의신청절차에서 납세자의 이의신청 사유가 옳다고 인정하여 과세처분을 직권으로 취소한 경우, 납세자가 허위의 자료를 제출하는 등 부정한 방법에 기초하여 직권취소되었다는 등의 특별한 사유가 없는데도 이를 번복하고 종전과 동일한 과세처분을 하는 것은 위법하다(대판 2017.3.9, 2016두56790).

3. **토지수용위원회의 수용재결에 대한 이의절차**
   토지수용위원회의 수용재결에 대한 이의절차는 실질적으로 행정심판의 성질을 갖는 것이므로 토지수용법에 특별한 규정이 있는 것을 제외하고는 행정심판법의 규정이 적용된다고 할 것이다(대판 1992.6.9, 92누565).

(2) 국민고충처리

① 국민권익위원회가 행정과 관련된 고충민원에 대하여 상담·조사 및 처리를 하는 제도로 행정심판과는 제기권자, 제기기간, 대상, 절차 및 법적 효과에서 차이가 있다. 다만 행정기관의 처분에 대한 시정을 구하는 취지임이 내용상 분명한 경우에는 행정심판청구로 본 판례가 있다(대판 1995.9.29, 95누5332).

② 여기서 "고충민원"이란 행정기관 등의 위법·부당하거나 소극적인 처분(사실행위 및 부작위 포함) 및 불합리한 행정제도로 인하여 국민의 권리를 침해하거나 국민에게 불편 또는 부담을 주는 사항에 관한 민원(현역장병 및 군 관련 의무복무자의 고충민원 포함)을 말하며, 국무총리 소속 국민권익위원회와 지방자치단체 등에 설치된 시민고충처리위원회는 이러한 고충민원을 조사하여 처리한다.

2 행정기본법상 이의신청 제도(시행일 2023. 3. 24.)

1. 이의신청의 대상 및 신청기간

 법령 PLUS

행정기본법

제36조(처분에 대한 이의신청) ① 행정청의 처분(「행정심판법」 제3조에 따라 같은 법에 따른 행정심판의 대상이 되는 처분을 말한다. 이하 이 조에서 같다)에 이의가 있는 당사자는 <u>처분을 받은 날부터 30일 이내에 해당 행정청에 이의신청을</u> 할 수 있다.

⑤ 다른 법률에서 이의신청과 이에 준하는 절차에 대하여 정하고 있는 경우에도 <u>그 법률에서 규정하지 아니한 사항</u>에 관하여는 이 조에서 정하는 바에 따른다.

⑥ 제1항부터 제5항까지에서 규정한 사항 외에 이의신청의 방법 및 절차 등에 관한 사항은 <u>대통령령으로</u> 정한다.

(1) 이의신청의 대상: 이의신청은 처분을 대상으로 하며, 여기에서 처분이란, 「행정심판법」 제3조에 따라 행정심판의 대상이 되는 처분이어야 한다(행정기본법 제36조 제1항, 이하 '행정기본법 제36조' 생략).

(2) 이의신청기간: 처분에 이의가 있는 당사자는 처분을 받은 날로부터 30일 이내에 하여야 한다(제1항).

(3) 다른 개별법상 이의신청과의 관계: 행정기본법은 일반법이므로 다른 개별법에서 규정하지 아니한 사항에 관하여는 행정기본법에서 정하는 바에 따른다(제5항).

2. 행정청의 결과통지 의무

 법령 PLUS

행정기본법

제36조(처분에 대한 이의신청) ② 행정청은 제1항에 따른 이의신청을 받으면 그 신청을 받은 날부터 <u>14일 이내</u>에 그 이의신청에 대한 <u>결과를 신청인에게 통지</u>하여야 한다. 다만, 부득이한 사유로 14일 이내에 통지할 수 없는 경우에는 그 기간을 만료일 다음 날부터 기산하여 <u>10일의 범위에서 한 차례 연장</u>할 수 있으며, 연장 사유를 신청인에게 통지하여야 한다.

이의신청을 받은 행정청은, 그 신청을 받은 날부터 14일 이내에 이의신청에 대한 결과를 통지하여야 한다. 다만, 부득이한 사유가 있는 경우에는 그 기간을 10일의 범위에서 한 차례 연장할 수 있다(제2항).

3. 행정심판·행정소송과의 관계

 법령 PLUS

행정기본법

제36조(처분에 대한 이의신청) ③ 제1항에 따라 이의신청을 한 경우에도 그 이의신청과 관계없이 「행정심판법」에 따른 행정심판 또는 「행정소송법」에 따른 행정소송을 제기할 수 있다.

④ 이의신청에 대한 결과를 통지받은 후 행정심판 또는 행정소송을 제기하려는 자는 그 결과를 통지받은 날(제2항에 따른 통지기간 내에 결과를 통지받지 못한 경우에는 같은 항에 따른 통지기간이 만료되는 날의 다음 날을 말한다)부터 90일 이내에 행정심판 또는 행정소송을 제기할 수 있다.

(1) 이의신청은 행정쟁송(행정심판·행정소송)에 영향을 주지 않는 별개의 제도이다. 따라서 이의신청을 한 경우에도 그 결과를 기다리지 않고도 행정쟁송을 제기할 수 있다(제3항).

(2) 다만 이의신청의 결과를 통지받은 경우에는, 행정쟁송의 기간은 그 결과를 통지받은 날로부터 기산하여 90일이 적용된다(제4항).

4. 적용 배제

 법령 PLUS

행정기본법

제36조(처분에 대한 이의신청) ⑦ 다음 각 호의 어느 하나에 해당하는 사항에 관하여는 이 조를 적용하지 아니한다.

1. 공무원 인사 관계 법령에 따른 징계 등 처분에 관한 사항
2. 「국가인권위원회법」 제30조에 따른 진정에 대한 국가인권위원회의 결정
3. 「노동위원회법」 제2조의2에 따라 노동위원회의 의결을 거쳐 행하는 사항
4. 형사, 행형 및 보안처분 관계 법령에 따라 행하는 사항
5. 외국인의 출입국·난민인정·귀화·국적회복에 관한 사항
6. 과태료 부과 및 징수에 관한 사항

3 행정심판의 종류

행정심판법은 행정심판의 종류로 취소심판, 무효등확인심판, 의무이행심판을 규정하고 있는데 이들은 모두 항고심판의 성질을 갖는다.

1. 취소심판

(1) **의의**: 행정청의 위법 또는 부당한 처분을 취소하거나 변경하는 행정심판을 말한다(동법 제5조 제1호).

예 영업정지처분취소청구, 불허가처분취소청구 등

(2) **특징**

① 취소심판의 청구는 처분이 있음을 알게 된 날부터 90일 이내에 청구해야 하는 등 청구기간에 제한이 있다(동법 제27조).

② 취소심판에는 집행부정지의 원칙이 적용된다(동법 제30조 제1항).

※ 지방경찰청장의 운전면허취소처분에 대해 甲이 취소심판을 청구한다고 해서 바로 운전면허취소처분의 효력이 정지되어 甲이 운전을 할 수 있게 되는 것은 아님

③ 취소심판에는 사정재결이 가능하다(동법 제44조).

④ 취소심판의 인용재결이 있게 되면 원처분은 처음부터 없는 상태로 된다. 즉, 그 재결의 형성력에 의하여 해당 처분은 별도의 행정처분을 기다릴 것 없이 당연히 취소되어 소멸된다(대판 1998.4.24, 97누17131).

✔ 더 알아보기

사정재결: 심판청구가 이유 있다고 인정되는 경우에도 이를 인용하는 것이 공공복리에 크게 위배될 때에 그 심판청구를 기각하는 재결을 말한다(동법 제44조 제1항).

2. 무효등확인심판

(1) 의의: 행정청의 처분의 효력 유무 또는 존재 여부를 확인하는 행정심판을 말한다(동법 제5조 제2호).

※ 무효 또는 부존재인 행정처분은 처음부터 효력이 없지만 이 경우에도 처분의 외형이 존재하므로 처분의 유·무효 또는 부존재 여부에 대해 유권적으로 확정할 필요가 있기 때문이다. 예 처분의 유효확인심판·무효확인심판·실효확인심판·존재확인심판·부존재확인심판 등

(2) 특징

① 무효등확인심판은 청구기간의 적용을 받지 않고 사정재결을 할 수 없다(동법 제27조 제7항 및 제44조 제3항).

② 무효등확인심판이 인용이 되기 위해서는 취소사유로는 부족하고 그 하자가 중대·명백한 경우에 한하여 무효로 인정된다(대판 1990.12.11, 90누3560).

③ 입증책임: 무효확인을 구하는 행정심판에 있어서는 '청구인'에게 그 행정처분이 무효인 사유를 주장·증명할 책임이 있다(대판 1992.3.10, 91누6030).

3. 의무이행심판

(1) 의의: 당사자의 신청에 대한 행정청의 위법 또는 부당한 거부처분이나 부작위에 대해 일정한 처분을 하도록 하는 행정심판을 말한다(동법 제5조 제3호).

※ 행정청이 소극적 자세를 취해 국민의 권익을 침해하는 경우에 행정청에 적극적 행위를 요구할 수 있다는 점에서 의무이행심판의 실익이 있다. 예 행정정보공개 이행청구, 개인택시운송사업면허 이행청구 등

(2) 특징

① 의무이행심판은 청구기간의 제한을 받지 않으며 집행정지의 대상도 되지 않는다(동법 제27조 제7항).

② 의무이행심판의 인용재결이 있으면 해당 행정청은 재결의 취지에 따른 처분을 해야 한다(동법 제49조 제3항).

③ 해당 행정청이 처분을 하지 않는 때에는 행정심판위원회가 당사자의 신청에 따라 기간을 정해 서면으로 시정을 명하고 그 기간 내에 이행하지 않는 경우에 직접 해당 처분을 할 수 있다(동법 제50조).

〇✕ 문제

01 무효등확인심판에서는 사정재결이 허용되지 않는다. ( )

02 당사자의 신청에 대한 행정청의 부당한 거부처분에 대하여 일정한 처분을 하도록 하는 행정심판의 청구는 현행법상 허용되고 있다. ( )

정답 01 〇 02 〇

④ 의무이행심판은 사정재결이 가능하다(동법 제44조).

[각종 심판의 비교]

구분	취소심판	무효등확인심판	의무이행심판
의의	행정청의 위법 또는 부당한 처분을 취소하거나 변경하는 행정심판	행정청의 처분의 효력 유무 또는 존재 여부를 확인하는 행정심판	당사자의 신청에 대한 행정청의 위법 또는 부당한 거부처분이나 부작위에 대하여 일정한 처분을 하도록 하는 행정심판
청구기간 규정	○	×	• 거부처분에 대한 의무이행심판: ○ • 부작위에 대한 의무이행심판: ×
사정재결	○	×	○
집행정지	○	○	×

---

02 행정심판의 당사자 등

1 심판청구인

1. 의의

심판청구인이란 심판청구의 대상이 되는 처분 등에 불복해 행정심판을 청구하는 자로 처분이 상대방만을 의미하는 것은 아니고 '제3자'도 심판청구인이 될 수 있다. 자연인은 물론 법인도 청구할 수 있으며 법인 아닌 사단·재단도 대표자 또는 관리인이 정해져 있는 경우 그 사단이 재단의 이름으로 행정심판을 청구할 수 있다(동법 제14조).

2. 청구인적격

(1) 개념: 특정의 행정심판에 있어서 청구인으로 행정심판을 청구하고 본안에 관한 재결을 받기에 적합한 자격을 말한다. 행정심판에서는 심판청구의 대상인 특정 처분의 위법·부당 여부의 확정에 관해 법률상 이익을 가지는 자가 정당한 당사자가 된다.

(2) 청구인적격의 요건(동법 제13조)
　① **취소심판**: 처분의 취소 또는 변경을 구할 법률상 이익이 있는 자가 행정심판을 청구할 수 있다(제1항 전단). 다만 취소심판의 경우 처분의 효과가 기간의 경과, 처분의 집행 그 밖의 사유로 인해 소멸된 뒤에도 그 처분의 취소로 회복되는 법률상 이익이 있는 자도 행정심판을 청구할 수 있다(제1항 후단).
　② **무효 등 확인심판**: 처분의 효력 유무 또는 존재 여부에 대한 확인을 구할 법률상 이익이 있는 자가 행정심판을 청구할 수 있다(제2항).
　③ **의무이행심판**: 처분을 신청한 자로서 행정청의 거부처분 또는 부작위에 대해 일정한 처분을 구할 법률상 이익이 있는 자가 행정심판을 청구할 수 있다(제3항).

> **⊘ 더 알아보기**
>
> **법률상 이익**: 원칙적으로 해당 처분 등의 근거 법률에 따라 보호되고 있는 직접적이고 구체적인 이익이어야 하고 공익보호의 결과로 국민 일반이 가지는 추상적·평균적·일반적 이익이나 반사적 이익과 같이 간접적이거나 사실적·경제적 이익까지 포함하는 것은 아니다(대판 1992.12.8, 91누13700). 행정심판청구인이 아닌 제3자라도 당해 행정심판청구를 인용하는 재결로 인하여 권리 또는 법률상 이익을 침해받게 되는 경우에는 그 재결의 취소를 구할 수 있으나, 이 경우 법률상 이익이란 당해 처분의 근거 법률에 의하여 직접 보호되는 구체적인 이익을 말하므로 제3자가 단지 간접적인 사실상 경제적인 이해관계를 가지는 경우에는 그 재결의 취소를 구할 원고적격이 없다(대판 2000.9.8, 98두13072).

(3) 대리인의 선임(국선대리인)

① 청구인은 다음에 해당하는 사람을 대리인으로 선임할 수 있다(동법 제18조 제1항).

ㄱ 법정대리인

ㄴ 청구인의 배우자, 청구인 또는 배우자의 사촌 이내의 혈족

ㄷ 청구인이 법인이거나 청구인능력이 있는 법인이 아닌 사단 또는 재단인 경우 그 소속 임직원

ㄹ 변호사

ㅁ 다른 법률에 따라 심판청구를 대리할 수 있는 사람

ㅂ 그 밖에 행정심판위원회의 허가를 받은 사람

② 청구인은 대리인을 선임해 해당 심판청구에 관한 행위를 대리하게 할 수 있다. 여기서 대리인이란 청구인 또는 피청구인을 위해 대리권의 범위 안에서 자기의 의사에 따라 행정심판에 관한 행위를 하는 사람을 말하며, 이때 그 행위의 효과는 직접 청구인 또는 피청구인에게 귀속되게 된다.

③ 대리인은 청구인을 위해 그 사건에 관한 모든 행위를 할 수 있다. 다만 심판청구를 취하하려면 청구인의 동의를 받아야 하며 이 경우 동의 받은 사실을 서면으로 소명해야 한다(동법 제18조 제3항 및 제15조 제3항). 청구인은 필요하다고 인정할 때에는 대리인을 해임하거나 변경할 수 있다(동법 제18조 제3항 및 제15조 제5항).

④ 국선대리인: 청구인이 경제적 능력으로 인해 대리인을 선임할 수 없는 경우는 다음 중 어느 하나에 해당하는 사람으로 위원회에 심리기일 전까지 '국선대리인'을 선임하여 줄 것을 신청할 수 있다(동법 제18조의2 제1항, 동법 시행령 제16조의2 제1항 및 제2항).

ㄱ 「국민기초생활 보장법」 제2조 제2호에 따른 수급자

ㄴ 「한부모가족지원법」 제5조 및 제5조의2에 따른 지원대상자

ㄷ 「기초연금법」 제2조 제3호에 따른 기초연금 수급자

ㄹ 「장애인연금법」 제2조 제4호에 따른 수급자

ㅁ 「북한이탈주민의 보호 및 정착지원에 관한 법률」 제2조 제2호에 따른 보호대상자

ㅂ 그 밖에 위원장이 경제적 능력으로 인하여 대리인을 선임할 수 없다고 인정하는 사람

⑤ 위원회는 위의 신청에 따른 국선대리인 선정 여부에 대한 결정을 하고, 지체 없이 청구인에게 그 결과를 통지해야 한다(동법 제18조의2 제2항).

3. 청구인의 지위 승계

(1) 당연승계(동법 제16조)

① 행정심판 제기 후 청구인이 사망한 경우, 상속인이나 권리 이익을 승계한 자가 청구인의 지위를 승계한다(제1항).

② 법인인 청구인이 합병에 따라 소멸하였을 때에는 합병 후 존속하는 법인이나 합병에 따라 새로 설립된 법인이 청구인의 지위를 승계한다(제2항).

③ 청구인의 지위를 승계한 자는 그 사유를 증명하는 서면을 첨부하여 행정심판위원회에 신고해야 한다(제3항).

(2) 허가승계(동법 제16조)

① 심판청구 대상 관련 권리이익을 양수한 자는 행정심판위원회의 허가를 받아 청구인의 지위를 승계할 수 있다(제5항).

② 신청인은 위원회가 지위 승계를 허가하지 아니하면 결정서 정본을 받은 날로부터 7일 이내에 행정심판위원회에 이의신청을 할 수 있다(제6항).

4. 선정당사자

(1) 여러 명의 행정심판 청구인이 공동으로 심판청구를 할 때에는 청구인들 중에서 3명이하의 대표자를 선정하거나 위원회가 선정 권고할 수 있다(동법 제15조).

(2) 선정대표자는 다른 청구인들을 위하여 그 사건에 관한 모든 행위를 할 수 있다(동법 제15조 제3항). 다만 심판청구를 취하하려면 다른 청구인들의 동의를 받아야 하며, 이 경우 동의받은 사실을 서면으로 소명하여야 한다(동법 제15조 제3항 단서).

2 피청구인

1. 피청구인 적격(동법 제17조)

행정심판은 처분을 한 행정청(의무이행심판의 경우에는 청구인의 신청을 받은 행정청)을 피청구인으로 하여 청구하여야 한다(제1항 본문). 다만, 심판청구의 대상과 관계되는 권한이 다른 행정청에 승계된 경우에는 권한을 승계한 행정청을 피청구인으로 하여야 한다(제1항 단서).

2. 피청구인의 경정(동법 제17조)

(1) 청구인이 피청구인을 잘못 지정한 경우에는 행정심판위원회는 직권으로 또는 당사자의 신청에 따라 결정으로써 피청구인을 경정할 수 있다(제2항).

(2) 행정심판위원회가 이에 따라 피청구인의 경정결정을 한 때에는 그 결정정본을 당사자(종전의 피청구인과 새로운 피청구인을 포함)에게 송달해야 한다(제3항).

(3) 피청구인의 경정결정이 있는 때에는 종전의 피청구인에 대한 심판청구는 취하되고, 종전의 피청구인에 대한 행정심판이 청구된 때에 새로운 피청구인에 대한 행정심판이 청구된 것으로 본다(제4항).

(4) 행정심판위원회는 행정심판이 청구된 후에 피청구인이 승계된 경우에는 직권으로 또는 당사자의 신청에 따라 결정으로써 피청구인을 경정한다(제5항).

3. 대리인의 선임

(1) 심판청구의 피청구인은 대리인을 선임해 해당 심판청구에 관한 행위를 대리하게 할 수 있다. 피청구인은 다음에 해당하는 자를 대리인으로 선임할 수 있다(동법 제18조 제2항).

㉠ 변호사

　　㉡ 다른 법률에 따라 심판청구를 대리할 수 있는 자

　　㉢ 그 밖에 행정심판위원회의 허가를 받은 자

(2) 대리인은 피청구인을 위해 그 사건에 관한 모든 행위를 할 수 있다. 다만, 심판청구를 취하하려면 청구인의 동의를 받아야 하며 이 경우 동의받은 사실을 서면으로 소명해야 한다(동법 제18조 제3항 및 제15조 제3항).

(3) 대리인을 선정한 당사자는 필요하다고 인정할 때에는 선정대표자를 해임하거나 변경할 수 있다(동법 제18조 제3항 및 제15조 제5항).

③ 심판의 참가

1. 참가인(이해관계자)

(1) 심판결과에 이해관계가 있는 제3자 또는 행정청이 그 사건에 참가하는 것을 심판참가라 하고, 참가하는 그 자를 참가인이라고 한다. 심판참가제도는 이해관계자를 심판절차에 참여시킴으로써 적정하고도 공정한 심리를 도모할 뿐만 아니라 이해관계자의 권익도 보호함을 목적으로 한다.

(2) 이해관계자는 해당 처분 자체에 대해 이해관계가 있는 자는 물론이고, 재결의 내용 여하에 따라 불이익을 받게 될 자도 포함된다. 예를 들어, 공해공장에 대한 규제권의 발동을 구하는 의무이행심판에 있어서 관계 공장주 또는 공매처분의 취소심판에 있어서의 매수자는 이해관계자가 될 수 있다.

(3) 이해관계는 사실상, 경제상이 아닌 '법률상의 이해관계'를 말한다.

2. 신청에 의한 참가(동법 제20조)

(1) 의의: 행정심판의 결과에 이해관계가 있는 제3자나 행정청은 해당 심판청구에 대한 행정심판위원회의 의결이 있기 전까지 그 사건에 대해 심판참가를 할 수 있다(제1항).

(2) 신청: 심판참가를 하려는 자는 참가의 취지와 이유를 적은 참가신청서를 행정심판위원회에 제출해야 한다. 이 경우 당사자의 수만큼 참가신청서 부본을 함께 제출해야 한다(제2항). 행정심판위원회는 참가신청서를 받으면 참가신청서 부본을 당사자에게 송달하고, 기간을 정해 다른 당사자와 다른 참가인에게 제3자의 참가신청에 대한 의견을 제출하도록 할 수 있으며, 당사자와 다른 참가인이 그 기간에 의견을 제출하지 않으면 의견이 없는 것으로 본다(제3항, 제4항).

(3) 허가: 행정심판위원회가 심판참가 신청을 받으면, 허가여부를 결정하고 지체 없이 신청인에게는 결정서 정본을 당사자와 다른 참가인에게는 결정서 등본을 송달해야 한다(제5항).

(4) 이의신청: 신청인은 허가여부에 대한 결정서 정본의 송달을 받은 날부터 7일 이내에 행정심판위원회에 이의신청을 할 수 있다(제6항).

3. 요구에 의한 참가(동법 제21조)

행정심판위원회는 필요하다고 인정하면 그 행정심판 결과에 이해관계 있는 제3자나 행정청에 그 사건 심판에 참가할 것을 요구할 수 있다(제1항). 행정심판참가의 요구를 받은 제3자나 행정청은 지체 없이 그 사건 심판에 참가할 것인지 여부를 행정심판위원회에 통지해야 한다(제2항).

4. 참가인의 지위(동법 제22조)

참가인은 행정심판절차에서 당사자가 할 수 있는 심판절차상의 행위를 할 수 있다(제1항). 당사자가 행정심판위원회에 서류를 제출할 때에는 참가인의 수만큼 부본을 제출해야 하고, 행정심판위원회가 당사자에게 통지를 하거나 서류를 송달할 때에는 참가인에게도 통지하거나 송달해야 한다(제2항).

4 당사자의 권리

1. 위원 · 직원에 대한 기피신청권(동법 제10조)

당사자는 행정심판위원회의 위원에게 공정한 심리 · 의결을 기대하기 어려운 경우 기피신청을 할 수 있다(제2항). 행정심판위원회의 위원장은 기피신청을 받으면 기피여부에 대한 결정을 하고, 지체 없이 신청인에게 결정서 정본을 송달해야 한다(제6항).

2. 보충서면 제출권(동법 제33조)

당사자는 심판청구서 · 보정서 · 답변서 또는 참가신청서에서 주장한 사실을 보충하고 다른 당사자의 주장을 다시 반박하기 위해 필요하면 행정심판위원회에 보충서면을 제출할 수 있다(제1항). 행정심판위원회가 보충서면의 제출기한을 정한 때에는 그 기한 내에 제출해야 한다(제2항).

3. 구술심리신청권

당사자는 행정심판위원회에 구술심리를 신청할 수 있다(동법 제40조 제1항 단서).

4. 증거제출권

당사자는 행정심판위원회에 그의 주장을 뒷받침하는 증거서류나 증거물을 제출할 수 있다(동법 제34조 제1항).

5. 증거조사 신청권

당사자는 그의 주장을 뒷받침하기 위해 필요할 때에는, 행정심판위원회에 당사자 · 관계인 신문, 증거자료의 제출 요구, 감정, 조사 · 검증 등 증거조사를 할 것을 신청할 수 있다(동법 제36조 제1항).

1 개념

행정심판청구를 심리·재결하는 권한을 가진 행정기관으로 행정심판의 객관성과 공정성을 확보하기 위해 상당한 독립성이 보장된 합의제 행정기관이다. 행정심판기관에는 행정심판위원회가 있다. 행정심판위원회는 복수의 위원의 합의로 의사를 정한다는 점에서 합의제기관이고, 또한 국가의사를 행정심판위원회 스스로 결정하고 외부에 표시하는 권한을 갖는다는 점에서 행정청의 성격을 갖는다.

2 행정심판위원회의 설치(동법 제6조)

1. 다음의 행정청 또는 그 소속 행정청(행정기관의 계층구조와 관계없이 그 감독을 받거나 위탁을 받은 모든 행정청을 말하되, 위탁을 받은 행정청은 그 위탁받은 사무에 관하여는 위탁한 행정청의 소속 행정청으로 본다)의 처분 또는 부작위에 대한 행정심판의 청구에 대하여는 다음의 행정청에 두는 행정심판위원회에서 심리·재결한다(제1항).

    ① 감사원, 국가정보원장, 그 밖에 대통령령으로 정하는 대통령 소속기관의 장

    ② 국회사무총장·법원행정처장·헌법재판소사무처장 및 중앙선거관리위원회사무총장

    ③ 국가인권위원회, 그 밖에 지위·성격의 독립성과 특수성 등이 인정되어 대통령령으로 정하는 행정청

2. 다음의 행정청의 처분 또는 부작위에 대한 심판청구에 대하여는 부패방지 및 국민권익위원회의 설치와 운영에 관한 법률에 따른 국민권익위원회에 두는 중앙행정심판위원회에서 심리·재결한다(제2항).

    ① 제1항에 따른 행정청 외의 국가행정기관의 장 또는 그 소속 행정청

    ② 특별시장·광역시장·특별자치시장·도지사·특별자치도지사(특별시·광역시·특별자치시·도 또는 특별자치도의 교육감을 포함한다. 이하 "시·도지사"라 한다) 또는 특별시·광역시·특별자치시·도·특별자치도(이하 "시·도"라 한다)의 의회(의장, 위원회의 위원장, 사무처장 등 의회 소속 모든 행정청을 포함한다)

    ③ 지방자치법에 따른 지방자치단체조합 등 관계 법률에 따라 국가·지방자치단체·공공법인 등이 공동으로 설립한 행정청. 다만, 3.의 ③에 해당하는 행정청은 제외한다.

3. 다음의 행정청의 처분 또는 부작위에 대한 심판청구에 대하여는 시·도지사 소속으로 두는 행정심판위원회에서 심리·재결한다(제3항).

    ① 시·도 소속 행정청

    ② 시·도의 관할구역에 있는 시·군·자치구의 장, 소속 행정청 또는 시·군·자치구의 의회(의장, 위원회의 위원장, 사무국장, 사무과장 등 의회 소속 모든 행정청을 포함한다)

③ 시ㆍ도의 관할구역에 있는 둘 이상의 지방자치단체(시ㆍ군ㆍ자치구를 **말한다**)ㆍ공공법인 등이 공동으로 설립한 행정청

4. 2.의 ①에도 불구하고 대통령령으로 정하는 국가행정기관 소속 특별지방행정기관의 장의 처분 또는 부작위에 대한 심판청구에 대하여는 해당 행정청의 직근 상급행정기관에 두는 행정심판위원회에서 심리ㆍ재결한다(제4항).

3 행정심판위원회의 구성(동법 제7조)

1. 행정심판위원회(중앙행정심판위원회는 제외한다. 이하 이 조에서 같다)는 위원장 1명을 포함하여 50명 이내의 위원으로 구성한다(제1항).

2. 행정심판위원회의 위원장은 그 행정심판위원회가 소속된 행정청이 되며, 위원장이 없거나 부득이한 사유로 직무를 수행할 수 없거나 위원장이 필요하다고 인정하는 경우에는 다음의 순서에 따라 위원이 위원장의 직무를 대행한다(제2항).
   ① 위원장이 사전에 지명한 위원
   ② 제4항에 따라 지명된 공무원인 위원: 2명 이상인 경우에는 직급 또는 고위공무원단에 속하는 공무원의 직무등급이 높은 위원 순서로, 직급 또는 직무등급도 같은 경우에는 위원 재직기간이 긴 위원 순서로, 재직기간도 같은 경우에는 연장자 순서로 한다.

3. 제2항에도 불구하고 시ㆍ도지사 소속으로 두는 행정심판위원회의 경우에는 해당 지방자치단체의 조례로 정하는 바에 따라 공무원이 아닌 위원을 위원장으로 정할 수 있다. 이 경우 위원장은 비상임으로 한다(제3항).

4. 행정심판위원회의 위원은 해당 행정심판위원회가 소속된 행정청이 다음의 어느 하나에 해당하는 사람 중에서 성별을 고려하여 위촉하거나 그 소속 공무원 중에서 지명한다(제4항).
   ① 변호사 자격을 취득한 후 5년 이상의 실무 경험이 있는 사람
   ② 고등교육법 제2조 제1호부터 제6호까지의 규정에 따른 학교에서 조교수 이상으로 재직하거나 재직하였던 사람
   ③ 행정기관의 4급 이상 공무원이었거나 고위공무원단에 속하는 공무원이었던 사람
   ④ 박사학위를 취득한 후 해당 분야에서 5년 이상 근무한 경험이 있는 사람
   ⑤ 그 밖에 행정심판과 관련된 분야의 지식과 경험이 풍부한 사람

5. 행정심판위원회의 회의는 위원장과 위원장이 회의마다 지정하는 8명의 위원(그중 제4항에 따른 위촉위원은 6명 이상으로 하되, 제3항에 따라 위원장이 공무원이 아닌 경우에는 5명 이상으로 한다)으로 구성한다. 다만, 국회규칙, 대법원규칙, 헌법재판소규칙, 중앙선거관리위원회규칙 또는 대통령령(시ㆍ도지사 소속으로 두는 행정심판위원회의

경우에는 해당 지방자치단체의 조례)으로 정하는 바에 따라 위원장과 위원장이 회의마다 지정하는 6명의 위원(그중 제4항에 따른 위촉위원은 5명 이상으로 하되, 제3항에 따라 공무원이 아닌 위원이 위원장인 경우에는 4명 이상으로 한다)으로 구성할 수 있다(제5항).

6. 행정심판위원회는 제5항에 따른 구성원 과반수의 출석과 출석위원 과반수의 찬성으로 의결한다.

7. 행정심판위원회의 조직과 운영, 그 밖에 필요한 사항은 국회규칙, 대법원규칙, 헌법재판소규칙, 중앙선거관리위원회규칙 또는 대통령령으로 정한다.

4 중앙행정심판위원회의 구성(동법 제8조)

1. 중앙행정심판위원회는 위원장 1명을 포함하여 70명 이내의 위원으로 구성하되, 위원 중 상임위원은 4명 이내로 한다(제1항).

2. 중앙행정심판위원회의 위원장은 국민권익위원회의 부위원장 중 1명이 되며, 위원장이 없거나 부득이한 사유로 직무를 수행할 수 없거나 위원장이 필요하다고 인정하는 경우에는 상임위원(상임으로 재직한 기간이 긴 위원 순서로, 재직기간이 같은 경우에는 연장자 순서로 한다)이 위원장의 직무를 대행한다(제2항).

3. 중앙행정심판위원회의 상임위원은 일반직공무원으로서 국가공무원법 제26조의5에 따른 임기제공무원으로 임명하되, 3급 이상 공무원 또는 고위공무원단에 속하는 일반직 공무원으로 3년 이상 근무한 사람이나 그 밖에 행정심판에 관한 지식과 경험이 풍부한 사람 중에서 중앙행정심판위원회 위원장의 제청으로 국무총리를 거쳐 대통령이 임명한다(제3항).

4. 중앙행정심판위원회의 비상임위원은 제7조 제4항의 어느 하나에 해당하는 사람 중에서 중앙행정심판위원회 위원장의 제청으로 국무총리가 성별을 고려하여 위촉한다(제4항).

5. 중앙행정심판위원회의 회의(소위원회 회의는 제외한다)는 위원장, 상임위원 및 위원장이 회의마다 지정하는 비상임위원을 포함하여 총 9명으로 구성한다(제5조).

6. 중앙행정심판위원회는 심판청구사건(이하 "사건"이라 한다) 중 도로교통법에 따른 자동차운전면허 행정처분에 관한 사건(소위원회가 중앙행정심판위원회에서 심리·의결하도록 결정한 사건은 제외한다)을 심리·의결하게 하기 위하여 4명의 위원으로 구성하는 소위원회를 둘 수 있다(제6조).

7. 중앙행정심판위원회 및 소위원회는 각각 제5조 및 제6조에 따른 구성원 과반수의 출석과 출석위원 과반수의 찬성으로 의결한다(제7조).

8. 중앙행정심판위원회는 위원장이 지정하는 사건을 미리 검토하도록 필요한 경우에는 전문위원회를 둘 수 있다(제8조).

9. 중앙행정심판위원회, 소위원회 및 전문위원회의 조직과 운영 등에 필요한 사항은 대통령령으로 정한다(제9조).

5 위원의 제척 · 기피 · 회피(동법 제10조)

1. 위원의 제척 · 기피

(1) 위원회의 위원은 다음의 어느 하나에 해당하는 경우에는 그 사건의 심리 · 의결에서 제척(除斥)된다. 이 경우 제척결정은 위원회의 위원장(이하 "위원장"이라 한다)이 직권으로 또는 당사자의 신청에 의하여 한다(제1항).
  ① 위원 또는 그 배우자나 배우자이었던 사람이 사건의 당사자이거나 사건에 관하여 공동 권리자 또는 의무자인 경우
  ② 위원이 사건의 당사자와 친족이거나 친족이었던 경우
  ③ 위원이 사건에 관하여 증언이나 감정(鑑定)을 한 경우
  ④ 위원이 당사자의 대리인으로서 사건에 관여하거나 관여하였던 경우
  ⑤ 위원이 사건의 대상이 된 처분 또는 부작위에 관여한 경우

(2) 당사자는 위원에게 공정한 심리 · 의결을 기대하기 어려운 사정이 있으면 위원장에게 기피신청을 할 수 있다(제2항).

2. 신청

(1) 위원에 대한 제척신청이나 기피신청은 그 사유를 소명(疏明)한 문서로 하여야 한다. 다만, 불가피한 경우에는 신청한 날부터 3일 이내에 신청 사유를 소명할 수 있는 자료를 제출하여야 한다(제3항).

(2) 제척신청이나 기피신청이 제3항을 위반하였을 때에는 위원장은 결정으로 이를 각하한다(제4항).

(3) 위원장은 제척신청이나 기피신청의 대상이 된 위원에게서 그에 대한 의견을 받을 수 있다(제5항).

(4) 위원장은 제척신청이나 기피신청을 받으면 제척 또는 기피 여부에 대한 결정을 하고, 지체 없이 신청인에게 결정서 정본(正本)을 송달하여야 한다(제6항).

3. 회피

위원회의 회의에 참석하는 위원이 제척사유 또는 기피사유에 해당되는 것을 알게 되었을 때에는 스스로 그 사건의 심리·의결에서 회피할 수 있다. 이 경우 회피하고자 하는 위원은 위원장에게 그 사유를 소명하여야 한다(제7항).

4. 직원에 준용

사건의 심리·의결에 관한 사무에 관여하는 위원 아닌 직원에게도 준용한다(제8항).

6 행정심판위원회의 권한

1. 심리권 및 부수적 권한

행정심판위원회는 심판청구사건을 심리하는 권한을 가지며 심리권을 효율적으로 행사하기 위해 증거조사권, 대표자선정권고권, 청구인의 지위승계허가권, 피청구인경정권, 심판참가허가 및 요구권, 청구의 변경허가권 등을 갖는다.

2. 재결권 및 집행정지결정권 및 집행정지취소결정권 등

행정심판위원회는 심판청구사건에 대해 심리를 마친 후 심판청구에 대해 심리할 권한뿐만 아니라 재결할 권한을 갖는다. 또한 처분에 대해 집행정지를 결정할 수 있으며 집행정지결정을 취소할 수도 있다.

3. 직접처분권

당사자의 신청을 거부하거나 부작위로 방치한 처분의 이행을 명하는 재결이 있으면 행정청은 지체 없이 이전의 신청에 대하여 재결의 취지에 따라 처분을 하여야 한다(동법 제49조 제3항). 그러나 처분을 하지 아니하는 경우에는 당사자가 신청하면 기간을 정하여 서면으로 시정을 명하고 그 기간에 이행하지 아니하면 직접 처분을 할 수 있다. 다만, 그 처분의 성질이나 그 밖의 불가피한 사유로 위원회가 직접 처분을 할 수 없는 경우에는 그러하지 아니하다(동법 제50조 제1항). 위원회는 직접 처분을 하였을 때에는 그 사실을 해당 행정청에 통보하여야 하며, 그 통보를 받은 행정청은 위원회가 한 처분을 자기가 한 처분으로 보아 관계 법령에 따라 관리·감독 등 필요한 조치를 하여야 한다(동법 제50조 제2항).

4. 간접강제권

위원회는 피청구인이 행정심판법 제49조 제2항(제49조 제4항에서 준용하는 경우를 포함한다) 또는 제3항에 따른 처분을 하지 아니하면 청구인의 신청에 의하여 결정으로 상당한 기간을 정하고 피청구인이 그 기간 내에 이행하지 아니하는 경우에는 그 지연기간에 따라 일정한 배상을 하도록 명하거나 즉시 배상을 할 것을 명할 수 있다(동법 제50조의2 제1항). 위원회는 사정의 변경이 있는 경우에는 당사자의 신청에 의하여 제1항에 따른 결정의 내용을 변경할 수 있다(동법 제50조의2 제2항).

1 행정심판청구

1. 심판청구서의 제출

행정심판을 청구하려는 자는 제28조에 따라 심판청구서를 작성하여 피청구인이나 위원회에 제출하여야 한다. 이 경우 피청구인의 수만큼 심판청구서 부본을 함께 제출하여야 한다(동법 제23조 제1항).

(1) 서면주의: 심판청구는 '서면'으로 해야 한다(동법 제28조).

　① 행정심판청구는 엄격한 형식을 요하지 않는 서면주의로 해석한다.

 판례 PLUS

행정심판청구의 서면주의

1. '진정서'라는 제목의 서면 제출이 행정심판청구로 볼 수 있다고 한 사례

비록 제목이 '진정서'로 되어 있고, 재결청의 표시, 심판청구의 취지 및 이유, 처분을 한 행정청의 고지의 유무 및 그 내용 등 행정심판법 제19조 제2항 소정의 사항들을 구분하여 기재하고 있지 아니하여 행정심판청구서로서의 형식을 다 갖추고 있다고 볼 수는 없으나, 피청구인인 처분청과 청구인의 이름과 주소가 기재되어 있고, 청구인의 기명이 되어 있으며, 문서의 기재 내용에 의하여 심판청구의 대상이 되는 행정처분의 내용과 심판청구의 취지 및 이유, 처분이 있은 것을 안 날을 알 수 있는 경우, 위 문서에 기재되어 있지 않은 재결청, 처분을 한 행정청의 고지의 유무 등의 내용과 날인 등의 불비한 점은 보정이 가능하므로 위 문서를 행정처분에 대한 행정심판청구로 보는 것이 옳다고 한 사례(대판 2000.6.9, 98두2621)

2. 행정심판청구의 서면주의

행정심판청구는 엄격한 형식을 요하지 아니하는 서면행위이므로 행정청의 위법·부당한 처분으로 인하여 권리나 이익을 침해당한 사람이 당해 행정청에 그 처분의 취소나 변경을 구하는 취지의 서면을 제출하였다면 서면의 표제나 형식 여하에 불구하고 행정심판청구로 봄이 옳다. 지방자치단체의 변상금부과처분에 대하여 '답변서'란 표제로 토지 점유 사실이 없어 변상금을 납부할 수 없다는 취지의 서면을 제출한 경우, 행정심판청구로 보아야 한다(대판 1999.6.22, 99두2772).

　② 행정심판청구는 서면에 의해야 하며, 구두로 청구하는 것은 허용되지 않는다.

　③ 심판청구서에 기재해야 할 사항(동법 제28조 제2항, 제3항)

　　㉠ 처분에 대한 심판청구

　　　• 청구인의 이름과 주소 또는 사무소(주소 또는 사무소 외의 장소에서 송달받기를 원하면 송달장소를 추가로 기재)

　　　• 피청구인과 행정심판위원회

　　　• 심판청구의 대상이 되는 처분의 내용

　　　• 처분이 있음을 알게 된 날

　　　• 심판청구의 취지와 이유

　　　• 피청구인의 행정심판 고지유무와 그 내용

　　㉡ 부작위에 대한 심판청구

　　　• 청구인의 이름, 주소 또는 사무소(주소 또는 사무소 외의 장소에서 송달받기를 원하면 송달장소를 추가로 기재)

- 피청구인과 행정심판위원회
- 심판청구의 취지와 이유
- 그 부작위의 전제가 되는 신청의 내용과 날짜

ⓒ 청구인이 법인이거나 청구인능력이 있는 법인이 아닌 사단 또는 재단이거나 행정심판이 선정대표자나 대리인에 의해서 청구되는 것일 때에는 위의 사항과 함께 그 대표자, 관리인, 선정대표자나 대리인의 이름과 주소를 적어야 한다(동법 제28조 제4항).

ⓔ 심판청구서에는 청구인, 대표자, 관리인, 선정대표자 또는 대리인이 서명하거나 날인해야 한다(동법 제28조 제5항). 행정심판청구의 필요적 기재사항에 흠결이 있는 경우에는 보정요구를 받을 수 있다(동법 제32조).

(2) 선택적 경유: 개정전에는 피청구인의 처분청 경유가 필요적 절차였으나, 개정후에는 처분청을 거치지 않고 바로 위원회에 심판청구를 할 수 있다.

2. 심판청구서의 접수

(1) 심판청구서 등의 접수 · 처리

① 피청구인이 제23조 제1항, 제2항 또는 제26조 제1항에 따라 심판청구서를 접수하거나 송부받으면 10일 이내에 심판청구서(제23조 제1항, 제2항의 경우만 해당된다)와 답변서를 위원회에 보내야 한다. 다만, 청구인이 심판청구를 취하한 경우에는 그러하지 아니하다(동법 제24조 제1항).

② 처분의 상대방이 아닌 제3자가 심판청구를 한 경우에는 지체 없이 처분의 상대방에게 그 사실을 알려야 한다. 이 경우 심판청구서 사본을 함께 송달하여야 한다(동법 제24조 제2항).

③ 피청구인이 심판청구서를 보낼 때에는 심판청구서에 위원회가 표시되지 아니하였거나(불고지) 잘못 표시된 경우(오고지)에도 정당한 권한이 있는 위원회에 보내야 한다(동법 제24조 제3항).

(2) 피청구인의 직권취소: 제23조 제1항, 제2항 또는 제26조 제1항에 따라 심판청구서를 받은 피청구인은 그 심판청구가 이유 있다고 인정하면 심판청구의 취지에 따라 직권으로 처분을 취소 · 변경하거나 확인을 하거나 신청에 따른 처분을 할 수 있다. 이 경우 서면으로 청구인에게 알려야 한다(동법 제25조 제1항).

3. 행정심판위원회의 처리

위원회는 제23조 제1항에 따라 심판청구서를 받으면 지체 없이 피청구인에게 심판청구서 부본을 보내야 한다(동법 제26조 제1항). 위원회는 제24조 제1항 본문에 따라 피청구인으로부터 답변서가 제출되면 답변서 부본을 청구인에게 송달하여야 한다(동법 제26조 제2항).

2 심판청구의 기간

1. 의의

(1) 행정심판은 처분이 있음을 알게 된 날부터 90일 이내에 청구하여야 한다(동법 제27조 제1항). 또한 처분이 있었던 날부터 180일이 지나면 청구하지 못한다. 다만, 정당한 사유가 있는 경우에는 그러하지 아니하다(동법 제27조 제3항).

(2) 청구기간의 경과여부는 직권조사사항이며, 어느 하나라도 경과되면 부적법 각하된다(동법 제43조 제1항).

✚ 법령 PLUS

행정심판법

제27조(심판청구의 기간) ① 행정심판은 처분이 있음을 알게 된 날부터 90일 이내에 청구하여야 한다.
② 청구인이 천재지변, 전쟁, 사변(事變), 그 밖의 불가항력으로 인하여 제1항에서 정한 기간에 심판청구를 할 수 없었을 때에는 그 사유가 소멸한 날부터 14일 이내에 행정심판을 청구할 수 있다. 다만, 국외에서 행정심판을 청구하는 경우에는 그 기간을 30일로 한다.
③ 행정심판은 처분이 있었던 날부터 180일이 지나면 청구하지 못한다. 다만, 정당한 사유가 있는 경우에는 그러하지 아니하다.
④ 제1항과 제2항의 기간은 불변기간(不變期間)으로 한다.
⑤ 행정청이 심판청구 기간을 제1항에 규정된 기간보다 긴 기간으로 잘못 알린 경우 그 잘못 알린 기간에 심판청구가 있으면 그 행정심판은 제1항에 규정된 기간에 청구된 것으로 본다.
⑥ 행정청이 심판청구 기간을 알리지 아니한 경우에는 제3항에 규정된 기간에 심판청구를 할 수 있다.
⑦ 제1항부터 제6항까지의 규정은 무효등확인심판청구와 부작위에 대한 의무이행심판청구에는 적용하지 아니한다.

2. 처분이 있음을 알게 된 날

(1) 처분이 있음을 알게 된 날이란 당사자가 통지, 공고 그 밖의 방법에 의해 해당 처분이 있음을 현실적 · 구체적으로 알게 된 날을 의미한다(대판 2006.4.28, 2005두14851).
① 서면통지 하는 경우에는 그 서면이 상대방에게 도달한 날을 의미한다.
② 공시송달의 경우는 서면이 상대방에게 도달한 것으로 간주되는 날을 의미한다.
③ 사실행위의 경우에는 그 행위가 있었고 그것이 자기의 권익을 침해하고 있음을 인식하게 된 날을 의미한다.

(2) 다만, 처분을 기재한 서류가 당사자의 주소에 송달되는 등으로 사회통념상 처분이 있음을 당사자가 알 수 있는 상태에 놓여진 때에는 반증이 없는 한 그 처분이 있음을 알았다고 추정된다(대판 1995.12.28, 99두9742).

3. 처분이 있었던 날

(1) 처분이 있었던 날이란 처분이 통지에 따라 외부에 표시되고 그 효력이 발생한 날을 말한다(대판 1977.11.22, 77누195).
① 처분은 송달되어 상대방에게 도달할 때 처분의 효력이 발생한다(동법 제15조 제1항).
② 송달받을 자의 주소 등을 통상의 방법으로 확인할 수 없는 경우나 송달이 불가능한

경우에는 송달받을 자가 알기 쉽도록 관보·공보·게시판·일간신문 중 하나 이상 그리고 인터넷에 공고된다(동법 제14조 제4항).

(2) 고시 또는 공고에 따라 행정처분을 하는 경우에는 고시일 또는 공고일에 그 행정처분이 있었음을 알았던 것으로 보아 청구기간을 기산해야 한다(대판 2000.9.8, 99두11257).

※ 여기서 고시일 또는 공고일이란, 고시 또는 공고의 효력이 발생된 날을 말하며, 처분의 효력은 공고일 부터 14일이 경과된 날에 발생한다(행정절차법 제15조 제3항).

(3) 상대방이 있는 행정처분의 경우에는 특별한 규정이 없는 한 의사표시의 일반적 법리에 따라 행정처분이 상대방에게 고지되어야 효력을 발생하게 된다(대판 2014.9.25, 2014두8254). 그러므로 처분이 있었던 날은 행정청에서 내부적으로 처분이 결정된 때가 아니라 적법 절차에 따라 외부로 표시되거나 상대방에게 송달이 되어 그 효력이 발생한 날을 의미한다.

판례 PLUS

행정심판청구기간 기산점인 "처분이 있음을 안 날"

1. 의미
행정심판청구기간 기산점인 '처분이 있음을 안 날'이라 함은 당사자가 통지·공고 기타의 방법에 의하여 당해 처분이 있었다는 사실을 현실적으로 안 날을 의미하고, 추상적으로 알 수 있었던 날을 의미하는 것은 아니다. 그렇지만, 처분에 관한 서류가 당사자의 주소지에 송달되는 등 사회통념상 처분이 있음을 당사자가 알 수 있는 상태에 놓여진 때에는 반증이 없는 한 그 처분이 있음을 알았다고 추정할 수 있다. 아르바이트 직원이 납부고지서를 수령한 경우, 납부의무자는 그때 부과처분이 있음을 알았다고 추정할 수 있다(대판 1999.12.28, 99두9742).

2. 고시 또는 공고에 의한 처분의 경우: 고시 또는 공고의 효력발생일
통상 고시 또는 공고에 의하여 행정처분을 하는 경우에는 그 처분의 상대방이 불특정 다수인이고 그 처분의 효력이 불특정 다수인에게 일률적으로 적용되는 것이므로, 그 행정처분에 이해관계를 갖는 자가 고시 또는 공고가 있었다는 사실을 현실적으로 알았는지 여부에 관계없이 고시가 효력을 발생하는 날 행정처분이 있음을 알았다고 보아야 한다(대판 2007.6.14, 2004두619).

3. 특정인에 대한 행정처분을 주소불명 등의 이유로 송달할 수 없어 관보 등에 공고한 경우: 현실적으로 안 날
행정소송법 제20조 제1항 소정의 제소기간 기산점인 '처분이 있음을 안 날'이라 함은 당사자가 통지, 공고 기타의 방법에 의하여 당해 처분이 있었다는 사실을 현실적으로 안 날을 의미하는바, 특정인에 대한 행정처분을 주소불명 등의 이유로 송달할 수 없어 관보·공보·게시판·일간신문 등에 공고한 경우에는, 공고가 효력을 발생하는 날에 상대방이 그 행정처분이 있음을 알았다고 볼 수는 없고, 상대방이 당해 처분이 있었다는 사실을 "현실적"으로 "안 날"에 그 처분이 있음을 알았다고 보아야 한다(대판 2006.4.28, 2005두14851).

4. 행정처분의 상대방이 아닌 제3자의 경우
행정처분의 상대방이 아닌 제3자는 일반적으로 처분이 있는 것을 바로 알 수 있는 처지에 있지 아니하므로 처분이 있은 날로부터 180일이 경과하더라도 특별한 사유가 없는 한 구 행정심판법 제18조 제3항 단서 소정의 "정당한 사유"가 있는 것으로 보아 심판청구가 가능하다고 할 것이나, 그 제3자가 어떤 경위로든 행정처분이 있음을 알았거나 쉽게 알 수 있는 등 행정심판법 제18조 제1항 소정의 심판청구기간 내에 심판청구가 가능하였다는 사정이 있는 경우에는 그 때로부터 90일 이내에 행정심판을 청구하여야 한다(대판 1997.9.12, 96누14661).

> **행정심판청구기간 기산점인 "처분이 있은 날"의 의미**
>
> 건축허가처분과 같이 상대방이 있는 행정처분에 있어서는 달리 특별한 규정이 없는 한 그 처분을 하였음을 상대방에게 고지하여야 그 효력이 발생한다고 할 것이어서 위의 행정처분이 있은 날이라 함은 위와 같이 그 행정처분의 효력이 발생한 날을 말한다(대판 1977.11.22, 77누195).

4. 예외적 기간

(1) **90일에 대한 예외**: 청구인이 천재 · 지변 · 전쟁 · 사변이나 그 밖의 불가항력으로 청구기간 내에 심판청구를 할 수 없었을 때에는 그 사유가 소멸한 날부터 14일 이내에 행정심판을 청구하면 된다. 다만, 국외에서는 행정심판을 청구하는 경우에는 30일 이내에 청구를 하면 된다(동법 제27조 제2항).

(2) **180일에 대한 예외**: 행정심판은 정당한 사유가 있는 경우에는 처분이 있었던 날부터 180일을 경과한 후에도 행정심판을 청구할 수 있다(동법 제27조 제3항).

(3) **정당한 사유에 해당하는 사례**: 개별토지가격 결정의 처분이 있음을 모른 경우(대판 1995.8.25, 94누13121)

 판례 PLUS

> **행정심판법 제27조 제3항 단서의 '정당한 사유'에 해당하는 예**
>
> **1. 개별토지가격결정과 같이, 처분의 통지가 없는 경우**
> 개별토지가격결정에 대한 재조사 또는 행정심판의 청구기간은 그 처분의 상대방이 실제로 그 처분이 있음을 안 날로부터 기산하여야 하므로, 개별토지가격합동조사지침 소정의 "개별토지가격이 결정된 날로부터"는 위와 같은 의미로 해석하여야 하고, 시장, 군수 또는 구청장이 상대방에 대하여 별도의 고지절차를 취하지 않는 경우에는 원칙적으로 특별히 그 처분을 알았다고 볼만한 사정이 없는 한 개별토지가격결정에 대한 재조사청구 또는 행정심판청구는 처분이 있은 날로부터 180일 이내에 이를 제기하면 되나, 나아가 개별토지가격결정의 경우에 있어서와 같이 그 처분의 통지가 없는 경우에는 그 개별토지가격결정의 대상토지 소유자가 심판청구기간 내에 심판청구가 가능하였다는 특별한 사정이 없는 한 행정심판법 제18조 제3항 단서 소정의 정당한 사유가 있는 때에 해당한다(대판 1995.8.25, 94누13121).
>
> **2. 제3자효 행정행위의 경우**
> 행정심판법상 심판청구는 처분이 있은 날로부터 180일을 경과하면 제기하지 못한다. 다만, "정당한 사유"가 있는 경우에는 그러하지 아니하다고 규정하고 있는바, 행정처분의 직접 상대방이 아닌 제3자는 특별한 사정이 없는 한 그와 같은 행정처분이 있음을 곧 알 수 없는 처지이므로 위 심판청구의 제척기간 내에 처분이 있음을 알았다는 특별한 사정이 없는 한 위 제척기간의 적용을 배제할 정당한 사유가 있는 때에 해당한다고 볼 수 있다(대판 1989.5.9, 88누5150).

(4) **심판청구기간의 오고지 또는 불고지**

① 행정청은 처분을 하는 경우에 그 처분의 상대방에게 해당 처분에 대하여 행정심판을 청구할 수 있는지의 여부와 행정심판을 청구하는 경우의 심판청구 절차 및 심판청구 기간을 알려야 한다(동법 제58조 제1항).

② 이 경우 행정청이 심판청구 기간을 소정의 기간(처분이 있음을 알게 된 날부터 90일, 이하 같음)보다 긴 기간으로 잘못 알린 경우 그 잘못 알린 기간에 심판청구가 있으면 그 행정심판은 소정의 기간에 청구된 것으로 본다(동법 제27조 제5항).

③ 행정청이 심판청구 기간을 알리지 않은 경우에는 처분이 있었던 날부터 180일 이내에 심판청구를 할 수 있다(동법 제27조 제6항).

5. 기간의 계산방법

(1) 민법의 준용: 행정심판법은 기간의 계산에 관해 특별한 규정을 두지 않고 있으므로 「민법」의 기간계산 방법에 따른다(민법 제155조).

(2) 기간의 기산점: 기간을 일, 주, 월 또는 연으로 정한 때에는 기간의 초일은 산입하지 않는다. 다만, 그 기간이 오전 영시로부터 시작하는 때에는 기간의 초일을 산입한다(민법 제157조).

(3) 기간의 만료점

① 기간을 일, 주, 월 또는 연으로 정한 때에는 기간말일의 종료로 기간이 만료된다(민법 제159조).

② 기간의 말일이 토요일 또는 공휴일에 해당한 때에는 기간은 말일의 다음 날에 만료된다(민법 제161조).

(4) 청구기간 계산의 예: 서면통지 하는 경우에 처분이 있음을 알게 된 날은 그 서면이 상대방에게 도달한 날을 말한다.

① 예를 들어, 처분이 있음을 안 날이 4월 20일이라면, 청구기간의 기산일은 그 다음 날인 4월 21일이 되므로, 90일이 되는 날인 7월 19일까지는 심판청구서를 제출해야 한다.

② 심판청구 기간을 계산할 때에는 피청구인인 행정청 또는 행정심판위원회와 행정기관에 심판청구서가 제출된 때에 행정심판이 청구된 것으로 본다(동법 제23조 제4항).

3 심판청구의 변경 및 취하

1. 청구의 변경(동법 제28조)

(1) 청구인은 행정심판위원회의 의결이 있기 전까지 청구의 기초에 변경이 없는 범위에서 청구의 취지나 이유를 변경할 수 있다(제1항).

예 취소심판을 무효확인심판으로 변경(청구취지의 변경)하거나 처분의 위법을 부당으로 변경(청구이유의 변경)하는 것 등이 있다.

※ 청구의 기초에 변경이 없어야 한다는 것은 현재 제기되어 있는 심판청구에 의해 구제받으려고 하는 청구인의 법률상 이익이 동일해야 함을 의미한다.

(2) 행정심판이 청구된 후에 피청구인인 행정청이 새로운 처분을 하거나 심판청구의 대상인 처분을 변경한 경우에는 청구인은 새로운 처분이나 변경된 처분에 맞추어 청구의 취지나 이유를 변경할 수 있다(제2항).

예 영업허가의 취소처분을 정지처분으로 변경하는 경우이다.

(3) 청구의 변경은 서면으로 신청해야 한다(동법 제29조 제3항).

(4) 행정심판위원회는 청구변경신청서 부본을 피청구인과 참가인에게 송달해야 한다(동법 제4항).

2. 청구변경의 절차와 효과(동법 제29조)

(1) 신청

① 청구의 변경은 서면으로 신청해야 한다. 이 경우 피청구인과 참가인의 수만큼 청구변경신청서 부본을 함께 제출해야 한다(제3항).

② 행정심판위원회는 청구변경신청서 부본을 피청구인과 참가인에게 송달해야 한다(제4항).

(2) 의견제출: 행정심판위원회는 기간을 정해 피청구인과 참가인에게 청구변경 신청에 대한 의견을 제출하도록 할 수 있다. 이때 피청구인과 참가인이 그 기간에 의견을 제출하지 않으면 의견이 없는 것으로 본다(제5항).

(3) 결정

① 행정심판위원회는 청구변경 신청에 대하여 허가할 것인지 여부를 결정하고, 지체 없이 신청인에게는 결정서 정본을, 당사자 및 참가인에게는 결정서 등본을 송달해야 한다(제6항).

② 신청인은 결정서를 송달받은 날부터 7일 이내에 행정심판위원회에 이의신청을 할 수 있다(제7항).

(4) 청구변경의 효과: 청구의 변경 결정이 있으면 처음 행정심판이 청구되었을 때부터 변경된 청구의 취지나 이유로 행정심판이 청구된 것으로 본다(제8항).

3. 심판청구의 취하(동법 제42조)

(1) 행정심판의 청구인은 심판청구의 의결이 있을 때까지 서면으로 심판청구를 취하할 수 있고, 심판청구에 대한 재결이 있기 전까지 사건의 청구를 취하할 수 있다(제1, 2항).

(2) 취하는 심판청구를 철회하는 일방적 의사표시로, 행정심판청구를 취하하면 처음부터 효력이 없었던 것으로 된다.

(3) 행정심판을 취하한 후, 동일한 건으로 행정심판의 재청구 가능하다(단, 심판청구에 대한 재결이 있는 경우 "재심판청구금지원칙"에 따라 재청구 불가).

4 행정심판청구의 효과

1. 집행부정지 원칙

심판청구는 처분의 효력이나 그 집행 또는 절차의 속행(續行)에 영향을 주지 아니한다(동법 제30조 제1항). 다시 말해 행정심판이 제기되어도 행정처분의 효력에는 아무런 영향이 없으며 그 집행 또는 절차의 속행을 정지시키지 않는다는 원칙이다.

2. 집행정지(예외)

(1) 의의: 집행정지제도란 취소소송이 제기된 경우에 처분 등이나 그 집행 또는 절차의 속행으로 인하여 생길 회복하기 어려운 손해를 예방하기 위하여 긴급한 필요가 있다고 인정할 때에 집행정지를 예외적으로 인정하고 있다.

※ 처분의 효력정지는 처분의 집행 또는 절차의 속행을 정지함으로써 그 목적을 달성할 수 있을 때에는 허용되지 아니한다.

(2) 적극적 요건

① 처분 등이 존재할 것: 당사자의 신청에 대한 행정청의 거부처분이나 부작위는 집행정지의 대상이 되지 않는다.

② 본안청구가 계속될 것: 행정심판 청구 제기 전이나 종료된 후에는 집행정지가 인정되지 않는다.

③ 중대한 손해가 생기는 것을 예방할 필요성이 있을 것: 행정소송법상 집행정지 요건인 '회복하기 어려운 손해가 발생할 것'과 구별된다.

④ 긴급한 필요: 재결을 기다릴 만한 시간적 여유가 없어 긴급한 조치가 필요한 때 허용된다.

(3) 소극적 요건: 공공복리에 중대한 영향을 미칠 우려가 있을 때에는 허용되지 아니한다(동법 제30조 제3항).

(4) 입증책임: 적극적 요건은 청구인이 입증하며, 소극적 요건은 피청구인인 행정청이 입증한다.

(5) 집행정지의 효과: 집행정지의 결정이 있게 되면 행정처분이 없었던 원래상태와 같은 상태가 된다. 따라서 정지결정에 위배된 후속행위들은 무효가 된다. 집행정지결정의 효력은 그 주문에 특별한 규정이 없는 한 본안판결이 확정될 때까지 그 효력이 존속하며, 당사자인 신청인과 피신청인뿐만 아니라 관계 행정청과 제3자에게도 효력을 미친다.

(6) 집행정지의 취소: 행정심판위원회는 집행정지를 결정한 후에 집행정지가 공공복리에 중대한 영향을 미치거나 그 정지사유가 없어진 때에는 직권 또는 당사자의 신청으로 집행정지 결정을 취소할 수 있다(동법 제30조 제4항).

 법령 PLUS

행정심판법

제30조(집행정지) ① 심판청구는 처분의 효력이나 그 집행 또는 절차의 속행(續行)에 영향을 주지 아니한다.
② 위원회는 처분, 처분의 집행 또는 절차의 속행 때문에 중대한 손해가 생기는 것을 예방할 필요성이 긴급하다고 인정할 때에는 직권으로 또는 당사자의 신청에 의하여 처분의 효력, 처분의 집행 또는 절차의 속행의 전부 또는 일부의 정지(이하 "집행정지"라 한다)를 결정할 수 있다. 다만, 처분의 효력정지는 처분의 집행 또는 절차의 속행을 정지함으로써 그 목적을 달성할 수 있을 때에는 허용되지 아니한다.
③ 집행정지는 공공복리에 중대한 영향을 미칠 우려가 있을 때에는 허용되지 아니한다.
④ 위원회는 집행정지를 결정한 후에 집행정지가 공공복리에 중대한 영향을 미치거나 그 정지사유가 없어진 경우에는 직권으로 또는 당사자의 신청에 의하여 집행정지 결정을 취소할 수 있다.

⑤ 집행정지 신청은 심판청구와 동시에 또는 심판청구에 대한 제7조 제6항 또는 제8조 제7항에 따른 위원회나 소위원회의 의결이 있기 전까지, 집행정지 결정의 취소신청은 심판청구에 대한 제7조 제6항 또는 제8조 제7항에 따른 위원회나 소위원회의 의결이 있기 전까지 신청의 취지와 원인을 적은 서면을 위원회에 제출하여야 한다. 다만, 심판청구서를 피청구인에게 제출한 경우로서 심판청구와 동시에 집행정지 신청을 할 때에는 심판청구서 사본과 접수증명서를 함께 제출하여야 한다.

⑥ 제2항과 제4항에도 불구하고 위원회의 심리·결정을 기다릴 경우 중대한 손해가 생길 우려가 있다고 인정되면 위원장은 직권으로 위원회의 심리·결정을 갈음하는 결정을 할 수 있다. 이 경우 위원장은 지체 없이 위원회에 그 사실을 보고하고 추인(追認)을 받아야 하며, 위원회의 추인을 받지 못하면 위원장은 집행정지 또는 집행정지 취소에 관한 결정을 취소하여야 한다.

⑦ 위원회는 집행정지 또는 집행정지의 취소에 관하여 심리·결정하면 지체 없이 당사자에게 결정서 정본을 송달하여야 한다.

판례 PLUS

집행정지의 요건

1. 본안소송이 제기되어 계속중일 것
「행정소송법」제23조 제2항은 '취소소송이 제기된 경우에 처분 등이나 그 집행 또는 절차의 속행으로 인하여 생길 회복하기 어려운 손해를 예방하기 위하여 긴급한 필요가 있다고 인정할 때에는 본안이 계속되고 있는 법원은 당사자의 신청 또는 직권에 의하여 처분 등의 효력이나 그 집행 또는 절차의 속행의 전부 또는 일부의 정지를 결정할 수 있다'고 규정하고 있고, 이는 같은법 제38조 제1항의 무효등확인소송의 경우에 준용되고 있으므로, 행정처분에 대한 집행정지는 취소소송 또는 무효확인소송 등 본안소송이 제기되어 계속중에 있음을 그 요건으로 한다(대결 2007.6.15, 2006무89).

2. 본안청구가 적법할 것
행정처분의 효력정지나 집행정지를 구하는 신청사건에 있어서는 행정처분 자체의 적법 여부는 궁극적으로 본안재판에서 심리를 거쳐 판단할 성질의 것이므로 원칙적으로 판단할 것이 아니고, 그 행정처분의 효력이나 집행을 정지할 것인가에 관한「행정소송법」제23조 제2항 소정의 요건의 존부만이 판단의 대상이 된다고 할 것이지만, 나아가 집행정지는 행정처분의 집행부정지원칙의 예외로서 인정되는 것이고 또 본안에서 원고가 승소할 수 있는 가능성을 전제로 한 권리보호수단이라는 점에 비추어 보면 집행정지사건 자체에 의하여도 신청인의 본안청구가 적법한 것이어야 한다는 것을 집행정지의 요건에 포함시켜야 한다(대판 1999.11.26, 99부3).

---

(7) 당사자가 집행정지의 취소신청을 하려는 때에는 집행정지결정 후 심판청구에 대한 위원회나 소위원회의 의결이 있기 전까지 신청의 취지와 원인을 기재한 서면에 심판청구서 사본 및 접수 증명서를 행정심판위원회에 제출해야 한다(동법 제30조 제5항).

3. 임시처분(동법 제31조)

(1) **의의**: 당사자의 신청에 대한 행정청의 거부처분이나 부작위에 대해서는 집행정지의 대상이 되지 않으므로 권리구제가 미흡하다는 문제점이 있어서 2010년 행정심판법의 개정으로 임시처분제도를 신설하였다.

(2) **요건(제1항)**

① 처분 또는 부작위가 위법·부당하다고 상당히 의심되는 경우일 것

② 처분 또는 부작위 때문에 당사자에게 중대한 불이익이나 급박한 위험이 생길 우려가 있을 것

O.X. 문제

01 행정소송법은 집행정지결정에 대한 즉시항고에 관하여 규정하고 있는 반면, 행정심판법에는 집행정지결정에 대한 즉시항고에 관하여 규정하고 있지 아니하다.
( )

정답 01 ○

③ 당사자의 중대한 불이익이나 급박한 위험을 막기 위한 임시 지위를 정할 필요가 있을 것

④ 임시처분이 공공복리에 중대한 영향을 미칠 우려가 없을 것(제2항 및 제30조 제3항)

(3) 임시처분의 신청 및 결정

① 임시처분의 신청

㉠ 당사자가 임시처분을 하려는 때에는 심판청구와 동시에 또는 심판청구에 대한 위원회나 소위원회의 의결이 있기 전까지 신청의 취지와 원인을 기재한 서면을 행정심판위원회에 제출해야 한다(제2항 및 제30조 제5항).

㉡ 행정심판청구서를 피청구인(행정청)에게 제출한 경우, 심판청구와 동시에 임시처분 신청을 할 때에는 심판청구서 사본과 접수증명서를 함께 제출해야 한다(제2항 및 제30조 제5항 단서).

② 임시처분의 결정

㉠ 임시처분의 결정은 행정심판위원회가 한다(제1항).

㉡ 위원장은 행정심판위원회의 심리 · 결정을 기다릴 경우 중대한 불이익이나 급박한 위험이 생길 우려가 있다고 인정되면, 직권으로 행정심판위원회의 심리 · 결정을 갈음하는 결정을 할 수 있다(제2항 및 제30조 제6항 전단).

㉢ 위원장이 직권으로 임시처분을 한 경우에는 행정심판위원회에 그 사실을 보고하고 추인을 받아야 한다. 이 때 행정심판위원회의 추인을 받지 못하면 위원장은 임시처분 또는 임시처분 취소에 관한 결정을 취소해야 한다(제2항 및 제30조 제6항 후단).

③ 보충성: 임시처분은 집행정지로 목적을 달성할 수 있는 경우에는 허용되지 않는다(제3항).

⭐ 법령PLUS

행정심판법

제31조(임시처분) ① 위원회는 처분 또는 부작위가 위법 · 부당하다고 상당히 의심되는 경우로서 처분 또는 부작위 때문에 당사자가 받을 우려가 있는 중대한 불이익이나 당사자에게 생길 급박한 위험을 막기 위하여 임시지위를 정하여야 할 필요가 있는 경우에는 직권으로 또는 당사자의 신청에 의하여 임시처분을 결정할 수 있다.

② 제1항에 따른 임시처분에 관하여는 제30조 제3항부터 제7항까지를 준용한다. 이 경우 같은 조 제6항 전단 중 "중대한 손해가 생길 우려"는 "중대한 불이익이나 급박한 위험이 생길 우려"로 본다.

③ 제1항에 따른 임시처분은 제30조 제2항에 따른 집행정지로 목적을 달성할 수 있는 경우에는 허용되지 아니한다.

1 심리의 의의

분쟁의 대상이 되고 있는 사실관계와 그에 관한 법률관계를 분명히 하기 위해 당사자가 관계자의 주장이나 반대주장을 듣고, 그러한 주장을 정당화시켜 주는 각종의 증거 · 자료를 수집 · 조사하는 일련의 절차를 '심리'라고 한다. 행정심판의 심리는 행정심판위원회가 담당하고 있으며, 행정심판청구서가 행정심판위원회에 제출되거나 회부되면 심리가 시작된다.

2 심리의 기일(동법 제38조)

1. 심리기일의 지정과 변경

(1) **지정**: 행정심판위원회가 직권으로 지정한다(제1항).

(2) **변경**: 심리기일의 변경은 직권으로 또는 당사자의 신청에 따라 변경한다(제2항). 행정심판위원회는 심리기일이 변경되면 지체 없이 그 사실과 사유를 당사자에게 알려야 한다(제3항).

2. 심리기일의 통지

심리기일의 통지나 심리기일 변경의 통지는 서면으로 하거나 심판청구서에 적힌 전화, 휴대전화를 이용한 문자전송, 팩시밀리 또는 전자우편 등 간편한 통지 방법으로 할 수 있다(제4항).

3 심리의 내용

1. 요건심리(형식적 심리, 동법 제32조)

(1) **의의**: 요건심리는 해당 심판청구가 그 청구요건을 갖추고 있는지 여부를 심리하는 것으로서, 심리결과 청구요건을 갖추지 못해 부적법한 경우에는 그 심판청구는 '각하'된다(제1항).

> 예 청구인적격이 없는 자의 심판청구나 심판청구기간이 경과된 후에 청구된 심판청구 등은 부적법한 경우

(2) 심판청구가 적법하지 않으나 보정할 수 있다고 인정되면 행정심판위원회가 기간을 정해 그 보정을 요구할 수 있다. 다만, 경미한 사항은 직권으로 보정할 수 있다(제1항).

① 보정은 서면으로 해야 하며 이 경우 당사자의 수만큼 보정서 부본을 함께 제출해야 한다(제2항).

② 행정심판위원회는 제출된 보정서 부본을 지체 없이 다른 당사자에게 송달해야 한다(제3항).

③ 보정이 있는 경우에는 처음부터 적법하게 행정심판이 청구된 것으로 본다(제4항).

2. 본안심리(실질적 심리)

(1) 의의: 본안심리는 요건심리의 결과 행정심판의 청구가 적법한 것이면 행정처분의 위법·부당여부를 심리하게 된다.

(2) 본안심리의 결과 청구인의 청구가 이유 있는 경우에는 '인용재결'을 하고, 이유가 없는 경우에는 '기각재결'을 한다.

4 심리의 절차

1. 심리의 일반원칙

(1) 대심주의(對審主義): 대립되는 분쟁당사자들의 공격·방어를 통해 심리를 진행하는 제도를 말한다. 행정심판위원회는 청구인과 피청구인에게 공격·방어방법을 제출하게 하고, 제출된 공격·방어방법을 기초로 해 심리하고 있다(동법 제23, 24, 33, 34조).

(2) 직권심리주의(職權審理主義): 직권심리주의는 행정심판위원회가 직권으로 심리를 진행하는 동시에, 필요한 자료를 수집하는 제도를 말한다. 행정심판위원회는 사건을 심리하기 위해 필요하면 당사자가 주장하지 않은 사실에 대해서도 심리할 수 있고, 직권으로 당사자·참고인을 신문할 수 있으며, 전문가에게 감정·검증 등을 요구할 수도 있다(동법 제39, 36조).

(3) 구술심리 또는 서면심리: 행정심판위원회의 심리는 구술심리 또는 서면심리의 방식으로 진행한다(동법 제40조 제1항 본문).

① 구술심리란 구술의 진술을 재결의 기초로 하는 것을 말한다.

② 서면심리란 서면상의 진술만을 재결의 기초로 하는 것을 말한다.

③ 행정심판위원회는 당사자가 구술심리를 신청한 경우 서면심리만으로 결정할 수 있다고 인정되는 경우 이외에는 구술심리를 해야 한다(동법 제40조 제1항 단서).

(4) 비공개주의: 행정심판위원회에서 위원이 발언한 내용 그 밖에 공개할 경우 행정심판위원회의 심리·의결의 공정성을 해할 우려가 있는 사항으로서 다음의 어느 하나에 해당하는 사항은 공개하지 않는다(동법 제41조 및 동법 시행령 제29조).

① 행정심판위원회(소위원회와 전문위원회 포함)의 회의에서 위원이 발언한 내용이 적힌 문서

② 심리 중인 심판청구 사건의 재결에 참여할 위원의 명단

③ ① 및 ②에서 규정한 사항 외에 공개할 경우 행정심판위원회의 심리·재결의 공정성을 해칠 우려가 있다고 인정되는 사항

2. 증거조사의 방식(동법 제36조)

(1) 행정심판위원회는 사건의 심리를 위해 필요할 때에는 직권으로 또는 당사자의 신청에 따라 다음의 방법으로 증거조사를 할 수 있다(제1항).

① 당사자나 관계인(관계 행정기관 소속 공무원 포함, 이하 같음)을 행정심판위원회의 회의에 출석하게 해 신문하는 방법

② 당사자나 관계인이 가지고 있는 문서·장부·물건 또는 그 밖의 증거자료의 제출을 요구하고 영치하는 방법

③ 특별한 학식과 경험을 가진 제3자에게 감정을 요구하는 방법

④ 당사자 또는 관계인의 주소·거소·사업장이나 그 밖의 필요한 장소에 출입해 당사자 또는 관계인에게 질문하거나 서류·물건 등을 조사·검증하는 방법

(2) 행정심판위원회는 필요할 때에는 소속된 행정청의 직원이나 다른 행정기관에 촉탁해 증거조사를 할 수 있다(제2항).

3. 관련 청구의 병합과 분리

행정심판위원회는 수 개의 청구사건이 같은 또는 서로 관련되는 사안에 관해 청구된 것이거나, 또는 동일한 행정청이 행한 유사한 내용의 처분에 관한 것인 때 등 필요하다고 인정될 경우, 심리의 신속성·경제성의 관점에서 이들 사건을 병합해 심리하거나 병합된 관련 청구를 분리해 심리할 수 있다(동법 제37조).

4. 처분사유의 추가, 변경

행정심판절차에서도 처분사유의 추가, 변경이 가능하다.

 판례 PLUS

처분사유의 추가, 변경 법리가 행정심판에서도 적용되는지 여부: 적극

행정처분의 취소를 구하는 항고소송에서 처분청은 당초 처분의 근거로 삼은 사유와 기본적 사실관계가 동일성이 있다고 인정되는 한도 내에서만 다른 사유를 추가 또는 변경할 수 있고, 이러한 기본적 사실관계의 동일성 유무는 처분사유를 법률적으로 평가하기 이전의 구체적 사실에 착안하여 그 기초인 사회적 사실관계가 기본적인 점에서 동일한지에 따라 결정되므로, 추가 또는 변경된 사유가 처분 당시에 이미 존재하고 있었다거나 당사자가 그 사실을 알고 있었다고 하여 당초의 처분사유와 동일성이 있다고 할 수 없다. 그리고 이러한 법리는 행정심판 단계에서도 그대로 적용된다(대판 2014.5.16, 2013두26118).

5. 심판청구의 취하

청구인 또는 참가인은 심판청구에 대한 재결이 있을 때까지 서면으로 심판청구를 취하할 수 있다(동법 제42조 제1, 2항).

1 의의

"재결"이란 행정심판의 청구에 대하여 행정심판위원회가 행하는 판단을 말한다(동법 제2조 제3호). 행정심판위원회의 의사표시로 준법률행위적 행정행위인 확인행위로 기속행위이며 법원의 판결과 비슷하다는 점에서 준사법행위의 성질을 갖는다.

2 절차

1. 재결기간

재결은 행정청 또는 행정심판위원회가 심판청구서를 받은 날부터 60일 이내에 해야 하지만 부득이한 사정이 있는 경우에는 위원장이 직권으로 30일을 연장할 수 있다(동법 제45조 제1항). 부득이한 사정에 따라 재결기간을 연장한 때에는 재결기간이 끝나기 7일 전까지 당사자에게 이를 알려야 한다(동법 제45조 제2항). 행정심판위원회가 심판청구에 대해 보정을 명한 경우, 보정기간은 재결기간에 산입하지 않는다(동법 제32조 제5항).

2. 재결의 방식

(1) **서면주의**: 재결은 서면으로 하며 행정심판위원회는 재결서에 사건번호와 사건명, 당사자·대표자 또는 대리인의 이름과 주소, 주문, 청구의 취지, 이유, 재결의 날짜 등의 사항을 적어야 한다(동법 제46조 제2항).

(2) **재결의 이유**: 재결서에는 이유를 기재해야 하며(동법 제46조 제2항 제5호), 재결서에 적는 이유에는 주문 내용이 정당하다는 것을 인정할 수 있는 정도의 판단을 표시해야 한다(동법 제46조 제3항).

3. 재결의 범위

위원회는 심판청구의 대상이 되는 처분 또는 부작위 외의 사항에 대하여는 재결하지 못하며, 위원회는 심판청구의 대상이 되는 처분보다 청구인에게 불리한 재결을 하지 못한다(동법 제47조).

4. 재결의 송달과 공고

(1) **재결의 송달**: 재결이 행해진 경우 행정심판위원회는 지체 없이 당사자에게 재결서의 정본을 송달해야 하고, 청구인에게 송달되었을 때에 재결의 효력이 발생한다(동법 제48조 제1, 2항). 심판청구 참가인에게도 재결서의 등본이 송달되며, 처분의 상대방이 아닌 제3자가 심판청구를 한 경우 제3자에게도 재결서의 등본이 송달된다(동법 제48조 제3, 4항).

(2) **공고**: 법령의 규정에 따라 공고하거나 고시한 처분이 재결로써 취소되거나 변경되면 처분을 한 행정청은 지체 없이 그 처분이 취소 또는 변경되었다는 것을 공고하거나 고시해야 한다(동법 제49조 제5항).

O X 문제

01 행정심판은 행정의 자기통제절차이므로 심판청구의 대상이 되는 처분보다 청구인에게 불리한 재결을 하는 것도 가능하다. ( )

정답 01 ×(→불리한 재결은 불가)

(3) **통지**: 법령의 규정에 따라 처분이 상대방 외의 이해관계인에게 통지된 처분이 재결로써 취소되거나 변경되면 처분을 한 행정청은 지체 없이 그 이해관계인에게 그 처분이 취소 또는 변경되었다는 것을 알려야 한다(동법 제49조 제6항).

3 재결의 종류

1. 각하재결

(1) **의의**: 심판청구의 요건심리의 결과 그 청구요건이 갖추어져 있지 않아 적법하지 않은 청구라는 이유로 본안심리를 거부하는 행정심판위원회의 판단을 말한다(동법 제43조 제1항).

(2) 재결서의 주문은 '이 사건 심판청구를 각하한다'로 표현한다.

(3) **심판청구가 부적법하여 각하되는 경우**
　① 심판청구를 할 수 없는 자가 심판청구를 한 때
　② 심판청구의 대상이 행정처분에 해당하지 않을 때
　③ 심판청구기간이 경과한 후에 청구된 때
　④ 심판청구의 필요적 기재사항에 불비가 있는 때
　⑤ 심판청구서에 대표자·관리인 또는 대리인의 자격을 증명하는 서면이 첨부되어 있지 않은 때

(4) 다만, 심판청구서의 기재사항을 빠뜨리거나 대표자 등의 자격증명서면을 첨부하지 않은 경우에는 요건을 보정하는 것이 가능하고, 보정이 있는 경우에는 처음부터 적법하게 행정심판이 청구된 것으로 본다(동법 제32조 제1, 4항).

2. 기각재결

(1) **의의**: 본안심리를 한 후 청구인이 신청한 내용을 받아들이지 않고 행정청이 했던 원래의 처분을 그대로 유지시키기로 하는 행정심판위원회의 판단이다(동법 제43조 제2항).

(2) 재결서의 주문은 '청구인의 청구를 기각한다'로 표현한다.

3. 인용재결(동법 제43조)

(1) **의의**: 피청구인의 처분이나 부작위가 위법 또는 부당함을 인정해 청구인이 신청한 내용을 받아들이는 행정심판위원회의 판단이다(제3, 4, 5항).

(2) **종류**: 인용재결은 행정심판의 청구에 따라, 취소·변경·재결, 무효등확인재결, 의무이행재결로 나누어진다.

(3) **취소·변경재결**
　① 취소·변경재결은 행정심판위원회가 취소심판의 청구가 이유 있다고 인정하는 때에 처분을 취소 또는 변경하거나 처분청에게 취소 또는 변경할 것을 명하는 재결이다(제3항).

② 재결서의 주문은 '피청구인이 2015. 1. 1. 청구인에게 한 △△처분은 이를 취소한다' 또는 '피청구인이 2015. 5. 20. 청구인에게 한 △△처분은 이를 3월의 △△정지처분으로 변경한다'로 표현된다.

(4) 무효등확인재결

① 무효등확인재결이란 무효등확인심판의 청구가 이유 있다고 인정할 때 해당처분의 효력의 유무 또는 존재 여부를 확인하는 재결이다(제4항).
② 재결서의 주문은 '피청구인이 2004. 7. 16. 청구인에게 한 2004. 5. 16. 자 △△처분은 이를 무효임을 확인한다'로 표현된다.

(5) 의무이행재결

① 의무이행재결이란 의무이행심판청구가 이유 있다고 인정해 그 부작위의 바탕이 된 신청에 따른 처분을 하거나 하도록 명하는 재결이다(제5항).
② 재결서의 주문은 '피청구인은 청구인이 정보공개이행을 청구한 정보 중 △△을 공개하라'로 표현된다.

4. 사정재결(동법 제44조)

(1) **의의**: 심판청구가 이유 있다고 인정되는 경우에도 이를 인용하는 것이 공공복리에 크게 위배될 때에 그 심판청구를 기각하는 재결을 말한다(제1항 본문).

(2) 사정재결은 취소심판과 의무이행심판에만 적용되며 무효등확인심판에는 적용되지 않는다(제3항).

(3) 사정재결을 하는 경우, 행정심판위원회는 해당 처분이나 부작위의 위법·부당함을 확정함으로써 행정상 손해배상청구 등을 쉽게 할 수 있도록 재결의 주문에서 그 처분이나 부작위가 위법 또는 부당한 것임으로 명시한다(제1항 단서).

(4) 재결서의 주문은 '청구인의 청구를 기각한다. 다만, 피청구인이 2005. 2. 3. 청구인에게 한 △△처분은 위법하다'로 표현된다.

(5) 행정심판위원회는 사정재결을 할 때에 청구인에 대해 상당한 구제방법을 취하거나 피청구인에게 상당한 구제방법을 취할 것을 명할 수 있다(제2항).
   ※ 상당한 구제방법이란 원칙적으로 사정재결로 인해 청구인이 받는 피해 전체이며, 금전을 통한 배상 또는 피해제거시설의 설치 등 다른 적절한 방법 등을 말한다.

4 재결의 효력

1. 기속력

(1) **의의**: 기속력이란 심판청구의 당사자인 행정청과 관계 행정청이 재결의 취지에 따르도록 하는 효력을 말한다. 재결은 피청구인인 행정청과 그 밖의 관계 행정청을 기속한다(동법 제49조 제1항).

(2) 반복금지의무(소극적 의무): 행정청은 재결에 기속되므로 처분청은 처분을 취소하는 재결이 있는 경우 재결의 취지에 반하는 처분을 다시 해서는 안 된다. 즉, 동일한 사정 아래에서는 같은 내용의 처분을 되풀이해서는 안 된다.

(3) 재처분의무(적극적 의무)

① 의의: 재결에 의하여 취소되거나 무효 또는 부존재로 확인되는 처분이 당사자의 신청을 거부하는 것을 내용으로 하는 경우에는 그 처분을 한 행정청은 재결의 취지에 따라 다시 이전의 신청에 대한 처분을 해야 한다(동법 제49조 제2항).

② 직접강제의 경우: 인용재결이 있으면 피청구인인 행정청을 비롯한 관계행정청은 재결의 내용에 따라 처분을 취소·변경해야 할 의무를 지게 되며, 당사자의 신청을 거부하거나 부작위로 방치한 처분의 이행을 명하는 재결이 있는 경우에는 행정청은 지체 없이 그 재결의 취지에 따라 다시 이전의 신청에 대한 처분을 해야 한다(동법 제49조 제3항).

③ 간접강제의 경우: 위원회는 피청구인이 위의 처분을 하지 않으면 청구인의 신청에 의하여 결정으로 상당한 기간을 정하고 피청구인이 그 기간 내에 이행하지 않는 경우에는 그 지연기간에 따라 일정한 배상을 하도록 명하거나 즉시 배상을 할 것을 명할 수 있다(동법 제50조의2 제1항).

(4) 결과제거의무: 행정심판에서 처분의 취소재결 또는 무효재결이 있으면 행정청이 해당 처분과 관련해 행한 후속처분이나 사실상의 조치 등에 기한 법률관계·사실관계는 위법한 것이 되므로, 행정청은 이를 원상으로 회복할 의무를 진다.

예 건물의 철거명령이 취소되면 행정청은 이 처분을 전제로 한 계고처분을 취소해야 함

(5) 기속력의 위반

① 반복금지의무에 위반: 반복금지의무에 위반해 동일한 내용의 처분을 다시 한 경우 이러한 처분은 그 하자가 중대명백하여 무효이다.

② 재처분의무에 위반(직접처분, 동법 제50조)

㉠ 피청구인인 행정청이 재결에 따른 처분을 하지 않는 경우, 행정심판위원회는 당사자가 신청하면 기간을 정해 서면으로 시정을 명하고 그 기간에 이행하지 않으면 직접 처분을 할 수 있다. 다만, 그 처분의 성질이나 그 밖의 불가피한 사유로 행정심판위원회가 직접 처분을 할 수 없는 경우는 그렇지 않다(제1항).

㉡ 행정심판위원회가 직접 처분을 한 경우, 피청구인인 행정청은 행정심판위원회가 한 처분을 해당 행정청이 한 것으로 보아, 관계 법령에 따라 관리·감독 등 필요한 조치를 해야 한다(제2항).

✚ 판례PLUS

재결의 기속력 범위

1. 기속력의 적용범위: 기본적 사실관계의 동일성 범위 내

[1] 행정심판법 제37조가 정하고 있는 재결은 당해 처분에 관하여 재결주문 및 그 전제가 된 요건사실의 인정과 판단에 대하여 처분청을 기속하므로, 당해 처분에 관하여 위법한 것으로 재결에서 판단된 사유와 기본적 사실관계에 있어 동일성이 인정되는 사유를 내세워 다시 동일한 내용의 처분을 하는 것은 허용되지 않는다(대판 2003.4.25, 2002두3201).

2. 형성력

(1) **의의**: 형성력이란 행정심판위원회에서 처분을 취소 또는 변경하는 재결을 한 경우, 피청구인인 행정청에 의한 별도의 처분을 기다릴 필요 없이 재결의 내용에 따라 행정상 법률관계에 변동이 생기는 효력을 말한다.

(2) **특징**: 대세적 효력(제3자효)이 인정되며, 기속력의 경우와 마찬가지로 인용재결에서 인정되지만 모든 인용재결에 인정되는 것은 아니고 취소·변경재결, 처분재결에 발생한다.

① 형성력의 경우에도 기속력의 경우와 마찬가지로 인용재결에서 인정된다. 다만, 인용재결 중 형성재결에서 인정된다.

② 형성재결이 있으면 처분청의 별도의 의사표시가 없이도 당연히 처분의 효력은 발생, 변경, 소멸하게 된다.

③ 형성력은 기속력과는 달리 행정심판법상 명문의 규정은 없다. 해석상 인정되는 개념이다.

④ 형성력은 제3자에 대해서까지 효력이 미치는데 이를 대세적 효력이라고도 한다.

 판례 PLUS

3. 불가쟁력

(1) 일정한 사유가 존재하면 행정행위의 상대방은 쟁송절차에서 그 행정행위의 효력을 다툴 수 없게 되는데, 이를 불가쟁력이라고 한다. 행정심판위원회의 재결은, 재결 그 자체에 위법이 있는 경우 그에 대한 행정소송을 제기할 수 있으나, 그 제소기간이 경과하면 더 이상 재결의 효력을 다툴 수 없게 된다.

(2) 행정심판청구가 있는 경우에 행정소송은 행정심판의 재결서 정본을 송달받은 날부터 90일, 재결이 있은 날로부터 1년 이내에 제기해야 한다(동법 제20조).

4. 불가변력

(1) 일부의 행정행위는 처분청 스스로 그 내용에 구속되어 더 이상 직권으로 취소·변경할 수 없는데, 행정행위의 이러한 효력을 불가변력이라고 한다.

(2) 행정심판위원회의 재결은 쟁송절차에 따른 판단행위이기 때문에 일단 재결이 행해진 이상 행정심판위원회 스스로도 이를 취소·변경할 수 없다.

5. 공정력

(1) 의의: 공정력이란 행정행위에 하자가 있더라도 당연무효가 아닌 한 권한 있는 기관에 의하여 취소될 때까지는 잠정적으로 유효한 것으로 통용되는 효력이다(대판 1993.11.9, 93누14271).

(2) 행정심판위원회의 재결은 행정처분의 일종으로서 공정력을 가진다.

5 재결에 대한 불복

1. 재심판청구 금지

심판청구에 대한 재결이 있는 경우에는 해당 재결 및 같은 처분 또는 부작위에 대해 다시 행정심판을 청구할 수 없다(동법 제51조).

2. 재결취소소송

(1) 재결 그 자체에 고유한 위법이 있는 경우에 한해 재결취소소송을 제기할 수 있다(행정소송법 제19조 단서). 재결취소소송은 재결(처분)이 있음을 안 날로부터 90일 이내, 재결이 있은 날로부터 1년 이내에 제기해야 한다(행정소송법 제20조).

(2) 원처분중심주의: 취소소송은 원칙적으로 행정청의 원처분을 대상으로 한다. 따라서 행정심판위원회의 재결은 예외적으로 '재결 자체에 고유한 위법이 있는 경우에 한해' 제기할 수 있다(행정소송법 제19조 단서).

※ 고유한 위법이 있는 경우가 아니라면 '각하'해야 한다는 견해도 있지만 다수설과 판례는 '기각'을 주장한다.

OX 문제

01 재결취소소송에 있어서 재결 자체의 고유한 위법은 재결의 주체, 절차 및 형식상의 위법만을 의미하고, 내용상의 위법은 이에 포함되지 않는다 ( )

정답 01 ×(→포함된다)

판례PLUS

재결에 대한 불복

1. 재결취소소송에 있어 재결 자체에 고유한 위법이 없는 경우 법원이 취할 조치: 기각

① 행정소송법 제19조는 취소소송은 행정청의 원처분을 대상으로 하되(원처분주의), 다만 "재결 자체에 고유한 위법이 있음을 이유로 하는 경우"에 한하여 행정심판의 재결도 취소소송의 대상으로 삼을 수 있도록 규정하고 있으므로 재결취소소송의 경우 재결 자체에 고유한 위법이 있는지 여부를 심리할 것이고, 재결 자체에 고유한 위법이 없는 경우에는 원처분의 당부와는 상관없이 당해 재결취소소송은 이를 기각하여야 한다. → 각하 ×

② 행정심판법 제39조가 심판청구에 대한 재결에 대하여 다시 심판청구를 제기할 수 없도록 규정하고 있으므로, 이 재결에 대하여는 바로 취소소송을 제기할 수 있다(대판 1994.1.25, 93누16901).

2. 처분이나 재결이 불복기간의 경과로 확정된 경우 확정력의 의미

행정처분이나 행정심판 재결이 "불복기간의 경과"로 인하여 확정될 경우 확정력은 처분으로 인하여 법률상 이익을 침해받은 자가 처분이나 재결의 효력을 더 이상 다툴 수 없다는 의미일 뿐 판결에 있어서와 같은 기판력이 인정되는 것은 아니어서 처분의 기초가 된 사실관계나 법률적 판단이 확정되고 당사자들이나 법원이 이에 기속되어 모순되는 주장이나 판단을 할 수 없게 되는 것은 아니다(대판 1993.4.13, 92누17181).

제3자효 행정행위의 행정심판청구 인용재결에 대한 취소소송에서의 소의 이익

이른바 복효적 행정행위, 특히 제3자효를 수반하는 행정행위에 대한 행정심판청구에 있어서 그 청구를 "인용"하는 내용의 재결로 인하여 비로소 권리이익을 침해받게 되는 자, 예컨대 제3자가 행정심판청구인인 경우의 행정처분 상대방 또는 행정처분 상대방이 행정심판청구인인 경우의 제3자는 재결의 당사자가 아니라고 하더라도 그 "인용재결의 취소"를 구하는 소를 제기할 수 있으나, 그 인용재결로 인하여 새로이 어떠한 권리이익도 침해받지 아니하는 자인 경우에는 그 재결의 취소를 구할 소의 이익이 없다(대판 1995.6.13, 94누15592).

---

6 조정(동법 제43조의2)

1. 의의

조정이란 양 당사자 간의 합의가 가능한 사건인 경우 행정심판위원회가 개입·조정하는 절차를 통하여 갈등을 조기에 해결하는 제도이다. 위원회의 일방적 결정보다 청구인의 입장을 충분히 고려한 재결을 내릴 수 있고, 또한 피청구인의 탄력적인 행정운영에도 기여한다.

2. 허용범위

(1) 위원회는 당사자의 권리 및 권한의 범위에서 당사자의 동의를 받아 심판청구의 신속하고 공정한 해결을 위하여 조정을 할 수 있다.

(2) 조정이 공공복리에 적합하지 아니하거나 해당 처분의 성질에 반하는 경우에는 조정할 수 없다.

(3) 적용영역

① 행정법규 위반에 대한 제재처분의 변경 등

② 징계처분의 감경 등

③ 거부처분·부작위에 대해 원래 신청된 내용보다 축소된 처분으로 변경 등

OX문제

01 행정심판위원회는 조정을 할 수 없다.
( )

정답 **01** ×(→조정 가능)

3. 조정의 개시

(1) 조정은 위원회가 직권으로 개시한다.

(2) 현행법상 당사자의 '조정신청권'은 인정되지 않는다.

(3) 조정절차 진행에 관한 당사자의 동의에 위원회가 조정절차로 진행한다는 취지를 결정하고 이를 당사자와 참가자에게 통지한다(서면 또는 간이통지방법으로 송달하여 원활한 진행 도모).

(4) 위원회의 조정개시 결정권한을 위원장에 위임하는 근거를 두어, '위원장'이 조정절차를 신속하게 개시할 수 있도록 하였다.

4. 조정의 성립과 효력

(1) 성립: 당사자가 합의한 사항을 조정서에 기재한 후 당사자가 서명 또는 날인하고 위원회 확인함으로써 성립한다.

(2) 성립한 조정에 관하여는 재결과 동일한 효력이 인정하고 있으며, 피청구인은 조정 내용에 따라 청구인에게 일정한 처분을 해야할 의무를 부담한다.

7 행정심판의 고지

1. 개념 및 법적 성질

(1) 개념: 행정청이 처분을 함에 있어서 행정처분의 상대방에게 행정심판을 제기하는 데 필요한 사항을 미리 알려주는 것을 말한다. 이는 행정의 민주화와 합리화를 가능하도록 하며, 행정심판제도의 이용을 용이하게 하여 권익보호에 기여한다.

(2) 법적 성질: 불복청구에 필요한 사항을 알려주는 비권력적 사실행위로 고지 자체는 아무런 법적 효과를 발생하지 않기 때문에 행정쟁송의 대상이 되는 처분이 아니다.

2. 법적 근거

행정심판법 제58조, 행정절차법 제26조, 공공기관의 정보공개에 관한 법률 제13조 4항에 규정되어 있다. 행정절차법은 직권고지만 규정하고 있으며 고지의무를 이행하지 않은 경우 제재에 대해 규정하고 있지 않다는 점에서 행정심판법의 고지 규정과 구별된다. 즉 오고지·불고지에 대해서 행정심판법에서만 규정하고 있다.

➕ 법령 PLUS

행정심판법

제58조(행정심판의 고지) ① 행정청이 처분을 할 때에는 처분의 상대방에게 다음 각 호의 사항을 알려야 한다.
   1. 해당 처분에 대하여 행정심판을 청구할 수 있는지
   2. 행정심판을 청구하는 경우의 심판청구 절차 및 심판청구 기간
② 행정청은 이해관계인이 요구하면 다음 각 호의 사항을 지체 없이 알려 주어야 한다. 이 경우 서면으로 알려 줄 것을 요구받으면 서면으로 알려 주어야 한다.
   1. 해낭 처분이 행정심판의 대상이 되는 처분인지
   2. 행정심판의 대상이 되는 경우 소관 위원회 및 심판청구 기간

행정절차법

제26조(고지) 행정청이 처분을 할 때에는 당사자에게 그 처분에 관하여 행정심판 및 행정소송을 제기할 수 있는지 여부, 그 밖에 불복을 할 수 있는지 여부, 청구절차 및 청구기간, 그 밖에 필요한 사항을 알려야 한다.

공공기관의 정보공개에 관한 법률

제13조(정보공개 여부 결정의 통지) ④ 공공기관은 제11조에 따라 정보의 비공개 결정을 한 경우에는 그 사실을 청구인에게 지체 없이 문서로 통지하여야 한다. 이 경우 비공개 이유와 불복(不服)의 방법 및 절차를 구체적으로 밝혀야 한다.

3. 고지의 유형

(1) **직권에 의한 고지**: 행정청이 당사자의 신청을 전제로 하지 않고 고지해야 하는 경우로 서면에 의한 처분뿐만 아니라 구두에 의한 처분도 포함된다고 볼 수 있으며 처분에 관하여 행정심판을 제기할 수 있는지 여부, 심판청구절차, 청구기간 등이 고지의 내용이다.

(2) **청구(신청)에 의한 고지**: 행정청은 이해관계인이 요구하면 해당 처분이 행정심판의 대상이 되는 처분인지와 행정심판의 대상이 되는 경우 소관 위원회 및 심판청구 기간을 지체 없이 알려 주어야 한다. 이 경우 서면으로 알려 줄 것을 요구받으면 서면으로 알려 주어야 한다.

4. 고지의무 위반과 행정처분의 효과

행정심판법상 고지의무를 위반한 경우에 행정처분의 효력에 영향을 미치는지가 문제된다. 판례는 행정심판법상 고지규정은 행정처분 자체에 수반되는 절차가 아니므로 행정처분의 효력에 영향을 미치지 않는다고 판시하였다(고지제도와 행정처분의 효력은 별개). 불고지나 오고지의 경우에도 당해처분이 위법하게 되는 것은 아니다.

➕ **판례 PLUS**

고지의무 위반 관련 판례

1. 자동차운수사업법 제31조 등의 규정에 의한 교통부령 사업면허의 취소 등의 처분에 관한 규칙 제7조 제3항에 따른 고지의무의 불이행과 면허취소처분의 하자유무: 소극
자동차운수사업법 제31조 등의 규정에 의한 교통부령 사업면허의 취소 등의 처분에 관한 규칙 제7조 제3항의 고지절차에 관한 규정은 행정처분의 상대방이 그 처분에 대한 행정심판의 절차를 밟는데 있어 편의를 제공하려는데 있으며, 처분청이 위 규정에 따른 고지의무를 이행하지 아니하였다고 하더라도 경우에 따라서는 행정심판의 제기기간이 연장될 수 있는 것에 그치고 이로 인하여 심판의 대상이 되는 행정처분에 어떤 하자가 수반된다고 할 수 없다(대판 1987.11.24, 87누529).

2. 도로관리청이 도로점용료 상당 부당이득금의 징수고지서를 발부하면서 이의제출기간을 고지하지 않은 경우의 이의제출기간: 처분일로부터 180일
도로점용료 상당 부당이득금의 징수 및 이의절차를 규정한 지방자치법에서 이의제출기간을 행정심판법 제18조 제3항 소정기간 보다 짧게 정하였다고 하여도 같은 법 제42조 제1항 소정의 고지의무에 관하여 달리 정하고 있지 아니한 이상 도로관리청인 피고가 이 사건 도로점용료 상당 부당이득금의 징수고지서를 발부함에 있어서 원고들에게 이의제출기간 등을 알려주지 아니하였다면 원고들은 지방자치법상의 이의제출기간에 구애됨이 없이 행정심판법 제18조 제6항, 제3항의 규정에 의하여 징수고지처분이 있는 날로부터 180일 이내에 이의를 제출할 수 있다고 보아야 할 것이다(대판 1990.7.10, 89누6839).

◯✕ 문제

01 행정심판법상의 고지제도에는 직권에 의한 고지와 신청에 의한 고지가 있다. ( )

02 행정심판법상의 고지에서 신청에 의하여 고지하는 경우 해당 처분이 행정심판의 대상이 되는 처분인지에 대하여 고지하여야 한다. ( )

03 행정청이 처분을 하면서 행정절차법에 따른 행정심판 절차에 대한 고지 규정을 위반하였다고 하여 그러한 사유만으로 행정심판의 대상이 되는 행정처분이 위법하다고 할 수는 없다. ( )

정답 01 ◯ 02 ◯ 03 ◯

3. **토지수용재결서정본을 송달함에 있어 이의신청기간을 알리지 않은 경우 행정심판법 제18조 제6항이 적용되는지 여부: 적극**

　토지수용법 제73조 및 제74조의 각 규정을 보면 수용재결에 대한 이의신청기간을 재결서정본송달일로부터 1월로 규정한 것 외에는 행정심판법 제42조 제1항 및 같은 법 제18조 제6항과 다른 내용의 특례를 규정하고 있지 않으므로, 재결서정본을 송달함에 있어서 상대방에게 이의신청기간을 알리지 않았다면 행정심판법 제18조 제6항의 규정에 의하여 같은 조 제3항의 기간 내에 이의신청을 할 수 있다고 보아야 할 것이다(대판 1992.6.9, 92누565).

4. **국세청장이 조세범처벌절차법 제16조에 의한 보증금을 교부하지 않기로 하는 처분을 함에 있어서, 상대방에게 행정불복의 방법을 고지할 의무가 있는지 여부: 소극**

　국세기본법 제56조 제1항은 "제55조에 규정하는 처분에 대하여는 행정심판법의 규정을 적용하지 않는다"고 규정하고 있으므로, 국세청장이 같은 법 제55조에 규정하는 처분인, 조세범처벌절차법 제16조에 의한 보상금을 교부하지 않기로 하는 처분을 함에 있어서, 행정심판법 제42조 제1항에 따라 그 상대방에게 행정불복의 방법을 고지할 의무는 없다고 할 것이고 국세기본법 제60조나 같은법시행령 제48조에 의하더라도 국세청장이 위 처분을 함에 있어 상대방에게 불복방법을 통지할 의무가 있는 것으로 해석되지 아니한다(대판 1992.3.31, 91누6016).

CHAPTER

03 행정소송

01 행정소송 개관

1 행정소송의 의의 및 특징

1. 의의

행정소송은 공법상의 법률관계에 관한 분쟁을 법원에 의해 해결하기 위한 정식의 행정쟁송절차로, 그 내용에 따라 항고소송, 당사자소송, 민중소송 및 기관소송으로 구분할 수 있다. 항고소송과 당사자소송은 국민의 개인적 권리이익의 보호를 목적으로 하는 소송이고, 민중소송과 기관소송은 객관적인 법질서를 적정하게 유지하기 위한 소송이다.

2. 특징

(1) 행정소송의 기능: 행정소송법은 행정소송절차를 통하여 행정청의 위법한 처분 그 밖에 공권력의 행사·불행사 등으로 인한 국민의 권리 또는 이익의 침해를 구제하고, 공법상의 권리관계 또는 법적용에 관한 다툼을 적정하게 해결함을 목적으로 한다고 규정하고 있다(행정소송법 제1조). 즉, 행정소송의 기능으로 국민의 권리구제와 행정통제기능을 들 수 있다.

(2) 행정소송의 특징

① **원칙적 변론주의에 직권주의 가미**: 행정소송의 대상은 공익에 관계되는 사항이므로 행정소송의 심리에 있어서는 민사소송과는 달리 사실의 주장과 증거를 제출하는 책임을 당사자에게만 지우지 않고 법원이 직권으로도 증거조사를 할 수 있으며, 당사자가 주장하지 않는 사실에 관해서도 판단할 수 있다.

② **사정판결**: 원고의 청구가 이유 있다고 인정되면 원칙적으로 행정처분을 취소하거나 그 무효를 확인하는 판결을 해야 하지만, 원고의 이익뿐만 아니라 공익 또한 고려해야 하므로, 원고의 청구가 이유 있다고 해도 그 행정처분을 취소하거나 변경하는 것이 현저히 공공의 복리에 적합하지 않다고 인정되는 경우에는 법원은 원고의 청구를 기각할 수 있다.

③ 취소소송의 경우 일반 민사소송과는 달리 개별법의 규정에 따라 전심절차를 거쳐야 되는 경우도 있고, 제소기간을 제한하는 경우도 있다.

(3) 행정소송과 행정심판의 관계: 행정심판은 처분을 행한 행정청에 대해 이의를 제기하여 처분청의 상급기관으로 하여금 다시 한 번 심리하도록 하여 법원의 간섭 없이 행정청 스스로 행정의 능률성과 통일성을 확보하기 위하여 행정청에 마련된 제도이다. 이에 반해 행정소송은 행정청의 위법한 처분, 그 밖의 공권력의 행사, 불행사 등으로 인한 국민의 권리 또는 이익의 침해를 구제하고 공법상의 권리관계 또는 법적용에 관한 분쟁해결을 도모하는 법원의 재판절차이다.

2 행정소송의 종류

[행정소송의 종류]

항고소송	취소소송	행정청의 위법한 처분 또는 재결의 취소 또는 변경을 구하는 소송
	무효등확인소송	행정청의 처분이나 재결의 효력유무 또는 그 존재여부를 확인하는 소송
	부작위위법확인소송	행정청의 부작위가 위법하다는 것을 확인하는 소송
당사자소송		행정청의 처분 등을 원인으로 하는 법률관계에 관한 소송 그 밖에 공법상의 법률관계에 관한 소송으로서 그 법률관계의 한쪽 당사자를 피고로 하는 소송
민중소송		국가 또는 공공단체의 기관이 법률에 위배되는 행위를 한 때에 직접 자기의 법률상 이익과 관계없이 그 시정을 구하기 위하여 제기하는 소송
기관소송		국가나 공공단체의 기관 상호간에 있어서의 권한의 존부 또는 그 행사에 관한 다툼이 있을 때에 제기하는 소송

1. 항고소송

(1) 개념: 항고소송은 행정청의 처분등이나 부작위에 대하여 제기하는 소송을 말한다(동법 제3조 제1호). 이러한 항고소송에는 취소소송, 무효등확인소송, 부작위위법확인소송의 세 가지 유형이 있다(동법 제4조).

(2) 항고소송의 유형

① 취소소송

㉠ 행정소송의 가장 대표적인 유형으로, 행정청의 위법한 처분 또는 재결의 취소 또는 변경을 구하는 소송이다(동법 제4조 제1호). 즉, 위법한 처분에 따라 발생한 위법상태를 배제하여 원상으로 회복시키고, 그 처분으로 침해되거나 방해받은 권리와 이익을 보호·구제하려는 소송이다(대판 1992.4.24, 91누11131).

㉡ 행정처분은 위법이라도 사실상 통용되는 효력을 가지고 있기 때문에 소송에 의해 그 처분의 효력을 다투기 위해서는 취소소송을 제기해야 한다. 취소소송은 처분 등의 취소를 구할 법률상 이익이 있는 사람이 처분등을 행한 행정청을 피고로 하여 피고의 소재지를 관할하는 행정법원에 제소기간 내에 제기하면 된다.

② 무효등확인소송

㉠ 행정청의 처분이나 재결의 효력유무 또는 그 존재여부를 확인하는 소송이다(동법 제4조 제2호). 무효등확인소송의 전형적인 것은 처분 등의 무효확인소송이지만, 처분의 존부의 확인을 구하는 처분의 존재 또는 부존재확인소송 등이 있다.

ⓛ 행정처분의 위법성이 중대하고 명백하여 당연무효인 경우 그 처분은 효력을 갖지 않기 때문에 국민으로서는 그 처분에 대해 소송을 제기할 필요도 없고 구속을 받지도 않는다. 그러나 이러한 경우에도 해당처분이 무효임을 확인받을 필요가 있으므로 이를 충족시켜주는 소송형식이 무효등확인소송이고 이 소송은 사전에 행정심판을 거칠 필요도 없고, 제소기간의 제한을 받지도 않는다(동법 제38조). 따라서 처분등의 효력 유무 또는 존재여부의 확인을 구할 법률상 이익이 있는 사람은 '언제든지' 처분등을 행한 행정청을 피고로 하여 피고의 소재지를 관할하는 행정법원에 무효등확인소송을 제기할 수 있다.

③ 부작위위법확인소송
　　ⓒ 행정청의 부작위가 위법하다는 것을 확인하는 소송이다(동법 제4조 제3호). 즉, 행정청이 상대방의 신청에 대하여 일정한 처분을 해야 할 의무가 있음에도 불구하고 이를 하지 않는 경우에 이러한 부작위가 위법한 것임을 확인하는 소송이다.
　　ⓛ 일정한 처분을 신청한 자로서 부작위의 위법확인을 구할 법률상 이익이 있는 자가 그 신청을 받고도 처분을 하지 않는 행정청을 피고로 하여, 부작위 상태가 계속되고 있는 한 피고의 소재지를 관할하는 행정법원에 제기할 수 있다.

2. 당사자소송

(1) **의의**: 행정청의 처분등을 원인으로 하는 법률관계에 관한 소송 그 밖에 공법상의 법률관계에 관한 소송으로서 그 법률관계의 한쪽 당사자를 피고로 하는 소송을 말한다(동법 제3조 제2호). 당사자소송은 대등한 당사자 간의 권리관계를 다투는 소송으로서 민사소송과는 본질적인 차이는 없으나, 공법상 법률관계를 소송의 대상으로 하는 점에서 사법상의 법률관계를 소송의 대상으로 하는 민사소송과는 다르다.

(2) **유형**: 당사자소송에는 ① 공법상 신분이나 지위의 확인에 관한 소송, ② 처분등의 무효·취소를 전제로 하는 공법상의 부당이득반환소송, ③ 공법상 금전지급청구에 관한 소송, ④ 공법상 계약에 관한 소송 등이 있다. 이러한 당사자소송은 공법상 법률관계에 있어 법률상 이익이 있는 사람이 국가·공공단체 그 밖의 권리주체를 피고로 하여, 피고의 소재지를 관할하는 행정법원에 제기할 수 있다. 다만, 개별법에서 제소기간이 정해져 있는 때에는 그 기간 내에 제기해야 한다(동법 제39조 및 제41조).

3. 민중소송

국가 또는 공공단체의 기관이 법률에 위배되는 행위를 한 때에 직접 자기의 법률상 이익과 관계없이 그 시정을 구하기 위하여 제기하는 소송을 말한다(동법 제3조 제3호). 즉, 민중소송은 자신의 구체적인 권리·이익의 침해와는 무관하게 행정법규의 적정한 적용을 확보하기 위해 국민이나 주민이 제기하는 소송이다. 이러한 민중소송은 법률이 정한 경우에 법률에서 정한 사람에 한하여 제기할 수 있다(동법 제45조).

OX 문제

01 당사자소송은 대등 당사자 간에 다투어지는 공법상의 법률관계를 소송의 대상으로 한다. ( )

정답 01 ○

4. 기관소송

(1) **의의**: 국가나 공공단체의 기관 상호간에 있어서의 권한의 존부 또는 그 행사에 관한 다툼이 있을 때에 제기하는 소송을 말한다(동법 제3조 제4호). 다만 헌법재판소법 제2조에 따라 헌법재판소의 관장사항으로 되어 있는 국가기관 상호간의 권한쟁의, 국가기관과 지방자치단체 간의 권한쟁의 및 지방자치단체 상호간의 권한쟁의는 기관소송(행정소송)의 대상에서 제외된다(동법 제3조 제4호 단서).

(2) **특징**: 행정기관 상호간에 있어서의 권한의 존부 또는 행사에 관한 분쟁은 행정권 내부의 협의나 상급기관의 판단에 따라 해결되는 것이 원칙이지만, 예외적으로 해결이 불가능한 경우를 대비하여 허용된 소송이다. 기관소송은 법률이 정한 경우에 지방자치단체의 장 등 법률에서 정한 사람이 지방의회 등 법률에서 정한 자를 피고로 하여 대법원이나 고등법원에 제기할 수 있다.

3 행정소송의 대상

1. 항고소송의 대상

(1) **취소소송의 대상**: 항고소송은 취소소송, 무효등확인소송 및 부작위위법확인소송으로 구분한다. 행정소송법은 항고소송 중에서도 취소소송을 중심으로 규정하고 있고, 취소소송의 대상을 "처분등"으로 규정하고 있으며, 이를 무효등확인소송과 부작위위법확인소송에 준용하고 있다(동법 제38조 및 제19조). 처분등이란 행정청이 행하는 구체적 사실에 관한 법집행으로서의 공권력의 행사 또는 그 거부와 그 밖에 이에 준하는 행정작용 및 행점심판에 대한 재결을 의미한다(동법 제2조 제1항 제1호).

(2) **처분**: 행정청이 행하는 구체적 사실에 관한 법집행으로서의 공권력의 행사 또는 그 거부와 그 밖에 이에 준하는 행정작용을 말한다(동법 제2조 제1항 제1호). 판례는 행정처분을 행정청의 공법상의 행위로서 특정사항에 대해 법규에 의한 권리의 설정 또는 의무의 부담을 명하고 그 밖에 법률상의 효과를 발생하게 하는 등 국민의 권리·의무에 직접적 변동을 초래하는 행위로 보고 있다.

✚ 판례 PLUS

항고소송의 대상인 처분의 요건

일반적으로 항고소송의 대상이 되는 행정처분이라 함은 행정청의 공법상의 행위로서 특정 사항에 대하여 법규에 의한 권리의 설정 또는 의무의 부담을 명하고 기타 법률상의 효과를 발생케 하는 등 국민의 권리의무에 직접적 변동을 초래하는 행위를 가리키는 것으로서, 행정권 내부에서의 행위나 사실상의 통지 등과 같이 상대방 또는 기타 관계자들의 법률상 지위에 직접적인 법률적 변동을 일으키지 아니하는 행위는 항고소송의 대상이 될 수 없고, 어떠한 행정작용에 관하여 그로 인하여 파생되는 국민의 법적 불안이나 불이익을 제거시켜 주기 위한 구제수단이 필요한 경우에도 달리 민사소송 등에 의하여 적절한 구제가 이루어지는 것일 경우에는 그러한 행정작용을 항고소송의 대상이 되는 행정처분으로 파악하여야 할 쟁송법상의 근거도 없다(대판 1992.4.24, 91누11131).

(3) 처분의 요건

① **행정청의 행위일 것**

　㉠ 행정청이란 처분 또는 부작위를 할 수 있는 권한을 가지는 행정기관으로 이러한 행정청에는 행정조직법적 의미의 행정기관 뿐 만 아니라 법령에 따라 국가 또는 지방자치단체의 특정사무를 위임 또는 위탁받아 행정작용을 행사하는 공공단체 및 그 기관 또는 사인이 포함된다(동법 제2조 제2항). 따라서 한국토지주택공사, 근로복지공단 등 공공단체가 국가 또는 지방자치단체의 사무를 위임 또는 위탁받아 행하는 공권력적 작용은 항고소송의 대상이 될 수 있다. 예를 들어 한국토지주택공사는 공익사업을 위한 토지 등의 취득 및 보상에 관한 법률에 따라 실시하는 이주대책 대상자선정행위, 근로복지공단은 산업재해보상보험법에 따라 부과하는 산업재해보상보험료 부과행위 등 각각 행정청의 지위를 갖는다.

　㉡ 법원이나 국회도 그것이 행정처분을 하는 범위 내에서는 행정청에 속한다. 예를 들어 국회의 직원 · 법원의 직원에 대한 징계, 지방의회의장에 대한 불신임결의, 법원장의 법무사 합동법인 설립 인가 등에 있어서 법원이나 국회도 행정청의 지위를 갖는다. 다만, 국회의원에 대한 징계처분은 행정소송의 대상이 되지 않는다(헌법 제64조).

② **공권력적 행위일 것**: 처분은 행정청이 법에 따라 우월한 지위에서 행하는 일체의 행정행위로, 행정청이 행하는 사법상의 행위(예 사경제주체로서 하는 공사도급계약)나 사인과의 대등한 관계에서 이루어지는 공법상의 계약(예 계약직 공무원에 대한 채용계약 해지 통보) 등은 공권력적 행위에 해당하지 않는다.

③ **구체적 사실에 관한 법집행행위일 것**

　㉠ 행정소송은 구체적인 사건에 관한 법적 분쟁을 해결하기 위한 것이므로, 구체적 사실에 대한 법집행행위만이 항고소송의 대상이 된다. 그러나 법령 또는 조례가 집행행위의 개입 없이도 그 자체로서 직접 국민의 구체적 권리 · 의무나 법적 이익에 영향을 미치는 등 법률상 효과를 발생하게 하는 경우에는 항고소송의 대상이 된다. 두밀분교를 폐지하는 내용의 경기도립학교설치조례개정 조례를 처분으로 인정(대판 1996.9.20, 95누8003)

　㉡ 불특정 다수인에 대한 일반처분이라도 그것이 바로 특정 개인의 권리 내지 법률상 이익을 개별적이고 구체적으로 규제하는 효과를 가져온다면 항고소송의 대상이 된다. 예 도시계획결정을 처분으로 인정(대판 1982.3.9, 80누105)

④ **국민의 권리 의무에 직접 영향이 있는 법적 행위일 것**: 항고소송은 국민의 권리 · 이익을 구제하기 위한 것이므로, 국민의 권리의무에 직접적 변동을 초래하지 않는 행정청의 내부행위나 중간처분, 의견, 질의 답변, 또는 내부적 사무처리절차이거나 알선, 권유, 행정지도 등 비권력적 사실 행위 등은 항고소송의 대상이 되지 않는다.

⑤ **행정소송 이외의 특별 불복절차가 따로 마련되어 있지 않을 것**: 근거 법률이 항고소송 이외의 다른 특별한 불복절차를 마련하고 있는 처분은 항고소송의 대상이 되지 않는다(대판 2006.11.15, 94누10597).

OX 문제

01 일반적 · 추상적인 법령 그 자체로서 국민의 구체적인 권리의무에 직접적인 변동을 초래하는 것이 아닌 것은 취소소송의 대상이 될 수 없다. (　)

02 조례가 집행행위의 개입 없이 그 자체로서 직접 국민의 권리 · 의무나 법적 이익에 영향을 미치는 법률상 효과를 발생하는 경우 그 조례는 항고소송의 대상이 되는 행정처분에 해당한다. (　)

정답 01 ○ 02 ○

행정청의 행위가 '처분'에 해당하는지 불분명한 경우, 이를 판단하는 방법

항고소송의 대상인 '처분'이란 "행정청이 행하는 구체적 사실에 관한 법집행으로서의 공권력의 행사 또는 그 거부와 그 밖에 이에 준하는 행정작용"(행정소송법 제2조 제1항 제1호)을 말한다. 행정청의 행위가 항고소송의 대상이 될 수 있는지는 추상적·일반적으로 결정할 수 없고, 구체적인 경우에 관련 법령의 내용과 취지, 그 행위의 주체·내용·형식·절차, 그 행위와 상대방 등 이해관계인이 입는 불이익 사이의 실질적 견련성, 법치행정의 원리와 그 행위에 관련된 행정청이나 이해관계인의 태도 등을 고려하여 개별적으로 결정하여야 한다. 행정청의 행위가 '처분'에 해당하는지 불분명한 경우에는 그에 대한 불복방법 선택에 중대한 이해관계를 가지는 상대방의 인식가능성과 예측가능성을 중요하게 고려하여 규범적으로 판단하여야 한다(대판 2021.1.14, 2020두50324).

(4) 행정심판의 재결

① 행정심판의 재결은 항고소송의 대상으로(동법 제2조 제1항 제1호, 제3조 및 제19조), 행정심판법에 따른 행정심판 뿐 아니라 널리 행정기관이 행하는 행정심판이 모두 포함된다.

② 원처분중심주의

㉠ 취소소송은 원칙적으로 행정청의 원처분을 대상으로 하므로 행정심판위원회의 재결은 예외적으로 재결 자체에 고유한 위법이 있는 경우에 한해 제기할 수 있다(동법 제19조 단서).

㉡ 예를 들어 행정처분의 상대방이 행정청이 한 (A) 처분의 취소를 구하는 행정심판을 제기하였는데, 이에 대해 행정심판위원회가 상대방이 청구한 내용을 받아들이지 않고 기각하는 (B) 재결을 한 경우, 상대방은 다음에 해당하는 방법으로 다툴 수 있다.

- 행정심판위원회의 (B) 재결 자체에 고유한 위법이 있는 경우라면, 상대방은 (B) 재결 자체의 취소를 구하는 소송을 제기할 수 있다.
- (B) 재결 자체에 고유한 위법이 있는 경우가 아니라면, 상대방은 (B) 재결에 대해서는 취소를 구할 수 없으며, 이 경우 상대방이 이를 다투려면 원래의 처분인 (A) 처분에 대한 취소를 구하는 소송을 제기해야 한다.

㉢ 재결자체에 고유한 위법이 있어야 한다는 것은 본안에서 판단할 문제이므로 재결자체에 고유한 위법을 주장하지 않고 제기한 재결취소의 소는 각하 사항이 아니라 기각 사항이다(대판 1994.1.25, 93누16901).

㉣ 행정심판을 제기하고 그 결과에 불복하여 원처분에 대한 취소를 구하는 경우에 그 취소소송은 재결서 정본을 송달받은 날로부터 90일 이내, 재결이 있는 날로부터 1년 이내에 제기해야 한다(동법 제20조).

③ 재결주의(원처분중심주의의 예외): 개별 법령에 규정된 특별행정심판의 경우 원처분에 대해서는 취소소송을 제기할 수 없도록 하고, 재결에 대해서시민 취소소송을 제기할 수 있도록 하는 경우가 있는데 이를 재결주의라고 한다. 개별법령에서 재결주의를 취하고 있는 예는 다음과 같다.

㉠ 감사원의 재심의판정(감사원법 제40조 제2항)

ⓛ 중앙노동위원회의 재심판정(노동위원회법 제26, 27조)

ⓒ 법무부 징계위원회의 결정(변호사법 제100조)

(5) 무효등확인소송의 대상: 취소소송의 대상이 준용되므로(동법 제38조 제1항 및 제19조), 취소소송과 마찬가지로 처분과 재결이 그 대상이 된다.

(6) 부작위위법확인소송의 대상

① 대상은 행정청의 부작위이고, "부작위"란 행정청이 신청에 대하여 상당한 기간 내에 일정한 처분을 해야 할 법률상 의무가 있음에도 불구하고 이를 하지 않는 것을 말한다(동법 제2조 제1항 제2호).

② 부작위의 성립요건

ⓖ 법규상ㆍ조리상 신청권이 있는 자의 신청이 있을 것

- 부작위가 성립되기 위해서는 법규상 또는 조리상 일정한 행정처분을 요할 수 있는 당사자의 신청이 있어야 한다.
- 신청권이 없는 자의 신청으로 단지 행정청이 직권발동을 촉구하는데 지나지 않은 신청에 대한 '무응답'은 부작위위법확인소송의 대상이 될 수 없다(대판 1993.4.23, 92누17099).

ⓛ 상당한 기간이 경과할 것

- 행정소송의 대상인 부작위가 되기 위해서는 행정청이 일정한 처분을 해야 할 상당한 시간이 지나도 아무런 처분을 하지 않아야 한다.
- 상당한 기간이란 행정청이 신청에 대해 처분을 하는데 통상 필요로 하는 기간으로, 행정절차법에 따라 공포된 처리기간은 상당한 기간을 판단하기 위한 기준이 될 수 있다(행정절차법 제19조).

ⓒ 행정청에 일정한 처분을 할 법률상 의무가 있을 것: 부작위는 행정청이 신청을 인용하는 처분이나 기각하는 처분등을 해야 할 법률상 의무가 있음에도 이를 하지 않는 경우에 성립한다.

ⓔ 행정청이 아무런 처분도 하지 않을 것: 부작위위법확인소송은 처분이 존재하지 않은 경우에 허용되는 것이고, 처분이 존재하는 이상은 가령 그 처분이 무효인 행정처분처럼 중대하고 명백한 하자로 말미암아 처음부터 당연히 효력이 발생하지 않은 경우라도 부작위위법확인소송의 대상이 될 수 없다(대판 1990.12.12, 90누4266).

2. 당사자소송의 대상

(1) 대상: 당사자소송의 대상은 행정청의 처분등을 원인으로 하는 법률관계와 그 밖에 공법상의 법률관계로 당사자소송은 처분자체를 대상으로 하는 것이 아니라 법률관계를 대상으로 한다는 점에서 항고소송과 구별된다.

(2) 구체적 대상

① 행정청의 처분등을 원인으로 하는 법률관계란 처분등에 따라 발생ㆍ변경ㆍ소멸되는 법률관계로 예를 들어 공무원 면직처분이 무효인 경우 그 처분자체를 소송의 대

상으로 면지처분 무효확인을 구함은 항고소송이지만, 그 처분이 무효임을 전제로 당사자가 여전히 공무원으로서의 권리의무를 지니는 공무원의 지위에 있다는 법률관계의 확인을 구하는 것은 당사자소송이다. 판례는 처분을 원인으로 하는 법률관계라도 그 소송물이 사법상의 법률관계이면 민사사건이라고 보므로(대판 2001.9.4, 99두11080), 처분을 원인으로 하는 법률관계 중 그 소송물이 공법상의 법률관계인 것만이 당사자소송의 대상이다.

② 그 밖에 공법상의 법률관계란 처분등을 원인으로 하지 않은 그 밖에 공법이 규율하는 법률관계를 말하며 법률자체에 따라 인정되는 공법상의 지위의 취득·상실에 관한 다툼이 그 예이다.

3. 민중소송 및 기관소송의 대상

민중소송과 기관소송은 법률이 정한 경우에 법률에 정한 자에 한해 제기할 수 있으므로, 그 소송의 대상도 각 개별법에서 정하는 바에 따르게 된다. 예를 들어 선거무효소송 및 국민투표무효소송의 대상은 선거 및 국민투표의 효력이다(공직선거법 제222조 및 국민투표법 제92조). 당선무효소송의 대상은 당선의 효력 또는 당선인 결정처분을 소송의 대상으로 한다(공직선거법 제223조). 지방자치단체의 장은 지방의회에서 재의결된 사항이 법령에 위반된다고 인정되면 대법원에 기관소송을 제기할 수 있는데, 여기서 소의 대상은 재의결 자체이다(지방자치법 제107조 및 제172조).

4 행정소송 상호간의 관계

1. 항고소송 상호간의 관계

(1) 취소소송과 무효확인소송의 관계

① 별개의 독립한 소송형태이다. 그러므로 행정청의 처분 등에 불복하는 사람은 제소요건을 충족하는 한, 목적을 가장 효과적으로 달성할 수 있는 항고소송 유형을 선택할 수 있다.

② 취소소송과 무효확인소송은 이론상 별개의 소송이기는 하지만 실제로는 영역이 겹치므로 당사자가 처분취소의 소를 제기한 경우에도 그 처분에 무효사유가 있다고 판단하면, 처분을 취소하는 원고 전부승소의 판결(무효를 선언하는 의미의 취소판결)을 해야 하고, 반대로 처분 무효확인을 구하는 소를 제기했으나 그 처분에 단지 취소사유만 있고 취소소송의 제기에 필요한 소송요건을 갖추었다고 판단할 때에는 당사자에게 취소의 소로 청구취지를 변경하도록 한 후, 취소의 판결을 해야 한다.

 판례 PLUS

> **무효확인청구에 취소청구가 포함되어 있는지 여부: 적극**
> 행정처분의 무효확인을 구하는 청구에는 특별한 사정이 없는 한 그 처분의 취소를 구하는 취지까지도 포함되어 있다고 볼 수는 있으나 위와 같은 경우에 취소청구를 인용하려면 먼저 취소를 구하는 항고소송으로서의 제소요건을 구비한 경우에 한다(대판 1986.9.23, 85누838).

(2) 취소소송·무효확인소송과 부작위법확인소송의 관계

① 부작위법확인소송은 처분취소소송·무효확인소송에 대한 관계에서 보충적인 지위에 있습니다. 따라서 처분이 존재하거나 존재하는 것으로 의제되는 경우에는 부작위법확인소송은 소의 이익이 없어 부적합하다.

② 구「정보공개법」(2013. 8. 6. 법률 제11991호로 개정되기 전의 것) 제11조 제5항과 같이 작위의무의 이행기한을 지키지 않으면 거부처분이 있는 것으로 의제하는 특별규정이 있는 경우 거부처분취소소송을 제기하지 않고 부작위법확인소송을 고집한다면 부적법하므로 각하를 면할 수 없다.

2. 항고소송과 당사자소송의 관계

(1) 취소소송과 당사자소송의 관계

① 행정처분은 비록 하자가 있더라도 당연 무효가 아닌 한 공정력이 있어 공적 기관이 취소할 때까지는 일단 유효한 것으로 취급하므로, 행정처분에 취소사유에 해당하는 흠이 있는 경우, 취소소송 이외의 방법으로는 그 효력을 부인할 수 없다.

② 예를 들어 위법한 과세처분에 따라 세금을 납부한 사람도 그 과세처분이 당연 무효가 아닌 이상, 과세처분 취소소송을 제기해야하며 취소소송을 제기함이 없이 납부한 세금의 반환을 구하는 소송을 제기할 수 없다.

(2) 무효확인소송과 당사자소송의 관계

① 처분이 무효인 경우에는 공정력이 없어 누구나 그 효력 없음을 전제로 당사자소송을 제기할 수 있다.

② 예를 들어 공무원 파면처분이 무효인 경우 항고소송으로서 파면처분 무효확인의 소가 가능할 뿐만 아니라 당사자소송으로서 파면 이후 복직시까지의 급여지급을 구하는 소송도 제기할 수 있다.

---

02 취소소송 개관

1 의의

1. 개념 및 성격

취소소송이란 행정청의 위법한 처분등을 취소 또는 변경하는 소송이다. 항고소송의 중심을 이루는 소송으로 행정소송법은 취소소송에 관해 규정하면서 다른 소송에 대해서는 취소소송에 관한 규정을 준용하고 있다. 취소소송의 성질에 관해서 통설과 판례는 법률관계를 변경 또는 소멸시키는 형성적 성질을 가진다고 보는 입장이다.

2. 소송물

(1) 의의: 취소소송의 소송물은 소송에서 다툼이 되는 사항으로 소송상 분쟁의 대상물로 그 개념과 범위에 대해 학설이 대립된다.

(2) 다수설: 처분의 위법성 또는 위법성 일반을 소송물로 보는 입장으로 하나의 행정행위에 대해 여러 개의 위법사유가 있더라도 소송물은 하나라고 본다.

✚ 판례 PLUS

취소소송의 소송물: 처분의 위법성 일반

1. 취소판결의 기판력은 소송물로 된 행정처분의 위법성 존부에 관한 판단 그 자체에만 미치는 것이므로, 전소와 후소가 그 소송물을 달리하는 경우에는 전소 확정판결의 기판력이 후소에 미치지 아니한다(대판 1996.4.26, 95누5820).

2. 원래 과세처분이란 법률에 규정된 과세요건이 충족됨으로써 객관적, 추상적으로 성립한 조세채권의 내용을 구체적으로 확인하여 확정하는 절차로서, 과세처분취소소송의 소송물은 그 취소원인이 되는 위법성 일반이고 그 심판의 대상은 과세처분에 의하여 확인된 조세채무인 과세표준 및 세액의 객관적 존부이다(대판 1990.3.23, 89누5386).

2 취소소송의 관할법원

1. 재판관할

(1) 관할의 의의: 각 법원에 대한 재판권의 배분 즉, 특정법원이 특정사건을 재판할 수 있는 권리를 말한다. 관할은 법원의 직권조사사항이다.

(2) 재판관할의 종류

① 토지관할: 보통관할과 특별관할로 나뉘며, 전속관할도 규정하고 있지 않으므로 그 성격상 '임의관할'이 된다.

㉠ 보통관할: 취소소송의 관할법원은 피고인 행정청의 소재지를 관할하는 행정법원으로 한다(동법 제9조 제1항). 단 중앙행정기관, 중앙행정기관의 부속기관과 합의제행정기관 또는 그 장, 국가의 사무를 위임 또는 위탁받은 공공단체 또는 그 장에 해당하는 피고에 대하여 취소소송을 제기하는 경우에는 대법원소재지를 관할하는 행정법원에 제기할 수 있다(동법 제9조 제2항).

㉡ 특별관할: 토지의 수용 기타 부동산 또는 특정의 장소에 관계되는 처분등에 대한 취소소송은 그 부동산 또는 장소의 소재지를 관할하는 행정법원에 이를 제기할 수 있다(동법 제9조 제3항).

② 심급관할

㉠ 3심제: 행정소송은 3심제로 행정법원이 있는 서울과 춘천을 제외한 지역에서는 지방법원본원합의부에서 1심을 판단한다(법원조직법 부칙 제2조).

㉡ 2심제: 독점규제 및 공정거래에 관한 법률 제55조, 약관의 규제에 관한 법률 제30조의2, 보안관찰법 제23조

③ 사물관할: 단독판사와 합의 사이의 제1심 소송사건의 분담을 정하는 것으로 행정사

건은 합의부 관할이 원칙이다.

2. 관할위반을 이유로 한 이송

(1) 의의: 관할권이 없는 법원에 소송이 제기된 경우 관할법원에 이송하여야 하는데 관할이송은 심급을 달리하는 법원에 잘못 기재된 경우에도 적용된다(동법 제7조). 판례는 행정사건을 민사법원에 제기한 경우에도 관할이송을 인정한다.

(2) 불복: 관할위반으로 인한 이송은 법원의 직권에 의하고 신청권은 인정되지 않는다.

3. 관련청구의 이송 및 병합

 법령 PLUS

행정소송법

제10조(관련청구소송의 이송 및 병합) ① 취소소송과 다음 각호의 1에 해당하는 소송(이하 "관련청구소송"이라 한다)이 각각 다른 법원에 계속되고 있는 경우에 관련청구소송이 계속된 법원이 상당하다고 인정하는 때에는 당사자의 신청 또는 직권에 의하여 이를 취소소송이 계속된 법원으로 이송할 수 있다.
   1. 당해 처분등과 관련되는 손해배상·부당이득반환·원상회복등 청구소송
   2. 당해 처분등과 관련되는 취소소송
② 취소소송에는 사실심의 변론종결시까지 관련청구소송을 병합하거나 피고외의 자를 상대로 한 관련청구소송을 취소소송이 계속된 법원에 병합하여 제기할 수 있다.

(1) 관련청구의 이송: 취소소송과 관련청구소송이 각각 다른 법원에 계속 중이며 이송의 상당성이 인정되는 경우 당사자의 신청 또는 직권에 의해 행해진다. 이송결정이 확정된 때에는 당해 관련청구소송은 처음부터 이송을 받은 법원에 계속되는 것으로 본다.

(2) 관련청구의 병합: 소송요건을 갖춘 적법한 소송으로 사실심 변론종결 전에 병합이 이루어져야 하며 병합되는 소송의 관할법원은 취소소송이 계속된 법원이다.

3 취소소송의 당사자

1. 당사자 능력

소송의 주체가 될 수 있는 일반적 능력이라고 말할 수 있다. 민법상 권리능력 있는 자연인 및 법인은 물론, 비법인 사단이나 재단도 대표자가 있는 경우 소송의 원고·피고 될 수 있다(동법 제8조 제2항, 민사소송법 제52조).

2. 원고적격

(1) 의의: 취소소송의 원고적격이란 개별·구체적인 사건에 있어서 취소소송을 제기할 수 있는 자격을 의미한다. 동법 제12조는 "취소소송의 원고적격으로 처분 등의 취소를 구할 법률상 이익이 있는 자"와 "처분 등의 효과가 기간의 경과, 처분 등의 집행 그 밖의 사유로 인하여 소멸된 뒤에도 그 처분 등의 취소로 인하여 회복되는 법률상 이익이 있는 자"가 제기할 수 있도록 규정하고 있다.

(2) 원고적격은 소송요건의 하나로 사실심변론종결시는 물론 상고심에서도 존속해야 하

며, 이를 흠결하면 부적법한 소가 된다.

 판례 PLUS

원고적격으로서 '법률상 이익'의 의미

행정처분의 직접 상대방이 아닌 제3자가 당해 행정처분의 취소나 무효확인을 구할 수 있는 요건으로서 '법률상 보호되는 이익'의 의미 및 원고적격이 상고심에서도 존속하여야 하는지 여부: 적극

행정처분의 직접 상대방이 아닌 제3자라 하더라도 당해 행정처분으로 인하여 법률상 보호되는 이익을 침해당한 경우에는 그 처분의 취소나 무효확인을 구하는 행정소송을 제기하여 그 당부의 판단을 받을 자격 즉 원고적격이 있고, 여기에서 말하는 법률상 보호되는 이익은 당해 처분의 근거 법규 및 관련 법규에 의하여 보호되는 개별적·직접적·구체적 이익을 말하며, 원고적격은 소송요건의 하나이므로 사실심변론종결시는 물론 상고심에서도 존속하여야 하고 이를 흠결하면 부적법한 소가 된다(대판 2007.4.12, 2004두7924).

(3) **법률상 이익**: 원칙적으로 해당 처분 등의 근거 법규 및 관련 법규에 따라 보호되는 개별적·직접적·구체적인 이익이 있는 경우를 말하고 공익보호의 결과로 국민일반이 가지는 추상적·평균적·일반적 이익이나 반사적 이익과 같이 간접적이거나 사실적·경제적 이익까지 포함하는 것은 아니다(대판 1992.12.8, 91누13700). 이는 '이익구제설'적 입장으로 통설과 판례의 태도이다.

 판례 PLUS

법률상 이익을 긍정한 예

1. 환경영향평가대상지역 안의 주민들의 이익

환경영향평가에 관한 자연공원법령 및 환경영향평가법령의 규정들의 취지는 집단시설지구개발사업과 관련된 환경공익을 보호하려는 데에 그치는 것이 아니라 그 사업으로 인하여 직접적이고 중대한 환경피해를 입으리라고 예상되는 환경영향평가대상지역 안의 주민들이 개발 전과 비교하여 수인한도를 넘는 환경침해를 받지 아니하고 쾌적한 환경에서 생활할 수 있는 개별적 이익까지도 이를 보호하려는 데에 있다 할 것이므로, 위 주민들이 당해 변경승인 및 허가처분과 관련하여 갖고 있는 위와 같은 환경상의 이익은 단순히 환경공익 보호의 결과로 국민일반이 공통적으로 가지게 되는 추상적·평균적·일반적인 이익에 그치지 아니하고 주민 개개인에 대하여 개별적으로 보호되는 직접적·구체적인 이익이라고 보아야 한다(대판 1998.4.24, 97누3286).

2. 허가를 받은 중계유선방송사업자의 이익

방송법은 중계유선방송사업의 허가요건, 기준, 절차에 관하여 엄격하게 규정함으로써 중계유선방송사업의 건전한 발전과 이용의 효율화를 기함으로써 공공복리를 증진하려는 목적과 함께, 무허가업자의 경영이나 허가를 받은 업자간 과당경쟁으로 인한 유선방송사업 경영의 불합리를 방지함으로써 사익을 보호하려는 목적도 있다고 할 것이므로, 허가를 받은 중계유선방송사업자의 사업상 이익은 단순한 반사적 이익에 그치는 것이 아니라 방송법에 의하여 보호되는 법률상 이익이라고 보아야 한다(대판 2007.5.11, 2004다11162).

법률상 이익을 부정한 예

1. 자연환경보전법상 생태·자연도 등급처분에 관한 인근 주민의 이익

자연환경보전법상 생태·자연도는 자연환경을 체계적으로 보전·관리하기 위한 것일 뿐, 1등급 권역의 인근 주민들이 가지는 생활상 이익을 직접적이고 구체적으로 보호하기 위한 것이 아니고, 1등급 권역의 인근 주민들이 가지는 이익은 환경보호라는 공공의 이익이 달성됨에 따라 반사적으로 얻게 되는 이익에 불과하므로, 인근 주민은 생태·자연도 등급권역을 1등급에서 2등급 또는 3등급으로 하향 변경한 결정의 무효확인을 구할 원고적격이 없다(대판 2014.2.21, 2011두29052).

2. 상수원보호구역변경처분에 관한 지역주민의 이익

상수원보호구역 설정의 근거가 되는 수도법이 보호하고자 하는 것은 상수원의 확보와 수질보전일 뿐이고, 그 상수원에서 급수를 받고 있는 지역주민들이 가지는 상수원의 오염을 막아 양질의 급수를 받을 이익은 직접적이고 구체적으로는 보호하고 있지 않으므로, 위 지역주민들이 가지는 이익은 상수원의 확보와 수질보호라는 공공의 이익이 달성됨에 따라 반사적으로 얻게 되는 이익에 불과하므로 지역주민들에 불과한 원고들에게는 위 상수원보호구역변경처분의 취소를 구할 법률상의 이익이 없다(대판 1995.9.26, 94누14544).

(4) '법률'의 의미: 근거법규와 관련법규를 모두 포함한다.

(5) 입증책임: 선제적으로 법률상 이익이 인정되어야 하며, 법률상 이익의 침해 또는 침해우려에 대해서는 원고에게 입증책임이 있다.

판례 PLUS

기타 원고적격을 인정한 예

1. '임대주택법상 임차인대표회의'가 임대주택 분양전환승인처분에 대하여 취소소송을 제기할 원고적격이 있는지 여부: 적극

임대주택법상 임차인대표회의도 당해 주택에 거주하는 임차인과 마찬가지로 임대주택의 분양전환과 관련하여 그 승인의 근거 법률인 임대주택법에 의하여 보호되는 구체적이고 직접적인 이익이 있다. 따라서 임차인대표회의는 행정청의 분양전환승인처분이 승인의 요건을 갖추지 못하였음을 주장하여 그 취소소송을 제기할 원고적격이 있다고 보아야 한다(대판 2010.5.13, 2009두19168).

2. '제약회사'가 보건복지부 고시인 약제급여·비급여목록 및 급여상한금액표의 취소를 구할 원고적격이 있는지 여부: 적극

제약회사는 자신이 공급하는 약제에 관하여 약제상한금액고시의 근거 법령에 의하여 보호되는 직접적이고 구체적인 이익을 향유하므로, 보건복지부 고시인 약제급여·비급여목록 및 급여상한금액표(보건복지부 고시)로 인하여 자신이 제조·공급하는 약제의 상한금액이 인하됨에 따라 법률상 이익이 침해당할 경우, 위 고시의 취소를 구할 원고적격이 있다(대판 2006.9.22, 2005두2506).

3. '학교의 장'이 교원소청심사위원회 결정에 대하여 행정소송을 제기할 수 있는 원고적격이 있는지 여부: 적극

교원소청심사위원회의 결정에 대하여 행정소송을 제기할 수 있는 자에는 교원, 학교법인, 사립학교 경영자뿐 아니라 소청심사의 피청구인이 된 학교의 장도 포함된다(대판 2011.6.24, 2008두9317).

4. 납골당 설치장소 인근에 거주하는 주민들이 납골당 설치와 관련하여 원고적격이 인정되는지 여부: 적극

납골당 설치장소에서 500m 내에 20호 이상의 인가가 밀집한 지역에 거주하는 주민들에게는 납골당이 누구에 의하여 설치되는지를 따질 필요 없이 납골당 설치에 대하여 환경 이익 침해 또는 침해 우려가 있는 것으로 사실상 추정되어 원고적격이 인정된다(대판 2011.9.8, 2009두6766).

기타 원고적격을 부정한 예

1. 개발제한구역 해제대상에서 누락된 토지의 소유자: 원고적격 부정

개발제한구역 중 일부 취락을 개발제한구역에서 해제하는 내용의 도시관리계획변경결정에 대하여, 개발제한구역 해제대상에서 누락된 토지의 소유자는 위 결정의 취소를 구할 법률상 이익이 없다(대판 2008.7.10, 2007두10242). → 해제되기 전이나 해제된 후 권리변동이 없기 때문

2. 〈새만금간척사건〉 환경상 이익을 일시적으로 향유하는 사람: 원고적격 부정

환경상 이익에 대한 침해 또는 침해 우려가 있는 것으로 사실상 추정되어 원고적격이 인정되는 사람에는 환경상 침해를 받으리라고 예상되는 영향권 내의 주민들(어민들)을 비롯하여 그 영향권 내에서 농작물을 경작하는 등 현실적으로 환경상 이익을 향유하는 사람(농민들)도 포함된다. 그러나 단지 그 영향권 내의 건물·토지를 소유하거나 환경상 이익을 일시적으로 향유하는 데 그치는 사람은 포함되지 않는다(대판 2009.9.24, 2009두2825).

3. 〈입주예정자: 건물의 사용검사 처분에 대한 원고적격 부정〉 구 주택법상 입주자나 입주예정자가 사용검사 처분의 무효확인 또는 취소를 구할 법률상 이익이 있는지 여부: 소극

대판 2015.1.29, 2013두24976

(6) 행정처분의 상대방

① 공법인과 국가기관

㉠ 국가의 원고적격

판례 PLUS

국가가 기관위임사무의 처리에 관하여 지방자치단체의 장을 상대로 취소소송을 제기할 수 있는지 여부: 소극

건설교통부장관은 지방자치단체의 장이 기관위임사무인 국토이용계획 사무를 처리함에 있어 자신과 의견이 다를 경우 행정협의조정위원회에 협의·조정 신청을 하여 그 협의·조정 결정에 따라 의견불일치를 해소할 수 있고, 법원에 의한 판결을 받지 않고서도 행정권한의 위임 및 위탁에 관한 규정이나 구 지방자치법에서 정하고 있는 지도·감독을 통하여 직접 지방자치단체의 장의 사무처리에 대하여 시정명령을 발하고 그 사무처리를 취소 또는 정지할 수 있으며, 지방자치단체의 장에게 기간을 정하여 직무이행명령을 하고 지방자치단체의 장이 이를 이행하지 아니할 때에는 직접 필요한 조치를 할 수도 있으므로, 국가가 국토이용계획과 관련한 지방자치단체의 장의 기관위임사무의 처리에 관하여 지방자치단체의 장을 상대로 취소소송을 제기하는 것은 허용되지 않는다(대판 2007.9.20, 2005두6935).

㉡ 지방자치단체의 원고적격

판례 PLUS

지방자치단체가 '건축물 소재지 관할 허가권자인 다른 지방자치단체의 장'을 상대로 '건축협의 취소'의 취소소송을 제기할 수 있는지 여부: 적극

건축법상 '건축협의의 실질'은 지방자치단체 등에 대한 건축허가와 다르지 않으므로, 지방자치단체 등이 건축물을 건축하려는 경우 등에는 미리 건축물의 소재지를 관할하는 허가권자인 지방자치단체의 장과 건축협의를 하지 않으면, 지방자치단체라 하더라도 건축물을 건축할 수 없다. 따라서 건축협의 취소는 상대방이 다른 지방자치단체 등 행정주체라 하더라도 '행정청이 행하는 구체적 사실에 관한 법집행으로서의 공권력 행사'로서 처분에 해당한다고 볼 수 있고, 지방자치단체인 원고가 이를 다툴 실효적 해결 수단이 없는 이상, 원고는 건축물 소재지 관할 허가권자인 지방자치단체의 장을 상대로 항고소송을 통해 건축협의 취소의 취소를 구할 수 있다(대판 2014.2.27, 2012두22980). → 원고적격 인정

㉢ 국가기관의 원고적격: 원칙적으로 원고적격을 인정하지 않는다.

판례 PLUS

국가기관인 경기도선거관리위원회 위원장

갑이 국민권익위원회에 신분보장조치를 요구하였고, 국민권익위원회가 갑의 소속기관 장인 을 시·도선거관리위원회 위원장에게 '갑에 대한 중징계요구를 취소하고 향후 신고로 인한 신분상 불이익처분 및 근무조건상의 차별을 하지 말 것을 요구'하는 내용의 조치요구를 한 사안에서, 처분성이 인정되는 위 조치요구에 불복하고자 하는 을 시·도선거관리위원회 위원장으로서는 조치요구의 취소를 구하는 항고소송을 제기하는 것이 유효·적절한 수단이므로 비록 을이 국가기관이더라도 당사자능력 및 원고적격을 가진다(대판 2013.7.25, 2011두1214).

② 법인과 단체에 속한 구성원: 원칙적으로는 원고적격이 인정되지 않고, 예외적으로만 인정된다.

 판례 PLUS

주주가 당해 법인에 대한 행정처분의 취소를 구할 원고적격이 있는지 여부
① 〈법인의 주주: 원칙적 원고적격 부정〉 법인의 주주는 법인에 대한 행정처분에 관하여 사실상이나 간접적인 이해관계를 가질 뿐이어서 스스로 그 처분의 취소를 구할 원고적격이 없는 것이 원칙이라고 할 것이지만, 주의-간접적, 사실상 이해관계 = 경제적 손실
② 〈법인의 주주: 예외적 원고적격 긍정〉 그 처분으로 인하여 법인이 더 이상 영업 전부를 행할 수 없게 되고, 영업에 대한 인·허가의 취소 등을 거쳐 해산·청산되는 절차 또한 처분 당시 이미 예정되어 있으며, 그 후속절차가 취소되더라도 그 처분의 효력이 유지되는 한 당해 법인이 종전에 행하던 영업을 다시 행할 수 없는 예외적인 경우에는 주주도 그 처분에 관하여 직접적이고 구체적인 법률상 이해관계를 가진다고 보아 그 효력을 다툴 원고적격이 있다(대판 2005.1.27, 2002두5313).

③ 처분의 제3자: 일반적으로는 원고적격을 부인한다. 예외적으로는 인정될 수 있다.

판례 PLUS

제3자의 원고적격 판단기준
행정처분의 직접 상대방이 아닌 제3자라도 당해 처분의 취소를 구할 법률상 이익이 있는 경우에는 취소소송의 원고적격이 인정된다할 것이나 여기서 법률상 이익이라 함은 당해 처분의 근거가 되는 법규에 의하여 보호되는 직접적이고 구체적인 이익을 말하고 단지 간접적이거나 사실적, 경제적 이해관계를 가지는 데 불과한 경우에는 여기에 포함되지 아니한다(대판 1993.7.27, 93누8139).

(7) 제3자효 행정행위에서의 원고적격: 당사자 이외의 제3자에게도 행정효과가 발생하는 행정행위이다. 제3자가 보호되는 이익을 침해당한 경우 제3자도 원고적격을 인정해야 하는 경우가 발생한다. 대표적인 예로는 연탄공장 건축허가, 공설화장장 설치허가, 원자력발전소 설치허가, 합격자 결정 등이 있다. 이와 관련하여 성립 및 소멸에 관해 이해관계를 달리하는 두 이해당사자가 있게 되므로 이익형량 등의 문제가 발생한다.

① 경업자소송
　㉠ 의의: 시장 내에서 독점적 이익을 향유하여 오던 기존업자가 신규업자의 진입을 막기 위하여 제기하는 소송을 말한다.
　㉡ 원고적격: 기존업자가 받은 허가가 강학상 특허인 경우에는 기존업자의 원고적격이 인정되나, 그것이 강학상 허가인 경우, 반사적 이익의 침해로서 원칙적으로 원고적격이 부정된다. 단, 거리제한규정이 있는 경우에는 과당경쟁에 따른 손실방지의 목적이 인정되므로 예외적으로 기존업자의 원고적격이 인정된다.

판례 PLUS

경업자소송 관련 판례
〈허가업자인 경우〉
1. 담배 일반소매인인 기존업자가 경업자에 대한 면허나 인·허가 등의 수익적 행정처분의 취소를 구할 원고적격이 있는지: 적극

OX 문제

01 법인의 주주는 원칙적으로 법인에 대한 처분의 취소를 구할 원고적격이 있다. ( )

02 허가를 받은 경업자에게는 원고적격이 인정되나, 특허사업의 경업자는 특별한 사정이 없는 한 원고적격이 부인된다. ( )

정답 01 ×(→원고적격이 없다) 02 × (→허가시 부인, 특허시 인정)

① 면허나 인·허가 등의 수익적 행정처분의 근거가 되는 법률이 해당 업자들 사이의 과다경쟁으로 인한 경영의 불합리를 방지하는 목적도 가지고 있는 경우, 기존업자가 경업자에 대한 면허나 인·허가 등의 수익적 행정처분의 취소를 구할 원고적격이 있다.

② 담배 일반소매인의 지정기준으로서 일반소매인의 영업소 간에 일정한 거리제한을 두고 있는 것은 담배 산업 전반의 건전한 발전 도모 및 국민경제에의 이바지라는 공익목적을 달성하고자 함과 동시에 일반소매인 간의 과당경쟁으로 인한 불합리한 경영을 방지함으로써 일반소매인의 경영상 이익을 보호하는 데에도 그 목적이 있으므로, 일반소매인으로 지정되어 영업을 하고 있는 기존업자의 신규 일반소매인에 대한 이익은 단순한 사실상의 반사적 이익이 아니라 법률상 보호되는 이익이다(대판 2008.3.27, 2007두23811).

2. 분뇨 등 관련 영업허가를 받은 기존업자의 원고적격: 적극
분뇨 등 관련 영업허가를 받아 영업을 하고 있는 기존업자의 이익은 법률상 보호되는 이익이므로, 기존 업자에게 경업자에 대한 영업허가처분의 취소를 구할 원고적격이 있다(대판 2006.7.28, 2004두6716).

3. 한의사가 약사에게 한약조제권을 인정해 주는 한약조제시험 합격처분의 효력에 대하여 다툴 원고적격이 있는지 여부: 소극
한의사 면허는 경찰금지를 해제하는 명령적 행위(강학상 허가)에 해당하고, 한약조제시험을 통하여 약사에게 한약조제권을 인정함으로써 한의사들의 영업상 이익이 감소되었다고 하더라도 이러한 이익은 사실상의 이익에 불과하고 약사법이나 의료법 등의 법률에 의하여 보호되는 이익이라고는 볼 수 없으므로, 한의사들이 한약조제시험을 통하여 한약조제권을 인정받은 약사들에 대한 합격처분의 무효확인을 구하는 당해 소는 원고적격이 없는 자들이 제기한 소로서 부적법하다(대판 1998.3.10, 97누4289).

4. 기존 공중목욕장영업자의 원고적격: 소극
원고가 허가처분에 의하여 목욕장업에 의한 이익이 사실상 감소된다하여도 이 불이익은 단순한 사실상의 반사적 결과에 불과하고 이로 말미암아 원고의 권리를 침해하는 것이라고는 할 수 없으므로, 원고는 이 사건 목욕장업허가처분에 대하여 그 취소를 소구할 수 있는 법률상 이익이 없다(대판 1963.8.31, 63누101).

〈특허업자인 경우〉
1. 선박운항 사업면허 처분에 대하여 기존업자의 행정처분 취소를 구할 법률상 이익선박운항사업 면허처분에 대하여 기존업자는 행정처분 취소를 구할 법률상 이익이 있다(대판 1969.12.30, 69누106).
2. 기존 시내버스업자가 시외버스의 시내버스로의 전환을 허용하는 사업계획변경인가처분의 취소를 구할 법률상 이익이 있는지 여부기존 시내버스 업자로서는, 다른 운송사업자가 운행하고 있는 기존 시외버스를 시내버스로 전환을 허용하는 사업계획변경인가처분에 대하여 그 취소를 구할 법률상의 이익이 있다고 할 것이다(대판 1987.9.22, 85누985).
3. 동일한 사업구역 내의 동종의 사업용 화물자동차면허대수를 늘리는 보충인가처분에 대하여 기존업자에게 그 취소를 구할 법률상 이익이 있는지 여부개별화물자동차운송사업면허를 받아 이를 영위하고 있는 기존의 업자로서는 동일한 사업구역내의 동종의 사업용 화물자동차면허대수를 늘리는 보충인가처분에 대하여 그 취소를 구할 법률상 이익이 있다(대판 1992.7.10, 91누9107).

© 허가나 특허 등을 받은 기존업자의 사업이 신규업자들로 인해 불이익을 받을 경우 이에 대해 다툴 수 있느냐의 문제로, 기존업자가 허가업자인 경우에는 소송을 제기할 수 없으나, 기존업자가 '특허업자'인 경우에는 원고적격이 인정되어 경업자 소송을 제기할 수 있다고 본다.

② 경원자소송
  ㉠ 의의: 수인의 신청을 받아 일부에 대하여서만 인·허가처분을 하는 경우에 제3자가 경원자에 대한 인·허가처분을 대상으로 제기하는 소송을 말한다.
  ㉡ 원고적격: 일방에 대한 허가가 타방에 대한 불허가로 귀결되는 양립불가한 배타적 상호관계로서 경원자관계하에서는 외형상 제3자를 실질적 의미의 상대방으로 볼 수 있으므로, 제3자도 원고적격이 인정된다.

판례 PLUS

경원자소송 관련 판례

1. 경원자의 원고적격의 판단기준

인·허가 등의 수익적 행정처분을 신청한 수인이 서로 경쟁관계에 있어서 일방에 대한 허가 등의 처분이 타방에 대한 불허가 등으로 귀결될 수밖에 없는 때(이른바 경원관계에 있는 경우로서 동일대상지역에 대한 공유수면매립면허나 도로점용허가 혹은 일정지역에 있어서의 영업허가 등에 관하여 거리제한규정이나 업소개수제한규정 등이 있는 경우를 그 예로 들 수 있다) 허가 등의 처분을 받지 못한 자는 비록 경원자에 대하여 이루어진 허가 등 처분의 상대방이 아니라 하더라도 당해 처분의 취소를 구할 당사자적격이 있다. 다만 구체적인 경우에 있어서 그 처분이 취소된다 하더라도 허가 등의 처분을 받지 못한 불이익이 회복된다고 볼 수 없을 때에는 당해 처분의 취소를 구할 정당한 이익이 없다고 할 것이다(대판 1992.5.8, 91누13274).

2. 로스쿨 설치인가 사안

원고를 포함하여 법학전문대학원 설치인가 신청을 한 41개 대학들은 2,000명이라는 총 입학정원을 두고 그 설치인가 여부 및 개별 입학정원의 배정에 관하여 서로 경쟁관계에 있고 이 사건 각 처분이 취소될 경우 원고의 신청이 인용될 가능성도 배제할 수 없으므로, 원고가 이 사건 각 처분의 상대방이 아니라도 그 처분의 취소 등을 구할 당사자적격이 있다(대판 2009.12.10, 2009두8359).

③ 인인소송

　　㉠ 특정인에 대한 수익적 행정행위가 이웃하는 주민들에게 불이익을 초래하는 경우 불이익을 받은 타인이 법률상 이익을 다투는 소송을 의미한다.

　　㉡ 원고적격: 당해 허가처분의 근거법규 및 관계법규의 사익보호성 여부에 따라 결정된다. 공익과 더불어 이웃의 개인적 이익도 보호해야 한다고 해석된다.

 판례 PLUS

인인소송 관련 판례

〈원고적격 인정〉

1. 연탄공장 인근주민

주거지역내에 법조 소정 제한면적을 초과한 연탄공장 건축허가처분으로 불이익을 받고 있는 거주자는 비록 당해 행정처분의 상대자가 아니라 하더라도 그 행정처분으로 말미암아 위와 같은 법률에 의하여 보호되는 이익을 침해받고 있다면 당해행정 처분의 취소를 소구하여 그 당부의 판단을 받을 법률상의 자격이 있다(대판 1975.5.13, 73누96).

2. LPG충전소 인근주민

행정처분의 상대방이 아닌 제3자도 그 처분으로 인하여 법률상 보호되는 이익을 침해당한 경우에는 그 처분의 취소 또는 변경을 구하는 행정소송을 제기하여 그 당부의 판단을 받을 법률상 자격이 있다(대판 1983.7.12, 83누59).

3. 원자로 시설부지 인근주민

환경영향평가대상지역 안의 원자로 시설부지 인근 주민들이 방사성물질 이외의 원인에 의한 환경침해를 받지 아니하고 생활할 수 있는 이익이 직접적·구체적 이익이므로 위 주민들에게 이를 이유로 원자로시설부지사전승인처분의 취소를 구할 원고적격이 있다(대판 1998.9.4, 97누19588).

4. 공설화장장 인근주민

주거지역 등에의 공설화장장 설치를 금지함에 의하여 보호되는 부근 주민들의 이익은 도시계획결정처분의 근거 법률에 의하여 보호되는 법률상 이익이다(대판 1995.9.26, 94누14544).

5. 광산개발 인근주민

광업권설정허가처분과 그에 따른 광산개발로 인하여 재산상·환경상 이익의 침해를 받거나 받을 우려가 있는 토지나 건축물의 소유자와 점유자 또는 이해관계인 및 주민들은 그 처분 전과 비교하여 수인한도를 넘는 재산상·환경상 이익의 침해를 받거나 받을 우려가 있다는 것을 증명함으로써 그 처분의 취소를 구할 원고적격을 인정받을 수 있다(대판 2008.9.11, 2006두7577).

6. 환경영향평가 대상지역 '안의' 주민

당해 국립공원 용화집단시설지구개발사업으로 인하여 직접적이고 중대한 환경피해를 입으리라고 예상되는 환경영향평가대상지역 '안'의 주민에게는 환경영향평가대상사업에 관한 변경승인 및 허가처분의 취소를 구할 원고적격이 있다(대판 1998.4.24, 97누3286).

〈원고적격 부정〉

1. 상수원보호구역 인근주민

상수원보호구역 설정의 근거가 되는 수도법이 보호하고자 하는 것은 상수원의 확보와 수질보전일 뿐이고, 그 상수원에서 급수를 받고 있는 지역주민들이 가지는 상수원의 오염을 막아 양질의 급수를 받을 이익은 직접적이고 구체적으로는 보호하고 있지 않음이 명백하여 위 지역주민들이 가지는 이익은 상수원의 확보와 수질보호라는 공공의 이익이 달성됨에 따라 반사적으로 얻게 되는 이익에 불과하므로 지역주민들에 불과한 원고들에게는 위 상수원보호구역변경처분의 취소를 구할 법률상의 이익이 없다(대판 1995.9.26, 94누14544).

2. 환경영향평가 대상지역 '밖에' 거주하는 주민

헌법 제35조 제1항에서 정하고 있는 환경권에 관한 규정만으로는 그 권리의 주체·대상·내용·행사방법 등이 구체적으로 정립되어 있다고 볼 수 없고, 환경정책기본법 제6조도 그 규정 내용 등에 비추어 국민에게 구체적인 권리를 부여한 것으로 볼 수 없으므로, 환경영향평가 대상지역 '밖에' 거주하는 주민에게 헌법상의 환경권 또는 환경정책기본법에 근거하여 공유수면매립면허처분과 농지개량사업 시행인가처분의 무효확인을 구할 원고적격이 없다(대판 2006.3.16, 2006두330 전합).

④ 기타 제3자효 관련 판례

 판례 PLUS

기타 관련 판례

1. 국세체납처분을 원인으로 한 압류등기 이후, 그 부동산을 매수한 자: 위 압류처분의 취소를 구할 원고적격 부정

국세체납처분을 원인으로 한 압류등기 이후에 압류부동산을 매수한 자는 위 압류처분에 대하여 사실상이며 간접적인 이해관계를 가진 데 불과하여 위 압류처분의 취소나 무효확인을 구할 원고적격이 없다(대판 1985.2.8, 82누524).

2. 대학생들이 전공이 다른 교수를 임용하였다고 하여, 교수임용처분의 취소를 구할 원고적격: 부정

대학생들이 전공이 다른 교수를 임용함으로써 학습권을 침해당하였다는 이유를 들어 교수임용처분의 취소를 구할 소의 이익이 없다(대판 1993.7.27, 93누8139).

3. 법무사 사무원 채용승인 거부처분에 대하여, 사무원의 원고적격: 적극

법무사규칙이 이의신청 절차를 규정한 것은 채용승인을 신청한 법무사뿐만 아니라 사무원이 되려는 사람의 이익도 보호하려는 취지로 볼 수 있다. 따라서 지방법무사회의 사무원 채용승인 거부처분 또는 채용승인 취소처분에 대해서는 처분 상대방인 법무사뿐만 아니라 그 때문에 사무원이 될 수 없게 된 사람도 원고적격이 인정된다(대판 2020.4.9, 2015다34444).

3. 협의의 소의 이익

(1) 의의: 협의의 소의 이익이란 재판에 의해 분쟁을 해결할 권리보호의 필요성을 말한다. 예를 들어 처분등에 효력기간이 정해져 있는 경우 그 기간의 경과로 처분 등의 효력은 상실되므로 그 처분등의 외형이 잔존함으로 인해 어떤 법률상 이익이 침해되었다고 볼 만한 별다른 사정이 없는 한 그 처분등의 취소를 구할 소의 이익은 없게 된다(대판 1999.2.23, 98두14471).

(2) 법적 성질: 협의의 소의 이익은 행정소송에 요구되는 소송요건의 하나이기 때문에 처분의 취소를 구할 소의 이익이 없는 경우 소송요건의 흠결로 소는 각하된다(대판 1987.2.24, 86누676). 처분등의 효과가 기간의 경과, 처분등의 집행 그 밖의 사유로 소멸된 뒤에도 그 처분등의 취소로 회복되는 법률상 이익이 있는 경우에는 소의 이익이 있다(동법 제12조 후단). 즉, 기간의 경과·처분의 집행 등 처분 후의 사정변경으로 처분의 효과가 소멸된 뒤에도 경우에 따라서는 그 처분의 취소를 구할 소의 이익이 인정될 수 있다.

 판례 PLUS

'협의의 소의 이익' 유무를 판단하는 방법

행정처분의 무효 확인 또는 취소를 구하는 소가 제소 당시에는 소의 이익이 있어 적법하였는데, 소송계속 중 해당 행정처분이 기간의 경과 등으로 그 효과가 소멸한 때에 처분이 취소되어도 원상회복이 불가능하다고 보이는 경우라도, 무효 확인 또는 취소로써 회복할 수 있는 다른 권리나 이익이 남아 있거나 또는 그 행정처분과 동일한 사유로 위법한 처분이 반복될 위험성이 있어 행정처분의 위법성 확인 내지 불분명한 법률문제에 대한 해명이 필요한 경우에는 행정의 적법성 확보와 그에 대한 사법통제, 국민의 권리구제 확대 등의 측면에서 예외적으로 그 처분의 취소를 구할 소의 이익을 인정할 수 있다. 여기에서 '그 행정처분과 동일한 사유로 위법한 처분이 반복될 위험성이 있는 경우'란 불분명한 법률문제에 대한 해명이 필요한 상황에 대한 대표적인 예시일 뿐이며, 반드시 '해당 사건의 동일한 소송 당사자 사이에서' 반복될 위험이 있는 경우만을 의미하는 것은 아니다(대판 2020.12.24, 2020두30450).

(3) 구체적 검토

① **기간이 경과한 경우:** 판례는 처분에 효력기간이 정해져 있는 경우에는 그 기간의 경과로 처분의 효력이 상실되므로, 원칙적으로 그 기간의 경과 후에는 처분의 취소 또는 무효확인을 구할 소의 이익이 인정되지 않는다(대판 1992.7.10, 92누3625). 그러나 그 처분이 외형상 존재하여 어떠한 법률상의 이익이 침해되고 있다고 볼 만한 특별한 사정이 있는 경우에는 그 예외를 인정하는 경우도 있다.

 판례 PLUS

기간 경과와 소익 인정 여부

〈소의 이익 긍정〉

불합격처분의 취소를 구하는 소송계속중 당해연도의 입학시기가 지난 경우: 적극

어느 학년도의 합격자는 반드시 당해년도에만 입학하여야 한다고 볼 수 없으므로 원고들이 불합격처분의 취소를 구하는 이 사건 소송계속 중 당해년도의 입학시기가 지났더라도 당해년도의 합격자로 인정되면 다음년도의 입학시기에 입학할 수도 있다고 할 것이고, 피고의 위법한 처분이 있게 됨에 따라 당연히 합격하였어야 할 원고들이 불합격처리되고 불합격되었어야 할 자들이 합격한 결과가 되었다면 원고들은 입학정원에 들어가는 자들이라고 하지 않을 수 없다고 할 것이므로 원고들로서는 피고의 불합격처분의 적법여부를 다툴만한 법률상의 이익이 있다(대판 1990.8.28, 89누8255).

〈소의 이익 부정〉

학교법인임원취임승인의 취소처분이 있은 후 그 임원의 임기가 만료된 경우: 소극

관할청으로부터 취임승인이 취소된 학교법인의 이사의 임기는 취임승인취소처분에 대한 행정심판이나 행정소송의 제기에도 불구하고 의연히 진행되는 것이고, 따라서 취임승인취소처분의 무효확인이나 취소를 구하는 소송의 사실심 변론종결 이전에 그 이사의 임기가 만료되었다면 취임승인취소처분이 무효로 확인되거나 취소된다고 하더라도 그 학교법인의 이사가 이사로 복귀하거나 이사직무를 수행할 지위를 회복할 수는 없는 것이므로 취임승인취소처분의 무효확인 또는 그 취소를 구하는 소는 결국 이를 구할 법률상의 이익이 없어 부적법하다고 할 수밖에 없다(대판 1995.3.10, 94누8914).

② 처분의 집행이 완료된 경우: 처분의 집행이 완료된 경우에는 그 법적 효과가 소멸하고 통상 원상회복이 불가능하기 때문에 원칙적으로 소의 이익이 부정된다. 그러나 처분의 집행이 완료된 후라도 그 처분을 이유로 법률상의 불이익을 받을 우려가 있거나 처분의 취소에 의하여 법적으로 원상회복의무가 생기는 경우에는 소의 이익이 인정되는 경우가 있을 수 있다.

    ㉠ 행정청의 직장주택조합에 대한 조합원자격박탈지시처분에 따라 그 조합이 총회에서 일부 조합원을 제명하고 조합원 변경을 이유로 조합설립변경인가를 받은 경우, 그 취소를 구할 법률상의 이익은 없다(대판 1994.10.25, 94누5403).

    ㉡ 건물철거대집행계고처분에 기한 대집행이 이미 사실행위로서 완료된 경우, 그 행위의 위법을 이유로 그 처분의 취소 또는 무효확인을 구할 법률상의 이익은 없다(대판 1993.6.8, 93누6164; 대판 1995.7.28, 95누2623; 대판 1995.11.21, 94누11293).

    ㉢ 원상회복이 불가능한 경우 위법한 행정처분의 취소를 구할 소의 이익이 있는지 여부: 소극

    ㉣ 행정대집행이 실행완료된 경우 대집행계고처분의 취소를 구할 법률상 이익이 있는지 여부: 소극

    ㉤ 대집행계고처분 취소소송의 변론종결 전에 대집행영장에 의한 통지절차를 거쳐 사실행위로서 대집행의 실행이 완료된 경우에는 행위가 위법한 것이라는 이유로 손해배상이나 원상회복 등을 청구하는 것은 별론으로 하고 처분의 취소를 구할 법률상 이익은 없다(대판 1993.6.8, 93누6164).

③ 관련 법령이 개정되거나 폐지된 경우: 처분등이 있은 후 근거 법령의 개폐로 제도가 폐지되어 그 처분이 실효되는 경우에는 그 처분으로 인하여 침해된 이익은 회복될 가능성이 없으므로 소의 이익은 원칙적으로 부정된다.

 판례 PLUS

관련 법령 개정 · 폐지와 소의 이익

1. 사전결정반려처분 취소청구소송의 계속 중 법개정으로 사전결정제도가 폐지된 경우, 소의 이익이 있는지 여부: 소극

구 주택건설촉진법은 주택건설사업계획의 사전결정제도에 관하여 규정하고 있었으나 위 법률이 개정되어 사전결정제도가 폐지된 경우, 주택건설사업계획 사전결정반려처분의 취소를 구하는 소송에서 승소한다고 하더라도 반려처분이 취소됨으로써 사전결정신청을 한 상태로 돌아갈 뿐이므로, 개정 후 법이 시행된 이후에는 사전결정신청에 기하여 행정청으로부터 개정 전 법 소정의 사전결정을 받을 여지가 없게 되었다고 할 것이어서 더 이상 소를 유지할 법률상의 이익이 없다(대판 1999.6.11, 97누379).

2. 토지거래 신고를 하였다가 거부된 후, 신고구역에서 해제된 경우: 소극

토지거래 당사자가 그 거래신고 당시에는 당해 토지가 거래신고구역에 해당하여 그 신고를 하였다가 관할 관청에 의하여 수리거부가 되었는데, 그 후 신고구역에서 해제된 경우에는 그 해제 이후 신고대상이 된 토지거래에 터잡아 소유권이전등기를 신청하는 데에는 토지거래의 신고필증을 제출할 필요가 없다. 따라서 당해 토지거래신고의 수리거부처분에 대하여 그 취소를 구하는 당해 소는 그 소의 이익이 없다(대판 1998.3.10, 96누4558).

④ 처분이 취소되면 회복되는 법률상 이익이 있는 경우: 공무원에 대한 징계처분 후의 사정변경에 따라 신분회복이 불가능하게 된 경우 급여청구권 등을 고려하여 소의 이익을 인정한 사례가 있다.

판례 PLUS

이미 당연퇴직, 임기만료 등으로 신분을 상실한 경우, 협의의 소의 이익 유무

1. 파면처분이 있은 후에 금고 이상의 형을 선고받아 당연퇴직된 경우: 적극

파면처분취소소송의 사실심변론종결 전에 원고가 허위공문서등작성죄로 징역형을 선고받아 확정되었다면 원고는 지방공무원법 규정에 따라 판결이 확정된 날 당연퇴직되어 그 공무원의 신분을 상실하고, 당연퇴직이나 파면이 퇴직급여에 관한 불이익의 점에 있어 동일하다 하더라도, 최소한도 이 사건 파면처분이 있은 때부터 당연퇴직일자까지의 기간에 있어서는 파면처분의 취소를 구하여 그로 인해 박탈당한 이익의 회복을 구할 소의 이익이 있다(대판 1985.6.25, 85누39).

2. 지방의원 제명결의 취소소송 중, 의원의 임기가 만료된 경우: 적극

지방의회 의원에 대한 제명의결 취소소송 계속중 의원의 임기가 만료된 경우에도, 제명의결의 취소로 의원의 지위를 회복할 수는 없다 하더라도 제명의결시부터 임기만료일까지의 기간에 대한 월정수당의 지급을 구할 수 있는 등 여전히 그 제명의결의 취소를 구할 법률상 이익이 있다(대판 2009.1.30, 2007두13487).

⑤ 처분이 취소 또는 변경된 경우: 처분의 전부 또는 일부가 권한 있는 행정청에 의해 취소된 경우 해당 처분의 법적 효과는 취소판결 확정의 결과 소급적으로 무효가 되므로, 법적 효과가 소멸된 부분의 취소를 구할 소의 이익은 인정되지 않는다.

판례 PLUS

처분의 취소 또는 변경 후, 소의 이익

1. 직위해제처분 후 새로운 사유로 다시 직위해제처분을 한 경우: 종전 직위해제처분은 묵시적으로 철회되었으므로 그 처분을 다툴 소의 이익이 없다.

행정청이 공무원에 대하여 새로운 직위해제사유에 기한 직위해제처분을 한 경우 그 이전에 한 직위해제처분은 이를 묵시적으로 철회하였다고 봄이 상당하고, 그렇다면 직위해제처분무효확인 및 정직처분취소 소송 중 이미 철회되어 그 효력이 상실된 직위해제처분의 취소를 구하는 부분은 존재하지 않는 행정처분을 대상으로 한 것으로서, 그 소의 이익이 없다(대판 1996.10.15, 95누8119).

2. 행정소송 제기 후 판결선고 전에 형성적 재결이 이루어진 경우의 소의 이익 유무: 소극

행정처분에 대하여 그 취소를 구하는 행정심판을 제기하는 한편, 그 처분의 집행으로 생길 중대한 손해를 예방하여야 할 긴급한 필요가 있는 때에 해당한다하여 행정소송법 제18조 제2항 제2호에 의하여 행정심판의 재결을 거치지 아니하고 그 처분의 취소를 구하는 소를 제기하였는데, 판결선고 이전에 그 행정심판절차에서 '처분청의 당해 처분을 취소한다'는 형성적 재결이 이루어졌다면, 그 취소의 재결로써 당해 처분은 소급하여 그 효력을 잃게 되므로 더 이상 당해 처분의 효력을 다툴 법률상의 이익이 없게 된다(대판 1997.5.30, 96누18632).

01 지방의회의원에 대한 제명의결 취소소송 계속 중 의원의 임기가 만료된 경우에도 제명의결의 취소를 구할 법률상 이익이 인정된다. ( )

02 행정청이 공무원에 대하여 직위해제처분을 하였다가 그 후에 새로운 직위해제사유에 기하여 다시 직위해제처분을 한 경우에도 당해 공무원이 제기한 원래의 직위해제처분의 취소를 구하는 소송은 소의 이익이 있다. ( )

정답 **01** ○ **02** ×(→이익이 없다)

ⓖ 그 밖의 경우: 처분 후에 발생한 새로운 사정에 외하여 이익 침해가 해소됨으로써 소의 이익이 소멸하는 경우가 있다. 치과의사국가시험합격에 불합격한 이후 새로 실시된 시험에 합격된 경우나 사법시험 1차 시험에 불합격한 이후 새로이 실시된 같은 시험에 합격한 경우(대판 1993.11.9, 93누6867)가 이에 해당한다.

4. 피고적격

 법령 PLUS

행정소송법
제2조(정의) ② 이 법을 적용함에 있어서 행정청에는 법령에 의하여 행정권한의 위임 또는 위탁을 받은 행정기관, 공공단체 및 그 기관 또는 사인이 포함된다.
제13조(피고적격) ① 취소소송은 다른 법률에 특별한 규정이 없는 한 그 처분등을 행한 행정청을 피고로 한다. 다만, 처분등이 있은 뒤에 그 처분등에 관계되는 권한이 다른 행정청에 승계된 때에는 이를 승계한 행정청을 피고로 한다.
② 제1항의 규정에 의한 행정청이 없게 된 때에는 그 처분등에 관한 사무가 귀속되는 국가 또는 공공단체를 피고로 한다.

(1) **의의**: 소송에서 피고로서 본안판결을 받을 수 있는 자격으로, 무효등확인소송과 부작위위법확인소송에서도 이 규정을 준용한다. 행정소송에서의 피고인 행정청은 처분등을 행한 행정청으로 원칙적으로 소송의 대상인 처분등을 외부적으로 그의 명의로 행한 행정청을 말한다(대판 1994.6.14, 94누1197).
   ※ 당사자소송, 손해배상청구소송, 부당이득반환청구소송의 피고는 행정청이 아니라 행정주체이다.

(2) **행정청**: 행정주체의 의사를 내부적으로 결정하고, 이를 외부적으로 표시할 수 있는 권한을 가진 행정기관이다. 행정청에는 법령에 의하여 행정권한의 위임 또는 위탁을 받은 행정기관, 공공단체 및 그 기관 또는 사인이 포함된다(동법 제2조 제2항).

(3) **구체적 검토**
   ① 소속 장관: 국가공무원법에 의한 처분 기타 본인의 의사에 반한 불리한 처분으로 대통령이 행한 처분에 대해서는 소속장관이 피고가 된다. 따라서 검사임용권자는 대통령이지만 그 임용거부처분과 관련하여 피고는 법무부장관이 된다.

 판례 PLUS

검사임용거부처분에 대한 취소소송의 피고적격: 법무부장관
검사임용거부처분에 대한 취소소송의 피고는 법무부장관으로 함이 상당하다(대결 1990.3.14, 90두4).

   ② 합의제 행정청의 처분: 합의제 행정청의 처분에 대하여 합의제 행정청 그 자체가 피고가 된다. 예를 들어 공정거래위원회의 과징금부과처분에 대해서는 공정거래위원회가 피고가 된다. 개별법에 달리 규정이 있는 경우 그에 따른다.
   ③ 권한의 위임·위탁 등
      ㉠ 권한의 위탁·위임: 행정소송법 제2조 제2항에 따라 행정권한의 위임 또는 위탁

을 받은 행정기관, 공공단체 및 그 기관 또는 사인도 행정청에 포함되므로 위임받은 행정청인 수탁청이 피고가 된다.

 판례 PLUS

권한의 위임이 있는 경우의 피고적격

1. 성업공사가 한 공매처분에 대한 취소소송의 피고적격: 성업공사
성업공사가 체납압류된 재산을 공매하는 것은 세무서장의 공매권한 위임에 의한 것으로 보아야 할 것이므로, 성업공사가 한 그 공매처분에 대한 취소 등의 항고소송을 제기함에 있어서는 수임청으로서 실제로 공매를 행한 성업공사를 피고로 하여야 하고, 위임청인 세무서장은 피고적격이 없다(대판 1997.2.28, 96누1757).

2. 저작권 등록처분에 대한 무효확인소송에서 피고적격: 저작권심의조정위원회
저작권법은 '문화관광부장관은 대통령령이 정하는 바에 의하여 저작권 등록업무에 관한 권한을 저작권심의조정위원회에 위탁할 수 있다'고 규정하고 있으므로, '저작권심의조정위원회'가 저작권 등록업무의 처분청으로서 그 등록처분에 대한 무효확인소송에서 피고적격을 가진다(대판 2009.7.9, 2007두16608).

   © 내부위임: 의사결정권을 내부위임한 경우에는 수임기관의 명의로 처분한 것이므로 수임기관이 피고가 되고, 표시권한만을 내부위임한 경우에는 권한의 이전이 없다고 보아 위임기관이 피고가 된다.

 판례 PLUS

내부위임이 있는 경우의 피고적격
행정처분의 취소 또는 무효확인을 구하는 행정소송은 다른 법률에 특별한 규정이 없는 한 그 처분을 행한 행정청을 피고로 하여야 하며, 행정처분을 행할 적법한 권한 있는 상급행정청으로부터 내부위임을 받은 데 불과한 하급행정청이 권한 없이 행정처분을 한 경우에도 실제로 그 처분을 행한 하급행정청을 피고로 하여야 할 것이지 그 처분을 행할 적법한 권한 있는 상급행정청을 피고로 할 것은 아니다(대판 1994.8.12, 94누2763).

   © 권한의 대리: 원칙적으로 피대리청이 피고이지만 다만 대리기관이 대리관계를 밝히지 않았다면 대리기관이 피고가 된다. 대리관계임을 명시적으로 밝히지 않았더라도 상대방이 대리관계를 알고 있었다면 피대리청이 피고가 된다.

 판례 PLUS

대리권을 수여받은 행정청이 대리관계를 밝히지 않고 처분을 한 경우, 행정소송의 피고적격: 원칙적 피대리청, 예외적 대리청
대리권을 수여받은 데 불과하여 그 자신의 명의로는 행정처분을 할 권한이 없는 행정청의 경우 대리관계를 밝힘이 없이 그 자신의 명의로 행정처분을 하였다면 그에 대하여는 처분명의자인 당해 행정청이 항고소송의 피고가 되어야 하는 것이 원칙이지만, 비록 대리관계를 명시적으로 밝히지는 아니하였다 하더라도 처분명의자가 피대리 행정청 산하의 행정기관으로서 실제로 피대리 행정청으로부터 대리권한을 수여받아 피대리 행정청을 대리한다는 의사로 행정처분을 하였고 처분명의자는 물론 그 상대방도 그 행정처분이 피대리 행정청을 대리하여 한 것임을 알고서 이를 받아들인 예외적인 경우에는 피대리 행정청이 피고가 되어야 한다(대판 2006.2.23, 2005부4).

   ④ 합의제행정기관의 경우: 당해 처분에 대해서 항고소송의 피고가 된다. 예를 들면 공정거래위원회의 처분에 대해서는 공정거래위원회가, 토지수용위원회의 처분에 대해서는 토지수용위원회가 취소소송의 피고가 된다. 그러나 중앙노동위원회의 경우

법률의 규정(노동위원회법 제27조 제1항)에 따라 중앙노동위원회가 아닌 중앙노동위원회의 위원장이 취소소송의 피고가 된다.

⑤ **지방자치단체**: 지방자치단체가 아니라 그 소속기관(예 시도지사, 교육감, 시도의회 등)이 행정청으로서의 피고적격을 가진다.

㉠ 처분적 조례가 항고소송의 대상이 되는 경우에는 조례를 공포한 지방자치단체의 장이 피고가 된다.

㉡ 지방의회의원에 대한 징계의결, 의장불신임결의, 지방의회의장 선거와 같은 경우에는 합의제 행정청으로서의 지방의회가 피고가 된다.

판례 PLUS

처분적 조례에 대한 무효확인소송의 피고적격: 지방자치단체의 장(or 교육감)

① 조례가 집행행위의 개입 없이도 그 자체로서 직접 국민의 구체적인 권리의무나 법적 이익에 영향을 미치는 등의 법률상 효과를 발생하는 경우 그 조례는 항고소송의 대상이 되는 행정처분에 해당하고, 이러한 조례에 대한 무효확인소송을 제기함에 있어서 행정소송법에 의하여 피고적격이 있는 처분등을 행한 행정청은, 행정주체인 지방자치단체 또는 지방자치단체의 내부적 의결기관으로서 지방자치단체의 의사를 외부에 표시한 권한이 없는 지방의회가 아니라, 지방자치단체의 집행기관으로서 조례로서의 효력을 발생시키는 공포권이 있는 지방자치단체의 장이다.

② 지방교육자치에관한법률에 의하면 시·도의 교육·학예에 관한 사무의 집행기관은 시·도 교육감이고 시·도 교육감에게 지방교육에 관한 조례안의 공포권이 있다고 규정되어 있으므로, 교육에 관한 조례의 무효확인소송을 제기함에 있어서는 그 집행기관인 시·도 교육감을 피고로 하여야 한다(대판 1996.9.20, 95누8003).

⑥ **처분청과 통지한 행정청이 다른 경우**: 처분을 행한 행정청 즉 처분청과 처분을 통보한 행정청이 다른 경우 피고는 처분청이 된다는 것이 판례의 입장이다.

판례 PLUS

처분청과 통지한 행정청이 다른 경우

1. **대통령이 서훈취소를 결정하고, 국가보훈처장이 '독립유공자 서훈취소결정 통보'를 한 경우, 피고적격: 대통령**

국무회의에서 건국훈장 독립장이 수여된 망인에 대한 서훈취소를 의결하고 대통령이 결재함으로써 서훈취소가 결정된 후 국가보훈처장이 망인의 유족 갑에게 '독립유공자 서훈취소결정 통보'를 하자 갑이 국가보훈처장을 상대로 서훈취소결정의 무효 확인 등의 소를 제기한 경우, 갑이 서훈취소 처분을 행한 행정청(대통령)이 아니라 국가보훈처장을 상대로 제기한 위 소는 피고를 잘못 지정한 경우에 해당하므로, 법원으로서는 석명권을 행사하여 정당한 피고로 경정하게 하여 소송을 진행하여야 한다(대판 2014.9.26, 2013두2518)

2. **인천직할시의 사업장폐쇄명령처분을 북구청장이 통보한 경우, 피고적격: 인천직할시장**

인천직할시 북구청장이, 인천직할시장 명의의 폐쇄명령서를 발부받아 "환경보전법 위반사업장 고발 및 폐쇄명령"이란 제목으로 폐쇄명령서를 첨부하여 무허가배출시설에 대한 폐쇄명령통지를 하였다면, 폐쇄명령처분을 한 행정청은 어디까지나 인천직할시장이고, 북구청장은 인천직할시장의 위 폐쇄명령처분에 따른 사무처리를 대행하면서 이를 통지하였음에 지나지 않는다. 따라서 이 사건 취소처분의 정당한 피고는 인천직할시장이다(대판 1990.4.27, 90누233).

⑦ 기타: 대통령이 임명권자인 국가공무원에 대한 징계처분의 경우에 피고는 소속장관이 된다. 또한 대법원장이 행한 처분의 경우에는 법원행정처장이, 헌법재판소장의 처분의 경우에는 헌법재판소사무처장이, 국회의장이 행한 처분의 경우에는 국회사무처장이 피고가 된다.

5. 피고의 경정

 법령 PLUS

행정소송법

제14조(피고경정) ① 원고가 피고를 잘못 지정한 때에는 법원은 원고의 신청에 의하여 결정으로써 피고의 경정을 허가할 수 있다.

② 법원은 제1항의 규정에 의한 결정의 정본을 새로운 피고에게 송달하여야 한다.

③ 제1항의 규정에 의한 신청을 각하하는 결정에 대하여는 즉시항고할 수 있다.

④ 제1항의 규정에 의한 결정이 있은 때에는 새로운 피고에 대한 소송은 처음에 소를 제기한 때에 제기된 것으로 본다.

⑤ 제1항의 규정에 의한 결정이 있은 때에는 종전의 피고에 대한 소송은 취하된 것으로 본다.

⑥ 취소소송이 제기된 후에 제13조 제1항 단서 또는 제13조 제2항에 해당하는 사유가 생긴 때에는 법원은 당사자의 신청 또는 직권에 의하여 피고를 경정한다. 이 경우에는 제4항 및 제5항의 규정을 준용한다.

(1) 의의: 소송의 계속 중에 피고로 지정된 자를 다른 자로 변경하는 것으로 사실심 변론종결시까지 허용된다는 것이 판례의 입장이다.

 판례 PLUS

피고경정의 종기: 사실심 변론종결시

행정소송법 제14조에 의한 피고경정은 사실심 변론종결에 이르기까지 허용되는 것으로 해석하여야 할 것이고, 굳이 제1심 단계에서만 허용되는 것으로 해석할 근거는 없다(대결 2006.2.23, 2005부4).

(2) 피고경정이 허용되는 경우

① 피고를 잘못 지정한 경우에는 원고의 신청에 의하며 제소시를 기준으로 판단한다.

② 권한승계의 경우 또는 행정청이 없게 된 때에는 신청 또는 직권에 의한다(동법 제3조).

③ 소의 변경시에도 피고의 경정이 가능하다(동법 제21조 제2항).

(3) 피고경정의 효과: 피고를 경정하는 것에 대한 결정이 있을 때에는 새로운 피고에 대한 소송은 처음에 소를 제기한 때에 제기된 것으로 본다. 또한 피고경정의 허가결정이 있을 때에는 종전의 피고에 대한 소송은 취하된 것으로 본다(동법 제14조 제5항).

구분	피청구인 경정(행정심판)	피고 경정(행정소송)
신청	○	○
직권	○	×
공통점	효과: 처음 제기하였을 때 제기한 것으로 봄	

(4) 절차: 피고를 잘못 지정한 경우에는 원고이 신청에 이해 제소 후익 행정청의 권한변경 등의 경우에는 당사자의 신청 또는 직권에 의해 법원은 피고를 변경할 수 있다. 피고경정은 법원의 결정에 의하며 법원은 결정 정본을 피고에게 송달하여야 한다. 원고의 신청을 각하하는 결정에 대해서는 즉시항고할 수 있으며, 사실심 변론종결시까지만 가능하다.

(5) 효력

① 피고경정이 있으면 새로운 피고에 대한 소송은 처음에 소를 제기한 때에 제기된 것으로 본다(동법 제14조 제4항).

② 피고경정이 있으면 종전의 피고에 대한 소송은 취하된 것으로 본다(동법 제14조 제5항).

6. 소송참가

(1) 제3자의 소송참가

 법령 PLUS

행정소송법

제16조(제3자의 소송참가) ① 법원은 소송의 결과에 따라 권리 또는 이익의 침해를 받을 제3자가 있는 경우에는 당사자 또는 제3자의 신청 또는 직권에 의하여 결정으로써 그 제3자를 소송에 참가시킬 수 있다.

② 법원이 제1항의 규정에 의한 결정을 하고자 할 때에는 미리 당사자 및 제3자의 의견을 들어야 한다.

③ 제1항의 규정에 의한 신청을 한 제3자는 그 신청을 각하한 결정에 대하여 즉시항고할 수 있다.

④ 제1항의 규정에 의하여 소송에 참가한 제3자에 대하여는 민사소송법 제67조의 규정을 준용한다.

① 의의

㉠ 국가 등 행정주체도 제3자에 해당할 수 있으며 처분등을 취소하는 확정판결이 제3자에 대하여도 효력이 발생하므로 제3자의 소송참가가 인정되는 것이다(동법 제29조 참조).

㉡ 공동소송적 보조참가인의 지위에 있다고 보는 것이 통설이며 소송참가인은 판결의 효력을 받는다. 참가인은 소송절차에 참여하였으므로 재심을 제기할 수 없다(동법 제31조 제1항 참조).

② 요건

㉠ 타인 간에 소송이 계속 중이어야 하며 소송참가는 판결선고 전까지 가능하다.

㉡ 제3자는 소송의 결과에 따라 권리 또는 이익을 침해받는 자이어야 한다. 소송의 결과는 판결의 주문에 의하여 직접 권리 또는 이익이 침해받는 것을 의미하며, 여기서 이익은 법률상의 이해관계를 의미한다. 형성력 자체에 의해 직접 침해받을 수도 있고 취소판결의 기속력에 의할 수도 있다.

 판례 PLUS

제3자의 소송참가의 요건

제3자의 소송참가가 허용되기 위하여는 당해 소송의 결과에 따라 제3자의 권리 또는 이익이 침해되어야 하고, 이때의 이익은 법률상 이익을 말하며 단순한 사실상의 이익이나 경제상의 이익은 포함되지 않는다(대판 2008.5.29, 2007두23873).

OX문제

01 법원은 소송의 결과에 따라 권리 또는 이익의 침해를 받을 제3자가 있는 경우 당사자 또는 제3자의 신청 또는 직권에 의하여 결정으로써 그 제3자를 소송에 참가시킬 수 있다. ( )

정답 01 ○

(2) 행정청의 소송참가

 법령 PLUS

행정소송법

제17조(행정청의 소송참가) ① 법원은 다른 행정청을 소송에 참가시킬 필요가 있다고 인정할 때에는 당사자 또는 당해 행정청의 신청 또는 직권에 의하여 결정으로써 그 행정청을 소송에 참가시킬 수 있다.
② 법원은 제1항의 규정에 의한 결정을 하고자 할 때에는 당사자 및 당해 행정청의 의견을 들어야 한다.
③ 제1항의 규정에 의하여 소송에 참가한 행정청에 대하여는 민사소송법 제76조의 규정을 준용한다.

① 의의: 법원은 다른 행정청을 소송에 참가시킬 필요가 있다고 인정할 때 당사자 또는 행정청의 신청 또는 직권에 의하여 그 행정청을 소송에 참가시킬 수 있는데 민사소송법 제76조의 규정이 준용되어 단순 보조참가인의 지위에 있다고 본다. 제3자 소송참가의 경우와 달리 불복규정이 없으므로 당사자나 행정청은 불복할 수 없다.

② 요건

㉠ 타인 간에 소송이 계속 중이어야 하며 소송참가는 판결선고 전까지 가능하다.

㉡ 피고 행정청 이외의 다른 행정청이 참가해야 하며 피고 행정청을 위한 참가여야 한다.

㉢ 관계되는 다른 행정청이 가진 자료를 모두 제출하게 하는 것이 사건을 적절히 해결하기 위해 필요한 경우, 즉 법원이 참가시킬 필요가 있다고 인정되어야 한다.

4 기타의 소송요건

1. 제소기간

소송을 제기할 수 있는 기간을 의미하는데 취소소송에서 제소기간의 도과 여부는 소송요건에 해당하므로 법원의 직권조사사항이다.

 법령 PLUS

행정소송법

제20조(제소기간) ① 취소소송은 처분등이 있음을 안 날부터 90일 이내에 제기하여야 한다. 다만, 제18조제1항 단서(필요적 행정심판전치주의)에 규정한 경우와 그 밖에 행정심판청구를 할 수 있는 경우 또는 행정청이 행정심판청구를 할 수 있다고 잘못 알린 경우에 행정심판청구가 있은 때의 기간은 재결서의 정본을 송달받은 날부터 기산한다.
② 취소소송은 처분등이 있은 날부터 1년(제1항 단서의 경우는 재결이 있은 날부터 1년)을 경과하면 이를 제기하지 못한다. 다만, 정당한 사유가 있는 때에는 그러하지 아니하다.
③ 제1항의 규정에 의한 기간은 불변기간으로 한다.

(1) 행정심판을 거치지 않은 경우(처분이 기준)

① 처분이 있음을 안 날로부터 90일(동법 제20조 제1항)

㉠ 원칙: 처분이 있음을 안 날로부터 90일 이내로, 처분이 있었음을 현실적으로 안 날로 처분의 위법 여부를 인식한 날을 의미하는 것이 아니다.

판례 PLUS

'처분이 있음을 안 날'의 의미

'처분이 있음을 안 날'이라 함은 당사자가 통지·공고 기타의 방법에 의하여 당해 처분이 있었다는 사실을 현실적으로 안 날을 의미하고, 추상적으로 알 수 있었던 날을 의미하는 것은 아니지만, 처분에 관한 서류가 당사자의 주소지에 송달되는 등 사회통념상 처분이 있음을 당사자가 알 수 있는 상태에 놓여진 때에는 반증이 없는 한 그 처분이 있음을 알았다고 추정할 수 있다(대판 1999.12.28, 99두9742).

ⓒ 고시 또는 공고의 경우

- 불특정 다수인에게 공고하는 경우: 고시 또는 공고가 효력을 발생하는 날로부터 90일 이내에 취소소송을 제기하여야 한다.

판례 PLUS

고시 또는 공고에 의한 '일반처분'의 경우, 제소기간의 기산일: 고시 또는 공고의 효력발생일

통상 고시 또는 공고에 의하여 행정처분을 하는 경우에는 그 처분의 상대방이 불특정 다수인이고 그 처분의 효력이 불특정 다수인에게 일률적으로 적용되는 것이므로, 그 행정처분에 이해관계를 갖는 자가 고시 또는 공고가 있었다는 사실을 현실적으로 알았는지 여부에 관계없이 고시가 효력을 발생하는 날 행정처분이 있음을 알았다고 보아야 한다(대판 2007.6.14, 2004두619).

- 특정인에 대한 처분을 주소불명 등의 이유로 송달할 수 없어 관보 등에 공고한 경우: 판례는 상대방이 처분이 있었다는 사실을 현실적으로 안 날에 처분이 있음을 알았다고 보아야 한다는 입장이다.

판례 PLUS

'특정인에 대한' 행정처분이 주소불명 등의 이유로 송달할 수 없어 관보 등에 공고한 경우: 현실적으로 안 날

행정소송법 제20조 제1항 소정의 제소기간 기산점인 '처분이 있음을 안 날'이라 함은 당사자가 통지, 공고 기타의 방법에 의하여 당해 처분이 있었다는 사실을 현실적으로 안 날을 의미하는바, 특정인에 대한 행정처분을 주소불명 등의 이유로 송달할 수 없어 관보·공보·게시판·일간신문 등에 공고한 경우에는, 공고가 효력을 발생하는 날에 상대방이 그 행정처분이 있음을 알았다고 볼 수는 없고, 상대방이 당해 처분이 있었다는 사실을 현실적으로 안 날에 그 처분이 있음을 알았다고 보아야 한다(대판 2006.4.28, 2005두14851).

ⓒ 불변기간: 처분등이 있음을 안 날로부터 90일 이내에 제기하여야 한다는 제소기간은 법원이 임의로 늘리거나 줄일 수 없는 불변기간이다.

② 처분이 있은 날로부터 1년(동법 제20조 제2항)

㉠ 원칙: 처분이 있은 날로부터 1년 내에 취소소송을 제기해야 하는데 이때 처분이 있은 날이란 상대방 있는 행정처분의 경우 행정처분이 상대방에게 도달되어 효력이 발생한 날이라고 보는 것이 통설 및 판례의 입장이다.

㉡ 예외: 제소기간 내에 소를 제기하지 못함을 정당화할 만한 객관적인 사유가 있는 경우에는 1년이 경과하더라도 소송을 제기할 수 있다. 여기서 정당한 사유란 민사소송법 제173조의 '당사자가 책임질 수 없는 사유'나 행정심판법 제27조 '불가항력적 사유'보다 넓은 개념으로 보는 것이 일반적이다.

ⓒ 제3자효 행정행위의 경우: 제3자는 일반적으로 처분이 있음을 바로 알 수 없으므로 정당한 사유가 있는 경우에 해당하여 1년이 경과하여도 취소소송을 제기할 수 있다. 단 어떠한 경위로든 행정처분이 있음을 안 경우에는 안 날로부터 90일 이내에 취소소송을 제기해야 한다고 보는 것이 판례의 입장이다.

(2) 행정심판을 거친 경우(재결이 기준)

① 재결서 정본을 송달받은 경우: 행정심판을 거쳐 취소소송을 제기하는 경우 취소소송은 재결서의 정본을 송달받은 날로부터 90일 이내에 제기하여야 한다.

➕ 판례 PLUS

행정소송법 제20조 제1항에서 말하는 '행정심판'의 의미

행정소송법 제20조 제1항에 따르면, 취소소송은 처분등이 있음을 안 날부터 90일 이내에 제기하여야 하는데, 행정심판청구를 할 수 있는 경우에 행정심판청구가 있은 때의 기간은 재결서의 정본을 송달받은 날부터 기산한다. 이처럼 취소소송의 제소기간을 제한함으로써 처분등을 둘러싼 법률관계의 안정과 신속한 확정을 도모하려는 입법 취지에 비추어 볼 때, 여기서 말하는 '행정심판'은 행정심판법에 따른 일반행정심판과 이에 대한 특례로서 다른 법률에서 사안의 전문성과 특수성을 살리기 위하여 특히 필요하여 일반행정심판을 갈음하는 특별한 행정불복절차를 정한 경우의 특별행정심판을 뜻한다(대판 2014.4.24, 2013두10809).

행정소송법 제20조 제1항의 취지 및 적용범위

행정소송법 제20조 제1항은 '취소소송은 처분등이 있음을 안 날부터 90일 이내에 제기하여야 하나 행정청이 행정심판청구를 할 수 있다고 잘못 알린 경우에 행정심판청구가 있은 때의 기간은 재결서의 정본을 송달받은 날부터 기산한다'고 규정하고 있는데, 위 규정의 취지는 불가쟁력이 발생하지 않아 적법하게 불복청구를 할 수 있었던 처분 상대방에 대하여 행정청이 법령상 행정심판청구가 허용되지 않음에도 행정심판청구를 할 수 있다고 잘못 알린 경우에, 잘못된 안내를 신뢰하여 부적법한 행정심판을 거치느라 본래 제소기간 내에 취소소송을 제기하지 못한 자를 구제하려는 데에 있다. 이와 달리 이미 제소기간이 지남으로써 불가쟁력이 발생하여 불복청구를 할 수 없었던 경우라면 그 이후에 행정청이 행정심판청구를 할 수 있다고 잘못 알렸다고 하더라도 그 때문에 처분 상대방이 적법한 제소기간 내에 취소소송을 제기할 수 있는 기회를 상실하게 된 것은 아니므로 이러한 경우에 잘못된 안내에 따라 청구된 행정심판 재결서 정본을 송달받은 날부터 다시 취소소송의 제소기간이 기산되는 것은 아니다. 불가쟁력이 발생하여 더 이상 불복청구를 할 수 없는 처분에 대하여 행정청의 잘못된 안내가 있었다고 하여 처분 상대방의 불복청구 권리가 새로이 생겨나거나 부활한다고 볼 수는 없기 때문이다(대판 2012.9.27, 2011두27247).

② 재결서 정본을 송달받지 못한 경우: 재결이 있은 날로부터 1년이 경과하면 취소소송을 제기하지 못한다.

(3) 제소기간의 기산점 관련 논의

① 행정심판법상 오고지·불고지 규정(동법 제18조 제5항)의 적용: 행정소송에 준용되지 않는다.

➕ 판례 PLUS

행정심판법상 오고지·불고지 규정이 행정소송에 적용되는지 여부: 소극

행정심판과 행정소송은 그 성질, 불복사유, 제기기간, 판단기관 등에서 본질적인 차이점이 있고, 임의적 전치주의는 당사자가 행정심판과 행정소송의 유·불리를 스스로 판단하여 행정심판을 거칠지 여부를 선택할 수 있도록 한 취지에 불과하므로 어느 쟁송 형태를 취한 이상 그 쟁송에는 그에 관련된 법률 규정만이 적용될 것이지 두 쟁송 형태에 관련된 규정을 통틀어 당사자에게 유리한 규정만이 적용된다고 할 수는 없으며, 행정처분시나 그 이후 행정청으로부터 행정심판 제기기간에 관하여 법정 심판청구기간보다 긴 기간으로 잘못 통지받은 경우에 보호할 신뢰 이익은 그 통지받은 기간 내에 행정심판을 제기한 경우에 한하는 것이지 행정소송을 제기한 경우에까지 확대된다고 할 수 없으므로, 당사자가 행정처분시나 그 이후 행정청으로부터 행정심판 제기기간에 관하여 법정 심판청구기간보다 긴 기간으로 잘못 통지받아 행정소송법상 법정 제소기간을 도과하였다고 하더라도, 그것이 당사자가 책임질 수 없는 사유로 인한 것이라고 할 수는 없다(대판 2001.5.8, 2000두6916).

② 소 종류의 변경

 판례 PLUS

소 변경의 경우, 제소기간 준수 여부의 결정기준

청구취지를 교환적으로 변경하여 종전의 소가 취하되고 새로운 소가 제기된 것으로 보게 되는 경우에 새로운 소에 대한 제소기간의 준수 등은 원칙적으로 소의 변경이 있는 때를 기준으로 하여 판단된다. 그러나 선행처분의 취소를 구하는 소가 그 후속처분의 취소를 구하는 소로 교환적으로 변경되었다가 다시 선행처분의 취소를 구하는 소로 변경된 경우 후속처분의 취소를 구하는 소에 선행처분의 취소를 구하는 취지가 그대로 남아 있었던 것으로 볼 수 있다면 선행처분의 취소를 구하는 소의 제소기간은 최초의 소가 제기된 때를 기준으로 정하여야 한다(대판 2013.7.11, 2011두27544).

무효확인의 소제기 후, 취소의 소를 추가적 병합한 경우

하자 있는 행정처분을 놓고 이를 무효로 볼 것인지 아니면 단순히 취소할 수 있는 처분으로 볼 것인지는 동일한 사실관계를 토대로 한 법률적 평가의 문제에 불과하고, 행정처분의 무효확인을 구하는 소에는 특단의 사정이 없는 한 그 취소를 구하는 취지도 포함되어 있다고 보아야 하는 점 등에 비추어 볼 때, 동일한 행정처분에 대하여 무효확인의 소를 제기하였다가 그 후 그 처분의 취소를 구하는 소를 추가적으로 병합한 경우, 주된 청구인 무효확인의 소가 적법한 제소기간 내에 제기되었다면 추가로 병합된 취소청구의 소도 적법하게 제기된 것으로 봄이 상당하다(대판 2005.12.23, 2005두3554).

③ 이의신청을 거쳐 취소소송을 제기한 경우: 이의신청을 거쳐 취소소송을 제기하는 경우에는, 해당 이의신청의 성질에 따라 제소기간의 기산점이 다르다. 예컨대, ㉠ 단순한 이의신청에 불과한 경우에는 개별법에 따로 규정이 없는 한 처분이 있음을 안 날로부터 90일 이내에 취소소송을 제기하여야 하고, ㉡ 이의신청절차가 특별행정심판의 성격을 가지는 경우에는 제소기간 특례(행정소송법 제18조 내지 제20조)가 적용되므로 재결(이의신청의 결과)을 송달받은 날로부터 90일 이내에 취소소송을 제기하여야 한다.

 판례 PLUS

'민원사무처리에 관한 법률'상 이의신청을 한 경우, 이의신청에 대한 결과를 통지받은 날부터 취소소송의 제소기간이 기산되는지 여부: 소극

처분 등에 대한 취소소송은 처분 등이 있음을 안 날부터 90일 이내에 제기하여야 하며, 다른 법률에서 필수적으로 행정심판의 재결을 거치도록 규정한 경우가 아니라면 행정심판을 거치지 아니하고 제기할 수 있으나, 행정심판을 거친 경우에는 그에 관한 재결서의 정본을 송달받은 날부터 제소기간을 기산한다(행정소송법 제18조 내지 제20조).

민원사무처리법에서 정한 민원 이의신청은 민원사무처리에 관하여 인정된 기본사항의 하나로 처분청으로 하여금 다시 거부처분에 대하여 심사하도록 한 절차로서 행정심판법에서 정한 행정심판과는 성질을 달리하고 또한 사안의 전문성과 특수성을 살리기 위하여 특별한 필요에 따라 둔 행정심판에 대한 특별 또는 특례 절차라 할 수도 없어 행정소송법에서 정한 행정심판을 거친 경우의 제소기간의 특례가 적용된다고 할 수도 없으므로, 민원 이의신청에 대한 결과를 통지받은 날부터 취소소송의 제소기간이 기산된다고 할 수 없다(대판 2012.11.15, 2010두8676).

조세심판에서 재조사결정에 따른 제소기간의 기산점: 후속 처분의 통지를 받은 날

이의신청 등에 대한 결정의 한 유형으로 재조사결정은 처분청으로 하여금 하나의 과세단위의 전부 또는 일부에 관하여 당해 결정에서 지적된 사항을 재조사하여 그 결과에 따라 과세표준과 세액을 경정하거나 당초 처분을 유지하는 등의 후속 처분을 하도록 하는 형식을 취하고 있다. 이에 따라 재조사결정을 통지받은 이의신청인 등은 그에 따른 후속 처분의 통지를 받은 후에야 비로소 다음 단계의 쟁송절차에서 불복할 대상과 범위를 구체적으로 특정할 수 있게 된다. 이와 같은 재조사결정의 형식과 취지 등을 감안하면, 재조사결정은 당해 결정에서 지적된 사항에 관해서는 처분청의 재조사결과를 기다려 그에 따른 후속 처분의 내용을 이의신청 등에 대한 결정의 일부분으로 삼겠다는 의사가 내포된 변형결정에 해당한다고 볼 수밖에 없다. 그렇다면 재조사결정은 처분청의 후속 처분에 의하여 그 내용이 보완됨으로써 이의신청 등에 대한 결정으로서의 효력이 발생한다고 할 것이므로, 재조사결정에 따른 심사청구기간이나 심판청구기간 또는 행정소송의 제소기간은 이의신청인 등이 후속 처분의 통지를 받은 날부터 기산된다고 봄이 타당하다(대판 2010.6.25, 2007두12514 전합).

④ 법률의 위헌결정: 처분 당시 취소소송의 제기가 법제상 허용되지 않아 소송을 제기할 수 없다가 위헌결정을 통해 취소소송이 가능하게 된 경우 위헌결정이 있는 날이 기산점이다.

(4) 취소소송 외 항고소송의 준용

① 무효등확인소송: 제소기간의 적용을 받지 않지만 당연무효를 선언하는 의미에서의 취소청구소송은 제소기간의 제한이 있다.

② 부작위위법확인소송

㉠ 행정심판을 거치지 않고 소송을 제기하는 경우: 제소기간의 제한이 없다.

㉡ 행정심판을 거쳐 소송을 제기하는 경우: 제소기간 규정을 준용한다.

➕ 판례 PLUS

부작위위법확인의 소의 제소기간

부작위위법확인의 소는 부작위상태가 계속되는 한 그 위법의 확인을 구할 이익이 있다고 보아야 하므로 원칙적으로 제소기간의 제한을 받지 않는다. 그러나 행정소송법 제38조 제2항이 제소기간을 규정한 같은 법 제20조를 부작위위법확인소송에 준용하고 있는 점에 비추어 보면, 행정심판 등 전심절차를 거친 경우에는 행정소송법 제20조가 정한 제소기간 내에 부작위위법확인의 소를 제기하여야 한다(대판 2009.7.23, 2008두10560).

③ 당사자 소송: 제소기간의 제한이 없지만 개별법에 정하여져 있는 경우에는 그 기간은 불변기간으로 한다(동법 제41조 참고).

2. 필요적 행정심판전치주의

(1) 의의

 법령 PLUS

행정소송법

제18조(행정심판과의 관계) ① 취소소송은 법령의 규정에 의하여 당해 처분에 대한 행정심판을 제기할 수 있는 경우에도 이를 거치지 아니하고 제기할 수 있다. 다만, 다른 법률에 당해 처분에 대한 행정심판의 재결을 거치지 아니하면 취소소송을 제기할 수 없다는 규정이 있는 때에는 그러하지 아니하다.

① 원칙: 행정소송을 제기함에 앞서서 먼저 행정심판을 거치도록 하는 것으로 행정소송법은 임의적 전치주의를 규정하고 있다.

② 예외(필요적 전치주의)

  ㉠ 공무원법(국가공무원법, 지방공무원법, 교육공무원법), 국세기본법, 도로교통법 등에서 필요적 행정심판전치주의를 취하고 있다.

  ㉡ 또한 원처분주의의 예외인 재결주의(행정심판을 거친 경우 항고소송의 대상이 재결인 경우)가 적용되는 소송의 경우에도 필요적 행정심판전치주의가 적용된다(예 특허심판원의 심결, 감사원의 변상판정에 대한 재심의판정, 지방노동위원회의 원처분에 대한 중앙노동위원회의 재결).

(2) 요건: 심판청구의 적법성, 인적 관련성, 사물 관련성, 주장사유의 관련성 등

(3) 적용범위: 취소소송과 부작위위법확인소송에 적용되지만 무효등확인소송과 당사자소송에는 적용되지 않는다.

(4) 예외적 행정심판전치주의의 완화

 법령 PLUS

행정소송법

제18조(행정심판과의 관계) ② 제1항 단서의 경우에도 다음 각호의 1에 해당하는 사유가 있는 때에는 행정심판의 재결을 거치지 아니하고 취소소송을 제기할 수 있다.
  1. 행정심판청구가 있은 날로부터 60일이 지나도 재결이 없는 때
  2. 처분의 집행 또는 절차의 속행으로 생길 중대한 손해를 예방하여야 할 긴급한 필요가 있는 때
  3. 법령의 규정에 의한 행정심판기관이 의결 또는 재결을 하지 못할 사유가 있는 때
  4. 그 밖의 정당한 사유가 있는 때
③ 제1항 단서의 경우에 다음 각호의 1에 해당하는 사유가 있는 때에는 행정심판을 제기함이 없이 취소소송을 제기할 수 있다.
  1. 동종사건에 관하여 이미 행정심판의 기각재결이 있은 때
  2. 서로 내용상 관련되는 처분 또는 같은 목적을 위하여 단계적으로 진행되는 처분중 어느 하나가 이미 행정심판의 재결을 거친 때
  3. 행정청이 사실심의 변론종결후 소송의 대상인 처분을 변경하여 당해 변경된 처분에 관하여 소를 제기하는 때
  4. 처분을 행한 행정청이 행정심판을 거칠 필요가 없다고 잘못 알린 때

(5) 관련문제

① 처분의 직접 상대방이 아닌 제3자가 제기하는 경우에도 행정심판전치주의가 적용된다.

② 행정청이 소가 제기된 후에 소송의 대상이 되는 처분을 변경한 때에는 행정심판전치의 요건을 갖춘 것으로 본다.

03 대상적격

1 의의

다툼의 대상이 되는 행정작용이 항고소송의 대상으로서 권리보호자격(권리 · 의무에 직접적 영향)을 갖추고 있는지 판단하는 것이다.

2 대상적격

1. 행정소송의 대상

➕ **법령 PLUS**

행정소송법
제19조(취소소송의 대상) 취소소송은 처분등을 대상으로 한다. 다만, 재결취소소송의 경우에는 재결 자체에 고유한 위법이 있음을 이유로 하는 경우에 한한다.

2. 처분성이 인정되는지 여부

(1) 지방의회 의원 징계 의결: 긍정

(2) 지방의회 의장 불신임 의결: 긍정

(3) 입찰참가자격제한처분

① 행정청이 한 경우: 긍정 국방부장관, 관악구청장, 서울특별시장

② 공사나 공단이 한 경우: 부정 한국토지개발공사, 수도권매립지공사

(4) 공정거래위원회의 고발조치 및 고발의결: 부정 → 내부적인 결정단계에 불과

(5) 군의관의 신체등위판정: 부정

(6) 운전면허 행정처분처리대장상의 벌점 배점: 부정 → 벌점을 받아도 운전 가능하므로

(7) 국립공원지정처분에 따라 공원관리청이 행한 경계측량 및 표지의 설치: 부정 → 공익적 측면이 큼

3. 별도의 불복절차가 마련되어 있는 경우(처분성 부정)

(1) **검사의 불기소처분**: 재정신청이라는 별도의 불복절차 있음(재판에서 결정, 고소인이 관할 고등법원에 신청)

(2) **과태료처분**: 비송사건절차법을 적용

(3) **통고처분**: 정식 형사소송절차 적용

4. 행정청의 거부처분(처분성 인정)이 행정소송의 대상이 되기 위한 요건

국민에게 법규상(성문법) 또는 조리상(불문법) 신청권이 있을 것을 전제로 한다.

 판례 PLUS

거부처분의 처분성을 인정하기 위한 전제요건: 법규상 또는 조리상 신청권

거부처분의 처분성을 인정하기 위한 전제요건이 되는 신청권의 존부는 구체적 사건에서 신청인이 누구인가를 고려하지 않고 관계 법규의 해석에 의하여 일반 국민에게 그러한 신청권을 인정하고 있는가를 살펴 추상적으로 결정되는 것이고, 신청인이 그 신청에 따른 단순한 응답을 받을 권리를 넘어서 신청의 인용이라는 만족적 결과를 얻을 권리를 의미하는 것은 아니다. 따라서 국민이 어떤 신청을 한 경우에 그 신청의 근거가 된 조항의 해석상 행정발동에 대한 개인의 신청권을 인정하고 있다고 보여지면 그 거부행위는 항고소송의 대상이 되는 처분으로 보아야 할 것이고, 구체적으로 그 신청이 인용될 수 있는가 하는 점은 본안에서 판단하여야 할 사항인 것이다(대판 1996.6.11, 95누12460).

신청에 대한 거부처분이 있은 후, 당사자가 다시 신청을 하였으나 행정청이 다시 거절한 경우, 새로운 거부처분인지 여부: 적극

수익적 행정처분을 구하는 신청에 대한 거부처분은 당사자의 신청에 대하여 관할 행정청이 이를 거절하는 의사를 대외적으로 명백히 표시함으로써 성립된다. 거부처분이 있은 후 당사자가 다시 신청을 한 경우에는 신청의 제목 여하에 불구하고 그 내용이 새로운 신청을 하는 취지라면 관할 행정청이 이를 다시 거절하는 것은 새로운 거부처분이라고 보아야 한다(대판 2021.1.14, 2020두50324).

5. 재결

(1) **재결과 관련된 법령**: 행정소송법 제19조(취소소송의 대상) 취소소송은 처분등(처분+재결)을 대상으로 한다. 다만, 재결취소소송의 경우에는 재결 자체에 고유한 위법이 있음을 이유로 하는 경우에 한한다.

 법령 PLUS

행정심판법

제2조(정의) 이 법에서 사용하는 용어의 뜻은 다음과 같다.
　3. "재결"이란 행정심판의 청구에 대하여 제6조에 따른 행정심판위원회가 행하는 판단을 말한다.

(2) **원처분주의**

① **기각재결**: 원처분이 정당하다고 유지한 것에 지나지 않으므로 재결자체에 고유한 하자가 있다고 보기 어려우므로 원처분을 대상으로 하여야 한다.

② 개별법상 재결도 포함된다.

OX 문제

01 거부처분 이후에 동일한 내용의 신청에 대해 다시 반복된 거부처분은 항고소송의 대상이 되는 처분에 해당한다. (　)

02 취소소송은 처분 등을 대상으로 하나, 재결취소소송은 처분 및 재결 자체의 고유한 위법이 있음을 이유로 하는 경우에 한한다. (　)

정답 01 ○ 02 ×(→'재결'자체의 고유한 위법이 있음에 한정)

판례 PLUS

수용재결에 불복하여 이의신청을 거친 경우, 취소소송의 대상: 원처분(수용재결)

공익사업을 위한 토지 등의 취득 및 보상에 관한 법률이 중앙토지수용위원회에 대한 이의신청을 임의적 절차로 규정하고 있는 점, 행정소송법 제19조 단서가 행정심판에 대한 재결은 재결 자체에 고유한 위법이 있음을 이유로 하는 경우에 한하여 취소소송의 대상으로 삼을 수 있도록 규정하고 있는 점 등을 종합하여 보면, 수용재결에 불복하여 취소소송을 제기하는 때에는 이의신청을 거친 경우에도 수용재결을 한 중앙토지수용위원회 또는 지방토지수용위원회를 피고로 하여 수용재결의 취소를 구하여야 하고, 다만 이의신청에 대한 재결 자체에 고유한 위법이 있음을 이유로 하는 경우에는 그 이의재결을 한 중앙토지수용위원회를 피고로 하여 이의재결의 취소를 구할 수 있다고 보아야 한다(대판 2010.1.28, 2008두1504).

③ **일부인용**: 일부인용재결의 경우 원처분주의에 의해 일부인용되고 남은 원처분이 소송의 대상이 된다고 본다. 변경명령재결 후에 변경처분이 있는 경우에는 원처분이 소송의 대상이 된다고 본다.

 판례 PLUS

일부취소 또는 변경재결의 경우, 취소소송의 대상: 변경되어 잔존하는 원처분

항고소송은 원칙적으로 당해 처분을 대상으로 하나, 당해 처분에 대한 재결 자체에 고유한 주체, 절차, 형식 또는 내용상의 위법이 있는 경우에 한하여 그 재결을 대상으로 할 수 있다고 해석되므로, 징계혐의자에 대한 감봉 1월의 징계처분을 견책으로 변경한 소청결정 중 그를 견책에 처한 조치는 재량권의 남용 또는 일탈로서 위법하다는 사유는 소청결정 자체에 고유한 위법을 주장하는 것으로 볼 수 없어 소청결정의 취소사유가 될 수 없다(대판 1993.8.24, 93누5673). → 견책으로 변경되어 잔존하는 원처분(징계처분)을 대상으로 하여야 한다.

(3) 예외적 재결주의: 재결 자체에 고유한 위법이 없는 경우에는 재결에 대하여 다툴 수 있다.

 판례 PLUS

'재결 자체에 고유한 위법(행정소송법 제19조 단서)' 인정 여부

제3자효 행정행위에 대한 인용재결: 적극

이른바 복효적 행정행위, 특히 제3자효를 수반하는 행정행위에 대한 행정심판청구에 있어서 그 청구를 인용하는 내용의 재결로 인하여 비로소 권리이익을 침해받게 되는 자는 그 인용재결에 대하여 다툴 필요가 있고, 그 인용재결은 원처분과 내용을 달리하는 것이므로 그 인용재결의 취소를 구하는 것은 원처분에는 없는 재결에 고유한 하자를 주장하는 셈이어서 당연히 항고소송의 대상이 된다(대판 2001.5.29, 99두10292).

〈비교〉 원처분의 취소를 구하는 소송에서 재결 자체의 고유한 위법사유를 주장할 수 있는지 여부: 소극

행정처분에 대한 행정심판의 재결에 이유모순의 위법이 있다는 사유는 재결처분 자체에 고유한 하자로서 재결처분의 취소를 구하는 소송에서는 그 위법사유로서 주장할 수 있으나, 원처분의 취소를 구하는 소송에서는 그 취소를 구할 위법사유로서 주장할 수 없다(대판 1996.2.13, 95누8027).

(4) 개별법상의 재결주의: 특허심판원의 심결, 감사원의 재심의판정, 중앙노동위원회의 재심판정 등이 있다.

6. 경정처분의 경우

경정처분이란 과세처분 등을 한 뒤 그 처분을 증액 또는 감액하는 내용의 처분을 말하는데 이때 당초의 처분과 경정처분 중에서 어느 것이 항고소송의 대상이 되는지가 문제된다. 이와 관련하여 국세기본법 제22조의3에 그 효력에 대해 규정하고 있다.

 법령 PLUS

국세기본법

제22조의3(경정 등의 효력) ① 세법에 따라 당초 확정된 세액을 증가시키는 경정(更正)은 당초 확정된 세액에 관한 이 법 또는 세법에서 규정하는 권리 · 의무관계에 영향을 미치지 아니한다.

② 세법에 따라 당초 확정된 세액을 감소시키는 경정은 그 경정으로 감소되는 세액 외의 세액에 관한 이 법 또는 세법에서 규정하는 권리 · 의무관계에 영향을 미치지 아니한다.

(1) **증액경정처분**: 당초처분은 증액경정처분에 흡수되어 소멸하므로, 증액경정처분만이 취소소송의 대상이 된다(판례). 제소기간의 준수 여부도 증액경정처분을 기준으로 판단하여야 한다. 한편 소멸한 당초의 처분에 존재하는 위법사유이더라도 증액처분에 관련된 사유라면 함께 주장할 수 있다.

 판례 PLUS

불리한 증액경정처분

1. 당초 과세처분에 대한 증액경정처분이 있는 경우, 항고소송의 대상: 증액경정처분

   국세기본법상 증액경정처분이 있는 경우, 당초 신고나 결정은 증액경정처분에 흡수됨으로써 독립한 존재가치를 잃게 된다고 보아야 하므로, 원칙적으로는 당초 신고나 결정에 대한 불복기간의 경과 여부 등에 관계없이 증액경정처분만이 항고소송의 심판대상이 되고, 납세의무자는 그 항고소송에서 '당초 신고나 결정에 대한 위법사유'도 함께 주장할 수 있다(대판 2009.5.14, 2006두17390).

2. 〈비교〉 당초 처분의 '절차적 하자'가 증액경정처분에 승계되는지 여부: 소극

   증액경정처분이 있는 경우 당초처분은 증액경정처분에 흡수되어 소멸하고, 소멸한 당초처분의 '절차적 하자'는 존속하는 증액경정처분에 승계되지 아니한다(대판 2010.6.24, 2007두16493).

(2) **감액경정처분**: 감액경정처분은 당초 처분의 일부취소에 불과하므로, 감액되고 남은 당초처분이 취소소송의 대상이 된다. 제소기간의 준수 여부도 당초처분을 기준으로 한다.

 판례 PLUS

유리한 감액경정처분의 경우, 취소소송의 대상: 감액되어 잔존하는 당초의 처분

1. 행정청이 산업재해보상보험법에 의한 보험급여 수급자에 대하여 부당이득 징수결정을 한 후 징수결정의 하자를 이유로 징수금 액수를 감액하는 경우에 감액처분은 감액된 징수금 부분에 관해서만 법적 효과가 미치는 것으로서 당초 징수결정과 별개 독립의 징수금 결정처분이 아니라 그 실질은 처음 징수결정의 변경이고, 그에 의하여 징수금의 일부취소라는 징수의무자에게 유리한 결과를 가져오는 처분이므로 징수의무자에게는 그 취소를 구할 소의 이익이 없다. 이에 따라 감액처분으로도 아직 취소되지 않고 남아 있는 부분이 위법하다 하여 다투고자 하는 경우, 감액처분을 항고소송의 대상으로 할 수는 없고, 당초 징수결정 중 감액처분에 의하여 취소되지 않고 남은 부분을 항고소송의 대상으로 할 수 있을 뿐이며, 그 결과 제소기간의 준수 여부도 감액처분이 아닌 당초 처분을 기준으로 판단해야 한다(대판 2012.9.27, 2011두27247).

2. 행정청이 식품위생법령에 기하여 영업자에 대하여 행정제재처분을 한 후 그 처분을 영업자에게 유리하게 변경하는 처분을 한 경우(이하 처음의 처분을 '당초처분', 나중의 처분을 '변경처분'이라 한다), 변경처분에 의하여 당초처분은 소멸하는 것이 아니고 당초부터 유리하게 변경된 내용의 처분으로 존재하는 것이므로, 변경처분에 의하여 유리하게 변경된 내용의 행정제재가 위법하다 하여 그 취소를 구하는 경우 그 취소소송의 대상은 변경된 내용의 당초처분이지 변경처분은 아니고, 제소기간의 준수 여부도 변경처분이 아닌 변경된 내용의 당초처분을 기준으로 판단하여야 한다(대판 2007.4.27, 2004두9302).

7. 기타 변경처분의 경우

판례 PLUS

기존을 처분을 변경하는 처분이 뒤따른 경우, 취소소송의 대상

기존의 행정처분을 변경하는 내용의 행정처분이 뒤따르는 경우, ① 후속처분이 종전처분을 완전히 대체하는 것이거나 주요 부분을 실질적으로 변경하는 내용인 경우(→종전처분 소멸)에는 특별한 사정이 없는 한 종전처분은 효력을 상실하고 후속처분만이 항고소송의 대상이 되지만, ② 후속처분의 내용이 종전처분의 유효를 전제로 내용 중 일부만을 추가·철회·변경하는 것이고 추가·철회·변경된 부분이 내용과 성질상 나머지 부분과 불가분적인 것이 아닌 경우(→종전처분과 후속처분의 병존)에는, 후속처분에도 불구하고 종전처분이 여전히 항고소송의 대상이 된다(대판 2015.11.19, 2015두295 전합).

04 소의 제기의 효과 · 소 변경

1 소 제기의 효과

1. 집행정지

(1) **원칙**: 집행부정지

법령 PLUS

행정소송법

제23조(집행정지) ① 취소소송의 제기는 처분 등의 효력이나 그 집행 또는 절차의 속행에 영향을 주지 아니한다.

① **개념**: 취소소송의 제기는 처분등의 효력이나 그 집행 또는 절차의 속행에 영향을 주지 아니하는 것이 원칙이다.

② **근거**: 이론적 근거에 대해 행정의 원활한 운영과 행정소송제기의 남용을 막기 위한 입법정책적 고려에 의한 것으로 보는 입장이 다수설이다.

(2) 예외: 집행정지결정

 법령 PLUS

행정소송법

제23조(집행정지) ② 취소소송이 제기된 경우에 처분등이나 그 집행 또는 절차의 속행으로 인하여 생길 회복하기 어려운 손해를 예방하기 위하여 긴급한 필요가 있다고 인정할 때에는 본안이 계속되고 있는 법원은 당사자의 신청 또는 직권에 의하여 처분등의 효력이나 그 집행 또는 절차의 속행의 전부 또는 일부의 정지(이하 "집행정지"라 한다)를 결정할 수 있다. 다만, 처분의 효력정지는 처분등의 집행 또는 절차의 속행을 정지함으로써 목적을 달성할 수 있는 경우에는 허용되지 아니한다.
③ 집행정지는 공공복리에 중대한 영향을 미칠 우려가 있을 때에는 허용되지 아니한다.
④ 제2항의 규정에 의한 집행정지의 결정을 신청함에 있어서는 그 이유에 대한 소명이 있어야 한다.
⑤ 제2항의 규정에 의한 집행정지의 결정 또는 기각의 결정에 대하여는 즉시항고할 수 있다. 이 경우 집행정지의 결정에 대한 즉시항고에는 결정의 집행을 정지하는 효력이 없다.
⑥ 제30조 제1항의 규정은 제2항의 규정에 의한 집행정지의 결정에 이를 준용한다.

① 요건

적극적 요건	• 처분등이 존재할 것: 처분의 일부에 대한 집행정지 가능, 본안소송이 취소소송이나 무효등확인소송인 경우에만 허용(부작위법확인소송은 허용 안됨) • 적법한 본안소송의 계속: 본안소송의 제기와 동시에 집행정지신청은 가능, 본안소송이 취하되면 집행정지 결정도 당연히 소멸 • 회복하기 어려운 손해예방의 필요: 금전으로 보상할 수 없는 손해로 금전보상이 불능인 경우나 금전보상으로는 사회 관념상 행정처분을 받은 당사자가 참고 견딜 수 없거나 또는 참고 견디기가 현저히 곤란한 경우의 유형, 무형의 손해(기업의 경우: 중대한 경영상의 위기를 기준으로 함) • 긴급한 필요: 회복하기 어려운 손해의 발생이 절박하여 본안판결을 기다릴 여유가 없음을 의미함
소극적 요건	• 공공복리에 중대한 영향을 미칠 우려가 없을 것: 공공복리는 그 처분의 집행과 관련된 구체적이고도 개별적인 공익 의미 • 본안의 이유 없음이 명백하지 아니할 것: 조문에 없으나 다수설 · 판례가 인정

판례 PLUS

집행정지의 '적극적 요건' 관련 사례

1. 본안청구가 적법할 것

행정처분의 효력정지나 집행정지를 구하는 신청사건에 있어서는 행정처분 자체의 적법 여부는 궁극적으로 본안재판에서 심리를 거쳐 판단할 성질의 것이므로 원칙적으로 판단할 것이 아니고, 그 행정처분의 효력이나 집행을 정지할 것인가에 관한 행정소송법 제23조 제2항 소정의 요건의 존부만이 판단의 대상이 된다고 할 것이지만, 나아가 집행정지는 행정처분의 집행부정지원칙의 예외로서 인정되는 것이고 또 본안에서 원고가 승소할 수 있는 가능성을 전제로 한 권리보호수단이라는 점에 비추어 보면 집행정지사건 자체에 의하여도 신청인의 본안청구가 적법한 것이어야 한다는 것을 집행정지의 요건에 포함시켜야 한다(대결 1999.11.26, 99부3).

2. 본안소송의 취하가 행정처분집행정지결정에 미치는 영향

행정처분의 집행정지는 행정처분집행 부정지의 원칙에 대한 예외로서 인정되는 일시적인 응급처분이라 할 것이므로 집행정지 결정을 하려면 이에 대한 본안소송이 법원에 제기되어 계속중임을 요건으로 하는 것이므로 집행정지결정을 한 후에라도 본안소송이 취하되어 소송이 계속하지 아니한 것으로 되면 집행정지결정은 당연히 그 효력이 소멸되는 것이고 별도의 취소조치를 필요로 하는 것이 아니다(대판 1975.11.11, 75누97).

OX 문제

01 판례에 의하면 행정소송에서 집행정지는 적법한 본안소송이 법원에 계속되어 있을 것을 요건으로 하지 않는다. ( )

정답 01 ×(→요건으로 한다)

3. '거부처분'의 효력정지를 구할 이익이 있는지 여부: 소극

신청에 대한 거부처분의 효력을 정지하더라도 거부처분이 없었던 것과 같은 상태, 즉 거부처분이 있기 전의 신청 시의 상태로 되돌아가는 데에 불과하고 행정청에게 신청에 따른 처분을 하여야 할 의무가 생기는 것이 아니므로, 거부처분의 효력정지는 그 거부처분으로 인하여 신청인에게 생길 손해를 방지하는 데 아무런 보탬이 되지 아니하여 그 효력정지를 구할 이익이 없다(대결 1995.6.21, 95두26).

4. '회복하기 어려운 손해'의 의의

행정처분의 집행정지나 효력정지결정을 하기 위하여는 행정소송법 제23조 제2항에 따라 회복하기 어려운 손해를 예방하기 위하여 긴급한 필요가 있어야 하고, 여기서 말하는 '회복하기 어려운 손해'라 함은 특별한 사정이 없는 한 금전으로 보상할 수 없는 손해라 할 것이며 이는 금전보상이 불능인 경우뿐만 아니라 금전보상으로는 사회관념상 행정처분을 받은 당사자가 참고 견딜 수 없거나 또는 참고 견디기가 현저히 곤란한 경우의 유형, 무형의 손해를 일컫는다(대결 1992.8.7, 92두30).

집행정지의 '소극적 요건' 관련 사례

1. 공공의 복리에 중대한 영향을 미치게 할 우려가 없을 것

행정처분 집행을 정지하려면 소극적 요건으로 그 집행의 정지가 공공의 복리에 중대한 영향을 미치게 할 우려가 없어야 한다(대결 1971.3.5, 71두2).

2. 본안청구가 이유 없음이 명백하지 않을 것

행정처분의 효력정지나 집행정지제도는 신청인이 본안 소송에서 승소판결을 받을 때까지 그 지위를 보호함과 동시에 후에 받을 승소판결을 무의미하게 하는 것을 방지하려는 것이어서 본안소송에서 처분의 취소가능성이 없음에도 처분의 효력이나 집행의 정지를 인정한다는 것은 제도의 취지에 반하므로, 효력정지나 집행정지사건 자체에 의하여도 신청인의 본안청구가 이유 없음이 명백하지 않아야 한다는 것도 효력정지나 집행정지의 요건에 포함시켜야 한다(대결 2004.5.17, 2004무6).

② 절차

㉠ 당사자의 신청 또는 법원의 직권에 의해 행해진다.

㉡ 신청인적격: 복효적 행정행위의 제3자도 신청할 수 있으며 법률상 이익이 있는 자가 신청할 수 있다.

㉢ 관할: 관할법원은 본안이 계속된 법원이며 상고심도 포함된다.

㉣ 입증책임: 집행정지의 입증책임의 경우 적극적 요건은 신청인에게, 소극적 요건은 행정청에게 있다.

판례 PLUS

처분의 효력정지신청을 구할 '법률상 이익'의 의미

행정처분에 대한 효력정지신청을 구함에 있어서도 이를 구할 법률상 이익이 있어야 하는바, 이 경우 법률상 이익이라 함은 그 행정처분으로 인하여 발생하거나 확대되는 손해가 당해 처분의 근거 법률에 의하여 보호되는 직접적이고 구체적인 이익과 관련된 것을 말하는 것이고 단지 간접적이거나 사실적·경제적 이해관계를 가지는 데 불과한 경우는 여기에 포함되지 않는다(대판 2000.10.10, 2000무17).

③ 내용: 처분의 집행정지, 절차의 속행정지로 목적을 달성할 수 있는 경우에는 처분의 효력정지는 허용되지 않는다. 처분의 효력정지란 처분의 공정력, 존속력 등을 정지하여 처분을 존재하지 아니하는 상태로 두는 것을 의미한다.

④ 효력

㉠ 형성력: 행정처분이 없었던 것과 같은 상태로 되는 형성력을 가지며 복효적 행

정행위의 경우 제3자에 대하여도 효력이 있다.
- ⓛ 기속력: 취소판결의 기속력에 관한 규정이 준용되므로 집행정지결정의 효력은 신청인과 피신청인인 행정청 및 관계 행정청도 기속한다. 집행정지결정을 위반한 처분은 무효로 본다(판례).
- ⓒ 장래효: 집행정지결정은 원칙적으로 장래에 향하여 효력을 발생한다. 집행정지결정이 추후 본안에서 해당 처분이 적법한 것으로 확정되어 원고 패소판결이 확정되더라도 집행정지결정은 장래를 향하여 실효될 뿐이고, 소급하여 효력을 상실하는 것이 아니다.

 판례 PLUS

집행정지결정이 이루어지고, 본안에서 해당 처분이 최종적으로 적법한 것으로 확정되어 집행정지결정이 실효된 경우, 처분청이 취할 조치

집행정지결정의 효력은 결정 주문에서 정한 기간까지 존속하다가 그 기간이 만료되면 장래에 향하여 소멸한다. 집행정지결정은 처분의 집행으로 회복하기 어려운 손해를 예방하기 위하여 긴급한 필요가 있고 달리 공공복리에 중대한 영향을 미치지 않을 것을 요건으로 하여 본안판결이 있을 때까지 해당 처분의 집행을 잠정적으로 정지함으로써 위와 같은 손해를 예방하는 데 취지가 있으므로, 항고소송을 제기한 원고가 본안소송에서 패소확정판결을 받았더라도 집행정지결정의 효력이 소급하여 소멸하지 않는다.
그러나 제재처분에 대한 행정쟁송절차에서 처분에 대해 집행정지결정이 이루어졌더라도 본안에서 해당 처분이 최종적으로 적법한 것으로 확정되어 집행정지결정이 실효되고 제재처분을 다시 집행할 수 있게 되면, 처분청으로서는 당초 집행정지결정이 없었던 경우와 동등한 수준으로 해당 제재처분이 집행되도록 필요한 조치를 취하여야 한다. 집행정지는 행정쟁송절차에서 실효적 권리구제를 확보하기 위한 잠정적 조치일 뿐이므로, 본안 확정판결로 해당 제재처분이 적법하다는 점이 확인되었다면 제재처분의 상대방이 잠정적 집행정지를 통해 집행정지가 이루어지지 않은 경우와 비교하여 제재를 덜 받게 되는 결과가 초래되도록 해서는 안 된다(대판 2020.9.3, 2020두34070).

- ⑤ 취소: 집행정지결정이 취소되면 처분의 원래 효과가 발생하고, 특별한 사유가 없는 한 그때부터 다시 진행된다.

 법령 PLUS

행정소송법

제24조(집행정지의 취소) ① 집행정지의 결정이 확정된 후 집행정지가 공공복리에 중대한 영향을 미치거나 그 정지사유가 없어진 때에는 당사자의 신청 또는 직권에 의하여 결정으로써 집행정지의 결정을 취소할 수 있다.
② 제1항의 규정에 의한 집행정지결정의 취소결정과 이에 대한 불복의 경우에는 제23조 제4항 및 제5항의 규정을 준용한다.

판례 PLUS

집행정지결정 취소사유의 발생시기

행정소송법 제24조 제1항에서 규정하고 있는 집행정지 결정의 취소사유는 특별한 사정이 없는 한 집행정지결정이 확정된 이후에 발생한 것이어야 하고,…(중략)… 위와 같은 사유는 이 사건 집행정지결정이 확정된 이후에 비로소 발생한 사유가 아님이 분명하므로 특별한 사정이 없는 한 이를 이 사건 집행정지결정의 취소사유로 삼을 수 없다(대결 2005.7.15, 2005무16).

⑥ 불복: 집행정지결정 또는 기각의 결정에 대하여 즉시 항고할 수 있으며 이는 집행정지결정의 집행을 정지하는 효력이 없다(동법 제23조 제5항, 제24조 제2항).

 판례 PLUS

집행정지신청을 기각한 결정에 대하여, 행정처분 자체의 적법 여부를 가지고 불복사유로 삼을 수 있는지 여부: 소극

행정처분의 효력정지나 집행정지를 구하는 신청사건에서는 행정처분 자체의 적법 여부를 판단할 것이 아니고 행정처분의 효력이나 집행 등을 정지시킬 필요가 있는지 여부, 즉 행정소송법 제23조 제2항에서 정한 요건의 존부만이 판단대상이 된다. 나아가 '처분등이나 그 집행 또는 절차의 속행으로 인한 손해발생의 우려' 등 적극적 요건에 관한 주장 · 소명 책임은 원칙적으로 신청인 측에 있으며, 이러한 요건을 결여하였다는 이유로 효력정지 신청을 기각한 결정에 대하여 행정처분 자체의 적법 여부를 가지고 불복사유로 삼을 수 없다(대결 2011.4.21, 2010무111 전합).

2. 가처분의 인정 여부

(1) **개념**: 가처분이란 금전 이외의 특정한 급부를 목적으로 하는 청구권의 집행보전을 도모하거나 다툼이 있는 권리관계에서 임시 지위를 정함을 목적으로 하는 제도이다.

(2) **가처분에 관한 법률상 규정**

구분	행정심판법	행정소송법
집행정지	○	○
가처분	임시처분 형태로 인정	×

✅ **더 알아보기**

(주의) 판례: 당사자소송에서 가집행 인정

(3) **판례의 태도(가처분 부정)**: 행정청을 대신하여 법원이 처분을 하는 것은 권력분립에 대한 침해이다.

 판례 PLUS

민사소송법상의 가처분으로써 행정행위의 금지를 구할 수 있는지 여부: 소극

민사소송법상의 보전처분은 민사판결절차에 의하여 보호받을 수 있는 권리에 관한 것이므로, 민사소송법상의 가처분으로써 행정청의 어떠한 행정행위의 금지를 구하는 것은 허용될 수 없다(대결 1992.7.6, 92마54).

2 소의 변경

 법령 PLUS

행정소송법

제21조(소의 변경) ① 법원은 취소소송을 당해 처분 등에 관계되는 사무가 귀속하는 국가 또는 공공단체에 대한 당사자소송 또는 취소소송외의 항고소송으로 변경하는 것이 상당하다고 인정할 때에는 청구의 기초에 변경이 없는 한 사실심의 변론종결시까지 원고의 신청에 의하여 결정으로써 소의 변경을 허가할 수 있다.
② 제1항의 규정에 의한 허가를 하는 경우 피고를 달리하게 될 때에는 법원은 새로이 피고로 될 자의 의견을 들어야 한다.
③ 제1항의 규정에 의한 허가결정에 대하여는 즉시항고할 수 있다.
④ 제1항의 규정에 의한 허가결정에 대하여는 제14조 제2항 · 제4항 및 제5항의 규정을 준용한다. → 즉, 소 변경허가가 있으면 신소는 구소를 처음 제기한 때에 제기된 것으로 보며, 변경된 구소는 취하된 것으로 본다.

1. 행정소송법 제21조

(1) 소변경의 인정범위

① 항고소송 ←――――― 소의 변경 ―――――→ 당사자 소송
　　　　　　　　　　　　가능

② 항고소송, 당사자소송 ←―― 소의 변경 ―→ 민중소송, 기관소송
　　(사익: 주관적 쟁송)　　　　불가능　　　　(공익: 객관적 쟁송)

(2) 소변경의 요건

① 사실심 변론종결시까지: 소의 변경이 있으면 새로운 사실관계를 주장해야 하므로 사실심인 고법까지만 가능

② 청구의 기초에 변경이 없을 것(동일성 유지) → 상대방 보호

③ 소의 변경으로 피고를 달리하게 될 때에는 법원은 새로이 피고로 될 자의 의견을 들어야 한다(행정소송법 제21조 제2항). ※ 주의 – 의견을 들을 수 있다. (×)

2. 처분변경으로 인한 소의 변경

취소소송, 무효 등 확인소송, 당사자소송 경우에 인정되며, 부작위위법확인소송에서는 적용되지 아니한다. ※ 주의 – 부작위는 처분 자체가 부존재

예 영업허가취소처분 소송 도중에 영업정지처분으로 변경

 법령 PLUS

행정소송법

제22조(처분변경으로 인한 소의 변경) ① 법원은 행정청이 소송의 대상인 처분을 소가 제기된 후 변경한 때에는 원고의 신청에 의하여 결정으로써 청구의 취지 또는 원인의 변경을 허가할 수 있다. 〈주의〉 직권 (×)
② 제1항의 규정에 의한 신청은 처분의 변경이 있음을 안 날로부터 60일 이내에 하여야 한다.
③ 제1항의 규정에 의하여 변경되는 청구는 제18조 제1항 단서의 규정에 의한 요건을 갖춘 것으로 본다.

더 알아보기

• **주의**
　– 상고심에서도 소의 변경이 허용된다.
　　(×)
　– 소의 변경은 1심에서만 한정된다.
　　(×)
• **원고의 신청이 있을 것 주의**
　– 법원의 직권 (×)

1 소송의 심리

법령 PLUS

행정소송법

제25조(행정심판기록의 제출명령) ① 법원은 당사자의 신청이 있는 때에는 결정으로써 재결(→ 행정심판위원회의 판단)을 행한 행정청에 대하여 행정심판에 관한 기록의 제출을 명할 수 있다. 〈주의〉 직권×
② 제1항의 규정에 의한 제출명령을 받은 행정청은 지체없이 당해 행정심판에 관한 기록을 법원에 제출하여야 한다.
제26조(직권심리) 법원은 필요하다고 인정할 때에는 직권으로 증거조사를 할 수 있고, 당사자가 주장하지 아니한 사실(→ 소송서류에 현출되어 있는 사실)에 대하여도 판단할 수 있다.

1. 의의

심리란 판결을 하기 위한 기초자료를 수집하는 절차로 행정소송법은 당사자주의를 원칙으로 하면서 직권심리주의를 가미하고 있다.

2. 심리의 범위

(1) **불고불리의 원칙**: 원고의 소제기가 없는 사건에 대하여 심리·재판할 수 없으며 소제기가 있는 경우에도 청구범위를 넘어서 심리·재판할 수 없다.

판례 PLUS

행정소송에서 직권심리주의의 의미

행정소송에 있어서도 행정소송법 제14조에 의하여 민사소송법 제188조가 준용되어 법원은 당사자가 신청하지 아니한 사항에 대하여는 판결할 수 없는 것이고, 행정소송법 제26조에서 직권심리주의를 채용하고 있으나 이는 행정소송에 있어서 원고의 청구범위를 초월하여 그 이상의 청구를 인용할 수 있다는 의미가 아니라 원고의 청구범위를 유지하면서 그 범위내에서 필요에 따라 주장외의 사실에 관하여도 판단할 수 있다는 뜻이다 (대판 1987.11.10, 86누491).

(2) **요건심리 및 본안심리**: 요건심리란 소송요건을 구비했는지 여부를 심리하는 것으로 법원의 직권조사사항으로 이를 갖추지 못하면 부적법 각하된다. 본안심리란 청구의 인용·기각 여부를 판단하기 위해 심리하는 것을 의미한다.

(3) **법률문제와 사실문제**: 법원은 당해 소송의 대상이 된 처분에 관한 모든 법률문제와 사실문제에 대해 심리한다.

(4) **재량행위에 대한 심리**: 법원의 처분의 위법 여부에 대해서 심사할 수 있을 뿐이므로 재량의 당부당에 대해 심사할 수 없고 재량권의 일탈·남용에 대해 심사할 수 있다.

3. 심리의 방법

변론주의에 따라 당사자가 주장과 입증책임을 지는 당사자주의를 원칙으로 하면서 행정소송법 제26조에 근거하여 직권심리주의의 가미를 규정하고 있다. 또한 심리에 관한 일반원칙으로 처분권주의, 공개심리주의, 구술심리주의, 변론주의 등이 적용된다.

4. 주장책임과 입증책임

(1) **주장책임**: 변론주의에서 당사자가 분쟁의 중요한 사실을 주장하지 않아 법원이 해당 사실이 없는 것으로 취급하여 재판하면서 일방당사자가 받는 불이익을 의미하는데, 행정소송에서도 변론주의를 기본구조로 하므로 당사자에게 주장책임이 있다.

판례 PLUS

행정소송에서의 주장·입증책임

행정소송에 있어서 특단의 사정이 있는 경우를 제외하면 당해 행정처분의 적법성에 관하여는 당해 처분청이 이를 주장·입증하여야 할 것이나 행정소송에 있어서 직권주의가 가미되어 있다고 하여도 여전히 변론주의를 기본 구조로 하는 이상 행정처분의 위법을 들어 그 취소를 청구함에 있어서는 직권조사사항을 제외하고는 그 취소를 구하는 자가 위법사유에 해당하는 구체적인 사실을 먼저 주장하여야 한다(대판 2000.3.23, 98두2768).

(2) **입증책임**

① 개념: 소송심리의 최종단계에 이르러서도 소송상의 일정한 사실의 존부가 확정되지 않을 때 불리한 법적 판단을 받게 되는 일방당사자의 위험 또는 불이익을 입증책임이라고 하는데, 어떤 사실의 존부가 확정되지 않은 경우 누구에게 입증책임을 지게할 것인가의 문제가 입증책임의 분배이다.

② 학설 및 판례의 입장: 입증책임의 분배에 대해 원고책임설, 피고책임설, 법률요건분류설, 독자성설이 있는데 행정소송도 민사소송과 동일하게 각 당사자는 자신에게 유리한 법규범의 요건사실에 관하여 입증책임을 진다고 보는 법률요건분류설이 통설·판례의 입장이다.

판례 PLUS

증명책임

1. 소송요건에 대한 입증책임

직권조사사항에 관하여도 그 사실의 존부가 불명한 경우에는 입증책임의 원칙이 적용되어야 할 것인바, 본안판결을 받는다는것 자체가 원고에게 유리하다는 점에 비추어 직권조사사항인 소송요건에 대한 입증책임은 원고에게 있다(대판 1997.7.25, 96다39301).

2. 무효사유의 증명책임

행정처분의 당연무효를 구하는 소송에 있어서 그 무효를 구하는 사람에게 그 행성저문에 손새하는 하사가 중대하고 명백하다는 것을 주장 입증할 책임이 있다(대판 1984.2.28, 82누154).

2 처분사유의 추가, 변경

1. 서설

(1) 의의: 처분의 근거로 삼지 않았던 사유를 행정쟁송의 단계에서 추가하거나 변경하는 것으로 처분 자체를 변경하는 처분변경으로 인한 소 변경과는 다르다. 행정소송법에는 이에 대한 명문규정이 없지만 판례는 처분의 동일성이 유지되는 범위 내에서 그 사유를 교환·변경할 수 있다고 하였다.

(2) 허용 여부: 행정처분의 취소를 구하는 항고소송에서 처분청은 당초 처분의 근거로 삼은 사유와 기본적 사실관계가 동일성이 있다고 인정되는 한도 내에서만 다른 사유를 추가 변경할 수 있다고 보았다.

➕ 판례 PLUS

처분사유 추가, 변경 허용기준: 기본적 사실관계의 동일성 범위 내

행정처분의 취소를 구하는 항고소송에 있어서, 처분청은 당초 처분의 근거로 삼은 사유와 기본적 사실관계가 동일성이 있다고 인정되는 한도 내에서만 다른 사유를 추가하거나 변경할 수 있고, 여기서 기본적 사실관계의 동일성 유무는 처분사유를 법률적으로 평가하기 이전의 구체적인 사실에 착안하여 그 기초인 사회적 사실관계가 기본적인 점에서 동일한지 여부에 따라 결정되며 이와 같이 기본적 사실관계와 동일성이 인정되지 않는 별개의 사실을 들어 처분사유로 주장하는 것이 허용되지 않는다고 해석하는 이유는 행정처분의 상대방의 방어권을 보장함으로써 실질적 법치주의를 구현하고 행정처분의 상대방에 대한 신뢰를 보호하고자 함에 그 취지가 있고, 추가 또는 변경된 사유가 당초의 처분시 그 사유를 명기하지 않았을 뿐 처분시에 이미 존재하고 있었고 당사자도 그 사실을 알고 있었다 하여 당초의 처분사유와 동일성이 있는 것이라 할 수 없다(대판 2003.12.11, 2001두8827).

2. 허용 요건

(1) 의의

① **시간적 한계:** 판례는 사실심 변론종결시까지만 허용된다고 보았다.

② **내용적 한계:** 행정처분이 적법한지는 특별한 사정이 없는 한 처분 당시 사유를 기준으로 판단하며, 구체적 사실을 변경하지 아니하는 범위 내에서 단지 그 처분의 근거 법령만을 추가·변경하는 것이 가능하고 동일성을 인정할 수 없는 경우에는 허용될 수 없다고 보았다.

(2) 기본적 사실관계의 동일성: 기본적 사실관계의 동일성이 인정되는 경우에는 법원은 새로운 처분사유를 근거로 처분의 위법성을 판단해야 하고 그 동일성이 부정되는 경우에는 새로운 처분을 발하는 것이 되어 원고에게 처분변경에 다른 소변경을 허용하여야 한다.

① 기본적 사실관계의 동일성이 긍정되는 경우

㉠ 토지형질변경 불허가 사유(대판 2001.9.28, 2000두8684)
- 당초 사유: 국립공원에 인접한 미개발지의 합리적인 이용대책 미수립을 이유
- 변경 사유: 국립공원 주변의 환경·풍치·미관 등을 크게 손상시킬 우려

ⓛ 정보공개거부처분 사유(대판 2003.12.11, 2003두8395)

- 당초 사유: 검찰보존사무규칙 제20조 규정상 신청권자에 해당하지 아니함을 이유
- 변경 사유: 정보공개법 제7조 규정상 비공개사유에 해당함을 이유

ⓒ 산림형질변경허가신청 거부처분 사유(대판 2004.11.26, 2004두4482)

- 당초 사유: 준농림지역에서의 행위제한이라는 사유
- 변경 사유: 자연경관 및 생태계의 교란, 국토 및 자연의 유지와 환경보전 등 중대한 공익상 사유

ⓡ 정기간행물 등록에 관한 법률상 단체등록거부처분 사유(대판 1998.4.24, 96누13286)

- 당초 사유: 발행주체가 불법단체라는 이유
- 변경 사유: 발행주체가 단체라는 점을 공통으로 하고 있는 정기간행물 등록에 관한 법률상 소정의 첨부서류가 제출되지 아니함을 이유

ⓜ 자동차운송사업면허취소처분 사유(대판 1992.10.9, 92누213)

- 당초 사유: 지입제 운영행위에 대해 자동차운송사업면허를 취소한 행정처분에 있어서 자동차운수사업법 제26조 위반을 이유
- 변경 사유: 직영으로 운영하도록 한 면허조건을 위반하였음을 이유

ⓗ 부정당업자 제재처분 사유(대판 2008.2.28, 2007두13791)

- 당초 사유: 담합을 주도하거나 담합하여 입찰을 방해하였음을 이유
- 변경 사유: 특정인의 낙찰을 위하여 담합하였음을 이유

ⓢ 액화석유가스판매사업허가신청 거부 사유(대판 1989.7.25, 88누11926)

- 당초 사유: 허가 "기준"에 맞지 않는다는 이유
- 변경 사유: 이격거리 "기준" 위배

② 기본적 사실관계의 동일성이 부정되는 경우

㉠ 주류면허취소처분 사유(대판 1996.9.6, 96누7427)

- 당초 사유: 주류면허 지정조건 제6호 무자료 주류 판매 및 위장거래 항목을 근거
- 변경 사유: 주류면허 지정조건 제2호 무면허판매업자에 대한 주류 판매

㉡ 석유판매업불허가처분 취소 사유(대판 1991.11.8, 91누70)

- 당초 사유: 사업장소인 토지가 군사보호시설구역 내에 위치하고 있는 관할 군부대장의 동의가 없었다는 이유
- 변경 사유: 탄약창에 근접한 지점에 위치하고 있어 공공의 안전과 군사시설이 보호라는 공익적 사유

㉢ 토석채취허가신청에 대한 반려처분취소 사유(대판 1992.8.18, 91누3659)

- 당초 사유: 인근주민들의 동의서를 제출하지 아니하였음을 이유
- 변경 사유: 자연경관이 심히 훼손되고 암반의 발파시 생기는 소음, 토석운반 차량의 통행 시 일어나는 소음, 먼지의 발생, 토석채취장에서 흘러 내리는 토사가 부근의 농경지를 매몰할 우려가 있는 등 공익에 미치는 영향이 지대하고

이는 산림내토석채취 사무취급요령 제11조 소정의 제한사유에도 해당됨을 이유

 ㄹ 부정당업자 입찰참가자격 제한(제재)처분 사유(대판 1999.3.9, 98두18565)
  • 당초 사유: 정당한 이유 없이 계약을 이행하지 않은 사실을 이유
  • 변경 사유: 계약의 이행과 관련하여 관계 공무원에게 뇌물을 준 사실을 이유

 ㅁ 건축물대장기재신청 반려 사유(대판 2009.2.12, 2007두17359)
  • 당초 사유: 건축신고와 관련된 행정심판이 계속 중이므로 그 건축신고 건이 종결되지 않은 상황에서 이 사건 신청을 처리할 수 없다는 것을 이유
  • 변경 사유: 원고가 이 사건 건축물을 건축하면서 사전 허가 없이 국토의 이용 및 계획에 관한 법률상의 허가사항인 토지의 형질변경행위를 하였다거나 이 사건 토지가 경상남도의 화포천 유역 종합치수계획에 의하여 화포천 유역의 침수방지를 위한 저류지 부지에 포함되어 하천구역으로 지정·고시될 예정이어서 이 사건 신청을 받아들일 수 없다는 것을 이유

 ㅂ 시세완납증명발급거부처분 사유(대판 1989.6.27, 88누6160)
  • 당초 사유: 중기취득세의 체납을 이유
  • 변경 사유: 자동차세의 체납을 이유

 ㅅ 온천발견신고수리거부처분 사유(대판 1992.11.24, 92누3052)
  • 당초 사유: 규정온도가 미달되어 온천에 해당하지 않는다는 것을 이유
  • 변경 사유: 온천으로서의 이용가치, 기존의 도시계획 및 공공사업에의 지장 여부 등을 이유

 ㅇ 의료보험요양기관 지정취소처분 사유(대판 2001.3.23, 99두6392)
  • 당초 사유: 본인부담금 수납대장을 비치하지 아니한 사실을 이유(의료보험법 제33조 제1항)
  • 변경 사유: 보건복지부 장관의 관계 서류 제출명령에 위반하였다는 사실을 이유(동법 제33조 제2항)

3 소송의 판결

1. 판결의 종류

행정소송의 경우에도 민사소송의 경우와 마찬가지로 중간판결과 종국판결로 나뉘고, 종국판결은 다시 각하판결·기각판결·인용판결의 세 가지로 구분된다.

(1) 소각하판결: 소송요건을 제대로 갖추지 못한 부적법한 소에 대해서 본안심리를 거부하는 판결로 소제기 후 소송요건이 소멸된 경우에도 각하판결을 하며 다시 소송요건을 갖춰 소를 제기하면 법원은 이를 심리·판결하여야 한다.

(2) 청구기각판결
 ① 처분의 취소청구가 이유 없다고 하여 원고의 청구를 배척하는 판결로 처분에 위법성이 없는 경우(원고의 주장) 행해진다.

② 사정판결

➕ **법령 PLUS**

행정소송법

제28조(사정판결) ① 원고의 청구가 이유있다고 인정하는 경우에도 처분등을 취소하는 것이 현저히 공공복리에 적합하지 아니하다고 인정하는 때에는 법원은 원고의 청구를 기각할 수 있다. 이 경우 법원은 그 판결의 주문에서 그 처분등이 위법함을 명시하여야 한다.

② 법원이 제1항의 규정에 의한 판결을 함에 있어서는 미리 원고가 그로 인하여 입게 될 손해의 정도와 배상방법 그 밖의 사정을 조사하여야 한다.

③ 원고는 피고인 행정청이 속하는 국가 또는 공공단체를 상대로 손해배상, 제해시설의 설치 그 밖에 적당한 구제방법의 청구를 당해 취소소송등이 계속된 법원에 병합하여 제기할 수 있다.

ㄱ 개념: 취소소송에 있어 심리의 결과가 위법하면 이를 취소함이 원칙이지만 원고의 청구가 이유 있는 경우에도 예외적으로 공익을 고려하여 기각판결을 하는 경우를 의미

ㄴ 요건: 청구가 이유 있을 것, 처분등의 취소가 현저히 공공복리에 적합하지 아니할 것

ㄷ 위법성과 필요성 판단시점: 위법성은 처분시, 필요성은 판결 시(변론종결 시)를 기준으로 함

ㄹ 입증책임: 사정판결의 필요성에 대한 입증책임은 행정청이 부담

ㅁ 효과: 원고의 청구는 기각되며 판결 주문에 위법함을 명시하여야 한다. 또한 소송 비용은 패소자인 원고가 아니라 피고가 부담(행정소송법 제32조)

ㅂ 준용: 취소소송에서만 허용되고 무효확인소송, 부작위위법확인소송, 당사자소송도 사정판결이 허용되지 않음

(3) 청구인용판결: 처분의 취소청구가 이유 있다고 인정하여 그 청구의 전부 또는 일부를 인용하는 판결이다.

① 일부인용(일부취소): 일부를 특정할 수 있고 남은 부분만으로도 의미가 있어야 하며 처분청의 의사에 반하지 않아야 가능하므로 재량행위에는 원칙적으로 인정되지 않는다.

② 적극적 형성판결(적극적 변경): 행정소송법 제4조 '변경'의 해석과 관련하여 적극적 형성판결이 인정되는지 여부가 문제되는데, 통설·판례는 일부취소의 의미로 파악하면서 적극적 형성판결을 허용하지 않고 있다.

2. 판결의 효력

구분	새설	핀럴
기속력	○	○
형성력	○	○
기판력	×	○

(1) 기속력

법령 PLUS

행정소송법

제30조(취소판결 등의 기속력) ① 처분등을 취소하는 확정판결(→ 인용판결)은 그 사건에 관하여 당사자인 행정청과 그 밖의 관계행정청을 기속한다.

② 판결에 의하여 취소되는 처분이 당사자의 신청을 거부하는 것을 내용으로 하는 경우에는 그 처분을 행한 행정청은 판결의 취지에 따라 다시 이전의 신청에 대한 처분을 하여야 한다.

③ 제2항의 규정은 신청에 따른 처분이 절차의 위법을 이유로 취소되는 경우에 준용한다.

① 기속력의 특징

ㄱ 인용판결에서만 인정됨

ㄴ 행정청 및 관계 행정청에 대한 효력, 처분 당시까지 존재하던 사유에만 미치는 것이 원칙

ㄷ 기속력에 위반한 처분의 효력: 무효

② 기속력의 범위

> 판결문
>
> 주문: 결론 ⇒ <u>원고의 청구 인용한다.</u>
(기속력 인정)
>
> 주문: 결론 ⇒ <u>원고의 청구 인용한다.</u>
(기속력 인정)
>
> [주의] 판결 이유 중 간접사실이나 방론에 대해서는 기속력이 발생하지 않는다.

③ 기속력의 내용

ㄱ 반복금지의무: 취소판결이 확정되면 행정청은 동일한 기본적 사실관계에서 같은 당사자에 대해 같은 내용의 처분을 할 수 없다.

판례 PLUS

확정판결 후 종전 처분과 별개의 처분과 별개의 행정처분 필요여부

행정처분의 절차 또는 형식에 위법이 있어 행정처분을 취소하는 판결이 확정된 후 행정관청이 그 위법사유를 보완하여 다시 새로운 행정처분을 하였다면 이는 취소된 종전의 행정처분과 중복된 행정처분이 아닌 별개의 처분이라 할 것인지 여부: **적극**

행정처분의 절차 또는 형식에 위법이 있어 행정처분을 취소하는 판결이 확정되었을 때는 그 확정판결의 기판력은 거기에 적시된 절차 및 형식의 위법사유에 한하여 미치는 것이므로 행정관청은 그 위법사유를 보완하여 다시 새로운 행정처분을 할 수 있고 그 새로운 행정처분은 확정판결에 의하여 취소된 종전의 행정처분과는 별개의 처분이라 할 것이어서 종전의 처분과 중복된 행정처분이 아니다(대판 1992.5.26, 91누5242).

ㄴ 재처분의무: 판결에 의하여 취소되는 처분이 당사자의 신청을 거부하는 것을 내용으로 하는 경우에는 그 처분을 행한 행정청은 판결의 취지에 따라 다시 이전의 신청에 대한 처분을 해야 한다(행정소송법 제30조 제2항). 행정청이 판결의 취지에 따른 처분을 하지 않는 때에는 제1심 수소법원은 당사자의 신청에 따라 결정으로써 상당한 기간을 정하고, 행정청이 그 기간 내에 이행하지 아니하는 경

우, 그 지연기간에 따라 일정한 배상을 할 것을 명하거나 즉시 손해배상을 명할 수 있다.

[신청에 대한 권리구제]

구분	행정심판법	행정소송법
거부처분	의무이행심판	취소소송
부작위	의무이행심판	부작위위법확인소송

🔋 판례 PLUS

재처분의무의 인정 범위

1. 행정청이 확정판결의 취지에 따라 절차, 방법의 위법사유를 보완하여 다시 거부처분을 할 수 있는지 여부: 적극

   행정소송법 제30조 제2항의 규정에 의하면 행정청의 거부처분을 취소하는 판결이 확정된 경우에는 그 처분을 행한 행정청이 판결의 취지에 따라 이전의 신청에 대하여 재처분할 의무가 있다고 할 것이나, 그 취소사유가 행정처분의 절차, 방법의 위법으로 인한 것이라면 그 처분 행정청은 그 확정판결의 취지에 따라 그 위법사유를 보완하여 다시 종전의 신청에 대한 거부처분을 할 수 있고, 그러한 처분도 위 조항에 규정된 재처분에 해당한다(대판 2005.1.14, 2003두13045). → 기속력에 위반되지 않는다

2. 사실심 변론종결 이후 발생한 새로운 사유를 내세워 다시 거부처분을 할 수 있는지 여부: 적극

   행정소송법 제30조 제2항에 의하면, 행정청의 거부처분을 취소하는 판결이 확정된 경우에는 그 처분을 행한 행정청은 판결의 취지에 따라 이전의 신청에 대하여 재처분할 의무가 있고, 이 경우 확정판결의 당사자인 처분 행정청은 그 행정소송의 사실심 변론종결 이후 발생한 새로운 사유를 내세워 다시 이전의 신청에 대하여 거부처분을 할 수 있으며, 그러한 처분도 이 조항에 규정된 재처분에 해당한다(대판 1999.12.28, 98두1895). → 기속력에 위반되지 않는다

3. 사실심 변론종결 이전의 사유(동일한 사유)를 내세워 다시 거부처분을 할 수 있는지 여부: 소극

   취소소송에서 소송의 대상이 된 거부처분을 실체법상의 위법사유에 기하여 취소하는 판결이 확정된 경우에는 당해 거부처분을 한 행정청은 원칙적으로 신청을 인용하는 처분을 하여야 하고, 사실심 변론종결 이전의 사유를 내세워 다시 거부처분을 하는 것은 확정판결의 기속력에 저촉되어 허용되지 아니한다(대판 2001.3.23, 99두5238).

ⓒ 결과제거의무 예 쓰레기 적치처분 취소판결 나오면 쓰레기 제거해야 함

(2) 기판력(실질적 확정력)

① 개념: 판결이 확정되면 이후 동일사항이 소송상 문제된 경우 판결 내용과 모순된 주장을 할 수 없고 법원도 일사부재리의 원칙에 따라 이에 저촉되는 판단을 할 수 없다는 것으로 실질적 확정력을 의미하며 형식적 확정력을 전제로 한다. 이는 법원과 당사자에게 미치는 효력에 해당한다.

② 내용: 명문규정은 없으나 민사소송법상 기판력에 대한 규정이 준용되며 인용판결뿐만 아니라 기각판결에도 인정된다. 따라서 취소소송에서 청구기각 확정판결의 기판력은 무효확인을 구하는 소송에도 미친다.

OX 문제

01 판례에 의하면 거부처분의 취소판결 후 당초의 거부사유 외에 새로운 사유를 들어 다시 거부처분을 할 경우 그러한 처분도 재처분에 해당한다. ( )

02 행정청이 거부처분 이전에 이미 존재하였던 사유 중 거부처분 사유와 기본적 사실관계의 동일성이 없는 사유를 근거로 다시 거부처분을 하는 것은 허용되지 않는다. ( )

정답 01 ○ 02 ×(→허용된다)

판례 PLUS

취소소송 판결의 기판력 범위

1. 무효확인소송에도 미치는지 여부: 적극

과세처분취소 청구를 기각하는 판결이 확정되면 그 처분이 적법하다는 점에 관하여 기판력이 생기고 그 후 원고가 다시 이를 무효라 하여 그 무효확인을 소구할 수는 없는 것이어서, 과세처분의 취소소송에서 청구가 기각된 확정판결의 기판력은 그 과세처분의 무효확인을 구하는 소송에도 미친다(대판 1996.6.25, 95누1880).

2. 공사중지명령에 대한 취소소송의 기판력이 공사중지명령의 해제신청에도 미치는지 여부: 적극

공사중지명령의 상대방이 명령의 취소를 구한 소송에서 패소함으로써 그 명령이 적법한 것으로 이미 확정되었다면, 이후 이러한 공사중지명령의 상대방은 그 명령의 해제신청을 거부한 처분의 취소를 구하는 소송에서 그 명령의 적법성을 다툴 수 없다. 그와 같은 공사중지명령에 대하여 그 명령의 상대방이 해제를 구하기 위해서는 명령의 내용 자체로 또는 성질상으로 명령 이후에 원인사유가 해소되었음이 인정되어야 한다(대판 2014.11.27, 2014두3766).

③ 효력범위
ㄱ 주관적 범위: 당사자 및 이와 동일시할 수 있는 승계인에게만 미치고 제3자에게는 미치지 않지만 피고인 처분행정청이 속하는 권리·의무의 주체인 국가나 공공단체에도 미친다.

 판례 PLUS

기판력의 주관적 범위

취소소송의 피고는 처분청이므로 행정청을 피고로 하는 취소소송에 있어서의 기판력은 당해 처분이 귀속하는 국가 또는 공공단체에 미친다(대판 1998.7.24, 98다10854).

ㄴ 객관적 범위: 판결의 주문에 나타난 판단에만 미치며 판결이유에서 제시된 전제가 되는 법률관계 등에는 미치지 않는다.
• 인용판결의 경우: 당해 처분이 위법하다는 점에서 기판력이 생긴다.
• 기각판결의 경우: 당해 처분이 적법하다는 점에서 기판력이 생긴다.
• 사정판결: 기각판결의 일종이나 주문에서 처분의 위법함을 표시하므로 당해 처분이 위법하다는 점에서 기판력이 생긴다.

 판례 PLUS

기판력의 객관적 범위

기판력의 객관적 범위는 그 판결의 주문에 포함된 것 즉 소송물로 주장된 법률관계의 존부에 관한 판단의 결론 그 자체에만 미치는 것이고, 판결이유에 설시된 그 전제가 되는 법률관계의 존부에까지 미치는 것은 아니다(대판 1987.6.9, 86다카2756).

ㄷ 시간적 범위: 사실심 변론종결시(판결시)를 기준으로 하여 발생하며, 변론없이 판결한 경우에는 판결을 선고한 때가 표준시가 된다.
④ **작용 및 효과**: 국가배상청구소송의 위법성과 취소소송의 위법성과 관련하여 제한적 긍정설이 판례의 입장이며, 원고의 청구가 기각되는 경우에도 처분청은 직권으로 취소할 수 있다.

OX 문제

01 취소확정판결이 있으면 당사자는 동일한 소송물을 대상으로 다시 소를 제기할 수 없다. ( )

02 절차상의 하자를 이유로 과세처분을 취소하는 판결이 확정된 후에 그 위법사유를 보완하여 이루어진 새로운 부과처분은 확정판결의 기판력에 저촉되지 않는다. ( )

정답 01 ○ 02 ○

구분	기속력	기판력
적용 판결	인용판결에만 인정	인용판결과 기각판결 모두 인정
인정범위	• 당사자인 행정청과 관계 행정청 • 판결주문과 판결이유 중에 설시된 개개의 위법사유 • 시간적 범위는 처분시	• 소송 당사자 및 그 승계인 • 판결주문에 표시된 계쟁처분의 위법 또는 적법성 일반 • 시간적 범위는 사실심 변론종결 시(판결 시)
내용	반복금지효, 재처분의무, 결과제거의무 ⇒ 통설	소송 당사자뿐만 아니라 법원도 판결내용과 모순·저촉되는 판단할 수 없음
위반 효과	무효(통설·판례)	재심청구사유

(3) 형성력

① 개념: 판결의 취지에 따라 법률관계의 발생·변경·소멸을 가져오는 효력으로 대세효라고도 한다.

② 특징: 인용판결의 경우에만 인정되며 명시적 규정은 없으나 행정소송법 제29조 제1항의 규정을 근거로 취소판결의 형성력을 인정할 수 있다는 것이 일반적인 견해이다.

③ 효과

　㉠ 형성효: 취소판결이 확정되면 처분등의 효력은 처분청의 별도의 절차없이도 당연히 취소의 효과가 발생한다는 것이다.

 판례 PLUS

취소판결의 형성력

행정처분을 취소한다는 확정판결이 있으면 그 취소판결의 형성력에 의하여 당해 행정처분의 취소나 취소통지 등의 별도의 절차를 요하지 아니하고 당연히 취소의 효과가 발생한다(대판 1991.10.11, 90누5443).

　㉡ 소급효: 취소판결의 취소의 효과는 판결시가 아닌 처분시로 소급해 처분이 없었던 것과 같은 상태가 된다는 것이다.

 판례 PLUS

취소판결의 소급효

도시 및 주거환경정비법상 주택재개발사업조합의 조합설립인가처분이 법원의 재판에 의하여 취소된 경우, 주택재개발사업조합이 조합설립인가처분 취소 전에 도시 및 주거환경정비법상 적법한 행정주체 또는 사업시행자로서 한 결의 등 처분이 소급하여 효력을 상실하는지 여부: 원칙적 적극

도시 및 주거환경정비법상 주택재개발사업조합의 조합설립인가처분이 법원의 재판에 의하여 취소된 경우 그 조합설립인가처분은 소급하여 효력을 상실하고, 이에 따라 당해 주택재개발사업조합 역시 조합설립인가처분 당시로 소급하여 도시정비법상 주택재개발사업을 시행할 수 있는 행정주체인 공법인으로서의 지위를 상실하므로, 당해 주택재개발사업조합이 조합설립인가처분 취소 전에 도시정비법상 적법한 행정주체 또는 사업시행자로서 한 결의 등 처분은 달리 특별한 사정이 없는 한 소급하여 효력을 상실한다(대판 2012.3.29, 2008다95885).

ⓒ 대세효(제3자효): 행정소송법 제29조에 제3자에 대한 구속력을 명문으로 규정하고 있다. 여기서 제3자는 모든 자를 의미한다고 보는 것이 일반적인 견해이다. 다만 행정처분을 기초로 새로 형성된 제3자의 권리까지 당연히 환원되는 것은 아니라고 보는 것이 판례의 입장이다.

➕ **판례 PLUS**

취소(무효)판결의 대세효
행정처분의 무효확인판결은 비록 형식상은 확인판결이라 하여도 그 확인판결의 효력은 그 취소판결의 경우와 같이 소송의 당사자는 물론 제3자에게도 미친다(대판 1982.7.27, 82다173).

(4) 불가변력: 판결이 일단 확정되면 법원 스스로도 판결을 취소·변경할 수 없다는 것으로 선고법원과 관련된 효력이다.

(5) 불가쟁력: 제소기간이 경과되거나 모든 심급을 다 거쳐 다툰 경우 당사자는 더 이상 판결을 다툴 수 없다는 의미로 소송당사자에 대한 효력이다.

(6) 간접강제

✅ **더 알아보기**

주의: 즉시 손해배상은 명할 수 없다.(×)
예 1일 경과시 10만 원씩 배상

➕ **법령 PLUS**

행정소송법
제34조(거부처분취소판결의 간접강제) ① 행정청이 제30조 제2항의 규정에 의한 처분을 하지 아니하는 때 (→ 재처분의무 위반시)에는 제1심 수소법원은 당사자의 신청에 의하여 결정으로써 상당한 기간을 정하고(주의 – 신청 없이×, 직권×) 행정청이 그 기간 내에 이행하지 아니하는 때에는 그 지연기간에 따라 일정한 배상을 할 것을 명하거나 즉시 손해배상을 할 것을 명할 수 있다.
② 제33조와 민사집행법 제262조의 규정은 제1항의 경우에 준용한다.

① **의의**: 행정소송법은 제34조에서 간접강제를 규정하면서 부작위위법확인소송에도 준용하고 있다. 법원은 상당한 기간을 정하여 기간에 따라 배상을 명할 수도 있고 즉시 손해배상을 할 것을 명할 수도 있다고 행정소송법에 규정하고 있다.
② **요건**: 간접강제는 거부처분취소판결(인용판결)이 확정된 후 상당한 기간 내에 행정청이 재처분의무를 이행하지 아니 하였을 때 인정되는 것이다.
　ⓐ **구체적 처분내용의 특정여부**: 행정청은 확정된 거부처분취소판결이나 부작위위법확인판결의 취지에 따라 새로운 처분등을 할 의무를 지고 있을 뿐 본안판결의 원고 등이 본래 신청하였던 취지의 처분을 하여야 할 의무를 지고 있는 것은 아니므로, 결정에도 판결의 취지에 따른 새로운 처분등을 할 의무를 명시하면 족하지 구체적인 처분의 내용을 특정할 것은 아니다.
　ⓑ **상당한 기간**: 법원은 처분의 내용 등 기타 객관적인 사정을 종합하여 간접강제 결정 후 행정청이 새로운 처분 또는 처분을 함에 필요한 기간을 상당한 기간으로 정할 수 있다.

판례 PLUS

거부처분취소판결의 간접강제 요건

거부처분에 대한 취소의 확정판결이 있음에도 행정청이 아무런 재처분을 하지 아니하거나, 재처분을 하였다 하더라도 그것이 종전 거부처분에 대한 취소의 확정판결의 기속력에 반하는 등으로 당연무효라면 이는 아무런 재처분을 하지 아니한 때와 마찬가지라 할 것이므로 이러한 경우에는 행정소송법 제30조 제2항, 제34조 제1항 등에 의한 간접강제신청에 필요한 요건을 갖춘 것으로 보아야 한다(대결 2002.12.11, 2002무22).

③ 배상금추심의 한계: 확정판결의 취지에 따른 재처분의 지연에 대한 제재나 손해배상이 아니고 재처분의 이행에 관한 심리적 강제수단에 불과한 것이므로 법원에서 정한 기간이 경과한후라도 확정판결의 취지에 따른 재처분의 이행이 있으면 배상금을 추심함으로써 심리적 강제를 꾀할 목적이 상실되어 처분상대방이 더 이상 배상금을 추심하는 것은 허용되지 않는다는 것이 판례의 입장이다.

 판례 PLUS

재처분이 간접강제결정에서 정한 의무이행기한이 경과한 후에 이루어진 경우, 배상금의 추심이 허용되는지 여부: 소극

행정소송법 제34조 소정의 간접강제결정에 기한 배상금은 거부처분취소판결이 확정된 경우 그 처분을 행한 행정청으로 하여금 확정판결의 취지에 따른 재처분의무의 이행을 확실히 담보하기 위한 것으로서, 확정판결의 취지에 따른 재처분의무내용의 불확정성과 그에 따른 재처분에의 해당 여부에 관한 쟁송으로 인하여 간접강제결정에서 정한 재처분의무의 기한 경과에 따른 배상금이 증가될 가능성이 자칫 행정청으로 하여금 인용처분을 강제하여 행정청의 재량권을 박탈하는 결과를 초래할 위험성이 있는 점 등을 감안하면, 이는 확정판결의 취지에 따른 재처분의 지연에 대한 제재나 손해배상이 아니고 재처분의 이행에 관한 심리적 강제수단에 불과한 것으로 보아야 하므로, 특별한 사정이 없는 한 간접강제결정에서 정한 의무이행기한이 경과한 후에라도 확정판결의 취지에 따른 재처분의 이행이 있으면 배상금을 추심함으로써 심리적 강제를 꾀할 목적이 상실되어 처분상대방이 더 이상 배상금을 추심하는 것은 허용되지 않는다(대판 2004.1.15, 2002두2444).

4 상소 및 재심 절차

1. 상소

재판의 확정 전에 당사자가 상급법원에 대하여 그 취소·변경을 구하는 불복신청 방법으로 1심의 종국판결에 대한 상소를 항소라고 하고, 2심의 종국판결에 대한 상소를 상고라고 한다.

(1) 항소: 제1심 법원이 선고한 종국판결에 대하여 할 수 있으며, 판결서가 송달된 날부터 2주 이내에 제기되어야 한다(동법 제8조 제2항, 민사소송법 제390조 제1항 및 제396조 제1항).

(2) 상고: 고등법원이 선고한 종국판결과 지방법원 합의부가 제2심으로서 선고한 종국판결에 대하여 판결에 영향을 미친 헌법·법률·명령 또는 규칙의 위반이 있다는 것을 이유로 드는 때에만 제기할 수 있고(동법 제8조 제2항, 민사소송법 제422조 및 제423조), 상고는 판결서가 송달된 날부터 2주 이내에 제기되어야 한다(동법 제8조 제2항 및 민사소송법 제396조 제1항). 판결에 다음 어느 하나의 사유가 있는 때에는 상고에 정당한 이유가 있는 것으로 한다(동법 제8조 제2항 및 민사소송법 제424조).

① 법률에 따라 판결법원을 구성하지 아니한 때

② 법률에 따라 판결에 관여할 수 없는 판사가 판결에 관여한 때

③ 전속관할에 관한 규정에 어긋난 때

④ 법정대리권 · 소송대리권 또는 대리인의 소송행위에 대한 특별한 권한의 수여에 흠이 있는 때

⑤ 변론을 공개하는 규정에 어긋난 때

⑥ 판결의 이유를 밝히지 아니하거나 이유에 모순이 있는 때

2. 재심

(1) 재심의 의의 및 사유

① 개념: 확정된 종국판결에 재심사유에 해당하는 중대한 흠이 있는 경우에 그 판결의 취소와 이미 종결되었던 사건의 재심사를 구하는 것이다. 확정판결의 기판력에 따라 불이익을 받은 재심원고 · 재심피고는 확정된 종국판결에 대해 재심사유가 있을 때, 재심사유를 안 날부터 30일 이내에 제기해야 한다(동법 제8조 제2항 및 민사소송법 제456조).

② 의의 및 취지: 재심은 확정된 종국판결에 재심사유에 해당하는 하자가 있는 경우 판결을 한 법원에 대하여 그 판결의 취소와 사건의 재심사를 구하는 비상의 불복신청 방법으로 판결이 확정된 경우라도 판결에 중대한 잘못이 있는 경우 법적 안정성이 다소 희생되어도 당사자의 권리구제를 위해 특별히 인정하고 있는 것이다. 이는 당사자가 제기하는 일반적 재심과 제3자가 제기하는 재심으로 구분된다.

③ 재심사유(동법 제8조 제2항 및 민사소송법 제451조 제1항)

• 법률에 따라 판결법원을 구성하지 아니한 때

• 법률상 그 재판에 관여할 수 없는 법관이 관여한 때

• 법정대리권 · 소송대리권 또는 대리인이 소송행위를 하는 데에 필요한 권한의 수여에 흠이 있는 때. 다만, 제60조 또는 제97조의 규정에 따라 추인한 때에는 그러하지 아니하다.

• 재판에 관여한 법관이 그 사건에 관하여 직무에 관한 죄를 범한 때

• 형사상 처벌을 받을 다른 사람의 행위로 말미암아 자백을 하였거나 판결에 영향을 미칠 공격 또는 방어방법의 제출에 방해를 받은 때

• 판결의 증거가 된 문서, 그 밖의 물건이 위조되거나 변조된 것인 때

• 증인 · 감정인 · 통역인의 거짓 진술 또는 당사자신문에 따른 당사자나 법정대리인의 거짓 진술이 판결의 증거가 된 때

• 판결의 기초가 된 민사나 형사의 판결, 그 밖의 재판 또는 행정처분이 다른 재판이나 행정처분에 따라 바뀐 때

• 판결에 영향을 미칠 중요한 사항에 관하여 판단을 누락한 때

• 재심을 제기할 판결이 전에 선고한 확정판결에 어긋나는 때

• 당사자가 상대방의 주소 또는 거소를 알고 있었음에도 있는 곳을 잘 모른다고 하거나 주소나 거소를 거짓으로 하여 소를 제기한 때

(2) 제3자의 재심청구

 법령 PLUS

행정소송법

제31조(제3자에 의한 재심청구) ① 처분등을 취소하는 판결에 의하여 권리 또는 이익의 침해를 받은 제3자는 자기에게 책임없는 사유로 소송에 참가하지 못함으로써 판결의 결과에 영향을 미칠 공격 또는 방어방법을 제출하지 못한 때에는 이를 이유로 확정된 종국판결에 대하여 재심의 청구를 할 수 있다.
② 제1항의 규정에 의한 청구는 확정판결이 있음을 안 날로부터 30일 이내, 판결이 확정된 날로부터 1년 이내에 제기하여야 한다.
③ 제2항의 규정에 의한 기간은 불변기간으로 한다.

① 행정소송법 제31조의 해석상 소송참가를 한 제3자는 판결확정 후 행정소송법 제31조에 의한 재심의 소를 제기할 수 없다.

② 행정청은 소송에 참가할 수 있으나 소송에 참가할 수 있는 행정청이 소송에 참가하지 못한 경우 재심청구에 관한 규정은 적용되지 않는다.

06 취소소송 이외의 항고소송

1 무효등확인소송

1. 의의

(1) **개념**: 행정청의 처분등의 효력 유무 또는 존재 여부를 확인하는 소송이다(동법 제4조 제2호). 여기에는 처분등 무효확인소송, 처분등 유효확인소송, 처분등 실효확인소송, 처분등 부존재확인소송, 처분등 존재확인소송이 포함된다. 그러나 행정청에 일정한 의무가 있다는 내용의 확인을 구하는 소송은 여기에 속하지 않는다.

(2) **존재 의의**

① 무효 또는 부존재인 행정처분은 처음부터 당연히 법률상 효력이 없거나 부존재하나, 처분등이 외형상 존재함으로써 행정청이 유효한 처분으로 오인하여 집행할 우려 등이 있다. 이러한 경우 무효 또는 부존재인 처분등의 상대방이나 이해관계인은 그 무효 또는 부존재를 공적으로 선언받을 필요가 있으므로 여기에 무효등 확인소송의 존재 의의가 있다.

② 반대로, 유효하게 존재하는 처분등을 관계 행정청이 마치 무효 또는 부존재인 것처럼 주장하고, 그러한 주장을 바탕으로 후속 처분을 함으로써 개인의 권익을 침해하게 되는 데도 있을 수 있다. 그러한 경우에는 해당 처분등이 유효하게 존재하는 것임을 확인받을 필요가 있다.

(3) **성질**

① 무효임을 확인선언하는 확인소송의 성질을 가지면서도, 처분의 효력을 다툰다는 점에서 준항고소송이라고 보는 것이 다수설과 판례의 입장이다. 무효확인판결은 비록

형식상 확인판결이라도 그 효력은 취소판결의 경우와 같이 소송의 당사자는 물론 제3자에게도 미친다고 보는 것이 판례의 입장이다.

② **보충성의 문제**: 다른 적절한 수단이 있는 경우 확인소송이 아닌 그 수단에 의해야 한다고 보는 것을 '확인의 소의 보충성'이라고 하는데 이에 대해 견해가 대립한다. 이와 관련하여 판례는 전원합의체 판결에서 보충성이 요구되는 것은 아니라는 입장을 판시하였다.

 판례 PLUS

무효등확인소송의 소송요건으로 '이행소송 등 다른 직접적인 구제수단이 있는지'를 따져보아야 하는지 여부: 소극(보충성 요건 불요)

무효확인소송의 보충성을 규정하고 있는 외국의 일부 입법례와는 달리 우리나라 행정소송법에는 명문의 규정이 없어 이로 인한 명시적 제한이 존재하지 않는다. 이와 같은 사정을 비롯하여 행정에 대한 사법통제, 권익구제의 확대와 같은 행정소송의 기능 등을 종합하여 보면, 행정처분의 근거 법률에 의하여 보호되는 직접적이고 구체적인 이익이 있는 경우에는 행정소송법 제35조에 규정된 '무효확인을 구할 법률상 이익'이 있다고 보아야 하고, 이와 별도로 무효확인소송의 보충성이 요구되는 것은 아니므로 행정처분의 무효를 전제로 한 이행소송 등과 같은 직접적인 구제수단이 있는지 여부를 따질 필요가 없다고 해석함이 상당하다(대판 2008.3.20, 2007두6342 전합).

2. 적용법규

(1) **원칙**: 행정청의 공권력 행사에 불복하여 제기한다는 점에서 취소소송과 공통점을 가지므로 취소소송의 대부분 규정이 준용된다.

(2) **예외**: 처분이 처음부터 무효라는 점에서 일부 규정이 적용되지 않는데 구체적으로 예외적 행정심판전치주의, 제소기간, 사정판결에 관한 규정이 그것이다.

3. 주장책임 및 입증책임

(1) **주장책임**: 무효원인에 관한 주장책임은 원고에게 있다. 그 주장 방법으로는 행정처분에 하자가 있고 그 하자가 중대하고 명백하다는 것을 구체적 사실에 기하여 주장하여야 할 것이며, 그 증명책임도 원고에게 있다는 것이 다수설과 판례의 입장이다(대판 1976.1.13, 75누175; 대판 1992.3.10, 91누6030; 대판 2000.3.23, 99두11851).

(2) **처분의 적법성에 대한 입증책임**: 취소소송이나 무효확인소송이나 다 같이 처분의 적법 여부가 쟁점이므로 취소소송이든 무효확인소송이든 모두 처분의 적법성에 대한 증명책임은 기본적으로 피고 행정청에 있고, 그 위법성(하자)이 중대·명백한지는 증명책임과 무관한 법원의 판단사항에 불과하다는 견해가 유력하다.

 판례 PLUS

무효확인소송에서 무효사유에 대한 입증책임

행정처분의 당연무효를 구하는 소송에 있어서 그 무효를 구하는 사람에게 그 행정처분에 존재하는 하자가 중대하고 명백하다는 것을 주장 입증할 책임이 있다(대판 1984.2.28, 82누154).

4. 취소소송과의 관계

(1) 취소소송 기각판결의 기판력: 취소소송의 소송물을 처분등의 위법성 일반으로 보는 이상 취소소송 기각판결의 기판력은 무효확인소송에도 미친다(대판 1992.12.8, 92누6891; 대판 2003.5.16, 2002두3669).

(2) 취소소송과 무효등확인소송의 실제적 성격: 취소소송과 무효등확인소송은 종류를 달리하는 별개의 소송이기는 하나, 행정처분등에 위법한 하자가 있음을 이유로 그 효력의 배제를 구하는 점에서 유사한 측면이 있고, 그 사유도 하자의 정도 등에 따른 상대적 차이가 있음에 불과하므로 위 두 소송은 실제에서는 서로 포용성을 갖는다.

(3) 취소소송과 무효등확인소송의 관계

① 무효사유에 대해 취소소송을 제기한 경우: 무효선언적 의미의 취소소송으로 본다(통설·판례).

② 취소사유에 대해 무효확인소송을 제기한 경우: 무효확인청구에 취소청구도 포함되므로 법원은 석명권을 행사, 소 변경을 유도한 후 취소판결을 할 수 있다(통설·판례).

2 부작위위법확인소송

1. 의의

(1) 개념: 부작위위법확인소송이란 행정청의 부작위가 위법하다는 것을 확인하는 소송이다(동법 제4조 제3호). 행정청이 당사자의 신청에 대하여 상당한 기간 내에 신청을 인용하는 적극적 처분 또는 각하하거나 기각하는 등의 소극적 처분을 하여야 할 법률상의 의무가 있음에도 불구하고 이를 하지 아니하는 경우에 그 부작위가 위법하다는 확인을 구하는 소송이다.

(2) 목적: 행정청이 당사자의 신청에 대하여 상당한 기간 내에 신청을 인용하는 적극적 처분 또는 각하하거나 기각하는 등의 소극적 처분을 하여야 할 법률상의 응답의무가 있음에도 이를 하지 아니하는 경우, 부작위가 위법하다는 것을 확인함으로써 행정청의 응답을 신속하게 하도록 하여 부작위 또는 무응답이라는 소극적 위법상태를 제거하는 것을 목적으로 하는 소송이다.

(3) 성질: 항고소송으로서 주관적 소송에 해당하며 법률관계를 변동시키는 것이 아니라 부작위가 위법임을 확인하는 확인소송의 성질을 갖는다.

2. 적용법규

(1) 원칙: 항고소송의 일종으로 취소소송과 기본 성격이 동일하므로 취소소송에 관한 대부분 규정이 준용된다.

(2) 준용 제외: 처분변경으로 인한 소변경, 집행정지결정, 사정판결에 관한 규정 등

○× 문제

01 무효인 행정행위에 대하여 취소소송을 제기하는 경우에는 제소기간의 제한이 적용되지 않는다. ( )

정답 01 ×(→적용된다)

3. 요건

(1) 신청의 존재: 여기서 신청이라 함은 법규상 또는 조리상 신청권이 있음을 전제로 한다. 행정청에 대한 신청의 의사표시는 명시적이고 확정적이어야 하고 문서로 이루어짐이 원칙이라 할 것인데(행정절차법 제17조 제1항), 사인이 행정청에 대하여 어떠한 처분을 구하는 문서상의 의사표시가 이러한 신청행위에 해당하는지 여부는 그 문서의 내용과 작성 및 제출의 경위, 시점, 취지 등 여러 사정을 종합하여 판단해야 할 것이다(대판 2008.10.23, 2007두6212).

(2) 법규상·조리상 신청권이 있는 자의 신청

① **당사자의 신청:** 당사자의 신청은 법규상 또는 조리상 어떠한 행정처분을 요구할 수 있는 자의 것이어야 한다.

② **신청권이 없는 자가 신청한 경우:** 신청권이 없는 자의 신청으로 단지 행정청의 직권발동을 촉구하는 데 지나지 않은 신청에 대한 무응답은 부작위위법확인소송의 대상이 될 수 없다(대판 1993.4.23, 92누17099; 대판 2000.2.25, 99두11455 등). 행정청이 법규상 또는 조리상 권리에 의하지 아니한 신청을 받아들이지 아니하였다고 해서 이 때문에 신청인의 권리나 법적 이익에 어떠한 영향을 준다고 할 수 없기 때문이다(대판 1992.10.27, 92누5867 등).

(3) 행정청에 대한 처분등의 신청: 신청인의 신청내용이 행정청에 대하여 행정소송의 대상인 '처분등'을 요구하는 것이어야 한다(대판 1992.6.9, 91누11278). 비권력적 사실행위나 사경제적 계약체결 등을 구하는 신청 등에 대한 무응답은 부작위위법확인소송의 대상이 될 수 없으며 재결신청에 대한 부작위의 경우 이를 소송에서 제외할 특별한 이유가 없고, 재결신청에 대한 부작위를 부작위위법확인소송에서 제외하게 되면, 재결주의가 채택된 처분에서 재결신청에도 불구하고 아무런 응답을 하지 않을 경우 구제수단이 없게 되는 등의 불합리가 발생하므로 재결신청에 대한 부작위도 부작위위법확인소송의 대상이 된다고 보아야 할 것이다.

(4) 상당한 기간: 행정소송의 대상인 부작위가 되기 위해서는 행정청이 어떠한 처분을 하여야 할 '상당한 기간'이 지나도 아무런 처분을 하지 아니하여야 한다. 어느 정도의 기간을 상당한 기간이라 볼 것인지는 사회 통념상 당해 신청을 처분하는 데 필요한 것으로 인정되는 기간을 의미하는 것이라 할 것이다.

(5) 처분의 부존재: 부작위위법확인소송은 당사자의 신청에 대한 행정청의 처분이 존재하지 아니하는 경우에 허용되는 것이다. 처분이 존재하는 이상, 가령 그 처분이 무효인 행정처분처럼 중대하고 명백한 하자로 말미암아 처음부터 당연히 효력이 발생하지 아니하는 경우라도 부작위위법확인소송의 대상이 될 수 없다(대판 1990.12.11, 90누4266; 대판 1996.1.26, 95누13326 등). 부작위위법확인소송의 대상은 처분, 즉 구체적 권리·의무에 관한 부작위여야 하므로 추상적인 행정입법에 관한 부작위는 부작위위법확인소송의 대상이 되지 않는다는 것이 판례의 입장이다.

4. 소의 이익 및 예외적 행정심판전치주의

(1) **소의 이익**: 부작위위법확인소송의 경우에도 취소소송에서 일반적으로 요구되는 소의 이익에 관한 내용이 그대로 적용된다. 신청 후 사정변경으로 부작위위법확인을 받더라도 침해되거나 방해받은 권리, 이익을 보호·구제받는 것이 불가능하게 되었다면 소의 이익이 없다(대판 2002.6.28, 2000두4750). 또한 소 제기 전후를 통하여 판결 시까지 행정청이 신청에 대하여 적극 또는 소극의 처분을 함으로써 부작위 상태가 해소된 때에도 소의 이익이 없다(대판 1990.9.25, 89누4758).

(2) **예외적 행정심판전치주의**: 부작위위법확인소송에는 행정심판전치에 관한 규정이 준용되므로 개별법에 '예외적 행정심판전치주의'가 규정되어 있는 경우에 한하여 행정심판을 거치면 된다.

5. 심리 및 판결

(1) **심리의 범위**: 심리의 범위가 신청의 실체적 내용까지 미치는지에 관해 절차적 심리설(소극설, 응답의무설)과 실체적 심리설(적극설, 특정처분의무설)이 대립한다. 판례는 부작위의 위법성을 확인하는 데 그치고 실체적 내용까지 심리할 수 없다면서 절차적 심리설의 입장을 취하고 있다.

(2) **위법판단의 기준시**: 취소소송에서는 위법판단의 기준시에 대해 처분시설이 통설이나, 부작위위법확인소송의 경우 처분이 존재하지 않으므로 판결시(사실심 종결시)설이 통설이다.

(3) **판결의 효력**: 사정판결에 관한 규정은 준용되지 않으며 간접강제에 관한 규정은 준용되고 제3자효, 기속력은 인정되지만 형성력은 존재하지 않는다고 보는 것이 통설이다.

---

07 그밖의 소송유형

1 당사자소송

1. 의의

(1) **개념**: 당사자소송이란 행정청의 처분등을 원인으로 하는 법률관계에 관한 소송 그 밖의 공법상 법률관계에 관한 소송으로서 그 법률관계의 한쪽 당사자를 피고로 하는 소송이다(동법 제3조 제2호).

(2) **항고소송과의 구분**: 당사자소송에서는 행정청의 처분등을 원인으로 하더라도 처분등의 효력 자체가 소송의 대상이 아니라 그로 인한 법률관계 자체가 소송의 대상이 되고 처분등을 행한 행정청이 아닌 그 법률관계의 권리주체인 한쪽 당사자를 피고로 하는 점에서 항고소송과 다르다.

OX문제

01 부작위위법확인소송에 있어서 위법판단의 기준시는 처분시이다. ( )

정답 01 ×(→사실심의 변론종결시)

(3) 대상 및 요건

① **공법상 법률관계**: 처분행위를 대상(항고소송), 사법상 법률관계(민사소송)

② 공무원이나 공립학교 학생의 신분 등 공법상의 지위의 확인을 구하는 소

③ 재결(토지수용위원회의 재결)에 관한 불복소송이 보상금의 증감에 관한 소송인 경우(형식적 당사자소송)

④ 공법상의 각종 급부청구

2. 실질적 당사자소송과 형식적 당사자소송

(1) 실질적 당사자소송

① 개념: 대립하는 대등 당사자 간의 공법상 권리 또는 법률관계 그 자체를 소송물로 하는 소송을 말한다. '행정청의 처분등을 원인으로 하는 법률관계'에 관한 소송도 형식적 당사자소송으로 인정되는 것을 제외하고는 실질적 당사자소송에 속한다.

② 범위: 공법상 신분이나 지위의 확인에 관한 소송, 공법상 사무관리나 계약에 관한 소송 및 공법상 금전지급청구에 관한 소송 등을 들 수 있다.

(2) 형식적 당사자소송

① 의의

ⓐ 개념: 처분이나 재결을 원인으로 하는 법률관계에 관한 소송으로서 그 원인이 되는 처분등에 불복하여 소송을 제기할 때 처분청을 피고로 하는 것이 아니라 그 법률관계의 한쪽 당사자를 피고로 하는 소송을 말한다.

ⓑ 특징: 처분등의 효력에 관한 다툼이라는 점에서 항고소송의 성질을 가지나, 행정청을 피고로 하지 않고 실질적 이해관계를 가진 자를 피고로 한다는 점에 특색이 있다.

② 범위: 일반적으로 인정되지는 아니하고, 개별법에서 특별한 규정이 있는 경우에만 허용된다는 것이 통설이다. 현행법상 인정되는 형식적 당사자소송의 예로는 특허무효심판 등 각종 지식재산권에 관한 소송과 공익사업을 위한 토지 등의 취득 및 보상에 관한 법률 제85조 제2항의 보상금증감청구소송 등이 있다.

⭐ 판례 PLUS

공법상 당사자소송 인정 예

1. 공익사업을 위한 토지 등의 취득 및 보상에 관한 법령에 의하여 주거용 건축물의 세입자에게 인정되는 주거이전비 보상청구에 관한 소송: 당사자소송

공익사업을 위한 토지 등의 취득 및 보상에 관한 법률에 의하면, 세입자는 사업시행자가 취득 또는 사용할 토지에 관하여 임대차 등에 의한 권리를 가진 관계인으로서 주거이전에 필요한 비용을 보상받을 권리가 있다. 그런데 이러한 주거이전비는 당해 공익사업 시행지구 안에 거주하는 세입자들의 조기이주를 장려하여 사업추진을 원활하게 하려는 정책적인 목적과 주거이전으로 인하여 특별한 어려움을 겪게 될 세입자들을 대상으로 하는 사회보장적인 차원에서 지급되는 금원의 성격을 가지므로, 적법하게 시행된 공익사업으로 인하여 이주하게 된 주거용 건축물 세입자의 주거이전비 보상청구권은 공법상의 권리이고, 따라서 그 보상을 둘러싼 쟁송은 민사소송이 아니라 공법상의 법률관계를 대상으로 하는 행정소송에 의하여야 한다(대판 2008.5.29, 2007다8129).

2. 퇴직연금을 받아 오던 중, 법개정에 의하여 연금지급이 정지되어 공단이 일부 금액에 대하여 지급거부의 의사표시를 한 경우: 공법상 당사자소송

공무원연금법 소정의 퇴직연금 등의 급여는 급여를 받을 권리를 가진 자가 당해 공무원이 소속하였던 기관장의 확인을 얻어 신청하는 바에 따라 공무원연금관리공단이 그 지급결정을 함으로써 그 구체적인 권리가 발생하는 것이므로, 공무원연금관리공단의 급여에 관한 결정은 국민의 권리에 직접 영향을 미치는 것이어서 행정처분에 해당할 것이지만, 공무원연금관리공단의 인정에 의하여 퇴직연금을 지급받아 오던 중 공무원연금법령의 개정 등으로 퇴직연금 중 일부 금액의 지급이 정지된 경우에는 당연히 개정된 법령에 따라 퇴직연금이 확정되는 것이지 같은 법에 정해진 공무원연금관리공단의 퇴직연금 결정과 통지에 의하여 비로소 그 금액이 확정되는 것이 아니므로, 공무원연금관리공단이 퇴직연금 중 일부 금액에 대하여 지급거부의 의사표시를 하였다고 하더라도 그 의사표시는 퇴직연금 청구권을 형성·확정하는 행정처분이 아니라 공법상의 법률관계의 한쪽 당사자로서 그 지급의무의 존부 및 범위에 관하여 나름대로의 사실상·법률상 의견을 밝힌 것일 뿐이어서, 이를 행정처분이라고 볼 수는 없고, 이 경우 미지급퇴직연금에 대한 지급청구권은 공법상 권리로서 그의 지급을 구하는 소송은 공법상의 법률관계에 관한 소송인 공법상 당사자소송에 해당한다(대판 2004.7.8, 2004두244).

3. 법관이 이미 수령한 명예퇴직수당액이 '명예퇴직수당 지급규칙'에서 정한 정당한 수당액에 미치지 못한다고 주장하며, 미지급 차액분의 지급을 청구한 경우: 공법상 당사자소송

명예퇴직수당 지급대상자의 결정과 수당액 산정 등에 관한 국가공무원법 등의 내용과 취지 등에 비추어 보면, 명예퇴직수당은 명예퇴직수당 지급신청자 중에서 일정한 심사를 거쳐 피고가 명예퇴직수당 지급대상자로 결정한 경우에 비로소 지급될 수 있지만, 명예퇴직수당 지급대상자로 결정된 법관에 대하여 지급할 수당액은 명예퇴직수당규칙에 산정 기준이 정해져 있으므로, 위 법관은 위 규정에서 정한 정당한 산정 기준에 따라 산정된 명예퇴직수당액을 수령할 구체적인 권리를 가진다. 따라서 위 법관이 이미 수령한 수당액이 위 규정에서 정한 정당한 명예퇴직수당액에 미치지 못한다고 주장하며 차액의 지급을 신청함에 대하여 법원행정처장이 거부하는 의사를 표시했더라도, 그 의사표시는 명예퇴직수당액을 형성·확정하는 행정처분이 아니라 공법상의 법률관계의 한쪽 당사자로서 지급의무의 존부 및 범위에 관하여 자신의 의견을 밝힌 것에 불과하므로 행정처분으로 볼 수 없다. 결국 명예퇴직한 법관이 미지급 명예퇴직수당액에 대하여 가지는 권리는 명예퇴직수당 지급대상자 결정 절차를 거쳐 명예퇴직수당규칙에 의하여 확정된 공법상 법률관계에 관한 권리로서, 그 지급을 구하는 소송은 행정소송법의 당사자소송에 해당하며, 그 법률관계의 당사자인 국가를 상대로 제기하여야 한다(대판 2016.5.24, 2013두14863).

4. 지방소방공무원이 지방자치단체를 상대로 초과근무수당의 지급을 구하는 소송: 공법상 당사자소송

지방자치단체와 그 소속 경력직 공무원인 지방소방공무원 사이의 관계, 즉 지방소방공무원의 근무관계는 사법상의 근로계약관계가 아닌 공법상의 근무관계에 해당하고, 그 근무관계의 주요한 내용 중 하나인 지방소방공무원의 보수에 관한 법률관계는 공법상의 법률관계라고 보아야 한다. 나아가 지방소방공무원의 초과근무수당 지급청구권은 법령의 규정에 의하여 직접 그 존부나 범위가 정하여지고 법령에 규정된 수당의 지급요건에 해당하는 경우에는 곧바로 발생한다고 할 것이므로, 지방소방공무원이 자신이 소속된 지방자치단체를 상대로 초과근무수당의 지급을 구하는 청구에 관한 소송은 행정소송법 제3조 제2호에 규정된 당사자소송의 절차에 따라야 한다(대판 2013.3.28, 2012다102629).

5. 보조금 지급결정시 부과된 부관(부담)에 의한 보조금반환청구: 공법상 당사자소송

지방자치단체가 보조금 지급결정을 하면서 일정 기한 내에 보조금을 반환하도록 하는 교부조건을 부가한 경우, 보조사업자의 지방자치단체에 대한 보조금 반환의무는 행정처분인 위 보조금 지급결정에 부가된 부관상 의무이고 공법상 의무이므로, 보조사업자에 대한 지방자치단체의 보조금반환청구는 공법상 권리관계의 일방 당사자를 상대로 하여 공법상 의무이행을 구하는 청구로서 행정소송법 제3조 제2호에 규정한 당사자소송의 대상이라고 한 사례(대판 2011.6.9, 2011다2951)

6. KBS로부터 TV 수신료 징수권한을 위탁받은 한국전력공사가 제기한 TV수신료징수권한확인소송: 공법상 당사자소송

수신료의 법적 성격, 피고 보조참가인의 수신료 강제징수권의 내용 등에 비추어 보면 수신료 부과행위는 공권력의 행사에 해당하므로, 한국전력공사가 KBS로부터 수신료의 징수업무를 위탁받아 자신의 고유업무와 관련된 고지행위와 결합하여 수신료를 징수할 권한이 있는지 여부를 다투는 이 사건 쟁송은 민사소송이 아니라 공법상의 법률관계를 대상으로 하는 것으로서 행정소송법 제3조 제2호에 규정된 당사자소송에 의하여야 한다(대판 2008.7.24, 2007다25261).

7. 하천법상 손실보상청구: 공법상 당사자소송
　대판 2006.5.18, 2004다6207

8. 국가에 대한 납세의무자의 부가가치세 환급세액 지급청구: 공법상 당사자소송
　대판 2013.3.21, 2011다95564 ⇒ 〈주의〉 과오납 세액 환급청구: 민사소송(판례)

당사자소송으로 본 사례	항고소송으로 본 사례
• 공무원의 지위확인소송 • 공무원연금관리공단에서 퇴직연금을 지급받던 중 법령 개정으로 일부금액 정지된 경우 미지급퇴직연금의 지급 구하는 소송 • 광주민주운동 관련 보상금 지급 관련 • 석탄가격안정지원금청구 소송 • 재개발조합을 상대로 조합원자격 유무에 관한 확인 구하는 소송 • 서울특별시립무용단원 해촉에 관한 소송 • 공중보건의사 채용계약해지의 의사표시 • 한국전력공사가 텔레비전방송수신료 징수권한 있는지 여부에 관한 소송	• 공무원연금관리공단의 급여결정 • 민주화운동 관련자 명예회복 및 보상 등에 관한 법률에 따른 보상금 등의 지급 관련 소송 • 구 의료보호법상 진료기관의 보호비용청구에 대해 보호기관이 심사결과 진료비지급을 거절한 경우 • 특수임무수행자 및 그 유족으로 보상금을 지급받고자 하는 자의 신청에 대해 위원회가 특수임무수행자에 해당하지 않는다며 이를 기각한 결정

3. 가집행선고

(1) **의의**: 가압류와는 달리 재산에 대하여 판결금액대로 강제집행이 가능하며, 집행된 금액은 채권자들에게 청산하게 된다.

 법령 PLUS

행정소송법
제43조(가집행선고의 제한) 국가를 상대로 하는 당사자소송의 경우에는 가집행선고를 할 수 없다.

(2) **헌법재판소의 위헌결정**: 소송촉진 등에 관한 특례법 제6조 제1항 단서의 "국가를 상대로 하는 재산권의 청구에 관하여는 가집행의 선고를 할 수 없다"는 규정은 헌법재판소의 위헌결정(헌재 1989.1.25, 88헌가7)에 따라 삭제되었다.

(3) **학설 및 판례**: 헌법재판소의 소송촉진 등에 관한 특례법 제6조 제1항 단서에 대한 위헌결정으로 행정소송법 제43조의 규정의 효력 인정 여부와 관련하여 학설이 대립하고 있다. 이에 대해 대법원은 공법상 당사자소송에서 재산권의 청구를 인용하는 판결을 한 경우에 가집행선고가 가능하다고 판시하였다.

 판례 PLUS

공법상 당사자소송에서 재산권의 청구를 인용하는 판결을 하는 경우, 가집행선고를 할 수 있는지 여부: 적극
행정소송법 제8조 제2항에 의하면 행정소송에도 민사소송법의 규정이 일반적으로 준용되므로 법원으로서는 공법상 당사자소송에서 재산권의 청구를 인용하는 판결을 하는 경우 가집행선고를 할 수 있다(대판 2000.11.28, 99두3416).

2 객관적 소송(민중소송 및 기관소송)

1. 의의

행정작용의 적법성 보장을 목적으로 하는 소송으로 개인의 권익구제에 목적이 있는 소송이 아니라 행정의 적법성 보장에 그 목적이 있으므로 통상의 경우는 소의 이익이 문제되지 않는다. 주관적 소송은 개괄주의를, 객관적 소송은 열기주의를 취하고 있으므로 법에 규정한 사안에 대해서만 소송을 제기할 수 있다.

2. 민중소송

(1) 의의: 국가 또는 공공단체의 기관이 법률에 위반되는 행위를 한 때에 직접 자기의 법률상 이익과 관계없이 그 시정을 구하기 위하여 제기하는 소송으로 자신의 구체적인 권리·이익의 침해와는 무관하게 행정법규의 적정한 적용을 확보하기 위해 국민이나 주민이 제기하는 소송이다.

(2) 구체적 종류

① 일반 선거인이 제기하는 선거소송(공직선거법 제222조)

② 일반 투표인이 제기하는 국민투표무효소송(국민투표법 제92조)

③ 주민투표소송(주민투표법 제25조)

④ 주민소송(지방자치법 제17조)

(3) 적용법규: 민중소송 중에서 ① 처분등의 취소를 구하는 소송에는 그 성질에 반하지 않는 한 항고소송 중 취소소송에 관한 규정을 준용하고, ② 처분등의 효력유무 또는 존재여부나 부작위의 위법의 확인을 구하는 소송에는 그 성질에 반하지 않는 한 각각 항고소송 중 무효등확인소송 또는 부작위위법확인소송에 관한 규정을 준용하며, ③ 위 ①과 ②에 규정된 소송 외의 소송에는 그 성질에 반하지 않는 한 당사자소송에 관한 규정을 준용한다(동법 제46조).

3. 기관소송

(1) 의의: 국가나 공공단체의 기관 상호간에 있어서의 권한의 존부 또는 그 행사에 관한 다툼이 있을 때에 제기하는 소송이다. 단 헌법재판소법 제2조에 따라 헌법재판소의 관장사항으로 되어 있는 국가기관 상호 간의 권한쟁의, 국가기관과 지방자치단체 간의 권한쟁의 및 지방자치단체 상호 간의 권한쟁의는 기관소송(행정소송)의 대상에서 제외된다(헌법재판소법 제3조 제4호 단서). 기관소송은 행정기관 상호 간에 있어서의 권한의 존부 또는 행사에 관한 분쟁은 행정권 내부의 협의나 상급기관의 판단에 따라 해결되는 것이 원칙이지만, 예외적으로 해결이 불가능한 경우를 대비하여 허용된 소송이다.

(2) 구체적인 예: 지방의회 등의 의결 무효소송(지방자치법 제107조, 제172조 및 지방교육자치에 관한 법률 제28조), 감독처분에 대한 이의소송(지방자치법 제169조 제2항 및 제170조 제3항) 등이 기관소송에 해당한다. 이러한 기관소송은 법률이 정한 경우에 지방자치단체의 장 등 법률에서 정한 사람이 지방의회 등 법률에서 정한 자를 피고로 하여 대법원이나 고등법원에 제기할 수 있다.

(3) 적용법규: 기관소송 중에서 ① 처분등의 취소를 구하는 소송에는 그 성질에 반하지 않는 한 항고소송 중 취소소송에 관한 규정을 준용하고, ② 처분등의 효력유무 또는 존재여부나 부작위의 위법의 확인을 구하는 소송에는 그 성질에 반하지 않는 한 각각 항고소송 중 무효등확인소송 또는 부작위위법확인소송에 관한 규정을 준용하며, ③ 위 ①과 ②에 규정된 소송 외의 소송에는 그 성질에 반하지 않는 한 당사자소송에 관한 규정을 준용한다(행정쟁송법 제46조).

[참고] 준용규정: 취소소송의 규정 중용 여부

준용규정	항고소송			당사자소송	비고
	취소소송	무효등 확인소송	부작위 위법확인 소송		
재판관할(제9조)	○	○	○	○	관할: 기본적인 사항
관련청구 이송 및 병합 (제10조)	○	○	○	○	이송 및 병합: 소송경제
피고적격(제13조) = 처분을 한 행정청	○	○	○	×	당사자소송 피고: 행정 주체
피고경정(제14조)	○	○	○	○	
공동소송(제15조)	○	○	○	○	공동소송: 원고편의
제3자의 소송참가(제16조)	○	○	○	○	
행정청의 소송참가(제17조)	○	○	○	○	
행정심판임의주의 및 예외적 행정심판전치주의(제18조)	○	×	○	×	
소송의 대상(제19조) = 대상적격	○	○	○	×	당사자소송: 법률관계
제소기간의 제한(제20조)	○	×	△(행정심판 거 치지 않은 경 우 제소기간의 제한 없음)	×	당사자소송: 소멸시효
소 변경(제21조)	○	○	○	○	
처분변경으로 인한 소 변경 (제22조)	○	○	×	○	부작위는 처분 × 방치
집행부정지의 원칙 및 예외 적 집행정지(제23조)	○	○	×	×	〈정지 → 무효, 취소〉
행정심판기록 제출명령 (제25조)	○	○	○	○	
직권심리(제26조)	○	○	○	○	
사정판결(제28조)	○	×	×	×	〈사정판결 → 취소〉
판결의 기속력(제30조)	○	○	○	△	
제3자에 의한 재심청구 (제31조)	○	○	○	×	
소송비용에 관한 재판의 효력(제33조)	○	○	○	○	주의 소송비용 = 패소자부담 원칙
판결의 간접강제(제34조)	○	×	○	×	간접강제 → 부작위, 취소

08 처분의 재심사 제도(시행일 2023. 3. 24.)

1 의의

최근 제정된 행정기본법은 처분(제재처분 및 행정상 강제는 제외함)에 대해서는 행정쟁송을 통하여 더 이상 다툴 수 없게 된 경우에도 처분의 근거가 된 사실관계 또는 법률관계가 추후에 당사자에게 유리하게 바뀐 경우 등 일정한 요건에 해당하면 행정청에 대하여 처분을 취소·철회하거나 변경하여 줄 것을 신청할 수 있도록 하는 처분의 재심사 제도를 도입하였다.

2 재심사 신청의 요건

1. 적극적 요건

 법령 PLUS

행정기본법

제37조(처분의 재심사) ① 당사자는 처분(제재처분 및 행정상 강제는 제외한다. 이하 이 조에서 같다)이 행정심판, 행정소송 및 그 밖의 쟁송을 통하여 다툴 수 없게 된 경우(법원의 확정판결이 있는 경우는 제외한다)라도 다음 각 호의 어느 하나에 해당하는 경우에는 해당 처분을 한 행정청에 처분을 취소·철회하거나 변경하여 줄 것을 신청할 수 있다.
  1. 처분의 근거가 된 사실관계 또는 법률관계가 추후에 당사자에게 유리하게 바뀐 경우
  2. 당사자에게 유리한 결정을 가져다주었을 새로운 증거가 있는 경우
  3. 「민사소송법」 제451조에 따른 재심사유에 준하는 사유가 발생한 경우 등 대통령령으로 정하는 경우

(1) **재심사 신청의 대상**: 처분 일반을 대상으로 한다. 다만, 제재처분 및 행정상 강제는 제외된다(행정기본법 제37조 제1항, 이하 '행정기본법 제37조'생략).

(2) **불가쟁력의 발생**: 행정심판, 행정소송, 그 밖의 쟁송을 통하여 더 이상 처분의 효력을 다툴 수 없게 되어야 한다. 다만, 법원의 확정판결이 있는 경우에는 재심사 신청을 할 수 없다(제1항 괄호).

(3) **재심사 사유(유리한 사정변경)가 있을 것**: 처분의 근거가 된 사실관계 또는 법률관계가 추후에 당사자에게 유리하게 바뀌거나, 당사자에게 유리한 결정을 가져다주었을 새로운 증거가 생기거나, 「민사소송법」 제451조에 따른 재심사유에 준하는 사유가 발생한 경우 등 대통령령으로 정하는 사정변경이 있어야 한다(제1항 각호).

2. 소극적 요건

 법령 PLUS

행정기본법

제37조(처분의 재심사) ② 제1항에 따른 신청은 해당 처분의 절차, 행정심판, 행정소송 및 그 밖의 쟁송에서 당사자가 중대한 과실 없이 제1항 각 호의 사유를 주장하지 못한 경우에만 할 수 있다.

재심사 신청은 해당 처분의 절차, 행정심판, 행정소송 및 그 밖의 쟁송에서 당사자가 중대한 과실 없이 재심사 사유를 주장하지 못한 경우에만 할 수 있다(제2항).

3. 신청기간

 법령 PLUS

행정기본법

제37조(처분의 재심사) ③ 제1항에 따른 신청은 당사자가 제1항 각 호의 사유를 <u>안 날부터 60일 이내에</u> 하여야 한다. 다만, <u>처분이 있은 날부터 5년</u>이 지나면 신청할 수 없다.

3 행청청의 재심사 결과 통지

1. 행정청의 재심사 결과 통지의무

 법령 PLUS

행정기본법

제37조(처분의 재심사) ④ 제1항에 따른 신청을 받은 행정청은 특별한 사정이 없으면 신청을 받은 날부터 <u>90일</u>(합의제행정기관은 180일) 이내에 처분의 재심사 결과(재심사 여부와 처분의 유지·취소·철회·변경 등에 대한 결정을 포함한다)를 신청인에게 통지하여야 한다. 다만, 부득이한 사유로 90일(합의제행정기관은 180일) 이내에 통지할 수 없는 경우에는 그 기간을 만료일 다음 날부터 기산하여 90일(합의제행정기관은 180일)의 범위에서 한 차례 연장할 수 있으며, 연장 사유를 신청인에게 통지하여야 한다.

⑥ 행정청의 제18조에 따른 취소(직권취소)와 제19조에 따른 철회는 <u>처분의 재심사에 의하여 영향을 받지 아니한다.</u>

⑦ 제1항부터 제6항까지에서 규정한 사항 외에 처분의 재심사의 방법 및 절차 등에 관한 사항은 <u>대통령령으로 정한다.</u>

2. 불복 여부

 법령 PLUS

행정기본법

제37조(처분의 재심사) ⑤ 제4항에 따른 처분의 재심사 결과 중 처분을 유지하는 결과에 대해서는 행정심판, 행정소송 및 그 밖의 쟁송수단을 통하여 <u>불복할 수 없다.</u>

4 적용 배제

 법령 PLUS

행정기본법

제37조(처분의 재심사) ⑧ 다음 각 호의 어느 하나에 해당하는 사항에 관하여는 <u>이 조를 적용하지 아니한다.</u>

1. <u>공무원 인사 관계 법령에 따른 징계 등 처분에 관한 사항</u>
2. <u>「노동위원회법」 제2조의2에 따라 노동위원회의 의결을 거쳐 행하는 사항</u>
3. <u>형사, 행형 및 보안처분 관계 법령에 따라 행하는 사항</u>
4. <u>외국인의 출입국 · 난민인정 · 귀화 · 국적회복에 관한 사항</u>
5. <u>과태료 부과 및 징수에 관한 사항</u>
6. <u>개별 법률에서 그 적용을 배제하고 있는 경우</u>

01

② 거부처분에 대한 취소심판이나 무효등
확인심판청구에서 인용재결이 있는 경
우는 간접강제만 허용되고 직접처분권
은 인정되지 않는다.

오답의 이유

③ 행정심판법 제27조 제6항

01 「행정심판법」상 행정심판에 관한 설명으로 가장 옳지 않은 것은?　　19 서울시 9급

① 무효등확인심판에서는 사정재결이 허용되지 아니한다.

② 거부처분에 대한 취소심판이나 무효등확인심판청구에서 인용재결이 있었음에도 불
구하고 피청구인인 행정청이 재결의 취지에 따른 처분을 하지 아니한 경우에는 당
사자가 신청하면 행정심판위원회는 기간을 정하여 서면으로 시정을 명하고 그 기간
에 이행하지 아니하면 직접처분을 할 수 있다.

③ 행정청이 처분을 할 때에 처분의 상대방에게 심판청구 기간을 알리지 아니한 경우
에는 처분이 있었던 날부터 180일까지가 취소심판이나 의무이행심판의 청구기간이
된다.

④ 종로구청장의 처분이나 부작위에 대한 행정심판청구는 서울특별시 행정심판위원회
에서 심리재결하여야 한다.

02

① 행정심판법 제27조 제7항

02 다음 중 행정심판에 대한 설명으로 가장 옳은 것은?　　20 해경승진

① 무효등확인심판에는 심판청구기간의 제한이 없다.

② 무효등확인심판에서는 사정재결을 인정한다.

③ 거부처분에 대한 의무이행심판에는 심판청구에 기간상의 제한이 없다.

④ 부작위에 대한 의무이행심판에는 심판청구에 기간상의 제한이 있다.

03

③ 행정심판법 제44조 제3항

오답의 이유

② 대판 2014.5.16, 2013두26118

03 행정심판에 관한 설명으로 옳은 것은?(다툼이 있으면 판례에 따름)　　20 행정사

① 행정심판 재결에는 특별한 사유가 없는 한 불가변력이 발생하지 않는다.

② 취소심판에는 처분사유의 추가 · 변경이 허용되지 않는다.

③ 행정심판법은 무효등확인심판에서는 사정재결을 할 수 없음을 명문으로 규정하고
있다.

④ 청구인은 행정심판청구서를 피청구인인 행정청에 제출할 수 없다.

⑤ 행정심판법상 처분의 부존재확인심판은 허용되지 않는다.

정답 01 ② 02 ① 03 ③

04 「행정심판법」상 행정심판위원회가 취소심판의 청구가 이유가 있다고 인정하는 경우에 행할 수 있는 재결에 해당하지 않는 것은? 21 국가직 9급

① 처분을 취소하는 재결
② 처분을 할 것을 명하는 재결
③ 처분을 다른 처분으로 변경하는 재결
④ 처분을 다른 처분으로 변경할 것을 명하는 재결

04
② 처분을 명하는 재결은 취소심판이 아니라, 의무이행심판의 경우에 인정된다.
오답의 이유
①・③・④ 취소심판의 인용재결에는 취소재결과 변경재결 및 변경명령재결이 있다.
「행정심판법」 제43조(재결의 구분) ③ 위원회는 취소심판의 청구가 이유가 있다고 인정하면 처분을 취소 또는 다른 처분으로 변경하거나 처분을 다른 처분으로 변경할 것을 피청구인에게 명한다.

05 「행정심판법」에 의해 행정청이 행정심판위원회의 재결의 취지에 따라 재처분을 할 의무가 있음에도 그 의무를 이행하지 않은 경우에 행정심판위원회가 직접 처분을 할 수 있는 재결은? 20 국가직 9급

① 당사자의 신청에 따른 처분을 절차가 부당함을 이유로 취소하는 재결
② 당사자의 신청을 거부한 처분의 이행을 명하는 재결
③ 당사자의 신청을 거부하는 처분을 취소하는 재결
④ 당사자의 신청을 거부하는 처분을 부존재로 확인하는 재결

05
② 행정심판법 제49조

06 「행정심판법」상 중앙행정심판위원회에만 인정되는 고유한 권한인 것은? 20 국회직 8급

① 심리・재결권
② 불합리한 법령 등의 개선을 위한 시정조치요청권
③ 청구인 지위의 승계허가권
④ 대리인 선임허가권
⑤ 피청구인 경정결정권

06
② 행정심판법 제59조
오답의 이유
① 행정심판법 제6조
③ 행정심판법 제16조
④ 행정심판법 제18조
⑤ 행정심판법 제17조

정답 04 ② 05 ② 06 ②

② 부작위에 대한 의무이행심판에는 청구
기간이 적용되지 않고, 사정재결은 취
소심판 · 의무이행심판에만 인정되고,
무효등확인심판에는 적용되지 아니한
다(행정심판법 제27조 제7항, 제44조
제3항).

07 「행정심판법」상 행정심판에 대한 설명으로 옳지 않은 것은?(다툼이 있는 경우 판례에 의함)

21 지방직 9급

① 심판청구기간의 기산점인 '처분이 있음을 안 날'이라 함은 당사자가 통지 · 공고 기타의 방법에 의하여 당해 처분이 있었다는 사실을 현실적으로 안 날을 의미한다.

② 행정청의 부작위에 대한 의무이행심판은 심판청구기간 규정의 적용을 받지 않고, 사정재결이 인정되지 아니한다.

③ 심판청구에 대한 재결이 있으면 그 재결 및 같은 처분 또는 부작위에 대하여 다시 행정심판을 청구할 수 없다.

④ 재결이 확정된 경우에도 처분의 기초가 된 사실관계나 법률적 판단이 확정되고 당사자들이나 법원이 이에 기속되어 모순되는 주장이나 판단을 할 수 없게 되는 것은 아니다.

㉠ 90, ㉡ 14, 30, ㉢ 60, 30

08 「행정심판법」상 행정심판에 관한 내용이다. ( )안에 들어갈 숫자를 모두 더한 값은?

20 해경승진

> ㉠ 행정심판은 처분을 알게 된 날부터 ( )일 이내에 청구하여야 한다.
> ㉡ 청구인이 천재지변, 전쟁, 사변, 그 밖의 불가항력으로 인하여 ㉠의 기간에 심판청구를 할 수 없었을 때에는 그 사유가 소멸한 날부터 ( )일 이내에 행정심판을 청구할 수 있다. 다만 국외에서 행정심판을 청구하는 경우에는 그 기간을 ( )일로 한다.
> ㉢ 재결은 행정심판법 제23조에 따라 피청구인 또는 위원회가 심판청구서를 받은 날부터 ( )일 이내에 하여야 한다. 다만 부득이한 사정이 있는 경우에는 위원장이 직권으로 ( )일을 연장할 수 있다.

① 164 　　　　　　　② 194
③ 224 　　　　　　　④ 254

정답 07 ② 07 ③

09 다음 사례에 관한 설명으로 옳지 않은 것은?(다툼이 있는 경우 판례에 의함) 21 국가직 9급

> A도(道) B군(郡)에서 식품접객업을 하는 甲은 청소년에게 술을 팔다가 적발되었다. 「식품위생법」은 위법하게 청소년에게 주류를 제공한 영업자에게 6개월 이내의 기간을 정하여 그 영업의 전부 또는 일부를 정지할 수 있다."라고 규정하고, 「식품위생법 시행규칙」 [별표 23]은 청소년 주류제공(1차 위반)시 행정처분기준을 '영업정지 2개월'로 정하고 있다. B군수는 甲에게 2개월의 영업정지처분을 하였다.

① 甲은 영업정지처분에 불복하여 A도 행정심판위원회에 행정심판을 청구할 수 있다.
② 甲은 행정심판을 청구하지 않고 영업정지처분에 대한 취소소송을 제기할 수 있다.
③ 「식품위생법 시행규칙」의 행정처분기준은 행정규칙의 형식이나, 「식품위생법」의 내용을 보충하면서 「식품위생법」의 규정과 결합하여 위임의 범위 내에서 대외적인 구속력을 가진다.
④ 甲이 취소소송을 제기하는 경우 법원은 재량권의 일탈·남용이 인정되면 영업정지처분을 취소할 수 있다.

10 재결의 기속력에 대한 설명으로 옳은 것만을 모두 고르면?(다툼이 있는 경우 판례에 의함) 21 지방직 9급

> ㄱ. 재결에 의하여 취소되거나 무효 또는 부존재로 확인되는 처분이 당사자의 신청을 거부하는 것을 내용으로 하는 경우에는 그 처분을 한 행정청은 재결의 취지에 따라 다시 이전의 신청에 대한 처분을 하여야 한다.
> ㄴ. 재결의 기속력은 인용재결의 경우에만 인정되고, 기각재결에서는 인정되지 않는다.
> ㄷ. 기속력은 재결의 주문에만 미치고, 처분 등의 구체적 위법사유에 관한 판단에는 미치지 않는다.
> ㄹ. 행정심판 인용재결에 따른 행정청의 재처분 의무에도 불구하고 행정청이 인용재결에 따른 처분을 하지 아니하는 경우에, 행정심판위원회는 청구인의 신청이 없어도 결정으로 일정한 배상을 하도록 명할 수 있다.

① ㄱ, ㄴ
② ㄱ, ㄴ, ㄹ
③ ㄱ, ㄷ, ㄹ
④ ㄴ, ㄷ, ㄹ

11

③ 대판 2008.4.10, 2008두402

오답의 이유

① 대판 1963.8.31, 63누101

④ 상수원의 오염을 막아 양질의 급수를 받을 이익은 직접적이고 구체적으로는 보호하고 있지 않음이 명백하여 위 지역주민들이 가지는 이익은 상수원의 확보와 수질보호라는 공공의 이익이 달성됨에 따라 반사적으로 얻게 되는 이익에 불과하므로 지역주민들에 불과한 원고들에게는 위 상수원보호구역변경처분의 취소를 구할 법률상의 이익이 없다(대판 1995.9.26, 94누14544).

11 행정소송의 원고적격이 인정되는 것은?(다툼이 있는 경우 판례에 따름)

① 목욕탕영업허가에 대하여 기존 목욕탕업자

② 물품수입허가에 대한 동일한 종류의 물품의 제조판매업자

③ 영업소 간 거리제한규정을 위배하여 한 담배일반소매인 지정처분에 대한 취소소송에서 기존의 일반소매인

④ 상수원보호구역 변경에 대해 이를 다투는 지역주민

12

ㄴ. 국민권익위원회의 조치요구에 불복하고자 하는 소방청장으로서는 항고소송을 제기하는 것이 유효·적절한 수단으로 볼 수 있으므로 소방청장이 예외적으로 당사자능력과 원고적격을 가진다(대판2018.8.1, 2014두35379).

ㄷ. 법무사규칙이 이의신청 절차를 규정한 것은 채용승인을 신청한 법무사뿐만 아니라 사무원이 되려는 사람의 이익도 보호하려는 취지로 볼 수 있다. 따라서 지방법무사회의 사무원 채용승인 거부처분 또는 채용승인 취소처분에 대해서는 처분 상대방인 법무사뿐만 아니라 그 때문에 사무원이 될 수 없게 된 사람도 원고적격이 인정된다(대판 2020.4.9, 2015다34444).

오답의 이유

ㄱ. 출입국관리법의 해석상 외국인에게는 사증발급 거부처분의 취소를 구할 법률상 이익이 인정되지 않는다(대판 2018.5.15, 2014두42506).

ㄹ. 개발제한구역 해제대상에서 누락된 토지의 소유자는 위 결정의 취소를 구할 법률상 이익이 없다(대판 2008.7.10, 2007두10242).

정답 11 ③ 12 ②

12 판례상 항고소송의 원고적격이 인정되는 경우만을 모두 고르면?

> ㄱ. 중국 국적자인 외국인이 사증발급 거부처분의 취소를 구하는 경우
> ㄴ. 소방청장이 처분성이 인정되는 국민권익위원회의 조치요구에 불복하여 조치요구의 취소를 구하는 경우
> ㄷ. 지방법무사회가 법무사의 사무원 채용승인 신청을 거부하여 사무원이 될 수 없게 된 자가 지방법무사회를 상대로 거부처분의 취소를 구하는 경우
> ㄹ. 개발제한구역 중 일부 취락을 개발제한구역에서 해제하는 내용의 도시관리계획변경 결정에 대하여 개발제한구역 해제대상에서 누락된 토지의 소유자가 위 결정의 취소를 구하는 경우

① ㄱ, ㄴ

② ㄴ, ㄷ

③ ㄷ, ㄹ

④ ㄱ, ㄷ, ㄹ

13 판례의 입장으로 옳지 않은 것은? 21 지방직 9급

① 개인의 고유성, 동일성을 나타내는 지문은 그 정보주체를 타인으로부터 식별가능하게 하는 개인정보이다.

② 거부처분의 처분성을 인정하기 위한 전제 요건이 되는 신청권은 신청인이 그 신청에 따른 단순한 응답을 받을 권리를 넘어서 신청의 인용이라는 만족적 결과를 얻을 권리를 의미한다.

③ 지적공부 소관청의 지목변경신청 반려행위는 국민의 권리관계에 영향을 미치는 것으로서 항고소송의 대상이 되는 행정처분에 해당한다.

④ 산업단지개발계획상 산업단지 안의 토지 소유자로서 산업단지개발계획에 적합한 시설을 설치하여 입주하려는 자는 산업단지지정권자 또는 그로부터 권한을 위임받은 기관에 대하여 산업단지개발계획의 변경을 요청할 수 있는 법규상 또는 조리상 신청권이 있다.

14 「담배사업법」은 일반소매인 사이에서는 그 영업소 간에 100m 이상의 거리를 유지하도록 하는 '일반소매인의 영업소 간에 거리제한' 규정을 두어 일반소매인 간의 과당경쟁으로 인한 불합리한 경영을 방지하고 있다. 한편 동법은 일반소매인과 구내소매인의 영업소 간에는 거리제한 규정을 두지 않고, 동일 시설물 내 2개소 이상의 장소에 구내소매인을 지정할 수 있도록 규정하고 있다. 甲은 A시 시장으로부터 「담배사업법」상 담배 일반소매인으로서 지정을 받아 영업을 하고 있다. 이에 대한 설명으로 옳은 것만을 〈보기〉에서 모두 고른 것은?(주어진 조건 이외의 다른 조건은 고려하지 않으며, 다툼이 있는 경우 판례에 의함) 20 국회직 8급

> ㄱ. 甲의 영업소에서 70m 떨어진 장소에 乙이 담배 일반소매인으로 지정을 받은 경우, 甲은 乙의 일반소매인 지정의 취소를 구할 원고적격이 있다.
> ㄴ. 甲의 영업소에서 30m 떨어진 장소에 丙이 담배 구내소매인으로 지정을 받은 경우 甲이 원고로서 제기한 丙의 구내소매인 지정에 대한 취소를 구하는 소는 적법하고, 甲은 수소법원에 丙의 구내소매인 지정에 대한 집행정지신청을 할 수 있다.
> ㄷ. 丁이 담배 일반소매인으로 지정을 받은 장소가 甲영업소에서 120m 떨어진 곳이자 丙이 담배 구내소매인으로 지정을 받은 곳에서 50m 떨어져 있다면, 甲과 丙이 공동소송으로 제기한 丁의 일반소매인 지정에 대한 취소소송에서 甲과 丙은 각각 원고적격이 있다.

① ㄱ
② ㄴ
③ ㄷ
④ ㄱ, ㄴ
⑤ ㄱ, ㄷ

13

② 거부처분의 처분성을 인정하기 위한 전제요건이 되는 신청권은 신청인이 그 신청에 따른 단순한 응답을 받을 권리를 넘어서 신청의 인용이라는 만족적 결과를 얻을 권리를 의미하는 것은 아니다(대판 1996.6.11, 95누12460).

오답의 이유

① 개인의 고유성, 동일성을 나타내는 지문은 그 정보주체를 타인으로부터 식별가능하게 하는 개인정보이므로, 시장·군수 또는 구청장이 개인의 지문정보를 수집하고, 경찰청장이 이를 보관·전산화하여 범죄수사목적에 이용하는 것은 모두 개인정보자기결정권을 제한하는 것이다(헌재 2005.5.26, 2004헌마190).

14

ㄱ. 대판 2008.3.27, 2007두23811

오답의 이유

ㄴ. 본안청구의 적법성이 甲은 수소법원에 丙의 구내소매인 지정에 대한 집행정지신청을 할 수 없다.

ㄷ. 기존 구내소매인 丙도 丁에 대한 신규 일반소매인 지정처분을 다툴 법률상 이익이 없다. 따라서 공동소송인 甲과 丙 모두 원고적격이 없다.

정답 13 ② 14 ①

15

오답의 이유
① → 헌법재판소 사무처장
② → 법원행정처장
④ → 국회 사무총장

15 행정소송의 피고적격에 대한 설명이다. 옳은 것은?   20 해경승진

① 헌법재판소장이 한 처분에 대한 행정소송의 피고는 헌법재판소장으로 한다.
② 대법원장이 한 처분에 대한 행정소송의 피고는 대법원장이다.
③ 중앙노동위원회의 처분에 대한 행정소송은 중앙노동위원회 위원장을 피고로 한다.
④ 국회의장이 행한 처분에 대한 행정소송의 피고는 국회부의장이 된다.

16
ㄱ. 행정청이 행정심판청구를 할 수 있다고 잘못 알린 경우에는 재결서의 정본을 송달받은 날부터 기산한다(행정소송법 제20조 제1항).
ㄴ. 행정심판청구가 부적법 각하된 경우에는 재결서 를 송달받은 날부터가 아니라, 원처분이 있음을 안 날부터 90일 이내에 제기하여야 한다(대판 2011.11.24, 2011두18786).
ㄷ. '처분 등이 있음을 안 날'이란 통지, 공고 기타의 방법에 의하여 당해 처분 등이 있었다는 사실을 현실적으로 안 날을 의미한다. 정보공개를 청구하여 서류를 교부받은 날부터 제소기간을 기산한 것은 위법하다(대판 2014.9.25, 2014두8254).
ㄹ. 무효확인을 구하는 소에는 취소를 구하는 취지도 포함되어 있으므로, 추가로 병합된 취소청구의 소도 적법하게 제기된 것으로 본다(대판 2005.12.23, 2005두3554).

16 취소소송의 제소기간에 대한 설명으로 옳은 것(○)과 옳지 않은 것(×)을 바르게 연결한 것은?(다툼이 있는 경우 판례에 의함)   21 국가직 9급

> ㄱ. 행정청이 행정심판청구를 할 수 있다고 잘못 알려 행정심판을 청구한 경우에는 재결서 정본을 송달받은 날이 아닌 처분이 있음을 안 날로부터 제소기간이 기산된다.
> ㄴ. 행정심판을 청구하였으나 심판청구기간을 도과하여 각하된 후 제기하는 취소소송은 재결서를 송달받은 날부터 90일 이내에 제기하면 된다.
> ㄷ. '처분이 있음을 안 날'은 처분이 있었다는 사실을 현실적으로 안 날을 의미하므로, 처분서를 송달받기 전 정보공개청구를 통하여 처분을 하는 내용의 일체의 서류를 교부받았다면 그 서류를 교부받은 날부터 제소기간이 기산된다.
> ㄹ. 동일한 처분에 대하여 무효확인의 소를 제기하였다가 그 처분의 취소를 구하는 소를 추가적으로 병합한 경우, 주된 청구인 무효확인의 소가 적법한 제소기간 내에 제기되었다면 추가로 병합된 취소청구의 소도 적법하게 제기된 것으로 볼 수 있다.

	ㄱ	ㄴ	ㄷ	ㄹ
①	×	×	○	×
②	○	○	×	○
③	○	×	○	×
④	×	×	×	○

17
ㄴ. 파면처분이 있은 때부터 위 법규정에 의한 당연퇴직일자까지의 기간에 있어서는 그로 인해 박탈당한 이익의 회복을 구 할 소의 이익이 있다(대판 1985. 6.25, 85누39).
ㄷ. 원고가 입게 되는 권리와 이익의 침해는 소집해제처분으로 해소되었으므로 거부처분의 취소를 구할 소의 이익이 없다(대판 2005.5.13, 2004두4369).

오답의 이유
ㄱ 제명의결시부터 임기만료일까지의 기간에 대한 월정수당의 지급을 구할 수 있는 등 여전히 그 제명의결의 취소를 구할 법률상 이익이 있다(대판 2009. 1.30, 2007두13487).

17 행정소송상 협의의 소익에 대한 설명으로 옳은 것만을 모두 고르면?(다툼이 있는 경우 판례에 의함)   21 지방직 9급

> ㄱ. 월정수당을 받는 지방의회 의원에 대한 제명의결 취소소송 계속중 의원의 임기가 만료된 경우 지방의회 의원은 그 제명의결의 취소를 구할 법률상 이익이 있다.
> ㄴ. 파면처분 취소소송의 사실심 변론종결 전에 금고 이상의 형을 선고받아 당연퇴직된 경우에도 해당 공무원은 파면처분의 취소를 구할 이익이 있다.
> ㄷ. 공익근무요원 소집해제신청을 거부한 후에 원고가 계속하여 공익근무요원으로 복무함에 따라 복무기간 만료를 이유로 소집해제처분을 한 경우, 원고는 거부처분의 취소를 구할 소의 이익이 있다.

① ㄱ   ② ㄴ
③ ㄱ, ㄴ   ④ ㄴ, ㄷ

---

18 행정소송법상 피고 및 피고의 경정에 대한 설명으로 옳은 것은?(다툼이 있는 경우 판례에 의함)

① 취소소송에서 원고가 처분청 아닌 행정관청을 피고로 잘못 지정한 경우, 법원은 석명권의 행사 없이 소송요건의 불비를 이유로 소를 각하할 수 있다.

② 소의 종류의 변경에 따른 피고의 변경은 교환적 변경에 한 한다고 봄이 상당하므로 예비적 청구만이 있는 피고의 추가경정신청은 예외적 규정이 있는 경우를 제외하고는 원칙적으로 허용되지 않는다.

③ 상급행정청의 지시에 의해 하급행정청이 자신의 명의로 처분을 하였다면, 당해 처분에 대한 취소소송에서는 지시를 내린 상급행정청이 피고가 된다.

④ 취소소송에서 피고가 될 수 있는 행정청에는 대외적으로 의사를 표시할 수 있는 기관이 아니더라도 국가나 공공단체의 의사를 실질적으로 결정하는 기관이 포함된다.

19 행정소송의 판결의 효력에 관한 설명으로 가장 옳은 것은?

① 기속력은 청구인용판결뿐만 아니라 청구기각판결에도 미친다.

② 처분 등의 무효를 확인하는 확정판결은 소송당사자 이외의 제3자에 대하여는 효력이 미치지 않는다.

③ 사정판결의 경우에는 처분의 적법성이 아닌 처분의 위법성에 대하여 기판력이 발생한다.

④ 세무서장을 피고로 하는 과세처분취소소송에서 패소하여 그 판결이 확정된 자가 국가를 피고로 하여 과세처분의 무효를 주장하여 과오납금반환청구소송을 제기하더라도 취소소송의 기판력에 반하는 것은 아니다.

18

② 주관적, 예비적 병합은 행정소송법 제28조 제3항과 같은 예외적 규정이 있는 경우를 제외하고는 원칙적으로 허용되지 않는 것이고, 또 행정소송법상 소의 종류의 변경에 따른 당사자(피고)의 변경은 교환적 변경에 한 한다고 봄이 상당하므로 예비적 청구만이 있는 피고의 추가경정신청은 허용되지 않는다(대판 1989.10.27, 89두1).

오답의 이유

① 행정소송법상의 당사자소송에 있어서 피고의 지정이 잘못된 경우, 법원이 석명권을 행사하여 피고를 경정하게 하지 않고 바로 소를 각하할 수 있는지 여부(소극)(대판 2006.11.9, 2006다23503)

④ 취소소송은 다른 법률에 특별한 규정이 없는 한 처분 등을 행한 행정청을 피고로 한다(행정소송법 제13조 제1항). 여기서 '행정청'이란 국가 또는 공공단체의 기관으로서 국가나 공공단체의 의견을 결정하여 외부에 표시할 수 있는 권한, 즉 처분 권한을 가진 기관을 말한다(대판 2019.4.3, 2017두52764).

19

오답의 이유

② 행정소송법 제38조

④ 과세처분 취소청구를 기각하는 판결이 확정되면 그 처분이 적법하다는 점에 관하여 기판력이 생기고 그 후 원고가 이를 무효라 하여 무효확인을 소구할 수 없는 것이어서 과세처분의 취소소송에서 청구가 기각된 확정판결의 기판력은 그 과세처분의 무효확인을 구하는 소송에도 미친다(대판 1998.7.24, 98다10854).

정답 18 ② 19 ③

20

오답의 이유

③ 대판 2004.7.22, 2002두868
④ 공정거래위원회가 부당한 공동행위에 대한 과징금을 부과하면서 여러 개의 위반행위에 대하여 하나의 과징금 납부명령을 하였으나 그 중 일부의 위반행위에 대한 과징금 부과만이 위법한 경우, 과징금 납부명령 전부를 취소하여야 하는 것은 아니다(대판 2009. 10.29, 2009두11218).

20 행정소송에 있어서 일부취소판결의 허용여부에 대한 판례의 입장으로 가장 옳은 것은?

19 서울시 9급

① 재량행위의 성격을 갖는 과징금부과처분이 법이 정한 한도액을 초과하여 위법한 경우에는 법원으로서는 그 한도액을 초과한 부분만을 취소할 수 있다.

② 「독점규제 및 공정거래에 관한 법률」을 위반한 광고 행위와 표시행위를 하였다는 이유로 공정거래위원회가 사업자에 대하여 법위반사실공표명령을 행한 경우 표시행위에 대한 법위반사실이 인정되지 아니한다면 법원으로서는 그 부분에 대한 공표명령의 효력만을 취소할 수 있을 뿐 공표명령 전부를 취소할 수 있는 것은 아니다.

③ 개발부담금부과처분에 대한 취소소송에서 당사자가 제출한 자료에 의하여 정당한 부과금액을 산출할 수 없는 경우에도 법원은 증거조사를 통하여 정당한 부과금액을 산출한 후 정당한 부과금액을 초과하는 부분만을 취소하여야 한다.

④ 「독점규제 및 공정거래에 관한 법률」을 위반한 수개의 행위에 대하여 공정거래위원회가 하나의 과징금부과처분을 하였으나 수개의 위반행위 중 일부의 위반행위에 대한 과징금 부과만이 위법하고 그 일부의 위반행위를 기초로 한 과징금액을 산정할 수 있는 자료가 있는 경우에도 법원은 과징금부과처분 전부를 취소하여야 한다.

21

④ 행정청이 관련 법령에 근거하여 행한 공사중지명령의 상대방이 명령의 취소를 구한 소송에서 패소함으로써 그 명령이 적법한 것으로 이미 확정되었다면, 이후 이러한 공사중지명령의 상대방은 그 명령의 해제신청을 거부한 처분의 취소를 구하는 소송에서 그 명령의 적법성을 다툴 수 없다(대판 2014. 11.27, 2014두37665).

오답의 이유

① 기속행위나 기속적 재량행위에는 부관을 붙일 수 없다(대판 1995.6.13, 94다56883).
② 대판 1997.12.26, 96누17745
③ 신청에 대한 거부처분의 효력을 정지하더라도 거부처분이 없었던 것과 같은 상태 즉 거부처분이 있기 전의 신청 시의 상태로 되돌아가는 데에 불과하고 행정청에게 신청에 따른 처분을 하여야 할 의무가 생기는 것이 아니므로, 거부처분의 효력정지는 그 거부처분으로 인하여 신청인에게 생길 손해를 방지하는 데에 아무런 소용이 없어 그 효력정지를 구할 이익이 없다(대결 1992.2.13, 91두47).

21 甲 회사는 '토석채취허가지 진입도로와 관련 우회도로 개설 등은 인근 주민들과의 충분한 협의를 통해 민원발생에 따른 분쟁이 생기지 않도록 조치 후 사업을 추진할 것'이란 조건으로 토석채취허가를 받았다. 그러나 甲은 위 조건이 법령에 근거가 없다는 이유로 이행하지 아니하였고, 인근 주민이 민원을 제기하자 관할 행정청은 甲에게 공사중지명령을 하였다. 甲은 공사중지명령의 해제를 신청하였으나 거부되자 거부처분 취소소송을 제기하였다. 이에 대한 설명으로 옳지 않은 것은?(다툼이 있는 경우 판례에 의함)

21 국가직 9급

① 일반적으로 기속행위의 경우 법령의 근거 없이 위와 같은 조건을 부가하는 것은 위법하다.

② 공사중지명령의 원인사유가 해소되었다면 甲은 공사중지 명령의 해제를 신청할 수 있고, 이에 대한 거부는 처분성이 인정된다.

③ 甲에게는 공사중지명령 해제신청 거부처분에 대한 집행정지를 구할 이익이 인정되지 아니한다.

④ 甲이 앞서 공사중지명령 취소소송에서 패소하여 그 판결이 확정되었더라도, 甲은 그 후 공사중지명령의 해제를 신청한 후 해제신청 거부처분 취소소송에서 다시 그 공사 중지명령의 적법성을 다툴 수 있다.

정답 20 ② 21 ④

22 「행정소송법」상 취소소송의 규정이 부작위위법확인소송에는 준용되나 무효확인소송에는 준용되지 않는 것은?   20 해경승진

① 제3자에 의한 재심청구
② 거부처분취소판결의 간접강제
③ 관련청구소송의 이송 및 병합
④ 처분변경으로 인한 소의 변경

23 「행정소송법」상 부작위위법확인소송에 대한 설명으로 옳지 않은 것은?(다툼이 있는 경우 판례에 의함)   20 국가직 9급

① 어떠한 처분에 대하여 그 근거 법률에서 행정소송 이외의 다른 절차에 의하여 불복할 것을 예정하고 있는 경우, 그 처분이 「행정소송법」상 처분의 개념에 해당한다고 하더라도 그 처분의 부작위는 부작위위법확인소송의 대상이 될 수 없다.
② 어떠한 행정처분에 대한 법규상 또는 조리상의 신청권이 인정되지 않는 경우, 그 처분의 신청에 대한 행정청의 무응답이 위법하다고 하여 제기된 부작위위법확인소송은 적법하지 않다.
③ 취소소송의 제소기간에 관한 규정은 부작위위법확인소송에 준용되지 않으므로 행정심판 등 전심절차를 거친 경우에도 부작위위법확인소송에 있어서는 제소기간의 제한을 받지 않는다.
④ 처분의 신청 후에 원고에게 생긴 사정의 변화로 인하여, 그 처분에 대한 부작위가 위법하다는 확인을 받아도 종국적으로 침해되거나 방해받은 원고의 권리·이익을 보호·구제받는 것이 불가능하게 되었다면, 법원은 각하판결을 내려야 한다.

24 행정소송의 판결의 효력에 관한 설명으로 가장 옳은 것은?(다툼이 있는 경우 판례에 따름)   20 해경승진

① 기속력은 청구인용판결뿐만 아니라 청구기각판결에도 미친다.
② 처분 등의 무효를 확인하는 확정판결은 소송당사자 이외의 제3자에 대하여는 효력이 미치지 않는다.
③ 세무서장을 피고로 하는 과세처분취소소송에서 패소하여 그 판결이 확정된 자가 국가를 피고로 하여 과세처분의 무효를 주장하여 과오납금 반환청구소송을 제기하더라도 취소소송의 기판력에 반하는 것은 아니다.
④ 사정판결의 경우에는 처분의 적법성이 아닌 처분의 위법성에 대하여 기판력이 발생한다.

25

④ 판결의 결론과 직접 관계없는 방론이나 간접사실에 불과하다고는 볼 수 없고, 판결주문의 전제가 된 처분 등의 구체적 위법사유에 관한 이유 중의 판단으로 보아야 할 것이므로, 이 사건 판결의 기속력이 미친다고 할 것이다 (서울행법 2007.4.6, 2007아588).

오답의 이유
② 행정소송법 제30조

26

② 개별공시지가결정에 위법이 있는 경우에는 그 자체를 행정소송의 대상이 되는 행정처분으로 보아 그 위법 여부를 다툴 수 있음은 물론, 이를 기초로 한 과세처분 등 행정처분의 취소를 구하는 행정소송에서도 선행처분인 개별공시지가결정의 위법을 독립된 위법사유로 주장할 수 있다(대판 1994.1.25, 93누8542).

오답의 이유
① 개별토지가격결정은 구체적 사실에 관한 법집행으로서의 공권력행사이므로 항고소송의 대상이 되는 행정처분에 해당한다(대판 1994.2.8, 93누111).
③ 토지소유자는 지목을 토대로 토지의 사용·수익·처분에 일정한 제한을 받게 되는 점 등을 고려하면, 지목변경신청 반려행위는 처분에 해당한다(대판 2004.4.22, 2003두9015 전합).
④ 토지대장에 기재된 소유자 명의가 변경된다고 하여도 실체상의 권리관계에 변동을 가져올 수 없으므로, 대장상의 소유자명의변경신청을 거부한 행위는 처분이라고 할 수 없다(대판 2012.1.12, 2010두12354).

정답 25 ④ 26 ②

---

25 판결의 기속력에 대한 설명으로 옳지 않은 것은?(다툼이 있는 경우 판례에 의함)

20 국회직 8급

① 거부처분이 있은 후 법령이 개정되어 시행된 경우에는 개정된 법령과 그에 따른 기준을 새로운 사유로 들어 다시 거부처분을 하더라도 기속력에 반하는 것은 아니다.

② 기속력의 주관적 범위는 그 사건에 관하여 당사자인 행정청과 그 밖의 관계행정청에 미친다.

③ 거부처분취소소송에서 재처분의무의 실효성을 확보하기 위한 간접강제제도는 부작위위법확인소송에도 준용된다.

④ 기속력의 객관적 범위는 판결의 주문과 판결이유 중에 설시된 개개의 위법사유 및 간접사실이다.

⑤ 기속력을 위반한 행정청의 행위는 당연무효이다.

---

26 다음 사례에 관한 설명으로 옳은 것은?(다툼이 있는 경우 판례에 의함)

21 국가직 9급

> • 甲은 자신의 토지에 대한 개별공시지가결정을 통지받은 후 90일이 넘어 과세처분을 받았는데, 과세처분이 위법한 개별공시지가결정에 기초하였다는 이유로 과세처분의 취소를 구하고자 한다.
> • 甲은 토지대장에 전(田)으로 기재되어 있는 지목을 대(垈)로 변경하고자 지목변경신청을 하였다.
> • 乙은 甲의 토지가 사실은 자신 소유라고 주장하면서 토지 대장상의 소유자명의변경을 신청하였으나 거부되었다.

① 甲은 과세처분이 있기 전에는 개별공시지가결정에 대해서 취소소송을 제기할 수 없다.

② 甲은 과세처분의 위법성이 인정되지 않더라도 과세처분 취소소송에서 개별공시지가결정의 위법을 독립된 위법사유로 주장할 수 있다.

③ 토지대장에 등재된 사항을 변경하는 행위는 행정사무집행의 편의와 사실증명의 자료로 삼기 위한 것이므로, 甲은 지목변경신청이 거부되더라도 이에 대하여 취소소송으로 다툴 수 없다.

④ 乙에 대한 토지대장상의 소유자명의변경신청 거부는 처분성이 인정된다.

27 사정판결에 대한 설명으로 옳은 것은?(다툼이 있는 경우 판례에 의함) 20 수방직

① 행정청의 재량에 속하는 처분이라도 재량권의 한계를 넘거나 그 남용이 있는 때에는 법원은 이를 취소할 수 있고, 재량권 일탈·남용에 관하여는 피고인 행정청이 증명책임을 부담한다.

② 법원은 사정판결을 하기 전에 원고가 그로 인하여 입게 될 손해의 정도와 배상방법, 그 밖의 사정을 조사하여야 한다.

③ 사정판결을 하는 경우 법원은 처분의 위법함을 판결의 주문에 표기할 수 없으므로 판결의 내용에서 그 처분 등이 위법함을 명시함으로써 원고에 대한 실질적 구제가 이루어지도록 하여야 한다.

④ 원고는 취소소송이 계속된 법원에 당해 행정청에 대한 손해배상 청구 등을 병합하여 제기할 수 없으므로, 손해배상 청구를 담당하는 민사법원의 판결이 먼저 내려진 경우라 할지라도 이 판결의 내용은 취소소송에 영향을 미치지 아니한다.

27
②·③·④ 행정소송법 제28조
오답의 이유
① 행정소송법 제27조

28 사정판결에 대한 설명으로 옳지 않은 것은?(다툼이 있는 경우 판례에 의함) 21 지방직 9급

① 사정판결은 본안심리 결과 원고의 청구가 이유 있다고 인정됨에도 불구하고 처분을 취소하는 것이 현저히 공공복리에 적합하지 아니하다고 인정하는 때 원고의 청구를 기각하는 판결을 말한다.

② 사정판결은 항고소송 중 취소소송 및 무효등확인소송에서 인정되는 판결의 종류이다.

③ 법원이 사정판결을 함에 있어서는 미리 원고가 그로 인하여 입게 될 손해의 정도와 배상방법 그 밖의 사정을 조사하여야 한다.

④ 원고는 피고인 행정청이 속하는 국가 또는 공공단체를 상대로 손해배상, 제해시설의 설치 그 밖에 적당한 구제방법의 청구를 당해 취소소송등이 계속된 법원에 병합하여 제기할 수 있다.

28
② 사정판결은 항고소송 중 취소소송에서만 인정된다. 무효확인소송에서는 인정되지 않는다.

29 취소소송에 적용되는 행정소송법 규정 중 무효등확인소송에 준용되지 않는 것은? 20 행정사

① 행정심판기록의 제출명령
② 관련청구소송의 병합
③ 집행정지
④ 처분변경으로 인한 소의 변경
⑤ 간접강제

29
⑤ 행정소송법 제38조

정답 27 ② 28 ② 29 ⑤

30

④ 취소 확정판결의 기속력은 판결의 주문 및 전제가 되는 처분 등의 구체적 위법사유에 관한 판단에도 미치나, 종전 처분이 판결에 의하여 취소되었더라도 종전 처분과 다른 사유를 들어서 새로이 처분을 하는 것은 기속력에 저촉되지 않는다(대판 2016.3.24, 2015두48235).

오답의 이유

① 대판 1993.6.25, 93도277
③ 대판 2001.3.23, 99두5238

31

② 행정심판법 제30조 제2항, 제31조 제1항

오답의 이유

④ 대결 2007.6.28, 2005무75
⑤ 행정소송법 제38조 제2항

32

② 신청에 대한 거부처분의 효력을 정지하더라도 거부처분이 없었던 것과 같은 상태 즉 거부처분이 있기 전의 신청 시의 상태로 되돌아가는 데에 불과하므로, 거부처분의 효력정지는 그 거부처분으로 인하여 신청인에게 생길 손해를 방지하는 데에 아무런 소용이 없어 그 효력정지를 구할 이익이 없다(대결 1992.2.13, 91두47).

30 행정소송법상 취소소송에서 확정된 청구인용판결의 효력에 대한 설명으로 옳지 않은 것은?(다툼이 있는 경우 판례에 의함)　20 국가직 9급

① 취소판결의 효력은 원칙적으로 소급적이므로, 취소판결에 의해 취소된 영업허가취소처분 이후의 영업행위는 무허가영업에 해당하지 않는다.

② 취소된 행정처분을 기초로 하여 새로 형성된 제3자의 권리가 취소판결 자체의 효력에 의해 당연히 그 행정처분 전의 상태로 환원되는 것은 아니다.

③ 취소판결의 기속력은 주로 판결의 실효성 확보를 위하여 인정되는 효력으로서 판결의 주문뿐만 아니라 그 전제가 되는 처분 등의 구체적 위법사유에 관한 이유 중의 판단에 대하여도 인정된다.

④ 행정처분이 판결에 의해 취소된 경우, 취소된 처분의 사유와 기본적 사실관계에서 동일성이 인정되지 않는 다른 사유를 들어 새로이 처분을 하는 것은 기속력에 반한다.

31 행정쟁송에 있어 가구제에 관한 설명으로 옳지 않은 것은?(다툼이 있으면 판례에 따름)　20 행정사

① 행정심판법상 임시처분은 집행정지로 목적을 달성할 수 없는 경우에 허용된다.

② 행정심판법상 임시처분은 당사자의 신청이 있는 경우에만 할 수 있다.

③ 취소소송에서는 민사집행법상의 가처분이 인정되지 않는다.

④ 취소소송상 집행정지의 신청은 적법한 본안소송이 계속 중일 것을 요한다.

⑤ 당사자소송에서는 행정소송법상의 집행정지가 인정되지 않는다.

32 「행정소송법」에 따른 집행정지에 대한 설명으로 옳지 않은 것은?(다툼이 있는 경우 판례에 의함)　21 지방직 9급

① 처분의 효력정지결정을 하려면 그 효력정지를 구하는 당해 행정처분에 대한 본안소송이 법원에 제기되어 계속중임을 요건으로 한다.

② 거부처분의 효력정지는 그 거부처분으로 인하여 신청인에게 생길 손해를 방지하는 데 필요하므로 신청인에게는 그 효력정지를 구할 이익이 있다.

③ 처분의 효력정지는 처분의 집행 또는 절차의 속행을 정지함으로써 목적을 달성할 수 있는 경우에는 허용되지 아니 한다.

④ 신청인의 본안청구의 이유 없음이 명백할 때는 집행정지가 인정되지 않는다.

정답 **30** ④ **31** ② **32** ②

33 다음 중 취소소송의 소송요건에 관한 설명으로 가장 옳은 것은?(다툼이 있는 경우 판례에 따름) 20 해경승진

① 재결취소소송의 대상이 되는 재결의 고유한 위법에는 주체형식절차상의 위법은 물론, 내용상의 위법도 포함된다.

② 행정청의 거부행위가 거부처분이 되려면 국민에게 법규상의 신청권이 있어야 하며, 조리상의 신청권으로는 될 수 없다.

③ 환경영향평가대상지역 밖의 주민은 자신에 대한 수인한도를 넘는 환경피해를 입증하더라도 원고적격이 인정될 수 없다.

④ 처분이 있음을 알고 90일이 경과하였더라도 처분이 있은 지 1년이 경과하지 않은 경우에는 취소소송을 제기할 수 있다.

34 다음 중 취소소송에 있어 가구제에 관한 설명으로 가장 옳은 것은? 20 해경승진

① 현행 「행정소송법」은 적극적인 가구제수단으로서 임시처분을 명문으로 규정하고 있다.

② 현행 「행정소송법」은 취소소송을 제기하면 처분의 효력이 정지되는 집행정지를 원칙으로 한다.

③ 집행정지결정은 당사자의 신청이 있는 경우는 물론, 법원의 직권에 의해서도 행해질 수 있다.

④ 집행정지결정이 있더라도 당사자인 행정청과 그 밖의 관계행정청에 대하여 법적 구속력은 발생하지 않는다.

33

① 대판 1995.5.26, 94누7010

오답의 이유

② 법규상 또는 조리상의 신청권이 국민에게 있어야 하고, 이러한 신청권의 근거 없이 한 국민의 신청을 행정청이 받아들이지 아니한 경우에는 그 거부로 인하여 신청인의 권리나 법적 이익에 어떤 영향을 주는 것이 아니므로 이를 항고소송의 대상이 되는 행정처분이라 할 수 없다(대판 2007.4.26, 2005두11104).

③ 대판 2006.3.16, 2006두330 전합

34

③ 행정소송법 제23조 제2항

오답의 이유

① 행정심판법은 규정하고 있다.

② 행정소송법 제23조 제1항

④ 행정소송법 제23조 제6항

정답 33 ① 34 ③

행정조직법

www.edusd.co.kr

01 총설

01 행정조직법과 행정기관

1 행정조직법의 의의 및 특징

1. 의의

(1) 협의의 행정조직법: '국가나 공공단체의 조직에 관한 법의 총체'를 의미한다.

(2) 광의의 행정조직법: '국가행정조직법과 자치행정조직법은 물론이고, 이들 행정조직을 구성하고 있는 공무원에 관한 법 및 공물 기타 영조물에 관한 법 전체'를 의미한다.

2. 현대행정조직의 특징

현대의 행정조직은 ① 행정기능이 확대됨에 따라 행정조직의 방대화 현상과, ② 이들 행정조직의 효율적인 운영을 위하여 행정조직의 통일성 및 계층성, ③ 행정의 신속한 결정과 책임의 부과를 위해 독립합의제기관이 증대하게 되었고, ④ 행정조직의 민주성이 강조되게 되었다.

2 행정조직의 구성원리

1. 조직구성의 기본원리

행정조직을 구성하는 기본원리로는 ① 행정기관 사이의 권한의 분배를 내용으로 하는 '분배의 원리', ② 행정조직 내의 각 단위기관 사이의 유기적인 결합을 필요로 하는 '결합의 원리', ③ 전체로서의 행정조직이 조화를 이루도록 하여야 한다는 '조정의 원리' 등이 있다.

2. 우리나라 행정조직의 기본원리

우리나라 행정조직의 기본원리로는 ① 책임행정의 원칙, ② 지방분권주의, ③ 행정기관법정주의, ④ 독임제원칙에 합의제의 가미, ⑤ 민주적 직업공무원제도 등이 있다.

3 행정기관의 의의 및 종류

1. 의의

행정주체가 가지고 있는 행정권한을 실제로 행사하는 행정조직의 구성단위를 말한다. 행정기관은 행정주체의 각 행정영역에서 그 영역에 관한 각 행정주체의 의사를 최종적으로 결정하고, 결정된 의사를 국민에 대하여 표시할 수 있는 권한과 책임을 가지는 기관인 행정청과 이러한 행정청에 일정한 형태로 영향을 미치기 위해서 조직된 다양한 형태의 기타 기관으로 구분할 수 있다.

2. 종류

(1) 행정청(= 행정관청): 국가를 포함한 각 행정주체의 의사를 결정하고, 그 의사를 자신의 이름으로 외부에 표시할 수 있는 권한을 가진 행정기관을 말하며, 특히 행정주체로서의 국가의사를 결정하고, 대외적으로 표시할 수 있는 권한을 가진 행정기관을 행정관청이라고 한다. 행정청에는 독임제행정청으로 ① 각부의 장관, ② 각처의 처장, ③ 각청의 청장(예 경찰청장), ④ 특별시장, ⑤ 도지사 등이 있고, 합의제행정청으로 ⑥ 행정심판위원회, ⑦ 소청심사위원회 등이 있다.

(2) 기타의 행정기관: 행정청과 대비하여 행정청에 일정한 형태로 영향을 미치기 위해서 조직된 다양한 형태의 행정기관을 살펴보면 다음과 같다.

　① **보조기관:** 국가 또는 공공단체의 행정청에 소속되어 행정청의 권한행사를 보조하는 것을 임무로 하는 행정기관을 말한다. 대표적인 보조기관으로는 ㉠ 행정각부의 차관, 차장, 실장, 국장, 과장, 팀장, 반장, 계장 등, ㉡ 지방자치단체의 부지사, 부시장, 국장, 과장 등이 있다.

　② **보좌기관:** 국가 또는 공공단체의 행정청 또는 그 보조기관을 보좌하는 기관을 말하며 참모기관 또는 막료기관이라고도 한다. 대표적인 보좌기관으로는 ㉠ 대통령비서실, ㉡ 국무총리실, ㉢ 행정각부의 차관보 등이 있다.

　③ **의결기관:** 행정주체의 의사를 결정할 권한만을 가질 뿐, 그 의사를 외부에 표시하는 권한은 가지지 못하는 기관을 말한다. 대표적인 의결기관으로는 ㉠ 각종 징계위원회, ㉡ 지방의회, ㉢ 교육위원회 등이 있다. 의결기관의 결정은 관련 행정청을 구속하며, 당해 행정청은 의결기관의 결정에 따라 처분을 행하여야 한다. 특히, 의결기관의 의결을 필요로 하는 사항에 대하여 의결을 거치지 않고 처분을 행한 경우 당해 처분은 당연 무효이고, 의결에 반하는 처분 역시 원칙적으로 무효이다.

　④ **자문기관:** 행정청에 대하여 의견(자문)을 제시할 수 있는 권한을 가진 행정기관을 말한다. 행정청은 자문기관의 의견에 구속되지 않는다는 점에서 의결기관의 의결과 구별된다.

　⑤ **집행기관:** 행정청이 결정한 의사를 행정현장에서 실제로 집행하는 행정기관을 말한다. 대표적인 집행기관으로는 ㉠ 경찰공무원, ㉡ 소방공무원, ㉢ 세무공무원 등이 있다.

　⑥ **기타:** 그 밖의 행정기관으로는 감사업무를 담당하는 감사기관, 영조물의 관리를 담당하는 영조물기관, 행정기관에 부속하여 그 기관을 지원하는 부속기관 등이 있다.

4 기관구성원의 수에 의한 분류

1. 독임제 행정기관

(1) 의의: 조직의 의사결정권이 한 사람의 책임자에게 부여되어 있는 조직 형태를 말한다. 대부분의 행정조직은 단독형을 띠고 있으며, 각급 단독형 행정기관에서는 장관·처장·청장 등이 행정에 관해 최종적인 의사결정권을 갖고 있다.

(2) 특징: 책임의 소재를 분명히 하고 사무의 통일성, 신속성, 융통성, 비밀성 등을 확보하는 장점이 있다. 독임제기관도 보조기관 내지 자문기관, 보좌기관을 갖추고 있어 여러 명의 공무담당자가 관여하나, 독임기관 담당자의 의사와 다른 관여자의 의사의 가치에는 현저한 차이가 있다.

2. 합의제 행정기관

(1) 의의: 여러 사람으로 구성되는 합의체에 조직의 의사결정권을 부여하고, 그 운영 또는 행정이 여러 사람의 합의에 의하여 이루어지도록 하는 조직형태를 갖는다. 합의형 또는 다수지배형이라고도 부르며, 독임제와는 상반되는 개념이다.

(2) 특징: 원칙적으로 독임제 기관으로 구성되나 독립성, 공정성, 신중성, 민주성 내지 참여의 폭을 넓혀 민주적인 정당성 보완이 필요하거나, 다양한 경험과 아이디어를 수렴할 필요가 있는 경우 등에 합의제행정기관을 설치하는 것이 보통이다.

(3) 합의제 행정(관)청과 그 밖의 보조기관

① 합의제 행정(관)청: 대외적인 구속력을 가지는 의사표시를 할 수 있는 기관이다. 통상 의결기관과 심의기관, 자문기관으로 구분된다.

② 보조기관: 내부적인 의사결정에만 관여할 수 있을 뿐 대외적인 표시권한은 없다.

(4) 결정의 구속력: 의결기관의 결정은 구속력이 있다. 또한 심의기관의 결정에는 특별한 규정이 없는 한 법적 구속력이 없다.

(5) 결정절차의 하자: 심의절차를 거치지 않으면 취소할 수 있는 처분이라고 해석한다.

02 행정청의 권한

1 행정청 권한의 의의 및 한계

1. 의의

행정청이 법령상 유효하게 행정주체의 의사 또는 판단을 결정하고 표시할 수 있는 지위 또는 자격을 말한다. 행정청의 권한은 인정되지만, 권리는 인정되지 않는다.

2. 한계

(1) 사항적 한계: 행정청의 권한은 그 권한이 부여된 특정의 행정청만이 행사할 수 있고, 타 행정청은 특별한 사유가 없는 한 이를 행사할 수 없다. 가령 정부조직법 제26조 이하에서 규정하고 있는 행정각부의 권한은 행정청의 사항적 권한의 한계를 의미하기도 한다.

(2) 지역적 한계: 행정청의 권한은 지역적으로 정하여진 범위 내로 제한될 수도 있는데, 이를 지역적 한계라고 한다. 국가의 행정청 중 그 권한이 전국에 미치는 경우를 중앙행정청이라고 하고, 그 권한이 특정의 지방에만 한정되는 경우를 지방행정청이라고 한다. 가령 각 부처의 장관은 중앙행정청이고, 국가의 특별지방행정청인 세무서장, 경찰서장 등은 지방행정청이다.

(3) 대인적 한계: 행정청의 권한은 그 권한이 일정한 사람들에 대해서 미치는 것으로 제한될 수도 있는데, 이를 대인적 한계라고 한다. 가령 국립대학법인 서울대학교 총장의 권한은 서울대학교의 교직원 및 학생들에 대해서만 미친다.

(4) 형식적 한계: 행정청의 권한은 일정한 형식으로만 행사되어야 하는 제한이 있을 수 있는데, 이를 형식적 한계라고 한다. 가령 대통령령을 비롯한 각종 법규명령은 문서의 형식으로 발령되어야 한다.

2 상·하관청 간의 관계(권한감독관계)

1. 권한감독의 의의

상급관청이 하급관청의 권한행사를 지휘하여, 그 적법성과 합목적성을 확보하고, 국가의 사의 통일성을 실현하기 위하여 행하는 통제작용을 말한다.

2. 권한감독의 방법

(1) 감시권: 하급관청의 권한행사 상황을 파악하기 위하여 사무를 감녹하고 보고를 받는 권한을 말한다.

(2) 훈령권

① 의의: 상급관청이 하급관청의 권한행사를 지시하기 위하여 하는 일반적 형식의 명령이다.

② **법적성질**: 행정기관 내부에서 감독권행사의 한 방법으로 행하여지는 명령이므로, 이는 법규성이 없는 행정규칙의 일종이다. 다만 예외적으로 훈령이 행정사무처리 또는 법령해석의 기준을 제시하는 내용으로 발하여지는 경우에는 일종의 '재량준칙'으로서 기능하므로, 이러한 경우에는 행정법의 일반원칙인 평등의 원칙 또는 행정의 자기구속의 법리를 매개로 법규적 성질 또는 준법규적 성질을 가질 수도 있다.

③ **발동근거**: 훈령은 행정기관 내부에서 감독권행사의 한 방법으로 행하여지는 명령이므로, 법령의 구체적인 근거가 없어도 발할 수 있다. 다만 하급기관에게 권한행사의 독립성이 보장되어 있는 사항은 훈령의 대상이 될 수 없다.

④ **종류**

　㉠ 협의의 훈령: 일반적 업무에 대하여 대체로 장기간에 걸쳐 일반적 지시로서 발하여지는 명령

　㉡ 지시: 업무에 관하여 개별적·구체적으로 발하는 명령

　㉢ 예규: 반복적 행정사무의 기준을 제시하는 명령

　㉣ 일일명령: 당직·출장·특근·휴가 등 일일업무에 관하여 발하는 명령

⑤ **훈령의 요건 및 심사**

　㉠ 형식적 요건 및 심사: 훈령이 ⓐ 훈령권 있는 상급관청에 의하여 발하여져야 하고, ⓑ 하급관청의 권한 내의 사항에 관한 것이어야 하며, ⓒ 하급관청의 직무상 독립된 권한에 속하는 것이 아니어야 한다. 훈령의 형식적 요건에 관하여는 하급관청에게 '심사권이 인정'된다. 따라서 훈령이 형식적 요건을 충족하지 못한 경우, 하급관청은 그 복종을 거부할 수 있다.

　㉡ 실질적 요건 및 심사: 훈령의 내용에 관한 요건으로, 훈령이 ⓐ 내용적으로 실현 가능하여야 하고, ⓑ 내용이 명백하여야 하며, ⓒ 상위법령에 저촉되지 않도록 적법하여야 하고, ⓓ 내용적으로 타당하고 공익에 적합하여야 한다. 훈령의 실질적 요건에 관하여는 원칙적으로 하급관청에게 심사권이 없다. 다만 예외적으로 당해 훈령이 범죄를 구성하거나, 명백한 위법으로 인하여 당연 무효에 해당하는 경우에는 하급관청은 당해 훈령에 대한 복종을 거부하여야 한다.

⑥ **훈령위반의 효과**: 훈령은 원칙적으로 법규로서의 성질이 없으므로, 비록 훈령에 위반하더라도 그러한 사실만으로 당연히 위법이 되는 것은 아니다. 다만 이러한 훈령에 위반한 공무원에 대해서는 공무원의 직무상 의무위반을 이유로 징계의 대상이 될 수 있다.

⑦ **훈령이 경합하는 경우**: 하급관청은 수개의 상급관청의 훈령이 경합하는 경우, 직근 상급관청의 훈령에 따라야 한다.

(3) 주관쟁의결정권: 상급관청은 자신에게 소속된 하급관청 간에 권한 다툼이 있는 경우, 그에 관하여 결정으로 권한에 관한 다툼을 해결할 수 있다.

(4) 인가권: 상급관청의 인가권이란 하급관청이 그 사무를 처리함에 있어서 미리 상급관청의 승인을 받도록 하는 권한을 말한다.

(5) 취소권 및 정지권: 상급관청은 직권 또는 행정심판의 청구에 의하여 하급관청의 위법·부당한 행위를 취소·정지시키는 권한을 가진다.

3 대등관청 간의 관계

1. 권한존중관계

대등관청 상호 간에는 권한이 서로 다르므로, 다른 관청의 권한을 존중하여야 한다.

2. 상호협력관계

(1) 상호 간의 협의: 어느 사항이 둘 이상의 행정관청의 권한에 관계될 때에는 해당 행정관청간의 협의에 의하여 이를 결정하는 것을 말한다.

(2) 사무의 위탁: 대등행정관청 상호 간과 같이 서로 지위감독관계에 있지 않은 다른 행정관청에 의뢰하여 처리하게 하는 경우를 말한다.

(3) 행정응원: 한 행정관청이 다른 행정관청의 사무처리에 자발적 또는 요청에 의하여 협력하는 행위를 말한다.

4 권한의 위임

1. 권한의 위임의 의의 및 구별개념

(1) 의의: 상급행정관청이 법령에 근거하여 권한의 일부를 하급행정관청에 이전하여, 그 수임기관의 권한으로 그 수임기관 자기의 명의와 책임하에 행사하도록 하는 것을 말한다.

(2) 구별개념

① **권한의 대리:** 권한의 대리는 대리관청이 피대리관청의 권한을 대신하여 행사할 뿐 피대리관청의 권한에 변동을 가져오지 않는 데 반하여, 권한의 위임은 권한의 귀속 자체에 변동이 발생한다는 점에서 본질적으로 구별된다.

② **권한의 내부위임:** 행정관청의 내부적인 사무처리의 편의를 위하여 그 보조기관이나 하급행정관청으로 하여금 본 행정관청의 권한을 사실상 행사하도록 하는 것으로서, 내부위임이 있는 경우에는 수임자가 위임관청의 명의로 행사한다는 점에서, 수임행정청이 자신명의로 권한을 행사하는 위임과 구별된다. 내부위임의 경우에는 위임과 달리 법률의 근거가 없어도 허용된다는 것이 통설과 판례의 입장이다.

📤 판례 PLUS

권한의 내부위임

전결과 같은 행정권한의 내부위임은 법령상 처분권자인 행정관청이 내부적인 사무처리의 편의를 도모하기 위하여 그의 보조기관 또는 하급 행정관청으로 하여금 그의 권한을 사실상 행사하게 하는 것으로서 법률이 위임을 허용하지 않는 경우에도 인정되는 것이므로, 설사 행정관청 내부의 사무처리규정에 불과한 전결규정에 위반하여 원래의 전결권자 아닌 보조기관 등이 처분권자인 행정관청의 이름으로 행정처분을 하였다고 하더라도 그 처분이 권한 없는 자에 의하여 행하여진 무효의 처분이라고는 할 수 없다(대판 1998.2.27, 97누1105).

(3) 법적근거: 권한의 위임은 법령상 권한 자체의 귀속 변경을 초래하므로, 반드시 법적 근거가 있어야 한다. 따라서 법령의 근거가 없는 권한의 위임은 무효이다.

(4) 범위: 권한의 '일부'에 대해서만 가능하다. 권한의 전부에 대하여 위임이 가능하다면, 위임관청은 존재할 이유가 없어지기 때문이다.

(5) 효과: 권한의 위임이 있는 경우에는 그 권한 자체가 수임관청의 권한이 되므로, 그 법적효과도 수임관청에게 귀속된다.

(6) 관련문제: 재위임의 문제

① 「정부조직법」 제6조(권한의 위임 또는 위탁) 제1항, 「행정권한의 위임 및 위탁에 관한 규정(대통령령)」 제4조(재위임), 「지방자치법」 제104조(사무의 위임 등)에 따라 수임행정청은 위임받은 권한의 일부를 재위임할 수 있다. 다만 「지방자치법」 제104조 제4항은 '지방자치단체의 장이 위임받거나 위탁받은 사무의 일부를 제1항부터 제3항까지의 규정에 따라 다시 위임하거나 위탁하려면 미리 그 사무를 위임하거나 위탁한 기관의 장의 승인을 받아야 한다'고 규정하여 재위임시 위임 또는 위탁기관의 장의 승인을 받도록 요구하고 있다.

② 재위임과 관련하여 특별히 주의할 점으로, 국가사무로서 지방자치단체의 장에게 위임된 기관위임사무의 경우에는 지방자치단체의 조례에 의하여 하급행정청인 구청장 등에게 재위임할 수는 없고, '행정권한의 위임 및 위탁에 관한 규정'에 의하여 위임기관장의 승인을 얻은 후 지방자치단체장이 제정한 규칙이 정하는 바에 따라 재위임하는 것만이 가능하다(대판 1995.8.22, 94누5694 전합).

5 행정관청 권한의 대리

1. 대리의 의의

행정관청(A) 권한의 전부 또는 일부를 타 기관(A′, 대리기관이라고 함)이 피대리관청인 A를 위한 것임을 표시하고 A′ 자신의 이름으로 행위하여, 그 법적효과를 피대리관청인 A에게 발생하게 하는 권한행사방식을 말한다.

2. 대리의 종류

(1) 임의대리(= 수권대리): 대리권의 발생이 피대리관청의 대리권수여행위(= 수권행위)에 의해서 이루어지는 대리를 말한다.

(2) 법정대리: 대리권의 발생이 법률의 규정에 의하여 이루어지는 대리를 말한다.

3. 대리의 법적근거

임의대리(= 수권대리)의 경우에는 피대리관청의 수권행위만으로 대리권이 발생하므로 법적근거를 요하지 않는 데 반하여, 법정대리는 법률의 규정에 의하여 대리권이 발생하므로, 법적근거가 필요하다. 일반적으로 대리라고 하면, 임의대리(= 수권대리)를 의미하므로, 대리에는 원칙적으로 법적근거를 요하지 않는다.

4. 대리의 방식

대리기관이 대리행위를 할 때에는 자신의 대리행위가 피대리관청을 위한 것임을 표시하여야 하는데, 이를 '현명주의'라고 한다.

5. 대리의 범위

(1) 임의대리(= 수권대리)의 범위: 피대리관청의 권한의 일부에 대해서만 대리가 가능하며, 권한 전부에 대해서는 대리가 불가능하다.

(2) 법정대리의 범위: 법률의 규정에 의해서 대리권의 범위가 정해지므로, 법률에 규정이 없는 한 피대리청 권한의 전부에 대해서도 대리가 가능하다.

6. 대리의 효과

임의대리든 법정대리든 대리의 효과는 모두 피대리관청에 대하여 발생한다. 따라서 대리기관의 대리행위에 대하여 행정소송을 제기하는 경우에도 행정소송의 피고는 피대리관청이 된다.

7. 복대리

(1) 의의: 대리기관이 자신의 대리권 범위 내에서 제3의 대리기관으로 하여금 다시 피대리관청을 위하여 대리행위를 하도록 하는 경우를 말한다.

(2) 법적성질: 복대리는 대리기관이 자신의 대리권 범위 내에서 다시 제3의 기관에게 대리권을 수여하여 행하는 제3의 기관이 행하는 대리행위이므로, '언제나 임의대리'임에 주의하여야 한다.

(3) 허용여부

① 대리권(= 복임권)의 허용여부는 대리의 종류에 따라 달라진다. 법정대리의 경우에는 대리권의 수여 자체가 법률의 규정에 의하여 이루어지므로, 피대리관청과 대리기관 사이에 특별한 신임관계를 전제로 하지 않는다. 따라서 법정대리기관은 제3의 기관으로 하여금 언제든지 대리행위를 할 수 있도록 하는 복임권을 가진다.

② 임의대리의 경우에는 피대리관청과 대리기관 사이에 특별한 신임관계를 전제로 하므로, 피대리관청의 허락이 없거나 부득이한 사정이 없는 한 원칙적으로 수권대리기관은 제3의 기관으로 하여금 대리행위를 할 수 있도록 하는 복임권을 가지지 않는다.

🛆 기타 구별해야 할 개념

1. 내부위임

행정편의상 행정기관 내부적으로만 직무권한을 하급관청에 이전시키는 것으로 외부적으로는 상급관청의 행위로 간주된다. 내부위임은 현명주의가 적용되지 않는다는 점에서 대리와 구별되고, 상급관청의 이름으로 사무처리가 행하여진다는 점에서 위임과 구별된다.

OX문제

01 대리권을 수여받은 데 불과한 행정기관이 대리관계를 밝힘이 없이 그 자신의 명의로 행정처분을 하였다면, 원칙적으로 그에 대한 항고소송의 피고는 대리기관이 된다. ( )

정답 01 ○

2. 행정사무위탁

주로 대등관청 상호 간에 행하여지는 행위라는 점에서, 이러한 제한이 없이 행하여지는 대리와 구별된다.

[권한의 대리와 위임의 비교]

구분	권한의 대리	권한의 위임
권한의 이전 여부	권한 자체의 이전이 없다.	권한 자체가 이전된다.
법적근거의 여부	임의대리는 법적근거가 필요하지 않지만, 법정대리는 법적근거가 필요하다.	권한 자체의 이전이 있으므로, 반드시 법적근거가 있어야 한다.
대리 또는 위임되는 권한의 범위	임의대리는 권한의 일부에 대해서만 대리가 가능하며, 법정대리는 권한 전부에 대한 대리도 가능하다.	권한의 위임은 권한의 일부에 대해서만 가능하다. 권한의 전부에 대하여 위임이 가능하다면, 위임관청은 존재할 이유가 없어지기 때문이다.
효과의 귀속	권한의 대리가 있다 하더라도 그 효과는 피대리관청에 귀속된다.	권한 위임의 경우에는 그 권한 자체가 수임관청의 권한이 되므로, 그 법적효과도 수임청에게 귀속된다.

CHAPTER 02 국가행정조직법

1 서설

1. 국가행정조직법의 의의 및 범위

(1) **의의**: 국가행정을 담당하는 국가의 고유한 행정기관의 조직에 관한 법을 말한다.

(2) **국가행정조직의 범위**: 국가행정조직이란 국가행정을 담당하기 위한 국가 자체의 행정기관 조직을 말하므로, 넓은 의미의 국가행정조직에는 국가의 위임을 받은 지방자치단체와 기타 공공단체의 기관도 포함한다.

2. 국가행정조직법의 법원

헌법 이외에 「정부조직법」, 「감사원법」, 「국가정보원법」, 「대통령경호실법」, 「국가안전보장회의법」, 「검찰청법」, 「경찰법」 등이 있다.

3. 국가행정기관의 범위와 분류

(1) **범위**: 국가행정기관에는 중앙행정기관과 지방행정기관이 있다. 국회사무처, 법원행정처, 검찰기관, 헌법재판소 등은 국가행정기관이다.

(2) **분류**: 국가행정기관 중 중앙행정기관은 지역적으로 전국에 걸쳐 권한이 미치고, 그 기능 · 지위 등에 따라 행정관청 · 보조기관 · 부속기관 · 의결기관 · 감사기관 · 집행기관 · 기획기관 등으로 구분된다. 국가행정기관 중 지방행정기관은 지역적으로 일부지역에만 권한이 미치고, 지방행정기관은 그 권한의 내용에 따라 보통지방행정기관과 특별지방행정기관으로 구분된다.

2 국가의 중앙행정조직

1. 대통령

(1) 대통령의 지위

① **국가원수로서의 지위**: 대통령은 국가의 원수로서 ㉠ 내외적으로 국가를 내표하고(헌법 제66조 제1항), ㉡ 국가와 헌법의 수호자이며(헌법 제66조 제2항), ㉢ 국정의 통합 · 조정자이고, ㉣ 헌법기관구성권자로서의 지위를 가진다.

② **행정부수반으로서의 지위**: 대통령은 행정부수반으로서 ㉠ 행정에 관한 최고책임자이고, ㉡ 행정부를 조직하며, ㉢ 국무회의의 의장이 되고, ㉣ 국군통수권을 가진다.

③ **신분상의 지위**: 대통령은 신분에 있어서 ㉠ 대통령에 선출되기 위해서는 40세 이상

의 국민이어야 하고, ⓛ 임기는 5년 단임이며(헌법 제70조), ⓒ 취임 시에 선서를 하여야 하고(헌법 제69조), ⓔ 형사상 특권(헌법 제84조)을 가진다.

(2) 대통령의 권한

① **국가긴급권(= 비상적 권한):** 대통령은 국가가 긴급한 상황에서 ⓘ 긴급재정ㆍ경제명령ㆍ처분권(헌법 제76조 제1항), ⓛ 긴급명령권(헌법 제76조 제2항), ⓒ 계엄선포권(헌법 제77조 제1항)과 같은 국가긴급권을 가진다.

② **헌법기관구성권:** 대통령은 국가원수로서 헌법기관구성권자로서의 지위에서 ⓘ 대법원장과 대법관임명권(헌법 제104조), ⓛ 헌법재판소소장과 재판관임명권(헌법 제111조), ⓒ 중앙선거관리위원회 위원 3인 임명권(헌법 제114조), ⓔ 감사원장과 감사위원임명권(헌법 제98조)을 가진다.

③ **집행에 관한 권한:** 대통령은 행정부 수반의 지위에서 집행에 관한 권한으로 ⓘ 집행에 관한 최고의사결정권, ⓛ 법률집행권, ⓒ 외교에 관한 권한, ⓔ 정부구성권과 공무원임면권, ⓜ 국군통수권, ⓝ 재정권, ⓢ 영전수여권을 가진다.

④ **입법에 관한 권한:** 대통령은 입법에 대하여 ⓘ 국회의 임시회 집회요구권, ⓛ 국회출석발언권, ⓒ 법률안제출권, ⓔ 법률안공포권, ⓜ 법률안거부권, ⓝ 행정입법권을 가진다.

⑤ **사법에 관한 권한:** 대통령은 사법에 있어서 ⓘ 위헌정당해산제청권, ⓛ 사면ㆍ감형ㆍ복권의 권한을 가진다.

(3) 대통령 직속기관: ① 감사원(헌법 제97조), ② 국가정보원, ③ 대통령비서실, ④ 대통령경호처, ⑤ 자문 기관(국가안전보장회의는 필수적 자문기관이고, 그밖의 자문기관은 임의적 자문기관이다) 등이 있다.

2. 국무회의

(1) 지위: 국무회의는 정부의 권한에 속하는 중요한 정책을 심의하기 위하여 설치된 기관으로, 정부의 필수적 최고정책심의기관으로서의 성격을 가진다(헌법 제88조, 제89조).

(2) 구성: 국무회의는 대통령ㆍ국무총리와 15인 이상 30인 이하의 국무위원으로 구성하며, 대통령이 의장이 되고, 국무총리가 부의장이 된다(헌법 제88조 제2, 3항).

3. 국무총리

(1) 지위: 국무총리는 국회의 동의를 얻어 대통령이 임명한다(헌법 제86조 제1항). 국무총리는 대통령을 보좌하며 국무회의 구성원으로서의 지위, 정부의 2인자로서 국무회의의 부의장 지위를 가진다.

(2) 권한: 국무총리의 권한으로는 제1순위의 대통령 권한대행자, 국무회의에서의 심의권, 국무위원 및 행정각부의장의 임명제청권, 국무위원의 해임건의권, 대통령의 국법상 행위에 대한 부서권, 행정각부 통할감독권, 국회에의 출석ㆍ발언권, 총리령제정권이 있다.

4. 행정각부

(1) 지위: 행정각부는 대통령 및 그의 명을 받은 국무총리의 통할하에 국무회의의 심의를 거친 정부의 정책과 정부의 권한에 속하는 사무를 부문별로 집행하는 중앙행정관청으로, 이들의 설치 및 조직과 직무범위는 법률로 정하도록 되어 있으며, 그에 관한 기본법은 「정부조직법」이고 총 18개부가 있다.

🔷 법령 PLUS

정부조직법

제26조(행정각부) ① 대통령의 통할하에 다음의 행정각부를 둔다.
1. 기획재정부
2. 교육부
3. 과학기술정보통신부
4. 외교부
5. 통일부
6. 법무부
7. 국방부
8. 행정안전부
9. 문화체육관광부
10. 농림축산식품부
11. 산업통상자원부
12. 보건복지부
13. 환경부
14. 고용노동부
15. 여성가족부
16. 국토교통부
17. 해양수산부
18. 중소벤처기업부관련 법령

(2) 행정각부장관의 주요 권한: 행정각부장관은 ① 부령 제정권, ② 소관 사무에 대한 지휘·감독권, ③ 소속 공무원에 대한 임명제청권 또는 임용권을 가진다.

3 국가의 지방행정조직

1. 의의

국가의 지방행정기관이란 일정한 지역 내의 국가행정을 관장하는 국가행정조직을 말한다. 국가의 지방행정기관에는 국가의 모든 행정사무를 관장하는 보통지방행정기관과 특정한 중앙행정기관에 소속되어 그의 소관사무만을 관장하는 특별지방행정기관이 있다.

2. 종류

(1) 보통지방행정기관

① **지방자치단체에 의한 국가의 지방행정 처리(= 기관위임행정):** 현행법에서는 국가행정을 수행하기 위한 보통지방행정기관을 별도로 설치하지 아니하고, 광역단체장과 기초단체장에게 그 업무를 위임하여 처리하고 있다. 그러므로 광역단체장과 기초단체장

은 지방자치단체 집행기관으로서의 지위와 보통행정관청으로서의 지위를 동시에 갖고 있다.

② **지휘·감독권**: 지방자치단체의 장이 수행하는 국가의 기관위임행정에 대하여 주무부장관은 그 지휘·감독권을 가진다. 가령, 기관위임사무를 처리하는 광역자치단체에 대한 감독은 주무부장관이, 기초단체장에 대한 지휘·감독은 1차적으로는 광역단체장, 2차적으로는 주무부장관이 지휘·감독권을 가진다. 다만 일반적인 지휘·감독권은 광역시장과 도지사에 대해서는 행정안전부장관이, 특별시장에 대해서는 국무총리가 가진다.

(2) **특별지방행정기관**: 중앙행정기관은 그 소관사무를 관장하기 위해서 필요한 때에는 특히 법률로 정하는 경우를 제외하고는 대통령령으로 특별지방행정기관을 설치할 수 있다. 가령, 지방국세청, 지방산림관리청, 지방병무청, 출입국관리사무소, 각급 선거관리위원회, 우정사업본부 등이 있다.

4 행정위원회

1. 행정위원회의 의의와 연혁

(1) **의의**: 행정각부에 소속되어 일반행정기관으로부터 독립한 순수한 행정기능 이외에 준사법적·준입법적 권한을 갖는 합의제 행정관청을 의미한다.

(2) **연혁**: 행정위원제도는 대륙법계 국가에 비하여 행정법의 성립이 늦어진 영·미법계 국가(특히 미국)에서, 19세기 말부터 20세기 초에 걸쳐서 각 행정분야의 전문적·기술적 사무를 담당하고 행정적 권한뿐만 아니라 준사법적·준입법적 권한까지 부여된 다양한 형태의 '행정위원회'가 설치되었다.

2. 특징

행정위원회는 직무상 독립되어 있고, 행정적 권한은 물론 준사법적·준입법적 권한까지 행사 가능한 통합적 권한행사가 가능하며, 합의제 행정관청이라는 특징을 가진다.

3. 행정위원회의 장·단점

(1) **장점**: 행정위원회는 ㉠ 합의제 행정관청으로서 합리적인 의사결정이 가능하고, ㉡ 기관의 독립성에 의하여 외부세력의 압력으로부터 자유로울 수 있으며, ㉢ 각계각층의 의견을 반영함으로써 행정의 민주화를 도모할 수 있다.

(2) **단점**: 행정위원회는 ㉠ 권력분립의 원칙에 반할 소지가 있고, ㉡ 행정능률을 저해할 위험이 있다.

4. 우리나라의 행정위원회

(1) **대통령자문기관으로서의 행정위원회**: 국가안전보장회의, 행정계획위원회, 기획조정위원회 등

(2) **의결기관으로서의 행정위원회**: 행정심판위원회, 광업조정위원회, 징계위원회, 소청심사위원회 등

(3) **합의제행정관청으로서의 행정위원회**: 감사원, 중앙선거관리위원회, 노동위원회 등

03 지방자치법

01 서설

1 지방자치의 의의

일정한 지역을 기초로 하는 단체나 일정한 지역의 주민이 그 지방적 사무를 자신의 책임하에 자신이 선출한 기관을 통하여 처리하는 제도를 말한다.

2 지방자치의 본질

고유권설과 전래설이 대립하고 있으며, 전래설은 다시 제도적 보장설과 객관적 가치설로 분화되어 있다.

1. 고유권설

지방자치권은 국가의 성립 이전부터 지역주민이 보유하여 온 고유권능으로서, 개인이 국가에 대하여 가지는 천부적 자연권과 같은 기본권의 일종이라고 한다.

2. 전래설

지방자치권이 국가의 통치권으로부터 전래된 것으로 국가가 통치권의 일부를 지방자치단체에 위임함으로써 비로소 인정되는 권한에 불과하다는 입장이다.

(1) **제도적 보장설**: 역사적·전통적으로 형성된 지방자치제도를 헌법에 규정함으로써 입법자에 의한 침해로부터 그 본질적 내용을 방어하려는 것이라는 견해이다.

(2) **객관적 가치설**: 지방자치는 기본권의 실현과 불가분의 관계에 있는 헌법상의 객관적 가치질서에 속하고, 중앙정부에 대한 기능적 권력통제의 기능을 갖는 것이라는 견해이다.

3. 헌법재판소의 판례

헌법재판소는 지방자치의 본질에 대하여 전래설 중 '제도적 보장설'의 입장이다(헌재 2006.2.23, 2005헌마403).

지방자치제도의 인정 범위

1. 지방자치제도는 제도적 보장의 하나로서, 제도적 보장은 기본권 보장의 경우와는 달리 그 본질적 내용을 침해하지 아니하는 범위 안에서 입법자에게 제도의 구체적인 내용과 형태의 형성권을 폭넓게 인정한다는 의미에서 최소한 보장의 원칙이 적용된다(헌재 2006.2.23, 2005헌마403).

2. 특히 지방자치단체를 포함한 지방행정기관은 국민의 기본권을 보호 내지 실현해야 할 책임과 의무를 지고 있는 기본권의 수범자이지 기본권의 주체가 될 수 없으므로, 헌법소원을 제기할 수 없다(헌재 1998.3.26, 96헌마345).

3 지방자치의 유형

1. 주민자치

지역주민이 그 지역사회의 정치와 행정을 자신의 책임하에 처리하는 자치형태를 말하며, 영·미형의 자치제도라 할 수 있다.

2. 단체자치

일정한 지역을 기초로 하는 지방자치단체가 자체의 기관을 가지고 지역사무를 처리하는 자치형태를 말하며, 대륙형의 자치제도라 할 수 있다.

4 우리나라 지방자치단체의 계층구조와 종류

1. 지방자치단체의 계층구조

(1) 계층구조의 개념: 일정구역을 관할범위로 하는 지방자치단체가 어떠한 형태로 계층을 형성하고 있는지에 대한 논의를 말한다. 현재 우리나라 지방자치단체의 계층구조는 중층제를 원칙으로 하고, 예외적으로 단층제를 취한 경우도 있다.

(2) 단층제: 하나의 구역 내에는 지역적 사무를 처리하는 지방자치단체가 오직 하나만 존재하는 형태를 말한다. 우리나라의 지방자치단체 중에서는 제주특별자치도와 세종특별자치시가 단층 구조로 되어 있다.

(3) 중층제: 하나의 구역 내에 지역적 사무를 처리하는 지방자치단체가 중첩적으로 존재하는 형태를 말한다. 우리나라의 지방자치단체 중에서 제주특별자치도와 세종특별자치시를 제외하고는 모두 중층제 구조로 되어 있다.

2. 지방자치단체의 종류

지방자치법

제2조(지방자치단체의 종류) ① 지방자치단체는 다음의 두 가지 종류로 구분한다.
   1. 특별시, 광역시, 특별자치시, 도, 특별자치도
   2. 시, 군, 구

② 지방자치단체인 구(이하 "자치구"라 한다)는 특별시와 광역시의 관할 구역 안의 구만을 말하며, 자치구의 자치권의 범위는 법령으로 정하는 바에 따라 시·군과 다르게 할 수 있다.

③ 제1항의 지방자치단체 외에 특정한 목적을 수행하기 위하여 필요하면 따로 <u>특별지방자치단체</u>를 설치할 수 있다.

(1) 보통지방자치단체
① 종류
   ㉠ 광역지방자치단체: 특별시, 광역시, 특별자치시, 도, 특별자치도를 광역지방자치단체라고 한다(동법 제2조 제1항 제1호).
   ㉡ 기초지방자치단체: 시, 군, 구를 기초지방자치단체라고 한다(동법 제2조 제1항 제2호).
② 광역자치단체와 기초자치단체의 관계: 광역자치단체와 기초자치단체는 원칙적으로 대등한 법적지위를 가진다. 광역자치단체는 기초자치단체에 대하여 법률상 상급기관이 아니다. 다만 사무의 성격상 업무의 처리와 관련하여 개별법률규정에서 지도·감독관계가 인정될 수는 있다.

(2) 특별지방자치단체: 특별한 목적을 위하여 성립되는 것으로서, 하나 또는 그 이상의 한정된 분야에서만 권한을 갖는 자치단체를 말한다. 현재로서는 특별지방자치단체로서 '지방자치단체조합'만이 존재하고 있다.

---

02 지방자치단체의 법적성질 · 명칭 · 관할구역

1 지방자치단체의 법적성질: 공법인

➕ 법령 PLUS

지방자치법

제3조(지방자치단체의 법인격과 관할) ① 지방자치단체는 <u>법인으로</u> 한다.

지방자치단체는 공법인이다(지방자치법 제3조 제1항). 특별지방자치단체인 '지방자치단체조합'도 동일하다. 따라서 지방자치단체는 권리·의무의 주체가 될 수 있으며, 소송에서 당사자가 될 수도 있다. 지방자치단체의 법적성질과 관련하여 특별히 문제가 되는 것은 지방자치단체가 기본권의 주체가 될 수 있는지, 즉 '기본권 주체성' 인정여부인데, 헌법재판소는 지방자치단체의 기본권 주체성을 부정하고 있다. 즉 헌법소원의 청구인적격을 부정한다.

01 「지방자치법」에서 명시하고 있는 지방자치단체의 종류로는 특별시, 광역시, 특별자치시, 도, 특별자치도 및 시, 군, 구이다.

02 지방자치단체 소속 공무원이 고유의 자치사무를 수행하다가 법규를 위반한 경우, 지방자치단체는 양벌규정의 적용대상이 된다.

03 지방자치단체도 기본권 주체성이 인정되어 헌법소원심판청구권이 인정된다.

04 지방자치단체는 독립된 법주체이므로 소송의 당사자가 될 수 있다.

정답 01 ○ 02 ○ 03 × 04 ○

판례 PLUS

지방자치단체의 기본권 주체성 인정 여부: 소극

국가나 국가기관 또는 국가조직의 일부나 공법인은 기본권의 '수범자(受範者)'이지 기본권의 주체로서 그 '소지자'가 아니고 오히려 국민의 기본권을 보호 내지 실현해야 할 책임과 의무를 지니고 있는 지위에 있을 뿐이므로, 공법인인 지방자치단체는 기본권의 주체가 될 수 없고 따라서 헌법소원을 제기할 수 있는 적격이 없다 (헌재 1998.3.26, 96헌마345).

2 지방자치단체의 명칭

 법령 PLUS

지방자치법

제5조(지방자치단체의 명칭과 구역) ① 지방자치단체의 명칭과 구역은 종전과 같이 하고, 명칭과 구역을 바꾸거나 지방자치단체를 폐지하거나 설치하거나 나누거나 합칠 때에는 법률로 정한다.

② 제1항에도 불구하고 지방자치단체의 구역변경 중 관할 구역 경계변경(이하 "경계변경"이라 한다)과 지방자치단체의 한자 명칭의 변경은 대통령령으로 정한다. 이 경우 경계변경의 절차는 제6조에서 정한 절차에 따른다.

제7조(자치구가 아닌 구와 읍·면·동 등의 명칭과 구역) ① 자치구가 아닌 구와 읍·면·동의 명칭과 구역은 종전과 같이 하고, 자치구가 아닌 구와 읍·면·동을 폐지하거나 설치하거나 나누거나 합칠 때에는 행정안전부장관의 승인을 받아 그 지방자치단체의 조례로 정한다. 다만, 명칭과 구역의 변경은 그 지방자치단체의 조례로 정하고, 그 결과를 특별시장·광역시장·도지사에게 보고하여야 한다.

3 관할구역

 법령 PLUS

지방자치법

제3조(지방자치단체의 법인격과 관할) ① 지방자치단체는 법인으로 한다.

② 특별시, 광역시, 특별자치시, 도, 특별자치도(이하 "시·도"라 한다)는 정부의 직할(直轄)로 두고, 시는 도의 관할 구역 안에, 군은 광역시나 도의 관할 구역 안에 두며, 자치구는 특별시와 광역시의 관할 구역 안에 둔다.

③ 특별시·광역시 또는 특별자치시가 아닌 인구 50만 이상의 시에는 자치구가 아닌 구를 둘 수 있고, 군에는 읍·면을 두며, 시와 구(자치구를 포함한다)에는 동을, 읍·면에는 리를 둔다.

제5조(지방자치단체의 명칭과 구역) ① 지방자치단체의 명칭과 구역은 종전과 같이 하고, 명칭과 구역을 바꾸거나 지방자치단체를 폐지하거나 설치하거나 나누거나 합칠 때에는 법률로 정한다.

② 제1항에도 불구하고 지방자치단체의 구역변경 중 관할 구역 경계변경(이하 "경계변경"이라 한다)과 지방자치단체의 한자 명칭의 변경은 대통령령으로 정한다. 이 경우 경계변경의 절차는 제6조에서 정한 절차에 따른다.

③ 다음 각 호의 어느 하나에 해당할 때에는 관계 지방의회의 의견을 들어야 한다. 다만, 「주민투표법」 제8조에 따라 주민투표를 한 경우에는 그러하지 아니하다.

  1. 지방자치단체를 폐지하거나 설치하거나 나누거나 합칠 때
  2. 지방자치단체의 구역을 변경할 때(경계변경을 할 때는 제외한다)
  3. 지방자치단체의 명칭을 변경할 때(한자 명칭을 변경할 때를 포함한다)

1. 관할구역의 의의

지방자치단체의 구역이란 지방자치단체의 자치권이 미치는 지역적 범위로 국가의 행정구역과 대체로 일치하며, 자치권이 미치는 관할구역의 범위에는 육지는 물론 바다도 포함하므로, '공유수면'에 대해서도 지방자치단체의 자치권한이 존재한다(헌재 2006.8.31, 2003헌라1). 특별시·광역시 및 특별자치시가 아닌 인구 50만 이상의 시에는 자치구가 아닌 구를 둘 수 있고, 군에는 읍·면을 두며, 시와 구(자치구를 포함한다)에는 동을, 읍·면에는 리를 둔다(동법 제3조 제3항).

2. 관할구역의 변경(폐치·분합 및 경계변경)

지방자치단체의 관할구역의 변경이란 경계의 변경, 지방자치단체의 설치와 폐지 및 분리와 합체를 모두 포함하는 개념이다. 관할구역의 변경은 행정구역으로서의 지방자치단체가 생활의 유기적 공간으로서의 생활구역과 일치하지 않을 경우 이를 조정하여 행정의 효율성과 생활의 편의성을 확보하기 위하여 필요하다.

3. 관할구역 변경의 효과

지방자치단체의 구역을 변경하거나 지방자치단체를 폐지하거나 설치하거나 나누거나 합칠 때에는 새로 그 지역을 관할하게 된 지방자치단체가 그 사무와 재산을 승계한다(동법 제5조 제1항).

 판례 PLUS

> **지방자치단체 관할구역 변경의 효과**
>
> **1. 지방자치단체가 승계하게 되는 '재산'에 채무도 포함되는지 여부: 소극**
> 법률조항에 의하면 지방자치단체의 구역변경이나 폐치·분합이 있는 때에는 새로 그 지역을 관할하게 된 지방자치단체가 그 사무와 재산을 승계하도록 규정되어 있으나, 지방자치법 제133조 제1항 및 제3항의 규정 내용에 비추어 볼 때 이 사건 법률조항에 규정된 '재산'이라 함은 현금 외의 모든 재산적 가치가 있는 물건 및 권리만을 말하는 것으로서 채무는 이에 포함되지 않는다(대판 2008.2.1, 2007카기65).
>
> **2. 기관위임무까지 승계되는 '사무'에 포함되는지 여부: 소극**
> 지방자치법 제5조 제1항 소정의 '구역변경으로 새로 그 지역을 관할하게 된 지방자치단체가 승계하게 되는 사무와 재산'은 당해 지방자치단체 고유의 재산이나 사무를 지칭하는 것이라 할 것이고, 하천부속물 관리사무와 같이 하천법 등 별개의 법률규정에 의하여 국가로부터 관할 지방자치단체의 장에게 기관위임된 국가사무까지 관할구역의 변경에 따라 당연히 이전된다고 볼 수 없다(대판 1991.10.22, 91다5594).

4. 공유수면매립 후 형성된 육지의 구역설정

관할구역 결정 기준을 두고 대법원 판례에서는 여러 공익과 사익 및 관련 지방자치단체의 이익을 종합적으로 고려하여 매립지가 속할 지방자치단체를 결정해야 한다고 보고있다.

판례 PLUS

공유수면매립 후 매립지의 관할권자 결정기준

매립지의 귀속 주체 내지 행정관할 등을 획정함에 있어서도 사업목적의 효과적 달성이 우선적으로 고려되어야 한다. 인접 지방자치단체가 매립 전 해상에서 누렸던 관할권한과 관련하여서는 매립절차를 진행하는 과정에서 충분히 보상될 필요가 있지만, 매립 전 공유수면을 청구인이 관할하였다 하여 매립지에 대한 관할권한을 인정하여야 한다고 볼 수는 없다(헌재 2019.4.11, 2015헌라2 전결).

---

03 지방자치단체의 주민

1 서설

1. 지방자치단체 주민의 의의

 법령 PLUS

지방자치법

제16조(주민의 자격) 지방자치단체의 구역에 주소를 가진 자는 그 지방자치단체의 주민이 된다.

지방자치단체의 주민이란 지방자치단체의 구역 안에 주소를 가진 자를 말한다(동법 제12조). 당해 관할구역 안에 주소를 가진 자는 모두 주민이 되므로, 연령이나 성별, 국적, 자연인·법인 여부를 가리지 않는다. 여기서 주소란 생활의 근거가 되는 장소를 말하며, 자연인의 경우에는 '주민등록지'를 기준으로 하고, 법인의 경우는 '주된 사무소의 소재지 또는 본점소재지'를 기준으로 하며, 외국인의 경우는 「출입국관리법」에 따라 등록한 등록지'를 기준으로 한다.

2. 주민의 신고와 등록

(1) 주민의 신고

① 재외국민을 제외한 주민은 성명, 성별, 생년월일 등 일정한 사항을 해당 거주지를 관할하는 시장·군수 또는 구청장에게 신고하여야 한다(주민등록법 제10조 제1항).

② 재외국민이 국내에 30일 이상 거주할 목적으로 입국하는 때에는 일정한 사항을 해당 거주지를 관할하는 시장·군수 또는 구청장에게 신고하여야 한다(주민등록법 제10조의2 제1항).

(2) 주민의 등록: 시장·군수 또는 구청장은 30일 이상 거주할 목적으로 그 관할 구역에 주소나 거소(이하 "거주지"라 한다)를 가진 다음 각 호의 사람(이하 "주민"이라 한다)을 이 법의 규정에 따라 등록하여야 한다. 다만, 외국인은 예외로 한다(주민등록법 제6조 제1항).

2 주민의 권리

 법령 PLUS

지방자치법

제17조(주민의 권리) ① 주민은 법령으로 정하는 바에 따라 주민생활에 영향을 미치는 지방자치단체의 정책의 결정 및 집행 과정에 참여할 권리를 가진다.

② 주민은 법령으로 정하는 바에 따라 소속 지방자치단체의 <u>재산과 공공시설을 이용할 권리</u>와 그 지방자치단체로부터 <u>균등하게 행정의 혜택을 받을 권리</u>를 가진다.

③ 주민은 법령으로 정하는 바에 따라 그 지방자치단체에서 실시하는 <u>지방의회의원과 지방자치단체의 장의 선거</u>(이하 "지방선거"라 한다)에 참여할 권리를 가진다.

지방자치단체의 주민은 ① 정책결정 및 집행에 참여할 권리, ② 소속 지방자치단체의 재산과 공공시설이용권 및 행정의 균등한 혜택을 받을 권리, ③ 선거권과 피선거권, ④ 주민투표권, ⑤ 조례의 제정·개폐청구권, ⑥ 주민감사청구권, ⑦ 주민소송제기권, ⑧ 주민소환권, ⑨ 청원권을 가진다.

1. 소속 지방자치단체의 재산과 공공시설이용권

(1) 의의: 주민은 법령으로 정하는 바에 따라 소속 지방자치단체의 재산과 공공시설을 이용할 권리와 그 지방자치단체로부터 균등하게 행정의 혜택을 받을 권리를 가진다(동법 제17조 제2항).

(2) 이용권의 한계: 법령상의 한계, 사실상의 한계, 목적상의 한계, 위험방지상의 한계 등이 있다.

2. 행정의 균등한 혜택을 받을 권리

주민은 법령으로 정하는 바에 따라 …(중략)… 그 지방자치단체로부터 "균등하게" 행정의 혜택을 받을 권리를 가진다(동법 제17조 제2항).

 판례 PLUS

'균등한 혜택'의 법적 의미

지방자치법 제13조 제1항은 주민이 지방자치단체로부터 행정적 혜택을 균등하게 받을 수 있다는 권리를 추상적이고 선언적으로 규정한 것으로서, 위 규정에 의하여 주민이 지방자치단체에 대하여 구체적이고 특정한 권리가 발생하는 것이 아닐 뿐만 아니라, 지방자치단체가 주민에 대하여 균등한 행정적 혜택을 부여할 구체적인 법적 의무가 발생하는 것도 아니므로, 이 사건 조례안으로 인하여 주민들 가운데 일정한 조건에 해당하는 일부 주민이 지원을 받게 되는 혜택이 발생하였다고 하여 위 조례안이 지방자치법 제13조 제1항에 위반한 것이라고 볼 수는 없다(헌재 2008.6.12, 2007추42).

3. 선거권과 피선거권

국민인 주민은 법령으로 정하는 바에 따라 그 지방자치단체에서 실시하는 지방의회의원과 지방자치단체의 장의 선거에 참여할 권리를 가진다(동법 제17조 제3항). 선거에 참여할 권리에는 선거권(선거에서 투표할 권리)과 피선거권(선거에 있어서 당선인이 될 수 있는 권리)이 있다. 피선거권은 통상 선거권에 비해 더 엄격한 요건을 필요로 한다.

4. 주민투표권

 법령 PLUS

지방자치법

제18조(주민투표) ① 지방자치단체의 장은 주민에게 과도한 부담을 주거나 중대한 영향을 미치는 지방자치단체의 주요 결정사항 등에 대하여 주민투표에 부칠 수 있다.

② 주민투표의 대상·발의자·발의요건, 그 밖에 투표절차 등에 관한 사항은 따로 법률로 정한다.

(1) 의의: 지방자치단체의 폐치·분합 또는 주민에게 과도한 부담을 주거나 중대한 영향을 미치는 사항에 대하여 지방자치단체의 장이 실시하는 선거권이 있는 주민 전체의 의사를 묻는 투표를 의미한다(동법 제18조 제1항).

 판례 PLUS

주민투표권의 법적 성격: 법률상 권리(헌법상 권리가 아님)

지방자치법은 주민에게 주민투표권(제13조의2), 조례의 제정 및 개폐청구권(제13조의3), 감사청구권(제13조의4) 등을 부여함으로써 주민이 지방자치사무에 직접 참여할 수 있는 길을 일부 열어 놓고 있지만 이러한 제도는 어디까지나 입법에 의하여 채택된 것일 뿐 헌법에 의하여 이러한 제도의 도입이 보장되고 있는 것은 아니다. 그렇다면 주민투표권은 법률이 보장하는 권리일 뿐이지 헌법이 보장하는 기본권 또는 헌법상 제도적으로 보장되는 주관적 공권으로 볼 수 없다(헌재 2005.12.22, 2004헌마530).

(2) 내용: 주민투표의 대상·발의자·발의요건, 그 밖에 투표절차 등에 관한 사항은 따로 법률로 정한다(동법 제18조 제2항).

① 정보의 제공 등(주민투표법 제4조)

    ㉠ 지방자치단체의 공보, 일간신문, 인터넷 등 다양한 수단을 통하여 주민투표에 관한 각종 정보와 자료를 제공(제1항).

    ㉡ 선거관리위원회는 주민투표에 관한 정보를 제공하기 위하여 설명회·토론회 등을 개최(제2항)

② 투표권자(주민투표법 제5조): 19세 이상의 주민 중 제6조 제1항에 따른 투표인명부 작성기준일 현재 다음 각 호의 어느 하나에 해당하는 사람에게는 주민투표권이 있다. 다만, 공직선거법 제18조에 따라 선거권이 없는 사람에게는 주민투표권이 없다.

    ㉠ 그 지방자치단체의 관할 구역에 주민등록이 되어 있는 사람

    ㉡ 출입국관리 관계 법령에 따라 대한민국에 계속 거주할 수 있는 자격(체류자격변경허가 또는 체류기간연장허가를 통하여 계속 거주할 수 있는 경우를 포함한다)을 갖춘 외국인으로서 지방자치단체의 조례로 정한 사람

③ 주민투표의 대상(주민투표법 제7조 제1항): 주민에게 과도한 부담을 주거나 중대한 영향을 미치는 지방자치단체의 주요결정사항으로서 그 지방자치단체의 조례로 정하는 사항은 주민투표에 부칠 수 있다.

(3) 주민투표의 청구권자 및 청구요건 등

① 지방의회에 의한 청구

    ㉠ 지방의회는 재적의원 과반수의 출석과 출석의원 2/3 이상의 찬성으로 해당 지방자치단체의 장에게 주민투표의 실시를 청구할 수 있다(주민투표법 제9조 제5항).

ⓛ 지방자치단체의 장은 지방의회에 의한 주민투표청구가 적법하다고 인정되는 경우 지체없이 그 요지를 공표하고 관할선거관리위원회에 통지해야 한다(주민투표법 제13조 제1항 제2호).

② **지방자치단체의 장에 의한 청구**

ⓖ 지방자치단체의 장은 직권으로 주민투표를 실시하고자 하는 때에는 해당 지방의회 재적의원 과반수의 출석과 출석의원 과반수의 동의를 얻어야 한다(주민투표법 제9조 제6항).

ⓛ 지방자치단체의 장은 주민투표에 대한 지방의회의 동의를 얻은 경우 지체없이 그 요지를 공표하고 관할선거관리위원회에 통지해야 한다(주민투표법 제13조 제1항 제3호).

③ **중앙행정기관의 장의 주민투표 실시**

ⓖ 중앙행정기관의 장은 지방자치단체의 폐치(廢置)·분합(分合) 또는 구역변경, 주요시설의 설치 등 국가정책의 수립에 대한 주민의 의견을 듣기 위해 필요하다고 인정할 때에는 주민투표의 실시구역을 정해 관계 지방자치단체의 장에게 주민투표의 실시를 요구할 수 있다(주민투표법 제8조 제1항).

ⓛ 지방자치단체의 장은 위에 따라 주민투표의 실시를 요구받은 때에는 지체없이 이를 공표해야 하며, 공표일부터 30일 안에 해당 지방의회의 의견을 들어야 한다(주민투표법 제8조 제2항).

ⓒ 지방의회의 의견을 들은 지방자치단체의 장은 그 결과를 관계 중앙행정기관의 장에게 통지해야 한다(주민투표법 제8조 제3항).

 법령 PLUS

주민투표법

제5조(주민투표권) ① 19세 이상의 주민 중 제6조 제1항에 따른 투표인명부 작성기준일 현재 다음 각 호의 어느 하나에 해당하는 사람에게는 주민투표권이 있다. 다만, 「공직선거법」 제18조에 따라 선거권이 없는 사람에게는 주민투표권이 없다.

  1. 그 지방자치단체의 관할 구역에 주민등록이 되어 있는 사람

  2. 출입국관리 관계 법령에 따라 대한민국에 계속 거주할 수 있는 자격(체류자격변경허가 또는 체류기간연장허가를 통하여 계속 거주할 수 있는 경우를 포함한다)을 갖춘 외국인으로서 지방자치단체의 조례로 정한 사람

② 주민투표권자의 연령은 투표일 현재를 기준으로 산정한다.

제7조(주민투표의 대상) ① 주민에게 과도한 부담을 주거나 중대한 영향을 미치는 지방자치단체의 주요결정사항으로서 그 지방자치단체의 조례로 정하는 사항은 주민투표에 부칠 수 있다.

② 제1항의 규정에 불구하고 다음 각 호의 사항은 이를 주민투표에 부칠 수 없다.

  1. 법령에 위반되거나 재판중인 사항

  2. 국가 또는 다른 지방자치단체의 권한 또는 사무에 속하는 사항

  3. 지방자치단체의 예산·회계·계약 및 재산관리에 관한 사항과 지방세·사용료·수수료·분담금 등 각종 공과금의 부과 또는 감면에 관한 사항

  4. 행정기구의 설치·변경에 관한 사항과 공무원의 인사·정원 등 신분과 보수에 관한 사항

  5. 다른 법률에 의하여 주민대표가 직접 의사결정주체로서 참여할 수 있는 공공시설의 설치에 관한 사항. 다만, 제9조 제5항의 규정에 의하여 지방의회가 주민투표의 실시를 청구하는 경우에는 그러하지 아니하다.

  6. 동일한 사항(그 사항과 취지가 동일한 경우를 포함한다)에 대하여 주민투표가 실시된 후 2년이 경과되지 아니한 사항

제21조(투표운동기간 및 투표운동을 할 수 없는 자) ① 투표운동은 주민투표발의일부터 주민투표일의 전일까지에 한하여 이를 할 수 있다.

② 다음 각 호의 어느 하나에 해당하는 자는 투표운동을 할 수 없다.

1. 주민투표권이 없는 자
2. 공무원(그 지방의회의 의원을 제외한다)
3. 각급 선거관리위원회의 위원
4. 방송법에 의한 방송사업(방송채널사용사업은 보도에 관한 전문편성을 행하는 방송채널사용사업에 한한다)을 경영하거나 이에 상시 고용되어 편집·제작·취재·집필 또는 보도의 업무에 종사하는 자
5. 「신문 등의 진흥에 관한 법률」 제9조에 따라 등록하여야 하는 신문, 인터넷신문 또는 인터넷뉴스서비스와 「잡지 등 정기간행물의 진흥에 관한 법률」 제15조 또는 제16조에 따라 등록 또는 신고하여야 하는 정기간행물(분기별 1회 이하 발행되거나 학보 그 밖에 전문분야에 관한 순수한 학술 및 정보지 등 정치에 관한 보도·논평 그 밖에 여론형성의 목적없이 발행되는 신문, 인터넷신문, 인터넷뉴스서비스 또는 정기간행물은 제외한다)을 발행 또는 경영하거나 이에 상시 고용되어 편집·취재·집필 또는 보도의 업무에 종사하는 자

5. 조례의 제정·개폐청구권

 법령 PLUS

지방자치법

제19조(조례의 제정과 개정·폐지 청구) ① 주민은 지방자치단체의 조례를 제정하거나 개정하거나 폐지할 것을 청구할 수 있다.

② 조례의 제정·개정 또는 폐지 청구의 청구권자·청구대상·청구요건 및 절차 등에 관한 사항은 따로 법률로 정한다.

(1) **의의**: 조례개폐청구권이란 일정 주민 수 이상의 연서로 해당 지방자치단체의 장에게 조례의 제정이나 개정·폐지(이하 '조례개폐'라 함)를 청구할 수 있는 것을 말한다(동법 제19조 제1항). 지방자치단체의 장이 청구된 조례안을 지방의회에 부의하는 "간접발안 형태"로 주민에게 발의권이 부여된다.

(2) **청구권자, 청구대상, 청구요건, 절차 등**: 조례의 제정·개정 또는 폐지 청구의 청구권자·청구대상·청구요건 및 절차 등에 관한 사항은 따로 법률로 정한다.

6. 규칙의 제정·개폐 의견제출권

 법령 PLUS

지방자치법

제20조(규칙의 제정과 개정·폐지 의견 제출) ① 주민은 제29조에 따른 규칙(권리·의무와 직접 관련되는 사항으로 한정한다)의 제정, 개정 또는 폐지와 관련된 의견을 해당 지방자치단체의 장에게 제출할 수 있다.

② 법령이나 조례를 위반하거나 법령이나 조례에서 위임한 범위를 벗어나는 사항은 제1항에 따른 의견 제출 대상에서 제외한다.

③ 지방자치단체의 장은 제1항에 따라 제출된 의견에 대하여 의견이 제출된 날부터 30일 이내에 검토 결과를 그 의견을 제출한 주민에게 통보하여야 한다.

④ 제1항에 따른 의견 제출, 제3항에 따른 의견의 검토와 결과 통보의 방법 및 절차는 해당 지방자치단체의 조례로 정한다.

주민은 권리·의무와 직접 관련되는 규칙에 대한 제정 및 개정·폐지 의견을 지방자치단체의 장에게 제출할 수 있고, 지방자치단체의 장은 제출된 의견에 대하여 그 의견이 제출된 날부터 30일 이내에 검토 결과를 통보하도록 한다(제20조).

7. 주민감사청구권

18세 이상의 주민이 해당 지방자치단체의 사무처리가 법령에 위반하거나 공익을 현저하게 해친다고 판단될 때 조례로 정한 일정 수 이상의 주민연서로 직접 감사를 청구하는 것을 말한다(동법 제21조 제1항). 이는 주민을 통한 지방행정의 통제기능을 확보하기 위한 제도라고 말할 수 있다.

➕ 법령 PLUS

지방자치법

제21조(주민의 감사 청구) ① 지방자치단체의 18세 이상의 주민으로서 다음 각 호의 어느 하나에 해당하는 사람(「공직선거법」 제18조에 따른 선거권이 없는 사람은 제외한다. 이하 이 조에서 18세 이상의 주민"이라 한다)은 시·도는 300명, 제198조에 따른 인구 50만 이상 대도시는 200명, 그 밖의 시·군 및 자치구는 150명 이내에서 그 지방자치단체의 조례로 정하는 수 이상의 18세 이상의 주민이 연대 서명하여 그 지방자치단체와 그 장의 권한에 속하는 사무의 처리가 법령에 위반되거나 공익을 현저히 해친다고 인정되면 시·도의 경우에는 주무부장관에게, 시·군 및 자치구의 경우에는 시·도지사에게 감사를 청구할 수 있다.

　1. 해당 지방자치단체의 관할 구역에 주민등록이 되어 있는 사람
　2. 「출입국관리법」 제10조에 따른 영주(永住)할 수 있는 체류자격 취득일 후 3년이 경과한 외국인으로서 같은 법 제34조에 따라 해당 지방자치단체의 외국인등록대장에 올라 있는 사람
② 다음 각 호의 사항은 감사 청구의 대상에서 제외한다.
　1. 수사나 재판에 관여하게 되는 사항
　2. 개인의 사생활을 침해할 우려가 있는 사항
　3. 다른 기관에서 감사하였거나 감사 중인 사항. 다만, 다른 기관에서 감사한 사항이라도 새로운 사항이 발견되거나 중요 사항이 감사에서 누락된 경우와 제22조 제1항에 따라 주민소송의 대상이 되는 경우에는 그러하지 아니하다.
　4. 동일한 사항에 대하여 제22조 제2항 각 호의 어느 하나에 해당하는 소송이 진행 중이거나 그 판결이 확정된 사항
③ 제1항에 따른 청구는 사무처리가 있었던 날이나 끝난 날부터 3년이 지나면 제기할 수 없다.

8. 주민소송제기권

주민이 주민전체의 이익을 보호하고 행정의 위법행위를 방지·시정하기 위하여 지방자치단체장 또는 그 소속 공무원의 위법한 재무회계행위의 예방·금지 또는 원상태의 회복을 청구할 수 있는 소송제도를 말한다.

➕ 법령 PLUS

지방자치법

제22조(주민소송) ② 제1항에 따라 주민이 제기할 수 있는 소송은 다음 각 호와 같다.
　1. 해당 행위를 계속하면 회복하기 어려운 손해를 발생시킬 우려가 있는 경우에는 그 행위의 전부나 일부를 중지할 것을 요구하는 소송
　2. 행정처분인 해당 행위의 취소 또는 변경을 요구하거나 그 행위의 효력 유무 또는 존재 여부의 확인을 요구하는 소송

OX 문제

01 주민감사청구의 상대방은 시·도에서는 행정안전부장관, 시·군 및 자치구에서는 시도지사이다. (　)

정답 01 ×(→시·도에서는 주무부장관)

3. 게을리한 사실의 위법 확인을 요구하는 소송

4. 해당 지방자치단체의 장 및 직원, 지방의회의원, 해당 행위와 관련이 있는 상대방에게 손해배상청구 또는 부당이득반환청구를 할 것을 요구하는 소송. 다만, 그 지방자치단체의 직원이 「회계관계직원 등의 책임에 관한 법률」 제4조에 따른 변상책임을 져야 하는 경우에는 변상명령을 할 것을 요구하는 소송을 말한다.

9. 주민소환권

주민들이 지방의 선출직 지방공직자에 대해 소환투표를 실시하여 그 결과에 따라 임기종료 전에 해직시키는 제도를 말한다. 주민은 그 지방자치단체의 장 및 지방의회의원(비례대표 지방의회의원은 제외)을 소환할 권리를 가진다(제25조 제1항).

 법령 PLUS

지방자치법

제25조(주민소환) ① 주민은 그 지방자치단체의 장 및 지방의회의원(비례대표 지방의회의원은 제외한다)을 소환할 권리를 가진다.

10. 주민에 대한 정보공개

 법령 PLUS

지방자치법

제26조(주민에 대한 정보공개) ① 지방자치단체는 사무처리의 투명성을 높이기 위하여 「공공기관의 정보공개에 관한 법률」에서 정하는 바에 따라 지방의회의 의정활동, 집행기관의 조직, 재무 등 지방자치에 관한 정보(이하 "지방자치정보"라 한다)를 주민에게 공개하여야 한다.

[주민의 정치참여 방법]

구분	주민투표	주민조례 · 제정 · 개폐청구	주민감사청구	주민소송	주민소환
청구 대상	지방자치단체의 장	지방자치단체의 장	• 시 · 도: 주무부장관 • 시 · 군 · 자치구: 시 · 도지사	지방자치단체의 장 등	• 지방자치단체의 장 • 지방의회의원(시 · 도의회의원 등 제외)
청구 권자	• 주민(18세 이상) • 지방의회, 지방자치단체의 장	주민(18세 이상)	주민(18세 이상)	감사청구한 주민(18세 이상)	주민(18세 이상)
제한 사항	선거일전 60일~선거일까지 서명불가	선거기간 서명요정 금지	사무처리 일부터 2년 경과 시 제기불가	주민소송 중 같은 사항에 대해 별노의 주민소송 제기불가	선거일전 60일~선거일까지 서명불가

심사 등	지방자치단체의 장	• 지방자치단체의 장: 청구인명부 • 지방의회: 주민 청구조례안	상급기관 (감사청구심의회)		관할 선거관리위원회 ※ 소명: 소환투표 대상자
청구 후	투표실시(공고일부터 23~30일)	지방의회 부의(60일 이내)	감사실시(60일 이내)	주민소송 진행	투표실시(공고일부터 20~30일)
확정	과반수 득표시 확정	의결	감사종료 및 공표(통지)	법원결정 및 심리 후 판결(3심제)	유효투표수 과반수 득표시 확정
결과 통지 등	• 지방자치단체의 장 • 지방의회	청구대표자	• 청구대표자 • 지방자치단체의 장	• 주민: 승소 시 실비 청구 • 지방자치단체장: 확정판결조치의무, 손해배상 청구, 변상명령	• 직상실(결과공표 시점) • 중앙·지방자치단체장, 의회, 청구인 대표자, 당사자에게 통지
이의 불복	• 소청 및 주민투표소송 • 재투표			미지불시 손해배상·부당이득반환 청구	• 주민소환투표소송 • 재투표

3 주민의 의무

지방자치단체의 주민은 법령으로 정하는 바에 따라 그 소속 지방자치단체의 ① 비용을 분담할 의무, ② 공공시설의 이용 또는 재산의 사용에 대한 사용료 납부의무, ③ 지방자치단체의 사무에 관한 특별한 관련이 인정되는 경우 수수료 납부의무를 부담한다.

04 지방자치단체의 사무

1 개관

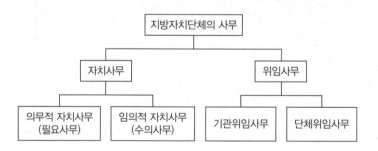

지방자치법

제11조(사무배분의 기본원칙) ① 국가는 지방자치단체가 사무를 종합적·자율적으로 수행할 수 있도록 국가와 지방자치단체 간 또는 지방자치단체 상호 간의 사무를 주민의 편익증진, 집행의 효과 등을 고려하여 서로 중복되지 아니하도록 배분하여야 한다.

② 국가는 제1항에 따라 사무를 배분하는 경우 지역주민생활과 밀접한 관련이 있는 사무는 원칙적으로 시·군 및 자치구의 사무로, 시·군 및 자치구가 처리하기 어려운 사무는 시·도의 사무로, 시·도가 처리하기 어려운 사무는 국가의 사무로 각각 배분하여야 한다.

③ 국가가 지방자치단체에 사무를 배분하거나 지방자치단체가 사무를 다른 지방자치단체에 재배분할 때에는 사무를 배분받거나 재배분받는 지방자치단체가 그 사무를 자기의 책임하에 종합적으로 처리할 수 있도록 관련 사무를 포괄적으로 배분하여야 한다.

제12조(사무처리의 기본원칙) ① 지방자치단체는 사무를 처리할 때 주민의 편의와 복리증진을 위하여 노력하여야 한다.

② 지방자치단체는 조직과 운영을 합리적으로 하고 규모를 적절하게 유지하여야 한다.

③ 지방자치단체는 법령을 위반하여 사무를 처리할 수 없으며, 시·군 및 자치구는 해당 구역을 관할하는 시·도의 조례를 위반하여 사무를 처리할 수 없다.

제13조(지방자치단체의 사무 범위) ① 지방자치단체는 관할 구역의 자치사무와 법령에 따라 지방자치단체에 속하는 사무를 처리한다.

지방자치단체의 사무는 일반적으로 자치사무와 위임사무로 구분되고, 위임사무는 다시 단체위임사무와 기관위임사무로 나누어진다. 엄격한 의미에서 지방자치단체의 사무는 자치사무와 단체위임사무만을 의미하고 기관위임사무는 포함되지 않는다. 이때 어떠한 사무가 고유사무이고 어떠한 사무가 위임사무인지의 구분기준은 획일적으로 말할 수 없으며, 개개의 법령의 규정형식과 사무의 성격 및 내용에 따라 개별적으로 결정할 수밖에 없다.

자치사무와 기관위임사무의 구별기준

법령상 지방자치단체의 장이 처리하도록 규정하고 있는 사무가 자치사무인지 아니면 기관위임사무인지를 판단함에 있어서는 그에 관한 법령의 규정 형식과 취지를 우선 고려하여야 하지만 그 외에도 그 사무의 성질이 전국적으로 통일적인 처리가 요구되는 사무인지 여부나 그에 관한 경비부담과 최종적인 책임귀속의 주체 등도 아울러 고려하여야 한다(대판 2003.4.22, 2002두10483).

2 자치사무

1. 의의

지방자치단체의 존립목적이 되고 있는 지방적 복리사무를 말한다. 지방자치단체는 국가 또는 다른 자치단체의 전권에 속하는 사무를 제외하고는 그 지방주민의 복리에 관한 공공사무를 포괄적으로 처리할 수 있다.

2. 종류

대표적인 자치사무로는 ① 주민의 복리를 증진하기 위하여 시행되는 사무인 공공복리사무(예 공원, 학교, 병원, 도서관, 박물관, 수도사업, 주택, 후생사무 등), ② 지방자치단체의 존립을 위하여 필요한 사무인 단체존립사무(예 지방세, 분담금, 수수료, 사용료 등의 징수사무), ③ 당해 지방자치단체의 재량에 맡겨져 있는 임의적 사무인 '수의사무'(옛) 도서관 설치사무, 농가부업 장려, 버스·지하철사무 등), ④ 지방자치단체가 법령에 의하여 처리할 의무가 있는 사무인 '필요사무'(옛) 오물처리사무, 소방사무, 예방접종 시행, 하천관리사무 등)가 있다.

✚ 판례 PLUS

지방자치단체가 비용 일부를 부담한다고 하여, 국가사무의 성격이 자치사무로 바뀌는 것인지 여부: 소극

하천법은 국가하천의 하천관리청은 국토교통부장관이고, 하천공사와 하천의 유지·보수는 원칙적으로 하천관리청이 시행한다고 정하고 있다. 위와 같은 규정에 따르면, 국가하천에 관한 사무는 다른 법령에 특별한 정함이 없는 한 국가사무로 보아야 한다. 지방자치단체가 비용 일부를 부담한다고 해서 국가사무의 성격이 자치사무로 바뀌는 것은 아니다(대판 2020.12.30, 2020두37406).

학교법인의 임시이사 선임에 관한 교육감의 권한이 자치사무인지 여부: 적극

지방자치법, 지방교육자치에 관한 법률 및 사립학교법의 관련 규정들의 형식과 취지, 임시이사 선임제도의 내용과 성질 등에 비추어 살펴보면, 사립 초등학교·중학교·고등학교 및 이에 준하는 각종 학교를 설치·경영하는 학교법인의 임시이사 선임에 관한 교육감의 권한은 자치사무라고 보는 것이 타당하다(대판 2020.9.3, 2019두58650)

3 위임사무

1. 단체위임사무

(1) 의의: 지방자치단체가 '법령'에 의하여 국가 또는 다른 자치단체로부터 위임받아 행하는 사무를 말하며 단체위임사무는 원래 국가 등의 사무였으나, 법령에 의하여 자치단체의 사무로 전환된 것이다.

(2) 종류: 단체위임사무로는 ① 조세·공과금·하천사용료의 징수사무, ② 시·군의 도세 징수사무 등이 있다.

2. 기관위임사무

(1) 의의: '법령' 등에 의하여 국가 또는 지방자치단체로부터 지방자치단체장에게 처리가 위임된 사무를 말한다. 사무를 수임한 지방자치단체의 장은 당해 지방자치단체의 대표기관으로서의 지위가 아니라, 사무를 위임한 국가 또는 상급 지방자치단체의 하부 행정기관의 지위에서 위임사무를 처리한다.

(2) 종류: 기관위임사무로는 ① 호적사무, ② 경찰사무, ③ 예비군사무, ④ 양곡관리사무, ⑤ 병사사무, ⑥ 선거사무 등이 있다.

05 지방자치단체의 권한

 법령 PLUS

헌법

제117조 ① 지방자치단체는 주민의 복리에 관한 사무를 처리하고 재산을 관리하며, 법령의 범위 안에서 자치에 관한 규정을 제정할 수 있다.

지방자치법

제28조(조례) ① 지방자치단체는 <u>법령의 범위에서</u> 그 사무에 관하여 조례를 제정할 수 있다.

지방자치단체는 주민의 복리에 관한 사무를 처리하고 재산을 관리하며 법령의 범위 안에서 자치에 관한 규정을 제정할 수 있다(헌법 제117조 제1항). 이에 따라 「지방자치법」은 제22조에서 지방자치단체의 '조례제정권'을 규정하고 있다. 주의할 점은 지방자치단체에게 법령의 범위 안에서 자치에 관한 조례제정권이 인정된다고 하더라도, 그 조례의 내용이 주민의 권리를 제한하거나 의무를 부과하는 사항 또는 벌칙에 관한 사항일 때에는 법률의 위임이 있어야 한다는 것이다. 따라서 법령의 범위 안이라 하더라도 모든 자치에 관한 사항을 조례로 정할 수는 없다. 이러한 헌법의 규정에 기초하여 지방자치단체는 자치조직권, 자치행정권, 자치재정권, 자치입법권을 가진다.

1 자치조직권

지방자치단체의 조직을 법령의 범위 안에서 당해 자치단체가 스스로 결정할 수 있는 권한을 말한다. 「지방자치법」은 자치단체의 조직에 관한 기본적인 사항만을 정하고, 그 나머지에 관한 것은 일정한 범위 안에서 당해 자치단체에 맡김으로써 광범위한 자치조직권을 인정하고 있다.

2 자치행정권

지방자치단체는 자치사무와 법령에 의하여 지방자치단체에 속하는 사무를 처리하거나 지방자치단체의 소속공무원에 대한 인사와 처우를 스스로 결정할 수 있는 자치행정권을 가진다.

3 자치재정권

지방자치단체는 그 자치사무와 위임사무의 처리를 위한 경비의 지출의무가 있으므로, 그 경비에 충당하기 위하여 필요한 세입을 확보하고 지출을 관리하는 권한을 가진다.

4 자치입법권

헌법 제117조 제1항은 '지방자치단체는 …(중략)… 법령의 범위 안에서 자치에 관한 규정을 제정할 수 있다'고 규정하여 지방자치단체의 자치입법권을 인정하고 있는바, 자치입법으로는 지방의회가 정하는 조례와 지방자치단체의 장이 정하는 규칙이 있다.

1. 조례

 법령 PLUS

지방자치법

제28조(조례) ① 지방자치단체는 법령의 범위에서 그 사무에 관하여 조례를 제정할 수 있다. 다만, 주민의 권리 제한 또는 의무 부과에 관한 사항이나 벌칙을 정할 때에는 법률의 위임이 있어야 한다.

② 법령에서 조례로 정하도록 위임한 사항은 그 법령의 하위 법령에서 그 위임의 내용과 범위를 제한하거나 직접 규정할 수 없다.

제30조(조례와 규칙의 입법한계) 시·군 및 자치구의 조례나 규칙은 시·도의 조례나 규칙을 위반해서는 아니 된다.

제32조(조례와 규칙의 제정 절차 등) ① 조례안이 지방의회에서 의결되면 지방의회의 의장은 의결된 날부터 5일 이내에 그 지방자치단체의 장에게 이송하여야 한다.

② 지방자치단체의 장은 제1항의 조례안을 이송받으면 20일 이내에 공포하여야 한다.

③ 지방자치단체의 장은 이송받은 조례안에 대하여 이의가 있으면 제2항의 기간에 이유를 붙여 지방의회로 환부(還付)하고, 재의(再議)를 요구할 수 있다. 이 경우 지방자치단체의 장은 조례안의 일부에 대하여 또는 조례안을 수정하여 재의를 요구할 수 없다.

④ 지방의회는 제3항에 따라 재의 요구를 받으면 조례안을 재의에 부치고 재적의원 과반수의 출석과 출석의원 3분의 2 이상의 찬성으로 전(前)과 같은 의결을 하면 그 조례안은 조례로서 확정된다.

⑤ 지방자치단체의 장이 제2항의 기간에 공포하지 아니하거나 재의 요구를 하지 아니하더라도 그 조례안은 조례로서 확정된다.

⑥ 지방자치단체의 장은 제4항 또는 제5항에 따라 확정된 조례를 지체 없이 공포하여야 한다. 이 경우 제5항에 따라 조례가 확정된 후 또는 제4항에 따라 확정된 조례가 지방자치단체의 장에게 이송된 후 5일 이내에 지방자치단체의 장이 공포하지 아니하면 지방의회의 의장이 공포한다.

⑦ 제2항 및 제6항 전단에 따라 지방자치단체의 장이 조례를 공포하였을 때에는 즉시 해당 지방의회의 의장에게 통지하여야 하며, 제6항 후단에 따라 지방의회의 의장이 조례를 공포하였을 때에는 그 사실을 즉시 해당 지방자치단체의 장에게 통지하여야 한다.

⑧ 조례와 규칙은 특별한 규정이 없으면 공포한 날부터 20일이 지나면 효력을 발생한다.

지방자치단체는 법령의 범위 안에서 그 사무에 관하여 조례를 제정할 수 있다. 다만, 주민의 권리 제한 또는 의무 부과에 관한 사항이나 벌칙을 정할 때에는 법률의 위임이 있어야 한다. 지방의회의 조례제정과 관련하여 특히 주의할 점은 조례제정의 범위인바, 지방의회는 원칙적으로 당해 지방자치단체의 자치사무와 단체위임사무에 대해서만 조례를 제정할 수 있고, 기관위임사무에 대해서는 조례를 제정할 수 없다. 다만, 예외적으로 비록 기관위임사무에 관한 사항이라도 상위 법령에서 조례로 정하도록 규정한 때에는 기관위임사무에 대한 조례제정도 가능한데, 이를 특별히 '위임조례'라고 한다(대판 2000.5.30, 99추85). 또한 법률에서 조례로 정할 사항을 위임할 경우에는 법규명령으로 위임할 때와는 달리 포괄적 위임도 가능하다(헌재 1995.4.20, 92헌마264). 조례로 정할 사항을 규칙으로 정하거나 규칙으로 정할 사항을 조례로 정한 경우, 그것은 무효가 된다.

 판례 PLUS

조례에 대한 법률의 포괄적 위임 허용 여부: 적극
조례의 제정권자인 지방의회는 선거를 통해서 그 지역적인 민주적 정당성을 지니고 있는 주민의 대표기관이고 헌법이 지방자치단체에 포괄적인 자치권을 보장하고 있는 취지로 볼 때, 조례에 대한 법률의 위임은 법규명령에 대한 법률의 위임과 같이 반드시 구체적으로 범위를 정하여 할 필요가 없으며 포괄적인 것으로 족하다(헌재 1995.4.20, 92헌마264).

OX 문제

01 기관위임사무는 법령에 의하여 특별히 위임받은 경우를 제외하고는 조례로 이를 규율할 수 없다. ( )

정답 01 ○

2. 규칙

> **법령 PLUS**
>
> **지방자치법**
> **제29조(규칙)** 지방자치단체의 장은 <u>법령 또는 조례의 범위에서</u> 그 권한에 속하는 사무에 관하여 규칙을 제정할 수 있다.

규칙은 지방자치단체의 장이 '법령이나 조례의 범위에서' 그 권한에 속하는 사무에 관하여 제정하는 법규범을 말한다. 다만 교육과 학예에 관한 사항은 교육감이 규칙의 제정권자이다.

06 지방자치단체의 기관

1 지방자치단체의 기관구성의 형태

1. 기관통합형

의원내각제 정부형태와 유사한 구조로, 의결기능과 집행기능을 통합하여 구성하는 지방정부형태를 의미한다. 의결기능과 집행기능이 통합되어 수행되므로 의결기관과 집행기관 간의 갈등과 대립이 적고, 민주정치와 책임행정의 구현이 용이하며, 비교적 소규모의 자치단체에 적합하다.

2. 기관대립형

대통령 중심제 정부형태와 유사한 구조로, 의결기능과 집행기능이 분리하여 구성하는 지방정부형태를 의미한다. 의결기능과 집행기능이 분리되어 수행되므로 의결기관과 집행기관 간의 갈등과 대립이 나타나기 쉽고, 견제와 균형의 원리에 입각하여 권력의 분산화가 이루어지며, 업무의 분담으로 인하여 전문성의 제고를 가져올 수 있어 비교적 대규모의 자치단체에 적합하다.

3. 우리나라의 경우

우리나라의 지방자치단체의 기관구성의 형태는 기관대립형을 원칙으로 하고 있다. 아래에서는 집행기관으로서의 지방자치단체 장과 의결기관으로서의 지방의회에 대하여 차례로 살펴보기로 한다.

2 지방의회

1. 지방의회의 구성 및 지위

지방의회는 지방의회의원들로 구성되는데, 지방의회의원들은 주민의 보통·평등·직접·비밀선거에 의하여 선출되고, 임기는 4년이다. 지방의회의원으로 구성되는 지방의회는 지방자치단체의 의결기관이고, 헌법기관이다.

2. 지방의회의 권한

지방의회는 ① 지방자치단체의 의결기관으로서 의결권, ② 지방자치단체의 행정사무에 대한 감사·조사권, ③ 지방자치단체의 장 또는 관계공무원에 대한 지방의회 또는 그 위원회에의 출석·답변 및 서류제출요구권, ④ 지방자치단체의 장의 선결처분에 대한 승인권, ⑤ 지방의회의 의장·부의장·임시의장의 선거권, ⑥ 청원의 수리·처리권, ⑦ 자율권 등이 있다.

(1) 의결권: 지방의회는 지방자치단체의 의결기관으로서 각종 의결권을 가진다. 대표적인 의결권으로는, ① 조례의 제정·개정 및 개폐권, ② 지방자치단체의 예산의 심의·확정권, ③ 집행기관의 결산보고에 대한 승인권, ④ 법령에 규정된 것을 제외한 사용료·수수료·분담금·지방세 또는 가입금의 부과와 징수, ⑤ 기금의 설치·운용, ⑥ 대통령령으로 정하는 중요 재산의 취득·처분 또는 공공시설의 설치·처분, ⑦ 법령과 조례에 규정된 것을 제외한 예산 외의 의무부담이나 권리의 포기, ⑧ 청원의 수리와 처리, ⑨ 외국지방자치단체와의 교류협력에 관한 사항, ⑩ 기타 법령에 의하여 그 권한에 속하는 사항이 있다.

➕ 법령 PLUS

지방자치법

제47조(지방의회의 의결사항) ① 지방의회는 다음 각 호의 사항을 의결한다.
1. 조례의 제정·개정 및 폐지
2. 예산의 심의·확정
3. 결산의 승인
4. 법령에 규정된 것을 제외한 사용료·수수료·분담금·지방세 또는 가입금의 부과와 징수
5. 기금의 설치·운용
6. 대통령령으로 정하는 중요 재산의 취득·처분
7. 대통령령으로 정하는 공공시설의 설치·처분
8. 법령과 조례에 규정된 것을 제외한 예산 외의 의무부담이나 권리의 포기
9. 청원의 수리와 처리
10. 외국 지방자치단체와의 교류·협력
11. 그 밖에 법령에 따라 그 권한에 속하는 사항
② 지방자치단체는 제1항 각 호의 사항 외에 조례로 정하는 바에 따라 지방의회에서 의결되어야 할 사항을 따로 정할 수 있다.

(2) 행정사무에 대한 감사·조사권: 지방자치단체의 각종 행정사무에 대한 감사 및 조사권을 가진다. 이는 국회의 국정감사 및 조사권에 대응하는 지방의회의 권한이다.

(3) 출석·답변 및 서류제출요구권: 지방자치단체의 장 또는 관계공무원에 대한 지방의회 또는 그 위원회에의 출석·답변 및 서류제출요구권을 가진다.

(4) 지방자치단체의 장의 선결처분에 대한 승인권: 지방자치단체의 장의 선결처분에 대한 승인권을 가진다.

(5) 선거권: 의장·부의장·임시의장을 선출하고, 지방의회의 위원회 위원을 선임하며, 결산검사위원을 선임한다.

(6) **청원의수리 및 처리권**: 지방의회에 대한 주민의 청원을 수리하여 신속히 심사하여 처리하여야 하고, 그 결과를 청원인에게 통지하여야 한다. 다만, 재판에 간섭하거나 법령에 위배되는 내용의 청원은 수리하지 아니한다.

(7) **자율권**:그 조직, 의원의 신분, 운영 등의 사항에 대하여 스스로 결정하고 규제할 수 있는 권한을 가진다. 가령, ① 의사자율권, ② 내부징계권, ③ 의원의 자격심사권 등이 그것이다.

3. 지방의회의 운영

(1) 지방의회의 회의(정례회와 임시회)

 법령 PLUS

지방자치법

제53조(정례회) ① 지방의회는 매년 2회 정례회를 개최한다.

제54조(임시회) ③ 지방의회의 의장은 지방자치단체의 장이나 조례로 정하는 수 이상의 지방의회의원이 요구하면 15일 이내에 임시회를 소집하여야 한다. 다만, 지방의회의 의장과 부의장이 부득이한 사유로 임시회를 소집할 수 없을 때에는 지방의회의원 중 최다선의원이, 최다선의원이 2명 이상인 경우에는 그 중 연장자의 순으로 소집할 수 있다.

(2) 지방의회의 회기

 법령 PLUS

지방자치법

제56조(개회 · 휴회 · 폐회와 회의일수) ① 지방의회의 개회 · 휴회 · 폐회와 회기는 지방의회가 의결로 정한다.
② 연간 회의 총일수와 정례회 및 임시회의 회기는 해당 지방자치단체의 조례로 정한다.

4. 지방의회의원의 의무

지방의회의원은 ① 공익우선의무, ② 청렴의무, ③ 품위유지의무, ④ 이권개입금지의무 등을 진다.

3 지방자치단체의 장

1. 지방자치단체장의 지위

 법령 PLUS

지방자치법

제107조(지방자치단체의 장의 선거) 지방자치단체의 장은 주민이 보통 · 평등 · 직접 · 비밀선거로 선출한다.
제108조(지방자치단체의 장의 임기) 지방자치단체의 장의 임기는 4년으로 하며, 3기 내에서만 계속 재임(在任)할 수 있다.

2. 지방자치단체장의 권한

지방자치단체의 장은 ① 규칙제정권, ② 지방자치단체의 통할대표권, ③ 지방자치사무의 관리 및 집행권, ④ 행정의 지휘·감독 및 소속직원의 임면, 지휘·감독권, ⑤ 선결처분권, ⑥ 지방의회의 의결에 대한 재의 요구권 및 제소권 등을 가진다.

(1) 규칙제정권

 법령 PLUS

지방자치법

제23조(규칙) 지방자치단체의 장은 법령이나 조례가 위임한 범위에서 그 권한에 속하는 사무에 관하여 규칙을 제정할 수 있다.

(2) 통할대표권

 법령 PLUS

지방자치법

제114조(지방자치단체의 통할대표권) 지방자치단체의 장은 <u>지방자치단체를 대표하고, 그 사무를 총괄한다</u>.

(3) 사무의 관리 및 집행권

 법령 PLUS

지방자치법

제116조(사무의 관리 및 집행권) 지방자치단체의 장은 <u>그 지방자치단체의 사무와 법령에 따라 그 지방자치단체의 장에게 위임된 사무</u>를 관리하고 집행한다.

(4) 지방자치단체 직원에 대한 임면권 등: 따라서 조례에 의하여 설치된 위원회의 위원을 지방의회의 의장이 임명하도록 하는 조례규정을 제정하는 것은 지방자치단체의 장의 인사권으로서의 지방자치단체직원에 대한 임면권을 침해하는 것으로 허용되지 않지만, 지방자치단체의 장이 조례에 의하여 설치된 위원회의 위원을 임명·위촉할 때에 지방의회의 동의를 받도록 하는 것은 가능하다.

 법령 PLUS

지방자치법

제118조(직원에 대한 임면권 등) 지방자치단체의 장은 <u>소속 직원(지방의회의 사무직원은 제외한다)을 지휘·감독하고 법령과 조례·규칙으로 정하는 바에 따라 그 임면·교육훈련·복무·징계 등에 관한 사항</u>을 처리한다.

(5) 선결처분권

 법령PLUS

지방자치법

제122조(지방자치단체의 장의 선결처분) ① 지방자치단체의 장은 지방의회가 지방의회의원이 구속되는 등의 사유로 제73조에 따른 의결정족수에 미달될 때와 지방의회의 의결사항 중 주민의 생명과 재산 보호를 위하여 긴급하게 필요한 사항으로서 지방의회를 소집할 시간적 여유가 없거나 지방의회에서 의결이 지체되어 의결되지 아니할 때에는 선결처분(先決處分)을 할 수 있다.
② 제1항에 따른 선결처분은 지체 없이 지방의회에 보고하여 승인을 받아야 한다.
③ 지방의회에서 제2항의 승인을 받지 못하면 그 선결처분은 그때부터 효력을 상실한다.
④ 지방자치단체의 장은 제2항이나 제3항에 관한 사항을 지체 없이 공고하여야 한다.

(6) 지방의회의 의결에 대한 재의 요구권 및 제소권

 법령PLUS

지방자치법

제120조(지방의회의 의결에 대한 재의 요구와 제소) ① 지방자치단체의 장은 지방의회의 의결이 월권이거나 법령에 위반되거나 공익을 현저히 해친다고 인정되면 그 의결사항을 이송받은 날부터 20일 이내에 이유를 붙여 재의를 요구할 수 있다.
② 제1항의 요구에 대하여 재의한 결과 재적의원 과반수의 출석과 출석의원 3분의 2 이상의 찬성으로 전과 같은 의결을 하면 그 의결사항은 확정된다.
③ 지방자치단체의 장은 제2항에 따라 재의결된 사항이 법령에 위반된다고 인정되면 대법원에 소(訴)를 제기할 수 있다. 이 경우에는 제192조 제4항을 준용한다.
제121조(예산상 집행 불가능한 의결의 재의 요구) ① 지방자치단체의 장은 지방의회의 의결이 예산상 집행할 수 없는 경비를 포함하고 있다고 인정되면 그 의결사항을 이송받은 날부터 20일 이내에 이유를 붙여 재의를 요구할 수 있다.
② 지방의회가 다음 각 호의 어느 하나에 해당하는 경비를 줄이는 의결을 할 때에도 제1항과 같다.
　　1. 법령에 따라 지방자치단체에서 의무적으로 부담하여야 할 경비
　　2. 비상재해로 인한 시설의 응급 복구를 위하여 필요한 경비
③ 제1항과 제2항의 경우에는 제120조 제2항을 준용한다.

07 지방자치단체에 대한 국가의 감독

1 국가의 감독의 필요성

지방자치단체는 국가와는 별개의 공법인으로, 자치권을 갖는 독립성이 있는 동시에 국가조직 안에서 국가행정을 담당하는 유기적 기관이기 때문에 지방자치의 건전한 육성·발전을 위하여 국가의 감독 또는 보호가 필요하다.

2 국가의 감독의 유형

1. 국회에 의한 감독

헌법은 지방자치단체의 종류, 지방의회의 조직·권한·의원선거와 지방자치단체의 장의 선임방법 기타 지방자차단체의 조직과 운영에 관한 사항을 법률로 정하도록 규정하고 있으므로 국회는 이들 사항에 대한 내용을 법률로 정함에 있어서 감독권을 가진다.

2. 법원에 의한 감독

법원은 지방자치단체 및 그 기관과 관련된 각종의 소송을 통해서 지방자치단체의 활동에 관여하는데, 자치단체의 장의 처분에 대한 항고소송, 「지방자치법」상의 항고소송, 지방자치단체에 대한 공법상의 법률관계에 관한 당사자소송 및 지방자치법상의 기관소송 등이 그것이다.

3. 상위행정관청에 의한 감독

지방자치단체의 상위행정관청은 ① 의무이행강제권, ② 사무·회계감사·보고, ③ 승인·징계처분, ④ 위법한 명령처분의 취소·정지권, ⑤ 조언과 권고 등을 통해서 감독이 가능하다.

3 지방자치법상 지방자치단체에 대한 적법성 통제

1. 지방자치단체의 장의 위법·부당한 명령이나 처분의 시정

 법령 PLUS

지방자치법

제188조(위법·부당한 명령이나 처분의 시정) ① 지방자치단체의 사무에 관한 지방자치단체의 장(제103조 제2항에 따른 사무의 경우에는 지방의회의 의장을 말한다. 이하 이 조에서 같다)의 명령이나 처분이 법령에 위반되거나 현저히 부당하여 공익을 해친다고 인정되면 시·도에 대해서는 <u>주무부장관이, 시·군 및 자치구</u>에 대해서는 시·도지사가 기간을 정하여 서면으로 시정할 것을 명하고, 그 기간에 이행하지 아니하면 이를 취소하거나 정지할 수 있다.

② 주무부장관은 지방자치단체의 사무에 관한 시장·군수 및 자치구의 구청장의 명령이나 처분이 법령에 위반되거나 현저히 부당하여 공익을 해침에도 불구하고 시·도지사가 제1항에 따른 시정명령을 하지 아니하면 <u>시·도지사에게 기간을 정하여 시정명령을 하도록</u> 명할 수 있다.

③ 주무부장관은 시·도지사가 제2항에 따른 기간에 시정명령을 하지 아니하면 제2항에 따른 기간이 지난 날부터 7일 이내에 직접 시장·군수 및 자치구의 구청장에게 기간을 정하여 서면으로 시정할 것을 명하고, 그 기간에 이행하지 아니하면 주무부장관이 시장·군수 및 자치구의 구청장의 명령이나 처분을 취소하거나 정지할 수 있다.

④ 주무부장관은 시·도지사가 시장·군수 및 자치구의 구청장에게 제1항에 따라 시정명령을 하였으나 이를 이행하지 아니한 데 따른 취소·정지를 하지 아니하는 경우에는 시·도지사에게 기간을 정하여 시장·군수 및 자치구의 구청장의 명령이나 처분을 취소하거나 정지할 것을 명하고, 그 기간에 이행하지 아니하면 주무부장관이 이를 직접 취소하거나 정지할 수 있다.

⑤ 제1항부터 제4항까지의 규정에 따른 자치사무에 관한 명령이나 처분에 대한 주무부장관 또는 시·도지사의 시정명령, 취소 또는 정지는 법령을 위반한 것에 한정한다.

⑥ 지방자치단체의 장은 제1항, 제3항 또는 제4항에 따른 자치사무에 관한 명령이나 처분의 취소 또는 정지에 대하여 이의가 있으면 그 취소처분 또는 정지처분을 통보받은 날부터 15일 이내에 대법원에 소를 제기할 수 있다.

주무부장관은 자치사무에 관한 시장·군수 및 자치구의 구청장의 명령이나 처분이 법령에 위반됨에도 불구하고 시·도지사가 시정명령을 하지 아니하면 시·도지사에게 시정명령을 하도록 명할 수 있고, 시·도지사가 시정명령을 하지 아니하면 주무부장관이 직접 시정명령과 명령·처분에 대한 취소·정지를 할 수 있다.

2. 지방자치단체의 장에 대한 직무이행명령

 법령PLUS

지방자치법

제189조(지방자치단체의 장에 대한 직무이행명령) ① 지방자치단체의 장이 법령에 따라 그 의무에 속하는 국가위임사무나 시·도위임사무의 관리와 집행을 명백히 게을리하고 있다고 인정되면 시·도에 대해서는 주무부장관이, 시·군 및 자치구에 대해서는 시·도지사가 기간을 정하여 서면으로 이행할 사항을 명령할 수 있다.

② 주무부장관이나 시·도지사는 해당 지방자치단체의 장이 제1항의 기간에 이행명령을 이행하지 아니하면 그 지방자치단체의 비용부담으로 대집행 또는 행정상·재정상 필요한 조치(이하 이 조에서 "대집행등"이라 한다)를 할 수 있다. 이 경우 행정대집행에 관하여는 「행정대집행법」을 준용한다.

③ 주무부장관은 시장·군수 및 자치구의 구청장이 법령에 따라 그 의무에 속하는 국가위임사무의 관리와 집행을 명백히 게을리하고 있다고 인정됨에도 불구하고 시·도지사가 제1항에 따른 이행명령을 하지 아니하는 경우 시·도지사에게 기간을 정하여 이행명령을 하도록 명할 수 있다.

④ 주무부장관은 시·도지사가 제3항에 따른 기간에 이행명령을 하지 아니하면 제3항에 따른 기간이 지난 날부터 7일 이내에 직접 시장·군수 및 자치구의 구청장에게 기간을 정하여 이행명령을 하고, 그 기간에 이행하지 아니하면 주무부장관이 직접 대집행등을 할 수 있다.

⑤ 주무부장관은 시·도지사가 시장·군수 및 자치구의 구청장에게 제1항에 따라 이행명령을 하였으나 이를 이행하지 아니한 데 따른 대집행등을 하지 아니하는 경우에는 시·도지사에게 기간을 정하여 대집행등을 하도록 명하고, 그 기간에 대집행등을 하지 아니하면 주무부장관이 직접 대집행등을 할 수 있다.

⑥ 지방자치단체의 장은 제1항 또는 제4항에 따른 이행명령에 이의가 있으면 이행명령서를 접수한 날부터 15일 이내에 대법원에 소를 제기할 수 있다. 이 경우 지방자치단체의 장은 이행명령의 집행을 정지하게 하는 집행정지결정을 신청할 수 있다.

---

3. 지방자치단체에 대한 감사

 법령 PLUS

지방자치법

제190조(지방자치단체의 자치사무에 대한 감사) ① 행정안전부장관이나 시·도지사는 지방자치단체의 자치사무에 관하여 보고를 받거나 서류·장부 또는 회계를 감사할 수 있다. 이 경우 감사는 법령 위반사항에 대해서만 한다.

② 행정안전부장관 또는 시·도지사는 제1항에 따라 감사를 하기 전에 해당 사무의 처리가 법령에 위반되는지 등을 확인하여야 한다.

제191조(지방자치단체에 대한 감사 절차 등) ① 주무부장관, 행정안전부장관 또는 시·도지사는 이미 감사원 감사 등이 실시된 사안에 대해서는 새로운 사실이 발견되거나 중요한 사항이 누락된 경우 등 대통령령으로 정하는 경우를 제외하고는 감사 대상에서 제외하고 종전의 감사 결과를 활용하여야 한다.

② 주무부장관과 행정안전부장관은 다음 각 호의 어느 하나에 해당하는 감사를 하려고 할 때에는 지방자치단체의 수감부담을 줄이고 감사의 효율성을 높이기 위하여 같은 기간 동안 함께 감사를 할 수 있다.

　1. 제185조에 따른 주무부장관의 위임사무 감사

　2. 제190조에 따른 행정안전부장관의 자치사무 감사

③ 제185조, 제190조 및 이 조 제2항에 따른 감사의 절차·방법 등에 관하여 필요한 사항은 대통령령으로 정한다.

4. 지방의회의 의결에 대한 재의요구

 법령 PLUS

지방자치법

제192조(지방의회 의결의 재의와 제소) ① 지방의회의 의결이 법령에 위반되거나 공익을 현저히 해친다고 판단되면 시·도에 대해서는 주무부장관이, 시·군 및 자치구에 대해서는 시·도지사가 해당 지방자치단체의 장에게 재의를 요구하게 할 수 있고, 재의 요구 지시를 받은 지방자치단체의 장은 의결사항을 이송받은 날부터 20일 이내에 지방의회에 이유를 붙여 재의를 요구하여야 한다.

② 시·군 및 자치구의회의 의결이 법령에 위반된다고 판단됨에도 불구하고 시·도지사가 제1항에 따라 재의를 요구하게 하지 아니한 경우 주무부장관이 직접 시장·군수 및 자치구의 구청장에게 재의를 요구하게 할 수 있고, 재의 요구 지시를 받은 시장·군수 및 자치구의 구청장은 의결사항을 이송받은 날부터 20일 이내에 지방의회에 이유를 붙여 재의를 요구하여야 한다.

③ 제1항 또는 제2항의 요구에 대하여 재의한 결과 재적의원 과반수의 출석과 출석의원 3분의 2 이상의 찬성으로 전과 같은 의결을 하면 그 의결사항은 확정된다.

④ 지방자치단체의 장은 제3항에 따라 재의결된 사항이 법령에 위반된다고 판단되면 재의결된 날부터 20일 이내에 대법원에 소를 제기할 수 있다. 이 경우 필요하다고 인정되면 그 의결의 집행을 정지하게 하는 집행정지결정을 신청할 수 있다.

⑤ 주무부장관이나 시·도지사는 재의결된 사항이 법령에 위반된다고 판단됨에도 불구하고 해당 지방자치단체의 장이 소를 제기하지 아니하면 시·도에 대해서는 주무부장관이, 시·군 및 자치구에 대해서는 시·도지사(제2항에 따라 주무부장관이 직접 재의 요구 지시를 한 경우에는 주무부장관을 말한다. 이하 이 조에서 같다)가 그 지방자치단체의 장에게 제소를 지시하거나 직접 제소 및 집행정지결정을 신청할 수 있다.

⑥ 제5항에 따른 제소의 지시는 제4항의 기간이 지난 날부터 7일 이내에 하고, 해당 지방자치단체의 장은 제소 지시를 받은 날부터 7일 이내에 제소하여야 한다.

⑦ 주무부장관이나 시·도지사는 제6항의 기간이 지난 날부터 7일 이내에 제5항에 따른 직접 제소 및 집행정지결정을 신청할 수 있다.

⑧ 제1항 또는 제2항에 따라 지방의회의 의결이 법령에 위반된다고 판단되어 주무부장관이나 시·도지사로부터 재의 요구 지시를 받은 해당 지방자치단체의 장이 재의를 요구하지 아니하는 경우(법령에 위반되는 지방의회의 의결사항이 조례안인 경우로서 재의 요구 지시를 받기 전에 그 조례안을 공포한 경우를 포함한다)에는 주무부장관이나 시·도지사는 제1항 또는 제2항에 따른 기간이 지난 날부터 7일 이내에 대법원에 직접 제소 및 집행정지 결정을 신청할 수 있다.

⑨ 제1항 또는 제2항에 따른 지방의회의 의결이나 제3항에 따라 재의결된 사항이 둘 이상의 부처와 관련되거나 주무부장관이 불분명하면 행정안전부장관이 재의 요구 또는 제소를 지시하거나 직접 제소 및 집행정지 결정을 신청할 수 있다.

주무부장관은 시·군 및 자치구의회의 의결이 법령에 위반됨에도 불구하고 시·도지사가 재의를 요구하게 하지 아니하면 시장·군수 및 자치구의 구청장에게 재의를 요구하게 할 수 있다.

CHAPTER 04 공무원법

01 서설

1 공무원의 개념과 공무원제도

1. 공무원의 개념

공무원이란 직접 또는 간접적으로 국민에 의하여 선출 또는 임용되어 국가나 공공단체와 공법상의 근무관계를 맺고 공공적 업무를 담당하고 있는 사람을 말한다.

2. 공무원제도의 기본원칙

(1) 민주적 공무원제도

 법령 PLUS

헌법
제7조 ① 공무원은 국민전체에 대한 봉사자이며, 국민에 대하여 책임을 진다.

(2) **직업공무원제도**: 공무원은 국가조직의 인적 요소이며 법적 단위로서 특별한 법적 지위가 인정되고 있는 전문적 · 기술적 행정을 담당하는 전문가적 기관이라 할 수 있다. 따라서 공무원의 능력을 최대한으로 발휘하도록 하기 위해서는 공무원의 신분과 정치적 중립성을 법률로 보장하도록 하고 있다(헌법 제7조 제2항).

 법령 PLUS

헌법
제7조 ② 공무원의 신분과 정치적 중립성은 법률이 정하는 바에 의하여 보장된다.

판례 PLUS

국가배상법 제2조 소정의 '공무원'의 의미
국가배상법 제2조 소정의 '공무원'이라 함은 국가공무원법이나 지방공무원법에 의하여 공무원으로서의 신분을 가진 자에 국한하지 않고, 널리 공무를 위탁받아 실질적으로 공무에 종사하고 있는 일체의 자를 가리키는 것으로서, 공무의 위탁이 일시적이고 한정적인 사항에 관한 활동을 위한 것이어도 달리 볼 것은 아니다. 지방자치단체가 '교통할아버지 봉사활동 계획'을 수립한 후 관할 동장으로 하여금 '교통할아버지'를 선정하게 하여 어린이 보호, 교통안내, 거리질서 확립 등의 공무를 위탁하여 집행하게 하던 중 '교통할아버지'로 선정된 노인이 위탁받은 업무 범위를 넘어 교차로 중앙에서 교통정리를 하다가 교통사고를 발생시킨 경우, 지방자치단체가 국가배상법 제2조 소정의 배상책임을 부담한다(대판 2001.1.5, 98다39060).

2 공무원의 종류

1. 국가공무원과 지방공무원

공무원은 공무원법상 국가공무원과 지방공무원으로 구분된다. 국가공무원은 국가에 의하여 임용되고 국가기관에서 근무하며 국가로부터 보수를 받고 「국가공무원법」의 적용을 받는다. 지방공무원은 지방자치단체에 의하여 임용되고 지방자치단체에 근무하며 지방자치단체로부터 보수를 받고 「지방공무원법」의 적용을 받는다. 그러나 국가공무원법의 내용과 지방공무원법의 내용이 대부분 동일하므로 이러한 차이는 현실적으로 크지 않다.

2. 경력직공무원과 특수경력직공무원

 법령 PLUS

국가공무원법

제2조(공무원의 구분) ① 국가공무원(이하 "공무원"이라 한다)은 경력직공무원과 특수경력직공무원으로 구분한다.
② "경력직공무원"이란 실적과 자격에 따라 임용되고 그 신분이 보장되며 평생 동안(근무기간을 정하여 임용하는 공무원의 경우에는 그 기간 동안을 말한다) 공무원으로 근무할 것이 예정되는 공무원을 말하며, 그 종류는 다음 각 호와 같다.
  1. 일반직공무원: 기술·연구 또는 행정 일반에 대한 업무를 담당하는 공무원
  2. 특정직공무원: 법관, 검사, 외무공무원, 경찰공무원, 소방공무원, 교육공무원, 군인, 군무원, 헌법재판소 헌법연구관, 국가정보원의 직원과 특수 분야의 업무를 담당하는 공무원으로서 다른 법률에서 특정직공무원으로 지정하는 공무원
  3. 삭제
③ "특수경력직공무원"이란 경력직공무원 외의 공무원을 말하며, 그 종류는 다음 각 호와 같다.
  1. 정무직공무원
    가. 선거로 취임하거나 임명할 때 국회의 동의가 필요한 공무원
    나. 고도의 정책결정 업무를 담당하거나 이러한 업무를 보조하는 공무원으로서 법률이나 대통령령(대통령비서실 및 국가안보실의 조직에 관한 대통령령만 해당한다)에서 정무직으로 지정하는 공무원
  2. 별정직공무원: 비서관·비서 등 보좌업무 등을 수행하거나 특정한 업무 수행을 위하여 법령에서 별정직으로 지정하는 공무원

공무원은 「국가공무원법」 제2조와 「지방공무원법」 제2조에 따라 경력직공무원과 특수경력직공무원으로 구분된다. 경력직공무원은 실적과 자격에 의하여 임용되고 그 신분이 보장되며 평생토록 공무원으로 근무할 것이 예정되어 있는 공무원으로서, 헌법 제7조 제2항의 '공무원의 신분과 정치적 중립성은 법률이 정하는 바에 의하여 보장된다.'는 규정에서의 공무원은 여기의 경력직공무원을 말한다. 경력직공무원은 다시 일반직공무원과 특정직공무원으로 나누어지고, 특수경력직공무원은 정무직공무원과 별정직공무원으로 나누어진다.

1 공무원관계의 발생

1. 공무원의 임명

(1) **의의:** 공무원의 임명이란 국가 또는 공공단체와 자연인 사이에 공무원관계를 설정하는 권력작용으로서의 성격과 비권력작용으로서의 성격이 결합된 공법상의 행위를 말한다.

(2) **법적성질:** 공무원의 임명의 법적성질에 대해서는 공법상 계약이라는 견해와 쌍방적 행정행위라는 견해가 대립하고 있으나, 쌍방적 행정행위라는 견해가 통설 · 판례이다.

(3) **사령장(= 임명장)의 교부:** 임용의 방식은 사령장(= 임명장)을 임명된 사람에게 교부함이 원칙이나, 사령장의 교부가 임명의 유효요건은 아니다.

2. 공무원의 임명의 결격사유

 법령 PLUS

국가공무원법

제33조(결격사유) 다음 각 호의 어느 하나에 해당하는 자는 공무원으로 임용될 수 없다.
1. 피성년후견인 또는 피한정후견인
2. 파산선고를 받고 복권되지 아니한 자
3. 금고 이상의 실형을 선고받고 그 집행이 종료되거나 집행을 받지 아니하기로 확정된 후 5년이 지나지 아니한 자
4. 금고 이상의 형을 선고받고 그 집행유예 기간이 끝난 날부터 2년이 지나지 아니한 자
5. 금고 이상의 형의 선고유예를 받은 경우에 그 선고유예 기간 중에 있는 자
6. 법원의 판결 또는 다른 법률에 따라 자격이 상실되거나 정지된 자
6의2. 공무원으로 재직기간 중 직무와 관련하여 「형법」 제355조 및 제356조에 규정된 죄를 범한 자로서 300만 원 이상의 벌금형을 선고받고 그 형이 확정된 후 2년이 지나지 아니한 자
7. 징계로 파면처분을 받은 때부터 5년이 지나지 아니한 자
8. 징계로 해임처분을 받은 때부터 3년이 지나지 아니한 자

 판례 PLUS

공무원 임용관련 판례

1. 공무원 임용결격사유의 법적 효과

국가공무원법에 규정되어 있는 공무원임용결격사유는 공무원으로 임용되기 위한 절대적인 소극적 요건으로서 공무원임용결격사유가 있는지의 여부는 채용후보자 명부에 등록한 때가 아닌 임용당시에 시행되던 법률을 기준으로 하여 판단할 것이며, 임용당시 공무원임용결격사유가 있었다면 비록 국가의 과실에 의하여 임용결격자임을 밝혀내지 못하였다 하더라도 그 임용행위는 당연무효로 보아야 하고, 국가가 사후에 결격사유가 있는 자임을 발견하고 공무원임용행위를 취소함은 당사자에게 원래의 임용행위가 당초부터 당연무효이었음을 통지하여 확인시켜 주는 행위에 지나지 아니하는 것으로 보아야 하므로 신의칙 내지 신뢰의 원칙을 적용할 수 없고, 그러한 의미의 취소권은 시효로 소멸되는 것도 아니며 또한 당연무효인 임용결격자에 대한 임용행위에 의하여는 공무원의 신분을 취득하거나 근로고용관계가 성립될 수 없는 것이므로 임용결격자가 공무원으로 임명되어 사실상 근무하여 왔다 하더라도 그러한 피임용자는 위 법률 소정의 퇴직금 청구를 할 수 없다(대판 1987.4.14, 86누459).

2. 직위해제 중에 자격정지 이상의 형의 선고유예를 받아 당연퇴직된 경찰공무원에게 임용권자가 복직처분을 한 경우, 경찰공무원의 신분이 회복되는지 여부: 소극

직위해제처분은 형사사건으로 기소되는 등 국가공무원법 제73조의2 제1항 각 호에 정하는 귀책사유가 있을 때 당해 공무원에게 직위를 부여하지 아니하는 처분이고, 복직처분은 직위해제사유가 소멸되었을 때 직위해제된 공무원에게 국가공무원법 규정에 의하여 다시 직위를 부여하는 처분일 뿐, 이들 처분들이 공무원의 신분을 박탈하거나 설정하는 처분은 아닌 것이므로, 임용권자가 임용결격사유의 발생 사실을 알지 못하고 직위해제되어 있던 중 임용결격사유가 발생하여 당연퇴직된 자에게 복직처분을 하였다고 하더라도 이 때문에 그 자가 공무원의 신분을 회복하는 것은 아니라 할 것이다(대판 1997.7.8, 96누4275).

2 공무원관계의 변경

1. 승진

동일직렬 내에서 하위직급(계급)에서 상위직급(계급)으로 임용되는 것을 말한다.

2. 전보

공무원이 동일직급 내에서 보직을 변경하는 것을 말하며, 임용일로부터 6개월 이내에는 전보할 수 없음이 원칙이다.

3. 전직(= 직렬변경)

공무원이 직렬을 달리하여 임용되는 것을 말하며, 전직은 일정한 제한 아래에서만 가능하고, 전직시험을 거쳐야 한다.

4. 복직

휴직 · 직위해제 또는 정직 중에 있는 공무원을 직위에 복귀시키는 것을 말한다.

5. 강임(= 직제변경으로 인한 하위직급으로의 변경)

직제의 변경으로 동일직렬 내에서 하위직급의 직위에 임명되거나 하위직급이 없는 경우 다른 직렬의 하위직급으로 임명하는 것을 말한다.

6. 강등(= 징계로 인한 하위직급으로의 변경)

징계의 일종으로 1계급 아래로 내리고, 공무원의 신분은 보유하나 3개월간 직무에 종사하지 못하며, 그 기간 중 보수는 전액을 감한다.

7 휴직

공무원으로서의 신분을 보유하면서 일정한 기간 동안 직무담당을 해제하는 것을 말한다. 휴직사유에는, ① 「병역법」상 징집과 소집, ② 생사불명, ③ 소재불명, ④ 법적 의무수행 등이 있다.

8. 직위해제

(1) 의의

① 일정한 사유가 발생한 경우에 임용권자가 직위만을 부여하지 아니하는 조치로서, 휴직과는 달리 제재적 성격을 가지는 보직의 해제이며, 복직이 보장되지 않는 처분이다.

② 직위해제는 징계의 유형에는 해당하지 않으므로, 직위해제와 징계처분이 병과되더라도 이중 처벌에 해당하지 않는다.

 판례 PLUS

> **직위해제처분의 효과**
> 직위해제처분이 공무원에 대한 불이익한 행위이긴 하나 징계처분과 같은 성질의 처분이라 할 수 없으므로 동일한 사유로 직위해제 처분을 하고 다시 감봉처분을 하였다 하여 일사부재리원칙에 위배된다 할 수 없다(대판 1983.10.25, 83누184).

(2) 직위해제의 사유

 법령 PLUS

국가공무원법

제73조의3(직위해제) ① 임용권자는 다음 각 호의 어느 하나에 해당하는 자에게는 직위를 부여하지 아니할 수 있다.

1. 삭제
2. 직무수행 능력이 부족하거나 근무성적이 극히 나쁜 자
3. 파면·해임·강등 또는 정직에 해당하는 징계 의결이 요구 중인 자
4. 형사 사건으로 기소된 자(약식명령이 청구된 자는 제외한다)
5. 고위공무원단에 속하는 일반직공무원으로서 제70조의2 제1항 제2호 및 제3호의 사유로 적격심사를 요구받은 자
6. 금품비위, 성범죄 등 대통령령으로 정하는 비위행위로 인하여 감사원 및 검찰·경찰 등 수사기관에서 조사나 수사 중인 자로서 비위의 정도가 중대하고 이로 인하여 정상적인 업무수행을 기대하기 현저히 어려운 자

9. 정직

징계의 일종으로 정직의 징계처분을 받은 자는 공무원의 신분은 보유하지만, 1개월 이상 3개월 이하의 기간 동안 직무가 정지되고, 보수는 전액을 감한다.

10. 감봉

징계의 일종으로 감봉의 징계처분을 받은 공무원에 대해서는 그의 보수를 1개월 이상 3개월 이하의 기간 동안 1/3 감한다.

OX 문제

01 국가공무원법상 직위해제처분에 대해서는 처분의 사전통지 및 의견청취 등에 관한 행정절차법 규정이 적용된다. ( )

정답 01 ×(→적용되지 않는다)

3 공무원관계의 소멸

1. 퇴직

(1) 의의: 법정사유가 발생한 경우에, 별도의 행위를 기다릴 것 없이 당연히 공무원의 신분이 상실되는 경우를 말한다.

(2) 원인: 공무원의 퇴직 원인에는 ① 공무원으로서의 신분에 대한 결격사유가 발생한 경우, ② 정년·사망·임기만료·국적상실의 사유가 발생한 경우, ③ 명예퇴직사유가 존재하는 경우가 있다.

2. 면직

(1) 의의: 공무원의 신분을 상실시키는 형성적 행정행위를 말한다.

(2) 유형

① **의원면직:** 공무원 자신의 의사표시를 전제로 임용권자가 이를 수리함으로써 공무원 신분관계를 소멸시키는 쌍방적 행정행위를 말한다. 의원면직의 경우에는 사직의 의사표시가 있다고 하여 바로 면직의 효과가 발생하는 것이 아니라 서면에 의한 사직서를 임명권자가 수리(= 승인)한 때에 면직의 효과가 발생한다. 따라서 사직서를 제출한 후 수리되기 전에 무단결근한 경우에는 아직 공무원의 근무관계가 존재하므로 징계사유가 된다.

② **강제면직:** 본인의 의사와 상관없이 임용권자가 일방적으로 행하는 행정처분을 말한다. 강제면직은 다시 파면과 해임과 같이 징계처분의 한 형태로서 행하여지는 징계면직과, 일정한 법정사유가 존재하는 경우 임용권자가 일방적으로 행하는 직권면직이 있다.

4 불이익처분에 대한 구제

1. 고충심사의 청구

> ### 🏅 법령 PLUS
>
> **국가공무원법**
>
> **제76조의2(고충처리)** ① 공무원은 인사·조직·처우 등 각종 직무 조건과 그 밖에 신상 문제와 관련한 고충에 대하여 상담을 신청하거나 심사를 청구할 수 있으며, 누구나 기관 내 성폭력 범죄 또는 성희롱 발생 사실을 알게 된 경우 이를 신고할 수 있다. 이 경우 상담 신청이나 심사 청구 또는 신고를 이유로 불이익한 처분이나 대우를 받지 아니한다.
> ② 중앙인사관장기관의 장, 임용권자 또는 임용제청권자는 제1항에 따른 상담을 신청받은 경우에는 소속 공무원을 지정하여 상담하게 하고, 심사를 청구받은 경우에는 제4항에 따른 관할 고충심사위원회에 부쳐 심사하도록 하여야 하며, 그 결과에 따라 고충의 해소 등 공정한 처리를 위하여 노력하여야 한다.
> ③ 중앙인사관장기관의 장, 임용권자 또는 임용제청권자는 기관 내 성폭력 범죄 또는 성희롱 발생 사실의 신고를 받은 경우에는 지체 없이 사실 확인을 위한 조사를 하고 그에 따라 필요한 조치를 하여야 한다.
> ④ 공무원의 고충을 심사하기 위하여 중앙인사관장기관에 중앙고충심사위원회를, 임용권자 또는 임용제청권자 단위로 보통고충심사위원회를 두되, 중앙고충심사위원회의 기능은 소청심사위원회에서 관장한다.

> **OX 문제**
>
> 01 임용 당시 공무원 임용결격사유가 있었다면 비록 임용권자의 과실에 의하여 임용결격자임을 밝혀지지 못하였다 하더라도 그 임용행위는 당연무효이다. ( )
>
> **정답** 01 ○

⑤ 중앙고충심사위원회는 보통고충심사위원회의 심사를 거친 재심청구와 5급 이상 공무원 및 고위공무원단에 속하는 일반직공무원의 고충을, 보통고충심사위원회는 소속 6급 이하의 공무원의 고충을 각각 심사한다. 다만, 6급 이하의 공무원의 고충이 성폭력 범죄 또는 성희롱 사실에 관한 고충 등 보통고충심사위원회에서 심사하는 것이 부적당하다고 대통령령 등으로 정한 사안이거나 임용권자를 달리하는 둘 이상의 기관에 관련된 경우에는 중앙고충심사위원회에서, 원 소속 기관의 보통고충심사위원회에서 고충을 심사하는 것이 부적당하다고 인정될 경우에는 직근 상급기관의 보통고충심사위원회에서 각각 심사할 수 있다.

⑥ 이 법의 적용을 받는 자와 다른 법률의 적용을 받는 자가 서로 관련되는 고충의 심사청구에 대하여는 이 법의 규정에 따라 설치된 고충심사위원회가 대통령령 등으로 정하는 바에 따라 심사할 수 있다.

⑦ 중앙인사관장기관의 장, 임용권자 또는 임용제청권자는 심사 결과 필요하다고 인정되면 처분청이나 관계 기관의 장에게 그 시정을 요청할 수 있으며, 요청받은 처분청이나 관계 기관의 장은 특별한 사유가 없으면 이를 이행하고, 그 처리 결과를 알려야 한다. 다만, 부득이한 사유로 이행하지 못하면 그 사유를 알려야 한다.

⑧ 고충상담신청, 성폭력 범죄 또는 성희롱 발생 사실의 신고에 대한 처리절차, 고충심사위원회의 구성·권한·심사절차, 그 밖에 필요한 사항은 대통령령 등으로 정한다.

2. 처분사유설명서의 교부

 법령 PLUS

국가공무원법

제75조(처분사유설명서의 교부) ① 공무원에 대하여 징계처분 등을 할 때나 휴직·직위해제 또는 면직처분을 할 때에는 그 처분권자 또는 처분제청권자는 처분사유를 적은 설명서를 교부하여야 한다. 다만, 본인의 원에 따른 강임·휴직 또는 면직처분은 그러하지 아니하다.

② 처분권자는 피해자가 요청하는 경우 「성폭력범죄의 처벌 등에 관한 특례법」 제2조에 따른 성폭력범죄 및 「양성평등기본법」 제3조 제2호에 따른 성희롱에 해당하는 사유로 처분사유 설명서를 교부할 때에는 그 징계 처분결과를 피해자에게 함께 통보하여야 한다.

3. 소청심사의 청구: 필수적 전치주의

 법령 PLUS

국가공무원법

제76조(심사의 청구) ① 제75조에 따른 처분사유 설명서를 받은 공무원이 그 처분에 불복할 때에는 그 설명서를 받은 날부터, 공무원이 제75조에서 정한 처분 외에 본인의 의사에 반한 불리한 처분을 받았을 때에는 그 처분이 있는 것을 안 날부터 각각 30일 이내에 소청심사위원회에 이에 대한 심사를 청구할 수 있다. 이 경우 변호사를 대리인으로 선임할 수 있다.

4. 행정소송의 제기

소청심사위원회에 소청심사를 청구한 공무원은 소청심사위원회의 심사결정에 대하여 불복이 있거나, 또는 소청심사위원회가 60일이 경과하도록 심사청구에 대한 결정을 하지 않은 때에는, 소청결정서를 송달받은 날로부터 90일 이내 또는 소청이 있는 날로부터 1년 이내에 관할 행정법원 또는 행정법원이 없는 지역의 경우에는 지방법원 본원합의부에 행정소송을 제기할 수 있다(행정소송법 제18조, 제20조).

1 공무원의 권리

공무원은 신분상의 권리와 재산상의 권리로 다음과 같은 내용의 권리를 가진다.

1. 신분상의 권리

공무원은 신분상의 권리로 ① 신분보유권, ② 직위보유권, ③ 직무수행권, ④ 직명사용권, ⑤ 제복착용권, ⑥ 쟁송청구권 등을 가진다.

(1) 신분보유권: 공무원은 법률이 정한 사유에 의하지 아니하고는 자신에게 불리한 신분상의 불이익을 받지 않으며, 그 신분이 보장된다.

(2) 직위보유권: 공무원은 자신에게 부여된 직위를 보유할 권리를 가지며, 법정사유에 의하지 아니하고는 직위를 해제당하지 아니한다.

(3) 직무수행권: 공무원은 자신이 담당하는 직무를 수행하고 그 집행을 방해받지 않을 권리를 가진다.

(4) 직명사용권: 공무원은 직명을 사용할 권리를 가진다.

(5) 제복착용권: 공무원은 그 권리이자 의무로 제복착용권을 가진다.

(6) 쟁송청구권: 공무원은 자신의 신분상에 일정한 불이익이 가해지는 처분 등을 받은 경우, 이러한 처분에 대한 불복방법으로 ① 소청심사청구권, ② 행정소송청구권, ③ 고충심사청구권 등을 보유하고 있다.

2. 재산상의 권리

공무원은 재산상의 권리로 ① 보수청구권, ② 연금청구권, ③ 실비변상청구권 등을 가진다.

(1) 보수청구권: 공무원은 자신의 근로 대가로, 봉급 기타 각종 수당 등을 합산한 금액을 국가에 대하여 청구할 권리를 가지는바, 공무원의 보수에 관한 법령으로 대통령령인 공무원보수규정이 있다. 보수청구권은 일종의 채권에 해당하므로, 당해 청구권의 소멸시효가 문제되는데, 이에 대해서는 보수청구권을 공법상의 채권으로 보고, 5년의 소멸시효에 걸린다는 견해(다수설)와 보수청구권은 사법상의 채권에 불과하므로 「민법」이 적용되어 3년의 소멸시효에 걸린다는 견해(판례)가 맞서고 있다.

(2) 연금청구권: 공무원이 일정기간 이상 근무한 후 퇴직하거나, 사망 또는 공무로 인한 부상·질병·폐질 등이 있는 경우, 본인 및 그 유족의 생활안정과 복리향상에 기여하기 위해서 지급되는 급여를 말한다. 따라서 연금청구권에 대해서는 그 양도·압류·담보제공 등이 금지된다.

(3) 실비변상청구권 등: 공무원에게 인정되는 기타 재산상의 권리로는 ① 실비변상청구권, ② 보상청구권 등이 있다.

2 공무원의 의무

1. 일반적 의무

공무원은 일반적 의무로 ① 선서의무, ② 성실의무가 있다.

(1) 선서의무

 법령 PLUS

국가공무원법
제55조(선서) 공무원은 취임할 때에 소속 기관장 앞에서 대통령령 등으로 정하는 바에 따라 선서하여야 한다. 다만, 불가피한 사유가 있으면 취임 후에 선서하게 할 수 있다.

(2) 성실의무: 「국가공무원법」상의 성실의무는 공무원의 기본적 의무로서 모든 의무의 원천이 된다.

 법령 PLUS

국가공무원법
제56조(성실의무) 모든 공무원은 (법령을 준수하며) 성실히 직무를 수행하여야 한다.

2. 직무상 의무

공무원은 직무상 의무로 ① 법령준수의무, ② 복종의무, ③ 직무전념의무, ④ 친절·공정의무, ⑤ 종교중립의무가 있다.

(1) 법령준수의무

 법령 PLUS

국가공무원법
제56조(성실의무) 모든 공무원은 법령을 준수(하며 성실히 직무를 수행)하여야 한다.

(2) 복종의무: 공무원은 소속 상관의 직무상 명령에 복종하여야 한다. 다만, 소속 상관의 직무상 명령이 명백히 위법한 경우에는 공무원에게 복종의무가 발생하지 않는다.

 법령 PLUS

국가공무원법
제57조(복종의무) 공무원은 직무를 수행할 때 소속 상관의 직무상 명령에 복종하여야 한다. 다만, 소속 상관의 직무상 명령이 명백히 위법한 경우에는 공무원에게 복종의무가 발생하지 않는다.

OX 문제

01 공무원의 성실의무는 경우에 따라 근무시간 외에 근무지 밖에까지 미칠 수도 있다.　　　　　( )

정답 01 ○

(3) 직무전념의무

① 직장이탈금지

 법령 PLUS

국가공무원법

제58조(직장이탈금지) ① 공무원은소속 상관의 허가 또는 정당한 사유가 없으면 직장을 이탈하지 못한다.
② 수사기관이 공무원을 구속하려면 그 소속 기관의 장에게 미리 통보하여야 한다. 다만, 현행범은 그러하지 아니하다.

② 영리업무 및 겸직 금지

 법령 PLUS

국가공무원법

제64조(영리업무 및 겸직 금지) ① 공무원은 공무 외에 영리를 목적으로 하는 업무에 종사하지 못하며 소속 기관장의 허가 없이 다른 직무를 겸할 수 없다.
② 제1항에 따른 영리를 목적으로 하는 업무의 한계는 대통령령 등으로 정한다.

(4) 친절 · 공정의무: 경찰공무원의 친절 · 봉사의무는 어디까지나 법적 의무이지, 도덕적 의무에 불과한 것이 아니다.

 법령 PLUS

국가공무원법

제59조(친절 · 공정의무) 공무원은 국민 전체의 봉사자로서 친절하고 공정하게 직무를 수행하여야 한다.

(5) 종교중립의무

 법령 PLUS

국가공무원법

제59조의2(종교중립의무) ① 공무원은 종교에 따른 차별 없이 직무를 수행하여야 한다.
② 공무원은 소속 상관이 제1항에 위배되는 직무상 명령을 한 경우에는 이에 따르지 아니할 수 있다.

3. 신분상 의무

공무원은 신분상 의무로 ① 비밀엄수의무, ② 청렴의무, ③ 영예 등 제한, ④ 품위유지의무, ⑤ 정치운동금지, ⑥ 집단행위금지가 있다.

(1) 비밀엄수의무: 공무원이 비밀엄수의무를 위반한 때에는 징계의 원인이 될 뿐만 아니라 「형법」상 처벌의 대상이 된다. 가령, 공무상비밀누설죄(형법 제127조)가 성립할 수 있다. 비밀의 범위에는 자신이 처리하는 직무와 직결된 직무는 물론이고 직무와 관련하여 알게 된 모든 비밀을 포함한다.

법령 PLUS

국가공무원법

제60조(비밀엄수의무) 공무원은 재직 중은 물론 퇴직 후에도 직무상 알게 된 비밀을 엄수하여야 한다.

(2) 청렴의무

법령 PLUS

국가공무원법

제61조(청렴의무) ① 공무원은 직무와 관련하여 직접적이든 간접적이든 사례·증여 또는 향응을 주거나 받을 수 없다.
② 공무원은 직무상의 관계가 있든 없든 그 소속 상관에게 증여하거나 소속 공무원으로부터 증여를 받아서는 아니 된다.

(3) 영예 등 제한

법령 PLUS

국가공무원법

제62조(영예 등 제한) 공무원이 외국 정부로부터 영예나 증여를 받을 경우에는 대통령의 허가를 받아야 한다.

(4) 품위유지의무

법령 PLUS

국가공무원법

제63조(품위유지의무) 공무원은 직무의 내외를 불문하고 그 품위가 손상되는 행위를 하여서는 아니 된다.

(5) 정치운동금지

법령 PLUS

국가공무원법

제65조(정치운동금지) ① 공무원은 정당이나 그 밖의 정치단체의 결성에 관여하거나 이에 가입할 수 없다.
② 공무원은 선거에서 특정 정당 또는 특정인을 지지 또는 반대하기 위한 다음의 행위를 하여서는 아니 된다.
   1. 투표를 하거나 하지 아니하도록 권유 운동을 하는 것
   2. 서명 운동을 기도·주재하거나 권유하는 것
   3. 문서나 도서를 공공시설 등에 게시하거나 게시하게 하는 것
   4. 기부금을 모집 또는 모집하게 하거나, 공공자금을 이용 또는 이용하게 하는 것
   5. 타인에게 정당이나 그 밖의 정치단체에 가입하게 하거나 가입하지 아니하도록 권유 운동을 하는 것
③ 공무원은 다른 공무원에게 제1항과 제2항에 위배되는 행위를 하도록 요구하거나, 정치적 행위에 대한 보상 또는 보복으로서 이익 또는 불이익을 약속하여서는 아니 된다.
④ 제3항 외에 정치적 행위의 금지에 관한 한계는 대통령령 등으로 정한다.

(6) 집단행위금지

국가공무원법

제66조(집단행위금지) ① 공무원은 노동운동이나 그 밖에 공무 외의 일을 위한 집단 행위를 하여서는 아니
된다. 다만, 사실상 노무에 종사하는 공무원은 예외로 한다.
② 제1항 단서의 사실상 노무에 종사하는 공무원의 범위는 대통령령 등으로 정한다.
③ 제1항 단서에 규정된 공무원으로서 노동조합에 가입된 자가 조합 업무에 전임하려면 소속 장관의 허가를
받아야 한다.
④ 제3항에 따른 허가에는 필요한 조건을 붙일 수 있다.

---

04 공무원의 책임

1 행정상 책임

1. 행정상 책임의 의의

공무원이 근무관계 속에서 근무상의 의무위반행위가 있는 경우 일정한 행정상의 제재를
받거나 손해에 대한 변상을 해야 하는 책임을 말한다.

2. 징계책임

(1) 의의: 공무원의 징계책임이란 공무원의 근무관계 속에서, 공무원의 근무상의 의무위반
행위가 있는 경우, 그에 대한 책임으로서 가해지는 일정한 행정상의 제재를 말한다.

(2) 징계의 사유 및 징계소멸시효

① 징계의 사유

국가공무원법

제78조(징계사유) ① 공무원이 다음 각 호의 어느 하나에 해당하면 징계 의결을 요구하여야 하고 그 징계 의
결의 결과에 따라 징계처분을 하여야 한다.
　　1. 이 법 및 이 법에 따른 명령을 위반한 경우(= 법령위반이 있는 때)
　　2. 직무상의 의무(다른 법령에서 공무원의 신분으로 인하여 부과된 의무를 포함한다)를 위반하거나 직무를
　　　태만히 한 때(= 직무상의 의무위반 또는 직무태만이 있는 때)
　　3. 직무의 내외를 불문하고 그 체면 또는 위신을 손상하는 행위를 한 때(= 공무원의 체면 또는 위신에 손상
　　　을 입힌 때)
② 징계에 관하여 다른 법률의 적용을 받는 공무원이 이 법의 징계에 관한 규정을 적용받는 공무원으로 임용
된 경우에 임용 이전의 다른 법률에 따른 징계사유는 그 사유가 발생한 날부터 이 법에 따른 징계사유가 발생
한 것으로 본다.

확인 문제

공무원의 책임에 대한 설명으로 옳지 않
은 것은?(다툼이 있는 경우 판례에 의함)

① 징계처분에 대한 행정소송은 소청심사
위원회의 심사·결정을 거치지 아니하
면 이를 제기할 수 없다.
② 수개의 징계사유 중 그 일부가 인정되
지 않는다 하더라도 인정되는 다른 일
부 징계사유만으로도 당해 징계처분이
정당하다고 인정되는 경우에는 그 징
계처분을 유지한다고 하여 위법하다
할 수 없다.
③ 행정규칙에 의한 '불문경고조치'는 차
후 징계감경사유로 사용될 수 있었던
표창공적의 사용가능성을 소멸시키는
효과를 가지므로 항고소송의 대상이
되는 행정처분에 해당한다.
④ 공무원에게 징계사유가 인정되는 이상
관련 형사사건의 유죄확정 전에도 해
당 공무원에 대하여 징계처분을 할 수
있지만, 형사사건에서 무죄가 확정된
경우에는 동 징계처분은 당연무효가
된다.

정답 ④

② 징계의 소멸시효

 법령 PLUS

국가공무원법

제83조의2(징계 소멸시효) ① 징계의결 등의 요구는 징계 등의 사유가 발생한 날부터 3년(금품 및 향응 수수, 공금의 횡령·유용의 경우에는 5년)이 지나면 하지 못한다.

(3) 징계의 종류: 「국가공무원법」이 규정하고 있는 징계의 종류에는 ① 파면, ② 해임, ③ 강등, ④ 정직, ⑤ 감봉, ⑥ 견책의 6가지가 있다.

 법령 PLUS

국가공무원법

제79조(징계의 종류) 징계는 파면·해임·강등·정직·감봉·견책으로 구분한다.

① **파면:** 공무원이 파면을 당한 때에는 공무원의 신분이 박탈되고, 향후 5년간 공직임용이 금지된다(동법 제33조 제7호).
② **해임:** 공무원이 해임을 당한 때에는 공무원의 신분이 박탈되고, 향후 3년간 공직임용이 금지된다(동법 제33조 제8호).
③ **강등:** 강등은 1계급 아래로 직급을 내리고(고위공무원단에 속하는 공무원은 3급으로 임용하고, 연구관 및 지도관은 연구사 및 지도사로 한다), 공무원 신분은 보유하나 3개월간 직무를 정지하고, 직무정지 기간 중에는 보수의 전액을 감한다.
④ **정직:** 정직의 징계처분을 받은 자는 공무원의 신분은 보유하지만, 1개월 이상 3개월 이하의 기간 동안 직무가 정지되고, 보수의 전액을 감한다.
⑤ **감봉:** 감봉의 징계처분을 받은 공무원에 대해서는 그의 보수를 1개월 이상 3개월 이하의 기간 동안 1/3을 감한다.
⑥ **견책:** 견책이란 당해 공무원에 대하여 훈계하고 경고하는 징계처분을 말한다.

(4) 징계절차 및 징계권자

 법령 PLUS

국가공무원법

제82조(징계 등 절차) ① 공무원의 징계처분 등은 징계위원회의 의결을 거쳐 징계위원회가 설치된 소속 기관의 장이 하되, 국무총리 소속으로 설치된 징계위원회(국회·법원·헌법재판소·선거관리위원회에 있어서는 해당 중앙인사관장기관에 설치된 상급 징계위원회를 말한다. 이하 같다)에서 한 징계의결 등에 대하여는 중앙행정기관의 장이 한다. 다만, 파면과 해임은 징계위원회의 의결을 거쳐 각 임용권자 또는 임용권을 위임한 상급 감독기관의 장이 한다.

3. 변상책임

공무원이 그 직무를 집행함에 있어서 국가에 재산상의 손해를 입힌 경우에는 일정한 요건 하에 「국가배상법」 또는 회계관계직원 등의 책임에 관한 법률에 의해서 변상책임을 부담할 수 있다.

2 형사상 책임

공무원의 행위가 「형법」상 범죄를 구성하는 경우에는 그 공무원은 형사상의 책임을 진다.

3 민사상 책임

공무원이 직무를 집행하면서 고의 또는 과실로 법령을 위반하여 타인에게 손해를 입힌 경우 국가 또는 지방자치단체는 그 손해를 배상하여야 하고, 당해 공무원에게 고의 또는 중과실이 있는 경우 그 공무원도 직접 피해자에게 배상책임을 부담한다. 다만, 당해 공무원에게 경과실만이 인정되는 경우에는 피해자에 대한 배상책임이 없다.

01

01 행정권한의 대리와 위임에 관한 설명으로 옳지 않은 것은?(다툼이 있으면 판례에 따름)

20 행정사

① 임의대리에서 대리관청이 대리관계를 밝히고 처분을 한 경우 피대리관청이 처분청으로서 항고소송의 피고가 된다.

② 법정대리는 특별한 규정이 없는 한 피대리관청의 권한 전부에 미친다.

③ 권한을 내부위임 받은 수임행정청은 위임행정청의 이름으로 권한을 행사하여야 한다.

④ 권한의 내부위임은 법률의 근거가 없어도 가능하다.

⑤ 권한의 일부에 대한 위임뿐만 아니라 권한 전부의 위임도 가능하다.

02

02 행정권한의 위임 등에 관한 설명으로 옳지 않은 것은?(다툼이 있으면 판례에 따름)

21 행정사

① 행정권한의 위임은 법률에 규정된 행정기관의 장의 권한 중 일부를 그 보조기관 또는 하급행정기관의 장이나 지방자치단체의 장에게 맡겨 그의 권한과 책임 아래 행사하도록 하는 것이다.

② 행정권한의 내부위임은 법률이 위임을 허용하고 있지 아니한 경우에도 행정관청의 내부적인 사무처리의 편의를 도모하기 위하여 그의 보조기관 또는 하급행정관청으로 하여금 그의 권한을 사실상 행사하게 하는 것이다.

③ 위임기관은 수임기관의 수임사무 처리에 대하여 지휘 · 감독하고, 그 처리가 위법하거나 부당하다고 인정될 때에는 이를 취소하거나 정지시킬 수 있다.

④ 수임사무의 처리에 관하여 위임기관은 수임기관에 대하여 사전승인을 받거나 협의를 할 것을 요구할 수 없다.

⑤ 행정기관은 위임을 받은 사무의 전부 또는 일부를 보조기관 또는 하급행정기관에 재위임할 수 없다.

03 A장관을 주무부장관으로 하는 국가사무인 X사무가 법령에 의해 B지방자치단체의 장에게 위임되었다. X사무의 처리에 관한 설명으로 옳은 것은?(다툼이 있으면 판례에 따름)

20 행정사

① 법령이 X사무에 대해 조례에 위임하는 경우 포괄적 위임도 가능하다.
② A장관은 X사무의 처리에 관하여 시정명령을 발한 경우 B지방자치단체의 장을 감독할 수 다.
③ A장관이 X사무의 처리에 관하여 시정명령을 발한 경우 B지방자치단체의 장은 이에 대해 대법원에 제소할 수 있다.
④ B지방자치단체의 장이 X사무를 처리하면서 불법행위를 하여 국가배상책임이 성립하는 경우 B지방자치단체도 배상책임이 있다.
⑤ A장관이 X사무의 해태를 이유로 직무이행명령을 발한 경우 B지방자치단체의 장은 이에 대해 대법원에 제소할 수 없다.

04 지방자치제도에 관한 설명으로 옳지 않은 것은?(다툼이 있으면 판례에 따름)

20 행정사

① 제주특별자치도와 세종특별자치시는 지방자치법상 특별지방자치단체에 해당한다.
② 외국인도 지방자치단체의 주민의 지위를 가질 수 있다.
③ 지방자치법상 주민소송은 객관적 소송으로서 민중소송에 해당한다.
④ 비례대표 지방의회의원에 대해서는 주민소환을 할 수 없다.
⑤ 이행강제금의 부과·징수를 게을리 한 행위는 주민소송의 대상이 되는 공금의 부과·징수를 게을리 한 행위에 해당한다.

05 지방자치에 대한 설명으로 옳은 것만을 〈보기〉에서 모두 고른 것은?(다툼이 있는 경우 판례에 의함)

20 국회직 8급

> ㄱ. 「지방자치법」상 지방의회에서 의결할 의안은 지방자치단체의 장이나 재적의원 5분의 1 이상 또는 의원 20명 이상의 연서로 발의한다.
> ㄴ. 「지방자치법」상 시·도가 처리하는 것으로 되어 있는 사무를 제외한 사무는 기초지방자치단체 (시·군 및 자치구)의 사무로 한다. 다만, 인구 50만 이상의 시에 대하여는 도가 처리하는 사무의 일부를 직접 처리하게 할 수 있다.
> ㄷ. 「지방자치법」상 지방자치단체 및 그 장이 위임받아 처리하는 국가사무와 시·도의 사무에 대하여 국회와 시·도의회가 직접 감사하기로 한 사무 외에는 그 감사를 각각 해당 시·도의회와 시·군 및 자치구의회가 할 수 있다.
> ㄹ. 담배소매업을 영위하는 주민들에게 자판기 설치를 제한하는 것을 내용으로 하는 조례는 주민의 권리·의무에 관한 사항을 규율하는 조례라고 할 수 있으므로 지방자치단체가 이러한 조례를 제정함에 있어서는 법률의 위임을 필요로 한다.

① ㄱ, ㄴ   ② ㄴ, ㄷ
③ ㄷ, ㄹ   ④ ㄱ, ㄴ, ㄷ
⑤ ㄴ, ㄷ, ㄹ

03

④ 지방자치단체의 장이 기관위임된 국가 행정사무를 처리하는 경우 그에 소요되는 경비의 실질적·궁극적 부담자는 국가라고 하더라도 당해 지방자치단체는 국가로부터 내부적으로 교부된 금원으로 그 사무에 필요한 경비를 대외적으로 지출하는 자이므로, 이러한 경우 지방자치단체는 국가배상법 제6조 제1항 소정의 비용부담자로서 공무원의 불법행위로 인한 같은 법에 의한 손해를 배상할 책임이 있다(대판 1994. 12.9, 94다38137).

오답의 이유
① 대판 1991.8.27, 90누6613
⑤ 지방자치법 제170조

04

① 제주특별자치도와 세종특별자치시는 지방자치법상 '보통지방자치단체'에 해당한다.

오답의 이유
④ 지방자치법 제20조 제1항
⑤ 대판 2015.9.10, 2013두16746

05

오답의 이유
ㄱ. 지방자치법 제66조

정답 03 ④ 04 ① 05 ⑤

06
② 국가공무원법 제13조

오답의 이유

① 국가공무원법 제14조 제5항
③ 국가공무원법 제13조
④ 국가공무원법 제14조 제7항
⑤ 국가공무원법 제9조 제1항

06 국가공무원법상 소청에 관한 설명으로 옳은 것은?

20 행정사

① 소청을 통해 위법한 거부처분에 대하여 의무이행을 구하는 심사청구를 할 수 없다.
② 징계처분에 대해 소청심사위원회의 심사·결정을 거치지 아니하면 행정소송을 제기할 수 없다.
③ 소청심사위원회가 소청인에게 진술 기회를 주지 아니하고 내린 결정은 취소사유의 하자가 있다.
④ 징계처분에 대한 소청에 대하여는 불이익변경금지원칙이 적용되지 아니한다.
⑤ 행정기관소속 공무원의 소청을 심사하는 소청심사위원회는 법제처에 둔다.

07
② 주민은 해당 지방자치단체의 장 및 직원, 지방의회의원, 해당 행위와 관련이 있는 상대방에게 손해배상청구 또는 부당이득반환청구를 할 것을 요구하는 주민소송을 제기할 수 있다(지방자치법 제22조 제2항 제4호).

07 지방자치법상 주민소송에 관한 설명으로 옳지 않은 것은?(다툼이 있으면 판례에 따름)

21 행정사

① 주민소송을 제기하기 전에 주민감사청구를 거쳐야 한다.
② 지방의회의원에게 손해배상청구를 할 것을 요구하는 주민소송은 인정되지 않는다.
③ 공금의 부과·징수 업무를 게을리한 사실의 위법 확인을 요구하는 주민소송은 인정된다.
④ 행정처분인 해당 행위의 취소를 요구하는 주민소송은 인정된다.
⑤ 주민소송의 대상이 되는 위법한 행위나 해태사실은 감사청구한 사항과 동일할 필요는 없고 관련성이 있으면 된다.

08
④ 국가공무원법상 직위해제처분은 구 행정절차법 제3조 제2항 제9호, 구 행정절차법 시행령 제2조 제3호에 의하여 당해 행정작용의 성질상 행정절차를 거치기 곤란하거나 불필요하다고 인정되는 사항 또는 행정절차에 준하는 절차를 거친 사항에 해당하므로, 처분의 사전통지 및 의견청취 등에 관한 행정절차법의 규정이 별도로 적용되지 않는다(대판 2014.5.16, 2012두26180).

오답의 이유

② 국가공무원법 제6조 제1항
④ 대판 2014.5.16, 2012두26180

정답 06 ② 07 ② 08 ④

08 국가공무원의 법률관계에 관한 설명으로 옳지 않은 것은?(다툼이 있으면 판례에 따름)

20 행정사

① 공무원임용에 결격사유가 있는지의 여부는 임용 당시에 시행되던 법률을 기준으로 판단하여야 한다.
② 공무원은 임용장이나 임용통지서에 적힌 날짜에 임용된 것으로 본다.
③ 공무원임용 결격사유가 있는 자를 공무원에 임명하는 행위는 당연무효이다.
④ 국가공무원법상의 직위해제처분에는 사전통지에 관한 행정절차법 규정이 적용된다.
⑤ 당연퇴직의 사실을 알리는 통지행위는 행정소송법상 처분에 해당하지 않는다.

09 「국가공무원법」에 대한 설명으로 옳지 않은 것은?(다툼이 있는 경우 판례에 의함)

20 국회직 8급

① 징계의결 등을 요구한 기관의 장은 징계위원회의 의결이 가볍다고 인정하면 그 처분을 하기 전에 직근 상급기관이 없는 징계위원회의 의결에 대하여는 그 징계위원회에 심사나 재심사를 청구할 수 있다.

② 공무원의 징계처분 등을 의결하게 하기 위하여 대통령령 등으로 정하는 기관에 징계위원회를 둔다.

③ 본인의 원(願)에 따른 강임·휴직 또는 면직처분의 경우에도 그 처분권자 또는 처분제청권자는 처분사유를 적은 설명서를 교부하여야 한다.

④ 징계 의결 요구는 5급 이상 공무원 및 고위공무원단에 속하는 일반직 공무원은 소속 장관이, 6급 이하의 공무원은 소속 기관의 장 또는 소속 상급기관의 장이 한다.

⑤ 징계의결의 요구는 징계 사유가 발생한 날부터 3년, 특히 금품 및 향응수수와 공금의 횡령·유용의 경우에는 5년이 지나면 하지 못한다.

09
③ 국가공무원법 제75조

오답의 이유
① 국가공무원법 제82조
② 국가공무원법 제81조
④ 국가공무원법 제78조
⑤ 국가공무원법 제83조의2

정답 09 ③

특별행정
작용법

www.edusd.co.kr

Full수록 합격

01 질서행정법(경찰행정법)

01 서설

1 경찰개념

1. 경찰개념의 변천과정

경찰개념은 크게 독일과 프랑스를 중심으로 하는 대륙법계의 경찰개념과 영국과 미국을 중심으로 하는 영미법계의 경찰개념으로 구분되어 성립·발전하여 왔으며, 우리나라는 특히 독일의 경찰개념을 계수하였다.

2. 형식적 의미의 경찰과 실질적 의미의 경찰

(1) 형식적 의미의 경찰: 실정법상 보통경찰행정기관(= 경찰청)의 소관에 속하는 모든 작용을 말한다.

(2) 실질적 의미의 경찰: 장래에 향하여, 직접적으로 사회공공의 안녕과 질서를 유지하기 위해 일반통치권에 의거하여, 국민에게 명령·강제하고, 국민의 자연적 자유를 제한 또는 회복하는 작용을 말한다.

2 경찰의 분류

1. 행정경찰과 사법경찰

경찰활동은 그 목적과 권력분립의 원리를 기준으로 행정경찰(= 광의의 행정경찰)과 사법경찰로 나누어볼 수 있다.

(1) 행정경찰(= 광의의 행정경찰): 사회공공의 안녕과 질서의 유지 및 범죄예방을 목적으로 하는 권력작용을 말하며, 광의의 행정경찰은 다시 보안경찰과 협의의 행정경찰로 세분화된다.

(2) 사법경찰: 범죄를 수사하고 범인을 체포하는 권력작용을 말하며, 우리나라에서는 경찰청(= 형식적 의미의 경찰기관)에서 행정경찰과 사법경찰업무를 모두 담당하고 있다.

2. 보안경찰과 협의의 행정경찰

행정경찰(= 광의의 행정경찰) 활동은 경찰업무의 독자성을 기준으로 보안경찰(= 치안경찰)과 협의의 행정경찰로 나누어 볼 수 있다.

(1) 보안경찰: 형식적 의미의 경찰기관이 그 고유의 독자적인 업무로 담당하는 경찰작용을 말한다.

(2) 협의의 행정경찰: 고유의 담당업무 이외에 부수적인 업무로서 사회공공의 안녕과 질서의 유지를 담당하게 되는 경우로서의 경찰작용을 말한다.

3. 평시경찰과 비상경찰

경찰활동은 보호법익에 대한 위험 및 긴박성의 정도, 근거법령, 담당기관 등을 기준으로 평시경찰과 비상경찰로 나누어 볼 수 있다.

(1) 평시경찰: 평상시에 일반경찰기관이 일반경찰규범에 기초하여 행하는 경찰작용을 말한다.

(2) 비상경찰: 국가비상사태 시에 군대가 국가의 긴급명령(= 법률과 동일한 효력이 있음)이나 「계엄법」에 근거하여 경찰작용을 수행하는 경우를 말한다.

4. 국가경찰과 자치경찰

경찰활동은 그 권한과 책임의 소재를 기준으로 국가경찰과 자치경찰로 나누어 볼 수 있다.

(1) 국가경찰: 국가에 의하여 설립·관리되고 권한과 책임이 국가에 귀속되는 경찰제도를 말한다. 우리나라는 국가경찰을 원칙으로 하고 있다.

(2) 자치경찰: 지방자치단체에 의하여 설립·관리되고 권한과 책임이 지방자치단체에 귀속되는 경찰제도를 말한다. 현재 우리나라에서는 국가경찰을 원칙으로 하고, 제주특별자치도에 한하여 자치경찰이 시행되고 있다.

3 경찰책임의 의의 및 종류

1. 의의

경찰책임의 원칙이란 경찰권의 발동은 원칙적으로 경찰위반(= 사회공공의 안녕과 질서위반)의 상태에 책임이 있는 경찰책임자에 대해서만 행사되어야 하고, 이와 관계없는 제3자에 대해서는 발동할 수 없다는 원칙을 말한다. 이 원칙은 경찰권발동의 대상이 누구인가에 대한 원칙으로, 경찰책임의 종류가 행위책임이든 상태책임이든 모두 경찰책임자의 고의·과실을 묻지 않는다. 행위책임에 있어서 그 주체에는 자연인은 물론 법인도 포함되며, 권리능력 없는 사단도 경찰책임의 주체가 될 수 있다.

2. 종류

(1) 행위책임: 자기 또는 자기의 지배범위 내에 속하는 사람의 행위로 인하여 경찰위반(= 사회공공의 안녕과 질서위반)의 상태가 발생한 경우에 지는 책임을 말한다. 행위책임에 있어서 그 주체에는 자연인은 물론 법인도 포함되며, 권리능력 없는 사단도 경찰책임의 주체가 될 수 있다. 또한 국내에 거주하면서 경찰위반(= 사회공공의 안녕과 질서위반) 상태를 야기한 때에는 내국인이든 외국인이든 경찰책임을 부담한다.

(2) 상태책임

① 물건 또는 동물의 일정한 상태로 인하여 공공의 안녕과 질서에 위해상태가 발생한 경우에 당해 물건 또는 동물에 대한 '현실적인 지배권'을 가진 점유자, 관리자 또는 소유자가 지는 경찰책임을 말한다.

② 상태책임의 경우, 1차적인 책임자는 경찰책임의 원인이 된 물건 또는 동물의 점유자 또는 관리자이고, 이들에게 책임을 물을 수 없는 경우에 한하여 2차적으로 당해 물건 또는 동물의 소유자가 책임을 진다.

③ 다만, 일정한 경우에는 상태책임의 면제도 가능한데, 가령 도난당한 자동차의 소유자는 그 자동차로부터 야기된 경찰책임상황에 대하여 경찰책임이 면제된다.

(3) 복합책임
하나의 경찰위반사실이 다수인의 행위나 다수인이 지배하는 물건의 상태에 의하여 발생하거나, 행위책임과 상태책임의 중복에 의하여 발생하는 경우에 지는 책임을 말한다. 복합적 책임의 경우에는 복수의 책임자 중 누구에게 책임을 지울 것인지, 즉 경찰책임자의 선택의 문제가 중요한데, 이 경우에 있어서 경찰권의 발동은 ① 위험방지의 효율성, ② 경찰비례의 원칙 등을 고려하여 경찰권발동의 주체가 합리적으로 판단하여야 할 것이다.

02 경찰의 조직

1 경찰의 의결기관 및 협의기관

1. 경찰의 의결기관: 경찰위원회

(1) 경찰위원회의 의의 · 성격: 경찰법에 근거하여 설치된 행정안전부 소속하의 합의제 행정기관이다. 경찰위원회는 합의제 의결기관으로서 경찰에 대한 민주적 통제와 정치적 중립을 확보하기 위하여 설치되었다.

(2) 경찰위원회의 구성

 법령 PLUS

경찰법
제5조(경찰위원회의 설치) ② 위원회는 위원장 1명을 포함한 7명의 위원으로 구성하되, 위원장 및 5명의 위원은 비상임으로 하고, 1명의 위원은 상임으로 한다.

(3) 경찰위원회 위원의 임기

 법령 PLUS

경찰법
제7조(위원의 임기 및 신분보장) ① 위원의 임기는 3년으로 하며, 연임(連任)할 수 없다. 이 경우 보궐위원의 임기는 전임자 임기의 남은 기간으로 한다.

확인 문제

경찰책임에 관한 설명으로 옳지 않은 것은?
① 행위책임이나 상태책임 모두 고의 · 과실을 묻지 않는다.
② 자신의 보호 · 감독하에 있는 자에 대하여 지는 경찰책임은 자기책임이다.
③ 행위책임에 있어서 그 주체는 자연인에 한한다.
④ 국내에 거주하는 외국인도 경찰책임을 부담한다.

정답 ③

(4) 경찰위원회의 심의 · 의결사항

 법령PLUS

경찰법

제9조(경찰위원회의 심의 · 의결사항) ① 다음 각 호의 사항은 위원회의 심의 · 의결을 거쳐야 한다.
1. 국가경찰의 인사, 예산, 장비, 통신 등에 관한 주요정책 및 국가경찰 업무 발전에 관한 사항
2. 인권보호와 관련되는 국가경찰의 운영 · 개선에 관한 사항
3. 국가경찰의 부패 방지와 청렴도 향상에 관한 주요 정책사항
4. 국가경찰 임무 외에 다른 국가기관으로부터의 업무협조 요청에 관한 사항
5. 제주특별자치도의 자치경찰에 대한 국가경찰의 지원 · 협조 및 협약체결의 조정 등에 관한 주요 정책사항
6. 그 밖에 행정안전부장관 및 경찰청장이 중요하다고 인정하여 위원회의 회의에 부친 사항

2. 경찰의 협의기관: 치안행정협의회

지방행정과 치안행정 간의 업무협조 기타 필요한 사항의 협의와 조정을 위한 시 · 도지사의 자문기관이다.

2 보통경찰기관

1. 의의

보통경찰기관이란 보안경찰 작용을 담당하는 경찰기관을 말한다.

2. 분류

(1) 지역적 관할범위를 기준으로 한 분류: 중앙경찰조직과 지방경찰조직으로 분류할 수 있다.
　① **중앙경찰조직:** 우리나라의 보통경찰업무 전반을 관할하는 경찰청, 중요한 경찰업무에 대하여 의결을 행하는 합의제기관으로서 경찰위원회
　② **지방경찰조직:** 각 특별시 · 광역시 및 각 도에 설치하는 지방경찰청, 자치시 · 군 · 구 단위에 설치하는 경찰서 및 그 하부단위에 설치하는 지구대 · 파출소 · 출장소 · 치안센터 등

(2) 기관의 성격을 기준으로 한 분류
　① 보통경찰기관은 기관의 성격을 기준으로 경찰관청, 경찰집행기관, 경찰의결기관, 경찰자문기관 등으로 분류할 수 있다.
　② **경찰관청:** 당해 경찰기관의 의사를 대외적으로 표시할 수 있는 권한을 가진 기관을 말하며, 경찰청의 경찰청장, 지방경찰청의 지방경찰청장, 경찰서의 경찰서장 등
　③ **경찰집행기관:** 경찰목적(= 공공의 안전과 질서의 유지)을 실현하기 위하여 필요한 실력을 행사하는 기관을 말하며, 순경에서 치안총감까지의 모든 경찰공무원
　④ **경찰의결기관:** 중요한 경찰업무에 대하여 의결을 행하는 합의제기관으로서, 의결된 사항을 대외적으로 표시할 수 있는 권한은 없다. 우리나라에는 경찰업무에 관한 의결기관으로 경찰위원회와 제주특별자치도의 경찰업무에 관하여 도지사 소속하에 설치된 치안행정위원회, 경찰징계위원회 등

⑤ **경찰자문기관**: 일정한 경찰기관의 자문에 응하여 자신의 의견만을 제시하는 기관을 말하며, 경찰업무에 관한 시 · 도지사의 자문에 응하기 위해서 설치하는 치안행정협의회(제주특별자치도 치안행정위원회 제외), 경찰공무원인사위원회, 경찰공무원발전위원회 등

3 비상경찰기관

보통경찰기관의 경찰력만으로 치안을 유지하기 곤란한 비상시에 있어서 병력으로써 치안을 담당하는 기관을 말한다. 가령, 계엄사령관, 위수사령관, 수도방위사령관 등이 있다.

03 경찰권의 근거와 한계

경찰권이 발동되기 위해서는 법치행정의 원리에 따라 법률에 그 근거가 있어야 한다. 특히, 경찰권의 발동이 국민의 자유와 권리에 대한 제한을 내용으로 하는 권력적 작용인 경우에는 반드시 법적 근거가 필요하다.

1 법규상의 한계

경찰권은 국민의 자유와 권리를 제한하고 명령 · 강제하는 권력 작용을 그 내용으로 하므로, 법치행정의 원리가 엄격히 적용되는 영역이다. 따라서 경찰활동의 내용과 한계를 규정하고 있는 경찰활동에 관한 법규는 경찰권발동의 1차적인 한계가 된다.

2 조리상의 한계

경찰권의 발동은 법규상의 한계는 물론이고, 그 밖에 조리상의 한계(= 경찰작용의 일반원칙상의 한계)를 가진다. 경찰권의 발동과 관련한 조리상의 한계로는 다음과 같다.

1. 경찰소극목적의 원칙

경찰작용은 원칙적으로 사회공공의 안녕과 질서유지를 위한 소극적인 위험의 방지에 한정되어야 하고, 공공복리의 증진과 같은 적극적인 국가목적실현을 위한 활동이나 재정 · 군정을 위한 발동과 같은 경찰목적 이외의 국가목적을 위해서는 발동할 수 없다는 원칙을 말한다.

2. 경찰공공의 원칙

(1) **의의**: 사회공공의 안녕과 질서유지에 직접 관계가 없는 개인의 사적생활영역에 대해서는 경찰권의 개입이 자제되어야 한다는 원칙을 말한다.

(2) **내용**

① **사생활불간섭의 원칙**: 사회공공의 안녕과 질서유지와 관계없는 개인의 사생활에 대해서는 경찰의 개입이 허용되지 않는다는 원칙을 말한다.

② **사주소불가침의 원칙**: 일반사회와 직접 접촉이 없는 개인의 가택 내의 생활공간인 사주소의 평온에 대해서는 경찰의 개입이 허용되지 않는다는 원칙을 말한다. 다만, 개인의 사주소 내에서의 활동이라 하더라도 그 활동이 공공의 안녕과 질서 유지에 관련성이 있는 경우에는 경찰의 개입이 허용됨은 물론이다.

③ **민사관계불개입의 원칙**: 민사상 법률관계의 형성·유지에는 경찰의 개입이 허용되지 않는다는 원칙을 말한다. 다만, 민사상의 법률관계라 할지라도 당해 행위가 공공의 안녕과 질서유지에 관련성이 있는 경우에는 경찰의 개입이 허용됨은 물론이다. 가령, 프로야구경기가 열리는 야구장에서 암표를 매매하거나, 총포·도검류를 매매하는 경우에는 경찰의 개입이 가능하다.

3. 경찰비례의 원칙

(1) 의의: 경찰권의 발동으로 인하여 얻게 되는 공익과 그 상대방에 대하여 가해지는 제재(= 상대방에 대한 법익침해 또는 법익박탈) 사이에는 합리적인 비례관계가 유지되어야 한다는 원칙을 말한다.

(2) 내용

① **적합성의 원칙**: 경찰목적(= 공공의 안녕과 질서유지) 실현을 위해 선택한 수단은 그 수단으로 인하여 달성하고자 하는 경찰목적달성에 적합한 수단이어야 한다는 원칙을 말한다.

② **필요성의 원칙**: 경찰목적의 실현을 위한 수단이 여러 가지인 경우, 국민에게 가장 최소한의 침해를 가져오는 수단을 우선적으로 선택하여야 한다는 원칙을 말한다. 이를 '최소침해의 원칙'이라고도 한다.

③ **상당성의 원칙**

㉠ 경찰권 발동으로 인하여 얻게 되는 공익이 상대방에 대하여 가해지는 제재보다 커야 한다는 원칙을 말한다. 이를 '협의의 비례원칙'이라고도 한다.

㉡ "참새를 쫓기 위해서 대포를 쏘지 마라!"는 독일 행정법의 법언은 상당성의 원칙을 대변하는 표현이라 할 수 있다.

㉢ 우리의 판례를 통해 나타난 사례로는, '행정청이 개인의 운전면허를 취소하는 행정처분을 함에는 운전면허취소처분을 통해 달성하고자 하는 공익과 당해 취소처분으로 인하여 그 개인이 입게 되는 불이익을 비교형량하여야 한다'(대판 1985. 11. 12, 85누303)는 판례 등이 있다.

4. 경찰평등의 원칙

경찰작용은 특별한 사유가 없는 한, 모든 국민에 대하여 공평하게 행하여져야 한다는 원칙을 말한다.

5. 경찰책임의 원칙

(1) 의의: 경찰권의 발동은 원칙적으로 경찰위반(= 사회공공의 안녕과 질서위반)의 상태에 책임이 있는 경찰책임자에 대해서만 행사되어야 하고, 이와 관계없는 제3자에 대해서는 발동할 수 없다는 원칙을 말한다.

(2) 종류

① 행위책임: 자기 또는 자기의 지배범위 내에 속하는 사람의 행위로 인하여 경찰위반(= 사회공공의 안녕과 질서위반)의 상태가 발생한 경우에 지는 책임을 말한다.

② 상태책임

㉠ 물건 또는 동물의 일정한 상태로 인하여 공공의 안녕과 질서에 위해가 발생한 경우에 당해 물건 또는 동물에 대한 '현실적인 지배권'을 가진 점유자·관리자 또는 소유자가 지는 경찰책임을 말한다.

㉡ 상태책임의 경우, 1차적인 책임자는 경찰책임의 원인이 된 물건 또는 동물의 점유자 또는 관리자이고, 이들에게 책임을 물을 수 없는 경우에 한하여 2차적으로 당해 물건 또는 동물의 소유자가 책임을 진다.

㉢ 다만, 일정한 경우에는 상태책임의 면제도 가능한데 가령, 도난당한 자동차의 소유자는 그 자동차로부터 야기된 경찰책임상황에 대하여 경찰책임이 면제된다.

③ 복합책임

㉠ 하나의 경찰위반사실이 다수인의 행위나 다수인이 지배하는 물건의 상태에 의하여 발생하거나, 행위책임과 상태책임의 중복에 의하여 발생하는 경우에 지는 책임을 말한다.

㉡ 복합적 책임의 경우에는 복수의 책임자중 누구에게 책임을 지울 것인지, 즉 경찰책임자의 선택의 문제가 중요한데, 이 경우에 있어서 경찰권의 발동은 i) 위험방지의 효율성, ii) 경찰비례의 원칙 등을 고려하여 경찰권발동의 주체가 합리적으로 판단하여야 할 것이다.

(3) 경찰책임의 승계

① 행위책임의 경우: 법률에 특별한 규정이 없는 한 책임의 승계가 허용되지 않는다.

② 상태책임의 경우: 경찰위반의 상태가 존속하는 한, 그 경찰위반의 상태의 제거는 여전히 필요하므로, 경찰위반의 상태에 대하여 '현실적인 지배권'을 가진 자는 경찰책임을 승계한다.

6. 경찰보충의 원칙

개인에게 경찰권을 발동함으로써 그 상대방의 자유와 권리를 제한하는 것은 경찰목적(= 사회공공의 안녕과 질서유지)의 달성을 위한 다른 수단이 없을 경우에 최후적·보충적 수단으로 행하여져야 한다는 것을 말한다.

1 경찰하명

경찰행정의 목적(= 사회공공의 안녕과 질서유지)을 달성하기 위하여 통치권에 의거, 국민에게 작위(예 불법건축물에 대한 철거명령), 부작위(예 심야영업금지명령), 급부(예 과태료부과처분) 또는 수인의무(예 정신병원에의 강제입원명령, 위험방지를 위한 출입시 관계인이 경찰의 조사(출입)에 응하여야 할 의무)를 명하는 행정행위를 말한다. 하명은 하명의 대상에 따라 대인적 하명, 대물적 하명(예 주차금지구역의 지정), 혼합적 하명이 있다. 특히 최근에는 자동화적 행정처분이 증가하면서, 경찰관의 수신호 또는 신호등 등의 교통신호에 의한 경찰작용도 경찰하명으로서 경찰처분에 해당한다.

2 경찰허가

1. 의의와 성질

(1) 의의: 법령에 의한 일반적·상대적 금지를 일정한 요건을 갖춘 경우에 해제하여 일정한 행위를 적법하게 할 수 있도록 허락함으로써 자연적 자유를 회복시켜주는 경찰처분을 말한다.

(2) 성질: 경찰허가의 경우는 명령적 행위로서 자연적 자유의 금지를 해제하여 자연적 자유를 회복시켜주는 의미를 가지며, 경찰허가의 요건이 충족된 경우에는 원칙적으로 허가를 해주어야 하는 기속행위로서의 성격이 강하다는 점에서 형성적 행위로서의 특허와 구별된다.

2. 경찰상의 무허가 행위의 효과

(1) 공법적 효과: 경찰상의 허가를 요하는 행위임에도 불구하고 허가 없이 행하여진 경우, 당해 행위는 공법상 위법하므로, 경찰상 강제집행이나 경찰벌의 대상이 된다.

(2) 사법적 효과: 경찰허가는 특정행위를 행정상 적법하게 할 수 있도록 하는 당해 행위에 대한 적법요건에 불과할 뿐, 유효요건은 아니다. 따라서 무허가행위라 할지라도 당해 행위가 사법상 당연히 무효가 되는 것은 아니며, 원칙적으로 유효하다.

3 경찰강제

1. 의의

경찰강제라 함은 경찰목적의 실현을 확보하기 위하여 사람의 신체 또는 재산에 실력을 가함으로써 경찰상 필요한 상태를 실현하는 권력적 사실행위를 말하며 경찰상 강제집행과 경찰상 즉시강제가 있다.

(1) 경찰상 강제집행: 경찰상의 의무불이행을 전제로 하여 이 의무의 이행을 강제하는 행위

(2) 경찰상 즉시강제: 급박한 상황하에서 의무를 명할 수 없는 경우에 행하여지는 경찰강제로서 경찰상의 의무불이행을 전제로 하지 않는다는 점에서 양자는 구별

2. 경찰상 강제집행과 즉시강제

(1) 경찰상 강제집행: 경찰상의 의무불이행이 있는 경우에 경찰기관이 의무자의 신체 또는 재산에 실력을 가하여 그 의무를 이행시키거나 이행이 있는 것과 같은 상태를 실현시키는 작용을 말한다. 경찰상 강제집행의 구체적인 수단으로는 ① 대집행, ② 집행벌(= 이행강제금), ③ 직접강제, ④ 행정상 강제징수가 있다.

(2) 경찰상 즉시강제: 목전의 급박한 경찰상의 장해를 제거할 필요가 있는 경우에, 미리 의무를 명할 시간적 여유가 없거나 성질상 미리 의무를 명하여서는 그 목적달성이 곤란할 때 즉시 국민의 신체 또는 재산에 실력을 가하여 행정상 필요한 상태를 실현하는 경찰작용을 말한다. 경찰상 즉시강제의 대표적인 사례로는「경찰관직무집행법」이 규정하고 있는 각종 보호조치 및 경찰장비·장구·무기 등의 사용이 있다. 아래에서는 경찰상 즉시강제의 내용을「경찰관직무집행법」(이하「경직법」이라 함)을 중심으로 살펴보기로 한다.

① 불심검문

 법령 PLUS

경찰관직무집행법

제3조(불심검문) ① 경찰관은 다음 각 호의 어느 하나에 해당하는 사람을 정지시켜 질문할 수 있다.

1. 수상한 행동이나 그 밖의 주위 사정을 합리적으로 판단하여 볼 때 어떠한 죄를 범하였거나 범하려 하고 있다고 의심할 만한 상당한 이유가 있는 사람
2. 이미 행하여진 범죄나 행하여지려고 하는 범죄행위에 관한 사실을 안다고 인정되는 사람

② 경찰관은 제1항에 따라 같은 항 각 호의 사람을 정지시킨 장소에서 질문을 하는 것이 그 사람에게 불리하거나 교통에 방해가 된다고 인정될 때에는 질문을 하기 위하여 가까운 경찰서·지구대·파출소 또는 출장소(지방해양경찰관서를 포함하며, 이하 "경찰관서"라 한다)로 동행할 것을 요구할 수 있다. 이 경우 동행을 요구받은 사람은 그 요구를 거절할 수 있다.

③ 경찰관은 제1항 각 호의 어느 하나에 해당하는 사람에게 질문을 할 때에 그 사람이 흉기를 가지고 있는지를 조사할 수 있다.

④ 경찰관은 제1항이나 제2항에 따라 질문을 하거나 동행을 요구할 경우 자신의 신분을 표시하는 증표를 제시하면서 소속과 성명을 밝히고 질문이나 동행의 목적과 이유를 설명하여야 하며, 동행을 요구하는 경우에는 동행 장소를 밝혀야 한다.

⑤ 경찰관은 제2항에 따라 동행한 사람의 가족이나 친지 등에게 동행한 경찰관의 신분, 동행 장소, 동행 목적과 이유를 알리거나 본인으로 하여금 즉시 연락할 수 있는 기회를 주어야 하며, 변호인의 도움을 받을 권리가 있음을 알려야 한다.

⑥ 경찰관은 제2항에 따라 동행한 사람을 6시간을 초과하여 경찰관서에 머물게 할 수 없다.

⑦ 제1항부터 제3항까지의 규정에 따라 질문을 받거나 동행을 요구받은 사람은 형사소송에 관한 법률에 따르지 아니하고는 신체를 구속당하지 아니하며, 그 의사에 반하여 답변을 강요당하지 아니한다.

---

② 보호조치

 법령 PLUS

경찰관직무집행법

제4조(보호조치) ① 경찰관은 수상한 행동이나 그 밖의 주위 사정을 합리적으로 판단해 볼 때 다음 각 호의 어느 하나에 해당하는 것이 명백하고 응급구호가 필요하다고 믿을 만한 상당한 이유가 있는 사람(이하 "구호대상자"라 한다)을 발견하였을 때에는 보건의료기관이나 공공구호기관에 긴급구호를 요청하거나 경찰관서에 보호하는 등 적절한 조치를 할 수 있다.

OX문제

01 검문하는 사람이 경찰관이고 검문하는 이유가 범죄행위에 관한 것임을 상대방이 충분히 알고 있었다고 보이는 경우에도 신분증을 제시하지 않고 행한 경찰관의 불심검문은 위법한 공무집행이다.

( )

정답 01 ×(→적법한 공부집행이다)

1. 정신착란을 일으키거나 술에 취하여 자신 또는 다른 사람의 생명·신체·재산에 위해를 끼칠 우려가 있는 사람
2. 자살을 시도하는 사람
3. 미아, 병자, 부상자 등으로서 적당한 보호자가 없으며 응급구호가 필요하다고 인정되는 사람. 다만, 본인이 구호를 거절하는 경우는 제외한다.

② 제1항에 따라 긴급구호를 요청받은 보건의료기관이나 공공구호기관은 정당한 이유 없이 긴급구호를 거절할 수 없다.

④ 경찰관은 제1항의 조치를 하였을 때에는 지체 없이 구호대상자의 가족, 친지 또는 그 밖의 연고자에게 그 사실을 알려야 하며, 연고자가 발견되지 아니할 때에는 구호대상자를 적당한 공공보건의료기관이나 공공구호기관에 즉시 인계하여야 한다.

⑤ 경찰관은 제4항에 따라 구호대상자를 공공보건의료기관이나 공공구호기관에 인계하였을 때에는 즉시 그 사실을 소속 경찰서장이나 해양경찰서장에게 보고하여야 한다.

⑥ 제5항에 따라 보고를 받은 소속 경찰서장이나 해양경찰서장은 대통령령으로 정하는 바에 따라 구호대상자를 인계한 사실을 지체 없이 해당 공공보건의료기관 또는 공공구호기관의 장 및 그 감독행정청에 통보하여야 한다.

③ 임시영치

 법령 PLUS

경찰관직무집행법

제4조(보호조치) ③ 경찰관은 제1항의 조치를 하는 경우에 구호대상자가 휴대하고 있는 무기·흉기 등 위험을 일으킬 수 있는 것으로 인정되는 물건을 경찰관서에 임시로 영치하여 놓을 수 있다.

⑦ 제1항에 따라 구호대상자를 경찰관서에서 보호하는 기간은 24시간을 초과할 수 없고, 제3항에 따라 물건을 경찰관서에 임시로 영치하는 기간은 10일을 초과할 수 없다.

④ 위험발생방지조치

 법령 PLUS

경찰관직무집행법

제5조(위험발생의 방지 등) ① 경찰관은 사람의 생명 또는 신체에 위해를 끼치거나 재산에 중대한 손해를 끼칠 우려가 있는 천재, 사변, 인공구조물의 파손이나 붕괴, 교통사고, 위험물의 폭발, 위험한 동물 등의 출현, 극도의 혼잡, 그 밖의 위험한 사태가 있을 때에는 다음 각 호의 조치를 할 수 있다.

1. 그 장소에 모인 사람, 사물의 관리자, 그 밖의 관계인에게 필요한 경고를 하는 것
2. 매우 긴급한 경우에는 위해를 입을 우려가 있는 사람을 필요한 한도에서 억류하거나 피난시키는 것
3. 그 장소에 있는 사람, 사물의 관리자, 그 밖의 관계인에게 위해를 방지하기 위하여 필요하다고 인정되는 조치를 하게 하거나 직접 그 조치를 하는 것

② 경찰관서의 장은 대간첩 작전의 수행이나 소요사태의 진압을 위하여 필요하다고 인정되는 상당한 이유가 있을 때에는 대간첩 작전지역이나 경찰관서·무기고 등 국가중요시설에 대한 접근 또는 통행을 제한하거나 금지할 수 있다.

⑤ 범죄의 예방과 제지

 법령 PLUS

경찰관직무집행법

제6조(범죄의 예방과 제지) 경찰관은 범죄행위가 목전에 행하여지려고 하고 있다고 인정될 때에는 이를 예방하기 위하여 관계인에게 필요한 경고를 하고, 그 행위로 인하여 사람의 생명·신체에 위해를 끼치거나 재산에 중대한 손해를 끼칠 우려가 있는 긴급한 경우에는 그 행위를 제지할 수 있다.

확인 문제

「경찰관직무집행법」상 보호조치에 대한 설명으로 옳지 않은 것은?

① 경찰관은 수상한 행동이나 그 밖의 주위 사정을 합리적으로 판단하여 자살을 기도함이 명백하며 응급의 구호를 요한다고 믿을 만한 상당한 이유가 있는 사람을 발견한 때에는 보건의료기관이나 공공구호기관에 긴급구호를 요청하거나 경찰관서에 보호하는 등 적절한 조치를 할 수 있다.

② 경찰관의 긴급구호요청을 받은 보건의료기관이나 공공구호기관은 정당한 이유 없이 긴급구호를 거절할 수 없다.

③ 경찰관이 보호조치를 취하는 경우, 피구호자가 휴대하고 있는 무기·흉기 등 위험을 야기할 수 있는 것으로 인정되는 물건은 경찰관서에 임시영치할 수 있으나 10일을 초과할 수 없다.

④ 피구호자를 공공보건의료기관이나 공공구호기관에 인계한 경찰관은 즉시 그 사실을 당해 보건의료기관·공공구호기관의 장 및 그 감독행정청에 통보하여야 한다.

정답 ④

⑥ 위험방지를 위한 출입

 법령 PLUS

경찰관직무집행법

제7조(위험방지를 위한 출입) ① 경찰관은 제5조 제1항·제2항 및 제6조에 따른 위험한 사태가 발생하여 사람의 생명·신체 또는 재산에 대한 위해가 임박한 때에 그 위해를 방지하거나 피해자를 구조하기 위하여 부득이하다고 인정하면 합리적으로 판단하여 필요한 한도에서 다른 사람의 토지·건물·배 또는 차에 출입할 수 있다(= 긴급출입 → 주·야간을 불문하고 허용되며, 상대방의 동의를 요하지도 않음).

② 흥행장, 여관, 음식점, 역, 그 밖에 많은 사람이 출입하는 장소의 관리자나 그에 준하는 관계인은 경찰관이 범죄나 사람의 생명·신체·재산에 대한 위해를 예방하기 위하여 해당 장소의 영업시간이나 해당 장소가 일반인에게 공개된 시간에 그 장소에 출입하겠다고 요구하면 정당한 이유 없이 그 요구를 거절할 수 없다(= 예방출입 → 공개된 장소에 대하여 영업 또는 공개시간 내에만 출입이 가능함).

③ 경찰관은 대간첩 작전 수행에 필요할 때에는 작전지역에서 제2항에 따른 장소를 검색할 수 있다(= 대간첩 작전 수행을 위한 긴급검색 → 공개된 장소에 한하여 주·야간을 불문하고 검색이 허용되며, 법관의 영장이나 관계인의 동의는 요하지 않음).

④ 경찰관은 제1항부터 제3항까지의 규정에 따라 필요한 장소에 출입할 때에는 그 신분을 표시하는 증표를 제시하여야 하며, 함부로 관계인이 하는 정당한 업무를 방해해서는 아니 된다.

⑦ 사실의 조회·확인 및 출석요구

 법령 PLUS

경찰관직무집행법

제8조(사실의 확인 등) ① 경찰관서의 장은 직무 수행에 필요하다고 인정되는 상당한 이유가 있을 때에는 국가기관이나 공사 단체 등에 직무 수행에 관련된 사실을 조회할 수 있다. 다만, 긴급한 경우에는 소속 경찰관으로 하여금 현장에 나가 해당 기관 또는 단체의 장의 협조를 받아 그 사실을 확인하게 할 수 있다.

② 경찰관은 다음 각 호의 직무를 수행하기 위하여 필요하면 관계인에게 출석하여야 하는 사유·일시 및 장소를 명확히 적은 출석 요구서를 보내 경찰관서에 출석할 것을 요구할 수 있다.

　　1. 미아를 인수할 보호자 확인
　　2. 유실물을 인수할 권리자 확인
　　3. 사고로 인한 사상자 확인
　　4. 행정처분을 위한 교통사고 조사에 필요한 사실 확인

⑧ 경찰장비의 사용 등

 법령 PLUS

경찰관직무집행법

제10조(경찰장비의 사용 등) ① 경찰관은 직무수행 중 경찰장비를 사용할 수 있다. 다만, 사람의 생명이나 신체에 위해를 끼칠 수 있는 경찰장비(이하 이 조에서 "위해성 경찰장비"라 한다)를 사용할 때에는 필요한 안전교육과 안전검사를 받은 후 사용하여야 한다.

⑨ 경찰장구의 사용

 법령 PLUS

경찰관직무집행법

제10조의2(경찰장구의 사용) ① 경찰관은 다음 각 호의 직무를 수행하기 위하여 필요하다고 인정되는 상당한 이유가 있을 때에는 그 사태를 합리적으로 판단하여 필요한 한도에서 경찰장구를 사용할 수 있다.

1. 현행범이나 사형·무기 또는 장기 3년 이상의 징역이나 금고에 해당하는 죄를 범한 범인의 체포 또는 도주 방지
2. 자신이나 다른 사람의 생명·신체의 방어 및 보호
3. 공무집행에 대한 항거 제지

② 제1항에서 "경찰장구"란 경찰관이 휴대하여 범인 검거와 범죄 진압 등의 직무 수행에 사용하는 수갑, 포승, 경찰봉, 방패 등을 말한다.

⑩ 분사기 및 최루탄의 사용

 법령 PLUS

경찰관직무집행법

제10조의3(분사기 등의 사용) 경찰관은 다음 각 호의 직무를 수행하기 위하여 부득이한 경우에는 현장책임자가 판단하여 필요한 최소한의 범위에서 분사기(총포·도검·화약류 등 단속법에 따른 분사기를 말하며, 그에 사용하는 최루 등의 작용제를 포함한다. 이하 같다) 또는 최루탄을 사용할 수 있다.
1. 범인의 체포 또는 범인의 도주 방지
2. 불법집회·시위로 인한 자신이나 다른 사람의 생명·신체와 재산 및 공공시설 안전에 대한 현저한 위해의 발생 억제

⑪ 무기의 사용

 법령 PLUS

경찰관직무집행법

제10조의4(무기의 사용) ① 경찰관은 범인의 체포, 범인의 도주 방지, 자신이나 다른 사람의 생명·신체의 방어 및 보호, 공무집행에 대한 항거의 제지를 위하여 필요하다고 인정되는 상당한 이유가 있을 때에는 그 사태를 합리적으로 판단하여 필요한 한도에서 무기를 사용할 수 있다. 다만, 다음 각 호의 어느 하나에 해당할 때를 제외하고는 사람에게 위해를 끼쳐서는 아니 된다.
1. 「형법」에 규정된 정당방위와 긴급피난에 해당할 때
2. 다음 각 목의 어느 하나에 해당하는 때에 그 행위를 방지하거나 그 행위자를 체포하기 위하여 무기를 사용하지 아니하고는 다른 수단이 없다고 인정되는 상당한 이유가 있을 때
  가. 사형·무기 또는 장기 3년 이상의 징역이나 금고에 해당하는 죄를 범하거나 범하였다고 의심할 만한 충분한 이유가 있는 사람이 경찰관의 직무집행에 항거하거나 도주하려고 할 때
  나. 체포·구속영장과 압수·수색영장을 집행하는 과정에서 경찰관의 직무집행에 항거하거나 도주하려고 할 때
  다. 제3자가 가목 또는 나목에 해당하는 사람을 도주시키려고 경찰관에게 항거할 때
  라. 범인이나 소요를 일으킨 사람이 무기·흉기 등 위험한 물건을 지니고 경찰관으로부터 3회 이상 물건을 버리라는 명령이나 항복하라는 명령을 받고도 따르지 아니하면서 계속 항거할 때
3. 대간첩 작전 수행 과정에서 무장간첩이 항복하라는 경찰관의 명령을 받고도 따르지 아니할 때

CHAPTER

02 급부행정법

01 서설

1 급부행정의 의의와 종류

1. 의의

급부행정이란 국가 또는 공공단체 등의 행정주체가 국민에게 수익적 활동을 통하여 적극적으로 공공복리를 증진하기 위하여 행하는 비권력적 작용을 말한다. 급부행정의 주체는 원칙적으로 국가 또는 공공단체이지만, 급부행정을 특허받은 사인(私人)도 가능하다.

2. 종류

급부행정의 종류로는, ① 공물, 공기업, 특허기업과 같은 공급행정, ② 사회보험, 공적부조, 원호보호, 복리사업과 같은 사회보장행정, ③ 자금지원, 사권보호와 같은 조성행정이 있다.

2 급부행정의 기본원리

1. 사회국가의 원리

모든 국민에게 그 생활의 기본적 수요를 충족시킴으로써 건강하고 문화적인 생활을 영위할 수 있도록 하는 것을 국가의 과제로 하는 원리를 말한다.

2. 보충성의 원리

경제적 · 사회적 문제해결은 1차적으로 개인적 차원에서 이루어지도록 하고, 개인적 차원에서의 해결이 불가능한 경우에 비로소 국가가 개입해야 한다는 원리를 말한다.

3. 평등성의 원칙

급부행정은 모든 국민에 대하여 균형있게 시행되고 기회균등이 보장되어야 한다는 원칙을 말한다.

4. 과잉급부금지의 원칙

급부행정의 내용과 정도는 구체적인 경우에 있어서 개인의 생활관계 및 공익추구를 위하여 소요되는 적절한 범위를 넘지 않도록 하여야 한다는 원칙을 말한다.

5. 신뢰보호의 원칙

이미 실현되고 있는 급부의 범위와 정도의 적법성과 계속성에 대한 상대방의 신뢰는 보호되어야 한다는 원칙을 말한다.

6. 법적합성의 원칙

급부행정의 영역에 있어서도 법치행정의 원칙은 지켜져야 한다는 원칙을 말한다.

---

02 공급행정 – '공물' 관련 급부행정 중심

1 공물의 의의와 종류

1. 의의

공물(公物)이란 국가 또는 공공단체 등의 행정주체에 의하여 직접 행정목적을 위하여 제공된 개개의 유체물을 말한다. 공물은 소유권을 기준으로 구분되는 것이 아니라, '행정주체에 의해서 직접 공익목적에 제공되었는지 여부'가 기준이다. 따라서 개인소유물이라도 행정주체에 의해서 직접 공익목적에 제공되었다면 공물이 될 수 있고, 반대로 국유재산이라도 직접 공익목적을 위하여 제공되지 않았다면 공물이 아니다.

2. 종류

(1) 공공용물: 행정주체가 직접적으로 국민의 편익(= 공중의 이용)에 제공한 공물을 말한다. 공공용물은 다시 자연공물과 인공공물로 나누어진다.

① **자연공물:** 자연상태 그 자체로 당연히 공물로서의 성질을 가지는 공물을 말하며, 자연공물이 성립하기 위해서는 그 형체적 요소만 있으면 충분하고, 행정주체의 특별한 의사표시를 필요로 하지 아니한다. 자연공물의 예로는 하천, 호수 등이 있다.

② **인공공물:** 공중의 이용에 사용될 수 있는 형체적 요소와 행정주체가 공중이용에 제공한다는 의사표시, 즉 공용개시의 의사적 요소를 필요로 하는 공물을 말한다. 인공공물의 예로는 도로, 교량, 지하도, 가로등, 맨홀 등이 있다.

(2) 공용물: 행정주체 자신이 사용하기 위하여 제공한 공물을 말한다. 공용물이 성립하기 위해서는 필요한 구조물을 설치하여 그 사용을 개시하는 형체적 요소만 있으면 충분하고, 별도로 공용개시의 의사적 요소는 필요하지 않다. 공용물의 예로는 국가나 공공단체의 각종 청사, 연구소, 등대, 교도소, 소년원 등이 있다.

(3) 보존공물: 그 물건 자체의 공적인 보존을 목적으로 하는 공물을 말한다. 보존공물이 성립하기 위해서는 형체적 요소로서의 공물의 존재와 보존공물로의 지정을 내용으로 하는 법규 또는 의사표시의 존재라는 의사적 요소를 필요로 한다. 보존공물의 예로는 각종 문화재가 있다.

2 공물의 소멸

1. 공공용물의 소멸

(1) 자연공물의 소멸: 자연공물은 그 자연적 상태의 영구적·확정적인 멸실(= 형체적 요소의 멸실)로 인하여 당연히 소멸한다고 보는 통설에 비하여, 판례는 자연공물에 대해서도 공용폐지가 없는 한 공물로서의 성질을 잃지 않는다고 본다.

> **➕ 판례 PLUS**
>
> **공유수면인 갯벌이 간척으로 그 기능을 상실하면 일반재산이 되는지 여부: 소극**
> 공유수면인 갯벌은 자연의 상태 그대로 공공용에 제공될 수 있는 실체를 갖추고 있는 이른바 자연공물로서 간척에 의하여 사실상 갯벌로서의 성질을 상실하였더라도 당시 시행되던 국유재산법령에 의한 용도폐지를 하지 않은 이상 당연히 잡종재산(일반재산)으로 된다고는 할 수 없다(대판 1995.11.14, 94다42877).

(2) 인공공물의 소멸: 인공공물은 행정주체의 공용폐지의 의사표시에 의하여 소멸한다.

2. 공용물의 소멸

공용물은 사실상의 사용의 폐지인 형체적 요소의 멸실에 의하여 소멸한다.

3. 보존공물(= 공적보존물)의 소멸

보존공물은 지정행위를 해제하는 의사표시에 의하여 소멸한다.

3 공물의 법률상의 특징

공물은 직접 행정목적을 위하여 제공된 물건이므로 ① 융통성의 제한, ② 강제집행의 제한, ③ 취득시효의 제한(판례는 공용폐지가 없는 한 시효취득을 부정하고 있다), ④ 수용의 제한(공물을 수용하기 위해서는 우선 공용폐지가 선행되어야 한다), ⑤ 공물의 범위결정의 일방성(공물의 범위결정은 행정주체가 일방적으로 정한다), ⑥ 공물의 설치·관리상의 하자로 인한 손해배상의 특징(국가배상법이 적용된다) 등이 인정된다.

4 공물의 사용관계

1. 공물의 보통(= 일반)사용

행정주체의 특별한 관여 없이 공물사용자가 공물자체의 본래목적에 따라 자유롭게 사용하는 경우를 말한다. 공물의 보통사용과 관련하여서는 특히 인접주민과 같이 그 공물의 사용과 관련하여 특별히 밀접한 관련이 있는 경우 이른바 '고양된 일반사용권'으로서의 권리가 인정될 수 있는지가 문제인데, 이에 대하여 판례는 '특정인에게 어느 범위에서 이른바 고양된 일반사용권으로서의 권리가 인정될 수 있는지의 여부는 당해 공물의 목적과 효용, 일반사용관계, 고양된 일반사용권을 주장하는 사람의 법률상의 지위와 당해 공물의 사용관계의 인접성, 특수성 등을 종합적으로 고려하여 판단하여야 한다. 따라서 구체적으로 공물을 사용하지 않고 있는 이상 그 공물의 인접주민이라는 사정만으로는 공물에 대한 고양된 일반사용권이 인정될 수 없다(대판 2006.12.22, 2004다68311)'고 판시하였다.

OX 문제

01 원래 공공용에 제공된 행정재산인 공유수면이 그 이후 매립에 의하여 사실상 공유수면으로서의 성질을 상실하였다면 국유재산법령에 의한 용도폐지를 하지 않더라도 공물로서의 성질이 소멸된다. ( )

정답 01 ×(→용도폐지를 하지 않는 한 공물로서의 성질이 소멸되지 않는다)

2. 공물의 허가사용

공공용물의 사용이 타인의 공동사용에 지장을 초래하거나 공공질서에 영향을 미칠 우려가 있는 경우, 공물의 사용을 제한하고, 그 사용을 위해서는 행정주체의 허가를 요하는 사용방법을 말한다.

3. 공물의 특허사용

공물의 사용권을 특정인에게만 부여하는 형태의 공물사용을 말한다.

★ 판례 PLUS

국유재산 등 사용관계의 법적 성격: 강학상 특허
국유재산 등의 관리청이 하는 행정재산의 사용 · 수익에 대한 허가는 순전히 사경제주체로서 행하는 사법상의 행위가 아니라 관리청이 공권력을 가진 우월적 지위에서 행하는 행정처분으로서 특정인에게 행정재산을 사용할 수 있는 권리를 설정하여 주는 강학상 특허에 해당한다(대판 2006.3.9, 2004다31074).

4. 공물의 사법상 사용

시청 구내의 식당계약이나 지하철 구내의 광고부착계약과 같이 공물의 사용이 '사법상 계약'의 형식으로 이루어지는 경우를 말한다.

5. 공물의 관습법상 사용

마을의 공중 우물사용과 같이 공물의 사용이 '관행과 법적확신'에 의하여 이루어지는 경우를 말한다.

5 공물관리와 공물경찰

1. 공물관리

공물을 유지하고, 계속적으로 행정목적에 제공하기 위하여 행하는 일체의 관리작용을 말한다.

2. 공물경찰

공물의 안전을 유지하고 공물의 사용관계상의 질서를 유지하기 위하여 행하는 일반경찰권의 작용을 말한다.

OX문제

01 행정재산의 목적 외 사용에 대한 허가는 강학상 인가에 해당한다. ( )

정답 01 ×(→특허에 해당한다)

03 공기업법

1 공기업법의 의의

공기업이란 국가나 공공단체 또는 그로부터 특허를 받은 자가 사회의 공공복리를 위하여 인적 · 물적 종합시설을 갖추어 경영하는 비권력적 사업을 말한다. 공기업은 비록 수익성을 추구한다 할지라도 공익을 목적으로 한다는 점에서 사기업과 구별된다.

2 공기업의 종류

공기업은 ① '경영주체'에 따라 국영기업(예 우편사업), 공영기업(예 수도사업, 청소사업 등), 국영공비사업(= 공공 단체가 부담하는 경비로 국가가 경영하는 사업), 특수법인기업(예 한국조폐공사, 한국은행 등)으로, ② '독점권 유무'에 따라 특허기업, 독점기업으로, ③ '영리성의 유무'에 따라 비영리사업, 영리사업, ④ '독립성 유무'에 따라 독립기업(예 국정교과서 주식회사), 비독립기업으로 구분된다.

3 공기업의 법률적 특징

공기업의 활동에 관해서는 사기업과 같이 사법의 원리가 적용됨이 원칙이다. 다만 예외적으로 공기업의 공공적 성격으로 인하여 그 조직과 설립 · 운영, 이용관계 등에 있어서는 공법적 특수성이 인정되어 공법에 의한 특수한 규율을 받을 수 있다.

4 공기업의 이용관계

1. 의의

공기업의 이용관계란 이용자가 공기업으로부터 재화나 역무를 제공받거나, 시설을 이용하여 경제적 · 문화적 · 정신적 이익을 얻는 관계를 말한다.

2. 법적성질

공기업의 이용관계의 법적성질에 대해서는 ① 공기업의 이용관계는 공행정의 일부이므로 공법관계라는 견해도 있지만, ② 공기업의 이용관계는 원칙적으로 사법관계이며, 특별히 공법적 취급이 필요한 경우(예 수도, 우편, 가스요금 등)에만 공법관계라는 견해가 통설이다.

3. 성립

공기업의 이용관계는 ① 당사자의 합의에 의한 이용(예 철도 이용, 국립병원에의 입원, 국공립학교에의 입학), ② 강제에 의한 이용(예 초등학교 취학, 「산업재해보상보호법」상의 보험가입, 전염병환자의 강제입원)이 있다.

4. 소멸

공기업의 이용관계는 ① 이용목적의 달성(예 국립학교의 졸업), ② 임의 탈퇴(예 국립대학의 자퇴), ③ 이용배제(예 국립대학의 학생퇴학처분), ④ 공기업의 폐지(예 「철도법」의 폐지)가 있다.

04 공기업의 특허(= 특허기업)

1 의의 및 법적성질

1. 의의

공기업의 특허란 행정청이 공기업의 경영권 전부 또는 일부를 설정하여 주는 형성적 행정행위를 말하며, 특허기업이란 사인이 행정청으로부터 특허를 받아 경영하는 공익사업을 말하는바, 특허기업은 특허 받은 한도 내에서 특허의 대상이 되는 사업을 배타적으로 경영할 수 있는 경영권을 갖는다. 특허기업은 사인에 의하여 경영된다는 점에서 국·공영기업처럼 공기업이 아니라 사기업에 해당한다.

2. 법적성질

특허기업의 법적성질에 대해서는 ① 쌍방적 행정행위라는 견해와, ② 공법상 계약이라는 견해가 대립하고 있으며, 쌍방적 행정행위라는 견해가 통설이다.

2 특허기업의 성립상 유형

특허기업은 ① 법령에 의하여 직접 공기업의 특허가 행하여지는 법규특허기업과, ② 법률에 근거하여 구체적인 처분의 형식으로 공기업의 특허가 행하여지는 특허처분기업이 있다. 공기업의 특허가 처분에 의하여 이루어지는 특허처분기업의 경우에는 특별한 사정이 없는 한 행정청의 재량행위이다.

3 특허기업의 특권과 의무

1. 특권

특허기업에게는 ① 공용침해권능의 특권(예 토지의 수용·사용 등), ② 공물사용권(예 도로나 하천의 점용권), ③ 경제상의 특권(예 면세, 국고보조), ④ 형사상의 특권(예 공기업에 대한 형법상 특별한 취급), ⑤ 사업의 운영상의 특권(예 법률상·사실상 영업권 보호)이 인정된다.

2. 의무

특허기업에게는 ① 기업의 경영상 감독관청 등에 의한 통제에 복종할 의무가 있으며, ② 기업공물에 대해서는 이전이나 양도가 제한되고, ③ 특허료 등을 납부할 의무가 있으며, ④ 일정 기간내에 경영을 개시하지 않을 시 국가 등의 매수요청에 응하여야 할 의무가 있다.

OX문제

01 특허기업과 행정주체의 법률관계는 기본적으로 공법관계이므로 행정청은 특허기업에 대하여 감독권을 행사할 수 있다.
( )

정답 01 ○

4 특허기업의 이전 · 위임 · 종료

1. 특허기업의 이전

특허기업자가 그의 기업경영권을 타인에게 이전하는 것을 말한다. 특허기업의 이전은 그의 공공적 성격으로 인하여 제한되는 경우가 많다. 특허기업이 이전되는 방식으로는 ① 특허기업의 양도, ② 특허기업의 상속, ③ 특허기업의 합병 등이 있으며, 이들 이전방식에 대해서는 대체로 주무관청의 인가를 받도록 하고 있다.

2. 특허기업의 위임

특허기업의 위임 방식으로는 ① 특허기업자가 주무관청의 인가를 받아 위임하는 '임의위탁'과, ② 저당권의 효과로서 법원의 결정에 의하거나 특허기업자의 의무위반에 대한 감독권의 작용으로서 감독청이 행하는 '강제관리'가 있다.

3. 특허기업의 종료

특허기업의 종료에는 ① 특허기업자의 의사에 따라 기업이 종료되는 경우로서 사업의 폐지, 회사의 해산 등과 같은 '임의종료'와, ② 특허기업자의 의사와 관계없이 일정한 사유의 발생으로 당연히 기업이 종료하는 특허의 실효, 특허기한의 만료, 특허의 철회와 같은 '법정종료'가 있다.

---

05 사회보장행정과 조성행정

1 사회보장행정

1. 의의

사회보장행정이란 행정주체가 개인의 최소한의 인간다운 생활을 보장하고, 인간의 생존을 위협하는 위험에 대비하여, 국가의 부담으로 필요한 급부를 행하는 국가작용을 말한다. 이러한 사회보장행정은 1919년 독일 바이마르 공화국의 헌법에 명문화되기에 이르렀고, 그 이후 세계 각국과 우리 헌법에 수용되었다.

2. 내용

(1) **사회보험**: 국민에게 발생하는 사회적 위험을 보험의 방식으로 대처함으로써 국민의 건강과 소득을 보장하는 제도를 말한다(사회보장기본법 제3조 제2호).

(2) **공공부조**: 국가와 지방자치단체의 책임하에 생활 유지능력이 없거나 생활이 어려운 국민의 최저생활을 보장하고 자립을 지원하는 제도를 말한다(사회보장기본법 제3조 제3호).

(3) **사회서비스**: 국가 · 지방자치단체 및 민간부분의 도움이 필요한 모든 국민에게 상담, 재활, 직업의 소개 및 지도, 사회복지시설의 이용 등을 제공하여 정상적인 사회생활이 가능하도록 지원하는 제도를 말한다(사회보장기본법 제3조 제4호).

(4) **사회보상**: 국가유공행위 중에 발생하거나 공동체 전체에 책임이 귀속되는 사인의 인적, 물적 피해에 대하여 공동체가 보상하는 제도를 말한다.

2 조성행정

1. 의의와 법적근거

(1) **의의**: 조성행정이란 행정주체가 공공복리를 증진하는 방안으로 개인의 활동을 지원하기 위하여 자금, 정보, 자료 등의 수단을 제공하는 비권력적 행정작용을 말한다.

(2) **법적근거**: 조성행정을 위한 개별적인 법률로는 ① 「보조금의 예산 및 관리에 관한 법률」, ② 「철강공업육성법」 등이 있다.

2. 형식과 내용

(1) **형식**: 조성행정의 형식으로는 ① 조세감면, ② 보조금의 교부, ③ 경영지도, ④ 자금조성을 위한 저리융자 등이 있다.

(2) **내용**: 조성행정은 그 조성의 내용에 따라 ① 기업조성, ② 교육조성, ③ 문화예술조성, ④ 과학기술조성 등이 있다.

CHAPTER

03 규제행정법

01 서설

1 규제행정의 의의

경제질서 및 생활환경의 건전하고 조화로운 발전을 도모함으로써, 공공복리를 증진하기 위하여 개인의 사회경제활동을 규율하고 조정하는 행정작용을 말한다.

2 규제행정법의 특성

1. 주체상의 특성

국가기관이 행함이 원칙이지만, 위임이 있는 경우에는 지방자치단체와 같은 공공단체나 사인이 행하는 경우도 있다.

2. 목적상의 특성

공공복리의 증진이라는 적극적인 목적을 위한 규제 작용이라는 점에서, 사회공공의 안녕과 질서유지라는 소극적인 목적을 위한 규제 작용인 경찰행정과 구별된다.

3. 내용상의 특성

(1) **정치성과 지도성**: 사회 · 경제질서의 구체적인 방향을 제시하고 그에 관한 국가의 정책을 표명하는 의미를 가지므로 정치성과 지도성이 강하다.

(2) **수단성과 기술성**: 공동체가 적극적으로 지향할 경제질서 및 생활환경의 실현을 위한 구체적인 수단적 · 기술적 뒷받침이 된다.

(3) **종합성**: 규제행정의 대상인 사회 · 경제현상은 매우 복잡하고 다양하며, 상호 유기적으로 관련되어 있으므로, 이를 규제하는 행정법 역시 종합적인 성격을 가지고 있다.

(4) **윤리성**: 규제행정의 실효성을 확보하기 위해서는 국가의 규제목적에 협력하는 개인의 사회 · 경제윤리의 확립이 필수적이므로, 규제행정법은 강한 윤리성을 가지고 있다.

4. 수단상의 특성

규제행정은 개인의 사회경제활동을 규율하는 행정작용이므로 행정행위, 행정강제, 행정벌과 같은 권력적 작용을 주된 수단으로 하지만, 행정계획, 행정지도와 같은 비권력적 작용에 의하는 경우도 있다.

5. 형식상의 특성

(1) 위임입법의 증대: 규제행정의 구체적인 내용을 모두 형식적 의미의 법률로 규율하는 것은 불가능하다. 따라서 규제행정의 근본방침은 법률로 규정하되, 그 구체적 · 기술적 내용은 법률의 위임에 따라 행정입법의 형식으로 규율하는 것이 일반적이다.

(2) 개괄조항의 활용: 규제행정법은 복잡 · 다양하고 유동적인 경제활동과 생활환경을 그 규율대상으로 하므로, 그 규제내용은 대체로 불확정 개념을 사용하게 되고 그 결과 개괄조항 또는 일반조항의 활용을 통하여 규율대상에 대한 탄력성을 유지한다.

(3) 입법목적의 명확화 필요: 규제행정법은 위에서 살펴본 바와 같이 그 규정형식상 위임입법의 증대와 개괄조항의 활용이 불가피하다. 그러나 여기에는 그 부작용으로 행정권의 남용이 문제되므로 이를 방지하기 위하여 행정규제법률에서 그 규제 목적을 분명히 할 필요가 있다.

02 규제행정법의 종류

1 토지규제행정법

1. 서설

(1) 의의: 토지규제행정(= 토지행정)이란 국가 등 행정주체가 장래 전망적이고 장기적인 관점에서 종합적 · 계획적으로 국토의 이용 및 개발을 도모하고 토지이용에 있어서 합리적 질서를 확립하기 위하여 토지의 이용 및 거래를 규제하는 행정활동을 말하며, 이러한 토지규제행정과 관련된 법을 토지규제행정법이라고 한다.

(2) 토지규제행정법의 특색: '토지'를 그 규율대상으로 한다는 점에서 토지가 가지는 특성, 즉 토지는 공산품처럼 가공과 생산이 불가능하고, 다른 물건으로 대체가 불가능하다는 점에서 공공성과 사회성이 강하게 요청된다.

2. 법원

토지행정법의 헌법적 근거로는 토지재산권의 내용과 그 한계를 규정하고 있는 헌법 제23조와 국토의 이용과 개발계획의 수립과 이에 필요한 개별적인 제한과 의무부과를 규정하고 있는 헌법 제120조 제2항 및 제122조를 들 수 있고, 개별 법률로는 토지행정법의 일반법이라고 할 수 있는 「국토의 계획 및 이용에 관한 법률」을 비롯하여, 「수도권정비계획법」, 「도시 및 주거환경정비법」, 「도시개발법」 등이 있다.

3. 주요 내용

토지규제행정법의 주요내용으로는 국토계획·도시계획 등의 토지행정계획, 토지거래허가·공시지가제 등과 관련된 토지의 거래 및 이용규제 등을 들 수 있다. 다음에서 차례로 살펴보기로 한다.

4. 토지행정계획

(1) 국토계획

① 의의: 국토계획이란 국토를 이용·개발 및 보전할 때 미래의 경제적·사회적 변동에 대응하여 국토가 지향하여야 할 발전방향을 설정하고 이를 달성하기 위한 계획을 말한다.

 법령 PLUS

국토기본법

제6조(국토계획의 정의 및 구분) ① 이법에서 "국토계획"이란 국토를 이용·개발 및 보전할 때 미래의 경제적·사회적 변동에 대응하여 국토가 지향하여야 할 발전 방향을 설정하고 이를 달성하기 위한 계획을 말한다.

---

② 국토계획의 종류

 법령 PLUS

국토기본법

제6조(국토계획의 정의 및 구분) ② 국토계획은 다음 각 호의 구분에 따라 국토종합계획, 도종합계획, 시·군종합계획, 지역계획 및 부문별계획으로 구분한다.
  1. 국토종합계획: 국토 전역을 대상으로 하여 국토의 장기적인 발전 방향을 제시하는 종합계획
  2. 도종합계획: 도 또는 특별자치도의 관할구역을 대상으로 하여 해당 지역의 장기적인 발전 방향을 제시하는 종합계획
  3. 시·군종합계획: 특별시·광역시·시 또는 군(광역시의 군은 제외한다)의 관할구역을 대상으로 하여 해당 지역의 기본적인 공간구조와 장기 발전 방향을 제시하고, 토지이용, 교통, 환경, 안전, 산업, 정보통신, 보건, 후생, 문화 등에 관하여 수립하는 계획으로서 「국토의 계획 및 이용에 관한 법률」에 따라 수립되는 도시·군계획
  4. 지역계획: 특정 지역을 대상으로 특별한 정책목적을 달성하기 위하여 수립하는 계획
  5. 부문별계획: 국토 전역을 대상으로 하여 특정 부문에 대한 장기적인 발전 방향을 제시하는 계획

---

③ 국토계획 상호 간의 관계

 법령 PLUS

국토기본법

제7조(국토계획의 상호관계) ① 국토종합계획은 도종합계획 및 시·군종합계획의 기본이 되며, 부문별계획과 지역계획은 국토종합계획과 조화를 이루어야 한다.
② 도종합계획은 해당 도의 관할구역에서 수립되는 시·군종합계획의 기본이 된다.
③ 국토종합계획은 20년을 단위로 하여 수립하며, 도종합계획, 시·군종합계획, 지역계획 및 부문별계획의 수립권자는 국토종합계획의 수립 주기를 고려하여 그 수립 주기를 정하여야 한다.

---

(2) 도시 · 군계획

① **의의**: 도시계획이란 도시공간의 정비에 관한 계획을 말하고, 군계획이란 군에서의 공간의 정비에 관한 계획을 말한다.

➕ 법령 PLUS

국토의 계획 및 이용에 관한 법률

제2조(정의) 이 법에서 사용하는 용어의 뜻은 다음과 같다.

2. "도시 · 군계획"이란 특별시 · 광역시 · 특별자치시 · 특별자치도 · 시 또는 군(광역시의 관할 구역에 있는 군은 제외한다. 이하 같다)의 관할 구역에 대하여 수립하는 공간구조와 발전방향에 대한 계획으로서 도시 · 군기본계획과 도시 · 군관리계획으로 구분한다.

---

② **도시 · 군계획의 종류**: 도시 · 군계획은 공간적 범위와 성격에 따라 광역도시계획, 도시 · 군기본계획, 도시 · 군관리계획, 지구단위계획, 입지규제초소구역계획 등이 있다. 아래에서는 광역도시계획, 도시 · 군기본계획, 도시 · 군관리계획에 대해서만 간략하게 살펴보기로 한다.

㉠ **광역도시계획**: 광역계획권의 지정에 따라 지정된 광역계획권의 장기발전방향을 제시하는 계획을 말한다(국토계획법 제2조 제1호).

㉡ **도시 · 군기본계획**

- **의의**: 특별시 · 광역시 · 특별자치시 · 특별자치도 · 시 또는 군의 관할 구역에 대하여 기본적인 공간구조와 장기발전방향을 제시하는 종합계획으로서 도시 · 군관리계획 수립의 지침이 되는 계획을 말한다(국토계획법 제2조 제3호).

- **성질**: '도시 · 군기본계획'은 일반 국민에 대하여 직접적인 구속력을 갖지 않으며, 항고소송의 대상이 되는 처분에 해당하지 않는다.

➕ 판례 PLUS

도시기본계획이 처분에 해당하는지 여부: 소극

도시기본계획은 도시의 기본적인 공간구조와 장기발전방향을 제시하는 종합계획으로서 그 계획에는 토지이용계획, 환경계획, 공원녹지계획 등 장래의 도시개발의 일반적인 방향이 제시되지만, 그 계획은 도시계획입안의 지침이 되는 것에 불과하여 일반 국민에 대한 직접적인 구속력은 없는 것이다(대판 2002.10.11, 2000두8226).

㉢ **도시 · 군관리계획**(구 도시계획법상 도시계획결정)

- **의의**: 특별시 · 광역시 · 특별자치시 · 특별자치도 · 시 또는 군의 개발 · 정비 및 보전을 위하여 수립하는 토지 이용, 교통, 환경, 경관, 안전, 산업, 정보통신, 보건, 복지, 안보, 문화 등에 관한 ⅰ) 용도지역 · 용도지구의 지정 또는 변경에 관한 계획, ⅱ) 개발제한구역, 도시자연공원구역, 시가화조정구역(市街化調整區域), 수산자원보호구역의 지정 또는 변경에 관한 계획, ⅲ) 기반시설의 설치 · 정비 또는 개량에 관한 계획, ⅳ) 도시개발사업이나 정비사업에 관한 계획, ⅴ) 지구단위계획구역의 지정 또는 변경에 관한 계획과 지구단위계획, ⅵ) 입지규제최소구역의 지정 또는 변경에 관한 계획과 입지규제최소구

역계획을 말한다(국토계획법 제2조 제4호). 특히, 도시·군관리계획의 구역 내에 거주하는 주민(이해관계인 포함)은 법률이 정하는 바에 따라 도시·군관리계획을 입안할 수 있는 자에게 도시·군관리계획의 입안을 제안할 수 있고(국토계획법 제26조 제1항), 이러한 주민의 도시·군관리계획입안신청에 대한 거부는 항고소송의 대상이 되는 처분에 해당한다.

 판례 PLUS

도시·군관리계획 입안신청에 대한 거부가 처분에 해당하는지 여부: 적극

도시계획구역내 토지 등을 소유하고 있는 주민은 입안권자에게 도시계획입안을 요구할 수 있는 법규상 또는 조리상의 신청권이 있으며, 도시계획입안 신청에 대한 거부행위는 항고소송의 대상이 되는 행정처분에 해당한다(대판 2004.4.28, 2003두1806).

- 도시·군관리계획의 성질: '도시·군관리계획'은 국민에 대하여 직접적 구속력을 갖는 행정계획으로서 행정처분에 해당한다. 특히 우리 판례는 '도시계획 사업의 시행으로 인한 토지수용에 의하여 토지에 대한 소유권을 상실한 자는 도시계획결정이 당연무효가 아닌 한 그 토지에 대한 도시계획결정의 취소를 청구할 법률상 이익이 인정되지 않는다'(헌재결 2002.5.30, 2000헌바58)고 판시하였다.

 판례 PLUS

도시·군 관리계획이 처분에 해당하는지 여부: 적극

도시계획법 소정의 고시된 도시계획결정(도시·군 관리계획)은 특정 개인의 권리 내지 법률상의 이익을 개별적이고 구체적으로 규제하는 효과를 가져오게 하는 행정청의 처분이라 할 것이고, 이는 행정소송의 대상이 된다(대판 1982.3.9, 80누105).

- 도시·군계획시설의 설치·관리

법령 PLUS

국토의 계획 및 이용에 관한 법률

제47조(도시·군계획시설부지의 매수 청구) ① 도시·군계획시설에 대한 도시·군관리계획의 결정(이하 "도시·군계획시설결정"이라한다)의 고시일부터 10년 이내에 그 도시·군계획시설의 설치에 관한 도시·군계획시설사업이 시행되지 아니하는 경우 그 도시·군계획시설의 부지로 되어 있는 토지 중 지목(地目)이 대(垈)인 토지(그 토지에 있는 건축물 및 정착물을 포함한다. 이하 이 조에서 같다)의 소유자는 대통령령으로 정하는 바에 따라 특별시장·광역시장·특별자치시장·특별자치도지사·시장 또는 군수에게 그 토지의 매수를 청구할 수 있다.

5. 토지의 기래 및 이용규제

(1) 토지거래허가제

① 의의

법령 PLUS

부동산 거래신고 등에 관한 법률

제10조(토지거래허가구역의 지정) ① 국토교통부장관 또는 시·도지사는 국토의 이용 및 관리에 관한 계획의 원활한 수립과 집행, 합리적인 토지 이용 등을 위하여 토지의 투기적인 거래가 성행하거나 지가(地價)가 급격히 상승하는 지역과 그러한 우려가 있는 지역으로서 대통령령으로 정하는 지역에 대해서는 다음 각 호의 구분에 따라 5년 이내의 기간을 정하여 제11조(허가구역 내 토지거래에 대한 허가) 제1항에 따른 토지거래계약에 관한 허가구역(이하 "허가구역"이라 한다)으로 지정할 수 있다.
1. 허가구역이 둘 이상의 시·도의 관할 구역에 걸쳐 있는 경우: 국토교통부장관이 지정
2. 허가구역이 동일한 시·도 안의 일부지역인 경우: 시·도지사가 지정. 다만, 국가가 시행하는 개발사업 등에 따라 투기적인 거래가 성행하거나 지가가 급격히 상승하는 지역과 그러한 우려가 있는 지역 등 대통령령으로 정하는 경우에는 국토교통부장관이 지정할 수 있다.

② **구역의 지정**: 토지거래에 있어서 허가를 받도록 하는 것은 토지거래허가구역으로 지정된 지역에 한하며, 이러한 토지거래허가구역의 지정은 행정처분에 해당한다.

판례 PLUS

'토지거래허가구역 지정'이 처분에 해당하는지 여부: 적극

국토의 계획 및 이용에 관한 법률(현 「부동산 거래신고 등에 관한 법률」)상 토지거래허가구역의 지정에 대해서는 항고소송을 제기할 수 있다(대판 2006.12.22, 2006두12883).

③ **토지거래허가의 법적 성질**

㉠ 인가성 여부(인가): 토지거래허가의 법적성질에 대해서는 견해가 대립하지만, 우리의 판례는 "토지거래허가제에서의 허가는 토지거래허가규제지역 내에서의 토지거래라도 토지거래의 자유는 인정되는 것이고, 다만 여기서 말하는 허가란 허가 전의 유동적 무효상태에 있는 법률행위의 효력을 완성시켜 주는 '인가'적 성질을 가진다고 봄이 타당하다(대판 1991.12.24, 90다12243 전합)"고 하여 '인가설'을 취하고 있다.

㉡ 기속행위성 여부(기속행위): 토지거래는 원칙적으로 계약자유의 영역에 속하는 것이고, 토지거래허가거부는 헌법상 기본권인 일반적 행동자유권을 제한하는 것으로 볼 수도 있으므로, 토지거래허가의 요건이 충족된 때에는 허가를 해주어야 하는 기속행위로 보아야 한다(대판 1997.6.27, 96누9362).

판례 PLUS

토지거래허가의 기속행위성 여부: 적극

토지거래계약 허가권자는 그 허가신청이 「국토이용관리법」 제21조의4 제1항 각 호 소정의 불허가 사유에 해당하지 아니하는 한 허가를 하여야 하는 것인데, 인근 주민들이 당해 폐기물 처리장 설치를 반대한다는 사유는 「국토이용관리법」 제21조의4 규정에 의한 불허가 사유로 규정되어 있지 아니하므로 그와 같은 사유만으로는 토지거래허가를 거부할 사유가 될 수 없다(대판 1997.6.27, 96누9362).

확인 문제

토지거래허가제에 관한 판례의 태도로 옳지 않은 것은?
① 헌법재판소는 토지거래계약허가제는 토지의 투기적 거래를 억제하기 위한 제도로서 사유재산제도를 부정하는 것이 아니며, 따라서 재산권의 본질적 내용을 침해한다고 볼 수는 없다고 한다.
② 토지거래허가구역 내에 있는 토지에 관한 토지거래계약허가는 학문상 인가의 성질을 갖는다.
③ 허가 없이 토지 등의 거래계약을 체결하는 행위라 함은 처음부터 허가를 배세하거나 침탈하는 내용의 계약을 재결하는 행위를 뜻한다.
④ 허가를 받을 것을 전제로 한 토지기래계약이라고 하여도 허가를 받지 않은 경우라면 그것은 확정적 무효이며, 사후에 허가를 받는다 하여도 소급하여 유효한 계약이 될 수는 없다.

정답 ④

④ 허가를 받지 아니한 경우의 거래계약의 효력

⊙ 유동적 무효: 허가구역 안에서 허가를 받지 않고 체결한 토지거래계약은 그 효력이 발생하지 않는다. 다만, 이후에 허가를 받으면 계약체결당시로 소급하여 유효로 된다는 것이 판례의 입장인데(대판 1991.12.24, 90다12243 전합), 이를 '유동적 무효'라고 한다.

 판례 PLUS

무허가 거래계약의 효력: 유동적 무효

허가받을 것을 전제로 한 거래계약일 경우에는 허가를 받을 때까지는 법률상 미완성의 법률행위로서 소유권 등 권리의 이전 또는 설정에 관한 거래의 효력이 전혀 발생하지 않지만, 일단 허가를 받으면 그 계약은 소급하여 유효한 계약이 된다(대판 1991.12.24, 90다12243 전합).

⊙ 확정적 무효: 토지거래허가구역 안에서의 토지거래계약이 처음부터 허가를 배제하거나 잠탈하는 내용의 거래계약일 경우에는 허가를 받기 전의 거래계약이라도 '확정적 무효'이다.

(2) 부동산가격공시제도

① 표준지공시지가

⊙ 개념

• 「부동산 가격공시에 관한 법률」의 규정에 의한 절차에 따라 국토교통부장관이 조사·평가하여 공시한 '표준지의 단위면적당 적정가격'을 말한다(부동산 가격공시에 관한 법률 제3조 제1항).

• 표준지공시지가는 표준지의 매년 공시기준일(원칙적으로 1월 1일) 현재의 적정가격을 말하는데(부동산 가격공시에 관한 법률 제3조 제1항), '적정가격'이란 해당 토지에 대하여 통상적인 시장에서 정상적인 거래가 이루어지는 경우에 성립될 가능성이 가장 높다고 인정되는 가격을 말한다(부동산 가격공시에 관한 법률 제2조 제5호).

• 표준지란 국토교통부장관이 토지이용상황이나 주변환경, 그 밖의 자연적·사회적 조건이 일반적으로 유사하다고 인정되는 일단의 토지 중에서 선정하는, 해당 일단의 토지를 대표할 수 있는 필지의 토지를 말한다(부동산 가격공시에 관한 법률 제3조 제1항).

⊙ 표준지공시지가의 법적성질: 법적성질에 대해서는 행정규칙설과 행정행위설(=처분설)이 대립하고 있으며, 판례는 표준지공시지가결정의 처분성을 긍정하고 있다.

 판례 PLUS

표준지 공시지가의 법적 성질: 처분성 긍정

지가공시 및 토지 등의 평가에 관한 법률(현 「부동산 가격공시에 관한 법률」)에 의하여 표준지로 선정되어 공시지가가 공시된 토지의 공시지가에 대하여 불복을 하기 위하여는 같은 법 소정의 이의절차를 거쳐 처분청인 건설부장관을 피고로 하여 위 공시지가 결정의 취소를 구하는 행정소송을 제기하여야 한다(대판 1994.3.8, 93누10828).

② 개별공시지가

    ⊙ 개념: 시장·군수 또는 구청장이 국세·지방세 등 각종 세금의 부과, 그 밖의 다른 법령이 정하는 목적을 위한 지가산정에 사용되도록 하기위해 매년 공시지가의 공시기준일 현재를 기준으로 결정·공시하는 관할구역 안의 개별토지의 단위면적당 가격을 말한다.

    ⓒ 개별공시지가의 법적성질: 정입법설과 행정행위설(= 처분설)이 대립하고 있으며, 판례는 개별공시지가결정의 처분성을 긍정하고 있다.

 판례 PLUS

개별공시지가의 법적 성질: 처분성 긍정

토지초과이득세 등의 산정기준이 되는 개별토지가격결정은 항고소송의 대상이 되는 행정처분이다(대판 1994.2.8, 93누111)

2 환경규제행정법

1. 서설

(1) 의의: 환경규제행정법이란 환경침해를 예방하고 환경의 질을 증진하기 위한 각종 규제를 그 내용으로 하는 법을 말한다.

(2) 환경규제의 성격: 환경규제는 경찰규제적 성격을 가지는 소극적 환경규제와 환경의 유지·보존을 넘어 환경의 개선을 위한 적극적 환경규제의 양면성이 있다.

(3) 법원: 현대 산업사회에 있어서 무질서하고 과도한 개발 사업으로 인하여 생활환경과 자연환경에 심각한 부작용이 발생하면서, 모든 국민이 건강하고 쾌적한 환경에서 생활할 수 있도록 하기 위하여 국가는 환경보전을 위하여 노력하여야 하므로(헌법 제35조 제1항), 이러한 헌법 규정에 기초하여 다양한 환경규제행정법이 도입되게 되었는바, 「환경정책기본법」을 비롯하여 「환경영향평가법」, 「대기환경보전법」, 「물환경보전법」, 「폐기물관리법」 등 다양한 환경규제행정법이 있다.

2. 환경행정의 기본원칙

(1) 사전배려의 원칙: 환경보전을 위하여 환경상 피해를 미리 예측하고 대비함으로써 환경의 오염이나 파괴가 발생하지 않도록 적극적으로 사전에 충분히 배려해야 한다는 원칙을 말한다.

(2) 존속보장의 원칙: 환경을 더 이상 악화시켜서는 안 되며 현재의 상태로 유지해야 한다는 원칙을 말한다. 사전배려의 원칙이 석극석·미래시향석 싱석을 가시는 직극직 원칙이라면, 존속보장의 원칙은 현상유지의 소극적 원칙이라고 할 수 있다.

(3) 원인자책임의 원칙: 환경에 대한 오염을 방지하는 비용과 발생한 오염에 대한 책임 및 제거비용을 오염자가 부담하여야 한다는 원칙을 말한다.

 확인 문제

다음 중 환경행정법의 기본원칙이 아닌 것은?
① 신뢰보호의 원칙
② 사전배려의 원칙
③ 존속보호의 원칙
④ 원인자책임의 원칙

정답 ①

환경정책기본법

제7조(오염원인자 책임원칙) 자기의 행위 또는 사업활동으로 환경오염 또는 환경훼손의 원인을 발생시킨 자는 그 오염·훼손을 방지하고 오염·훼손된 환경을 회복·복원할 책임을 지며, 환경오염 또는 환경훼손으로 인한 피해의 구제에 드는 비용을 부담함을 원칙으로 한다.

(4) **공동부담의 원칙**: 원인자책임이 사정상 관철되기 어려운 경우 제2차적 책임으로 국가, 공공단체, 개인 등이 환경오염의 방지감소 및 제거를 위한 비용을 공동으로 부담해야 한다는 원칙을 말한다(환경정책기본법 제44조).

환경정책기본법

제44조(환경오염의 피해에 대한 무과실책임) ① 환경오염 또는 환경훼손으로 피해가 발생한 경우에는 해당 환경오염 또는 환경훼손의 원인자가 그 피해를 배상하여야 한다.
② 환경오염 또는 환경훼손의 원인자가 둘 이상인 경우에 어느 원인자에 의하여 제1항에 따른 피해가 발생한 것인지를 알 수 없을 때에는 각 원인자가 연대하여 배상하여야 한다.

(5) **협력의 원칙**: 환경행정의 과제는 국가의 노력뿐만 아니라 국가와 국민, 특히 경제계의 협력을 통해서 달성하여야 한다는 원칙을 말한다.

(6) **수익자부담의 원칙 및 이용자부담의 원칙**: 수익자부담의 원칙이란 환경개선으로 인하여 이익을 보는 자는 그 개선비용을 분담하여야 한다는 원칙을 말한다. 동일한 맥락에서 이용자부담의 원칙이란 보존된 환경을 이용하는 자는 그 환경의 이용료를 지급하여야 한다는 원칙을 말한다.

(7) **지속가능한 개발의 원칙**: 개발을 함에 있어서 환경을 고려하여 환경적으로 건전한 개발을 하여야 한다는 원칙을 말한다.

(8) **정보공개 및 참여의 원칙**: 환경상 조치에 관한 정보의 공개, 환경오염시설의 설치에 대한 의견진술이나 협의, 환경오염시설의 감시, 환경계획의 수립에 대한 주민의 참여를 그 내용으로 한다.

3. 환경규제수단

(1) **환경계획**

환경정책기본법

제14조(국가환경종합계획의 수립 등) ① 환경부장관은 관계 중앙행정기관의 장과 협의하여 국가 차원의 환경보전을 위한 종합계획(이하 "국가환경종합계획"이라 한다)을 20년마다 수립하여야 한다.

(2) 환경영향평가제도

 법령 PLUS

환경영향평가법

제22조(환경영향평가의 대상) ① 다음 각 호의 어느 하나에 해당하는 사업(이하 "환경영향평가 대상사업"이라 한다)을 하려는 자(이하 이 장에서 "사업자"라 한다)는 환경영향평가를 실시하여야 한다.
1. 도시의 개발사업
2. 산업입지 및 산업단지의 조성사업
3. 에너지 개발사업
4. 항만의 건설사업
5. 도로의 건설사업
6. 수자원의 개발사업
7. 철도(도시철도를 포함한다)의 건설사업
8. 공항의 건설사업
9. 하천의 이용 및 개발 사업
10. 개간 및 공유수면의 매립사업
11. 관광단지의 개발사업
12. 산지의 개발사업
13. 특정 지역의 개발사업
14. 체육시설의 설치사업
15. 폐기물 처리시설의 설치사업
16. 국방 · 군사 시설의 설치사업
17. 토석 · 모래 · 자갈 · 광물 등의 채취사업
18. 환경에 영향을 미치는 시설로서 대통령령으로 정하는 시설의 설치사업

① 문제점: 환경영향평가대상사업을 수행함에 있어서 환경영향평가를 거치지 아니하였거나 거치기는 하였지만 내용상 하자가 있는 경우 사업계획승인처분의 효력은 어떻게 되는지가 문제된다.

② 환경영향평가를 전혀 거치지 않은 경우: 환경영향평가를 거쳐야 할 대상사업에 대하여 환경영향평가를 거치지 아니하였음에도 불구하고 승인 등 처분이 이루어진 경우, 이러한 행정처분의 하자는 법규의 중요한 부분을 위반한 중대한 것이고 객관적으로도 명백한 것이라고 하지 않을 수 없어 이와 같은 행정처분은 당연 무효이다(대판 2006.6.30, 2005두14363).

③ 환경영향평가를 거치기는 하였으나 내용에 하자가 있는 경우: 환경영향평가법령에서 정한 환경영향평가를 거쳐야 할 대상사업에 대하여 그러한 환경영향평가를 거치지 아니하였음에도 승인 등 처분을 하였다면 그 처분은 위법(원칙적으로 무효)하다 할 것이나, 그러한 절차를 거쳤다면 비록 그 환경영향평가의 내용이 다소 부실하다 하더라도 그 부실의 정도가 환경영향평가제도를 둔 입법취지를 달성할 수 없을 정도이어서 환경영향평가를 하지 아니한 것과 다를 바 없는 정도의 것이 아닌 이상 그 부실은 당해 승인 등 처분에 재량권 일탈 · 남용의 위법이 있는지 여부를 판단하는 하나의 요소로 됨에 그칠 뿐 그 부실로 인하여 당연히 당해 승인 등 처분이 위법하게 되는 것은 아니다(대판 2006.3.16, 2006두330 전합).

OX 문제

01 환경영향평가를 거치지 않고 한 행정처분은 원칙적으로 무효이다. ( )

정답 01 ○

CHAPTER 04 공용부담법

01 서설

1 공용부담의 의의와 주체

1. 의의

공용부담이란 행정주체가 특정한 공익사업 또는 공공의 필요를 위하여, 법률에 근거하여 개인에게 부과하는 권력적 · 강제적인 공법상의 인적 · 물적 부담을 말한다.

2. 주체

공용부담을 부과하는 주체는 원칙적으로 행정주체이지만, 사인에 의해서도 가능하다.

2 공용부담의 목적과 수단

1. 목적

공용부담은 특정한 공익사업의 실현 또는 공공의 필요를 직접 목적으로 한다.

2. 수단

공용부담은 국민에게 공법상 채무 또는 공법상 부담을 부과하는 권력적 · 강제적인 수단에 의하여 행하여진다.

3 공용부담의 권력적 기초 및 법적근거

공용부담권은 행정주체의 일반 통치권에 의한 국가적 공권의 발동이며, 공용부담은 사유재산제도에 대한 중대한 제한이므로 반드시 법률에 의하여 행하여져야 한다(헌법 제23조 제3항).

02 　인적 공용부담

1 　의의

인적 공용부담이란 특정한 공익사업의 수요를 충족하기 위하여 법률에 근거하여, 국민에게 작위 · 부작위 · 수인 · 급부의 의무를 부과하는 행정작용을 말한다.

2 　종류

부과방법에 따라 개별부담과 연합부담, 부과근거에 따라 일반부담, 특별부담, 우발부담, 부과의 내용에 따라 부담금, 부역과 현품, 노역과 물품, 시설부담, 부작위부담으로 구분된다.

03 　물적 공용부담

1 　의의

공익사업상의 필요에 따라, 개인의 재산권에 제한 또는 침해를 가하는 행정 작용을 말한다.

2 　공용제한과 공용수용

1. 공용제한

그 제한의 내용에 따라 공물제한, 부담제한, 공용사용(= 사용제한)으로 구분된다.

(1) **공물제한**: 공익상 필요에 따라 개인 재산의 소유권 자체에 대하여 가해지는 공법상의 제한을 말한다.

(2) **부담제한**: 특정한 공익사업을 위하여 그 공익사업과 직접 관련이 없는 재산에 대하여 가해지는 공법상의 제한을 말한다.

(3) **공용사용(= 사용제한)**: 공익사업의 주체가 사인의 토지 또는 재산권에 대하여 공법상의 사용권을 취득하고, 상대방은 이를 수인하여야 하는 의무를 부담하는 공법상의 제한을 말한다.

2. 공용수용

공공필요를 위하여 공익사업의 주체가 개인의 특정한 재산권을 법률에 근거하여 강제적으로 취득하는 것을 말한다. 공용수용을 위해서는, 그 목적이 '공공의 필요'를 위한 것이어야 하고, 그 형식은 직접 법률에 의해서도 가능하지만, 위임입법이나 법률에 근거한 처분의 형식으로도 가능하며, 공용수용에는 반드시 손실보상이 있어야 한다. 특히 우리 판례는 공용수용의 요건과 관련하여 헌법 제23조 제3항의 '공공필요'의 개념을 헌법 제37조 제2항의 '공공복리'의 개념보다 좁게 보고 있음에 주의하여야 한다.

판례 PLUS

헌법 제23조 제3항의 '공공필요'의 의미

오늘날 공익사업의 범위가 확대되는 경향에 대응하여 재산권의 존속보장과의 조화를 위해서는, '공공필요'의 요건에 관하여, 공익성은 추상적인 공익 일반 또는 국가의 이익 이상의 중대한 공익을 요구하므로, 기본권 일반의 제한사유인 '공공복리'보다 좁게 보는 것이 타당하다(헌재 2014.10.30, 2011헌바172).

CHAPTER 05 재무행정법

01 서설

1 재무행정(= 재정)의 의의

재정이란 국가 또는 지방자치단체가 그 자신의 존립과 활동의 경제적 기초가 되는 재력을 취득하고 관리함을 목적으로 하는 행정작용을 말한다.

2 재정의 종류

1. 주체에 의한 분류

재정은 그 주체에 따라, 국가재정과 지방재정으로 구분할 수 있다. 국가재정에 관한 기본법으로는 「예산회계에 관한 특례법」, 「국세기본법」, 「국유재산법」 등이 있고, 지방재정에 관한 기본법으로는 「지방재정법」, 「지방세법」 등이 있다.

2. 수단에 의한 분류

재정은 그 수단에 따라, 재정권력작용과 재정관리작용으로 구분할 수 있다. 재정권력작용은 재정목적을 위하여 일반통치권에 근거하여 개인에게 명령·강제하는 작용으로, 재정하명, 재정허가, 재정면제, 재정강제, 재정벌 등을 말하고, 재정관리작용은 비권력적 수단에 의하여 국가 또는 지방자치단체의 재산이나 재정수지를 관리하는 작용을 말한다.

3 재정의 기본원칙

1. 재정의회주의

국가재정은 국민의 경제생활에 중대한 영향을 미치기 때문에 국민의 대표기관인 국회의 감독과 규제 하에서 행하여져야 한다. 조세의 종목과 세율은 법률로 정하여야 하며(헌법 제59조), 그밖에 국가의 예산이나 결산은 국회의 심사를 거쳐야 한다.

2. 건전재정주의

국가의 재정은 그 세입과 세출이 균형을 이루어야 하며, 세입 또는 세출이 초과하는 것은 원칙적으로 허용되지 않는다.

02 재정작용

1 재정하명

행정주체가 재정을 목적으로 일반통치권에 근거하여 개인에게 일정한 작위·부작위·수인·급부의 의무를 명하는 행정행위를 말한다.

2 재정허가

국가가 수입을 확보하기 위하여 일반적 금지를 특정한 경우에 해제하여 적법하게 그 행위를 할 수 있도록 하는 행정행위를 말한다. 가령, 담배의 판매나 홍삼의 판매를 허가하는 경우가 그 대표적인 예이다.

3 재정면제

재정상의 목적을 위하여 부과된 작위·수인·급부의무를 특정한 경우에 한하여 해제함으로써 그 의무를 면하게 하는 행정행위를 말한다. 가령, 조세감면조치가 그 대표적인 예이다.

4 재정강제

재정목적을 달성하기 위하여 개인의 신체 또는 재산에 실력을 가함으로써 재정상 필요한 상태를 실현시키는 행정작용을 말한다. 재정강제에는 재정상 강제집행과 재정상 즉시강제 및 재정상 행정조사가 있다.

5 재정벌

재정상의 의무위반에 대한 제재로서 과하는 벌을 말하며, 재정벌에는 포탈범과 재정질서범이 있다.

03 조세

1 조세의 의의와 종류

1. 의의

국가 또는 지방자치단체가 재원조달의 목적으로 그 과세권을 발동하여 반대급부 없이 일반국민으로부터 강제적으로 부과·징수하는 과징금을 말한다.

2. 종류

과세의 주체에 따라 국세와 지방세로, 조세수입의 용도에 따라 보통세와 목적세로, 조세부담의 전가여부에 따라 직접세와 간접세로 구분된다.

2 조세법의 기본원리

1. 조세법률주의

 법령 PLUS

헌법
제59조(조세법률주의) 조세의 종목과 세율은 법률로 정한다.

조세법률주의란 국가는 법률의 근거 없이 조세를 부과·징수할 수 없고, 국민은 조세의 납부를 강요당하지 않는다는 원칙을 말한다. 조세법률주의는 그 구체적인 내용으로, ① 과세요건 법정주의, ② 과세요건 명확주의, ③ 소급과세금지의 원칙, ④ 엄격해석의 원칙이 있다.

(1) 과세요건 법정주의

① 의의: 과세요건 법정주의란 조세의 과세요건과 조세의 부과절차 및 징수절차는 법률로 정하여야 한다는 원칙을 말한다. 다만 조세법률주의에 의하는 경우에도 과세요건과 조세의 징수절차에 대해서는 일정한 한도에서 위임입법에 의한 규율이 허용되지만, 그러한 경우에도 법률의 위임은 구체적·개별적이어야 한다(대판 1982.11.23, 82누221).

② 과세요건 법정주의의 예외: 지방자치단체는 지방세의 세목, 과세대상, 과세표준, 세율, 그 밖에 지방세의 부과·징수에 필요한 사항을 정할 때에는 이 법 또는 지방세 관계법에서 정하는 범위에서 조례로 정하여야 한다(지방세기본법 제5조 제1항)고 규정하여, 지방세에 대해서는 과세요건을 '법률의 위임하에 조례'로 정할 수 있도록 허용하였다. 그 밖에 관세의 경우에는 '조약에 의하여 협정세율'로 정할 수 있다.

(2) 과세요건 명확주의: 과세요건에 관한 법률규정은 그 내용이 명확하고 일의적이어야 한다는 원칙을 말한다.

(3) 소급과세금지의 원칙: 새로운 입법으로 과거에 소급하여 과세하거나 이미 납세의무가 존재하는 경우 소급하여 중과세해서는 안 된다는 원칙을 말한다. 다만 여기서 소급이 금지되는 것은 '진정소급의 경우'이고, 부진정소급의 경우는 원칙적으로 허용된다.

(4) 엄격해석의 원칙: 조세법은 엄격하게 해석·적용하여야 하고, 행정편의적인 확장해석이나 유추해석은 허용되지 않는다는 원칙을 말한다.

2. 조세평등주의

소세부남은 국민의 남세능력에 따라 공평하게 배분되어야 하고, 조세에 관한 법률관계에서 모든 국민은 평등하게 취급되어야 한다는 원칙을 말한다.

3 조세의 부과

1. 과세권자

국세의 과세권자는 지방국세청장, 세무서장, 세관장이 부과·징수함이 원칙이지만 일정한 국세의 경우에는 시장·군수에게 위탁하여 징수할 수 있다. 지방세의 과세권자는 서울특별시장, 광역시장, 도지사 및 시장, 군수와 그들로부터 과세권의 위임을 받은 공무원이다.

2. 납세의무자

국가 또는 지방자치단체에 대하여 조세금액을 납부할 법률상의 의무를 지는 사람을 말한다. 납세의무자에는 내국인, 외국인, 자연인, 법인이 모두 포함되며 의무자가 사망한 경우에는 상속인에게 납세의무가 승계된다.

3. 과세물건

조세법률관계에 의하여 과세의 목적으로 정하여진 조세부과의 대상을 말한다. 대표적인 과세물건으로는 소득, 재산, 경제적 거래행위, 소비행위 등이 있다.

4. 과세표준

과세금액결정의 기준이 되는 과세물건의 가격, 수량 또는 품질을 말한다. 가령, 소득세에 있어서 과세물건은 소득이고, 과세표준은 소득액이다.

5. 세율

조세액을 결정하기 위하여 과세표준에 대하여 적용할 과세의 비율을 말한다. 세율에는 비례세율과 누진세율이 있는바, 비례세율은 과세표준이 되는 가액이나 수량 등의 증감에 비례하여 정해지는 세율을 말하고, 누진세율은 과세표준인 가액이나 수량 등이 체증함에 따라 누진적으로 체증하도록 정하여진 세율을 말한다.

6. 과세제외

세법에서 일정한 과세 물건에 대하여 조세를 부과하지 않도록 규정하고 있는 경우를 말한다. 가령, 우표, 인지에는 부가가치세를 부과하지 않는 것이 그 예이다. 과세제외의 경우는 처음부터 납세의무가 발생하지 않는다는 점에서 일단 성립된 납세의무를 사후에 소멸시키는 조세면제와 구별된다.

04 회계

1 의의

국가 또는 지방자치단체가 재산과 수입·지출을 관리하는 재정관리작용을 말한다. 회계는 국가가 국가의 활동의 물적·재정적 재원을 취득하는 재정권력작용와는 달리 이미 취득한 재산의 운용과 지출을 관리하기 위한 비권력적 관리작용이며, 본질적으로는 행정내부적 작용의 성질을 가진다.

2 종류

회계에는 관리대상에 따라 현금회계, 채권회계, 동산회계, 부동산회계가 있고, 관리목적에 따라 일반회계, 특별회계가 있다.

06 군사행정법

01 서설

1 군사행정의 의의

국토방위의 목적을 실현하기 위하여 국가의 병력을 취득·관리·유지하는 행정작용을 말한다. 군사행정법은 이러한 군사행정을 연구하는 특별행정법의 한 분과를 말하며, 군정법이라고도 한다.

2 군사행정의 내용

군사행정은 군정과 군령으로 구분된다.

1. 군정(軍政)

국가가 병력을 취득하고 국가의 한 부분조직으로서 군대를 형성·편제·관리하는 행정작용을 말한다.

2. 군령(軍令)

국가가 보유하고 있는 군을 동원하여 군사행동을 지휘·통솔하는 용병작용 또는 용병작전작용을 말한다.

02 군사행정의 기본원칙

1 민주군정주의

우리 헌법은 전문에서 "… 우리 대한국민은 … 자유민주적 기본질서를 더욱 확고히 하여 … " 라고 규정하여 군정을 포함한 모든 국가활동이 민주주의에 기반하여 이루어져야 함을 선언하고 있다.

2 국제평화주의

우리 헌법은 제5조 제1항에서 "대한민국은 국제평화의 유지에 노력하고 침략적 전쟁을 부인한다"고 규정하여 국제평화주의를 군정에 있어서 기본원칙으로 선언하고 있다.

3 병정통합주의

군령과 군정을 일반행정기관에 속하는 행정작용의 일부로서 행사하는 제도를 말한다. 따라서 국군의 최고통수권자는 행정부의 수반인 대통령이며, 대통령이 군령과 군정을 통할한다.

4 군의 정치적 중립주의

우리 헌법은 제5조 제2항에서 "국군은 … 그 정치적 중립성은 준수된다"고 규정하여 군의 정치적 중립주의를 기본원칙으로 선언하고 있다.

5 법치군정주의

우리 헌법은 제74조 제2항에서 "국군의 조직과 편성은 법률로 정한다"고 규정하여 군정법률주의(= 법치군정주의)를 기본원칙으로 선언하고 있다.

1 군정기관

대통령과 그 소속기관, 국무총리와 국무회의, 국방부장관과 소속기관이 있다.

1. 대통령과 그 소속기관

(1) 최고군사행정기관으로서의 대통령: 우리 헌법상 대통령은 국가의 원수이며 행정권이 속하는 정부의 수반이다(헌법 제66조 제4항). 한편 대통령은 헌법과 법률이 정하는 바에 따라 국군을 통수하는 권한을 가지므로(헌법 제74조), 최고의 군사행정기관의 지위도 갖는다. 「국군조직법」 역시 "대통령은 헌법, 이 법 및 그 밖의 법률에서 정하는 바에 따라 국군을 통수한다"고 규정하고 있다(국군조직법 제6조).

(2) 대통령의 자문기관으로서의 국가안전보장회의: 국가안전보장회의는 국가안전보장에 관련되는 대외정책·군사정책과 국내정책의 수립에 관하여 국무회의의 심의에 앞서 대통령의 자문에 응하기 위하여 설치된 기관이다(헌법 제91조 제1항). 국가안전보장회의는 헌법에서 직접설치가 예정된 필수기관이며, 자문기관이다.

2. 국무총리와 국무회의

(1) 국무총리: 대통령을 보좌하며 행정에 관하여 대통령의 명을 받아 행정각부를 통할하고, 대통령의 제1차적인 권한대행자가 되므로, 군사행정에 있어서 제2차적인 최고 행정기관이 된다.

(2) 국무회의: 대통령과 국무총리 및 15인 이상 30인 이하의 국무위원으로 구성되는 국무회의는 최고정책심의기관으로, 군사행정과 관련하여 ① 선전포고·강화 기타 중요한 대외정책, ② 대통령의 긴급명령, 계엄과 그 해제, ③ 군사에 관한 중요사항, ④ 행정각부의 중요한 정책의 수립과 조정, ⑤ 합동참모의장, 각군참모총장 등의 임명, ⑥ 기타 대통령·국무총리 또는 국무위원이 제출한 사항 등을 심의한다(헌법 제89조).

3. 국방부장관과 소속기관

(1) 국방부장관: 대통령과 국무총리의 지휘·감독하에 국방에 관련된 군정 및 군령과 기타 군사에 관한 사무를 관장하는 중앙행정관청이다. 국방부장관은 대통령의 명을 받아 군사에 관한 사항을 관장하고 합동참모의장과 각군 참모총장을 지휘·감독한다(국군조직법 제8조).

(2) 병무청과 방위사업청: 징집·소집 그 밖에 병무행정에 관한 사무를 관장하기 위하여 국방부장관소속으로 병무청을 둔다(정부조직법 제33조 제3항). 병무청에는 청장 1명과 차장 1명을 두고, 청장은 정무직으로 하고, 차장은 고위공무원단에 속하는 일반직공무원으로 보한다(정부조직법 제33조 제4항). 방위력 개선사업, 군수물자 조달 및 방위산업 육성에 관한 사무를 관장하기 위하여 국방부장관 소속으로 방위사업청을 둔다(정부조직법 제33조 제5항). 방위사업청에 청장 1명과 차장 1명을 두되,

청장은 정무직으로 하고, 차장은 고위공무원단에 속하는 일반직공무원으로 보한다(정부조직법 제33조 제6항).

(3) 합동참모본부: 각군의 전투를 주임무로 하는 작전부대에 대한 작전지휘·감독 및 합동작전·연합작전을 수행하기 위하여 국방부에 합동참모본부를 둔다(국군조직법 제2조 제2항). 합동참모본부에 합동참모의장을 둔다(국군조직법 제9조 제1항). 군령에 관하여 국방부장관을 보좌하며, 주요 군사사항과 그 밖에 법령에서 정하는 사항을 심의하기 위하여 합동참모본부에 합동참모회의를 둔다(국군조직법 제13조 제1항).

(4) 각군본부: 국군은 육군, 해군 및 공군(이하 "각군"이라 한다)으로 조직하며, 해군에 해병대를 둔다(국군조직법 제2조 제1항). 육군에 육군참모총장, 해군에 해군참모총장, 공군에 공군참모총장을 둔다(국군조직법 제10조 제1항). 각군 참모총장은 국방부장관의 명을 받아 각각 해당 군을 지휘·감독한다. 다만, 전투를 주임무로 하는 작전부대에 대한 작전지휘·감독은 제외한다(국군조직법 제10조 제2항). 해병대에 해병대사령관을 두며, 해병대사령관은 해군참모총장의 명을 받아 해병대를 지휘·감독한다(국군조직법 제10조 제3항).

2 군공무원

군정기관의 구성원으로서 군무에 복종하는 공무원을 말하며, 군인과 군무원이 있다. 군인에게 적용할 인사행정의 기준을 정하는 법으로 「군인사법」이 있으며(군인사법 제1조), 군무원에게 적용할 인사행정의 기준을 정하는 법으로 「군무원인사법」이 있다(군무원인사법 제1조).

1. 「군인사법」의 주요내용

(1) 계급

 법령 PLUS

군인사법

제3조(계급) ① 장교는 다음 각 호와 같이 구분한다.
  1. 장성(將星): 원수(元帥), 대장, 중장, 소장 및 준장
  2. 영관(領官): 대령, 중령 및 소령
  3. 위관(尉官): 대위, 중위 및 소위
② 준사관은 준위(准尉)로 한다.
③ 부사관은 원사(元士), 상사, 중사 및 하사로 한다.
④ 병은 병장, 상등병, 일등병 및 이등병으로 한다.

(2) 복무: 장교, 부사관은 장기복무와 단기복무로 구분하여 복무한다(군인사법 제6조). 병을 제외한 장교, 군사관, 부사관은 연령정년이 있으며, 영관, 위관, 준사관은 근속정년도 있다. 특히 중장, 소장, 준장은 계급정년(4년, 6년, 6년)도 적용된다(군인사법 제8조).

(3) 징계

군인사법

제57조(징계의 종류) ① 장교, 준사관 및 부사관에 대한 징계처분은 중징계(重懲戒)와 경징계(輕懲戒)로 나눈다. 이 경우 중징계는 파면ㆍ해임ㆍ강등(降等) 또는 정직(停職)으로 하며, 경징계는 감봉ㆍ근신 또는 견책(譴責)으로 하되 징계의 종류에 따른 구체적인 내용은 다음 각 호와 같다.

    1. 파면이나 해임은 장교ㆍ준사관 또는 부사관의 신분을 박탈하는 것을 말한다.

    2. 강등은 해당 계급에서 1계급 낮추는 것을 말한다. 다만, 장교에서 준사관으로 강등시키거나 부사관에서 병으로는 강등시키지 못한다.

    3. 정직은 그 직책은 유지하나 직무에 종사하지 못하고 일정한 장소에서 근신하게 하는 것을 말하며, 그 기간은 1개월 이상 3개월 이하로 한다. 정직기간에는 보수의 3분의 2에 해당하는 금액을 감액(減額)한다.

    4. 감봉은 보수의 3분의 1에 해당하는 금액을 감액하는 것을 말하며, 그 기간은 1개월 이상 3개월 이하로 한다.

    5. 근신은 평상 근무 후 징계권자가 지정한 영내(營內)의 일정한 장소에서 비행(非行)을 반성하게 하는 것을 말하며, 그 기간은 10일 이내로 한다.

    6. 견책은 비행을 규명하여 앞으로 비행을 저지르지 아니하도록 훈계하는 것을 말한다.

② 병에 대한 징계처분은 강등, 군기교육, 감봉, 휴가단축, 근신 및 견책으로 구분하되 징계의 종류에 따른 구체적인 내용은 다음 각 호와 같다.

    1. 강등은 해당 계급에서 1계급 낮추는 것을 말한다.

    2. 군기교육은 국방부령으로 정하는 기관에서 군인 정신과 복무 태도 등에 관하여 교육ㆍ훈련하는 것을 말하며, 그 기간은 15일 이내로 한다.

    3. 감봉은 보수의 5분의 1에 해당하는 금액을 감액하는 것을 말하며, 그 기간은 1개월 이상 3개월 이하로 한다.

    4. 휴가단축은 복무기간 중 정해진 휴가일수를 줄이는 것을 말하며, 단축일수는 1회에 5일 이내로 하고 복무기간 중 총 15일을 초과하지 못한다.

    5. 근신은 훈련이나 교육의 경우를 제외하고는 평상 근무에 복무하는 것을 금하고 일정한 장소에서 비행을 반성하게 하는 것을 말하며, 그 기간은 15일 이내로 한다.

    6. 견책은 비행 또는 과오를 규명하여 앞으로 그러한 행위를 하지 아니하도록 하는 훈계를 말한다.

2. 군무원인사법의 주요내용

(1) 군무원의 계급 및 분류 등

군무원인사법

제3조(일반군무원의 계급 및 분류 등) ① 기술ㆍ연구ㆍ예비전력관리 또는 행정관리 분야에 대한 업무를 수행하는 군무원(이하 "일반군무원"이라 한다)의 계급은 1급부터 9급까지로 한다.

② 일반군무원은 직군과 직렬별로 분류한다.

③ 특수업무분야에 종사하는 일반군무원에 대해서는 제1항에 따른 계급 구분이나 제2항에 따른 직군 및 직렬의 분류를 적용하지 아니할 수 있다. 이 경우 계급 구분이나 직군 및 직렬의 분류는 대통령령으로 정한다.

④ 제1항부터 제3항까지의 규정에 따른 각 계급의 직군 및 직렬별 명칭은 대통령령으로 정한다.

(2) 군무원이 임용

① 임용권자

법령 PLUS

군무원인사법

제6조(임용권자) ① 5급 이상의 일반군무원(제3조 제3항에 따라 같은 조 제1항 및 제2항에 따른 계급 구분이나 직군 및 직렬의 분류를 적용하지 아니하는 일반군무원 중 이에 상당하다고 대통령령으로 정하는 일반군무원을 포함한다. 이하 같다)은 국방부장관의 제청으로 대통령이 임용한다. 다만, 대통령으로부터 그 권한을 위임받은 경우에는 국방부장관이 임용할 수 있다.
② 6급 이하의 일반군무원(제3조 제3항에 따라 같은 조 제1항 및 제2항에 따른 계급 구분이나 직군 및 직렬의 분류를 적용하지 아니하는 일반군무원 중 이에 상당하다고 대통령령으로 정하는 일반군무원을 포함한다. 이하 같다)은 국방부장관이 임용한다. 다만, 국방부장관의 위임에 따라 다음 각 호의 사람이 임용할 수 있다.
 1. 각 군 참모총장(이하 "참모총장"이라 한다)
 2. 국방부 직할부대 · 기관의 장(이하 "국방부직할부대장"이라 한다)
 3. 장성급(將星級) 장교인 부대 · 기관의 장(이하 "장성급부대장"이라 한다)

② 시보임용

법령 PLUS

군무원인사법

제12조(시보임용) ① 신규채용한 사람은 다음 각 호의 기간 동안 시보(試補)로 임용하고, 그 기간 중 근무성적이 좋으면 정규 군무원으로 임용한다.
다만, 대통령령으로 정하는 경우에는 시보 임용을 면제하거나 그 기간을 단축할 수 있다.
 1. 5급 일반군무원을 신규 채용하는 경우: 6개월
 2. 6급 이하의 일반군무원을 신규 채용하는 경우: 3개월
② 시보임용기간 중에 있는 군무원의 근무성적이나 교육훈련성적이 나쁜 경우에는 제26조 또는 제28조에도 불구하고 임용권자(제6조 제1항 단서 및 같은 조 제2항 각 호 외의 부분 단서에 따라 임용권을 위임받은 사람을 포함한다. 이하 같다)는 그를 면직시킬 수 있다.
③ 휴직기간, 직위해제기간 및 징계에 따른 정직 · 감봉 처분을 받은 기간은 제1항의 시보임용기간에 넣어 계산하지 아니한다.
④ 시보임용기간 중에 있는 군무원의 교육훈련과 근무성적평정 등에 필요한 사항은 대통령령으로 정한다.

(3) 정년

법령 PLUS

군무원인사법

제31조(정년) 군무원의 정년은 60세로 한다. 다만, 전시 · 사변 등의 국가비상 시에는 예외로 한다.

(4) 징계

⬩ 법령 PLUS

군무원인사법

제39조(징계의 종류와 효력) ① 징계는 파면, 해임, 강등, 정직, 감봉 및 견책으로 구분한다.
② 강등은 해당 계급에서 1계급을 내리고, 강등처분을 받은 사람은 군무원의 신분은 보유하나 3개월 동안 직무에 종사할 수 없으며, 그 기간 동안 보수의 3분의 2에 해당하는 금액을 감액한다.
③ 정직은 1개월 이상 3개월 이하의 기간으로 하고, 정직처분을 받은 사람은 그 기간 중 군무원의 신분은 보유하나 직무에 종사할 수 없으며, 보수의 3분의 2에 해당하는 금액을 감액한다.
④ 감봉은 1개월 이상 3개월 이하의 기간 동안 보수의 3분의 1에 해당하는 금액을 감액한다.
⑤ 견책은 과오(過誤)에 관하여 훈계하고 반성하게 한다.

04 군사행정작용법

1 병역

1. 의의

우리 헌법 제39조 제1항이 부과한 "모든 국민은 법률이 정하는 바에 의하여 국방의 의무를 진다"는 규정에 의하여 국민이 국방과 관련하여 병력형성의무를 말한다.

2. 종류

⬩ 법령 PLUS

병역법

제5조(병역의 종류) ① 병역은 다음 각 호와 같이 구분한다.
  1. 현역: 다음 각 목의 어느 하나에 해당하는 사람
    가. 징집이나 지원에 의하여 입영한 병(兵)
    나. 이 법 또는 「군인사법」에 따라 현역으로 임용 또는 선발된 장교(將校)·준사관(準士官)·부사관(副士官) 및 군간부후보생
  2. 예비역: 다음 각 목의 어느 하나에 해당하는 사람
    가. 현역을 마친 사람
    나. 그 밖에 이 법에 따라 예비역에 편입된 사람
  3. 보충역: 다음 각 목의 어느 하나에 해당하는 사람
    가. 병역판정검사 결과 현역 복무를 할 수 있다고 판정된 사람 중에서 병력수급(兵力需給) 사정에 의하여 현역병입영 대상자로 결정되지 아니한 사람
    나. 다음의 어느 하나에 해당하는 사람으로 복무하고 있거나 그 복무를 마친 사람
      1) 사회복무요원
      2) 삭제
      3) 예술·체육요원
      4) 공중보건의사
      5) 병역판정검사전담의사
      6) 삭제
      7) 공익법무관

⬩ 확인 문제

「병역법」의 내용 중 옳지 않은 것은?
① 병역의무에 대한 특례를 인정하지 않고 있다.
② 강제징집의 형태를 띠고 있지만 자원모집 방식이 없는 것은 아니다.
③ 예비군, 민방위도 국방의 의무에 포함된다.
④ 군복무 중 재해로 인하여 발생한 손실에 대해서는 관련 법률이 정하는 바에 의하여 보상금을 지급한다.

정답 ①

8) 공중방역수의사
9) 전문연구요원
10) 산업기능요원
다. 그 밖에 이 법에 따라 보충역에 편입된 사람
4. 병역준비역: 병역의무자로서 현역, 예비역, 보충역 및 전시근로역 및 대체역이 아닌 사람
5. 전시근로역: 다음 각 목의 어느 하나에 해당하는 사람
가. 병역판정검사 또는 신체검사 결과 현역 또는 보충역 복무는 할 수 없으나 전시근로소집에 의한 군사
지원업무는 감당할 수 있다고 결정된 사람
나. 그 밖에 이 법에 따라 전시근로역에 편입된 사람
6. 대체역: 병역의무자 중 「대한민국헌법」이 보장하는 양심의 자유를 이유로 현역, 보충역 또는 예비역의
복무를 대신하여 병역을 이행하고 있거나 이행할 의무가 있는 사람으로서 「대체역의 편입 및 복무 등에
관한 법률」에 따라 대체역에 편입된 사람
② 예비역에 편입된 사람은 예비역의 장교·준사관·부사관 또는 병으로, 보충역에 편입된 사람은 보충역의
장교·준사관·부사관 또는 병으로, 전시근로역에 편입된 사람은 전시근로역의 부사관 또는 병으로 구분한다.
③ 병역의무자는 각각 그 병역의 병적에 편입되며, 병적 관리에 필요한 사항은 대통령령으로 정한다.

3. 징병검사와 병역처분

 법령 PLUS

병역법

제11조(병역판정검사) ① 병역의무자는 19세가 되는 해에 병역을 감당할 수 있는지를 판정받기 위하여 지방
병무청장이 지정하는 일시(日時)·장소에서 병역판정검사를 받아야 한다. 다만, 군(軍)에서 필요로 하는 인원
과 병역자원의 수급(需給) 상황 등을 고려하여 19세가 되는 사람 중 일부를 20세가 되는 해에 병역판정검사
를 받게 할 수 있다.

제12조(신체등급의 판정) ① 신체검사(현역병지원 신체검사를 포함한다)를 한 병역판정검사전담의사, 병역판
정검사전문의사 또는 제12조의2에 따른 군의관은 다음 각 호와 같이 신체등급을 판정한다.

1. 신체 및 심리상태가 건강하여 현역 또는 보충역 복무를 할 수 있는 사람: 신체 및 심리상태의 정도에 따
라 1급·2급·3급 또는 4급
2. 현역 또는 보충역 복무를 할 수 없으나 전시근로역 복무를 할 수 있는 사람: 5급
3. 질병이나 심신장애로 병역을 감당할 수 없는 사람: 6급
4. 질병이나 심신장애로 제1호부터 제3호까지의 판정이 어려운 사람: 7급

제14조(병역처분) ① 지방병무청장은 병역판정검사를 받은 사람(군병원에서 신체검사를 받은 사람을 포함한
다) 또는 현역병지원 신체검사를 받은 사람에 대하여 다음 각 호와 같이 병역처분을 한다. 이 경우 현역병지원
신체검사를 받은 18세인 사람에 대하여는 신체등급 5급 또는 6급의 판정을 받은 경우에만 병역처분을 한다.

1. 신체등급이 1급부터 4급까지인 사람: 학력·연령 등 자질을 고려하여 현역병입영 대상자, 보충역 또는
전시근로역
2. 신체등급이 5급인 사람: 전시근로역
3. 신체등급이 6급인 사람: 병역면제
4. 신체등급이 7급인 사람: 재신체검사(再身體檢査)

4. 병역의무의 내용

병역법상 병역의 구체적인 내용은 ① 현역복무 등, ② 보충역복무, ③ 소집으로 구분된다.

(1) 현역복무: 현역병입영, 상근예비역복무, 전환복무로 구분된다.

① **현역병입영:** 국가가 병역의무자에 대하여 현역에 복무할 의무를 부과하는 것을 말하며, 현역병입영은 지방병무청장이 행한다. 현역병입영의무는 원칙적으로 36세부터 면제된다(병역법 제71조 제1항 참조).

② **상근예비역복무:** 징집에 의하여 현역병으로 입영한 사람이 일정기간을 현역병으로 복무하고 예비역에 편입된 후 향토방위와 이와 관련된 업무를 지원하기 위하여 소집되어 복무하는 사람을 말한다(병역법 제2조 제1항 제8호). 상근예비역복무기간을 마친 때에는 징집에 의하여 입영한 현역병의 복무기간을 마친 것으로 본다(병역법 제23조 제2항).

③ **전환복무:** 현역병으로 복무 중인 사람이 의무경찰대원 또는 의무소방원의 임무에 복무하도록 군인으로서의 신분을 다른 신분으로 전환하는 것을 말한다(병역법 제2조 제1항 제7호).

(2) 보충역복무: 보충역복무에는 ① 사회복무요원, ② 예술·체육요원, ③ 공중보건의사·징병검사전담의사·국제협력의사, ④ 공익법무관, ⑤ 공중방역수의사, ⑥ 전문연구요원·산업기능요원 등이 있다.

(3) 소집: 소집에는 ① 병력동원소집, ② 병력동원훈련소집, ③ 전시근로소집, ④ 교육소집 등이 있다.

2 군사부담

1. 의의

군사행정상의 목적을 위하여 행정주체가 행정의 상대방에 대하여 그의 신체나 재산에 대하여 일정한 부담을 과하는 것을 말한다. 아래에서는 군사부담 중 주요한 내용을 이루는 징발과 군사제한을 중심으로 살펴보기로 한다.

2. 징발

(1) 의의: 징발이란 전시·사변 또는 이에 준하는 비상사태하에서 원칙적으로 보상을 지급하고 군작전수행을 위하여 필요로 하는 토지·물자와 시설 또는 권리에 부담을 과하는 것을 말한다. 징발은 물적 군사부담의 성질을 가지며 징발에 관한 일반법으로 「징발법」이 있다.

(2) 징발의 목적물: 징발법이 정하는 동산·부동산 및 권리로 구분하며, 동산은 소모품인 동산과 비소모품인 동산으로 구분한다(징발법 제5조). 징발목적물의 종물(從物)은 목적물과 함께 징발할 수 있다(징발법 제6조).

(3) 징발의 절차: 징발관이 징발을 하려는 경우에는 징발영장을 발행하여 징발집행관에게 교부하고 집행하게 한다(징발법 제7조 제1항). 징발대상자가 제7조 제2항에 따른 징발집행통지서를 받았을 때에는 그 목적물을 지정 기일까지 지정 장소에 제출하여야 한다(징발법 제9조 제1항).

(4) 징발의 해제: 징발관은 징발물을 사용할 필요가 없게 되었거나 징발물이 멸실된 경우에는 지체 없이 징발을 해제하여야 한다(징발법 제15조 제1항). 계속 사용할 필요가 있는 징발물이라 하더라도 징발된 날부터 10년이 지났을 때에는 징발대상자는 국방부장관에게 징발물의 매수에 관하여 협의할 것을 요청할 수 있다(징발법 제15조 제2항).

(5) 징발에 대한 보상

① 손실보상의 원칙: 소모품인 동산을 징발하였을 때에는 정당한 대가를 징발대상자에게 보상한다(징발법 제19조 제1항). 비소모품인 동산이나 부동산을 징발하였을 때에는 정당한 사용료를 지급한다(징발법 제19조 제2항). 권리를 징발하였을 때에도 정당한 사용료를 지급한다(징발법 제19조 제4항).

② 손실보상의 원칙에 대한 예외: 징발물이 국유재산 또는 공유재산인 경우에는 제19조에도 불구하고 보상을 하지 아니한다(징발법 제20조).

③ 보상에 대한 불복방법: 재심과 행정심판전치주의 보상에 관하여 이의가 있는 자는 대통령령으로 정하는 바에 따라 징발보상심의회에 재심을 청구할 수 있다. 다만, 징발보상심의회는 재심 청구를 받은 날부터 60일 이내에 재심결정을 하여야 한다(징발법 제24조 제3항). 징발보상금지급청구의 소(訴)는 국방부장관의 징발보상금 지급결정의 통지를 받고 제24조 제3항에 따른 재심 절차를 거친 후가 아니면 제기할 수 없다. 다만, 제19조 제5항 본문에서 규정하는 기한까지 징발보상금 지급결정의 통지가 없거나 재심 청구를 한 날부터 60일이 지난 경우에는 그러하지 아니하다(징발법 제24조의2).

3. 군사제한

군사행정의 목적을 위하여 국민에게 일정한 작위·부작위·수인의 의무를 부과하는 것을 말한다. 현행 법제상 군사제한과 관련된 법률로는 「군사기지 및 군사시설 보호법」과 「방어해면법」이 있다.

01
③ 대판 1967.6.27, 67다806

[오답의 이유]
① 특히 도로는 도로로서의 형태를 갖추고 도로법에 따른 노선의 지정 또는 인정의 공고 및 도로구역 결정·고시를 한 때 또는 도시계획법 또는 도시재개발법에서 정한 절차를 거쳐 도로를 설치하였을 때에 공공용물로서 공용개시행위가 있으므로, 토지의 지목이 도로이고 국유재산대장에 등재되어 있다는 사정만으로 바로 토지가 도로로서 행정재산에 해당한다고 할 수는 없다(대판 2016.5.12, 2015다25524).
⑤ 대판 1990.2.13, 89다카23022

01 공물에 관한 설명으로 옳은 것은?(다툼이 있으면 판례에 따름) 20 행정사

① 어떤 토지의 지목이 도로이고 국유재산대장에 등재되어 있다면 그 토지는 도로로서 행정재산에 해당한다고 보아야 한다.
② 공용폐지의 의사표시는 묵시적인 방법으로도 가능하므로 행정재산이 본래의 용도에 제공되지 않는 상태에 있다면 묵시적인 공용폐지가 있다고 보아야 한다.
③ 행정재산은 사법상 거래의 대상이 되지 아니하는 불융통물이므로 관재 당국이 이를 모르고 매각하였더라도 그 매매는 당연무효이다.
④ 적법한 개발행위로 인하여 공공용물의 일반사용이 종전에 비하여 제한을 받게 되었다면 특별한 사정이 없는 한 그로 인한 불이익은 손실보상의 대상이 된다.
⑤ 특허에 의한 공물사용권은 공물의 관리주체에 대해 특별사용을 청구할 수 있는 채권에 그치는 것이 아니라 대세적 효력이 있는 물권이다.

02
② 일반재산은 민법상 취득시효(민법 제245조)의 대상이 된다.

02 국유재산법에 관한 설명으로 옳지 않은 것은?(다툼이 있으면 판례에 따름) 21 행정사

① 행정재산의 사용허가기간은 원칙상 5년 이내로 한다.
② 일반재산은 민법상 시효취득의 대상이 되지 아니한다.
③ 행정재산에는 사권을 설정하지 못한다.
④ 보존용재산은 법령이나 그 밖의 필요에 따라 국가가 보존하는 재산이다.
⑤ 중앙관서의 장은 사용허가한 행정재산을 국가가 직접 공용으로 사용하기 위하여 필요하게 된 경우에는 사용허가를 철회할 수 있다.

[정답] 01 ③ 02 ②

03 환경영향평가제도에 대한 설명으로 옳지 않은 것은?(다툼이 있는 경우 판례에 의함)

20 국회직 8급

① 환경영향평가란 환경에 영향을 미치는 실시계획·시행계획 등의 허가·인가·승인 면허 또는 결정 등을 할 때에 해당 사업이 환경에 미치는 영향을 미리 조사·예측·평가하여 해로운 환경 영향을 피하거나 제거 또는 감소시킬 수 있는 방안을 마련하는 것을 말한다.

② 환경영향평가 대상지역 밖의 주민이라 할지라도, 공유수면매립면허처분 등으로 인하여 그 처분 전과 비교하여 수인한도를 넘는 환경피해를 받거나 받을 우려가 있는 경우에는 공유수면매립면허처분 등으로 인하여 환경상 이익에 대한 침해 또는 침해 우려가 있다는 것을 입증함으로써 그 처분 등의 무효확인을 구할 원고적격을 인정받을 수 있다.

③ 환경영향평가법령에서 정한 환경영향평가 절차를 거쳤으나 그 환경영향평가의 내용이 부실한 경우, 그 부실의 정도가 환경영향평가제도를 둔 입법 취지를 달성할 수 없는 정도이어서 환경영향평가를 하지 아니한 것과 다를 바 없는 정도의 것이 아닌 이상, 그 부실은 당해 승인 등 처분에 재량권 일탈·남용의 위법이 있는지 여부를 판단하는 하나의 요소로 됨에 그칠 뿐, 그 부실로 인하여 당연히 당해 승인 등 처분이 위법하게 되는 것이 아니다.

④ 환경영향평가를 거쳐야 할 대상사업에 대하여 환경영향평가를 거치지 아니하였음에도 불구하고 승인 등 처분이 이루어졌다면, 이러한 행정청분의 하자는 법규의 중요한 부분을 위반한 중대한 것이고 객관적으로도 명백한 것이라고 하지 않을 수 없어, 이와 같은 행정처분은 당연무효이다.

⑤ 환경영향평가절차가 완료되기 전에 공사시행을 하여 사업자가 사전공사시행 금지 규정을 위반한 경우, 승인기관의 장이 한 사업계획 등에 대한 승인 등의 처분은 위법하다.

03

⑤ 사업자가 이러한 사전 공사시행 금지 규정을 위반하였다고 하여 승인기관의 장이 한 사업계획 등에 대한 승인 등의 처분이 위법하게 된다고는 볼 수 없다 (대판 2014.3.13, 2012두1006).

오답의 이유

① 환경영향평가법 제2조

② 환경영향평가법령에서 정한 환경영향평가를 거쳐야 할 대상사업에 대하여 그러한 환경영향평가를 거치지 아니하였음에도 승인 등 처분을 하였다면 그 처분은 위법하다 할 것이나, 그러한 절차를 거쳤다면, 비록 그 환경영향평가의 내용이 다소 부실하다 하더라도, 그 부실의 정도가 환경영향평가제도를 둔 입법 취지를 달성할 수 없을 정도이어서 환경영향평가를 하지 아니한 것과 다를 바 없는 정도의 것이 아닌 이상, 그 부실은 당해 승인 등 처분에 재량권 일탈·남용의 위법이 있는지 여부를 판단하는 하나의 요소로 됨에 그칠 뿐, 그 부실로 인하여 당연히 당해 승인 등 처분이 위법하게 되는 것이 아니다(대판 2006.3.16, 2006두330 전합).

③ 대판 2001.6.29, 99두9902

④ 대판 2006.6.30, 2005두14363

정답 03 ⑤

좋은 책을 만드는 길
독자님과 함께하겠습니다.

도서나 동영상에 궁금한 점, 아쉬운 점, 만족스러운 점이
있으시다면 어떤 의견이라도 말씀해 주세요.
SD에듀는 독자님의 의견을 모아 더 좋은 책으로 보답하겠습니다.

www.sdedu.co.kr

2023 ALL-IN-ONE 행정법

개정1판1쇄 발행	2023년 01월 10일 (인쇄 2022년 08월 30일)
초 판 발 행	2022년 01월 10일 (인쇄 2021년 10월 08일)
발 행 인	박영일
책 임 편 집	이해욱
저 자	고태환
편 집 진 행	신보용 · 주민경
표지디자인	조혜령
편집디자인	박지은 · 박서희
발 행 처	(주)시대고시기획
출 판 등 록	제 10-1521호
주 소	서울시 마포구 큰우물로 75 [도화동 538 성지 B/D] 9F
전 화	1600-3600
팩 스	02-701-8823
홈 페 이 지	www.sdedu.co.kr
I S B N	979-11-383-3025-1 (13350)
정 가	37,000원